신

IVP(InterVarsity Press)는
캠퍼스와 세상 속의 하나님 나라 운동을 지향하는
IVF(InterVarsity Christian Fellowship)의 출판부로
생각하는 그리스도인을 위한 문서 운동을 실천합니다.

신

인문학으로 읽는
하나님과 서양문명 이야기

김용규

IVP

우봉식 원장님과 김경란 선생님께

감사드리며

차례

추천의 글 _ 이어령　　11
들어가는 글　　13

1부 | 하나님은 누구인가　　19

　하나님은 어떻게 생겼나　　23
　미켈란젤로가 그린 노인은 누구인가　　32
　에로스의 날개　　41
　신인동형설　　49
　신론과 존재론 그리고 서양문명　　55

2부 | 하나님은 존재다　　67

1장 존재란 무엇인가　　79
　하나님에게는 이름이 없다　　80
　지성도 넘고, 신비도 넘어　　87
　하나님은 하늘에 있고, 너는 땅 위에 있다　　94
　그리스인들과 존재　　103

자연의 사다리에서 존재의 사다리로	114
존재의 계층구조에서 사회적 계층구조로	126
존재는 창조주다	132
히브리인들과 존재	143
시간화와 탈시간화의 마술	147
존재의 바다와 '퍼텐셜'	156
하나님의 모습 상상하기	162

2장 하나님은 실제로 존재하는가   169

하나님의 존재를 합리적으로 증명할 수 있나	170
토마스 아퀴나스의 '다섯 길'	182
페일리의 시계를 망가뜨린 사람들	189
마야의 찢지 못하는 베일	201
하나님의 존재를 경험적으로 검증할 수 있나	211
메타노이아―신비적 형태에서 일상적 형태로	222

3부 | 하나님은 창조주다   227

3장 창조론이 왜 『고백록』 안에 있나   235

위대한 생애, 불멸의 학문	236
고백인가, 증언인가	269

4장 창조는 어떻게 이루어졌나   279

태초는 언제인가	280
무에서 유가 어떻게 나오는가	290
무수한 우주가 존재한다고?	295

앨런 구스와 아우구스티누스의 차이	303
리오타르의 다원적 이성과 상호이해	312
영원이란 무엇인가	320
시간이란 무엇인가	326
시간의 끝에 구원이 있다	331
아우구스티누스의 '상기'와 프루스트의 '회상'	364
천지란 무엇인가	372
무로부터의 창조	380
보시기에 좋았더라	386
창조의 여섯 날이 문자 그대로 '6일'인가	394
말에서 육신으로, 진리에서 행위로	398

5장 창조의 목적은 무엇인가   409

풍요한 부자가 무엇이 필요하여	410
하나님의 작업에는 어떤 이유도 없다	414
다윈의 진화론과 그 영향	422
피에 물든 이빨과 발톱	432
다윈과 기독교	442
창조론은 진화론을 수용할 수 있나	454
'천 년이 지나간 어제' 같은 문제	468
눈먼 시계공과 눈뜬 하나님 문제	474
시간과 영원의 무한한 질적 차이	480
창조의 목적은 구원	489

4부 | 하나님은 인격적이다 ... 495

6장 아테네와 예루살렘이 무슨 관계가 있나 ... 505
세네카의 '운명' ... 506
바울의 '예정' ... 516
칼빈의 '섭리' ... 524
아테네의 신 ... 536
눈얼음 계곡 건너가기 ... 541
예루살렘의 신 ... 549

7장 하나님의 인격성이란 무엇인가 ... 555
내가 정녕 너와 함께하리라 ... 556
기도로 하나님의 마음을 움직일 수 있나 ... 561
강한 섭리, 약한 섭리 ... 570
기도는 왜 하는가 ... 576
키르케고르의 '실존의 3단계' ... 581
두려움과 떨림 ... 596
아브라함이여! 인류의 제2의 아버지여! ... 604

8장 하나님의 인격성과 하나님의 부재 ... 617
악이 없거나, 하나님이 없거나 ... 618
인간의 정의와 하나님의 공의 ... 628
윤리적인 것의 목적론적 정지 ... 642
침묵할 것인가, 저항할 것인가 ... 651
나의 하나님, 당신은 어디에 계십니까 ... 662

5부 | 하나님은 유일자다　　　697

9장 일자란 무엇인가　　　709

　플라톤의 일자　　　710
　플로티노스의 일자　　　721
　삼위일체란 무엇인가　　　726
　테르툴리아누스의 용어들　　　734
　오른발은 신학에 왼발은 철학에　　　741
　오리게네스의 삼위일체론　　　748
　삼위일체 논쟁　　　755
　카파도키아의 위대한 세 교부　　　766
　아우게이아스의 외양간 청소　　　774
　아우구스티누스의 삼위일체론　　　783
　삼위일체가 진정 의미하는 것　　　789
　상호내주적·상호침투적 공동체로서의 삼위일체　　　795

10장 유일신은 배타적인가　　　807

　'구약의 하나님'이냐, '신약의 하나님'이냐　　　808
　유일신이 왜 질투하나　　　816
　아브라함은 구원받았는가　　　826
　유신론은 극복되어야 하나　　　839
　하나님의 유일성이 연대와 협력의 근거　　　846
　천지창조에서 최후의 심판으로　　　851

맺음말　869
참고문헌　879
찾아보기　905

추천의 글

이어령 한중일비교문화연구소 이사장, 전 문화부 장관

신이 죽었다고 외치는 시대를 거쳐 이제 인간이 신이 되리라 자처하는 시대에 도달했다. 지금이야말로 우리는 신을 진지하게 생각해야 한다. 지식과 소유와 권력이 누구도 상상하지 못한 정도로 증대하면 과연 우리가 신이 될 수 있다는 말인가? 그렇게 신의 낙원이 도래한다는 것인가?

  신이 역사 속에서 어떻게 자신을 드러냈으며 각 시대는 신을 어떻게 이해하고 오독해 왔는지에 관해 서양문명의 뿌리에서부터 근현대까지 통틀어 톺아보는 이 거대한 서사의 여정에서 결국 우리는 인간 자신의 참된 자화상에 도달한다. 칼빈은 하나님을 알아야 인간을 알 수 있다고 말했는데, 이 책은 바로 그 귀한 지혜의 현대판 증언이다.

  이 책에 담긴 철학자의 치밀하고 오랜 지적 탐색뿐 아니라 그의 지혜 어린 조언에 귀 기울일 때, 우리는 이 오만과 과잉, 야만과 공포의 시대 곳곳에서 감지되는, 인간 스스로 신이 되고자 하는 뿌리 깊은 욕망을 넘어설 실마리를 발견할 것이다. 그리고 참된 인간의 모습, 곧 신을 닮은 인간의 생명과 아름다움을 다시 이야기로 풀어 나갈 수 있을 것이다.

일러두기
이 책은 『서양문명을 읽는 코드, 신』(휴머니스트)을 전면 개정·증보한 것입니다.

들어가는 글

그는 기도를 마쳤다. 시간이 얼마나 지났는지 모른다. 꿇었던 무릎이 펴지질 않는 것으로 보아 꽤 오랜 시간이 흘렀을 것이다. 기도실을 나서자 북구의 차가운 밤공기가 삽시에 온몸을 휘감았다. 정신이 번뜩 났다. 하늘엔 별이 총총했다. 그는 빠른 걸음으로 열두 기둥이 떠받치는 기나긴 수도원 주랑을 지나 자기 방으로 향했다. 도중에 정원 한복판에 있는 조그만 연못을 한번 힐끗 쳐다보았을 뿐이다. 연못 위에 별이 떠 있었다.

방에 들어서자 그는 벽에 걸린 십자가 밑에 다시 무릎을 꿇었다.

"주여, 조그만 연못 안에 거대한 별이 들어 있듯이, 유한한 제 정신 안에 무한한 당신이 계십니다."

짧게 다시 한 번 기도를 마치고 일어난 그는 마침내 결심한 듯 서랍에서 날카로운 칼을 꺼내 한 손에 힘껏 틀어쥐었다. 다른 한 손으로는 어깨 아래까지 흘러내리는 긴 머리를 냉큼 움켜잡은 다음, 한 뼘가량만 남기고 싹둑 잘랐다. 남은 머리는 바싹 잡아당겨 끈으로 묶었다. 그리고 책상 앞에 앉아 필을 들었다.

존재하는 것들 중에 가장 좋은 것, 가장 큰 것, 가장 높은 것이 존재한다.

노르망디에 위치한 베크 수도원의 부원장이자 수도원학교 교장이었던 안셀무스가 1077년 출간한 『모놀로기온』의 첫 문장은 이렇게 쓰였다. 그는 스스로 원해서가 아니라 동료 수사들의 간절한 요청에 못 이겨 이 책을 쓰기 시작했다. 그런데 매우 특이하게도 그들은 어려운 청원을 하면서 까다로운 조건까지 달았다. 그것은 글 안에서 아무것도 성서의 권위에 의해 주장되어서는 안 되며, 오직 명확한 형식과 일반인들도 이해할 수 있는 논증 그리고 단순한 설명을 통해 진리의 필연성을 이성적으로 보여주어야 한다는 것이었다. 조건이 조건인 만큼 제법 너그러운(?) 단서도 덧붙였다. 설사 그가 거의 바보 같은 논증을 하더라도 업신여기지 않겠다는 것이었다.

안셀무스는 이 일의 위험성을 누구보다도 잘 알고 있었다. 그의 생각에 자기가 믿는 신은 인간의 이성이 파악하기에는 너무나 위대하고, 너무나 크고, 너무나 높기 때문이다. 따라서 그 일은 어찌하든 간에 하나님 앞에서는 죄가 되고, 사람들 앞에서는 수치가 될 수밖에 없다. 그래서 그는 오랫동안 요리조리 기피하고 이 핑계 저 핑계로 사양했다. 그럼에도 불구하고 열화와 같은 요청이 끊이지 않자, 그는 마침내 기도로 하나님에게 용서를 구한 다음 마음을 다잡았다. 죄 되고 부끄러울 수밖에 없는 자신의 작업은 어차피 세상에 나오자마자 마치 시장에 내놓은 값싼 물건처럼 곧바로 잊혀질 것이라고 스스로를 위로하기도 했다. 그런 후 용기를 내어 글을 쓰기 시작했다. 그러나 하나님의 뜻은 달랐다. 안셀무스의 글은 나오자마자 곧바로 많은 사람이 앞다투어 베껴 감으로써 세상에 널리 알려졌다.

나중에 영국 국교회 수장인 캔터베리의 대주교가 된 안셀무스가 이 책의 서두에서 언급한 '존재하는 것들 중에 가장 좋은 것, 가장 큰 것, 가장 높은 것'은 당연히 하나님이다. 이것이 그가 동료들의 요청대로 성서의 권위에 의지하지 않고 오직 이성만으로 파악한 기독교에서 말하는 신의 모습이다. 오늘날 학자들은 부르기 편하게 '존재하는 것들 중에 가장 위대한 것'이라고 축약하기도 한다. 그러나 안셀무스 자신은 같은 책에서 오히려 더 장황하게 풀어서 신을 "최고 본질, 최고 생명, 최고 이성, 최고 행복, 최고 정의, 최고 지혜, 최고 진리, 최고 선성, 최고 위대성, 최고 미, 최고 불사성, 최고 불변성, 최고 복락, 최고 영원성, 최고 권능, 최고 일자성—者性"이라고 칭송했다.

인간이 신에게 다가가는 방법에는 크게 보아 두 가지가 있다. 하나는 신앙을 통해서고, 다른 하나는 이성을 통해서다. 전자는 은혜롭지만 자폐적이기 쉽고, 후자는 설득적이지만 자주 은혜롭지 못하다. 종교적으로는 전자가 우선시되고, 학문적으로는 후자가 중시된다. 안셀무스는 "신앙을 전제하지 않는 것은 오만이며, 이성을 사용하지 않는 것은 태만"이라면서 평생 두 가지 태도를 균형 있게 유지했다. 그리고 자신이 견지하는 태도를 "이해를 추구하는 신앙"fides quaerens intellectum이라고 이름 지었다. 이 책에서 나는 바로 이 같은 관점에서 당신과 이야기를 나누고자 한다.

어느 문명에서든 신은 종교 안에만 머물러 있지 않는다. 신은 언제나 종교 밖으로 나가 종교 아닌 것들 속으로 스며들어 간다. 세속적인 것, 일상적인 것, 문화적인 것 안으로 과감히 침투해 들어간다. 신은 사회제도와 전통 안으로, 생활규범과 관습 속으로, 학문 안으로, 문학 속으로, 미술과 건축 안으로, 음악과 공연 속으로, 부단히 파고들어 문화와 문명의 심층을 이룬다. 서양문명이 특히 그렇다. 그래서 내 생각에는, 서양문명에 대한 이해를 그 세계가 오랫동안 숭배해 온 기독교의 신, 하나님에 대한 이해로부터 시작하는 것이 흔한 방법은 아닐지라도 썩 좋은 방법이다. 서양문명을 심층적으로 파악할 수 있게 할 뿐 아니라, 오늘날 우리가 당면한 문제들을 바로 보고 해결책을 마련할 기반을 제공하기 때문이다.

어떤 것에 대한 피상적 이해가 가진 위험을 풍자한 우스갯소리를 들은 적이 있다. 물이 귀해 식수마저 부족한 어느 나라의 사람이 서구를 방문했다가 벽에 붙은 수도꼭지에서 물이 시원스레 쏟아져 나오는 것을 보고 경탄했다. 그래서 수도꼭지를 여러 개 사서 자기 나라로 돌아가 벽에 꽂아 놓고 틀어 보았지만 물이 나오지 않았다. 그렇지! 벽 뒤에 마땅히 있어야 할 배관도, 급수펌프도, 정수장도 없이 물이 쏟아져 나올 리가 없다. 물론 이 이야기는 누군가가 만들어 낸 농담일 것이다. 그럼에도 우리에게 시사하는 바는 적지 않다. 무슨 일에 대해서든 심층적 이해 없이는 해결책도 없다는 것을 또렷이 보여 주기 때문이다!

서양문명에 대한 우리의 이해가 대부분 이처럼 피상적이지는 않은지 의심스럽다. 다른 무엇보다도 신에 대한 이해부터 그렇다. 그 때문에 이 책의 주된 목표는 기독교에서 말하는 하나님에 대한 바르고 정치한 이해를 통해 서양문명의 심층을 파악하자는 것이다. 그럼으로써 지금까지 서양문명을 이끌어 왔고 또 앞으로도 이끌어 갈—급수펌프이자 정수원인—기독교 고유의 가치들과 특유의 사유방식을 배우고 익히려 한다. 그것이 세계화의 거센 물결을 타고 어느 때보다도 빠르게 보편화된 서양문명이 우리에게 떠넘긴 심각한 문제들, 예컨대 가치의 몰락, 의미의 상실, 물질주의, 냉소주의, 허무주의, 테러와 전쟁으로 치닫는 문명의 충돌 등에 대한 진중한 해법을 제공할 것이기 때문이다.

목표에 도달하기 위해, 나는 이제 당신과 함께 먼 길을 떠나고자 한다. 우리는 하나님과 인간의 관계에 관하여(1부), 창조주와 피조물의 속성에 관하여(2부), 창조의 의미와 목적에 관하여(3부), 섭리로 나타나는 하나님의 인격성과 그에 대한 인간의 태도에 관하여(4부), 하나님의 유일성과 인간의 연대성에 관하여(5부) 이야기할 것이다. 도중에 하나님의 이름이 대변하는 소중한 가치들에 대해서, 열정과 신앙으로 그 가치들을 지켜 온 사람들에 대해서, 개인의 삶과 세계의 역사가 가진 의미에 대해서, 무신론을 주장하는 과학자들과 그들의 이론에 대해서, 서로 상반·대립하는 지식들의 종합에 대해서, 충돌하는 문명들의 화해에 대해서도 함께 이야기를 나눌 것이다. 사이사이에는 우리가 함께 나누는 이야기들과 연관된 시, 소설, 회화, 조각, 음악, 역사, 과학, 철학에 대해서도 살펴볼 것이다.

길을 떠나기에 앞서 밝히고 싶은 것이 있다. 독자들은 이 책에서 내가 이야기를 전개하는 방식이 조금 색다르다는 것을 이내 알아차릴 것이다. 그것은 내가 고대 헬레니즘 시대의 교사와 성직자들, 예컨대 사도 바울이 글을 쓰거나 설교할 때 즐겨 사용하던 디아트리베diatribe라는 수사법을 활용하기 때문이다. '기분풀이' 내지 '환담'이라는 뜻을 가진 디아트리베는 아무리 심오한 철학적 변론이나 종교적 사상이라 할지라도 고상한 전문용어를 사용하여 일방적으로 선포하는 것을 피한다. 그 대신 친근하고 생동하는 일상용어로 바꾸어 말하며, 독자나 청중을 대화의 상대로 끌어들이고, 그들과 함께 담화를 나누는 식으로 이야기를 전개하는 기법이다.

따라서 당신은 이 책을 펼침과 동시에 딱딱한 강의실 의자에 앉는 것이 아니다. 오히려 아늑한 서재나 카페 같은 곳에서 벌어진 흥미로운 환담에 초대되는 것이다. 그리고 나와 마주 앉아 차를 마시면서 기분풀이 수다를 떠는 것 같은 담화를 즐기게 된다. 나는 기독교에서 말하는 하나님과 서양문명에 대해 이야기하되, 되도록 자주 당신에게 질문을 던지고 동의를 구하기도 할 것이다. 그뿐 아니라 가끔은 당신이 내게 물음을 던지게 하고 그에 답하며, 또 가끔은 내 논지를 반박하게 하고 그것을 수긍하거나 논박하는 식으로 이야기를 진행할 것이다. 어떤가? 흥미롭지 않겠는가?

이 책은 2010년에 출간된 『서양문명을 읽는 코드, 신』을 다시 쓴다는 마음으로 고치고 확장한 개정증보판이다. 곳곳에 설명과 화보를 이전보다 더 풍성하게 넣어서 보완했고, 욥의 이야기를 매개로 살펴본 하나님의 섭리와 그에 대한 우리의 태도에 관한 4부 8장은 새로 써넣었다. 결코 작다 할 수 없는 이 책이 다시 빛을 보기까지 도와준 고마운 분들이 있다. 출간을 허락해 준 IVP의 신현기 대표에게 먼저 감사드린다. 쉽지 않은 작업을 기획하고 진행한 정모세 편집장과 심혜인 편집인의 세심한 배려와 노고에도 깊이 감사한다. 그리고 이제부터, 신을 찾아, 신과 함께, 또한 나와 함께 길을 떠날 당신을 두 팔로 반긴다. 조금 멀지만 가슴 뛰게 할 여정이 우리를 기다리고 있다. 자, 이제 떠나자!

2018년 2월, 청파동에서
김용규

1부

하나님은 누구인가

"자신의 비참함을 알지 못하고
하나님을 아는 것은 오만을 낳는다.
하나님을 알지 못하고 자신의 비참함을
아는 것은 절망을 낳는다."
- 파스칼, 『팡세』

1512년 10월의 마지막 날 교황 율리우스 2세는 설레는 가슴으로 성 시스티나 성당을 향해 발길을 재촉했습니다. 17명의 추기경과 그 수행원들이 바쁜 걸음으로 뒤를 따랐지요. 교황 식스투스 4세 Sixtus IV가 지었다고 해서 시스티나 Sistina라고 불리는 이 예배당은 교황이 직접 미사를 집전하고 추기경들이 차기 교황을 선출하는 매우 중요한 장소입니다. 하지만 이날 교황은 미사를 드리러 이곳을 찾은 게 아니었습니다. 다른 특별한 볼일이 있었지요. 그가 지난 4년 1개월 동안 밤낮을 가리지 않고 기다리던 성당 천장화가 마침내 완성되어, 처음으로 공개되는 날이었거든요.

〈천지창조〉라고 불리는 이 천장화를 그린 화가는 당신도 잘 아는 부오나로티 미켈란젤로 Michelangelo di Lodovico Buonarroti Simoni, 1475-1564입니다. 그는 천장화를 그리는 동안에는 그곳에 아무도 접근하지 못하게 했고, 천장화 작업을 막 시작한 초반을 제외하고는 자신을 도와줄 조수조차 쓰지 않았다지요. 오직 천재적 재능과 초인적 열정으로 바닥에서 무려 20미터나 높은 곳에 있는, 폭 13.2미터 길이 41.2미터의 드넓은 천장에 구약성서에 씌어 있는 천지창조 이야기를 재현했습니다.

이 천장화에는 300명도 넘는 인물이 등장하는데, 아담과 하와는 물론이고 하나님을 제외한 상당수가 완전히 알몸이거나 몇 군데만 천으로 겨우 가린 나체로 그려졌습니다. 그들은 성스러운 건물의 천장 위에 걸터앉거나 드러누워 있지요. 어디 그뿐입니까? 젖가슴과 궁둥이, 심지어 성기까지 보란 듯이 내놓고 있습니다. 마치 '인간의 육체보다 더 아름다운 것은 없다'는 16세기 르네상스의 구호를 거세게 외쳐 대는 듯하지요. 그 아래에 서자 고매한 추기경들은 부르르 몸을 떨었고, 폭군il papa terribile으로 불리던 교황마저 꼼짝없이 숨을 죽였습니다.

다음 날에는 일반에도 공개되었지요. 말굽소리를 요란하게 울리며 각지에서 몰려든 지체 높은 귀족들과 세력가들도 거장의 파격적이고 탁월한 솜씨에 어안이 벙벙해져 한동안 입을 다물지 못했습니다. 다양한 방향으로 몸을 비튼 기묘한 자세인데도 자연스러움과 우아함을 잃지 않은 미켈란젤로의 놀라운 인물들을 바라보며 입이 쩍 벌어진 그들은 천재의 능력이 얼마나 엄청난 일을 해낼 수 있는지 비로소 알아차렸지요.

한참 후에야 정신이 든 이들은 인간의 육체가 지닌 아름다움에 대한 이 화가의 찬미가 하나님에게 바치는 장엄한 미사라는 것도 깨달았습니다. 물론 그 가운데는 성스러운 예배당 천장에 나체가 그려졌다는 사실에 당혹한 표정을 짓는 이들도 있었습니다. 성전을 공중목욕탕으로 만들어 버렸다며 투덜거리는 사람도 분명 있었겠지요. 그렇지만 천장화의 아름다움에 기가 질려 누구 하나 시비를 걸지는 않았습니다. 모두들 하나같이 감탄만 쏟아 낼 따름이었지요.

우리의 첫 번째 이야기는 이 위대한 천장화 가운데 한 장면인 〈아담의 창조〉에서 시작합니다. 왜냐하면 당시 천장화를 보고 경탄하던 사람들처럼 오늘날에도 대부분의 사람들은 '하나님'이라는 말을 들으면 가장 먼저 이 그림에 등장하는 것 같은 노인을 떠올리기 때문입니다. 그런데 그것이 과연 옳은 일일까요? 하나님은 정말 미켈란젤로가 그린 것처럼 백발성성한 노인의 모습을 하고 있을까요?

하나님은 어떻게 생겼나

〈아담의 창조〉를 조금 자세히 살펴봅시다. 그림의 왼쪽에 벌거벗은 채 비스듬히 누운 사내가 눈에 띄는군요. 아담이지요. 건장하고 아름다운 몸입니다. 땅에 댄 오른팔로 상체를 받쳐 몸을 반쯤 일으켰지만 오른쪽 다리는 길게 뻗었고 왼쪽 다리는 무릎을 세운 채 누워 있지요. 떡 벌어진 어깨와 넓은 가슴은 정면을 향해 있습니다. 하지만 허리를 살짝 뒤틀어 두 다리는 측면으로 뻗어 상당히 육감적입니다. 햇볕에 잘 그을려 윤기가 흐르는 갈색 피부는 균형 잡힌 골격과 발달된 근육을 매끄럽게 감싸며 탐미적 볼륨을 만들어 내고 있지요.

오늘날 우리 기준으로 보자면 약간 살찐 것 같기도 합니다. 그러나 미술사를 통틀어 남성의 육체가 이토록 아름답고 감각적으로 묘사된 적이 있었던가요? 굳이 경쟁자를 찾는다면 뛰어난 그리스 조각을 몇 떠올릴 수 있겠습니다. 특히, '예술고고학의 아버지'라고 불리는 요한 요아힘 빙켈만Johann Joachim Winckelmann, 1717-1768이 "고대예술이 이룩한 기적"이라고 극찬한 〈벨베데레의 아폴론〉이 자웅을 겨룰 수 있겠지요.

그의 육체는 모든 현실성을 초월하여 숭고하고,
그의 자세는 내부에 흐르는 위대함을 증명하기에 충분하며,
그의 발걸음은 경쾌한 바람의 날개를 갖고 있다.
영원한 봄이 매력으로 가득 찬 남성의 육체에
감미로운 청춘의 옷을 입혀 부드럽게 애무하고 있다.[1]

학자의 자질과 시인의 기질을 동시에 가진 빙켈만이 〈벨베데레의 아폴

론〉에 바친 찬사 중 일부입니다. 한 편의 시 같지요? 독일의 문호 요한 볼프강 폰 괴테Johann Wolfgang von Goethe, 1749-1832가 "자연은 이 멋진 사람을 창조하기 위해 모든 것을 걸었다"며 빙켈만을 칭송한 까닭을 조금은 짐작할 수 있게 합니다. 그런데 나는 이 화려하고 멋진 수사들이 그대로 미켈란젤로의 아담에게 헌정되어도 전혀 지나치지 않다고 생각합니다.

그뿐인가요! 아담의 얼굴에도 〈벨베데레의 아폴론〉 대리석상이 지닌 고귀함과 우아함은 그대로 살아 있습니다. 이마에서 코로 흐르는 곧은 선을 보세요. 영원히 깨지지 않을 평화가 깃들어 있는 것 같지 않나요? 싱그러운 뺨은 또 어떻습니까? 단 한 순간도 식지 않을 것 같은 정열이 자리하고 있지요. 선악을 아직 모르는 순수한 눈망울에는 그리움만 가득하고, 거짓이라곤 아예 모르는 천진한 입술에는 끝 모를 갈망이 머물고

미켈란젤로, 〈천지창조〉 중 '아담의 창조', 1508-1512.

있습니다. 그래서 말인데요. 만일 이 사내가 바라보고 있는 대상이 아름다운 여인이었다면 작품은 더없이 선정적이었을 것입니다.

하지만 아담은 고개를 들어 하늘에서 날아오는 한 노인을 바라보고 있습니다. 그가 바로 지엄하신 하나님입니다. 한 점 욕정도 없고 오직 성스러운 의지로 충만하여 더없이 숭고한 하나님은 백발과 흰 수염을 휘날리고 있지만 무척 건장하지요. 범선의 돛처럼 부풀어 오른 커다란 망토 속에 아기천사 푸토^{putto}*들을 데리고 옷자락을 펄럭이며 다가오는 모습이 매우 역동적입니다. 가만히 누워서 기다리는 아담의 정적인 모습과는 아주 대조적이지요.

• 르네상스와 바로크 시대의 종교적 예술품에 자주 등장하는 통통하고 예쁜 아기천사.

먼저 시선을 끄는 것은 아담을 향해 쭉 뻗은 하나님의 우람한 오른팔입니다. 그럼에도 놓치지 말아야 할 것은 뒤로 감춰진 기다란 왼팔이지요. 하나님은 왼팔로 한 여인과 푸토를 감싸서 데려오고 있습니다. 이들이 누구일까요? 의견이 분분합니다만, 상당수 미술사학자들이 여인은 아담의 짝이 될 하와의 영혼이고 푸토는 이제 곧 건네질 아담의 영혼이라고 추측합니다.

하나님은 빠른 속도로 다가오며 아담을 향해 손을 뻗습니다. 하나님의 시선은 온통 손가락과 손가락의 만남에 집중되어 있지만 생명을 건네려는 그의 집게손가락은 아직 아담의 검지에 닿지 않지요. 그런데 아담의 손은 오히려 아래로 떨어져 있는 것 같아 보이는군요. 아직 준비가 안 된 걸까요? 이렇게 뭔가를 건네주려는 능동적 손가락과 그것을 받는 수동적 손의 모습을 통해 동적인 하나님과 정적인 아담의 대조적 자세가 더 분명히 드러납니다. 창조가 전적으로 하나님의 능동적 행위로 이루어졌음을 상징하는 데 안성맞춤인 장면이지요.

르네상스의 거장은 이처럼 육감적인 것과 성스러운 것, 땅의 것과 하늘의 것, 정적인 것과 동적인 것, 수동적인 것과 능동적인 것을 한데 아울러 최고의 경지에 도달한 미를 표현해 냈습니다. 그 어느 때 그 누가 하나님과 인간의 만남을 이보다 더 극적이고 아름답게 묘사했겠습니까! 20세기의 탁월한 미술사학자 에른스트 곰브리치Ernst H. J. Gombrich, 1909-2001가 이 그림에 대해 "위대한 창조의 힘찬 동작과 하나님의 전능함을 눈으로 볼 수 있도록 고안해 낸 이 방법은 미술사에서 가장 위대한 기적 가운데 하나다"[2]라고 평한 것은 결코 과장이 아닐 겁니다.

그렇지만 이 위대한 작품은 신학적으로 그리고 종교적으로 심각한 문제를 안고 있습니다. 성서에는 하나님이 흙으로 아담을 빚고 그의 코에 생명을 불어넣었다고 되어 있는데 왜 손가락으로 생명을 건네주느냐, 하나님이 흙을 빚어 창조했다면 아담의 배꼽은 도대체 어떻게 생겨난 것이냐 하는 시빗거리들은 세간 입담꾼들의 수다로 차치해 두지요. 우리가 주목하려는 것은 하나님의 모습입니다. 과연 하나님이 사람의 모습을 하고 있느냐 하는 것이지요. 이는 하나님에 관한 다른 여느 시빗거리와는 달리 매우 중요한 문제입니다.

결론부터 말할까요? 하나님은 인간의 모습을 하고 있지 않습니다! 적어도 구약성서를 경전으로 삼는 유대교, 기독교, 이슬람교에서 말하는 하나님은 그렇지요. 구약성서에 나오는 천지창조는 히브리인들의 이야기이고, 그들에게 하나님은 영靈입니다. 영을 뜻하는 히브리어 루아흐rûah는 '바람' 또는 '숨결'과 어원이 같습니다. 독일의 현대신학자 볼프하르트 판넨베르크Wolfhart Pannenberg, 1928-2014가 "신이 영이라는 말은 신이란 모든 것에 침투하는 바람, 때로는 조용한 숨결로 때로는 거센 폭풍으로 모든 것에 침투하여 지배하는 바람이라는 뜻이다"[3]라고 잘라 말한 것이 그래서입니다. 그렇다면 당연히 하나님은 남성이나 여성이 아니고 늙은이나 젊은이도 아닙니다. 바람이 그렇듯이 하나님은 도무지 우리가 볼 수 있는 어떤 모습도 갖고 있지 않지요.

그 때문에 구약성서에서는 하나님이 인간 앞에 자신을 드러낼 때면 천둥, 바람, 불 같은 것으로 자신의 위용과 능력을 보여 주고(출애굽기 3:2; 신명기 4:12, 15 등), 어떤 때는 꿈을 통해서(창세기 28:12-16; 37:5-9; 열왕기상 3:5; 다니엘 2:3 등), 또 어떤 때는 환상을 통해서(에스겔 8:3 등) 나타나기도 합니다. 나아가 하나님은 외부에서 들리는 음성(사무엘상 3:1 등)이나 천사를 통해서(다니엘 9:20; 10:10-21 등)도 자신을 현현하지요. 따라서 하나님을 '보았다'는 구약성서의 기록들은 하나님의 실체를 보았다는 것이 아니라 하나님의 영광과 위엄의 상징을 보았다는 의미일 뿐입니다.

물론 하나님이 인간의 모습으로 나타날 수 없다는 건 아닙니다. 하나님은 전능하기 때문이지요. 가령 아브라함에게 그랬듯이 하나님은 사람의 모습을 하고 나타나기도 합니다(창세기 18-19장 등).* 또 모세와는 대면해서 이야기를 나누기도 했지요(출애굽기 33:11; 민수기 12:6-8 등). 하지만 이 또한 하나님이 자기를 현현하는 한 방법으로서 사자使者로 나타난 것일 뿐 하나님이 가진 본래의 모습이 그러한 것은 아닙니다. 설사 곳곳에서 하나님이 얼굴이나 등, 머리털과 같은 인간의 신체부위를 통해 묘사되었다고 해도(출애굽기 33:23; 다니엘 7:9 등), 이 역시 하나님의 영성靈性에 대한 상징적 묘사일 뿐 하나님은 인간의 모습을 하고 있지 않다는 것이 구약성서를 경전으로 삼는 종교들의 공통된 해석이지요. 그리고 신약성서에도 하나님은 "어느 때나 하나님을 본 사람이 없으되"(요한1서 4:12), 또는 "어떤 사람도 보지 못하였고 또 볼 수 없는 이"(디모데전서 6:16)로 나타나 있습니다.

영적인 것을 육체적인 형태에

혹시 조금 놀랐나요? 아니면 왠지 서운한가요? 만일 당신이 하나님을 미켈란젤로가 그린 근엄한 노인처럼 생각했다면 조금은 당황스럽고 실망스러울 겁니다. 솔직히 나도 그렇습니다. 사실 우리 모두는 지혜와 위엄으로 가득 찬 노인 같은 하나님의 모습에 오랫동안 친밀감을 느끼지 않았습니까? 그런 하나님의 이미지를 삽시에 뇌리에서 지워 버리기는 쉽지 않

---

* 창세기 18-19장에서는 신이 아브라함에게 세 사람의 모습으로 나타나는데, 신학자들은 이것을 삼위일체 하나님의 자기현현으로 보기도 하고, "그 사람들이 거기서 떠나 소돔으로 향하여 가고 아브라함은 여호와 앞에 그대로 섰더니"(창세기 18:22)를 근거로 떠난 두 사람은 하나님의 사자(使者)이고 남은 하나가 하나님이라고 주장하기도 하지만, 세 사람 모두를 하나님의 사자로 보는 것이 일반적인 해석이다.

지요. 이제 곧 당신도 알아차리겠지만, 그것은 사실상 거의 불가능합니다. 그런데 도대체 왜 그럴까요?

여기에는 지난 수천 년간 하나님을 직간접적으로 의인화擬人化해서 표현해 온 회화, 조각, 시, 소설, 노랫말 같은 숱한 예술작품들이 매우 중요한 역할을 합니다. 예를 들어 존 밀턴John Milton, 1608-1674의 『실낙원』을 볼까요? 영국 르네상스 시대의 최대 걸작으로 꼽히는 이 작품에는 천사 라파엘이 아담에게 천상세계의 존재들을 의인화해서 설명하는 장면이 나옵니다. 다음은 그 가운데 한 부분이지요.

어느 날, 하늘의 천사대군이
칙령으로 소집되어, 즉시
각자의 수령 밑에 찬란한 대열을 갖추어
하늘 끝에서부터 무수히
전능한 신의 옥좌 앞에 나타났노라.
…영원한 성부께서
축복에 싸인 그의 아들을 곁에 앉히고
찬란한 광채 때문에 그 정상이 보이지 않는
불타는 산에서 나오듯 이렇게 말씀하셨도다.
"들으라. 너희 모든 천사들, 빛의 아들들이여,
군주여, 지배자여, 영주여, 능력가여, 권력가여…
변함없이 간직해야 할 내 명령을 들으라.
오늘 나는 나의 독생자라고 일컬을 자를
내놓았노라. 더욱이 이 성스러운 산에서
그에게 기름을 부었나니, 그가 내 오른편에 있음을
그대들이 보는 바라."

…드디어 저녁이 다가와

(우리에게도 저녁이 있고 아침이 있으니,

필요는 없으되 즐거운 변화를 위함이라)

즉시 무도에서 식사로 옮겼는데

모두들 식욕을 느껴 원을 그리며 둘러서자

원탁이 놓이고 홀연히 천사들의 음식이 쌓이고

천상의 포도에서 짜낸 홍옥빛 영주靈酒가

진주와 금강석으로 장식된 금잔에 넘쳤노라.

꽃 위에 누워 맑고 산뜻한 작은 꽃들을 머리에 쓴 채

그들은 먹고 마시고, 달콤한 교제 가운데

영생과 환희를 즐겼노라.⁴

어떤가요? 하나님이 천사들에게 성자의 탄생을 알리고 잔치를 하는 내용을 담은 이 시구詩句들은 로마 황제의 위용과 호화로움을 재현한 할리우드 영화의 한 장면을 보는 듯한 느낌을 주지요?

거장이 탁월한 솜씨로 다듬은 이 화려하고 장엄한 장면은 수 세기 동안 많은 사람에게 강렬한 인상을 남겼습니다. 그리하여 웅대하고 아름다운 묘사들 안에 숨겨진 신학적·종교적 오류와 폐단 역시 세월이 갈수록 더 넓고 깊게 자리 잡았지요. 밀턴 자신은 애초부터 이러한 유감스러운 폐해를 염려해 자신의 표현들이 단순한 문학적 비유라는 것을 다음과 같이 명백히 밝혀 두었습니다.

…아마도

밝혀지는 것이 옳지 못할 다른 세계의 비밀을

어이 말하리오. 그러나 그대에게는

가능하다. 그럼에도 인간의 이해가
미치지 못하는 것은, 가장 잘 표현될 수 있도록,
영적인 것을 육체적인 형태에 비유하여
묘사하겠노라.[5]

천상세계의 '존재'와 지상세계의 '존재물'은 전혀 다른 것이어서 언어적 묘사가 불가능하지만, 인간이 이해할 수 있도록 의인화해서 표현할 테니 부디 새겨들으라는 뜻이지요. 하지만 사람이란 항상 자신이 보고 싶은 것만 보고 듣고 싶은 대로 듣는 법입니다. 밀턴의 사려 깊은 경고는 사실상 무시되었고, 그의 탁월한 묘사는 본인의 의도와는 무관하게 하나님을 의인화하는 데 뚜렷한 공헌을 하고 말았습니다.

여기서 한 가지 양해를 구하고자 합니다. 이처럼 돌이키기 어려운 부작용에도 불구하고, 우리는 앞으로도 종종 하나님을 의인화한 작품들을 매개로 이야기를 펼쳐 갈 것입니다. 다양하고 풍성한 이들 예술작품은 좋건 싫건 서양문명의 주축을 이루어 왔으며, 우리가 서양문명을 이해하는 코드로 다룰 하나님에 대한 이야기를 한층 흥미롭고 진지하게 만들 테니까요. 하지만 그럴수록 당신이 더욱 분명하게 기억해야 할 게 있습니다. 아무리 그래도 하나님은 전혀 인간처럼 생기지 않았다는 사실이지요. 이것은 아주 중요한 이야기입니다. 만약 우리가 의식적으로든 무의식적으로든 하나님이 인간처럼 생겼다고 생각하는 한, 기독교에서 말하는 하나님을 오해하거나 또는 아예 이해할 수 없기 때문입니다.

미켈란젤로가 그린 노인은 누구인가

그럼 미켈란젤로가 〈아담의 창조〉에 그려 넣은 노인은 도대체 누구일까요? 사실 이 노인은 히브리인들의 성서에 나오는 하나님인 '야훼'YHWH*가 아닙니다. 바로 그리스인들의 신화에 나오는 '제우스'Zeus지요. 르네상스 시대 사람들은 자신들이 라틴어로 유피테르Jupiter라고 부르던 그리스 신들의 왕을 아무 거리낌 없이 야훼와 같은 존재로 여겼습니다. 오늘날 우리에게는 깜짝 놀랄 만한 일인데요, 그 한 예를 이탈리아 르네상스의 문을 연 시인 알리기에리 단테Alighieri Dante, 1265-1321의 『신곡』에서 찾아볼 수 있습니다.

1부 "지옥편"에 나오는 다음 구절들은 단테와 그를 인도하는 고대 로마의 시인 베르길리우스P. Vergilius Maro, 기원전 70-19의 영혼이 제7지옥에서 카파네우스의 영혼을 만나는 장면을 묘사한 것입니다. 카파네우스는 테베를 공략한 전투에서** 유피테르(제우스)를 모독한 죄로 벼락에 맞아 죽어 지옥에서 벌을 받고 있지요. 그럼에도 그는 여전히 다음과 같이 반항합니다.

…나는 죽어서도 살아 있을 때와 다르지 않나니,

---

* 오늘날 국내 신학자들은 신의 '네 철자 이름'(Tetragrammaton)인 YHWH의 한국어 발음을 '야웨'로 표기하기도 한다. 하지만 여기서는 우리말 성서(대한성서공회의 공동번역성서 1999년 개정판)의 표기를 따라 '야훼'로 표기한다.
** 테베 왕 오이디푸스의 쌍둥이 아들인 에테오클레스와 폴리네이케스는 아버지가 죽자 한 해씩 번갈아 가며 테베를 다스리기로 약속했지만, 형이 약속을 어기자 동생의 장인이며 아르고스 왕인 아드라스토스가 사위의 왕권을 찾기 위하여 군대를 일으켜 테베를 공격했다. 이때 아르고스의 군대를 지휘한 장수들을 '테베공략 7왕'이라고 하는데, 이들은 테베의 일곱 성문을 하나씩 맡아 공격했다.

유피테르가 대장장이를 녹초로 만들면서까지
그에게서 성난 번갯불을 얻어 내어
나의 마지막 날에 나를 때려눕혔던,

플레그라의 싸움에서와 마찬가지로
착한 불카누스여, 도와 다오, 도와 다오 하고
외치며, 몬지벨로의 새까만 대장간에서*

대장장이들을 피곤하게 하여
나에게 힘껏 번개화살을 당길지라도
만족할 만한 복수는 하지 못하리라.⁶

그러자 베르길리우스가 "일찍이 들어 본 일이 없는 격한 목소리로" 일단 카파네우스를 꾸짖은 다음, 단테에게 그 사연을 설명합니다.

…오, 카파네우스여. 너의 자만이 수그러지지 않는 한

더욱 큰 형벌을 받으리니,
네 음울한 자만에 가장 합당한 형벌은
오직 너 자신의 분노이리라.

그러고 나서 부드러운 얼굴로 나[단테]를 돌아보고

• 시칠리아에 있는 에트나 화산을 이탈리아인들은 '몬지벨로'(Mongibello)라고 부른다. 단테는 이 화산을 '불의 신' 불카누스(헤파이스토스)의 대장간으로 묘사한 것이다.

말했다. 저자는 테베를 공략하던

일곱 왕 중 하나로, 살아서와 마찬가지로

지금도 하나님[야훼]을 경멸하고 섬기지 않는구나.⁷

이처럼 단테는 『신곡』에서 로마인들의 신인 유피테르와 히브리인들의 신인 야훼를 아무런 구분 없이, 그때그때 문맥이나 비유에 맞게 사용했지요. 오늘날 우리로서는 유피테르를 모독한 카파네우스가 왜 그리스인들의 저승인 하데스Hades에 있지 않고 기독교에서 말하는 지옥hell에서 벌을 받는지, 또 왜 베르길리우스가 그리스 신인 유피테르에게 반항하는 카파네우스에게 아직도 하나님[야훼]을 경멸한다고 꾸짖는지 이해하기가 무척 어렵습니다. 하지만 르네상스 시대 사람들은 이런 것을 당연하게 받아들였지요. 도대체 왜 그랬을까요? 그럴 만한 이유가 있었습니다.

당신도 알다시피, 르네상스Renaissance란 '재탄생' 또는 '부활'이라는 뜻입니다. 그런데 무엇의 재탄생이고 부활이란 말일까요? 그것은 신-중심의 중세 문화를 깨트리고 인간-중심의 고대 그리스·로마의 정신과 문화를 되살리자는 것이었지요. 따라서 이 시대 예술가들은 신보다는 인간을, 신앙보다는 이성을, 종교보다는 학문과 예술을 숭상하던 고대 그리스·로마의 정신을 그들 작품 속에 재현했습니다. 이것이 르네상스 시대의 예술 양식이 드러내는 특징이지요. 그래서 단테는 『신곡』에서 그리스도인들의 신인 야훼를 로마인들의 신인 유피테르라는 이름으로 등장시켰고, 미켈란젤로는 성 시스티나 성당의 천장에 천지창조라는 히브리인들의 이야기를 그리스·로마인들의 정신과 기법으로 재현한 것입니다.

고대 그리스·로마인들에게 신은 인간을 이상화하거나 그 능력을 극대화한 존재였습니다. 일종의 초인적 영웅이었던 셈이지요. 대부분의 경우에 그들은 인간의 모습을 하고 있었고, 그래서 그리스·로마의 예술가들은 그림이나 조각을 통해 자기네 신들을 인간의 모습으로 형상화했지요. 왜 그랬을까요? 그들이 신들을 인간처럼 하찮은 존재로 여겨서 그랬을까요? 아니지요! 고대 그리스·로마 사람들이 신에게 인간의 육체를 부여한 것은 신들을 폄하했다기보다 인간의 육체를 그만큼 신성시했다고 보아야 합니다. 남아 있는 그리스 조각품들이 증명하듯이, 그들은 인간의 몸을 최상의 아름다움으로 여기고 그것에 열광한 사람들이었습니다. 정말이냐고요? 그럼요! 이를 증명할 만한 매우 인상적인 증거들이 남아 있습니다.

엉덩이를 내보이는 처녀들

우선 그리스의 서정시인 핀다로스$^{Pindaros,\ 기원전\ 518-438}$가 지은 "올림픽 경기 찬가"를 볼까요? 핀다로스는 기원전 6세기에 신들과 이상적 인간상을 찬미한 뛰어난 시들을 남겨 후세에 '핀다로스풍' 축송시^{ode}의 시조가 된 사람입니다.

> 같은 종족이어서
> 인간과 신들은 하나라네.
> 하나의 어머니에게서 우리는 똑같이 숨을 이끌어 내었지.
> 모든 것 중에서 단지 힘의 차이가 우리를 구분하나니
> 그것은 사실 아무것도 아닌 듯한데,
> 놋쇠처럼 단단한 하늘이 영원히 정해진 인간과 신의 주거지를
>   갈라놓는다네.

하지만 우리도 이 심성의 위대함 혹은 육체의 위대함에서
불멸하는 이들과 같을 수 있으리라.[8]

핀다로스는 신과 인간이 크기와 힘에서 차이가 있을 뿐 같은 종족임을 주장했습니다. 이것은 고대 그리스 사람들의 공통된 생각이기도 했지요. 인간이 신과 같은 불멸의 존재가 될 수는 없어도 심성과 육체를 단련하여 신처럼 위대해질 수는 있다고 믿은 것입니다. 이렇듯 대담한 생각을 갖고 있었기에 그리스인들은 어려서부터 체조와 운동경기를 통해 군더더기 없는 아름다운 육체를 만들려고 애썼습니다.

특히 스파르타의 청년들은 피타고라스Pythagoras, 기원전 ?580-?500의 계율에 따라 몸에 군살을 붙여선 안 되었지요. 그들은 열흘에 한 번씩 행정감독관 앞에서 의무적으로 나체를 검사받았는데, 군살이 있는 사람은 금식을 해야 했습니다. 또한 학교이자 체육관이라 할 수 있는 아테네의 김나지움Gymnasium*에서는 모두들 나체로 체조를 해야 했어요. 소녀들도 수치심과 연약함을 없애기 위해 집 밖을 나체로 활보하도록 허락했고, 축제 기간에는 무대에 올라 소년들 앞에서 나체로 춤추고 노래하게 했습니다. 그 덕에 대부분이 철학자이기도 했던 당시의 예술가들에게 축제일은 젊고 아름다운 육체를 마음껏 감상하고 예찬할 수 있는 기회였지요.[9]

그뿐만이 아닙니다. 그리스인들은 청소년들이 평소 입는 옷에도 신경을 썼습니다. 옷이 몸의 발육이나 아름다움을 방해하지 않도록 조이는 곳이 없게 만들었을 뿐만 아니라, 요즘의 비키니처럼 더 많이 노출되도록

---

* 그리스어 gymnòs(김노스)는 나체를 의미한다. Gymnasium(김나지움)은 나체 체육관이었다. 그리스가 전성기를 구가하던 기원전 5세기에는 모든 도시에 반드시 극장과 김나지움이 있었다. 그러나 용병이 출현하는 기원전 3세기 무렵부터 점차 체육의 중요성이 줄어 김나지움도 보통 학교처럼 되었다.

디자인했지요. 특히 소녀들은 가볍고 짧은 옷을 즐겨 입었고, 그래서 당시 사람들은 그들을 "엉덩이를 내보이는 처녀들*"이라고 불렀습니다.¹⁰

또한 페플로스Peplos라는 옷은 몸을 움직이거나 바람이 불면 피부에 착 달라붙어 육체의 윤곽이 잘 드러나도록 베일처럼 얇고 하늘거리는 천으로 만들었습니다.¹¹ 고대 그리스 여인의 조각상들이 대개 치렁거리는 주름을 드리우면서도 몸매를 그대로 드러내는 옷을 걸치고 있는 것은 그래서지요. 이런 조각들은 그리스인들이 일상생활에서도 페플로스를 걸치고 다니지는 않았더라도, 축제일 같은 특별한 때는 그런 옷을 즐겨 입었다는 것을 말해 줍니다.

이 모든 일이 인간 육체의 아름다움을 극대화하려던 그리스인들의 열망에서 나왔지요. 인류 역사를 두고 인간의 육체를 이처럼 신성화한 적은 없었습니다. 이렇듯 건강하고 아름다운 정신을 미켈란젤로가 그대로 이어받았지요. 그리고 바로 그 정신으로 자신의 작품에 등장하는 인물들의 육체를 다듬었습니다. 미켈란셀로가 얼마나 그리스 정신에 충실했는지는 그의 그림 〈천지창조〉가 그리스인들의 신화가 아닌, 히브리인들의 성서를 바탕으로 하고 있다는 점을 감안하면 더욱 분명해집니다. 무슨 말이냐고요? 무슨 말인지 좀더 자세히 살펴볼까요?

히브리인들은 전통적으로 옷 벗는 것을 두려워했습니다. 이런 관습은 "내가 벗었으므로 두려워하여 숨었나이다"(창세기 3:10)라는 아담의 말에서도 드러나지요. 인간이 처음 창조되었을 때 무슨 의복이 있었겠어요? 그런데도 아담이 이렇게 말한 것은 히브리인들의 의식이 그대로 반영된

• 기원전 6세기경의 시인 이비스코의 기록에는 "허리와 허벅지를 내보이는 것"으로 되어 있고, 기원전 5세기경의 비극시인 에우리피데스의 기술에는 "허리와 허벅지를 노출하는 것"으로 표현되어 있다.

랭부르(Limbourg) 형제, 〈타락과 낙원에서의 추방〉, 1415-1416.

결과입니다. 초기 유대교 문헌에 나오는 히브리인들의 기본 예법 중 하나가 옷을 벗지 말라는 것이지요. 극단적인 경우이지만, '사해사본'Dead Sea Scroll으로 우리에게 잘 알려진 유대교 분파 에세네Essenes 공동체에서는 이웃 앞에서 이유 없이 옷을 벗고 걸으면 6개월 동안 벌을 받고, 심지어 자기 옷 밑으로 손을 내놓기만 해도 30일간 벌을 받았다고 합니다.[12]

그 전통이 암암리에 기독교에도 이어졌지요. 고대나 중세 기독교에서 인간의 육체는 언제나 욕정과 죄의 온상이기 때문에 숨기고 가려야 하는 것이었습니다. 당시에도 물론 나체화가 있었지만, 그것을 그린 목적은 육체의 아름다움을 표현하기 위함이 아니라 악마의 거처로서 추함을 드러내기 위함이었지요. 그래서 일부러 혐오스럽게 묘사했답니다. 예컨대 15세기 초에 활동한 랭부르Limbourg 형제*의 화집에 실린 작품 〈타락〉을 보면, 나체의 여인들이 골반은 넓고 복부는 튀어나왔지만 가슴은 좁고 작게, 밋밋한 몸통으로 그려져 마치 콩나물 줄기를 보는 것 같지요.[13]

하지만 미켈란젤로의 나체는 전혀 다릅니다. 그가 그린 육체들은 그리스의 조각 작품이 그렇듯 모두 건장하고 빼어난 균형과 아름다움을 자랑하지요. 〈천지창조〉를 완성한 후 거의 30년이 지났을 때, 미켈란젤로는 또다시 성 시스티나 성당에 거대한 나체 성화를 그렸습니다. 이번에는 천장이 아니라 성당 정면의 벽이었지요. 신도들이 미사를 드릴 때마다 마주하고 앉는 가로 12미터 세로 13미터의 공간을 벌거벗은 인물들로 가득 채웠습니다. 1541년에 완성된 〈최후의 심판〉이 바로 그것이지요.

이후 수정을 거쳐 지금은 인물들의 성기 부분이 교묘히 가려졌지만,

• 네덜란드의 필사본 화가인 랭부르 3형제(Paul, Herman, Jean)는 1370-1380년 사이에 태어나 모두 1416년에 죽었는데, 교회나 귀족들의 장식품과 필사본을 그리는 작업을 함께했다. 당시 프랑스의 권력자였던 베리 공작(Jean de France, duc de Berry)의 후원으로 그린 필사본 그림책 『베리 공작의 기도서』가 특히 유명하다.

미켈란젤로, 〈최후의 심판〉, 1535-1541.

원래는 성모와 예수님을 제외하곤 실오라기 하나 걸치지 않은 나체들의 천국이었답니다. 로마가 발칵 뒤집혔지요. 항의와 소동이 끊이지 않자, 결국 1563년 '트리엔트 공의회'에서 이 문제가 논의되었습니다. 그리고 이듬해, 이 외설적인(?) 작품을 '약간' 수정하라는 명이 내려졌지요. 당연히 미켈란젤로는 완강히 거부했습니다. 결국 그가 죽은 후에야 제자인 다니엘레 다 볼테라Daniele da Volterra, 1509-1566가 오늘날 우리가 보는 것처럼 수정했지요. 이처럼 미켈란젤로는 고대 그리스의 정신을 가진 중세 이탈리아의 예술가였습니다.

에로스의 날개

그런데 잠깐, 여기서 우리가 놓치지 말아야 할 중요한 사실이 하나 더 있습니다. 뭐냐고요? 그리스인들이 인간의 육체를 신성화했다고는 해도, 그것이 단순히 육체의 자연적 아름다움에만 매혹되었기 때문이라고 생각해서는 안 된다는 것입니다. 그리스인들은 일찍이 플라톤Platon, 기원전 427-347이 언급한 '이데아idea의 미', 곧 우리의 정신에 선천적으로 아로새겨진 이상적 아름다움도 열렬히 추구했습니다. 이데아의 미란 눈으로 파악되는 可視的 자연의 아름다움이 아니라, 인간의 정신에 의해 파악되는 可知的 자연의 아름다움이지요. 빙켈만의 뛰어난 표현을 빌리자면 "오성에 새겨진 정신적 자연"[14]에서 나오는 미를 말합니다.

따라서 엄밀하게 말하자면 고대 그리스인들은 자연에서는 감성의 미를, 정신에서는 지성의 미를 찾아내 조화시키려고 애썼습니다. 감성의 미는 그들 작품에 자연스러움을 심어 주었고, 지성의 미는 숭고함을 보탰지

라파엘로, 〈갈라테이아의 승리〉, 16세기.

요. 요컨대 그들은 인체를 조각할 때 자연스러움을 추구하면서도 수학적 비례, 조화, 균형을 엄격히 따졌습니다.˙ 또한 이마와 코를 일직선으로 만들어 우리가 보기에는 뭔가 부자연스러울 정도지요. 한마디로 "인간답게 묘사하되 동시에 이상화하는 것"¹⁵이 고대 그리스 예술가들이 견지한 최고의 규칙이었습니다. 르네상스 시대 예술가들이 이러한 그리스인의 정신과 규칙을 애써 물려받았지요.

예를 들어 레오나르도 다 빈치Leonardo da Vinci, 1452-1519는 『회화론』에서 이렇게 썼습니다. "회화는 정신의 노동cosa mentale이다. 이성을 사용하지 않고 손재주와 눈가늠에 기대어 그리는 화가는, 앞에 놓인 모든 물체를 고스란히 재현하지만 그 정체에 대해서는 아무것도 모르는 거울과 같다." 또 라파엘로Sanzio Raffaello, 1483-1520는 부유한 은행가 아고스티노 키지의 로마 별장인 '빌라 파르네시나'Villa Farnesina의 방 벽에 프레스코화 〈갈라테이아의 승리〉를 그릴 때 이렇게 고백했지요. "참으로 여성들에게는 묘사하고 싶은 미가 드물기 때문에 나는 상상 속에 있는 어떤 이념Idea을 이용한다."¹⁶

르네상스 시대의 예술가들이 이데아의 미를 얼마나 중요하게 생각했는가를 잘 보여 주는 대목이지요. 그런데 단테의 진지한 추종자이자, 당시 이탈리아 북부에 번진 신플라톤주의Neo Platonism˙˙의 숭배자이기도 한 미켈

• 미술사학자들에 의하면, 예컨대 〈벨베데레의 아폴론〉이나 〈밀로의 비너스〉는 상반신과 하반신의 비율이 0.382 : 0.618로 황금비율(φ=1.6180339887…)에 맞춰져 있다. 물론 근래에는 이에 대한 반론이 있어 논란이 되고 있다. 미국의 천문학자 마리오 리비오(Mario Livio)의 『황금비율의 진실』(공존, 2011)이 대표적 사례다. 그럼에도 불구하고 그리스인들이 예술품을 만들 때 수학적 비례, 조화, 균형을 중요시했다는 사실을 의심하는 미술사학자는 아무도 없다.

•• 신플라톤주의란 플라톤 철학을 주축으로 하고, 아리스토텔레스, 스토아 철학 등을 융합시켜 만든 플라톤 철학의 종교적 형태라고 할 수 있다. 그래서 우리는 그들을 신플라톤주의자(Neo Platonist)라고 부르지만, 정작 그들은 자신들을 '플라톤주의자'(Platonici)라고 불렀다. 신플라톤주의의 창시자는 암모니오스 사카스(Ammonios Sakkas, 175-242)라고 할 수 있지만 그의

란젤로는 여기서 한 걸음 더 나아갔어요. 그는 그리스인들이 추구하던 이데아의 미가 작품에서 물질성을 소멸시키고 인간의 영혼을 초월적 세계로 이끈다고 굳게 믿었습니다. 다분히 신플라톤주의적인 생각이지요. 무슨 이야기냐고요? 설명하자면 이렇습니다.

플라톤은 아름다움이란 여인의 얼굴이나 신체와 같은 감각적 대상에서 나오는 게 아니라고 생각했습니다. 그것들은 단지 매개체일 뿐이라는 것이지요. 아름다움은 오직 우리가 감각적 대상을 통해 상기^{anamnesis*}하게 되는[17] 지고한 신적 형상의 아름다움, 곧 '이데아의 미'에서 나옵니다. 그런데 일단 우리의 눈이 아름다운 여인과 같은 감각적 대상들을 통해 이데아의 미를 받아들이면, 영혼에서는 "이를 가는 아이들에게 이가 나기 시작할 때처럼 열이 나고 근지러움과 불편함이 느껴지면서"[18] 날개가 돋기 시작하지요. 이것이 이른바 영혼의 상승을 이끄는 '에로스^{Eros}의 날개'입니다.

당신도 아마 로마 미술이나 르네상스 미술에서 양 어깨에 날개를 단 나체 소년을 자주 보았을 겁니다. 그 조그만 소년이 라틴어로 큐피드^{cupid} 또는 아모르^{amor}라고 불리는 에로스지요. 플라톤에 의하면, 이 소년에게 달린 날개가 우리의 영혼이 단순히 감각적 대상에 머물지 않고 이데아의 미를 거쳐 궁극적으로는 신에게로 상승하게 합니다. 즉 에로스는 우리의 영혼을 지상의 것에서 천상의 것으로 향하게 하는 '혼의 전향'^{psychēs}

제자인 플로티노스(Plotinos, ?205-270)에 의해 확립되고 알려졌다.
* 플라톤에 의하면 우리의 영혼 속에는 이 세상에 존재하는 모든 것의 이데아가 이미 존재한다. 즉 그 모든 이데아에 대한 기억이 있다. 그런데 이 세상에 태어날 때 망각(Lethe)의 강을 건너며 그 강물을 마심으로써 이데아에 대한 기억들을 잊었다. 그렇지만 그 기억들은 완전히 사라진 것은 아니어서, 우리가 어떤 사물을 보면 그 사물 안에 깃든 이데아를 상기(anamnesis), 즉 '다시 기억해 냄'으로써 그것이 무엇인지를 안다.

periagōgē을 가져오고, 감각에 의해서 알 수 있는 영역ho horatos topos에서 지성에 의해서 알 수 있는 영역ho noētos topos을 향한 등정anodos을 하게 하지요.[19]

예수님이 태어나기 조금 전 시기에 살았던 로마 시인 섹스투스 프로페르티우스Sextus Propertius, 기원전 ?48-?16의 유명한 『애가』는 에로스를 다음과 같이 묘사합니다.

> 소년들 가운데 아모르로 묘사된 자가 누구였든
> 그대는 그 소년이 경이로운 손길을 가졌다고 생각하지 않는가?
> 이 세상에서 처음으로 사랑에 빠진 사람들이 넋 놓고 살아가는 것을
> 또 눈먼 욕정으로 선하고 위대한 일을 무너뜨리는 것을 보았노라.
> 그[아모르]가 바람을 가르는 날개를 달고 있음은, 아무 이유 없이
>   그러는 게 아니라
> 인간의 마음이 신에게 날아가도록 만들기 위함이라.[20]

보세요! 이렇듯 플라톤에게 에로스는—흔히 알려진 것과는 달리—감각적이거나 육체적인 사랑을 뜻하는 게 아닙니다. 에로스는 우리 영혼을 본향인 '이데아 세계'로 귀환시키기 위한 '혼의 날갯짓'이고 '상승적 창조자'입니다. 또한 우리를 참되고 선하며 아름다운 천상의 이데아 세계로 이끄는 열정이자, 신에게 인도하는 안내자이기도 하지요. 그럼으로써 에로스 자신도 '신적 존재'가 되는데,[21] 바로 이것이 우리가 흔히 '플라토닉 러브'Platonic love라고 부르는 사랑의 본질입니다.

르네상스 시대의 예술가들은 신플라톤주의를 통해 받아들인, 사랑에

• 신플라톤주의자 플로티노스는 이 말을 "그러므로 이 에로스가 우리를 신의 본성으로 이끈다는 점에서 저 위에 머무르는 영혼의 에로스를 우리는 신이라고도 부를 수 있을 것이다"라고 표현했다.

관한 플라톤의 사유를 신봉했지요. 대표적인 예로 단테의 사랑을 말할 수 있습니다. 단테는 『신곡』에서 자기 영혼을 천국으로 이끄는 여인으로 등장하는 베아트리체를 그녀가 소녀일 때부터 사랑했는데, '베아트리체의 아름다움'이라는 부제가 붙은 그의 "소네트"에는 이런 구절이 있습니다.

> 여성들 중에서도 베아트리체를 보는 이는
> 더할 수 없는 행복을 느끼지요.
> 그녀와 함께하는 사람은 그 행복 때문에
> 신의 은혜에 감사하게 되지요.
> 그녀의 아름다움에는 이상스러운 힘이 깃들어 있어
> 사람들은 그것을 시샘하지 않지요.
> 우아함과 사랑과 믿음의 옷을 입고
> 그녀와 함께 가게 됩니다.[22]

"그녀와 함께" 어디로 간다는 말일까요? 신에게로 간다는 말입니다. 단테가 베아트리체에게 그랬던 것처럼 미켈란젤로도 비토리아 콜론나 Vittoria Colonna, 1492-1547*라는 여류시인의 아름다움 안에서 바로 그 천상의 미를 발견했고, 그래서 그녀를 사랑했지요. 미켈란젤로의 "소네트"에는 그녀에게 깃든 이데아의 미가 다음과 같이 묘사되어 있습니다.

---

* 비토리아 콜론나는 로마의 부유한 귀족 베스파시아노 콜론나의 누이로, 역시 이탈리아 르네상스의 천재이며 당시 자신의 책을 출간한 몇 안 되는 여성 시인 가운데 하나였다. 남편이 전사한 후 시(詩)에 몸을 바친 그녀를 향한 열렬한 애찬가들이 있었는데, 그녀는 그들을 중심으로 바티칸을 내부에서 개혁해 보려는 비밀결사 '영적인 사람들'(Spirituali)을 조직하여 이끌기도 했다. 미켈란젤로와는 장문의 편지와 시를 주고받는 사이였는데, 이들의 애정은 서로의 지적 영혼을 사랑한 것으로 오늘날 우리가 '플라토닉 러브'라고 부르는 것이었다.

그대의 백옥 같은 얼굴에 나타난 완전한 평화,

그대, 갈구하는 눈빛은 유한한 이 세상을 초월해 있소.

그러나 그 거룩한 심연, 그 깊숙한 곳에서

내 영혼은 천상에 있는 그녀의 벗, 사랑을 느꼈소.[23]

자, 이제 정리할까요. 르네상스 시대 예술가들은 이같이 다원적이고 심층적인 이유에서 고대 그리스의 정신과 규칙을 부지런히 연구하고 모방했습니다. 미켈란젤로는 신플라톤주의 철학을 탐구했고,[24] 라파엘로는 제자들을 그리스로 보내 고대미술품들을 모사해 오게 했지요.[25] 그 결과 성서 이야기를 다룬 이들의 작품에도 그리스 문화가 자연스레 혼합되었습니다. 미켈란젤로의 〈아담의 창조〉에서 하나님이 제우스의 모습을, 아담이 아폴론의 모습을 하고 있는 것이나 라파엘로의 〈성모자상〉에서 성모가 아테나의 모습을 하고 있는 것은 바로 그런 이유에서지요. 미켈란젤로는 말년의 대작 〈최후의 심판〉에서는 심지어 심판을 주재하는 예수님까지 아폴론의 모습으로 묘사했습니다.• 〈아담의 창조〉에서 아담의 모습과 〈최후의 심판〉에서 예수님의 모습이 같은 것도 그 때문이지요.

• 예수님의 머리는 바티칸에 있는 〈벨베데레의 아폴론〉을 그대로 모사했고, 몸통은 당시 '벨베데레의 헤라클레스'라고 불린 〈벨베데레의 토르소〉를 똑같이 베꼈다. 미켈란젤로는 이 조각을 아주 좋아해서 거의 눈이 보이지 않게 된 말년에는 남에게 부축을 받으면서까지 교황청에 들어가 그것을 어루만지며 감탄하곤 했다. 그래서 이 조각은 '미켈란젤로의 토르소'라고도 불린다.

미켈란젤로, 〈최후의 심판〉 중 '예수와 마리아', 1535-1541.

신인동형설

신과 인간이 같은 모습을 하고 있다는 생각을 신인동형설anthropomorphism 이라고 합니다. 또 신과 인간이 같은 감정을 갖고 있다는 주장은 신인동감설anthropopathism이라고 하지요. 보통의 경우 신인동형이면 신인동감이기 때문에 이 둘은 자연스레 붙어 다닙니다. 고대종교에서는 이런 형태의 신에 관한 이야기가 흔하게 등장하는데, 인도 신화와 그리스 신화가 대표적인 예지요. 여기에 등장하는 신들은 외모만이 아니라 내면까지도 인간보다 더 인간적입니다.

그리스인들은 아리스토텔레스Aristoteles, 기원전 384-322의 시대에 와서야 신인동형설과 신인동감설에서 벗어났습니다.* 일찍이 떨기나무에 붙은 불꽃을 통해 하나님을 인식한 히브리인 모세로부터 따져도 1,000년 가까이 지난 시기였지요. 아리스토텔레스의 『시학』에는 다음과 같은 흥미로운 구절이 있습니다.

> 그러나 아마도 신들을 그와 같이—즉 일반적으로 생각하고 전설에 상응하듯이—묘사하는 것은 좋지 않을 뿐 아니라 진리에도 맞지 않는다. 사실은 크세노파네스가 말한 것과 같다.[26]

여기에서 "사실은 크세노파네스가 말한 것과 같다"는 게 무슨 의미일까요? 크세노파네스Xenophanes는 기원전 6세기경 현재의 터키 이즈미르에

---

* "여호와의 사자가 떨기나무 가운데로부터 나오는 불꽃 안에서 그에게 나타나시니라. 그가 보니 떨기나무에 불이 붙었으나 그 떨기나무가 사라지지 아니하는지라"(출애굽기 3:2).

해당하는 콜로폰에 살던 사람인데요. 그가 호메로스^{Homeros, 기원전 8세기경}의 작품들에 나타난 신인동형적·신인동감적 의인법을 거세게 비난했습니다. 2세기 후반에 주로 활동한 교부, 알렉산드리아의 클레멘스^{Titus Flavius Clemens, ?150-215*}의 『학설집』에는 다음과 같은 크세노파네스의 잠언들이 실려 있습니다.

> …그러나 가사자 可死者들은 신들도 태어나고
> 자신들처럼 옷과 목소리와 형체를 갖는다고 생각한다네.
> 신들과 인간 가운데서 가장 위대한 하나인 신은
> 형체도 생각도 가사자들과 조금도 비슷하지 않다네.
> …만일 소들, 말들 그리고 사자들이 손을 갖는다면
> 그래서 사람처럼 그림을 그리고 작품을 만들 수 있다면
> 말들은 말들과, 소들은 소들과 유사한 신의 모습을 그릴 것이고
> 각기 자기 모양대로 신의 형체를 만들 것이네.
> …신에 대해 그리고 내가 지금 말하는 것을
> 확실히 아는 사람은 이제껏 없었고 앞으로도 그럴 것이라네.
> 심지어 누가 그런 것들에 대해 완벽하게 옳은 말을 했다 해도
> 그 자신은 그것을 모르리라. 그저 추측으로 짜인 거미줄일 뿐.[27]

아리스토텔레스는 크세노파네스의 말에 전적으로 동의했고, 거기서 한 걸음 더 나아가 "추측으로 짜인 거미줄"을 뛰어넘는 사유를 함으로써

• 사도교부인 로마의 클레멘스와 구분하기 위해 보통 '알렉산드리아의 클레멘스'라고 부르는 티투스 플라비우스 클레멘스는 당시의 교리문답파 수장으로, 그리스도인이면서도 그리스 고전에 관심이 있어 많은 고대철학자들의 잠언을 수집했다. 그의 『학설집』에는 소크라테스 이전의 그리스 시인과 철학자의 말이 많이 인용되어 있다.

그리스의 신들을 올림포스 산과 인간의 형상으로부터 해방시켰지요. 아리스토텔레스는 『형이상학』에서 신을 "자신은 움직이지 않고 다른 것을 움직이는 자"라고 규정했습니다.[28] 오늘날 우리는 이 말을 축약해서 보통 '부동의 원동자'unmoved prime mover 또는 '원동자'primim movens라고 하지요. 그런데 이 말은 정확히 무슨 뜻일까요? 설명하자면 이렇습니다.

아리스토텔레스를 비롯한 고대 그리스인들에게 '운동'kinēsis이라는 말은 장소의 변화뿐 아니라 질적·양적·실재적 변화를 동시에 의미했습니다.** 예컨대 뜨거운 것이 식거나, 많은 것이 적어지거나, 있었던 것이 없어지거나 하는 변화를 모두 뜻했지요. 아리스토텔레스 이후에도 오랫동안 이런 의미로 전승이 되었으므로 만일 당신이 토마스 아퀴나스 같은 중세 신학자는 물론, 서양 근대철학자나 신학자의 글에서도 '운동'이라는 말을 발견한다면 그것을 단순한 장소의 이동이 아니라 일체의 '변화'라는 뜻으로 이해하는 것이 좋습니다. 이런 관점에서 다시 풀어 보면 '부동의 원동자'라는 아리스토텔레스의 말에는 '자기는 질적·양적·실새적·장소적 변화를 하지 않으면서 다른 모든 질적·양적·실재적·장소적 변화의 근원이 되는 자'라는 의미가 들어 있지요. 예를 들어 설명해 볼까요?

출생은 없었던 어떤 것이 있게 된다는 의미에서 분명 하나의 운동[변화]입니다. 그런데 누구든 부모 없이는 태어날 수 없지요. 그의 부모와 부모의 부모 역시 그렇습니다. 따라서 이런 상황이 무한히 소급되지요. 이 무한소급infinite regress이 끝나려면 모든 출생의 최종 원인인 그 누군가가 필연적으로 있어야만 하는데, 그 자신은 부모를 갖지 않아야만 합니다.

- "그렇기 때문에 자신은 움직이지 않고 다른 것을 움직이는 자가 있는데, 이것은 영원한 자이며, 실체이자 발휘·실현 상태인 자다"(아리스토텔레스, 『형이상학』, 1072b).
- ** 아리스토텔레스가 말하는 '키네시스'(kinēsis)는 1) 실재의 변화, 2) 질의 변화, 3) 양의 변화, 4) 장소의 변화라는 다양한 의미를 갖는다. 따라서 그것을 오늘날의 언어로 단지 '운동'이라고 번역하는 것은 부자연스럽게 축소한 번역이다.

그래야 자신이 최종 원인이 될 수 있지요. 즉 최종 원인인 그는 '부모 없는 부모'여야 한다는 말입니다.

바로 이러한 사변적 논리에서 아리스토텔레스는 세계의 궁극적 바탕으로서 자신은 탄생하지도 않고 변화하지도 않으면서 모든 탄생과 변화의 원인이 되는 무형의 원리를 가정해 '부동의 원동자'라고 이름 짓고 그것을 신이라고 했지요.

어떠세요? 그럴듯한가요? 적어도 서양 사람들은 그렇다고 생각했습니다. 그로부터 1,500년이 훌쩍 지나 단테는 『신곡』에서, 주로 토마스 아퀴나스 같은 중세신학자들에 의해 기독교의 신 개념에 흡수된 아리스토텔레스의 '부동의 원동자'라는 관념을 다음과 같이 노래했습니다.

나는 오직 하나의 신을 믿습니다. 유일하고 영원한 그분은
사랑과 소망을 통해 모든 천체를 움직이시되
당신 스스로는 전혀 움직이지 않는답니다.[29]

아리스토텔레스에 의해 제우스나 아폴론과 같은 유형有形의 그리스적 신 개념이 처음으로 '부동의 원동자'라는 무형無形의 자연 원리로 바뀐 겁니다. 이는 아리스토텔레스의 스승 플라톤이 별다른 설명 없이 다분히 종교적으로 설정한 창조주 데미우르고스dēmiurgos*를 철학적으로 설명한 것으로, 무형의 신 개념을 그리스 철학 안에 최초로 확정한 계기였지요. 이 천재적 발상의 전환에 대해 20세기 프랑스 출신의 탁월한 중세철

---

* 데미우르고스(dēmiurgos)는 '제작자'라는 뜻을 가진 그리스어다. 호메로스의 서사시에서는 금속세공사·도공(陶工) 등의 직공이나 사자(使者)·의사를 뜻하는 말로 사용되었다. 또 솔론 이전의 아테네에서는 귀족 및 농민 이외의 자유시민 전체를 가리켰다. 그러나 이 용어가 플라톤 철학에서는 '우주의 창조주'를 이르는 말로 쓰였다. 데미우르고스는 혼돈 상태에 있는 질료(質料)에 만물의 원형인 이데아를 부여하여 질서를 지닌 존재자로 만들어 낸다.

학 연구자 에티엔 질송Étienne Gilson, 1884-1978은 이렇게 평가했습니다. "이때 옛날의 올림포스 신들이 형상으로부터 발을 내디딘 것은 손실이라기보다는 오히려 이익이었다. 그리고 비단 철학에 대해서만이 아니라 종교에 대해서도 이익이었다."[30]

그렇지만 구약성서는 처음부터 하나님에게서 인간의 형상을 철저하게 지웠습니다. 유대교는 물론이고, 기독교나 이슬람교처럼 구약성서를 경전으로 삼는 모든 종교에서 신은 무형의 존재입니다. 따라서 신이 인간의 모습을 하고 있다고 생각하는 한, 이들 종교의 가르침을 크게 오해할 수밖에 없지요. 이런 이유에서, 르네상스 시대의 천재적 예술가들을 통해 무형의 기독교 신이 그리스 신화에 나오는 유형의 신으로 다시 탈바꿈해 일반인들에게 널리 알려진 것은 철학적으로나 종교적으로나 하나의 커다란 불행한 사건이 아닐 수 없습니다.

그런데 혹시 당신은 방금 그릴듯한 반론을 떠올리지 않았나요? 왜 구약성서에는 "우리의 형상을 따라 우리의 모양대로 우리가 사람을 만들고"(창세기 1:26)라는 구절이 있는 걸까 하고 말입니다. 맞습니다! 구약성서에는 분명 그 구절이 있지요. 그런데 우리는 여기에 사용된 '형상'과 '모양'이라는 두 단어에 주목해야 합니다. '형상'을 뜻하는 히브리어 첼렘^{selem}은 원래 '그림자'(시편 39:6)라는 뜻이지요. 또한 '모양'을 의미하는 데무트$^{d^e mût}$는 보통 '어떤 것과 닮은 상태'(역대하 4:3; 이사야 40:18)를 가리킵니다. 그리고 이 둘 모두 하나님의 '외적 형태'를 말하는 게 아니라 '내적 본성'을 뜻한다는 것이 기독교 신학자들의 공통된 해석이지요.

혹시 믿기 어렵나요? 그렇다면 당신의 의심을 덜기 위해, 기독교의 세 종파인 가톨릭, 동방정교, 프로테스탄트의 대표적 신학자들이 내놓은 해석을 하나씩 뽑아 소개하지요.

먼저 가톨릭에서 볼까요? 중세에 가장 탁월한 신학자였던 토마스 아퀴나스Thomas Aquinas, ?1225-1274는 『신학대전』에서 "사람이 하나님의 형상을 따라 존재하는 것은 비물질적 지성과 이성에 의한 것이다"[31]라고 교훈했습니다. 이 말은 그가 인간의 외적 형태가 아니라 내적 본성인 지성과 이성을 인간이 가진 하나님의 형상으로 지목했다는 뜻이지요.

그리고 동방정교의 위대한 신학자인 니사의 감독 그레고리우스Gregorius Nyssenus, ?335-?394는 "인간이 하나님의 형상으로 지음을 받았다는 포괄적 표현 안에는 모든 것이 포함된다. 그것은 인간의 본성이 모든 선에 참여하는 자가 되도록 인간의 본성을 지으셨다는 뜻이다"[32]라고 주장했습니다. 카파도키아의 위대한 세 교부Three Great Cappadocians 가운데 하나로 동방정교회에 삼위일체론을 정립하는 데 크게 공헌한 이 신학자는 하나님의 형상으로 인간의 '선성'善性을 강조한 것이지요.

또한 종교개혁자 요한 칼빈Jean Calvin, 1509-1564*은 『기독교 강요』에서 이렇게 썼습니다. "하나님의 형상은 모든 존엄성에까지 확대된다. 이 말에는 아담이 창조될 때 의로운 마음을 향유하면서 스스로 감정을 잘 통제하고 자신의 감각이나 모든 내면적 사상을 잘 조절하며, 창조주의 영광을 아름답게 나타내는 완전한 순결성을 부여받았다는 의미가 내포되어 있다."[33] 이는 칼빈은 인간이 가진 하나님의 형상으로 '순결성'을 내세웠다는 의미지요.

이처럼 본디 외적 형태를 의미하던 히브리어 '첼렘'과 '데무트'를 기독교 신학자들은 어떤 내적 본성을─지성과 이성이건, 선성이건 또는 순결

---

* 종교개혁자 'Jean Calvin'의 이름은 라틴어 발음을 따라서 '요한 칼빈'으로 일관되게 표기하기로 한다. 근래에 불어식 발음인 '장 칼뱅'이 흔히 사용되지만, 이것은 그의 라틴어 이름을 다시 불어로 읽어 표기한 것이다. 그의 원래 불어식 이름은 'Jean Cauvin'(장 코뱅)이다. 이 때문에 세계칼빈학회에서도 요한 칼빈으로 통용하고 있다.

성이건―뜻하는 신학적 용어로 해석했습니다. 이는 마치 그리스어 이데아^{idea}나 에이도스^{eidos}가 본래는 어떤 사물이 '눈에 보이는 모양', 곧 '형상'이라는 단순한 뜻을 갖고 있었지만, 플라톤과 아리스토텔레스에 의해 '세상의 모든 사물 안에 깃들어 있어 그것이 그것으로 존재하게끔 하는 실체'라는 매우 특별한 철학적 뜻을 갖게 된 것과 매우 흡사하지요.*

신론과 존재론 그리고 서양문명

이제 적어도 한 가지는 분명해졌습니다. 성서에서 자신을 계시한 하나님이 인간의 모습을 하고 있지는 않다는 것이지요. 짐작컨대, 여기서 당신이 가질 수 있는 의문은 대강 이런 것이 아닐까요? 그렇다면 하나님은 어떻게 생겼고 도대체 무엇 또는 누구인가? 하나님이 어떻게 생겼는가를 모르고야 설사 그가 항상 우리와 함께한다고 해도 어찌 알아볼 수 있으며, 하나님이 무엇이거나 누구인지를 알지 못하고야 어떻게 그를 믿고 의지할 수 있겠는가?

옳은 말입니다. 그러니 이제부터 하나님이 어떻게 생겼으며, 도대체 무엇인지 또는 누구인지를 함께 알아보도록 하지요.** 그런데 이 일이 매우

---

* 플라톤이 이데아(idea)나 에이도스(eidos)를 철학적 의미로 쓰기 시작한 것은 『파이돈』이며, 여기서도 각각 104b와 102b에서 그렇게 사용되었을 뿐 그 외에는 곳곳에서 여전히 일반적 의미로도 사용된다.
** 흔히 신의 존재성을 규정할 때는 '신은 무엇인가?'라고 묻고, 신의 인격성을 규정할 때는 '신은 누구인가?'라고 묻는다. 이제 곧 밝혀지겠지만, 신의 존재성은 태초부터 종말까지 영원불변할 뿐 아니라 생성·작용하는 존재로서 신의 자기동일성을 뜻하고(2부 "하나님은 존재다"를 보라), 신의 인격성은 자신의 약속과 그것의 신실한 수행을 통해 확립되는 신의 참여와 인도의 연속성을 말한다(4부 "하나님은 인격적이다"를 보라).

흥미롭기는 해도 결코 단순한 작업은 아닙니다. 모세오경을 통해 계시되었고 히브리 선지자와 예언자들이 계승했으며, 그리스 철학의 영향을 받은 초기 기독교 사상가들이 정리했고 중세신학자들이 발전시킨 '하나님에 관한 이론'神論은 장구한 역사적 산물인 데다 견줄 예를 찾을 수 없을 만큼 아주 독특하기 때문이지요.

기독교의 신 개념은 히브리인들의 '종교적 신 개념'만을 계승한 것도 아니고, 그렇다고 그리스인들의 '존재론적 신 개념'만으로 이루어진 것도 아닙니다. 이 둘을 종합한 것이지요. 그런데 알고 보면 그건 신앙과 이성이라는 그 이상 간데없이 뻗은 양극을 휘어 하나로 결합하는 것 같은 극적인 종합이었습니다. 그 결과 다분히 종교적이면서도 분명 존재론적이고, 여전히 히브리적이면서도 여실히 그리스적인 기독교적 신 개념이 나왔습니다. "성서의 종교에는 존재론적 사상이 없다. 그러나 성서의 그 어떤 상징도 그 어떤 신학 개념도 존재론적 함축성을 갖지 않은 것이 없다"[34]라는 독일 출신 현대신학자 파울 틸리히Paul Tillich, 1886-1965의 말에도 바로 그런 의미가 담겨 있습니다.

이런 이유로 오늘날 우리가 접하는 '하나님'이라는 개념은 복잡하고 난해할 수밖에 없으며, 그것을 설명하는 일 또한 어느 정도 장황할 수밖에 없습니다. 그런데 어쩌지요? 우리 중 그 누구도 복잡·난해·장황한 것을 좋아하지 않을 테니 말입니다. 그래서 다소 참을성 없어 보일지 모르겠지만, 미리 그 핵심만 간단히 귀띔하자면 이렇습니다.

하나님은 모든 존재물이 존재하는 바탕입니다. 즉 모든 존재물은 하나님 안에서 존재를 부여받아 존재하지요. '하나님은 존재다'라는 말이 여기서 나온 겁니다. 따라서 하나님은 우주마저 자기 안에 포괄하며, 무소부재無所不在, omnipresence하고, 오직 하나님만이 존재할 뿐 하나님의 바깥에는 아무것도 없습니다. '하나님은 유일자다'라는 말은 바로 여기서 나왔습니다. 그런데 이 존재는 또한 자신의 내적 법칙인 '말씀'으로 모든 존재물을 자기 안에 창조하지요. '하나님은 창조주다'라는 말이 여기서 나왔습니다. 그뿐만 아니라 부단히 자신의 피조물들과 관계하며 그들을 오직 자신의 의지대로 이끌어 가지요. '하나님은 인격적이다'라는 말은 여기서 나왔습니다.

이처럼 매우 독특한 신론에서—그에 의해서 창조되고, 그 안에 존재하며, 그에 의해 인도되는 피조물로서—모든 인간은 당연히 그의 말과 의지를 따라야 한다는 교리가 자연스레 파생된 것이지요. 그래야만 인간은 자신의 모든 것이 궁극적으로 선하게 이루어져, 그것을 복福으로 체험할 수 있게 됩니다. 그러나 그를 거역하면 반드시 파멸할 수밖에 없는데, 이러한 자기파멸을 인간은 벌罰이라는 형태로 경험하게 되지요. 자세히 살펴보면 구약성서와 신약성서는 이러한 주장, 오직 이러한 존재론적 주장의 부단한 반복입니다. 과연 그런지 몇 가시 예를 들어 볼까요?

구약성서에는 하나님의 말씀과 뜻을 따르는 복 있는 사람은 "시냇가에 심은 나무가 철을 따라 열매를 맺으며 그 잎사귀가 마르지 아니함 같으니 그가 하는 모든 일이 다 형통"(시편 1:3)하며, 말씀과 뜻을 따르지 않는 악인은 "그렇지 아니함이여, 오직 바람에 나는 겨"(시편 1:4)와 같아서 망한다고 기록되어 있습니다. 그런데 신약성서는 같은 말을 이런 식으로 표현했지요. "나는 포도나무요 너희는 가지라. 그가 내 안에, 내가 그 안에 거하면 사람이 열매를 많이 맺나니, 나를 떠나서는 너희가 아무것도 할 수 없음이라"(요한복음 15:5). 물론 비유입니다. 그렇지만 "그가 내 안에, 내가 그 안에 거하면"과 같은 탁월한 '존재론적 표현'이 담긴 종교적 비유지요. 우리가 앞으로 계속 관심을 가져야 할 것은—틸리히가 이미 갈파

마사치오(Msaccio), 〈낙원 추방〉, 1427.

했듯이—이 같은 존재론적 내용을 지닌 비유들이 구약과 신약에 일관되게 나타난다는 것입니다. 정말일까요? 그렇습니다!

무엇보다 구약성서의 서두부터가 그렇지요. 아담과 하와가 선악과를 따 먹는 죄를 지었을 때, "네가 먹는 날에는 반드시 죽으리라"(창세기 2:17)던 하나님이 결국 그들에게 내린 벌은 죽음이 아니라 추방(에덴동산을 떠나게 함)이었습니다. 하나님은 왜 자신의 선포를 스스로 어기고 아담과 하와를 즉각 죽이지 않았을까요? 성서는 처음부터 하나님의 거짓말로 시작한 것일까요? 아니지요! 이에 대해서는 나중에 죄罪와 구원을 다루면서 자세히 설명하겠지만, 하나님이 곧 '존재'라는 가르침에서 하나님을 '떠난다'는 것은 그 자체가 존재상실存在喪失, 곧 죽음을 의미하는 것입니다. 단지 그것이 육체적 죽음이 아닌 영적 죽음일 뿐이지요. 하나님은 존재이자 영이니까요. 이런 관점에서 보면, 하나님은 자신의 약속을 어김없이 지킨 겁니다. 이처럼 성서는 낙원 추방의 이야기에서부터 존재론적 표현과 내용을 이미 내포하고 있습니다.

예를 하나 더 들까요? 선지자 예레미야의 다음과 같은 선포들 역시 마찬가지입니다.

"내가 다시 말하기를 너희가 나를 나의 아버지라 하고 나를 떠나지 말 것이라 하였노라. 그런데 이스라엘 족속아, 마치 아내가 그의 남편을 속이고 떠나감같이 너희가 확실히 나를 속였느니라"(예레미야 3:19-20).

"그들의 등을 내게로 돌리고 그들의 얼굴은 내게로 향하지 아니하다가 그들이 환난을 당할 때에는 이르기를 일어나 우리를 구원하소서 하리라"(예레미야 2:27).

"여호와여, 우리를 주께로 돌이키소서. 그리하시면 우리가 주께로 돌아가겠사오니 우리의 날들을 다시 새롭게 하사 옛적 같게 하옵소서"(예레미야애가 5:21).

"나를 떠나지 말 것", "등을 내게로 돌리고", "주께로 돌아가겠사오니" 같은 표현들을 한번 보세요. 여기에 사용된 '떠남', '등 돌림', '돌아감'이라는 개념들이 바로 존재론적 함축성을 지녔다는 이야기입니다. 물고기는 물 안에서만 살 수 있고 물을 떠나면 죽을 수밖에 없지 않겠습니까! 새가 공기 없이 어찌 날 수 있겠어요! 요컨대 모든 존재물은 존재 안에서만 존재도 할 수 있고 활동도 할 수 있다는 뜻이지요. 이렇듯 다분히 존재론적이며 동시에 종교적이기도 한 이유에서 하나님은 인간이 도무지 벗어나거나 떠날 수 없는 대상이며, 그의 '말씀'은 순종하면 필히 복을 받지만 거역하면 부득불 벌을 받을 수밖에 없는 영원불변의 법칙이라는 것이 기독교의 근본 가르침입니다.

여기서 우리가 또한 놓치지 말아야 할 것이 하나 있습니다. 서양문명이 기독교에 의해 이루어져 왔다는 사실을 감안하면 당연한 일이지만, 꼭 성서가 아니더라도 서양의 뛰어난 문학작품들에는 이같이 종교적이기도 하고 존재론적이기도 한 축복과 징벌에 관한 체험들이 끊임없이 등장한다는 사실이지요. 비록 그것들이 겉으로 드러나지 않아서 우리가 눈치채지 못하고 놓치기 십상이지만 말입니다. 예를 몇 개만 들어 볼까요?

종교적이지만, 존재론적이기도 한

19세기, 거의 같은 시기에 활동한 두 시인 조지 매더슨 George Matheson, 1842-1906과 프랜시스 톰슨 Francis Thompson, 1859-1907의 시구를 잠시 살펴보지요. 얼핏 보면 둘 모두 평범한 종교시입니다. 하지만 좀더 자세히 들여다보면 존재론적 함축성을 지닌 표현이 곳곳에 깔려 있습니다. 우선, 스코틀랜드의 성직자이자 대표적 시인이기도 한 매더슨은 하나님에게 자신의 모든 것을 맡기고 그 안에 머무는 자가 누리는 복을 다음과 같이 노래했지요.

나를 떠나는 일이 없는 '사랑'이여,
내 지친 영혼을 당신의 초원 안에서 쉬게 하소서.
당신께서 주신 나의 생을 당신께 도로 바치나이다.
바다와 같은 그 깊음 속에서
내 생이 보다 풍요로워지기 위해서입니다.

나의 길을 비추는 '빛'이시여
꺼진 내 등불을 당신에게 바치나이다.
내 마음이 당신으로부터 다시금 빛을 받아
그 찬란한 빛에 의해
더욱 밝고 아름다워지기 위해서입니다.[35]

이 시에서 "나를 떠나는 일이 없는", "당신의 초원 안에서", "바다와 같은 그 깊음 속에서", "그 찬란한 빛에 의해" 같은 구절들을 눈여겨보세요. '떠나는', '안에서', '속에서'와 같은 표현이 보이잖아요. 예수님이 "그가 내 안에, 내가 그 안에 거하면"이라고 존재론적으로 표현한 가르침과 같은 내용을 묘사한 표현들이지요. 그러니까 "사람이 열매를 많이" 맺을 수밖에 없다는 말입니다.

반대로 영국의 시인 톰슨은 자신의 뜻과 의지에 따라 하나님을 떠난 자가 받는 징벌을 "하늘의 사냥개"라는 시로 묘사했는데요. 영문학사에서 가장 훌륭한 축송시 가운데 하나로 꼽히는 이 시는 다음과 같이 읊습니다.

나는 그에게서 도망쳤노라, 밤과 낮의 비탈길 아래로;

나는 그에게서 도망쳤노라, 세월의 아치 저편으로;

나는 그에게서 도망쳤노라, 내 마음의 미로를 통해;

그리고 눈물의 안개 속으로 그를 피해 숨었노라.

그리고 흐르는 웃음의 시냇물 속에

전망이 툭 트인 희망의 가로수로 달려갔노라.

그러다가 거대한 공포의 심연 속으로

떠밀려서 쏜살같이 거꾸로 추락했노라.

쫓고 또 쫓는 저 힘찬 발을 피해,

그러나 서두르지 않는 추적으로,

흐트러지지 않는 걸음걸이로, 위협하는 긴박감으로,

그 발소리가 들렸노라. …아니, 그보다

애통하는 목소리가 들렸노라.

"네가 나를 배반했기에 만물이 너를 배반하느니라."[36]

이 시에서는 "그에게서 도망쳤노라", "그를 피해 숨었노라", "가로수로 달려갔노라" 같은 구절들이 '하나님에게서 떠남'이라는 존재론적 함축성을 지닌 표현임을 알 수 있지요. 그러니 "만물이 너를 배반하느니라"라고 표현된 참담한 결과는 "나를 떠나서는 너희가 아무것도 할 수 없음이라"라는 예수님의 존재론적 가르침을 되넨 셈입니다.

어떤가요? 19세기 시인들도 하나님으로부터 받는 축복과 징벌을 묘사하는 데 '안에 있음', '속에 있음', '떠남', '도망침', '피해서 숨음' 같은 존재론적 표현을 사용했다는 사실이 꽤 흥미롭지 않나요? 만일 아직도 별로 그런 생각이 들지 않는다면, 그리스 신화 『일리아스』나 『오디세이아』와 한 번 비교해 보세요. 호메로스가 남긴 이 작품들에 나타난 축복과 징벌은 각각 신들의 개별적 총애와 분노에서 나온 것이잖아요. 그리스 신화의 신들은 인간과 똑같은 형상과 감정을 가졌기 때문인데요, 그러니까 그들은 자신들이 개별적으로 좋아하는 인간에게는 아낌없는 축복을 베풀지만 미워하는 인간에게는 무자비한 징벌을 내립니다.

정말 그런지, 이야기가 나온 김에 잠시 『일리아스』를 살펴볼까요? 멀리 갈 것도 없습니다. 1권 서두를 봅시다. 아폴론이 아흐레 동안이나 화살을 쏘아 "시신들을 태우는 수많은 장작더미가 쉼 없이" 타오를 정도로 아카이오족을 죽이잖아요. 그런데 왜지요? 이유는 단순합니다. 아가멤논이 아폴론을 모시는 사제司祭의 딸을 잡아가 돌려주지 않은 데 대한 매우 사적인 분노 때문이었지요. 이 정황을 호메로스는 다음과 같이 묘사했습니다.

…포이보스 아폴론이 그의 사제의 기도를 듣고
마음속으로 노하여 활과 양쪽에 뚜껑이 닫힌 화살 통을
어깨에 메고 올림포스 정상頂上에서 달려 내려갔다. 그가
움직일 때 성난 그의 어깨 위에서는 화살들이 [부딪는 소리가]
   요란하게 울렸다.
그가 다가가는 모습은 마치 밤이 다가가는 것 같았다.
그가 함선들에서 떨어진 곳에 앉아 화살을 날려 보내자
그의 은궁銀弓에서 무시무시한 소리가 일었다.
그는 처음에 노새들과 날랜 개들을 공격했고
다음에는 사람들을 향해 날카로운 화살들을 쏘아 댔다.
그리하자 시신들을 태우는 수많은 장작더미가 쉼 없이 타올랐다.[37]

그런가 하면, 아킬레우스가 자신의 전리품인 "볼이 예쁜 브리세이스"를 빼앗은 아가멤논을 죽이려 하자, "빛나는 눈의 여신 아테나"가 뒤에서

그의 머리를 낚아채고는 귓속말로 다음과 같이 말립니다.

> 나는 그대의 분노를 가라앉히려고 하늘에서 내려왔다. 그대가
> 내 말에 복종하겠다면 말이다. 그대들 두 사람을 똑같이 마음속으로
> 사랑하고 염려해 주시는 흰 팔의 여신 헤라가 보내셨다.
> 그러니 자, 말다툼을 중지하고 칼을 빼지 말도록 하라.
> 오직 앞으로 일어날 일들에 관해 말로 그를 꾸짖도록 하라.
> 내가 지금 그대에게 하는 말은 반드시 이루어질 것인즉,
> 지금 이 모욕으로 말미암아 빼어난 선물들이 세 배로 그대에게
> 돌아가게 되리라.[38]

무슨 말인가요? 헤라와 아테나가 단순히 아가멤논과 아킬레우스를 사랑하기 때문에 돕고 축복하겠다는 이야기입니다. 그리스 신들의 이러한 개인적 애증이나 개별적 청탁에 의한—다시 말해 보편타당한 이유가 없는—편애偏愛와 편증偏憎의 경향은 이후에도 계속됩니다. 아테나 여신은 핀다로스가 쏜 화살을 "마치 어머니가 단잠이 든 아이에게서 파리를 쫓아 버리듯" 메넬라오스의 몸에서 빗나가게 하는가 하면, 트로이의 용사 헥토르를 유인해 아킬레우스의 창에 찔려 죽게도 만들지요.

이처럼 그리스 신화 속의 신들은 구약성서의 하나님처럼 공의公義를 내세우지도 않고, 게다가 인간보다 도덕적이지도 않습니다. 애정과 증오에 대한 일정한 기준이나 원칙도 없지요. 그러니 언제 어떻게 변할지 알 수 없지요. 마치 우리 인간의 감정이 그렇듯 말입니다. 그 결과 그리스 신들의 축복과 징벌을 묘사한 글 안에는 애정이나 증오와 같은 신인동감적 요소와 묘사가 넘칠지언정, 공의, 곧 하나님 안에 있는 자가 복을 받고 하나님으로부터 떠난 자가 벌을 받는 것 같은 원칙을 함축한 표현들은 찾

아보기 어렵지요.

반면 기독교에서 말하는 하나님의 축복과 징벌을 묘사한 작품에는—앞에서 본 것처럼 설사 그것이 은폐되었을지라도—존재론적 함축성을 지닌 종교적 상징과 표현이 반드시 포함됩니다. 비록 구약성서와 일부 서양 문학작품에서도 하나님은 종종 그리스 신화에서처럼 의인화되고, 그 행위가 신인동감적 표현으로 묘사되었다고 해도 내용에 있어서는 마찬가지입니다.• 무엇 때문일까요? 여기에는 분명한 이유가 있습니다. 이제 곧 설명하겠지만, 이 종교의 신이 스스로 나타나 "나는 존재다"ehyeh asher ehyeh (출애굽기 3:14, 저자 사역)라고 계시했고, 이 종교를 믿는 사람들이—앞에서 본 매더슨과 톰슨의 시에 나타난 것처럼—자신들이 섬기는 신을 "공의의 하나님"이라는 표현과 함께 그렇게 존재론적으로 파악하고 경험해 왔기 때문이지요. 바로 이것이 우리가 다음 장에서 기독교적 신 개념을 존재론적으로 풀어 가며 서양문명을 읽는 코드로 사용하려는 이유입니다.

그럼 본격적으로 시작해 볼까요? 물론 당신이 이제부터 우리가 함께 할 이야기들을 믿느냐 믿지 않느냐 하는 것은 별개의 문제입니다. 안다는 것과 믿는다는 것이 같지 않기도 하고, 게다가 그 관계도 분명치는 않으니까요. '알면 믿는다'는 입장도 있고 '믿으면 안다'는 관점도 있습니다. 기독교 신학은 당연히 후자를 견지합니다만, 이 문제는 우선 차치해 두고

• 서양의 문학작품은 물론이고 심지어 구약성서에도 하나님이 손, 눈, 귀, 얼굴 같은 인간 신체 부위를 통해 표현되었고(사무엘상 5:11; 시편 8:4; 이사야 52:10; 열왕기하 19:16; 민수기 11:1; 창세기 3:8; 32:31 등), 웃고, 냄새를 맡고, 휘파람을 불며(창세기 6:6f; 출애굽기 32:14; 사무엘상 15:11, 35 등), 또한 후회도 하고(창세기 6:6f; 출애굽기 32:14; 사무엘상 15:11, 35; 아모스 7:3 등) 탄식도 하며(예레미야 8:5; 12:7-13; 15:5-9; 18:13-17 등), 기쁨, 노함, 증오, 분노, 복수 등의 감정을 느끼는 것으로 묘사된다(신명기 16:22; 30:9; 32:35; 이사야 61:18; 62:5; 출애굽기 22:24; 창세기 6:6; 9:5 등).

일단 알아봅시다.

이제부터 우리는 기독교에서 말하는 '존재로서의 하나님', '창조주로서의 하나님', '인격자로서의 하나님', '유일자로서의 하나님'에 대해 차례로 살펴보면서, 그 개념들이 서양문명 안에서 어떻게 뿌리내렸고, 또 어떤 영향을 끼쳤는지를 조명해 볼 겁니다.*

---

* 혹시 그리스도인이라면, 하나님에 대해 이야기하면서 하나님의 결정적 자기 계시인 그리스도에 대해서는 왜 다루지 않는가 하는 의문이 들 수 있다. 우리는 신학에서 그리스도론이라고 부르는 그 주제를, 다른 책에서 죄와 구원에 대해 살펴볼 때 자세히 다룰 것이다. 여기서는 신학에서 신론(神論)이라고 부르는 주제들을 우선 다룬다.

2부

하나님은 존재다

"'있는 자'(Qui est)라는 이 명칭은 신의 가장 고유한 이름이다."
- 토마스 아퀴나스, 『신학대전』

중세의 황금기였습니다. 이탈리아 나폴리 왕국의 아퀴노^{Aquino}라는 마을에 롬바르디아 왕조의 혈통을 이어받은 란둘프^{Landulph} 백작 가문이 있었지요. 어느 화창한 봄날, 그 집안의 한 소년이 초등교육을 받기 위해 몬테카시노의 베네딕투스회 수도원에 입학했습니다. 때는 1230년이었고 소년의 나이는 다섯 살이었지요. 용맹한 십자군 지도자 탕크레드의 손녀인 백작부인은 어린 아들을 떼어 놓아야 하는 슬픔에 엉엉 울었습니다. 하지만 소년은 오히려 방긋 웃었다지요. 그리고 자신을 맞으러 나온 수도사에게 물었습니다. "하나님은 무엇입니까?" 늙은 수도사는 당황했답니다.

1239년의 나폴리는 아름답고 진보적이었지요. 그때 막 열네 살이 된 이 영특한 소년은 대학에 입학하기 위해 이 도시로 갔습니다. 그곳에서 그는 자신의 생애를 바꾸어 놓을 두 가지 중요한 만남을 가졌는데요, 하나는 아리스토텔레스 철학이었고 다른 하나는 도미니쿠스 수도회였습니다. 나폴리 대학은 당시 많은 대학에서 금지한 아리스토텔레스 철학을 정식 교과목으로 채택했고, 더욱이 새로 생긴 탁발수도회인 도미니쿠스회가 왕성하게 활동 중이었습니다. 이 도미니쿠스 수도회 안에서 그는 평생 동안 한 손으로는 성서를 붙들고, 다른 한 손으로는 아리스토텔레스의 『형이상학』을 붙잡고 살았습니다.

신플라톤주의를 통해 초기 기독교 교리에 이미 깊숙이 관여한 플라톤 철학과 달리 아리스토텔레스의 철학은 적어도 12세기까지는 기독교와 별 관련이 없었습니다. 논리학 저서인 『오르가논』을 제외하면 아리스토텔레스의 저술들이 서구에 알려지지도 않았지요. 왜 그랬냐고요? 그의 철학이 아직 기독교와 손잡기 전인 6세기 초, 유스티니아누스 황제가 칙령으로 아테네에서 모든 철학 학교를 폐쇄했기 때문이지요. 그 후 아리스토텔레스 철학은 시리아와 페르시아, 이집트와 모로코 같은 변방을 떠돌아 다녔습니다. 그러다가 십자군 전쟁이 지속되던 12세기 말경 이븐 시나^{Ibn Sina, 980-1037; Abicenna}, 이븐 루시드^{Ibn Rushd, 1126-1198; Averroes} 같은 아랍 철학자들의 저서를 통해 서구에 전해졌어요.

그러자 도미니쿠스 수도회를 중심으로 젊은 신학자들이 아리스토텔레스의 사상과 언어로 성서를 해석하기 시작했습니다. 하지만 플라톤과 아우구스티누스 사상에 근거한 교부신학을 고수하던 로마교황청은 물론이고, 베네딕투스 수도회와 프란체스코 수도회 그리고 대부분의 대학들에서는 이 새로운 철학을 경계했지요. 중세 기독교 사상사에서 '프란체스코 수도회와 도미니쿠스 수도회의 대립'으로 불리는, 신구^{新舊} 두 신학적 입장 사이의 갈등은 이때부터 시작되었습니다. 영화로도 만들어진 움베르토 에코^{Umberto Eco, 1932-2016}의 소설 『장미의 이름』은 이 갈등이 정점에 이른 14세기를 배경으로 하지요.

1243년, 소년은 어느덧 청년이 되었습니다. 나폴리 대학에서 이미 아리스토텔레스 철학에 매료되었던 청년은 어려서부터 부단히 던진 '하나님은 무엇인가?'라는 질문의 답을 얻기 위해 도미니쿠스 수도회의 수도사가 되기로 결심했습니다. 그러나 어머니 란둘프 백작부인은 사랑하는 아들이 평생 탁발수도사로 쓸쓸히 살아가는 것을 생각만 해도 견딜 수 없었습니다. 그해 가을, 그녀는 자신의 다른 아들들과 함께 모의해 낙엽이 쌓여 있는 아퀴노 성의 밀실에 강제로 청년을 가두었지요. 그리고 아들의 마음을 돌려 보려고 온갖 노력을 다했습니다.

지오반 프란시스코 게씨(Giovan Francesco Gessi), 〈성 토마스 아퀴나스의 유혹〉, 17세기.

눈이 내리는 어느 겨울밤이었어요. 백작부인은 무척 아름답지만 아주 바람둥이인 여인을 남몰래 아들 방에 들여보냈습니다. 아들에게 세속적 쾌락의 달콤함을 알려 주려 한 것이었지요. 방에 들어선 여인은 젖가슴을 열어젖히고 청년을 유혹하기 시작했습니다. 하지만 청년은 벌겋게 불에 달궈진 쇠꼬챙이를 벽난로에서 꺼내 들이대며 여자를 몰아붙여 끝내는 그녀가 비명을 지르고 달아나게 만들었답니다. 결국 아들을 환속還俗시키려는 백작부인의 계획은 무위로 끝나고 말았지요. 그런 가운데서도 마음씨 고운 청년의 누이가 성서와 아리스토텔레스의 『형이상학』 그리고 당시의 저명한 신학자 페트루스 롬바르두스Petrus Lombardus, ?1100-1160의 『명제집』 사본 등을 몰래 넣어 주어 청년의 공부를 도왔습니다.

1245년 가을이 되자, 거의 2년이 지나도록 아들의 마음을 꺾지 못한 백작부인은 하는 수 없이 청년이 도미니쿠스 수도회에 가입하는 것을 허락했습니다. 청년의 나이 스무 살 때였지요. 청년은 곧바로 파리로 가서 너무도 박학다식하다 해서 '보편 박사'universal doctor라고 불리던 당시의 석학 알베르투스 마그누스Albertus Magnus, 1193-1280 밑에서 공부를 시작했습니다. 이 청년은 1256년에 신학박사가 되었고, 얼마 안 가서 파리 대학에 신학교수로 임명되어 이름을 날렸지요. 타고난 경건함과 탁월한 지적 능력을 갖춘 그였기에 프랑스와 이탈리아에 있는 수도회와 대학에서 강연 초청장이 줄지어 날아왔습니다.

1259년, 이탈리아로 돌아온 그는 1268년까지 교황청 소속 여러 학교에서 강의를 했습니다. 그러던 중 대주교를 맡아 달라는 제안도 받았지만 정중히 거절했지요. 그리고 1268년 다시 파리로 건너가 강의를 하며 어린 시절부터 갈망하던 하나님에 대한 연구와 저술에 몰두했습니다. 그는 누구보다 뛰어난 학자였지만 항상 겸손해서 논쟁을 할 때조차 평온함과 객관적 태도를 유지했지요. 그래서 그와 다른 의견을 가진 사람들조차 그의 학식에 대한 찬사와 칭송을 아끼지 않았습니다. 게다가 무척 유쾌한 성품이어서 사람들은 그를 '천사적 박사'Doctor Angelicus라고 이름 지어 불렀습니다.

한번은 프랑스의 루이 9세Louis IX, 1226-1270 재위가 이 저명한 신학자를 만찬에 초대했습니다. 초췌하고 금욕적인 탁발수도사를 예상했던 국왕은 커다란 몸집을 한 이 학자가 유쾌하게 떠들며 열심히 음식을 먹는 모습을 보고 무척 재미있어 했다고 합니다. 남아 있는 초상화들을 통해서도 짐작이 가는 그의 왕성한 식욕과 과중한 체중은 결국 그의 건강을 해쳤지요. 그는 리옹에서 열리는 공의회에 참석하러 가던 도중 갑자기 쓰러져 나폴리와 리옹 사이에 위치한 포사노바의 시토회 수도원에서 숨을 거두었습니다. 그의 나이는 겨우 49세, 때는 1274년 3월 7일이었어요.

반세기쯤이 지난 1323년, 교황 요한 22세는 그를 성인聖人으로 추대했습니다. 이때 교황은 가톨릭교회가 성인을 추대할 때마다 관례적으로 행하는 기저사문奇蹟査問을 시행하지 않았는데요. "왜?"냐고 묻는 물음에 "그가 남긴 저작이야말로 분명한 기적이기 때문"이라고 대답했답니다. 이렇게 성인이 된 뚱뚱하고 경건하며 유쾌한 천사 같은 신학자가 바로 토마스 아퀴나스입니다. 그리고 교황 요한 22세가 기적이라 여긴 그 저서는 『신학대전』Summa Theologica이지요.

하나님은 거대한 바다와도 같이

이탈리아 피사에 있는 성 카타리나 성당 제단 뒤에는 토마스 아퀴나스와 관련된 의미심장한 그림이 하나 걸려 있습니다. 14세기의 뛰어난 화가 프란체스코 트라이니Francesco Traini가 1341년에 그린 〈성 토마스 아퀴나스의 승리〉지요.

프란체스코 트라이니(Francesco Traini), 〈성 토마스 아퀴나스의 승리〉, 1341.

이 그림에서 토마스 아퀴나스는 앞에 『신학대전』을 펴 놓은 채 그림의 맨 중앙에 앉아 있습니다. 그 상단 중앙에는 그리스도가 앉아 있고, 한쪽 옆에는 마태, 누가, 바울이, 다른 쪽 옆에는 모세, 요한, 마가가 자리하고 있지요. 토마스 아퀴나스가 앉은 왼편에는 아리스토텔레스가 책을 펴든 채 서서 토마스 아퀴나스를 올려다보고 있고, 오른편에는 플라톤 역시 같은 자세로 그를 쳐다보고 있습니다. 그들 하단에는 한 무리의 수사와 학자들이 그려져 있는데 그 중앙에는 아리스토텔레스 철학을 유럽에 전한 아랍 철학자 이븐 루시드(아베로에스)도 있지요.

비슷한 시기에 저술된 단테의 『신곡』에도 나타나 있는 이 같은 위치 설정*은 우선 토마스 아퀴나스가 중세 스콜라 학자들의 제왕이자 라틴 교회가 낳은 가장 위대한 교부로 인정받았다는 것을 증명해 줍니다. 그뿐만이 아니지요. 이 그림은 상단에 예수님과 사도들을 배치하고 그 밑에 플라톤과 아리스토텔레스를 배치함으로써, 철학이 '신학의 시녀'ancilla theologiae로 봉사한 중세 사상의 구조와 그 대표적 결과물인 『신학대전』의 성격을 한눈에 보여 줍니다.

1880년 교황 레오 13세는 토마스 아퀴나스를 "신앙과 이성의 권위를 각각 높이면서도 둘을 친밀하게 결합함으로써 신앙과 이성 사이에 존재하는 모든 불화를 일거에 해소했다"며 칭송하고 가톨릭학교들의 '수호성인'으로 공포했습니다. 그렇지만 그것은 19세기에야 내려진 아퀴나스에

---

* 『신곡』에서 플라톤, 아리스토텔레스, 아베로에스는 철학자로서 그 영혼은 훌륭하지만 그리스도를 몰랐기 때문에 천국에 들어가지 못하고 그 밑인 '림보'(limbo)에 있다. 토마스 아퀴나스의 영혼은 천국의 열 개 하늘 가운데 제4천인 태양천(太陽天)에 있다. 이곳은 세상의 그림자가 닿지 않는 진정한 하늘로서, 보나벤투라 같은 훌륭한 신학자와 프란체스코나 도미니쿠스처럼 수도회를 창립한 인물이 함께 있는데 토마스 아퀴나스가 그들을 대변한다. 그 위 천국에는 성인들과 베드로, 요한 같은 사도들 그리고 성모와 그리스도가 있고 성부는 맨 마지막 하늘인 지고천(至高天)에 있다.

대한 새로운 평가는 아니었습니다. 그로부터 이미 500여 년 전부터 피사의 성 카타리나 성당에서 트라이니의 그림이 줄곧 외쳐 대던 바로 그 칭송을 재확인한 것이었지요! 오늘날에도 토마스 아퀴나스는 아우구스티누스, 칼빈과 함께 기독교 사상사에서 가장 위대한 업적을 남긴 신학자들 가운데 한 사람으로 평가받고 있습니다.

토마스 아퀴나스는 『신학대전』에서 자신이 어릴 적부터 해 오던 질문, 즉 "하나님은 무엇입니까?"에 답을 찾기 위해 스스로 몇 가지 원칙을 세웠습니다. "첫째로는 하나님이 어떤 식으로 있지 않은지, 둘째로는 하나님이 어떤 식으로 우리에게 인식되는지, 셋째로는 하나님이 어떤 식으로 이름 불리는지를 고찰해야 한다"[1]라는 것이지요. 그리고 그 원칙에 따라 자신이 사랑하는 하나님에 대해 하나하나 꼼꼼히 살펴 나갔는데, 그가 내린 최종 결론은 하나님은 '있는 자'$^{Qui\ est}$ 또는 '존재 자체'$^{ipsum\ esse}$라는 것이었습니다.[2] 토마스 아퀴나스는 8세기의 가장 뛰어난 신학자 다마스쿠스의 요하네스$^{Joannes\ Damascenus,\ ?675\text{-}749}$가 한 다음과 같은 말을 인용해서 자신의 뜻을 더욱 분명히 했습니다.

하나님을 가리키는 어떤 명칭보다 더 근원적 명칭은 '있는 자'다. 이 명칭, 즉 '있는 자'는 그 자체 안에 전체를 내포하며 무한하고 무규정적인 실체의 거대한 바다와도 같이 존재 자체를 갖고 있다.[3]

멋진 말이지요. 하지만 이해하기가 쉽지는 않은데, 염려할 건 없습니다. 우리는 곧 이에 대해 충분히 살펴볼 테니까요. 다만 당신이 여기서 기억할 것은 다마스쿠스의 요하네스나 토마스 아퀴나스와 같이 탁월한 중세 신학자들도 하나님이 인간처럼 생긴 게 아니라 오히려 '거대한 바다'와 같이 생겼다고 인식했다는 사실입니다. 조금 생소하지요? 아니면 놀라운가요? 이제부터 이 생소하고 놀라운 이야기를 함께 나눌 것입니다.

1장

존재란 무엇인가

하나님에게는 이름이 없다

영국의 문호 윌리엄 셰익스피어William Shakespeare, 1564-1616의 사랑스러운 작품 『로미오와 줄리엣』에는 다음과 같은 구절이 나오지요.

> 나의 원수인 것은 다만 당신의 이름뿐;
> 아, 다른 이름이 되어 주세요.
> 하지만 이름에 무엇이 있다는 건가요?
> 다른 이름으로 불러도 장미는 여전히 향기로운걸.
> 로미오는 로미오로 불리지 않아도
> 그가 지닌 고결함은 그대로인걸.
> 오, 로미오,
> 그대의 이름을 버리고
> 대신 내 모든 것을 가져가세요.[1]

애틋하고 아름다운 글입니다. 20세기의 걸출한 평론가 헤럴드 블룸Harold Bloom은 『돈키호테』를 쓴 세르반테스와 함께 셰익스피어를 역사상 가장 위대한 작가로 꼽았습니다. 이름은 헛되이 전해지지 않는다名不虛傳는 옛말이 있는데, 셰익스피어에게 딱 어울리는 말이지요. 하지만 줄리엣의 하소연대로 과연 이름에는 아무것도 들어 있지 않을까요? 당신의 생각은 어떤가요?

일단은 아주 단순하게 생각해 봅시다. 만일 당신이 먼 나라에 여행을 가서 이전에는 본 적 없는 어떤 대상을 보았다면, 그래서 그게 무엇인지 알고 싶다면 어떻게 할까요? 우선 "이것이 무엇입니까?" 또는 "이것을 무엇이라고 부릅니까?" 하고 그 이름을 물을 겁니다. 왜냐하면—예컨대 "이것은 자동차입니다" 또는 "이것은 과일입니다"라는 대답으로 알 수 있듯이—이름이란 일반적으로 개념을 대표하고, 그 사물과 다른 사물을 구별하는 칭호로서 어떤 것이 무엇인지를 지시해 주기 때문이지요. 이러한 이유로 우리는 '어떤 것이 무엇인지' 알아내기 위해 먼저 그것의 '이름'을 알아보는 것입니다.

지금도 그렇지만, 고대 중동에서는 더욱 그랬습니다. 그들은 심지어 사람 이름과 같은 고유명사까지 그 사람의 '무엇', 곧 본질을 나타내 주는 식으로 지었기 때문입니다. 예를 들어 구약성서에 나오는 아브라함이라는 이름에는 '많은 민족의 아버지'라는 뜻이 있고, 그의 아내 사라의 이름은 '여러 민족의 어머니'라는 의미입니다. 그 밖에도 다니엘은 '하나님은 나의 심판자', 나다나엘은 '하나님이 주심'이라는 의미이고요, 이사야는 '야훼의 구원', 예레미야는 '야훼가 세우다'라는 뜻이지요. 이처럼 성서에 나오는 인물들은 이름이 그 사람의 신분이나 특징 또는 삶의 목적을 나타냅니다.

따라서 이름을 바꾼다는 것은 곧 새로운 신분이나 새로운 삶의 목적을 얻는다는 의미를 갖고 있었습니다. 하나님이 '존귀한 아버지'라는 뜻의 아브람을 '많은 민족의 아버지'라는 뜻의 아브라함으로 바꾸어 준 것이 대표적이지요(창세기 17:5).* 하나님은 이름을 바꿈으로써 그가 한낱 소수 유목민의 족장에서 장차 많은 민족의 조상이 될 것이라는 점을 계시한 겁니다. 또한 본래는 '우두머리'를 뜻하던 사래를 '여러 민족의 어머니'

---

* '아브람'은 두 개의 히브리어를 합성해서 만든 이름으로 '아브'는 '조상' 또는 '아버지'를 나타내고, '람'은 '존귀'를 의미한다. 하나님은 '람'을 '라함'으로 바꾸었는데, 히브리어 '라함'은 '다수(多數)'를 뜻한다.

라는 뜻의 사라로 바꾸어 준 것이나(창세기 17:15),* '발꿈치를 잡다'라는 뜻의 야곱을 '하나님이 싸운다/힘을 쓴다'라는 뜻의 이스라엘이라는 이름으로 바꾸어 준 것(창세기 32:28)** 역시 그들에게 주어질 새로운 신분이나 삶의 목적을 나타내지요.

이처럼 고대사회에서 이름이 지닌 특별한 의미를 독일의 구약학자 발터 아이히로트Walther Eichrodt, 1890-1978는 다음과 같이 요약했습니다.

> 고대인들에게 이름은 단순히 어떤 사람을 가리키는 수단이 아니라 그 사람의 존재 자체와 가장 밀접하게 관련되어 있기 때문에 이름은 사실상 일종의 **또 다른 자기**alter ego***가 될 수 있었다.²

하나님의 이름도 예외가 아니었습니다. 하나님이 무엇인지 알려면 "하나님이 어떤 식으로 이름 불러지는지를 고찰해야 한다"는 토마스 아퀴나스의 말이 그래서 나온 겁니다. 벨기에 출신의 구약학자 앙드레 라콕André LaCocque도 같은 맥락에서, "그러므로 '[하나님의] 이름이 무엇이냐?'는 질문은 단순히 하나님의 이름을 어떻게 쓰는지 알아보는 데 있지 않고, 이름의 의미가 무엇인지를 알아보는 데 목적이 있다"³고 주장했습니다. 그

---

* '사래'는 '우두머리' 또는 '다투다'를 뜻하는 히브리어 '사라이'에서 나온 이름인데, '사라'는 히브리어로 본디 '왕후', '귀부인'을 뜻한다. 그런데 하나님이 그녀의 이름을 바꿔 준 후 "내가 그 [사라]에게 복을 주어 그를 여러 민족의 어머니가 되게 하리니 민족의 여러 왕이 그에게서 나리라"(창세기 17:16)라고 계시했기 때문에, '사라'라는 이름은 "여러 민족의 어머니"라는 의미를 갖게 되었다.
** '야곱'은 '발꿈치'를 뜻하는 히브리어 '아케브'에서 나온 이름으로 쌍둥이 형 에서의 발꿈치를 잡고 태어났다고 해서 붙은 이름이다. 그런 그가 얍복강에서 하나님과 만나 밤새 씨름을 하고 '이스라엘'이라는 새 이름을 얻었다. 예전에는 '이스라엘'을 '하나님과 싸워 이긴 자'라고 흔히 해석했지만, 근래에는 보통 '하나님이 힘을 쓴다'라는 의미로 해석한다.
*** 강조체 부분은 원문의 강조다.

래서 우리도 하나님이 무엇인가를 알아내기 위해 우선 하나님의 이름에 대해 알아보려고 합니다.

구약성서에서 하나님을 가리키는 일반 명칭은 '엘'El입니다. 히브리어 엘은 신약에서는 그리스어 테오스Theos에 해당하는 말이지요. 우리말 가톨릭 성서에는 '하느님'으로, 프로테스탄트 성서에는 '하나님'이라는 이름으로 등장합니다. 하지만 이런 구분은 서양문명을 이해하는 코드로서 하나님에 관해 인문학적으로 알아보려는 우리의 이야기에서는 전혀 중요하지 않습니다. 따라서 우리는 이 모든 명칭을 하나로 통일해서 '하나님'으로 부르기로 하지요.

엘에서 엘욘Elyon, 엘 샤다이El Shaddai, 엘 올람El Olam, 엘로힘Elohim 등 하나님을 부르는 많은 이름이 파생되었습니다. 엘욘은 '지극히 높으신 하나님'(창세기 14:18; 시편 7:17)이라는 뜻이고, 엘 샤다이는 '전능하신 하나님'(창세기 17:1), 엘 올람은 '영원하신 하나님'(창세기 21:33), 엘로힘은 '하나님의 권능'을 가리키는 엘로아Eloah의 강조복수형으로, 강하고도 높은 '신적 권능 전체'를 나타내는 말로 사용되었지요.[4]

이 이름들은 모두 고대 히브리 사람들이 하나님에게 붙인 명칭입니다. 따라서 그것들은 각각 히브리인들에게 파악된 하나님의 그 '무엇'을 나타내지요. 다시 말해 고대 히브리인들은 자신들의 일상적 또는 종교적 삶에서 하나님을 '강한 자'나 '전능한 자' 또는 '영원한 자'로서 경험했고, 그래서 그렇게 부른 겁니다. 요컨대 이 이름들은 모두 히브리인들이 하나님에게 붙인 명칭일 뿐, 하나님이 자신에 대해 밝힌 이름은 아니지요. 이 때문에 그것들을 통해서는 고대 히브리인들이 경험한 하나님의 그 '무엇'은 알 수 있지만, 하나님이 자신에 대해 밝힌 그 '무엇'에 대해서는 전혀 알아낼 수 없습니다.

이러한 이유에서 우리가 정작 알고 싶은 것은 하나님이 스스로 밝힌 이름이지요. 그런데 구약성서를 보면 공교롭게도 하나님은 자신의 이름을 감추고 알려 주지 않습니다. 예컨대 창세기에서 "당신의 이름을 알려 주소서"라고 청하는 야곱에게 하나님은 "어찌하여 내 이름을 묻느냐?"라고 되물을 뿐 대답은 하지 않지요(창세기 32:29). 또 출애굽기에서 모세에게도 하나님은 "네 조상의 하나님" 또는 "아브라함의 하나님, 이삭의 하나님, 야곱의 하나님"(출애굽기 3:6, 15)이라고만 자신을 밝힐 뿐 정작 이름은 계시하지 않습니다. 이런 까닭에 이사야 선지자는 하나님을 "스스로 숨어 계시는 하나님"(이사야 45:15)이라고도 불렀지요.

대체 하나님은 왜 그랬을까요? 강하고 전능하며 영원한 하나님이 왜 당당히 자신의 이름을 밝히지 못한 것일까요? 성서에는 이에 대한 대답이 전혀 없습니다. 그러니 알 길이 없지요. 하지만 존재론적으로 따져 보면, 그 이유가 단순하고 분명하게 드러납니다. 하나님이 자기 이름을 감춘 것은, 사실인즉 하나님에게는 이름이 없기 때문입니다.

"뭐라고? 하나님에게는 이름이 없다고?" 아마 당신은 이렇게 되묻겠지요. 그렇습니다. 하나님에게는 이름이 없습니다! 이 말이 당신에게는 무척 낯설게 들릴지도 모르지만, 파르메니데스, 플라톤, 플로티노스로 이어지는 존재론 전통에 의하면 만물의 궁극적 근원인 신에게는 이름이 없고 또 당연히 없어야 합니다. 왜일까, 궁금하지요? 이제 그 이유를 알아봅시다.

네가 그분을 파악한다면, 그분은 하나님이 아니다

당신도 이미 알다시피, 세상의 모든 존재물은 '그저' 있는 것이 아니라 '무엇으로' 있습니다. 예컨대 사과는 사과로 있고 책상은 책상으로 있지요. 이때 사과를 사과이게 하는 그 어떤 성질, 책상을 책상이게 하는 그 어떤 성질이 존재론에서 말하는 그것의 본질本質입니다. 그리고 그것의 '있음'이 곧 존재存在이지요. 그렇다면 세상의 모든 존재물은 본질과 존재로 구성되었다고 할 수 있습니다. 다시 말하자면, 세상 만물은 모두 '무엇'이라는 본질을 가짐으로써 비로소 존재하며, 일반적으로 그 '무엇'이 우리가 부르는 그것의 '이름'입니다.

따라서 이름이란 어떤 것을 그것이게끔 하는 본질이 이미 규정되고 한정된 '존재물'에만 붙일 수 있지요. 예를 들어 우리가 어떤 것을 '사과'라고 부르는 것은 그것이 사과이게끔 하는 사과의 본질에 의해 규정되고 한정되었기에 가능하다는 말입니다. 그렇지 않은 것을 사과라고 부른다면 잘못이지요. 많은 사람이 어려워하는 존재론도 사실은 이처럼 아주 단순한 원리에서 시작합니다.

그런데 하나님은 만물의 궁극적 근원이라는 자신의 속성상 그 어떤 것으로도 규정할 수 없는 무규정자無規定者, 그 무엇으로도 한정할 수 없는 무한정자無限定者라야 합니다. 그렇지 않으면 그는 만물의 궁극적 근원이 될 수 없지요. 왜냐고요? 논리적으로 그래요. 설명하자면 이렇습니다.

여기 종이가 한 장 있고 그 위에 벤 다이어그램Venn diagram을 그린다고 생각해 볼까요? 중앙에 동그라미 하나를 그리고 그 한정된 동그라미를 A라고 규정하면 그와 동시에 동그라미 밖은 ~A가 됩니다. 이 경우 A는—설사 그것이 아무리 크다고 하더라도—만물을 포괄하는 궁극적 근거가 될 수 없지요. 만물의 궁극적 근거란 그 어떤 것도 제외하면 안 되는데, A는 이미 ~A를 제외했기 때문입니다.

더 일반적으로 이야기해 볼까요? 우리가 '어떤 것'을 예컨대 '사과'로 규정하고, 그래서 사과라고 이름 붙이면 그 순간 우리는 동시에 '사과가 아닌 것'을 이미 전제한 것입니다. 사과 바깥에 존재하는 다른 어떤 것들을 이미 인정했다는 말이지요. 우리의 사고 체계가 가진 이러한 독특한 논리적 구조 때문에, 설사 '어떤 것'이 예컨대 우주처럼 아무리 크다고 해도 그것을 '우주'(A)라고 규정하고 그렇게 이름 붙이면 우주는 동시에 '우주가 아닌 것'(~A)과 구분되어 최소한 둘 가운데 하나일 뿐, 만물의 궁극적 근원은 될 수 없습니다. 아리스토텔레스는 『자연학』에서 이 말을 다음과 같이 표현했습니다.

> 엄밀한 의미에서 전체holon의 바깥에는 아무것도 없다. 무언가가 빠져 바깥에 있다면 빠진 것이 무엇이든 간에 그것은 전부pan를 포함하는 것이 아니다.5

이 원칙은 자연학만이 아니라 형이상학에도 그대로 적용되지요. 따라서 만물의 궁극적 근원인 하나님은 무규정자, 무한정자여야 하며, 당연히 그에게는 그를 규정하거나 한정할 어떤 본질이 따로 없습니다.

그런데 앞에서 밝혔듯이, 어떤 것에게 본질이 없다는 것은 그것을 파악할 수도 없고 그것에 어떤 이름도 붙일 수도 없다는 이야기잖아요? 결국 우리는 하나님을 파악할 수도, 하나님에게 이름을 붙일 수도 없는 겁니다! 안타깝지요. 하지만 2,000년 기독교 역사상 가장 뛰어난 신학자로 평가되는 아우구스티누스Augustinus, 354-430는 다음과 같이 말합니다.

> 네가 하나님을 파악하지 못한다는 것이 뭐 그리 놀라운 일인가? 만일 네가 그분을 파악한다면, 그분은 하나님이 아니다.Qui mirum si non comprehendis? Si enim comprehendis, non est deus.6

그럼에도 하나님의 본질을 파악하고 이름 지어 부르고 싶어 하는 우리의 '안타까운' 열망은 멈추지 않았습니다. 그래서 모세가 하나님을 만나 어렵게, 어렵게 알아낸 이름이 '야훼'YHWH입니다. 이제 곧 자세히 살펴보겠지만, 이 이름이 의미하는 바가 바로 '존재'입니다. 이 말은 만일 하나님에게 본질이 있어야 한다면—따라서 하나님에게도 이름이 있어야 한다면—그것은 오직 '존재'뿐이라는 것을 알려 줍니다. 바로 이것이 다마스쿠스의 요하네스가 "하나님을 가리키는 그 어떤 명칭보다 더 근원적 명칭은 '있는 자'다"[7]라고 말한 이유이고, 토마스 아퀴나스가 모든 피조물은 본질과 존재가 구분되지만 "하나님의 본질은 그의 존재와 다른 것이 아니다" Quod Dei essentia non est aliud quam suum esse[8]라고 주장한 까닭입니다. 어때요? 흥미롭지요?

지성도 넘고, 신비도 넘어

서양에서 이러한 흥미로운 생각을 최초로 한 사람은 기원전 6세기경 밀레토스에 살았던 아낙시만드로스Anaximandros, 기원전 610-546입니다. 그는 우리가 앞에서 무규정자, 무한정자라고 부른 것을 아페이론apeiron, 곧 '무한자'라고 불렀고,[9] 그것이 만물의 궁극적 근거이자 신이라고 했습니다.

탈레스Thales의 동료이자 최초의 지도地圖 제작자이기도 한 아낙시만드로스가 말하는 아페이론은 우선 시간적으로는 "변화를 통해 형성된 것도 아니고 사라지지도 않으며",[10] "죽음도 쇠퇴도 모르고",[11] 따라서 시작도 끝도 없는 영원한 것이지요. 동시에 공간적으로는 너무나 광대무변하여 크기를 측정할 수 없으며, "만물을 자신 안에 포괄하는"[12] 어떤 것입니다. 요컨대 아페이론은 "신적인 것으로서 만물을 포괄하고 횡단하며 보호하고 조종"[13]하지요. 이렇듯 아낙시만드로스는 아페이론 개념을 통해 시간과 공간, 그 무엇에도 제한을 받지 않는 신의 무한성을 처음으로 규정했습니다.

하지만 아낙시만드로스가 말하는 아페이론은 그것이 아무리 광대무변한 신적인 것이라 할지라도—마치 오늘날 양자물리학자들이 말하는 '소립자의 장field'이 그렇듯이—형태만 없을 뿐이지 어디까지나 물질의 속성을 지닌 존재이기 때문에 다분히 자연학적 개념이었습니다. 그런데 이 개념을 형이상학으로 끌어들여 '존재'라고 이름 붙인 사람이 바로 파르메니데스Parmenides, 기원전 515-?445였지요. 파르메니데스에게 '존재'는 비물질적 무한자이자 유일자입니다. 그의 잠언에는 아낙시만드로스의 아페이론 교설을 되뇐 다음과 같은 말이 있습니다.

> 존재는 생성되지 않고 소멸되지 않으며,
> 온전한 일자oulon mounogenes이고 흔들림이 없으며 완결된 것이다.
> 그것은 과거에 있었던 것이 아니고, 미래에 있게 될 것도 아니다.
> 왜냐하면 지금 있으며, 전체가 하나로 연결되어 있기 때문이다.[14]

이 같은 파르메니데스의 존재 개념을, 이후 자신의 존재론 체계 안에서 모든 이데아의 근거인 '일자'一者, to hen 또는 '선 자체'善自體로 정립한 사람이 플라톤이었고,• 그 체계를 종교화한 사람이 플로티노스Plotinos, ?205-270였습니다.

플라톤과 플로티노스도 '일자'를 신이라고 불렀는데, 그들이 말하는 일자는 규정할 수 없는 것이기에 모든 규정할 수 있는 것들의 바닥에 깔린 심연이며, 한정할 수 없는 것이기에 모든 한정할 수 있는 것의 바탕이지

• 5부 "하나님은 유일자다"의 '플라톤의 일자'를 보라.

요. 당연히 일자는 어떤 존재물이 아니고 그 일자에게는 이름이 없습니다. 이에 대해 에티엔 질송은 이러한 철학적 설명을 덧붙였습니다.

> 이 점은 심지어 일자 자체까지 없는 것은 아닐지라도, 일자에 대한 이름이 왜 없는가에 대한 정확한 이유다. 우리가 그것에 어떤 이름을 부여하든지 우리는 하나의 어떤 그것으로서의 일자에 관해 말하지 않을 수 없다. 그런데 일자는 하나의 그것^{It}도, 그분^{He}도 아니다. 왜냐하면 일자는 하나의 사물이 아니기 때문이다.[15]

같은 말을 독일의 현대신학자 에버하르트 융엘$^{Eberhard\ Jüngel}$은 "하나님의 본질은 우리가 그에 관하여 말하고 부를 수 있는 모든 것 위에 있기 때문에 하나님은 모든 명칭 위에 머물러 있다"[16]라고, 보다 종교적으로 표현했지요. 이에 대해 당신도 잘 아는 독일의 문호 괴테는 걸작 『파우스트』에서 다음과 같이 문학적으로, 그러나 다분히 존재론적 언어로 묘사했습니다.

> 누가 하나님에게 이름을 붙일 수 있겠소?
> 누가 고백할 수 있겠소,
> 나는 그를 믿는다고!
> 마음속으로 느낀다고 해서
> 누가 감히 발설할 수 있겠소,
> 나는 하나님을 믿지 않는다고!
> 만물을 포괄하는 자,
> 만물을 보존하는 자,
> 그는 당신을, 나를, 그리고 자기 자신을

포괄하고 보존하고 있지 않소?¹⁷

어쨌든 이런 이유에서 하나님에게는 이름이 없고 또 당연히 없어야 합니다. 그런데—매우 놀랍지만 한편으로는 무척 다행스럽게도—구약성서에는 하나님이 스스로 자신의 이름을 밝힌 곳이 있습니다. 출애굽기 3장 14절입니다. 불가능한 것을 가능하게 했다는 뜻에서 실로 기적과 같은 이 특별한 사건을 아이히로트는 다음과 같이 해석했습니다.

스스로 자신에게 이름을 부여한 행위를 통해 하나님은 정의될 수 있는, 구별되는 개체로서 묘사되는 것을 스스로 선택했다. 이런 식으로 이스라엘의 신앙은 추상적인 신 개념과 무명의 '존재 근거'에 맞섰다. [그로써] 하나님을 지성주의나 신비주의로 잘못 이해하는 것들은 거부되었다.¹⁸

이게 무슨 뜻일까요? 이름을 붙일 수 없는 하나님이 스스로 자기 이름을 만들어 알린 것은, 예컨대 '지극히 높으신 하나님'(창세기 14:18; 시편 7:17)과 같이 추상적 신으로 표현하는 지성주의나 '스스로 숨어 계시는 하나님'(이사야 45:15)과 같이 이름 없는 신으로 나타내는 신비주의 같은 잘못된 신앙으로부터 자기 백성을 구하려는 일종의 은총이라는 말입니다. 멋진 해석이지요. 하지만—그리스도인이 아닌 일반인의 눈으로—사건의 전후 정황만 따져 보면, 하나님이 자기 이름을 계시한 것은 스스로 원해서 그런 것이라기보다는 마지못해 그런 것입니다. 무슨 엉뚱한 소리냐고요? 사연인즉 이러했습니다.

약삭빠른 계산, 놀라운 결과

구약성서에 의하면, 기원전 1700년경 가나안 땅에는 오랫동안 흉년이 들었습니다. 아브라함의 후손인 야곱과 그의 족속이 가나안 땅의 기근을 피해 이집트로 이주해 간 것이 이때였지요(창세기 46:7). 죽은 줄로만 알았던, 야곱의 아들 요셉이 그들을 초청했기 때문입니다. 요셉은 당시 이집트의 전권을 손에 쥔 총독이 되어 있었지요. 탁월한 위기관리 능력을 발휘해 온 국민의 신망을 얻고 있었던 터라 요셉은 자기 가족을 모두 초청할 수 있었습니다.

그렇다고 해도, 이때 이집트로 이주한 이스라엘 족속의 수효가 그리 많지는 않았습니다. 요셉과 그의 두 아들까지 포함해서 남자만 정확히 70명이었지요(창세기 46:27). 그들은 요셉 덕에 파라오를 예견하고 정착지를 제공받았습니다(창세기 47:11). 이후 야곱이 죽고 뒤이어 요셉마저 죽으면서 창세기가 끝나는데요, 이때가 대략 기원전 1650년입니다.

이어지는 출애굽기는 요셉과 그의 형제들이 모두 죽고 약 400년이 지난 다음에 시작합니다. 성서는 이때 이스라엘 족속이 자식을 많이 낳고 번성하여 무섭게 불어났다고 기록합니다(출애굽기 1:7). 그러자 요셉을 모르는 새로운 파라오들은 이스라엘 족속의 번창을 두려워하며 차츰 경계하지요. 그들은 이스라엘 족속을 차별해 노예화하기 시작했고, 날이 갈수록 더욱더 혹독하게 다루었습니다(출애굽기 1:14).

이즈음에 나타난 인물이 모세입니다. 모세의 출생과 사망 연대는 정확히 알 수 없습니다. 그동안은 일반적으로 기원전 1479-1425년경에 이집트를 통치한 투트모세 3세 때 태어나 살았던 것으로 보았지요. 그러나 성서고고학의 발달과 함께 여러 가지 새로운 증거가 나타나면서, 요즈음에는 그보다 훨씬 늦은 시기인 기원전 1350-1250년경에 살았던 것으로 보는 견해가 지배적입니다. 어쨌든 모세가 이스라엘 족속이 이집트에서 억압받던 시절에 태어난 건 분명합니다.

이때 이스라엘 족속의 번성을 염려한 파라오가 히브리 여인이 남자아이를 낳으면 강물에 던지라는 명령을 내렸습니다. 그 파라오가 람세스 2세였다고 보는 것이 일반적입니다. 그래서 모세는 태어나자마자 강물에 던져졌지요. 하지만 파라오의 딸이 이 아이를 건져 모세라 이름 짓고 길렀습니다(출애굽기 1:13-2:6). 히브리어 '모세'Mosheh는 '물에서 이끌어 낸 이'라는 뜻입니다(출애굽기 2:10). 이 아이가 자라 히브리인들을 이집트에서 다시 이끌고 나옵니다.

모세는 이집트 왕궁에서 다른 왕자들과 함께 훌륭한 교육을 받고 자랐습니다. 그러나 마흔 살이 되었을 때 자기 동족을 괴롭히는 이집트인을 죽이고 이집트를 떠나 미디안 광야로 도망갔습니다. 그러고는 그곳의 한 제사장 딸과 결혼해 그 후 40년을 양치기로 살지요. 그러던 어느 날 모세는 호렙산에서 불타는 떨기나무 가운데 나타난 하나님을 만나 히브리인들을 이집트에서 구해 내라는 명령을 받습니다(출애굽기 3:1-10).

하지만 모세는 그 일이 도통 내키지 않았지요. 그래서 굳이 자기를 이집트로 보내려는 하나님에게 다소 불손한 의도를 감춘 채 이런 질문을 던집니다. "내가 이스라엘 자손에게 가서 너희 조상의 하나님이 나를 보내셨다 하면 그들이 내게 묻기를 그의 이름이 무엇이냐 하리니 내가 무엇이라고 그들에게 말하리이까"(출애굽기 3:13). 하나님이 자기에게 맡기려는 사역을 빌미로 하나님의 이름을 물은 것입니다.

모세는 하나님이 자기 이름을 밝히지 않는다는 것을 이미 잘 알고 있었습니다. 그래서 그는 속으로, 하나님은 어쨌든 자기 이름을 밝히지 않을 것이고 그렇다면 더는 이집트로 가라는 소리도 못할 것이라는 약삭빠른 계산을 한 겁니다. 요컨대 그의 이 질문은 하나님에게 이름을 밝히든지 아니면 자기를 이집트로 보내는 명을 거두든지 간에 양자택일 하라는 뜻이었지요. 그런데 뜻밖에도 하나님이 선뜻 자기 이름을 밝힌 겁니다. "에흐예 아세르 에흐예"ehyeh asher ehyeh라고 말이지요(출애굽기 3:14).

알고 보면 참으로 놀라운 뜻이 담긴 하나님의 대답, "에흐예 아세르 에흐예"는 그리스어로 된 최초의 구약성서 '70인역'에서는 "나는 있는 자다"라고 번역되었습니다. 탁월한 번역이지요. 그러나 유감스럽게도 이때 존재와 존재물이 혼동될 수 있는—즉 존재가 곧 실체라는**—그리스 철학적 요소가 본의 아니게 스며들어 히브리어 표현의 근본적 의미를 변질시키는 계기가 되었습니다.¹⁹ 단순히 '있음'을 나타내는 히브리어 '에흐예'가 '있는 자'라고 번역됨으로써, 하나님이 마치 하나의 존재물 같은 의미를 갖게 되었다는 말이지요.

모든 시원이 그렇듯, 출발에서 벌어진 미세한 틈새가 나중에는 돌이킬 수 없는 간격을 낳는 법입니다. 더구나 70인역은 후일 신약성서 저자들 대부분이 사용한 성서였고, 초기 기독교 사상가들이 맨 처음 알았던 경전이었기 때문에 그 영향이 더욱 지대했습니다.***

- '70인역'은 '70인의 장로들에 의한 해석'(Interpretatio secundum septuaginta seniores)의 약자로 프톨레마이오스 왕조의 전성기를 이끈 프톨레마이오스 2세(Ptolemaios II, 기원전 285-246 재위)가 팔레스타인에서 이스라엘 각 지파당 6명씩 도합 72명의 장로를 초빙해서 유대인 율법을 그리스어로 번역시켜 만든 구약성서다.
- ** 그리스 철학에서는 존재(to on, einai)가 곧 실체(ousia)다. 예컨대 플라톤의 존재인 이데아(idea)와 아리스토텔레스의 존재인 형상(eidos)은 개개의 사물들에게 그것을 그것이게끔 하는 그것의 '본질'을 부여함으로써 실제로 '존재'하게 하는 실체다. 그래서 플라톤·아리스토텔레스 이후 그리스 철학에서 존재라는 개념에는 항상 본질이 붙어 다니며, 그 결과 본질과 존재가 함께 있는 존재물과 혼동될 여지가 생겼다. 그러나 하나님은 존재한다는 점에서는 존재물과 같지만, 본질을 갖지 않는다는 점에서는 그와 다르다. 토마스 아퀴나스가 하나님을 단순히 존재라고 하지 않고 '존재 자체'(ipsum esse)라고 구분해서 부른 것은 그런 이유에서다.
- *** 기독교 교리(Chiristian Dogma)란 다른 이교도들의 사상과 내부 이단의 주장으로부터 기독교를 구별하려는 주장으로 이해할 수 있다. 따라서 교리는 그 발생부터가 이미 배타적이거나 방어적인 성격을 띤다. 이에 비해 기독교 사상(Christian Thought)이란 기독교 교리보다 폭넓은

하나님은 하늘에 있고, 너는 땅 위에 있다

고대와 중세는 물론이고 오늘날에 이르기까지 기독교 신학자들은 70인역에 기록된 "나는 있는 자다"라는 번역문을 근거로 하나님을 '있는 자' 또는 '스스로 있는 자'라고 즐겨 해석하곤 합니다. 우리말 성서가 그것을 "나는 스스로 있는 자니라"(출애굽기 3:14)라고 번역한 것도 이 때문이지요. 그러나 그것은 70인역을 시원으로 해서, 이후 그리스 철학의 영향을 받은 기독교 신학자들, 예컨대 오리게네스, 아우구스티누스, 안셀무스, 특히 토마스 아퀴나스가 신학적으로 정리한 개념입니다.*

그런데 앞서 밝혔듯이 '있는 자'라는 말에는 '강한 자' 또는 '전능한 자'라는 말처럼 하나님이 하나의 '존재물'인 것처럼 오해될 소지가 알게 모르게 들어 있습니다. 그러나 고대 히브리 사람에게 "에흐예 아세르 에흐예"라는 말이 가진 의미의 핵심은 단순히 '나는 있다' 또는 '나는 (나로) 있다'라는 것이었습니다.** 요컨대 하나님은 이 말을 통해 자신이 '존재물'

의미로서 기독교적 삶의 표현으로 받아들여 온 모든 사상과 다양한 주장을 의미하며, 여기에는 신학과 교리의 발생·인정·진행 과정이 내포되어 있다.

• 그 과정에서 단순히 '있음'을 나타내는 히브리어 '하야'(hyh)의 의미론이 존재(to on)와 연관된 그리스어 '에이나이'(einai)의 의미론으로 연결되었고, 다시금 보다 실체에 가까운 라틴어 '에세'(esse)의 의미론으로 변천하는 일이 일어났다.

•• 히브리어 "에흐예 아세르 에흐예"(ehyeh asher ehyeh)는 많은 상상력을 불러일으키는 말로, 이에 대한 해석은 학자마다 다르다. 70인역의 해석 외에도, '나는 나다'처럼 자신의 이름을 여전히 감추는 하나님을 강조하는 해석(예: O. Eissfeldt, B. Couroyer), '나는 창조물들을 창조하는 자다'처럼 하나님의 창조성을 강조하는 해석(예: W. F. Albright), '나는 미래의 나를 보여 줄 자로서 나다'라고 하나님의 활동성과 영원성을 강조하는 해석(예: H. Gese), 또 '내가 너와 함께 있을 것이다'처럼 하나님의 인격성을 강조하는 해석(예: M. Buber)이 그 대표적 예들이다. 이들은 모두 하나님의 자기 이름 계시가—그것이 무명성이든, 창조성이든, 영원성이든, 인격성이든—그의 어떤 성격(본질)을 나타낸다는 데 초점을 맞추고 있다. 오직 70인역만이 하나님의 이름이 곧바로 그의 존재를 계시한다고 본 것이다.

이 아니라 '존재'임을 알린 것이지요. 따라서 "에흐예 아세르 에흐예"라는 하나님의 자기계시를 히브리 원어가 가진 의미에 좀더 가깝게 번역하자면 '나는 있는 자다'가 아니라 '나는 있음이다'여야 하고, 설사 철학 용어를 사용한다고 해도 '나는 존재자다'가 아니라 '나는 존재다'가 되어야 합니다.'

성서에 '여호와'Jehovah로 표기되는 '야훼'YHWH라는 '네 철자 이름'이 바로 이 문장 "에흐예 아세르 에흐예"와 관련됩니다. 모세에게 '나는 존재다'라고 밝힌 직후 하나님은 야훼가 자신의 "영원한 이름"이며 "칭호"(출애굽기 3:15)라고 선포했지요. 구약학자들에 의하면, 구약성서에 6,823회나 쓰인 '야훼'에 대한 가장 일반적이고도 자연스러운 해석은 '그는 있다'He is, '그는 존재한다'He exists, 또는 '그는 현존한다'He is present 입니다.[20]

그렇다면 야훼도, 엄밀히 말해 우리가 사용하는 의미에서의 이름은 아닌 것이지요. 그렇다면 하나님은 이름을 묻는 모세에게 그의 '이름'을 계시한 것이 아니라, 단지 자신의 '존재'와 '현현'을 계시한 것입니다. 그래서 독일의 신학자 하르트무트 게제Hartmut Gese도 야훼라는 이름을 통해 "하나님은 그 자신을 어떤 본질로 나타내지 않고 자신을 직접 보이신"[21] 것이라고 주장했지요. 그도 당연한 것이, 앞에서 말했듯이 이름이란 본디 '존재'가 아니라 '존재물'에게 속한 것인데, 하나님은 그 어떤 존재물이 아니기 때문입니다. 그런데도 어쨌든 하나님이 자신의 존재를 야훼라는 이

• 이러한 해석에는 "나는 있는 자다"라는 70인역을 따라 하나님의 존재와 자기현현(스스로 나타냄)의 성격은 살리되, '있는 자'라는 용어 안에 잠재된 그리스 철학적 요소, 곧 존재물로 오인될 위험은 제거하자는 뜻이 들어 있다. 한마디로 하나님은 그 어떤 '무엇'으로 있지 않고 '그저' 또는 '그저 그로' 있다는 것이다. 이렇게 해석해야만 히브리어 원어에도 합당할 뿐 아니라, 기독교 신학에도 적합하다. 그래야만 하나님은 그 어떤 본질에도 제한을 받지 않는다는 무규정성, 무제약성이 드러나며, 또한 하나님이 가진 절대적 독립성, 궁극적 포괄성, 유일성 등이 보존되기 때문이다.

름으로 계시했기 때문에, 하나님은 이름을 갖게 되었고—좋든 싫든—우리에게는 하나님이 하나의 존재물처럼 인식되는 부당한 일이 불가피하게 일어난 것입니다.

내 손을 그 옆구리에 넣어 보지 않고는

18세기 영국 시인인 크리스토퍼 스마트 Christopher Smart, 1722-1771 의 "다윗에게 부치는 노래"에는 하나님이 모세에게 자신의 이름을 알리는 장면이 다음과 같이 묘사되어 있지요.

이 사람은 하나님을 노래했다, 만물의 크나큰 근원
모든 힘의 원동력
그 놀라운 힘을.
하나님의 오른손에서 나와 하나님의 눈앞에서
시대가 시작되고 권력이 지배되고
계획하는 바가 이뤄지나니.
야훼는 모세에게 말씀하셨다.
'내가 있다'고 그들에게 말하라고.
대지는 듣고 두려워하고
위에서나 아래에서나 주위에서나 대답했다.
마음속까지 감동하여 오직 소리도 없이
"오오, 주여 스스로 계신 분이여" 하고.[22]

종교시이면서도 18세기 영국시의 최대 걸작으로 꼽히는 이 시를—우리의 이야기와 연관해서—살펴보면 매우 흥미롭습니다. 이 시에서 하나님은 모세에게 "내가 있다"라고 자신의 '존재'를 알립니다. 그런데도 시인은, 분명 모세도 포함되었을 만물이 하나님을 "오오, 주여 스스로 계신 분이여"라고 의인화하여 부르는 것으로 묘사함으로써, 하나님이 다분히 하나의 '존재물'로 오해되도록 표현했지요. 시인이 의도적으로 그렇게 표현했는지 아니면 우연이었는지는 알 수 없습니다. 어쨌든 실제로는 이런 바람직하지 못한 일, 곧 하나님은 자신을 존재로서 계시하고 우리는 그를 존재물로서 이해하는 일이 성서와 신학 사이에서 일어나고 말았지요.

어쩌면 이런 현상이야말로 인간의 한계를 나타내는지도 모릅니다. 그러니까 이건 우리로서는 영원히 뛰어넘기 어려운 벽인지도 모른다는 겁니다. "인간 정신은 그가 적당한 개념을 설정할 수 없는 실체 앞에서는 망설여지는 법이다"라는 질송의 말처럼, 보이지 않고 사고할 수도 없으며 이름조차 부를 수 없는 대상 앞에서 우리의 이성은 절망할 수밖에 없기 때문이지요.

알고 보면 바로 이것이 우리가 부단히 '존재'를 망각하고 '존재물'에 집착하게 되는 근본적 이유이며, '하나님'에게서 돌아서서 '세상'으로 향하게 되는 원초적 까닭인 것입니다. "내가 그 손의 못 자국을 보며 내 손가락을 그 못 자국에 넣으며 내 손을 그 옆구리에 넣어 보지 않고는 믿지 아니하겠노라"(요한복음 20:25)라고 말한 '의심 많은 도마'의 애달픈 고백을 보세요. 도마에게서 우리는 볼 수도 없고 만질 수도 없는 존재보다는 볼 수도 있고 만질 수도 있는 존재물을, 다시 말해 하나님보다는 세상을 더 믿고 의지할 수밖에 없는 우리 자신의 가련한 모습을 언제나 반복해서 확인할 수 있습니다. 기독교에서는 이 같은 우리의 성향을 죄성罪性이라고 부르지만, 아, 우리는 얼마나 자주, 또 얼마나 간절히 "내 손을 그 옆구리에" 넣어 보고 싶어 하는지요! 나는 그런데, 당신은 그렇지 않은가요?

그 사이에 눈얼음 계곡이 있다

"에흐예 아세르 에흐예"라는 하나님의 대답은 그것이 우리가 통상적으로 생각하는 이름이 아닌데도 불구하고―또는 아니기 때문에―하나님과 관련된 가장 뚜렷하고 중요한 정보를 담고 있습니다. 그래서 라콕과 같은 신학자들은 이 말을 "계시 중의 계시"[23]라고 드높입니다.

"아니 뭐라고? 그 간단한 문장이 계시 중의 계시라고? 정말? 만일 신학자들의 말이 맞다면, 거기에 담긴 '중요한 정보'란 대체 뭐란 말인가?" 혹, 이런 의문이 생기지 않나요? 누구나 품을 만한 이런 의문들에 대한 답을 찾으려면 사람들이 흔히 간과하는 논리적 추론 하나를 놓치지 말아야 합니다. 그것은 이름을 묻는 질문에 "나는 존재다"라고 대답한 이가 진정으로 의도한 바가 무엇이냐 하는 것이지요.

일반적으로 생각해 볼까요? 우리가 보통 자신의 이름이나 지위를 묻는 상대에게 '나는 무엇(A)이다'라고 대답하는 것은 '너는 그 무엇(A)이 아니다'라는 전제를 갖습니다. 그래야만 적합한 대답이 되기 때문이지요. 예를 들어 "당신 누구요?"라는 질문을 한 사람에게 "나는 사람이오"라는 대답은 적합하지 않습니다. 질문자 역시 사람이니까요. 따라서 이 질문에 합당한 대답은 최소한 "나는 한국 사람이오"처럼 질문자와 뭔가 구분되는 것이어야 합니다. 물론 이때 질문자는 한국 사람이 아니어야 하고요.

하나님이 모세에게 자신을 밝힌 경우도 이와 마찬가지로 이해되어야 합니다. 이름을 묻는 모세의 질문에 하나님이 "나는 존재다"라고 한 대답에는 '너는 존재가 아니다'라는 의미가 함축되어 있습니다. 즉 "너는 흙이니 흙으로 돌아갈"(창세기 3:19) 존재물이라는 것입니다. 이것이 "에흐예 아세르 에흐예"라는 하나님의 대답이 가진 진정한 의미입니다! 하나님을 '존재'로 그리고 인간을 '존재물'로 파악한 것, 바로 이것이 모세가 이룬

신 개념의 핵심이라는 말입니다. 또한 바로 이것이 "에흐예 아세르 에흐예"라는 하나님의 대답을 신학자들이 "계시 중의 계시"라고 높이 평가하는 이유이기도 하지요.

히브리 선지자와 예언자들이 입을 모아 "모든 육체는 풀이요 그 모든 아름다움은 들의 꽃 같으니…풀은 마르고 꽃은 시드나 우리 하나님의 말씀은 영영히 서리라"(이사야 40:6, 8)라고 한 하나님과 인간의 구분이 모두 여기서 나왔습니다. '거룩하다'는 뜻의 히브리어 '카도쉬'qadosch는 본디 '갈라서다' 또는 '분리되다'라는 뜻을 갖고 있지요. 거기에는 하나님은 거룩한 '존재'이고, 인간을 포함한 그 밖의 만물은 거룩하지 않은 '존재물'로서 하나님과 갈라서 있다는 의미가 들어 있습니다. 토마스 아퀴나스가 하나님을 단순히 '존재'라고 부르지 않고 '존재 자체'ipsum esse라는 용어로 표현했을 때도 바로 이런 구분을 염두에 둔 것이지요. 요컨대 "하나님은 존재물일 수 없다"Quod impossibile est Deum esse corpus[24]는 이야기입니다.

이런 관점에서 보면, 모세는 서양철학에 존재론의 기반을 닦은 그리스인 파르메니데스보다 적어도 700년이나 일찍 존재와 존재물을 확연히 구분한 인류 최초의 '존재철학자'였습니다. 그가 '존재'로 정립한 하나님에 관한 사유들이 키르케고르나 하이데거와 같은 현대철학자들이 다룬 인간의 실존 문제까지 천착한다는 점을 평가한다면, 실로 '탁월한' 존재철학자라고 해야겠지요.

그로부터 3,000년쯤 지나 덴마크의 철학자 쇠렌 키르케고르Søren A. Kierkegaard, 1813-1855는 일찍이 모세가 구분한 존재와 존재물 사이의 엄연한 차이를 "하나님과 인간 사이의 절대적 상이성" 또는 "시간과 영원의 무한한 질적 차이"라고 표현했습니다. 그리고 그것을 자신의 실존철학을 쌓아 올리는 초석으로 삼았지요. 또한 현대신학자 칼 바르트Karl Barth, 1886-1968

는 같은 말을 "하나님은 하늘에 있고 너는 땅 위에 있다"라고 선포하고, 그 사이에는 도저히 건널 수 없는 "눈얼음 계곡", "극지역"極地域, "황폐지대"가 놓여 있다고 비유했습니다.[25] 그리고 그 역시 이를 자신의 초기 신학이 발 디딜 기반으로 삼았지요. 같은 맥락에서 바르트는 하나님을 다음과 같이 묘사하기도 했습니다.

> 모든 인간적인 것에 무한한 질적 차이로 대립하고 있으며 우리가 신이라고 부르고 알고 체험하고 경배하는 것과 결코 일치하지 않는 (분), 모든 인간적 불안정에 대한 무조건적 정지! 모든 인간적 안정에 대한 무조건적 정지! 우리의 부정 속의 긍정! 우리의 긍정 속의 부정! 처음 그리고 나중, 그 자체로서 알려지지 않은 분, 결코 우리에게 알려진 여러 것 가운데 큰 것이 아닌 분, 주, 창조자, 구원자 하나님—살아 계시는 하나님이다.[26]

한마디로 인간과는 전혀 달라 인간으로서는 상상조차 할 수 없는 존재라는 말입니다. 당연히 하나님은 세상의 모든 존재물이 존재하는 것과 같은 의미로 존재하지도 않지요. 하나님은 '무엇'으로 존재하지 않고 '그저' 존재합니다. 어디에 존재하지 않고 어디에나 존재하지요. 언제 존재하지 않고 언제나 존재합니다. 따라서 엄밀하게 말하면 하나님에게는 우리가 사용하는 '…는 존재한다'라는 술어를 사용할 수 없습니다. 이 술어는 우리가 '사과'나 '책상'과 같은 존재물들에 사용하는 말인데, 하나님은 전혀 그런 방식으로 존재하지 않기 때문입니다.

바로 이 같은 의미에서 현대신학자 파울 틸리히는 "하나님의 실존 문제는 물어질 수도 대답될 수도 없다. 만일 물어진다면, 그 성질상 실존을 초월한 것에 대한 물음이며, 그렇기 때문에 그 대답은—부정이건 긍정이건—하나님의 성질을 몰래 부정한다. 하나님의 존재를 부정하는 것이 무신론인 것처럼 긍정하는 것도 무신론이다"라고 단언했습니다. 놀라운 말이지요? 왜 이렇게 말했을까요? 틸리히가 제시한 이유는 다음과 같습니다.

> 하나님의 존재는 존재 자체다. 하나님의 존재는 다른 것들과 나란히 있는, 또는 다른 것들의 위에 있는, 한 존재의 실존으로 이해될 수 없다. 만일 하나님이 '한' 존재ᵃ being라면 하나님은 유한성 특히 공간과 실체의 범주에 속한다. 비록 하나님이 가장 완전하거나 가장 힘 있는 존재라는 의미로 가장 높은 자라고 불린다고 해도 이 같은 상황은 변하지 않는다.[27]

정리할까요? 하나님은 강하고 전능하고 영원하지만 어떤 하나의 존재물이 아니기 때문에, 존재물들 가운데 '가장 강한 자', '가장 능력 있는 자', '가장 지속적인 자', 곧 '최고의 존재물'은 결코 아닙니다. 만물의 궁극적 근거로서 무규정자이자 무한정자이며, 원칙적으로는 이름조차 붙일 수 없는 대상인 하나님은 그가 모세에게 스스로 밝힌 대로 단지 '존재'이지요.

그렇다면 도대체 '존재'란 무엇일까요? '존재물'과는 과연 어떻게 또 얼마나 다르며, 이들은 서로 어떤 관계를 맺고 있을까요? 매우 평범한 질문인 것 같지만, 신구약성서에서 자신을 계시한 하나님을 이해하는 데 가장 근본적이고도 중요한 내용이 모두 여기에 포함됩니다. 이에 대한 이해 없이는 기독교에서 말하는 하나님과 그 계시들을 결코 올바로 이해할 수 없지요. 이제 차츰 확인하겠지만, 이에 기초한 서양문명을 전혀 이해할 수 없는 것도 물론입니다.

그럼 지금부터 존재란 도대체 무엇인지 좀더 자세히 알아볼까요? 편의상 그리스적(또는 철학적) 존재 개념과 히브리적(또는 종교적) 존재 개념으로 나누어 살펴보려고 합니다. 왜냐하면 앞에서 이미 밝혔듯이, 기독교에서 말하는 하나님이라는 개념은 이 두 존재 개념이 조화롭게 융합한 결과물이기 때문입니다.

여기서 한 가지 조심스레 제안을 하고 싶습니다. 토마스 아퀴나스와 마찬가지로 우리도 이젠 하나님이 스스로 자신을 계시한 이름에 근거해서 하나님을 '존재'로 이해하게 되었습니다. 따라서 이후부터 우리의 이야기에서 '존재'라는 말이 나올 때는—늘 그러라는 것이 아니지만, 특히 명사로 사용되었을 경우에는—그곳에 '하나님'이라는 말을 대입해서 이중적 의미로 생각해 보았으면 합니다. 거꾸로 '하나님'이라는 용어가 나오면 '존재'라는 용어로 바꾸어서 생각해 보기를 권합니다. 그러면 앞으로 전개될 우리들의 이야기를 훨씬 풍성하게 이해할 수 있을 것입니다.

예컨대 '존재는 불변한다'라는 (존재론적) 문장은 '하나님은 불변한다'라는 (기독교적) 문장과 함께, '존재는 진리의 근거다'라는 말은 '하나님은 진리의 근거다'라는 말과 함께 이해해 보길 바랍니다. 마찬가지로 '하나님은 창조주다'라는 문장에서는 '존재는 창조주다'라는 문장을, '하나님은 유일하다'라는 말에서는 '존재는 유일하다'라는 말을 떠올려 보라는 것이지요. 왜냐하면 그리스 철학을 받아들여 기독교 교리를 정립한 초기 기독교 사상가들이 바로 이 같은 방법—즉 '하나님'을 '존재'로 그리고 '존재'를 '하나님'으로 이해하고 설명하는 방식—을 사용했고 이후 기독교 신학이 그것을 계승했기 때문입니다. 물론 '존재하다'나 '존재하는'과 같이 동사나 형용사로 쓰인 경우, 그리고 문맥상 또는 관습상 전혀 다른 의미로 쓰인 특별한 경우는 제외하고 말이지요.

그리스인들과 존재

당신도 알다시피, 기원전 5세기쯤 그리스인들은 '세상 모든 존재물의 근거가 되는 것이 무엇일까' 하는 물음으로 철학을 시작했습니다. 그들은 그러한 궁극적 근거를 '아르케'arché라고 불렀지요. 탈레스는 물, 아낙시만드로스는 무한자, 아낙시메네스Anaximenes, 기원전 585-528는 공기가 아르케라고 생각했습니다. 피타고라스는 수와 질서를, 헤라클레이토스Heracleitos, 기원전 535-475는 로고스를 내세웠지요. 그런데 그중에 엘레아 출신 파르메니데스는 만물의 궁극적 요소가 '존재'라고 주장했습니다.

소박하게 생각하면, 다양한 모든 존재물이 근원적으로 가진 공통 요소가 '있음' 곧 그것의 '존재'라는 사실은 의심할 여지가 없습니다. 그러나 이 단순한 생각이 서양철학사를 획기적으로 바꾸어 놓았지요. 파르메니데스는 모든 형이상학적 사변의 근본적 두 주제인 '본질'과 '존재' 중 하나인 존재를 간파함으로써 오늘날 우리가 존재론ontology이라고 부르는 형이상학metaphysics으로 단번에 뛰어든 것입니다.˙ 그 덕에 만물의 근거를 탐

• 아리스토텔레스는 이처럼 모든 '존재자들의 존재'(to ti he einai)를 탐구하는 학문을 '제일철학'(philosophia prima)이라 불렀다. 이때 그가 말하는 존재자는 '존재하는 모든 것'으로서 존재물만 뜻하는 게 아니라, 신과 같이 존재물이 아닌 것도 포함한다. 그런데 헬레니즘 시대의 주석가 안드로니코스(Andronichos, 기원전 1세기경)가 아리스토텔레스 사후 그의 저작물들을 편집하는 과정에서, 제일철학 부분을 순서상 자연학 뒤에 놓고 '자연학(physika) 다음에'라는 뜻의 그리스어 '메타 타 피지카'(meta ta physika)라는 이름을 붙였다. 그것이 계기가 되어 우리말로는 형체가 없는 것들에 대해 연구하는 학문이라는 뜻으로 '형이상학'(形而上學)이라고 부르게 되었다. 그런데 1613년 독일의 철학자 루돌프 고클레니우스(Rudolph Goclenius, 1547-1628)가 자신의 『철학사전』에서 전통적 형이상학에서 신(神)에 관한 부분을 제외하고 '존재의 보다 일반적 속성을 탐구하는 이론'이라는 뜻으로 '존재론'(ontologia)이라는 이름을 만들어 붙였다. 근대가 시작하면서 '신학의 시녀'에서 독립한 철학이 독자적 영역을 구축하고자 시도한 것들 가운데 하나였다. 이후 오늘날에는 형이상학이라 하면 일반적으로 '존재론'과 '신론' 두 가지로 나누어 생각한다.

구하던 아르케에 대한 물음이 자연철학에서 존재론으로 도약할 수 있었던 거지요. 그렇다면 그는 존재라는 말을 어떻게 또는 무엇이라고 이해했을까요?

존재는 불변한다

파르메니데스가 모든 존재물의 궁극적 요소가 '존재'to on, einai라고 주장했을 때 그가 이해한 존재의 속성은 '불변성'이었습니다. 그에게는 불변하는 것만이 존재하며 변하는 것은 존재하지 않지요. 6세기에 살았던 신플라톤주의자인 심플리키오스Simplikios의 『아리스토텔레스의 「자연학」 주석』에 의하면, 파르메니데스는 이 말을 "오직 존재가 있고 비존재는 없다"라고 표현했습니다.[28] 이 말을 그가 전하려던 의미 그대로 풀어 쓰면 "오직 변하지 않는 것만 있는 것이고 변하는 것은 없는 것이다"가 되지요. 이 같은 사유가 플라톤과 플로티노스를 거쳐, 후일 기독교 안으로 들어가 "하나님은 불변한다"Quod Deus est immobilis[29]라는 선포를 낳았습니다.

또한 파르메니데스는 존재에 대한 인식과 언급만이 진리라고 주장했습니다. 존재는 변하지 않기 때문이라는 것입니다. 이건 무슨 뜻인가요? 어려운 이야기는 아닙니다. 예를 들어 설명해 보지요. 만일 어떤 사물이 붉었다가 이내 푸르게 변했다면, 그것에 대해 "이것은 붉다"라고 인식하거나 언급한 것은 더 이상 진리가 될 수 없지요. 이미 변해 버렸으니까요. 따라서 변하는 존재물들에 대한 인식과 언급은 파르메니데스에게는 당연히 진리가 아니고 '거짓'입니다. 한마디로 정리하자면, 파르메니데스의 생각은 다음과 같이 전개되었습니다. 존재는 변하지 않는 것이고, 변하지 않는

• 원문은 "오직 존재가 있고, 비존재가 없다고 인식하고 말해야 한다"이다.

것이 진리다. 그러므로 존재에 대한 인식만이 진리다. 그런데 세상의 모든 존재물은 변한다. 그러므로 존재물들에 대한 모든 인식은 거짓이다. 그는 이런 논리를 바탕으로 "인식과 존재는 동일하다"[30]라고도 주장했지요.

이처럼 '존재'와 '비존재' 그리고 '진리'와 '거짓'을 이분법적으로 날카롭게 구분한 일, 이것이 파르메니데스가 서양철학사에 남긴 공적입니다. 물론 앞에서 이미 밝혔듯이 그의 작업은 모세로부터 적어도 700년이나 뒤진 것이었지만 말입니다. 2세기에 활동한 아카데미아의 철학자이자 전기 작가이기도 한 플루타르코스Plutarchos, ?46-?125의 『콜로테스에 대한 반박』에는 다음과 같은 글이 실려 있습니다.

> 파르메니데스는 두 부류 가운데 어느 쪽도 제거하지 않는다. 일자인 존재에는(영원하고 불멸이라는 이유에서 '존재'라고 불렀고, 자기 자신과 동일하며 차이를 받아들이지 않는다는 점에서 '일자'라고도 불렀는데) 사유되는 것to noêton을 놓고, 질서 없이 움직이는 부류에는 감각되는 것to aisthêton을 놓는다.[31]

파르메니데스의 이분법적 사고는 존재론만이 아니라 인식론과 논리학의 터전을 닦은 '시원적 사유'anfängliches Denken였습니다. 뒤에서 다시 자세히 살펴보겠지만, 예컨대 플라톤이 '온토스 온'ontos on 곧 '참으로 있는 것'은 변하지 않는 이데아idea뿐이라고 했을 때도, 이 세상에 있는 모든 존재물은 '참으로 있는 것이 아니라는 것'을 의미했지요. 따라서 플라톤에게도 존재인 이데아에 대한 인식만이 진리고, 존재물들에 대한 인식은 진리가 아닌 '사견'doxa일 뿐입니다.[32]

어디 그뿐인가요. 논리학자들은 오늘날까지 변하지 않고 내려오는 아리스토텔레스의 논리학이 오직 '참'과 '거짓'만을 인정하는 이치 논리

two-valued logic인 것도 파르메니데스의 영향이라고 생각합니다. "있는 것은 있고 없는 것은 없다는 것이다"라는 그의 말에서 기호논리학이 'A=A, ~A=~A'라고 표기하는 동일률이 나왔고, 또 "없는 것을 있다고 하는 것"을 부인하는 그의 말에서 'A≠~A'라는 모순율이 나왔다고 생각하기 때문이지요.* 이런 이유로 플라톤은 파르메니데스를 "가장 존경힐 민힌 그러나 동시에 두려운 사람"[33]이라고 높여 불렀고, 하이데거는 "철학자들을 능가하는 시인"으로 평가했습니다.

그런데 잠깐! 뭔가 이상하지요? 무엇인가 뒤바뀐 것 같지 않은가요? 세상에 있는 만물들이 사실상 '없는 것'이라니요? 그럴 리가 있나요? 상식적으로 보면 사과나 책상처럼 결국 변화하면서 우리가 보고 만질 수도 있는 '가시적 세계'ho horatos topos가 실제로 있는 것이 아닌가요? '존재'니 '이데아'니 하는 것들처럼 결코 변하지 않고 우리가 단지 정신을 통해서만 알 수 있는 '가지적 세계'ho noētos topos야말로 오히려 실제로는 없는 것이 아닌가요?

그렇습니다! 완전히 뒤바뀌었지요. 하지만 여기서 우리는 현기증 나는 이 '뒤바뀜'을 과감하게 받아들여야 합니다. 그러지 않으면 서양철학은 물론 신학조차 이해하기가 아예 불가능해지기 때문입니다. 왜냐고요? 그 이유를 질송은 『존재란 무엇인가?』에서 다음과 같이 적절히 설명했습니다.

---

* "자, 이제 말할 테니, 그대는 이야기(mythos)를 듣고 명심하라. 그리고 인간들에게 전하라. 탐구의 어떤 길이 사유를 위해 있는지를. 첫째, 있는 것은 있고 없는 것은 없다는 것이다. 이것이 믿을 수 있는 길이다. 왜냐하면 이 길은 진리를 따르기 때문이다. 둘째, 없는 것이 있다는 것이나 있을 수밖에 없다는 것이다. 이 길은, 내가 그대에게 지적하겠는데, 전혀 탐구될 수 없다. 왜냐하면 그대는 없는 것에 대해서는 인식할 수도, 말할 수도 없기 때문이다"[Proklos in Tim., 1, p. 345, 18f.f(DK 28 B2)].

플라톤에 의해 이렇게 그 실재성이 부정된 것들이 사실상 우리에게는 바로 현실적 실재의 유형이라면서 그에게 맞서 논쟁하는 것은 어리석은 일일 것이다. 플라톤은 철학자가 되기를 원하는 사람에게 그런 일은 제거되어야 할 기본적 환영이라고 분명하게 말할 것이다.…이런 경우에 만약 우리가 헛되이 플라톤에게서 어떤 대답을 구하고 있다면, 아마도 그것은 우리가 잘못된 질문을 그에게 던지고 있기 때문인 것이다. 그가 '있다는 것'[영원불변하게 있는 것]이 무엇인지를 우리에게 말한 반면, 우리는 그에게 '현존한다는 것' [세상에 가시적으로 있는 것]이 무엇인지를 계속해서 묻고 있는 것이다.[34]•

존재에 대한 플라톤의 이러한 철학적 사변이 후일 신플라톤주의를 통해 기독교 안으로 흘러들었습니다. 아니, 정확히 말하자면 플라톤의 철학이 기독교에서 말하는 '하나님 나라'天國와 이 세상을 구분해 설명하는 데 쓰였습니다. 그래서 그리스도인에게도 진실하고 참된 세상은 우리의 관점에서 현존現存하는 이 세상이 아니라 저 어떤 다른 세상인 '하나님 나라'지요. 곧 플라톤에게 '이데아의 세계'였던 것이 그리스도인에게는 '하나님 나라'입니다. 그곳에서는 모든 것이 영원불변하게 존재하며, 그렇기에 참되다는 것이지요. 반면 우리가 사는 이곳은 끊임없이 변화하며, 그렇기에 헛되다는 것입니다. 어때요? 그럴듯한가요? 설령 그렇다 해도 수긍하기가 쉽지는 않지요?

하지만 파르메니데스, 플라톤, 플로티노스로 이어져 내려온 이런 사유가 기독교로 흘러들어 왔고, 이후 그것이 서양문명의 기반이 된 것만은

• 정은해는 이 인용 단락 끝부분을 "…우리는 그에게 '실존한다는 것'이 무엇인지를 계속해서 묻고 있는 것이다"라고 번역했다. 그런데 키르케고르 이후 사르트르, 하이데거, 야스퍼스 같은 20세기 실존주의자들이 '실존'(實存)이라는 용어를 '스스로 선택하고 결단해서 산다'라는 특별한 의미로 사용하기 때문에 혼란을 피하기 위해 '현존'(現存)으로 바꾸었다. 또 [ ] 안의 내용은 이해를 돕기 위해 필자가 추가했다.

분명합니다. 그 또렷한 흔적을 우리는 파르메니데스 사후 1,700년도 더 지나 태어난 단테의 『신곡』에서도 찾아볼 수 있습니다. 천국에서 단테를 인도하던 아름다운 여인 베아트리체의 영혼은 그에게 다음과 같이 설명합니다.

> 당신은 이렇게 생각하고 있어요.
> "나는 물과 불과 공기와 흙을 본다.
> 그것들의 혼합물은 모두 썩어 오래가지 못한다.
> 그렇지만 그것들도 분명 하나님이 지으신 것,
> 이 말들이 사실이라면
> 그것들도 썩어서는 안 될 것이다"라고.
> 하지만 아니랍니다. 들으시오. 천사와 그대가 있는 이곳,
> 진실한 천국은 지금 있는 그 상태대로
> 완전한 존재로 창조되었답니다.
> 그러나 지금 그대가 말한 원소들과
> 그 혼합물들은 하나님이 창조한
> 힘에 의해 불완전한 존재로 형성되었지요.[35]

이 시구들은 영원불변한 천상의 세계와 썩어 오래가지 못하는 지상의 세계를 이분법적으로 구분하고, 그 이유를 다분히 신플라톤주의적으로 밝힙니다. 천상세계와 지상세계는 그 출처부터 다르며, 하나는 완전한 존재이지만 다른 하나는 불완전한 존재라는 것이지요.

단테 게이브리얼 로세티(Dante Gabriel Rossetti), 〈천국에서 만난 단테와 베아트리체〉, 1853-1854.

존재는 진리의 근거다

플라톤의 이데아론은 서양문명을 이해하는 데 매우 유익하고 흥미롭습니다. 파르메니데스의 이론을 계승한 플라톤은 불변하는 실체^{ousia}인 존재를 '이데아'^{idea}라고 불렀고,* 파르메니데스의 이론을 확장했시요. 플라톤의 주장에 의하면, 개개의 사물 안에는 이데아가 들어 있습니다.** 이 '들어 있음'을 통해 개개의 사물들은 그것을 그것이게끔 하는 그것의 '본질'은 물론, 있음이라는 '존재'를 부여받게 되지요. 그뿐 아니라 자신의 '이름'^{epōnymia}까지 얻습니다.[36] 한마디로 플라톤의 이데아는 사물에 본질과 존재, 그리고 이름을 부여하는 실체입니다. 어떤 사물이 '책상'으로 존재하고 그 이름이 '책상'인 것은 그 사물 안에 '책상의 이데아'가 들어 있기 때문이라는 말이지요. 플라톤은 이를 다음과 같이 표현했습니다.

> 만일 아름다움 자체$^{auto\ to\ kalon}$ 이외에 어떤 아름다운 것이 있다면, 그것은 다름 아닌 아름다움 자체를 부분적으로 갖고 있기 때문이며, 그 밖의 다른 어느 것 때문도 아닌 것이라네. 또한 모든 것이 다 그렇다고 나는 말하겠네.[37]

여기서 플라톤이 말하는 '아름다움 자체'는 '아름다움의 이데아'를 가리킵니다. 따라서 플라톤이 한 말은 세상에 존재하는 모든 아름다운 것은 그 안에 아름다움의 이데아가 부분적으로 들어 있기 때문이며, 이 같

---

* 플라톤은 파르메니데스의 존재 개념을 계승했다. 하지만 플라톤이 존재라고 여긴 '이데아'(idea)는 파르메니데스의 존재가 가진 '불변성'과 '진리성'은 갖지만 '일자성'은 갖지 못한다. 다시 말해 이데아는 만물의 궁극적 근원이 아니라는 의미다. 플라톤에게 만물의 궁극적 근거인 일자는 '선의 이데아'다(이에 대해서는 5부 '하나님은 유일자다'를 보라).
** 플라톤은 이데아가 개별적 사물에 '부분적으로 들어 있는 것', 곧 분여(分與, methexis)를 현전(parousia), 관여(koinōmia), 거주(eneinai) 등으로도 표현했다(참고. 『파이돈』, 100-104).

은 원리가 세상의 만물에 적용된다는 뜻이지요. 어떤 것이 둥글다면 그 안에 '원의 이데아'가 부분적으로 들어 있어서이고, 어떤 것이 빨갛다면 그 안에 '빨강의 이데아'가 부분적으로 들어 있어서 그렇다는 겁니다. 사실상 이데아는 만물이 '그렇게' 존재하게 하는—곧 플라톤이 나중에 『티마이오스』에서 언급한—창조주^{dēmiurgos}인 셈이지요.

그런데 플라톤의 말 가운데 우리가 주목해서 볼 곳이 있습니다. 바로 "이데아를 부분적으로 갖고 있기 때문이며"라는 대목이지요. 플라톤에 의하면, 이데아는 사물들에 '완전히' 들어 있는 것이 아닙니다. 단지 '부분적으로만' 들어 있지요. 그래서 개개의 사물은 이데아처럼 완전하지도 영원불변하지도 않습니다. 이런 이유로 이데아론을 '분여$^{分與, methexis}$ 이론'*이라고도 부르는데, 그 결과 개개의 사물은 본질과 존재가 모두 불완전하지요.

사물의 존재가 불완전하다는 것은 사물들은 이데아처럼 영원할 수 없음을 뜻합니다. 예컨대 세상의 모든 아름다운 것에는 '아름다움의 이데아'가 들어 있지만 단지 부분적으로만 들어 있기 때문에 그것이 영원히 아름답지 않고 일시적으로 아름다울 뿐이며 언젠가는 추해진다는 말입니다.

또 본질이 불완전하다는 것은 이데아가 사물들에 부분적으로 들어 있으며 사물에 따라 "많이 또는 적게" 들어 있다는 것이고, 그래서 같은 종류의 사물들 사이에도 언제나 '더 또는 덜' 같은 질적 차이가 '단계적으로' 생깁니다.[38] 다시 예를 들자면 같은 빨간 옷감들 사이에도 '빨강의 이데아'가 얼마나 들었느냐에 따라 더 빨갛거나 덜 빨가며, 같은 아름다운

• 'methexis'라는 표현은 이데아 입장에서 볼 때는 '부분적으로 나누어 준다'는 뜻으로 분여(分與)가 되지만, 사물들의 입장에서는 '부분적으로 나누어 가진다'는 의미에서 분유(分有)가 되기 때문에 '분유이론'이라고도 한다.

여인들 사이에도 '아름다움의 이데아'가 들어 있는 정도에 따라 더 아름답거나 덜 아름답다는 것이지요.

단테는 『신곡』에서 이 같은 플라톤의 분여이론을 시인의 감성으로 다음과 같이 묘사했습니다.

> 이러한 수동적 밀랍蜜蠟과 이 밀랍에 형태를
> 능동적으로 부여하는 작용이 각각 다르기 때문에,
> 이데아의 각인을 받아 스스로 빛나는 정도에 차이가 있으니
>
> 그 때문에 같은 종류의 나무들이라도
> 더 좋거나 나쁘거나 하는 열매가 생기고
> 같은 인간이지만 각기 다른 [선한] 품성을 타고 태어나지요.[39]

그리스 철학이 파르메니데스의 존재 개념이 가진 이분법적 경직성과 한계를 뛰어넘을 수 있었던 것은 순전히 플라톤의 분여이론이 가진 탁월함 덕분입니다. 플라톤은 파르메니데스를 계승하면서도 질적으로 다양한 현실세계와 가치세계를 설명할 수 있는, 이처럼 유용하고도 흥미로운 이론을 고대사회에 제공한 것입니다. 분여이론을 통해 사람들은 비로소 자연에 외형적으로 나타나는 질적 차이가 왜 생겼는지, 예컨대 왜 어떤 사물이 다른 사물보다 더 빨갛거나 덜 빨간지를 이해할 수 있게 되었고, 또 인간 세상에 왜 가치의 차이가 있는지, 예컨대 왜 어떤 것이 더 선하거나 덜 선한지를 설명할 수 있게 되었지요.

우리의 이야기와 연관해서 더욱 중요한 것은 플라톤의 분여이론에 의해서 '존재와 존재물' 간의 차이와 상호관계가 분명해졌다는 점입니다. 존재(이데아)는 단일하고 영원불변하며 존재물(사물)들에게 '본질'과 '존재' 그

리고 '이름'을 주는 완전한 자입니다. 그리고 존재물들은 다양하고 일시적이며 끊임없이 변하는 불완전한 자이지요. 그렇기 때문에 존재만이 진리의 근거입니다. 하지만 존재물들도 부분적으로나마 존재를 나누어 가졌기 때문에 이제 더는 파르메니데스의 말처럼 '없는 것'이 아닙니다. 단지 '불완전하게' 있을 뿐이지요. 따라서 그것에 대한 인식이나 언급도 완전히 '거짓'은 아니고 단지 불완전한 지식, 곧 플라톤이 말하는 '사견'doxa인 것입니다.

그런데 여기서 만일 앞에서 내가 한 제안대로 '존재'라는 말 대신 '하나님'을 넣어 이중적 의미로 생각해 본다면 어떨까요? 그 결과는 대강 다음과 같을 것입니다. 하나님은 단일하고 영원불변하며 우주만물에 '본질'과 '존재' 그리고 '이름'을 주는 완전한 자다. 그리고 우주만물들은 다양하고 일시적이며 끊임없이 변하는 불완전한 자다. 따라서 하나님만이 진리의 근거이며, 우주만물에 대한 지식은 단지 불완전한 지식일 뿐이다.

뭔가 느껴지는 게 있지 않나요? 그렇습니다. 기독교에서 주장하는 내용과 흡사하지요? 초기 기독교 사상가들이 신플라톤주의를 통해 플라톤의 분여이론을 접했을 때 그들은 아무런 의심의 여지 없이 곧장 이런 식으로 사유했습니다.

오늘날 우리가 보기에는 별로 대단한 것 같지 않을 수도 있습니다. 하지만 플라톤의 분여이론이 서양문명에 미친 영향은 막대합니다. 엄밀히 말하자면, 지난 2,500년 동안 서양문명 전반에 이보다 더 크고 뚜렷한 족적을 남긴 철학이론은 없습니다. 이 이론은 현실세계와 가치세계의 다양한 질적 차이를 설명할 수 있게 하는 데 그치지 않고, 한 걸음 더 나아가 '자연의 사다리' 또는 '존재의 사다리'라는 개념으로 발전해서 고대와 중세의 교회제도와 사회제도를 확립하는 데도 결정적 영향을 미쳤습니다. 그럼으로써 사실상 서양문명을 일구고 지탱해 온 등뼈中樞가 된 것이지요. 무슨 이야기냐고요? 이게 무슨 이야기인지, 이제부터 함께 살펴보지요.

자연의 사다리에서 존재의 사다리로

플라톤은 『국가』에서 자신의 분여이론을 바탕으로 우리가 인식하는 대상들과 그에 대응하는 우리의 지식들을 각각 네 종류로 구분하고 하나의 선線 위에 차례로 나열해서 일목요연하게 정리했습니다.[40] 보통 '선분의 비유'라고 부르는 그의 설명을 학자들이 인정하는 모범적 해석을 따라 도식으로 그리면 대강 다음과 같습니다.

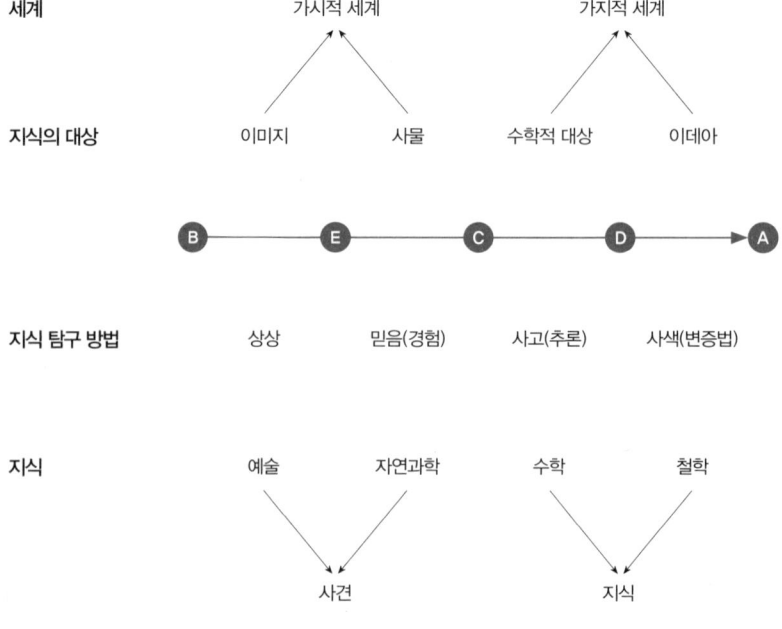

어쩌면 지금 당신은, 도식이 나오니까 왠지 어렵고 복잡한 것처럼 느껴져 건너뛰고 싶은 심정인지도 모릅니다. 하지만 전혀 그렇지 않습니다. 알고 보면 어렵거나 복잡하지 않습니다. 이 도식을 이해하는 핵심은 중앙을 가로지르는 '화살표 모양'의 선분線分에 있습니다. 왼쪽에서 오른쪽으로 그어진 이 화살표의 왼쪽 맨 끝에는 수시로 변하는 이미지의 세계, 곧 거짓의 세계가 놓여 있고, 오른쪽 맨 끝에는 영원불변하는 이데아의 세계, 즉 진리의 세계가 놓여 있지요. 그 때문에 이 선분은 왼쪽으로 갈수록 이데아가 더 적게, 오른쪽으로 갈수록 이데아가 더 많이 분유되어 들어 있다는 것을 나타냅니다.

앞에서 이미 설명했듯이 플라톤 철학에서 어떤 사물이 더 많은 이데아를 분유해서 갖는다는 것은 그만큼 더 변하지 않는다는 것, 더 완전하다는 것, 덜 다양하다는 것을 의미하지요. 당연히 그에 대한 지식도 더 많은 진리를 포함하게 됩니다. 즉, 이미지→사물→수학적 대상→이데아의 순서로 올라갈수록 더 변함이 없고, 더 완전하며 덜 다양하지요. 따라서 이들 각각에 대한 지식도 예술→자연과학→수학→철학의 순서로 올라갈수록 더 변함이 없고 더 완전하며 덜 다양한 진리에 가까워집니다.

플라톤은 『향연』에서 이렇게 이데아를 향해 올라가는 길을 '층계길'이라고 표현하기도 했습니다. 층계길이라니, 얼핏 별로 특별하게 들리지 않아 학자들에게조차 별로 주목받지 못했지만, 그것은 사실상 인류 문명에 뚜렷한 족적을 남긴 탁월한 은유적 표현입니다! 왜 그런지 볼까요? 플라톤이 말하는 층계길은 위로 올라갈수록 질적質的으로 더욱더 참되고 선하고 아름답지요. 하지만 양적量的으로는 그만큼 더 적어져서 맨 나중에는 단일한 것이 됩니다.[41] 때문에 후세 사람들―특히 플로티노스―은 '층계길'이라는 플라톤의 은유를 통해 자연스레 아래가 넓고 위가 좁은 '피라미드형 계층구조'를 떠올릴 수 있었습니다.

그런데요, 바로 이런 관점에서 보면 '선분의 비유'에는 많은 사람이 간과하는—그렇지만 매우 중요한—사실이 하나 숨어 있는 것을 발견하게 됩니다. 그것은 플라톤이 『국가』에서 선분의 각 부분을 나눌 때, 앞서 소개한 도식처럼 같은 비례(1:1)의 균등한 길이로 분할하지 않고, 서로 다른 비례(예컨대 1:3)를 통해 "같지 않은 두 부분"으로 반복해서 분할했다는 것이에요.

이것을 플라톤은 "더 나아가, 마치 같지 않은 두 부분으로 나뉜 하나의 선분을 취한 것처럼 하고서는 이 각각의 부분, 즉 가시적 세계의 부분과 가지적 세계의 부분을 다시 같은 비율로 나누게나"[42]라고 표현했지요. '선분의 비유'에서 플라톤은 선분을 "가지적 세계(AC):가시적 세계(CB)=사물(CE):이미지(EB)=이데아(AD):수학적 대상(DC)"으로 나누되 "같지 않은 두 부분"(예컨대 1:3)으로 나누었다는 겁니다. 그로써 이미지→사물→수학적 대상→이데아로 올라갈수록 질적인 면은 점점 좋아지지만 양적으로는 점점 적어진다는 것을 표시했습니다.

이것은 플라톤이 이미 '선분의 비유'에서 후일 플로티노스가 물질→영혼→정신→일자(신)와 같이 체계화한 '히에라르키아'hierarchia, 곧 존재의 '피라미드식 계층구조'를 암암리에 제시했다는 것을 의미합니다. 바꿔 말하자면 우리가 흔히 플로티노스가 고안한 것으로 알고 있는 존재의 계층구조는 사실인즉 플라톤의 선분의 비유에 이미 나타나 있고, '층계길'은 그 구조를 은유적으로 표현한 것이라고 할 수 있습니다. 그리고 그것이 이후 서양문명에 끼친 사회적 영향은 실로 광대하고도 장구합니다. 따라서 누구든 이 모형과 그 의미를 이해하지 못하고는 서양문명의 핵심을 간파할 수 없지요. 정말이냐고요? 그럼요! 한번 간략하게 살펴볼까요?

플라톤이 순수하게 형이상학적으로 제공한 피라미드형 층계길은 우선 아리스토텔레스가 "자연의 사다리"scala naturae라는 말로 표현하면서 자연학으로 들어갔습니다. 다시 말해 플라톤의 층계길은 아리스토텔레스가 『영혼론』에서 식물→동물→인간이라는 '존재물의 계층구조'를 떠올리는 데 기여했습니다.[43] 또한 앞에서 이미 밝혔듯 신플라톤주의자 플로티노스가 물질→영혼→정신→일자(신)라는 '존재의 계층구조'를 구성할 때도 근간이 되었습니다. 어디 그뿐인가요? 플라톤의 층계길은 플로티노스의 형이상학을 받아들여 교리를 만든 초기 기독교 사상가들이 '창조주'와 '피조물'의 관계를 설명하는 데, 그리고 중세 스콜라 신학자들이 자연까지 이르는 위계적 질서를 설명하는 데도 혁혁한 공헌을 했습니다.

예컨대 아우구스티누스는 플라톤이 말하는 이데아의 분여가 어떻게 자연의 계층적 질서를 구성했는지를 『신국론』에서 다음과 같이 기독교 언어로 설명했습니다.

> 하나님은 무로부터 창조한 사물들에게 존재를 부여했다. 그러나 하나님 당신이 존재하듯 최고의 존재로서 부여한 것은 아니다. 어떤 사물에게는 더 큰 존재를 부여하고 어떤 사물에게는 더 작은 존재를 부여했다. 그리하여 존재들의 자연 본성을 계층으로 질서지어 놓았다.[44]

그뿐 아닙니다. 자연에 대한 남다른 관찰력으로 '자연의 사다리'라는 존재물의 계층구조를 발견한 아리스토텔레스의 충실한 추종자 토마스 아퀴나스는 같은 말을 이렇게 표현했습니다.

> 여러 사물의 본성을 살펴보면 당장 이런 점을 알 수 있다. 정확히 관찰해 보면 우리는 여러 사물이 계층적으로 구분된다는 것을 알게 된다. 즉 생명

이 없는 물체들 위에 식물이 있고, 식물들 위에는 이성이 없는 생물들이 있고, 또 이성이 없는 생물들 위에는 이성이 있는 존재가 있다는 것을 알게 된다. 그리고 이 모든 것은 그 완전성의 정도에 따라 차이가 난다.[45]

물론 아우구스티누스나 토마스 아퀴나스가 말한 계층적 질서가 아리스토텔레스가 말한 '자연의 사다리'와 완전히 같은 개념은 아니었습니다. 아리스토텔레스가 자연의 사다리는 "아마도 인간보다 더 우월한 또 다른 종류"[46]에까지 이어질 것이라고 모호하게 언급하긴 했지만, 어쨌든 그것은 분명 세계 안에서 존재하는 '존재물의 계층구조'였고 그 정상에 인간이 자리하고 있습니다. 이 같은 사유가 19세기에 찰스 다윈Charles Darwin, 1809-1882에 의해 '진화의 사다리'라는 매우 의미 있는 개념으로 연결되었지요.* 다윈은 '진화의 사다리' 대신 "생명의 나무"라는 용어를 사용했고 모양도 판연하게 다르지만, 결국 말하고자 하는 내용은 같습니다.** 하나의 뿌리에서 나온 모든 생물이 단계적인 진화에 의해 연결되어 있으며 그 정점에는 인간이 자리하고 있다는 것입니다.

그러나 아우구스티누스와 토마스 아퀴나스를 비롯한 스콜라 신학자들에게는 이 사다리가 초월적 세계로까지 연장된 '존재의 계층구조'를 의미합니다. 그것은 물질세계로부터 비물질적 세계까지, 곧 지상세계에서 천상세계까지 이어진 '존재의 사다리', 즉 중세 신학자들이 즐겨 입에 올렸던 이른바 "존재의 대연쇄"The Great Chain of Being입니다. 그리고 그 정상에는 하나님이 있지요. 존재물의 계층구조 정상에는 인간이 있고, 존재의

---

* 이에 대한 보다 자세한 내용은 3부 "하나님은 창조주다"의 '다윈과 기독교'에서 볼 수 있다.
** 생명의 나무에서는 곤충이든 백합이든 살아 있는 모든 것은 하나의 줄기(조상)에서 갈라진 다양한 가지다. 그리고 인간도 — 물론 최고 위치에 자리하고 있긴 하지만 — 생존하는 잔가지들 가운데 하나일 뿐이다. 이것은 아리스토텔레스식 피라미드형 계층구조의 근대적 변형이라 할 수 있다.

라몬 유이(Ramon Llull), 〈자연의 사다리〉, 1304.

계층구조 정상에는 하나님이 있다는 것이 중세 기독교 신학자들의 흔들리지 않는 믿음이었습니다. 이런 믿음을 바탕으로 그들은 구약성서에 나오는 '야곱의 사다리'를 존재의 사다리로 이해했습니다.

갑자기 웬 야곱의 사다리냐고요? 그럼, 이에 대해 잠시 이야기하고 넘어가지요. 창세기에는 브엘세바에서 하란으로 가던 야곱이 들에서 돌베개를 베고 노숙하는 장면이 나옵니다. 야곱은 "꿈에 본즉 사닥다리가 땅 위에 서 있는데 그 꼭대기가 하늘에 닿았고 또 본즉 하나님의 사자들이 그 위에서 오르락내리락하고"(창세기 28:12)라면서 자신의 경험을 이야기합니다. '야곱의 사다리'scala di Jacob라는 말은 바로 여기서 나왔지요. 엄밀히 말하자면 '존재의 사다리'와는 상당히 거리가 있는 개념이지만, 중세 서양 사람들은 그것이 지상에서 천상으로 연결되어 있고 또한 그것을 따라 올라가면 하나님에게 도달할 수 있다는 점에서 둘을 동일하게 생각한 것입니다. 그로써 구약성서에서 나온 '야곱의 사다리'라는 개념이 그리스 존재론적인 해석을 가질 수 있게 된 것입니다.

둘 사이에 존재하는 이 같은 현격한 차이에도 불구하고 플로티노스가 설파한 존재의 계층적 구조와 함께, 그리고 그것을 받아들인 기독교와 함께 '자연의 사다리'가 '존재의 사다리'로 연장되었고, 이후 서양문명에서 이 두 개념은 사실상 같은 의미로 사용되었습니다. 정말 그런지, 다시 한 번 밀턴의 『실낙원』을 예로 들어 살펴볼까요?

대천사 라파엘은 하나님이 창조한 '자연의 사다리'를 통해 인간도 하나님에게 다가갈 수 있다고 아담에게 알립니다. 그렇다면 이때 라파엘이 말한 '자연의 사다리'는 사실상 '존재의 사다리'인 것이지요. 이 말을 들은 아담 역시 대천사 라파엘에게 다음과 같이 화답합니다.

아, 은혜로운 천사, 친절한 손님이여,

윌리엄 블레이크(William Blake), 〈야곱의 사다리〉, 1808.

당신은 우리의 지식이 나아가야 할 방향을 훌륭히
가르쳐 주셨고, 또 중심에서 주위로
자연의 사다리를 놓으셨으니, 이로써
[우리는] 창조된 사물들을 관조하면서
한 단 한 단 하나님에게로 올라갈 수 있겠나이다.[47]

요약하자면 하나님이 계층적 질서를 통해 자연의 사다리를 만들어 놓고 그에 맞춰 우리의 지식이 나아가야 할 방향도 단계적으로 설정했으니까, 그 지식을 따르면 하나님에게 다가갈 수 있다는 것입니다. 사실 플라톤이 '선분의 비유'를 통해, 그리고 플로티노스가 존재의 계층구조를 통해 진정으로 하고 싶어 한 말이 바로 이거 아닌가요? 결국 밀턴은 아담의 입을 빌려 플라톤과 그의 추종자들의 주장을 기독교적으로, 간단하지만 탁월하게 묘사한 셈입니다.

신플라톤주의의 영향을 받은 고대와 중세의 신학자들이 인간을 정점으로 하는 아리스토텔레스의 '자연의 사다리'를 하나님을 정점으로 하는 '존재의 사다리'로 변용함으로써 얻은 것은 밀턴이 노래했듯이 우리가 지식을 통해, 다시 말해 우리 자신의 능력으로 자연을 관찰함으로써 "한 단 한 단 하나님에게로 올라갈 수 있겠"다는 생각입니다. 16세기 이탈리아의 벨라르미노 추기경 Roberto Francesco Romelo Bellarmino, 1542-1621은 바로 이 '기특한' 생각을 "피조물의 사다리를 통한 정신의 신을 향한 상승"De ascensione mentis in Deum per scalas creaturarum이라고 다분히 신플라톤주의적으로 표현하고 자신의 논문 제목으로 채택해 명성을 떨치기도 했습니다.

그러나 세상에는 얻는 것이 있으면 잃는 것도 있는 법이지요. 얼핏 생각하면 이것이 무슨 문제가 되겠는가 싶겠지만, 그렇지 않습니다. 왜냐고요? '한 단 한 단 하나님에게로 올라간다'는 것이 무엇을 의미하는가를 곰곰이 다시 생각해 보세요. 구원이지요! 그렇다면 이 말은 인간이 자신의 지적 능력(이성)을 통해 점차적으로 구원을 성취할 수 있다는 의미가 됩니다. 그러나 그것은 다분히 신플라톤주의적 발상으로 기독교 교리를 정면으로 부정하는 것이지요! 왜냐하면 기독교에서 구원은 전적으로 하나님의 '은총'에 의해서만 가능하기 때문입니다. 살짝 눈감고 넘어갈 문제가 결코 아닙니다.

초기 기독교 신학자들이 교리를 확정하는 도구로 신플라톤주의 형이상학을 사용한 탓에 기독교 신학은 지난 2,000년 동안 자신 안에 들어와 있는 이질적 요소를 제거하기 위해 싸워야 했습니다. 이 문제 역시 그 가운데 하나입니다. 우리는 4부 6장 "아테네와 예루살렘이 무슨 관계가 있나" 가운데 '눈얼음 계곡 건너가기'에서 이에 대해 자세히 살펴볼 것입니다. '존재 유비'analogia entis라는 용어와 함께 아직도 가톨릭 교리에 남아 있는 이 문제는 20세기에 들어와 개신교에서도 칼 바르트와 에밀 브루너 Emil Brunner라는 두 걸출한 현대신학자들의 충돌을 낳았기 때문입니다.

그뿐 아닙니다! 고대와 중세의 사람들에게 피라미드식 존재의 계층구조는 단순히 세계의 구조를 설명하는 체계에 지나지 않는 게 아니라, 동시에 엄격한 가치체계이기도 했습니다. 플로티노스가 플라톤을 따라 존재의 체계를 가치의 체계로 가르쳤기 때문이지요. 그는 일자(신)는 참됨, 선함, 아름다움, 생명, 예지, 능력 등 모든 가치에서 최정상이지만 거기서 유출되어 나온 존재들은 계층구조의 밑으로 갈수록―마치 빛에서 멀어질수록 어두워지듯이―점차 결핍된다고 교훈했습니다.[48]

이러한 사유를 기독교 신학자들이 고스란히 계승했지요. 그래서 아우구스티누스와 토마스 아퀴나스를 비롯한 고대와 중세의 신학자들이 하나님을 존재 자체$^{ipsum\ esse}$, 진리 자체$^{ipsa\ veritas}$, 선 자체$^{ipsa\ bonitas}$, 아름다움 자체$^{ipsa\ pulchritudo}$라고 표현했을 때, 그것은 다른 뜻이 아니라 하나님이 이 모든 가치의 정점頂點에 있다는 의미였지요. 또한 그들이 존재물들을 존재의 결핍$^{privatio\ esse}$으로, 거짓을 진리의 결핍$^{privatio\ veritas}$으로, 악을 선의 결핍$^{privatio\ bonitas}$으로, 추함을 아름다움의 결핍$^{privatio\ pulchritudo}$으로 설명할 때도 마찬가지였습니다. 예컨대 캔터베리 대주교 안셀무스$^{Anselmus,\ 1033-1109}$는 『프로슬로기온』에서 이 같은 사유를 전제로 다음과 같이 하나님을 찬양했지요.

> 창조된 생명이 선한 것이라면
> 창조주의 생명은 얼마나 선할까?
> 만들어진 평안이 유쾌하다면
> 모든 평안을 만드는 평안은 얼마나 유쾌할까?
> 피조물에 대한 지식에서 얻은 지혜가 사랑스럽고 가치 있다면
> 무로부터 모든 것을 창조한 지혜는 얼마나 사랑스럽고 가치 있을까?
> 마침내, 즐겁게 해 주는 사물들 안에 있는 즐거움이 많고 크다면
> 그 즐겁게 해 주는 것을 만든 분 안에 있는 즐거움은 또 얼마나 많고 클까?[49]

한마디로 피조물은 선함, 평안함, 지혜, 즐거움이라는 측면에서 부족하지만, 하나님은 그 모든 것에서 정점이라는 말이지요. 그래서 안셀무스는 『모놀로기온』에서 하나님을 "최고 본질, 최고 생명, 최고 이성, 최고 행복, 최고 정의, 최고 지혜, 최고 진리, 최고 선성, 최고 위대, 최고 미, 최고 불사성, 최고 불변성, 최고 복락, 최고 영원성, 최고 권능, 최고 일자성一者性"[50]으로 규정하기도 했습니다.

여기에서 우리가 알아야 할 중요한 사실은 고대와 중세의 그리스도인

들이 하나님을 안셀무스처럼 부를 때 그것이 단순히 자신들이 믿는 신에게 바치는 '공허한' 찬사가 아니라는 것이지요. 그들은 하나님을—최고 생명, 최고 이성, 최고 행복, 최고 정의, 최고 지혜, 최고 진리 등등으로— 어떠어떠한 가치들의 정점으로 부르면서 자신들이 바로 이 같은 가치들에 의해 인간으로 창조되었고, 그래서 이 같은 가치들을 추구하며, 이 같은 가치들에 의해 구원받을 것이라는 믿음을 선포한 것입니다. '하나님은 인간이 추구하는 가치들의 외연外延이자, 동시에 그것들의 정점頂點'이라는 말의 의미가 바로 이것입니다.

이제, 정리할까요? 플라톤이 선분의 비유에서 예시한 존재론적 계층구조라는 모호한 개념은 그의 영특한 제자 아리스토텔레스에 의해, '자연의 사다리'라는 좀더 이해하기 쉬운 생물학적 위계질서와 결합해 모습을 드러냈습니다. 이어 플로티노스에 의해 히에라르키아, 곧 물질에서 일자에 이르는 피라미드식 계층구조로 확정되었지요. 이것이 기독교로 유입되어 거의 무에 가까운 가장 미소한 존재물로부터, 모든 가능한 단계를 거쳐 '가장 완전한 존재'ens perfectissimum인 하나님에 이르는, 무한한 수의 고리로 연결된 '존재의 대연쇄'라는 신학적 개념으로 굳어졌습니다. 그것이 중세를 지나 적어도 18세기 후반까지는 철학자와 신학자만이 아니라 대부분의 과학자들과 교육받은 일반인들이 추호의 의심도 없이 받아들인 우주관이자 가치관이었습니다.

존재의 계층구조에서 사회적 계층구조로

피라미드식 계층구조를 하나님이 부여한 세계의 본성이자 가치체계로 인식한 고대와 중세의 사람들은 사회적 질서도 그것에 맞춰서 정립했습니다. 예컨대 교회에서는 크게 나누어 평신도→사제→주교→교황이라는 교회제도를 확립했고,* 사회에서는 농노→기사→영주→왕이라는 봉건제도를 구축했지요.** 이들 제도가 피라미드식 계층구조를 따른다는 것은 위로 올라갈수록 그 지위나 그 지위에 있는 사람이 더 참되고 선하고 아름답다는 것을 뜻합니다. 뿐만 아니라 그들은 존재의 사다리의 각 단계를 곧 '야곱의 사다리'의 가로장처럼 여겼기 때문에 위 단계로 올라갈수록 하나님에게 더 가까워집니다. 따라서 교황과 국왕의 권위가 신성하고 절대적이라는 것이 적어도 프랑스대혁명1789 전까지는 전혀 의심의 여지가 없는 진리였습니다.

대혁명 직전에 활동한 영국 신고전주의 시대 최고의 시인 알렉산더 포프Alexander Pope, 1688-1744의 시 "인간론"에는 그 흔적이 다음과 같이 남아 있습니다.

계층적 질서는 하늘 제일의 법이다.
그리고 이것이 인정된다면
어떤 것들은 다른 것들보다 위대하고 또 위대해야 하며

---

* 피라미드식 계층구조를 뜻하는 '히에라르키아'(hierarchia)는 중세 이후 교회용어로 '제사장에 의한 지배구조' 내지 '교회제도'라는 의미로 통용되었다.
** 사회유형으로서의 봉건제도(feudalism)는 국왕 또는 황제를 정점으로 영주, 기사, 농노 등이 계단식 서열제(階序制)를 이루고, 신분제 견지, 외적 권위 강조 또는 전통 고수라는 형태로 개인 역량 발휘와 내면적 권위 존중 등이 억압된 사회를 말한다.

더 풍요롭고 더 현명하고 또 그래야 한다.[51]

이 같은 이유에서, 중세 이후부터는 자연의 사다리에서든 사회적 사다리에서든 하나님이 그 사람을 거기에 불러낸 인생의 지위에 따라 주어진 자기 의무를 다해야 한다는 것이 기독교 교리이자 사회윤리였습니다. 이 질서를 파괴하고 평등을 요구하는 것은 자연과 하나님에 반대하는 일이었지요. 또한 그리스도인들은 이러한 불평등을 정당화하는 교리와 윤리의 성서적 근거를 "오직 주께서 각 사람에게 나눠 주신 대로 하나님이 각 사람을 부르신 그대로 행하라"(고린도전서 7:17)라는 바울의 가르침에서 찾았습니다.

단테의 『신곡』에는 르네상스 시대 사람들이 이러한 피라미드식 계층구조에 의한 사회질서를 어떻게 받아들였는지를 보여 주는 장면이 있습니다. 베아트리체와 함께 제5천인 '금성천'에 오른 단테에게 그곳에 있던 샤를 마르텔의 영혼이 이런 이야기를 들려줍니다.

> 스스로 완전한 하나님의 정신 속에
> 모든 자연의 다양한 유형과
> 그 각각의 선한 목적이 예견되어 있도다.
>
> 그러므로 이 왕국의 활을
> 당기면 화살은 미리 정해진
> 목표에 어김없이 날아가 박히나니
>
> 그렇지 않으면 지금 네가 오르는
> 이 하늘은 조화가 아닌

혼돈만 일으켰으리라.

...

"이 진리에 대해 더 명확히 듣고 싶은가?"

"아닙니다. 하나님의 완벽한 의도에 따라 창조되고 유지되는 자연에 어떤 결핍도 있을 수 없음을 이제 나는 알았습니다" 하고

내가 대답하자, 그가 다시 묻기를, "그러므로 지상의 인간들이 사회질서를 지키지 않으면 더욱 불행해지지 않을까?"

이에 내가 대답했다. "물론 입증할 필요도 없이 불행해질 것입니다."[52]

요컨대, 자연과 사회 안에 공통으로 들어 있는 존재의 계층적 질서가 하나님이 정한 진리라는 것, 그리고 그 때문에—마치 자연의 계층적 질서를 따라 자연이 조화를 이루듯이—인간이 사회의 계층적 질서를 따르는 것이 행복에 이르는 길이라는 주장이지요.

근대적 직업관의 근간이 된 종교개혁자 요한 칼빈의 '소명의식'召命意識 역시 이 같은 생각에서 나왔습니다. 소명의식이란 모든 인간은 하나님의 계획을 세상에서 실현하기 위한 도구로서 각각 특정한 부름^{klēsis} *을 받았으므로 자기에게 주어진 직업이 무엇이든—설사 그것이 아무리 비천한 것일지라도—그것에 충실한 것이 하나님에 대한 인간의 의무라는 인식이지요.** 탁월한 천재였지만 프랑스대혁명 이전에 살았던 독일의 철학자 고

---

* 클레시스(klēsis)는 '부르다', '소환하다'를 뜻하는 동사 칼레오(kaleo)에서 나온 것으로 '부름', '소명'을 의미한다. 이 말의 독일어 번역은 베루프(Beruf)인데 이는 근대적 의미의 '직업'을 뜻한다.
** 칼빈의 소명의식에는 칼빈주의적이거나 청교도적인 직업적 금욕의식이 내포되어 있다. 막스 베버(Max Weber)는 그의 『프로테스탄트 윤리와 자본주의 정신』에서 이에 대해 다음과 같이 언급했다. "저임금으로도 충실하게 노동하는 것이 하나님을 기쁘게 하는 것이라는 사상은 거

트프리트 빌헬름 폰 라이프니츠Gottfried Wilhelm von Leibniz, 1646-1716의 『신정론』에는 다음과 같은 글도 있습니다.

> 조건의 불평등이 무질서로 생각되어서는 안 된다. 모든 사물이 동등하게 완벽하기를 바라는 사람들에게, 자클로Jaquelot 씨가, 왜 바위가 나뭇잎들로 장식되어 있지 않으며, 왜 개미가 공작이 아닌가 하고 반문하는 것은 마땅하다 하겠다. 만일 평등이 어느 곳에서나 요구된다면 가난한 사람들은 부유한 사람들에 대해, 시종은 주인에 대해 평등에 관한 자신의 주장을 내세우려 할 것이다.[53]

아마 당신은 조금 놀랄지 모르지만, 근대 계몽주의의 선구자로서 민주주의의 길을 닦은 장 자크 루소Jean-Jacques Rousseau, 1712-1778마저 같은 생각을 했습니다. "자연으로 돌아가라"고 외치기도 했던 그는 『에밀』에서 '존재의 대연쇄'를 근거로 이렇게 주장했지요.

> 오, 인간이여! 그대의 존재를 그대 안에 한정시켜라.
> 그리하면 결코 더는 비참해지지 않으리.
> 존재의 대연쇄에서 자연이 당신에게 할당한 자리에 머물러 있으라.
> 그리하면 아무도 당신에게 그곳에서 떠나라고 강요하지 않으리라.[54]

이처럼 고대와 중세 그리고 적어도 17-18세기 들어—계약, 곧 사회구성원들 사이에 맺어진 합의의 구속을 자연법lex naturalis으로 인정하는—사

의 모든 기독교 교파의 금욕주의적 문헌에 담겨져 있다.…노동은 소명이며 은총을 확인하는 가장 좋은, 그리고 궁극적으로는 유일한 방법이라고 생각함으로써 심리적 기동력을 가져온 것이다."

회계약설이 나오기까지, 서양의 '자연법 사상'自然法思想 안에는 플라톤과 플로티노스로부터 뻗어 나와 아우구스티누스와 토마스 아퀴나스로 이어지며 서양문명에 고착된 '존재의 대연쇄'라는 형이상학이 뿌리 깊게 들어 있었습니다.

그렇다고 해서 '존재의 대연쇄'가 한결같이 불평등과 억압을 정당화하는 무기로 해석된 것은 아닙니다. 특히 근대에 들어서면서는 사람에 따라 그것을 평등이나 존엄을 옹호하는 기반으로도 인식하기 시작했지요. 예컨대 '영국 근대소설의 아버지'로 불리는 새뮤얼 리처드슨Samuel Richardson, 1689-1761이 쓴, 18세기 당시 대중적 인기를 얻었던 소설『파멜라』에서는 다음과 같은 구절이 발견됩니다.

부자는 최하위 노동자를 경멸하지 말지어다.
그도 자연의 연쇄 속에 있는 동등한 고리이니,
동일한 목적으로 노동하고 동일한 관점으로 합일되어
양자는 다 같이 하나님의 의지를 수행하고 있는 것이다.[55]

『파멜라』는 1740년에 나온 서간체 소설인데, 출간되자마자 큰 인기를 얻어 저자가 속편을 쓰기도 했습니다. 파멜라라는 이름은 16세기 영국의 시인이자 정치가인 필립 시드니Philip Sidney의 유토피아를 그리는 작품『아케이디아』*에 등장하는 왕녀 파멜라에게서 따온 것이지요.

• '아케이디아'(Arcadia)는 천진하고 소박한 생활이 영위되는 이상향으로 흔히 '황금시대'(Golden Age)나 '지상낙원'(Paradise)으로 불리는 곳이다. 자연이 풍요롭고 인간의 욕망이 조화롭게 절제되는 휴식과 안식의 고향이다. 일반적으로 이집트 라(Ra) 시대, 중국 삼황오제 시대, 인도의 유가(Krita Yuga) 시대 등을 일컫는 말로 사용된다. 17-18세기 유럽에서는 계몽사상과 함께 지상낙원을 그리는 저술들이 쏟아져 나왔다. 예컨대 17세기에 나온 도니의『신세계』, 안드레아의『그리스도의 나라』, 캄파넬라의『태양의 도시』, 맨더빌의『꿀벌의 우화』, 해링

주인공 파멜라 앤드루는 아름답지만 순결하고 수줍은 열다섯 살 처녀로 어느 부잣집 미망인의 하녀입니다. 그런데 미망인이 죽자 그녀의 방탕한 아들 B가 파멜라를 농락하려 하지요. 파멜라는 종복의 예의를 다하면서도 부정한 관계를 완고히 거부합니다. B는 감언, 읍소, 중상, 구타, 위협 등 온갖 수단을 다 쓰지만 뜻을 이루지 못하자 파멜라를 구금하지요. 그러나 마침내 파멜라의 덕 있고 청순한 언행에 감동해 그녀와 정식으로 결혼하게 된다는 내용입니다. 작가가 시적 행간을 맞춰 쓴 앞의 인용문에는 직업이나 사회적 신분의 차이에도 불구하고 인간은 누구나 존엄하다는 평등의식과 모든 노동은 신의 의지라는 소명의식이 잘 나타나 있습니다.

정리해 볼까요? 존재가 영원불변하는 실재이자 진리의 근거라는 파르메니데스의 주장은 플라톤과 플로티노스를 거쳐 초기 기독교 신학자들에게로 이어졌습니다. 그 결과 파르메니데스에서 아우구스티누스로 이어지는 존재론 전통에서 존재는—그것을 플라톤처럼 '이데아'idea로 부르든, 플로티노스처럼 '정신'nous으로 부르든, 아우구스티누스처럼 '말씀'logos으로 부르든 간에—불변성을 본성으로 갖고 있고, 우리가 따라야 할 모든 진리의 근거입니다.

그런데요, 나중에 살펴보겠지만 바로 이것이 존재에 대한 그리스적 개념과 히브리적 개념이 상충하는 지점이기도 합니다. 히브리인들의 존재 개념은 만물을 생성·소멸시키는 역동적인 것이기 때문입니다. 그들의 진

턴의 『오세아나 공화국』 등이 그렇고, 18세기에는 재산공유제를 주장하는 페늘롱의 『텔레마크의 모험』, 모넬리의 『자연법전』 등과 성적 자유를 추구하는 디드로의 『부갱빌 여행기 보유』 등을 대표 작품으로 들 수 있다. 시드니의 『아케이디아』나 리처드슨의 『파멜라』도 이러한 시대적 분위기에서 나왔다고 볼 수 있다.

리 개념 역시 불변성을 근거로 하지 않고 오히려 생성·소멸하는 작용, 곧 변화하게 하는 본성을 근거로 하지요. 천지를 창조한 '하나님의 말dâbâr' 이 바로 그렇습니다. 하나님의 말은 만물을 생성·소멸시키고 의롭게 만드는 작용을 하므로 우리가 따라야 할 진리라는 것이 히브리인들의 생각입니다.

존재는 창조주다

플라톤으로부터 약 600년 후, 그의 철학 이론은 "꿈속에서도 플라톤의 공리를 해석하곤 했다"는 신플라톤주의자 플로티노스에 의해 다시 태어났습니다. 플로티노스는 존재와 존재물 간의 차이와 관계에 대한 플라톤의 이론을 계승하고 더욱 체계적으로 정리하여 다분히 종교적 성격을 띠는 '일자 형이상학'을 세웠지요. 그가 평생 동안 오직 구술口述로 가르쳤기 때문에 제자 포르피리오스Porphyrios, ?232-?305가 받아 적어 편찬한 것이 『엔네아데스』Enneades입니다. 신플라톤주의를 대표하는 이 저작은 모두 9벌로 구성되어 있는데, 그 가운데 앞에서 간헐적으로 소개한 내용들을 요약해 정리하면 대강 다음과 같습니다.

일자to hen란, 이미 언급했듯이, 모든 존재물의 궁극적 근거이자 그 모두를 포괄하는 자입니다. 그 어떤 것에도 한정되거나 규정되지 않는 무한자 apeiron로서 모든 한정되고 규정된 것들의 궁극적 근거가 되지만, 그 자신은 어떤 것에도 포괄되지 않음으로써 모든 것을 포괄하는 초월자입니다.

플로티노스는 세계가 일자에 의해서 이루어졌다고 했습니다. 하지만

이 말은 당시에도 논란이 되었지요. 왜일까요? 그것은 영원불변하는 일자가 어떻게 다른 어떤 것을 생성할 수 있을까 하는 의문 때문이었습니다. 다시 말해 일자는 도무지 변하지 않는 것을 본성으로 하는데, 아무것도 생성하지 않던 일자가 뭔가를 갑자기 생성한다는 것 자체가 이미 변화한다는 뜻이니까요. 당시 사람들도 이런 의문을 갖고 있었던 겁니다. 어떻게 이런 일이 가능할까요?

이에 대해 플로티노스는 유출derivation이라는 개념을 사용해 답했습니다.* 그가 말하는 유출은 마치 빛이 발광체의 주위로 번지듯이, 뜨거운 물체가 주변으로 열을 퍼뜨리듯이, 향기가 그 주변으로 퍼져 나가듯이 매우 신비롭게 일어나는 현상입니다.** 그래서 마치 태양이 빛을 발하지만 스스로는 어두워지지 않고 샘이 시냇물을 흘려보내지만 스스로는 마르지 않는 것처럼 일자의 유출은 일자 자신에게는 어떤 변화도 일으키지 않는다는 거지요. 플로티노스는 이 말을 "일자는 아무것도 추구하지 않고 소유하지 않으며 필요로 하지 않기 때문에 완전하다. 그리고 완전하기 때문에 넘쳐흐르고, 그 넘치는 풍요함이 또 다른 존재를 만든다"[56]라고 표현했습니다.***

플로티노스에 의하면, 일자로부터 누스nous, 곧 '정신'이 맨 먼저 유출됩니다. 그러니 일자가 정신의 아버지인 셈이지요. 훗날 초기 기독교 신학자들이 성부聖父와 성자聖子의 관계를 설명하는 데 사용함으로써 매우 중

---

* 플로티노스는 방출(emanation)이라는 용어도 자주 사용하지만 이 표현은 물질적 성격을 띤다. 따라서 비물질적 성격까지 포괄하는 유출(derivation)이 더 일반적 개념이다. 플로티노스의 유출설은 기독교의 창조론이나 범신론과 다르다. 기독교의 신은 일자와는 달리 창조에 의지적으로 관여하고, 범신론에서 신은 일자와는 달리 스스로를 변환시킨다.
** 플로티노스는 "불은 열을 내고 눈은 차가움을 방출하고 약은 다른 사물에 작용한다"(『엔네아데스』, 5, 1, 6)라고 표현했다.
*** 플로티노스의 이런 주장은 플라톤이 『티마이오스』에서 '자기충족적 완전성', '자기초월적 풍요성'이라고 언급한 내용들을 자신의 체계에 받아들인 것이다.

요해진 플로티노스의 말을 그대로 가져와 볼까요? 다음과 같습니다.

> 그러므로 정신이 있기 위해 일자 자체는 정신이 아니라 정신의 아버지여야 하며, 따라서 정신은 그의 첫아들인 것이다.[57]

그런데 이 정신은 하나의 통일체로서, 그것이 인식하는 것은 오직 그 자신입니다. 왜냐고요? 그밖에는 아직 아무것도 없기 때문이지요. 자, 그렇다면 정신은 스스로가 '인식하는 자'이자 동시에 '인식되는 자'이지요. 하지만 자기 안에서 인식하는 주체와 인식되는 객체로 분리되기 때문에 그것은 이미 일자가 아닙니다. 이에 관해 질송은 "아는 자[인식하는 자]와 알려지는 것[인식되는 자]의 관계가 등장하자마자 통일성은 이중성의 여지를 만들기 위해 시야에서 사라져 버리기" 때문에 정신은 일자가 아니라 "일자 다음에 즉시 나오는 것"이라고 설명했습니다.[58]

정신은 이러한 자기직관 self-intuition 을 통해서 플라톤이 '이데아'idea라고 부른 것, 즉 세계 창조를 위한 모든 참된 '형상'idea을 자기 안에 만듭니다. 이 말을 플로티노스는 "정신 자체에 정신이 나누어 줄 모든 것이 다 들어 있다"[59]고 표현했습니다. 한마디로 플로티노스에게는 정신이 곧 세상 만물을 창조하는 데 모범이 되는 틀 paradeigma, 곧 창조주입니다. 이런 의미에서 질송은 만일 우리가 그리스도인들처럼 '세계의 창조주'라는 신 개념을 기준으로 본다면 "정신 nous 이 곧 신이다"라고 주장했지요.[60]

그런데 정신의 자기직관에 의해 창조된 형상 idea 들은 일자나 정신과는 달리 어떤 제한성과 규정성이라는 '안정적 조건'에 따라 생성됩니다. 그럼으로써 우리에게 그것의 존재가 비로소 인식될 수 있는 것입니다. 앞에서 신에게는 왜 이름이 없는가를 이야기하며 이미 간단히 설명했지만, 혹시 아직도 좀 아리송하게 느껴지나요? 그럼 이게 무슨 말인지, 다시 한 번

예를 들어 설명해 보도록 하지요.

　여기 사과가 한 알 있습니다. '사과'라는 존재는 크기[주먹만 하다], 형태[둥글다], 색깔[빨갛다], 맛[시고 달다]과 같은 제한성과 규정성이라는 '안정된 조건'에서만 우리에게 사과로 인식됩니다. 그렇지요? 이때 말하는 제한성, 규정성이라는 '안정된 조건'이 철학에서 말하는 '본질'입니다. 사과의 존재는 이처럼 사과의 본질을 통해 비로소 우리에게 드러나지요.* 보다 일반적으로 말하자면, '존재한다는 것'은 본질에 의해 제한되고 규정된다는 것이며, 그럼으로써 비로소 우리에게 인식의 대상이 된다는 뜻입니다.** 자, 일단 이 정도로 하고 다음으로 넘어가 볼까요?

　플로티노스에 의하면, 이 정신에서 영혼psyche이 유출되는데요,*** 그 원리는 일자에서 정신이 유출될 때와 같습니다. 다시 말해 "정신이 변함없이 그대로인 채 영혼이 유출"[61]되지요. 여기서 영혼이란 우리가 흔히 말하는 불멸의 실체라기보다는 정신 안에 있는 형상idea이 현실화되는 '현실화의 원리'이자 '운동의 능력'을 가리킵니다. 따라서 이 영혼에 의해 모든 물질세계―무생물·식물·동물·인간 등등―가 비로소 만들어집니다.

---

* 플로티노스는 이렇게 표현했다. "이것은 사물들이 왜 본질들을 통해 인식되는가 하는 이유가 되는데, 사실상 본질들 각각이 하나의 한계 혹은 이른바 하나의 형상을 갖기 때문이다. 존재는 한계를 결여하는 것들 안에 속할 수 없다. 존재는 일정한 한계로 제한되고 그 안에 머물러야 할 필요가 있다. 이러한 안정적 조건이, 가지적 본질들에서 이 본질들의 정의이고 형상이다. 안정적 조건으로부터 본질들은 마찬가지로 자신들의 실재성을 끌어낸다"(『엔네아데스』, 5, 1, 7).
** 질송은 이에 대해 다음과 같이 언급했다. "이 점은 존재, 실재 및 가지적 본성이라는 관념이 왜 단일한 용어 곧 우시아(ousia, 본질)로 번역될 수 있는가에 대한 이유가 된다"(E. 질송, 정은해 역, 『존재란 무엇인가』, 서광사, 1992, p. 56).
*** 플로티노스의 영향을 받은 초기 기독교에서는 니케아-콘스탄티노플 신조처럼 성부에게서만 성령이 나온다고 주장했는데, 6세기경 서방교회에서 아버지와 아들의 동일본질을 강조하기 위해 "성자에게서도" 나온다는 이른바 '필리오케(filioque)설'을 주장함으로써 동방교회와 서방교회 사이에 큰 논란이 벌어졌다.

플로티노스의 형이상학에서는 이처럼 정신이 '창조주'이기는 해도 다만 '창조의 틀'로만 작용할 뿐이고, 그것을 현실화하는 일은 영혼이 합니다. 영혼은 비물질적 세계와 물질적 세계 사이에 존재하며, 그 둘의 연결고리로서 위로는 정신을, 아래로는 자연계를 바라보며 만물을 창조하지요.˙ 그런데 이때 영혼에서 물질세계가 생산되는 과정이 매우 독특합니다.

영혼은 '현실화의 원리'이긴 해도, 자기 손으로 또는 도구를 갖고 어떤 행위를 함으로써 물질세계를 만드는 건 아닙니다. 일자와 정신이 그렇듯이 영혼도 자신은 '전혀 움직이지 않으면서' 그 무엇을 생산해 내는 매우 특별한 방식을 취하지요. 어떻게 그럴 수 있냐고요? 내막은 이렇습니다. 물질세계를 생산해 낼 때, 영혼은 정신^{nous} 안에 이미 존재하는 형상^{idea}들이 물질 안에서 가시적 형태로 스스로 만들어지도록 돕는 역할을 합니다. 결국 영혼이 하는 일은 물질이 형상을 받아들이도록 하는 일종의 촉매 작용입니다. 이를 플로티노스는 이렇게 표현했어요. "따라서 만약 영혼이 어떤 행위가 아니고 합리적 원리라면 그것은 '성찰'^{theoria}이다."[62]

성찰이라고? 이건 또 무슨 소리지? 아마 당신은 지금 또 뭔가 난해한 이야기를 하는구나 하고 생각할 수 있습니다. 하지만 염려할 것은 없습니다. 단테라는 좋은 길라잡이가 있으니까요! 그가 이미 700여 년 전에 『신곡』에서 플로티노스가 말한 영혼의 '성찰'을 다음과 같이 탁월한 묘사로 설명해 놓았기 때문입니다.

필멸必滅하는 모든 것과 불멸不滅하는 모든 것은

---

* 플로티노스는 두 개의 영혼, 즉 물질계에 접촉하지 않는 '고급 영혼'과 물질계에 접촉해서 자연의 본성으로 작용하는 '저급 영혼'으로 나눈다. 그는 영혼 속의 이데아들을 '종자적 형상'이라고 부르면서 고급 영혼에 있는 이데아를 '제일종자 형상'으로, 저급 영혼에 있는 이데아를 '파생적 종자 형상'으로 구분했다(참고. 『엔네아데스』, 4, 3, 10; 5, 9, 3; 5, 9, 9).

오직 성부의 사랑에서 나온

이데아의 빛을 받고 있으니,

빛나는 본원에서 흘러나오되 그로부터 분리되지 않고,

또 삼위이면서 일체인 사랑[성령]으로부터도 분리되지 않아,

그 살아 있는 빛[성자]은 스스로 영원한 〈일자〉에 남아 있으면서

그 선의 힘[성령]으로 자신의 빛[형상^idea]을

마치 거울에 비추듯이

새로운 존재*들에게 비추고 있소.⁶³

    이 시구들은 『신곡』에서 토마스 아퀴나스가 성부, 성자, 성령이 어떻게 만물을 창조하는가를 설명하는 내용 중 일부입니다. 나중에 뒤에서 더 자세히 이야기하겠지만, 아퀴나스가 말하는 성부, 성자, 성령이 플로티노스에게는 각각 일자, 정신, 영혼인데요, 우리가 주목하려는 것은 "자신의 빛[형상]을 마치 거울에 비추듯이 새로운 존재들에게 비추고 있소"라는 구절입니다. 여기에서 "거울에 비추듯이"라는 표현에 특별히 집중하길 바랍니다. 그게 바로 플로티노스가 말하는 영혼의 '성찰', 곧 물질이 형상을 받아들이도록 하는 영혼의 작용이기 때문입니다. 즉 영혼은 마치 거울이 어떤 대상을 우리에게 비춰 보여 주듯이, 정신 안에 있는 형상들을 물질에 비춤으로써 만물을 창조해 낸다는 뜻이지요. 어때요? 자신은 전혀 움직이지 않으면서 새로운 존재들을 만들어 내는 영혼의 활동을 설명하는

---

* 60행의 '새로운 존재'로 번역된 곳의 원문은 'nove'로 숫자 9, 곧 아홉 천사를 뜻하지만, 미국의 철학자 아서 러브조이(Arthur O. Lovejoy)가 보다 나은 이해를 위해 그것을 'nuove', 즉 '새로운'으로 바꿔 읽었다. 우리는 이를 따른다.

멋진 비유가 아닌가요?

이후 '영혼'을 '거울'에 비유하는 표현은 서양문명을 이루는 하나의 코드가 되었습니다. 숱한 철학자와 신학자 그리고 예술가들이 이 비유를 자주 유용하게 사용했지요. 근대에 와서도, 독일 철학자 라이프니츠의 『단자론』에 나오는 그 유명한 문장, "그것(단자)은 결론적으로 영구히 살아 있는, 우주의 거울이다"[64] 같은 것이 바로 그런 예입니다. 또한 18세기 독일의 시인 프리드리히 폰 실러 Friedrich von Schiller, 1759-1805의 "친구"라는 시는 창조를 수행하는 성령을 "지극한 복을 반사하는 복된 거울"[65]에 비유하지요.

문명에도 이렇듯 유행하는 문화적 코드가 있게 마련인데요, 그러다 보니 신적 영혼만이 아니라 인간의 영혼까지 종종 거울에 비유되었습니다. 예컨대 19세기 영국 시인이자 비평가인 매슈 아널드 Matthew Arnold, 1822-1888 가 쓴 "에트나산 위의 엠페도클레스"를 한번 볼까요? 이 시에서 인간의 영혼은, 신들이 공간에 매달아 놓아서 바람이 불 때마다 흔들리는 거울로 묘사되어 있어요.

여기저기로 빙빙 도네.
바람에 흔들거리는 거울 같은 영혼은,
수천 번 눈빛을 주는데도,
결코 전체를 보지 못하네.
한번 쳐다보고 다른 곳으로 내달리고는,
최근 한 일은 뒤에 남겨 두네.[66]

호메로스의 황금사슬

플로티노스의 형이상학적 사유들은 사실 오늘날 우리에게는 무척 생소합니다. 그런데도 이것을 당신에게 애써 소개하는 이유가 있습니다. 이미 여러 번 언급했듯이, 바로 이 사유가 기독교 안으로 들어가서 서양 사람들의 의식 속에 깊이 뿌리내렸기 때문입니다. 이건 무슨 의미인가요? 플로티노스가 남긴 이러한 독특한 사변들을 우리가 이해하지 못하는 한 기독교는 물론이고 서양문명의 상당 부분을 이해하기가 매우 어려워진다는 뜻입니다. 단테의 『신곡』이나 존 밀턴의 『실낙원』이 그 대표적 예지만, 이 작품들은 이미 앞에서 여러 번 살펴보았으니 이번에는 다른 작품을 살펴볼까요?

17세기 영국의 성직자이며 종교시인이기도 한 베머턴의 존 노리스John Norris, 1657-1711는 "창조성가"에서 다음과 같이 노래했습니다.

사랑[성령], 부드러운 사랑이 열매로 가득한 [성자의] 가슴을 열었고
그곳에서 잠자던 〈이데아들〉을 깨웠다.
그들은 깨어나서 스스로 아름다움을 자랑하였다.
전능하신 성부는 미소 지으며
자신의 영원한 모습,
그 아름다운 조화의 형상들을 보았다.
그는 선하고 아름답다고 보고, 갓 태어난 계획을 축복하였다.
존재의 씨앗들이여, 아름다운 가슴속에
모든 가능한 사물의 형상을 담고 있는 것,
일어나서 그대들의 풍요로운 힘을 보이라.[67]

당신도 이미 눈치챘을 겁니다. 이 글에서 성부를 일자로, 성자를 정신으로, 성령을 영혼으로만 바꾸면 이 시구들은 곧 플로티노스의 유출설을 노래하는 시, 다시 말해 사물들이 영혼에 의해 일자에서 어떻게 생겨났는가를 설명하는 플로티노스의 이론을 읊은 것이 되지요. 이처럼 두 이론은 서로 밀착되어 있습니다.

플로티노스의 세계는 전체적으로 보면 일자, 정신, 영혼, 물질세계로 내려가면서 질적으로는 점점 낮아지고 불완전해지지만 양적으로는 차츰 그 양이 많아지고 종류도 다양해져서 결국 '피라미드식 계층구조'를 이룹니다. 플로티노스보다 100년쯤 뒤에 태어나 4세기 말과 5세기 초에 활동한 라틴 문법학자이자 고전 주석가인 암브로시우스 마크로비우스 Ambrosius T. Macrobius가 플로티노스의 이런 사상을 간결하고도 상징적 문장들을 사용해서 다음과 같이 요약했지요.

⟨최고 신⟩으로부터 ⟨정신⟩이 생기고, ⟨정신⟩으로부터 ⟨영혼⟩이 생겼다. 그다음으로 이 영혼이 모든 잇단 사물들을 만들어 내고 생명을 불어넣어 주었다. 하나의 빛이 모든 것을 밝히며, 한 얼굴이 줄지어 있는 여러 거울에 비치듯이, 사물의 하나하나가 비치고 모든 사물은 연이어 계속되고 그 연속의 밑바닥까지 이르게 된다. 따라서 주의 깊은 관찰자는 ⟨최고 신⟩으로부터 사물의 맨 나중 부스러기까지 끊임없이 이어진 각 부분의 연결을 발견할 것이다. 이것이야말로 호메로스의 황금사슬이며, 그의 말에 의하면 ⟨신⟩이 명령하여 천상에서 지상까지 늘어뜨린 것이다.[68]

마크로비우스가 이 글에서 사용한 '사슬'과 '거울'이라는 표현은 앞에서도 언급했듯이 서양문명 안에서 매우 소중히 간직되어 온 '관념적 비유'이자 문화적 코드 가운데 하나입니다. 영국의 신고전주의 시풍을 완성한 풍자시인 알렉산더 포프도 마크로비우스의 이 유명한 비유와 교훈에 대해, "존재의 대연쇄에는 빈틈이 없어서 존재가 온 우주에 가득하다"라는 말로 요약되는 18세기 정신으로 재조명했는데요. 그는 다음과 같이 읊었습니다.

> 존재의 거대한 연쇄여! 신으로부터 시작하여
> 영적인 성질, 인간적인 성질, 천사, 인간,
> 짐승, 새, 물고기, 벌레, 육안으로 보이지 않는 것,
> 그 어떤 안경으로도 볼 수 없는 것, 무한으로부터 그대에게로,
> 또 그대로부터 무에 이르도. 해서, 더 센 힘의 방향으로부터
> 우리는 죄일 뿐 아니라, 더 약한 힘들마저 우리 쪽으로 죄여든다.
> 만일 그렇지 않다면 꽉 찬 우주에 빈틈이 생겨
> 한 계단이 무너지면 결국 거대한 모든 계단이 무너질 것이다.
> 자연의 사슬에서 그대가 빼낸 하나의 고리는
> 열 번째건 만 번째건 사슬을 파괴할 것이다.[69]

정리할까요? 플로티노스의 세계구조에서 물질세계를 유출시킨 일자·정신·영혼은 영원불변하는 '신적 존재'입니다. 창조와 관련해서 본다면 일자는 창조의 바탕이고, 정신은 창조의 틀이며, 영혼은 창조의 원리지요. 그리고 그들로부터 유출된 물질은 부단히 생성되고 소멸됩니다. 앞서 보았듯 여기서 우리는 신적 존재에 대한 플로티노스의 세 가지 이론이 초기 기독교 신학자들에 의해 야훼를 이해하고 설명하는 데 그대로 쓰였다는 점에 주목해야 합니다.

전적으로 우연이었지만, 중기플라톤주의나 신플라톤주의에서 신적 존

재인 일자·정신·영혼은 신약성서의 성부·성자·성령과 적어도 외형적으로는—그리고 내용적으로도 상당 부분—놀랍도록 맞아떨어졌습니다. 그래서 중기플라톤주의의 영향을 받은 오리게네스Origenes, ?185-?254°나 신플라톤주의자라고도 볼 수 있는 프로클로스Proclos, ?410-485 같은 초기 기독교 신학자들은 야훼를 설명할 때 일자를 성부로, 정신을 성자로, 영혼을 성령으로 간주하는 데 조금도 주저하지 않았습니다.

하지만 모세를 비롯한 히브리 선지자들의 창조주와 피조물에 대한 이해가 그리스 철학자들의 존재와 존재물에 대한 사변과 심층적 내용에서도 꼭 맞아떨어진 것은 아니었습니다. 그런 까닭에 고대에는 물론이고 중세와 근대에 이르러서까지 기독교 신학자들은 기독교 교리 속에 남아 있는 그리스 철학의 부작용을 해소하기 위해 노력해야 했지요. 그랬다고는 해도, 초이성적 계시를 교리로 이론화해야 했던 초기 기독교 사상가들에게 플라톤주의 철학은 더할 나위 없이 유용한 도구였습니다. 이것이 히브리의 존재 개념과 그리스의 존재 개념을 종합해 기독교적 신 개념을 형성한 결정적 계기지요. 그렇다면 이제 히브리인들은 존재에 대해 어떻게 생각했는지를 알아볼 차례입니다.

• 오리게네스는 플로티노스의 스승이기도 한 암모니오스 사카스 밑에서 중기플라톤 철학을 공부했다. 그 후 20년이 지나서 플로티노스가 이 스승을 찾아와 공부했다. 이때 오리게네스는 벌써 해외에도 알려진 대신학자였고, 이미 알렉산드리아를 떠난 상태였다. 그래서 두 사람은 만난 적도 없다. 따라서 오리게네스를 플로티노스 같은 신플라톤주의자로 분류하는 것은 옳지 못하다(5부 "하나님은 유일자다"를 보라).

히브리인들과 존재

히브리인들에게 '존재'라는 말이 어떤 의미였는지에 대해서는 스웨덴 신학자 토를라이프 보만Thorleif Boman, 1894-1978의 저서 『히브리적 사유와 그리스적 사유의 비교』가 도움을 줍니다.

보만에 의하면, 그리스 언어가 정지적靜止的인 데 반해 히브리 언어는 역동적力動的 성격이 있습니다.* 특히 동사가 그런데요, 히브리어 동사는 항상 '…하다'라는 뜻 외에 '…하게 되다', '…하게 하다'라는 역동적 의미를 동시에 갖고 있습니다. 예컨대 '노하다'라는 동사에는 '노하게 되다'와 '노하게 하다'라는 뜻이 같이 있고, '빛나다'는 '빛나게 되다'와 '빛나게 하다'를 함께 의미하지요.[70]

히브리어로 '존재'를 의미하는 동사는 '하야'hyh 또는 hâyâ**입니다. 당연히 이 말도 정지적 개념인 '있다'라는 뜻만이 아니라 그 역동적 개념인 '있게 되다'(생기다) 또는 '있게 하다'(생성하다)라는 의미를 함께 지닙니다.[71] 특히 이 말이 하나님과 관련해서 사용되는 경우에는 '현존現存하다'라는 의미뿐 아니라 '현존하게 되다'와 '(현존하여) 어떤 작용作用을 하다'라는 사역使役의 성격이 더욱 분명해집니다.

보만은 구약성서에서 hâyâ 동사가 하나님 또는 하나님의 말, 하나님의

---

* 보만은 '정적'(靜的, statisch)이라는 개념은 불행히도 동적인 것의 부정적 측면만 부각시킨다며 그 대신에 '정지적'(靜止的) 또는 '조화적'(調和的)이라는 개념을 사용한다[T. 보만, 허혁 역, 『히브리적 사유와 그리스적 사유의 비교』(Das hebräische Denken im Vergleich mit dem griechischen), 분도출판사, 1975, pp. 33-45를 보라].
** 존재를 나타내는 히브리어 '하야'의 표기는 'hyh'이지만, 보만은 『히브리적 사유와 그리스적 사유의 비교』에서 모음을 넣어 'hâyâ'로 표기했다. 여기서 보만의 주장을 인용하고 있으므로 혼란을 피하기 위해 보만의 표기를 따른다.

손, 하나님의 영靈 등과 함께 사용되는 다양한 경우를 예로 들어 håyå가 '(하나님이) 되다'(에스겔 11:20), '(하나님의 말이) 임하다'(창세기 15:1), '(하나님의 손이) 치다'(사무엘상 5:9)같이 역동적 의미로 사용되는 것을 보여 줍니다. 따라서 håyå가 부정형으로 "하나님은 없다"(시편 10:4; 14:1)라는 말에 사용되었을 때도 그 '없다'는 '신이라는 존재가 없다'는 어떤 무신론을 주장하는 게 아닙니다. 그것은 '신의 사역 활동이 없다'라는 의미라는 거지요.

그래서 보만은 '야훼'YHWH라는, 신의 '네 철자 이름'이 가진 의미를 설명하는 곳에서 "야훼 외에 håyå를 사용할 수 있는 것은 이 세상 어디에도 없다"72는 칼 하인츠 랏쵸Carl Heinz Ratschow의 말을 인용하기도 합니다.* 이어서 다음과 같이 선포하지요.

> 변하지 않는, 즉 영원한 håyå는 야훼에게 귀속되며 이 håyå는 동적인, 활동력 있는, 작용을 일으키는 인격적 실존인데, 그는 자신의 의지를 관철시키고 자신의 목적을 달성하며, 또 그렇게 함으로써 백성의 행복과 구원을 촉진시킨다. 이 경우 물론 백성의 순종은 전제되어 있는 것이다. 현존하며 영원히 작용하는 야훼는 창조자다.73

한마디로 야훼라는 하나님의 이름과 håyå는 구분될 수 없으며, håyå의 동적 의미가 곧 히브리인들이 이해한 존재의 속성이라는 말입니다. 이처럼 히브리인들에게 '존재'는 영원불변한 것인 동시에 생성·작용하는 실재입니다.** 이 실재의 생성과 작용이라는 활동을 통해 모든 존재물은 그

---

* '존재하다'를 뜻하는 hyh 동사에서 YHWH라는 하나님의 이름이 나왔다는 설과 hyh 동사와 YHWH는 서로 무관하다는 주장이 있다. 전자는 YHWH를 hyh의 불완전 칼(Qal)형으로 보는데, 이쪽이 개연성이 높다. 이에 대해서는 발터 아이히로트, 박문제 역, 『구약성서 신학』(Theology of the Old Testament), I, CH북스, 1998, pp. 96-198를 보라.
** 여기서 히브리인들의 하나님이 후일 기독교 교리에서 '삼위일체'(trinitas)로 표현되어야 하는

의 피조물로 창조되고, 또한 그의 백성으로서 행복과 구원으로 인도되지요. 그의 백성이 하나님에게 기원하고 순종해야 할 이유가 여기 있는 겁니다. 히브리인들이 기도할 때 사용하는 '엘 하이'$^{el\ hay}$(살아 계신 하나님) 또는 '하이 야훼'$^{hay\ YHWH}$(살아 계신 야훼)라는 말에는 바로 이 같은 뜻이 들어 있습니다. 그런데 바로 여기에 그냥 넘어갈 수 없는 심각한 문제가 하나 숨어 있습니다. 잠시, 다시 돌아가 검토해 볼까요?

존재와 생성의 신비로운 종합

그리스인들에게 존재란 영원불변한 것이었습니다. 무언가가 영원불변한다는 것은 어떤 의미겠습니까? 언제나 '자기동일성'$^{auto\ kathahauto}$을 유지한다는 뜻입니다. 그러므로 존재는 논리적으로는 결코 변화할 수 없습니다. 그 자신이 변할 수 없을 뿐 아니라 다른 어떤 것을 변화하도록 만들 수도 없지요. 다른 무언가를 변화하게 만드는 것 자체가 이미 하나의 변화이기 때문입니다. 그러면 존재의 자기동일성이 깨지고 말지요.

그 때문에 우리가 이미 앞에서 살펴보았듯이, 플라톤의 이데아나 플로티노스의 정신^{nous}이 물질의 생성에 관여할 때도 자기 자신은 전혀 변하지 않고 단지 창조의 틀^{paradeigma}로서만 작용하지 않았습니까? '거울'이라는 비유가 거기서 나왔고요. 불변을 속성으로 하는 존재와 변화를 속성으로 하는 생성 또는 작용은 이처럼 개념적으로 서로 대립합니다. 한마디로, 존재하는 것은 변화(생성·작용)하지 않고 변화(생성·작용)하는 것은 존재하지 않는다는 말입니다. 바로 이것이 파르메니데스로부터 내려온 그리스 존재론 전통의 한결같은 생각이지요.

언어학적 기원과 당위성을 찾아볼 수 있다.

그런데 이상하게도 히브리인들은 hâyâ라는 한 개념 안에 존재, 생성, 작용을 다 포함시킵니다. 그런 논리적 모순이 히브리인들에게는 어떻게 가능했을까요? 당신의 생각은 어떤가요? 이 문제는 사실 풀기가 좀 어렵습니다. 하지만 슬그머니 넘어갈 수 없는데요, 왜냐하면 우리가 이것을 알아야만 히브리인들의 신 개념은 물론이고 기독교의 신 개념도 비로소 정확히 이해할 수 있기 때문입니다. 그런데 다행히도 보만이 『히브리적 사유와 그리스적 사유의 비교』에 이 난해한 문제를 아래와 같이 흥미롭게 설명함으로써 이해의 실마리를 마련해 놓았습니다.

hâyâ에 들어 있는 생성, 존재, 작용의 통일성이 우리들에게 기이하게 보이는 이유는 우리들의 사유가 가시적 사물들에 의해 그 방향이 설정되었기 때문이다. 그러나 사유의 방향이 심리적으로 정해지면 이 종합은 잘 이해될 수 있다. 왜냐하면 인격은 끊임없는 생성으로 구성되지만, 그것은 언제나 자기 자신과 동일한, 작용하는 존재이기 때문이다.[74]

어때요? 무슨 말인지 눈치챘나요? 아마 그랬을 겁니다. 특히 "인격은 끊임없는 생성으로 구성되지만, 그것은 언제나 자기 자신과 동일한, 작용하는 존재"라는 말이 핵심입니다. 다이달로스의 미궁을 빠져나갈 '아리아드네의 실타래'가 바로 거기 들어 있거든요. 하지만 이것만으로는 좀 부족하지요. 그래서 가능한 한 쉬운 말로 다시 설명해 보자면 이렇습니다.

예컨대 '정직함'이라는 인격은 그것이 부단히 자기동일적으로 정직하게 행위할 때만 유지됩니다. 그러지 않는다면 더는 정직한 게 아니지요. 다시 말해 만일 당신이 한동안 정직하다가 어느 순간 거짓말을 한다면 그때부터 당신은 정직한 사람이 아닌 겁니다. 다른 예를 하나 더 들어 볼까요? 장미꽃이 지닌 빨간색은 끊임없이 자기동일적 빨강을 생성할 동안에만 유지되지요. 그러지 않으면 시간이 지남에 따라 점점 퇴색해 언젠가는 검게 시들어 버립니다. 그렇지요? 세상 모든 것이 마찬가지입니다! 요컨대 세상 만물은 그 무엇이든 끊임없는 자기동일적 생성과 작용을 통해서만 불변할 수 있습니다.

이제 수긍이 되지요? 자, 이런 관점에서 보면 이전과 비교해 뭔가가 달라졌을 겁니다. 놀랍게도 '불변과 변화', '존재와 생성'이 더는 대립하거나 모순되는 개념 쌍이 아니지요. 그렇지 않나요? 물론 그럼에도 불구하고 이 말을 논리적 관점에서 다시 생각해 보면, 여전히 생소하고 기이합니다. 불변하는 것은 변화할 때에만 불변할 수 있고, 존재는 생성·작용할 때만 존재일 수 있다니! 도대체 우리는 어쩌다가 이러한 역설적 결론에 도달한 걸까요?

보만은 앞의 인용문에서 이러한 종합이 우리에게 기이해 보이는 이유는 우리의 사유가 가시적 또는 사물 중심으로 이뤄지기 때문이라고 했습니다. 만일 우리의 사유가 심리적으로 이루어진다면 그 종합이 보다 잘 이해될 수 있다고도 했지요. 그런데 정말 그런가요? 내 생각에는 그렇지 않습니다. 보만이 전하려는 뜻은 분명 옳지만 내용은 좀 다르게 설명되어야 합니다.

시간화와 탈시간화의 마술

존재와 생성의 종합이 가진 난해한 문제를 해결하는 열쇠는 가시적 또는 사물 중심적 사유냐, 아니면 심리적 사유냐에 있지 않습니다. 그 열쇠는 시간에 있습니다! 갑자기 무슨 엉뚱한 소리냐고요? 그 대답을 하려면 사전 설명이 좀 필요합니다.

잘 알려진 바와 같이, 그리스인들이 공간적으로—또는 탈시간적으로—사유하는 경향이 강하고, 이에 비해 히브리인들은 시간적으로 사유하는 경향이 짙습니다. 특히 존재에 대한 사유가 그렇지요. 보만은 이러한 일반적 견해를 비판했지만,[75] 내 생각에는 그 일반적 견해가 오히려 옳습니다. 그리스인들은 존재든 존재물이든 모두 탈시간화脫時間化함으로써 그 변치 않는 본질을 통해 '개념적으로' 파악했고, 히브리인들은 하나님이든 인간이든 모두 시간 안에서 그 운동과 변화를 통해 '실존적으로' 파악했지요.

여기서 '탈시간화'라는 말이 조금 생소하게 들릴 수도 있겠군요. 그 말은 '시간에서 벗어나게 하다' 또는 '시간을 제거하다'라는 뜻입니다. 하지만 그것이 도대체 어떻게 가능할까요? 문제를 풀기 위해 한번 이렇게 생각해 볼까요?

당신도 아마 사진작가들이 카메라 앵글의 노출시간을 길게 해서 변화하는 대상을 촬영한 사진을 본 적이 있을 것입니다. 도시의 밤거리를 노출시간을 길게 해서 촬영한 야경 사진이 그 한 예인데요, 이런 사진에는 달리는 자동차들의 후미등 불빛이 하나로 이어져 기다란 붉은 선으로 나타나지요. 또는 꿀을 따 먹기 위해 허공의 한곳에 머물며 재빠르게 날갯짓하는 벌새의 모습을 노출시간을 길게 해서 촬영한 사진에서는 벌새의 빠른 날갯짓들이 하나로 이어져 마치 합죽선合竹扇을 펼쳐 놓은 것처럼 보입니다. 이 같은 사진들이 바로 탈시간화를 시도한 겁니다. 앵글의 노출시간을 길게 함으로써, 비록 일정 시간 안에서지만 변화(운동)하는 대상에서 시간을 제거해 불변(정지)하는 대상으로 보여 주는 것이지요.

개념을 산출하는 우리의 정신은 앵글의 노출시간을 '아주 길게' 열어 놓은 카메라와 같습니다. 그럼으로써 우리는 변화하는 대상들로부터 불변하는 개념들을 얻어 냅니다. 예를 들어, 정직한 행위를 반복해서 지켜

본 우리의 정신이 '정직'이라는 개념을 생성해 내는 겁니다. 또 아름다운 것들을 지속해서 지각한 우리의 정신이 '아름다움'이라는 개념을 얻어 내는 것이지요.

그렇다면 그리스인들이 말하는 불변하는 존재란 변화하는 존재의 '탈시간화된 모습' 또는 '시간 밖에서의 모습'에 불과합니다. 그렇지요? 플라톤의 이데아가 바로 이렇게 얻은 결과물입니다!˙ 그리고 히브리인들이 말하는 변화하는 존재란 불변하는 존재의 '시간화된 모습' 또는 '시간 안에서의 모습'일 뿐이지요. 예컨대 그들의 하나님 야훼 YHWH가 바로 그렇습니다.

그리스인들의 사유가 얼마나 탈시간화된 것인지를 보여 주는 대표적 예는 그들이 개발한 이래 오늘날 우리에게도 그대로 계승되고 있는 논리학입니다. 예를 들어 볼까요? 여섯 권으로 된 아리스토텔레스의 『오르가논』 가운데 맨 마지막 편인 『궤변 논박』에는 다음과 같은 궤변이 나옵니다.

a) 병든 사람이 나았다.
b) 나은 사람은 건강한 사람이다.
c) 그러므로 병든 사람은 건강한 사람이다.[76]

형식적으로 볼 때 이 논증은 "철수는 남자다. 남자는 사람이다. 그러므로 철수는 사람이다"처럼 '바바라' Modus Barbara라는 삼단논법 형식을 그대로 따르고 있지요. 형식적 오류를 범하지는 않았다는 말입니다. 그런데

• 아서 러브조이도 이데아를 '탈시간화된 구조물'로 보았다. 아서 O. 러브조이, 차하순 역, 『존재의 대연쇄』(*Great Chain of Being*, 1936), 탐구당, 1992, p. 55를 보라.

도 결론은 궤변이에요. 원인이 뭘까요? 아리스토텔레스의 『궤변 논박』에는 이에 대한 아무런 설명이 없습니다. 그저 궤변의 한 유형으로 소개할 뿐이지요. 그러나 이유는 간단합니다. 그리스적 사유 형식을 대변하는 논리학에는 시간 개념이 빠져 있기 때문입니다. 이 말이 무슨 뜻인지는 앞의 논증을 다음과 같이 바꿔 보면 자연스럽게 드러나지요.

a) 어제(t_1) 병든 사람이 오늘(t_2) 나았다.
b) 나은 사람은 건강한 사람이다.
c) 그러므로 어제 병든 사람은 오늘 건강한 사람이다.

어떤가요? 똑같은 형식의 논증이지만 이젠 궤변이 아니지요? 논증 안에 시간을 도입했기—즉 탈시간화된 사유를 시간화했기—때문입니다.*

고대 그리스 시대부터 오늘날까지 논리학은 이처럼 철저하게 탈시간화되어 있습니다. 그래서 그 어떤 변화도 전혀 다룰 수 없지요. 바로 이것이 파르메니데스가 시작하고 플라톤이 기초를 닦은 다음 아리스토텔레스가 체계화한 논리학의 전통이자 한계이며, 그것을 통해 사유해 온 서양의 사유들이 탈시간화된 이유입니다. 동시에 바로 그것이 우리가 히브리적 사고를 이해하기 어려운 까닭이며, 우리에게 근본적으로 시간화된 새로운 논리학이 요구되는 이유이기도 합니다.** 따라서 우리가 그리스 철학과 히

• 아리스토텔레스는 "궤변 논박"에서 "앉아 있는 사람이 일어났다. 일어난 사람은 서 있다. 그러므로 앉아 있는 사람은 서 있는 사람이다"라는 예도 들었다. 이 궤변도 시간 개념을 도입해서 "t_1에 앉아 있는 사람이 t_2에 일어났다. 일어난 사람은 서 있다. 그러므로 t_1에 앉아 있는 사람은 t_2에 서 있는 사람이다"로 만들면 타당한 논증으로 바뀐다.
•• 서양논리학이 시간의 문제를 다룬 것은 놀랍게도 20세기 초에 개발된 시간논리(time logic)가 처음이었다. 그러나 그것은 양상논리(modal logic)의 일종으로 그 틀 안에서 개발되었기 때문에 우리의 시간적 사유와 진술을 논리적으로 다루는 데는 별다른 효용성이 없다.

브리 종교가 만나 형성된 기독교와 그것을 기반으로 형성된 서양문명을 제대로 이해하려면 적재적소마다 시간화와 탈시간화의 마술―즉 그리스적 사유를 시간화하거나 히브리적 사유를 탈시간화하는 별도의 작업―이 필요합니다.

이제 우리의 이야기로 다시 돌아갈까요? 존재란 생성과 작용의 '탈시간화'된 모습이고, 생성과 작용이란 존재의 '시간화'된 모습에 불과합니다. 불변이란 변화의 탈시간화된 현상이고, 변화란 불변의 시간화된 현상일 뿐입니다! 시간을 매개로 서로 대립하는 두 개념이 하나로 종합된 겁니다. 어때요? 지금까지 해 오던 것과는 전혀 다른 사유 방법이지요? 다시 한 번 강조하고자 합니다! 우리가 이처럼 독특한 사유 방법을 알아야 하는 이유는 단지 히브리인들의 사유 내지 언어 사용을 이해하기 위해서만은 아닙니다. 그것이 기독교에서 말하는 하나님인 야훼의 속성을 이해하는 지름길이며, 나아가 서양문명을 이해하는 데 디딤돌이 되기 때문입니다.

정말이냐고요? 그럼요! 우리가 '시간화와 탈시간화의 마술'이라고 이름 붙인 이러한 사유 방법과 논법을 모르고는, 예를 들어 근대 서구 지성인들이 활발한 토론을 벌이던 유명한 논제 가운데 하나인 "하나님은 영원히 안식하느냐 아니면 부단히 활동하느냐?"라는 물음에 대해 답할 수 없습니다. 이에 대한 기독교적 대답인 "하나님은 영원히 안식하면서 부단히 활동하신다"라는 말은 더욱 이해할 길이 없지요. 논리적으로 분명 모순되는 이 대답은 사실 이런 뜻입니다. 하나님은 '시간 밖에서는' 영원히 안식하지만, '시간 안에서는' 부단히 활동한다는 것이지요.*

---

* 이러한 생각은 하나님의 창조 활동과 함께 시간이 생겨났고, 따라서 하나님의 영원성이란 시

러브조이의 '이중적 논법'과 쿠사누스의 '대립의 일치'

20세기 초반에 활동한 플라톤 해석자이자 관념사학자인 아서 러브조이Arthur O. Lovejoy, 1873-1962는 『존재의 대연쇄』에서—"하나님은 영원히 안식하면서 부단히 활동하신다"라는 말처럼—내용상 서로 모순되는 두 개념을 하나로 묶어 사용하는 독특한 사유와 표현 방법을 "이중적 논법"二重的 論法이라고 불렀습니다.* 그리고 만일 우리가 이러한 논법을 이해하지 못한다면 서양문명에서 크고 중요한 부분을 제대로 이해하지 못할 것이라고 강조했지요.[77]

이중적 논법은 무엇보다도 존재에 대한 그리스적 사고와 히브리적 사유를 종합한 기독교적 신 개념을 설명하는 데 자주 사용되었습니다. 예컨대 기독교 신학의 초석을 다진 히포의 감독 아우구스티누스도 『삼위일체론』에서 신의 속성을 설명할 때 그 '이중적 논법'을 사용해서 다음과 같이 표현했지요.

> 하나님은 성질이 없어 선하며, 양이 없어 크고, 결핍이 없어 창조적이며, 지위가 없어 통치자이며, 외관이 없어 모든 것을 포괄하고, 장소를 갖지 않아 어디든지 있고, 시간을 갖지 않아 영원하며, 변함이 없어 변화하게 하고, 아무 작용을 받지 않아 모든 작용을 한다.[78]

간 안에서의 무한함이 아니라 시간의 구속에서 완전히 벗어나서 존재한다는 의미이며, 하나님은 세계에 대해 초월적 존재인 동시에 내재적 존재이고, 모든 존재물은 세계 안의 존재라는 교리와 연결되어 있다.

• 러브조이가 말한 '이중적 논법'이 우리가 말하는 '시간화와 탈시간화의 마술'을 통해 모두 설명되는 것은 아니다. '이중적 논법'으로 표현된 개념들 가운데 시간과 관련된 "부동(motus)의 운동(actus)"과 같은 개념은 '시간화와 탈시간화의 마술'로 설명되지만, 예를 들어 "하나(uniformis)인 모두(omniformis)"와 같은 개념은 시간이 아니라 공간과 관련된 개념이기 때문에 설명되지 않는다.

이후 중세 신학자들은 '대립하는 두 극단도 하나님에서는 하나로 만난다'는 관념을 니콜라우스 쿠사누스Nicolaus Cusanus, 1401-1464*의 '대립의 일치' coincidentia oppositorum 같은 용어를 통해 자연스레 받아들였습니다. 물론 당시 사람들이라고 해서 하나님에게 적용되는 "부동motus의 운동actus"이라든지, "하나uniformis인 모두omniformis" 같은 이중적 논법이나 우리가 앞에서 살펴본 시간화와 탈시간화의 마술을 쉽게 이해할 수 있었던 것은 아닙니다. 그들은 오히려 그러한 개념들을 전혀 이해하지 못하는 것 또는 이해하기를 아예 포기하는 것이 종교적 미덕이라고 여겼습니다. 그렇게 하는 것이 인간의 정신으로 다가갈 수 있는 그 어떤 개념보다 '더욱 탁월한 의미'sensus eminentior를 지닌 하나님에게 합당하다고 생각한 것입니다.

우리에게 문제가 되는 것은 이러한 독특한 사유와 표현 방식이 서양문명 곳곳에 자연스레 스며들어 지금도 암암리에 전해 내려온다는 사실입니다. 내 생각에는 괴테가 남긴 다음의 글에도 영원불변하는 그리스적 존재 개념과 부단히 생성·자용하는 히브리적 존재 개념이 '대립의 일치'를 이룬 구절이 숨어 있습니다. "영원한 것은 계속해서 모든 것 안에 생기生起하네" 같은 구절이 그것인데, 이는 우리가 앞에서 이미 살펴본 것처럼 영원한 것은 불변하고 불변하는 것은 생기할 수 없기 때문에 그렇습니다.

어떤 존재도 무로 돌아갈 수는 없다네!
영원한 것은 계속해서 모든 것 안에서 생기生起하네.
존재함으로써 당신 자신을 행복하게 하시길!

• 니콜라우스 쿠사누스는, "독일 최초의 철학책이며 실제로 완전히 새로운 철학을 건설한 책이다"(E. 호프만)라는 평을 받은 자신의 저서 『무지의 지』에서 하나님은 극대자(極大者)이며 그 안에 모든 사물이 집약되어 있어 일체의 구별이 없어지기 때문에 모든 대립이 사라져 '대립의 일치'(coincidentia oppositorum)가 이루어진다고 주장했다.

존재는 영원하다네, 왜냐하면 그것은 법칙들이기에.

존재하는 소중함을 보존하시길,

그로부터 모든 것이 나오는 법이기에.[79]

어떻습니까? 무심코 이 글을 읽어서야 괴테의 의도를 제대로 파악했다고 할 수 없겠지요? 즉 괴테의 이 시 역시, 쿠사누스가 설파한 대립의 일치나 러브조이가 말한 이중적 논법이라는 사유방법을 모르고는 서양문명에서 이해하기 힘든 "크고 중요한 부분" 가운데 하나일 수 있습니다.

이 점에서는 고대 히브리인들도 마찬가지였습니다. 그들이 대립의 일치나 이중적 논법을 미리 알아서, 아니면 우리가 앞에서 언급한 시간화와 탈시간화의 마술에 대한 의식을 갖고 있어서 하야^{hāyā}라는 한 단어 안에 존재·생성·작용이라는 세 가지 의미를 내포시켰다고 생각할 수는 없습니다. 오히려 그들은 존재라는 개념이 생성이나 작용이라는 개념과 대립된다는 사실조차 몰랐을지도 모릅니다. 히브리인들은 단지 그들의 일상과 종교생활 속에서 야훼^{YHWH}를 '존재하고 창조하며 인도하는 하나님'으로 체험했고, 그들의 언어생활 속에 하야^{hāyā}를 '존재하며 생성·작용하는 행위'로 이해하고 사용했던 것이지요. 알다시피 구약성서는 이러한 종교적 체험과 언어적 표현들로 가득 차 있습니다.

우리가 여기서 기억해야 할 것은, 히브리인들의 이러한 체험과 표현이 그리스도인들에게로 이어져 기독교 신론인 '삼위일체론'의 '종교적' 토대가 되었다는 사실입니다. 물론 앞에서 살펴보았듯이 삼위일체론의 이론적 토대는 하나님을 '일자'와 '정신'과 '영'으로 구분한 플로티노스의 사변이 제공했지요. 그렇지만 그리스도인들이 단순히 신플라톤주의의 교설과 맞추기 위해 하나님의 '삼중적 계시'를 일부러 지어낸 것이라고 볼 수는 없습니다. 초기 그리스도인들 역시—구약시대에 히브리인들이 그랬듯이—

그들의 종교적 현실 속에서 실제로 하나인 하나님을, 불변하는 존재인 '성부', 창조하는 '성자', 인도하는 '성령'으로 체험했다고 봐야 하지요. 비록 그들이 히브리인들과는 다른 언어와 다른 방식으로 사유했더라도 말입니다.

정리할까요? 창조한다는 것은 피조물들에게 본질과 존재를 주는 일입니다. 다시 말해 어떤 것(예: 사과)을 그것(예: 사과)으로 존재하게 하는 사역이지요. 스스로 생성·작용하는 존재가 아니고야—바꿔 말해 살아 계신 하나님el hay; 엘 하이이 아니고야—어떻게 본질과 존재를 피조물들에게 줄 수 있을까요. 자신을 무한한 '존재의 장場, field'으로 펼쳐 그 안에서 피조물에게 본질과 존재를 나눠 줌으로써 그들을 생성하고 또한 그들에게 부단히 작용하여 자신의 의지대로 이끄는 존재, 바로 이것이 모세에게 자신을 야훼YHWH라고 계시한 하나님이자, 히브리인들이 하야hāyâ라는 개념으로 이해한 하나님이지요.

물론 이 하나님은 기독교 신학이 존재 자체ipsum esse라는 용어로 계승한 하나님이기도 합니다. 중세신학자들이 하나님이라고 부르고 이해한 '존재 자체'라는 개념은 불변하는 존재가 아니라 역동하는 존재입니다. 명사라기보다 동사에 가깝습니다. 예컨대 "만물이 주에게서 나오고 주로 말미암고 주에게로 돌아감이라"(로마서 11:36)라는 사도 바울의 가르침이나 "자체 안에 전체를 내포하고 있으며 무한하고 무규정적인 실체의 거대한 바다大海"와도 같다고 묘사한 토마스 아퀴나스의 비유에도 필히 이러한 역동적인 신 개념이 들어 있습니다.

존재의 바다와 '퍼텐셜'

여기서 잠깐, 앞에서 별다른 언급 없이 불쑥 사용한 '존재의 장場, field'이라는 용어를 설명하고 넘어갈까 합니다. 오해의 소지가 있어서 그렇습니다. 우리가 말하는 존재의 장은 만물의 궁극적 근거로서, 우주까지 포함한 모든 존재물이 여기서 생겨나고, 여기서 존재하며, 여기서 소멸하는 무한한 신적 근원을 뜻합니다. 토마스 아퀴나스가 사용한 "실체의 거대한 바다"라는 비유에 해당하는 셈이지요.

그런데 만일 당신이 현대물리학에 약간의 관심과 지식을 갖고 있다면 곧바로 이러한 의미 있는 질문을 던질지도 모릅니다. "그렇다면 당신이 말한 존재의 장이란 혹시 양자물리학자들이 '퍼텐셜'potential이라고 부르는 '소립자의 장'을 말하는가?"라고 말입니다. 왜냐하면 현대양자물리학자들이 말하는 퍼텐셜이야말로 바로 그것에 의해 만물이 생성되고 존재하며 소멸하는 장이기 때문이지요.

그렇습니다! 현대의 양자물리학자들도 우리가 말하는 존재의 장과 유사한 이야기를 퍼텐셜이라는 용어를 통해서 하지요. 예컨대 독일 뮌헨의 막스 플랑크 연구소 소장 한스 페터 뒤르Hans Peter Dürr는 고전물리학자들과 달리 세계가 원자와 같은 입자들이 모여서 구성되었다고 생각하지 않습니다. 그는 마치 플로티노스의 일자一者처럼 아직 나뉘지 않은 "온전한 무엇"이 먼저 있었고, 그것이 분화해서 하위구조를 만들어 냄으로써 세계가 구성되었다고 믿지요. 그리고 그 "온전한 무엇"의 바탕이 되는 소립자素粒子들은 물질과는 완전히 다른 성질을 갖고 있으므로 물질이라기보다는 장場, field이라고 부르는 것이 정확하다고도 했습니다. 비물질적인 '소립자의 장'에 의해서 우주가 탄생했고 지금도 유지되며, 매 순간 새로워진

다는 말이지요.⁸⁰

신학자 판넨베르크와 나눈 대화에서 뒤르는 스스로 물질이 되는 능력을 가져 우주 전체를 구성하고 있는 이 비물질적 장을 양자물리학자들은 "퍼텐셜"potential이라 부르고 신학자들은 "신의 숨결"이라 부른다며 다음과 같은 말을 했습니다.

> 신학자가 '신의 숨결'이라고 일컫는 것에는 자연과학을 기술할 때 볼 수 있는 과정과 동일한 기본구조가 내포되어 있어요. 예를 들어, 양자물리학은 '비물질적 기본구조'를 상정합니다. 하지만 제가 보기엔, 그것이 비물질적이라고는 하지만 물질에 반대되는 무엇을 의미하지는 않아요. 우주 안에 있는 모든 것이 실은 '신의 숨결'이니까요. 그렇다면 물질적인 것이란 '신의 숨결'이 응결되면서 아직 생명을 갖추지 못한 '물질'이 형성된 것을 가리키는 말이 아닐까요? 아무튼 중요한 것은 바로 그 '숨결'입니다.⁸¹˙

그러니까, 당신이 좀 전에 던진 질문은 이런 종류의 현대물리학자들의 주장 때문에 나온 것이지요. 그런데 이와 연관해서 당신이 알아야 할 게 있습니다. 이러한 주장들에는 '신학 용어'와 '물리학 용어'가 정확히 조율되지 않은 탓에 생긴 혼란과 오해가 끼어 있다는 점입니다. 무슨 말인지 살펴볼까요?

'바람'이나 '숨결'을 뜻하는 히브리어 루아흐ʳûaḥ˙˙나 그것의 그리스어 번

• 이 말을 뒤르의 생각대로 이해하려면, 그가 "하나님은 영이시다"(요한복음 4:25)라는 말과 이때 말하는 영(靈)이 히브리어로 '숨결'이나 '바람'을 뜻한다는 것을 이미 알았고, 그래서 그것을 염두에 두고 말했다는 것도 알아야 한다.
•• 고대 근동의 언어, 특히 서부 셈족 언어에서 어근 'rh'는 대부분 물리적인 '바람'이나 '향기' 또는 인간의 '숨결' 등을 의미했다. 히브리어 루아흐(rûaḥ)도 여기서 나왔기 때문에 일반적으로는 '바람', '향기', '숨결'이라는 의미로 사용되었다. 하지만 오직 구약성서에서만은 루아흐가

역인 프네우마 pneuma*는 우리가 일상적으로 생각하는 물질은 아니지만, 분명 유물론적 요소가—적든지 많든지—들어 있습니다. 예컨대 스토아 철학자들에 의하면, 프네우마는 어떤 정신과 의지가 아니라 온 우주를 꽉 채우고 있는 미세한 원시물질입니다. 그것은 정제된 재료나 에테르 같은 것이고, 어떤 것이든 뚫고 들어가는 공기 같은 것이며, 그것의 운동법칙은 '무한한 원인의 연쇄'series implexa causarum로 나타나는 물질 형성의 바탕이지요. 그래서 뒤르 같은 양자물리학자들은 프네우마를 퍼텐셜과 같다고 보고 앞의 인용문처럼 말한 겁니다.

소립자의 장인 퍼텐셜도 통상적 의미의 물질은 아닙니다. 그래서 1932년 노벨 물리학상을 받은 독일의 양자물리학자 베르너 하이젠베르크Werner Heisenberg, 1901-1975는 칸트가 영원히 알 수 없는 것이라고 말한 '물자체'Ding an sich를 퍼텐셜과 견주기도 했습니다.** 하지만 그것은 언제든지 물질로 현실화될 가능성possibility이나 경향성probability을 가졌으므로, 어쨌든 물질적입니다. 뒤르가 밝혔듯이 퍼텐셜은 단지 일반 물질들과 전혀 다른 성질을 가졌다는 의미에서만 비非물질적이지요. 이런 점에서 퍼텐셜은

비물적 '영'으로도 사용되었다. 히브리어 구약성서에는 이 단어가 모두 389번 나오는데, 그 가운데 107번이, 예컨대 "하나님의 영은 수면 위에 운행하시니라"(창세기 1:2)처럼 '영'이라는 의미로 쓰였다[W. 힐데브란트, 김진섭 역, 『구약의 성령 신학 입문』(An Old Testament Theology of the Spirit of God), 이레서원, 2005, pp. 27-31를 보라].

• 70인역은 루아흐가 분명히 물리적 '바람'을 뜻할 때(52번)에는 아네모스(anemos)로 번역하기도 했지만, 대부분(277번)은 프네우마(pneuma)로 옮겼다. 고대 그리스어로 '불다', '숨쉬다'라는 뜻의 동사인 프네오(pneō)에서 나온 프네우마는 물리적 '바람', '숨결' 같은 의미로 사용되었다. 하지만 신약성서에서는 하나님과 연관해서 "하나님은 영이시니"(요한복음 4:24)와 같이 영이라는 뜻으로 사용되었다(같은 책, pp. 33-34를 보라).

•• 양자물리학 측면에서 보자면, 칸트가 말한 '물 자체'란 인식에 의해 비로소 현실화되는 소립자의 장인 '퍼텐셜'이라 할 수 있다. 이런 관점에서 하이젠베르크는 "만약 양자물리학이 고전적 개념으로 해석된다면 '물 자체'도 결국 경험으로부터 간접연역이 가능한 수학적 구조로 환원될 수 있다"고 주장했다[W. 하이젠베르크, 최종덕 역, 『철학과 물리학의 만남』(Physics and Philosophy), 도서출판 한겨레, 1985, p. 85].

스토아 철학에서 말하는 프네우마와 같습니다.

그러나 구약성서에서 '루아흐'가, 그리고 신약성서에서 '프네우마'가 하나님과 연관해서 사용될 때는 오직 '영'靈이라는 뜻만을 갖습니다. "하나님의 영은 수면 위에 운행하시니라"(창세기 1:2)나 "하나님은 영이시니"(요한복음 4:24)가 그 예입니다. 이것이 매우 중요한데요, 기독교에서 말하는 '하나님의 영'은 물질에 부단하고도 압도적으로 작용하지만 철저히 비물질적이지요.

영은 그 자신은 전혀 물질이 아니고 물질로부터 어떤 작용도 받지 않으며, 스스로 움직이는 신적 원리이자 의지입니다. 따라서 똑같이 '프네우마'라는 용어를 사용하더라도 스토아 철학과 성서가 또는 물리학자들과 신학자들이 같은 내용을 말하는 건 아닙니다. 엄밀히 말하자면 전혀 다른 대상에 대해 같은 용어를 사용할 뿐입니다. 그래서 자연과학과 신학 사이의 오해 없는 대화를 위해서는 무엇보다 전문용어terminus들의 조율이 선행되어야 합니다.

사실 양자물리학자들이 말하는 퍼텐셜은 우리가 말하는 존재의 장보다는 오히려 아우구스티누스가 『고백록』에서 언급한 "형상 없는 땅"에 가깝다고 할 수 있습니다. 이에 대해서는 3부 "하나님은 창조주다"에서 더 자세히 살펴볼 텐데요, 아우구스티누스에 의하면 하나님은 만물을 무無에서 창조했지만 무에서 직접 이끌어 낸 것은 아닙니다. 우선, 무에 가까운 어떤 원물질原物質을 만들어 냈는데, 이것이 바로 "형상 없는 땅"입니다. 그리고 그것으로부터 다시 만물을 창조했다는 것이지요. 아우구스티누스는 이 말을 『고백록』에 다음과 같이 썼습니다.

- 아우구스티누스는 "하나님이 천지를 창조하시니라"에 나오는 '천지'는 우리가 지구에서 바라보는 가시적 하늘과 땅이 아니라, '지혜의 하늘'과 '형상 없는 땅'을 뜻하는 것이라고 해석했다 (참고. 『고백록』, 12, 2-13).

이 불가시적이고 '형상 없는 땅'으로부터, 거의 무에 가까운 이 무형적인 것으로부터, 주님은 변화무쌍한 만물을 지어내셨으니 이로 말미암아 변화하는 우주가 생기게 되었나이다.[82]

무와 유(물질)의 중간에 있는―따라서 무는 아니지만 "거의 무에 가까운"―이 무형의 원물질이 바로 아우구스티누스가 말하는 "형상 없는 땅"이고 물리학자들이 말하는 퍼텐셜이라고 할 수 있지요.

따라서 만일 우리가 앞에서 인용한 아우구스티누스의 고백을 현대물리학 용어로 번역하면 "이 불가시적이고 형상 없는 퍼텐셜로부터, 거의 무에 가까운 이 퍼텐셜로부터, 주님은 변화 가능한 만물을 지어내셨으니 이로 말미암아 변화하는 우주가 생기게 되었나이다"가 됩니다. 그러니 퍼텐셜이 우리가 말하는 존재의 장이나 기독교에서 섬기는 하나님일 수는 없습니다.

이것 역시 3부 "하나님은 창조주다"에서 다시 한 번 자세히 설명하겠지만, 둘 사이에 존재하는 무시할 수 없는 유사성에도 불구하고˙ 내가 퍼텐셜과 존재의 장을 굳이 구분하려는 데는 이유가 있습니다. 그러지 않을 경우, 다시 말해 신학적 개념인 존재의 장을 양자물리학적 개념인 퍼텐셜로 인식할 경우에는 하나님도 세계의 일부가 되어 세계에 대한 하나님의 절대적 독립성, 곧 하나님의 세계초월성이 훼손되기 때문이지요.

자, 이제 이 이야기의 서두에서 당신이 던진 의문에 답할 시간입니다.

• 예컨대 안드레이 린데(Andrei Linde)와 리 스몰린(Lee Smolin) 같은 물리학자들에게서 지지를 받는 다중우주 모형(Multiverse Model)에 따르자면 퍼텐셜은 약 10^{500}개로 추정되는 진공 상태를 포함하는데, 각각의 진공 상태가 모두 빅뱅을 통해 하나의 우주로 발전한다. 이 같은 우주들의 팽창은 마치 바다에서 물방울이 생겼다가 사라지듯이 시작도 끝도 없는 연속 과정일 수 있다. 이 때문에 퍼텐셜 역시 자주 거대한 바다에 비유되는데, 이 경우 우리는 우리에게 알맞은 '우주적 물방울' 속에서 사는 것이다.

현대양자물리학자들이 말하는 '퍼텐셜'은 우리가 말하는 '존재의 장', 곧 하나님이 아닙니다. 존재의 장은 퍼텐셜 안에서 그것을 가능하게 하지만 퍼텐셜을 무조건 초월하고, 우주 안에서 그것을 가능하게 하지만 우주를 무한히 초월합니다. 이는 마치 하나님의 크기가 모든 물리적 공간의 크기를 가능하게 하지만 그것을 초월하고, 하나님의 영원성이 모든 물리적 시간의 흐름을 가능하게 하지만 그것을 초월하는 것과 같습니다. 탁월한 중세 신학자 캔터베리의 대주교 안셀무스는 이 말을 다음과 같이 표현했습니다.

> 최고의 본질(하나님)이 어떤 시간과 장소에도 항상 존재하면서, 동시에 어떤 시간과 장소 안에도 존재하지 않는다는, 다시 말해 그것이 모든 시공 안에 존재하면서 어떤 시공에도 존재하지 않는다는 것을 안다면, 제기된 반론들을 충분히 해결할 수 있다.[83]

어떤가요? 당신이 제기한 의문도 충분히 해결되었나요? 바로 이런 이유로 누군가가 퍼텐셜이 곧 신이라고 한다면, 그는 스피노자와 아인슈타인이 믿는 신, 곧 우주와 신이 하나인 범신론 pantheism 에서의 신을 말하는 것일지언정, 기독교에서 말하는 하나님인 야훼를 가리키는 것은 아니지요. 야훼는 세계에 항상 내재하지만, 동시에 세계를 언제나 초월합니다!

같은 말을 안셀무스는 하나님이 모든 것을 "관통하며 포괄한다"[84]라고 했는데, 내 생각에는 참 탁월한 표현입니다. 내재하면서 동시에 초월한다는 뜻이거든요. '관통하며 포괄한다'는 말은 물 위에 떠 있는 어떤 사물(예를 들어 축구공)을 물이 포용하듯이 밖에서 포괄한다는 게 아닙니다. 그것은 마치 물 위에 뜬 물방울들을 물이 포용하듯 안팎으로 침투해서 포괄한다는 말입니다. 이를 안셀무스는 '유지하고, 뛰어넘고, 감싸안고, 관통한다'고도 묘사했지요. 요컨대 "최고 본질은 모든 것 안에, 모든 것을 통해 있고, 모든 것은 최고 본질로부터, 그것을 통해, 그것 안에 있다"[85]는 겁니다.

이런 사유를 바탕으로 안셀무스는 하나님이 모든 장소에 있다고 하기보다는 (모든 공간에 내재하며 동시에 초월한다는 뜻으로) 하나님이 '어디에나' 있다고 말해야 한다고도 했습니다.[86] 또한 하나님이 모든 시간 안에 있다고 하기보다는 (모든 시간에 내재하며 동시에 초월한다는 뜻으로) '항상' 있다고 표현해야 한다고도 주장했지요.[87]

하나님의 모습 상상하기

이제 어떤가요? 기독교에서 말하는 하나님의 모습이 상상이 되나요? 적어도 미켈란젤로가 그린 〈아담의 창조〉에 등장하는 근엄한 노인이 아니라는 건 이전보다 분명해졌지요? 그런데도 그의 모습을 구체적으로 떠올리기는 여전히 어렵습니다. 그 점에선 나 역시 크게 다르지 않은데, 원래 그게 하나님이고, 본디 그게 인간이지요. 하나님은 무한하고, 인간은 무한한 어떤 것을 상상하거나 생각할 수 없습니다. 그것은 우리의 정신이 가진 능력을 현저히 벗어납니다. 오죽하면 칼 바르트가 하나님을 "모든 인간적인 것에 무한한 질적 차이로 대립하고 있으며 우리가 하나님이라고 부르고 알고 체험하고 경배하는 것과 결코 일치하지 않는"[88] 분이라고 표현했겠습니까!

그래서 하나님에 대한 모든 상상, 모든 형상화, 모든 규정과 언급은 사실상 부질없을 뿐 아니라 매우 위험한 일이기도 합니다. 이것이 십계명 가운데 두 번째 계명에서 하나님이 우리에게 우상과 형상을 만들지 말라고 금한 근원적인 이유고, 중세에 일어난 가장 흥미로운 사건 가운데 하나인 '성화상 파괴 운동'iconoclasm의 신학적 동기지요. 그렇지만 문제는 우리가 하나님을 형상화하는 것에 대한 강렬하고도 부단한 욕망을 결코 포기하지 못한다는 데 있습니다.

이유가 뭘까요? 왜 우리는 그 숱한 금언에도 불구하고 끊임없이 하나님의 모습을 상상하고 또 실제로 보기를 원할까요? 이유는 단순합니다. 그렇게라도 하지 않으면 우리는 도무지 하나님을 인식할 수 없기 때문이지요. 그런데 어떤 식으로든 하나님을 인식하지 못하고야 어떻게 그를 믿고 그에게 의지하며 그의 사랑과 은혜를 갈구할 수 있겠습니까? 바로 이것이 우리의 가엾은 실존적 상황이지요. 따지고 보면 이보다 더 안타까운 일이 또 어디 있을까 싶습니다만, 달리 어찌할 수도 없는 일입니다.

그래서 안셀무스는 "하나님을 명상하려는 충동"이라는 시에서 이러한 우리의 딱한 정황을—역시 똑같이 갈급한 심정을 토로한 다윗의 시구(시편 27:8)를 빌려—다음과 같이 호소했지요.

> …"내가 주의 얼굴을 찾으리이다.
> 여호와여, 내가 주의 얼굴을 찾으리이다.'"
> 자, 이제 당신, 주 하나님, 내 마음을 가르치소서.
> 어디서 그리고 어떻게 당신을 찾고,
> 어디서 그리고 어떻게 당신을 발견하는지를.
> 주님, 여기에 당신이 안 계시면 어디서 당신을 찾겠습니까?

- "여호와여 내가 소리 내어 부르짖을 때에 들으시고 또한 나를 긍휼히 여기사 응답하소서. 너희는 내 얼굴을 찾으라 하실 때에 내가 마음으로 주께 말하되 여호와여 내가 주의 얼굴을 찾으리이다 하였나이다"(시편 27:7-8).

그러나 당신께서 어디에든 계시면, 왜 저는 존재하는 분을 뵙지 못합니까?
그러나 확실히 당신께서는 "가까이 가지 못할 빛"(디모데전서 6:16) 가운데
　사십니다.
그러면 어디에 "가까이 가지 못할 빛"이 있습니까?
또 제가 어떻게 그 "가까이 가지 못할 빛"에 다다르겠습니까?
또 누가 저로 하여금 당신을 그 안에서 보도록,
저를 그리로 이끌겠습니까? 이끌어 들이겠습니까?
그렇다면 어떤 징표에서,
어떤 얼굴에서 당신을 찾아야 합니까?
주님, 저의 하나님, 저는 결코 당신을 본 적이 없습니다.
저는 당신의 얼굴을 알지 못합니다.
가장 높으신 주님, 제가 무엇을 해야 합니까?
당신을 향한 사랑에 마음 졸이며, 당신의 얼굴로부터 멀리 내쳐진(시편 51:13)
당신의 종이 무엇을 해야 합니까?...[89]

그렇지요! 다윗과 안셀무스의 호소대로 우리는 무언가를 하지 않을 수 없습니다. 사정이 이러하니, 예컨대 일찍이 솔로몬이 예루살렘 성전을 짓고 언약의 궤를 모시는 제단 앞에서 하늘을 향해 손을 뻗어 "하나님이 참으로 땅에 거하시리이까? 하늘과 하늘들의 하늘이라도 주를 용납하지 못하겠거든"(열왕기상 8:27)이라고 그 광대함을 외쳤고, 다마스쿠스의 요하네스와 토마스 아퀴나스가 "자체 안에 전체를 내포하며 무한하고 무규정적인 실체의 거대한 바다^{大海}"라고 기록한 표현을 빌려, 그리고 무엇보다도 우리가 정리한 '존재의 장'이라는 개념을 바탕으로 대강 이렇게 상상해 보면 어떨까요?

시작도 끝도 없는 어떤 무한한 바다가 있습니다. 그 바다는 가만있지 않고 끊임없이 역동적으로 출렁이는데, 그 안에 일정한 법칙이 있어서 그 법칙에 의해 무수한 물방울들이 생겼다가 없어지지요. 게다가 무작정 출렁이는 것만은 아니고, 거스를 수 없이 강력하고 지혜로우며 거룩한 자신의 뜻을 이루기 위해 출렁임입니다. 따라서 그 안의 모든 물방울은 잠시 존재할 동안에조차 오직 그 바다의 뜻과 의지에 의해 이끌려 갈 수밖에 없습니다(참고. 시편 23:1-4). 이 무한하고(참고. 열왕기상 8:27; 욥기 11:9) 영원하며(참고. 시편 90:2; 디모데전서 1:17), 강력하고(참고. 시편 46:1-3; 104:2-9) 지혜로우며(참고. 로마서 16:27) 거룩한(참고. 이사야 6:3; 요한계시록 4:8) 존재의 바다가 바로 하나님[야훼]이지요. 그리고 그에 의해, 그 안에서 생겼다가 잠시 후 없어지는 물방울들이 곧 존재물들입니다. 야고보가 "너희는 잠깐 보이다 없어지는 안개니라"(야고보서 4:14)라고 묘사한 인간은 물론, 광활한 우주마저도 이 바다에 잠시 생겼다 없어지는 물방울 하나에 불과할 뿐입니다.

네, 물론 비유입니다. 종교적 상징과 존재론적 함축성을 지닌 비유지요. 어때요? 그럴듯한가요? 혹시 당신은 겨우 비유를 통해 말할 수밖에 없는가 하고 불만스러울 수도 있습니다. 하지만 예수님도 하나님과 그의 나라에 관해 설명할 때는 어쩔 수 없이 비유를 사용했다는 것을 상기해 보세요. 아마 그런 불만은 이내 사라질 겁니다. 예수님도 그런데 하물며 우리야 오죽하겠습니까? 바울이 고린도전서 13장 12절에서 언급한 '그때,' 곧 모든 것을 "얼굴과 얼굴을 대하여" 보듯이 온전하게 알게 되는 그때가

- "우리가 지금은 거울로 보는 것같이 희미하나 그때에는 얼굴과 얼굴을 대하여 볼 것이요, 지금은 내가 부분적으로 아나 그때에는 주께서 나를 아신 것같이 온전히 알리라"(고린도전서 13:12).

오기 전까지는 '겨우 비유를 통해서'가 아니라 '오직 비유를 통해서' 하나님에 대해 상상하고 말할 수밖에 없는 일이지요.

앞에서 이미 언급했듯이, '바다'라는 비유를 통해 하나님을 상상하거나 이해하는 것은 새로운 일이 아닙니다. 카파도키아의 위대한 세 교부 가운데 나지안주스의 그레고리우스 Gregorius Nazianzenus, ?329-?389가 하나님을 "무한하고 무규정적인 실체의 거대한 바다"라고 비유한 이래, 토마스 아퀴나스 같은 중세 신학자들이 이 비유를 즐겨 사용했기 때문입니다.*

인간을 비롯한 모든 피조물들을 물방울로 비유한 것도 마찬가지입니다. 예를 들어 17세기 영국의 시인 헨리 모어 Henry More, 1614-1687의 시 "영혼불멸"에는 "거대한 바다大洋에서 물방울 하나란 무엇이란 말인가?"라는 구절이 있고, 18세기 독일의 시인 프리드리히 실러의 "친구"라는 시에서도 모든 피조물이 "존재들의 왕국이라는 잔에서 일고 있는 거품"과 같은 비유로 표현되었기 때문입니다.

하지만 그렇다고 해서 당신은 우리가 지금 사용하고 있는 이 '존재의 바다'라는 비유를 결코 가볍게 봐서는 안 됩니다. 앞으로 차츰 드러나겠지만, 존재의 바다라는 비유를 통해 우리는 기독교에서 말하는 하나님에 관한 가르침들을 이전보다 훨씬 자연스럽게 이해할 수 있게 될 테니까요.

예컨대 우리는 '바다'라는 비유를 통해서, 우선 하나님이 암암리에 사람처럼 생겼으리라는 끈질긴 망상을 떨쳐 버릴 수 있습니다. 또한 이 바다가 우주마저 포괄하고 초월할 만큼 무한하다는 점에서 '하나님은 없는 곳이 없다'無所不在, omnipresence는 오랜 주장도 큰 거부감 없이 받아들일 수

---

* 하나님을 '바다'에 비유하는 말은 4세기에 활동한 위대한 신학자인, 알렉산드리아 감독 아타나시우스(Athanasius, 295-373)의 "성부의 심연(深淵)"이라는 말에서 시작되었다. 이 말을 카파도키아의 위대한 세 교부 가운데 나지안주스의 그레고리우스가 "무한하고 무규정적인 실체의 거대한 바다"(Gregorius Nazianzenus, "In theophaniam", orat. 38)라고 바꾸었는데, 성화상 옹호론자였던 다마스쿠스의 요하네스가 이 말을 서방교회에 보급했다.

있지요. 또한 동시에, 하나님이 유일하다는 교리를 다른 종교에 대한 배타적 선포가 아니라, 존재의 바다가 무한히 광대해서 존재하는 모든 것은 다 포괄하며 그의 밖에는 존재하는 것이 아무것도 없다는 의미로도 이해할 수 있게 되었습니다. 나아가 그 바다가—마치 현대물리학자들이 말하는 퍼텐셜처럼—그 자신은 무형이지만 모든 유형적 존재물이 생성하고 소멸하는 장field이라는 점에서 형체가 없는 하나님이 만물의 창조주라는 교설을 이해할 수도 있습니다.

어디 그뿐인가요? '물방울'의 비유를 통해 우리는 우주만물이 하나님에 의해 생겨나서 그 안에 존재하다가 그 안에서 사라지는 피조물이라는 교설이나, 하나님이 우리의 시작과 끝 그리고 머리카락 한 올까지도 모두 늘 헤아린다는 교훈 역시 자연스레 수긍할 수 있게 됩니다. 바다 안에서 생겨나 그 위에 잠시 떠 있는 물방울이 어찌 바다의 움직임을 벗어나거나 거스를 수 있겠습니까? 사정이 그러하니, 하나님은 그 무엇도 거스를 수 없을 만큼 강할 뿐 아니라 동시에 한없이 지혜롭고 거룩해서 만물을 오직 자신의 뜻과 의지로 이끌어 간다는 섭리의 교리(로마서 8:28; 에베소서 1:11) 역시 같은 맥락에서 이해할 수 있게 되지요. 이같이 다분히 존재론적인 정황을 일찍이 간파한 다윗은 수금竪琴을 들고 다음과 같이 노래했습니다.

> 여호와여 주께서 나를 보살폈으므로 나를 아시나이다
> 주께서 내가 앉고 일어섬을 아시고 멀리서도 나의 생각을 밝히 아시오며
> 모든 길과 내가 눕는 것을 살펴보셨으므로 나의 모든 행위를 익히 아시오니
> …내가 주의 영을 떠나 어디로 가며 주의 앞에서 어디로 피하리까
> 내가 하늘에 올라갈지라도 거기 계시며 스올[음부]에 내 자리를 펼지라도 거기 계시니이다

내가 새벽 날개를 치며 바다 끝에 가서 거주할지라도
거기서도 주의 손이 나를 인도하시며 주의 오른손이 나를 붙드시리이다.

(시편 139:1-10)

5부 "하나님은 유일자다"에서 삼위일체론을 다루며 다시 자세히 이야기하겠지만, '존재의 바다'라는 이 비유는 또한 성부·성자·성령이 '나뉨 속에서도 연합해' 있고, '분리되지 않는 하나이면서 동시에 구분되는 셋'이라는 하나님의 삼위일체 속성을 어려움 없이 이해하거나 설명할 수 있게 합니다. 삼위일체를 합리적으로 이해하고 적절히 설명하는 것은 대부분의 성직자와 신학자마저 매우 난감해하는 일임을 감안한다면 무척 고무적이라 할 수 있지요.

아, 물론 당신은 여기서 이렇게 반박할 수 있습니다. "좋다! 지난 2,000년을 두고 많은 뛰어난 학자가 그렇게 주장해 왔다고 하니, 지금까지 우리가 살펴본 이론들을 모두 인정한다고 하자. 그렇다고 해도 그것은 하나의 사변일 뿐이지 않은가. 다시 말해 그러한 야훼, 곧 존재로서의 하나님이 '실제로 존재한다'는 증거는 없지 않은가! 게다가 당신이 말하는 존재의 장이 물리학자들이 말하는 퍼텐셜조차 아니라면, 하나님이 실제로 존재한다는 것은 도대체 어떻게 증명할 수 있는가? 하나님은 신자들의 마음과 신학자들의 정신 속에만 존재하는 것 아닌가? 만일 그렇다면 그 많은 사변이 다 무슨 소용이 있는가!"

그렇지요! 당신의 말이 옳습니다. 당신의 이같이 정당하고도 의미 있는 반박을 통해 우리는 이제 이른바 '하나님의 존재증명'이라는 새롭고 흥미로운 주제로 뛰어들게 됩니다.

2장

하나님은 실제로 존재하는가

하나님의 존재를 합리적으로 증명할 수 있나

하나님은 실제로 존재할까요? 예나 지금이나 이것은 우리가 하나님에 관해 갖는 가장 큰 의문입니다. 아마 그래서인지, 기독교 신학에서는 전통적으로 하나님에 관한 이야기를 여기서부터 시작하지요. 토마스 아퀴나스도 그의 방대한 저술 『신학대전』의 제1부 신론神論에서 '어떤 것이 무엇인가'quid est라는 물음은 '그것이 실제로 있는가'an est라는 물음 뒤에 따라오는 것이라면서 하나님의 현존 문제를 먼저 다룬 다음에 하나님의 속성에 관한 문제들을 차례로 설명합니다.[1] 그럼 우리는 왜 오랜 전통을 따르지 않고 먼저 하나님이 무엇인지를 살펴본 다음, 그의 존재 문제를 알아보려는 걸까요? 이에 대한 설명을 짧게 덧붙이자면 이렇습니다.

우선 상식적으로 생각해 보지요. 혹시 오카피Okapi를 아세요? 세계 5대 희귀동물 가운데 하나입니다. 몸길이가 약 2.1미터이고 어깨 높이가 대강 1.6미터이며 몸무게는 210킬로그램 정도인데, 혀의 길이가 60센티미터나 되는 기린과科 포유류지요. 그런데 만일 우리가 그 동물이 어떻게 생겼는지를 전혀 모른다면, 오카피가 존재하는지 아닌지를 어찌 알겠습니까. 설사 그것이 바로 옆에 서 있다고 해도 말입니다. 그래서 우리는 하나님이 무엇인지, 도대체 어떻게 생겼는지부터 알아보고 그가 과연 존재하는가를 살펴보려고 하는 겁니다.

그런데 왜 이런 차이가 생기는 걸까요? 그것은 아퀴나스와 우리가 서로 다른 입장에 서 있기 때문입니다! 아퀴나스는 성서를 통해 하나님이 무엇인지를 이미 세세히 알고, 신앙을 통해 그의 존재를 굳게 믿는 수도승이자 신학자로서 아직 그렇지 못한 사람들을 위해 저술을 했습니다. 그 때문에 그에게는 하나님의 존재를 증명하는 일이 가장 먼저 처리해야 할 사안이었던 거지요. 만일 하나님이 실제로 존재하지 않는다면, 그에 대해 이렇다 저렇다 설명하는 것 자체가 부질없는 일이 될 테니까요.

그러나 우리는 너나 할 것 없이 하나님이 무엇인지를 모르거나 또는 잘못 알고 있으며, 그의 존재를 끊임없이 의심하는 일반인의 입장에서 이야기를 나누고 있습니다. 그래서 우리에게는 하나님이 무엇인지, 어떻게 생겼는지를 아는 것이 가장 먼저 해결해야 할 문제입니다. 누구도 자기가 모르는 대상의 존재를 증명할 수는 없기 때문이지요. 아퀴나스와 우리는 이렇게 입장이 다르고, 그래서 순서가 뒤바뀐 겁니다. 이 말은 우리가 지금부터 살펴볼 하나님의 존재증명이 그 어떤 종교적 선입견도 없이 단지 인문학적 입장에서 전개될 것임을 미리 알리는 것이기도 합니다.

그런데요, 하나님의 존재를 증명하는 일은 흥미롭긴 하지만 생각보다 상당히 어렵고 복잡합니다. 그래서 이에 대한 논란이 끊이지 않는 것이고, 사실 할 수만 있다면 피해 가고 싶은 문제이기도 하지요. 그러나 또한 그만큼 중요해서 언젠가 한 번은 부딪쳐 봐야 할 문제이기도 합니다. 여기서 우리는 다음 두 가지 측면으로 접근해 보려고 합니다. 하나는 '하나님의 존재를 합리적으로 증명할 수 있는가'이고, 다른 하나는 '하나님의 존재를 경험적으로 검증할 수 있는가'입니다.

앞의 질문은 논리적 타당성validity을 따져 보자는 것입니다. 대부분의 중요한 기독교 교리가 확립된 이래 '하나님 증명' 또는 '하나님의 존재증명'이라는 이름으로 행해진 숱한 논증이 바로 이 문제를 다루었습니다. 뒤의 질문은 건전성soundness을 살펴보자는 것으로, 이러한 주장은 특히 근대 이후에 실증주의와 함께 지식의 옳고 그름을 판단하는 데 기준이 되었습니다. 정리하자면, 만일 하나님의 존재가 논리적으로 타당하고 그것을 경험적으로도 검증할 수 있다면, 우리는 그리스도인들이 "하나님은 살아 계신다"라고 감동적으로 외치는 명제를 진리로 받아들일 수 있다는 뜻입니다.

어떤가요? 종교적으로나 신학적으로나 모두 유익하고 흥미로운 작업이겠지요? 그뿐 아니라 인문학적으로도 도움이 될 것입니다. 이 작업을 통해 우리는 서양철학에서 인식론이라고 부르는 학문―즉 우리는 무엇을, 어떻게, 또 얼마나 알 수 있는가 하는 이론들―의 핵심을 더불어 이해하게 될 테니까요.

그런데 잠깐, 사전에 정리하고 넘어가야 할 개념들이 있습니다. 존재存在와 현존現存, 그리고 실존實存이 그것입니다. 존재는 어의적으로는 단순히 '있음'을 의미하지만, 역사의 흐름 속에선 시대와 학파에 따라 특별한 철학적 또는 신학적 의미가 다양하게 부여되었습니다. 우리는 지금까지 '야훼' YHWH라는 신의 이름과 연관해서 '존재' 개념을 살펴보았는데요, 지금부터 이야기하고자 하는 하나님의 '존재'는 그와 달리 단순히 '실제로 있음'만을 뜻합니다. 그래서 흔히 사용되는 개념이 현존 또는 실존입니다. 이 두 개념은 사실 많은 신학 저서에서 분명한 규정 없이 혼용되고 있습니다. 그에 따른 혼란을 피하기 위해 우리는 이 용어들을 다음과 같이 규정해서 사용하기로 하지요.

실존existence은 어의만으로 보면 '실제로 존재함'을 의미합니다. 상당수의 신학자들도 논문이나 저술에 이런 뜻으로 사용하지요. 그러나 키르케고르 이후 하이데거, 야스퍼스, 사르트르 같은 20세기 실존주의자들은 실존이라는 용어를 새롭게 정의했습니다. 대강 '자신의 삶을 스스로 선택하고 결단함으로써 의미 있게 만든다'라는 특별한 의미로 사용했지요. 예컨대 하이데거는 '기획투사'Entwurf함으로써, 사르트르는 '앙가주망' engagement함으로써 인간은 비로소 실존한다고 했습니다. 간단히 설명하자면, 기획투사란 스스로 선택한 자신의 '존재 가능성'을 향해 자기 자신을 던진다는 의미이고, 앙가주망은 역사적·사회적 현실에 제 스스로를 잡아매는 것을 뜻합니다. 그럼으로써만 인간은 무의미한 자신의 삶을 의미 있게 만들 수 있다는 것이지요.

이런 까닭에 실존주의 이후부터 실존이라는 용어는 두 가지 의미를 갖게 되었고, 당연히 이 둘을 구분해서 사용하지 않으면 혼란이 야기됩니다. 그러니 앞으로 우리는 '실존'實存이라는 용어는 실존주의자들의 용법을 따라 사용하고, 기존의 의미대로 '실제로 존재함'existing in reality을 표현할 경우에는 '현존'現存이라는 용어를 사용하기로 하지요. 요컨대 하나님은 실제로 존재하는가 하는 물음을 "하나님은 실존하는가?"라고 하지 않고 "하나님은 현존하는가?"라고 묻겠다는 말입니다.

캔터베리 대주교를 공격한 무명의 수도사

하나님의 현존을 증명하려는 논증은 고대부터 이어져 왔지만, 내가 아는 한 이 문제에 관해 가장 흥미로운 이야기는 11세기 말 캔터베리의 대주교 안셀무스와 마르몬티에의 수도사 가우닐로Gaunilo 사이에 있었던 논쟁입니다. 자, 여기서부터 이야기를 시작해 볼까요?

안셀무스는 스위스와의 국경 지방인 이탈리아 서북부에 자리한 피에몬테 지방의 아오스타에서 태어났습니다. 그의 어머니 에르멘베르가Ermenberga는 경건한 신앙을 가진 여성이었지요. 하지만 아버지 군돌프Gundolf는 현세적이고 거친 귀족이었습니다. 그는 아들의 신앙적 열정에 반대하여 폭력을 휘두르기도 했습니다. 안셀무스는 아버지와 다투고 집을 나와 베크 수도원에 들어갔고, 그곳에서 공부한 뒤 수도사가 되었습니다. 그의 머리는 명석했고, 품성은 순결했습니다. 그 덕에 마흔다섯 살에 대수도원장이 되었고, 예순 살이던 1093년에는 캔터베리의 대주교로 취임했습니다.

안셀무스는 열정적인 수도원주의자였습니다. 그뿐 아니라 성직서임권을 놓고 영국 왕과 맞선 용감한 투사였고, 제자들을 사랑으로 교육한 훌륭한 스승이기도 했지요. 무엇보다도 그는 이성적 증명을 포기하는 것은 태만이라고 선언할 정도로 "이해를 추구하는 신앙"fide quaerens intellectum[2]을 견지하면서 기독교 신학에 중요한 획을 긋는 저술들을 남긴 탁월한 신학자였습니다. 그가 이룬 신학적 업적 가운데 가장 널리 알려진 것이 바로 우리가 지금부터 살펴보려는 '하나님의 존재증명'입니다.

1077년 베크 수도원의 부원장일 때 저술한 『프로슬로기온』*에서 안셀무스는 하나님을 "그 이상 큰 것을 생각할 수 없는 그 무엇"aliquid quo nihil maius cogitari possit이라고 정의했습니다. 이때 그가 말한 "큰 것"이란 물체가 차지하는 어떤 '공간적 크기'를 의미하는 게 아니고 '가치적 크기'를 뜻하는 것입니다. 하나님은 일정한 공간을 차지하고 있는 어떤 존재물이 전혀 아니기 때문입니다. 이것은 그가 또 다른 저술인 『모놀로기온』에서 하나님을 "최고의 존재"summa esse 또는 "최고의 본질"summa essentia이라고 칭한 것과도 일맥상통하지요.[3] 그래서 이후 신학자들은 "그 이상 큰 것을 생각할 수 없는 그 무엇"이라는 안셀무스의 말을 보통 "그 이상 위대한 존재를 생각할 수 없는 존재" 또는 "그 이상 완전한 존재를 생각할 수 없는 존재"**로 해석합니다.[4]

---

* 1076년 마흔을 갓 넘긴 안셀무스가 베크 수도원 부원장으로 있을 때 저술한 『모놀로기온』과 그 이듬해에 저술한 『프로슬로기온』은 본래 제목이 각각 '신앙의 근거에 대해 명상하는 한 예'와 '이해를 추구하는 신앙'이었다. 그런데 리옹의 후고 대주교가 안셀무스에게 '신앙의 근거에 대한 독어록'(Monologuium de ratioe fidei)과 '신앙의 근거에 대한 대어록'(Alloguium de ratioe fidei)이라고 적도록 권했다. 여기서 '모놀로기온'과 '프로슬로기온'이라는 책 제목이 유래했다.

** 『프로슬로기온』에서 안셀무스가 완전한(Perfection)이라는 표현을 쓰지는 않았지만, 때에 따

그리고 안셀무스는 "어리석은 자는 그의 마음에 이르기를 하나님이 없다 하도다"(시편 14:1; 53:1)라는 성서 구절을 인용하면서, 여기에 반박하기 위해 대강 다음과 같은 방법으로 하나님의 존재를 증명했습니다.[5]

a) 하나님은 정의상 그 이상 완전한 존재를 생각할 수 없을 만큼 가장 완전한 존재다.
b) 가장 완전하다는 것은 그 어떤 결핍도 있어서는 안 된다는 뜻이다.
c) 만일 어떤 것이 인간의 정신에만 존재한다면, 이는 실제적 존재가 결핍된 것이다.
d) 그러므로 하나님은 인간의 정신에만 존재하는 것이 아니라 실제로도 존재한다.

어때요? 정말 그럴듯하지요? 또한 은혜롭기도 합니다. 그래선지 이 논증을 끝낸 안셀무스 자신도 감격에 겨워 눈물을 흘리며 이렇게 고백했습니다. "그러므로 '그 이상 큰 것을 생각할 수 없는 그 무엇'은 진실로 존재하기 때문에 존재하지 않는다고 생각할 수 없습니다. 그리고 이 실재가 바로 우리 주님이요, 하나님인 당신입니다."[6]

그런데 그 뜨거운 눈물이 채 마르기도 전에, 그리스도인이면 누구나 마땅히 감격스러워해야 할 이 논증에 대해 인근 수도원에 살던 가우닐로라는 무명의 수도사가 반론을 제기했습니다. 불경스러운 일이었지요!

가우닐로에 대해서는 알려진 바가 거의 없습니다. 필경 철학적 자질이 뛰어났을 것으로 짐작되는 이 신비스러운 수도사는 "어떤 사람이 어리석

라 "더욱 위대한"(greater) 또는 "더욱 훌륭한"(better)이라는 표현을 쓰고 있으므로, 학자들은 그가 하나님의 완전성을 주장한 것으로 해석한다.

은 자를 대신해서 이에 대해 무엇이라고 대답할 것인가"라는—제목은 무척 길지만 내용은 아주 짧은—글을 써서 안셀무스의 논증이 가진 허점을 정확히 찔렀습니다. 말미에는 이러한 결점만 제외하면 안셀무스의 저작은 "정말로 참되게 빛나게 훌륭하게 저술되어서 실로 대단히 유용하고 경건하며, 거룩한 내적 감동의 향기가 풍겨 나온다"라는 말을 정중히 덧붙이는 것도 잊지 않았습니다. 쓰디쓴 비판을 달콤하게 포장하기 위한 겉치레였지요.

대체 무명의 수도사가 수도원 부원장이자 저명한 신학자인 안셀무스를 감히 어떻게 비판한 것일까, 궁금하지요? 그가 내놓은 비판을 한마디로 요약하면 '우리의 정신에 존재하는 관념이라고 해서 그것이 실제로도 존재한다는 주장은 잘못이다'라는 겁니다. 이것은 700년쯤 후에 칸트가 데카르트를 반박하며 그대로 되뇐 내용이기도 한데요, 가우닐로는 다음과 같은 예를 들어 설명했습니다.

설령 누군가가 모든 재물과 행복이 상상할 수 없을 정도로 풍부하지만 누구도 본 적이 없어서 "사라진^{perditam} 섬"이라고 불리는 '가장 완전한 섬'을 상상한다고 합시다. 하지만 그렇다고 해서 그 섬이 실제로 존재하는 것이 증명되는 것일까요? 아니라는 거지요! 한마디로 우리가 날개 달린 말인 페가수스나 꼬리를 가진 인어를 상상할 수 있다고 해서 그것이 실제로 존재한다는 증거가 되지는 않는다는 말입니다. 어때요? 날카롭고 멋진 반박이지요?

그렇지만 안셀무스가 누군가요! "제2의 아우구스티누스" 또는 "아우구스티누스의 입"으로 불리던 당대 최고의 신학자가 아니던가요? 그도 가만히 앉아서 당하고만 있지는 않았습니다. 가우닐로의 반론에 대해 안셀무스는 신神 개념은 일반 개념과는 그 본질이 다르다는, 이른바 '신 개념의 특수성'을 내세워 재반박하지요. 그런 다음 자신의 재반박에 "이 반론에 대한 이 책 저자의 답변"이라는 제목을 붙이고, 그것을 가우닐로의 반박과 함께 『프로슬로기온』에 부록으로 실었습니다. 그뿐 아니라 앞으로는 그것을 『프로슬로기온』에 항상 첨부해야 한다고 못을 박았지요. 그 내용을 요약하면 대강 이렇습니다.

안셀무스에 의하면, 가우닐로가 예로 든 "상상할 수 있는 가장 완전한 섬"은 '섬으로서의 완전성'을 뜻하기 때문에, 이 완전성은 절대적 완전성이 아닙니다. 즉 그 어떤 것도 결핍되어서는 안 된다는 전제를 갖지 못하지요. 따라서 그 섬의 현존은 필연적인 것이 아니고 단지 우연적contingent인 것입니다. 어떤 것의 현존이 우연적이라는 것은 그것이 현존할 수도 있고 그렇지 않을 수도 있다는 뜻이지요. 그렇기 때문에 가우닐로가 말하는 "상상할 수 있는 가장 완전한 섬"은 실제로 있을 수도 있지만 얼마든지 그러지 않을 수도 있다는 것입니다.

그러나 안셀무스가 "그 이상 큰 것을 생각할 수 없는 그 무엇"이라고 표현한 하나님에 대한 개념은 그럴 수 없다는 거지요. 그것은 그 이상 완전한 존재를 생각할 수 없을 만큼 "가장 완전한 존재"를 의미하기 때문에 무엇 하나도 결핍될 수 없는 '절대적 완전성'을 갖고 있습니다. 따라서 하나님의 현존은 우연적이 아니라 필연적necessary이라는 겁니다. 바꿔 말해 하나님은 실제로 존재할 수밖에 없다는 거지요.

어때요? 안셀무스의 재반박 역시 멋지지 않나요? 이 멋진 논박에서 안셀무스가 제시한 존재론적 증명의 새로운 형태가 나왔습니다. 그것을 논증 형식으로 정리하면 대략 다음과 같습니다.[7]

a) 하나님은 정의상 그 이상 완전한 존재를 생각할 수 없을 만큼 가장 완전한 존재다.

b) 현존existence in reality에는 필연적 현존과 우연적 현존이 있다.

c) 필연적 현존이 우연적 현존보다 완전하다.

d) 그러므로 하나님은 필연적으로 현존한다.

자, 여기에 대해 가우닐로는 어떻게 반응했을까요? 무척 궁금하긴 하지만 이 뛰어나고 용감한 수도사는 더 이상 반박하지 않고 역사의 뒤편으로 조용히 사라졌습니다. 이후 논쟁은 잠잠해졌고 세월이 바람처럼 흘러갔지요.

현금 잔고에 동그라미를 몇 개 더 그려 넣어도

가우닐로의 반박 이후 600년쯤 지났을 때, 프랑스의 철학자 르네 데카르트René Descartes, 1596-1650가 나와 이 논쟁에 다시 불을 붙였습니다. 그가 『성찰』 5장 "존재하는 신에 대하여"에서 안셀무스 논증과 유사한 방법으로 신의 존재를 증명했기 때문이지요. 그의 주장은 요컨대 '가장 완전한 존재'는 존재의 완전성인 현존을 '필연적으로' 소유해야 한다는 것입니다. 데카르트는 "신의 현존이 그분의 본질로부터 분리될 수 없다는 것은, 삼각형 내각의 합이 180도라는 것이 삼각형의 본질로부터 분리될 수 없는 것처럼 명백하다"[8]라는 그럴싸한 말도 덧붙였지요.

안셀무스에서 데카르트로 이어지며 더욱 탄탄히 굳어진 이 논증에 대한 의미 있는 반론은 그로부터 다시 150년쯤 지나 독일의 철학자 이마누엘 칸트Immanuel Kant, 1724-1804가 제기했습니다. 칸트는 저명한 『순수이성비판』에서 안셀무스와 데카르트식의 신 존재증명을 "존재론적 증명"der ontologische Gottesbeweis이라 이름 붙이고, 가우닐로의 논박을 더욱 세련되게 보강해서 데카르트의 주장을 반박했지요.[9] 그의 반박은 두 단계로 수행되었습니다.

첫 번째 단계는 '개념의 영역'과 '현존의 영역'은 다르다는 것입니다. 따라서 '가장 완전한 존재'의 현존이 개념적으로 필연적이라 해서 실제적으로도 필연적이어야 하는 것은 아니라는 거지요.[10] 현존이란 사실의 문제이므로 경험으로 판단해야지, 사고로 증명할 문제가 아니라는 말입니다. 예컨대 삼각형은 필연적으로 세 각을 갖지만 그것은 개념적 필연성이기 때문에 그것에서 삼각형의 현존을 이끌어 낼 수 없다는 것이지요.[11] 마찬가지로 하나님의 완전성은 개념적으로는 필연적이지만, 그것에서 하나님의 현존을 이끌어 낼 수는 없다는 이야기입니다. 다시 말해 '하나님은 완전한 존재다'에서 '하나님은 실제로 있다'라는 명제를 끌어내는 것은 잘못이라는 거지요.

칸트가 볼 때, 존재론적 증명에는 이처럼 개념의 필연성을 뜻하는 논리적 술어인 '…이다'와 현실에 정말로 존재하는 것을 의미하는 존재적 술어인 '…있다' 사이에 대한 혼동이 들어 있습니다.[12] 우리말에서는 '…이다'와 '…있다'의 구분이 있지요. 그러나 프랑스어 'être'나 독일어 'sein'에는 영어의 be동사와 마찬가지로 '…이다'와 '…있다' 사이의 구분이 없기 때문에 혼란이 더 가중된다고도 볼 수 있습니다. 어쨌든 여기까지만 보면, 칸트의 반론은 가우닐로의 반박과 크게 달라 보이지 않지요. 그러나 두 번째 단계에서는 달라집니다.

두 번째 단계에서 칸트는 '신은 현존한다'라는 명제는 이 명제를 부정한 모순명제가 모순을 포함하지 않기 때문에 논증만으로는 그것의 현존을 증명할 수 없다'고 주장합니다.[13] 아니, 이게 무슨 말일까요? 어쩐지 어

- 칸트는 "무릇 그것이 모든 술어들과 함께 제거되어도 모순을 남기지 않는 그러한 사물들에 대해 나는 최소한의 개념도 가질 수 없다.…나는 선험적인, 완전히 순수한 개념들만을 가지고서는 [그것의 현존을 증명할] 징표를 갖지 못한다"(『순수이성비판』, B 622, 623)라고 주장했

려운 말 같지요? 하지만 알고 보면 그렇지 않습니다. 그리고 당신에게 살짝 귓속말을 하나 전하자면, 철학이나 신학에서 얼핏 난해한 것처럼 들리는 말에는 뜻밖에 흥미롭고 유익한 사실들이 숨어 있는 경우가 많습니다. 정말이냐고요? 그럼요! '탈시간화'나 '이중적 논법'에서처럼 우리는 이런 경우를 여럿 보아 왔는데, 방금 소개한 칸트의 말도 그렇습니다. 좀더 쉽게 예를 들어 풀어 볼까요?

'삼각형은 세 각을 갖고 있다'라는 명제의 모순명제인 '삼각형은 세 각을 갖고 있지 않다'는 자체적으로 모순을 포함하고 있습니다. 왜냐하면 삼각형이라는 주어 개념에 '세 각'이라는 술어 개념이 이미 포함되어 있기 때문입니다. 따라서 삼각형이 실제로 세 각을 갖고 있는지 아닌지는 경험적으로 검증해 보지 않고도 '참'과 '거짓'을 판단할 수 있지요. 이런 명제를 라이프니츠는 '이성적 진리', 데이비드 흄은 '관념들의 관계에 관한 명제', 칸트는 '분석판단'이라고 불렀습니다.

그러나 예컨대 '이 사과는 빨갛다'라는 명제를 볼까요? 이 명제의 모순명제인 '이 사과는 빨갛지 않다'라는 명제는 그 자체로는 모순을 포함하고 있지 않습니다. '사과'라는 주어 개념에 '빨갛다'라는 술어 개념이 포함되어 있지 않기 때문이지요. 요컨대 그 사과는 녹색이거나 황색일 수도 있다는 말입니다! 따라서 경험적으로 검증하지 않고는 "이 사과는 빨갛다"라는 명제의 진위를 판단할 수 없지요. 이 같은 명제를 라이프니츠는 '사실적 진리', 흄은 '사실의 문제에 관한 명제', 칸트는 '종합판단'이라고 불렀지요. 그리고 칸트는 다음과 같이 물었습니다.

나는 여러분에게 묻고 싶다. 어떤 것—그것이 무엇이건 간에 여러분이 가능

는데, 본문은 이 내용을 이해하기 쉽게 풀어 설명한 것이다.

하다고 하는 것을 내가 용인하는 것—이 현존한다는 명제는 분석판단 명제인가 혹은 종합판단 명제인가?[14]

당신의 생각은 어떤가요? 우리가 다루고 있는 '신은 현존한다'라는 명제는 분석판단 명제인가요, 혹은 종합판단 명제인가요? 앞에서 제시한 방법대로 따져 볼까요?

우선 '신은 현존한다'라는 명제의 모순명제인 '신은 현존하지 않는다'가 그 자체로 모순을 포함하나요? 아니지요? 그러므로 이 명제는 분석판단 명제가 아니고 종합판단 명제입니다. 당연히 논증의 타당성만으로는 그 명제의 진위를 판단할 수 없고 경험을 통한 검증이 필요하다는 말이지요. 칸트는 이 말을 이렇게 했습니다. "현실적 대상은 나의 개념 중에 분석적으로 포함되어 있지 않고, 나의 개념에 종합적으로 보태어지기 때문이다."[15] 그리고 이어서 다음과 같이 재미있는 말도 덧붙였지요.

최고 존재자의 현존을 개념으로부터 증명하려는 그 유명한 (데카르트의) 존재론적 증명을 위한 모든 노고와 작업은 헛된 것이다. 인간이 순전한 이념들로부터 통찰을 더 늘리고자 해도 할 수 없는 것은, 상인이 그의 재산을 늘리기 위해 자기의 현금 잔고에 동그라미를 몇 개 더 그려 넣어도 재산이 불어나지 않는 것과 마찬가지다.[16]

어떤가요? 칸트의 반론 역시 명쾌하지 않은가요? 또한 그 비유도 정말 멋지지요? 자! 이제 당신이 생각해 볼 차례입니다. 안셀무스와 가우닐로, 그리고 데카르트와 칸트 가운데 누구의 말이 더 옳은 것 같나요? 논란은 있었지만, 중세에는 안셀무스가 승리했습니다. 하지만 근대에는 칸트가 이겼지요. 우리는 여기서 사고에서 경험으로, 사변에서 사실로 무게 중심이 옮아가는 학문적 경향을 감지할 수 있습니다. 하나님의 존재증명도 예외가 아니었던 거죠.

토마스 아퀴나스의 '다섯 길'

하나님의 존재증명은 중요한 문제이기에 신학자들도 뒷짐 지고 바라보고만 있지는 않았습니다. 그중 주목할 만한 일이 가우닐로가 조용히 사라지고 200년쯤 지났을 때 일어났지요. 그때 중세를 통틀어 가장 위대한 신학자로 꼽히는 토마스 아퀴나스가 나와 캔터베리의 대주교가 아닌 무명의 수도사 가우닐로의 손을 들어 준 겁니다. 그는 『신학대전』에서 안셀무스의 주장을—그의 이름을 밝히지는 않은 채—소개한 다음, 가우닐로와 유사한 논리로 반박했지요.˙ 그리고 안셀무스와는 다른 방식으로 하나님의 현존을 증명하는 '더 명백한 길'via manifestior을 개척했습니다. 토마스 아퀴나스가 『신학대전』에 전개한 이른바 '다섯 길'quinque viis이 그것이지요. 그런데 그것들은 모두 다음과 같이 일관된 형식으로 전개되었습니다.

    a) 세계에는 감각적으로 확인되는 일반적인 특성들이 있다.
    b) 그런데 세계의 모든 일반적 특성은 스스로 생겨날 수 없고 다른 어떤 것에 의해서만 생겨난다. 이 때문에 무한소급해 가는 모든 원인의 궁극적

• "누구든지 하나님이라는 명칭으로 여기서 말하는 것, 즉 그 명칭으로 그보다 더 큰 것이 인식될 수 없는 것이 의미된다고 할지라도, 그렇다고 그 명칭으로 의미되는 것이 실제로(in rerum natura) 존재하는 것(esse)으로 이해되는 귀결이 따르지는 않는다. 그것은 지성에 불과하다"(토마스 아퀴나스, 『신학대전』, 1, 2, 1).

원인이 없다면 이러한 일반적인 특성을 가진 세계가 존재할 수 없다.

c) 그러므로 세계에는 궁극적 원인이 존재한다. 그것을 우리는 하나님이라고 부른다.

우리가 주목해야 할 특징은 토마스 아퀴나스의 증명들이 모두—안셀무스의 증명들처럼 사변적 개념에서 시작하지 않고—감각적 경험에서 시작한다는 것이지요. 더욱 중요한 사실은 이렇듯 '감각적 경험'에서 시작해서 '초감각적 존재'인 하나님의 현존을 이끌어 내는 토마스 아퀴나스의 논증 방법에는 앞에서 우리가 살펴본 '자연의 사다리'scala naturae 또는 '존재의 계층구조hierarchia'라는 형이상학이 깔려 있다는 것입니다. 정말이냐고요?

그렇습니다! 지상에서 시작해서 하늘까지 빈틈없이 연결된 존재의 계층구조를 믿는 사람들에게는 지각할 수 있는 사물들이 존재한다는 사실만으로도 그 계층구조의 맨 위에 자리한 하나님의 존재가 의심할 수 없는 것이 되기 때문이지요. 아퀴나스가 사물의 존재로부터 하나님의 현존을 이끌어 내는 다섯 길을 개척할 수 있었던 것도, 밀턴이 "자연의 사다리를 놓으셨으니, 이로써/ [우리는] 창조된 사물들을 관조하면서/ 한 단 한 단씩 하나님에게로 올라갈 수 있겠나이다"[17]라고 노래할 수 있었던 것도 바로 그런 확고한 믿음 때문에 가능했던 것입니다.

일찍이 마크로비우스가 "천상에서 지상까지 늘어뜨린 황금사슬"이라고 찬양했고, 나중에 포프가 "빈틈이 없어서 존재가 온 우주에 가득하다"라고 노래했던 존재의 대연쇄! 플라톤에서 시작하여 아리스토텔레스와 플로티노스를 거쳐 형성된 이 형이상학적 사다리가—알고 보면—토마스 아퀴나스의 신학 전체를 떠받치는 등뼈中樞지요. 하나님의 현존을 증명하는 '다섯 길'도 바로 이 '사다리'를 따라서 만들어진 길입니다. 이렇게 보면 밀턴은 자기도 모르는 사이에 아퀴나스가 주장한 하나님 존재증명의 핵심뿐 아니라 그의 신학 전체의 등뼈를 쉽고 간단한 문장으로 요약해 노래한 셈입니다.

자, 그럼 이제부터는 다섯 가지 논증을 훑어볼까요? 첫 번째 논증에서는 운동 movere 으로부터 모든 운동의 궁극적 근거로서 제일의 운동자 primum movens 인 하나님의 존재를 증명했고, 두 번째에서는 결과의 원인인 능동인 causa efficiens 으로부터 모든 결과의 궁극적 원인으로서 제일의 능동인 prima causa efficiens 인 하나님의 존재를 증명했으며, 세 번째로는 우연과 필연 possibili et necessario 으로부터 모든 우연적 존재의 궁극적 근거로서 필연적 존재인 하나님의 존재를 증명했고, 네 번째로는 사물의 성질이나 가치의 단계 gradibus 로부터 최고 단계의 가치로서의 하나님의 존재를 증명했으며, 그리고 다섯 번째에서는 사물의 목적성으로부터 궁극적 설계자 또는 통치자 gubernatione rerum 로서의 하나님의 존재를 증명했지요.[18]

이 논증들의 특성을 확인하기 위해 우리가 '다섯 길' 모두를 살펴볼 필요는 없습니다. 그중 하나만 예를 들어 살펴보는 것으로도 충분하니까요. 왜냐고요? 앞서 밝힌 것처럼 다섯 가지 논증이 모두 같은 형식으로 전개되기 때문입니다. '다섯 길' 가운데 처음 세 가지는 칸트가 『순수이성비판』에서 "우주론적 증명" der kosmologische Gottesbeweis 이라고 이름 붙인 논증인데, 토마스 아퀴나스는 네 번째 '도덕론적 증명'이나 다섯 번째 '목적론적 증명'보다 이 논증을 더 완벽하다고 생각해 좋아했다지요. 그래서 우리도 우주론적 논증 가운데 하나인 세 번째 논증(『신학대전』 1. 2. 3)을 살펴볼 것인데, 대략 다음과 같이 정리됩니다.

a) 세상에는 감각적으로 확인되는 모든 사물이 있다.
b) 세상의 모든 사물은 자기 자신으로부터 필연적으로 per se ipsum necessarium

현존하는 '어떤 것'aliquid quod est에 의해서가 아니면 현존하지 못한다.

c) 만일 자기 자신으로부터 필연적으로 현존하는 '어떤 것'이 없었다면 세상에는 어떤 것도 현존하지 못했을 것이며 지금 아무것도 없을 것이다.

d) 그러므로 자기 자신으로부터 필연적으로 현존하는 '어떤 것'이 있다. 이를 모든 사람이 하나님이라 한다.

어때요? 언뜻 보기에는 조금 복잡하게 보일지 모르지만, 살펴보면 전혀 그렇지 않지요? 오히려 더는 흠잡을 데 없이 멋져 보입니다. 그렇지 않은가요? 순수한 개념과 사고에 의해서만 하나님의 존재를 증명하려 한 안셀무스와는 달리, 토마스 아퀴나스는 이 논증에서도 감각적이고 구체적인 사실로부터 시작해 하나님의 현존을 증명해 냅니다. 그야말로 "창조된 사물들을 관조하면서/ 한 단 한 단씩 하나님에게로" 올라가는, 타당할valid 뿐 아니라 건전한sound 논증 방식으로 보이지요.

그런 이제 게임은 끝난 건까요? 그럴 리가 있나요! 아니나 다를까, 이 논증에 대해서도 후에 많은 반론이 쏟아져 나왔습니다. 그중 의미 있는 것은 주로 흄과 칸트에 의해 전개되었지요. 비판의 핵심은 토마스 아퀴나스가 감각적 경험에서 논증을 시작한 것은 옳지만, 오직 사고만으로 '우연적 존재'의 현존에서 '필연적 존재'의 현존을 이끌어 내는 추론 과정에는 문제가 있다는 것이었습니다.

칸트에 의하면, 인간의 이성은 경험세계에만 적용할 수 있도록 한계 지어졌습니다. 그럼에도 이성이 자신의 추론을 경험할 수 없는 무한한 대상에까지 확장해 나가면, "이성은 하나의 길(경험적 길)에서든 또 다른 길(선험적 길)에서든 아무것도 성취하지 못하고, 단지 사변의 힘으로 감성세계를 초월하려고 그 날개를 펴지만 헛수고에 그칠 뿐"[19]이며 필연코 오류에 도달할 수밖에 없습니다.

한마디로, 모든 무한소급infinite regress은 논리적으로만 가능하지 존재론적으로는 가능하지 않다는 것이 칸트가 제시한 원칙입니다. 따라서 '필연적'이라는 용어는—앞에서 살펴본 존재론적 신 증명에서 '현존'이라는 용어가 그랬듯이—개념의 필연성을 뜻하는 '논리적 용어'일 뿐 실재의 필연성을 의미하는 '존재론적 용어'는 아니라는 것이지요. 그럼에도 이 용어를 경험으로 증명되지 않는 대상인 하나님에게까지 적용시키는 것은 분수에 넘친다는 뜻입니다. 이 말을 칸트는 우주론적 증명에는 "변증법적 월권의 그물망이 감추어져"[20] 있다고 표현했습니다. 그럼으로써 그는 토마스 아퀴나스가 추호도 의심하지 않았던 '존재의 사다리'를 인간 이성의 한계라는 부분에서 무참히 잘라 끊어 버렸습니다.*

칸트의 이 비판은 당시의 일반 사람들에게, 일찍이 "자연질서의 법칙을 위배하는" 인간 이성의 오만을 비판한 영국의 풍자시인 에드워드 영Edward Young, 1683-1765의 시를 떠올리게 했습니다. 물론 영이 칸트와 똑같은 목적으로 이성을 비판한 것은 아니었지만, 18세기 초 서구의 일부 예민한 지성인들에게는 이성의 월권행위에 대한 경계가 이미 의미 깊고 특징적인 도덕률로 떠오르고 있었습니다. 에드워드 영의 시를 같이 읽어 볼까요.

…그러나 어떻게
위를 향해 끊이지 않는 그 사슬은
육체 없는 삶의 영역에까지 이르도록 보존되는가?
반은 사멸하며 반은 불사하는 것이 되도록 구분하라.

• 같은 관점에서 칸트는 신의 현존을 증명하기 위해 토마스 아퀴나스가 제안한 '다섯 길'이 모두 타당하지 않다고 단정했다. 그에 의하면 "물리신학적[목적론적] 증명의 기초에는 우주론적 증명이 있지만, 우주론적 증명의 기초에는 존재론적 증명이 놓여 있다"(『순수이성비판』, B 658). 이 말은 곧 칸트에게 유의미한 논증은 존재론적 증명뿐이라는 뜻이다. 그런데 그 역시 부당하다는 것이 이미 증명되었기 때문이다.

흙으로 된 부분, 에테르로 된 부분, 영원한 인간의 혼,
이것을 인정하지 않으면 인간에게서 사슬은 끊어지리.
그 틈은 넓게 벌어지고 연쇄는 이제 끝나리.
이성은 억제되고 그의 다음 걸음에는 버팀목이 없으리.
올라서려 애쓰면 이성은
그 자연의 사다리로부터 굴러떨어지리니.[21]

과연 그럴까요? 존재의 사다리는 인간에게서 끊어지고 토마스 아퀴나스는 '자연의 사다리'에서 굴러떨어졌을까요? 그렇지는 않았습니다. 이후에도 토마스 아퀴나스의 입장을 옹호하고 칸트에 대해서는 재반론을 펼치는 가톨릭 신학자들과 '자연의 사다리'를 여전히 굳게 믿는 일반인들이 더 많았습니다. 가톨릭교회의 옹호 아래 서양문명 안에서 적어도 1,000년 이상 이어 내려온 '존재의 계층구조'에 대한 믿음은 너무나 강한 것이어서 그리 쉽게 무너지지 않았지요.

칸트보다 세 세대쯤 뒤에 살았던 『레미제라블』의 작가 빅토르 위고 Victor Hugo, 1802-1885가 1856년에 출간한 『정관시집』에 실린 다음과 같은 시구가 그것을 증명합니다.

놀라운 산의 비탈 위에 올라
착잡한 소리를 내는 대혼전과 같이
그대는 그늘의 밑바닥으로부터
어두운 창조물들이 그대에게로 다가 올라옴을 본다.
바위는 더 멀리 있고 짐승들은 더 가까이 있으니
그대는 우뚝 솟아 살아 있는 용마루 같다.
그러니 말해 보라. 비논리적 존재들이 우리를 속인다고 믿는가?

그대가 보는 사다리가 무너졌다고 믿는가?
감각이 저 높은 곳으로부터 조명되고 있는 그대여!
빛을 향해 서서히 한 계단씩 올라가는
피조물들의 사다리가 인간에게서 멈추었다고 생각하는가?[22]

멈추지 않았다는 말입니다. 하지만 우리는 이쯤에서 멈추도록 할까요? 당신도 이미 눈치챘겠지만, 하나님의 현존을 합리적으로 증명하려는 논쟁은 결코 쉽게 끝날 일이 아니니까요. 사실 이 공방은 그때 이후 지금까지도 멈춤 없이 지루하게 이어지고 있습니다. 어쩌면 영원히 계속될지도 모르지요. 토마스 아퀴나스의 '다섯 길' 가운데 어떤 형식으로 전개되든 마찬가지입니다. 주고받는 공방이 거듭될수록 양측의 논증과 반박이 좀 더 치밀하고 세련되어지기는 해도 결과는 항상 똑같습니다. 그래서 우리는 여기서 그만 멈추자는 겁니다.

그런데요, 어쩔 수 없이 예외를 하나 두고자 합니다. 토마스 아퀴나스의 '다섯 번째 길'인 '목적론적 증명'이 바로 그것입니다. 이유는 18세기에 이른바 '페일리의 시계 유추'라는 이름으로 한 차례 논란의 중심에 섰던 이 해묵은 논증이 최근 미국을 중심으로 일고 있는 지적 설계 Intelligent Design 문제를 둘러싸고 또다시 거센 논쟁에 휩싸였기 때문입니다. 기독교의 창조론을 공격하는 대니얼 데닛 Daniel C. Dennett 이나 리처드 도킨스 Richard Dawkins 같은 과학자들과 이에 맞선 알리스터 맥그래스 Alister E. McGrath 나 필립 존스 Philip E. Johns 같은 기독교 지식인들이 벌이는 논쟁이 그것입니다. 따라서 만일 당신이 이 논쟁에 관심이 없다면 다음 부분은 건너뛰어도 좋습니다. 그렇지 않다면, 도대체 왜 이 논증이 수백 년을 두고 말썽인지를 잠시 함께 살펴볼까 합니다.

페일리의 시계를 망가뜨린 사람들

토마스 아퀴나스가 『신학대전』에 제시한 '다섯 번째 길'을 논증의 형태로 간략히 하면 다음과 같습니다.[23]

- a) 세상의 모든 자연적 사물은 그것을 존재하게 한 각각의 목적 때문에 작용하고 있다는 것을 감각적으로 확인할 수 있다.
- b) 그런데 자신의 목적을 인식하지 못하는 사물들은 그것을 인식하고 깨달은 어떤 존재에 의해 통치되지 않으면 각각의 목적에 도달할 수 없다. 이것은 마치 화살이 사수에 의해 조정되지 않으면 과녁에 도달할 수 없는 것과 같다.
- c) 그러므로 모든 자연적 사물이 각각의 목적에 도달할 수 있도록 질서 지어 주는 어떤 지적 통치자가 존재한다. 그 존재를 우리는 하나님이라 한다.

혹시 무슨 말인지 아리송한가요? 설사 그렇더라도 염려할 건 전혀 없습니다. 18세기 영국의 자연신학자이자 성공회 부주교인 윌리엄 페일리 William Paley, 1743-1805가 『자연신학』에서 이에 대해 매우 인상적인 예를 들어 쉽게 설명해 놓았기 때문이지요. 보통 '페일리의 시계 유추 논증'이라고 부르는데, 내용은 대강 이렇습니다.

우리가 풀밭을 걸어가다가 시계 하나를 발견했다고 하지요. 그러면 우리는 그것이 자연에 의해 생겼다고 생각할 수 없고 어느 지적 심성an intelligent mind이 목적을 갖고 만들었다고 생각할 수밖에 없습니다. 동력을 제공하는 탄성 있는 강철 태엽, 동력을 전달하는 정교한 톱니바퀴들, 녹슬지 않는 재료인 놋쇠, 잘 보이도록 투명한 유리로 된 앞 뚜껑 등이 그렇다는 것이지요. 그런데 우리가 사는 세계는 시계보다 훨씬 더 복잡성, 정밀성, 합목적성을 가진 것으로 보입니다. 그렇다면 그것은 어떤 위대한 설계자가 목적을 갖고 만들었다고 생각해야 옳으며, 이 설계자를 우리가 하나님이라 한다는 것이지요.[24]

이 같은 페일리의 주장을 논증 형식으로 요약하면 다음과 같습니다.

a) 시계는 우연의 산물이 아니고 어떤 지적 설계자가 특별한 목적을 갖고 만들었다.
b) 세계는 시계와 유사analogy하다.
c) 그러므로 세계는 어떤 지적 설계자가 특별한 목적을 갖고 만들었다. 그 설계자가 하나님이다.

페일리는 자신의 논증을 뒷받침하기 위해 당시에 동원할 수 있는 거의 모든 과학 지식을 동원했습니다. 예를 들면 새의 날개, 물고기의 지느러미, 그리고 무엇보다 인간의 눈과 심장 등이 얼마나 복잡하고 정밀하며, 목적에 합당하게 계획적으로 만들어졌느냐는 것이지요. 오늘날 흔히 '지적 설계론'Intelligent Design Theory이라고 부르는, 이 주장의 현대적 표현은 "오존층의 두께가 생물 보호에 어쩌면 그리 적합한가? 이는 오직 하나님의 설계에 의해서만 가능하다"는 식의 주장들에서도 찾아볼 수 있습니다. 당신은 어떻게 생각하나요? 그럴듯해 보이지 않나요? 그런데 학자들은 그렇지가 않다고 합니다.

칸트가 "물리신학적 증명"der physikotheologische Gottesbeweis이라 불렀고 보통은 "목적론적 증명"der teleologische Gottesbeweis이라고 부르는 이런 종류의 논증에 대한 비판은 크게 세 가지로 이뤄졌습니다.

첫 번째 비판은 사실 페일리의 논증이 나오기 23년 전 영국의 경험론자 데이비드 흄David Hume, 1711-1776이 자연신학natural theology에 대한 자신의 비판서인 『자연종교에 관한 대화』에서 이미 다루었다고 보아야 합니다. 대화록 형태로 쓰인 이 책*에서 유신론자로 등장하는 클레안테스Cleanthes 는 다음과 같이 요약할 수 있는 목적론적 논증을 제시하지요.[25]

a) 모든 설계는 한 설계자를 암시한다.
b) 위대한 설계는 위대한 설계자를 암시한다.
c) 세계 속에는 위대한 기계의 설계와 같은 위대한 설계가 있다.
d) 그러므로 한 위대한 세계 설계자가 있어야 한다.

페일리의 논증과 매우 유사한 이 주장에 대해 흄은 회의론자로 등장하는 필로Philo라는 인물의 입을 빌려 반박합니다. 그는 '에피쿠로스의 가설'을 예로 들면서 어떤 것이 질서를 갖고 있다 해서 반드시 그것이 설계되었다고 볼 수는 없다는 회의론을 제기했지요.[26] 고대 그리스 철학자 에피쿠로스Epicouros, 기원전 ?341-270가 수많은 원소가 제멋대로 움직이며 가능한 모든 결합을 이루다가 어느 때 우연히 안정된 결합을 이룸으로써 고정되고 질서 잡힌 세계an orderly cosmos가 형성되었다는 그 나름의 우주론을 펼친 일이 있기 때문입니다.

요컨대 흄은 우연에 의해서도 세계가 형성될 가능성을 배제할 수 없으므로 단순히 추론에 의해 신의 존재를 증명하는 일은 부질없다고 주장한 것입니다. 흄과 거의 같은 시대에 활동한 알렉산더 포프의 "오만 속에, 추론하는 오만 속에, 우리의 오류가 있다"[27]라는 시구에서도 우리는

• 1779년 유작으로 출판된 데이비드 흄의 『자연종교에 관한 대화』는 키케로의 『신의 본성에 관하여』를 모델로 삼고 있다. 당시 유행하던 자연신학에 대한 비판서인 이 대화록에는 유신론자 클레안테스와 그의 제자 팜필루스, 철학적 유신론자 데미아, 경솔한 회의론자 필로가 등장한다.

같은 내용의 비판을 읽을 수 있습니다.

칸트 역시 목적론적 논증은 세계 내에 존재하는 의도와 질서에 대한 경험에 기초하지만, 그 경험은 우리에게 궁극적 목적으로서의 필연적 존재(신)의 현존을 증명하지 못한다고 주장했습니다.˙ 그는—토마스 아퀴나스의 '우주론적 논증'을 비판할 때와 마찬가지로—모든 무한소급은 논리적으로만 가능하지 존재론적으로는 가능하지 않으며, 바로 그 때문에 '필연적'이란 용어는 논리적 언어일 뿐 존재론적 용어가 아니라는 것을 반복해서 지적하고는 이렇게 못 박았지요.

지성의 모든 종합적 원칙은 내재적으로만 사용되는데, 최고 존재[신]의 인식을 위해서는 이러한 원칙의 초월적 사용이 요구된다. 하지만 우리의 지성은 이러한 초월적 사용을 위한 아무런 장비도 갖추고 있지 못하다.[28]

페일리의 목적론적 증명에 대한 두 번째 반론은 존 스튜어트 밀John Stuart Mill, 1806-1873이 내놓았습니다. 뛰어난 논리학자로, 베이컨의 귀납법을 확장하고 발전시킨 밀은 페일리 논증의 문제점을 논리학적으로 지적했는데, 내용은 이렇습니다. 페일리의 논증은 유비추론Analogical Inference 형식을 취하고 있는데, 유비추론은 전제들이 참眞인 경우에도 결론이 '확률적 참'probably true 또는 '가능적 참'possibly true일 뿐 '필연적 참'necessary true이라는 보장은 없다는 것이지요.

유비추론이란 사물이나 사건의 유사성analogy을 근거로 결론을 이끌어 내는 논증입니다. 예를 들면 "지구에는 생물이 살고 있다. 화성과 지구의

• 칸트는 "따라서 이 증명은 기껏해야 자기가 가공한 재료의 적합 여부에 의해 항상 많은 제한을 받는 세계건축가(Weltbaumeister)를 나타낼 뿐, 그 이념에서 일체가 종속하는 세계창조자(Weltschöpfer)를 이끌어 낼 수는 없다"(『순수이성비판』, B 664)고 했다.

환경은 유사하다. 그러므로 화성에도 생물이 살고 있을 것이다" 같은 주장들이 유비추론이지요. 이러한 추론은 비교하는 대상과의 유사성이 높을수록 논거가 강해지고 낮을수록 논거가 약해집니다. 밀은 페일리의 논증은 페일리 자신이 생각했던 것보다 훨씬 유사성이 낮고 논거가 약하다고 주장했지요. 이런 경우 현대논리학에서는 '참의 정도'가 낮다고 합니다. 결론이 '충분히' 거짓일 수 있다는 말이지요. 그렇다면 세 번째 반론은 어떠했을까요?

눈먼 시계공이 시계를 만드는 법

페일리의 시계 유추에 대한 세 번째이자 가장 결정적인 반론은 페일리가 죽은 후 찰스 다윈의 진화론에 의해—본인의 의도는 아니었지만—제기되었습니다. 다윈은 케임브리지 대학 시절, 당시 대중적으로 인기 있던 페일리의 『자연신학』을 읽고 감명을 받았다고 합니다. 흄, 칸트, 밀처럼 이미 막대한 사회적 영향력을 지닌 철학자들의 공공연한 비판에도 불구하고 페일리의 논증이 그때까지—심지어 지적 설계론을 지지하는 일부 그리스도인들에게는 오늘날까지도—여전히 인기를 얻은 데는 그럴 만한 이유가 적어도 두 가지가 있습니다.

먼저 이 논증이 고대수사학에서 흔히 '예증법'paradeigma이라고 부르는 유비추론의 형식을 취하고 있기 때문이지요. 일찍이 아리스토텔레스도 『수사학』에서 자신이 개발한 수사학적 삼단논법*보다 예증법이 훨씬 설득

* 아리스토텔레스가 정리해 놓은 수사학적 논증법들은 형식논리학이 발달하면서 차츰 잊혔다. 하지만 설득에는 신통한 효과가 있기 때문에 오늘날에도 광고문, 제안서, 기획서, 프레젠테이션 등에 암암리에 사용되는 비법인데, 우리가 알고 있는 연역적 삼단논법(syllogism)의 세 가지 변형이다. 전제들 중 일부를 생략한 '생략삼단논법'과 전제마다 설명을 넣어 확장한 '대증식' 그리고 한 논증의 결론을 다시 전제로 삼아 또 다른 결론을 이끌어 내는 '연쇄삼단논

력 있는 논증 방법이라는 것을 인정했습니다. 실제로 예증법은 수사학적 논증법 가운데 설득력이 가장 강하다고 할 수 있습니다. 아무리 억지 같은 주장도 적당한 사례를 하나 제시하면 그럴싸하게 들리기 때문이지요. 그래서 동서고금의 성현들 모두가 예증법을 즐겨 사용한 것이고, 사실상 그 분야의 천재들이었습니다.

예수님도 당연히 그들 중 하나였지요. 예를 하나 들어 볼까요?˙ 유명한 산상수훈 가운데는 다음과 같은 가르침이 있습니다. "너희 중에 누가 아들이 떡을 달라 하는데 돌을 주며, 생선을 달라 하는데 뱀을 줄 사람이 있겠느냐? 너희가 악한 자라도 좋은 것으로 자식에게 줄 줄 알거든, 하물며 하늘에 계신 너희 아버지께서 구하는 자에게 좋은 것을 주시지 않겠느냐?"(마태복음 7:9-11)

하나님이 우리에게 우리가 원하는 좋은 것만을 준다는 가르침은 ― 이른바 '하나님의 침묵'Silence of God에 대해 부단히 절망하는 우리의 경험상 ― 믿기 쉬운 말은 결코 아니지요. 그렇지 않나요? 솔직히 나는 그런데, 당신은 어떤가요? 아마 나와 크게 다르지 않을 겁니다. 하지만 이 같은 우리의 의심은 "너희 중에 누가 아들이 떡을 달라 하는데 돌을 주며, 생선을 달라 하는데 뱀을 줄 사람이 있겠느냐?"라는 단 하나의 예를 만날

법'이 그것들이다(이에 대해서는 김용규, 『설득의 논리학』, 웅진지식하우스, 2007, pp. 47-76를 보라).

• 예증법을 언급할 때 내가 자주 드는 예로는 후기 스토아 철학자 에픽테토스(Epiktetos, ?55-?135)의 다음과 같은 가르침이 있다. "입구가 좁은 병 속에 팔을 집어넣고 무화과와 호두를 잔뜩 움켜쥔 아이에게 어떤 일이 일어나겠는지 생각해 보라. 그 아이는 팔을 다시 빼지 못해서 울게 될 것이다. 이때 사람들은 '과일을 버려라. 그러면 다시 손을 빼게 될 거야'라고 말한다. 너희의 욕망도 이와 같다." 얼마나 멋있는 예증법인가. 이 글에는 욕망을 버려야 행복을 얻을 수 있다는 스토아 철학의 심오한 지혜가 '너희의 욕망도 이와 같다'는 한마디로 명료하게 전해진다. 그가 든 적절한 예가 그렇게 만든 것이다(예증법에 대해서는 김용규, 『설득의 논리학』, pp. 27-34를 보라).

때 순식간에 사라지지요. 보세요! 적절한 예 하나가 곧이곧대로 들리지 않는 말을 추호도 의심할 수 없는 교훈으로 만들어 놓았지요? 바로 이것이 수사학적 논증법으로서 예증법이 지닌 힘이자 페일리의 논증이 가진 설득력의 비결이지요.

그렇지만 수사학은 어디까지나 대중을 위한 설득의 기술일 뿐입니다! 페일리의 논증이 일반인들이 아니라 당시 지식인들―심지어 상당수의 성직자들―에게까지 널리 퍼진 데는 보다 결정적인 이유가 따로 있었습니다. '페일리의 시계 유추'를 비판한 흄, 칸트, 밀 같은 철학자들은 그에 대한 반론을 제기했을 뿐 페일리가 설명한 자연의 복잡성과 합목적성에 대한 궁금증을 풀어 줄 만한 대안을 내놓지는 못한 것이지요. 다시 말해 철학자들은 새의 날개가 하늘을 날기에, 물고기의 지느러미가 물속을 헤엄치기에, 인간의 눈과 심장이 각각 제 역할을 하기에 그토록 적당하고 정밀하게 만들어진 까닭을 설명해 내지 못했습니다.

바로 이때 다윈의 진화론이 나온 것입니다. 진화론은 자연의 복잡성과 합목적성을―페일리가 제시한 '하나님의 섭리에 의한 합목적적 창조'라는 추상적 개념을 빌리지 않고―당시 서구의 지식인들이 선호했던 귀납법을 사용해서 경험적·실증적으로 설명해 주었지요. 예를 들어 새의 날개, 물고기의 지느러미, 인간의 눈과 심장 등이 그렇게 복잡하고 정밀하며 목적에 합당하게 만들어진 것은, 진화가 동식물을 막론하고 생존경쟁을 하는 가운데서 환경에 더 유리한 조건을 갖춘 종만 살아남는 방향으로 '충분히 오랫동안' 진행되었기 때문이라고 속 시원하게 설명해 주었던 겁니다.

거꾸로 말하자면, 날기에 부적합한 날개를 가진 새, 헤엄치기에 불리한 지느러미를 가진 물고기, 제 역할을 잘 해내지 못하는 눈과 심장을 가진 인간 등은 오랜 세월에 걸친 자연선택에 의해 차츰 멸종했다는 말이지요.

그러니 만일 다윈이 오늘날 다시 살아온다면, 앞에서 언급한 오존층의 두께도 이런 식으로 설명할 게 분명합니다. 오존층이 누군가에 의해 생물들에게 적합한 두께로 설계된 것이 아니라, 오존층의 두께에 적응한 생물들만 살아남은 것이라고!

이처럼 다윈은 자연이라는 '눈먼 시계공'이 어떻게 그리 복잡하고 정교한 시계를 만들 수 있었는가'를 당시 사람들의 눈앞에 환히 보여 주었습니다. 더욱이 16, 17세기에 이루어진 두 차례의 과학혁명과 18세기에 일어난 산업혁명을 거치며 과학주의와 실증주의에 물든 19세기 사람들은 굳이 페일리의 논증을 받아들이면서까지 그렇지 않아도 마냥 의심스러운 하나님의 존재를 믿어야 할 하등의 이유가 없어졌습니다. 한편으로는 수많은 증거 자료가 뒷받침되는 다윈의 진화론이 논리적으로도 더 타당하고 경험적으로도 더 건전하다고 생각했기 때문이고, 다른 한편으로는 '하나님 없는 세상'을 사는 것이 덜 값어치 있을지는 몰라도—리처드 도킨스가 『만들어진 신』에서 역설한 것처럼[29]—더 편안하고 즐겁다고 느꼈기 때문이었지요.

다윈은 그의 나이 삼십 대 초, 짐작컨대 1840년경에 이미 기독교를 떠났지만, 말년까지도 무신론을 주장하지는 않았습니다. 그는 자신의 대변인이라고 할 수 있는 토머스 헉슬리 Thomas H. Huxley, 1825-1895를 따라서 하나님에 대해서는 어떤 것도 알 수 없다는 '불가지론적' agnostic 입장을 견지했지요. 따라서 다윈 자신이 직접 의도한 것이라고는 볼 수 없지만, 어쨌든 진화론은 기독교를 향해 '자연을 위한 하나님의 개입은 처음부터 아예 필요가 없었다'는 결정적 메시지를 던졌습니다. 다윈의 진화론에 의하면 자연의 창조주는 자연선택이라는 기계적 메커니즘이고, 그것에는 아무런 예정된 목적도 없기 때문이지요.

옥스퍼드 대학에서 "과학의 대중적 이해를 위한 찰스 시모니 리더" Charles Simonyi Reader in the Public Understanding of Science라는 길고 흥미로운 명칭의 자리에 재직하며, 세계적인 과학 대중서 작가로 이름이 난 리처드 도킨스의 무신론이 바로 여기서부터 시작되었습니다. 그는 『눈먼 시계공』에서 "자연선택은 마음도, 마음의 눈도 갖고 있지 않으며 미래를 내다보며 계획하지 않는다. 전망을 갖고 있지 않으며 통찰력도 없고 전혀 앞을 보지 못한다"[30]라고 주장했지요. 그에 의하면, 다윈은 페일리식 논증을 깨부수고 무신론을 합리적으로 주장할 수 있게 해 준 최초의 인물입니다. 그런데 과연 그의 말이 맞을까요?

우리가 여기서 놓치지 말아야 할 매우 중요한 사실은, 리처드 도킨스가 마냥 비아냥거리는 페일리의 논증은 다윈의 진화론이 나오기 이전에 이미 다름 아닌 기독교 안에서 강하게 비판을 받았다는 것이지요. 우리는 페일리가 성직자였기 때문에 그의 주장이 마치 기독교의 입장을 대변하는 것 같은 착각에 빠지기 쉽습니다. 리처드 도킨스가 바로 그런 경우인데, 사실은 정반대였지요. 18-19세기 서구에서 유행한 자연신학은 당시 신교와 구교를 막론해서 진실한 신앙을 가진 신학자들이 맞서 싸운 가장 위험한 이단적 이론이었습니다.

아마 당신은 깜짝 놀랄지도 모르겠지만, 당시 정통적 신학자들이나 신실한 성직자들은 차라리 다윈의 진화론은 받아들일 수 있을지라도, 페일리식의 자연신학은 허용할 수 없었습니다. 왜냐하면 당시 자연신학은 인간의 이성을 신으로 섬기는 이신교理神敎,* 인류를 숭배하는 인류교

---

* 17세기 중엽 이후 주로 영국의 자유사상가와 과학자들이 제창하고, 18세기 프랑스와 독일 계몽주의자들이 강하게 주장한 합리주의적 내지 자연주의적 유신론인 이신론(Deism)이 근간이 되었다. 원래는 기독교를 과학적 합리성과 조화시키려는 좋은 의도에서 시작했으나 프랑스대혁명의 성공 이후 종교화되기 시작했다. 예컨대 로베스피에르(Robespierre)와 그가 이끄는 자코뱅(Jacobin) 당원들은 이성을 뜻하는 프랑스어 'raison'의 첫 글자를 대문자로 표기해

人類教*와 같이 기독교를 인간중심적이고 과학적인 종교로 개조하려는 이단들의 온상이었기 때문이지요. 기독교는 언제나 외부에 있는 다른 종교들뿐 아니라 내부에 존재하는 이단들과 싸워 왔는데, 모든 일에서 그렇듯 '안에 있는 적이 더 위험한 법'입니다.

그래서 예컨대 19세기 영국의 대표적 신학자 존 헨리 뉴먼John Henry Newman, 1801-1890은 페일리의 논증을 "기독교에 저항하는 도구"라고 규정하고 다음과 같이 경계했습니다.

> 물리신학(자연신학)은 그 본성상 올바른 기독교에 관해 한마디도 할 수 없다. 그것은 결코 기독교적일 수 없다.…아니 그럴 수 없는 것 이상이다. 내가 정말 말하고 싶은 것은, 소위 과학이라고 불리고 있는 그것이 우리의 마음을 차지한다면, 우리의 마음은 결국 기독교에 대항하게 될 것이라는 점이다.[31]

지금도 상황은 조금도 변하지 않았습니다. 기독교는 여전히 자연신학에 대해 이같이 단호한 입장을 견지하고 있습니다. 특히 '오직 성서로'sola scriptura, '오직 믿음으로'sola fide라는 개혁신앙의 구호를 따르는 프로테스탄트 신학자들은 하나님의 존재 및 진리의 근거를 초이성적 계시에서 구하지 않고, 이성이 인식할 수 있는 자연에서 구하려는 자연신학을 강력하

---

* 'Raison'이라고 쓰고, 이성을 새로운 신으로 숭배하는 이신교를 제도화했다.
- 1825년 프랑스의 유토피아 사회주의자 생시몽(Saint-Simon, 1760-1825)이 창설한 인류교는 과학주의와 실증주의가 유행한 19세기 전반의 사회적 배경을 등에 업고 당시의 기독교를 크게 위협하던 이신교 같은 또 하나의 이단적 '변종 기독교'였다. 인류교에서는 '집단적 인류'가 하나님이고, 인류를 위해 목숨을 바친 예술가들, 통치자들, 과학자들이 성인(聖人)들이다. 19세기에는 이른바 신(新)계몽주의자로 불리는 지식인들, 즉 콩트와 같은 실증주의자들, 슈트라우스 같은 자유주의 신학자들, 오언과 프리에 같은 초기 유토피아 사회주의자들 그리고 조지 엘리엇 같은 뛰어난 예술가들까지 이 종교에 참여했다.

게 거부하지요. 그렇다면 여기서 한번 생각해 볼까요? 근래에 지적 설계론을 두고 과학자들과 기독교 지식인들이 벌이는 논쟁은 적어도 다음 두 가지 관점에서 문제가 있습니다.

하나는 페일리처럼, 또는 지적 설계론을 주장하는 기독교 근본주의자들처럼, 자연의 복잡성과 합목적성으로부터 하나님의 존재를 증명하는 자연신학적 주장들에 대해서는 기독교가 예나 지금이나 적극 반대한다는 사실입니다. 이런 점은 우선 지적 설계론을 내세워 창조설을 주장하는 그리스도인들이 전통적 교리에서 크게 벗어났음을 알려 주지요. 따라서 페일리의 논증을 상대로 삼아 기독교를 공격하는 과학자들은 논리학에서 말하는 '허수아비 논증의 오류'fallacy of straw man를 범하고 있다는 사실도 말해 줍니다. 무슨 소리냐고요?

논리학에서 말하는 허수아비 논증이란 상대방의 주장을 쉽게 공격할 수 있도록 단순화하거나 왜곡해서 그것을 허물어뜨리는 형식의 논증인데, 그 내용을 불문하고 논리적 오류fallacy에 속하지요.* 도킨스가 페일리의 논증 내지 지적 설계론이 마치 기독교가 지지하는 정통 이론인 것처럼 왜곡함으로써 공격하기 쉬운 '허수아비'를 세운 다음 그것을 공격하는 것은 바로 이 오류를 범하고 있다는 이야기입니다.

다른 하나는 다윈의 진화론이 반드시 무신론으로 연결되는 것은 아닐 뿐더러, 전통적 기독교 신학―예컨대 오리게네스, 아우구스티누스, 토마스 아퀴나스, 칼빈 같은 대표적 학자들의 신학―은 '하나님은 진화라는 메커니즘을 통해 창조한다'고 주장할 수 있는 이론적 근거와 여지를 이미

- 예를 들어 어떤 사람이 "민주주의가 지지하는 다수결의 원리는 제대로 훈련받지 못한 대중의 원리다. 그것은 바람직하지 못한 정치 상황이다. 그러므로 민주주의는 바람직하지 못한 정치 상황을 지지한다"라는 논증을 전개한다고 하자. 이 논증은 다수결이 '제대로 훈련받지 못한 대중의 원리'라고 자의적으로 왜곡해서 전제한 다음에 그것을 공격함으로써 '민주주의는 바람직하지 못하다'는 결론을 이끌어 냈으므로 '허수아비 논증의 오류'를 범한 것이다.

오래전부터 갖고 있다는 사실입니다. 정말이냐고요? 그럼요! 이제 곧 보게 되겠지만, 2,000년이나 축적되어 온 기독교 신학은 진화론을 포용하지 못할 정도로 나약하지도 편협하지도 않습니다.

이에 대해서 우리는 3부 "하나님은 창조주다" 가운데 '창조론은 진화론을 수용할 수 있나?'에서 자세히 살펴볼 것입니다. 그러므로 어느 기독교 종파나 교단이 원하기만 한다면, 진화론을 큰 무리 없이 창조론의 일부로 수용할 수 있습니다. 일례로 가톨릭교회에서는 1997년 교황 요한 바오로 2세가 이미 받아들였지요. 이런 사실은 진화론을 근거로 무신론을 주장하는 과학자들이나, 창조론을 근거로 진화론과 싸우는 기독교 지식인들 모두에게 의미 있는 경고라 할 수 있습니다.

이제 정리할까요? 어쨌든 이 같은 이유로 페일리의 시계 유추 논증, 목적론적 증명, 물리신학적 증명 등으로 다양하게 불리는 토마스 아퀴나스의 '다섯 번째 길'은 19세기에 이미 철학적으로, 논리학적으로, 또한 종교적으로도 거부되었습니다. 그런데도 여전히—의미를 증폭시키고 논증을 왜곡해 자신들의 믿음이나 가설을 선전하는 도구로 사용하는—논쟁들이 계속되고 있으니, 우리는 여기서 그만두자는 것입니다. 그보다는 차라리 도대체 왜 이런 논쟁이 끝없이 계속되고 있는지를 살펴보도록 하지요. 이제 곧 드러나겠지만, 그것이 꼬리에 꼬리를 물고 이어지는 이 논쟁들을 더 자세히 살펴보는 것보다 훨씬 유익하기 때문입니다.

마야의 찢지 못하는 베일

우리가 이제부터 살펴보려는 것은 하나님의 존재증명에 관한 안셀무스와 토마스 아퀴나스의 방법론적 차이점과 그 의미입니다. 왜냐하면 하나님의 존재증명에 대한 양측의 공방이 끝나지 않는 이유에 대한 해명이 바로 그 속에 담겨 있기 때문이지요. 우선, 앞서 전개한 안셀무스의 두 번째 논증과 토마스 아퀴나스의 세 번째 논증을 비교해 볼까요? 중세를 대표하는 위대한 신학자인 두 사람은 모두 '필연적 현존'과 '우연적 현존'이라는 개념을 사용해서 하나님의 현존을 증명했습니다. 하지만 안셀무스는 '개념에서 출발해서 결론을 이끌어 내는' 논증을 전개했고, 토마스 아퀴나스는 '감각적 경험에서 시작해서 결론을 이끌어 내는' 논증을 펼친 것, 기억나지요?

왜 그랬을까요? 이유는 간단합니다. 안셀무스가 플라톤·플로티노스·아우구스티누스로 이어진 존재론의 영향 아래 있었던 반면, 토마스 아퀴나스는 아리스토텔레스의 존재론을 적극 수용했기 때문입니다. 근대로 들어서면 이들 두 사람의 방법론을 대륙의 합리론과 영국의 경험론이 각각 계승하는데요, 이 차이는 본디 플라톤과 아리스토텔레스의 인식론에 들어 있는 차이에서 나온 것입니다. 간략하게 잠시 살펴보면 이렇습니다.

이미 살펴보았듯이 플라톤은 세상의 모든 사물 안에는 이데아가—비록 부분적으로나마—들어 있어서 그것이 그것으로 존재하도록, 또한 그렇게 이름 불리도록 한다고 주장했습니다.[32] 아리스토텔레스도 개별적 사물 안에 그러한 '형상'이 들어 있어서 사물들이 그렇게 존재하는 것이라는 스승의 주장에는 반대하지 않았습니다. 단지 그 형상이 이데아처럼 사물들에서 독립해서 세상이 아닌 다른 어떤 곳에 따로 존재한다는 말에 반대했지요.³³ 그는 형상이 우리가 볼 수도 있고 만져 볼 수도 있는 감각적이고 개별적인 '사물' 안에 들어 있으며,³⁴ 동시에 우리의 정신 안에도 '개념'으로 들어 있다³⁵고 생각했기 때문입니다. 이 차이점을 분명히 하기 위해 그는 플라톤에게 있어 '형상'을 뜻하는 '이데아'idea라는 말 대신 '에이도스'eidos라는 용어를 별도로 사용했지요.•

따라서 플라톤에게 진리는 우리가 정신으로만 파악할 수 있는 '이데아에 대한 지식'이고, 아리스토텔레스에게는 우리의 감각을 통해 파악할 수 있는 '에이도스에 대한 지식'입니다. 그래서 플라톤은 자신이 세운 아카데미아의 정문에 "기하학을 모르는 자, 이곳에 들어오지 말라"라고 써 놓고, 그 자신도 골방에서 천상天上의 이데아에 대해 골똘히 사색을 했지요. 하지만 아리스토텔레스는 한때 자신의 제자였던 알렉산드로스 대왕의 지원을 받아 만든 세계 최초의 동식물원이 있는 리케이온의 정원에서 산책하며, 지상地上의 에이도스들을 부지런히 관찰했습니다. 모든 사물에 대한 예리한 관찰자였던 그는 심지어 병아리의 부화, 상어와 홍어의 생식 방법, 또는 꿀벌의 습성이나 조직 연구에도 깊은 열정을 보였지요.

한마디로 플라톤은 '철학을 하는 신학자'였고, 아리스토텔레스는 '철학을 하는 과학자'였던 겁니다. 위대한 두 거인의 이러한 학문적 취향이 그들 이후의 서양 학문을 크게 두 줄기로 갈라놓았습니다. 예컨대 중세에는 아우구스티누스를 통해 전해진 플라톤의 영향 아래 있던 에리우게나, 안셀무스, 보나벤투라 등을 비롯한 베네딕투스 수도회와 프란체스코 수도회에 속한 학자들과 아리스토텔레스의 이론을 새롭게 받아들인 로스켈리누스, 토마스 아퀴나스, 던스 스코터스 등을 비롯한 도미니쿠스 수

• 이 같은 관점에서 아리스토텔레스는 플라톤의 '이데아'는 개별 사물의 '본질' 또는 '형상원인'이 아니며(『형이상학』, 991a), 따라서 자기 이전에는 그 누구도 사물의 본질, 즉 '그것이 그것이 게끔 하는 것'에 대한 정확한 설명을 하지 못했다(같은 책, 988a)고 주장했다.

도회 출신 학자들이 갈라섰지요. 이어서 근대에는 각각 그 전통을 이어받은 대륙의 합리론자들과 영국의 경험론자들이 첨예하게 대립했습니다.

데카르트, 스피노자, 라이프니츠 같은 합리론자들은—플라톤이 그랬던 것처럼—인간의 정신에는 선천적 인식 능력이 있다고 생각했어요. 그래서 사고만으로도 진리에 도달할 수 있다고 믿었습니다. 예를 들어 삼각형의 내각의 합이 2직각(180도)인 것을 우리는 골방에서 종이와 연필만으로도 증명할 수 있는데, 이것이 각도기를 갖고 온 세상의 모든 삼각형을 재고 다니는 경험적 방법보다 더 확실한 지식을 얻을 수 있다는 것이지요.* 선험적 인식 능력을 인정한다는 점에서 합리론자들은 플라톤의 후예들입니다.

그러나 로크, 버클리, 흄으로 이어지는 경험론자들은 인간의 정신은 아무것도 쓰이지 않은 '빈 서판'tabula rasa** 같아서 그 안에 선천적 인식 능력이란 전혀 없고 오직 경험을 통해서만 지식을 얻을 수 있다고 주장했지요. 우리가 이미 살펴보았듯이, 경험론자들에게는 신에 대한 관념이 우리의 정신 안에 있다고 해서 감각적 경험 없이 그것이 실제로 존재한다고 주장하는 것은 누구도 보지 못한 인어나 페가수스가 실제로 존재한다고 우기는 것만큼이나 어리석은 일입니다. 이같이 경험을 중요시한다는 점에서 경험론자들은 아리스토텔레스의 후손들입니다.

• 유클리드 기하학은 평행선 공리(平行線 公理)에서 '엇각은 같다' 또는 '동위각은 같다'라는 정리들을 연역해 내고, 또 그것들에서 '삼각형의 내각의 합은 180도다'라는 정리를 '필연적으로' 이끌어 낼 수 있다.
•• 라틴어 '타불라 라사'(tabula rasa)는 본래 라이프니츠가 로크의 『인간 오성론』에 반격하려고 쓴 『신(新) 인간 오성론』에서 처음 사용한 용어다. 라이프니츠는 로크가 인간정신에는 아무것도 적혀 있지 않다는 것, 즉 태어날 때부터 갖고 있는 관념이나 원리 따위는 없다고 선언함으로써 합리론에 박아 둔 치명적 쐐기를 뽑아내야 했다. 그래서 '타불라 라사'라는 말을 만들어 그를 공격하는 데 사용했는데, 뜻밖에도 아주 적절한 비유여서 로크를 비롯한 영국 경험론자들이 말하는 인간 정신을 이해하는 데 도움이 되기 때문에 지금까지도 널리 쓰인다.

자, 이제 안셀무스가 왜 우리의 정신 안에 있는 "그 이상 큰 것을 생각할 수 없는 그 무엇"이라는 개념에서 시작하여 오직 사고만으로 하나님의 현존을 이끌어 냈는지 알아차렸지요? 또한 왜 토마스 아퀴나스가 캔터베리 대주교 안셀무스 대신 무명의 수도사 가우닐로를 옹호하고, 감각적으로 확인되는 세계의 일반적 특성들에서 출발하여 그것들의 궁극적 근거로서의 하나님의 현존을 증명했는지도 이해하게 되었을 겁니다. 나아가 중세철학을 공격함으로써 근대철학의 문을 연 프랑스 철학자 데카르트가 왜 안셀무스와 같은 종류의 하나님 증명을 전개했는지도 쉽게 짐작할 수 있었겠지요. 어디 그뿐인가요? 경험론자 흄이 데카르트를 논박한 까닭도 분명하게 파악되었을 겁니다.

그리고 마침내 당신은 이 논쟁이 왜 쉽게 끝나지 않는지도 짐작할 수 있게 되었을 겁니다. 오랜 세월을 두고 아리스토텔레스의 후손들은 플라톤의 후예들을 반박하고, 플라톤의 후예들은 아리스토텔레스의 후손들에게 재반박을 가해 왔습니다. 그런데 이런 식으로 2,000년은 족히 이어지던 해묵은 논쟁에 사실상 마침표를 찍은 이가 18세기 독일에 혜성처럼 나타났지요. 당신도 알다시피 대륙의 합리론과 영국의 경험론을 종합한 이마누엘 칸트가 바로 그 사람입니다.

칸트의 『순수이성비판』에는 다음과 같은 구절이 있습니다.

감성이 없으면 어떠한 대상도 우리에게 주어지지 않을 것이며, 오성이 없으면 어떠한 대상도 사유되지 않을 것이다. 내용 없는 사고는 공허하며, 개념 없는 직관은 맹목이다. 그러므로 개념을 감성화하는 일(즉 개념에 대해 그 대상을 직관에 부여하는 것)은 직관을 오성화하는 일(즉 직관을 개념 아래 넣는 것)과 마찬가지로 필요하다.…이 둘의 종합에 의해서만 인식이 나올 수 있다.[36]

아마 이 책을 통틀어 일반인들 사이에 가장 널리 알려진 구절일 테지만, 우리의 이야기와 연관해서 이 말이 뜻하는 바는 매우 간단하고 무척 허무합니다. 요컨대 신의 현존에 대한 논증은 그것이 어떤 것이든 간에 일종의 오류라는 것이지요! 신은 우리의 감성으로 파악되지 않아서 그에 대한 모든 인식은 단지 공허한, 즉 "내용 없는 사고"에 불과하기 때문입니다. 칸트는 같은 책에서 이 같은 "내용 없는 사고"들이 떠도는 영역을 "폭풍이 이는 광대무변한 바다" 또는 "가상의 본거지"라고 불렀습니다.

가상假象의 사전적 의미는 "주관적으로는 실재하는 것처럼 보이나 객관적으로는 존재하지 않는 거짓 현상"입니다. 그러니까 칸트에게는 사과나 책상처럼 감성을 통해 경험되는 대상만이 현상체phaenomenon이고, 신이나 영혼처럼 감성의 한계를 벗어나기 때문에 경험할 수 없는 모든 대상이 곧 가상체noumenon이지요.[37] 칸트에 의하면, 신이나 영혼과 같은 가상체도 사고될 수는 있고, 또 사고되어야 하지만 인식될 수는 없습니다.

얼핏 평범한 이야기 같지만, 칸트가 이 말을 통해 신학뿐 아니라 모든 종류의 형이상학에 준 타격은 치명적이었습니다. 이에 대해 윌 듀런트Will Durant는 자신의 친근하고 재치 넘치는 책 『철학이야기』에서 다음과 같이 말했습니다.

> 형이상학은 사상사를 통해 실재의 궁극적 본성을 찾아내려는 시도였으나, 이제 사람들은 가장 존경할 만한 권위에 입각해서 실재는 결코 경험할 수 없다는 것, 실재는 생각할 수는 있으나 인식할 수 없는 가상체noumenon라는 것, 아무리 정밀한 인간 지성이라도 결코 현상을 넘어서지 못하며, 마야의 베일을 찢지 못한다는 것을 알았기 때문이다.[38]

마야의 찢지 못하는 베일, 바로 그 뒤에서 우리의 이성이 저지르는 온갖 오류가 생겨나는 겁니다. 칸트에 의하면, 인간의 이성은 무한히 뻗어 나갈 수 있지만 감성이라는 섬島 안에 있어야만 안전합니다. 한마디로 감성의 한계가 곧 지식의 한계지요! 감성의 한계를 벗어난 모든 사고는 가상이고 오류의 원천입니다. 따라서 그러한 사고들은 '진리의 땅'에서 발붙이지 못하고 내쫓겨, 폭풍이 이는 험한 바다를 떠돌게 됩니다. 그런데 그 바다는 또한 광대무변해서 그 항해 역시 끝이 없답니다.

아름다운 고향 섬 이타카를 떠난 오디세우스의 방랑처럼 공허하고 끝없는 이 항해를 칸트는 마치 호메로스가 『오디세이아』에서 그런 것처럼 풍부한 시적 표현을 써서 다음과 같이 묘사했습니다.

> 그것은 (매력적인 이름인) 진리의 땅인데, 폭풍우 치는 망망대해로 둘러싸여 있다. 가상의 본거지인 이 바다는 짙은 안개와 이내 녹아 없어지는 무수한 빙산들이 마치 새로운 육지인 양 항해자들의 눈을 속인다. 그럼으로써 탐험에 나선 항해자들은 부단히 속으면서도 헛된 희망에 부풀어 무모한 모험을 계속하게 된다. 이 모험은 결코 끝나지도 않고 끝낼 수도 없다.[39]

칸트는 이렇듯 결코 끝나지도 않고 끝낼 수도 없는 모험의 전형적 예가 형이상학이나 신학이 다루는 명제들이라고 했습니다. 예컨대 순수이성의 이율배반Antinomie이 그중 대표적인 하나입니다.*

이율배반이란 서로 모순이 되는 두 명제가 진위眞僞를 가릴 수 없을 정도로 동등한 지위를 갖는 것을 말합니다. 다시 말해 둘 중 어느 것도 경험적 확증 또는 반증이 불가능하다는 거지요. 칸트는 인간의 이성이 자

---

* 칸트는 이성이 사용하는 추론의 세 가지 형식인 정언추론, 가언추론, 선언추론을 각각 자아, 세계, 신과 짝지어 1) 순수이성의 오류추론(Paralogismus), 2) 순수이성의 이율배반(Antinomie), 3) 순수이성의 선험적 이상(Transzendentales Ideal)을 순수이성의 오류로 규정했다.

신의 한계를 뛰어넘어 어떤 무한한(또는 무규정적인) 대상을 사고할 때 필연코 도달하는 네 가지 이율배반을 예로 들었습니다.* 이 가운데 마지막이 바로 우리의 이야기와 연관되는 '세계의 원인인 하나의 필연적 존재가 있다'입니다.

자, 보세요. 이 명제도 그렇지만, 그것의 모순명제인 '세계의 원인인 하나의 필연적 존재가 없다' 역시 경험적 확증과 경험적 반증이 모두 불가능하지요. 따라서 이런 명제들은 둘 모두 '내용 없는 사고', 곧 '가상'이라는 겁니다. 칸트의 이러한 비판은 어떤 논증에 무슨 논리적 결함이 있느냐 없느냐 하는 차원의 문제가 아닙니다. 그것은 보다 근원적인 문제로서, 논증만으로 신의 현존을 증명하려는 일체의 행위 자체가 무의미하다고 주장한 것입니다. 이 말을 칸트는 다음과 같이 표현했습니다.

여기서 내가 주장하려고 하는 것은, 이성을 신학에 단지 사변적으로만 사용하려는 모든 시도는 전혀 무익하며 내적 성질에 비추어 보아도 아주 무의미하다는 것이다. 그 반면에 이성의 자연적 사용의 원칙들은 신학에는 전혀 이르지 못한다. 따라서 만약 사람들이 도덕법칙을 기초에 두지 않거나 또는 실마리로 잡지 않는다면, 이성의 신학은 도무지 불가능하다는 것이다.[40]

한마디로 요약해, 하나님의 존재증명을 위한 모든 종류의 논증이 부질없다는 이야기지요.

---

* 칸트가 든 네 가지 이율배반을 요약하면 이렇다. 1) 시간에는 시작이 있고 공간에는 끝이 있다. 2) 세계의 물질은 그 이상 쪼갤 수 없는 단순한 부분으로 이루어진다. 3) 자연의 인과성을 벗어난 자유에 의한 인과성이 있다. 4) 세계에는 그것의 부분이나 원인인 하나의 필연적 존재가 있다. 이들 명제는 진위를 가릴 수 없기 때문에 각각 그들의 부정명제와 동등한 지위를 갖는다(참고, 『순수이성비판』, B 454이하).

무릇 이성만의 신학은 존재할 수 없다

칸트가 『순수이성비판』을 통해 이룬 이 일에 관한 당시의 평가는 엇갈렸습니다. 낭만주의자들과 계몽주의자들은 찬사를 보냈지만 신학자들은 일단 경계했지요. 예컨대 독일의 시인 하인리히 하이네 Heinrich Heine, 1797-1856는 "칸트에게서 우리는 신에 대항하는 몸짓을 볼 수 있으며 그는 프랑스의 (대혁명을 주도한) 로베스피에르와 비교할 수 있다"고 높이 평가했지만, 프로테스탄트 신학자 굴리아 Gulia는 칸트를 "루터 신학의 거대한 파괴자"라고 불렀습니다.

그런데 19세기 중반에 들어서면서 갑자기 거의 모든 프로테스탄트 신학자들이 칸트가 인간 이성의 유한성에 대한 통찰을 확립했다며 칭송하기 시작했습니다. 왜 그랬을까요? 사실 거기에는 울며 겨자 먹기 식의 불가피한 이유가 있었습니다.

당시 기독교는 프랑스대혁명과 산업혁명을 성공적으로 이끈 인간의 이성을 숭배하여 기독교를 이성화하려 한 이신론자들과 인류교도들, 그리고 자연신학자들의 거센 도전에 맞서 있었지요. 이들에 몰려 종종 난처한 처지에 놓인 19세기 신학자들은 칸트가 이성의 한계를 분명히 밝히고, 인간은 그 유한성을 받아들여야 한다고 강조한 것이 무엇보다도 큰 방어 무기가 된다는 것을 알아차린 것입니다. 파울 틸리히가 언급한 대로, 인간이 "무한성에 이를 수 없음을 가장 명확하고 예리하게 보았던 철학자"[41]가 바로 칸트였기 때문이지요. 그래서 그들은 이신론자들을 향해 "무릇 이성만의 신학은 존재할 수 없다"[42]는 칸트의 말을 거세게 외쳤던 겁니다.

이 같은 분위기에서 19세기 독일의 저명한 신학자 율리우스 카프탄 Julius Kaftan, 1848-1926은 기독교에는 세 가지 위대한 집단이 있고, 그 각각에 영향을 끼친 세 사람의 위대한 철학자가 있다고 주장했지요. 동방정교에는 플라톤이, 가톨릭에는 아리스토텔레스가, 프로테스탄트에는 칸트가 있다는 이야기였습니다.[43] 물론 다소 과장된 점은 있습니다. 플라톤 철학이 동방정교만이 아니라 고대기독교 전체에, 그리고 아리스토텔레스 철학이 중세 가톨릭에 끼친 막대한 영향에 비하면 칸트 철학이 근대 프로테스탄트에 준 영향은 상대적으로 작기 때문입니다.

그렇지만 칸트가―플라톤과 아리스토텔레스 그리고 그들의 영향을 각각 받은 안셀무스와 토마스 아퀴나스 등이 행한―하나님의 존재증명이라는 유구하고 무익한 오류들로부터 신학을 지켜 준 것은 엄연한 사실이고 또한 높이 평가할 만한 일이지요. 그것을 통해 신학은 20세기에 칼 바르트가 갔던 길, 다시 말해 하나님의 현존에 대한 합리적 증명이나 이해보다는 '살아 계신 하나님'에 대한 체험과 신앙을 우선시하는 길로 나아가는 이론적 발판을 얻었기 때문입니다.

결코 칸트 자신이 의도한 것은 아니지만, 그가 이른바 '진리의 땅'에서 하나님에 관한 명제와 논증을 '폭풍이 이는 험한 바다로' 내쫓아 버림으로써 근대신학이 적어도 이 부분에서만은 "무수한 빙산들이 마치 새로운 육지인 양 항해자들의 눈을 속이는" 형이상학의 망령에서 벗어나 종교적 성격을 회복하기 시작한 겁니다. 어쨌든 논증이란 아리스토텔레스의 『오르가논』을 통해 최초로 체계화된 만큼 본디부터 그리스 철학의 산물이자 특성이었으니까요.

정리할까요? "내용 없는 사고는 공허하며 개념 없는 직관은 맹목이다"라는 말을 통해 칸트는 무한히 뻗어 나가려는 인간의 이성을 감성이라는 테두리 안에 가두었습니다. 그 이후 근대 학문에서는 중세에 비해 경험의 중요성이 현저하게 강조되었고, 그때까지 통용되던 진리라는 개념이 새롭게 정립되었지요. 그 내용을 현대논리학의 용어를 사용해서 표현하자면, 진리는 타당할valid 뿐 아니라 건전해야sound 한다는 것입니다. 요컨대 경험적으로 검증되지 않은 사실은 진리로 받아들일 수 없다는 뜻이지요. 이런 이유에서 하나님의 존재를 논증을 통해 증명하려는 모든 시도는 물거품이 되어 버린 겁니다.

물론 진리에 대한 이러한 새로운 규범이 하나님의 존재증명에만 적용된 것은 아닙니다. 19세기 후반부터는 실증주의positivism라는 이름으로 자연과학을 비롯한 학문 전반에서 강하게 요구되었습니다. 흥미로운 사실은 과거의 자연과학과는 달리 현대과학이 찾는 대상의 존재와 법칙은 신의 그것에 못지않게 형이상학적인 경향이 있다는 것입니다. 그 때문에 경험 또는 실험적 검증의 중요성이 더욱 커졌는데, 우리는 현대의 천체물리학과 양자물리학에서 다음과 같이 널리 알려진 사례를 찾을 수 있습니다.

1916년에 발표된 알베르트 아인슈타인Albert Einstein, 1879-1955의 '일반상대성이론'은 그 자체로 완벽하고 아름다운 이론이었습니다. 그렇지만 그것이 참된 과학 지식으로 받아들여진 것은 3년 후인 1919년에 아서 에딩턴Arthur Eddington, 1882-1944이 서아프리카 해안의 프린시피Principe라는 섬에서 개기일식 관측 실험을 향하여 '빛이 태양과 같은 중력이 큰 행성 가까이를 지날 때는 휜다'는 것을 증명한 뒤부터였지요. 또한 1930년에 발표된 폴 디랙Paul Dirac, 1902-1984의 반입자론反粒子論 역시 이론상으로는 모순이 없고 그 당시 양자역학이 당면한 난해한 문제들을 설명하는 데 꼭 필요했습니다. 하지만 1955년 미국 캘리포니아 대학의 에밀리오 세그레Emilio Segrè, 1905-1989 교수와 동료들이 베버트론이라는 입자가속기에서 음전기를 가진 양성자를 발견하기 전까지는 단지 흥미로운 아이디어로만 여겨졌습니다.

내 생각에는 1076년 『프로슬로기온』을 발표할 당시 안셀무스가 놓인 상황이 바로 1916년의 아인슈타인, 1930년의 디랙과 같았습니다. 세 사람 모두 이론적으로 증명되고 심리적으로 확신하지만 경험적으로 검증할 길이 없는 아름다운 생각들을 각자의 가슴에 품고 있었다는 점에서 그렇지요. 그래서 안셀무스는 다음과 같이 외쳤습니다.

내 영혼아, 네가 찾고 있는 것을 찾았느냐?
너는 하나님을 찾았고 그분이 모든 것 중에 최고의 어떤 것이며
그보다 더 나은 것을 생각할 수 없는 것임을 발견했다.
…그러나 네가 발견했다면, 네가 발견한 것을 감각적으로 지각하지 못하는 것은 어째서인가?

주 하나님, 내 영혼이 당신을 발견했다면, 왜 당신을 느끼지 못합니까?
…왜 이렇습니까, 주님.
왜 이렇습니까?[44]

그렇습니다! 현존은 일차적으로 사고의 대상이 아니라 경험의 대상이지요. 그래서 이야기는 이제, 우리가 경험을 통해 하나님의 현존을 증명할 수 있는가 하는 문제로 넘어갑니다.

하나님의 존재를 경험적으로 검증할 수 있나

'신에 대한 경험' 또는 '종교적 경험'religious experience이 가능한가에 대한 종교학자들의 대답은 단연코 '그렇다!'입니다. 종교적 경험이란 본디 모든

종교의 근원이지요. 왜냐하면 직접적이거나 간접적이거나, 신비적이거나 일상적이거나, 감정적이거나 관념적이거나, 그 어떤 형태로든지 신적인 것에 대한 어떤 경험이 없다면 종교란 아예 시작하지도 않았을 것이기 때문입니다.

특히 고대 히브리인들의 신앙은 언제나 경험으로부터 시작했지요. 그들은 묵시자들의 신비한 체험은 물론이고 아브라함과 모세의 부르심과 같은 소명을 통해서, 선지자들의 영감을 통해서, 시편 기자들의 문학적 표현을 통해서 끊임없이 하나님을 경험했습니다. 신에 대한 그리스인들의 주된 태도가 사유였다면, 하나님에 대한 히브리인들의 태도는 경험이었습니다! 신에 대한 지식도 마찬가지였지요. 히브리인들에게 하나님의 현존에 대한 지식을 갖는다는 것은 논증을 통해 증명하는 것이 아니라 하나님의 행위를 경험하는 것이며 동시에 그와 인격적 관계를 맺는 것이었습니다(사무엘상 3:7; 시편 9:10; 이사야 43:10; 미가 6:5 등).

이러한 전통이 당연히 기독교에 계승되었습니다. 기독교에서도 하나님에 대한 모든 지식은 인간이 단지 사변을 통해 이뤄지는 철학과 같은 "초등학문"을 통해서는 얻을 수 없고, 오직 하나님과 인간 사이에 쌍방적으로 이뤄지는 인격관계를 통해 파악되는 것이라는 생각이 처음부터 강력했지요. 예컨대 사도 바울은 이렇게 교훈했습니다. "이제는 너희가 하나님을 알 뿐 아니라 더욱이 하나님이 아신 바 되었거늘 어찌하여 다시 약하고 천박한 초등학문으로 돌아가서 다시 그들에게 종노릇하려 하느냐"(갈라디아서 4:9). 같은 맥락에서 성 베르나르 드 클레르보 Bernard de Clairvaux 도 신앙을 설명하는 자리에서 "타오르는 것은 아는 것 이상의 그 무엇이다"라고 외쳤지요.

현대종교학자들의 생각도 이들의 주장에서 그리 멀지 않습니다. 예컨대 미국의 심리학자이자 철학자인 윌리엄 제임스 William James, 1842-1910 는

"느낌이 종교의 심층적 요소다.…철학적·신학적 공식은 하나의 교재를 다른 언어로 번역하는 것처럼 이차적 산물이다"[45]라고 주장했습니다. 종교적 경험이 종교의 가장 중요한 요소이고, 진술이나 추론, 비판, 반성 같은 지적 활동의 산물인 철학적·신학적 이론은 부수적 요소라는 말이지요. 요컨대 종교적 경험은 다양하고 복잡한 종교 현상이 생겨나게 하고 종교의 생명력을 유지시키는 '살아 있는 샘물'인 것입니다.

따져 보면 이러한 생각들은 전혀 사변적인 이야기가 아닙니다. 그것은 오히려 우리가 항상 체험하는 사실에 관한 생생한 증언이지요. 실제로 우리가 종교를 갖는 궁극적 이유는 종교적 경험을 갖기 위해서지 종교적 이론을 알기 위해서가 아니지 않나요? 내 생각에 다음의 우화는 우리의 이러한 입장을 잘 표현해 줍니다.

어떤 사람이 늪에 빠져 허우적거리고 있었습니다. 마침 그곳을 지나던 한 성직자가 그를 발견했지요. 그리고 그에게 설교를 늘어놓기 시작했습니다. 하나님이 그 사람을 태초부터 예정했으며 그를 위해 독생자를 보내 십자가에서 피 흘리게 했고 지금도 사랑하여 늪에서 건져 주려고 시간을 정확히 맞추어 자기를 보냈다는 내용이었지요. 그러자 늪에 빠진 사람이 다급히 외쳤습니다. "이 사람아, 그건 상관없으니 어서 밧줄이나 던져라!"

그렇습니다! 우리가 원하는 것은 밧줄입니다. 구원의 밧줄, 생명의 밧줄이지요. 바로 이것이 삶이라는 늪에 빠져 매 순간 운명과 죽음, 허무성과 무의미성, 죄책과 정죄에 대한 불안을 경험하며 하루하루를 살아가는 우리가 종교에 대해 진정 바라는 것입니다. 한마디로 우리는 딱딱한 신학 이론이나 따분한 설교보다는 생생한 종교적 경험을 원합니다. 그러니 "어서 밧줄이나 던져라!"라고 외칠 수밖에 없지요. 나는 그런데, 당신은 어떠세요? 아마 같은 심정일 것입니다.

물론 그렇다고 해서 모든 사람이 종교적 경험을 긍정적으로만 바라보는 건 아닙니다. 그 이유는 크게 두 가지입니다. 하나는 종교적 경험 자체를 일종의 심리적 환상으로 보고 그 실재성을 부인하는 것이고, 다른 하나는 설사 그것이 실재한다 하더라도 종교생활에 바람직하지 않다는 식으로 그것의 가치를 부인하는 것입니다. 따라서 신비롭거나 기적과도 같은 종교적 경험들이 하나님의 존재에 대한 증명이 된다는 데는 많은 학자가 의심의 눈초리를 보내 왔습니다.

예를 들어 토머스 홉스Thomas Hobbes, 1588-1679는 어떤 이가 하나님이 그에게 말했다고 주장한다면, 그것은 단순히 "하나님이 그에게 말했다는 꿈을 꾸었다"는 말에 지나지 않는다고 했지요.[46] 데이비드 흄은 사람들에게 인정되어야 하는 모든 것에는 통일된 경험a uniform experience이 있어야 하는데, 기적이 존재한다는 데는 통일된 경험이 없고, 기적이 존재하지 않는다는 데는 오히려 직접적이고 충분한 증거가 있다고 말함으로써 기적 자체를 인정하지 않았습니다. 흄은 기적을 "불가사의한 것을 바라는 인간의 일상적 성향에서 나온 것"으로 간주하고 "점차 의식이 계몽되면서 우리는 신비로운 것 또는 초자연적인 것이란 있을 수 없다는 사실을 깨닫게 된다"고 단정하기도 했지요.[47]

근대와 함께 대두한 이 같은 합리적 주장들의 영향으로 기독교 내에서조차 종교적 경험을 적극적으로 배척하는 세력들이 일어났습니다. 그 대표적 예가―앞에서 잠시 소개한―18세기 영미 자연신학자들과 프랑스와 독일의 계몽주의자들이 주장한 이신론인 겁니다.

초기 이신론자들은 원래 기독교를 근대 과학의 합리성과 조화시켜 반기독교적 신비주의와 세속주의에 저항하려는 호교적護教的 목적에서 이신론을 제창했습니다. 그러나 아무리 좋은 것이라도 지나치면 해가 되는 법이지요! 후기 이신론자들은 본래 목적에서 한발 더 나아가 진실한 종교는 초이성적인 것들을 포함해서는 안 된다고 주장하며, 기독교 내의 기적과 예언 등 모든 비이성적 요소를 제거하기 시작했습니다. 아일랜드의 이신론자 존 톨런드John Toland, 1669-1722가 쓴 책의 제목이 '신비적이지 않은 정신'이었다는 것이 이들의 입장을 잘 대변해 주지요.• 따라서 이들에게는 기적과 같은 종교적 경험을 근거로 하나님의 현존을 증명하려는 모든 시도는 불가능할 뿐 아니라 백해무익합니다.

그런데도 자신들의 신앙생활 안에서 부단히 크고 작은 종교적 경험을 하는 그리스도인들은 물론, 충분히 이성적인 신학자들마저도 이 같은 반론이 '종교적 경험에 의한 하나님의 존재증명'에 별다른 영향을 미치지 않는다고 봅니다. 신실한 그리스도인들이 하는 종교적 경험이 홉스나 흄 또는 이신론자들이 주장하는 것과는 전혀 다른 차원에서 전혀 다른 방식으로 이루어지기 때문이지요. 정말이냐고요? 얼핏 들으면 억지 같지만, 사실이 그렇습니다! 과연 그런지 살펴볼까요?

종교적 경험의 신비적 형태

종교적 경험은 크게 '종교적 경험의 신비적 형태'mystical forms of religious experience와 '종교적 경험의 일상적 형태'ordinary forms of religious experience 두 종류로 구분할 수 있습니다.

신비적 형태의 종교적 경험은 보통 어떤 종교적 내용이나 대상이 물

• 초기 이신론자로는 허버트(Herbert of Cherbury), 블라운트(Blaunt) 등이 대표적 인물이고, 후기 이신론자로는 톨런드(J. Toland), 틴들(M. Tindal), 볼링브로크(V. Bolingbroke), 올러스톤(W. Wollaston), 모건(T. Morgan), 콜린스(J. A. Collins) 등이 있다.

질적 세상을 잠시 잊게 함으로써 인식 전체를 채워 주는 의식 상태state of consciousness를 체험하게 하는 것을 말하지요. 개인적으로는 환상, 마음의 소리, 괴이한 감정, 신비한 황홀경 속에서 초월적 대상과의 만남을 경험하게 되는 것이고, 공적으로는 기적과 같은 매우 특별한 사건이 일어나는 것입니다.

독일의 현대신학자 루돌프 오토Rudolf Otto는 『성스러운 것』에서 이러한 종교적 경험의 신비적 형태에, '형용할 수 없는 초자연적 존재'를 뜻하는 라틴어 '누멘'numen을 변용해 "누미뇌제"Numinöse라는 특별한 이름을 붙였습니다. 그것은 '굉장한 신비'로서, '전율과 외경을 불러일으키는 굉장함', '압도적 권위와 위엄', '절대타자로서의 신비' 등을 의미하지요. 어때요? 혹시 당신도 어떤 방식으로든지 이런 종류의 경험을 해 본 적이 있는지요? 상당수의 독자들이 그렇다고 답할 것으로 생각됩니다.

신비적 형태의 경험들은 대부분 매우 주관적이고 다양하지만 공통점이 전혀 없지는 않습니다. 오토에 의하면, 인간의 영혼은 "섬뜩하고 무시무시한" 어떤 초월적 존재를 만났을 때 "무서워 떨며" "말을 잃고, 신경 조직의 가장 말초에 이르기까지 내적으로 전율하게" 되지요. 영혼은 이 신비로운 경험에 대해 "맹목적 경탄, 멍하게 만드는 놀라움, 절대적 경이"로 반응합니다. 어디 그뿐인가요? 우리는 그것에 완전히 압도당해 자신의 모든 능력은 "압도하는 힘과 비교할 때 무능함이고, 총체적 무이며, 장엄한 위엄 앞에서는 한갓 먼지와 재"일 뿐이라고 느끼게 되지요. 그런데도 이 신비로운 경험은 강력한 매력을 갖고 우리를 유혹합니다. 그것이 우리에게 "어느 것과도 비교되지 않는 지복至福을 주는 무엇으로 경험"되기도 하기 때문이지요.[48] 이와 연관해서는 흥미로운 이야기가 있습니다.

당신도 알다시피 신구약성서는 온통 '종교적 경험의 신비적 형태'로 넘칩니다. 또한 고대와 중세의 숱한 성인들에 관한 전승에서도 최소한 하나씩은 이런 이야기가 들어 있지요. 그런데 아무리 보아도 전혀 그럴 것 같지 않은 인물이 하나 있는데, 혹시 그가 누군지 알겠어요? 바로 토마스 아퀴나스입니다. 그는 기독교 사상사를 통틀어 누구보다 이성적이고 합리적인 정신의 소유자였기 때문입니다. 아퀴나스의 『신학대전』은 중세에 쓰인 그 어떤 저술보다도 선명하고 정교한 논리적 구조물로서 마치 해맑은 수정水晶덩어리들을 벽돌 삼아 지상에서 하늘까지 쌓아 올린 거대한 성전과 같은 느낌이지요. 그랬기에 그가 신비적 형태의 종교적 경험을 했으리라고 생각하기가 결코 쉽지 않습니다.

그런데 토마스 아퀴나스가 죽기 얼마 전 그에게도 뜻밖의 신비로운 일이 일어났습니다. 그의 오랜 친구이자 비서인 피페르노의 레기날드Reginald of Piperno, 1230-1290가 전하는 바에 의하면, 그날은 정확히 1273년 12월 6일 수요일, 성 니콜라우스 축제일 아침이었습니다.

평소처럼 토마스 아퀴나스는 성 니콜라우스 성당에서 축하 미사를 집전하고 있었습니다. 그런데 미사 중간 갑자기 어떤 것에 의해 이루 말할 수 없이 큰 충격을 받았지요commotus. 그는 무엇인가를 보고 들었는데 그것이 그에게 심히 영향을 미쳤고 그를 크게 변화시켰습니다mira mutatione.

그 이후 그는 지난 15년 동안 계속해 오던 저술을 멈추고 더는 아무것도 쓰지 않았습니다. 당시 토마스 아퀴나스는 『신학대전』 3부의 고해성사에 관한 부분을 쓰는 중이었는데, 결국 이 대작은 여기서 멈췄지요. 당시 사용되던 라틴어식 표현대로 그가 "필기도구를 매달아 놓았을 때"suspendit organa scriptionis 이를 안타깝게 여긴 레기날드가 어느 날 신중히 물었습니다.

"신부님, 당신이 하나님을 찬양하고 세상을 깨우치려고 시작한 그 같은 대작을 왜 치워 두고 계십니까?"

아퀴나스의 대답은 이랬습니다.

"레기날드, 난 할 수가 없네. 내가 본 것과 내게 계시된 것에 비교해 볼 때 내가 쓴 모든 것은 지푸라기처럼 여겨지네."

이것이 우리가 알고 있는 한 그의 마지막 말입니다. 전해 오는 바에 의하면, 그 후 토마스 아퀴나스는 세상을 뜨는 날까지 아무 말도 하지 않았다고 합니다.[49]

이것이 무엇을 의미할까요? 토마스 아퀴나스가 그의 주님, 곧 존재 자체 ipsum esse에 관한 어떤 것을 직접 경험하고 나서는, 자기가 평생 열정을 쏟았고, 당대 사람들이 기적으로 여겼으며 오늘날에 이르기까지 수많은 사람을 경탄케 하는 『신학대전』이 한갓 "지푸라기"처럼―또는 오토가 말하는 "먼지와 재"처럼―값어치 없게 느껴졌다는 것이지요. 바로 이런 현상, 다시 말해 한 인간의 판단 기준을 송두리째 뒤집어엎는 것이 '종교적 경험의 신비적 형태'입니다.

종교적 경험의 일상적 형태

'종교적 경험의 일상적 형태'란 어떤 신비적 체험이 아니라 예배와 기도 같은 일상적 종교생활에서 종교적 깊이와 생명을 불어넣어 주는 성스러운 경험을 말합니다. 영국의 종교철학자 윌리엄 템플 William Temple, 1881-1944은 이것을 "종교적 인간의 총체적 경험"the whole experience of religious persons, 또는 "종교적으로 삶을 경험하는 형태"a religious mode of experiencing life라고 표현했습니다. 설명하자면, 종교적 경험의 일상적 형태란 인간이 삶의 모든 것을 '신과 연관해서' 살펴보고, 삶의 모든 관계와 책임의 영역에서 '신에게 대응하는' 태도를 말하는 겁니다. 이것은 일종의 경험이 아니라, 경험의 바탕인 '사고의 틀'이자 '삶의 태도'지요. 미국의 과학사학자 토머스 쿤Thomas Kuhn, 1922-1996이 정의한 '패러다임'paradigm이라고도 말할 수 있습니다.

오리-토끼 그림.

　쿤에 의하면, 패러다임이란 본디 그 자체가 '신념'과 '가치 체계'이자 동시에 '문제 해결 방법'입니다. 여기서 우리가 주목해야 할 것은 패러다임과 그것을 통해 얻은 경험이 구분되지 않는다는 점입니다. 그 둘은 사실상 서로 뒤엉켜 있는 하나의 혼합물이지요. 무슨 말인지 잘 모르겠다고요? 하지만 어려운 이야기가 아닙니다. 시쳇말로 표현하자면, '그렇게 생각하니 그렇게 보이고, 그렇게 보이니 그렇게 생각한다'는 겁니다. 예를 들어 볼까요?

　천동설을 주장한 프톨레마이오스와 지동설을 주장한 코페르니쿠스가 어느 날 바닷가에 나란히 서서 일출日出을 보고 있다고 합시다. 이때에도 하늘이 움직인다고 믿는 프톨레마이오스는 '움직이는 해'를 보고 있고, 땅이 움직인다고 생각하는 코페르니쿠스는 '움직이는 지구'를 보고 있을 거라는 이야기입니다. 프톨레마이오스는 지구를 중심으로 태양이 돈다는 패러다임으로 떠오르는 태양을 보고 있고, 코페르니쿠스는 태양을 중심으로 지구가 돈다는 패러다임으로 그것을 보고 있기 때문이지요.

　이처럼 하나의 패러다임과 그것이 만들어 내는 경험은 서로 뗄 수 없게 엉켜 있어서 패러다임이 다르면 경험도 달라질 수밖에 없습니다. 쿤은 흔히 '오리-토끼 그림'이라고 불리는 '자스트로우Jastrow 도형'을 예로 들어 패러다임과 과학 지식의 관계를 설명했습니다.[50] 보기에 따라서는 오리로도, 토끼로도 보이는 이 그림은 우리가 '무엇을 보는(또는 경험하는) 것'이 아니라 '무엇을 무엇으로 본다(또는 경험한다)는 것'을 말해 주지요. 한마디로 우리의 인식은 일종의 해석^{interpretation}이라는 뜻입니다.

쿤은 우리의 경험적 지식이 필연적으로 내포하는 이런 정황에 대해 『과학 혁명의 구조』라는 혁명적 저서에서 다음과 같이 썼습니다.

> 등고선^{等高線} 지도를 보면서 학생은 종이 위에 그어진 선들을 보지만, 지도 제작자는 지형에 관한 그림을 본다. 거품상자$^{bubble-chamber}$(아원자들의 움직임을 파악할 수 있게 설계한 기구)의 사진을 놓고 학생은 혼란스럽게 끊어진 선을 보지만, 물리학자는 낯익은 원자핵 내부의 사건 기록을 읽어 낸다. 그러한 시각적 변형을 숱하게 거친 다음에야 학생은 과학자 세계의 일원이 되어 과학자가 보는 것을 보고 과학자가 반응하듯이 반응하게 된다.[51]

마찬가지입니다! '종교적 경험의 일상적 형태'도 바로 이렇게 일어나지요. 구약시대의 히브리인들이 겪은 숱한 전쟁과 고난이 역사가들에게는 이스라엘과 인접 국가 간의 정치적·경제적·군사적 사건일 뿐이지만, 예언자들에게는 하나님이 그의 택한 백성을 인도하고 훈련시키고 벌을 줌으로써 그의 목표를 이해시키는 과정이자 도구였던 겁니다.[52] 예컨대 예레미야는 하나님이 갈대아의 군사 뒤에서 갈대아 군사들을 위해 싸우고 있으며 그들을 통해 그가 택한 이스라엘을 징벌하고 있다고 보았지요(예레미야 38:17-18).

이처럼 신실한 그리스도인들에게는 우주만물과 일상에서 일어나는 개개의 사건들 모두가 역사를 움직이는 하나님의 참여와 인도를 표상하는 증거들인 동시에 하나님의 존재를 증명하는 의심할 수 없는 논거들인 것입니다. 이 말을 사도 바울은 로마서에서 이렇게 표현했지요. "하나님의 진노가 불의로 진리를 막는 사람들의 모든 경건하지 않음과 불의에 대하여 하늘로부터 나타나나니, 이는 하나님을 알 만한 것이 그들 속에 보임이라. 하나님께서 이를 그들에게 보이셨느니라. 창세로부터 그의 보이지 않는 것들 곧 그의 영원하신 능력과 신성이 그가 만드신 만물에 분명히 보여 알려졌나니, 그러므로 그들이 핑계하지 못할지니라"(로마서 1:18-20).

바울의 입장에서 보면 하나님의 존재를 증명하는 일에는 "구름같이 둘러싼 허다한 증인들"(히브리서 12:1)이 있는 것입니다. 물론 이러한 인식은 그리스도인이 아닌 사람에게는 불가능하며, 숱한 변형을 거친 다음에 그가 기독교 세계의 일원이 되어 그리스도인이 보는 것을 보고 그리스도인이 반응하듯 반응하게 된 다음에야—한마디로 그리스도인으로서 패러다임의 전환을 한 다음에야—가능해지지요.

이제 정리할까요? 그렇다면 '하나님의 현존을 경험적으로 증명할 수 있는가' 하는 문제는 결국 당신이 어떤 패러다임을 가졌느냐에 달렸다고 할 수 있습니다. 또한 당신이 어떤 패러다임을 갖느냐는 당신이 어떤 사람이냐에 달렸지요. 만일 당신이 기독교적 패러다임을 가진 사람이라면—안셀무스와 토마스 아퀴나스가 그랬듯이—세상에 존재하는 모든 사물과 날마다 일어나는 크고 작은 모든 일이 하나님의 존재를 증명하는 확실한 증거들이 될 겁니다. "그리스도가 나를 구원했다는 것을 내가 명확히 아는데 그가 존재하지 않을 수 있는가!"라는, 철학자 키르케고르의 고백에서 알 수 있듯이 기독교적 패러다임을 가진 사람에게 하나님의 존재는 이미 '증명의 문제'가 아닌 것이지요.

따라서 그리스도인들에게는 논리적 추론을 통해 하나님은 필연적으로 존재한다고 외치는 신학자들의 주장이나, 그 반대로 과학적 관찰을 근거로 우주에는 신이 없다고 외치는 과학자들의 선언이 모두 부질없고 공허한 메아리에 불과합니다. 왜냐하면 인간에게 '하나님의 현존'은 오직 실존의 문제일 뿐 이성적 논증이나 경험적 관찰의 문제가 아니기 때문이지요. 그렇다면 안셀무스와 토마스 아퀴나스가 애써 실행한 그 많은 논증은 대체 뭘까요? 그들은 왜 그런 수고를 한 것일까요? 믿음이 약해서 그랬을까요?

아니지요! 그들이 그런 논증을 펼친 것은 그걸 통해서 하나님의 현존을 '확인'하려는 목적보다는 하나님의 현존을 신앙으로 받아들이기 어려워하는 신도들의 이성을 '설득'하려는 의도로 행한 것으로 보아야 합니다. 앞에서 소개한 이야기, "이 사람아, 그건 상관없으니 어서 줄이나 던져라!"라고 외치던 늪에 빠진 사람을 떠올려 보세요. 그 사람도 일단 늪에서 나오면 자기를 구해 준 성직자를 정말로 하나님이 보낸 것인지 알고 싶을 테니까요. 바로 여기에 우리가 놓치지 말아야 할 매우 중요한 교훈이 있습니다. 어쩌면 우리는 이 이야기를 하려고 '하나님의 존재증명'이라는 먼 길을 돌아왔는지도 모릅니다. 그것이 무엇이냐고요?

메타노이아—신비적 형태에서 일상적 형태로

종교적 경험에 관해 우리가 간직해야 할 '중요한 교훈'은 그것의 '신비적 형태'가 '일상적 형태'로 이어질 수 있으며, 또 이어져야 한다는 것입니다! 즉 우리는 '아주 인상적이고 기억되는 사건'들을 통해 신비적 형태의 종교 경험을 하는데, 이러한 경험이 삶 전체에 대한 새로운 의미를 던져 주는 '의미의 중심점'center of meaning이자 '삶의 전환점'turning point of life이 되어 '종교적 경험의 일상적 형태'로 나타나야 한다는 뜻이지요. 쿤의 용어로 말하자면 '패러다임의 전환'이 있어야 한다는 것입니다.

이에 대응하는 신약성서의 용어가 '메타노이아'metanoia입니다. 어의적으로는 '나중에 생각을 바꿈', '달리 생각함', '정신적 가치 지향을 변화시킴'이라는 뜻을 가진 명사지만, 기독교 용어로는 이전의 생각이 잘못되었다는 의미에서 통상 '회개'悔改 또는 '회심'悔心이라고 번역합니다.[53] 이런 의미에서 회심은 참다운 그리스도인이라면 마땅히 거쳐야 할 관문이지요! 신구약성서에 나오는 수많은 예언자들과 사도들이 '메타노이아'를 한 좋은 예입니다.

회심이란 물론 쉬운 일이 아닙니다. 쿤도 패러다임 전환을 '종교적 개종' 또는 '정치적 혁명'에 비유했을 정도입니다. 이런 이유에서 17세기 프랑스 사상가인 블레즈 파스칼Blaise Pascal, 1623-1662도 호교론護敎論적 단상을 엮은 『팡세』에서 회심을 가볍게 생각하는 사람들에 대해 다음과 같이 교훈했습니다.

> 그들은 으레 회심이 교제나 대화처럼 하나님을 경배하는 것으로 이루어진다고 생각한다. 그러나 진정한 회심은 인간으로 인해 수없이 진노한 존재, 인간을 어느 때나 정당하게 멸할 수 있는 보편적 존재 앞에 인간이 스스로를 무無로 만드는 데 있으며, 그 존재 없이는 인간이 아무것도 할 수 없고, 또한 그에게서 버림받음 외에는 아무것도 받을 수 없음을 인정하는 데 있다.[54]

사도 바울을 예로 들어 볼까요? 당신도 알다시피 바울은 그리스도인들을 박해하는 사람이었지요. 하지만 다마스쿠스Damascus 부근에서 하늘로부터 홀연히 빛이 내려와 비추었고, 그는 그에게 새로운 소명을 일깨워 주는 그리스도의 소리를 들었습니다(사도행전 9:4; 22:7; 26:14). 이 신비로운 경험을 통해 회심한 그는 이전까지의 자신을 철저하게 버렸습니다. 그리고 그리스도 없이는 아무 일도 할 수 없다는 듯 기독교를 전파하는 데 평생을 바쳤지요.

'신비적 경험'을 통해 바울의 삶 전체가 바뀌었고, 그렇게 그는 인간과 세계와 역사를 보는 새로운 안목도 터득했던 것입니다. 그에게는 메타노이아, 곧 패러다임의 전환이 일어난 것이고, 이로써 하나님은 그를 통해 역사하며 자신의 목적을 이룰 수 있었던 겁니다. 만일 바울이 신비적 경험을 한 이후에도 예전과 다름없이 살았다면 그가 한 경험은 벌건 대낮에 벌어진 한바탕의 어릿광대짓에 불과했겠지요.

여기서 우리가 놓치지 말아야 할 것이 있습니다! '일상적 형태'로 이어지지 못한 종교적 경험의 '신비적 형태'는 다른 종류의 환상이나 환각과 구분할 길이 없으며, 나아가 그 자체가 적어도 기독교 입장에서는 무의미하다는 사실입니다. 따라서 그것은 당연히 하나님의 존재증명에도 아무런 영향을 미치지 못하지요. 그러나 '종교적 경험의 일상적 형태' 속에서는 개인의 삶에서 경험하는 개별적 사건뿐 아니라, 세계와 역사 안에서 일어나는 크고 작은 경험 하나하나가 '하나님과의 만남' 즉 '하나님의 존재에 대한 실증적 경험'이 되는 겁니다.

더불어 생각해야 할 것이 있습니다. 종교적 경험에 대한 이러한 기준은 당신도 혹시 한 번쯤은 경험했을 수 있는 어떤 신비로운 경험이 '기독교적'인지 아닌지를 판가름하는 척도가 된다는 것입니다. 신비 체험은 매우 다양하지만, 그 모든 것이 기독교적인 것은 아닙니다. 예컨대 무당巫堂들의 신접神接은 분명 일종의 종교적 경험의 신비적 형태인 것은 분명합니다. 하지만 기독교적이지는 않지요. 그래서 우리가 도달하는 결론은 이렇습니다.

어떤 사람이 세상에서는 보지 못한 찬란한 빛을 내는 어떤 신비한 발광체를 보았든, 하나님의 목소리라고 생각되는 어떤 소리를 들었든, 아니면 스스로 앉은뱅이를 일으키는 기적을 행했든, 아무튼 어떤 종류의 신비적 경험을 했다고 하지요. 그 후 그것이 전환점이 되어 그 사람의 삶이 기독교적으로 변하면, 다시 말해 그리스도의 삶을 닮아 가면, 그는 분명 기독교에서 말하는 하나님을 경험한 것입니다. 그러나 그게 아니면 아닌 것이지요! 신약성서의 방식으로 표현하자면, "메 게노이토"—'결코 아니다'—라는 말입니다. 예수님은 이를 두고 다음과 같이 교훈했습니다.

나더러 주여 주여 하는 자마다 다 천국에 들어갈 것이 아니요, 다만 하늘에 계신 내 아버지의 뜻대로 행하는 자라야 들어가리라. 그날에 많은 사람이 나더러 이르되, 주여 주여 우리가 주의 이름으로 선지자 노릇 하며, 주의 이름으로 귀신을 쫓아내며, 주의 이름으로 많은 권능을 행하지 아니하였나이까 하리니, 그때에 내가 그들에게 밝히 말하되 내가 너희를 도무지 알지 못하니 불법을 행하는 자들아 내게서 떠나가라 하리라. (마태복음 7:21-23)

같은 말을 사도 바울은 또 다음과 같이 가르쳤습니다.

내가 사람의 방언과 천사의 말을 할지라도 사랑이 없으면 소리 나는 구리와 울리는 꽹과리가 되고, 내가 예언하는 능력이 있어 모든 비밀과 모든 지식을 알고 또 산을 옮길 만한 모든 믿음이 있을지라도, 사랑이 없으면 내가 아무것도 아니요. (고린도전서 13:1-2)

어떻습니까? 하나님은 실제로 존재할까요? 이에 대한 기독교적 대답은 우리가 이미 들었습니다. 그런데 당신의 생각은 어떤가요? 파스칼이 그의 미완성 대작 『팡세』에 남긴 다음과 같은 말로 이번 이야기를 정리하며, 당신의 대답을 기다립니다.

하나님이 모든 인간이 인정할 수 있도록
인간 앞에 나타난다는 생각은 옳지 않다.
그렇다고 진심으로 그를 찾는 사람들까지
알아볼 수 없을 정도로 숨어 있다는 생각도 옳지 않다.
그는 그를 찾는 이들에게 그 자신을 온전히 드러내고
명확히 나타나길 원하시는 반면,
전심으로 피하는 사람들에게는 자신을 감추시길 원하기 때문이다.
그를 찾는 사람은 그를 알 수 있고,
찾지 않는 사람은 그를 알 수 없는 표시를 주었다.
〈오직 보기를 원하는 자에게는 충분한 빛이 있고,
이와 반대되는 마음을 가진 자들에게는 충분한 어둠이 있다.〉[55]

3부

하나님은 창조주다

"주여, 하늘과 땅을 어떻게 창조하셨나이까?"
- 아우구스티누스, 『고백록』

바다로부터 습기를 머금은 바람이 불어왔습니다. 북아프리카에서 지중해를 타고 올라온 열풍은 오수에 빠진 정원의 야자수들을 흔들어 깨웠지요. 그 너머 오스티아^{Ostia} 해변의 모래밭이 한낮의 햇볕을 받아 하얗게 빛났습니다. 해변을 따라 펼쳐진 구릉에는 짙은 녹색의 올리브 나무와 잎 넓은 무화과나무들이 자라고, 바다로 이어지는 테베레강 양옆 계곡을 따라 오렌지 숲이 무성했지요. 수도원에서 정오를 알리는 신성한 종소리가 때마침 하늘 가득히 울려 퍼졌습니다.

아들은 어머니와 함께 창가에 앉아서 멀리 바다를 내다보고 있었지요. 서로마 제국을 찬탈한 마그누스 막시무스$^{Magnus\ Maximus,\ ?335-388}$의 함대가 봄부터 항구를 차단하여 푸른 바다 너머 두 사람의 고향인 북아프리카의 타가스테^{Thagaste}로 돌아갈 수 없었습니다. 이따금 바람을 타고, 동로마 제국의 황제 테오도시우스 1세$^{Theodosius,\ 347-395}$가 반역자를 분쇄하러 오고 있다는 소문이 간간이 들려왔지만, 그날이 언제일지는 아무도 몰랐지요.* 그들은 어쩔 수 없이 오스티아에 임시 거처를 마련할 수밖에 없었습니다.

아들은 어머니가 세상을 하직할 날이 가까워졌음을 느낄 수 있었습니

---

* 당시 로마 제국은 동로마와 서로마로 나뉘어 두 명의 황제가 각기 통치하고 있었다. 그런데 383년에 막시무스가 서로마의 황제인 그라티아누스를 죽이고 황제 자리를 빼앗았다. 그러자 동로마의 황제인 테오도시우스 1세가 그라티아누스의 동생 발렌티니아누스와 함께 서로마 정벌에 나섰다. 막시무스는 이에 대항하여 항구를 봉쇄했다. 387년 8월에서야 테오도시우스 1세는 마침내 막시무스를 처형하고 발렌티아누스를 서방 황제의 자리에 올렸다.

다. 그래서 신앙인이 천국에서 누릴 영원한 생명에 대해 어머니와 오랫동안 이야기를 나누었지요. 두 사람은 세상의 감각적 쾌락이 아무리 크고 물질적 풍요가 더없이 좋을지라도 하나님이 '진리의 양식'을 먹이시는 저 영원한 생명에 비하면 말할 가치조차 없다는 것을 확인하며 기뻐했습니다.

어머니는 아들의 손을 꼭 붙들고 맑은 웃음을 지으며 아들을 쳐다보았지요. 아들은 안타까운 표정으로 어머니를 바라보았습니다. 어머니의 눈에는 더할 수 없이 자애로운 사랑이 담겨 있었습니다. 그녀에게 그토록 큰 소망을 품게 했고 그토록 많은 좌절을 가져다주었으며 그토록 많은 눈물을 흘리게 만든, 바로 그 아들을 향한 사랑이지요. 어머니는 다가오는 죽음 앞에서도 자신을 철저하게 절제하며 오로지 아들을 축복하려고 애썼습니다.

"얘야, 나는 이제 세상의 즐거움에는 관심이 없다. 세상의 모든 소망이 다 이루어졌는데 더 바랄 게 무엇이겠느냐? 내가 그동안 조금이라도 더 살고자 한 것은 오직 한 가지 때문이다. 내가 죽기 전에 네가 하나님을 섬기는 자가 되는 것을 보고 싶었다. 그런데 하나님께서는 내게 그 은총을 이미 베풀어 주셨다. 네가 세상과의 인연을 끊고 그의 종이 된 것을 보았으니 이제 더 바랄 것이 무엇이겠느냐?"[1]

서양문학에 등장하는 가장 아름다운 대화 장면들 가운데 하나로 꼽히는 이 일이 있은 날로부터 보름 만에 어머니는 세상을 떠났습니다. 아들은 사람들이 슬퍼하는 것이 경건했던 어머니의 삶에 어울리지 않는다며 곡하는 것을 금했습니다. 그런 다음, 그 자신은 골방으로 들어가 문을 걸어 잠그고 하염없이 통곡했지요. "주여, 제 영혼을 구원하기 위해 평생토록 눈물을 흘린 어머니를 위해 제가 이렇게 운다고 어찌 비웃을 수 있겠습니까."[2] 그 아들이 하나님에게 한 고백입니다.

아리 셰퍼(Ary Scheffer), 〈아우구스티누스와 모니카〉, 1846.

387년 로마 인근의 항구도시 오스티아에서 이렇게 세상을 떠난 어머니가 기독교 역사상 가장 경건한 여인 중 하나로 꼽히는 모니카^{Monica}입니다. 그리고 그녀의 말도 많고 탈도 많던 아들이 성 아우구스티누스$^{Augustinus,\ 354-430}$이지요. 돌이켜 보면, 역사에는 '불타는 빙하'와 같이 기적적인 사람이 간혹 있습니다. 살펴보면, 세상에는 '썰물 없는 밀물'과 같이 경이로운 저술이 가끔 있지요. 내가 보기에는 아우구스티누스가 바로 그런 사람이고, 『고백록』이 바로 그런 책입니다. '불가능한 것의 가능성'을 보여 준다는 의미에서 그렇습니다.

불가능한 것의 가능성이라! 이게 대체 무슨 말인가요? 슬로베니아의 철학자 슬라보예 지젝$^{Slavoj\ Žižek}$이 "오늘날 인간 사유의 궁극적 과제란 '가능한 것'과 '불가능한 것'의 한계를 새로운 방식으로 재구성하는 것"이라고 설파한 이래, 이 말은 보통 민주주의를 위한 의식혁명과 연관해 소비되고 있지요. 하지만 그것은 애초 기독교에서 성육신^{incarnatio}을 가리키는 말이 아니던가요? 부활^{anastasis}을 지칭하는 용어가 아니던가요? 한마디로 그 말은, 기독교의 본질이자 신비를 요약한 성스러운 언어가 아니던가요?

그렇습니다! 기독교는 '불가능한 것의 가능성'을 믿는 종교입니다. 그렇기에 기독교는 희망과 혁명의 종교이기도 하지요. 2,000년 전 어느 영광스러운 밤에 하나님이 인간 되는 기적이 일어난 것처럼, 헤어날 길이 없는 절망에 빠진 우리의 삶에도 그 같은 놀라운 기적이 일어날 수 있다는 희망을 주는 종교가 기독교입니다. 2,000년 전 어느 신비로운 새벽에, 죽었던 이가 무덤에서 되살아난 기적이 보여 주는 것처럼, 죄 되고 악하며 비루한 우리에게도 새로운 삶이 시작될 수 있다는 혁명을 약속하는 종교가 바로 기독교지요. 이제 보겠지만, 적어도 아우구스티누스가 자신의 생애를 통해 파악하고, 그의 자서전인 『고백록』에 밝힌 기독교는 그렇습니다!

오늘날 "신약시대 이후 가장 뛰어난 그리스도인이며 라틴어를 사용한 사람 중 가장 위대한 인물임이 틀림없다"[3]라는 평가를 받는 아우구스티누스는 방대하고도 심오한 저술들을 통해 기독교 신학의 터전을 마련했습니다. 그 가운데 자서전 형식인 『고백록』이 가장 널리 알려져 두루 읽히고 있는데, 그는 이 책의 마지막 세 장에—자서전이라는 책의 성격에는 전혀 어울리지 않는—창조주로서의 하나님에 대한 탁월한 해석을 남겨 놓았습니다.

당신도 알다시피 구약성서는 "태초에 하나님이 천지를 창조하시니라. 땅이 혼돈하고 공허하며 흑암이 깊음 위에 있고, 하나님의 영은 수면 위에 운행하시니라"(창세기 1:1-2)라는 구절로 시작하지요. 그런데 이 이야기는 무척 신비롭고 웅장하지만 지나치게 함축적이어서 우리가 그 의미를 파악하기가 거의 불가능할 정도로 어렵습니다. 그래서 사람들은 이 이야기를 대개 신화적이거나 종교적인 서술로 간주하고 그 의미 찾기를 아예 포기해 버리지요.

하지만 아우구스티누스는 바로 이 성서 구절에 매료되었습니다. 그는 이 말을 마치 기하학에서 모든 정리定理들이 출발하는 공리公理처럼 모든 '진리들의 원천'으로 생각하고, 우리로선 짐작조차 할 수 없이 난해한 그 계시들을 풀어내는 일에 과감히 도전했습니다. 그 결과 자연과학에 익숙한 오늘날의 우리까지도 하나님의 창조를 '합리적으로' 이해할 수 있는 길을 열어 놓는 위대한 일을 했습니다. 어디 그뿐이겠습니까? 더욱 중요한 것은 그가 마치 암호와도 같은 창세기 텍스트들 안에서 하나님에 대한 매우 중요한 기독교 교리들을 이끌어 냈다는 사실이지요.

이제부터 우리는 아우구스티누스가 어떻게 창세기 1장에서 동방정교, 가톨릭, 프로테스탄트 모두가 인정하는 교리들을 이끌어 냈는지 하나하나 자세히 살펴볼 것입니다. 그런데 그 전에 아우구스티누스의 생애에 대해 먼저 간단히 살펴보려고 합니다. 이를 통해 그가 창조주로서의 하나님을 어떻게 인식했는지, 또 왜 그렇게 파악하게 되었는지 알 수 있기 때문이지요. 그뿐 아니라, 그가 왜 『고백록』의 말미에 엉뚱하게도 우주 창조에 관한 이야기를 덧붙여 놓았는지, '실로 오래된' 그 의문도 함께 풀게 될 것입니다.

3장

창조론이 왜 『고백록』 안에 있나

위대한 생애, 불멸의 학문

아우구스티누스는 354년 11월 13일, 지금의 알제리에 속하는 북아프리카 누미디아Numidia 평원에 위치한 타가스테에서 얄팍한 재산을 가진 소작농 파트리키우스Patricius와 그의 아내 모니카 사이에서 태어났습니다. 그는 숱한 신학자들 가운데 그와 어깨를 겨루는 토마스 아퀴나스와는 달리 천재성과 경건함을 타고난 사람이 아니었습니다. 오히려 그 반대였지요.

『고백록』을 보면, 소년 시절 그는 부모의 서랍에서 돈을 훔쳐 친구들과 놀았고, 공부보다는 과수원 서리를 더 즐겼으며, 일찍부터 성적 쾌락에 눈을 떠 방탕한 생활을 했습니다. 30년쯤 지나 아우구스티누스는 자신의 소년 시절을 돌아보며 "나는 욕망에 지배되어 미쳐 날뛰며, 완전히 욕망이 이끄는 대로 살았습니다"[1]라고 회상했습니다. 그는 비록 이교도였지만 뼈가 빠지게 일해 교육비를 댄 아버지의 교육열 덕에 농사꾼이 아닌 학자가 될 수 있었고, 신실한 그리스도인으로서 눈물이 마를 날 없이 기도한 어머니의 경건함 덕에 방탕한 생활을 청산할 수 있었습니다.

아우구스티누스는 고향에서 기초적인 초등교육을 마치고, 약 30킬로미터 떨어진 마다우라Madaura의 문법학교에서 11살 때부터 15살 때까지 4년 동안 공부했습니다. 그런데 학교에 가면 억지로 라틴 고전을 송두리째 외우는 게 거의 전부였습니다. 교재는 베르길리우스, 아풀레이우스Apuleius, ?124-?170, 살루스티우스Sallustius, 기원전 86-35, 테렌티우스Terentius, 기원전 ?195-?159 등이 쓴 당시 유명했던 고전 문학들뿐이었지요. 그 탓에 그는 과학과 역사와 철학을 배우지 못했을 뿐 아니라, 그 당시 학자들이 공통으로 사용하던 언어인 그리스어는 죽을 때까지도 익히지 못했습니다. 물론 거기에는 그가 그리스어 공부를 싫어한 탓도 있었습니다. 결국 고대의 저명한 라틴 신학자들 가운데 그리스어를 모르는 사람은 아우구스티누스뿐이었지요.

그런데 여기에 우리가 주목해야 할 것이 있습니다. 그것은 아우구스티누스가 이처럼 열악하고 혹독한 교육 탓에—다시 말해 오직 라틴어로 쓰인 고전문학 작품들만을 '억지로 그리고 송두리째' 외웠기 때문에—오히려 완벽한 구어체口語體 라틴어 문장 사용법과 탁월한 표현력을 기를 수 있었다는 사실입니다. 그가 통째로 암기한 문학 작품들은 대부분 구어체로 된 서사시였는데, 하나같이 문장 표현이 뛰어난 것들이었지요. 특히 훗날 단테가 너무도 흠모하여 『신곡』에서 자기를 인도하는 스승으로 등장시킨 로마의 시인 베르길리우스는 "결코 실수를 범하지 않을 뿐 아니라 칭찬을 받지 못할 글은 단 한 줄도 쓰지 않는"[2] 인물이었다고 합니다.

소년 시절 아우구스티누스는 다른 무엇보다도 베르길리우스의 서사시 『아이네이스』에 몰입했습니다. 그의 만년 대작인 『신국론』에서도 이 시에 대해 언급할 만큼 『아이네이스』와의 만남은 그에게 평생 잊지 못할 경험이었습니다. 호메로스의 『일리아스』의 영향을 받은 이 작품은, 신新트로이아 건설이라는 사명과 카르타고의 아름다운 여왕 디도Dido와의 사랑 사이에서 갈등하는 주인공 아이네이스Aineis, 그와의 사랑에 빠져 괴로워하다가 배신을 당하고 결국 자살하고 마는 여왕의 비극적 운명을 그렸습니다.

일찍이 시인 호라티우스Horatius, 기원전 65-8는 "통에 채워진 첫 번째 포도주는 오랜 시간 뒤에도 술통에서 그 향기를 풍기는 법"이라는 말을 남겼지요. 베르길리우스의 작품을 비롯한 라틴 고전문학은 마치 술통에 채워진 첫 포도주처럼 아우구스티누스에게 오랜 세월 변하지 않는 향기를 남겼습니다. 복잡하고도 미묘한 인간의 감정을 간결하고 무게 있게 표현한 문장들을 철저히 외우는 교육을 받은 이 소년은 나중에 청중에게 눈물과 감동을 불러일으키는 구어체 언어의 대가가 되었습니다.

카르타고에서의 방황

371년에 열일곱 살이 된 아우구스티누스는 당시 젊은이들이 흔히 그랬듯이 법률가가 되기 위해, 일찍이 비련의 여왕 디도가 사랑하고 노래했던 도시 카르타고로 갔습니다. 당시 카르타고는 "아프리카의 로마"라고 일컬을 만큼 크고 아름다운 도시였습니다. 그러나 동시에 "아프리카의 구정물 웅덩이"라고 불릴 만큼 향락과 퇴폐에 찌든 도성이기도 했지요. 후일 아우구스티누스는 그곳이 수치스런 애욕이 "가마솥처럼 들끓고"[3] 있었다고 회상했지만 당시에는 전혀 그리 보이지 않았습니다.

카르타고는 작열하는 태양 아래 빛나는 코발트빛 바다를 옆에 끼고 청년을 유혹하며 요염하게 누워 있었지요. 장방형으로 다듬어진 거리에는 새하얀 건물들과 푸르른 가로수들이 줄지어 서 있었습니다. 전 세계로 뱃길을 열어 놓은 포구에는 각국에서 희귀한 물품들을 가득 싣고 온 무역선들이 어깨를 맞대고 늘어서 있었지요. 당연히 돈 많은 상인들, 매혹적인 매춘부들, 젊은 건달패들이 곳곳에 들끓었고, 이름난 학자들과 재기발랄한 예술인들도 여기저기서 모여들었습니다. 야외 공연장에서는 밤마다 연극과 서커스를 겸한 각종 축제가 열렸습니다.

문학과 사랑을 갈망하던 청년 아우구스티누스가 이 호화로운 도시에서 가장 먼저 발견한 것이 무엇이었을까요? 공기처럼 차고 넘치는 자유와 낭만이었지요. 마다우라 문법학교 시절에 배운 라틴 고전문학 작품들 속에서 애욕을 불태우는 젊은 남녀들의 모습을 보면서 관능적이고 향락적인 사랑의 달콤함에 눈을 뜬 그는 오랫동안 갈구하던 것들을 찾아 자유분방한 생활을 시작했습니다.[4] 곧바로 한 아름다운 여인을 만났고, 이후

15년 동안 동거했지요. 끝내 이름이 알려지지 않은 이 신비로운 여인과의 사이에서 아우구스티누스는 열여덟의 나이로 '아데오다투스'Adeodatus(신이 주셨다는 뜻)라는 아들까지 두었습니다.

당시 아우구스티누스는 낮에는 수사학을 공부하고 밤에는 주로 연극을 보러 다녔지요. 그는 극장에서 배우들이 토해 내는 명대사에 감탄했고, 그들이 묘사하는 기쁨과 슬픔에 넋을 놓았습니다.[5] 그런 가운데 수사학에서 남다른 재주를 보여 몇 번의 경연대회에서 우승을 한 덕에 '카르타고의 웅변가'poenus orator로 불렸고 마침내 수사학 선생이 되었습니다. 나중에 그는 변론의 기술만으로는 무엇이든 그럴듯하게 꾸밀 수는 있을지라도 진리에는 이르지 못한다는 것을 깨닫고 수사학을 떠납니다. 하지만 이미 축적된 그의 수사학 지식과 뛰어난 언변은 훗날 그가 여러 이단들과의 교리 논쟁에서 승리하는 데, 그리고 불멸의 저술들을 남기는 데 이루 말할 수 없이 큰 도움을 주었습니다.

그러던 어느 날 아우구스티누스는 지금은 유실되어 전해지지 않는 키케로Cicero, 기원전 106-43의 저작인 『호르텐시우스』Hortensius를 읽게 되었습니다. 키케로는 로마의 정치가이자 웅변가이며 절충주의˚ 철학자였지요. 아우구스티누스는 웅변술을 탐구하려는 목적으로 그 책을 보았지만, 거기에 담긴 키케로의 사상에 곧바로 매료되어 벅찬 감동을 받았습니다. 그리고 '문장 탐구'가 아니라 '지혜 탐구'라는 새로운 계획과 꿈을 갖게 되었지요. 『고백록』에는 당시 일어난 그의 심경 변화가 다음과 같이 기록되

• 절충주의(Eclecticism)라는 말은 여러 가능성 가운데서 어떤 것을 '선택한다'는 의미의 그리스어에서 파생되었다. 그 당시 사람들은 고전 시대 그리스인들처럼 창조적이고 진지하지 않았다. 이들은 이런저런 학파의 이론을 채택하고 절충하여 그들 자신의 사상으로 받아들였다. 이들이 선택한 주요 사상은 영혼불멸 사상, 섭리 사상, 신 사상, 자연법 사상 등이었다. 이것은 각 철학자들에 대한 심오한 연구가 결여된 결과라고 볼 수 있지만, 또한 실용적 철학의 요구에 대한 부응이라고도 할 수 있다.

어 있습니다. "이 책을 읽은 후 그때까지 품어 왔던 나의 모든 헛된 희망이 돌연 하찮은 것으로 보였습니다. 나의 마음은 이제 불멸의 지혜를 추구하려는 욕망으로 가득 차 당신에게 돌아가기 위해 일어섰습니다."[6]

아우구스티누스의 생애를 돌아보면 이때 그의 관심이 감성적 문학에서 지성적 철학으로 돌아섰다는 점이 중요합니다. 또한 우리가 주목해야 할 것은 키케로를 통해 그가 학문에 대한 실용적이고 절충적인 관점과 기술을 배울 수 있었다는 사실입니다. 왜냐하면 이 같은 심정의 변화와 절충주의 학문적 기술의 획득이 훗날 그에게 커다란 도움이 되었기 때문이지요. 어느 의미에서든 그는 철학과 종교, 이성과 신앙, 아테네와 예루살렘, 요컨대 헬레니즘과 헤브라이즘을 성공적으로 절충하고 통합한 사람이었으니까요.

그러나 아우구스티누스는 그때까지도 자신이 원하는 지혜가 정확히 무엇인지 알지 못했습니다. 그래서 혼란과 고통 속에서 방황을 멈출 수 없었지요. 그가 『고백록』 서두에 써 놓은 "당신은 우리를 당신을 향해서$^{ad\ te}$ 창조하셨기 때문에 우리 마음은 당신 안에서$^{in\ te}$ 안식할 때까지 평안할 수 없습니다"[7]라는 고백은 이 같은 체험에서 나온 고백입니다. 그러다가 그는 당시 카르타고뿐 아니라 지중해 연안 전역에 성행하던 마니교^{Manichaeism}를 만나게 됩니다.[8] 그리고 그것에 깊이 빠져들었지요.

마니교는 페르시아인 마니$^{Mani,\ 218-282}$가 메소포타미아의 사막에서 깨우침을 얻은 후 창시한 종교인데, 그는 초기 기독교 내부에 이미 들어와 있던 영지주의^{Gnosticism}와 조로아스터교^{Zoroastrianism}를 적당히 절충하고 배합했지요. 중심 사상은 영혼과 물질, 선과 악, 빛의 왕국과 어둠의 왕국이 대등한 원리이자 존재론적 실체로서 끊임없이 투쟁하고 있다는 이원론입니다. 마니는 선에 적극적으로 대항하여 '자신의 원리를 산출하고 전파하는' 어떤 악이 실제로 존재하며, 그 악하고 추한 본성의 지배를 받는 것이 물질이라고 가르쳤습니다.

마니교의 가장 중요한 저술인 『피흐리스트』*Fihrist*에는 이렇게 쓰여 있습니다. "마니는 이렇게 가르친다. 두 실체가 세계의 형성을 시작하는데, 하나는 빛이며 나머지 하나는 어둠이다. 이 둘은 서로 분리되어 있다." 이러한 구조에서 인간은 당연히 영혼이라는 빛이 육체라는 어둠에 갇혀 있는 이중적 존재일 수밖에 없지요.⁹ 마니는 인간에게 존재하는 경건과 사랑과 믿음 같은 영혼의 본성은 선한 신으로부터 오고, 정욕과 탐욕과 분노 같은 육체적 본성은 악한 신으로부터 오기 때문에 육체를 혐오해야 한다고도 가르쳤습니다.

훗날 『고백록』을 쓸 즈음에 아우구스티누스는 "하나님이 지으신 모든 것이 선하[다]"(디모데전서 4:4)는 바울의 가르침과 '세계는 선 자체에 의해 선하고 아름다운 성과물로 창조되었다'¹⁰는 플라톤의 사유를 받아들여, 하나님이 창조한 세계와 인간에 대한 위대한 찬양가가 되었습니다. 『고백록』에는 그것이 다음과 같이 나타나 있지요. "주여, 그것들을 당신께서 홀로 창조하셨나이다. 그것들이 아름다운 것은 당신이 아름답기 때문이고, 그것들이 선한 것은 당신께서 선하시기 때문입니다."¹¹ 하지만 청년 시절에는 그의 눈과 마음이 아직 열리지 않았던 겁니다.

물론 그렇다고 해서 그가 당시에 성서 안에 들어 있는 이 같은 사상을 전혀 몰랐다는 뜻은 아닙니다. 아우구스티누스는 어머니 모니카를 통해 '세상 만물이 선한 하나님으로부터 나오기 때문에 선만이 존재할 뿐 악은 실제로 존재하지 않는다'는 기독교의 주장을 어려서부터 듣고 자랐습니다. 그럼에도 그가 마니교에 빠져든 이유는 자신의 내면에 들끓는 악의 문제, 곧 탐욕과 정욕의 문제로 심각하게 고민했기 때문입니다. 그는 마니교도처럼 인간으로서는 도저히 거부할 수 없는 어둠의 왕국과 악의 세력을 인정하는 것이, 인간 내면과 세상 속에 엄연히 존재하는 악에 대한 더 타당한 설명이거니와 자신이 져야 하는 윤리적 책임을 피할 수 있는 길이라고 생각한 거지요. 그래서 그는 어머니의 간곡한 만류에도 불구하고 이후 9년 동안이나 마니교에 머물렀습니다.

로마에서의 회의

383년 여름, 29세 성인이 된 아우구스티누스는 더 큰 세속적 야망을 품었습니다. 그는 수업 태도가 나쁜 카르타고의 학생들과 눈물로 말리는 어머니를 뒤로하고 제국의 수도인 로마로 향했습니다. 아우구스티누스는 『고백록』에 자신의 타락을 염려하여 부두에까지 나와 만류하던 어머니 모니카의 모습을 다음과 같이 묘사했습니다. "바람이 일어서 우리의 돛을 가득 부풀게 했습니다. 그러자 배가 미끄러져 나가고 해변이 우리 눈에서 멀리 사라져 가는데, 그 해변에서 어머니는 아침 햇살을 안고서 극에 달한 슬픔으로 흐느꼈습니다."[12] 우리는 이 글에서 늙은 어머니를 홀로 두고 떠나는 아들이 가졌을 한 조각 양심의 가책을 엿볼 수 있습니다. 그런데도 그는 마치 무엇엔가 홀린 듯 세속적 성공의 길을 찾아갔고, 누구도 그를 말리지 못했지요.

성모 마리아를 찬양한 송가 "환상의 여성"으로 이름을 떨친 19세기 영국의 종교시인 프랜시스 톰슨은 『고백록』에서 이 구절을 읽고 당시 모니카의 모습을 다음과 같이 성스럽게 묘사했습니다.

십자가 곁에서 슬픔에 잠긴 성모가
죄 없는 아들을 위해 눈물을 흘린 것처럼
바닷가에서 당신은
죄 많은 아들을 위해 눈물을 흘린다.

로마에 도착한 아우구스티누스는 여전히 마니교에 머물러 있으면서도, 이번에는 회의주의^{skepticism} 경향을 띤 '신新아카데미학파'라는 철학 집단에 발을 들여놓았습니다.[13] 이들의 주장에 의하면, 사람은 자신의 감각에 기초하여 판단하므로 인간의 지식은 상대적이고 불확실하며 보편성과 절대성을 지닐 수 없습니다. 그래서 인간은 어떠한 진리도 얻을 수 없기 때문에 진리라 믿고 있는 모든 것에 대해 의심해야 하지요. 이것은 당시 사람들이 '이성의 힘'으로는 새로운 삶의 의미를 만들어 낼 수 없다는 사실을 깨닫기 시작했다는 것을 뜻합니다. 요컨대 고대의 회의주의는 플라톤이 『국가』에서 설계한 것처럼 인간의 이성으로 이상세계^{utopia}를 세워 보려던 영웅적인 그리스 정신이 이미 몰락했다는 증거였습니다.

우리가 여기서 놓치지 말아야 할 것이 있습니다. 그것은 회의주의가 '인간 이성의 한계'를 드러냄으로써, 아우구스티누스 개인뿐 아니라 시대적으로도 사람들이 기독교적 계시를 받아들일 수 있는 하나의 준비 단계로 작용했다는 사실입니다.[14] 얼핏 기이하게 들리겠지만, 잠시 생각해 보면 오히려 당연한 일이지요. 누구든 자신이 지닌 이성의 한계를 스스로 인정하지 않고야 어떻게 초이성적 계시를 받아들일 수 있겠습니까? 아우구스티누스는 나중에야 자신의 이 같은 통찰을 "신앙이 지식의 출발이다"라는 말로 표현할 수 있었지만, 이때부터 그는 쇳덩이처럼 굳건하던 자신의 이성을 신앙 앞에 서서히 무릎 꿇릴 수 있게 되었습니다. 회의주의가 그를 비롯한 당시 사람들에게 한 일이 바로 이것이었지요!

아우구스티누스가 회의주의를 접한 기간이 비교적 짧았고, 회심 후 그가 『아카데미학파 논박』 등에서 이 학파 사람들을 신랄하게 비판했기 때문에, 학자들 사이에서조차 회의주의가 아우구스티누스에게 끼친 영향을 과소평가하는 경향이 있습니다. 하지만 우리는 훗날 아우구스티누스가 이룩한 신학의 위대성 가운데 하나가 바로 인간 이성의 한계를 인정했다는 점이라는 사실을 잊지 말아야 합니다.

예나 지금이나 이성의 문제점은 그 능력이 너무나 하찮다는 것이 아니라, 너무나 대단하다는 것에 있습니다. 그래서 사람들은—오늘날 우리가 그렇듯이—이성적이고 합리적인 과학은 쉽게 받아들이고 숭배할지언정, 하나님 앞에 자신을 무릎 꿇리기를 참으로 어려워하지요. 따져 보면 아우슈비츠와 히로시마가 상징하는 근대적 이성의 폭력이 바로 거기에서 기인했습니다! 인간 이성의 자기 숭배가 얼마나 위험한가를 증명해 주는 이 같은 역사적 사실을 감안할 때, 회의주의가 아우구스티누스와 당시 역사에 끼친 영향을 결코 가볍게 평가해서는 안 됩니다.

같은 맥락에서 우리는 "자신의 주장을 끝까지 밀고 나가면 그것이 이단이다"라는, 독일 출신 유대교 랍비이자 철학자였던 마르틴 부버^{Martin Buber, 1878-1965}의 말도 한 번쯤 심각하게 생각해 보아야 합니다. 하나님을 믿는 인간은 누구나, 다시 말해 그가 과학자든 신학자든 성직자든 평신도든, 자신의 생각과 주장을 끝까지 밀고 나가면 이단이 된다는 겁니다. 그 사람의 생각이 틀렸을 때만 그런 게 아닙니다. 설사 그의 생각과 주장이 옳다고 해도 마찬가지이지요. 왜냐하면 자신의 주장을 끝까지 밀고 나가는 사람은 결국 하나님을 믿는 것이 아니라 자신의 이성을 믿는 사람이기 때문입니다.

따라서 그리스도인은 설사 자기가 아무리 옳다고 하더라도, 인간이 가진 '이성의 한계'를 인정하고 모든 일의 마지막은 하나님에게 맡겨야 하는 겁니다. 예수님이 마지막 날 밤에 겟세마네 동산에 올라 핏방울 같은 땀을 흘리면서 "내 아버지여 만일 할 만하시거든 이 잔을 내게서 지나가게 하옵소서. 그러나 나의 원대로 마시옵고 아버지의 원대로 하옵소서"^(마태복음 26:39)라고 한 그 기도를 따라야 한다는 말이지요. 그것이 결코 쉬운 일은 아니지만, 그래야만 비로소 그리스도인이 되는 겁니다.

흥미로운 것은 오늘날 포스트모더니스트로 불리는 푸코, 라캉, 데리다, 리오타르, 로티와 같은 철학자들도 이성에 의한 지상 천국^{utopia}을 설계하려 했던 근대성^{modernity}의 폭력에 치를 떨며, 지식과 도덕의 보편성 내지 확실성을 부인하고 상대성과 개연성만을 인정한다는 사실입니다. 그렇다면 새로운 회의주의라 할 수 있는 21세기의 포스트모더니즘이—고대회의주의가 아우구스티누스와 그 시대에 그랬듯이—다시 '신앙의 시대'를 이끌어 낼 수 있을까요? 다시 말해 오늘날 그리스도인들이 새로운 회의주의를 통해 초기 그리스도인들이 가졌던 것 같은 신앙을 회복할 수 있을까요?

두고 볼 일이지만, 전망은 그리 밝지 않습니다. 왜냐하면 유감스럽게도 오늘날 인류는 오히려 그 반대쪽 벼랑을 향해 질주하고 있기 때문이지요. 그 극단적 징후를 우리는 히브리 대학교의 유발 하라리$^{Yuval\ N.\ Harari}$ 교수가 근래에 출간한 『호모 데우스』에서 찾아볼 수 있습니다.

'호모 데우스'는 사람을 뜻하는 학명 호모^{Homo}와 신을 뜻하는 데우스^{Deus}의 합성어입니다. 우리말로는 '신이 된 인간'이라는 뜻을 가졌지요. 인간이 신이 되어 간다는 것이 하라리의 생각입니다. 근대 이후 인간의 이성이 신을 가차 없이 몰아내고 인본주의가 신본주의를 매몰차게 밀쳐 낸 이후, 이 말이 전혀 새로운 이야기는 아닙니다. 하지만 이제는 그 성격이 전혀 달라졌습니다. 우리는 이제 설사 그것을 원하지 않더라도 '불멸', '행복', '신성'을 추구하는 호모 데우스가 되어야 합니다. 왜냐고요? 인간 이성의 산물인 과학과 욕망의 산물인 자본주의 경제 때문이지요. 무슨 엉뚱한 이야기인가 싶겠지만, 그렇지 않습니다!

하라리에 의하면 "인간을 신으로 업그레이드하는 데는 세 가지 방법"[15]이 있습니다. 유전자를 조작하여 죽음을 초월한 존재를 만드는 생명공학,

인간의 능력을 뛰어넘는 인조인간을 만드는 사이보그공학, 뇌와 컴퓨터를 연결하여 초지성을 만드는 비유기체 합성이 그것입니다. 그런데 이 같은 첨단과학은 모두 자본주의 경제의 생존과 긴밀한 관계를 맺고 있습니다. 바꿔 말하면 자본주의 경제가 자체 생존을 위해 '불멸', '행복', '신성'이라는 인간의 욕망을 부추겨 그것을 가능케 하는 첨단 과학기술 개발을 한계 없이 추진하고 있다는 거지요.

하라리는 예를 들어 "경제성장과 생태계 안정 중 하나를 선택해야 하는 순간이 오면 정치인, CEO, 유권자들의 십중팔구는 성장을 선호한다"며, "21세기에도 그런 식이면 우리는 파국을 면치 못할 것이다"[16]라고 경고합니다. 이 파국을 막을 "브레이크가 어디에 있는지"는 아무도 모르고, "만일 어떻게든 브레이크를 밟는다면, 경제가 파국에 이르고 그와 함께 사회도 무너질 것"이라 하지요. "오늘날의 경제가 살아남기 위해서는 끊임없는 성장이 필요"하기 때문입니다. 이어서 그는 "자본주의가 불멸, 행복, 신성을 추구하라고 우리를 부추기는 이유가 여기에 있다"고 단언합니다.[17]

하라리에 의하면, 이런 이유에서 생명공학, 인공지능, 사이보그공학, 비유기체 합성과 같은 첨단과학의 발전을 촉진하는 자본주의의 강압으로 인간이 좋건 싫건 초인간이 되는 날이 코앞으로 다가왔습니다. 그러나 그 혜택은 극히 소수의 엘리트만이 누릴 뿐이고, 나머지 대부분의 사람들은 밥만 축낼 뿐 아무 "쓸모없는 계급"으로 전락할 것이라고 예측하지요. 한마디로 우리는 지금 파국을 향해 무한 질주하는 설국열차 Snow piercer에 올라탄 것이고, 이 열차에는 브레이크가 없다는 겁니다. 그래서 그는 인류의 역사가 끝날지도 모른다고 경고합니다.

그럼에도 열차는 이미 출발했고 파국의 징조는 이미 시작되었습니다! 하라리는 널리 알려진 예를 들어 이 같은 증후를 설명합니다. 2013년 할리우드 스타 안젤리나 졸리 Angelina Jolie는 생명까지 위협하는 큰 위험을 무릅쓰고 건강한 두 유방을 모두 잘라 냈습니다. 유전자 조사 결과 유방암에 걸릴 확률이 87퍼센트라는 컴퓨터 알고리즘의 조언을 받아들인 사례지요.[18] 하라리는 『호모 데우스』에서 이 일을 언급하며 새로운 종교의 도래를 선포했습니다. 데이터교입니다! 이 종교에서는 컴퓨터 알고리즘이 '신'이고 데이터가 '말씀'입니다.[19]

혹시 호들갑이라고 생각하나요? 그럼에도 단언하건대 당신은 이미 데이터교에 발을 들여놓고 있습니다. "주말에 무슨 영화 볼까?", "여름휴가를 어디서 보낼까?" 등을 네이버나 구글이 제공하는 데이터에 의존한다면 말입니다. 앞으로가 더 가관입니다. 예컨대 페이스북 알고리즘에서 이미 당신을 지인이나 친구보다 더 잘 예측하는 데는 당신이 클릭한 '좋아요' 70개면 충분합니다. 당신을 가족보다 더 잘 아는 데는 '좋아요' 300개 밖에 필요하지 않다고 하지요. 그러면 앞으로 당신은 스스로 무언가를 선택하고 결정해야 할 때 과연 누구에게 물어볼까요?

하라리는 머지않아 사람들이 자신의 진로나 결혼상대의 선택, 또는 투자나 전쟁을 할지 말지까지도 자기 자신이나 신에게 묻지 않고 구글과 페이스북에 물을 것이라 단언합니다. 컴퓨터 알고리즘과 빅데이터가 새로운 우상偶像으로 등극한 거지요. 그럼으로써 인류는 차츰 그것들의 노예로 전락할 것이며, 결국에는 인류의 역사가 끝날 것으로 봅니다. 어때요? 그럴 것 같지 않나요? 그는 이렇게 말합니다.

18세기에 인본주의는 신 중심적 세계관에서 인간 중심적 세계관으로 이동함으로써 신을 밀어냈다. 21세기에 데이터교는 인간 중심적 세계관에서 데이터 중심적 세계관으로 이동함으로써 인간을 밀어낼 것이다.[20]

물론 나는 하라리의 예측이 조금 과장되었다고 생각합니다. 그도 책의 말미에서는 "실제로 우리는 미래를 예측할 수 없다"라며 자신의 시나리오는 "예언이 아니라 가능성"일 뿐이라고 한발 뒤로 물러섭니다.[21] 그럼에도 그가 예측한 파국이 이미 조짐을 보인다는 사실은 그 누구도 부인할 수 없지요. 그럼 여기서 잠시 생각해 볼까요? 인간은 이성을 통해 신을 밀어내고 스스로를 세상의 중심에 세웠습니다. 그랬더니 이번에는 그 이성이 인간을 밀어내고 그 중심에 알고리즘과 데이터를 세우려 하는 웃지 못할 상황이 벌어지고 있는 겁니다.

그렇다면 이제 우리는 어떻게 해야 할까요? 벼랑을 향해 질주하는 설국열차를 멈출 방법은 정녕 없는 걸까요? 하라리는 없다고 잘라 말했지만, 내 생각에는 희망의 불씨가 아직은 남아 있습니다. 이 열차의 조종간을 컴퓨터 알고리즘에게 통째로 내준 것은 아니기 때문이지요. '마지막 선택'의 기회는 남아 있습니다. 비관적 전망으로 일관하는 하라리도 책 말미에서는 『호모 데우스』를 쓴 목적이 현재 우리 앞에 놓인 선택지들에 대해 생각해 보는 것이며, 역사를 공부하는 이유는 과거에서 해방되어 다른 미래를 상상해 보는 것임을 강조했지요. 이 책의 한국판 서문에는 다음과 같은 말도 실었습니다.

> 다가올 몇십 년 동안 우리는 유전공학, 인공지능, 나노기술을 이용해 천국 또는 지옥을 건설할 수 있을 것이다. 현명한 선택이 가져올 혜택은 어마어마한 반면 현명하지 못한 결정의 대가는 인류 전체를 소멸에 이르게 할 것이다. 현명한 선택을 하느냐 마느냐는 우리에게 달려 있다.

그렇다면 이제 답은 명백히 드러나지 않았나요? 우리는 무엇보다도 먼저—로마에서 아우구스티누스가 그랬듯이—시대를 파멸로 몰아가는 우리의 이성을 신앙 앞에 무릎 꿇려야 하지 않을까요? 그리고 삶에 관한 모든 선택지 앞에서 컴퓨터 알고리즘이나 자신의 이성이 아니라 하나님께 물어야 하지 않을까요? 내 생각은 그런데, 아닌가요? 만일 아니라고 생각한다면, 이 글을 계속 읽어 보기를 권합니다. 왜냐하면 결코 짧지 않은 이 텍스트는 전체가 하나님이 무엇이고, 어떤 일을 왜, 어떻게 하는가에 대한 이야기이기 때문입니다.

암브로시우스 주교

384년에 30세가 된 아우구스티누스는 로마 시장 심마쿠스Symmachus의 발탁을 받아 밀라노의 수사학 교사로 자리를 옮겼습니다.[22] 북쪽으로 알프스를 바라보고 옆으로 코모 호수와 오로나강을 끼고 있는 밀라노는 그때나 지금이나 교통의 중심지로서 크고 아름다운 도시지요. 당시 밀라노시에서는 관비를 들여 수사학 교사를 고용하여 젊은이들을 교육했습니다. 그곳에는 황제의 별궁이 있었기 때문에 해마다 수사학 교사가 황제와 그해의 집정관을 위한 공식적인 찬양문을 써 발표하는 행사가 있었습니다. 그리고 여기서 빼어난 솜씨를 보여 준 수사학 교사는 요즈음으로는 공보관公報官이라 할 수 있는 '선전宣傳 장관'의 직에 오르기도 했지요.

글과 말솜씨가 뛰어났던 아우구스티누스는 연설문을 써서 응모하는 한편, 마니교의 유력자를 통해 심마쿠스에게 청탁을 넣어 밀라노시의 수사학 교사가 되었습니다. 마침내 그가 원하던 출세가도에 들어선 셈이지요. 심마쿠스는 기독교가 아닌 종교들을 폐지하도록 선포한 황제의 결정을 번복하도록 청원을 냈다가, 밀라노의 감독인 암브로시우스Ambrosius, 340-397 주교의 반대로 패한 사람이었습니다. 아우구스티누스는 결국 심마쿠스의 사람으로 밀라노의 수사학 교사가 된 셈인데, 심마쿠스는 그 자리에 마니교도인 아우구스티누스를 앉힘으로써 암브로시우스를 견제하려는 속셈을 갖고 있었던 겁니다.

그러나 하나님의 뜻은 달랐습니다. 성서에 "사람이 마음으로 자기의 길을 계획할지라도 그의 걸음을 인도하시는 이는 여호와시니라"(잠언 16:9)라는 말씀이 있듯이, 결과는 아우구스티누스와 심마쿠스, 두 사람 모두의 뜻과 전혀 다르게 전개되었습니다. 아우구스티누스가 밀라노에서 맞은 생의 획기적 전기는, 그가 심마쿠스의 수하로서 밀라노시의 선전 장관에 올라 기독교에 대립하는 것이 아니라, 오히려 암브로시우스 주교의 충직한 신도가 되어 기독교로 개종하게 된 일이기 때문입니다.

아우구스티누스가 밀라노에서 암브로시우스를 만난 건 그의 삶 전체를 통틀어 커다란 행운이었습니다. 암브로시우스는 기독교 사상사에서 4, 5세기를 대표하는 '5인의 위대한 교회 지도자'* 가운데 하나일 뿐 아니라 지금까지도 밀라노시의 수호성인으로 꼽히는 특출한 교부였습니다. 그는 교회를 위해서는 이교도를 옹호하는 로마시장 심마쿠스와 대립했고, 정통신학을 위해서는 이단 아리우스파를 옹호하는 발렌티아누스 2세의 모후 유스티나와 싸웠으며, 정의를 위해서는 데살로니카에서 잔혹한 살육을 저지른 황제 테오도시우스 1세를 호되게 꾸짖어 참회를 촉구했고, 예배를 위해서는 찬송가를 장려하여 서방교회에 음악을 들여놓은 장본인이기도 합니다.

또한 암브로시우스는 당시 대부분의 뛰어난 신학자들이 그랬듯이 신플라톤주의자이기도 했습니다. 아우구스티누스가 밀라노에 도착했을 당시에도 암브로시우스는 자신의 조언자이자 후계자인 심플리키아누스

---

* '5인의 위대한 교회 지도자'로는 밀라노의 감독 암브로시우스 외에, 콘스탄티노플 대주교 요한 크리소스토무스(John Chrisostomus, ?347-406), 최초의 라틴어 성서 불가타(Vulgate, 공동번역이라는 뜻)의 번역자 히에로니무스(Hieronymus, 345-420, 영어권에서는 제롬이라고 한다), 히포의 감독 아우구스티누스(Augustinus, 354-431) 그리고 로마의 대주교 레오 1세(Leo the Great, ?390-461)가 꼽힌다.

Simplicianus와 함께 신플라톤주의 사상을 통해 성서를 해석하는 일에 불철주야 매진하고 있었습니다. 그들 가운데 특히 심플리키아누스가 아우구스티누스를 따뜻하게 맞아, 마니교도인 그를 신플라톤주의와 기독교로 인도했지요. 기독교 사상사를 통틀어 가장 위대한 인물의 탄생이 준비되고 있었던 겁니다.

애초 아우구스티누스는 암브로시우스에게서 단지 수사학적 기술을 배우려고 그의 설교를 듣기 시작했고, 두 사람의 관계도 그리 가깝지 않았다고 합니다. 그러나 그는 암브로시우스의 설교에 녹아 있는 신플라톤주의적 가르침에 차츰 매료되었지요.[23] 암브로시우스도 다른 설교자들과 마찬가지로 예수님이 전한 '하나님의 나라'가 있다는 것과 하나님의 말씀을 따라야 그곳에 들어갈 수 있다는 복음을 신도들에게 가르쳤습니다. 그러나 그는 다른 설교자들과는 달리 복음을 권위에 기대서가 아니라, 이론적으로 풀어서—구체적으로 말하자면 신플라톤주의 이론을 빌려서—이성적으로 해석해 가르쳤습니다.

아우구스티누스가 고백했듯이 암브로시우스는 "신비의 너울을 벗기어 문자 그대로 받아들이면 불합리하게 보이는 성서 본문의 뜻을 영적인 의미(은유)로 해석"[24]해 들려주었습니다. 그럼으로써 신도들이 복음을 신앙으로만이 아니라 이성으로도 받아들일 수 있게 도왔지요. 바로 이것이 오랫동안 진리를 찾아 헤매던 아우구스티누스를 감동시켜 그가 결국 기독교로 개종하게 했습니다. "불합리하기 때문에 믿는다"credo quia absurdum*라는 입장을 견지한 초기 라틴 교부 테르툴리아누스Tertullianus, ?160-?220

---

* 후세 사람들이 신앙과 이성을 분리한 테르툴리아누스의 입장을 요약한 말로, "철학자와 그리스도인 사이에, 그리스의 제자와 천국의 제자 사이에…무슨 유사성이 있느냐"(『변증서』, xlvi, 18)나 "아테네와 예루살렘이 무슨 상관이 있느냐, 아카데미와 교회가 무슨 상관이 있느냐?" (『취득시효론』, vii)와 같은 그의 주장에서 나온 것으로 보인다.

와는 달리 아우구스티누스는 "진리라고 믿는 것을 바랄 뿐만 아니라, 그것을 이해하려고 안달이 난 그런 부류의 사람"[25]이었기 때문입니다.

앞에서 언급했듯이, '초이성적 계시를 이성으로 이해할 수 있게 도운 것'이 고대신플라톤주의가 초기 기독교에 공헌한 일이었습니다. 또한 중세 스콜라 철학이 '신학의 시녀'ancilla theologiae라는 직책으로 가톨릭교회에 봉사한 일이기도 했지요. 아우구스티누스는 "이성의 한계가 신앙을 필수 불가결한 것으로 만든다"라는 암브로시우스의 가르침을 따라 이성에 대한 신앙의 우월성을 평생 강조했습니다. 그러면서도 암브로시우스가 그 말 바로 앞에 붙인 "하나님은 우리가 이성 없이 그분에 대한 신앙에 복종하기를 원치 않으신다"라는 말을 따라 이성의 중요성도 죽을 때까지 잊지 않았지요. 사실 그가 기독교에 남긴 위대한 업적을 한마디로 요약한다면 계시를 이성으로 이해할 수 있게 도운 것이라 할 수 있습니다.

『고백록』에는 아우구스티누스가 마니교의 지도자인 파우스투스의 무지에 실망하는 내용이 나옵니다.[26] 그것이 그가 마니교에 회의를 갖게 된 시발점이 되었지요. 그러나 아우구스티누스가 마니교를 떠난 보다 직접적이고 구체적인 계기는 암브로시우스의 구약성서 창세기 설교를 통해 접한 신플라톤주의의 천문학에서 비롯되었다고 합니다. 이 사실을 그는 『고백록』에서 "구약성서의 한두 구절을 문자 그대로 받아들일 때는 그것이 나를 죽이는 것이 되었지만, (암브로시우스와 그의 동료들이) 그것을 은유적으로 풀어 설명해 줄 때 나는 기독교 신앙의 합리적인 근거가 더욱 옹호될 수 있다고 생각하게 되었습니다"[27]라고 털어놓았습니다.

조금 더 자세히 설명하자면, 마니교에서는 우주가 악의 원리에 의해 창조된 물질로 구성되어 혼돈스럽다고 가르쳤습니다. 그런데 플라톤의 『티마이오스』 영향 아래 있던 신플라톤주의에서는 우주의 구조를 규칙적이고 수학적인 질서로 설명했지요. 아우구스티누스는 암브로시우스, 심플리키아누스, 빅토리누스 등의 가르침을 통해 그것을 전해 들은 후 크게 매료되었습니다. 그래서 마니교 교설을 버리고 세계에는 창조 때부터 일정한 질서가 있으며 그것을 창조한 신은 선하다고 믿기 시작했습니다.

현대과학에 익숙해진 우리에게는 조금 우습게 들리지만, 질서와 선善을 동일시하는 사유는 신플라톤주의의 근본원리입니다. 원래는 '현에서의 음정의 수적數的 비례'를 처음 발견한 피타고라스에서 비롯되었지요. 그에게 우주는 수학적으로 엄격하게 질서 지어진 완벽하고 선한 것입니다. 이러한 세계관이 플라톤에 의해 하나의 철학적 사상으로 체계화되면서 신플라톤주의로 흘러들었지요. 신플라톤주의는 오리게네스나 아우구스티누스 같은 초기 기독교 신학자들만이 아니라 코페르니쿠스, 갈릴레이 같은 르네상스 시대의 과학자들에게도 피타고라스와 플라톤이 정립한 이성주의적 세계관을 전하는 일을 훌륭하게 수행했습니다.

파울 틸리히는 아우구스티누스가 신플라톤주의 안에 녹아 있는 그리스적 이성주의를 내세워 동방의 이원론인 마니교를 극복한 것을 인류 역사에 하나의 상징적 의미를 갖는 사건이라고 평가했습니다.[28] 그 덕분에 현대의 자연과학, 수학, 테크놀로지가 발전할 수 있었다는 거지요. 그러나 그것은 1,500년이나 지난 후 내려진 문화사적 평가일 뿐입니다. 우리의 이야기와 연관해서 중요한 것은, 아우구스티누스 개인의 생애에서 신플라톤주의는 그가 기독교로 들어가는 문을 여는 열쇠이자 위대한 신학자가 되는 발판이 되었다는 사실입니다. 『고백록』 7권이 보여 주듯이, 신플라톤주의를 통해 그에게 '지적知的 회심'이 일어난 겁니다. 이제 그에게 남은 것

• 어떤 현에서 나는 소리를 기본음으로 하고 그 현의 길이를 반으로 줄이면 기본음보다 한 옥타브 높은 소리가 난다. 또 '도' 음을 내는 현에서 현의 길이를 4분의 3으로 줄이면 '도'보다 세 단계 높은 소리인 '파' 음이 나며 그 현의 길이를 다시 3분의 2로 줄이면 네 단계 높은 '도' 음이 난다.

은 '영적靈的 회심'뿐이었습니다!

밀라노에서의 회심

아우구스티누스의 생애에서 삼십 대 초반은—육적으로나 지적으로나 영적으로나—마치 포도가 포도주로, 애벌레가 나비로 변하는 것과 같은 변혁과 혁명의 시기였습니다. 위대한 학자이자 성인이 되기 위해, 육체적으로는 방탕한 생활에서 금욕생활로, 지적으로는 철학자에서 신학자로, 영적으로는 마니교도에서 기독교도로 변해야만 했지요. 당연히 고통이 따랐습니다. 그것은 포도주가 되려는 수액이 술통 속에서, 나비가 되려는 애벌레가 고치 속에서 견뎌야 하는 '어둠과의 투쟁'이었지요. 당시 아우구스티누스는 특히 성적性的 문제에서 혼란과 고통을 겪은 것으로 전해 내려옵니다.

앞에서 이야기했듯이, 아우구스티누스는 이미 17세 때 카르타고에서 한 여인을 만나 아들을 낳고, 그때까지 15년을 함께 살고 있었지요. 그런데 그가 32세가 되던 386년에 어머니 모니카가 밀라노의 수사학 교사로 성공한 아들의 신분에 어울리는 어느 부유한 기독교 집안의 상속녀와 약혼을 주선했습니다.[29] 그런데 이 일은 우리가 이해하기 쉽지 않습니다. 모니카가 누구인가요? 기독교 역사상 가장 믿음이 굳고 경건한 여인 가운데 하나로 꼽히는 여인이 아니던가요? 그런 그녀가—결혼이 당시에는 재산상의 협정이었다는 점을 감안한다고 하더라도—아들과 오랜 세월을 함께 살아온 헌신적인 여인 대신에 아직 결혼할 나이에도 이르지 않은 부잣집 소녀와의 결혼을 추진했다는 사실이 미덥지 않습니다.

어디 그뿐인가요? 모니카는 그렇다고 해도, 아우구스티누스가 어떻게 15년이나 함께 살며 사랑했던 여인이자 '자기 아들의 어머니'를 버렸는가도 이해하기가 무척 어렵지요. 어머니의 강권을 이기지 못해서였을까요? 그건 아닌 듯합니다! 그는 그동안 숱하게 어머니를 거역하고 자기 뜻대로 살지 않았던가요! 그럼, 사랑이 변해서였을까요? 그것도 아닌 것 같습니다. 그가 『고백록』에 당시의 심정을 이렇게 토로했기 때문입니다. "나의 결혼에 방해가 된다는 이유로 나와 그토록 오래 산 그 여자를 내 곁에서 떠나가게 했습니다. 그녀와 오랫동안 하나로 이어져 있던 내 마음은 고통받아 상처를 입고 피를 흘렸습니다."30

아우구스티누스가 이름조차 남아 있지 않은 '그 여인'과 결혼을 하지 않고 산 이유는 끝내 알려지지 않았습니다. 일부 학자들은 신분 차이 때문이었으리라 짐작하지요. 당시 로마에는 신분의 혼합을 막는 콘스탄티누스의 영令이 시행되고 있었기 때문입니다. 그건 그렇다고 해도 그럼 왜 그녀를 버렸을까요? 아우구스티누스를 미화하려는 다른 일부 학자는 그가 사춘기도 되지 않은 어린 신부와라면 가능한 금욕 생활을 하기 위해 '그 여인'과도 헤어졌다고 주장하기도 합니다. 당시 소녀들의 합법적 결혼 연령이 열두 살이었는데, 나이가 어리다는 이유로 결혼이 2년가량 미뤄진 것으로 보아 약혼녀의 나이는 열 살 전후였을 것이기 때문이지요. 그러나 이 주장은 일단 터무니없는 소리로 들립니다. 아우구스티누스는 그 후에도 넘치는 성욕을 참지 못해 결혼할 때까지 '임시방편'으로 또 다른 애인을 두었기 때문입니다. 그러니 그가 왜 자기 여인을 버렸는지 참으로 모를 일이지요.

그러나 이렇게 달리 생각해 볼 여지는 있습니다. 한편으로 그는 평생 자신의 내부에서 끊임없이 솟아오르는 성욕과 싸워야 했던 무척 정력적인 사람이었습니다. 하지만 다른 한편으로는 성욕을 원죄와 연결 지을 만큼 죄악시한 사람이기도 했지요. 386년은 아우구스티누스가 세례를 받기 바로 전해입니다. 그는 세례를 앞두고 경건생활을 위해 금욕을 결심한 다음, '그 여인'의 동의를 얻어 고향으로 돌려보냈을 수 있다는 말입니다. 이후 그녀는 아프리카로 돌아가 가톨릭 공동체에서 금욕적인 삶을 살았다고 전해집니다. 물론 아우구스티누스는 "마음에는 원이로되 육신이 약[해서]"(마태복음 26:41) 그녀와의 약속을 지키지 못했습니다. 그래서 자신도 "이리하여 내 영혼의 질병은 악습의 노예가 된 탓으로 더욱 심해져 갈 뿐이었습니다"[31]라고 스스로 한탄하기도 했지요.

주로 어린 시절의 기억과 종교적 테마로 시를 쓴 영국의 현대시인 클리포드 다이먼트 Clifford Dyment, 1914-1970는 아우구스티누스가 바로 그 당시 가졌으리라 짐작되는 심적 갈등을 시로 써서 남겼습니다. 제목이 흥미로운데요, "32세의 성 어거스틴"입니다.

소녀여, 왜 나를 따라오는가.
성스러운 곳의 문 앞에 내가 이르렀으나,
내 결심이 흔들리고, 들어가기 주저되니
돌아서서 네 얼굴을 들여다본다.
…
나는 말이 아닌 웅변을 열망하고
돌의 입맞춤 속에 충만을 찾는다. 너는,
붉은 입술과 금빛 머리로 내게로 온다. 그리고,
네 발밑엔 바람에 불려 온 낙엽이 하나.[32]

특히 매력적인 마지막 행을 보면 시인은 당시 아우구스티누스가 가졌으리라 짐작되는 갈등에 인간적으로 공감했던 것 같습니다. 어때요? 그렇게 보이지 않나요?

그런데 여기에서 우리가 놓치지 말아야 할 중요한 사실이 또 하나 있습니다. 그것은 자기 자신을 "영혼의 질병"을 앓고 있는 죄인으로 파악한 아우구스티누스의 철저한 죄의식이 그를 마침내 영적 회심으로 이끌었다는 것이지요. 일찍이 덴마크의 철학자 키르케고르가 옳게 지적한 대로, 인간은 뉘우침과 죄의식이라는 처절한 실존적 절망감 속에서만 "무한한 자기 체념"을 할 수 있게 되며, 그제야 비로소 하나님을 발견하고 그에게 자신의 모든 것을 맡기는 '종교적 단계'에 이르게 되기 때문입니다. 키르케고르는 이 말을 "무한한 자기 체념은 신앙 앞에 전제되는 최후의 단계다"라고 표현했습니다. 당시 아우구스티누스가 비로소 이 단계에 이른 것이지요.

정리해 보면, 본인이 뜻한 바는 전혀 아니었지만 마침내 아우구스티누스에게 회심을 위한 모든 준비가 끝났습니다. 그는 이미 아카데미학파의 회의주의를 통해 '인간 이성의 한계'를 깨달았고, 신플라톤주의를 통해 '지적 회심'을 이루었으며, 철저한 죄의식을 통해 '무한한 자기 체념'을 할 수 있게 되었지요. 그것은 그가 비로소 하나님 앞에 무릎 꿇을 수 있게 되었음을 알리는 징표였습니다. 아우구스티누스의 회심은 그의 오랜 망설임이나 갈등과는 달리—그것이 '차례로' 그리고 '철저하게' 준비되어 왔기 때문에—때가 이르자 마치 둑이 무너지고 봇물이 터지듯 극적으로 일어났지요.

어느 날 아우구스티누스는 폰티티아누스^{Pontitianus}라는 친구에게서 한 세대 전쯤 세상을 뜬 이집트의 은둔수사$^{隱遁修士, hermit}$ 성 안토니우스$^{Antonius, 251-356}$의 생애와 수도생활에 대해 들었습니다.[33] 안토니우스는 콥트족의 기품 있는 기독교 가정에서 태어났습니다. 그는 부모가 죽자 물려받은 거대한 토지와 막대한 부를 모두 가난한 사람들에게 나눠 줬지요. 그리고 당시 아우구스티누스와 거의 같은 나이인 서른네 살[285]에 이집트

프라 안젤리코(Fra Angelico), 〈성 아우구스티누스의 회심〉, 1430-1435.

의 외딴 사막으로 나가 금욕과 수도생활을 한 기독교 역사상 최초의 수도사입니다. 사막에서 그는 짐승가죽으로 옷을 지어 입고 곡식과 소금만 먹으며 대부분의 시간 동안 기도와 고행을 하고 환상 속에서 사탄과 싸우며 홀로 살았습니다. 가끔 알렉산드리아로 나가 사자후 獅子吼와 같은 설교를 토했는데, 당대 그리스도인들은 물론이고 이교도까지 탄복시켜 "황야의 별"이라는 호칭을 얻기도 했지요. 말년에는 홍해 부근의 콜줌산 Mt. Kolzoum 동굴에서 살았는데, 이곳에는 아직도 그의 이름을 간직한 '성 안토니우스 수도원'이 고색창연한 모습으로 남아 있습니다. 기독교 최초의 수도원이지요.

이 위대한 수도사에 관한 이야기를 친구에게서 전해 들은 아우구스티누스는 커다란 충격을 받았습니다. 그리고 세속적인 욕망에 사로잡혀 방황하고, 술에 취하여 방탕과 음란과 호색을 일삼던 자신의 지난날들을 되돌아보고, 여전히 회심하지 못하는 자기를 크게 뉘우쳤지요. 그리고 뒤뜰 무화과나무 아래서 통곡하며 울부짖었습니다.

오, 주여, 어느 때까지입니까? 오, 주여, 어느 때까지입니까? 당신께서는 영원히 노하시려 하십니까? 원하옵건대 지난날에 저지른 죄를 기억하지 마시옵소서. 언제까지입니까? 얼마나 더 기다려야 합니까? 내일입니까? 또 내일입니까? 왜 지금은 아닙니까? 왜 지금 이 순간에 나의 더러움을 벗어 버릴 수 없습니까?[34]

그때 이웃집에서 "톨레 레게"Tolle lege라고 외치는 한 아이의 목소리가 되풀이해서 들렸습니다. '톨레 레게'는 '집어서 읽어라'라는 뜻이지요. 아우구스티누스는 그 음성이 아이가 놀이를 하면서 부른 노래가 아니라고 생각했습니다. 또한 그것이 '이웃집'vicina domo에서가 아니라 '신의 집'divina domo에서 온 것이라고 여겼지요. 그래서 벌떡 일어나 손에 잡히는 대로 성서를 펼쳐 읽은 것이 "방탕하거나 술 취하지 말며 음란하거나 호색하지 말며 다투거나 시기하지 말고 오직 주 예수 그리스도로 옷 입고 정욕을 위하여 육신의 일을 도모하지 말라"(로마서 13:13-14)라는 구절이었습니다. 순간, 하나님의 존재와 권능에 대한 확신의 빛이 돌 같던 그의 마음으로 뚫고 들어왔지요!

카시키아쿰의 신학

회심悔心에 대응하는 신약성서의 용어인 '메타노이아'metanoia는—1부에서 이미 밝혔듯이—단순히 지난날의 잘못된 생각을 후회하고 바꾸는 것을 뜻하지 않습니다. 그것은 쿤이 말하는 '패러다임의 전환', 곧 자신의 삶의 태도 전반을 송두리째 바꾸어 새로운 삶을 사는 것을 의미하지요. 회심 후, 아우구스티누스에게도 그런 일이 일어났습니다. 크게 보아 두 가지였지요.

하나는 아우구스티누스가 자신을 그토록 오랫동안 억압해 온 정욕의 마성으로부터 벗어나 마침내 금욕과 수도자의 생활을 시작하게 되었다는 겁니다. 그럼으로써 그는 단순한 신학자가 아니라 위대한 성인의 길로 발걸음을 내딛기 시작했지요. 다른 하나는 그가 당시 위대한 신학자들의 뒤를 따라 신앙과 이성을 결합하는 일에 몰두하기 시작했다는 겁니다. 그러기 위해 그에게는 철학적 지식이 더 필요했는데, 『고백록』에 의하면 아마도 386년 초여름쯤 아우구스티누스는 신플라톤주의 서적 몇 권을 손에 넣게 됩니다.[35] 오늘날 학자들은 그것이 마리우스 빅토리누스 Marius Victorinus, 290-364가 라틴어로 번역한, 플로티노스의 『엔네아데스』와 그의 제자 포르피리오스의 저술들이었으리라고 생각하지요.

아우구스티누스의 탁월함은 그가 기독교로 개종한 다른 신플라톤주의자들보다 훨씬 뒤늦게 이 저술들을 접했는데도, 그것을 이해하는 데는 그중 누구보다도 빨리 높은 경지에 도달했다는 점으로 나타났습니다. 그는 고대세계에서 난해하기로 악명 높던 플로티노스의 『엔네아데스』를 단시일에 완벽하게 소화해 냈습니다. 나아가 그 안에 숨겨진 보물창고인 플라톤 사상으로 단번에 뛰어들었지요. 그 결과 아우구스티누스가 도달한 결론은 플라톤과 플로티노스의 철학이 "단지 몇 마디만" 바꾸면 기독교에서 말하는 진리가 된다는 것이었습니다. 플로티노스의 책을 읽으면서 그동안 성서에서 모순이라고 생각한 많은 것이 삽시간에 사라지는 신비스러운 경험을 여러 번 했기 때문입니다.

아우구스티누스가 볼 때, 성서의 내용 가운데 플로티노스의 『엔네아데스』에 빠진 중요한 것은 '성육신'과 '부활'이었습니다. 하나님의 말씀이 육신을 입고 인간이 되었으며, 죽은 다음에 다시 살아났다는 계시는 예나 지금이나 인간의 이성적 이해를 불허합니다. 때문에 심플리키아누스와 빅토리누스와 같이 이미 기독교로 개종한 당시의 신플라톤주의자에게도 그것은 신앙으로 받아들일 수는 있어도 이성으로 이해하기에는 실로 어려운 내용이었지요. 그래서 눈 감고 아옹 하는 식으로 대강 설명하고 넘어갔지요. 아우구스티누스도 신플라톤주의에 결여된 그 두 가지 계시가 자기 자신과 기독교에 얼마나 중요한가 하는 것은 훗날 『고백록』을 쓸 즈음에야 비로소 깨달았습니다.

그가 『고백록』에서 "마치 전문가인 것처럼 내가 지껄이긴 했으나 우리 구주이신 그리스도 안에서 당신의 길을 찾지 않았다면 나의 지식은 통달의 길이 되기보다는 멸망의 길이 되었을 것입니다"[36]라고 털어놓은 것이 바로 그래서입니다. 하지만 당시 그의 마음은 단지 오랜 방황 끝에 마침내 발견한 신플라톤주의 진리들을 확고히 수용하는 일에만 온통 쏠려 있었습니다. 그래서 386년 여름휴가가 끝날 무렵 그는 출세를 기약할 수도 있었던 밀라노 수사학 교사직을 스스로 사임하고, 그때까지 걷지 않은 새 길로 들어섭니다. 위대한 성인이자 불멸의 신학자가 되기 위한 첫걸음이었지요.

가을이 오자 바로 '포도 수확 휴가'Feriae Vindemiales가 시작되었습니다. 때마침 친구 베레쿤두스가 밀라노에서 80킬로미터쯤 떨어진 카시키아쿰Cassiciacum에 있는 별장을 아우구스티누스에게 빌려주었습니다. 알프스산맥 기슭에 자리한 이 별장은 경관이 수려했고 건물도 매우 훌륭했습니다. 그곳에서 아우구스티누스는 같은 뜻을 품은 동료 십여 명과 함께 기도와 명상, 그리고 신학 연구와 토론에 몰두했습니다. 그 모임에는 얼마 전 밀라노에 온 어머니 모니카와 아들 아데오다투스, 그리고 아우구스티누스의 형제인 나비기우스도 참가했지요.[37]

산기슭에 겨울이 찾아오고 날씨는 점점 추워졌지만, 기도와 명상의 깊이는 나날이 더해 갔고 연구와 토론의 열기는 갈수록 뜨거워졌습니다. 짐작컨대 그들 모두에게 더없이 소중하고 행복한 시간이었겠지요. 그것은 훗날 아우구스티누스가 이 공동체를 모델로 한 수도원을 만들기로 작정한 것으로 미루어 보아도 알 수 있습니다. 아우구스티누스의 서간집 『편지』에는, 이때 참석한 동료 중 한 사람이 그 열정적이고 아름다웠던 시절을 회상하며 쓴 시가 들어 있습니다.

새벽이 마차를 타고, 행복이라는
과거의 바퀴를 내게로 다시 굴려 올 수 있을까,
우리가 알프스산맥의 그림자 아래
지혜로운 은둔을 계속하던 그때를.

서리가 내려도 굳건히 박힌
내 발을 뒤로 물러나게 하지 못했고,
태풍도 바람도 앞으로 계속될
우정을 물리치지 못하리.

그들은 키케로의 『투스쿨라나룸에서의 담론』 이후에 생긴 당시 관행에 따라, 토론을 할 때는 속기사速記士 한 사람을 두어 모든 내용을 받아 적게 했습니다. 이후 아우구스티누스는 그 속기록들을 자신의 세련된 문체로 바꾸어 책으로 출간했습니다. 오늘날 보통 『카시키아쿰 대화록』*이라는 이름으로 한데 묶여 출간된 아우구스티누스의 초기 저술들이 바로 그것입니다. 내용을 보면, 이 대화록에 실린 글들은 기독교적이기보다는 다분히 신플라톤주의적입니다. 그 때문에 오늘날에도 아우구스티누스가 '기독교적 신플라톤주의자'인지 아니면 '신플라톤주의적 그리스도인'인지에 대한 논란이 계속되고 있지요.

그러나 진실이란 언제나 보는 관점에 따라 달라지는 법이지요. 만약 누군가가 아돌프 하르낙Adolf von Harnach, 1851-1930이나 프리드리히 루프스Friedrich Loofs, 1858-1928처럼 『카시키아쿰 대화록』 같은 초기 저술에 눈을 고정하면 아우구스티누스는 분명 '기독교 빛깔을 띤 신플라톤주의자'로 보일 겁니다. 하지만 질송처럼 『신국론』과 『삼위일체론』 같은 후기 저술들로 눈을 돌리면 그는 '신플라톤주의의 빛깔을 띤 그리스도인'으로 비치겠지요. 어쨌든 한 가지는 분명합니다. 『카시키아쿰 대화록』을 쓰던 아우구스티누스와 『삼위일체론』을 쓰던 아우구스티누스는 크게 다르지만, 그가 신

• 여기에는 "아카데미주의자들을 반대하여", "행복한 삶에 관하여", "질서에 관하여", "독백록", "영혼불멸에 관하여", "음악에 관하여" 등이 들어 있다.

앙을 위해 이성을, 신학을 위해 철학을 부단히 사용했다는 사실이 그것입니다.

히포에서의 위업

387년 봄이 오자, 아우구스티누스는 카시키아쿰을 떠나 밀라노로 돌아왔습니다. 그리고 부활절 주일(4월 24-25일)에 아들 아데오다투스, 친구인 알리피우스와 함께 암브로시우스에게 세례를 받았습니다.[38] 그의 나이 서른셋이었지요. 이후 아우구스티누스와 일행들은 고향인 북아프리카의 타가스테로 돌아가 카시키아쿰에서의 공동생활과 같은 수도생활을 계속하기로 계획했습니다. 그들은 그해 여름 밀라노를 떠나 로마를 거쳐 테베레강 하구의 오스티아에 도착했지요. 그러나 항로가 차단되어 그곳에서 꼼짝없이 발이 묶였습니다.

아우구스티누스는 그해 오스티아에서 어머니를 여읩니다. 『고백록』에는 슬픔에 빠진 그가 하나님께 드리는 기도로 자신의 삶에 대한 이야기를 끝맺습니다. 그다음에는 창세기 해설(11-13장)이 이어지지요. 그러나 그의 생은 계속되었습니다. 남아 있는 기록들에 의하면, 이듬해인 388년에 아우구스티누스는 마침내 그리던 고향 타가스테에 도착합니다. 귀향 후 그는 이집트의 성인 안토니우스가 그랬던 것처럼 유산을 모두 정리해 가난한 사람들에게 나누어 주고, 아들 아데오다투스와 에보디우스, 나비기우스 등 몇몇 친구들과 함께 공동체를 만들어 약 3년 동안 은둔생활을 했습니다. 그들은 밤낮으로 기도와 명상 그리고 단식을 하며, 학문 연구와 토론을 하는 수도자의 삶을 살았지요.

그러던 390년에 아우구스티누스에게 다시 슬픈 일이 일어납니다. 아들 아데오다투스와 친구 네브리디우스가 갑자기 세상을 떠난 것입니다. 아우구스티누스는 또다시 더할 수 없는 비통함에 빠졌지요. 사랑하는 아들을 잃은 안타까움을 "너는 이 세상의 모든 사람들 가운데서 모든 면에서 나를 능가해 주기 바라는 유일한 사람이다"라는 키케로의 글을 인용해 표현하기도 했습니다. 그러나 어머니 모니카를 여의었을 때와는 달리 신앙으로 이미 굳게 단련된 그의 마음은 조금도 흔들리지 않았습니다. 그는 오히려 "모든 공허한 생각들은 뒤로 미루고 유용한 의무들을 수행합시다. 이 세상에 사는 한 어느 누구도 책임을 면제받는다는 생각을 해서는 안 됩니다"라며 슬픔에 빠진 다른 동료들을 격려했지요.

아우구스티누스는 고향으로 돌아올 때부터 자신의 삶의 방향을 이미 확고히 결정했습니다. 그것은 수도공동체를 결성하여 다른 사람들과 함께 영적생활을 하는 것인데, 당시 아우구스티누스는 그렇게 사는 것이 그리스도인으로서 가장 바람직하고 성공적으로 살아가는 것이라고 여겼습니다. 그러나 그를 인도하시는 하나님의 뜻은 역시 달랐습니다. 35년이나 지난 먼 훗날 그가 고백했듯 "종이 주인의 뜻을 거스를 수는 없는 법"[39]이어서, 이후 아우구스티누스는 자신이 전혀 뜻하지 않았던 길을 걷게 됩니다.

391년 어느 날 그는 한 친구를 찾아 자신의 공동체로 초대할 계획으로 히포 레기우스(오늘날 이집트의 본나 Bonna)로 갔습니다. 그런데 그곳에서 만난 당시 히포의 주교 발레리우스 Valerius가 그에게 히포 교회의 사제직을 맡아 달라고 간청했습니다. 수도생활을 추구하며, 한때 성직자와 교회 사람들을 우습게 여긴 일이 있는 아우구스티누스는 무척 망설였지요. 하지만 이듬해 결국 발레리우스의 제안을 받아들여 사제가 되었습니다. 그 후 빠르게 승진하여 4년 뒤인 396년에는 발레리우스의 뒤를 이어 히포의 감독이 되었지요. 그의 나이 마흔둘이었습니다.

돌아보면, 한 덩이 차가운 얼음으로 시작했던 아우구스티누스의 삶은 그가 자신의 나약함과 죄악됨을 깨닫고 인정하자마자 하나님의 은총으로 불붙기 시작했습니다. 그리고 맹렬하게 타올랐지요. 이때부터 그는 캄캄한 시대를 밝히는 '불타는 빙하氷河'였습니다. 히포의 감독으로 사역하는 동안 그는 마니교도, 도나투스주의자, 펠라기우스주의자들을 물리친 서방교회의 대표적 지도자가 되었습니다. 그뿐 아니라 34년 동안 쓴 방대하고 뛰어난 저술로 2,000년 기독교 신학의 기반을 다졌지요. 그리고 430년 8월 28일, 히포가 반달족에 포위되었을 때 기적과 같았던 그 불이 마침내 꺼졌습니다.

세상을 뜨기 4년 전, 아우구스티누스가 자신의 초기 저술의 오류를 바로잡으려고 스스로 정리한 『재고록』에는 그의 저술이 총 232권이고 97개의 책으로 묶인 것으로 기록되어 있습니다. 이 외에도 그는 숱한 신학적 사색이 담긴 220편의 편지를 남겼지요. 학자들은 이처럼 방대한 아우구스티누스의 저술을 시기에 따라 크게 세 단계로 분류합니다. 첫 번째 시기에는 마니교를 논박하며 주로 인식론과 신론을 정리했고, 두 번째 시기에는 도나투스 분파 문제에 골몰하여 교회론과 성례전을 정리했으며, 세 번째 시기에는 펠라기우스주의자들과 싸우며 은총론과 예정론을 확립했다는 것이지요.

아우구스티누스가 남긴 저술의 방대한 양에 대해서는 당시 누미디아의 주교 밀레비스의 옵타투스 Optatus of Milevis, 4세기경가 남긴 "[아우구스티누스는] 우리를 위해서 꿀이 가득 찬 천국의 벌집을 짓는, 진실로 부지런한 하나님의 꿀벌"[40]이라는 평가가 잘 대변해 줍니다. 그리고 그 저술들의 탁월한 질에 대해서는 "화이트헤드 교수의 말처럼, 서양철학이 플라톤 철학의 각주이듯 서구의 기독교 신학은 아우구스티누스의 각주라고 말할 수 있다"[41]는 시카고 대학의 교수 대니얼 윌리엄스 Daniel Williams의 말이 대변하지요.

'신학계의 플라톤'이라고도 불리는 아우구스티누스의 저술들은 그 후 안셀무스와 토마스 아퀴나스를 비롯하여 거의 모든 가톨릭 신학자들에게 직간접적 영향을 미쳤습니다.˙ 비록 토마스 아퀴나스가 아우구스티누스의 가르침을 아리스토텔레스적으로 체계화한 후―질송이 지적한 대로―누구에게 빚졌는지를 잊어버린 경향은 있지만 말입니다. 나아가 루터, 칼빈과 같은 종교개혁자들도 바울을 따라 구원은 하나님의 은총으로만 가능하다는 '은혜의 교리'를 재차 긍정하고 이어받았지요. 오늘날 루터교, 장로교, 성공회 등 서구 프로테스탄트의 주류가 그 뒤를 잇는다고 자처합니다. 그들 역시 아우구스티누스로부터 막대한 영향을 받았음에도 불구하고 상당 부분은 시치미를 떼고 있지만 말입니다.

어디 그뿐인가요? 데카르트의 유명한 명제 "나는 생각한다, 고로 존재한다"cogito, ergo sum는 아우구스티누스의 "속고 있다면 나는 존재한다"Si fallor, sum의 근대적 표현이 아니던가요? 이처럼 철학에서도 데카르트, 스피노자, 라이프니츠 같은 대륙 합리론자들은 물론이고 칸트, 볼프, 헤겔을 포함한 독일 관념론자들도 인간 정신의 내부에는 '변하지 않는 것'quod incommutabiliter manet이 있어˙˙ 여기서 진리를 발견할 수 있다는 것[42]과 '상기의 힘'vis memoriae이 있어 역사를 창조할 뿐 아니라 의식할 수 있다는 것[43] 등에서 아우구스티누스 사상의 덕을 보았습니다.

또한 베르그송 역시 아우구스티누스에 빚을 지지 않고서는 '지속으로

• 13세기 이후 아리스토텔레스의 철학을 받아들여 프란체스코 수도회의 아우구스티누스주의자들과 대립한 도미니쿠스 수도회 사람들마저 그들이 '히포의 위대한 감독을 배척하는 것이 아니고 그의 신학을 아리스토텔레스의 철학적 구조 안에서 재해석하는 것이라고 주장했다.
•• 아우구스티누스는 이 말을 예컨대 "당신은 내 자신의 깊은 내면보다 더 깊은 내면에 계시며"(『고백록』, 3, 6), "너는 밖으로 나가지 말라. 너 자신의 안으로 들어가라. 인간의 내면에는 진리가 거한다"(『참된 종교』, 29, 72) 등과 같이 표현했다.

서의 시간'time as duration이라는 자신의 시간관을 정립할 수 없었습니다.˙ 나아가 공산주의 국가들의 붕괴 이후 새로운 유물론적 역사관의 기반으로 모색되는 발터 벤야민의 '지금시간', 조르조 아감벤의 '메시아적 시간', '남겨진 시간', 안토니오 네그리의 '혁명의 시간'도 사실은 『고백록』에 들어 있는 아우구스티누스의 시간론과 무관하지 않지요.˙˙ 이들 역시 공공연하게 인정하지는 않지만 말입니다.

문학에선 또 어떤가요? 20세기 아방가르드 문학을 대표하는 프루스트, 울프, 조이스와 같은 작가들이 시도한 '의식의 흐름'stream of consciousness, 곧 과거의 사건과 현재의 사건을 나란히 놓음拉置으로써 비로소 드러나는 삶의 의미를 조명하는 문학적 기법도 아우구스티누스의 상기의 힘을 기반으로 하고 있지요. 영화감독들이 즐겨 사용하는 몽타주 기법montage technique은 또 어떤가요? 역시 마찬가지입니다. 나열하자면 한이 없습니다! 우리는 4장에 나오는 '아우구스티누스의 상기와 프루스트의 회상'에서 이에 대해 다시 한 번 자세히 살펴볼 것입니다.

바로 이런 이유에서, 우리가 아우구스티누스를 이해한다는 것은 단적으로 말해 기독교와 서양문명을 이해하는 핵심 코드 가운데 가장 중요한 하나를 이해하는 것이라고도 할 수 있습니다. 그래서 우리는 여기에서 누구나 한 번은 물을 수밖에 없는 질문에 부딪히게 됩니다. 뭐냐고요? 그것은 당시 다른 신학자들과 비교할 때, 미천하게 태어나 열악한 교육을 받

• 앙리 베르그송(Henri Bergson)은 시계추의 진동을 예로 들어 시간의 지속을 이렇게 설명했다. "우리의 의식이 그들 전체에 대해 조직한 기억 덕분에, 그들은 보존되고 다음에는 [일렬로] 정렬된다. 간단히 말해, 우리는 그 진동들을 위해 우리가 동질적 시간이라고 부르는 공간의 제4차원을 창조하며, 그것은 추의 운동을 비록 제자리에서일지언정 무한히 스스로에 병치될 수 있게 한다"(『의식에 직접 주어진 것들에 관한 시론』, 아카넷, 2001, p. 142).

•• 이에 대한 자세한 내용은 본인의 『철학카페에서 작가를 만나다』, 2권, "시간—윤성희 편"(웅진지식하우스, 2016)을 참고하라.

왔고, 게다가 면학하지도 않고 방탕했으며 한때 이교도이기까지 했던 그가 어떻게 이렇게 위대한 업적을 이룰 수 있었을까 하는 것입니다. 우리는 그 해답을 『고백록』에서 찾을 수 있습니다.

고백인가, 증언인가

『고백록』은 자서전입니다. 아마 세상에서 가장 널리 알려진 자서전일 것입니다. 아우구스티누스는 이 책을 397년, 그의 나이 마흔셋에 썼습니다. 여기서 우선 눈에 띄는 것은 나이로 보나 인생 여정으로 보나 그가 아직 자서전을 쓸 시기가 아니라는 사실이지요. 나이로 보면 그는 이후로도 33년이나 더 살았고, 인생 여정으로 보면 397년은 그가 히포의 감독이 된 다음 해로 막중한 임무를 새로 맡아 의욕적으로 일에 매진한 때였습니다. 그러니 무엇으로 보나 앞을 내다볼 때지 뒤를 돌아볼 때가 아니었다는 이야기지요. 그런데 그는 왜 하필이면 이 시기에 지난날을 회상하며 자서전을 썼을까요? 모를 일이지만 짐작할 수 있는 실마리는 있습니다. 이 자서전이 여느 것들과는 달리 단순한 회고록이 아니라는 점이 그것입니다.

『고백록』을 주의 깊게 살펴보면 그 안에 나타난 아우구스티누스의 삶에는 우연히 이루어진 것이 하나도 없습니다. 이교도인 아버지와 신실한 그리스도인 어머니 사이에서의 출생, 어린 시절의 열악한 교육환경, 문학에 몰두했던 젊은 시절의 방황, 마니교에 현혹된 일, 키케로를 통해 철학에 입문한 것, 회의주의 철학에 빠진 것, 신플라톤주의와의 만남과 회심, 뜻하지 않던 사제직 종사…. 이 모든 것이 하나같이 그가 위대한 기독교 신학자이자 성인이 되는 데 필연적인 준비 과정이었던 것으로 묘사되어 있습니다.

그러기 위해 아우구스티누스는 먼저 자기가 얼마나 불경건했고 이교도적이었는지를 차례로 고백함으로써, 자신의 현재가 어떤 과거로부터 시작해서 어떻게 준비되어 왔는가를 독자들에게 낱낱이 알립니다. 이것은 고대의 전기나 자서전들에서 주인공이 애초부터 훌륭했다—예컨대 성 토마스 아퀴나스는 5살 때부터 천재였고, 성 암브로시우스는 어릴 적 놀이를 할 때도 주교 역할만 맡았다—고 묘사하던 것과 아주 대조되지요. 더욱 중요한 사실은 아우구스티누스 자신이 이 같은 준비가 본인의 뜻이나 의지로 이뤄진 게 아니고 하나님의 섭리와 은총으로 이뤄졌다고 인식하고 썼다는 것입니다. 『고백록』은 한마디로 과거의 크고 작은 모든 일이 자신의 현재를 이루기 위한 하나님의 인도하심과 준비였다고 여기는 어떤 그리스도인의 생생한 증언입니다.

기독교 사상사를 보면, 이처럼 출생에서 죽음까지 이르는 인간의 모든 삶과 창조에서 종말에 이르는 세계의 모든 역사가 오직 하나님의 섭리와 은총에 의해 예정되고 인도된다는 교리를 처음 정립한 사람은 2세기 루그두눔 Lugdunum(지금의 프랑스 리옹)의 감독이던 이레나이우스 Irenaeus, ?140-200 입니다. 그는 '인간과 세계의 구원에 관한 하나님의 의도적이고 조직적인 계획'이라는 의미로 '오이코노미아' oikonomia 라는 용어를 만들어 사용했지요.[44] 우리말로는 보통 '구속경륜'救贖經綸 또는 '신적 경륜'으로 번역하는데, 하나님이 그의 섭리와 은총으로 마치 가정을 돌보듯이 인간과 세계를 이끌어 간다는 뜻입니다.

현대신학자 파울 틸리히는 이 같은 신적 경륜을 인간의 차원에서 파악하여 '신율' theonomy 이라는 용어를 만들었습니다. 이레나이우스가 발견한 '신적 경륜'은 그 주체가 하나님이긴 하지만 어쨌든 인간이 외부의 권위에 이끌린다는 점에서 타율적이라고 할 수 있습니다. 그러나 틸리히가 말하는 '신율'은 외부 권위에 의해 인간의 자율을 전적으로 폐기하는 타율heteronomy과는 다릅니다. 신율은 자율을 폐기하지 않고 오히려 완성시키지요. 요컨대 신율은 섭리와 은총에 의해 모든 상황과 여건이 성숙되어 초월적으로 실현되는 자율autonomy을 말합니다. 그래서 틸리히는 "자신의 신적 근거를 알고 있는 자율이 곧 신율"[45]이라고 규정했습니다.

『고백록』을 보면, 아우구스티누스가 자신의 삶을 신율적인 것으로 파악했음을 알 수 있습니다. 그는 매 순간 스스로 선택한 삶을 살았습니다. 그 누구도, 심지어 어머니 모니카마저 그를 말리지 못했습니다. 하지만 결국 그는 그 모든 것이 하나님의 뜻을 이루기 위한 과정이었음을 깨닫지요. 당신은 혹시 그것은 객관적 사실이 아니고, 그가 단지 주관적으로 그렇게 생각했을 뿐 아닌가 하고 물을 수 있습니다. 어쩌면 그런지도 모르지요. 그것은 사실상 당사자만 느낄 수 있을 뿐 아무도 알 수 없습니다. 다만 우리가『고백록』을 통해 알 수 있는 것은 아우구스티누스가 자기 삶의 신적 근거를 깨달았을 때, 다시 말해 자신의 삶의 바탕에 언제나 하나님이 계신다는 사실을 깨달았을 때 자율적으로만 인식되던 자신의 모든 과거가 하나님의 섭리와 은총에 의해 이뤄졌다는 것―곧 신율적인 것―을 알게 되었다는 사실입니다.

그러므로 "주여 당신은 위대하십니다"로 시작하여 "모두가 당신에게 구할 일이요, 당신 안에서 찾아야 할 일이며, 당신만을 두들겨야 할 일이오니, 이렇게 하는 데서만 받을 것이고 찾을 것이고 열릴 것입니다"로 끝나는『고백록』은 비록 회고록 형식을 취하기는 했지만, 그것은 어느 성공한 사람이 과거를 돌아보며 자랑스레 쓴 자서전이라기보다는 어떤 신실한 그리스도인이 눈물로 쓴 기나긴 신앙 간증干證이 되었습니다.『고백록』에 대해 우리가 맨 먼저 내려야 할 평가는 바로 이것이지요!

그뿐 아닙니다. 아우구스티누스는 『고백록』에서 자신이 그때까지 경험한 크고 작은 모든 사건 사이에 그것들의 성서적 또는 교리적 해석을 낱낱이 끼워 넣었지요. 그래서 『고백록』에는 가장 개인적이고 은밀한 신앙 간증이 가장 객관적이고 날카로운 신학적·철학적 언어들과 뒤섞여 있습니다. 골방에서나 이뤄지는 '하나님과의 대화'speech with God가 토론장에서나 행해지는 '하나님에 대한 이야기'speech about God와 한데 엮여 혼합되어 있지요. "아브라함과 이삭과 야곱의 하나님"과 '플라톤과 플로티노스의 철학적 신philosophical god'을 하나로 연결시켰습니다. 그 결과 『고백록』은 또한 풍부한 개인적 사례들을 들어서 하나님의 말씀을 이성으로 이해할 수 있게 하는 성서 해석서 내지 신학 교육서가 되었습니다. 『고백록』에 대해 우리가 빠트리지 말아야 할 평가가 또한 이것이지요!

정리하자면 『고백록』은 자기의 삶에 부단히 관여하고 인도하는 하나님의 섭리와 은총을 깨달은 아우구스티누스의 신앙 간증이자, 자신이 맡은 교구의 교인들을 교육하려는 히포 주교의 신학 교육서입니다. 『고백록』이 보여 주는 이 같은 저술 형식—곧 자신의 경험을 매개로 진리를 증언하는 서술 형식—이 가진 장점은 높은 설득력에 있습니다. 때문에 『고백록』은 이후 단테와 밀턴과 같은 거장들로 이어지며 서구 종교문학의 한 전통이 되기도 했습니다. 예를 하나 들어 볼까요?

아우구스티누스는 『고백록』의 첫 장 서두 부분에서 "오 주여, 나에게 지식과 깨달음을 주소서"da mihi, Domine, scire et intellegere[46]라고 기도하며 글을 시작합니다. 그런데 단테도 『신곡』의 서두에서 자기를 인도하려는 베르길리우스의 영혼에게 "오 시인이시여, 당신이 생전에 모르셨던/ 하느님의 이름으로 간청하나니/ 이 재앙과 더 큰 재앙으로부터 벗어날 수 있도록/ 방금 말씀하신 곳으로 나를 인도하소서"[47]라고 간구함으로써 작품을 시작합니다. 둘 모두 이제부터 자기가 쓰는 글이 자기 자신의 뜻이 아니라 성스러운 영에 의해 이끌려 이뤄지는 경험에 대한 것이라고 증언하는 거지요. 마찬가지로 밀턴도 『실낙원』의 서두 가운데 일부를 다음과 같이 시작합니다.

> …그대, 아 영이시여, 어떤 성전보다도
> 바르고 깨끗한 마음을 좋아하시는 그대여,
> 나를 가르치시라, 그대는 아시니. 그대는
> 맨 처음부터 계셨고, 힘센 날개를 펼쳐
> 비둘기처럼 대심연大深淵을 품고 앉아
> 이를 잉태케 하셨어라. 내 안의 어둠을
> 밝히시고, 낮은 것을 높이시고 떠받드시라.
> 이 크나큰 시제詩題가 뜻하는 높이까지
> 영원의 섭리를 내가 증명하여 인류에 대한
> 하나님의 길이 옳음을 밝힐 수 있도록.⁴⁸

이처럼 서구의 작가들은 자신들의 작품을 단순히 그들의 신앙 체험을 털어놓는 '고백문학'이 아니라, "영원의 섭리를 내가 증명하여 인류에 대한 하나님의 길이 옳음을 밝힐 수 있도록" 진리를 밝혀 알리는 '증언'으로 삼았습니다.

퓰리처상을 받은 미국의 문화사학자 게리 윌스Gary Wills가 자신의 저서 『성 아우구스티누스』에서 바로 이 점을 주목했습니다. 그는 『고백록』의 라틴어 제목 'confessiones'를 영어로 번역할 때 'confession'고백이라 한 것은 단순한 음역音譯 표기이며 잘못된 것이라고 지적했습니다. 라틴어 'confessiones'에는 '고백' 외에 '증언'testimony이라는 의미도 있는데, 아우구스티누스가 자신의 책 제목을 'confessiones'으로 붙일 때는 후자를 염두에 두었다는 겁니다. 그래서 윌스는 자신의 저서에서 이 책의 제목을 '고백록'이라고 하지 않고 '증언'이라고 번역했지요.[49]

어떤가요? 다분히 공감 가는 주장이 아닌가요? 아우구스티누스는 히포의 감독이라는 막중한 직위를 맡고 죄 많았던 자신의 과거사를 '고백'하려 한 게 아니라, 인간과 세계의 구원에 관한 하나님의 의도적이고 조직적인 계획이라는 기독교적 진리를 '증언'하려고 『고백록』을, 아니 『증언』을 저술했다는 겁니다. 그럼으로써 『고백록』은 시대와 시대를 넘어 불가능한 것의 가능성을 열어 보여 주는 하나님의 인도하심을 증언하는 저술이 되었지요.

14세기 이탈리아의 르네상스를 이끈 시인 페트라르카 Petrarca, 1304-1374 는 『고백록』을 읽고 "나는 다른 사람의 순례기가 아닌, 나 자신의 영적 순례기를 읽는다고 생각했다"[50]라고 토로했습니다. 앞에서 보았듯, 아우구스티누스는 토마스 아퀴나스처럼 지적 탁월성과 영적 경건함을 선천적으로 타고난 사람이 아니었습니다. 마치 우리가 그렇듯 그의 정신도 칠흑처럼 깜깜했고, 영혼 역시 세속적 욕망으로 들끓었습니다. 사람들이 아우구스티누스의 『고백록』을 읽으면서 결코 남의 이야기가 아니라고 느끼는 것은 그래서지요. 그러나 하나님의 은총으로 그는 탁월한 신학자이자 위대한 성인이 되었습니다.

워싱턴 대학에서 철학을 강의한 가톨릭 주교 풀턴 쉰 Fulton Sheen, 1895-1979 의 말대로, 인간이 자신의 힘으로 자기를 구원할 수 없음을 알게 되었을 때 비로소 위로부터 내려오는 은총에 대한 통찰을 얻은 사람은 토마스 아퀴나스가 아니라 아우구스티누스였습니다. 토마스 아퀴나스를 천사적 박사 Doctor Angelicus 라고 부르던 중세 사람들이 아우구스티누스를 '은총의 박사' Doctor Gratiae 라고 일컬은 것도 그래서입니다. 은총에 의해, 섭리에 의해 아우구스티누스의 마음 안에서 점차적으로 자라난 '진리의 빛'

은 우선 칠흑 같던 그 자신의 어둠을 밝혔습니다. 나아가 지난 1,600년 동안 시대와 세대를 초월하여—마치 젊은 시절에 아우구스티누스가 그랬던 것처럼—갈 길을 몰라 어둠 속을 헤매는 모든 사람들에게 든든한 길라잡이가 되었지요.

그래서 이 자리를 빌려 당신에게 긴히 당부하고 싶은 말이 하나 있습니다. 혹시 당신이 지금 출구가 보이지 않는 어둠 속에 있다면, 혹시라도 어떤 불가능성 앞에 서 있다면, 그래서 좌절하고 절망하고 있다면,『고백록』을 읽으라는 것입니다! "비록 이 눈물 골짜기에서 악한 일을 당하게 하실지라도 그것이 변해 선이 되게 하실 것을 믿고 의심치 아니"[51]하기 위해서 말입니다. 물론 그렇지 않더라도 우리는『고백록』을 읽어야 합니다! 우리 자신의 삶을 신율적으로 파악하기 위해서, 다시 말해 하나님의 섭리와 은총에 의해 인도되는 복된 삶을 인식하기 위해서 말입니다!

세계라는 예술품으로부터 신적인 예술가를

자, 그럼 여기서 우리가 서두에 던진 의문을 다시 떠올려 볼까요? 아우구스티누스의『고백록』은 누가 보아도 9장이나 길어도 10장에서 끝나도 충분할 만한 내용입니다. 그런데 그는 거기서 마무리 짓지 않고, 내용상 전혀 어울리지 않는 '창조주로서의 하나님의 사역'에 대해 무려 세 장(11-13장)이나 할애해 추가로 설명합니다. 왜 그랬을까요? 단순히 분량을 늘리고 싶어서였을까요? 아니면 자신의 삶과 세계 창조 사이에 어떤 관계가 있다는 것을 보여 주고 싶어서였을까요? 아니면 우연이었을까요?

아니지요! 이제 차례로 살펴보겠지만, 그 이유는 분명합니다. 아우구스티누스는 자신의 삶이 증명하듯이, 창조에서 종말에 이르는 우주의 역사 또한 어떤 우연이나 필연에 의한 것이 아니라 오직 하나님의 의도적이고 조직적인 계획에 의해 창조되고 보존되며 인도된다는 것을, 그리고 그것이 지극한 은총이라는 것을 독자들에게 전하려 한 것입니다.

『황무지』로 잘 알려진 영국 시인 토머스 엘리엇Thomas S. Eliot, 1888-1965의 "목마른 구조"라는 시에는 다음과 같은 구절이 있습니다.

우리는 경험했지만 그 의미는 놓쳤다.
그러나 그 의미에의 접근은
경험을 회복시킨다.
하지만 다른 형태로.

아우구스티누스의 『고백록』이 바로 이 같은 일을 한다는 것이 미국의 영문학자 로이 배튼하우스Roy W. Battenhouse의 생각입니다.[52] 옳은 말입니다. 우리는 『고백록』을 읽으면서, 우리가 삶에서 경험했지만 놓쳐 버린 숱한 의미를 새롭게 회복시킬 수 있습니다. 물론 그 일은 '다른 형태로' 이뤄지지만 말입니다. 창세기에 기록된 우주 창조에 관한 이야기 역시 그렇습니다.

우리는 이제부터 아우구스티누스의 『고백록』에 의해 고대 히브리인들의 창조설화가 이전까지 알려진 것과는 전혀 다른 의미로 부활해 기독교 신학으로 걸어 들어가는 것을 보게 될 겁니다. 예지로 가득 찬 그의 창세기 해석은 이미 과학적·합리적 인간이라는 세례를 받은 우리조차 충분히 수긍할 수 있을 정도로 놀라운 방법으로 종교적·신학적 의미를 새롭게 창조해 주기 때문입니다. 하지만 그 전에 여기서 한 편의 시와도 같은 아우구스티누스의 글을 소개하고자 합니다. 창조주로서의 하나님에 대한 그의 총체적 시각을 미리 맛보기 위해서지요.

- "목마른 구조"의 원제는 "The Dry Salvages"다.

세상에게 물어보라, 하늘의 아름다움, 별들의 빛남과 질서,
낮의 태양과 달, 밤에 내리는 서리를 가진 세상에게!
땅에게 물어보라, 나무들과 식물들을 풍요롭게 하는,
온갖 동물이 서식하여, 인간을 위해 가꾸어지고, 마련된 땅에게!
바다에게 물어보라, 자기 안에서 태어난 모든 존재로 충만해진 바다에게!
모든 것을 물어보고 나서 보라, 저마다의 것이 자신의 종류에 따라
자신의 감관을 통해 너에게 대답하고 있지 않은가;
"하나님이 우리를 만드셨다." 드높이 숙고한 철인들이 이것을 물었고,
그들은 세계라는 예술품으로부터 신적인 예술가를 인식했다.⁵³

이 글을 보면 아우구스티누스가 예술품 같은 자연으로부터 예술가적 창조주를 발견하고 감탄했다는 것을 알 수 있습니다. 물론 그렇다고 해서 그가 토마스 아퀴나스를 비롯한 중세신학자들이나, 현대 프로테스탄트 신학자 에밀 브루너처럼 '자연에 나타난 하나님의 계시'를 '그리스도 안에 나타난 계시'와는 또 다른 하나의 구원의 방법으로 여긴 것˙은 아니었습니다.⁵⁴ 하지만 적어도 종교개혁자 칼빈처럼 자연을 "하나님의 영광을 위한 무대"이자 "하나님을 발견하는 장소"로서 이해했음은 분명하지요.⁵⁵

1,400년쯤 지나 서구의 낭만주의자들은 아우구스티누스가 언급한 "세계라는 예술품"에서 하나님의 숭고미崇高美를 찾아내 노래했습니다. 그중 한 사람인 괴테는 다음과 같이 읊었지요.

번개나 천둥, 그리고 폭풍 속에서
장엄한 힘으로 압도해 오는 존재를,

• 이에 대해서는 4부 "하나님은 인격적이다"를 참고하라.

만발한 꽃의 향기와 온화한 바람의 산들거림 속에서
사랑스럽게 다가오는 존재를
우리가 느껴서는 안 된다는 말인가?[56]

왜 안 되겠습니까? 자, 그럼 이제부터 함께 느껴 보시죠!

4장

창조는 어떻게 이루어졌나

태초는 언제인가

아우구스티누스는 우선 "태초에 하나님이 천지를 창조하시니라"(창세기 1:1)에서 '태초'principium*라는 말에 주목했습니다. 그리고 이 말의 의미를 시간상 '아주 오래전'이 아니라 '시간의 시작'으로 보았지요. 그는 세계가 시간 속에서 만들어지지 않았다고 주장했습니다. 그는 다음과 같이 말했습니다.

> 당신이 만일 시간 속에서 소리가 났다 사라지는 말로 "천지가 있으라" 하심으로써 천지를 창조하셨다면, 천지가 있기 전에 어떤 창조된 물질이 있었을 것이며 바로 그 물질의 시간적 운동에 의해서 당신의 음성이 시간 안에서 흘러갔을 것입니다. 그러나 천지가 창조되기 이전에는 어떤 피조물도 없었습니다.[1]

이 말을 이해하려면 약간의 설명이 필요합니다. 물리적 시간이란 변화하는 사물과 사건들 사이의 관계입니다. 그러므로 사물이 아직 없는 곳에는 시간이 존재할 수 없지요. 아우구스티누스는 플라톤의 『티마이오스』를 통해 이 사실을 이미 잘 알고 있었습니다.** 그래서 그는 "시간이란 한 형상이 다른 형상으로 바뀌는 사물의 변화로 이루어지는 것"[2]이라고

• 히브리어 성서 원문에는 "베레쉬트"(בראשית)라고 표기되어 있다. '베'는 명사와 결합하여 그 명사와 관련된 '때'를 가리키는 불분리 전치사이고, '레쉬트'는 '시작'(창세기 10:10), '근본'(시편 111:10), '으뜸'(욥기 40:19) 등의 의미로 쓰이는 명사다.
•• 아우구스티누스의 이 주장은 플라톤의 영향을 받은 것이다. 플라톤은 『티마이오스』에서 "천구(天球)가 생기기 전에는 낮과 밤 그리고 연월이 전혀 없었는데, 그것들이 만들어지는 동시에 신이 시간의 탄생을 궁리했기 때문입니다"라고 했다(『티마이오스』, 37e).

규정했지요. 그런데 창조 이전에는 사물이 아무것도 없었기 때문에 시간도 존재하지 않았다는 것입니다. 따라서 창조는 시간 속에서 행해질 수 없고 창조와 함께 시간과 공간이 펼쳐졌다는 이야기인데, 바로 그 순간이 '태초'라는 겁니다.

어때요? 수긍이 가지요? 아우구스티누스는 이 말을 『신국론』에서는 "세계는 시간 안에서 만들어진 것이 아니라, 시간과 더불어 만들어졌다" non est mundus factus in tempore, sed cum tempore 라고 딱 잘라 간단히 표현했습니다.[3] 우리는 이 말에 주목해야 합니다. 왜냐하면 '시간과 더불어 이루어진 창조'creatio cum tempore라는 말은 하나님이 세계를 '시간 밖에서' 창조했다는 것뿐 아니라―나중에 설명하겠지만 그보다 더 중요한 종교적 의미를 가진― 하나님이 '세계 초월자'이자 '절대자'라는 것을 의미하기 때문입니다.•

여기에 붙어 다니는 재미있는 이야기가 하나 있습니다. 예나 지금이나 세상에는 짓궂은 사람들이 있게 마련이지요. 고대에는 성직자들을 찾아와 "하나님은 천지를 짓기 전에는 무엇을 하고 계셨습니까?"라는 질문을 던지는 사람들이 있었다고 합니다. 이 곤란한 질문에 대해 성직자들은 "그런 것을 꼬치꼬치 묻는 사람들을 위해 지옥을 짓고 계셨다"라는 말로 대답을 회피했다고 하지요.[4] 훗날 종교개혁자 칼빈도 이 말에 동의했다고 합니다.[5] 하지만 아우구스티누스는 그 짓궂은 문제를 농담 같은 말로 회피하지 않고 정면에서 도전했습니다.

『고백록』 11장에 제시한 그의 대답을 한마디로 정리하면,[6] 천지를 짓기 전에 하나님은 안식하셨다는 겁니다. 창조와 함께 시간이 시작되었으므

• 아우구스티누스는 우주가 공간 밖에서 창조된 것, 다시 말해 공간도 창조와 더불어 생겨난 것이라는 사실도 알고 있었다. 그는 이 말을 "이 우주의 어느 곳에서도 이 우주를 만들었다고 말할 수 없는 것은 이 우주가 창조되기 전에는 그것을 만들 어떤 공간도 있지 않았기 때문입니다"라고 했다(『고백록』, 11, 5).

로 창조 이전에 하나님은 시간 밖에 있었지요. 그런데 시간 밖에는 어떤 변화나 행동도 없습니다. 이 같은 논리로 아우구스티누스는 '하나님이 천지를 짓기 전에는 아무 일도 하지 않았다'[7]라고 담대하게 답했지요. 요컨대 하나님은—2부 1장에 있는 '시간화와 탈시간화의 마술'에서도 설명했듯이—시간 밖에서는 안식하고 시간 안에서는 활동한다는 말입니다.

우리에게 흥미로운 것은 창조와 함께 시간과 공간이 생겼다는 아우구스티누스의 주장이, 신기하게도 현대천체물리학이 내세우는 우주론인 '빅뱅Big Bang 이론'과 맞아떨어진다는 사실입니다. 오늘날 우주의 발생을 설명하는 표준 이론으로 받아들여지는 빅뱅이론 역시 시간과 공간 속에서 우주가 탄생한 것이 아니라, 우주가 탄생하면서 시간과 공간이 펼쳐졌다고 주장하기 때문이지요. 그래서 우리는 이제부터, 신학에서도 종종 언급되는 빅뱅이론을 간단히 살펴보려고 합니다. 그럼으로써 당신은 성서에 나타난 창조론과 현대천체물리학자들이 말하는 빅뱅이론 사이에 존재하는 부인할 수 없는 유사성에 먼저 놀랄 것입니다. 하지만 곧이어 종교와 과학이 설사 같은 용어로 같은 내용을 말할지라도 그것이 의미하는 바가 전혀 다르다는 사실을, 역시 적잖은 놀라움 속에서 발견할 것입니다.

이 같은 작업이 중요한 이유는 오늘날의 종교와 과학이 한편으로는 날카롭게 대립하면서도 다른 한편으로는 화합을 위한 부단한 대화를 시도하고 있기 때문이지요. 물론 그 주도권은 거의 과학으로 넘어갔지만 말입니다. 하지만 기독교 사상사를 돌이켜 보면, 일찍이 2세기에 알렉산드리아에서 기독교가 그리스 철학을 만났을 때도 그랬듯이, 기독교와 신학은 언제나 당대를 지배적으로 주도하는 문명과 대립하는 동시에 융합하면서 풍요롭게 성장해 왔습니다. 그렇다면 이번에도 마찬가지로 기독교의 창조론이 빅뱅이론을 통해 더욱 풍요로워질 수 있을까요? 아니면 역으로 초라하게 쇠약해질까요? 또는, 둘의 화합 내지 융합은 가능할까요?

과학과 종교 간의 소통을 지향하는 존 호트John Haught, 마이클 루스 Michael Ruse, 테드 피터스Ted Peters, 로버트 존 러셀Robert John Russel 같은 학자들의 부단한 노력에도 불구하고, 아직은 이 모든 것이 분명치 않습니다. 어쩌면 계속 이런 상태로 머무를지도 모르지요. 그럼에도 창조론과 빅뱅이론을 비교해 보는 것은 매우 의미 있는 일이 될 겁니다. 이를 통해 우리는 대립하는 두 이론에 대한 새로운 이해는 물론, 한발 더 나아가 히브리적 요소와 그리스적 요소, 유신론적 성격과 유물론적 성격, 종교적 믿음과 이성적 사고가 여전히 대립하면서 공존하는 서양문명의 이중적 성격을 더 넓고 깊게 이해할 수 있을 것이기 때문입니다. 무엇보다도 중요한 것은 이를 통해 우리는 하나님의 말씀이 지닌 진리성이 무엇인가를 올바로 깨닫게 될 것이기 때문이지요. 자, 그럼 빅뱅이론부터 살펴볼까요?

빅뱅과 팽창하는 우주

우주가 어느 순간 갑자기 폭발하듯 생겨나 지금도 여전히 팽창하고 있다는 빅뱅이론은 1920년대에 벨기에의 성직자이자 과학자였던 조르주 르메트르Georges Lemaître가 처음 제시했습니다. 그 후 1947년 러시아 출신의 저명한 물리학자 조지 가모브George Gamow, 1904-1968가 이론적으로 정리했지요. 그 과정에서 가모브는 제자들과 함께 훗날 빅뱅의 결정적 단서가 될 우주배경복사cosmic background radiation를 예측했고, 1948년에 출간한 저명한 저서 『우주의 창조』에서 이에 대해 분명히 언급했습니다. 하지만 당시 학계는 영원하고 불변하는 우주를 인정하는 '정지우주론'이 지배한 탓에 그의 이론은 그다지 주목을 받지 못했지요. 그렇다면 빅뱅이론은 어떻게 표준이론으로 자리 잡게 되었을까요? 그 과정을 처음부터 조금 자세히 살펴보면 이렇습니다.

르메트르나 가모브 이전에도 우주가 정지 상태가 아니라 변화하고 있다는 이론들은 이미 나와 있었습니다.* 하지만 무시되고 있었는데, 1929년 젊은 천문학자 에드윈 허블Edwin Hubble이 캘리포니아의 파사데나 천문대에 있는 100인치짜리 천체망원경을 통해 우주가 팽창하고 있다는 결정적 증거를 찾아냈지요. 제1차 세계대전이 끝나고 군에서 돌아온 허블은 밤마다 아름다운 성운을 관찰했습니다. 그러던 어느 아름다운 밤, 몇몇 성운에서 나오는 빛이 스펙트럼에서 파장이 긴 붉은색 끝으로 쏠려 있는 적색편이赤色偏移 현상을 발견했지요.

그러나 당시에는 그게 무엇을 의미하는지, 허블 자신도 명확히 알지 못했습니다. 이후 연구를 계속한 결과 그 의미를 깨달아 1936년에 출간하여 지금은 고전이 된 저서 『성운의 세계』에서 자신이 발견한 적색편이 현상이 '팽창하는 우주'를 증명한다는 주장을 내놓았지요. 뭐라고? 성운에서 나오는 빛이 스펙트럼에서 파장이 긴 붉은색 끝으로 쏠리는 현상이 우주의 팽창을 증명한다고? 왜? 어떻게? 이처럼 당신은 왜 그런 현상이 나타나는지, 어떻게 그런 결론에 도달할 수 있는지 궁금해할지 모릅니다. 그러니 그 내용을 간단히 설명하지요.

아마 당신도 한번쯤은 선로 변에 서서 KTX처럼 빠르게 달리는 열차의 경적소리를 들어 본 적이 있을 겁니다. 이때 열차가 당신에게 다가올 때는 경적소리가 점점 더 날카로운 고음으로 들리지요. 그러나 열차가 당신을 지나 멀어지면 그 소리는 차츰 저음으로 변했다가 사라집니다. 왜냐

---

* 1917년 네덜란드의 물리학자 빌럼 더 시터르는 1916년에 발표된 아인슈타인의 '일반상대성 방정식'을 풀다가 그 방정식이 팽창하는 우주를 함축한다는 결론을 얻었다. 또 1922년에는 러시아 수학자 알렉산드르 프리드만(Aleksandr Friedmann)도 이론적으로 같은 결론에 도달했다. 두 사람은 이 사실을 아인슈타인에게 편지로 알렸지만, 우주상수를 도입하면서까지 정지우주론을 지지하던 아인슈타인은 귀를 기울이지 않았다.

하면 열차가 다가올 때는 음의 파장이 점점 짧아졌다가 멀어질 때는 차츰 길어지기 때문이지요. 이처럼 파동을 발생시키는 파원波源과 그 파동을 관측하는 관측자 중 하나 이상이 운동하고 있을 때, 그 운동에 따라 나타나는 파장의 외형상 변화를 물리학에서는 도플러 효과Doppler effect라고 합니다.

빛도 소리처럼 파동의 성질을 가졌기 때문에 마찬가지입니다. 어떤 발광체가 당신을 향해 다가올 때는 스펙트럼선이 파장이 짧은 청색 쪽으로 이동하고, 당신에게서 점점 멀어질 때에는 파장이 긴 적색 쪽으로 편향됩니다. 이런 현상을 물리학자들은 각각 청색편이blueshift, 적색편이redshift라고 하지요. 이러한 이유에서 성운들이 보이는 적색편이 현상은 그 성운들이 관찰자로부터 점점 멀어지고 있다는 것을 의미하지요. 그리고 그건 곧 우주가 팽창하고 있다는 뜻이기도 합니다. 어때요? 설명이 되었나요? 아직 아닌가요? 혹시 아니라면, 적색편이 현상과 그것이 증명하는 우주팽창을 일반인들에게 쉽게 설명해 주는 아주 유명한 비유를 하나 더 소개하지요.

일찍이 아인슈타인의 '일반상대성 방정식'이 팽창하는 우주를 함축한다는 것을 수식을 통해 발견한 네덜란드의 물리학자 빌럼 더 시터르Willem de Sitter, 1872-1934가 처음으로 소개한, 이른바 '풍선 비유'입니다.[8] 더 시터르는 성운을 가진 우주를, 표면에 동전이 붙어 있는 '거대한 풍선'으로 비유했어요. 그런데 만약 이 풍선에 바람을 불어넣어 그것이 지속적으로 팽창한다면 어떻게 될까요? 그 표면에 붙어 있는 동전들 사이의 거리도 계속해서 멀어질 겁니다. 거꾸로 동전들 사이가 멀어지면 풍선이 팽창하고 있다는 증거이지요. 우주와 성운도 마찬가지라는 겁니다. 요컨대 적색편이 현상이 일어난다는 것은 우주가 계속 팽창하고 있다는 증거라는 이야기입니다.

Algemeen Handelsblad, 1930년 7월 9일자 기사에 실린 만화. 더 시터르의 풍선 비유를 익살스럽게 표현했다.

어때요? 이제 모든 것이 일목요연하지요? 적색편광 현상이야말로 우주가 팽창하고 있다는 믿을 만한 증거입니다. 그런데도 당시 물리학자들은 여전히 팽창하는 우주와 그 논리적 귀결인 빅뱅이론을 탐탁스러워하지 않았습니다. 그러다가 1965년 미국 뉴저지주 홈델에 있는 벨 연구소의 아노 펜지어스Arno Penzias와 로버트 윌슨Robert Wilson이 우주배경복사를 발견하자,˙ 어쩔 수 없이 빅뱅이론을 인정하기 시작했지요. 왜냐하면 우주배경복사란 빅뱅이 생긴 지 약 38만 년 후 원자가 형성될 때 떨어져 나온 전자기파로, 사실상 대폭발을 증명할 수 있는 "창조의 메아리"Echo of Creation˙˙

- 우주배경복사(cosmic background radiation)는 빅뱅 이후 에너지와 물질이 분리된 38만 년경에 방출되어 우주공간을 거의 균등하게 등방향으로 가득 채우고 있는 전자기파[輻射]다. 우주가 팽창하기 때문에 지금은 절대온도 $2.7°K(-270.3°C)$로 냉각되었고 파장의 길이가 증가해서 전자기 스펙트럼에 마이크로파 영역에 있는 것으로 관측된다.
- 2003년에 WMAP 위성이 빅뱅 후 정확히 38만 년 후에 발생한 우주배경복사에 관한 관측데

와도 같은 것이었기 때문입니다.

『엘러건트 유니버스』를 쓴 브라이언 그린$^{Brian\ Greene}$은 우주배경복사에 대해 우리에게 친근한 예를 들어 다음과 같이 알아듣기 쉽게 설명했습니다.

> 만일 우리의 눈으로 마이크로 복사파를 볼 수 있다면, 우리가 사는 세상은 천지사방으로 정신없이 반짝거리고 있을 것이다. 이 복사파의 온도는 절대 온도 2.7K(-270.3°C)로서, 빅뱅이론이 예견한 값과 정확하게 일치했다. 좀더 실감나게 표현하자면, 이 우주 전역에 걸쳐서 1제곱미터당 평균 4억 개의 원시 광자가 아직도 존재하는 셈이다. TV방송이 모두 끝난 후에 화면에 나타나는 흰색 반점들도, 바로 빅뱅 무렵에 탄생했던 복사의 여파인 것이다. 이렇게 이론적 예상과 관측 결과가 일치함으로써, 우리는 광자가 처음으로 자유롭게 움직이기 시작했던 '빅뱅 후'$^{ATB:\ After\ the\ Big\ Bang}$ 수십만 년까지 거슬러 올라가는 우주론을 완성하게 되었다.^{9}

펜지어스와 윌슨의 우주배경복사 발견은 허블의 적색편이 현상 발견과 함께 빅뱅이론을 뒷받침하는 튼튼한 버팀목입니다. 우주배경복사가 폭발에 대한 증거를 제공하고, 적색편이 현상이 팽창에 대한 증거를 제시하는 것이지요.* 그리하여 우리는 이 우주가 언젠가 폭발하듯 탄생한 후 지금도 무서운 속도로 계속 팽창하고 있다는 결론에 자연스레 도달하게 됩니다.

이터를 보내왔을 때, 「타임」이 "창조의 메아리"(Echo of Creation)라는 제목으로 이 기사를 대서특필했다.
* 이 밖에도 엔트로피(entropy)가 계속 증가한다는 '열역학 제2법칙'이 우주팽창설을 뒷받침한다.

1979년 당시 스탠퍼드 대학에 있던 젊은 물리학자 앨런 구스$^{Alan\ Guth}$가 이 같은 새로운 증거들을 모아 구체적으로 제시한 이래, 오늘날에는 그가 붙인 이름을 따라 '인플레이션 우주론'$^{inflation\ cosmology}$*이라고도 불리는 이 이론의 주요 내용을 간략하게 소개하면 대강 다음과 같습니다.

약 137억 년** 전으로 계산되는 아주 까마득한 옛날, 밀도와 온도가 최대이고 크기가 초소인 '특이점'^{singularity}***이 있었습니다. 이 특이점의 존재는 로저 펜로즈$^{Roger\ Penrose}$와 스티븐 호킹$^{Stephen\ Hawking}$의 '특이점 정리'$^{singularity\ theorem}$로 증명되었지만, 아직은 그 누구도 상세한 정보는 갖고 있지 않지요. 과학자들은 빅뱅이 시작되는 10^{-43}초 이전, 즉 '플랑크 시기'$^{Planck\ epoch}$라고 부르는 때에 양자적 요동에 의해 특이점이 형성되었으며 그 크기는 약 10^{-33}센티미터 — 이 값을 '플랑크 길이'$^{Planck\ length}$라고 합니다 — 정도였으리라고 대강 짐작합니다.

펜로즈에 의하면, 이 점은 너무 작아서 만일 신 같은 어떤 절대적 존재가 3차원 이상의 고차원 영역인 위상 공간$^{phase\ space}$에서 지금 우리가 살고 있는 것과 똑같은 우주를 만들려면 10의 10승의 123승 분의 1의 정밀도에 해당하는 점을 찍어야 합니다.[10] 그런데 도대체 이게 무슨 말일까요? 이에 대한 내 대답은 자세한 내용은 몰라도 된다는 겁니다. 우리는 천체물리학자가 아니니까요.

- 우리가 빅뱅 직후 우주의 초기 상태에 대해 알고 있는 것은 앨런 구스가 제시한 '인플레이션 우주론'(inflation cosmology)에 근거한다.
- ** 예전에는 빅뱅이 약 150억 년 전에 있었다고 추측했으나, 2003년 WMAP 관측위성의 관측 결과 137억 년으로 밝혀졌다.
- *** 특이점이란 천체물리학에서는 중력의 세기, 밀도, 온도와 같은 물리적 측정량이 무한대가 되는 하나의 점을 의미하는데, 일반적으로는 어떤 기준을 상정했을 때 그 기준이 적용되지 않는 점을 뜻한다.

다만 우리는 우연에 의해 우주가 과거와 같은 특이점을 가질 확률이 10의 10승의 123승 분의 1, 즉 인간으로서는 도저히 상상조차 할 수 없이 작다는 것만 알면 됩니다. 사실상 이런 확률은 그런 일이 일어나는 것이 '절대로' 불가능하다는 뜻이지요. 펜로즈도 매우 의아하다는 듯 이렇게 말했습니다.

이 우주를 출범시키는 데 필요한 정밀도는 우주의 순간순간 행동을 지배하는 동역학 방정식들(뉴턴, 맥스웰, 아인슈타인 등의)이 이미 우리에게 보여준 놀라운 정밀도에 비하여 전혀 손색이 없는 것이다. 그런데 빅뱅은 어째서 그렇게 정밀하게 계획된 것일까?[11]

그 이유는 아직 알 길이 없습니다. 하지만 어찌 된 일인지 이러한 특이점이 분명 존재했지요. 그런데 이 작은 점은 너무나 압축된 나머지 '어느 특이하고도 영광스러운 순간에' 급기야 대폭발을 했습니다. 말 그대로 '빅뱅'이었지요.

그러나 이 폭발은 우리가 할리우드 영화에서 자주 보는 폭발과는 전혀 다릅니다. 엄청난 규모로 동심원을 그리며 진행된 갑작스럽고 광대한 팽창이었지만, 그렇다고 해서 이 팽창이 텅 비어 있던 어두운 공간을 뭔가가 순식간에 채워 나간 것도 아닙니다. 아직 공간 자체가 없었기 때문이지요(s=0). 또 이런 특이점이 '언제' 존재했느냐고도 물어볼 수 없습니다. 아직 시간이 생기지 않았기 때문이지요(t=0). 무에 가까운 특이점 외에는 공간도 시간도, 아무것도 없었습니다. 우주는 시간도 공간도 물질도 없는 그야말로 무無에서 시작된 것입니다.

무에서 유가 어떻게 나오는가

물리학적으로는 무無에서 유有가 생겨나는 것이 불가능합니다. 그래서 가령 어떤 물리학자가 전자電子가 무로부터 생겨났다고 말하더라도, 당신은 그가 뜻하는 것이 철학자나 신학자 또는 당신이나 내가 말하는 '절대적 무'로부터 전자가 생겨났다고 말하는 것이 아니라는 사실을 알아야 합니다. 그 물리학자는 우리가 감각적으로는 지각할 수 없는 '어떤 무엇'으로부터 전자가 생겨났다는 의미로 말했을 뿐입니다. 그런데 그 '어떤 무엇'이 대체 뭘까요? 우리는 2부 "하나님은 존재다"에서 독일 막스 플랑크 연구소 소장인 한스 페터 뒤르가 이것을 소립자의 장, 곧 '퍼텐셜'potential이라고 부른 것을 이미 보았습니다.

현대물리학자들은 대개 '에너지로 충만한 진공'이나 '양자 비약Quantum Jump*을 통해 최초의 물질 형식들이 생성된 양자 영역'을 무로 설정합니다. 그리고 이런 조건에서만 무로부터 어떤 유가 생겨날 수 있다고 주장하지요. 무슨 말인지, 그 내용을 조금 자세히 설명하면 이렇습니다.

양자 영역—곧, 뒤르가 '퍼텐셜'이라고 부른 소립자의 장—에서는 에너지들이 덩어리로 흡수 또는 방출되는 양자 비약 때문에 진동이 일어납니다. 이 진동을 흔히 '양자요동'Quantum Fluctuation이라고 하지요. 그런데 이 요동이 에너지 수준을 0으로 떨어뜨리면 그 시점에서는 입자가 존재하지 않습니다. 그러나 요동이 에너지를 0에서 어떤 유한한 수준으로 끌어올리면 그때는 입자가 존재하게 됩니다. 보통 '가상입자'virtual particles라고 불

---

* 양자역학에서, 어떤 계(系)가 한 정상(定常) 상태에서 다른 정상 상태로 어떤 확률을 가지고 변화하는 것을 말한다. 천이(遷移)라고도 하는데 에너지가 덩어리로 흡수되거나 방출되는 식으로 상태 변화가 이뤄지기 때문에 이렇게 부른다.

리는 이러한 입자는 문자 그대로 진공, 즉 물리학자들이 말하는 무로부터 자발적으로 생겨났다가 사라지요.

그래서 『빅뱅과 우주론적 논증』의 저자인 벤저민 더글러스 래키Benjamin Douglas Lackey 프린스턴 대학 교수는 "우리는 가상입자를 존재하게 하는 요동처럼, 빅뱅을 진공 속의 요동으로 설명할 수 있을 것이다. 그러나 만약 요동이 자발적이라면 진공으로부터의 우주 창출도 자발적이다"[12]라고도 주장했습니다. 한마디로, 양자요동에 의해서 무에서 유가 자발적으로 생길 수 있는 것처럼, 빅뱅도 외부에서 가해진 어떤 외부적 원인(예컨대 하나님) 없이 자발적으로 일어났다는 말이지요.

설득력이 다분한 주장입니다만, 과연 그렇게 쉽게 단정할 수 있을까요? 그렇지 않습니다. 이 같은 주장은 언제나 해결하지 못하는 근원적인 문제를 하나 안고 있지요. 그것은 양자요동이 일어나는 '에너지로 충만한 진공'이나 '최초의 물질이 형성되는 양자 영역'은 우리가 생각하는 '절대적 무'가 아니라는 점이지요. 그것은 우리가 생각하는 물질이 아직 아닐 뿐, 그것들이 생겨났다 사라지는 에너지의 장입니다. 그래서 '그것은 또 어디서 어떻게 생겨난 것인가' 하는 의문이 여전히 따라붙습니다. 이에 대해 과학자들은 "그건 아직 모른다"라고만 대답하고, 신학자들은 "당신들이 모르는 그 원인이 바로 하나님이다"라고 말합니다.

다른 모든 이론들이 그렇듯이, 과학 이론도 더는 연역될 수 없는 가정 公理, Axiom들로부터 시작합니다. 그러므로 궁극적 물음에는 대답할 수 없지요. 설사 언젠가 그 궁극적 가정들을 설명할 증거가 발견된다고 하더라도, 그 새로운 증거의 근거에 대한 물음이 계속 되풀이될 것입니다.[13] 그리고 신학자들은 그때마다 "그 대답할 수 없는 궁극적 원인이 바로 하나님이다"라고 답하겠지요. 이런 이유로 모든 궁극적인 물음의 해답은 언제나 경험과학의 영역 너머에 놓이게 마련입니다. 앞에서 설명했듯, 아리스토텔레스가 이 같은 무한소급을 마감하기 위해 "자신은 움직이지 않고 다른 모든 것을 움직이는 자"라는 뜻을 지닌 '부동의 원동자'라는 형이상학적 용어를 만들어 신을 규정한 것은 그래서지요.

내 생각에 이런 정황은 수학에서 다루는 무한 개념이 몰고 가는 상황과 매우 흡사합니다. 당신도 알다시피 무한대^{無限大}는 아무리 큰 수보다 더 크고, 무한소^{無限小}는 아무리 작은 수보다 더 작지요. 이처럼 무한은 무한히 물러납니다. 이 때문에 우리의 이성으로는 도저히 따라잡을 수 없지요.* 쿠르트 괴델$^{Kurt\ Gödel,\ 1906-1978}$의 '불완전성 정리'가 대변하듯이 자기 자신을 정초하는 수학 이론은 존재할 수 없지만 하나님은 개념상 스스로 자신을 정초함으로써 모든 것의 궁극적 원인이 되는 존재입니다. 따라서 "당신들이 모르는 그 궁극적 원인이 바로 하나님이다"라는 신학자들의 대답을 과학자들은 영원히 몰아낼 수 없을지도 모릅니다.

하지만 이런저런 논란은 차치하고 단순히 '논리적'으로만 생각해 보면, 우주가 탄생할 때 어떤 식으로든—다시 말해 양자요동을 통해서든, 하나님의 '말씀'을 통해서든—무에서 유가 생겨나는 일이 '적어도 한 번은' 있었음이 분명합니다. 비록 그것이 어떻게 가능했는지에 대해서는 우리가 아직 확정하지 못할지라도 말입니다. 만일 그것이 불가능했다면 지금 존재하는 이 우주의 '존재'가 불가능하기 때문이지요.[14]

• 수학에서는 무한의 세계를 다루는 방법으로 극한(lim) 개념을 이용하는데, 신학에서는 하나님을 모든 가치의 극한으로 규정하는 '긍정신학'(theologia positiva)이 그 같은 방법을 사용하는 것이라고 할 수 있다. 예컨대 '하나님은 선하다'라는 말은 우리가 인식할 수 있는 '선'을 근거로 그것의 완전(完全)한 형태, 곧 선의 극한의 형태로서 선을 가정하고 하는 말이다. 마찬가지로 '하나님은 능력이 있다'라는 말도 우리가 상상할 수 있는 '능력'의 최고의 형태, 곧 전지전능(全知全能)의 형태로서 하나님의 능력을 지칭한다. 이런 이유에서 서양문명에서는 하나님의 속성을 자주 무한 개념을 사용하여 표현한다.

다시 빅뱅 이야기로 돌아갈까요? 10^{-43}초에 특이점이 폭발하면서 우주는 빛보다 빠른 속도로 거의 10^{50}배까지 폭발적으로 인플레이션inflation했습니다. 애석하게도 그 이유 역시 알려지지 않았습니다. 어쨌든 이 시기에 드디어 시간과 공간과 에너지가 혼돈 상태로 출현했는데요, 놀라운 팽창에 의해 에너지의 밀도와 온도가 순간적으로 내려가기 시작했습니다. 그러나 10^{-32}초가 되자 인플레이션이 완전히 멈추었고, 드디어 조금 느리게 팽창하는 프리드만식 표준적 팽창˙이 시작되었지요. 이때 물질의 기본인 쿼크와 글루온, 렙톤, 전자, 뉴트리노, 광자 등이 만들어졌습니다. 3분 후에는 핵융합이 종료되었지요. 그러고는 빅뱅 이후 약 38만 년이 지나 우주의 온도가 절대온도 3,000K로 내려가자 원자가 만들어지며 광자가 더는 흡수되지 않고 빛으로 떨어져 나갔지요. 오늘날 우리가 발견하는 우주배경복사는 바로 이 시기에 방출된 것입니다.

이후 원자들이 결합해 최초의 별들이 생겨났고 빅뱅 후 10억 년에는 별들이 은하와 같은 천체들을 이루었어요.[15] 그리고 65억 년에는 아직 정체를 알 수 없는 반중력反重力이 작용하면서 표준적 팽창이 멈추고 팽창 속도가 다시 점점 빨라지는 더 시터르식 가속 팽창이 시작되어, 우주공간의 온도가 2.7K(-270.3°C)까지 떨어진 지금도 계속되고 있답니다.˙˙ 최근

• 네덜란드의 물리학자 빌럼 더 시터르와 러시아의 물리학자 알렉산드르 프리드만은 모두 우주의 팽창을 주장했다. 그런데 등방적(한 지점에서 어느 방향을 보아도 모두 똑같이 보인다는 뜻)이고 균질한 우주를 가정한 프리드만에 의하면 우주의 팽창은 등방적이고 균질적으로, 그리고 일정한 속도로 일어난다. 그래서 '프리드만식 표준적 팽창'이라 한다. 하지만 우주를 물질이 없는 텅 빈 공간으로 가정한 더 시터르에 의하면 우주는 시간이 갈수록 점차 빠르게 팽창한다. 이것을 '더 시터르식 가속 팽창'이라고 한다.

•• 과학자들은 이러한 우주 출현의 과정을 보통 다음과 같이 시기별로 정리한다. 1) 빅뱅과 함께 시간, 공간, 에너지가 혼돈 상태로 출현. 2) 10^{-43}초 이전으로, 아직 알려지지 않은 물리법칙의 시기인 플랑크 시기. 3) 10^{-43}초로, 물질과 반물질의 균형이 10억1개 대(對) 10억 개의 비율로 물질 쪽으로 기운 대통일론(Grand Unification Theory) 시기. 4) 10^{-35}초는 쿼크와 반쿼크가 지배한 시기. 5) 10^{-10}초는 중력, 강력, 약력, 약한 상호작용이 생겨나고 쿼크라는 입자가 그와

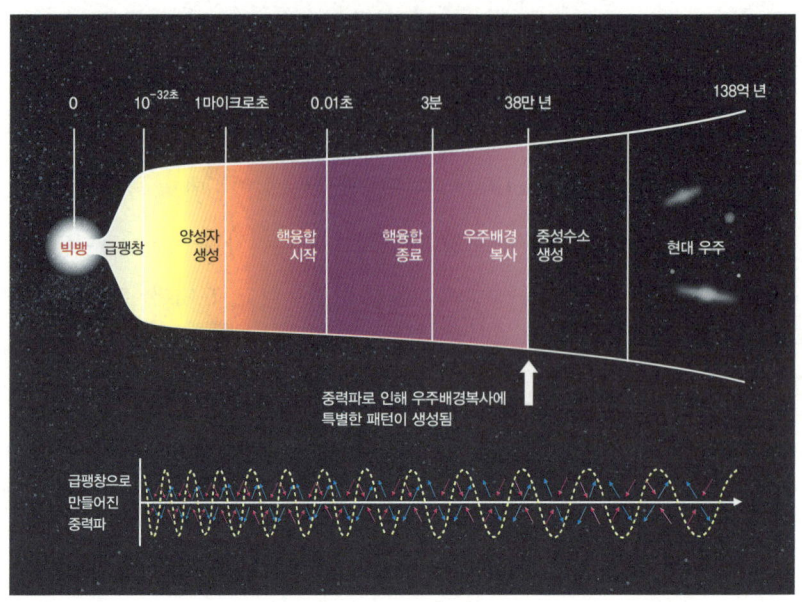

우주의 인플레이션 과정.

허블 우주망원경으로 관측한 바에 의하면 지구로부터 1억 광년 거리의 은하는 시속 880만 킬로미터의 속도로 멀어져 가고 있고, 2억 광년 거리의 은하는 시속 1,780만 킬로미터의 속도로 달아나고 있다고 합니다.[16]

어때요? 무슨 말인지 이해가 되나요? 아마 이해가 잘 안 될 겁니다. 다만 그럴듯하다고 생각될 거예요. 나도 마찬가지입니다. 뿐만 아니라, 이렇듯 상상조차 할 수 없는 숫자들과 그것으로 묘사된 사건들은 사실상 인간의 이해를 아예 벗어난 범주에 있는 것들이지요. 따라서 우리만 이런 사건들을 이해하거나 상상하지 못하는 게 아니고요, 실은 과학자들도 크

결합해서 양성자와 중성자를 생성하는 하드론과 렙톤 시기. 6) 1초는 양성자와 중성자가 결합해서 수소, 헬륨, 리튬, 중수소 원자핵을 형성한 시기. 7) 3분은 원자가 형성된 시기. 8) 38만 년까지는 에너지와 물질이 분리된 시기(이후 10억 년까지는 우주의 암흑시대). 9) 10억 년부터는 물질의 덩어리가 퀘이사, 항성, 원시은하를 형성한 시기. 10) 137억 년까지 태양계와 지구가 생겨나 현재의 우주가 형성된 시기이며 이후 생명이 탄생하여 지금에 이르렀다.

게 다르지 않답니다. 그러니 우리는 우주가 어떤 특이한 한순간에 탄생했고 지금도 무서운 속도로 계속 팽창하고 있다고만 알아 두고 넘어가도록 하지요.

무수한 우주가 존재한다고?

빅뱅이론 가운데 가장 흥미로운 사실은, 빅뱅의 모든 과정이 우리에게 '깜짝 놀랄 만큼' 유리하게 진행되었다는 것이지요. 현대천체물리학자들의 설명에 의하면, 그것은 빅뱅 후 10^{-43}초 이전—즉 우리에게는 아직 알려지지 않은 물리법칙의 시기인 '플랑크 시기'—에 이미 우주의 초기 상태가 지금의 우주와 생명체가 탄생하기에 딱 맞게 정해졌기 때문이라고 추측합니다. 이건 또 무슨 이야기일까요?

영국왕립천문대의 대장이자 블랙홀의 권위자인 마틴 리스^{Martin Rees} 박사의 설명을 들어 보기로 하지요. 그는 『여섯 개의 수』에서 우리가 사는 우주는 측정 가능한 여섯 개의 숫자에 지배받는데, 빅뱅 후 10^{-43}초 이전에 이미 정해진 이 숫자들이 우주를 생명체가 존재하기에 가장 이상적인 환경으로 세팅했다고 주장하지요.[17] 요약해 설명하면 다음과 같습니다.

첫 번째 숫자는 빅뱅을 통해 수소가 헬륨으로 전환되는 과정에 관여하는 입실론($\varepsilon=0.007$)입니다. 이 값이 조금만 작았더라면 핵력이 약해서 양성자와 중성자가 결합하지 못했을 것이고, 조금만 컸더라면 핵융합이 너무 빠르게 진행되어 지구 같은 행성에 에너지를 공급하는 별들이 오래전에 소멸했을 것이라는 이야기입니다.

두 번째 숫자는 전자기력의 세기와 중력의 세기 간의 비율을 나타내는

N=10^{36}이지요. 즉 전자기력이 중력보다 10^{36}배나 강합니다. 그런데 중력이 이보다 조금만 더 강했더라면 별들은 너무 빨리 타올라 소멸했을 것이며, 조금만 약했더라면 핵융합 반응을 일으킬 수 없었다고 하지요.

세 번째 숫자는 우주의 상대적 밀도를 나타내는 오메가($\Omega\sim 1$)입니다. 만약 초기 상태에서 이 값이 아주 조금만 더 크거나 작았더라면, 그래서 팽창이 아주 조금만 더 느리거나 빨랐더라면, 우주는 쭈그러져 버렸거나 아니면 흩어져 버렸을 것이라고 하지요. 팽창에너지와 중력에너지가 정확히 균형을 이루는 Ω의 값이 1인데, 이때 우주는 고정되어 있는 상태입니다. 그 때문에 우주가 지금처럼 계속 팽창하지만 흩어져 버리지 않고 존재하게 하는 Ω의 값을 갖기 위해서는, 빅뱅 뒤 1초가 되었을 때 Ω가 1에서 10^{-15} 이상 차이가 나면 안 된다고 합니다.[18]

나머지 세 숫자에서도 상황은 마찬가지지요. 간략해서 말하자면, 네 번째 숫자는 우주팽창의 가속도를 조절하는 우주상수 람다(Λ)이고, 다섯 번째 숫자는 우주배경복사의 불규칙을 나타내는 Q(10^{-5})이며, 여섯 번째 숫자는 공간의 차원을 나타내는 D=3입니다. 이 세 숫자들의 값도 조금만 더 크거나 작았다면 현재의 우주와 생명체는 존재할 수 없었으리라는 것이지요.

그런데 어떻게 이런 일이 일어날 수 있었을까요? 다시 말해 모든 일이 어찌 그리 순식간에, 어찌 그리 적절히 조절될 수 있었을까요? 만약 그 값들에 아주 미세한 변화만 있어도 우주의 구조는 근본적으로 달라졌을 테고, 우리와 같은 생명은 존재할 수 없었다니, 도대체 이러한 숫자들과 물리법칙들은 모두 어디서 왔을까요? 왜 하필이면 이 숫자, 이 법칙들일까요? 그리고 누가 이렇게 조정해 놓았을까요?

만일 당신이 창조론을 믿는 그리스도인이라면 지금 아마 다음과 같이 생각할 것입니다. '전지전능한 하나님의 창조가 아니고야 어떻게 10^{-43}초 만에 지금의 우주가 펼쳐지는 데 딱 맞는 초기 상태가 만들어졌겠는가? 그런 우연은 불가능하지 않은가? 10^{-43}초는 1초의 1조의 1조의 1,000만 분의 1만큼 짧은 시간이다. 그런데 그 시간이라 할 수조차 없는 찰나에 어떻게 이 기막힌 조화가 우연히 일어날 수 있겠는가? 도저히 불가능하다. 바로 이것이 우주의 모든 것을 처음부터 끝까지 기획한 전지전능한 하나님이 존재하며, 그의 계획에 의해 우주가 창조되었다는 과학적 증거가 아니겠는가?'

이러한 생각을 과학자들은 보통 '인본 원리'anthropocentric principle라고 부르고, 기독교 근본주의자들은 '지적 설계론'Intelligent Design Theory이라고 합니다. 또 신학자들은—2부 "하나님은 존재다"에서 이미 살펴본 대로—이런 주장을 논증 형식으로 표현해서 하나님의 존재증명 가운데 '목적론적 증명'teleological proof이라고 부르지요. 게다가 만일 당신이 기독교 신학에 대해서도 알고 있다면, 당신은 여기서 예컨대 종교개혁자 칼빈의 다음과 같은 말을 떠올리며 무릎을 탁 쳤을지도 모릅니다.

> 하나님께서는 우리의 유익과 구원을 위하여 만물을 정하셨으며, 그가 우리에게 주신 유익과 은혜, 하나님의 권세와 은혜를 우리가 묵상케 하시고 그것을 통해 우리가 하나님을 믿고 찾고 찬양하고 사랑하도록 자극하신다. 그리고 모든 것을 인간을 위하여 창조하신 바, 그 사실을 그가 유지하는 질서를 통해 보여 주셨다.[19]

당신의 생각은 어떤가요? 그런 것도 같지요? 하지만 문제는 그리 단순하지 않습니다. 자연과학은 특정 현상을 설명하기 위해 어떤 목적을 설정하는 것을 허용하지 않거든요. 그렇다고 해서 과학자들이 아무 설명도 없이 막무가내로 창조론을 부인하면서, 리스가 제시한 모든 것이 전적으로 우연의 산물이라고 외치는 것은 아닙니다. 그 같은 일이 일어날 확률은 너무도 희박해서 과학 공동체에서조차 인정받지 못하기 때문이지요. 이 문제에 대해 과학자들이 선호하는 답변은 이른바 '다중우주 해석론'Many Worlds interpretation입니다. 그것이 뭐냐고요? 한마디로 지금 우리가 살고 있는 우주만이 존재하는 것이 아니라 무수히 많은 우주가 존재한다는 이론입니다.

스탠퍼드 대학의 러시아 출신 물리학자 안드레이 린데Andrei Linde가 처음 제기한 이 이론에 의하면, 우주는 각각 아주 작은 시공거품space-time bubble들에서 시작합니다. 그 속에서 모든 사건이 인과적으로 연결되어 있는데, 그것이 갑자기 팽창하여 하나의 우주가 되지요. 그런데 그것이 포함된 전체 우주는 마치 부글거리며 끓는 죽과 같아서 이 같은 시공거품이 하나가 아니고 무수히 많이 생성되었다가 또한 소멸하는 카오스chaos입니다. 과학자들은 그것을 다중우주multiverse라고 부르는 것이지요. 그 무수한 시공거품들 가운데 초기 상태가 '우연히' 우리가 사는 데 적합하게 발생하도록 조율된 하나가 팽창해서 지금 우리가 사는 우주가 되었다는 이야기입니다.

흥미로운 점은 이처럼 환상적인 아이디어가 서양문명에선 생소한 게 아니라는 사실입니다. 르네상스 시대 이탈리아의 과학자이자 철학자인 조르다노 브루노Giordano Bruno, 1548-1600야말로 '무수한 우주'라는 발상의 시조라고 할 수 있지요. 중세신학자 니콜라우스 쿠사누스의 우주관과 코페르니쿠스의 지동설을 받아들인 그는 '신의 본질이 무한하다'는 공인된 전제principia communia로부터 '우주는 무수히 존재한다'는 결론을 명백히 끌어낼 수 있다고 주장했습니다.* 그뿐만이 아니지요. 놀랍게도 근대 학문의 아버

---

* 브루노는 그의 『무수한 우주와 세계에 관해서』에서 "왜 무한한 공간 속으로 스스로를 확장시

지라 할 수 있는 르네 데카르트도 같은 주장을 했습니다.˙ 그 영향으로 17세기 후반에는 지금 우리에게는 오히려 생소한 다중우주론, 곧 우주가 복수이며 무한하다는 견해가 상당수 지식인들 사이에 퍼졌습니다.

우리는 그 뚜렷한 흔적을 예컨대 18세기에 활동한 영국의 물리학자이자 아마추어 시인인 리처드 블랙모어 Richard Blackmore, 1654-1729 의 『천지창조』에서 확인할 수 있습니다.

> 그러나 그렇게 많은 우주와
> 광막한 하늘의 평원을 포함하는
> 이 강력한 체계는
> 전체를 이루는 1,000분의 1일 뿐
> 아마도 그 전체는 역시 훌륭하고
> 수많은 우주를 포함하고 있을 것이다.[20]

물론 이들이 생각한 다중우주론이 오늘날 과학자들이 생각하는 것과 똑같은 내용일 수야 없지요. 근대인들은 아마 우리가 오늘날 말하는 태양계를 우주라고 인식했을 것입니다. 게다가 종교로부터 아직 자유롭지 못했기 때문에 다중우주를 신의 전지전능성 omniscience and omnipotence 과 연

킬 수 있는 (만일 이런 표현이 가능하다면) 신의 중심이 마치 질투를 하는 양 불임(不姙)으로 남아 있어야 하는가? 왜 무한한 능력이 억압되어야 하며, 무수한 우주의 존재 가능성을 빼앗겨야 하며, 신의 모습—자신과 마찬가지로 헤아릴 수 없을 만큼 큰 거울에 비추어야 할 그 모습—의 완전성이 손상되어야 하는가?"(『무수한 우주와 세계에 관해서』, 1)라고 한탄하며 신의 무한성을 근거로 무수한 우주와 그 거주자들의 가능성을 주장했다.

• 데카르트는 그의 『철학원리』에서 "우리는 언제나 신의 힘과 선의 무한함을 직시해야 하며, 신의 작업이 지나치게 위대하다거나 지나치게 정당하다거나 지나치게 완벽하다고 상상함으로써 잘못에 빠지지 않을까 걱정하지 말아야 한다"(『철학원리』, 3, 1)라면서 무한수로 존재하는 우주를 주장했다.

결해서 이해했지요. 예컨대 18세기 영국의 풍자시인 에드워드 영의 『야상』에는 다음과 같은 구절이 있습니다.

> 만일 그것[다중우주설]이 잘못이라면, 그것은 고귀한 근원을 가진
> 지고의 사고로부터 나온 잘못이어야 한다.
> 그러나 어떤 잘못이 있단 말인가? 누가 그 잘못을 증명할 수 있는가?
> 〈전지전능한 한계를 설정할 수 있는 자〉가 할 뿐.
> 하나님이 할 수 있는 이상의 것을 인간이 생각할 수 있는가?…
> 천의 우주라고? 수백만을 더 포용할 여지가 있다.
> 감히 어느 공간에서 그 위대한 명령이 실행되지 않을 수 있는가?[21]

이 시인의 생각에 하나님의 위대함은 고대 히브리인들처럼 단지 천둥이나 번개, 돌풍으로 표현하고 만족할 수 있는 정도가 아니었지요. 그의 전지전능함을 한정된 우주로 가두는 것도 어불성설이었습니다. 오직 무한한 다중우주를 믿는 것만이 하나님의 위대함에 '합당한 추론'이었지요.

어쨌든 중요한 것은 근대인들도 다중우주라는 관념을 이미 갖고 있었고, 그들 역시 우주가 인간을 위해 조절되었다는 생각에는 현대과학자들과 마찬가지로 반대했다는 것입니다. 예컨대 데카르트는 "신이 만물을 창조할 때 다른 목적은 고려하지 않았다는 식으로 모든 사물이 인간을 위해 만들어졌다고 하는 것은 결코 있음 직한 일이 아니다"[22]라며 인본주의를 강력하게 거부했지요.

마찬가지로 여섯 개의 최적의 숫자가 지금의 우주를 탄생시켰다고 주장한 마틴 리스도 우주 초기 상태에 그런 최적의 조율이 있었다고 해서 여기에 굳이 신의 섭리를 굳이 도입할 필요는 없다고 잘라 말했습니다. 어쩌면 무한한 다중우주Multiverse가 존재하고 각각의 우주는 나름대로 고

유한 특성과 구조를 갖고 있는데, 그것들 가운데 우리의 우주는 우연히 여섯 개 최적의 숫자에 의해 우리가 살기에 적합하게 구성되었을 뿐이라는 것이지요. 리스는 다음과 같이 주장했습니다.

> 우리가 흔히 말하는 우주는 여러 집합체 중 하나일 수도 있다. 거기에는 헤아릴 수 없이 많은 우주가 각기 다른 물리법칙을 따르면서 고유의 방식으로 존재하고 있다. 그중 우리가 속한 우주는 아마도 복잡성과 의식이 허용되는 우주일 것이다.[23]

다중우주론은 리스 외에도, 우주의 진화를 주장하는 리 스몰린 같은 저명한 물리학자들의 지지를 받고 있습니다. 하지만 이 자리에서 그것을 자세히 설명할 생각은 없습니다. 왜냐하면 이 독창적인 우주관은 아직 수학적으로 정립되지 않았기 때문이지요.* 그럼에도 리스가 제시한 흥미로운 비유는 소개하고 싶습니다. 그가 설명하기를, 무한한 종류의 옷이 진열된 옷가게에 들른다면 누구나 당연히 그 옷가게에서 자신의 몸에 딱 맞는 옷을 찾듯이, 수많은 우주 중 생명체에 적합한 우주도 있기 마련이며 우리가 바로 그 우주에 살고 있다는 겁니다.[24]

그렇다고 해서 모든 물리학자가 린데나 리스처럼 생각하는 것은 아닙니다. 예를 들어 프린스턴 고등학문연구소의 명예교수인 저명한 물리학자

---

* 다중우주(또는 평행우주)들이 존재한다는 증거가 될 만한 한 가지 사실은 초끈이론이 다양한 기저 상태나 진공을 함축하는 것처럼 보인다는 점이다. 초끈이론에 따르면, 진공 상태의 개수는 약 10^{500}개로 추정되는데, 각각의 진공 상태가 모두 빅뱅을 통해 하나의 우주로 발전한다. 이 같은 우주들의 팽창은 마치 바다에서 물거품이 생겼다가 사라지듯 시작도 끝도 없는 연속 과정일 수 있다. 이 경우 우리는 우리에게 적합한 '우주적 물거품' 속에서 사는 것이다. 그러나 우리가 사는 우주가 정말로 초끈이론이 가정하는 수학적 해(解)들 가운데 하나에 해당하는지는 아직 아무도 모른다.

프리먼 다이슨Freeman Dyson 역시 리스가 말한 '최적의 숫자'에 대해 언급했지만 전혀 다른 해석을 내놓았거든요. 다이슨은 『프리먼 다이슨 20세기를 말하다』에서 다음과 같이 주장했지요.

> 우리가 우주에서 우연히 나타났다는 것은 옳지만, 우연이라는 개념 자체가 우리의 무지를 덮어 두기 위한 장치일 뿐이다. 이 우주에서 나는 이방인이라고 느끼지 않는다. 우주에 대해 조사하고 그 구조를 자세히 연구하면 할수록, 우주는 어떤 의미에서 우리가 출현할 것을 알고 있었다는 증거가 점점 더 많아진다. 우주가 살 수 있는 곳이 되기 위해서는 핵물리학의 법칙에 매우 놀라운 우연의 일치가 있어야 하는데, 실제로 핵물리학의 법칙에는 우주만물이 '공모'한 것처럼 느껴지는 정도의 우연의 일치가 존재한다.[25]

요컨대 실재하는 물리적 세계와 정신적 구조 사이에 '공모' 또는 '협동'을 시사하는 증거들이 있다는 것이지요. 게다가 다이슨이 자연과학 지식을 토대로 이 같은 결론에 도달했다는 게 우리에게는 매우 의미가 있습니다. 물론 그가 이 같은 우주적 사실들이 곧바로 하나님의 창조를 증명한다고 주장한 것은 아닙니다. 그렇지만 다이슨은 "정신이 우주의 기능에 본질적 역할을 한다는 가설이 우주의 구조와 모순되지 않는다"[26]라고 주장하지요.

자, 이제 당신이 스스로 한번 정리해 보세요. 창조론과 다중우주론 가운데 어느 주장이 옳을까요? 판단은 '아직은' 혹은 '영원히' 당신에게 주어져 있습니다.

앨런 구스와 아우구스티누스의 차이

이것이 현재까지 밝혀진 우주의 탄생에 관한 이론의 개요입니다. 요점은 현대과학자들도 아우구스티누스처럼 우주의 탄생과 함께 시간과 공간이 어느 한순간에 생겼다고 주장한다는 것이지요. 그리고 그 시점이 곧 우주의 태초입니다. 구약성서에 기록된 계시에 대한 고대신학자의 해석이 실험과 관찰에 의한 현대과학자들의 이론과 맞아떨어진다는 점이 참으로 놀랍습니다. 당신도 그렇지요?

하지만 정작 당신이 놀라워해야 할 것은 따로 있습니다. 그것은 『고백록』에 실린 아우구스티누스의 창조에 대한 설명이 지닌 의미와 가치가 결코 그와 같은 유사성에 머물지 않는다는 점이지요. 아우구스티누스가 "세계가 시간 속에서 만들어지지 않고 시간과 더불어 만들어졌다"[27]라는 자신의 말을 통해 전하고자 한 것은 하나님의 창조에 대한 자연과학 지식이 아니라, '하나님의 세계초월성'이라는 철학적·신학적 주장이기 때문입니다.

기독교 신학에서 하나님이 세계 이전, 곧 시간과 공간 '밖에서' 창조했다는 말은 일단 하나님이 시간이나 공간 그 어느 것의 제약도 받지 않고 절대적 독립성을 가진 '세계초월적 존재'라는 의미입니다. 그런데 당신이 알아야 할 것은 그리스도인들이 이 말을 할 때 그 의미가 단순히 여기서 그치지 않고 더 깊은 지점까지 확장된다는 사실이지요. 그게 뭐냐고요? 그리스도인들은 하나님의 '세계초월성'을 그의 '전지전능성'과 연결 지어 이해한다는 것입니다.

다시 말해 그리스도인들은 하나님이 세상의 그 어떤 것에도 제약을 받지 않는다는 말을 그가 세계의 모든 것을 오직 자기 의지대로 생성·소멸·인도할 수 있다는 의미로 해석한다는 것이지요. 더 구체적으로 말하자면, 세계초월적 존재인 하나님에게는 바다를 가르고 태양을 멈추며 처녀를 잉태하게 하고 죽은 자를 살리는 일이 조금도 어려운 일이 아니라는 뜻입니다. 그러니 하물며 당신이 지금 마주한 절망과 파국, 슬픔과 고통 그리고 한 걸음 더 나아가 언젠가는 다가오고야 말 죽음에서 당신을 구하는 일이 하나님에게는 아무것도 아님을 염두에 두고 아우구스티누스가 그 말을 했다는 것이지요.

이런 이야기가 비그리스도인에게는 별다른 감흥을 불러일으키지 않을 뿐 아니라 경우에 따라서는 거부감까지 갖게 할 수 있습니다. 하지만 그리스도인들에게는 전혀 그렇지 않지요. 만일 그들이 느끼는 감정을 조금이라도 이해하고 싶다면, 예컨대 현대의학으로는 어찌할 수 없는 불치병으로 죽어가는 사람처럼 인간의 이성과 능력으로는 도저히 빠져나올 수 없는 절망과 파국에 빠져 슬퍼하며 고통스러워하는 어떤 사람의 심경을 떠올려 보면 될 겁니다. 살 수만 있다면 지푸라기라도 잡고 매달려 사정하고 싶은 사람에게, 그를 다시 건강하게 하는 것이나 죽은 후에도 다시 살게 하는 것이 하나님에게는 손바닥 뒤집듯이 쉬운 일이라는 믿음은 건강한 우리로서는 상상조차 할 수 없는 특별한 의미를 지닐 수밖에 없을 겁니다.

17세기에 영국 왕당파 시인 Cavalier poets 가운데 하나인 로버트 헤릭 Robert Herrick, 1591-1694의 "병상에서 신에게"라는 시에는 바로 그 같은 사람의 심정이 잘 나타나 있어요.

내 수금과 비올이 버드나무 위에
걸려 있다 한들 어떻겠습니까?
내 침상이 무덤이 되고 내 집에

어둠이 짙어진다 한들 어떻겠습니까?
내 건강한 날들이 사라지고 죽은 자들 가운데
내가 끼어 누워 있다 한들 어떻겠습니까?
지금은 비록 시들어 버린 꽃이지만
당신의 전지전능함에 의해
다시 싹이 돋아나리라는 희망을 지니고 있습니다.[28]

그러니 당신은 설사 앨런 구스와 아우구스티누스가 나란히 서서 "세계가 시간 속에서 만들어지지 않고 시간과 더불어 만들어졌다"라고 똑같이 말한다고 가정해도, 그 말을 통해 각자 전하고자 하는 의미는 전혀 다르다는 걸 분명히 알아야 합니다. 비유하자면, 어떤 두 사람이 똑같이 "물이다!"라고 외쳐도 홍수로 물난리를 만난 사람이 이 말을 외칠 때와 사막에서 길을 잃은 사람이 소리칠 때는 전혀 다른 의미를 갖는 것과 같지요. 하나는 '이제 죽었다'라는 뜻이고, 다른 하나는 '이제 살았다'라는 의미입니다. 이렇듯 언어의 의미는 그 언어가 발화된 환경과 밀접한 관계가 있기 때문에, 그 사실 여부 역시 그 언어가 속한 존재세계로 인해 드러나기 마련이지요.

성서 텍스트의 '사실'은 예컨대 자연과학적 사실이나 역사적 사실과는 전혀 다른 존재세계의 사실입니다. 즉 창조, 하나님의 통치, 언약, 중생, 심판, 종말, 부활, 새 세상 등 성서의 언어로 구성된 '성서세계'에서 그 의미가 결정되고 객관성이 보장되는 사실들이라는 말입니다. 따라서 이 세계의 언어에 대한 해명은 당연히 자연과학적이거나 역사적인 해명과는 다를 수밖에 없습니다. 이에 대한 각성은 오늘날 종종 논의되는 '과학적 주장'과 '종교적 주장' 간의 대립과 갈등을 해결하는 데 하나의 규범이 될 수 있다는 점에서 매우 중요합니다.

비트겐슈타인의 언어놀이와 의사소통

여기에서 당신에게 소개하고 싶은 현대철학 이론이 하나 있습니다. 20세기가 낳은 매우 특이한 천재인, 철학자 루트비히 비트겐슈타인Ludwig Wittgenstein, 1889-1951의 후기 사상인 '언어놀이'language game 이론이지요. 그는 사후 출간된 후기 저작들인 『철학적 탐구』, 『확실성에 대하여』 등에서 우리의 언어행위를 체스나 크리켓, 축구, 테니스와 같은 하나의 '놀이'game로 보았습니다. "'낱말이란 원래 무엇인가?'라는 물음은 '장기의 말이란 무엇인가?'와 비슷하다"[29]라는 말이 그의 이러한 사유를 대변하지요.

그런데 비트겐슈타인에 의하면 모든 '언어놀이'에는 그 언어놀이를 구성하는 풍습, 제도, 역사, 문화를 비롯한 인간의 총체적 '삶의 양식'forms of life이 반영됩니다. 따라서 언어란 그 언어가 사용된 언어놀이 안에서만 일정한 의미를 갖지요. 그러므로 "언어놀이가 변하면 그때는 개념상의 변화가 생기고 개념과 더불어 단어들의 의미도 변한다"[30]는 것입니다. 정말 그런지, 예를 들어서 설명해 볼까요?

바로크 미술의 대표 화가인 페테르 파울 루벤스Peter Paul Rubens, 1577-1640의 회화들이 증명하듯이, 그 시대에는 '미인'이라는 단어가 뚱뚱하다 싶게 '풍만한 여성'이라는 의미였습니다. 미인이라는 말에 그 시대의 풍습, 제도, 역사, 문화에 의한 삶의 양식이 반영되어 있는 것이지요. 그러나 오늘날에는 같은 말이, 비쩍 말랐을 정도로 '날씬한 여성'이라는 의미로 바뀌었습니다. 삶의 양식이 변하자 언어놀이가 변했고 개념과 더불어 단어의 의미가 변한 것이지요. 어때요? 정말 그렇지요? 그래서 비트겐슈타인은 "하나의 언어를 머리에 떠올린다는 것은 하나의 삶의 양식을 떠올리는 것이다"[31]라고도 주장했습니다.

이것은 곧 어떤 사람의 언어를 이해하려면 그 사람의 삶의 양식을 먼

페테르 파울 루벤스(Peter Paul Rubens), 〈다이아나와 칼리토〉, 1637-1638.

저 이해해야 한다는 뜻이지요. 그래서 비트겐슈타인은 언어에 의미를 발생시키는 규칙이라는 의미에서 삶의 양식을 '문법' 또는 '논리적 문법'이라고 불렀습니다. 그리고 "어떤 사물이 어떤 종류의 대상인가는 문법이 말한다"[32]라고 주장했고요. 언어와 삶의 양식 사이의 이런 관계 때문에 비트겐슈타인의 언어놀이에서는 한 명제의 '옳음'과 '그름'도 당연히 '삶의 양식과의 일치 여부'로 가려집니다.˙ 다시 말해—앞서 '미인'의 예에서 보았듯이—같은 삶의 양식을 가진 사람들은 같은 판단의 기준을 갖고 있다는 거지요.

그래서 언어놀이를 바꾸는 것은 '하나의 사고 차원에서 다른 사고 차원으로 옮겨 가는 것'이자, '하나의 삶의 형식에서 다른 삶의 형식으로 옮겨 가는 일'이 되는 겁니다.[33] 이런 의미에서 삶의 양식, 곧 문법은 한 세계에 대한 단순한 정보 information만이 아니라, 그 세계에 대한 삶의 통찰 insights을 제공하게 됩니다. 그리고 이러한 '통찰'은 우리에게 세계를 보는 하나의 새로운 관점을 형성해 주지요. 그 결과 "이미 사용 가능한 개념들이 변화하거나 더욱 확장되도록 함으로써 새로운 정보 발견을 가능하게 해 주는 진보"[34] 곧 이해의 폭을 넓히고 타인과의 의사소통을 가능하게 하는 '이해의 진보'를 선물합니다. 요컨대 루벤스가 살던 시대의 풍습, 제도, 역사, 문화에 대한 이해가 미인에 대한 개념을 바꾸고 확장시켜 타인과의 의사소통을 가능하게 한다는 뜻이지요. 다른 예를 들어 볼까요?

신약성서에서 바울은 "사람이 의롭다 하심을 얻는 것은 율법의 행위에 있지 않고 믿음으로 되는 줄 우리가 아노라"(로마서 3:28)라고 교훈했습

• "사람들이 말하는 것은 옳거나 그르다. 곧 그들의 언어 속에서 사람들은 일치한다. 이것은 의견의 일치가 아니라 삶의 양식의 일치이다"(비트겐슈타인, 『철학적 탐구』, p. 241. 이에 관해서는 pp. 210-242와 225-227도 참고하라).

니다. 그런데 야고보는 "사람이 행함으로 의롭다 하심을 얻고, 믿음으로만은 아니니라"(야고보서 2:24)라고 선포했지요. 그럼 두 사도의 가르침은 서로 대립하는 것일까요? 이로써 성서의 일관성이 깨지는 걸까요? 당신 생각은 어떤가요? 이에 대해서는 여러 가지 답변이 있겠지만, 예컨대 언어놀이 이론을 성서해석학에 끌어들인 『두 지평』의 저자 앤서니 티슬턴 Anthony C. Thiselton 같은 신학자에 의하면, 전혀 그렇지 않습니다.

티슬턴은 바울과 야고보는 서로 대립하는 것이 아니라 각각 다른 문법에 따라 다른 언어놀이를 할 뿐이라고 해석했습니다. 바울은 '믿음이 있으면 행위는 자연히 따라온다'는 문법으로 말하고, 야고보는 '행위에 의해서 믿음이 완성된다'는 문법으로 말하고 있다는 것이지요.[35] 그렇게 보면 바울과 야고보의 명제는 서로 모순되는 것이 아니라 오히려 서로 보완적인 셈입니다. 결코 화해할 수 없을 것처럼 보이는 이들의 대립도 이처럼 언어놀이의 차이로 이해함으로써, 우리는 '믿음이 행위를 낳고 행위가 믿음을 낳는다'라는 이해의 진보와 성서세계에 대한 새로운 통찰을 얻을 수 있다는 말이지요.

앞으로도 기회가 있을 때마다 다시 언급하겠지만, 결코 화해할 수 없을 것 같은 과학과 종교의 대립에서도 이들이 서로 전혀 다른 문법으로 서로 다른 언어놀이를 하고 있음을 이해하는 것이 매우 중요합니다. 그래야만 과학과 종교 사이에 바람직한 소통이 비로소 가능해지며, 한 걸음 더 나아가 우리가 사는 세계에 대한 새로운 통찰과 이해의 진보를 얻을 수 있기 때문이지요.

물론 비트겐슈타인의 언어놀이 이론이 과학과 종교의 언어를 분리함으로써 오히려 둘 사이의 소통을 끊을지 모른다며 염려하는 학자도 있습니다. 예컨대 『다윈주의자가 기독교인이 될 수 있는가?』의 저자 마이클

루스와 『과학과 종교, 상생의 길을 가다』, 『다윈 안의 신』을 쓴 존 호트 같은 학자들이 그런데요.* 그들 가운데 하나로 미국 태평양 루터 신학교 교수이자 '신학과 자연과학 센터' 프로그램 소장인 테드 피터스는 같은 입장에서 이렇게 주장했습니다.

> 내가 보기에 두 언어 이론에는 문제가 있다. 그것은 분리를 통해서, 다시 말해 소통을 방해하는 비무장지대를 설정함으로써 평화를 얻는다. 과학자가 신적인 것들에 대해 말하고 싶어 할 수도 있고 또 신학자가 과학적인 것에 대해 말하고 싶어 할 수도 있다. 이런 경우 두 진영은 이해의 공유가 불가능하다는 전제 아래, 서로 대화를 피해야 할 수도 있다.[36]

요컨대 피터스는 과학과 신학이 서로 다른 언어놀이를 한다고 상정한다면 둘 사이에 어떤 중립적 관찰 방법이나 검증 기준도 없다는—일찍이 쿤의 패러다임 이론의 약점으로 지적되었던 이른바 공약불가능성 incommensurability—문제가 과학과 신학의 소통을 방해한다고 주장합니다. 얼핏 옳은 말 같아 보이지요? 하지만 이 같은 주장은 '비트겐슈타인의 언어놀이'와 '쿤의 패러다임'을 똑같이 본 데서 나온 기우일 뿐입니다.

토머스 쿤의 패러다임 이론에 의하면, A라는 패러다임으로 판단하면 A_1이라는 과학 지식이 옳게 판단되고, B라는 패러다임으로 판단하면 B_1이라는 과학 지식이 옳게 인정됩니다. 예컨대 뉴턴 역학이라는 패러다임

---

* 마이클 루스와 존 호트는 모두 과학과 종교 간의 진정한 소통을 지향한다. 나는 이들의 노력에 원칙적으로 공감하지만 그들이 시도하는 과학과 종교의 접촉(contact)이나 지지(confirmation)에 대해서는—상대의 언어놀이가 사용하는 문법(삶의 양식)에 대한 충분한 이해가 선행되어야 한다는 점에서—조심스럽다. 과학과 종교의 만남에서, 예컨대 빅뱅이론과 아우구스티누스의 창조론 해석처럼 두 이론이 어떤 합의와 일치에 도달했다 하더라도, 각각의 언어놀이에서 발생한 고유의 의미 역시 보존하는 것이 바람직하기 때문이다.

으로 보면 '질량은 불변한다'는 주장이 옳고, 아인슈타인의 상대성 원리라는 패러다임으로 보면 '질량이란 속도에 따라 변한다'는 주장이 옳다는 말이지요. 운동하는 물체의 질량은 속도가 빨라짐에 따라 점점 증가하여 빛의 속도에 이르면 무한대가 되기 때문입니다. 그렇기에 여기에는 이것이냐 저것이냐 하는 양자택일이 있을 뿐인데, 어느 것이 사실과 더 맞아떨어지는가를 비교할 수 있는 어떤 중립적 관찰 방법이나 검증 기준이 없습니다. 이 말을 학자들은 '공통된 기준이 없다'라는 뜻을 가진 '공약불가능성'*이라는 용어로 표현한 것이지요.

그러나 쿤 자신도 후기 연구에서는 패러다임 이론이 반드시 공약불가능성을 전제하는 건 아니라면서, 그동안 '공약불가능성'을 상징하던 자신의 비유적 표현인 '개종'改宗이라는 용어를 '번역'이라는 말로 바꾸었습니다. '이것이냐 저것이냐'의 문제가 아니라, '이것에서 저것으로'의 문제라는 것이지요. 패러다임 전환이 반드시 개종처럼 어려운 게 아니라 번역처럼 용이하다는 의미를 담고 있습니다. 즉 "새로운 언어를 충분히 습득할 수 있다면 두 가지 언어를 사용할 수 있다"는 것입니다.[37] 한마디로, 유연해진 것이지요. 이 말을 비트겐슈타인식으로 바꾸면, 당연히 '새로운 문법(삶의 양식)을 익힐 수만 있다면 두 가지 언어놀이가 가능하다'가 되겠지요.

게다가 학자들에 의하면, 비트겐슈타인의 '언어놀이'는 쿤의 '패러다임'보다 훨씬 유연합니다. 쿤의 패러다임이 상대적으로 '닫힌 체계'라면, 비트겐슈타인의 언어놀이는 '열린 체계'라고 볼 수 있다는 것이지요. 요컨대 한 사람이 여러 차원 또는 여러 종류의 언어놀이를 할 수 있다는

• 공약불가능성(incommensurability)이라는 용어는 원래 수학에서 고대 피타고라스학파가 받은 충격에서 유래한 용어다. 피타고라스와 그의 제자들은 직각삼각형에 대한 피타고라스정리를 운용하던 중 분수로 표현불가능한 수, 즉 유리수가 아닌 수(무리수)가 존재한다는 사실을 발견하고 충격에 휩싸였다. 그리고 유리수와 무리수 사이에는 공통된 측정체계가 없다는 뜻으로 이 용어를 사용했다.

이야기입니다. 이는 마치 우리가 자신이 속한 나라의 언어와 문화—즉 비트겐슈타인이 말하는 삶의 양식—를 포기하지 않고도, 다른 나라의 언어나 문화를 이해할 수 있는 것과 마찬가지입니다. 하나의 삶의 양식을 갖고 사는 것과 그것을 이해하는 것은 다르기 때문이지요. 우리는 자신의 언어놀이에 속해 있으면서도 다른 사람들이 하는 언어놀이의 문법을 충분히 이해할 수 있으며, 그것을 통해—앞서 제시한 예들에서 보았듯이—이해의 진보를 가져와 타인과의 의사소통이 오히려 가능해질 수 있습니다.

리오타르의 다원적 이성과 상호이해

과학과 종교가 서로 다른 언어놀이라는 사실을 이해하자는 이야기는 과학과 종교를 분리함으로써 평화로운 비무장지대를 설정하자는 것이 아닙니다. 내가 언어놀이 이론을 지지하는 이유는 우선 과학과 종교 사이에 엄연히 존재하는 "차이에 대한 우리의 감수성을 세련시키고 불가공약적인incommensurable 것에 대한 우리의 인내력을 강화"³⁸하자는 것이지요. 언어놀이 이론이 과학과 종교의 소통을 막으리라고 우려하는 존 호트도 이 점에 대해서는 "과학과 신앙을 제멋대로 섞는 행위를 막으려면, 과학과 신앙의 만남은 신중하고 자의적으로 그리고 무엇보다도 참을성 있게 이루어져야 한다"³⁹라고 같은 입장을 표명한 바 있습니다. 그래야 비로소 진정한 소통이 가능해지기 때문이지요.˙ 둘 사이에 어떤 일치나 합의가 가능

• 『과학과 종교, 상생의 길을 가다』와 『다윈 안의 신』의 저자 존 호트는 리처드 도킨스처럼 과

하냐 아니냐 하는 것은—순서로 보나 중요성으로 보나—그다음 문제입니다.

예를 들어 설명해 볼까요? 다음의 그림과 같이 당신(ⓐ) 앞에 놓인 찻잔의 손잡이가 당신 쪽에서 볼 때 오른편에 붙어 있다고 가정하지요. 그렇다고 해서 그 잔을 사이에 두고 당신 맞은편에 앉은 사람(ⓑ)에게도 그것이 똑같이 오른편에 붙어 있는 것으로 보일까요? 아니지요! 당신에게는 오른편에 붙은 것처럼 보이는 그 손잡이가 맞은편 사람에게는 왼편에 붙은 것으로 보입니다. 그게 정상이지요.

이 경우 우선적이고도 중요한 것은 상대의 주장과 그 주장이 나온 상대의 발화 환경에 대한 진정한 이해입니다. 그런 다음에야 "찻잔의 손잡이는 오른편도 왼편도 아닌 어느 한편에 붙어 있다"라는 합의 내지 일치가 가능하든 말든 하지 않겠습니까? 만일 당신이 상대의 주장에 대한 이해를 통해 이 같은 새로운 합의나 일치를 얻어 냈다면 당신은 비로소 '이해의 진보'를 이룬 것이고 그로써 상대와의 의사소통이 가능해진 것이지요.

여기서 우리가 "사회적 유대는 상이한 규칙에 복종하는 적어도 두 종류의(실제로는 무수히 많은) 언어게임들이 교차하는 조직망이다"⁴⁰라면서 '다원적 이성' 또는 '불일치의 이성'para-Logos을 내세운 프랑스의 포스트모던 철학자 장 프랑수아 리오타르Jean-François Lyotard의 주장에 잠시 귀를 기울이는 건 매우 의미 있는 일일 겁니다. 리오타르는 『철학적 탐구』에서 언

학적 유물론을 주장하는 과학자들을 '우주적 문자주의자'로, 『심판대의 다윈』의 저자 필립 존스처럼 지적 설계론을 내세워 창조과학을 주장하는 그리스도인들을 '성서적 문자주의자'로 규정하고, "도킨스보다도 깊이", "지적 설계보다도 깊이"라는 구호와 함께 자연과학과 성서에 대한, 보다 깊이 있는 독법을 요구했다.

어를 하나의 도시에 비유한 비트겐슈타인의 다음과 같은 말을 빌려 자신의 주장을 설명했습니다.

> 그리고 얼마나 많은 집 또는 거리들이 있어야 하나의 도시는 하나의 도시이기 시작하는가? 우리의 언어는 하나의 오래된 도시로 간주될 수 있다. 즉 골목길과 광장, 낡은 집과 새로운 집, 서로 다른 시기에 증축된 부속 건물을 가진 집들로 이루어진 하나의 미로迷路; 그리고 이것을 둘러싼, 곧고 규칙적인 거리들과 획일적인 집을 가진 다수의 새로운 변두리들.[41]

도시계획에 의거하지 않고 자연발생적으로 생겨나 다양한 건물로 이뤄진 비트겐슈타인의 '오래된 도시'는 리오타르가 구상하는 '다원적 이성의 이상적 모델'이지요. 여기에는 거대하고 획일적인 마스터플랜이 없습니다. 예컨대 독일의 하이델베르크 같은 서구의 오래된 도시들이 그렇듯이 단지 골목길과 광장, "낡은 집과 새로운 집, 서로 다른 시기에 증축된 부속 건물을 가진 집"들이 하나의 미로를 이루고 있지요. 리오타르의 다원적 이성도 마찬가지입니다. 리오타르에 의하면, 그 안에는 "수많은 서로 다른 언어게임, 즉 요소들의 이질성이 존재"하는데, "이것들은 도시의 구역들이 그렇듯이 단지 모자이크적인, 즉 국부적인 결정론déterminisme local을 제공할 뿐"[42]이라는 것입니다.

그렇지만 오래된 도시라고 해서 마냥 혼돈 상태는 아닌 것처럼, 다원적 이성에 근거한 의사소통이 온통 무법천지인 것은 아닙니다. 그것에도 정당화를 위한 규칙은 있지요. 리오타르도 "합의는 낡고 의심스러운 가치가 되어 버렸다. 그러나 정의는 그렇지 못하다"[43]라면서 획일적이고 폭력적인 합의와는 무관한 정의의 개념 및 실천을 위한 원칙을 다음 두 가지로 제시했습니다.

첫 번째 단계는 언어게임의 이질성을 인정하는 것이다. 이것은 언어게임의 동질성을 가정하고 실현하려는 테러의 포기를 함축한다. 다음 원리가 그 두 번째 단계다. 즉 각각의 게임 그리고 여기서 이루어지는 '활동들'을 규정하는 규칙에 대한 합의가 존재한다면, 이 합의는 국부적이어야 한다는 것이다. 다시 말해 합의는 현재의 파트너에 의해 이루어진 것이며, 경우에 따라 쉽게 취소될 수 있다는 것이다.[44]

이러한 다원적 이성에 근거한 원칙들에 의해서 리오타르는 '지식에 대한 정당화'도 '사회적 정의에 대한 정당화'도 새롭게 구축되길 전망하지요. 물론 이 원칙들만으로 리오타르의 원대한 소망을 이룰 수 있을지 의심스럽지만, 나는 적어도 이러한 사유 모델이 오늘날 시도되고 있는 과학과 종교 간의 대화와 소통—예컨대 진화론과 창조론의 대립—에는 적용되어야 한다고 생각합니다. 미국의 천문학자이자 물리학자인 로버트 재스트로 Robert Jastrow, 1925-2008가 풍자했듯이, 언젠가 가장 높은 봉우리에 오른 과학자가 그 꼭대기 바위에 앉아서 이미 수백 년을 기다린 여러 신학자의 환영을 받을지도 모르지만, 아직은 아니기 때문입니다! 오히려 과학자들은 그 반대 현상이 일어나리라고 굳게 믿고 있지요.

정리할까요? 과학과 종교가 대화와 소통을 통해 어떤 합의나 일치를 얻어 낸다면, 그것은 바람직한 일이 아닐 수 없습니다. 당연히 반대할 이유가 전혀 없지요. 하지만 그것이 우리가 아무런 선결조건 없이 급하게 서둘러야 할 목표는 아닙니다. 내 생각에는 과학과 종교 간에 이뤄져야 하는 대화와 소통의 조건이자 목표는 어떤 합의나 일치를 얻어 내는 것이 아니라, 상대 담론에 대한 '진정한 이해'입니다. 예를 들자면 앞에서 이미 살펴보았듯이 천체물리학자들이 '에너지로 충만한 진공'을 뜻하는 '무'

nothing와 신학자들이 말하는 '무로부터의 창조'에서의 '무'nihil가 전혀 다른 의미라는 사실을 먼저 인지해야 합니다.

그러지 않은 채 성급히 어떤 일치나 합의를 끌어낼 목적으로 하는 소통은 무의미하고 소모적인 논쟁이 되거나, 획일화를 위한 강제를 유발하기 때문이지요. 너무나 당연한 일이지만, 상대에 대한 진정한 이해가 전제되지 않은 일치나 합의에는—설사 그것이 옳은 자가 그른 자에게 베푸는 선의라는 겉옷을 입고 나타날 때조차—사실상 강한 자가 약한 자에게 가하는 부당한 대우와 폭력이 들어 있게 마련입니다. 따라서 과학과 종교 간의 바람직한 소통을 위해서는 적어도 두 가지가 선행되어야 하지요.

하나는 상대가 사용하는 전문용어terminus에 대한 정확한 이해입니다. 이를 위해서는 적어도 '과학-신학 전문용어 통합사전'을 편찬하는 것과 같은 진중한 작업이 먼저 앞서야 하지요. 이 일은 매우 합리적인 조치로, 오케스트라 단원들이 연주를 앞두고 각자의 악기를 조율해야만 하는 것과 같습니다. 앞에서 보았듯이 과학과 종교는 같은 용어를 전혀 다른 의미로 사용하기 때문이지요. 독일 뮌헨 대학의 물리학 교수 게르하르트 뵈르너Gerhard Börner는 이렇게 말했습니다.

> 자연과학과 종교의 대화를 가능케 하는 접점은 존재한다. 자연과학과 종교는 실재를 바라보는 시각이 다르지만, 양쪽 모두가 서술하고자 하는 것은 동일한 실재다. 물론 사용하는 언어는 서로 다르다. 그러므로 자연과학과 종교의 대화를 위해서는 양 진영 모두 각자의 영역에서 쓰이는 개념들의 의미를 명료화하고 번역하는 작업을 해야 한다.[45]

다른 하나는 대화와 소통이 '상호주관적'으로 이루어져야 한다는 것입니다. 예컨대 고대의 철학이, 중세의 신학이, 근대의 물리학이, 오늘날의 생물학이 그러하듯이˙ 진리 또는 보편성 실현이라는 미명 아래—오늘날에는 통섭consilience이라는 말을 흔히 쓰지요—서로 다른 문법을 가진 담론들을 어느 하나의 문법으로 획일화하려는 야망을 갖고 접근해서는 안 된다는 말이지요.

이 같은 시도는 자기가 알고 있는 것만 진리라는 생각, 그리하여 그것을 통해 존재하는 모든 것을 규정할 수 있다는 오만에서 기인한 만행에 불과합니다. 그리고 그것은 학문을 하는 태도가 아니며, 리오타르의 표현대로 "상이한 질서의 축첩蓄妾 관계"[46]를 맺으려는 행위이고, 해묵은 전체주의적 발상에 불과하며, 자칫 서로가 망하는 제로섬 게임을 초래할 수도 있는 경거망동이지요. 누구든 진리에 다가가고자 한다면 그 같은 생각과 오만을 버려야 한다는 것을 우리는 근대라는 폭력적 역사를 통해 이미 배웠습니다.

나는 우리의 삶과 세계에서 진리를 드러내는 일은 마치 오늘날 영상기술자들이 3차원 영상을 만드는 방법과 같아야 한다고 생각합니다. 영상기술자들은 서로 다른 각도에서 촬영한 두 개의 2차원 영상을 나란히 겹쳐 놓음으로써 보다 실사實事에 가까운—입체적이고 생생한—3차원 영상을 얻어 내지요. 그렇게 해서 우리에게 전혀 새로운 차원의 경험을 선사합니다. 진리를 드러내는 우리의 작업도 마찬가지 아닐까요? 같은 대상을 서로 다른 관점에서 조명하여, 단지 하나로 통합하거나 융합하는 게 아니라 나란히 겹쳐 놓음으로써 보다 진리에 가까운 입체적이고 생생한 지식이 제 스스로 드러나게 해야 한다는 말입니다. 아닌가요?

• 사회생물학자 에드워드 윌슨(Edward Wilson)과 그의 추종자들이 『사회생물학: 새로운 종합』과 『통섭』 같은 저술을 통해 인간의 모든 사회적 행동을 생물학적으로 설명하고, 나아가 생물학을 중심으로 학문을 통합하려는 시도도 그 한 예로 볼 수 있다.

자신 안에 자연을, 자연 안에 자신을

이제, 우리의 이야기로 되돌아가 봅시다. 아우구스티누스는 "태초에 하나님이 천지를 창조하시니라"(창세기 1:1)라는 구절 가운데 '태초'라는 말에서 빅뱅이 아니라 하나님의 세계초월성을 해석해 냈습니다. '세계초월성'transcendence은 '세계내재성'immanence과 함께 기독교에서 말하는 하나님의 가장 중요한 속성이지요. 따라서 만일 누구든 하나님에 대해 언급하면서 이 두 가지 속성 가운데 어느 하나를 훼손한다면 그는 이미 기독교에서 말하는 하나님이 아닌, 다른 어떤 신에 대해 말하는 겁니다.

예컨대 누가 신이 세계 안에 내재할 뿐 초월하지는 않는다고 주장하면 그는 범신론pantheism* 또는 만유재신론panentheism**에서의 신을 말하는 것이지요. 반대로 어떤 사람이 신은 세계를 초월할 뿐 내재하지는 않는다고 주장하면 그는 자연신론naturalism***에서의 신을 말하는 겁니다. 기독교에서 말하는 신, 곧 하나님은 세계로부터 어떤 제약도 받지 않는 절대적 독립성을 가졌다는 의미인 세계초월성과, 세계에 부단히 참여하며 우주 만물을 오직 자신의 뜻대로 인도해 가는 인격적 속성을 가졌다는 의미인 세

---

* 범신론은 신과 세계를 하나로 보기 때문에, 신은 단지 세계내재성만 지닌다. 범신론은 정적 범신론과 동적 범신론으로 나뉜다. 플로티노스, 스피노자, 헤겔, 하르트만 등이 범신론을 주장했으며, 힌두교의 상카라(Sankara)도 이에 속한다.
** 만유재신론은 유신론과 범신론의 사이에 있다. 즉 신은 세계를 초월하지 않고 포괄하는데, 그렇다고 해서 범신론처럼 신과 세계가 하나인 것은 아니다. 육체 안에 영혼이 있는 것과 같이 신이 세계 안에 있는 것으로, 우주는 신의 몸(God's body)이고 신은 우주의 영혼(the soul of the universe)이다. 따라서 신과 세계는 상호의존적이다. 현대에는 화이트헤드와 하트숀이 만유재신론을 주장했다.
*** 자연신론이란 자연화된 형태(desupernaturalized form)의 유신론이라 할 수 있다. 따라서 유신론적 신에서 초자연적 속성이 제거된다. 신은 세계를 초월해 있으면서 단지 자연법칙과 도덕법칙만으로 세계에 관여한다. 대표적인 예가 18세기 영미 신학자들이 주장한 이신론(Deism)이다.

계내재성을 동시에 갖고 있는 유신론theism*적 신입니다.

사도 바울은 이러한 하나님의 속성을 "하나님은 한 분이시니 곧 만유의 아버지시라. 만유 위에 계시고 만유를 통일하시고 만유 가운데 계시도다"(에베소서 4:6)라고 짧고 간단하게 교훈했고, 괴테가 남긴 글에는 다음과 같은 시구가 있지요.

오직 세계의 밖에서 만날 수 있는 신은 무엇이겠는가?
손가락으로 모든 것을 순환 속에서 운행하게 하는 자!
하지만 그에게는 세계의 내부에서 움직이는 것도 어울리네,
자신 안에 자연을, 자연 안에 자신을 품고 있는 자!
그래서 하나님 안에서 살고 움직이고 존재하는 그 무엇은,
결코 그분의 힘에서, 결코 그분의 정신에서 멀어지지 않네.47

자세히 들여다보면, 첫째와 둘째 연에서는 일찍이 바울이 "만유 위에 계시고"라고 표현한 하나님의 세계초월성에 대해서, 그다음 연들에서는 역시 바울이 "만유 가운데 계시도다"라고 언급한 하나님의 세계내재성에 대해서 읊고 있다고 해석됩니다. 그렇지요?

하나님의 세계내재성에 대해서는 4부 "하나님은 인격적이다"에서 자세히 살펴볼 것입니다. 여기서 우리가 다루려는 것은 하나님의 세계초월성인데, 우리는 이 문제를 영원과 시간과의 관계―곧 하나님의 시간과 인간의 시간의 관계―를 통해서 살펴보려고 합니다. 그것이 하나님의 초월성

• 유신론은 종종 일신교(monotheism, one-God-ism)와 동일시되지만, 원래는 신의 인격적 속성을 믿는 신앙을 가리킨다. 일신교 외에도 고대 그리스와 로마의 신들처럼 다수의 인격신을 가진 다신교(polytheism, many-God-ism)나 단일부족을 보호하는 부족신앙의 양태로 나타나는 단일부족신교(henotheism) 등도 이에 속한다. 기독교는 그중 하나다.

을 파악하는 매우 좋은 방법일 뿐 아니라, 기독교와 서양문명을 이해하는 데도 커다란 도움이 되기 때문입니다.

영원이란 무엇인가

우리는 이미 "태초에 하나님이 천지를 창조하시니라"(창세기 1:1)라는 말이 137억 년쯤 전인 아득히 먼 예전의 어떤 시간에 하나님이 우주를 창조했다고 물리적으로 생각해서는 안 된다는 것을 알았습니다. 앞에서 살펴본 것같이 '태초'는 '시간 안'이 아니라 '시간 밖'을 뜻합니다. 그런 만큼 이 말은 하나님이 '시간의 밖에서' 우주를 창조했고, 창조와 동시에 시간이 시작되었다고 이해해야 하지요. 더 정확히 말해 태초는 '시간 밖'과 '시간 안'의 경계라고 할 수 있습니다.

그런데 여기서 당신은 이렇게 물을 수 있지요. "시간 밖의 시간이라니, 이게 도대체 무슨 말인가? 우리를 또다시 혼란에 빠뜨리는 사변적인 말장난 아닌가?" 그렇지요. 마치 화두처럼 들리는 이런 말은 우리를 자주 혼란에 빠뜨립니다. 그런데 흥미롭게도 사변적 철학자나 신학자가 아닌 현대물리학자들도 자연을 설명하는 데 이같이 시간과 공간을 벗어난 개념과 용어가 필요하다고 주장합니다. 정말이냐고요? 그럼요. 여기서 잠시 하이젠베르크와 한스 페터 뒤르의 제자이기도 한 물리학자 게르하르트 뵈르너의 말에 귀를 기울여 볼까요?

공간과 시간이 빅뱅에 의해서 발생하고 블랙홀들에서 소멸한다면, 공간과 시간 속에 있는 세계가 모든 것일 수 없다. 우리는 경험을 공간과 시간 속에서 정리할 수밖에 없는 그런 존재이지만, 우리의 이론들은 경험들을 완전하게 설명하기 위해서는 공간과 시간을 벗어난 개념들이 필요하다는 것을 알려 준다. 물론 생각만으로는 공간과 시간의 저편에 정말로 무언가가 있다는 확신을 얻을 수 없다. 그러나 심오한 물리학적 분석은 그런 가능성을 파악하기 어렵게 만드는 장애물들을 제거한다.[48]

요컨대 뵈르너는 공간과 시간이 빅뱅에 의해서 발생하고 블랙홀들에서 소멸하는 사례가 있다면 그것은 오직 공간과 시간 속 사물들의 질서만 존재한다는 생각에서 우리를 해방시킨다고 말하는 것입니다. 왜 그러냐고요? "공간과 시간 자체가 가변적이라면, 우리가 표상할 수 없는 다른 질서, 공간과 시간을 필요로 하지 않는 질서도 생각할 수 있기" 때문이라는 이야기지요.

뵈르너가 하이젠베르크의 제자라는 것은 여기서 특별한 의미를 갖습니다. 왜냐하면 하이젠베르크야말로 빛의 '파동-입자 이원성 Wave-particle duality 문제'* 때문에 현대물리학이 곤경에 처했을 때 '잠세태'potentia라는 아리스토텔레스의 용어를 빌려와서 해결한 장본인이니까요. 학문에서는 항상 개념 또는 용어가 문제 해결의 관건입니다. 나중에 5부 "하나님은 유일자다"에서 더 자세히 설명하겠지만, 새로운 개념과 용어가 새로운 사유를 가능하게 하기 때문입니다.

- '파동-입자 이원성'(Wave-particle duality) 문제란 물리학적으로 파동은 입자일 수 없고 입자는 파동일 수 없는데, 빛은 파동인 동시에 입자로 나타나는 문제를 말한다. 이 문제는 1905년 아인슈타인이 '광양자이론'(theory of light quanta)을 발표하면서 불거졌는데, 하이젠베르크가 아리스토텔레스의 『형이상학』에 나오는 '잠세태'라는 용어를 빌려와서 이 설명할 수 없는 모순적 현상을 설명할 수 있는 길을 열었다. 요컨대 빛은 단지 잠세태로 있다가 실험자가 빛을 입자로 규정하고 그에 적합한 장치로 실험을 실시하면 입자로 현실화되고, 파동으로 규정한 실험을 하면 파동으로 현실화된다는 말이다(자세한 설명은 5부 "하나님은 유일자다"에 있는 '용어가 사유를 가능하게 한다'를 보라).

그러니 이제 부정적 선입견을 버리고 '시간 밖의 시간'이라는 우리의 용어를 좀더 자세히 알아볼까요? '시간 밖의 시간'이라는 말은 우리가 시간이라고 규정한 시간이 가진 성질이 아닌, 어떤 다른 성질을 가진 시간을 의미합니다. 즉 무한하게 분산되며 미래에서 다가와 현재를 거쳐 과거로 부단히 흘러가는 성질이 아닌, 그와는 다른 성질을 가진 어떤 시간을 뜻하지요.* 아우구스티누스에 의하면 영원이 바로 이렇습니다! 그리고 그게 바로 '하나님의 시간'이라지요. 그럼 영원이란 과연 어떤 성질을 가진 시간일까요? 이것은 실로 난해한 질문이지만 염려할 것은 없습니다. 아우구스티누스가 다행히도 이에 대해 가차 없는 대답을 내놓았기 때문인데, 그 내용은 다음과 같지요.

주님의 세월은 불과 '한 날'(베드로후서 3:8)이며, 주님의 날은 되풀이되지 않고 언제나 '오늘'이옵니다. 주님의 '오늘'은 내일에게 자리를 양보하지 않고 어제를 뒤좇아 가지 않나이다. 주님의 오늘은 '영원'입니다.[49]

영원에는 시간의 흐름이 없고 과거와 미래가 모두 현재로 존재한다는 말입니다. 바로 이것이 '시간 밖의 시간'이자 모든 시간의 근원인 '하나님의 시간'이 가진 성질이지요.

그러므로 당신은 우선 기독교에서 말하는 영원성이 '시간의 무한한 확장'이 아니라는 것을 알아야 합니다. 동시에 영원성이 무시간성無時間性을 뜻하는 것도 아님을 알아야 합니다. 그래서 만일 어떤 그리스도인이 당신에게 "하나님은 영원하다"Quod Deus est eternus[50]라고 말한다면, 당신은 그 말

---

* 만일 우리가 시간 안에서 존재하는 인간이 체험하는 시간의 성질, 곧 미래에서 다가와 현재를 거쳐 과거로 부단히 흘러가는 성질을 '내시간성'(內時間性)이라고 부른다면, 시간 밖에서 존재하는 하나님이 체험하는 시간(영원)의 성질은 '외시간성'(外時間性)이라고 할 수 있겠다.

을 하나님이 시간 안에서 무한히 존재한다거나, 하나님은 시간 없이 존재한다는 의미로 받아들여서는 안 됩니다. 그 말은 단지 하나님은 시간 밖의 존재, 곧 세계초월적 존재라서 우리가 경험하는 시간의 제약을 전혀 받지 않는다는 것을 의미할 뿐입니다.[51]

물론 당신은 여전히 이렇게 항의할 수 있습니다. "그 역시 사실에 대한 진지한 설명이라기보다는 관념의 유희 아닌가? '시간 밖의 시간'에 존재하는 '시간 밖의 존재'가 도대체 어떻게 실제로 존재할 수 있단 말인가?" 옳습니다. 우리로서는 그 같은 존재를 상상하기가 쉽지 않지요. 그 점에선 사실 나도 마찬가지지만, 이렇게 한번 생각해 보면 어떨까요?

이미 실험적으로 입증된 아인슈타인의 상대성 원리에 의하면, 시간이란 관찰자가 어디에 있느냐 어떻게 움직이느냐에 따라 결정됩니다. 그렇기 때문에 광자와 같이 질량 없는 입자들에게는 시간이 전혀 흐르지 않지요. 설령 그 입자들이 광원으로부터 탐지 장치까지―우리의 관점에서는―수십억 년을 이동한다고 해도 말입니다. 그 입자들의 시간으로 따지자면 전송 시점과 수신 시점이 동일하지요.[52]

어때요? 이제 시간 밖의 존재인 하나님 그리고 하나님의 시간을 조금은 짐작할 수 있겠지요? 우리는 사고의 영역을 부단히 확장할 필요가 있습니다. 만일 자연과 하나님 그리고 거기에 감추어진 신비에 더 가까이 다가가고자 한다면 말입니다.

현대신학자 칼 바르트가 아우구스티누스의 말을 우리와 같은 맥락에서 이해하고 그대로 되뇌었다는 사실은 주목할 만합니다. 그는 『교회 교의학』에 다음과 같이 썼습니다.

영원한 하나님조차 시간 없이는 살지 않지 않는다. 하나님은 놀랍도록 시간적이다. 왜냐하면 하나님의 영원성은 본래적인 시간성으로 모든 시간의 근거가 되기 때문이다. 그러나 하나님의 영원성 속에서, 신성의 완전함 가운데 하나인 창조되지 않는 자존적 시간 속에서 과거, 현재, 미래, 어제, 오늘, 내일은 연속적이 아니라 동시적인 것이다.[53]

따라서 바르트에게 창조는 "과거, 현재, 미래, 어제, 오늘, 내일은 연속적이 아니라 동시적인" 하나님의 시간, 곧 영원 안에 있는 하나님의 의지가 과거, 현재, 미래로 흐르는 인간의 시간 안에서 전개되는 것입니다. 즉 영원 안에 있는 창조가 시간 안에서 작동하면서 순차적으로 역사가 발생하지요.[54] 바르트는 이것을 "하나님의 영원성 안에 있는 모든 것은 어머니의 팔 안에 있는 어린아이와 같다"[55]라고도 비유적으로 표현했습니다. 따라서 미래란 장차 일어날지 안 일어날지 모르는 어떤 시간적 과정이 아니라, 마치 어린아이가 점차 자라나 청년이 되듯이 영원한 하나님의 의지가 인간의 시간인 역사로 순차적으로 "도래" 또는 "침입해 들어옴"adventus일 뿐이지요. 이런 이유에서 바르트가 말하는 미래는 예정적이고 결정적이며, 만물을 급진적이고 가차 없이 새롭게 합니다.

바르트의 이런 주장은 그가 아우구스티누스의 시간론 전통을 따른다는 것을 말해 줍니다. 동시에 그것은 1,600년 전에 살았던 한 신학자의 사유가 가진 위대함을 증명하는 한 사례이기도 하지요. 물론 아우구스티누스가 시간에 대한 이 같은 심오한 사유를 홀로 창안한 것은 아닙니다. 그는 신플라톤주의의 저술들에 나타난, 플라톤과 플로티노스의 시간론을 면밀히 연구하여 계승하고 발전시켰지요. 일찍이 플라톤은 자신의 우주론을 펼친 『티마이오스』에서 다음과 같이 주장했습니다.

우리는 '있었다'거나 '있다' 그리고 '있을 것이다'라는 말을 합니다. 하지만 영원한 존재aidion ousia에는 '있다'esti만이 참된 표현으로서 적합하지요. '있었다'와 '있을 것이다'는 시간 안에서 변화하며 생성·소멸하는 존재에 대해서만 말하는 것이 적합하기 때문입니다.[56]

플라톤 철학에서 영원한 존재란 자기동일성自己同一性을 유지함으로써 자기 전체성 안에서 언제나 자기 자신으로 현존하는 존재 곧 '불변하는 실재'를 뜻합니다. 시간의 차원에서도 마찬가지입니다. 영원에는 과거나 미래가 없고 언제나 자기동일적 현재만 있기에, 영원은 불변하는 실재이며 신과 연결되는 것입니다.

플로티노스 역시 플라톤을 따라 영원을 '과거도 미래도 없는 현재'라고 표현했지요. 특이한 것은 그가 영원을 모든 시간적 선線이 모이는 점點으로, 그리고 시간을 그 점에서 사방으로 퍼져 나가는 선이라는 은유를 사용하여 묘사했다는 겁니다. 무슨 말이냐고요? 조금 자세히 설명하면 이렇습니다. 우선 중앙의 한 점에서 교차하며 모든 방향으로 퍼져 나가는 선들을 가상해 봅시다. 마치 성게나 밤송이 같은 모형이 되겠지요? 이 모형에서 밖으로 부단히 퍼져 나가는 선들이 시간이고 그것이 모여 결합하는 중앙의 한 점이 영원이라는 것이지요. 영원의 불변성과 시간의 가변성을 설명하기 위해 만든 은유인데, 어때요? 그럴듯하지요?

플로티노스는 『엔네아데스』 3부 7장인 "영원과 시간에 관하여"에서 다음과 같이도 표현했습니다.

영원이란 마치 하나의 점 안에 모든 것이 자리하듯이 그에게는 흘러 지나가는 것이 없으며, 오히려 자기동일성 안에 머물러 항상 자기이기에 언제나 변화가 없는 존재, 과거도 미래도 없는 현재라고 하겠다.[57]

따라서 플로티노스에게는 영원이야말로 가장 안정된 존재, 즉 미래에 변모될 것도 없고, 과거에 변화된 것도 없는 그런 존재인 것입니다. 그렇기 때문에 영원은 그의 형이상학 체계에서 신인 일자 一者에 속하지요.* 플로티노스는 "그런 것이기에 영원은 장엄하고 이를 통해 신을 이해하게끔 한다. 그래서 사람들이 '영원은 일종의 신이다'라고 말하더라도 틀린 말은 아니다"⁵⁸라고 영원을 찬양했습니다.

그렇다면 시간이란 과연 무엇일까요? 이제 그것에 대해 함께 생각해 보도록 하지요.

시간이란 무엇인가

아우구스티누스는 『고백록』에서 시간이 무엇이냐는 물음에 대답하기가 얼마나 어려운지를 다음과 같이 고백했습니다.

> 시간이란 대체 무엇이옵니까?
> 누가 그것을 쉽고 간략하게 설명할 수 있나이까?
> 누가 그것을 사유 속에서 파악하고 그 답을 말로 표현할 수 있나이까?
> 하지만 우리가 대화를 나눌 때 시간보다 친숙하게 알고 언급하는 것이
>   없음 또한
> 사실이 아니옵니까?
> 우리는 시간을 말할 때도 확실히 그것을 이해하나이다.

• 플로티노스는 이 말을 "더욱이 시간이 아니라 영원이 그의 존재를 휘돌기 때문에 신에게는 '이전의 것'도 '이후의 것'도 없이 단지 '항상'만 있을 뿐이다. 마치 '복됨' 자체가 그렇듯이 말이다. 그에게는 결코 변화라는 것이 자리 잡을 수 없다"(같은 책, 4, 3, 25)라고 했다.

다른 사람이 시간에 대해 말할 때도 그것을 이해하나이다.
그럼에도 시간은 대체 무엇이옵니까?
누가 내게 묻지 아니하면, 나는 그것이 무엇인지를 아나이다.
하지만 누군가 내게 물어 그것을 설명하려 하면, 나는 알지 못하나이다.[59]

이 고백이 비단 아우구스티누스의 것이기만 할까요? 아니지요. 우리도 사정은 마찬가지입니다. 자, 형편이 이러하니 우리는 다시 플라톤으로 돌아가 그에게 물어야 합니다. 왜냐하면 이제까지도 자주 그랬듯이 그가 우리의 질문에 대한 답을 이미 오래전에 내놓았기 때문이지요.

플라톤에 의하면 시간은 '영원의 모상'입니다. 모상模像이란 '본떠서 만든 모형'이라는 뜻인데요, 개개의 사물(예: 사과)이 이데아(예: 사과의 이데아)의 모상이라는 것과 같은 논리지요. 우리가 이미 2부 "하나님은 존재다"에서 살펴보았듯이, 플라톤의 이데아론에 따르면 불변하는 이데아가 변하는 개별 사물 안에 부분적으로 들어分與, Methesis 있습니다. 마찬가지로, 불변하는 영원이 변하는 시간 안에 부분적으로 내재해 있다는 말입니다. 이데아와 영원은 모두 원형이고 개개의 사물과 시간은 각각의 모상이지요.

원형paradigm과 이를 본뜬 모상eikon의 관계를 아는 것은 플라톤과 플로티노스 그리고 아우구스티누스로 이어지는 존재론 전통의 다양한 주장을 이해하는 지름길입니다. 만일 당신이 이 말을 기억해 둔다면, 서양철학은 물론이고 서양문명 자체를 이해하는 데 큰 도움이 될 겁니다. 당연히 아우구스티누스의 신학 전통을 잇는 학설들을 파악하는 데도 첩경이지요. 시간론을 이야기할 때도 사정은 마찬가지입니다. 플라톤은 『티마이오스』에서 다음과 같이 설명했습니다.

본성상 영원한 신은 자신의 영원성을 피조물에게 부여할 수 없어서 영원의 변화하는 모상을 만들어 그것을 세계에 자신의 내적 질서와 동시에 부여했습니다. 그럼으로써 단일성^hen 을 견지하는 영원을, '수에 따라 진행되는' 영원의 모상^aiōnion eikōn 으로 창조했는데, 이것이 바로 우리가 시간이라고 부르는 것입니다.[60]

생성하고 소멸하는 모든 존재물이 이데아의 분여分與에 의해 '비록 한정된 것으로나마' 존재하며 인식도 되고 이름도 갖듯이, 영원의 분여에 의해 시간이 '비록 한정된 것으로나마' 지속이라는 형태로 나타나고 인식되며, 이름―수에 따라 진행되는 시간, 주야, 연월―도 갖는다는 겁니다. 바로 이런 의미에서 플라톤은 시간을 "영원의 모상" 또는 "영원의 변화하는 모상"이라고 규정했습니다.

플로티노스 역시 플라톤을 따라 시간을 영원의 모상, 곧 분여물로 파악했습니다. 그는 『엔네아데스』에서 피타고라스학파처럼 시간을 천구의 운동과 관련하여 '움직여진 무엇'이라든지 '천체 자체'라고 주장하거나, 아니면 아리스토텔레스처럼 '운동'[61]이거나 '운동에 속하는 어떤 수'[62]이거나 '운동의 척도'[63]라고 파악하는 일체의 자연학적 주장을 극히 피상적인 것이라 판단하고 조목조목 비판했지요.[64]
플로티노스가 행한 아리스토텔레스 비판의 핵심은 "시간이란 결코 물리적인 것이 아니다"[65]라는 것입니다. 태양의 회전운동이 시간을 생성하는 것이 아니고, 그의 고유한 운동량에 의해 시간이 인식될 뿐이라는 것이지요.[66] 그리고 공간이 연장延長을 재는 척도이듯 시간이란 지속持續을 재는 척도이며, 그러한 시간을 파악하는 주체는 우리의 마음이라고 주장했습니다. 따라서 마음이 없다면 지속과 운동은 있을지라도 시간은 없다는 것이지요.

시간은 '마음 밖에서' 파악할 수 없고 오직 '마음 안에서' 드러나며, 마음과 하나라는 뜻입니다. 그래서 마음이 변하면 삶이 변하고, 삶이 변하면 시간도 변하지요. 이러한 의미에서 플로티노스는 시간이란 "마음의 삶이다"[67]라고 선포했습니다. 이것이 오늘날 학자들이 플라톤에서 플로티노스 그리고 아우구스티누스로 이어지는 존재론 전통에서 말하는 시간을 '심리적 시간'이라고 부르는 계기가 되었지요.

그런데, 이거 아세요? 플로티노스가 말하는 마음이란 오늘날 심리학 psychology에서 말하는 의미가 아니라 우리가 보통 영혼靈魂이라고 부르는 것이라는 걸? 그래서 바꿔 말하자면, 우리의 영혼이 시간을 잽니다. 우리의 영혼 안에 신의 영원성이 들어 있기에, 우리가 시간을 인식할 수 있다는 이야기지요. 따라서 영혼이 변하면 삶이 변하고 시간도 변하므로, 시간은 곧 영혼의 삶입니다. 플로티노스는 불변하는 영원과 변하는 시간을 견주어 다음과 같이 설명했습니다.

> 천상의 삶 대신에 지상적 삶을, 즉 그저 이름이 같다는 점에서의 삶으로서,
>   마음의 지상적 활동 속의 삶을
> 저 정신의 온전한 운동 대신에 마음의 부분적인 운동을, 한결같이
>   머무름 대신 한결같이 머무르지 못함을
> 그래서 한 활동에서 다른 활동으로 끊임없이 넘어감을
> 연장되지 않는 하나라는 사실 대신에 그저 하나의 모방임을, 그래서
>   총체적 차원에서나 겨우 하나 됨을 말할 수 있음을
> 이미 그리고 언제나 무한하며 총체적임 대신에 무한하다고 하지만 매번
>   차례차례 엮어 내는 무한함을
> 찰나적인 모두 대신에 그저 부분들을 종합함으로써 또 미래적인

관점에서의 모두를
시간과 관련해 말할 수 있겠다.[68]

바로 이러한 이유로 영원은 신에게 속하는 동시에 값어치 있는 것이고, 시간은 인간에게 속하는 동시에 세속적이고 부질없는 것이지요. 우리는 셰익스피어가 1594년에 발표한 장편시 『루크리스의 능욕』에서 이처럼 세속적이고 부질없는 시간의 속성에 대한 ─ 탁월하고 근거 있는 ─ 불평과 찬미를 동시에 만날 수 있습니다.*

민첩하고 교활한 파발마, 근심의 전달자,
추한 밤의 친구이자 꼴불견인 시간이여.
너는 청춘을 좀먹는 자, 거짓 즐거움의 못된 노예이며,
슬픔을 구경하는 천박한 자, 죄악을 짊어진 말이며,
미덕의 올가미다. 너는 모든 것을 낳고,
또한 모든 존재하는 것을 소멸시킨다.
네가 맡은 일은 원수에 대한 증오심을 없애고,
세평에서 생기는 오해는 종결시키는 것이다.
너의 영광은 다투는 국왕을 화해시키는 것이고,
허위의 가면을 벗기고 진실을 드러내는 것이다.
또한 악을 행한 자가 뉘우칠 때까지 고통을 주는 것이고,
오만한 건축물을 네 힘으로 폐허화하고
빛나는 황금 탑을 먼지로 더럽히는 것이다.[69]

---

* 루크리스가 타퀸에게 능욕을 당한 뒤, 그렇게 되도록 기회와 상황을 만든 시간을 향해 한탄하는 구절들 중 일부다.

어때요? 셰익스피어가 아니면 누구도 흉내 내지 못할 만큼 재치 있는 표현들이지요? 하지만 과연 이런 것만이 시간의 모습일까요? 다시 말해 시간이란 단지 교활한 파발마, 근심의 전달자, 청춘을 좀먹는 자, 슬픔을 구경하는 천박한 자, 미덕의 올가미일 뿐일까요? 아니면 기껏해야 증오심을 없애고, 오해를 종결시키는 자, 허위의 가면을 벗기고 진실을 드러내는 자, 악을 행한 자에게 고통을 주는 자, 건축물을 폐허화하고 황금 탑을 더럽히는 자에 불과할까요?

만일 우리가 플로티노스에게 묻는다면, 그는 딱 잘라 아니라고 대답할 것입니다. 그는 시간의 다른 모습, 그중에서도 가장 소중한 얼굴을 발견해 우리에게 전함으로써 우리에게 위로를 주었지요. 정말인지 볼까요?

시간의 끝에 구원이 있다

플로티노스에게 영원은 '신의 마음이 사는 삶'이고, 시간은 '인간의 마음이 사는 삶'입니다. 하나는 한결같이 머무르고, 다른 하나는 끊임없이 흘러가지만 둘 다 '마음의 삶'이라는 점에서 같지요. 그래서 인간의 마음은 부단히 신을 닮으려 하고, 시간 역시 꾸준한 집념으로 영원을 닮으려 한다는 겁니다.[70] 그렇게 함으로써 시간은 결국 인간이 신에게 다가가도록 하는데요, 그러다가 마침내 우리의 마음이 신에게 이르면 그때는 시간이 더는 존재하지 않는다고 합니다.[71] 한마디로 시간의 끝에는 영원이, 신이, 구원이 있는 것이지요.

이런 의미에서 시간은 불완전한 존재가 완전해지는 가능성이자 과정입니다. 바꾸어 말하자면, 우리의 영혼이 불완전하기에 시간이 필요한 겁니다. 시간은 모든 불완전한 존재가 완전한 존재인 신에게 가는 문門이자 통로이지요. 이것이 플로티노스가 찾아낸 시간의 아름다운 얼굴입니다! 셰익스피어가 묘사한 시간의 추한 얼굴과는 전혀 다르지요! 눈물과 땀에 젖은 우리의 삶, 곧 우리의 고달픈 시간의 끝에 허무가, 악마가, 전락轉落이 기다리는 것이 아니고, 영원이, 신이, 구원이 있다는 것, 이보다 더 큰 위안이 어디 있겠습니까? 설사 그것이 단순히 사변에 불과할지라도 말입니다. 아닌가요?

어쩌면 당신은 여기서 이렇게 묻고 싶을지도 모릅니다. "말은 아름답다. 하지만 그것이 어떻게 가능한가? 다시 말해 시간 안에서 사는 우리가 어떻게 시간을 통해 영원에 다다를 수 있는가? 또다시 공허한 사변 아닌가?"라고 말입니다. 만일 당신이 이렇게 묻는다면 아마 플로티노스는 플라톤이 『티마이오스』에서 언급한 "일자 속에 머무르는 영원함"[72]이라는 구절을 인용해 다음과 같이 대답할 겁니다. "그렇다. 그것이 우리가 찾고 있는 것이다. 일자 속에 머무는 것! 그것은 영원한 삶이요, 진정한 존재와 생명을 차지하는 삶이니, 그 삶은 일자에게로 자신의 마음靈魂을 향하게 함으로써만 얻어진다."[73]

우리는 여기에서 신플라톤주의를 받아들인 초기 기독교 신학자들은 플로티노스를 비롯한 신플라톤주의자들이 말하는 일자를 하나님으로 규정했던 사실을 떠올릴 필요가 있습니다. 그렇다면 방금 소개한 플로티노스의 말은 이렇게 바뀌겠지요. "그렇다. 그것이 우리가 찾고 있는 것이다. 하나님 안에 머무는 것! 그것은 영원한 삶이요, 진정한 존재와 생명을 차지하는 삶이니, 그 삶은 하나님에게로 자신의 마음을 향하게 함으로써만 얻어진다." 어때요? 다분히 구원에 관한 기독교적 진술이 되지요.

그렇습니다! 일자, 곧 신에게로 자신의 마음을 향하게 함! 바로 이것이 플로티노스가 발견한 영원한 삶을 얻는 구원의 방법이자, 아우구스티누스가 종교적 언어로 "당신은 우리를, 당신을 향하도록 창조하셨나이다"라고 고백한 의도이며, 우리 삶에 주어진 시간이 지닌 궁극적 의미이고 가치이지요!

여기서 당신에게 소개하고 싶은 중요한 이야기가 하나 있습니다. 그것은 플로티노스가 "일자에게로 자신의 마음을 향하게 함"이라는 말로 간단히 예시한, 다분히 추상적이고 사변적인 구원의 방법을 150년쯤 지나 아우구스티누스가 실제적이고 구체적으로 개발했다는 사실이지요. 아우구스티누스는 이 비법에 플라톤의 용어를 빌려 '상기'anamnesis라는 이름을 붙였습니다.

그 내용을 한마디로 요약하자면, '시간'을 사는 우리의 마음을 신의 마음처럼 '영원'을 살도록 바꾸는 것입니다. 그렇게 함으로써 과거, 현재, 미래로 끝없이 분산되어 흘러가면서 그 안에서 사는 우리의 삶도 마찬가지로 분산시켜 단지 흘러가고 말게 하는 것, 그래서 값어치 없는 것, 의미 없는 것으로 만들어 버리는 '시간의 파괴성'을 극복하고, 영원한 것, 그래서 값어치 있는 것, 의미 있는 것으로 만들자는 것이지요.

플라톤, 플로티노스, 그리고 아우구스티누스로 이어지는 시간론 전통의 핵심이라 할 수 있는 상기는 기독교 신학에는 물론이거니와, 철학과 문학을 비롯해 서양문명에 끼친 영향이 상상을 초월할 정도로 넓고 큽니다. 몇 가지만 예를 들어도 19세기 철학자 키르케고르의 '반복'反復과 '동시성'이라는 개념, 20세기 신학자 오스카 쿨만의 '구속사의 현재'라는 사유, 그리고 마르셀 프루스트, 제임스 조이스, 버지니아 울프 같은 20세기 초의 아방가르드 작가들이 개발한 이른바 '의식의 흐름'이라는 표현 기법이 모두 이와 긴밀하게 연관되어 있지요.

어디 그뿐입니까? 상기는 발터 벤야민, 야코프 타우베스Jacob Taubes,

알랭 바디우Alain Badiou, 조르조 아감벤Giorgio Agamben, 안토니오 네그리Antonio Negri, 슬라보예 지젝과 같은 진보 성향의 학자들이 사도 바울의 서신들—특히 로마서—에 대한 새로운 해석을 통해 '지금시간', '메시아적 시간', '혁명의 시간', '남겨진 시간'과 같은 용어로 새롭게 설정하려는 유물론적 역사관materialistische Geschichtsauffassung을 구성하는 뼈대이기도 합니다.*

한마디로 상기는 서양의 학문과 예술 안에서 끊임없이 재생되는 사유 방법입니다. 서양문명을 읽는 코드 중 하나인 셈이지요. 흥미롭지요? 하지만 안타깝게도 지금 우리가 다루는 이야기의 성격상 여기서 이것들 모두를 일일이 다룰 수는 없습니다. 자칫 하고 있는 이야기의 맥을 놓칠 테니까요. 이에 대해서는 이후 구원의 문제를 다루는 다른 책에서 다시 자세히 살펴볼 겁니다. 그렇다고 이 중요한 이야기를 운만 살짝 띄우고 그냥 넘어갈 수도 없지요. 그래서 우리는 옛 지혜를 따라 '황금의 중간 길'을 택하기로 합니다. 자세한 설명은 어쩔 수 없이 다음 기회로 미루지만 그 개관은 여기서 간략하게나마 살펴보고 가자는 말입니다.

물리적 시간과 심리적 시간

프랑스 바스피레네 지방에 있는 위르뉴Urrugne 교회 한편에는 지금도 해시계가 놓여 있습니다. 중세에 만들어진 해시계들이 자주 그렇듯이, 그것에는 "Vulnerant omnes, ultima necat"매 순간 상처를 입히고 마지막에는 죽인다라는 라틴 문구가 새겨져 있습니다. 시간이 그렇다는 뜻인데, 옳은 말이지요. 이것이 시간이 우리 모두에게 하는 일입니다. 누구나 다 아는 사실이

• 이에 대해서는 본인의 『철학카페에서 작가를 만나다』, 2권에 있는 "시간—윤성희"편을 보라.

지만, 읽고 나면 왠지 쓸쓸하고 덧없어집니다. 이 쓸쓸함, 이 덧없음을 중세 교회가 노린 것이겠지요.

그런데 과연 그런가요? 진정 우리는 시간 앞에서 속수무책일 수밖에 없는가요? 인간이란 그리도 무기력하고 유한한 존재일 수밖에 없는가요? 이 쓸쓸함, 이 덧없음을 극복할 수 있는 무슨 방도가 없을까요? 이런 생각 역시 중세 교회가 해시계에 그 문구를 새겨 넣으며 치밀히 계산한 전략이겠지만…, 무슨 방도가 있어야 하겠지요? 이제부터는 이 이야기를 조금 하려고 합니다.

일찍이 아리스토텔레스는 시간을 '운동에 속하는 어떤 수' 또는 '운동의 척도'로 파악했습니다. 우리가 일상에서 시계로 재고 있는 시간이 그것이지요. 이러한 시간은 무한히 나뉘어 끊임없이 흘러가 버리는 물리적이고 자연적인 것입니다. 물론 우리는 이 물리적 시간도 '과거'(이전), '현재'(지금), '미래'(이후)로 이어지는 선線처럼 생각할 수는 있습니다. 그러나 그것은 오직 생각일 뿐 실제는 그렇지 않지요.

지금 당장 시계판을 보세요! 과거는 '이미' 존재하지 않고 미래는 '아직' 존재하지 않기 때문에, 우리가 시계판에서 실제로 확인할 수 있는 것은 매번 '지금'nyn, 곧 현재라는 시점時點뿐입니다. 그나마도 그 '지금'에는—마치 기하학에서 점點에는 위치만 있을 뿐 연장延長이 없는 것처럼—찰나刹那만 있을 뿐 어떤 시간적 연장 곧 지속持續이 없지요. 끊임없이 분산되는 수많은 찰나들, 즉 지금·지금·지금·지금이 무한히 계속될 뿐입니다.

우리의 서글픈 경험이 말해 주듯이 이러한 물리적 시간은 우리 삶이 가진 모든 것, 즉 육체와 정신 그리고 삶 자체까지 점차 파괴해 갑니다. 그 누구도 이를 피해 가지 못하지요. 위르뉴 교회 해시계에 적힌 라틴 문구가 뜻하는 바가 바로 이것입니다. 그래서 서양 사람들은 시간을 '크로노스'Cronos라고도 부르는데요, 그리스 신화에서 크로노스는 자기 자식을 낳는 대로 잡아먹는 끔찍한 신이지요. 크로노스 안에서 경험하는 우리의 삶은 단지 흘러가고 마는 것, 그래서 값어치 없는 것, 허무하기 짝이 없는 것이 되고 맙니다. 베르길리우스가 그의 『전원시』에서 "시간은 모든 것을 가져간다. 심지어 마음까지도"라고 한탄했고, 셰익스피어가 『루크리스의 능욕』에서 "너는 모든 것을 낳고, 또한 모든 존재하는 것을 소멸시킨다"라고 불평한 것처럼 말이지요. 알고 보면 바로 여기에 우리의 불안과 절망, 그리고 모든 허무주의와 현세중심주의가 발을 딛고 있는 겁니다.

그래서 아우구스티누스는 하나님의 시간인 영원과 같은 시간, 즉 흘러 버리거나 사라지지 않고 과거와 미래가 모두 현재 안에 존재하는 시간을 우리의 마음 안에서 찾아냈습니다. 그리고 이 시간을 통해 우리는—마음을 분산시키고distentio animae, 그 결과 삶마저도 단지 흘러가고 마는 것, 그래서 값어치 없는 것으로 만드는—물리적 시간의 끔찍한 파괴성을 극복할 수 있다고 애써 교훈하고 위로했지요. 바로 이것이 학자로서 그의 탁월함이자 종교인으로서 그의 위대함입니다. 하지만 도대체 그게 어떻게 가능할까요? 그 과정을 조금 자세히 설명하면 이렇습니다.

아우구스티누스는 먼저 우리의 몸은 어쩔 수 없이 '물리적 시간'을 살지만, 우리의 마음은 이와는 전혀 다른 시간을 살 수 있다는 것을 알아냈지요. 서양 사람들이 보통 카이로스kairos라고 하고, 오늘날 우리가 흔히 '심리적 시간'이라고 부르는 이 시간에 대해 그는 『고백록』에서 다음과 같이 밝혔습니다.

그러므로 과거와 현재와 미래라는 세 가지 시간이 있다고 말하는 것은 옳지 못합니다. 차라리 과거의 현재praesens de praeteritis, 현재의 현재praesens de praesentibus, 미래의 현재praesens de futuris, 이 세 가지의 때가 있다고 말하는 편이 옳을 것입니다. 이 셋은 우리 마음靈魂, anima 안에 있습니다. 그렇지 않으면 내가 그것을 알 수 없기 때문입니다. 과거의 현재는 기억memoriae이고, 현재의 현재는 직관intuitus이며, 미래의 현재는 기대expectatio입니다.[74]

이 말을 듣고, 당신에게 '설마 그럴까?' 하는 의구심이 생긴다면, 한번 이렇게 생각해 볼까요? 가령 당신의 마음이 지금 기쁘거나 슬프다면, 그건 대개 지금 바로 이 순간 때문만은 아닐 겁니다. 분명 지나간 어떤 일(설령 그것이 조금 전 일이라고 할지라도)이나 다가올 미래의 어느 일(설사 그것이 먼 훗날에 일어날 일이라고 할지라도)과 연관된다는 것이지요. 마찬가지로 당신이 지금 개인적 구원이나 사회적 혁명 또는 종교적 개벽, 곧 어떤 "새 하늘과 새 땅"을 바라거나 구상한다고 해도, 그 역시 지나간 과거의 어떤 일이나, 다가올 미래의 어느 일과 연관되어 있기 마련입니다.

그렇지 않은가요? 바로 이것이 우리가 매양 체험하는 물리적 시간과는 전혀 다른 심리적 시간입니다. 이런 의미에서 보면, 인간의 삶에서, 또 역사에서, 과거와 미래는 단순히 '지나가 버린 것' 또는 '아직 오지 않은 것'이 아닙니다. 오히려 매 순간순간 현재로서 존재하고, 현재에 영향을 미치며, 현재를 구성하는 요소로 작용하고 있는 어떤 것이지요.*

아우구스티누스에 의하면, 이처럼 우리의 마음 안에는 이미 지나간 과거와 아직 다가오지 않은 미래를 하나로 연결하여 마치 '바로 눈앞에 보

---

* 아우구스티누스는 이 말을 다음과 같이 표현했다. "내 어린 시절은 현재에 있지 않고 이미 없어져 버린 과거에 속해 있습니다. 그러나 내가 그것을 회상하면 나는 그것의 영상을 현재에서 보게 됩니다.⋯우리가 하려는 행동을 미리 생각하는 경우,⋯그것은 미래이므로 아직 존재하지 않습니다. 그러나 내가 그 계획을 착수하면 그 행동은 현재의 것이 됩니다. 왜냐하면 그것은 이미 미래가 아니고 현재이기 때문입니다"(『고백록』, 11, 18).

이듯 현전現前, prae-esse하게 하는 능력'이 있습니다. 그는 마음이 가진 이런 능력을 '상기의 힘'vis memoriae*이라고 불렀지요. 하나님으로부터 부여받은 이 능력을 통해 시간은 과거·현재·미래로 무한히 분산distentio되어 없어지는 점點으로 존재하지 않고, 집중intentio되어 불변하는 하나의 통일체가 됩니다. 그리고 이러한 시간의 통일체 안에서는 과거도 사라져서 허무한 것이 아니며, 현재가 무의미한 것도 아니며, 미래 역시 다가올지 오지 않을지 모르는 불안한 것이 아니지요.

시간의 통일체 안에서는 매 순간이 정녕 지나가는 바람처럼 사라지는 것이 아니기에 그 순간을 사는 사람들에게 삶의 의미와 가치 그리고 책임을 부여합니다. 마찬가지로 역사도 매 시대가 결코 사멸하지 않고 그 전체에 이바지하고 있기에 그 시대를 사는 사람들에게 역사적 의미와 가치, 그리고 책임을 부여하지요. 이렇듯 상기의 힘은 개인적 차원에서든 역사적 차원에서든 모든 허무주의를 극복하게 한다는 것이 아우구스티누스의 시간론에 깔린 심오한 사유입니다. 그가 "상기의 힘은 참으로 위대하옵니다. 나의 하나님이시여, 그것은 심오하고 무한한 다양성을 가진 참으로 놀라운 존재이옵나이다"[75]라고 감격적으로 고백한 까닭은 바로 그래서지요.

정리하자면, 상기의 힘에 의해 새롭게 구성된 카이로스는 '인간의 시간적 가능성 전체'이며, '인간 정체성의 본질'이자 '역사의 본질'이기도 합니다. 이 시간에 의해서만 현재 및 미래에 관련된 우리의 모든 태도가 가능하게 되며, 우리는 그 힘의 도움이 있어야 자기 자신과 역사를 반성적으

---

* 'vis memoriae'를 직역하면 '기억의 힘(능력)'이다. 하지만 아우구스티누스가 말하는 'memoriae'는 컴퓨터의 메모리처럼 단순히 자료를 저장하는 장소(spatium memoriae)가 아니고, 그것을 통해 대상을 인식하고 그것의 의미와 가치도 알아내는 작용을 하는 어떤 것이다. 이 점에서 아우구스티누스의 기억은 플라톤의 '상기'(anamnesis)와 같다. 때문에 보통 '상기'(想起)로 번역한다.

로 의식하고 구성해 나갈 수 있기 때문이지요. 프랑스의 시인 폴 발레리Paul Valéry, 1871-1945가 남긴 "기억은 과거의 미래다"라는 아리송한 말이 오히려 정당한 것도 바로 이 시간 때문입니다. 이 시간 안에서는 역사 역시 과거의 미래이지요. 이런 의미에서 독일의 튀빙겐 대학교의 철학 교수 프리드리히 퀴멜Friedrich Kümmel은 "인간은 그 가능성에서 볼 것 같으면 기억을 소유하고 있지만, 그 본질에서 볼 것 같으면 인간은 기억이다"라고 잘라 말했습니다.

우리가 이미 2부 "하나님은 존재다"에서 살펴봤듯이, 플라톤은 파르메니데스 이후 한갓 허상이자 거짓의 근원으로만 여겨지던 사물과 세계에 '비록 부분적으로나마' 실재와 진리가 들어 있다는 분여이론을 통해 그것들을 구원했습니다. 사물과 세계는 허상이 아니라고! 실재와 진리로 다가가는 기반이라고! 마찬가지로 아우구스티누스는—분여이론의 변형이라 할 수 있는—자신의 시간론을 통해 아리스토텔레스 이후 단지 흘러가고 사라져 버리는 것으로 인식되던 인간의 삶과 세계 역사에 '비록 한정적으로나마' 의미와 가치를 부여함으로써 그것들을 구원했지요. 인간의 삶과 역사는 헛된 것이 아니라고! 구원과 영원으로 나가는 통로라고!

여기서 당신에게 '특별한 도식' 하나를 소개하려고 합니다. 이 도식은 우리가 지금까지 살펴본 플라톤 전통의 시간관뿐 아니라 이들에 근거한 기독교 교리를 이해하는 데도 큰 도움을 주기 때문입니다. 결과적으로는 서양문명이 오래도록 비밀스럽게 간직해 온 시간에 대한 관념을 읽어 내는 코드가 되지요.

자, 다음 도식을 볼까요? 왼쪽에서 오른쪽으로 뻗어가는 화살표형 직선이 있지요? 이 화살표형 직선이 부단히 흘러가는 시간을 상징한다면,

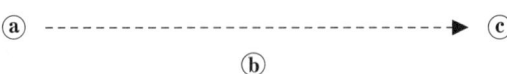

이 시간화살의 왼쪽 끝 ⓐ는 시간의 시작(태초)이고, 오른쪽 끝 ⓒ는 시간의 끝(종말)이 되겠지요.

이 시간화살을 ⓑ에서 보면, 당연히 선線으로 인식되겠지요? 하지만 ⓐ나 ⓒ에서 본다면 어떨까요? 점點으로 보일 겁니다. 물론 비유지만, 시간 안에서 사는 우리는 ⓑ의 위치에서 시간을 인식하는 것이고, 시간 밖에 존재하는 하나님은 ⓐ나 ⓒ에서 보는 것이라고 할 수 있습니다. 그러므로 시간은 우리에게는 끊임없이 변화하며 흘러가는 것으로 보이고 하나님에게는 시작과 종말이 고정된 영원한 것으로 나타납니다. 또한 시간 안에서 일어나는 일들이 우리에게는 매 순간 일어나는 우연적이고 단편적인 것으로 인식되지만, 하나님에게는 그 모든 일이 단번에 파악되는 필연적이고 총체적인 것이지요.

토마스 아퀴나스가 "오직 하나님만이 미래의 우연적이고 개별적인 것들을 [현시점에서] 인식한다"Quod Deus solus cognoscit singularia futura contingentia[76] 라고 했을 때도 바로 이런 생각을 한 것입니다. 물론 그는 다음과 같이 다른 흥미로운 비유를 들어 표현했지만 말입니다.

시간이 경과하는 전체 과정에서 어떤 일이 일어나든, 하나님은 그 모든 것을 자신의 영원 속에서 확실하게 인식한다. 그의 영원성은 현존하는 방식으로 시간의 전체적 경과에 관계되고 이것을 초월한다. 그래서 우리는 마치 높은 망대 위에 위치한 어떤 사람이 여행자들이 지나가는 것을 처음부터

끝까지 전체를 동시에 직관하듯 하나님이 자신의 영원성에서 시간의 흐름을 인식한다는 것을 안다.[77]

어때요? 그런 것 같지요? 그렇다면 이제, 우리가 지금까지 살펴본 물리적 시간인 크로노스와 심리적 시간인 카이로스의 차이를 다시 위에 소개한 도식을 통해서 볼까요? 크로노스는 ⓑ에서 보는 것, 곧 우리가 경험하는 자연의 시간이고, 카이로스는 ⓐ나 ⓒ에서 보는 것, 곧 하나님이 경험하는 시간이라고 할 수 있습니다. 따라서 우리가—플로티노스나 아우구스티누스의 교훈을 따라—물리적 시간으로 자신의 삶과 세계를 파악하는 관점에서 심리적 시간의 관점으로 바꾸는 것은 인간의 관점에서 하나님의 관점으로 바꾸는 일종의 패러다임 전환이지요. 기독교에서 말하는 '메타노이아'metanoia, 곧 회심입니다.

또한 시간과 영원에 대한 이러한 도식적 이해는 구약성서 곳곳의 말들, 예컨대 하나님은 모든 피조물의 시작과 끝을 모두 아는 완전한 지식을 가졌다는 주장(욥기 37:16; 사무엘상 16:7; 시편 139:1-4; 잠언 15:3 등)을 어렵지 않게 수긍하도록 해 줍니다. 또한 신약성서에서 사도 바울이 "지으신 것이 하나도 그 앞에 나타나지 않음이 없고 우리의 결산을 받으실 이의 눈앞에 만물이 벌거벗은 것같이 드러나느니라"(히브리서 4:13)라고 교훈한 것이나, 인간의 지식에 대해 "약하고 천박한 초등학문"(갈라디아서 4:9) 또는 "거울로 보는 것같이 희미하[다]"(고린도전서 13:12)고 가르친 것 등을 별다른 거부감 없이 받아들일 수 있게 하지요.

만일 당신이 상상력이 있는 사람이라면, 앞에서 플로티노스가 영원을 모든 시간적 선線들이 결합하는 점點에, 그리고 시간은 그 점을 중심으로 해서 사방으로 퍼져 나가는 빛의 방사放射에 비유해 설명한 것을 여기서 떠올릴 수 있을 겁니다. 이때 플로티노스가 말한, 방사되는 빛 하나하나를 앞의 화살표로 대체해 볼까요? 그렇게 하면 기독교 신학이 말하는 영원과 시간이라는 개념들과 함께 현대과학이 주장하는 팽창하는 우주에 대해서도 훨씬 더 많은 이해를 얻을 수 있을 것입니다.

그것만이 아니지요. 우리가 이미 2부 "하나님은 존재다"에서 살펴본 '시간화와 탈시간화의 마술'에 대한 설명도 상기할 수 있을 것입니다. 만일 당신이 시간화와 탈시간화가 어떻게 가능한지 여전히 이해하기 어렵다면 이 도식이 도움을 줄 것이라는 이야기입니다. ⓐ나 ⓒ에서 보는 모든 대상이나 사건은 그것들의 탈시간화된 모습이고, ⓑ에서 보는 모든 것은 그것들의 시간화된 모습이지요. 만일 출생에서 사망에 이르는 당신의 생애를 이 도식에 대입해 본다면 어떻게 될까요? ⓑ에서 보는 당신의 생애는 우리가 평소에 경험하는 그대로 시간화해 낱낱이 분산된 형태로 지나가겠지만, ⓐ나 ⓒ에서 보는 당신의 생애는 아마도 하나님이 보는 그대로 탈시간화해 처음부터 끝까지 하나의 통일체로 드러나겠지요.

이 밖에도 시간에 대한 이 같은 도식적 이해는 기독교 교리가 가진 몇 가지 곤란한 문제를 해결하는 데 유용합니다. 예컨대 우리가 진화론과 창조론, 자유의지론과 예정론 사이의 갈등을 이해하고 해소하는 데—적어도 시간에 관한 문제에서는—큰 도움이 됩니다. 앞의 도식을 이용하면 왜 우리의 관점에서는 진화로 보이는 사실들이 하나님의 관점에서는 창조인지, 왜 우리가 매 순간 자유의지로 결정하는 사실들이 하나님에게는 예정된 사실인지를 어렵지 않게 설명할 수 있기 때문이지요.

그런데 오해를 피하기 위해 여기서 분명히 짚고 넘어가야 할 것이 한 가지 있습니다. 뭐냐고요? 우리는 지금까지 아우구스티누스가 카이로스라는 새로운 시간을 찾아낸 것이 그가 계승한 플라톤, 플로티노스 존재론 전통에서였다는 것을 추적해 왔습니다. 그런데 그게 전부가 아니라 절반에 불과하다는 사실입니다. 만일 그게 전부라면 그의 시간론은 철학이지 신학이 아니겠지요.

보기에 따라 그보다 더 시원적이고 더 중요한 반쪽이 있었습니다. 성서와 기독교 신학으로 이어지는 히브리 종교 전통입니다. 아우구스티누스는 그의 이론들이 으레 그렇듯이 성서에서 먼저 물리적 시간의 파괴성을 극복하고 인간의 삶과 역사에 의미를 부여하는 카이로스의 근원을 찾아냈고, 그것을 설명하기 위한 합리적 도구를 그리스 철학에서 얻었던 겁니다. 그래서 이제는 카이로스의 성서적 기원과 그 의미에 관한 이야기를 잠시 하려고 합니다.

태양아, 너는 기브온 위에 머무르라

1830년 7월 27일, 7월혁명이 일어난 첫날밤이었지요. 파리 곳곳에서 사람들이 시계탑을 향해 총을 쏘아 댔습니다. 얼핏 보면 흥분과 광란이 불러온 미친 짓 같았지만, 아니었습니다. 독일 출신 유대계 문예평론가 발터 벤야민Walter Benjamin, 1892-1940이 「역사의 개념에 대하여」에 소개한 "반란, 파리 시민들에게 헌정된 시"에는 그 이유가 다음과 같이 씌어 있습니다.

누가 믿을 것인가! 사람들 말로는 시간에 격분하여
새 여호수아들이 모든 시계탑 밑에서
그날을 정지시키기 위해 시계판에 총을 쏘아 댔다고 한다.

이게 무슨 말인가요, 프랑스 혁명군들은 왜 갑자기 시계판을 향해 총을 쏘아 댔으며, 시인은 왜 뜬금없이 그들을 "새 여호수아"라고 일컬었을까요?

존 마틴(John Martin), 〈여호수아가 '태양아, 너는 기브온 위에 머무르라'고 명령하다〉, 1816.

당신도 잘 알다시피, 여호수아Joshua는 7월혁명으로부터 적어도 3,000년 전에 모세의 뒤를 이어 이스라엘 백성을 '젖과 꿀이 흐르는 땅'a land flowing with milk and honey(출애굽기 3:8; 민수기 14:8; 예레미야 11:5)으로 이끈 지도자였지요. 플라톤보다 900년쯤이나 일찍 살았던 사람입니다. 그가 기브온에서 아모리족 다섯 왕과 싸울 때 승리를 위해 "태양아, 너는 기브온 위에 머무르라. 달아, 너도 아얄론 골짜기에서 그리할지어다"(여호수아 10:12)라고 하늘을 향해 외쳤지요. 구약성서에는 그날 태양이 종일 중천에 머물렀고 달이 종일 골짜기에 멈추었다고 기록되어 있습니다.

이후부터 구약성서를 믿는 사람들은 이 시간, 태양과 달이 사는 크로노스를 파괴하고 인간의 삶과 민족의 역사를 새로이 여는 이 신비로운 시간의 존재를 믿어 왔습니다. 바로 '카이로스'지요. 7월혁명이 시작된 그날 프랑스 사람들은 그 옛날 여호수아가 태양과 달의 시간을 멈추었듯이, 새로운 삶과 승리의 역사를 열고자 크로노스의 상징인 시계판을 향해 총을 쏜 겁니다.

이 사건이 우리의 이야기와 연관해 중요한 것은 서양 사람들이 카이로스를 언급하는 그 자리에서 플라톤이나 플로티노스를 떠올리지 않고 여호수아의 이름을 되뇌었다는 사실입니다. 그것은 그들이 카이로스의 진정한 기원과 참다운 의미가 플라톤, 플로티노스로 이어져 오는 그리스 전통의 시간론이 아니라 신구약성서 곳곳에 나타나 있는 히브리 전통의 시간 개념에서 나왔다고 여긴다는 것을 보여 주는 사례입니다. 그런데 어떻게 이런 일이 일어났을까요? 결론부터 밝히자면 그것은 아우구스티누스 때문이었습니다.

이미 앞에서 언급했듯이, 아우구스티누스는 성서에 나타난 비합리적 계시들을 플라톤에서 플로티노스로 이어진 그리스 존재론 전통의 합리적 이론으로 체계화하는 데 평생을 바쳤습니다. 그야말로 평생을 한 손에는 성서를, 다른 한 손에는 플로티노스의 『엔네아데스』를 들고 살았던 신학과 철학의 거목巨木이었지요. 그의 시간관도 당연히 히브리 전통의 시간 개념과 그리스 전통의 시간론의 융합에서 나왔습니다. 그렇다면 플라톤과 플로티노스의 시간론과 그것이 아우구스티누스에게 끼친 영향이 어떤 것인지를 이미 살펴본 우리에게 이제 필요한 것은 히브리 전통의 시간 개념에 관해 알아보는 일이겠지요.

신구약성서에는 시간이 예컨대 '일정한 기간'(욥기 14:13; 스바냐 3:19; 다니엘 2:16; 사도행전 1:21; 19:23; 고린도전서 16:7), '역사적 시점'(지혜서 8:8; 마태복음 2:7, 16; 사도행전 1:6, 7), '기회'(요한계시록 2:21), '결정적인 때'(마태복음 8:29; 26:18; 마가복음 1:15; 누가복음 19:44; 베드로전서 4:17; 고린도전서 4:5; 요한계시록 11:18), '신에 의해 지정된 시간'(누가복음 14:17; 마가복음 14:35; 요한복음 7:6, 8, 30; 8:20; 13:1; 고린도전서 4:5; 에베소서 1:9; 요한계시록 3:10; 9:15; 14:7) 등과 같이 다양한 의미로 나타나 있습니다.

그렇지만 신구약성서 어느 곳에도 시간의 의미가 명시적으로 나타나거나 규정되어 있지 않습니다. 또 사용된 용어도 구약성서에는 잇단^{iddan}, 체만^{zĕman}과 같은 히브리어로 기록되었고, 그리스어를 사용한 신약성서에는 경우에 따라 호라^{hōra}, 크로노스, 카이로스로 각각 다르게 표기되어 있지요. 때문에 히브리 전통의 시간 개념을 한마디로 규정하기는 쉽지 않습니다. 그럼에도 한 가지는 분명합니다. 구약의 히브리 선지자들과 신약의 기독교 사도들로 이어진 히브리 전통에서는 시간을 아리스토텔레스가 규정한 '운동에 의해 드러나는 물리적 척도'가 아니라, 앞에서 소개한 여호수아의 이야기가 보여 주듯이 '사건에 의해 드러나는 역사적 척도'로 파악했다는 사실입니다.

신약성서에 나타난 가장 분명한 예로, 예수님은 하나님의 '때'를 강조하며 하나님의 나라$^{basileia\ tou\ theou}$와 새로운 시대^{aion}를 선포했습니다. "때가 이르기 전에"(마태복음 8:29), "내 때가 가까이 왔으니"(마태복음 26:18), "때가 찼고 하나님의 나라가 가까이 왔으니"(마가복음 1:15), "깨어 있으라. 그때가 언제인지 알지 못함이라"(마가복음 13:33), "어찌 이 시대는 분간하지 못하느냐"(누가복음 12:56), "때가 가까이 왔다 하겠으냐"(누가복음 21:8), "내 때가 아직 차지 못하였으니"(요한복음 7:8), "때가 이르면 다시는 비유로 너희에게 이르지 않고"(요한복음 16:25)라는 가르침 등에서 보는 바와 같이, 예수님에게 시간은 '어떤 진리 사건이 성숙되어 이뤄지는 순간 내지 기간'을 의미합니다.

사도 바울도 당연히 시간을 "이때에 자기의 의로우심을 나타내사"(로마서 3:26), "또한 너희가 이 시기를 알거니와"(로마서 13:11), "이와 같이 지금도 은혜로 택하심을 따라 남은 자가 있느니라"(로마서 11:5), "그러므로 때가 이르기 전 곧 주께서 오시기까지 아무것도 판단하지 말라"(고린도전서 4:5), "그때가 단축하여진 고로"(고린도전서 7:29), "그리스도 안에서 때가 찬 경륜을 위하여 예정하신 것이니"(에베소서 1:9)에서처럼 예수님과 같은 의미로 사용했지요.

차츰 드러나겠지만, 이 시간은 '매 순간 상처를 입히고 마지막에는 죽이는' 시간이 아니라, 오히려 '매 순간 새로이 태어나게 하고 마지막에는 구원하는' 시간이지요. 바로 이 시간에서 아우구스티누스는 카이로스의 존재와 의미를 찾아낸 겁니다. 그리고 그것을 합리적으로 설명할 수 있는 사변들을 플라톤, 플로티노스의 시간론에서 끌어온 거지요. 그럼으로써 하나님의 힘을 빌려 해와 달을 멈추게 하지 않고서도, 시계탑을 향해 공연히 총을 쏘아 대지 않고서도, 크로노스의 파괴성을 극복할 수 있는 카이로스라는 '새로운 시간적 가능성'을 우리에게 제시한 겁니다.

정리하자면, 신약시대의 가장 뛰어난 신학자이자 동시에 탁월한 철학자였던 아우구스티누스가 새롭게 규정한 카이로스는 히브리 전통에 의해 전해진 '새로운 삶과 역사의 시간'이자 '구원(또는 해방)의 시간'이고, 동시에 그리스 존재론 전통에서 말하는 '심리적 시간'이자 '영혼의 시간'입니다. 그리스 철학과 히브리 종교의 산물인 이 시간은 지나간 과거와 다가올 미래가 현재 안에 모두 들어와 있는 시간이자, 그것을 통해 매 순간 인간과 세계를 다시 태어나게 하고 마지막에는 구원(또는 해방)으로 이끄는 시간이지요.•

장난감 하나를 얻고자 영원을 팔아?

아우구스티누스 덕분에 이제 우리에게는 사실상 두 가지의 '시간적 가능성'이 주어졌습니다. '물리적 시간'인 크로노스와 '심리적 시간'인 카이로스입니다. '분산되는 시간'과 '통일된 시간'이라고도 할 수 있습니다. '존재물의 시간'과 '존재의 시간' 또는 '세속적 시간'과 '신적 시간'이라고도 부를 수 있지요.•• '매 순간 상처를 입히고 마지막에는 죽이는 시간'과 오

• 이에 대해 보다 자세한 내용은 본인의 『철학카페에서 작가를 만나다』 2권에 있는 "시간-윤성희"편을 참고하라.

•• 폴 리쾨르(Paul Ricoeur)는 『시간과 이야기』에서 '물리적 시간'과 '심리적 시간'을 각각 '세계의 시간'과 '정신의 시간'으로 명명하고, 아우구스티누스가 '정신의 시간'을 발견한 것에는 경의를 표해야겠지만 아리스토텔레스가 발견한 '세계의 시간'을 놓친 것은 "처음부터 길을 잘못 들어선 것"이라고 지적했다. 그 증거로 『고백록』에 나오는 "어떤 학자가 해와 달과 별의 운행이 시간이라고 했습니다만 저로서는 납득이 가지 않습니다"(『고백록』, 11, 23)라는 구절을 제시했다 [참고. 폴 리쾨르, 김한식·이경래 역, 『시간과 이야기』(Temps et Recit), 2, 문학과지성사, 2000, p. 283]. 하지만 내 생각에는, 이 지적은 리쾨르가 자신의 논의를 부각시키려고 과장한 것이다. 『고백록』에는 예컨대 "미래의 일들이 아직 존재하지 않음을 누가 부정하는가? 그러나 마음속에는 여전히 미래의 일들에 대한 기대가 존재한다. 그리고 과거의 일들이 더는 존재하지 않음을 누가 부정하는가? 그러나 마음속에는 여전히 과거의 일들에 대한 기억이 있다. 현재의 시간이 한순간 사라지므로 길이를 갖고 있지 않음을 누가 부정하는가? 하지만 우리의 마음은 연속성을 갖고 있고, 따라서 현재 있는 것은 없는 것이 될 수 없다"(『고백록』, 11, 28)라는 고백을 보면 아

히려 '매 순간 새로이 태어나게 하고 마지막에는 구원하는' 시간이라고도 할 수 있습니다. 우리 육체는 그것이 존재물인 한, 세상의 모든 존재물이 그렇듯 좋든 싫든 물리적 시간을 살 수밖에 없습니다. 다른 가능성이 전혀 없지요. 하지만 우리의 마음靈魂은 다릅니다. 물리적 시간을 살 수도 있고 심리적 시간을 살 수도 있습니다. 존재물의 시간과 세속적 시간을 살 수도 있고, 존재의 시간과 신적 시간을 살 수도 있습니다.

우리의 마음이 물리적 시간을 살 때 삶은 사라진 과거 때문에 허무하고, 사라지고 말 현재 때문에 무의미하며, 올지 안 올지 모르는 미래 때문에 불안합니다. 그래서 존재물에 집착하게 되고 세속적·탐욕적·쾌락적이 되지요. 하지만 우리 마음이 심리적 시간을 살 때 우리의 삶은 현전하는 과거와 미래로 인해 의미와 가치 그리고 희망으로 충만하고 풍요로워집니다. 그래서 존재물보다는 존재에, 세상보다는 하나님의 나라에 관심을 갖게 되고 하나님과 함께하는 삶을 살게 됩니다. 바로 이것이 플로티노스의 '일자에게로 자신의 마음을 향하게 하라'는 교훈의 의미이고, 아우구스티누스가 하나님이 우리를 "하나님에게 향하도록" 창조했다고 선언한 이유이자 내막입니다. 얼핏 듣기에는 사변적 교훈 같지만 사실은 그렇지 않습니다. 당신과 내가 날마다 경험하는 일상생활과 곧바로 연결되는 삶의 태도에 관한 이야기지요.

예를 들어 볼까요? 만일 당신의 마음이 물리적 시간을 살아간다고 합시다. 그러면 당신은 매 순간 크고 작은 이익을 포기하고 욕정을 억누르면서 도덕적으로 살아야 할 하등의 이유가 없습니다. 가령 거리나 지하철에서 당신이 도와야 할 가난한 사람이 보이면 눈을 질끈 감고 '5분만 비

우구스티누스가 '세계의 시간'을 놓친 것이 아니라 오히려 당연한 것으로 받아들임으로써, 우리에게 주어진 두 가지 시간, 즉 물리적 시간과 심리적 시간의 존재를 인식했음을 알 수 있다.

겁하면 인생이 즐겁다'라는 생각을 할 거예요. 그뿐 아니라 기회와 능력에 따라 어떤 부도덕한 행동이나 불법적 행위를 하더라도 아무 거리낌이 없을 겁니다. 그 어떤 가책과 수치를 당하더라도 그것은 시간과 함께 과거 속으로 연기처럼 사라질 거라고 생각할 테니까요.

하지만 만일 당신의 마음이, 모든 과거가 기억으로서 현전現前하고 모든 미래도 기대로서 현재 안에 있는 시간을 산다면, 당신은 결코 그런 짓들을 하지 못할 겁니다. 왜냐하면 그 어떤 경우에도 결코 사라지지 않고 현전하는 수치스런 과거와 이미 다가와 함께하는 암울한 미래 때문에 평생 괴로울 테니까요.

앞에서 인용한 셰익스피어의 작품 『루크리스의 능욕』에는 이처럼 물리적 시간을 사는 세속적 사람들이 새겨들을 만한 구절이 담겨 있습니다. 로마 황제 루시어스 타퀴니어스의 아들인 섹터스 타퀴니어스 왕자가 가신인 콜라타인의 아내 루크리스를 겁탈하려고 침실로 들어가기 직전에 번민하며 하는 생각이지요.

원하는 것을 얻은들 소득이 무엇이랴
그것은 꿈이요, 한순간의 입김이다.
덧없는 쾌락의 거품일 뿐.
누가 일주일의 고통을 주고 한순간의 환락을 사랴.
장난감 하나를 얻고자 영원을 팔아?
달콤한 포도 한 알을 얻기 위하여
덩굴을 모두 망칠 자가 누구랴.
어떤 어리석은 거지가
당장 왕홀에 맞아 죽을 텐데 왕관을 만지겠는가?[78]

그런데 우리는 어떤가요? 우리는 여전히 일주일의 고통을 대가로 한 순간의 환락을 사지 않나요? 달콤한 포도 한 알을 얻기 위하여 덩굴을 모두 망치지 않나요? 당장 왕홀에 맞아 죽을지라도 왕관을 만지지 않나요? 한마디로 영원을 팔아 순간을 사지 않나요? 그러면서도 동시에 마음의 평안을 원하지 않나요? 영혼의 구원을 바라지 않나요? 한마디로 순간을 뛰어넘어 영원으로 들어가기를 간절히 원하지 않나요?

우리의 마음은 이처럼 두 가지 시간을 삽니다. 물리적 시간과 심리적 시간, 존재물의 시간과 존재의 시간, 세속적 시간과 신적 시간, 요컨대 크로노스와 카이로스를 그때마다 적당히 골라 번갈아 가며 살지요. 나만 그런가요? 아마 아닐 겁니다! 그렇다면 이것은 그저 그러려니 하고 넘어갈 문제는 아닙니다. 만일 당신이 그리스도인이라면 더욱 그렇지요. 왜냐하면 우리가 지금까지 살펴본 대로 그것이 구원과 결코 무관하지 않기 때문입니다. 그래서 '왜 우리가 두 가지 시간을 사는가, 왜 우리가 이랬다저랬다 하며 사는가?' 하는 문제를 잠시 들여다보고 가려고 합니다.

내 생각에는 이 문제와 연관해 매우 흥미로운 작가는 20세기 그리스가 낳은 문호 니코스 카잔차키스Nikos Kazantzakis, 1883-1957입니다. 왜냐고요? 수많은 문제적 소설과 희곡 그리고 여행기를 남긴 이 작가의 대표작 가운데 하나가 철저하게 크로노스를 산 인물을 그린 『그리스인 조르바』이고, 다른 하나가 투철하게 카이로스를 산 인물을 그린 『성자 프란체스코』이기 때문입니다. 그런데 카잔차키스는 무슨 생각으로 전혀 다른 시간과 삶을 산 이 두 인물을 주인공으로 한 소설을 각각 썼을까요? 많은 작품을 쓰다 보니 생긴 우연일까요? 아니면 우리가 살펴보는 두 가지 시간과 삶의 태도에 대한 나름의 무슨 특별한 생각이 있었기 때문일까요?

모를 일입니다. 그러나 짐작해 볼 수는 있지요. 그 근거 가운데 하나는 카잔차키스가 젊은 시절 프랑스 파리로 유학해 앙리 베르그송Henri Bergson, 1859-1941의 지도를 받아 철학을 공부했다는 사실입니다. 베르그송이 누구던가요? 그에게 '진정한 시간'이라고 할 수 있는 '지속'la durée 또는 '순수 지속'durée pure이라는 개념을 통해 카이로스에 관한 탁월한 연구를 남긴 20세기 철학자가 아니던가요?* 그렇다면 우리는 카잔차키스가 일찍부터 삶에는 크로노스와 카이로스라는 두 가지 시간적 가능성이 있다는 것을 알았고, 그 때문에 각각 그를 대변하는 두 인물에 관한 소설을 쓴 것이라고 추측할 수 있습니다.

그리고 이 같은 추측은 그의 두 걸작인 『그리스인 조르바』와 『성자 프란체스코』에 대한 나름의 해석 가능성을 활짝 열어 놓습니다. 우리가 조르바처럼 크로노스를 살면, 또는 프란체스코처럼 카이로스를 살면 무엇을 얻고 무엇을 잃는가 하는 것에 대한 전망을 눈앞에 훤히 전개해 보여 준다는 뜻이지요. 그럼으로써 크로노스를 살 것인가 카이로스를 살 것인가 하는 다분히 철학적이고 종교적인 문제를, 조르바처럼 살 것인가 프란체스코처럼 살 것인가 하는 구체적이고 현실적인 문제로 바꾸어 놓습니다. '추상적 사변'을 '구체적 사건'으로 바꾸어 묘사하는 일, 바로 이것이 문학이 하는 일이지요! 과연 그런지 볼까요?

• 베르그송의 박사 학위논문인 『의식에 직접 주어진 것들에 관한 시론』은 시간의 병치(並置)를 통해 드러나는 '지속'(la durée)이라는 심리적 시간이 진정한 시간이며 이 시간 안에서 인간은 비로소 자유롭다는 내용을 골자로 한다. 3장에서 아우구스티누스의 생애를 살펴보며, 베르그송이 '지속으로서의 시간'(time as duration)이라는 개념을 확립할 때, 아우구스티누스의 시간론에 영향을 받았음을 잠시 언급한 적이 있다. 베르그송이 말하는 '순수 지속'(durée pure)은—마치 아우구스티누스의 현전(現前, prae-esse)이 그런 것처럼—물리적 시간에 의해 흘러가는 표상들을 서로 나란히 병치시켜, 달리 말해 시간을 공간에 투사하여 '하나가 온 뒤에 다음 것이 오는 계기'를 '단번에 주어진 것'으로 표상하는 의식의 소산이다. 예컨대 양(羊)의 수를 세는 행위는 시간적 지각행위지만 우리는 그것을 공간에 투사하여 공간적 지각행위처럼 의식한다.

우물쭈물하다가 내 이럴 줄 알았지

『그리스인 조르바』는 카잔차키스가 실존 인물인 조르바와 함께한 몇 달간의 경험을 적은 1인칭 소설입니다. 소설은 크레타섬으로 가는 배를 기다리던 어느 항구에서 작가가 조르바를 우연히 만나는 것으로 시작합니다. 작가는 "인생은 재미있는 연극이어서 촌놈이나 바보만이 무대로 뛰어 올라가 연기에 가담한다는 듯이" 방관적으로 살아온 인물입니다. 그런 만큼 삶에 대한 후회와 두려움이 많지요. 한 번도 무대에 직접 올라가 본 적이 없기 때문입니다. 반면에 "왜요'가 없으면 아무 짓도 못하는가요? 가령 하고 싶어서 한다면 안 됩니까?"라고 대드는 조르바는 말 그대로 "하고 싶은 대로", "화끈하게" 살아온 인물이지요. 그런 만큼 그에게는 삶에 대한 후회나 두려움 따위는 전혀 없습니다.

작가는 "섬약한 손과 창백한 얼굴, 피투성이가 되어 진창에 굴러 보지 못한" 자신을 부끄러워하고, 조르바는 "나는 아무도, 아무것도 믿지 않아요. 오직 조르바만 믿지"라고 자기 자신을 자랑스러워합니다. 이처럼 서로가 서로에게 이질적인데도―사실은 바로 그렇기 때문에―두 사람은 보자마자 의기투합하여 함께 섬으로 가 갈탄 광산을 빌려 동업을 시작하지요. 작가는 사장으로 조르바는 현장 감독으로 일하는데, 이때에도 작가는 "일꾼들에게 임금을 주는" 방관자에 불과하고, 조르바는 "일을 어정쩡하게 하면 끝장나는 겁니다"라며 열정을 쏟습니다.

여자관계도 마찬가지입니다. 조르바는 섬에 도착하자마자 과부인 호텔 여주인을 꿰차지요. 그러나 작가는 매혹적인 젊은 과부를 소설이 거의 끝나갈 때까지 멀리서 그저 훔쳐보기만 합니다. 소설은 우여곡절 끝에 두 여인이 차례로 죽고 사업이 망한 다음, 두 사람이 헤어지며 끝납니다. 그러나 작가는 그동안 조르바에게서 후회와 두려움 없이 사는 방법을 배웠습니다.

조르바의 가르침은 이랬습니다. 가령 뭘 먹고 싶으면 "목구멍이 미어지도록 처넣어 다시는 그놈의 생각이 안 나게" 하는 것입니다. 담배, 술, 여자에 대한 욕망도 마찬가지지요. 조르바는 인간의 욕망은 "금욕주의 같은 걸로는" 도저히 다스릴 수 없기 때문에 이 방법만이 "사람이 자유를 얻는 도리"라고 우겨 댑니다. 힘껏 욕망을 충족시킴으로써 삶에 대한 후회와 두려움에서 벗어나라는 말이지요. 한데 이 '나름의 비법'이 우리에게 전혀 낯설지가 않습니다. 2,300년 전쯤에 에피쿠로스가 쾌락주의 hedonism라는 이름으로 이미 진지하게 교훈했고,* 오늘날 우리가 불철주야 추종하는 교설이기 때문입니다. 아닌가요?

내가 보기에 조르바는 '20세기를 산 에피쿠로스'입니다. 에피쿠로스는 "그대는 단 한 번뿐인 유일한 인생을 행복으로 가득 채우기 위해 존재한다"라고 가르쳤지요. 같은 말을 조르바는 "산다는 게 뭘 의미하는지 아시오? 허리띠를 풀고 말썽거리를 만드는 게 바로 삶이오"라고 표현했습니다. 에피쿠로스는 또 "모든 일은 그대가, 곧 오늘 여기에 살고 있는 인간으로서의 그대가 행복하게 산다는 데 달려 있다"라고 교훈했는데, 조르바는 "나는 어제 일어난 일은 생각 안 합니다. 내일 일어날 일은 묻지도 않지요. 내게 중요한 것은 오늘, 이 순간에 일어나는 일입니다"라고 중얼대지요.

---

* 에피쿠로스는 쾌락을 유일한 선(善)으로 간주했지만, 그가 말하는 쾌락은 쾌감의 증가에서 얻어지는 소위 '방탕자의 쾌락'이 아니고, 오히려 고통의 감소에서 오는 '마음의 평정', 곧 아타락시아(ataraxia)였다. 그래서 그는 오직 '지금', 곧 현재에 몰두할 것을 권했다. '카르페 디엠' (Carpe diem, quam minimum credula postero: 지금을 잡아라, 가급적 내일이란 말은 최소한만 믿어라)이라는 로마 시인 호라티우스의 금언이 바로 여기서 나왔다. 같은 맥락에서 에피쿠로스는 "가장 무서워해야 할 악, 곧 죽음은 우리들과는 아무 관계도 없다. 우리가 살아 있는 한 죽음은 존재하지 않고, 죽음이 찾아왔을 때 우리는 더 이상 살아 있지 않기 때문이다"라는 다분히 논리적이고 설득력 있는 위로의 말도 남겼다.

그렇습니다! 순간, 순간 사라지는 크로노스를 사는 것, 이것이 하나의 방법일 수 있습니다. 바람처럼 흘러가 버린 과거나 신기루처럼 멀리 있는 미래는 모두 잊고 오직 현재에만 몰두하는 것이 시간의 파괴성과 허무의 늪에서 우리 스스로를 구할 수 있는 가장 간단하고 현실적인 방법인지도 모릅니다. 그렇게 살면 조르바처럼 아무 불안이나 후회 없이 쾌락을 누릴 수 있을 테니까요. 그래서 일찍이 아우구스티누스조차도 "내가 만일 죽은 후에도 영혼이 생존하여 그 업적에 따라 상벌을 받는다는 것을 믿지 않았다면 에피쿠로스에게 종려나무 가지를 바쳤을 것"[79]이라고 고백했던 것이고, 오늘날 우리가 조르바에게 그렇게 열광하는 것인지도 모릅니다.

『성자 프란체스코』는 카잔차키스가 아시시의 성인 프란체스코Francesco d'Assisi, 1182-1226의 생애를 그린 소설입니다. 프란체스코는 중부 이탈리아 아시시의 부유한 직물상인의 아들로 태어났습니다. 그는 젊어서는 여느 젊은이들같이 향락을 추구했고, 한때 기사騎士가 될 꿈을 갖고 페르시아와의 전쟁에 참가했다가 포로가 되어 큰 병을 경험한 후 새로운 삶을 살기로 결심하지요. 그러던 어느 날 아시시 인근의 어느 허물어져 가는 성당에 안치된 예수의 십자가상 밑에서 "프란체스코야, 내 집이 무너지고 있으니 고쳐라"하고 명하는 소리를 듣지요. 그리고 아버지 가게의 옷감을 가져다 팔고 손수 흙과 돌들을 들어 날라 성당을 보수했습니다. 지금도 기도와 피정의 장소로 사용되고 있는 산다미아노San Damiano 성당이지요.

이후 프란체스코는 예수님이 말한 '내 집'이 그 성당을 가리키는 것이 아니라 당시 부패해 있던 가톨릭교회임을 깨닫고 진정한 예수님의 제자가 되기 위해 모든 것을 버리고 걸인 행각에 나섰습니다. 진리는 분명 높은 곳에 있기보다 낮은 곳에 있음을, 풍요보다는 가난에 있음을 직감적으로 알아챘기 때문이지요. 그는 "너희가 거저 받았으니 거저 주라. 너희

전대에 금이나 은이나 동을 가지지 말고 여행을 위하여 배낭이나 두 벌 옷이나 신이나 지팡이를 가지지 말라"(마태복음 10:8-10)라는 예수님의 가르침을 따라 누더기 옷에 맨발로 다니며, 예수님이 가르친 청빈·겸손·이웃 사랑을 몸소 실천하며 헌신했습니다. 그러자 주위에 그처럼 복음서의 이상에 따라서 살아가려는 제자들이 모여 집단이 형성되었지요.

1209년에 프란체스코는 11명의 제자들을 거느리고 로마 교황 인노켄티우스 3세Innocentius III를 만나, 청빈을 중심으로 한 수도회칙修道會則의 인가를 청원하여 구두약속을 받아 냈습니다. 그리고 오늘날 보통 프란체스코회로 불리는 '작은 형제의 모임'Ordo Fratrum Minorum을 설립했습니다. 그뿐 아니라 귀족의 딸로 태어나 프란체스코를 사랑하여 수녀가 된 아시시의 클라라Clare, 1194-1253에게 권유하여 여성을 위한 청빈수도회(클라라회)를 설립케 하고, 그 후 다시 속인俗人 남녀를 위한 '제3수도회'도 조직했지요.

카잔차키스의 『성자 프란체스코』에는 다음과 같은 일화가 실려 있습니다. 프란체스코가 클라라를 비롯한 수녀들이 머무는 수도회에 들러 설교를 하고 떠나던 날, 클라라 수녀가 물었습니다. "당신은 위로받을 길 없는 여자들의 마음을 위로해 주셨어요. 이제 저희들은 사부님께 무엇을 해 드릴 수 있을까요?" 프란체스코가 대답했지요. "내가 부탁하고 싶은 것은 여러분이 가난한 사람을 만날 때마다 헝겊을 한 조각씩 얻어서 그것을 모아 나에게 수도복을 지어 주세요. 이것이 내가 여러분께 부탁하고 싶은 것이에요." 클라라는 여러 해에 걸쳐 수도복을 완성했고, 그것을 받아 든 프란체스코는 헝겊 조각 하나마다 입을 맞추며 가난한 사람들을 축복했습니다.

예수님이 그랬듯이 프란체스코는 가난한 사람들을 사랑했지요. 그에게는 가난한 자가 곧 예수님이었습니다. 프란체스코는 "네 형제 중에 지극히 작은 자 하나에게 한 것이 곧 내게 한 것이니라"(마태복음 25:40)라는 예수님의 가르침을 평생 가슴에 새기고 살았지요. 그래서였을까요? 말년인 1224년에 프란체스코의 몸에 다섯 성흔聖痕(그리스도가 십자가에 못 박혔을 때 옆구리와 양손·양발에 생긴 다섯 개의 상처)이 생겨났는데, 이는 가톨릭 문서에 기록되어 있는 최초의 성흔 사례입니다. "또 한 명의 그리스도"라고도 불리는 프란체스코는 그로부터 2년 후인 1226년 10월 4일에 프란체스코회 발상지이기도 한 아시시 근방의 포르치운콜라 수도원에서 사망했고, 그 후 2년이 지난 1228년에 교황 그레고리오 9세에 의해서 성인으로 추대되었습니다.

그렇습니다! 어느 순간도 결코 사라지지 않는 카이로스를 사는 것, 이것이 하나의 다른 방법일 수 있습니다. 세속적 욕망이 아니라 영원한 진리를 따라 사는 것이 피할 수 없는 시간의 파괴성과 빠져나올 수 없는 허무의 늪에서 우리 스스로를 구할 수 있는 근원적이고 올바른 방법인지도 모릅니다. 그렇게 살면 프란체스코처럼 영혼의 안락을 누릴 수 있을 테니까요. 그래서 일찍이 아우구스티누스가 "당신은 우리를 당신을 향해서ad te 살도록 창조하셨으므로 우리 마음이 당신 안에서in te 안식할 때까지는 평안하지 않습니다"[80]라고 고백했던 것이고, 오늘날 우리가 안식과 평안을 모르고 살고 있는 것인지도 모릅니다.

카잔차키스가 그린 조르바와 프란체스코는 이렇게 서로 다릅니다. 그럼에도 두 사람 사이에는 하나의 공통점이 있지요. 자유입니다! 조르바는 자유로운 사람입니다. 세상의 모든 인습과 도덕으로부터 자유롭지요. 그가 크로노스를 살기 때문입니다. 프란체스코도 자유로운 사람입니다. 모든 세속적 욕망으로부터 자유롭지요. 그가 카이로스를 살기 때문입니다. 이처럼 추구하는 자유와 그 성격은 전혀 다르지만, 어쨌든 두 사람 모두 자

빈센조 카두치(Vincenzo Carducci), 〈성 프란체스코의 성흔〉, 17세기.

유로운 사람이지요. 사실 우리는 카잔차키스의 두 작품을 읽으며 바로 그 자유에 매혹되는 겁니다. 우리가 자유롭지 못하기 때문이지요. 그럼, 우리는 어떤 자유를 누리고 싶은 걸까요? 조르바의 자유 아니면 프란체스코의 자유? 육체의 자유 아니면 영혼의 자유? 그것도 아니면 그 둘 모두?

그리스 크레타^{Creta}섬에 가면, 카잔차키스의 무덤이 쓸쓸히 에게해를 내려다보고 있습니다. 거대한 십자가를 앞세우고 넓고 육중한 장방형 돌 위에 서 있는 그의 묘비에는 그가 생전에 써 놓았다는 문구가 새겨져 있지요. "나는 아무것도 바라지 않는다. 나는 아무것도 두려워하지 않는다. 나는 자유다"Den elpizo tipota, Den forumai tipota, Eimai eleftheros가 그것입니다. 멋지지요! 그래서 세대를 건너뛰어 지금까지 전 세계 수많은 사람들이 그곳을 찾고, 그 묘비명을 입에 올립니다. 그런데 내 생각에는 그런 묘비명은 사실인즉 바라는 것도 많고 두려운 것도 많아 결코 자유롭지 못했던 사람이 쓰는 법입니다.

왜냐고요? 자고로, 영혼을 사랑하는 수도승은 영혼의 승리를 바라고 육체의 패배를 두려워하지 않지요. 그러나 육체를 사랑하는 난봉꾼은 육체의 승리를 바라고 영혼의 패배에는 관심조차 없습니다. 그런데 카잔차키스는 영혼과 육체 모두를 사랑하고 각각의 승리를 바랐지요. 육체의 승리를 원할 때 그는 『그리스인 조르바』라는 난봉꾼 중의 난봉꾼에 대한 이야기를 썼습니다. 영혼의 승리를 바랄 때 그는 『성자 프란체스코』라는 수도승 중의 수도승에 관한 이야기를 썼지요. 이처럼 원하고 바라는 것이 많은 사람은 그만큼 두려움도 많은 법이고, 당연히 그만큼 자유로울 수 없습니다. 그러니 그가 어찌 아무것도 두렵지 않았으며 또한 자유로웠겠습니까!

카잔차키스는 실제로 자기 자신을 그렇게 파악했습니다. 그리고 『그리스인 조르바』에서는 자신을, 한편으로는 인생을 한낱 방관자로 살아가면서도 다른 한편으로는 "하고 싶은 대로", "화끈하게" 사는 조르바를 한없이 부러워하는 '작가'로 그렸지요. 또 『성자 프란체스코』에서는, 한편으로는 "구수한 음식 냄새"와 "웬만한 화로는 비교도 안 되게 뜨거울" 과부의 품을 그리면서도 다른 한편으로는 자나 깨나 하나님을 찾아다니다가, 프란체스코를 만난 후부터 그를 따라 살며 그의 삶을 글로 남기는 '레오 형제'로 등장시킵니다. 두 인물 모두가 카잔차키스 자신이지요.

그렇다면 조지 버나드 쇼 George Bernard Shaw, 1856-1950의 묘비명인 "우물쭈물하다가 내 이럴 줄 알았지"와 함께 아마도 세상에서 가장 널리 알려진 카잔차키스의 묘비명은 다음과 같이 바뀌어야 하지 않을까요? "나는 모든 것을 바란다. 나는 모든 것을 두려워한다. 나는 자유롭지 못하다." 이 얼마나 솔직한 말인가요! 조르바도 프란체스코도 아니라는 것, 난봉꾼으로도 수도승으로도 살 수 없다는 것, 그래서 우물쭈물하며 산다는 것, 육체의 쾌락과 영혼의 안락 가운데 어느 것 하나도 포기할 수 없다는 것, 그래서 결국 그 어느 것도 성취하지 못한다는 것, 그래서 모든 것이 두렵다는 것, 그래서 항상 자유롭지 못하다는 것, 사실은 이것이 당신과 나 그리고 우리 모두가 처한 실존적 상황이자 묘비명이 아닐까요?

또한 바로 이것이 왜 우리가 크로노스와 카이로스 사이에서 양자택일을 하지 못하고 그때마다 적당히 골라 번갈아 가며 우물쭈물하며 사는가 하는 물음에 대한 답이기도 합니다! 그렇다면 이제 우리는 어떻게 해야 할까요? 카잔차키스처럼 반어법으로 쓴 묘지명을 가슴에 안고 살아야 할까요? 아니면 쇼처럼 냉소적인 묘비명을 남기고 죽어야 할까요? 이 안타까운 물음들에 대한 대답을 카잔차키스는 말년작인 『성자 프란체스코』의 서두에 레오 형제의 독백을 통해 직설적으로 담아 놓았습니다. 사실은 이 소설의 뼈대라 할 수 있는 자신의 통찰을 웬일인지 시작부터 턱하니 공개한 것입니다.

당신이 애초에 탐했던 것은 그녀[클라라]의 육신이었습니다. 그것이 시작이었고 출발점이었습니다. 그러나 당신은 사탄의 올가미를 벗어던지는 혹독한 투쟁을 거쳐 하나님의 도움을 받아 그녀의 영혼에 도달할 수 있었습니다. 당신은 그녀의 육신을 거부하지도 않고, 또한 육신을 취하지도 않으면서 그녀의 영혼을 사랑한 것입니다. 더구나 클라라에 대한 육체적 사랑은 당신이 하나님께 도달하는 데 방해가 되지 않았을 뿐 아니라, 실제로는 오히려 큰 도움이 되었습니다. 그런 사랑을 통해서 위대한 비밀에 눈을 떴기 때문입니다. 어떤 방식으로, 어떤 종류의 투쟁을 통해서 육욕이 정신적 사랑으로 바뀌는지를 알게 되었던 것입니다.…그것이 길입니다. 다른 길은 없습니다. 당신은 그 길을 앞장서서 가고 나는 숨을 헐떡이며 뒤따라갔습니다.

당신은 혹시 우리가 1부에서 살펴본 다음과 같은 내용들을 기억하나요? 플라톤에게 에로스는 육체적 사랑에서 시작하지만 그것에서 그치지 않고 우리의 영혼을 천상의 세계로 상승하게 하는 '혼의 날갯짓'이자 신에게로 인도하는 '안내자'라는 것을? 단테에게는 베아트리체가, 미켈란젤로에게는 비토리아 콜론나라는 여류시인이 바로 그 역할을 했다는 것을? 이것을 우리가 흔히 '플라토닉 러브'platonic love라고 부른다는 것을 아직 기억하느냐는 말입니다. 그렇습니다. 이제 생각나지요? 그런데 프란체스코가 시피 백작의 딸 클라라를 통해 이룬 일이 바로 이것이었습니다.

그뿐이 아닙니다. 프란체스코가 이룬 일이 또 하나 있습니다. 그는 클라라의 육체뿐 아니라 굴러다니는 돌멩이, 피어나는 올리브나무 잎사귀, 기어 다니는 개미, 지저귀는 종달새, 심지어는 흉악한 산적山賊과 흉물스런 문둥이에 이르기까지, 하나님이 창조한 세상 만물을 사랑했습니다. 그것들이 모두 하늘을 향해 올라가는 '사다리'임을 그가 알고 있었기 때문이지요. 레오 형제는 서두에서 다음과 같은 혼잣말도 털어놓습니다.

당신은 지옥을 발판 삼아 천국에 올라가기 위한 추진력을 얻었던 것입니다. 〈낮게 내려갈수록 더 큰 추진력을 얻어 더 높이 오를 수 있다〉고 말씀하시곤 했습니다. 「투쟁적 기독교의 진가는 그가 지닌 미덕에 있는 것이 아니라 내면에 도사리고 있는 오만과 불경과 불충과 악 같은 것을 미덕으로 바꾸려는 치열한 투쟁으로부터 나오는 것입니다. 언젠가는 미카엘, 가브리엘, 라파엘 같은 천사들이 아니라 타락한 천사 루시페르가 영광스러운 대천사 자격으로 하나님 옆을 지키게 될 것입니다. 그 끔찍한 암흑을 마침내 광명으로 승화시켜 놓은 루시페르가 말입니다.」

혹시 당신은 우리가 1부에서 살펴본 다음과 같은 내용들도 기억하나요? 플라톤이 "층계길"이라고 암시한 자연의 계층적 구조를 아리스토텔레스가 "자연의 사다리"라는 용어로 드러냈고, 플로티노스가 '피라미드식 계층구조 hierarchia'로 체계화했다는 것을? 중세에는 토마스 아퀴나스를 비롯한 스콜라 철학자들이 물질세계로부터 비물질적 세계까지, 곧 지상세계에서 천상세계까지 이어진 존재의 사다리를 "존재의 대연쇄"라는 용어로 표현했다는 것을? 그리고 밀턴이 『실낙원』에서 이 사다리를 "자연의 사다리를 놓으셨으니, 이로써/ [우리는] 창조된 사물들을 관조하면서/ 한 단 한 단 하나님에게로 올라갈 수 있겠나이다"라고 읊었다는 것을 아직 기억하느냐는 말입니다. 그렇습니다. 일찍이 사도 바울이 "하나님께서 지으신 모든 것이 선하[다]"(디모데전서 4:4)라고 교훈하고 아우구스티누스가 계승한 이 숭고한 구원의 원리를 프란체스코가 깨달은 겁니다.

카잔차키스가 레오 형제의 입을 빌려 "그것이 길입니다. 다른 길은 없습니다"라고 단언한 그 일, 다시 말해 "육욕이 정신적 사랑으로 바뀌"게 하는 일, 영혼을 천상의 세계로 상승하게 하는 '혼의 날갯짓'을 하는 일, 육체와 영혼, 지상세계와 천상세계 둘 모두를 사랑하며 이 낮은 곳으로부터 저 높은 곳까지 "한 단 한 단 하나님에게로 올라"가는 일은 결코 쉬운 일은 아닙니다. 프란체스코도 "울고, 웃고, 가슴을 찢으면서" 그 길을 갔습니다. 그리고 그것은 마음을 분산시켜 삶을 단지 흘러가고 마는 것, 그래서 허무하고 값어치 없는 것으로 만드는 크로노스를 통해서는 결코 이룰 수 없는 일이지요. 오직 과거와 미래를 현전하게 하여 매 순간 인간과 세계를 다시 태어나게 하고 마지막에는 구원과 해방으로 이끄는 카이로스 안에서만 가능합니다.

앞에서 이미 언급했듯이, 서양문명 안에는 이처럼 카이로스에서 구원의 해법을 찾는 전통이 이어져 오고 있습니다. 키르케고르가 철학적으로, 오스카 쿨만이 신학적으로, 프루스트, 조이스, 울프 등이 문학적으로, 그리고 오늘날에는 벤야민, 아감벤, 네그리 같은 좌파 지식인들이 정치사회학적으로 나름의 해법들을 제시했지요. 그리고 그 모든 시원이 아우구스티누스가 설파한 상기입니다.˙ 그러나 우리가 지금 이들 모두를 살펴볼 수 없기 때문에 그 가운데 가장 널리 알려진 예 하나를 골라, 카이로스에 의한 구원이 어떻게 이뤄지는지만 간략히 소개하고 넘어가고자 합니다. 마르셀 프루스트Marcel Proust, 1871-1922의 7부작 장편소설 『잃어버린 시간을 찾아서』의 1권인 『스완네 집 쪽으로』에 나오는 '마들렌 에피소드'입니다.

• 아우구스티누스가 설파했던 상기(anamnesis)에 의해 과거와 미래가 현전하는 '현재'(praesens)가, 키르케고르가 '반복'(反復, wiederholung)에 의해서 그리스도와의 '동시성'(同時性, gleichzeitigkeit)을 획득하는 '순간'(augenblick)이다. 그리고 그것은 훗날 오스카 쿨만이 "앞으로 향하여 그리고 뒤로 향하여 연결된 지금"이라는 말들로 규정한 "구속사의 현재"이고, 또 그것은 벤야민이 "메시아가 들어올 수 있는 작은 문"이라고 설명한 '지금시간'(jetztzeit)이자, 조르조 아감벤이 메시아적 시간으로 규정한 '지금 이때'(ho nyn kairos)다. 사용한 용어가 다르듯이 서로 간에 약간의 미묘한 차이는 있지만, 모두가 카이로스라는 같은 계보 안에 있다. 이에 대한 자세한 논의는 『철학카페에서 작가를 만나다』 2권에 있는 "시간―윤성희"편을 참고하라.

아우구스티누스의 '상기'와 프루스트의 '회상'

어느 겨울날 주인공 마르셀의 어머니는 추위에 떨고 있는 그에게 따뜻한 차와 '마들렌'이라는 조그만 케이크 한 조각을 권합니다. 그는 마들렌 한 조각을 차에 담갔다가 차를 마셨는데, 마들렌 부스러기가 섞인 차 한 모금이 입천장에 닿는 순간 일찍이 느껴 보지 못한 "강렬한 쾌감"을 경험하지요. 차에 섞인 마들렌 부스러기가 입천장에 닿는 순간 느꼈던 감각이, 어린 시절에 아침 인사를 하러 레오니 숙모에게 갔을 때 그녀가 따뜻한 보리수꽃차에 마들렌 한 조각을 담가 준 일과 그 당시 콩브레Combray(이 소설의 공간적 배경)에서의 기억들을 연이어 떠올려 주었기 때문입니다.

프루스트는 이러한 회상을 "무의지적 기억"mémoire involontaire이라고 불렀지요. 아우구스티누스의 '상기'memoriae에 해당하는 말입니다.˙ 그런데 왜 그것이 마르셀을 "강렬한 쾌감"에 빠트렸을까요? 이에 대한 답이 약 3,000쪽이나 되는 이 방대한 장편소설의 주제이기도 합니다.˙˙ 프랑스의 철학자 폴 리쾨르가 『시간과 이야기』에서 지적한 대로, 만일 주인공이 느낀

• 여기서는 마르셀 프루스트가 앙리 베르그송의 아내인 루이즈 뇌뷔르제의 가까운 친척이자, 니코스 카잔차키스처럼 한동안 베르그송의 강의를 들었다는 사실을 참고하는 것이 이해에 도움이 된다. 이 사실은 프루스트 역시 카잔차키스가 그랬듯이 "무의지적 기억"(mémoire involontaire)이라는 아이디어를 아우구스티누스의 '상기'(anamnesis)보다는 베르그송의 '순수지속'(durée pure)에서 얻어 왔을 가능성이 크다는 것을 알려 주기 때문이다. 그러나 비록 베르그송을 거쳤다고 할지라도 그 시원이 '상기'임은 둘 사이에 존재하는 유사성이 증명한다.
•• 『잃어버린 시간을 찾아서』는 총 7부작이지만, 우리나라에서는 그 가운데 두꺼운 것 네 권을 상권과 하권으로 나누어 출간해 총 열한 권이다. 프루스트는 1905년에 세상에서 가장 의지하던 어머니가 세상을 떠나자 사교계에서 발을 끊고 일체의 외출을 삼간 채 방에 틀어박혔다. 바깥에서 들리는 소음을 차단하기 위해 코르크로 침실을 도배했으며, 천식을 앓은 탓에 대로변 마로니에에서 풍겨 오는 향내를 막기 위해 모든 창문을 닫았고, 질식할 것 같은 냄새를 풍기는 훈증요법을 하며 침대에 엎드려 1910년부터 1922년 죽음을 맞이할 때까지 약 13년에 걸쳐 이 대작을 썼다.

이 강렬한 쾌감이 단지 옛날의 기억들을 상기시키는 데서 그쳤다면 『잃어버린 시간을 찾아서』는 시작하자마자 100쪽도 지나지 않아 그 목적을 달성한 셈이겠지요.[81]

그러나 프루스트는 그러지 않았습니다. 대신에 그는 이 대목에서 괄호를 열고는 주의 깊고 예민한 독자들에게만 전하는 메시지를 슬며시 써 놓았지요. 바로 "(왜 그 기억이 나를 그토록 행복하게 했는지를 아직은 모르고, 그 이유의 발견도 한참 후 일로 미루지 않으면 안 되었으나)"라고 말입니다. 이게 무슨 의미일까요? 이 소설의 맨 마지막 권인 『되찾은 시간』에서야 비로소 분명하게 드러나는 그 이유를 요약하자면 이렇습니다.

인간에게 어느 순간 갑자기 일어나는 '무의지적 기억'은 단지 잊었던 옛 추억을 떠올려 주는 것으로 끝나지 않습니다. 그것은―마치 아우구스티누스의 '상기'처럼―과거와 현재를 '나란히 놓음'並置으로써 시간에 의해 분산된 여러 가지 상들을 겹쳐 놓아 이전까지는 감춰져 있던 삶의 진실을 드러내 보여 주는 일을 합니다. 그 결과 잃어버린 자신의 정체성, 삶의 의미와 가치를 되찾아 주는 일을 하지요. 또한 미래를 기대하게도 만듭니다. 아우구스티누스는 이 말을 다음과 같이 했습니다.

> 나는 기억에서 내가 과거에 경험했거나 그 경험을 통해 얻게 된 것의 상들을 꺼내 모아 새로운 상을 구성해 보고, 그것들이 맥락에 맞나 (과거와 현재를) 견주어 봅니다. 그럼으로써 미래의 행위와 사건과 희망을 추측해 봅니다. 그리고 나는 이 모든 것을 현전하는 사실로 여기는 겁니다.[82]

프랑스의 소설가이며 저술가인 앙드레 모루아 André Maurois, 1885-1967가 우리의 마음에서 일어나는 이러한 현상, 다시 말해 무의지적 기억에 의한 '시간의 병치'에 대해 환상적인 예를 들어 알기 쉽게 설명했습니다.

이때 〈시간〉의 영역에서 일어나는 일들을 정확하게 이해하고자 한다면, 소위 입체경이라고 불리는 기구가 〈공간〉의 영역에서 어떻게 작동하는가를 생각해 보면 될 것이다. 이 장치에는 두 장의 영상이 나타나는데 이 두 영상은 같은 대상에 대한 영상임에도 불구하고 완전히 동일한 영상이 아니다. 왜냐하면 두 개의 영상들은 각각 한 눈에 맞춰져 있고, 서로 동일하지 않다는 바로 이 이유 때문에 두 개의 영상은 우리에게 뚜렷한 입체감을 주게 된다. 사실적 입체감을 갖는 하나의 대상은 우리의 양 눈에 각각 다른 영상을 제공해 주기 때문이다.[83]

모루아는 이처럼 오늘날 우리가 보는 3D 영상기기에 해당하는 입체경立體鏡의 제작 원리가 서로 다른 각도에서 보이는 두 개의 영상이 나란히 겹침으로써 뚜렷한 "공간적 입체상"을 얻어 내는 것이라는 사실을 먼저 설명합니다. 이어서 프루스트가 현재의 감각 Sensation Présente과 그것을 통해 무의지적으로 떠오르는 과거의 기억 Souvenir Absent을 일치시킴으로써―마치 입체경이 공간의 입체상을 만들어 낸 것처럼―"시간적 입체상"을 창조해 냈다고 분석하지요. 그럼으로써 이전까지는 감춰져 있던 삶의 진실이 담긴 시간을 "재발견하고, 또 느끼게" 해 준다고도 합니다. 그렇습니다! 인간에게 기억은 바로 이런 일을 합니다. 이것이 단순한 기억장치인 컴퓨터의 메모리와 인간의 기억이 전혀 다른 이유이기도 하지요.

『잃어버린 시간을 찾아서』의 마지막 권 『되찾은 시간』에는 1권에 나온 '마들렌 에피소드'에 비견할 만큼 중대한 의미를 갖는 사건이 다시 한 번 나옵니다. 마르셀이 샤를뤼스 대공의 초청으로 대공의 저택 안마당에 들어가던 중 울퉁불퉁한 포석鋪石에 발부리가 부딪히지요. 그리고 발부리에서 느끼는 반듯하지 못한 포석의 감각이 베네치아의 산마르코 대성당

Basilica di San Marco 영세소領洗所에 깔린 포석의 감각으로 이어지며 갑자기 다시 한 번 강렬한 쾌감을 맛보게 됩니다.

그동안에도 그에게 이와 유사한 일련의 현상들이 없었던 것은 아닙니다. 하지만 왜 그런지 영문을 몰랐는데, 마르셀은 이번에야말로 그 강렬한 쾌감의 원인을 찾고야 말겠다고 결심합니다. 그리고 '주방에 인접한 작은 서재'에서 사색에 잠기지요. 그것을 통해 밝혀지는 것이 바로 '되찾은 시간'Le Temps Retrouvé입니다. 그것은 '잊었다忘却가 다시 찾는다'는 의미, 즉 단순히 '과거의 기억을 되살린다'는 뜻이 아닙니다. 만일 그렇다면 이 책의 제목이 '잊어버린 시간을 찾아서'가 되어야 할 것입니다.

프루스트가 말하는 '되찾은 시간'이란 과거의 시간과 현재의 시간, 과거의 공간과 현재의 공간이 겹치면서 만들어진 '시간적·공간적 입체상'을 통해 '잊어버린' 것이 아니라 '잃어버린' 삶의 진실과 의미를 되살려 내는 시간이지요. 그래서 프루스트는 '되찾은 시간'을 "초시간적 존재"라고도 불렀고, 리쾨르는 『시간과 이야기』에서 "시간마저도 유예시키는 영원성"이라고 표현했습니다. 그것은 과거, 현재, 미래로 분산시켜 흘러가 버리게 하는 물리적 시간인 크로노스의 파괴성에서 해방된 시간이자 구원의 시간, 곧 카이로스입니다.

『잃어버린 시간을 찾아서』에서 주인공 마르셀이 반복되는 무의지적 기억들을 통해, 그리고 그에 대한 주방 서재에서의 사색을 통해 되찾은 삶의 진실은 소설을 쓰는 것입니다. 그는 소설가가 되려다 자신의 무능을 깨닫고 좌절함으로써 "자신을 열등한 존재, 우발적이고 죽게 마련인 존재"라고 느끼고 "결코 다시는 글을 쓸 수 없을 것"이라고 생각하며 살아가는 중이었지요. 그런 그가 시공간적 입체상을 통해 '잊어버린 것'이 아니라 '잃어버린' 자신의 정체성을 찾아내고 다시 소설을 쓰기로 마음먹습니다. 그에게 희망이 생긴 것이고, 그의 삶이 구원받게 된 겁니다.

물론 이것이 기독교에서 말하는 구원과 꼭 같지는 않습니다. 하지만 『잃어버린 시간을 찾아서』에 관해 다양한 연구를 남긴 조르주 풀레Georges Poulet는 이것이 하나님의 은총에 의해서만 이뤄지는 기독교적 구원과 어떻게 연결되는지를 『인간적 시간에 대한 연구』에서 다음과 같이 밝혔습니다.

> 따라서 프루스트의 사상에서의 [무의지적] 기억은 기독교 사상에서의 은총처럼 초자연적 역할을 한다.…회상이란 '인간이 혼자 힘으로는 빠져나올 수 없는 허무로부터 인간을 구출하기 위해서' 찾아온 '천상의 구원'인 것이다. 그래서 프루스트 작품 가운데서 회상은 인간적이면서 동시에 초인적 형상을 띠고 끊임없이 나타난다.[84]

요컨대 그는 회상이 의지에 의해서가 아니라 무의지적involontaire으로 일어났다는 점에서, 돌이킬 수 없을 정도로 실추한 인간의 본성을 회복시키는 작용을 한다는 점에서, 그럼으로써 인간을 제힘으로는 빠져나올 수 없는 허무로부터 구출한다는 점에서 "프루스트의 사상에서의 '기억'mémorie은 기독교 사상에서의 '은총'처럼 초자연적 역할을 한다"고 규정한 것이지요.

여기에서 우리가 또한 놓치지 말아야 할 중요한 사안은 개인의 삶뿐 아니라 역사에서도 구원으로서의 상기가 하는 역할을 간과할 수 없다는 것입니다. 신구약성서에서 역사는 하나님의 섭리가 시간 안에서 자기를 실현해 가는 과정이라 할 수 있습니다. 그 때문에 아우구스티누스에게 역사는 무한히 계속되는 시간인 크로노스가 아니고, 창조에서 시작하여 심판으로 끝나는 카이로스입니다. 무의미한 시간의 흐름이 아니고 새 하늘과 새 땅이 창조되는 과정이지요. 이 점에서는 아우구스티누스가 보는 개인의 삶과 인류의 역사, 그리고 그것들을 각각 인식하는 시간의식과 역사의식은 서로 다를 수 없습니다. 그가 "하나님은 인류를 마치 한 사람처럼 tamquam unum hominem 세우셨다"[85]라고 선언한 것도 그런 의미였지요.

그러나 역사와 구원으로서의 상기에 관한 이야기는 건너뛰고자 합니다. 앞서 밝힌 대로, 이야기가 너무 곁으로 새는 것을 피하기 위해서입니다.• 그럼에도 여기서 한 가지만 귀뜸하고 넘어가고자 하는데, 그것은 20세기 말부터 역사를 아우구스티누스처럼 카이로스로 파악하려는 일군의 좌파 지식인들이 갑자기 차례로 나타났다는 흥미로운 사실입니다.

알고 보면 이것이야말로 역사의 소산이었습니다. 1990년대에 구소련과 동구 공산주의 국가들이 잇달아 몰락했지요. 그러자 역사에는 마치 자연법칙처럼 인간의 의지로부터 독립된 필연적 법칙이 있으며, 이에 대한 인식을 통해서 미래를 예측할 수 있다는 마르크스의 유물론적 역사관 historischer Materialismus이 허무하게 붕괴했습니다. 좌파 지식인들에게 그 몰락과 붕괴는 일종의 재앙이었지요. 그러자 그것을 극복하려는 바디우, 아감벤, 네그리, 지젝과 같은 좌파 지식인들이 '새로운' 유물론적 역사관을 모색하기 시작했습니다.

그런데 이 새로운 역사이론이 지닌 특성 가운데 하나는 이들이 '매우 특이하게도'•• 우리가 지금까지 추적해 온 카이로스의 개념에서 새로운 출구를 찾는다는 사실이지요. 다른 하나는, 이들이 서로 약속이나 한 듯이

• 『철학카페에서 문학읽기』 2권 "시간 — 윤성희"편에서 이에 대해 이미 상당 부분 밝혀 두었다. 만일 역사에서 상기가 어떻게 구원과 해방을 이끄는가 하는 것에 관해 관심이 있다면, 그 텍스트를 참고하라.

•• '심리적 시간'이나 '영혼의 시간'이라는 해석이 말해 주듯이, 카이로스는 본디 관념론적으로 인식되어 왔다. 따라서 '물리적 시간'인 크로노스와 달리 유물론과는 거리가 먼 개념이다. 그럼에도 오늘날 좌파 지식인들은 다양한 방법으로 — 예컨대 카이로스, 물질, 언어, 진리와 같은 개념들을 유물론적 관점에서 재정의함으로써(네그리) — '카이로스적·유물론적 역사관'을 정립하고자 한다.

신약성서에 수록된 바울의 편지들—특히 로마서—과 발터 벤야민의 「역사의 개념에 대하여」라는 짤막한 글을 교본으로 삼는다는 겁니다. 바디우가 『사도 바울』에서 한 표현을 빌리자면 "20세기 초 레닌과 볼셰비키들에 의해 확립된 투사의 모습을 뒤이을 새로운 투사의 모습을 찾으려고 하는"[86] 좌파 지식인들이 이처럼 얼핏 보아 서로 무관하고, 거의 2,000년이나 시차가 나는 두 텍스트를 어렵게 만나게 했지요. 거기에는 나름의 이유가 있습니다. 두 텍스트가 모두 역사를 카이로스로 파악하기 때문이지요.

여기서 흥미로운 것은 발터 벤야민이 프루스트의 『잃어버린 시간을 찾아서』의 독어판 번역자이고, 『잃어버린 시간을 찾아서』가 완간된 지 불과 2년 만에 「프루스트의 이미지」라는 에세이를 쓰기도 했다는 사실입니다. 그뿐 아니라 「"역사의 개념에 대하여" 관련 노트」에서는 "이 (역사의) 이미지들은 주지하다시피 무의지적으로 나타난다. 따라서 엄밀한 의미에서 역사는 무의지적 회상의 이미지이고 위험의 순간에 역사의 주체에게 갑자기 나타나는 이미지다"와 같이 '무의지적 기억'이라는 프루스트의 용어를 그대로 가져다 썼습니다.

그렇습니다! 벤야민이 "메시아적 시간" 또는 "메시아가 들어올 수 있는 작은 문"[87]이라는 표현을 통해 구원의 시간으로 설정한 '지금시간' jetztzeit*이 바로 프루스트가 말한 '되찾은 시간'입니다. 다른 점이 있다면 프루스트의 되찾은 시간을 카이로스의 개인 버전이라 한다면, 벤야민의

• 벤야민의 지금시간(jetztzeit)은 현재가 과거와 만나 함께 어떤 특정한 의미를 구성하는 시간이다. 그것은 마치 형상 없는 낱낱의 별들이 모여 별자리를 이루듯이, 과거 속에 묻혀 있던 이미지가 현재에 되살아나는 시간, '시간'이 '역사'로 바뀌는 어느 '순간'이다. 또한 그것은 "메시아가 들어올 수 있는 작은 문"이라는 표현이 지시하듯이—바빌로니아나 로마와 같은 제국으로부터든(유대교), 신으로부터 돌아선 죄로부터든(기독교), 아니면 오늘날 자본주의로부터든(좌파 지식인)—인간을 노예로 삼는 압제로부터 해방과 구원이 이뤄지는 시간이기도 하다. 한마디로 지금시간은 크로노스가 카이로스로 변하는 시간이다.

'지금시간'은 그것의 역사 버전인 셈이지요. 실제로 벤야민은 프루스트가 '무의지적 기억'을 단지 개인적 차원으로만 논한 것을 비판하면서, 우리에게는 집단적이고 역사적인 차원의 무의지적 기억이 있다는 것을 주장했습니다. 앞에서 인용한 "엄밀한 의미에서 역사는 무의지적 회상의 이미지이고, 위험의 순간에 역사의 주체에게 갑자기 나타나는 이미지다"라는 말이 그 한 예입니다.

벤야민은 프루스트를 통해 얻은 그리스 전통의 카이로스 개념과, 평생 지적 동반자로 지낸 친구이자 훗날 히브리 대학교 총장을 역임한 유대교 신비주의자 게르숌 숄렘Gershom G. Scholem, 1897-1982을 통해 얻은 히브리 전통의 카이로스 개념을 종합해 '메시아적 시간' 또는 '지금시간'이라는 역사 버전의 카이로스 개념을 얻어 낸 겁니다. 그리고 다시 여기에서 아감벤, 네그리 같은 좌파 지식인들이 각각 '남겨진 시간'il tempo che resta, '지금 이때'ho nyn kairos, '혁명의 시간'time for revolution 같은 개념들을 이끌어 낸 거지요. 하나하나가 지적 장인들의 곡예와 같은 솜씨로 이루어진 작업인 만큼 역사철학적으로나 신학적으로나 무척 흥미로운 이야깃거리이지만, 우린 여기서 그만 마무리하고 창조에 관한 우리의 애초 이야기로 돌아갑니다.

온 길을 잠깐 돌이켜 보면, 우리는 "태초에 하나님이 천지를 창조하시니라"라는 말에 나오는 '태초'에 관한 아우구스티누스의 해석에서 출발했습니다. 기억하지요? 그런 다음 시간과 영원의 차이, 그리고 그 둘의 관계를 통해 하나님의 세계초월성과 그 의미를 알아보았습니다. 이어서 카이로스라는 시간적 가능성을 통해 우리의 삶이 시간에서 영원으로, 지상에서 천상으로 상승하는 방법인 상기에 대해 살펴보았습니다. 흥미로웠지만 꽤 먼 길을 에둘러 온 것인데, 이제 다시 "하나님이 천지를 창조하시니라"라는 말씀 앞에 섰습니다.

천지란 무엇인가

아우구스티누스는 "태초에 하나님이 천지를 창조하시니라"에 나오는 '천지'天地*라는 말도 우리가 일상적으로 사용하는 '하늘과 땅', 즉 오늘날 우리가 지구 위에서 바라본 가시적인 하늘과 땅으로 생각하지 않았습니다. 이와는 전혀 다른 어떤 것이라고 생각했지요. 왜 그렇게 생각했을까요? 아우구스티누스는 이렇게 생각했습니다. '창조가 막 시작된 그때는 다른 천체들과 마찬가지로 지구 역시 아직 생기지 않았다. 그런데 지금 우리가 말하는 땅이 어디 있었겠으며 그 땅에서 보는 하늘이 또 어찌 있었겠는가?' 그도 그렇겠지요? 그렇다면 성서의 첫 구절에 등장하는 '천지'는 도대체 무엇을 뜻하는 말일까요? 아우구스티누스는 시공조차 아직 열리지 않은 태초에, 하나님이 창조한 그 천지는 각각 '지혜의 하늘'과 '형상 없는 땅'이라고 해석했습니다.[88]

그럼 우선 지혜의 하늘이란 무엇일까요? 아우구스티누스는 지혜의 하늘이 우주공간의 어느 한 곳을 말하는 건 아니라고 단정했습니다. 그는 시편에 나오는 "하늘의 하늘"이라는 말을 인용해, 그곳은 천사들이 하나님과 함께하는 완전한 영역으로 하나님 가까이에 있다고 했지요.** 시간도 공간도 없는 어느 미지의 영역이라는 말입니다. 앞서 언급한 펜로즈라면 3차원 이상의 고차원 영역인 상공간 phase space이 아닌가 생각할 수도 있겠지만, 우리로서는 도저히 상상조차 할 수 없는 영역이지요. 아우구스티누

---

* 히브리어 성서 원문에는 '에트 핫샤마힘 웨에트 하아레츠"(את השמים ואת הארץ)로 표기되어 있다. 직역하자면 '그 하늘들을 그리고 그 땅을'(the Heavens and the Earth)이라는 뜻이다.
** "당신은 모든 날 이전에 하늘을 만드시기도 했습니다. 그러나 그 하늘은 (우리가 보고 있는) 이 하늘의 하늘이었습니다. 왜냐하면 태초에 당신이 창조한 하늘과 땅은 이 하늘과 땅이 아니기 때문입니다"(『고백록』, 12, 8).

스도 그곳에 대해서는 단지 다음과 같이 설명했을 뿐입니다.

> 당신이 태초에 창조하신 하늘이란 '하늘의 하늘', 즉 지혜의 하늘로서 거기에서는 영적인 존재가 무엇이든 모든 것을 단번에 인식하고, (인간들이 이 세상에서) 거울을 통해 보듯이 부분적으로 희미하게 알게 되지 않고 모든 것을 마치 얼굴을 맞대고 보듯이 압니다. 따라서 지금은 이것을 다음에는 저것을 아는 것이 아니라 시간의 흐름 없이 모든 것을 단번에 알게 됩니다.[89]

그러니 우리도 "하나님이 천지를 창조하시니라"라는 말에서 가리키는 '하늘'은 우리가 고개를 들어 아침저녁으로 보는 가시적 하늘이 아니라는 걸 우선 분명히 알아 두어야 합니다. 또한 그곳에서는 모든 것이 "마치 얼굴을 맞대고 보듯" 온전한 형태로 드러나며, "하나님 가까이에 있는" 어떤 신비스러운 영역이라고 생각해야 합니다. 우리가 앞에서 살펴본 '시간화살 도식'에서라면 ⓐ나 ⓒ에 해당하는 어느 곳이겠지요. 이런 이야기는 당신에게 무척 생소하게 들릴지 모릅니다.

하지만 당신이 그리스도인이라면, 사도 바울이 고린도전서에서 "우리가 지금은 거울로 보는 것같이 희미하나 그때에는 얼굴과 얼굴을 대하여 볼 것이요, 지금은 내가 부분적으로 아나 그때에는 주께서 나를 아신 것같이 내가 온전히 알리라"(고린도전서 13:12)라고 교훈한 것을 이와 연관해서 떠올리는 것이 도움이 되겠지요. 아우구스티누스 역시 바울의 이 말을 인용해 '지혜의 하늘'을 설명했으니까요. 그렇다면 바울이 말하는 "그때"가 바로 우리가 '지혜의 하늘'에 도달했을 때라고 생각할 수도 있습니다.

예수님이 친히 가르친 주기도문에서도 우리는 바로 이 '하늘'을 찾을 수 있습니다. "하늘에 계신 우리 아버지"라는 구절을 보세요. 여기서 말하는 하늘도 당연히 허블망원경으로 관찰되는 우주공간 속의 어느 한 곳이라고 생각해서는 안 됩니다. 이 하늘 역시 '하늘의 하늘'이나 '지혜의 하늘'로 인식하는 것이 주기도문을 바로 이해하는 데 도움이 됩니다. 이 외에도 "천국은 마치 자기 아들을 위하여 혼인 잔치를 베푼 어떤 임금과 같으니"(마태복음 22:2)와 같이 예수님이 복음서 곳곳에서 각종 비유를 들어 교훈한 '천국'이나, "내 아버지의 집에는 거할 곳이 많도다"(요한복음 14:2)라며 '아버지의 집'에 대해 가르쳤을 때에도, 바로 그곳이 이 '하늘'이라고 생각해야 합니다.

아우구스티누스도 『주님의 산상설교』에서 "하늘에서 너희의 상이 큼이라"(마태복음 5:12)라는 성서 구절에 언급된 '하늘'을 다음과 같이 해석했습니다.

> 나는 여기서 말하는 하늘이 가시적 세상의 더 높은 어느 부분이라고 생각하지 않는다. 즉 우리가 받을 상賞은 소용돌이치는 사물들 가운데 자리 잡는 것이 아니다. '하늘에서'$^{in\ celis}$라는 말은 영구적 정의가 살고 있는 영적 궁창을 의미한다고 생각한다.[90]

아우구스티누스는 이처럼 기독교에서 말하는 '하늘'이 우리가 보는 우주공간의 어느 한 곳을 뜻하는 것이 아님을 분명히 했습니다.

토마스 아퀴나스도 이에 발맞춰 하나님이 거처하는 '하늘'은 시공과 그것을 지배하는 모든 물리적 법칙을 벗어난 곳이기 때문에, 우리가 기도하는 소망들을 허용할 수 있는 하나님의 전지전능성이 존재하는 곳이라고 주장했습니다. 같은 뜻으로 다음과 같은 말도 했지요. "우리가 기도하는 성부가 우리의 소망을 허용하실 수 있는 권한을 가지셨다는 것이 '당신은 하늘에 계시다'라는 말에 나타나 있다."$^{Vbi\ ostenditur\ Dei\ Patris\ nostri,\ quem\ oramus,\ potestas\ ad\ sperata\ concedendum,\ per\ hoc\ quod\ dicitur,\ qui\ es\ in\ celis.}$[91]

이 같은 사실들을 감안한다면 오늘날 일부 과학자들이 여러 가지 과학적 근거를 제시하며 "우주에는 신이 없다"라고 외치는 것은 무의미합니다. 셰익스피어의 표현을 빌려 표현하자면 그런 일은 "순금에 도금하는 것, 백합에 색칠하는 것, 제비꽃에 향수를 뿌리는 것"[92]만큼이나 부질없다는 말입니다. 왜냐하면 신학을 모르는 일반 신도라면 모를까, 중요한 기독교 신학자들 가운데 그 누구도 하나님이 우주공간 어느 한 곳에 자신의 거처를 마련하고 있다고 말하지 않았기 때문이지요.* 오히려 기독교 신학은 시대를 막론하고 하나님이 우주의 밖에 계시기 때문에 시간과 공간의 제약을 받지 않는 초월적 존재임을 반복해서 강조해 왔습니다.

자, 그럼 '형상 없는 땅'이란 또 무엇일까요? 아우구스티누스는 창세기 1장 2절에 "땅이 혼돈하고 공허하며"라고 표기된 '땅'은 우주공간을 포함한 모든 물질세계를 형성해 내는 원물질原物質을 뜻한다고 생각했습니다.** 그것이 하나님으로부터 형상을 얻어 우리가 지각하는 세계를 형성하지만 원물질 자체는 빛깔도 형태도 성질도 없기에 가시적인 어떤 것이 아니라고 했지요. 그것은 '무'無는 아니지만 '무에 가까운 것'***으로서, 물질과 무 사이에 존재하는 어떤 것입니다.

* 여기서 "그렇지만 기독교에서 말하는 하나님은 세계초월성뿐 아니라 세계내재성도 갖고 있다고 주장하지 않느냐?"라는 반박이 나올 수 있다. 하지만 이러한 반박은 하나님의 세계내재성에 대한 오해에서 기인한다. 4부 "하나님은 인격적이다"에서 밝히겠지만, 하나님이 세계에 내재한다는 것은 그가 자신의 피조물들과 부단히 관계하여 자신의 의지대로 인도한다는 뜻이지, 우주공간 어느 곳에 자리하고 있다는 의미가 아니다.

** 창세기 1:2에는 "땅이 혼돈(tohu)하고 공허(wabohu)하며…"라고 되어 있는데, 『탈무드』(Talmud Hagigah, 12A)나 중세 유대교 랍비 나마니데스(Nahmanides, Commentary on Gen., 1:1, 2)도 '공허'라 번역된 'bohu'를 단순히 빈 것으로 보지 않고 물질의 기본 단위로 채워진 상태로 보았다.

*** "주여, 당신은 무로부터 무에 가까운 것을 만드셨고, 이 무형적인 질료로부터 세상을 만드셨나이다"(아우구스티누스, 『고백록』, 12. 3).

그래서 아우구스티누스는 우리가 그것을 파악하기 어렵다고 먼저 고백한 다음,* 그것이 그리스인들이 '질료'hyle라고 불렀던 것으로 규정했지요.[93] 그는 이 말을 다음과 같이 표현했습니다.**

> 주님이 만드신 이 땅 자체는 형상이 없는 질료였나이다. 그것은 눈에 보이지 않고 형태가 없었고 흑암의 깊음 위에 있었나이다. 이 불가시적이고 형상 없는 땅, 거의 무prope nihil에 가까운 그 무형적인 것으로부터 주님은 변화 가능한 만물을 지어 내셨으니 이로 말미암아 변화하는 우주가 생겼나이다. 변화가 있기에 덧없는 것이지만 이 변화에 의해 시간과 시기가 관찰되며 우리가 그것을 계산할 수 있나이다. 시간이란 한 형상이 다른 형상으로 바뀌는 사물의 변화로 이루어지기 때문입니다.[94]

어때요? 역시 매우 흥미롭지 않나요? 당신도 알다시피 현대의 천체물리학자들도 대폭발 Big Bang 자체가 직접적으로 물질을 만들었다고는 생각지 않습니다. 대폭발은 엄청난 고열의 에너지 덩어리를 만들어 냈고, 그것이 우주의 확장과 더불어 급속히 냉각되면서 10^{-10}초 안에 물질의 기본 단위인 소립자들이 생겨났지요. 아무것도 없던 곳에서 갑자기 쿼크와 반쿼크가 생겼고 쿼크들이 결합해서 전자, 양성자, 중성자가 생겨난 겁니

---

* "나의 이성은 내가 진정으로 무형적인 질료를 파악하고자 한다면, 형상의 모든 흔적을 제거하라고 나를 설득하였나이다. 그런데 나는 그것을 할 수 없었나이다. 왜냐하면 나는 아무 형상이 없는 것은 존재하지 않는다고 생각했고, 형상과 무 사이에 있는 중간적 존재, 즉 무도 아니고, 형상이 있는 것도 아닌 질료로 '거의 무'(prope nihil)를 생각하기 어려웠기 때문입니다"(『고백록』, 12, 6).
** 플라톤도 『티마이오스』에서 창조주(dēmiurgos)가 무형의 질료에 형상(idea)을 부여해 세계를 창조했다고 주장했다. 그렇지만 그 창조주는 주어진 무형의 질료를 사용했을 뿐 그것을 스스로 만들지는 않았다. 이 점에서 플라톤의 창조론은 무형의 질료(형상 없는 땅)까지도 하나님이 무로부터 창조했다는 아우구스티누스의 창조론과 갈라선다.

다. 그런데 이것들은 우리가 지각할 수 있는 물질적인 '무엇'이 아닙니다. 소립자들은 존재하기는 하되, 그 본질이 확정된 '무엇'으로 존재하는 것은 아닙니다. 아우구스티누스가 "거의 무에 가까운 그 무형적인 것"이라고 표현했듯이, 그것들은 단지 가능성으로만 존재하지요.

그 때문에 불확정성 원리로 노벨상을 받은 하이젠베르크는 이 소립자들을 어떤 때는 입자로 어떤 때는 파동이나 파동군으로 기술하지만, 어떤 기술 방법도 정확하진 않다고 했습니다. 소립자들은 '사과'나 '책상'처럼 하나의 존재물로서 존재하는 것이 아니고, 단지 입자 또는 파동으로 존재할 수 있는 가능성이나 경향성으로 존재하기 때문이지요.[95] 그래서 그는 이것들을 '잠재된 가능성의 상태', 곧 잠세태潛勢態라는 뜻을 가진 아리스토텔레스의 용어를 빌려 '포텐티아'potentia°라고 이름 지었습니다. 독일의 양자물리학자 한스 페터 뒤르에게 보다 자세한 설명을 들어 볼까요?

이제는 원자를 구성하는 전자나 핵 등이 더는 물질이라고 할 수 없는 완전히 다른 성질을 갖고 있음이 밝혀졌습니다. 그런 입자들은 물질이라기보다는 장場, field이라고 하는 편이 정확한데, 그런 장이 서로 응집하여 우리가 입자라고 부르는 것이 생깁니다. 그래서 세계를 기술記述할 전혀 새로운 방법이 필요해진 거지요. 원자를 관찰해 보면, 물질이 아니라 일종의 비물질적인 퍼텐셜potential이라 할 장이 우리 앞에 펼쳐진 현실세계를 구성하고 있

• 아리스토텔레스는 어떤 것이 실현된 상태를 현실태(energeia), 잠재된 가능성으로 있는 상태를 잠세태(dynamis)라고 규정했다(『형이상학』, 1048b). 그리스어 '뒤나미스'(dynamis)의 라틴어 번역이 '포텐티아'(potentia)이고, 영어 번역이 '퍼텐셜'(potential)이다. 하이젠베르크는 "원자세계에 대한 설명을 위해 사용된 언어들은 '가능태'(잠세태)의 원래 개념과 유사한 의미를 가졌다고 나는 믿고 있다. 일반적으로 현대물리학자들도 전자궤도, 물질과, 에너지 등의 개념을 '실재'라기보다는 '가능태'(잠세태)와 같은 종류의 그 무엇이라고 생각하게 되었다"[베르너 하이젠베르크, 최종덕 역, 『철학과 물리학의 만남』(Physics and Philosophy), 도서출판 한겨레, 1985, p. 159]라고 했다.

음을 알게 됩니다. 이 퍼텐셜이 스스로 물질이 될 능력을 가지고 있다고 합니다. 이른바 이 '장'이 우주 전체를 구성하는 유일한 요소인 셈이지요.[96]

여기서 뒤르가 말하는 '장', 곧 '비물질적인 퍼텐셜'이 아우구스티누스가 언급한 불가시적이고 무형적인 '형상 없는 땅'이라 할 수 있습니다. 그런데 일단 이렇게 규정해 놓으면 우리는 여기서 한발 더 나아갈 수 있습니다. 미국 버클리 연합신학대학원 교수이자 '신학과 자연과학 센터'의 소장이기도 한 로버트 존 러셀이 제안한 창조와 섭리에 관한 양자물리학적 해석도 전통적 교리 안에서 수용할 수 있는 길이 열린다는 거지요.* 무슨 소리냐고요? 설명하자면 이렇습니다.

러셀은 1988년에 발표한 논문 「철학적·신학적 시각에서의 양자역학」에서, 하나님이 세계를 지속적으로 창조하기 the continuous creation 위해 양자물리학 차원에서 활동한다는 것과 하나님의 특정한 양자 사건 안에서의 행위가 우리가 보통 기적이라고 부르는 특별섭리 사건을 산출해 낸다는 것, 이 두 가지 매우 특별한 주장을 펼쳤습니다.[97]

러셀에 의하면, 하나님은 자신의 지속적인 창조 행위를 통해서 예컨대 오늘날 신다윈주의자들이 주장하는 생물학적 진화를 섭리적으로 형성하고 인도합니다. 여기까지는 하나님의 일반섭리에 의한 사역이라고 할 수 있지요. 그런데 이때 하나님은 특정한 유전자적 변이의 기초가 되는 양자역학적 과정에 개입하여 작용함으로써 자신의 특별섭리를 개진한다는 겁

• 양자물리학의 해석 방법을 신학에 끌어들인 러셀은 "신이 세계의 구조를 새로이 ('혼돈에서 질서로') 정리함으로써 (고전적) 세계를 창조하는 것이 아니라, 오히려 고전적 세계를 산출하는 양자 과정을 창조함으로써 (고전적) 세계를 창조하는 것이라고 주장할 수 있다"(참고. 로버트 존 러셀, "'행위하는 신'은 진정 자연 안에서 활동하는가?", 테드 피터스 엮음, 『과학과 종교』, 동연, 2002, pp. 139-174)라고 했다. 이때 그가 말하는 '양자 과정'이 뒤르가 말하는 퍼텐셜이고 아우구스티누스가 말한 '형상 없는 땅'이라 할 수 있다.

니다. 그렇게 자연법칙에 개입하여 자연에서는 일어나지 못할 특정한 결과를 그 법칙을 위반하지 않고서도 얼마든지 이루어 낼 수 있다는 주장이지요.[98]

러셀의 이런 주장은 아우구스티누스의 다음 주장에 대한 양자역학적 해석이라고 할 수 있습니다. 아우구스티누스는 『문자를 반대하는 창조에 관하여』에서 이렇게 말했지요. "창조자의 능력 자체는 사물의 이러한 자연적 운동과 진행 과정을 넘어서서, 이런 모든 사물과 관련해서, 말하자면 이 모든 것의 종자적 이성[일반섭리]이 지니지 않은, [초자연적] 행위를 할 수 있는 능력을 갖고 있다."[99]• 물론 우리는 러셀과 아우구스티누스가 말하는 이러한 초자연적 하나님의 개입을 '우연'으로 간주하고, 생물학자들은 '돌연변이'mutation라고 부르지만 말입니다.

어쨌든 우리가 앞에서 규정했듯이 아우구스티누스가 말하는 '형상 없는 땅'이 바로 모든 양자 사건이 일어나는 퍼텐셜이라면 러셀의 이 같은 주장은 전통신학과 현대과학을 연결 짓는 매력적인 가교가 될 수 있습니다. 물론 러셀의 주장이 과학적으로 증명된 것은 아닙니다. 가설일 뿐이지요. 하지만 독일 뮌헨 대학의 물리학 교수 게르하르트 뵈르너의 표현을 빌리자면, "중요한 것은 그것이 자연과학 지식과 대립하지 않는다"[100]는 점입니다. 그러니 관심을 갖고 지켜볼 일이지요.

자, 이 문제는 일단 차치하더라도, 어때요? 신기하지 않나요? 1,600년 전의 신학자 아우구스티누스가 어떻게 현대의 양자물리학 이론과 꼭 맞아떨어지는 사유를 할 수 있었을까요? 실로 놀랍지요? 하지만 이번에도

• 여기서 아우구스티누스가 말하는 '종자적 이성'(rationes senminales)이란 하나님이 창조 때 개개의 생물을 지금의 모습대로 창조한 것이 아니라 정해진 때가 되면 '그것'이 되게끔—예컨대 나무의 씨앗 속에 시간이 지남에 따라 점차 나무로 자라날 모든 것이 들어 있듯이—부여한 일종의 자연법칙으로 일반섭리에 해당한다(이에 대한 보다 자세한 내용은 5장에 나오는 '창조론은 진화론을 수용할 수 있나'를 보라).

역시 중요한 것은 성서에 대한 고대신학자의 해석과 자연에 대한 현대물리학자의 분석 사이에 존재하는 유사성이 아닙니다. 아우구스티누스의 '천지'에 대한 해석이 신학적으로 중요한 이유는 그 안에 창조에 관한 매우 중요한 교리가 담겼기 때문입니다. 그것은 이른바 '무無로부터의 창조'라는 교리입니다![101]

무로부터의 창조

'무로부터의 창조'creatio ex nihilo는 기원전 8세기경 선지자 이사야가 "나는 만물을 지은 여호와라 홀로 하늘을 폈으며 나와 함께한 자 없이 땅을 펼쳤고"(이사야 44:24)라고 짧게 예시했고, 사도 바울이 "없는 것을 있는 것으로 부르시는"(로마서 4:17)*이라는 표현으로 암시했으며, 이후 사도교부司徒敎父**들이 "무엇보다 무無에서 유有를 이끌어 냄으로써"라는 표현으로 보다 분명히 주장한 것을 아우구스티누스가—예컨대 『선의 본성을 논함』에

- "없는 것을 있는 것으로 부르시는"에서 우리말 성서에 '부르시는'으로 번역된 그리스어 '칼룬토스'(kaloûntos)는 '존재하게 하다', '창조하다'라는 의미도 갖고 있다.
- ** 사도교부란 예수와 직접 동역했던 사도(使徒)들의 제자 또는 그들과 알고 지내던 교회의 감독(Overreer)이나 성령의 대리자인 사교(Bishop)들을 말한다. 대표적 인물로는 로마의 클레멘스(Clemens Romanus), 안디옥의 이그나티우스(Ignatius of Antioch), 서머나의 폴리캅(Polycap of Smyrna), 히에라폴리스의 파피아스(Papias of Hierapolis), 로마 교회의 선지자 헤르마스(Hermas) 등을 들 수 있다. 사도교부 시대는 기독교 제1세대인 사도 시대의 다음 단계로서 교회(教會)가 성립되던 시기였다. 일반적으로 이 시대에는 초대교회가 창설될 당시의 환상적 열광보다는 교회의 통일과 안정이 보다 중요시되었다. 따라서 사도교부 시대(제2세대)에는 성령의 힘이 주도되던 사도 시대(제1세대)에 비해 영적인 힘보다는 교회의 통일과 교회적 질서에 관한 이론이 주로 제시되었다. 이들의 글은 신약성서의 정경을 제외하고는 가장 오래된 기독교 문서로서 초대교회의 삶과 사상들을 알 수 있는 귀중한 자료들이다.

서 로마서 4장 17절과 시편 148편 5절을 인용하여—구체화한 교리입니다.

그런데 여기서 우리가 우선 주목해야 할 것은 성서에 기록된 하나님의 창조와 플라톤의 『티마이오스』에 나오는 데미우르고스 dēmiurgos의 창조 사이에 아주 많은 유사성이 있어서, 그 둘을 비교해 보면 깜짝 놀랄 정도라는 사실입니다. 첫째, 완전한 신이 여러 번 '우주의 창조자'와 '아버지'로 불린다는 겁니다.[102] 둘째, 창조 이전에 어떤 혼돈의 상태가 있었다는 점이지요.[103] 셋째, 세계와 인간들은 선하고 아름답게 창조되었다는 것과 신이 그것들을 기뻐했다는 것입니다.[104] 그럼에도 이 둘은 '무로부터의 창조'라는 교리에 이르면 확연히 갈라섭니다.

플라톤의 데미우르고스는 마치 조각가가 진흙으로 아름다운 여인의 동상을 만들 때처럼 이미 주어진 혼돈 chaos 상태의 질료에 형상 idea을 부여해 세계를 창조합니다.[105] 따라서 신학자들은 플라톤의 창조는 '무로부터의 창조'가 아니고 주어진 재료에 행한 일종의 '형상화' formation 작업으로 봅니다. 이 경우 질료가 전제 조건이 되기 때문에 데미우르고스는—하나님과는 달리—만물의 궁극적 근거가 될 수 없으며 절대적 독립성도 가질 수 없지요. 바로 이것이 플라톤 철학에서 창조주가 절대자인 제1원리가 아니라 제2원리인 이유이기도 합니다.

'무로부터의 창조'는 기독교가 받아들인 히브리적 사고로, 하나님이 '창조주' dēmiurgos이자 곧 '절대자' despotes라는 주장을 담고 있습니다. 하나님이 제1원리이자 동시에 제2원리라는 뜻이지요. 바로 이것이 나중에 5부에서 살펴볼 삼위일체론의 근간이기도 합니다. 사도교부들 가운데 '무로부터의 창조' 교리를 150년경 처음으로 제시한 헤르마스*는 이렇게 교훈

---

* 헤르마스는 평신도 출신의 선지자로 추정되며, 노예 신분으로 태어나 로마에 거주하는 기독교 신자 로데(Rhode)라는 여주인에게 팔렸으나 해방되었다. 그 후 헤르마스는 결혼하여 자녀를 두었고, 소규모 사업체를 경영하여 부자가 되었다. 그러나 트라야누스 황제 때 기독교도로

했습니다. "무엇보다 한 분 하나님이 계신 것을 믿을지니, 그는 무에서 유를 이끌어 냄으로써 만물을 창조하셨고, 만물에 질서를 세우셨으니, 그는 만물을 포괄하시나 그 자신은 포괄되지 아니하시느니라."106 같은 내용을 아우구스티누스는 『고백록』에서 이렇게 정리했어요.

> 당신만이 존재하셨으며 그 옆에는 당신께서 그것으로부터 천지를 창조해 내신 그런 것은 전혀 존재하지 않았습니다. 주님은 무로부터 하늘과 땅—하나는 크고 하나는 작은 것—을 창조하셨으니, 주님은 전능하시고 선하시며 모든 선한 것을 만드실 수 있으시기 때문에 저 큰 하늘과 저 작은 땅도 그렇게 선하게 만드셨습니다.107

이사야의 선포로부터 아우구스티누스의 고백에 이르기까지 이처럼 부단히 나타나는 '무로부터의 창조'라는 교리에는 신학적으로 매우 중요한 내용이 들어 있는데요, 바로 하나님의 '절대적 독립성'absolute independence과 '전지전능성'omniscience and omnipotence입니다. 일찍이 모세가 "너희의 하나님 여호와는 신 가운데 신이시며 주 가운데 주시요, 크고 능하시며 두려우신 하나님이시라"(신명기 10:17)라고 선포한 하나님은—그 어떤 것에도 구속되지 않고 전지전능하기 때문에—창조에서도 자기 자신 외에 그 어떤 것도 필요치 않았다는 것이 '무로부터의 창조'라는 교리의 핵심이지요.

따라서 우리는 '무로부터의 창조'라는 말을 무無라는 어떤 실재가 있어서 하나님이 그것으로부터 창조를 이루었다고 이해해서는 안 됩니다. 만

체포되어 전 재산을 몰수당했다. 헤르마스는 신학을 배우거나 연구하지는 않았지만, 140년 전후 로마에서 『헤르마스의 목자』라는 묵시록을 썼다. '다섯 가지 환상, 열두 가지 계명, 열 가지 비유'로 되어 있는 이 책은 이레나이우스, 클레멘스, 알렉산드리누스, 오리게네스 같은 교부들에 의해 한때는 신약정경으로 인정되었다. 그러나 4세기 이후 위경으로 결정되었다.

일 그런 식으로 이해한다면—플라톤이 생각하는 창조주인 데미우르고스의 경우처럼—하나님의 절대적 독립성이 손상받기 때문이지요. 당연히 전지전능성도 훼손됩니다. 이것을 분명히 하기 위해 아우구스티누스는 "하나님은 자신의 전능성을 보존하기 위해 자신이 만들지 않은 재료를 필요로 하지 않았다"[108]라는 말로 못을 박았습니다.• 토마스 아퀴나스도 같은 맥락에서 "하나님은 사물들을 창조하면서 질료를 전제하지 않는다"Quod Deus in creando res non presupponit materiam[109]라는 말을 반복했지요.

이와 연관해서 당신에게 들려주고 싶은 이야기가 하나 있습니다. 기원전 2세기경에 집필되었으리라고 여겨지는 「마카베오2서」••에 나오는 어느 신실한 어머니의 비극적인 이야기입니다. 신학자들이 '무로부터의 창조'에 대한 "최초의 명시적 기록"으로 인정하는 이 이야기는 다음과 같이 전개됩니다.

셀레우코스 왕조의 안티오쿠스 에피파네스 기원전 175-164 통치는 왕국 내

• 마니교의 교설처럼 무(無)라는 실재가 있어서 그것으로부터 창조한 것으로 해석한다면 무와 함께 악(惡)도 실재화되어 이원론(二元論)에 빠짐으로써 하나님의 절대적 독립성이 손상을 받는 것이다. 현대신학자 칼 바르트가 "무란 본래 하나님이 창조를 할 때 내버려 둔(hinter sich gelassen) 지나간 것(das Vergangene)이다"라고 주장하면서, 무는 하나님이 "원치 않으시는 것"(Nicht-Wollen)이지만 하나님의 선한 창조인 오른편에 대한 왼편짝으로서 정립하는 데도 이런 위험이 은폐되어 있다. 무나 악은—마치 빛은 실재이지만 어둠은 현상인 것처럼—우리가 체험하는 현상일 뿐 실재가 아니라는 것이 정통 기독교 사상이다.

•• 「마카베오2서」는 구약 외경에 속하는 책으로 우리말 성서 공동번역에는 「마카베오하」로 실려 있다. 마카베오(히브리어로 '망치를 든 자'라는 뜻)는 반유대주의 정책을 실시하던 안티오쿠스 에피파네스 치하에서 독립 전쟁을 일으켜 3대에 걸쳐 통치했던 고대 이스라엘의 마지막 독립 왕조(기원전 164-63)의 이름이자, 그 일가의 이름이다. 마카베오에 대한 언급은 「마카베오1·2서」에 언급되어 있는데, 「마카베오1서」는 유다 마카베오뿐 아니라 그의 아버지 마타디아스를 비롯하여 마카베오 사후에 종교 항쟁을 이끌어 갔던 형제들의 이야기도 함께 나온다. 그래서 초기의 유대 문헌에서는 「마카베오1서」를 이들 가문의 이름을 따서 '하스모니안'이라 부르기도 했다. 「마카베오2서」는 유다 마카베오의 항쟁을 중심으로 엮었다. 기원전 63년에 폼페이우스에게 패망해 100년 가까이 누려 온 유대 왕국의 정치적 자유가 끝나고 로마의 속국이 되지만, 마카베오의 항쟁은 이후 이스라엘이 독립에 이르기까지 정신적 구심점 역할을 했다.

의 종교를 통일하려고 히브리인들을 탄압하기 시작했습니다. 이때 일곱 아들을 둔 어머니가 있었는데, 그녀의 여섯 아들은 모두 이방신을 섬기라는 강요에 굴하지 않고 차례로 죽어 갔지요. 왕은 이 어머니에게 마지막 남은 아들이라도 살리고 싶거든 아들이 야훼와 맺은 서약을 파기하게 하라고 명령했습니다. 그러자 어머니는 사랑하는 막내아들을 타일렀습니다.

> 애야, 내 부탁을 들어다오. 하늘과 땅을 바라보아라. 그리고 그 안의 만물을 살펴보아라. 주께서 무엇인가를 가지고 이 모든 것을 만들었다고 생각하지 마라. 인류가 생겨난 것도 마찬가지다. 이 도살자를 무서워하지 말고 네 형들에게 부끄럽지 않은 태도로 죽음을 달게 받아라. 그러면 주의 자비로 내가 너를 너의 형들과 함께 다시 만나게 될 것이다.[110]

신학자들은 이 이야기에서 어머니가 하는 "주께서 무엇인가를 가지고 이 모든 것을 만들었다고 생각하지 마라"라는 말이 '무로부터의 창조'를 의미한다고 해석합니다. 그런데 특이한 것은 이 어머니가 이어서 "이 도살자를 무서워하지 말고 네 형들에게 부끄럽지 않은 태도로 죽음을 달게 받아라. 그러면 주의 자비로 내가 너를 너의 형들과 함께 다시 만나게 될 것이다"라는 말을 했다는 것이지요. 이는 '무로부터의 창조'가 적어도 이 어머니에게는 '부활 신앙'으로 이어지고 있다는 것을 말해 줍니다.

이 점은 신학적으로도 주목할 만합니다. 왜냐하면 그 당시의 구약성서 기록들에도—예컨대 다니엘 12장이나 이사야 26장 19절처럼—부활에 대한 언급이 있었지만 그것을 '무로부터의 창조'라는 교리와 연결한 것은 아직 없었기 때문이지요. 그런데 이 어머니가 아들에게 한 말을 다시 살펴보면, 다음과 같은 심오한 의미를 찾아낼 수 있습니다. 즉 "하나님은 무로부터 만물을 창조할 수 있을 정도로 물질세계에 대해 '절대적 독립성'을 갖고 있고, 따라서 그는 물질세계의 법칙을 초월해 신실한 자들에게 부활을 선물할 수 있는 '전능한 자'다. 그러니 조금도 죽음을 두려워할 필요가 없다"는 것이지요. 그래서 이 어머니는 마지막 남은 아들의 목숨마저도 포기해야 하는 비참한 상황에서조차 "내가 너를 너의 형들과 함께 다시 만나게 될 것이다"라고 말할 수 있었습니다.

네, 바로 이겁니다! 이 이야기는 '무로부터의 창조'가 어떤 의미인지를 꿰뚫은, 극도로 종교화된 사유가 구약시대 말에 이미 존재했다는 것을 알려 줍니다. 즉 기독교는 처음부터 '무로부터의 창조'를 우주창조의 원리가 아니라 하나님의 '절대적 독립성' 내지 '전지전능성'과 연결하여 이해했던 겁니다. 사도 바울이 바랄 수 없는 것을 바라고 믿었던 아브라함을 예로 들어 하나님의 전지전능성을 이야기하는 곳에서 "하나님은 죽은 자를 살리시며, 없는 것을 있는 것으로 부르시는 이시니라"(로마서 4:17)라고 '무로부터의 창조'와 연결하여 교훈한 것도 그 사실을 증명하지요.

여기서 우리가 다시 한 번 분명히 해야 할 게 있습니다. 그리스도인들은 예나 지금이나 '무로부터의 창조'를 자연과학적 원리로 이해하지도 주장하지도 않는다는 사실이지요. 그들은 사실상 그런 일에는 관심조차 없습니다. 그리스도인들은 오직 그들의 삶에서 체험하는 막막한 절망과 간절한 소망에 귀를 기울여 주고 그 손을 뻗어 해결해 주는 하나님의 무한한 능력과 연결 지어 무로부터의 창조를 이해했을 뿐입니다. 따라서 어떤 과학자가 그리스도인에게 "도대체 무로부터 유가 나오는 일이 어떻게 물리적으로 가능한가?" 하며 맞선다면, 부질없고 무의미한 일인 거지요. 그 이유를 비트겐슈타인식으로 답하자면, 그리스도인들은 그들과는 전혀 다른 '언어놀이'를 하고 있기 때문입니다.

보시기에 좋았더라

무로부터의 창조에서 파생된 중요한 기독교 교리가 하나 더 있습니다. 물질과 그것으로 구성된 세계가 모두 선하다는 것입니다.

일찍이 사도 바울은 모든 피조물이 아직도 하나님에 대해 증거하며(로마서 1:19-20), 비록 타락하여 현재는 고난 가운데 있으나 장차 마지막 구속에 참여할 것이라고 교훈했습니다(로마서 8:18-21). 한마디로 "하나님께서 지으신 모든 것이 선하[다]"(디모데전서 4:4)는 말이지요.˙ 바울 신학의 위대한 계승자인 아우구스티누스도 창세기에서 하나님이 매번 창조 때마다 "보시기에 좋았더라"(창세기 1:1-31)라고 한 말이 바로 그런 뜻을 갖고 있다고 해석했습니다.[111] 그는 『고백록』에 다음과 같이 썼습니다.

> 오, 주여, 그것들을 당신께서 홀로 창조하셨나이다. 그것들이 아름다운 것은 당신이 아름답기 때문이고 그것들이 선한 것은 당신이 선하기 때문이며 그것들이 존재하는 것은 당신이 존재하시기 때문입니다.[112]

세계가 선하고 아름답다는 이 주장은 철학적으로는 아우구스티누스가 자신에게 막대한 영향을 끼친 신플라톤주의자들과 갈라서서 오히려 플라톤에게로 다가가는 심오한 사유입니다. 또 교리적으로는 그가 마니교의 주장을 반박하는 데 유익하게 사용했던 뛰어난 변증이기도 합니다. 신플라톤주의자들과 마니교도들은 인간의 육체를 포함한 모든 물질세계

˙ 바울은 인간이 비록 타락했지만 여전히 하나님의 형상이며(고린도전서 11:7), 땅과 거기에 충만한 것이 모두 주의 것이고(고린도전서 10:26), 창조된 세계가 아직도 하나님에 대해 말하며(로마서 1:19-20), 무엇이든지 스스로 부정한 것이 없다(로마서 14:14)고 했다.

를 악하고 추한 것으로 보았기 때문이지요.*

플라톤은 만물의 궁극적 근원인 일자를 태양에 비유하여 '선의 이데아'das Idee des Gutes로 규정한 다음,** 그로부터 나온 물질 역시 선하고 아름답다고 인정했습니다.[113] 그런데도 그의 추종자였던 플로티노스는 일자는 선하고 아름답지만 그로부터 유출된 존재들의 계층구조에서 맨 밑에 해당하는 물질들은 그 어떤 선한 잔류물도 갖고 있지 않아서 악하고 추하다고 보았지요. 마치 빛에서 멀어질수록 어두워지다가 빛이 완전히 사라진 곳에는 암흑이 존재하듯이, 그의 피라미드식 계층구조에서는 밑으로 내려갈수록 차츰 선이 결핍되다가 맨 끝에는 악만 자리하게 된다는 겁니다.[114] 신플라톤주의에 매료된 르네상스인 단테는 『신곡』에서 이 과정을 다음과 같이 묘사했지요.

하나님의 살아 있는 빛은 하늘과 하늘을
거치면서 점점 약해져서 마침내
우연적인 것[물질]들에까지 이르지요.[115]

마니교도들은 여기서 한발 더 나아가, 선에 적극적으로 대항하여 '자신의 원리를 산출하고 전파하는 어떤 악'이 실재한다는 이원론적 입장을 취했습니다.[116] 그 악하고 추한 본성의 지배를 받는 것이 물질입니다. 따라서 신플라톤주의자들과 마찬가지로 마니교도들에게도, 물질로 이루어진 인간의 육체와 세계란 악하고 혐오스럽고 초월해야 할 대상이었지요. 당

* 플로티노스는 자신의 주장이 자신의 다른 이론들과 때로 모순이 되며 플라톤의 원리에서 벗어남에도 불구하고 육체와 물질을 악으로 보았다(참고. 플로티노스, 『엔네아데스』, 1. 8. 3-14; 2. 4. 16).
** 선의 이데아를 태양에 비유했다고 해서 '태양의 비유'라고도 한다.

연히 인간은 이 같은 영혼의 감옥에서 자기 영혼을 해방시키기 위해 금욕해야 했습니다. 이런 논리에 따라 마니교도들은 결혼과 임신도 악한 행위로 보았습니다. 새로운 영혼을 출생시켜 육체와 세계라는 감옥에 갇히게 하기 때문이지요.[117]

그런데 아우구스티누스는 "하나님께서 지으신 모든 것이 선하[다]"(디모데전서 4:4)는 바울의 가르침만이 아니라 '세계는 선 자체에 의해 선하고 아름다운 성과물로 창조되었다'[118]라는 플라톤의 사유도 잘 알고 있었습니다.[119] 아우구스티누스는 인간의 육체는 전혀 악하지 않고 "영혼에게 부담을 주는 것은 육체가 아니라 육체의 타락 가능성"[120]이며, 하나님은 오히려 "(인간이) 선한 일을 할 수 있도록 육체에 영혼을 부여한다"[121]고 주장했지요. 아울러 물질과 육체가 악하다는 마니교도들의 주장을 반박했는데요, 바로 이때 '무로부터의 창조'라는 교리를 사용한 겁니다.

그의 논리는 이랬습니다. 하나님은 그가 창조하지 않은 질료, 즉 마니교에서 말하는 악하고 추한 질료로부터 물질을 창조한 것이 아니다. 영적이든 물질적이든 모든 피조물은 선한 하나님에 의해 무로부터 창조되었다. 따라서 물질도 선하고 아름다우며 물질로 구성된 인간의 육체와 세계도 역시 선하고 아름답다. 한마디로 창조는 그 근거와 결과가 모두 선하고 아름답다는 것이 아우구스티누스의 주장이었지요.

마니교의 신이나 마니교에 영향을 준 고대 페르시아 조로아스터교의 신인 차라투스트라가 그렇듯이,* 고대의 신들은 악하고 추하며 두려운 면

---

* 창시자의 이름을 따라 조로아스터교(Zoroastrianism)라고 불리는 이 종교는 불을 숭배하는 의례를 따라 배화교(拜火敎), 주신의 이름을 따라 마즈다교라고도 하는데, 중국에서는 현교라고 불렸다. 성전 『아베스타』(*Avesta*)에 의하면, 전지한 신 '아우라 마즈다'(Ahura Mazda)는 빛과 선의 신이고, 이에 대항하는 '앙그로 마이뉴'(Angro Mainyu)는 어둠과 악의 신이다. 따라서 인간은 선신에게 충실하고 악과 싸워야 하는데, 최후의 심판 때에 이에 상응하는 상벌을

모를 갖고 있었습니다. 그래서 차라투스트라를 '초인'Übermensch이라고 부르며 찬양했던 독일 철학자 프리드리히 니체Friedrich Nietzsche, 1844-1900는 신적 성스러움을 '기괴하고 무섭고 불길한 것'으로 묘사했지요. 하지만 플라톤으로부터 시작하여 기독교와 함께—특히 아우구스티누스와 더불어—신과 그에 의해 창조된 모든 것이 선하고 아름다운 것으로 규정되면서 서양문명에 큰 영향을 끼쳤습니다.

18세기에 알렉산더 포프의 시 "인간론"과 자웅을 겨루던 영국 시인 마크 에이컨사이드Mark Akenside, 1721-1770의 철학시 "상상의 즐거움"에는 그 도도한 영향이 다음과 같이 나타났지요.

…신은 자신의 본질적 이성의
성스러운 빛 속에서 신속한 우연의
모든 형상과 가능한 존재의
모든 결합을 통해 펼쳐지는
모든 연속적 창조를 보며, 그는 즉시
장구한 시간의 계열 속에서
생성의 때를 결정하고, 모든 종류의
살아 있는 영혼에
행동의 범위와 휴식의 시간을 주어,
모든 것을 그의 최고의 계획,
보편선에 일치하도록 하였다.
그가 선택한 강력한 창조의 모델 안에,

받는다. 차라투스트라(Zarathustra)는 조로아스터의 독일명인데, 니체는 그의 저서 『차라투스트라는 이렇게 말했다』에서 그를 '초인'(Übermensch)이라고 불렀다.

즉 그의 관념 안에 태초부터 저장해 온

무수한 우주 속의 최선의 것,

가장 아름다운 것들이 이에 충분히 응했다.[122]

물론 인간과 세계가 선하고 아름답다고 해서 그것이 신의 선함이나 아름다움과 똑같은 것은 아닙니다. 신은 완전하게 선하고 아름답지만 인간과 세계는 불완전하게 선하고 아름다우며, 바로 그 때문에 언제나 타락의 가능성을 갖고 있지요. 그런데 여기서 잠깐, 당신에게 이런 의문이 생길 수도 있습니다. "인간은 그렇다고 치더라도 세계가 타락한다니, 이건 또 무슨 말인가? 타락이란 흔히 도덕적으로 어긋난 인간에게 사용하는 용어가 아니던가? 세계도 도덕적으로 어긋날 수 있단 말인가?"

그렇습니다! 세계가 타락한다는 말은 뭔가 이상하지요. 하지만 아우구스티누스는 이 용어를 도덕론이 아니라 존재론적으로 이해하여 '불완전하게 됨'이라는 의미로 사용했습니다. 여기에는 물론 하나님이 창조했을 때는 세계든 인간이든 모두 완전했다는 전제가 깔려 있습니다. 아담의 범죄 이후 인간과 세계가 모두 불완전해졌다는 뜻이지요. 그것을 아우구스티누스는 타락이라고 표현했던 겁니다.

창세기에서 선악과를 따 먹은 아담에게 하나님은 "땅은 너로 말미암아 저주를 받고 너는 네 평생에 수고하여야 그 소산을 먹으리라. 땅이 네게 가시덤불과 엉겅퀴를 낼 것이라"(창세기 3:17-18)라고 세계의 타락을 알렸지요. 아우구스티누스에 의하면, 인간은 "창조계 질서의 정상"ipsum fastigium ordinis in universa creatura을 차지하고 있었는데 죄를 지음으로써 "우주 전체가 약화되고 실추되는"infirmaretur et labefactaretur universitas 결과를 빚었습니다.[123] '불완전하게 됨', 이것이 타락의 기독교적 (또는 존재론적) 의미이고, '다시 완전하게 만듦', 이것이 구원의 기독교적(또는 존재론적) 함의지요.

그런데 만일 당신이 꼼꼼한 성격이라면 이렇게 되물을 수도 있습니다. "그렇다면 인간과 세계가 하나님에 의해 다시 완전해진다는 것, 곧 구원받는다는 것은 도대체 어떻게 된다는 것인가?" 그러나 2세기 리옹의 감독이었던 이레나이우스가 '총괄적 갱신'recapitulatio이라는 용어로, 최초의 조직신학자로 불리는 오리게네스가 '만유재창조'apokatastasis라는 명칭으로 제시했고, 오늘날 위르겐 몰트만Jürgen Moltmann과 판넨베르크 같은 현대신학자가 새로이 관심을 두는 '창조의 종말론적 완성'이라는 교설에 대해서는 나중에 구원을 다루면서 자세히 살펴볼 겁니다.•

여기에서는 단지 예수님이 다시 완전해진 세계를 "천국"ouranos이나 "하나님의 나라"basileia tou theou라고 칭하며 교훈했고, 사도 베드로는 그것을 "새 하늘과 새 땅"caelum novum et terra nova이라고 불렀다는 것만 확인해 두고 넘어가고자 합니다. 예컨대 "천국은 마치 품꾼을 얻어 포도원에 들여보내려고 이른 아침에 나간 집주인과 같으니"(마태복음 20:1), "천국은 마치 자기 아들을 위하여 혼인 잔치를 베푼 어떤 임금과 같으니"(마태복음 22:2)처럼 말입니다. 또 "하나님의 날이 임하기를 바라보고 간절히 사모하라. 그날에 하늘이 불에 타서 풀어지고 물질이 뜨거운 불에 녹아지려니와 우리는

• 2세기 감독이었던 이레나이우스가 정립한 것으로, 출생에서 죽음까지 이르는 인간의 모든 삶뿐 아니라, 창조에서 종말에 이르는 세계의 모든 역사를 오직 하나님 자신의 섭리에 의해 순차적으로 인도하는 구속경륜(oikonomia)의 과정에서 종말에는 모든 물질세계가 새롭게 창조되는 '총괄적 갱신'(recapitulatio)이 일어난다는 내용이다. 3세기에 활동한 오리게네스도 만물이 비록 알아채지 못할 정도로 느린 과정을 거치지만 하나하나 치유되고 새롭게 되어 "셀 수도 잴 수도 없는 시대"가 흐른 후에는 모든 것이 새롭고 완전하게 된다는 '만유재창조'(apokatastasis)론을 펼쳤다. 그리고 "창조는 구원의 시작"이라고 선포했다. 이후 아우구스티누스, 토마스 아퀴나스, 루터, 칼빈, 그리고 바르트 등과 같은 위대한 신학자들도 창조가 구원의 시작이요 구원이 창조의 목적이라는 것을 나름의 방법으로 강조했다. 그러나 그들도 역시 중세 이후 다른 신학자들과 마찬가지로 인간 구원에 방점을 둔 나머지 우주의 갱신 또는 재창조에는 관심을 두지는 않았다. 이것이 '아담의 범죄로 인한 세계의 타락'이나 '예수의 죽음과 부활에 의한 세계의 갱신 또는 재창조'와 같은 말들이 생소하게 들리는 이유다.

그의 약속대로 의가 있는 곳인 새 하늘과 새 땅을 바라보도다"(베드로후서 3:12-13)와 같이 말이지요.

그런데 혹시 당신은 아주 주도면밀한 성격인가요? 만일 그렇다면 이렇게도 되물을 수 있을 것 같아서요. "좋다. 그렇다 치자. 하지만 완전한 하나님이 창조한 세계가 어떻게 불완전할 수 있는가? 그것은 하나님의 선한 본성 내지 전지전능함과 어긋나지 않는가? 다시 말해 하나님이 선하지 않든지 아니면 전능하지 않든지 해야 하는 게 아닌가?" 이 물음에 대해 아우구스티누스는 세계가 불완전하게 될 가능성, 곧 타락할 가능성을 가진 이유는 그것들이 '하나님에 의해서' 창조되었으나 '하나님으로부터'가 아니라 '무로부터' 창조되었기 때문이라고 대답했습니다. 그의 말을 직접 들어 볼까요?

> 만일 피조물들이 무로부터 창조되지 않았다면 그것들은 악에 의해 타락하지 않았을 것이다. 모든 피조물은 하나님에 의해 창조되었지만 하나님으로부터 멀어질 수 있는데, 그 이유는 무로부터 창조되었기 때문이다.[124]

이처럼 아우구스티누스는 '무로부터의 창조'라는 교리를 인간과 세계의 '선의 근거'로 해석하는 동시에 '타락의 가능성'으로도 파악했습니다. 또한 그는 그것을 하나님과 그의 피조물을 철저히 분리하는 데도 사용했지요. 누구든 세계가 하나님으로부터 창조되었다고 주장하거나 또는 하나님과 세계가 하나라고 생각한다면 범신론에 빠지게 됩니다. 역시나 아우구스티누스는 다음과 같이 고백했습니다.

> 주님은 태초에 당신의 지혜가 되신 그분 안에서 '어떤 무엇'을 무로부터 만드셨나이다. 그러나 하늘과 땅은 주님으로부터 유출되어 나온 것이 아닙니

다. 만일 그랬다면 그것들은 주님의 독생자와 동등할 것이며, 그럼으로써 주님과도 동등할 것이기 때문이옵나이다. 그리고 어떤 의미로든 주님께 속하지 않은 무엇이 주님과 동등하다는 것은 옳지 않을 것이옵나이다.[125]

그럼에도 불구하고 하나님이 선하고 아름답기 때문에 무로부터 창조된 세계 역시―비록 불완전하지만―선하고 아름다우며, 그 어떤 악마적 세력으로부터도 자유로울 수 있다는 아우구스티누스의 사유는 예나 지금이나 귀하고 복됩니다. 인간은 기근, 전쟁, 질병 외에도 운명, 불안, 죽음, 허무, 무의미성, 죄책 같은 악마적인 것들에 속절없이 노출된 존재이기 때문입니다. 이처럼 가엾은 인간의 실존적 상황에서 '하나님과 세계의 선함'은 언제나 커다란 위로와 희망을 던져 주지요.

단테는 『신곡』에서 삼위일체 하나님에 의해 이뤄진 창조가 얼마나 "보시기에 좋았는지"를 다음과 같이 노래했습니다.

성부가 그와 아들로부터 영원히 샘솟는
사랑[성령]으로 그의 아들을 응시하시니
말로는 이루 다 형용할 수 없는 태초의 힘[말씀]께서

마음속과 공간을 운행하는 모든 것을
창조하셨으니 그를 바라보는 자, 그 완벽함과 오묘함에
탄복하지 않을 수 없게 하셨도다.

그러니 독자여, 그대의 눈을 들어 나와 함께
저 반짝이는 천구를 지나, 운행과
운행이 맞닿는 곳을 보고 그 오묘한 솜씨에 기쁨을 맛보시라.[126]

창조의 여섯 날이 문자 그대로 '6일'인가

구약성서를 보면, 하나님은 "빛이 있으라 하시니 빛이 있었고"(창세기 1:3)와 같이 오직 말씀으로만 여섯 날 만에 세계를 창조했습니다. 여기서 우리가 주목하려는 것은 두 가지입니다. 하나는 말로 행해진 '창조 방법'이고, 다른 하나는 여섯 날이라는 '창조 시간'입니다. 우선 창조 시간에 대해 살펴볼까요?

현대천문학자들은 우주가 약 150억 년 전 빅뱅으로 시작되었다고 추측해 왔습니다. 그런데 2003년 나사 NASA가 띄워 보낸 우주 탐사 위성 WMAP가 보내온 관측 데이터를 분석한 결과 137억 년으로 밝혀졌지요. 조금 줄기는 했지만, 성서의 여섯 날과 도저히 타협할 수 없는 시간이기는 마찬가지입니다. 그래서 간혹 그 구절을 비난하는 과학자들이 있는데요, 그러나 그건 너무나 단순한 생각에서 나온 억지입니다. 구약성서의 창세기에서 말하는 하루는 오늘날 우리가 생각하는 하루와는 전혀 다릅니다. 우리의 하루 개념은 태양의 주위를 공전하는 지구의 1회 자전으로 규정되는데, 창세기의 하루는 태양과 지구가 아직 생기기 이전이니 결코 같은 개념일 수 없지요. 이 말을 아우구스티누스는 『신국론』에서 다음과 같이 했습니다.

> 보다시피 우리가 아는 날들은 태양이 지지 않으면 저녁이 없고 태양이 떠오르지 않으면 아침이 없다. 그런데 최초의 사흘은 태양 없이 흘러갔고 태양은 넷째 날에 만들어졌다고 전한다.[127]

그래서 아우구스티누스는 창세기의 하루를 '다른 어떤 방식으로' 이해해야 한다고 생각했습니다.[128] 그리고 여섯 날 만에 세계를 창조하는 것으로 적힌 성서 구절들은 "먼저 창조를 전체적으로 제시한 후 신비로운 날짜 수에 따라 그 부분들을 순차적으로 집행하는 것처럼 묘사한다"[129]라고 해석했습니다.* 창조 시기의 날짜 수는 단지 창조의 순서를 나타내는 '신비로운 날짜 수'로서 자연적 의미의 날짜 수와는 다르다는 뜻이지요. 그의 이러한 해석은 창세기 1장에서 우리말로 '날'로 번역되는 히브리어 yôm 욤이 '하루'라는 의미로도 사용되지만 '때' 또는 '시기'와 같은 뜻으로 사용되기도 한다는 사실에도 부합합니다.

아우구스티누스의 해석을 근거로 일찍부터 서양문명은—오늘날 일부 근본주의자 fundamentalist 들이 창조가 1만 년 전에 단지 엿새 동안 이루어졌다고 주장하는 것과는 전혀 다르게—창조를 태초의 어떤 신비로운 시간에 의해 여섯 단계에 걸쳐 순차적으로 진행된 것으로 이해해 왔습니다. 이런 사실을 가깝게는 밀턴의 『실낙원』에 나오는 다음 시구를 통해서도 간단히 확인할 수 있습니다.

> 이 세계가 아직 존재하지 않고, 광막한 혼돈이
> 지금 천체들이 돌고 있는 곳과 지구가
> 그 중심에 놓인 곳을 지배하던 때,
> 어느 날(그때는 시간이 영원 안에 있었을지라도, 운동에
> 맞춰서 순차적으로 현재, 과거, 미래에 의해 지속되는
> 것을 측정할 수 있었으니), 그 거대한 하늘의 세월 大歲輪로
> 어느 날…[130]

• 이런 생각을 아우구스티누스가 처음 한 것은 아니다. 예컨대 알렉산드리아의 필론(Philon ho Alexandreus, 기원전 25-기원후 50)도 『창조에 관하여』에서 "엿새간의 창조는 글자 그대로 여섯 날이라는 시일을 뜻하지 않는다", "수는 이러한 순서의 부분을 이룬다"라고 언급한다.

밀턴이 말한 "거대한 하늘의 세월"이란 플라톤이 『티마이오스』에서 언급한 '완전한 세월'ho telos eniautos*에서 따온 말입니다.[131]

플라톤은 우주에는 창조와 함께 우리의 시간과는 다른 '거대한 세월'이 흐르는데, 이 시간 끝에는 모든 천체가 각종 운행을 완수하고 다시 창조 당시의 위치로 복귀한다고 주장했습니다. 해석의 차이는 있을 수 있겠지만, 오늘날 대폭발Big Bang과 대붕괴Big Crunch에 의한 무한한 우주를 가정하는 천체물리학자들이 들으면 회심의 미소를 지을 만한 주장이지요.** 하지만 이번에도 우리가 분명히 알아야 할 것은 플라톤의 주장이나 밀턴이 읊은 시구의 과학적 함의含意에 있지 않습니다. 핵심은 기독교에서는 일찍부터 창세기에 언급된 '여섯 날'을 오늘날 우리가 말하는 '6일'이라고 생각하지 않았고, 그것과는 전혀 다른 어떤 시간의 단위로 생각했다는 사실이지요.

그런데도 만일 당신이 자연과학에 관심이 있어서 그 신비로운 시간의 단위가 대체 무엇일까 궁금하다면, 그 대답이 될 만한 흥미로운 이론을 하나 간단히 소개하겠습니다. MIT 교수를 지낸 이스라엘 과학자 제랄드 슈뢰더Gerald Schröder의 『신의 과학』에서 찾을 수 있는 내용입니다.

• '완전한 세월'(ho telos eniautos)은 '대세류'(annus magnus) 또는 '플라톤년'(annus Platonicus) 또는 '대플라톤년'(magnus Platonicum annus)으로 불리는 시간의 단위로 고대와 중세의 학자들은 이것이 3만 6,000년에 해당한다고 생각했다. 이에 대한 언급은 『국가』, 546a-547c에도 나온다.

•• 예컨대 마틴 리스는 『우주의 붕괴: 종말론적 연구』에서 우주가 500억 년 후에는 다시 수축해서 대붕괴(big crunch)를 맞을 것이라고 주장한다. 이것이 우주의 종말이다. 이후에는 어떻게 될 것인가에 대한 논란도 있다. 미국 프린스턴 대학의 폴 스타인하트(Paul Steinhardt)와 영국 케임브리지 대학 닐 튜록(Neil Turok) 교수의 『끝없는 우주: 빅뱅이론을 넘어서』에 의하면, 빅뱅은 평평하고 균질한 최저에너지 상태의 텅 빈 우주와 또 하나의 숨은 우주(평행우주)의 충돌로 초래된 것이며, 지금과 같은 팽창을 계속하다가 암흑에너지에 의해 다시 수축해, 멀어졌던 두 우주가 또다시 충돌을 겪으면서 동일한 주기를 반복한다고 한다.

슈뢰더는 빅뱅으로 우주가 탄생해서 엄청나게 팽창해 가는 과정의 시간인 '우주의 시간'과 아담의 창조와 함께 시작된 '인간의 시간'을 구분합니다. 창세기의 시간은 우주의 시간이고, 오늘날 우리가 사용하는 시간은 인간의 시간이라는 뜻인데요, 그 둘의 차이는 이렇습니다.

아인슈타인의 상대성 원리에 의하면 시간이란 중력과 속도에 의해 변하는데, 초기 우주 상태에서는 중력이 막대하여 시간이 지금과는 비교도 할 수 없이 느렸다는 겁니다. 슈뢰더의 계산에 의하면, 성서의 첫째 날은 오늘날 지구의 시간으로 약 80억 년에 해당하고, 우주가 좀더 팽창하여 중력이 떨어진 둘째 날은 시간이 조금 빨라져서 약 40억 년에 해당합니다. 같은 이유로 셋째 날은 20억 년, 넷째 날은 10억 년, 다섯째 날은 5억 년, 그리고 마지막 날은 2억 5,000만 년이 되지요. 이 계산법에 따르자면 성서의 여섯 날은 우주 나이 150억 년과 대강 비슷해집니다.[132]

이 같은 이론을 근거로 슈뢰더는 "주의 목전에는 천 년이 지나간 어제 같으며 밤의 한순간 같을 뿐임이니이다"(시편 90:4)라는 성서 구절이 설득력 있다고 주장하지요. 슈뢰더의 이론과 계산법이 맞느냐 틀리느냐에 대해서는 논란이 있을 수 있습니다. 하지만 그런 논란은 우리의 이야기에서는 전혀 중요하지 않습니다. 과학과 종교는 서로 다른 언어놀이를 하고 있다는 것이 우리의 근본 입장이기 때문입니다. 여기서 그리스도인들에게 중요한 것은—아우구스티누스가 밝힌 대로—창조가 오직 하나님의 의지에 따라 어떤 신비롭고 거룩한 '순서'대로 이루어졌다는 사실이고, 우리가 알아야 할 것은 성서의 여섯 날이 우리가 흔히 사용하는 6일과는 '결코' 같은 개념이 아니라는 것이지요.

말에서 육신으로, 진리에서 행위로

이제 창조의 방법에 관해 살펴볼까요? 구약성서는 "빛이 있으라 하시니 빛이 있었고"(창세기 1:3)처럼 하나님이 '말'^{dâbâr}로 우주를 창조했다고 밝힙니다. 그 '말'이 신약성서에서는 '말씀'^{logos}이 되고 동시에 그것은 성자^{聖子}라는, 좀더 구체적인 주역으로 등장하지요. 알다시피, 사도 요한은 이렇게 기록했습니다. "태초에 말씀이 계시니라. 이 말씀이 하나님과 함께 계셨으니 이 말씀은 곧 하나님이시니라. 그가 태초에 하나님과 함께 계셨고 만물이 그로 말미암아 지은 바 되었으니, 지은 것이 하나도 그가 없이는 된 것이 없느니라"(요한복음 1:1-3). 이 성구에 문학적 상상력을 더하고 의인화하여, 밀턴은 『실낙원』에서 다음과 같이 표현했지요.

> 그대, 나의 말, 내가 낳은 아들이여, 그대에 의하여
> 내 이 일을 수행하노니, 그대는 말로 그걸
> 이룰지어다! 만물을 덮어 가릴 내 영과 힘을
> 그대에게 함께 보내노니, 타고 나아가라.
> 그리하여 혼돈에 일러 정해진 한계 내에서 하늘과 땅이
> 있게 하라.
> …
> 전능자께서 이렇게 말씀하시니, 그가 말한 것을
> 그의 '말씀', 즉 그의 아들이 실현하도다.
> 하나님의 행위는 즉각^{卽刻}이요, 어떤 시간이나
> 움직임보다 빠르도다.[133]

하나님의 의인화가 동반하는 오해와 위험만 제외한다면, 이 시구詩句들은 창세기와 요한복음을 연결 짓고 극화함으로써 흥미롭게 묘사했다는 평가를 받을 수 있습니다. 그 안에 하나님의 말이 곧 성자이고 그에 의해 세계가 창조되었다는 내용이 들어 있으니까요.

그런데 사도 요한은 여기서 그치지 않고 한발 더 나아갔습니다. 그는 "말씀이 육신이 되어 우리 가운데 거하시매"(요한복음 1:14)라고 선포했는데, 그 말씀이 곧 예수님이지요. 기독교가 발 딛고 있는 초석인 '성육신' 成肉身, incarnatio이라는 말이 바로 여기서 나왔습니다. 요컨대 예수님이 곧 말씀이고, 그 말씀이 천지를 창조했다는 겁니다. 이 사건을 사도 바울은 "그는 보이지 아니하시는 하나님의 형상이시요 모든 피조물보다 먼저 나신 이시니 만물이 그에게서 창조되되…그로 말미암고 그를 위하여 창조되었고 또한 그가 만물보다 먼저 계시고 만물이 그 안에 함께 섰느니라"(골로새서 1:15-17)라고 표현했지요.

하나님이 육신이 되어 세상에 왔다는 성육신 계시는 매우 신비롭고 특이합니다. 그래선지 네 명의 복음서 기자 가운데 오직 사도 요한만이 성육신을 강조했지요. 마태복음이 "아브라함과 다윗의 자손 예수 그리스도의 계보라"(마태복음 1:1)라는 말로 시작하듯이 세 명의 공관복음* 기자들은 예수님의 출생을 말할 때 그 육신의 조상들을 언급함으로써 예수님의 인성人性으로부터 기록을 시작했습니다. 이 복음서들에서 예수님이 신성神性을 얻는 시점은 세례 요한에게 세례를 받고 나서지요. 이때의 정황을 마태복음은 다음과 같이 기록했습니다.

• 공관복음(共觀福音)이란 그리스어 'synoptiques'에서 유래한 말로, '함께'(syn) '본'(opsis) 복음이라는 뜻이다. 4복음서 가운데 요한복음을 제외한 마태복음, 누가복음, 마가복음이 거의 같은 관점과 순서, 내용으로 구성되었다는 의미에서 붙은 이름이다.

예수께서 세례를 받으시고 곧 물에서 올라오실새, 하늘이 열리고 하나님의 성령이 비둘기같이 내려 자기 위에 임하심을 보시더니, 하늘로부터 소리가 있어 말씀하시되 이는 내 사랑하는 아들이요 내 기뻐하는 자라 하시니라. (마태복음 3:16-17; 참고. 마가복음 1:9-11; 누가복음 3:21-22)

그런데 오직 사도 요한만이 예수님의 출생을 그의 신성^{神性}으로부터, 곧 천지창조 이전부터 존재했으며 창조사역을 맡아 이룬 '말씀'으로 언급하며 시작하지요. 하늘과 땅 차이라 할 수 있습니다. 당연히 요한복음에는 예수님이 세례 요한에게서 세례를 받는 장면이 없습니다. 예수님은 인간으로 세상에 온 하나님이어서 태초부터 이미 신성하기 때문이지요. 그리스도인조차 간과할 정도로 사소한 일 같지만, 이건 매우 중요한 사안으로서, 우리가 눈여겨봐야 할 대목입니다.

요한복음에서 세례 요한은 예수님을 보자마자 곧바로 "하나님의 아들"임을 알아보고는, "보라 세상 죄를 지고 가는 하나님의 어린 양이로다"(요한복음 1:29)라고 외칩니다. 그가 이렇게 고백한 까닭은 무엇일까요? 사실 예수님이 하나님의 아들인 줄 요한이 이미 알았던 것은 아닙니다. 단지 하나님이 그에게, 어떤 사람의 머리 위에 성령이 내려와 머무는 것을 보거든 그가 성령으로 세례를 주는 사람임을 알라고 했을 뿐이지요. 그런데 그가 예수님을 처음 만났을 때 바로 그 성령이 내려앉는 모습을 본 것입니다(요한복음 1:29-33).

신학적으로 보면, 세례 요한에게 세례를 받은 이후부터 예수님에게서 신성이 나타났다고 언급한 공관복음의 기록들은 초기 그리스도인들 사이에서 오해의 소지가 다분했습니다. 예컨대 하나님이 인간들 가운데 가장 마음에 드는 사람을 골라 성령을 부음으로써 양자^{養子}로 입양했고 그가 바로 예수님이라는, 이른바 양자그리스도론^{Adoptionism}이 그 대표적 예입니다. 이런 이유로 아우구스티누스는 요한복음의 저자가 서양문명에서 흔히 '독수리'에 비유되는 까닭을 밝히면서,* 다른 세 복음서 기자들과 견주며 요한복음 저자를 다음과 같이 치켜세웠습니다.

네 명의 복음서 기자들 가운데 그가 지닌 영적 통찰력 때문에 독수리에 비유되는 성스러운 사도인 요한은 다른 세 사람보다 더 높고 훨씬 더 영묘한 가르침을 전했다. 요한은 고결한 마음으로 우리를 한껏 고양시키고자 했다. 다른 세 명의 복음서 저자들은 말하자면 인간의 모습을 한 그들의 주님과 함께 대지를 걸었으며, 그 때문에 그의 신성에 대해서는 아주 조금만 언급했다. 하지만 요한은 대지를 따라 걷는 것을 경멸하여, 대지뿐 아니라 자신을 둘러싼 공기와 하늘 그리고 천사의 무리와 보이지 않는 권능 위로, 번뜩이는 섬광과 함께 처음부터 스스로 날아올라 마침내 이 모든 것을 뚫고 나아가 그것들을 만든 하나님께로 다가갔다.[134]

그런데 이처럼 신학적으로 탁월한 사도 요한의 교훈에도 문제는 있었습니다. 말씀이 육신이 되었다는 계시는 예나 지금이나 인간의 이성적 이해를 아예 불허하기 때문이지요. 초기 기독교 교리 구축에 막강한 영향력을 끼친 신플라톤주의자들에게도 성육신을 뜻하는 라틴어 '인카르나티

---

* 중세 서구의 성당에서는 예컨대 박공 따위에 예수님을 둘러싼 네 가지 창조물을 새기거나 그렸다. 그 넷은 사람, 사자, 황소, 독수리인데, 이들은 각각 네 명의 복음서 기자 마태, 마가, 누가, 요한을 상징한다. 이는 그들이 각자의 복음서를 기록할 때 어떻게 시작했느냐에 따른 것이다. 즉 마태는 예수님의 가계 이야기로 시작해서 사람이고, 마가는 광야에서 외치는 목소리를 말했기 때문에 사자이며, 누가는 세례 요한의 아버지(사가랴)가 드리는 제사와 희생에 대해 이야기했기 때문에 황소이고, 요한은 태양 빛을 정면으로 바라볼 수 있는 동물은 독수리뿐인데 그가 기록한 요한복음이 처음부터 사람들을 태양 빛(진리)으로 이끈다는 뜻에서 독수리다(참고. E. Mâle, *The Gothic Image: Religious Art in France of the Thirteen Century*, trans. D. Nussey, New York, Icon Editions, 1972, p. 36).

복음서 기자의 상징. 왼쪽부터 시계 방향으로 마가(사자), 요한(독수리), 마태(사람), 누가(황소).

오'incarnatio는 매우 생소한 것이었습니다. 플로티노스의 『엔네아데스』에는 언급조차 되지 않은 용어였기 때문이지요. 그 탓에 이미 기독교로 개종한 그들조차 예배당 벽에 "태초에 말씀이 계시니라"(요한복음 1:1)라는 구절은 황금글자로 기록했지만, "말씀이 육신이 되어 우리 가운데 거하시매"(요한복음 1:14)라는 구절은 입에 올리기조차 꺼렸다고 합니다.˙

그렇다면 성육신 계시가 그리스 철학에 의해―특히 신플라톤주의나 영지주의의 영향을 받은 바울이나 초기 기독교 사상가들에 의해―다른 복음서들보다 비교적 후일에 쓰인 요한복음에 들어가게 된 것이라는 일부 학자들의 주장은 잘못된 것이지요.˙˙ 성육신은 유대교뿐만 아니라 그리스 철학에서도 매우 낯선, 기독교 고유의 사유이기 때문입니다.

기독교는 성육신과 함께 시작했고 성육신을 믿는 종교입니다. 이 점에서 기독교는 구약성서를 경전으로 삼는 또 다른 종교인 유대교나 이슬람교와도 완연히 갈라서지요. 그만큼 성육신은 기독교의 본질이자 핵심입니다. 하지만 지금 우리는 창조의 문제를 다루고 있으므로 이에 대한 설명은 좀 뒤로 미루도록 하지요. 나중에 4부에서 삼위일체 이야기를 할 때, 그리고 다음에 구원의 문제를 다룰 때 상세히 살펴볼 테니까요. 대신 이제부터 우리가 주목할 것은 구약성서에서 '말씀'을 뜻하는 '다바르'가 신약성서에서 '로고스'로 변화하는 과정과 그 결과인데요, 매우 중요하거니와 흥미롭습니다.

• 아우구스티누스도 신플라톤주의에 대해 언급하면서 "그러나 말씀이 육신이 되어 우리 가운데 거한다는 것을, 나는 거기서 읽어 보지 못했다"라고 했다(『고백록』, 7. 9; 참고. Epist, LXXXII, 13).
•• 신약성서 문서들 가운데 가장 먼저 쓰인 것이 1세기 중엽의 바울 서신들이고, 그다음으로 마가복음, 누가복음, 사도행전, 마태복음이 쓰였으며, 대략 기원후 90년대에 요한복음이 쓰였다.

말로 창조한 하나님도 말만으로 구원하지는 않는다

구약성서에서 하나님의 '말'을 나타내는 히브리어 다바르^{dâbâr}가 신약성서에서는 그리스어 로고스^{logos}, 즉 '말씀'으로 대체되었지요. 사도 요한이 그의 복음서 첫머리에 "태초에 말씀이 계시니라"(요한복음 1:1)라고 쓰면서, 창조를 이루는 하나님의 '말씀'에 그리스어 '로고스'라는 단어를 사용한 겁니다.* 그런데 그게 옳은 일이었을까요?

그리스어 로고스는 일상적으로는 '수집하다', '계산하다', '사유하다' 등 다양한 뜻으로 사용되었습니다. 주로 이성적으로 밝힌다는 의미지요. 그러나 다바르의 어원적 의미는 '뒤에 있는 것을 앞으로 내몰다', '대화하다'입니다. 주로 사물의 근원을 드러내고 말의 배경이나 숨은 의미를 알게 한다는 뜻이지요.** 1부 "하나님은 존재다"에서 언급한 대로, 그리스적 언어와 사유가 정지적인 반면 히브리적 언어와 사유는 역동적입니다. 여기서도 로고스가 정적·지적·이성적 성격을 가졌다면 다바르는 동적·인격적·행위적 성격을 갖고 있습니다.[135] 이런 관점에서 본다면, 히브리어 다바르를 그리스어 로고스로 번역한 것은 썩 잘한 일은 아니었습니다.

그렇다고 해서 둘 사이의 간격이 도저히 건너뛸 수 없는 정도인 것은 아닙니다. 사도 요한 이전에 헤라클레이토스, 소크라테스, 플라톤과 같은 그리스 철학자들이 로고스에 새로운 의미를 가미했기 때문이지요. 특히—사도 요한도 분명 알고 있었을—스토아 철학에서 사용하는 로고스

---

* 그러나 요한복음 기자는 서두(요한복음 1:1)를 제외하고는 예수님을 '말씀'(logos)으로 부르지 않는다. 왜냐하면 선재했던 말씀이 이미 성육신하여 예수님이 되었기 때문이다(요한복음 1:14).
** 구약성서에서 '다바르'는 창조를 이루는 하나님의 말(창세기 1장; 에스겔 37:4; 이사야 40:26; 시편 117:15 등) 이외에도 예언적 계시(사무엘하 23:1; 민수기 24:4, 16 등)나 율법(출애굽기 34:28; 신명기 4:13; 열왕기하 23:2 등)과 같은 의미로 사용된다.

라는 용어는 히브리어 다바르에 상당히 가까운 의미를 갖고 있었습니다. 무엇보다도 로고스가 세계를 창조하고 지배하는 근원적 힘이자 원리라는 점에서 그랬지요. 스토아 철학자들은 이 원리에 의해 세계가 만들어지고 자연을 지배하는 법칙들과 인간이 따라야 하는 도덕법칙들이 생겨난다고 주장했습니다.

그 때문에 사도 요한이 자신의 복음서 첫머리에 "태초에 말씀이 계시니라"(요한복음 1:1)라고 쓰면서, 창조를 이루는 하나님의 '말씀'에 그리스어 '로고스'라는 단어를 사용한 것은 일상적 의미에서는 잘 맞아떨어지지 않았더라도 생소하거나 잘못된 표현이 아니었습니다. 그런데 우리가 이제부터 주목하고자 하는 사안이 바로 여기에 있습니다. 그것은 설사 우리가 사도 요한을 따라 로고스를 스토아적 의미로 이해한다 해도, 다바르와 로고스 사이에는 미묘하지만 근본적인 차이가 여전히 존재한다는 사실입니다.

무엇보다 히브리인들이 사용하는 다바르는 '비물질적' 성격을 지닌 데 반해, 스토아 철학자들이 말하는 로고스는 '물질적' 성격을 가졌다는 점이 그렇습니다. 이것은 마치 1부 "하나님은 존재다"에서 살펴본 것처럼 '영'靈을 뜻하는 히브리어 루아흐^{rûah}가 '비물질적'인 데 반해, 그것의 그리스어 번역어인 프네우마^{pneuma}는 '물질적' 성격을 갖는 것과 같습니다. 스토아 철학의 우주론은 근본적으로 유물론이기 때문이지요. 즉 다바르의 성격은 원칙적으로 세계초월적이지만 로고스는 세계내재적 성격을 띱니다.*

혹 당신은 그 미묘한 차이가 뭐 그리 중요하냐고 생각할지 모릅니다.

---

* 스토아 철학의 우주론은 헤라클레이토스의 영향으로 세계내재적 범신론이나 만유재신론의 성격을 갖고 있다. 그러나 세네카와 같은 후기 스토아 학자들은 플라톤과 아리스토텔레스의 영향을 더 강하게 받아서 세계초월적 자연신론의 경향을 띠기도 한다.

하지만 그게 그렇지 않습니다. 만일 사도 요한이 "말씀^{logos}이 육신이 되어 우리 가운데 거하시매"라고 쓸 때 스토아 철학에서 말하는 의미를 떠올렸다면, 예수님의 세계초월적 신성이 훼손되기 때문입니다. 그랬다면 예수님은 단지 세계내재적 존재이며, 기독교는 예컨대 스피노자나 아인슈타인이 주장하는 범신론으로 귀착되었을 것입니다. 그러니 결코 무시할 수 없는 차이지요.

그럼에도 불구하고 여기서 내가 강조하고자 하는 것은, 그 차이 때문에 로고스가 오히려 더 넓고 깊은 의미를 갖게 되었다는 흥미로운 사실입니다. 다바르를 로고스로 표기한 요한의 작업을 통해 다바르의 의미가 로고스의 의미까지 포괄하여 더 넓게 확장되었다는 것이지요. 즉 다바르에 내포된 동적·인격적·행위적 성격과 비물질적 세계초월성이 로고스에 담긴 정적·지적·이성적 성격과 물질적 세계내재성에 결합되어 새로운 의미를 만들어 낸 것입니다.

이는 마치 앞에서 모루아가 프루스트의 회상이 하는 일을 설명하면서 든 입체경 비유처럼, 서로 다른 각도에서 촬영한 두 개의 2차원 영상을 나란히 겹쳐 놓음으로써 보다 실사^{實事}에 가까운―입체적이고 생생한―3차원 영상을 얻어 낸 것과 같다고 할 수 있지요. 그 결과 "빛이 있으라 하시매 빛이 있었고"(창세기 1:3)와 같은 구약성서 특유의 표현이 그리스 철학적 이해를 가질 수 있게 되었고, 나아가 기독교에서 말하는 하나님의 특성인 세계초월성과 세계내재성의 통일이 더욱 자연스럽고 분명해졌습니다.

이와 연관하여 우리가 주목해야 할 것이 또 하나 있습니다. 즉 불변하는 진리인 로고스와 역동적인 다바르의 종합을 통해, 신약성서에 기록된 '말씀'^{logos}이 단순히 진리뿐 아니라 행위와도 연관된다는 사실이 더욱 두드러졌다는 것입니다. 그럼으로써 '말뿐만 아니라 행위로도'라는 구호로 압축되는 예수님의 사역이 가진 성격도 함께 부각되었지요. 무슨 말이냐 고요? 설명하면 이렇습니다.

예수님은 공생애 3년 동안 구약성서에 나타난 하나님의 말'과 신약성 서에 기록된 복음을 친히 전파했습니다. 그러나 그것이 그가 행한 사역의 전부가 아니지요. 예수님은 단순히 하나님의 말을 전하는 교사나 선지자 가 아니고, 그 자신이 곧 '말씀'logos이기 때문입니다. 이 '말씀'은 마치 "빛 이 있으라 하시매 빛이 있었고"(창세기 1:3)에서와 같이 말해짐發話과 동시 에 그것이 뜻하는 행위가 함께 이루어지는 수행적遂行的 성격을 갖고 있 습니다. 당신도 알다시피 복음서는—예컨대 "나사로야 나오라"(요한복음 11:43) 하시니 죽었던 그가 무덤에서 걸어 나오듯이—예수님의 말이 곧바 로 행위로 이어지는 사례로 가득 차 있지요.

이것이 예수님의 말과 우리의 언어가 다른 점이고, 예수님의 모든 말 뿐 아니라 모든 행위가 사람들에게 널리 전해져야만 하는 까닭이기도 합 니다. 예수님 자신도 이 사실을 잘 알고 있었던 터라 "오실 그이가 당신이 오니까?"라고 묻는 세례 요한의 제자들에게 대답할 때 "너희가 가서 들 은 것을 요한에게 알리되"라고 하지 않고, "너희가 가서 듣고 보는 것을 요한에게 알리되"(마태복음 11:4)라고 하셨던 것입니다.[136]

나중에 구원이란 무엇인가를 다루면서 다시 이야기하겠지만 여기서 우리가 분명히 기억해 두어야 할 것이 있습니다. 말로 천지를 창조한 하 나님도 말만으로는 구원하려 하지 않는다는 것이지요. 행동이 함께했다 는 말입니다. 이것이 "말씀이 육신이 되어 우리 가운데 거하시매"(요한복 음 1:14)라고 기록된 성육신에 담긴 또 하나의 심오한 의미입니다. 요컨대

• 예수님이 전한 구약성서의 내용은 극히 일부에 지나지 않는다. 예컨대 마가복음 2:2; 4:33; 누 가복음 5:1 정도다.

진리를 아는 자나 말하는 자가 아니라, "진리를 행하는 자가 빛으로 나아간다"Quoniam qui facit eam venit ad lucem*는 뜻이지요.¹³⁷ 이 사실을 모르면 신앙심만 아니라 실천까지 요구하는 기독교 교리는 물론, 이념 못지않게 행동도 중요시 여기는 서양문명을 이해할 수 없게 됩니다.

로고스와 다바르의 이러한 종합은—우리가 2부 "하나님은 존재다"에서 이미 살펴본 것처럼—정지적인 그리스의 존재 개념과 역동적인 히브리의 존재 개념이 종합을 이루어 영원불변하는 동시에 생성·작용하는 기독교적 신 개념이 형성된 것과도 궤를 같이합니다.** 다시 말해 우리는 여기서 '불변하는 존재'이면서도 동시에 '생성·작용하는 하나님의 본질'과 '불변하는 진리'인 동시에 '창조하는 하나님의 말씀'이 가진 아름다운 통일성을 찾아볼 수 있다는 거지요.

이 같은 의미에서 보만은 『히브리적 사유와 그리스적 사유의 비교』에서 사도 요한이 한 일을 다음과 같이 높이 평가했습니다.

> 요한복음 기자가 logos라는 말을 사용했을 때 그 자신에게나 구약성서에 친숙한 독자들에게도, dābār와 logos의 극히 다양하고 깊은 의미들이 아름답고 신비로운 통일성을 이루어 마치 동시에 퍼져 나가는 많은 교회 종소리처럼 울렸을 것이다.¹³⁸

어때요? 적절하고도 멋진 표현 아닌가요? 알고 보면, 이처럼 그리스 철학과 히브리 종교의 종합이 기독교 신학과 서양문명 안에 지금도 여전히 아름답고 신비롭게 울려 퍼지고 있지요.

---

* "진리를 따르는 자는 빛으로 오나니 이는 그 행위가 하나님 안에서 행한 것임을 나타내려 함이라 하시니라"(요한복음 3:21).
** 2부 "하나님은 존재다"에 있는 '시간화와 탈시간화의 마술'을 보라.

5장

창조의 목적은 무엇인가

풍요한 부자가 무엇이 필요하여

구약시대부터 창조는—우리 일반인들의 생각과는 달리—일회적 사건이라기보다는 시간에 따라 계속되는 '하나님의 역사'의 시작이자 일부로 이해되었습니다(시편 33, 136편; 느헤미야 9장; 이사야 40, 45장; 욥기 9장 등). "오직 주는 여호와시라. 하늘과 하늘들의 하늘과 일월성신과 땅과 땅 위의 만물과 바다와 그 가운데 모든 것을 지으시고 다 보존하시오니…주는 하나님 여호와시라. 옛적에 아브람을 택하시고 갈대아 우르에서 인도하여 내시고 아브라함이라는 이름을 주시고"(느헤미야 9:6-7)에서 알 수 있듯이, 하나님은 피조물을 창조할 뿐 아니라 지속적으로 보존하고 또 끊임없이 인도한다는 것이지요. 요컨대 하나님의 사역은 "피곤하지 않으시며 곤비하지 않으시며"(이사야 40:28) 계속된다는 말입니다.

신약시대에 와서도 사도 바울이 창조는 태초에 이루어진 일회적인 것이 아니고 지속적으로 일어나며 보존하고 인도하는 하나님의 사역임을 재차 강조했지요. 바울은 이 같은 하나님의 사역을 "우리에게는 한 하나님 곧 아버지가 계시니 만물이 그에게서 났고 우리도 그를 위하여 있고 또한 주 예수 그리스도께서 계시니 만물이 그로 말미암고 우리도 그로 말미암아 있느니라"(고린도전서 8:6)라고 교훈했습니다.

아우구스티누스와 토마스 아퀴나스를 비롯한 고대와 중세의 위대한 신학자들도 역시 같은 말을 되풀이했지요. "보존은 구분되는 창조의 행동이 아니라 계속되는 창조다"Conservatio non est actio a creatione distincta, sed continuata creatio라는 중세적 표현이 그것을 대변합니다. 뿐만 아니라 루터, 츠빙글리, 칼빈 같은 종교개혁자들 역시 이 점을 강조했습니다. 예를 들어 칼빈은 창조를 하나님의 섭리와 결부해 다음과 같이 교훈했습니다.

인간의 마음은 창조 안에서 하나님의 힘을 한때 깨닫고서 그 자리에서 멈추고 만다.…그러나 믿음은 진실로 그 지점에서 더 전진해야 한다. 믿음은 창조주로서 알려진 하나님을 영원한 통치자와 인도자로서 인식하는 것이다. 하나님은 세상과 우주의 움직임을 운행하시며, 작은 새에 이르기까지 모든 피조물을 보살피시고 유지시키고 먹여 주신다.[1]

예나 지금이나 기독교 신학자들은 창조 사역을 하나님의 섭리 사역 전반으로 확장하고 적용하여 이해한 것인데요, 18세기에 활동한 영국 시인 마크 에이컨사이드가 쓴 "상상의 즐거움"의 일부인 다음 시구도 바로 이런 신학적 전통에 발을 딛고 있는 것입니다.

> 스스로 선을 전시한 창조력은
> 한 번의 행사로 만족하지 않으며
> 시간과 과정의 모든 순간마다 그 부모와 같은 손으로
> 항상 새롭게 자라나는 행복과 미덕에 의해서
> 이 거대하고 조화된 틀을 장식해 왔다.
> 그 부모와 같은 손은
> 물가에서 숨 쉬는 묵묵한 조개들로부터
> 인간, 전사, 천상의 영혼들에게로
> 살아 있는 것들을 영원히 인도하여
> 존재의 더 높은 무대로 이끌어 간다.[2]

창조가 태초에 일어난 일회적 역사가 아니고 섭리에 의한 지속적인 보존과 인도라는 의미입니다. 여기서 현대신학자들(틸리히, 몰트만, 판넨베르크 등)이 사용하는 '일으키는 창조'the origination creation, '지속적인 창조

the continuous creation, '보존하는 창조'the sustaining creation, '인도하는 창조'the directing creation 같은 전문용어들이 파생되었습니다.³ 또 「웨스트민스터 신앙고백」*에 섭리의 주체가 삼위일체 하나님으로 규정되지 않고 이렇게 창조주로 명시된 것도 바로 그래서지요.

만물의 위대한 창조자이신 하나님은 그의 무오류와 예지와 그의 뜻의 자유롭고 불변하는 계획에 따라 모든 피조물, 행동과 사물들, 곧 가장 큰 것들로부터 가장 미세한 것에 이르기까지 그의 가장 지혜롭고 거룩한 섭리에 따라 지탱하시고 처리하시며 통치하신다.

그러므로 그리스도인들에게는 창조에 대한 언급이 단순히 지나간 과거의 일에 대한 설명이 아니라는 것을 분명히 알아야 합니다. 그것은 지금 이 순간에도 진행되는 하나님의 사역에 대한 신앙고백의 성격을 늘 갖지요.

창조에 대한 이러한 해석은 당연히 창조의 의미와 목적에 대한 질문과 자연스레 연결됩니다. 다시 말해 하나님은 무슨 목적으로 만물을 창조해서 보존하고 인도해 가느냐 하는 문제가 기독교 신학 안에서 이야기되었지요. 이에 대한 이론은 고대로부터 아주 다양하게 전해 내려오지만, 크게 둘로 분류해 볼 수 있습니다. 다음 두 시구가 각각의 입장을 대변합니다.

---

* 「웨스트민스터 신앙고백」(Westminster Confession)은 성공회(聖公會)의 개혁을 위하여 1643-1647년에 웨스트민스터 대성당에서 열린 교회회의에서 장로주의(長老主義)에 입각하여 제정한 신앙고백이다. 총 33장으로 된 이 장문의 신조(信條)가 성립되기까지 상당히 많은 논란이 거듭되었고, 의회 승인은 1648년에야 이루어졌다. 스코틀랜드 교회의 영향을 받아 정통적 칼빈주의를 표방하고 있지만, 아일랜드 성공회의 신앙고백의 영향도 커서 그 후 영어를 공용어로 사용하는 나라들의 장로파 교회에서 기본적인 교의(敎義)로 채택되었다. 이 고백서는 고전적 신앙고백서로서는 최후의 것이라고 할 수 있는 것으로, '성서의 권위'를 교리 해석의 중심으로 삼고 있다. 형태에 있어 기존 신앙고백서의 전형에 구애되지 않는다는 점이 특색이다.

이 우주의 위대한 틀을 고안해 냄으로써
어떤 기쁨도 어떤 완전함도 당신에게 생기지 않았다.
해와 달과 별들이 그 쉴 새 없는 경주를 시작하기 전에
하늘의 둥근 얼굴이 자줏빛 구름으로 채색되기 전에
대기에 구름이 있고 구름이 비를 눈물처럼 흘리기 전에
바다가 지구를 포옹하기 전에
땅이 꽃을 낳기 전에
당신은 안식했다. 당신에게 우주는 아무것도 주지 않았다.
모든 것은 당신 안에 있으며 당신은 자족했다.⁴

자족하는 부동의 정지점인 이상
결코 싫증 날 수 없는 축복으로 가득 차 있다면
그는 왜 단지 즐기기만 하지 않았는가?
왜 자족의 상태에서 향유하지 않았는가?
자유롭고 평안하며 안전하고 자위하게
현명한, 영원한 쾌락주의자로 살지 않았는가?
그에게 행복은 여전히 마찬가지인데
왜 창조의 여섯 날을
칭송과 명성의 기념비로 세우려고 일했는가?
풍요한 부자가 무엇이 필요하며, 자족하는 자가 무엇을 만들 것인가?⁵

전자는 16세기 프랑스 르네상스를 대표하는 시인 피에르 드 롱사르 Pierre de Ronsard 의 "가장 아름다운 것에 대한 찬가" 가운데 일부고, 후자는 17세기 후기 영국의 플라톤주의자인 존 노리스의 "창조성가"의 일부입니다. 롱사르는 하나님이 어떤 결핍도 없이 오직 자족과 풍요만 있었는데도 세계

를 창조했다고 읊지요. 이에 반해 노리스는 그렇다면 하나님은 무엇 때문에 자신의 자족을 향유하지 않고 굳이 창조를 했느냐고 꼬집습니다.

당신의 생각은 어떤가요? 솔직히 노리스의 입장에 좀더 공감이 가지 않나요? 그래서 만일 당신이 노리스 편을 들어 롱사르에게 반론을 제기한다면 그가 뭐라고 답할지는 모르겠습니다. 그러나 그가 왜 그렇게 노래했는지에 대해서는 분명히 알지요. 플라톤 때문입니다. 또다시 플라톤이 원인을 제공한 건가요? 네, 그렇습니다. 서양문명에서 플라톤은 영원히 마르지 않는 샘물이지요! 조금 자세히 살펴볼까요?

하나님의 작업에는 어떤 이유도 없다

『국가』와 『파르메니데스』에서 이미 만물의 궁극적 근거인 '일자'一者를 이데아 중의 이데아인 '선 자체'로 규정한[6] 플라톤은 이후 선을 '자족적 완전성'으로 파악했습니다. 예컨대 후기 저술에 속하는 『필레보스』에서는 "선이란 그것을 소유한 존재는 언제나 모든 점에서 가장 완벽하게 충족되며 어떤 것도 부족함이 없다는 점에서 다른 모든 것과 본질적으로 다르다"[7]라고 설명했지요. '선 자체'로서의 '일자'는 언제나 완전하게 자족적이기에, 그에게는 자기 자신 외에 그 어떤 것도 필요치 않다는 뜻입니다. 같은 말을 아리스토텔레스는 『에우데모스 윤리학』에서 다음과 같이 했습니다.

자기충족적인 사람은 홀로 살 수 있기 때문에 다른 사람의 봉사나 사랑의 필요 또는 사회생활의 필요를 느끼지 않는다. 이것은 특히 신의 경우에 명백하다. 분명히 신은 아무것도 필요로 하지 않기 때문에 친구를 필요로 하

지 않으며, 친구를 가지려 하지도 않는 것이다.[8]

한마디로 신은 자기 스스로 충족적이기 때문에 그 어떤 의미에서도 피조물을 필요로 하지 않는다는 말입니다. 이 같은 이유로 존 밀턴의 『실낙원』에는 아담이 하나님에게 볼멘소리로 고하는 말이 나오는데요, 다음과 같습니다.

…스스로 존재하시는 이여!
당신은 당신 자신으로서 완전하며, 당신 속에서는
아무런 결핍도 찾을 수가 없습니다.
그러나 인간은 그렇지 않나이다.
그 때문에 자신과 비슷한 자와
교제하여 결함을 서로 돕고 위안하고자 하는
것이리라. 당신은 본디
무한한 일자여서, 만물을 포괄하는
절대자시니,…
당신은 은밀한 곳에 홀로 계셔도
당신 자신과 가장 좋은 벗이 되며, 사교를
바라지도 않으시옵니다.[9]

인간은 결핍된 탓에 교제와 벗을 원하지만, 하나님에게는 어떤 결핍도 없기 때문에 누구와의 사교도 필요하지 않다는 것이지요. 바로 여기서 노리스와 함께 우리는 약간은 불손한(?) 의혹 섞인 의문을 갖게 됩니다. 그렇다면 하나님은 도대체 왜 자족 상태를 향유하지 않고 물질세계를 창조했는가 하는 의문 말입니다. 그런데 이에 대한 대답도 플라톤이 이미

해 놓았습니다.

플라톤은 『티마이오스』 서두에서 "우주를 만든 자ʰᵒ ˢʸⁿⁱˢᵗᵃˢ가 무슨 까닭으로 피조물ᵍᵉⁿᵉˢⁱˢ과 우주ᵗᵒ ᵖᵃⁿ를 만들었는지 논하도록 하자"¹⁰라고 제안합니다. 그런 다음 곧바로 그에 대해 답했는데, 한마디로 일자의 '자기초월적 풍요성' 때문이라는 것이지요. 아니 이건 또 무슨 말일까요? 얼핏 어렵게 느껴지겠지만 사실은 그렇지 않습니다. 설명하자면 이렇습니다.

일자는 스스로를 위해서는 아무것도 필요로 하지 않을 정도로 풍요성을 갖고 있고, 그 풍요성이 급기야는 바깥으로 넘쳐흘러 자연스레 창조가 이루어졌다는 것입니다.¹¹ 우리는 2부 "하나님은 존재다"에서 플로티노스가 이 말을 다음과 같이 반복한 것을 이미 보았지요. "일자는 아무것도 추구하지 않고 소유하지 않으며 필요로 하지 않기 때문에 완전하다. 완전하기 때문에 넘쳐흐르는 것이며, 따라서 그 넘치는 풍요함이 또 다른 존재를 만든다."¹² 요컨대 유한한 존재물을 생성시키는 원인은 무한한 존재의 '자기초월적 풍요성'이라는 이야기입니다.

이 같은 철학적 사변이 초기 기독교 사상가들을 통해 기독교로 흘러들어오면서 '자애로운 아버지'라는 원시 기독교적 관념이 '유출'이라는 그리스 철학 논법으로 설명되기 시작했습니다. 즉 신은 자애로운 아버지같이 선하기 때문에 아무런 이유나 조건 없이 모든 좋은 것들을 퍼뜨린다는 것이지요. 이후 고대와 중세의 신학자들은 물론이고 마크로비우스나 단테 같은 문인들마저 플라톤의 『티마이오스』와 플로티노스의 『엔네아데스』에 나오는 말들을 입에 달고 살았지요. 일례로 단테는 『신곡』에서 다음과 같이 노래했습니다.

모든 시샘을 스스로 몰아낸 하나님의 선함은
마치 불처럼 자기 속에서 타올라 빛을 발하는 불꽃같이

영원한 아름다움을 외부에 퍼뜨린다.¹³

바로 이것이 자족하는 하나님이 왜 세계를 창조했는가에 대한 고전적 대답입니다. 무슨 특별한 목적이 있어서가 아니라 넘쳐흐르는 풍요라는 자신의 본성 때문에 자연스럽게 창조가 이루어졌다는 말이지요. 우리에게는 좀 아리송하게 들리지만 바로 이런 생각이 기독교 신학과 서양문명에 오랫동안 영향력을 행사했습니다. 예컨대 중세에는 "하나님의 작업에는 어떤 이유도 없다"Operarum Dei nulla est ratio라는 구호가 이런 사유를 대변했고요. 또 근대에는 그것이 다음과 같이 표현되었습니다.

세계 최고의 정신은
영원한 옛날부터 자족하여
자신의 깊은 본질 속에서
진정한 지복의 완전함을 보았지만
한없는 자애로움이 넘쳐
스스로를 충족시키는 원초의 기쁨을
주위에 퍼뜨리려고
자신의 팔을 들어올려
공간의 공허한 깊이를 통하여
창조의 강력한 명령을 울려 퍼지게 했다.¹⁴

이러한 고전적 사고체계에서는 하나님과 세계 사이에 어떤 상호관계도 당연히 없습니다. 모든 것은 하나님에게서 세계로 일방적으로 흐르지요. 세상은 하나님을 필요로 하지만 하나님은 세상을 필요로 하지 않아요. 하나님은 세상에 영향을 미치지만 세상은 하나님에게 영향을 미치지 못합니다. 세상은 하나님에게 의존하지만 하나님은 세상에 의존하지 않지요. 하나님은 세상을 모두 알고 있지만 세상은 하나님을 전혀 알지 못합니다.[15] 단테의 『신곡』에는 이 같은 정황이 다음과 같이 묘사되어 있지요.

오, 그 자체로 영원히 홀로이시며, 영원한 빛이시여!
당신 자신만이 당신을 아시고, 또한 알려지셨으며
당신 자신을 사랑하시고 미소 지으시는도다![16]

그런데 종교개혁자들의 생각은 달랐습니다. 루터 신학과 프로테스탄트 일반에서는 창조가 '피조물과의 친교'a communion with his creature를 위한 것으로 규정되었고, 칼빈 신학과 개혁파 교회 전통에서는 창조의 목적을 '하나님의 영광'the glory of God을 위한 것으로 이야기해 왔습니다.˙ 둘 사이에 약간의 차이가 있기는 하지만, 뚜렷한 공통점은 '어쨌든' 하나님도 창조가 필요했다는 것이지요. 칼빈은 다음과 같이 말했습니다.

정말로 하나님께서는 그의 모든 피조물이 없어도 된다. 그런데도 하나님이 인간을 창조하면서 스스로의 영광은 고려하시지 않았으리라고 추론한다는 것은 어리석은 논쟁에 불과하다.…비록 하나님께서는 부족함이 없으실지라도 인간을 창조하는 주요 목적은 하나님의 이름이 그들 속에서 영광되게 하시려는 것이다.[17]

- "비록 하나님께서는 부족함이 없으실지라도 인간을 창조하신 주요한 목적은 하나님의 이름이 그들 속에서 영광되게 하시려는 것이다"[J. Calvin, *Corpus Reformatorum. Calvini Opera* (개혁자 총서 중 칼빈 전집), 8, 293]. 칼빈의 이러한 주장에 대한 성서적 근거를 보통 이사야 43:7; 60:21; 시편 19:1; 로마서 11:36; 요한계시록 4:11에서 찾는다.

종교개혁자들의 이 같은 주장이 당대의 일반인들에게는 약간 과장되어 전해졌지요. 그 영향이 독일의 고전주의를 확립한 시인 프리드리히 실러의 "친구"라는 시에서 다음과 같이 드러납니다.

저 우주의 위대한 주인은 친구가 없다네.
결핍을 느꼈고—그래서 그의 지극한 복을
반사하는 복된 거울들을 창조했다네.
—그 최고의 존재는 똑같은 것을 전혀 발견하지 못했고,
온 존재의 왕국이라는 잔에서 일고 있는 거품은—
무한하다네.[18]

"결핍을 느꼈고"라는 구절에 나타나 있듯이, 이 시에서 실러는 세계 창조의 목적을 하나님이 자신의 외로움을 달랠 상대를 가지려는 것으로 묘사하고 있지요. 100년쯤 뒤에 살았던 오스트리아 출신의 시인 라이너 마리아 릴케Rainer Maria Rilke, 1875-1926의 "수도사 생활의 서"에서도 같은 맥락의 시구를 찾아볼 수 있습니다.

하나님이여, 시간이 공간 속에서 완성되도록
당신이 당신의 목소리를 앞에 내세웠던
그때를 나 어떻게 이해할 수 있을까요?
당신에게는 무無가 상처와 같았습니다.
그때 당신은 세상을 창조함으로써 그 상처를 달랬습니다.[19]

하지만 이 같은 생각은 단지 문학적 상상력에 기인한 것이었을 뿐입니다. 이처럼 창조가 하나님의 어떤 필요에 의해 이루어졌다는 주장에 대

해서는 플라톤과 아리스토텔레스와 같은 고대 철학자들뿐 아니라, 아우구스티누스, 토마스 아퀴나스 같은 고대와 중세의 신학자들, 그리고 현대의 주요 신학자들도 반대합니다. 예컨대 파울 틸리히는 칼빈과 루터의 주장을 모두 '이교도적'이라며 부정했지요. 하나님의 영광은 영원히 그 자신 안에 있으며, 하나님의 사랑은 오직 주시는 사랑이기 때문에 하나님은 자기에게 영광이나 사랑을 바칠 대상을 필요로 하지 않는다는 것입니다.[20] 「웨스트민스터 신앙고백」에는 같은 내용이 다음과 같이 정리되어 있습니다.

> 하나님께서는 자신 안에, 그리고 자신으로부터 생명(요한복음 5:26)과 영광(사도행전 7:2)과 선(시편 119:68)과 복락에 있어 충만하고 오직 그 자신 안에서 그리고 자기 자신과의 관계에서 자족하기 때문에 그 어떤 피조물을 필요로 하지 아니하시며(사도행전 17:24, 25), 그의 영광을 어떤 피조물로부터 얻어 오지 아니하시고(욥기 22:2, 23), 오히려 모든 피조물 안에서 모든 피조물을 통하여, 그리고 모든 피조물에게 자신의 영광을 나타내신다. 하나님만이 모든 존재의 유일한 근원으로서 인간과 만물이 그에게서(로마서 11:36), 그를 통하여, 그리고 그를 위하여 존재한다. 그는 무엇이든지 자신이 기뻐하는 대로(요한계시록 4:11; 디모데전서 6:15; 다니엘 4:25, 35) 피조물을 통하여, 피조물을 위하여, 그리고 피조물 위에 작용하기 위해서 모든 것을 주관하신다.

그렇다면 이제 우리가 알고 싶은 것은 전통적 기독교 교리가 지지하는 창조의 목적입니다. 이제부터 그것을 살펴보고자 하는데, 근래 세간에 거세게 일고 있는 한 가지 논란 때문에 사전에 짚고 넘어가야 할 사안이 하나 있습니다. 창조론을 날카롭게 공격하고 있는 진화론이 그것입니다.

우리의 이야기와 연관해서 특히 주목하려는 것은, 2부 "하나님은 존재다"에서 '페일리의 시계 유추 논증'을 다루면서 잠시 언급한 문제, 곧 리처드 도킨스가 『눈먼 시계공』에서 갈파한 "눈먼 시계공"의 문제입니다. 도킨스의 주장을 들어 볼까요?

> 다윈이 발견했고, 현재 우리가 알고 있는 맹목적이고 무의식적이며 자동적인 과정인 자연선택은 확실히 어떤 용도를 위해 만들어진 모든 생물들의 형태와 그들의 존재에 대한 설명이며, 거기에는 미리 계획한 의도 따위는 들어 있지 않다. 자연선택은 마음도 마음의 눈도 갖고 있지 않으며 미래를 내다보면서 계획하지 않는다. 만약 자연의 선택이 자연의 시계공 노릇을 한다면, 그것은 '눈먼' 시계공이다.[21]

이 말에는 적어도 두 가지 중요한 내용이 들어 있습니다. 하나는 자연을 만든 것은 하나님이 아니라 다윈이 발견한 '자연선택'이라는 기계적 메커니즘이라는 것이고, 다른 하나는 자연의 선택이 맹목적이고 무의식적이며 자동적인 과정에 따라 진행될 뿐이므로 그것에는 아무런 목적도 예정되지 않았다는 말입니다. 여기서 도킨스는 곧바로 무신론을 이끌어 내는데, 한마디로 세계를 창조하고 자신의 특별한 목적에 따라 이끌어 가는 하나님은—니체의 말처럼 '죽은 것'이 아니라—아예 '처음부터 없었다'는 것이지요.

오늘날 과학자들 대부분과 많은 사람이 지지하는 이 같은 주장은 창조의 목적을 알아보려는 우리의 시도를 처음부터 아예 무가치하고 불필요한 것으로 만들어 버립니다. 그러므로 못 들은 척하고 그냥 넘어갈 수 없지요. 그래서 우리는 불가피하게 창조론과 연관된 과학 이론을—빅뱅 이론에 이어—다시 다뤄야 하는데요, 혹시 당신은 자연과학 이론을 좋아

하나요? 그렇다면 다행입니다만, 어쨌든 이번에는 진화론입니다.

앞서 언급했듯이, 2세기에 알렉산드리아에서 히브리 종교와 그리스 철학이 만나 서양문명을 이루기 시작한 후 헤브라이즘과 헬레니즘이라는 이름으로 종교와 과학 또는 신앙과 이성이 부단히 맞서 왔습니다. 경우에 따라서는 서로 화합하기도 융합하기도 했지요. 그래서 한편으로 서양문명은 전혀 이질적인 두 문명이 '마치 한 집 안에 든 두 도둑처럼' 서로 싸우는 것처럼 보이기도 합니다. 하지만 다른 한편으로는 그것들이 '마치 신전을 지탱하는 두 기둥처럼' 한 지붕을 떠받친다고도 볼 수 있지요. 아마 그것이 서양문명의 장점이고 저력일 것입니다.

그래서 우리는 이제부터 진화론의 개관과 그것이 서구사회에 미친 영향, 이에 대한 기독교의 대응, 창조론과 진화론이 충돌하는 문제와 그 해결방안 등을 차례로 살펴볼 것입니다. 이로써 오늘날 첨예하게 대립하는 창조설과 진화론 자체에 대한 이해를 더욱 높이고, 그 둘의 화합 가능성도 살펴보려 합니다. 과제가 많은 만큼, 자칫 장황해질 수 있지요. 그래서 되도록 창조의 목적에 관한 기독교의 입장을 알아보려는 우리의 의도와 연관된 중요한 문제들만 뽑아 간단히 살펴볼 겁니다. 그럼에도 이야기는 상당히 에둘러 가는 길이 될 수밖에 없을 텐데요. 때로는 돌아가는 길에서 뜻밖의 수확을 얻기도 하지요. 이번에도 그럴지, 어디 볼까요?

다윈의 진화론과 그 영향

찰스 다윈이 진화론을 통해 인류의 의식과 문명에 끼친 영향은—혹 당신이 이 이론에 동의하지 않는다고 하더라도—결코 가볍게 평가할 만한 것이 아닙니다. 다윈은 과학자로서 웨스트민스터 수도원에서 불과 몇 발자국 거리를 둔 곳에 묻힌 아이작 뉴턴Isaac Newton보다 결코 작지 않은 족적을 남겼고, 또한 혁명가로서 그와 동시대에 살았던 칼 마르크스Karl Marx, 1818-1883보다 분명 적지 않게 세계를 변화시켰습니다. 무슨 근거로 그런 평가를 하냐고요? 아인슈타인의 상대성 원리로 뉴턴의 업적이 위축되었고, 공산주의의 몰락으로 마르크스의 명성이 한풀 꺾였지만, 다윈의 진화론만은 날이 갈수록 더 빛을 발하고 있는 것이 그 근거입니다.

오늘날 진화론은 그것이 아직 완벽한 완성을 이루지 않았는데도 일종의 종교처럼 신봉되기까지 하지요. 다윈의 후계자들은 진화라는 패러다임을 통해 자연, 사회, 문화 그리고 인간을 파악하고 있습니다. 근래에 새롭게 부상한 진화생물학, 진화심리학, 진화경제학, 진화사회학, 진화철학, 다윈의학 등이 말해 주듯이, 거의 모든 학문에서 진화론 도입을 시도하고 있습니다. DNA 나선 구조의 공동 발견자 제임스 왓슨James Watson의 '과장된' 표현대로 "찰스 다윈은 인류사상사에서 예수 그리스도나 마호메트보다 훨씬 더 영향력 있는 인물"이 되고 있는 느낌마저 듭니다. 어쨌든 다윈의 진화론이 이미 우리 시대의 화두가 되었다는 사실만은 분명합니다.

근현대 사상사 전문가인 프랭클린 보머Franklin L. Baumer는 『유럽 근현대 지성사』에서 18세기를 인류 사유의 틀이 "존재being로부터 생성becoming을 향한 전환"을 시작한 시대로 규정했습니다.²² 파르메니데스 이후 약 2,500년 동안 세계를 '불변하는 존재의 체계'로 간주하던 서양의 사유가 헤라클레이토스가 주장한 '생성하고 발전하는 체계'로 인식하기 시작했다는 말이지요. '헤라클레이토스로의 회귀'라고 할 수 있는 이 같은 사유의 대전향 가운데 하나로 진화론이 태어났습니다. 따라서 진화evolution라는 개념은 다윈이 살았던 19세기에는 이미 새로운 것은 아니었습니다. 진화론이 다윈에게서 처음 시작된 이론이 아니라는 거지요. 생물과 자연, 심지어 우주가 진화하고 있다는 이른바 '발전가설'development hypothesis은 늦어도 18세기 초부터 서양문명 안에서 당당히 모습을 드러냈습니다. 그리고 이와 연관해서 누구보다 주목해야 할 사람이 바로 독일 철학자 라이프니츠입니다.

17세기 말 새롭게 등장한 고생물학에 대해 이미 알고 있던 라이프니츠는 1693년에 쓴 『원초대지』*Protogaea*라는 책에서, 지질학적 시대 구분상 초기에 해당하는 시기에 존재했던 많은 생물이 이미 절멸했고, 또 우리에게 알려진 많은 종이 그 당시에는 존재하지 않았던 것을 고려하면, 격렬한 변화 과정에서 동물의 종조차 여러 번 변형되었다는 가설이 믿을 만하다고 주장했습니다. 17세기 버전의 생물진화론이지요. 그는 『베를린 잡보』*Miscellanea Berlinensia*에, 가장 초기 동물은 수중동물이었고 양서류와 파충류와 육상동물들은 이들의 자손일 수 있다고도 썼지요. 뿐만 아니라 소피아 왕비에게 보낸 편지에서는 "우주 밖에서 그것을 하지 못하도록 막는 것이 없는 이상, 우주는 끊임없이 발전하고 진보하는 것이 틀림없다"라고 일종의 우주진화론도 펼쳤습니다.

라이프니츠가 만물의 생성과 발전에 관한 이 같은 이론을 접한 것은 인생 말년이었기 때문에, 그는 만물이 조화롭게 미리 정해져 있다는 의미의 예정조화론에 입각한 자신의 기존 철학과 이 새로운 이론을 조화시키는 데 적잖은 곤란을 겪었지요.* 그럼에도 이후 칸트, 헤르더, 셸링, 헤겔

---

* 라이프니츠는 말년에 진화론을 자신의 형이상학인 단자론(單子論)에 접목하는 데 몰두했는데, 이 작업에 우리가 2부 "하나님은 존재다"에서 살펴보았던 '존재의 사다리'를 활용했다. 요컨대 그는 "모든 영혼 혹은 모든 생물을 위해 유보된 영원성은 서서하게나마 우주에 최대 완성도를 부여하도록 착상된 거대한 장이다"(아르노에게 보낸 편지, 『철학 저작집』, 3, pp. 99f에 수록)라는 말로 단자(monad)의 진화 가능성을 언급함으로써, 불변하는 단자로 이루어진 부동하는 '존재의 대연쇄'를 끝없는 '진화의 대연쇄'로 바꾸었다.

등이 나름의 발전 가설을 잇달아 주장함으로써, 18세기 중반에는 진화론이 서구사회의 지식인들 사이에서 하나의 유행이 되었습니다. 당시에 활동한 영국 시인 에드워드 영이 천문학에 진화론을 적용해서 읊은 다음의 시구들은 그 한 예에 불과합니다.

> 어둠으로부터 밝음으로
> 자연의 성스러운 법칙에 합당한 점차적 이행에 의해
> [그것은] 상승하였도다.
> …모든 별은, 우상 숭배로 유혹하는 빛나는 것들은,
> 일그러진 모양의 아들, 즉 지옥의 진득거리는 찌꺼기로부터
> 우선 조잡한 덩어리로 상승하였다.
> 그리고 불투명한 천구층으로 상승하여
> 그 후에는 어렴풋이 빛을 발하였다.
> 그 뒤에 점점 더 밝아져 마침내 한낮에 온 빛을 작열시켰다.
> 자연은 진화를 기뻐하고 나쁜 것으로부터
> 더 좋은 것으로의 향상을 기뻐하도다.[23]

생물학에서도 사정은 마찬가지였습니다. 예컨대 뷔퐁C. d. Buffon과 라마르크J. B. Lamark 등이 생물학적 진화론의 선구자로 나섰습니다. 흥미로운 것은, 다윈의 할아버지인 이래즈머스 다윈Erasmus Darwin, 1731-1802도 그 선구자 대열에 낀다는 사실이지요. 이래즈머스는 라마르크의 용불용설을 지지했으며, 후일 자신의 손자가 주장하게 될 중요한 이론들—예컨대 성적 선택이나 부모자식 간의 일치, 본능의 연속성 등—을 이미 인식했던 것으로 알려졌습니다. 그의 사후에 출간된『자연의 전당』에서 그는 생명의 기원에 대해 다음과 같이 묘사하기도 했지요.

다음에는 작은 바늘과 글루텐의 실이 생겨나
끈과 끈을 묶고 직포와 직포를 엮는다.
그리고 빠른 수축이, 에테르의 불꽃으로
실로 짜인 것에 생명의 불을 붙인다.

이렇듯 부모도 없이 탄생하여
생명 없는 땅에 첫 흔적이 생기고
자연의 자궁을 헤엄치는 작은 손발과 나뭇가지,
초목에는 싹이 나고 벌레는 숨을 쉰다.[24]

생명이 하나님에 의해 창조된 것이 아니라 스스로 탄생해서 진화했다는 이야기입니다. 이런 분위기에서 1844년에는 생물뿐 아니라 천체도 진화한다고 주장하는 로버트 체임버스 Robert Chambers의 『창조의 흔적』이 나왔습니다. 이 책은 풍부한 상상력의 소산으로 매우 흥미로웠지만 과학적 근거가 빈약했던 탓에 과학자들에게는 집중포화를 받았지요. 하지만 일반인들에게 인기를 끌면서 진화 사상을 대중화하는 데 크게 공헌했습니다.

이렇듯 다윈 이전에도 진화에 대한 여러 가설이 이미 떠돌았지만, 단지 실험이나 관찰에 의해 귀납적으로 증명되지 않았을 뿐이지요. 요컨대 진화론의 전성기를 위한 역사적 무대가 이미 만들어져 찰스 다윈의 등장을 예비하고 있었던 겁니다.

지금은 유명해진 '비글 Beagle호의 항해'가 끝난 1836년, 다윈은 생물들이 자연의 선택에 의해 진화해 왔다는 것을 확신했고, 이를 뒷받침할 증거 자료도 충분히 확보한 상태였습니다. 하지만 그는 매우 조심스러운 성격인지라 기독교와의 마찰을 염려해 발표를 주저하며 거의 20년을 흘려보내고 있었습니다. 다윈은 뛰어난 과학자였지만 과학을 위해 순교하고 싶은 마음은 전혀 없었기 때문이지요. 그러다가 1858년 앨프리드 러셀 월리스Alfred Russel Wallace, 1823-1913가 보내온 논문을 보고는 그의 주장이 자기 생각과 똑같다는 걸 알게 되었습니다. 그래서 자신의 진화론 발표를 아예 포기하려고도 했지요.

이때 친구 후커와 나중에 "다윈의 싸움닭"으로 불리면서까지 진화론을 옹호한 토머스 헉슬리가 중재에 나섰습니다. 그 결과 1858년 7월 1일 다윈은 윌리스와 공동으로 런던의 '린네 학회'Linnean Society에서 진화론에 관한 논문을 발표했습니다. 논문 제목은 '자연선택'이었는데, 그 내용이 이전의 진화론 주장들과는 확연히 구분되었지요. 기린의 길어진 목을 예로 들어 용불용설use-unuse을 주장한 라마르크를 제외한 기존의 진화론자들은 자연에서 변종이 일어난다는 사실을 밝히는 데 그쳤습니다. 반면에 다윈은 변종이 일어나는 원인과 원리를 처음으로 알아냈고 풍부한 증거 자료로 그것을 증명했습니다. 그러나 모든 폭풍 전야가 그렇듯이, 학회 참석자들 대다수는 이 이론의 중요성과 그것이 몰고 올 엄청난 혁명을 전혀 눈치채지 못했습니다.*

그러나 이듬해인 1859년 11월 24일 런던의 존 머레이 출판사가 다윈이 저술한 500여 쪽의 『종의 기원』을 출간하자 사태는 완전히 달라졌지요. 초판 1,250부가 성탄 대림절 시장에서 빵 팔리듯 순식간에 팔려 나갔고, 1860년 새해에는 추가로 3,000부가 발행되었습니다. 다윈 이전에는 그 누구도 지식인들과 대중을 동시에 즐겁게 한 과학저술가가 없었던 탓이었지

• 린네 학회 회장 토머스 벨(Thomas Bell)은 1858년에는 과학 분야에서 "놀랄 만한 발견"이 없었다는 내용으로 연설했다.

요. 당시로서는 놀라운 성공이지만, 그건 단지 진화 개념이 19세기 유럽 사상을 지배할 것임을 알리는 신호탄에 불과했습니다. 바야흐로 진화론의 시대가 본격적으로 열리기 시작했지요.

생존경쟁과 적자생존

『종의 기원』을 읽어 보면, 이 과학 저술이 당시 대중에게까지 인기 있었다는 게 조금도 놀라운 일이 아님을 곧바로 깨달을 수 있습니다. 이 책은 대중적 성공을 거둘 만한 장점을 적어도 두 가지를 갖고 있지요. 하나는 내용인데, 『종의 기원』이 내포하는 유물론적·실증주의적 경향이 당시 지식인들의 취향과 맞았다는 점입니다. 다윈의 의도와는 무관했지만, 미루어 짐작할 수 있는 무신론적 경향도 당연히 한몫을 했지요. 다른 하나는 서술 방식과 관련되는데, 풍부한 사례와 뛰어난 수사학적 기법을 동원한 다윈의 표현 기법이 대중을 매혹시키는 데 충분했다는 점입니다.

다윈은 이 야심만만한 저서를 서술하면서 내 주장이 이렇다—즉 모든 생물은 진화한다—는 식으로 자신의 주장을 대전제로 세워 두고 결론을 이끌어 내는 '연역법'을 사용하지 않았습니다. 다양한 증거 자료를 먼저 제시한 다음 '모든 자료가 보여 주는 불가피한 결론으로서 모든 생물은 진화한다'는 식의 '귀납법'을 활용했지요. 그것은 베이컨의 귀납적 사고를 선호하던 당시 영국 빅토리아 왕조 지식인들의 구미에 맞추려는 의도였습니다. 그는 『종의 기원』 머리말에 자신의 연구가 귀납적 방법에 의해 진행되었음을 상세히 기록해 놓는 것도 잊지 않았지요.

이 점에서 다윈은 약삭빠르다고 할 만큼 조심스러웠고 영민했습니다. 예를 들면 다윈은 다른 사람의 제자인 존 피스크John Fiske에게 보낸 편지에서 "내 마음은 귀납적 방법에 고정되어 있고 그래서 나는 연역적 추리를 이해할 수 없다. 나는 대다수의 사실로부터 시작했을 뿐 원리에서 시작한 것이 아니다"라고, 자신의 연구가 귀납주의의 소산임을 밝혔지요. 하지만 자신의 오랜 친구인 찰스 라이엘Charles Lyell에게는 "이론을 만들지 않고서는 어떤 관찰도 없다"고 전하면서, 자신이 연역주의자임을 분명히 털어놓았습니다.[25] 실제로 다윈은 『종의 기원』을 쓰기 전부터 진화론에 대한 착상을 먼저 갖고 있었고, 그것을 증명하기에 합당한 관찰들을 오랜 세월 끈기를 갖고 수행한 연역주의자였지요.

그뿐만이 아닙니다. 다윈은 그의 아들 프랜시스Francis가 지적한 것처럼 독자들이 "교수의 강의를 듣는 학생이 아니라 점잖은 신사와 담소를 나누는 친구처럼" 느끼도록 부드럽고 감동적인 어투를 사용했지요.[26] 바로 이것이 『종의 기원』이 다른 과학 저술과 다른 점이고 대중을 움직이는 지렛대였던 것입니다. 이런 의미로 본다면 다윈은 수사학에 뛰어난 인물로, 사실상 대중과 소통해야 하는 오늘날의 과학자들에게 특히 요구되는 '과학적 수사학'Scientific Rhetoric의 선구이자 모범이기도 한 셈이지요.[*]

방대한 분량에 비하면 진화론의 핵심은 비교적 단순합니다. 그래서 토머스 헉슬리가 진화론에 관한 다윈의 논의를 처음 접했을 때 "이렇게 간단하고 쉬운 걸 생각 못한 내가 얼마나 멍청한가!"^{**}라고 한탄했다고도 하

• 아리스타르코스(Aristarchos)가 지구는 태양의 주위를 돈다고 했을 때 아무도 믿지 않았고, 유전법칙을 발견한 멘델(G. Mendel)은 자신의 동료들조차 설득하지 못했다. 이런 불행한 예가 다윈처럼 성공한 예보다 훨씬 많다. 바로 이런 이유에서 과학자들에게도 수사학이 필히 요구된다.
•• 토머스 헉슬리는 이전에 진화론 가설에 회의적이었는데, 다윈의 논의가 명백한 사실에 호소하고 있으면서 아주 단순했기 때문에 감탄했고 곧바로 진화론의 전도사가 되었다[T. Huxley, "On the Reception of Origin of Species", in Darwin, *Life and Letters* ii. p. 197; 참고. 제임스 레이첼스, 김성한 역, 『동물에서 유래된 인간: 다윈주의의 도덕적 함의』(*Created from Animals: The Moral Implications of Darwinism*), 나남, 2009, p. 77].

지요. 이 이론을 한 문장으로 간략하면 이렇습니다. 자연은 동식물을 막론하고 살아남을 수 있는 숫자보다 훨씬 많은 자손을 생산하기(자연의 다산성) 때문에, 자손들 간에 생존을 위한 투쟁(생존경쟁)을 할 수밖에 없는데, 그 결과 생존에 필요한 조건에 적응하기 위해 변종(종의 변이)들이 생겨나고, 그들 가운데 환경에 더 유리한 조건을 갖춘 변종은 살아남지만 그렇지 못한 변종은 자연히 제거되는 선택(자연선택)이 일어난다.

이것입니다! 여기서 당신이 주목해야 할 용어는 '생존경쟁'struggle for existence과 '자연선택'natural selection이지요. 우선 '생존경쟁'은 다윈이 1838년에 우연히 읽은 토머스 맬서스Thomas Malthus의 『인구론』에서 빌려 온 개념입니다. 다윈은 맬서스의 책에서 '생존경쟁'을 하는 환경 아래서 "유리한 변종들은 보존되는 경향이 있으며, 유리하지 못한 변종들은 없어지는 경향이 있다"는 내용을 읽고 이루 말할 수 없는 기쁨을 맛보았다고 합니다.˙ 비글호를 타고 다니며 세계 각지에서 수많은 증거 자료를 수집한 그가 예컨대 갈라파고스 군도Galapagos Islands와 티에라 델 푸에고Tierra del Fuego 섬에서 자주 본 새로운 변종들(핀치, 거북, 부채선인장 등)이 어떻게 생겨났는지 설명할 수 있는 용어와 이론을 마침내 손에 쥐었기 때문이지요.[27]

어떻게 알았냐고요? 1859년 학회에서 함께 진화론을 발표했던 월리스에게 쓴 편지에는 이에 관한 다윈의 고백이 실려 있습니다. 맬서스의 『인구론』을 읽고 가축의 인공교배에서도 나타나는 '유리한 변이의 보존과 해로운 변이의 제거'에 의한 '선택'이 종이 변화하는 원리라는 것을 알게

• 다윈은 『종의 기원』 3장 2절 "기하급수적 증가율" 부분에서 이렇게 썼다. "생존경쟁은 모든 유기체의 수가 빠른 속도로 증가됨에 따라 불가피하게 생겨난다.…개체의 수가 생존 가능한 범위를 넘어서서 증가함으로써 동일한 종의 개체들 사이뿐만 아니라, 상이한 종의 개체들 그리고 삶의 물리적 조건 안에서 생존경쟁이 일어난다. 이는 식량의 인위적 증가가 전혀 없고 짝짓기에 대한 어떤 신중한 절제도 있을 수 없는 전체 동식물 세계에 맬서스의 이론이 광범위하게 적용되고 있음을 보여 준다."

되었으며, 그 '선택의 원리'를 어떻게 자연에 적용해야 할지도 곧바로 이해했다는 내용이지요.˙ '자연선택'natural selection이라는 다윈의 용어가 여기서 나왔습니다. 요컨대 생존경쟁이라는 맬서스의 용어와 그에 관한 이론이, 다윈의 머리 안에서 흐트러진 구슬과 같던 수많은 증거 자료를 하나로 꿰어서 '자연선택'이라는 진화론의 핵심 메커니즘을 명료하게 떠올려 준 것입니다.

얼마 후 다윈은 '자연선택'이라는 용어가 부정확하고 애매한 용어라는 생각에, 동료 월리스의 충고를 받아들여 허버트 스펜서의 용어인 '적자생존'survival of the fittest을 병용하기 시작했습니다. 『종의 기원』 5판 1869부터지요. 결국 다윈은 자연과학 이론인 자신의 진화론을 떠받치는 '생존경쟁'과 '적자생존'이라는 두 가지 용어를 각각 맬서스와 스펜서의 사회학적 개념들로부터 빌려 온 셈입니다. 그런데 바로 이 사소한 학문적 행위가 그의 의지와는 관계없이 사회진화론 Social Evolutionism과 연결되어 엄청난 사회적 불행을 불러오는 징검다리가 되었습니다.

매사에 조심스러웠던 다윈은 자신이 '생존경쟁'과 '적자생존'이라는 용어들을 "커다랗고 비유적인 의미에서"in a large and metaphorical sense 쓰고 있음을 분명히 밝혔습니다.[28] 그럼에도 이 용어들과 함께 우선 자연이 더 이상 윌리엄 워즈워스 William Wordsworth, 1770-1850가 "초원의 빛이여! 꽃의 영광이여!"라고 노래한 낭만적 공간이 아니라, 앨프리드 테니슨 Alfred Tennyson, 1809-1892이 표현한 대로 "피에 물든 이빨과 발톱"이 지배하는 살벌한 공간으로 변해 버렸지요. 나아가 이 용어들을 인간사회에 그대로 적용한 사

- 『종의 기원』 4장 서두에는 다음과 같이 쓰여 있다. "만약 그러한 변이가 발생한다면(생존 가능한 개체수보다 더 많은 개체가 생겨난다고 한다면) 다른 개체들보다 조금이라도 우월한 개체들이 생존과 번식에 성공할 것임을 어찌 의심할 수 있겠는가? 한편 우리는 조금이라도 유해한 변이는 철저하게 멸종될 것임을 확신할 수 있다. 이같이 유리한 변이의 보존과 유해한 변이의 폐기를 나는 자연선택 또는 적자생존이라고 부른다."

회진화론과 함께 서구사회도 그렇게 살벌한 공간으로 변해 가기 시작했습니다. 자연이 그러하다면 인간사회도 마땅히 그래야 한다는 사회진화론이 빅토리아 시대의 영국을 중심으로 서구 각국에 들불 번지듯 퍼져 나갔기 때문입니다.

피에 물든 이빨과 발톱

허버트 스펜서Herbert Spencer, 1820-1903가 대표하는 사회진화론을 오늘날에는 '사회다윈주의'Social Darwinism라고도 부릅니다. 하지만 이 이론의 핵심이 스펜서의 '적자생존'이기 때문에 '사회스펜서주의'Social Spencerism가 더 적합하다고 생각하는 학자들이 많습니다. 어쨌든 오늘날 흔히 사회다윈주의로 불리는 이 이론은 자연계와 마찬가지로 인간의 사회와 역사도 '생존경쟁'과 '적자생존'이라는 법칙에 따라 진화한다는, 근거가 매우 희박한 주장을 토대로 하고 있지요. 그런데도 이 이론과 함께 자유·평등·박애라는 구호 아래 지상천국을 꿈꾸던 프랑스대혁명1789 이후 채 100년도 지나기 전에, 인간사회 역시 "피에 물든 이빨과 발톱"이 지배하는 원시적 공간으로 재빨리 발걸음을 돌렸습니다. 상상력이 달라지면 관념이 변하고, 관념이 변하면 세계가 달라지는 법이지요.

우리가 주목해야 할 것은 자연이 원시적 공간이라는 것과 인간사회가 그렇다는 것은 전혀 다른 의미를 갖는다는 사실입니다. 우선 인간사회가 자연의 일부라고는 해도 자연만으로 이루어진 것이 아니고, 인간이 동물로부터 왔다고 해도 동물로서만 살아가는 것이 아니기 때문에 그렇습니다. 또한 자연은 우리에게 주어진 것이지만, 인간사회는 우리가 만들어 가는 것이기 때문에도 그렇지요. '만들어 간다'는 데는 '잘 또는 바람직하게' 만들어야 한다는 가치 기준이 이미 전제되어 있으니까요. 따라서 생존과 번식만을 목적으로 하는 자연세계의 법칙들을 학문, 예술, 종교와 같은 정신적 가치도 함께 추구하는 인간사회에 그대로 적용할 수 있다는 주장은 잠시만 생각해 보아도 우스꽝스런 억지에 불과합니다.

그뿐 아니라 1739년 데이비드 흄이 『인간본성론』에서 처음 지적한 이래, '자연법칙이 그렇다'는 사실事實에서 '우리도 그렇게 살아야 한다'는 당위當爲를 끌어낼 수는 없다는 것을 우리는 이미 잘 알고 있습니다.˙ 그렇다면 명예혁명을 성공시킨 역사적 경험과 흄을 배출한 학문적 전통을 가진 19세기 중반 영국 사람들의 생각도 우리와 마찬가지가 아니었을까요? 당신 생각은 어때요? 그럴 것 같지요? 하지만 그렇지가 않았습니다! 왜냐하면 유물론과 실증주의에 매혹된 당시 지식인들 사이에선 이미 진화론이 열병처럼 번지고 있었고, 일반인들 사이에서는 '자연을 따르라'는 해묵은 구호가 여전히 변치 않는 불문율로 통하고 있었거든요.

2부 "하나님은 존재다"에서 이미 살펴보았듯이 자연 안에는 신적 진리가 존재하므로 그것을 따라야 한다는 것이 서양에서는 고대로부터 내려오는 믿음이었습니다. 그것이 '자연법'lex naturalis이라는 이름으로 스토아 철학을 거쳐 기독교에 들어와 '영원법'lex divina positiva이라는 이름으로 중세 1,000년 동안 서구사회를 지배했지요. 우리는 단테의 『신곡』에도 이러한

• 흄은 스펜서가 사회진화론을 내놓기 100년쯤 전인 1739년에 출간한 그의 『인간 본성론』(Treatise of Human Nature)에서 "나는 그러한(도덕적) 주장들이 '…이다'와 '…아니다'라는 일상적인 계사(繫辭)로 명제를 맺지 않고, 갑자기 '…해야 한다'와 '…해서는 안 된다'로 모두 끝맺고 있음을 알고 매우 놀랐다"라며 사실로부터 당위를 이끌어 낼 수 없다는 것을 분명히 밝혔다. 현대 윤리학의 거장인 조지 무어(George E. Moore)도 그의 『윤리학 원리』에서 스펜서와 같이 주장하는 도덕이론을 '자연주의적 오류'(naturalistic fallacy)라고 규정하고 날카롭게 비판했다.

중세적 믿음이 잘 나타나 있음을 이미 살펴보았는데요, 상기하기 위해 그 중 일부만 다시 옮기면 다음과 같습니다.

"이 진리에 대해 더 명확히 듣고 싶은가?"
"아닙니다. 하나님의 완벽한 의도에 따라 창조되고 유지되는
자연에 어떤 결점도 있을 수 없음을 이제 나는 알았습니다" 하고
내가 대답하자, 그가 다시 묻기를, "그러므로 지상의 인간들이
[자연을 따라 만들어진] 사회질서를 지키지 않으면 더욱 불행해지지
　　않을까?"
이에 내가 대답했다. "물론 입증할 필요 없이 불행해질 것입니다."[29]

18세기부터는 영미 자연신학자들이 이 같은 믿음을 나름의 방식으로 강화해 나갔습니다. 그런데 엉뚱하게도 그 덕을 사회다원주의자들이 톡톡히 보았지요. 씨 뿌리는 자와 수확하는 자가 항상 같으리라는 법은 없는 겁니다. 19세기 스펜서가 활동하던 당시까지도 널리 읽히던 알렉산더 포프의 장시 "비평론"에는 이런 구절이 들어 있습니다. 앞에 인용한 단테의 시구와 비교해 볼까요? 둘 사이에는 400년이라는 시차가 있지만 내용상 변한 것은 하나도 없습니다.

제일 먼저 자연을 따르라. 당신의 판단을
항상 변함없는 자연의 기준에 맞춰라.
과오가 있을 수 없는 자연은 하나님의 빛을 드러내 보이나니,
그것은 분명하고 변함이 없으며 보편적인 빛으로
모든 것에 생명과 힘과 아름다움을 부여하느니라.[30]

단테와 포프의 이 같은 시구들을 보면, 본디 사회학에서 나온 '생존경쟁'과 '적자생존'이라는 개념들이 다윈에 의해 비유적 의미로 자연에 적용됨으로써 자연으로부터 절대적 정당성을 인정받은 다음, 다시 사회학으로 당당하게 돌아오는 과정을 쉽게 이해할 수 있습니다. 한마디로 "자연은 하나님의 빛을 드러내" 보이며 "그것은 분명하고 변함이 없으며 보편적인 빛"이어서 자연의 법칙인 생존경쟁과 적자생존에는 과오가 있을 수 없고, 같은 이유로 인간사회에 그대로 적용되는 것이 당연하다는 논리와 믿음이 당시 서구사회에 만연했던 것입니다.

요컨대 19세기 당시 서양 사람들의 믿음은, '자연적인 것은 사회적이기도 하다'는 것이었습니다. 바로 그것이 그들이 사회다윈주의를 거부감 없이 받아들인 근원적 이유였습니다. 사실은 이것이 오늘날 리처드 도킨스, 데즈먼드 모리스Desmond Morris, 데이비드 버스David Buss와 같은 신다윈주의자Neodarwinist들과 20세기 말부터 협동보다는 경쟁을 사회원리로 내세우며 자본주의를 이끄는 신자유주의자Neoliberalist들의 믿음이거니와 우리 모두가 암암리에 갖고 있는 미혹迷惑이기도 합니다. 그러나 '생존경쟁'과 '적자생존'은 사실상 하나님의 빛도 아니고, 분명하고 변함없는 보편적 빛도 아니지요. 그렇지 않은가요?

다윈은 『종의 기원』에서, '자연선택'이 인간사회에 적용될 때, 그것이 인간사회에서도 개인과 개인 사이에 적용되어야 하는지, 아니면 계층이나 계급 간 혹은 국가 간이나 인종 간에 그렇다는 것인지 언급한 바가 전혀 없습니다. 그런데 스펜서를 비롯한 사회다윈주의자들은 이 모든 경우에 '자연선택'이라는 메커니즘을 폭넓게 적용했지요. 그리고 이 '자연적' 메커니즘을 '인위적'으로 구현하는 데 몰두했습니다.

19세기 중엽부터 사회다윈주의자들은 당시 '자유주의'liberalism라는 이름으로 싹트던 새로운 정치체제와 손을 잡습니다. 애덤 스미스^{Adam Smith}와 데이비드 리카도^{David Ricardo} 등의 '자유방임경제', '정부불간섭주의'에 과학적 정당성을 부여함으로써 자본주의와도 입을 맞추었지요. 원칙적으로는 정치적 중립이라 할 수 있는 다윈의 진화론을 우파 이데올로기로 변질시켜 사회에 적용하기 시작한 겁니다. 이런 정황은 마치 20세기 후반 하버드 대학 교수 에드워드 윌슨^{Edward Wilson}의 사회생물학^{Sociobiology}이 1980년대의 신자유주의 정부들, 특히 영국의 대처^{M. Thatcher} 정부와 미국의 레이건^{R. W. Reagan} 정부에 의해 '우파의 과학'으로 이용된 것과 매우 흡사합니다.*

그 결과 사회다윈주의의 득세와 함께 19세기 후반부터 서구에서는 '평등' 개념이 이상사회 이념에서 매몰차게 밀려나기 시작했습니다. 생존경쟁과 적자생존의 메커니즘을 사회진보와 역사발전의 원리로 삼는 사회다윈주의자들의 입장에서 보면, 평등이란 실현될 수도 없고 또한 실현되어서도 안 되는 '불순한' 개념이었지요. 그래서 그들은 치열한 경쟁을 통해 걸러진, 우수한 개인·계층·계급·국가·인종만 살아남는다는 자신들의 신념을 사회 전반에 강력하게 퍼뜨렸지요. 이들에게 사회란 홉스가 제시한 "만인에 대한 만인의 투쟁"^{Bellum omnium contra omnes}의 장소일 뿐만 아니라,

---

* 윌슨은 『사회생물학』에서 텃세권(territoriality), 부족주의, 외국인혐오증(xenophobia), 공격성 등은 수백만 년간의 진화 과정에서 형성된 인간의 유전적 구성의 일부라고 주장했다. 그러자 미국의 우파뿐 아니라, 영국과 프랑스의 신우익(Nouvelle Droite)과 독일의 신나치(Neo Nazi)도 이 같은 주장을 내세우며 인종주의와 반유태주의는 자연스러운 것이며 제거될 수 없는 것이라고 외쳐 댔다. 리처드 도킨스는 출세작 『이기적 유전자』에서 폭증하는 인구 및 식량 문제를 언급하며 ─ 매우 조심스러운 태도로 ─ 산아 제한 없는 사회복지제도의 부당함을 지적했다. 그러자 당시 영국 정부는 빈민 아동들을 위한 사회복지기금을 줄이는 데 필요한 정당성을 이 주장에서 찾았다. 또 영국국민전선(Britain's National Front)은 도킨스의 책 제목을 그대로 자신들의 구호로 사용하면서 인종주의가 "이기적 유전자"의 산물이라고 주장하기도 했다[참고. 스티븐 로우즈·리처드 C. 르원틴·L. J. 카민, 이상원 역, 『우리 유전자 안에 없다』(Not In Our Genes), 한울, 1993, p. 26].

'진화를 실현해야 하는 계몽의 장소'이기도 했기 때문입니다.

19세기 말로 접어들며 점점 더 과감해지고 노골화된 사회다원주의자들이 새롭게 지지한 이념이 있었지요. 대내적으로는 인종·계급·남녀 차별주의였고 대외적으로는 제국주의와 군국주의였습니다. 그리고 이것들을 실행하기 위한 일목요연한 전략이 바로 '부적자不適者, the unfit의 제거'였지요. 사회다원주의자들은 국내에서는 우생학eugenics*을 근거로 단종법sterilization law** 같은 각종 차별적 조치 시행과, 빈민에게 가혹한 '신빈민구호법'new poor law 제정 같은 복지 정책 말살을 부지런히 추진했습니다. 동시에 해외에서는 "전쟁은 어떤 의미에서는 진보의 한 조건"이라는 구호 아래*** 식민지주의와 군국주의를 통한 이른바 '미개인들의 지배와 제거'를 과감하게 실행했지요. 진화론과 우생학으로 단단히 무장한 사회다원주의자들의 이 같은 주장 속에서 19세기 말에는 점차 공격적이고 호전적인 사회 분위기가 형성되었고, 인류사를 통해 가장 많은 살상자를 낸 제1, 2

- • 다윈의 진화론과 멘델의 유전학을 부모로 가진 우생학(eugenics)은 다윈의 사촌이기도 한 영국 의학자 프랜시스 골턴(Francis Galton, 1822-1911)에 의해 체계화되었다. 이것은 처음부터 과학이라는 이름으로 사회에서 '적자'(適者, the fit)를 키우고 '부적자'(不適者, the unfit)를 제한하거나, 심지어 제거하는 것을 목적으로 삼았다. 이 점에서 우생학은 사회다원주의가 키운 과학이자 그 상징이기도 하다.
- •• 1890년 영국에서는 만성질환자, 백치, 저능자, 간질 환자, 정신병자, 강간범, 마약중독자 같은 상습 범죄자들에게 강제로 불임수술을 실시하는 단종법을 논의하기 시작했는데, 미국에서는 1907년 인디애나주를 시작으로 1915년에는 미국 12개 주가 강제불임수술을 실행했다. 그 희생자가 약 6만 명에 달한다. 이후 20세기 전반에는 미국뿐 아니라 캐나다와 유럽 대륙에서도 단종이 공공연하게 실행되었다. 1933년 독일 나치는 "유전병 자손 예방법"을 제정하여 약 40만 명에게 강제 불임수술을 실시했다. 역사상 가장 극단적이고 대규모로 행해진 단종이었다. 사실 이런 사례는 빙산의 일각에 불과하다. 그러나 이처럼 부당한 의료적 조치가 행해졌음을 아는 사람은 유전학자들 중에서조차 많지 않다[참조. 존 벡위드, 이영희·김동광·김명진 역, 『과학과 사회운동 사이에서』(Making Genes, Making Waves), 그린비, 2009].
- ••• 영국의 과학자이자 통계학자였던 칼 피어슨(Karl Pearson, 1857-1936)은 "진보가 최적 인종의 생존"에 기여한다면서 "부족과 부족, 국가와 국가 간의 투쟁"에 의한 상승효과를 강조했다. 그래서 그는 "전쟁이 종식되면 인류가 더는 진보하지 않을 것이다. 왜냐하면 열등한 인종의 번식력을 억제할 방법이 전혀 없기 때문이다"라며 전쟁 불가피성을 피력했다.

차 세계대전이 서서히 잉태되고 있었습니다.

정리할까요? 19세기 후반은 유럽만이 아니라 북미 대륙에서도 사회다윈주의가 그 위세를 맹렬히 떨치던 시기였습니다. 당시에 서양문명 전반에 걸쳐 개인주의자들은 무자비한 방임을, 자유주의자들은 무제한 경쟁을 요구했고, 우생학자들은 동족 내의 신체적·정신적·경제적 약자들의 합법적 제거를 부르짖었으며, 인종주의자들은 자국 내의 열등한 인종이나 외국인 추방을 외쳤고, 제국주의자들은 아프리카나 아시아 대륙을 미개지로 몰아 계몽 또는 선교라는 미명 아래 정복을 감행했습니다. 이들 모두가 하나같이 사회다윈주의를 내세워 자신들의 행위를 정당화했지요.

여기서 우리가 주목해야 할 것은 다음과 같습니다! 자연 상태와 마찬가지로 인간사회에도 치열한 생존경쟁 관계가 존재하고 그 결과 적자생존이라는 비정한 현상이 생겨난다는 것과, 그것이 사회적으로 정당화된다는 것 사이에는 엄청난 차이가 있다는 겁니다. 우리는 사회에 존재하는 부당한 조건과 환경을 시정해 갈 수 있으며 또 부단히 그래야만 하는데, 어떤 것이 일단 사회적으로 정당화되고 나면 그것을 시정하기가 불가능해지기 때문이지요. 그럼에도 20세기 후반 사회생물학에 바통을 넘겨주기까지 사회다윈주의가 바로 그런 부당한 일을 자행했습니다.

자연은 선하지도 않고 악하지도 않습니다. 그러나 인간과 사회는 분명 선하기도 하고 악하기도 하며, 바람직할 수도 있고 바람직하지 않기도 하지요. 자연과는 달리 인간과 사회는 언제나 가치지향적이고, 또 항상 그래야만 합니다. 그래서 역사는 진보하기도 하고 퇴보하기도 하지요. 그런데 19세기 후반부터 자연을 따라 인간사회에서도 생존경쟁과 적자생존을 정당화하는 스펜서의 사회다윈주의와 함께 자유·평등·박애를 지향하던 이성과 계몽의 역사가 빠르게 퇴보하기 시작했던 것입니다.

여기에서 오해를 피하기 위해 한 가지만 짚고 넘어갈까 합니다. 과연 다윈의 진화론이 우파 사상을 지지하는가 하는 것이지요. 당신은 어떻게 생각하나요? 결론부터 말하자면, 그렇게 해석할 여지가 전혀 없지는 않지만 반드시 그렇지는 않다는 겁니다! 진화론 자체는 좌파 사상도 우파 사상도 아니라고 해야겠지요. 『종의 기원』은 사실에 관한 문장들로 구성되어 있으며, 적어도 표면상으로는 그 어떤 도덕적 방향성은 물론, 정치적·사회적 경향을 띠지 않기 때문입니다. 그러니 다윈의 진화론을 우파 사상과 직결해서 해석하는 것은 옳지도 바람직하지도 않지요.

이 같은 생각은 다윈 당시에도 이미 존재했습니다. 다윈주의자라고 해서 모두가 진화를 스펜서처럼 이해한 건 아니었지요. 일부 진화론자들은 진화가 경쟁의 산물이라는 데 극구 반대했습니다. 예컨대 헨리 드러먼드Henry Drummond, 1786-1860는 1894년 출간된 『인간의 등고』에서 "이타주의적 해석이 동시대 진화론에서 빠진 가장 중요한 요소다"라고 지적했지요. 또한 러시아에서 망명한 무정부주의 혁명가 표트르 크로포트킨Pyotr Kropotkin, 1842-1921은 나중에 『상호부조 진화론』으로 출간될 일련의 논문을 통해서 경쟁이나 이기주의가 아닌 상호부조mutual aid와 이타주의altruism를 다윈의 진화론으로부터 끌어내기도 했습니다. 이들은 예컨대 다윈의 『인간의 유래』에 나오는 다음 구절을 주목했습니다.

높은 도덕 기준은 한 개인이나 그 후손에게 부족 내의 다른 구성원에 비해 약간의 이득을 줄 수도 있고 전혀 주지 않을 수도 있다. 그렇더라도 좋은 품

- 다윈은 1870년 친구에게 보낸 편지에 다음과 같이 썼다. "나는 그[스펜서]가 장차 영국에서 살아 있는 철학자 중 단연 위대한 철학자로 꼽히지 않을까 생각하네. 어쩌면 지금까지 어떤 철학자도 필적할 수 없을 정도로 말일세"(Darwin, *Life and Letters* iii. p. 120.) 이 글을 보면 그가 스펜서의 사회진화론에 공감했다는 것을 짐작할 수 있다(참고. 제임스 레이첼즈, 김성한 역, 『동물에서 유래된 인간: 다윈주의의 도덕적 함의』, 나남, 2009, p. 125).

성을 갖춘 사람이 늘어나고 도덕성의 기준이 진보할수록 부족 전체는 다른 부족에 비해 막대한 이익을 얻게 된다는 것을 잊어서는 안 된다. 높은 수준의 애국심, 충성심, 복종심, 용기, 동정심이 있어서 항상 남을 도울 준비가 되어 있고 공동의 이익을 위해 자신을 희생할 준비가 되어 있는 사람들이 많은 부족은 다른 부족에 비해 성공을 거둘 것이다. 이것이 바로 자연선택이다.[31]

크로포트킨에 의하면, '만인에 대한 만인의 투쟁'으로 인간사회를 파악하는 홉스주의Hobbesian에 의해 다윈의 진화론을 해석하는 스펜서 같은 사회다윈주의자들은 다윈을 자신들이 원하는 대로 매우 편향되게 해석한 것입니다. 크로포트킨은 스펜서를 신랄하게 비난하며 이렇게 주장하지요. "경쟁이란 동물세계에서나 인간세계에서나 진화의 원리가 아니다. 그것은 동물들 사이에도 번식기 같은 극히 예외적 시기로 국한되며…진화의 더 나은 조건은 협동에 의한 경쟁 소멸에 의해 만들어진다."[32]

그러나 다윈의 진화론에 대한 크로포트킨식 해석은 애덤 스미스, 맬서스, 스펜서처럼 당시 학계에서 주류를 이루던 우파 성향 거인들의 목소리에 묻혀 버렸습니다. 또한 상호부조가 사회 진보의 원리라는 좌파적 주장마저—크로포트킨이 가진 무정부적 성향 때문에—주류 좌파로부터는 물론이고, 마르크스주의의 흐름에서도 철저하게 외면되었습니다. 오늘날에 와서야 예컨대 다윈주의 좌파 사상을 개발하려는 호주 출신 실천윤리학자 피터 싱어Peter Singer 같은 학자들에 의해 비로소 재조명되고 있지요.[33] 프랑스대혁명 이후 지금까지 우리가 자유와 평등을 함께 추구하고 있다고 규정한다면,* 인류는 당시 매우 나쁜 선택을 했던 겁니다. 일찍이

• 19세기 정치·경제·사회학자들의 과제는 전대미문의 부를 생산하면서도 빈곤의 악순환에 갇

호메로스가 『일리아스』에서 교훈했듯이 나쁜 선택에는 나쁜 결과가 따르는 법이지요.

자, 우리 여기에서 잠시 생각해 봅시다. 그렇다면 사회다윈주의자들은 모두 냉혈한, 악당, 무식쟁이 또는 사회파괴자였던 걸까요? 아니지요. 전혀 그렇지 않았습니다. 오히려 그 반대였지요. 그들은 당시를 대표하는 과학자이거나 지식인이었고, 무엇보다 계몽주의자였습니다. 당연히 그들은 이상사회를 향한 뜨거운 열정을 갖고 있는 이상주의자들이었지요. 사회다윈주의들은 단지―중세 십자군 원정 때 성직자들이 그랬듯이―자신들의 정당한 목적을 이루기 위해 부당한 수단을 스스로 정당화했던 것입니다. 그 목적이 적어도 당사자들에게는 크고 정당했던 만큼, 그들은 뇌수술이나 단종斷種 같은 악한 수단까지도 아무런 문제의식 없이 정당화할 수 있었던 것입니다.

독일 출신 유대인 정치학자 한나 아렌트Hannah Arendt, 1906-1975가 지적한 '악의 평범성'은 이렇게 언제 어디에나 웅크린 채 숨어 있습니다." 아렌트

히는 수많은 산업 프롤레타리아트를 낳은 빅토리아 말기 영국의 사회적·경제적 문제에 대한 대응이었다. 당시 제기된 해결책의 핵심은 '자유방임'에 대한 '평등', '경쟁'에 대한 '상호부조'의 확대였다. 경제학자 홉슨(J. A. Hobson)은 경제적 힘이 인간의 의지와 독립적으로 '보이지 않는 손'에 의해 작용한다며 자유방임을 주장하는 애덤 스미스와 리카도의 고전경제학을 거부하고, 경제학에 협동과 평등이라는 윤리적 요소를 도입하는 것이 정당함을 증명했다. 홉슨의 이런 공헌에 힘입어 신자유주의 정치이론을 확립한 인물이 홉하우스(L. T. Hobhause, 1864-1929)인데, 그는 진정한 자유는 그 안에 평등 개념을 포함해야 하며, 만일 그렇지 않다면 그것은 허구에 불과하다고 주장했다. 홉하우스는 "나는 자유가 만병통치약이라거나, 자유의 관념이 참다운 사회철학이 기초할 수 있는 유일한 토대라고 보지 않는다. 오히려 자유는 사회적 삶의 한 측면에 불과하다. 상호부조가 상호방임보다 덜 중요하지도 않으며, 집단행동의 이론이 개인 자유의 이론보다 덜 기본적이지도 않다"고 주장했다.

• 한나 아렌트는 『예루살렘의 아이히만』에서, 괴물들과 악마들이 수백만 명의 학살을 설계한 것이 아니고 지극히 평범한 사람도―스스로를 정당화할 수 있는 조건만 갖춰진다면―얼마든지 그런 악인이 될 수 있다는 사실을 지적하기 위해 '악의 평범성'이라는 개념을 정립했다.

는 '악의 평범성'의 본질이 무사유^{thoughtless}라고 설파했지요. 무사유는 일반적으로 '사려 깊지 못함'을 뜻하지만, 그녀는 이 단어를 보다 실천적 의미로 '자신이 하고 있는 행위에 대한 반성의 불능 또는 거부'를 지칭하는 데 사용했습니다. 19세기 중반부터 20세기 초까지 사회다윈주의자들이 바로 그렇게 행동했고, 아렌트가 경악했던 나치의 유대인 학살은 그것의 역사적 귀결이자 정점이었지요.

그런데 아마 이쯤에서 당신에게도 나와 마찬가지로 궁금한 게 하나 생겼을 듯합니다. 19세기 후반 서양문명을 이처럼 강타한 진화론이라는 거대한 폭풍과 사회다윈주의라는 혼탁한 강물을 맞아 당시 기독교가 어떻게 대응했는가 하는 것이지요. 도대체 가만히 지켜보고만 있었냐는 말입니다! 잠시 생각해 보면 서로 원수처럼 등지고 갈라서서 생사를 가리는 대충돌을 감행했을 것 같은데, 과연 그랬을까요?

다윈과 기독교

『종의 기원』을 발표할 무렵 다윈은 진화가 특정 방향으로만 진전하는 것을 보장하지는 않는다며 매우 조심스러운 입장을 취했습니다. 『종의 기원』에서도 인간의 생물학적 위치에 대해서는 침묵했지요. 그러나 그는 12년 후인 1871년에 출간한 『인간의 유래』에서는 인간이 하등동물로부터 진화했음을 역설하고, 멀지 않은 장래에는 문명화된 우세 인종이 야만적인 열등 인종을 대치할 것이라면서, 가슴속에 오랫동안 숨겨 온 신념을 드러냈습니다.

결국 다윈은 그때까지 진화 과정에서 제외해 놓았던 인간 자신을 그

속으로 과감하게 밀어 넣음으로써 신의 창조물에서 원숭이의 후손으로 만들었지요. 그렇다고 해서 다윈과 그의 후계자들이 인간의 가치를 폄하한 것은 아니었습니다. 그들은 인간이 짐승으로부터 '유래'되었다고 말했을 뿐이지 짐승과 '같다'고 말한 건 아니었지요. 다윈은 오히려 인간이 저 낮은 곳으로부터 시작해 여기까지 올라왔다는 데 자부심과 희망이 있다고 했고, 등산에 열광했던 토머스 헉슬리는 인간을 "살아 있는 세계의 알프스산맥"으로 비유하면서 한껏 드높였습니다.

물론 이같이 인간을 '자연의 사다리'의 맨 위에 배치하는 것이 처음은 아니었습니다. 2부 "하나님은 존재다"에서 이미 살펴보았듯이, 그것은 아리스토텔레스부터 시작되어 다윈 이전에도 서양문명 안에 이미 일반화된 관념이었지요. 17세기 베머턴의 주임신부이자 종교시인이던 조지 허버트 George Herbert, 1593-1633 의 "인간"에는 다음 구절이 들어 있습니다.

> 인간은 모든 것, 혹은 그 이상의 것인지라
> 나무이되 더 많은 열매를 맺는 나무이고,
> 짐승이되 그 이상의 존재라네.
> 이성과 언어는 인간만이 가진 것.[34]

그렇다면 다윈이 한 일은 단지 '자연의 사다리'를 '진화의 사다리'로 바꾸어 놓은 것입니다. 그런데 다윈은 거기서 만족하지 않고 한발 더 나아갔습니다. 그는 『인간의 유래』에서 이렇게 썼습니다. "인간은 비록 자신의 노력에 의해 얻은 것은 아니지만 유기체 중에서 가장 높은 곳까지 올라간 것에 대해서 자부심을 느껴도 괜찮다. 원래부터 거기 있었던 것이 아니라 거기까지 올라갔다는 사실은 먼 미래에 더 높은 운명을 향하여 나아갈 수 있다는 희망을 준다."[35]

"더 높은 운명을 향하여"라는 표현에서 드러나듯이, 다윈은 곳곳에서 진화가 인간을 육체적으로뿐 아니라 도덕적으로도 그리고 존재론적으로도 더 나은 존재로 상승시킬 수 있다는 것을 암시했지요. 만일 이러한 추정이 옳다면 다윈은 '진화의 사다리'를 아리스토텔레스가 규정한 '자연의 사다리'로 국한하지 않고, 플로티노스가 설정한 '존재의 사다리'에까지 연결시키려 했다고 볼 수 있습니다.

그러나 그는 과학자였지 형이상학자가 아니었기 때문에 그런 일을 직접 하지는 않았습니다. 이 작업을 실제로 시행한 것은 다윈의 진화론을 자신의 사상 근저에 받아들여 "다윈의 아들"[36]이라고도 불리는 프리드리히 니체였지요. 니체에 의하면 도덕적으로 진화한 그 새로운 인간이 바로 '초인'Übermensch입니다. 이 일을 수행하면서 니체는 인간에 대해 다윈보다 훨씬 낮은 평가를 함으로써, 자신이 주장하는 도덕적 진화의 필수불가결성을 극대화했습니다. 그는 『차라투스트라는 이렇게 말했다』에서 다음과 같이 말했습니다.

인간이란 초극되어야 할 그 무엇!
인간을 초극하기 위해서 그대는 무엇을 하였는가?
원래 만물은 끊임없이 스스로를 초극하여 그 무엇을 만들어 왔다.
그런데 그대들은 이 위대한 밀물이 다시 썰물이 되기를 원하며,
인간을 초극하려 하기보다는 오히려 짐승으로 되돌아가기를 원하고 있다.
인간에게 저 원숭이란 무엇이란 말인가.
다만 웃음거리일 뿐, 아니면 비참한 굴욕?
초인에게 인간은 이같이 웃음거리가 아니면 비참한 굴욕일 뿐이다.
그대들은 구더기에서 인간으로의 길을 걸어왔도다.
그러나 그대들 속에는 아직도 많은 것이 구더기로 남아 있구나.

일찍이 그대들은 원숭이였다.

그러나 그대들은 아직도 어떤 원숭이보다 더한 원숭이인 것이다.[37]

세속주의와 불가지론

단테의 『신곡』에 나오는 다음 구절들을 보면, 『인간의 유래』가 출간되었을 당시 그리스도인들이 받았을 충격을 대강 짐작할 수 있습니다.

그러나 인간의 영혼만은 최고선(神)께서
직접 불어넣어 주셔서, 그대들이
언제나 당신을 사랑하게 하셨답니다.

그러므로 만약 최초의 부모의 육신이
어떻게 창조되었는지 떠올려 보면
내가 말한 것으로 미루어 당신은

인간의 부활을 확신할 수 있을 거예요.[38]

이 시구들은 우선 하나님이 인간의 코에 직접 영혼을 불어넣어 창조했다는 것을 알려 줍니다. 그러나 거기서 그치지 않고, 바로 그렇기 때문에 인간들도 구원받아 부활할 수 있다는 것을 함께 말해 주지요. 그렇습니다! 하나님의 창조가 구원의 시작이라는 것이 기독교의 오랜 교리입니다. 따라서 우리가 알아야 할 것은 어떤 그리스도인이 하나님이 자기를 창조했다고 말할 때, 그건 결코 어떤 자연과학적 원리를 설명하려는 것이 아니고 하나님이 자기를 구원한다는 종교적 메시지를 전하는 것이라는 점입니다.

다윈이 살았던 빅토리아 왕조 시대에도 이런 믿음은 변치 않는 것이었지요. 그런데 다윈이 『인간의 유래』에서 밝힌 새로운 진리에 의하면, 인간은 하나님이 구원이라는 어떤 특별한 목적으로 창조한 것이 아닙니다. 인간도 원숭이와 마찬가지로 하찮은 동물로부터 우연히 진화했을 뿐이라는 것이지요. 이러한 생각이 도달하는 결론은 뭘까요? 당연히 구원이나 부활에도 그 어떤 보장이 없다는 겁니다.

그러니 상황은 『종의 기원』이 출간되었을 때와는 판이하게 달라졌지요. 그래서 어떤 사람이 그리스도인이면서 동시에 『종의 기원』에 동의할 수는 있다 하더라도, 『인간의 유래』까지 편안한 마음으로 받아들이기란 불가능합니다. 인간의 영혼만은 하나님이 직접 불어넣어 주었기 때문에 "부활이 있으리라 확신"하는 그리스도인들에게, 원숭이들이 진화한 결과라는 것과 인간 역시 그 산물이라는 것은 전혀 다른 문제였던 것이지요. 짐작컨대 당시 그리스도인들은 무척이나 당황했을 테고, 교회는 필히 회복하기 어려운 타격을 받았을 것입니다. 틀림없이 그랬겠지요?

그러나 우리의 생각과는 달리 별로 그렇지 않았습니다. 놀랄 만한 일이지요. 진화론을 믿는 사람들이 점점 늘었고 인간이 원숭이에서 유래했다는 것도 차츰 상식이 되었지만, 그리스도인들과 교회는 그다지 흔들리지 않았어요. 옥스퍼드 대학에서 헉슬리와 새뮤얼 윌버포스Samuel Wilberforce 주교 사이에 인간 진화에 관한 날카로운 논쟁이 벌어진 다음, 한편에서는 진화론이 지식인들의 논쟁거리이자 일반인들의 화젯거리가 되고 그것을 소재로 한 익살과 만평 그리고 독설이 쏟아져 나왔습니다. 하지만 전반적으로는 재담가들의 소일거리로나 여길 뿐 누구도 그것을 심각하게 받아들이지는 않았습니다.

영국 작가 벤저민 디즈레일리Benjamin Disraeli, 1804-1881는 인간은 천사와 원숭이 사이에 있지만 자기는 어디까지나 "천사 편에 있다"면서 익살을 떨었고, 프랑스 작가 조제프 고비노Joseph Gobineau, 1816-1882는 "우리는 원숭이에서 유래한 것이 아니라 원숭이로 변하고 있다"라고 풍자했지요. 게다가 독일의 다비드 슈트라우스David F. Strauss, 1808-1874의 저서 가운데 신화적 예수의 생애를 비판하며 세속인으로서의 예수를 묘사한 『예수의 생애』를 조지 엘리엇George Eliot, 1819-1880이 때맞춰 영어로 옮겼지요. 하지만 사람들은 그에 동조하지 않고 오히려 슈트라우스를 "현대의 가룟 유다"라고 비난했습니다. 그뿐만 아니지요. 워즈워스를 이어 그 당시 계관시인으로 활동하던 앨프리드 테니슨의 시에 있는 다음 구절들을 여전히 즐겨 낭송했어요.

> 하나님의 굳센 아들, 영원하신 사랑이여,
> 우리는 당신의 얼굴을 본 적이 없지만,
> 믿음으로, 오직 믿음으로 당신을 품에 품어
> 증거할 수 없는 곳에 대한 믿음을 가지나이다.
> 빛과 그늘의 저 천체들은 모두 당신의 것,
> 당신은 사람과 짐승의 생명을 지으셨나이다.[39]

누구나 인간의 조상이 원숭이라는 다윈의 주장을 알고 있었지만, 누구도 그것이 의미하는 바를 심각하게 받아들이지 않았다는 말입니다. 왜 그랬을까요?

오늘날 우리가 그렇듯이, 19세기의 유럽인들도 나날이 발전하는 산업과 과학을 통해 현세에서는 물질적 삶을 충분히 즐기고, 일주일에 한 번 교회에 가는 종교생활을 통해 내세에서는 영원한 삶을 얻으면 그만이라는 세속적 낙관주의에 빠져 있었습니다. 다윈과 동시대에 살았던 덴마크의 철학자 키르케고르가 평생 온몸으로 저항하며 싸웠던 것이 바로 그러한 세속주의였지요. 그는 "대중과의 싸움, 평등이라는 폭정과의 싸움, 피상성, 난센스, 저열성, 야수성이라는 악동과의 싸움에 비하면 왕이나 교황과의 싸움은 오히려 쉽다"라고 한탄하기도 했습니다.

역시 동시대인으로 영국의 시인이자 비평가이던 매슈 아널드도 영국 사회의 이 같은 "속물근성"을 비판하며 그것에서 탈출하는 방법으로 인문학 전반을 아우르는 "교양"을 강조했습니다. 그에 따르면, 당시 영국의 계급사회는 영적으로도 지적으로도 한심한 상황에 빠져 있었지요. 상류층은 야만적이었고, 중산층은 속물이었으며, 서민들은 누가 뭐라 하든 아랑곳하지 않았습니다.[40] 이것이 진화론의 사회적·종교적 함의를 당시 그리스도인들이 그다지 심각하게 생각하지 않은 근원적 이유였지요.

그러나 세상 일이 언제나 그렇듯 19세기 그리스도인들이 진화론에 대해 민감하게 대적하지 않았던 현실적인 이유는 따로 있었는데요, 크게 세 가지였습니다.

하나는 다윈 자신은 물론이고 헉슬리 같은 당시 다윈주의자들이 진화론이 반드시 무신론과 연결된다고는 주장하지 않았기 때문이었습니다. 그들은 '현명하게도' 이른바 불가지론을 내세웠지요. '불가지론'agnosticism'은 본디 경험할 수 없는 대상의 존재나 본질은 인식 불가능하다고 하는 철학적 입장으로 헉슬리가 만든 용어입니다. 헉슬리는 자기가 어떻게 '불가지론적'agnostic이라는 용어를 만들었는가를 「19세기」라는 잡지에서 이렇게 설명했지요.

• 불가지론은 고대 그리스의 소피스트(Sophists)나 회의론자로 그 기원을 찾아 올라갈 수도 있지만, 하나님의 본체는 알 수 없다는 중세 부정신학(negative theology) 사상에서 비롯되었다고 보는 편이 타당하다. 칸트가 『순수이성비판』에서 주장한, 사물 자체(Ding an sich)는 인식하지 못하고 단지 주관형식인 시간·공간 내에 주어지는 현상만 인식할 수 있다는 생각도 일종의 불가지론이다.

한번은 헉슬리가 어떤 형이상학 협회에서 무신론자들, 유신론자들, 관념론자들과 하나님의 존재에 대해 토론을 했다고 합니다. 그러던 중 그는 자신이 그들 가운데 어느 부류―유신론자 부류는 물론이고 무신론자 부류까지―에도 속하지 않는 것을 깨달았다지요. 그래서 그러한 자신의 입장을 표현하려고 '지혜로운'을 뜻하는 '그노스틱'gnostic의 반의어로 '어그노스틱'agnostic이라는 용어를 불현듯 만들어 냈다는 것입니다.⁴¹

헉슬리는 경험으로 입증될 수 없는 하나님의 존재에 대해 마치 뭔가를 아는 것처럼 주제넘게 왈가왈부하는 유신론자들, 무신론자들, 관념론자들을 싸잡아 조롱하면서, 동시에 자신의 입장을 분명히 하기 위해 불가지론이라는 말을 만든 것입니다. 그런데 흥미롭게도 바로 다윈이 말년에 이 입장을 취했습니다. 『자서전』을 쓰던 1879년 다윈은 자신의 종교적 혼란에 대해 다음과 같이 언급하지요.

[판단이] 극도로 흔들릴 때도 나는 결코 무신론자인 적은 없었습니다. 나는 항상 그렇다고 할 수는 없지만 대체로, (그리고 늙어 감에 따라 점점 더) 불가지론자가 나의 마음 상태를 가장 올바로 표현해 주는 말이라는 생각이 듭니다.⁴²

다윈은 1840년대의 어느 시점부터 전통적 기독교 신앙에 대해 거부감을 가진 것으로 보입니다. 그는 세상에 존재하는 고통과 악 때문에 하나님의 존재를 의심하기 시작했고, 불신자는 지옥에 간다는 복음주의 교리에 대해 자주 분노했지요.* 그러다가 1851년 부활절에 사랑하는 딸 애니

---

* 다윈은 『자서전』에 이렇게 썼다. "나는 정말이지 어떻게 기독교가 진실이기를 원할 수 있는지 이해가 안 된다. 성서의 말씀 그대로 보자면, 믿지 않는 사람(여기에는 나의 아버지, 형 그리고 내 친구들 대부분이 포함되는데)이 영원한 형벌을 받게 된다고 말하는 것 같다. 정말 지독한 교리다."

가 불과 열 살 나이로 세상을 떠나자, 그에게 남은 마지막 한 조각 신앙심마저 사라져 버렸습니다. 그렇지만 그는 신중한 성격이어서 오늘날 도킨스와는 달리 진화론을 근거로 무신론을 선포하지는 않았지요. 다윈은 자신의 종교적 입장을 처음에는 그리스도인에서 유신론자로, 그리고 다시 불가지론자로 서서히 바꾸어 갔습니다.

그런데 여기서 사람들은 별로 주목하지 않지만 우리가 놓치지 말아야 할 '매우 특별한' 사건을 하나 소개해야겠습니다. 다윈은 말년에 자서전을 쓰는 동안 어떤 사람으로부터 "유신론과 진화론은 양립할 수 있는가?"를 묻는 편지를 받았습니다. 이에 대해 그는 인간은 "열렬한 유신론자인 동시에 진화론자"가 될 수 있다고 대답했지요.[43] 그가 지지했던 불가지론이 어떤 성격이었는가를 짐작하게 하는 좋은 단서입니다. 여기에서 나타난 다윈의 입장이 철학에서 말하는 이른바 양립주의 compatibilism 지요! 어쩌면 그것은 다윈이 성가신 물음을 적당히 회피하기 위해 별 생각 없이 한 대답인지도 모릅니다. 그럼에도 우리가 여기에 주목하는 것은 ― 뒤에서 살펴보겠지만 ― 어찌된 일인지 당시 기독교가 다윈이 취한 바로 그 입장에서 진화론을 받아들였기 때문이지요.

진화론에 대한 당시 기독교의 이해할 수 없는 태도는 그것이 다가 아니었습니다. 진화론을 위해서라면 언제든지 싸울 준비가 되어 있어서 "다윈의 싸움닭" 또는 "다윈의 불도그"로 불리던 헉슬리도 말년에는 스펜서의 사회다윈주의와 결별했습니다. 그리고 30년 전, 종교와 윤리만 내세우고 진리에 눈감은 성직자보다는 차라리 원숭이를 자신의 조상으로 삼겠다며 윌버포스 주교를 신나게 조롱하던 바로 그 옥스퍼드 대학 강당에서, 인간은 진화와 윤리를 구분해야 하고 생존경쟁, 적자생존 같은 진화의 법칙들을 내세워 도덕률에 어긋나게 살아서는 안 된다고 설교했지요.

그래도 사회다원주의자들은 눈 하나 깜짝하지 않았고 유물론자들은 콧방귀를 뀌었지만, 교회는 달랐습니다. 교회는 기다렸다는 듯 진화론과 기독교 교리가 화해할 수 있는 방법을 찾기 시작했습니다. 거기에는 그럴 만한 속사정이 있었는데요, 그것이 우리가 지금 찾아보려는 두 번째 이유와 연결됩니다.

그리스도인들이 진화론에 대적하지 않은 또 하나의 이유는 진화론 외에도 이신론, 인류교, 자유주의 신학, 실증주의, 유물사관 등의 부단한 도전에 지쳐 있던 19세기 후반의 교회가 '약삭빠르게' 진화론에 대해 유화적 태도를 취했기 때문이었습니다. 1부에서도 이미 언급했듯이, 당시 교회는 이신론, 인류교, 자유주의 신학과 같은 내부의 이단이 진화론이라는 외부의 적보다 더 위험하다고 판단했습니다. 그래서 우리의 짐작과는 달리 진화론에 대해 비교적 관대했던 거지요. 물론 교회가 그렇게 할 수 있었던 데에는 신교와 구교를 막론하고 상당수의 기독교 신학자가 창조론은 진화론을 포용할 수 있다고 주장한 것이 이론적 근거를 제공한 탓도 있습니다.

1887년 9월 4일 맨체스터 대성당에서 영국 국교회의 선임주교들인 칼라일과 베드포드 그리고 맨체스터 주교가 모였습니다. 이 모임에서 주교들은 '별다른 신학적 논의 없이' 진화론에 대한 교회의 입장을 선포하는 세 편의 설교를 했지요. 그 내용은, 다윈의 진화론이 기독교 신학과 하등의 갈등 없이 완벽하게 조화된다는 것이었습니다. 이에 대해 토머스 헉슬리는 당연히 "이 탁월한 설교들은 과학을 향해 신학이 채택한 새로운 출발을 보여 주며, 이 둘 사이에 명예로운 잠정 협정modus vivendi의 가능성을 보여 준다"라는 말로 화답했지요.⁴⁴ 하지만 그 '새로운 출발'은 진화론에 대한 충분한 이해와 신학적 고찰이 없이 실행된 것이어서 사실상 눈 감고 아옹 하는 식이었습니다.

그런데 이 특이한 현상이 비단 영국 국교회만이 아니라 북미의 보수적인 개신교 교단에서도 나타났는데, 그 열기는 영국에서보다 훨씬 뜨거웠습니다. 예컨대 19세기 후반 미국의 가장 탁월한 복음주의 신학자인 벤저민 워필드 Benjamin Warfield, 1851-1921는 1888년 발표한 논문에서 우연적 변이와 자연선택에 의해 일어나는 진화의 모든 과정을 하나님의 섭리에 의해 인도되는 질서의 일종으로 보아야 한다고 주장했지요. 지금 보아도 탁월한 내용이지만, 시기적으로는 적합하지 않았습니다. 그러자 심지어 당시 미국의 근본주의자들까지 진화가 '창조를 위한 새로운 이름'이라면서, "창조의 힘은 부자연스러운 구식 개념인 '외부에서'가 아니라 내부로부터 역사한다"라고, 요즘의 근본주의자로서는 상상조차 하기 어려운 주장을 했습니다.[45]

이렇듯 우리의 소박한 예상을 깨고 19세기 말 서양의 성직자와 신학자들은 각각 나름의 성서적 또는 신학적 근거를 들이대며 지역과 교파를 초월하여 대부분 진화론을 적극 수용했습니다. 왜 그랬을까요? 결정적인 단서는 그들이 다윈의 진화론과 스펜서의 사회다윈주의를 특별히 구별하지 않았다는 데 있습니다. 그들은 두 이론을 묶어서 '다윈과 스펜서의 진화론' 또는 그냥 '진화론'이라고 불렀는데, 그들이 고의로 그렇게 한 데는 세속적 이익에 대한 계산이 충분히 깔려 있었습니다. 그게 뭐냐고요? 그것이 세 번째 이유로 이어집니다.

당시 그리스도인들이 진화론에 대적하지 않은 세 번째 이유—사실은 이것이 가장 나쁘고 심각한 현실적 이유인데—는 당시 교회의 은밀한 속내가 '해외 선교'였기 때문입니다. 진화론과 해외 선교가 무슨 관계가 있겠느냐 싶지만, 아닙니다. 19세기 교회 지도자들은 대부분이 진화론자이거나 사회진화론자이던 제국주의자들의 도움을 받아, 또는 그들과 함께 제3세계 선교에 나서려는 야망을 갖고 있었지요.

19세기 후반은 영국과 미국의 제국주의자들이 이른바 앵글로색슨 테제Anglo-Saxon These를 내세워 제3세계의 식민지 정복과 지배를 정당화하던 때였습니다. 앵글로색슨 테제란 영국과 미국의 정치제도와 사상 그리고 종교가 지구상에서 가장 우월하므로 인류의 '명백한 운명'은 앵글로색슨 족에 의해 전 세계의 정치적·사상적·종교적 지배가 이루어지는 것이어야 한다는 주장입니다. 그러자 '정치적 팽창주의'에 편승해 제3세계에 기독 교를 포교하려는 '종교적 팽창주의'도 기독교 안에서 고개를 들기 시작했 지요. 이 달콤한 마약에 눈이 먼 성직자와 신학자들이 진화론에 대한 진 지한 신학적 성찰 없이 서둘러 그것을 받아들였던 겁니다.

교회 내부에 숨어 있던 이 은밀한 욕망은 당시 대표적 신학자 가운데 하나인 존 피스크가 1880년부터 영국 내에서 종교적 팽창주의를 공공 연히 옹호하는 일련의 연설을 함으로써 밖으로 드러나기 시작했습니다. 피스크보다 더 적극적인 팽창론자였던 조시아 스트롱Josiah Strong 목사는 1885년 선교에 필요한 재정을 조달하기 위해 쓴 『우리의 조국: 가능한 미 래와 현재의 위기』에서 다윈과 스펜서의 진화론이 기독교의 발전에 합당 하다는 것을 노골적으로 강조했지요. 그는 인류의 역사적 발전이 그리스 도로부터 시작해서 로마와 서유럽을 거쳐, 대서양을 건너 미국의 동부에 서 서부로 이동해 왔다고 주장하면서, 앵글로색슨족의 종교적 우월성과 그 종교를 전 세계로 퍼트려야 한다는 역사적 책무를 강조했습니다.[46] 바 로 이것이 19세기 그리스도인들이 진화론을 적대적으로 대하지 않은 가 장 현실적이고 직접적인 이유입니다.

자, 그러면 이 같은 역사적 과오는 차치하고, 우리가 여기서 마땅히 던 져야 할 물음이 있습니다. 그것은 "다윈은 한 인간이 열렬한 유신론자인 동시에 진화론자가 될 수 있다고 진술했는데 그것이 과연 가능할까?" 하는 것이지요. 19세기 성직자와 신학자들의 말대로, 진화론이 기독교 신학과 하등의 갈등 없이 완벽하게 조화되는 것이 정말로 가능할까요? 만일 가능하다면, 도대체 그게 어떻게 가능할까요? 우리의 이야기는 이제부터 바로 이 흥미로운 주제들로 다가갑니다.

창조론은 진화론을 수용할 수 있나

다윈의 진화론이 마침내 지적으로 완전한 무신론을 가능하게 했다고 주장하는 리처드 도킨스 같은 사람들이 그러듯이,[47] 창조론과 진화론의 대립 문제를 곧바로 유신론과 무신론의 대결 구도로 몰아가는 것은 우선 잘못된 일입니다. 앞에서 살펴보았듯이 다윈 자신이 창조론과 진화론의 양립 가능성을 열어 놓은 데다, 예나 지금이나 상당수의 과학자와 신학자 역시 진화론을 인정하는 것이 곧바로 무신론을 수용하는 것은 아니라고 주장하고 있으니까요.

우선 과학자로서는, 도킨스와 마찬가지로 20세기의 뛰어난 과학저술가 중 하나로 손꼽히는 하버드 대학의 진화생물학자 스티븐 제이 굴드Stephen Jay Gould, 1941-2002 교수가 대표적인 인물입니다. 그는 한 과학 잡지에 쓴 서평을 통해 도킨스의 입장을 격한 어조로 비판하며 다음과 같이 주장했습니다.

자연선택을 옹호하고, 『다윈주의』라는 책을 쓴 미국의 위대한 식물학자 아사 그레이Asa Gray는 독실한 기독교 신자였다. 그 뒤 50년이 지나 버제스 셰일Burgess Shale 화석을 발견한 찰스 월컷Charles D. Walcott 역시 다윈설을 열렬히 신봉한 독실한 기독교 신자였고, 신이 자연선택을 만들어 신의 계획과 목적에 따라 생명의 역사를 건설했다고 믿었다. 그 뒤 다시 50년이 흘러 우리 시대의 가장 위대한 진화론자 두 사람이 탄생하는데, 인본주의적 불가지론자인 조지 심프슨George G. Simpson과 러시아 정교회를 믿은 테오도시우스 도브잔스키Theodosius Dobzhansky다. 그렇다면 내 동료 가운데 절반이 바보거나 다윈주의 과학이 전통적 신앙과도(그리고 무신론과도) 얼마든지 양립하거나, 둘 중 하나다.[48]

신학자들 가운데는, 누구보다도 조지타운 대학의 과학종교연구소 소장직을 맡고 있는 존 호트를 꼽을 수 있지요. 그는 성서의 깊은 의미는 도외시한 채 문자대로 이해하려는 '성서문자주의'biblical literalism와 마찬가지로, 과학을 실험과 관찰에 의해 입증된 대로만 이해하려는 태도인 '우주론적 문자주의'cosmic literalism도 "본질적으로 자연의 깊이로부터 도망치는 문자주의"라고 지적하며 다음과 같이 역설했습니다.

다윈 이후의 시대에는 당연히 신에 대한 우리의 생각이 이전과 완전히 같을 수 없다. 하지만 진화가 반드시 창조와 섭리의 신에 대한 신뢰를 감소시키는 것은 아니다. 사실상 오늘날 사려 깊은 많은 유신론자는 진화가 다윈주의 이전의 세계관이 제공했던 것보다 훨씬 더 깊이 신을 이해할 수 있게 해 준다고 여긴다.[49]

이런 이유에서 진화론에서 무신론을 가차 없이 이끌어 내는 것은 잘못이라는 말입니다. 하지만 한번 곰곰이 생각해 볼까요? 그렇다고 해서 19세기 신학자들처럼 창조론이 진화론을 거리낌 없이 수용할 수 있다고 선포할 수 있을까요? 다시 말해 진화론이 곧바로 무신론으로 연결되지 않는다고 해서, 그것이 곧바로 유신론을 지지한다고 주장할 수 있느냐는 겁니다. 아니지요! 기독교 신학이 하나님은 진화라는 메커니즘을 통해 창조한다고 주장하려면 당연히 그에 합당한 합리적 근거를 제시해야 합니다. 존 호트가 오늘날 바로 그 같은 일을 하려고 노력하는 사람들의 선봉에 서 있지요.

호트에 의하면, 진화가 창조의 메커니즘 가운데 일부라고 볼 수 있는 근거는 크게 두 가지입니다. 하나는, 우주는 생명체가 존재하기 오래전부터 이미 복잡성이 증가하는 쪽으로 자기조직self-organization*을 하는 본유적 경향성을 갖고 있다는 사실입니다. 이는 오늘날 유행하는 복잡성 과학complexity science이 밝혀낸 결과인데, 바로 이것이 "모든 것을 새롭게 하시는" 하나님의 속성에 합당하다는 것이지요. 진화는 이렇게 생명 없는 물질에까지 이미 널리 퍼진 자기조직이라는 하나님의 창조적 경향 가운데 극히 작고 거친 한 부분일 뿐이라는 것입니다.[50]

그가 제시한 또 다른 근거는—가톨릭 신학자 칼 라너Karl Rahner, 1904-1984가 주장했듯이—무한자인 하나님의 사랑을 유한자인 우주가 받아들이려면 '진화하는 것'이 될 수밖에 없다는 결론에 도달한다는 것입니다. 하나님이 진화가 맹목적적으로, 즉 미결정적 방식으로 이뤄지도록 창조한 것도 바로 이 사랑 때문이라는 것이지요. 다시 말해 세계에 일정한 자유와 우연성을 허락하는 것이 강제하는 것보다는 설득하기를 원하는 하나님의 사랑에 합당하다는 뜻입니다.[51] 어때요? 그럴듯한가요?

하지만 호트의 주장과 같이 진화론 이후에 나온 과학자나 신학자의

• 자기조직이란 외부의 의도적 간섭 없이 시스템 스스로 구조를 갖추고 새로운 질서를 만들어내는 것을 의미한다.

변증을 지지하는 것은 썩 좋은 방법이 아닙니다. 신다윈주의 진영의 리처드 도킨스나 터프츠 대학의 인지과학자이자 철학자인 대니얼 데닛 같은 학자들의 입장에서 보면, 이 같은 주장은 진화론에 덜미가 잡힌 그리스도인들이 억지로 꿰맞춘 궁여지책으로 보일 테니까요. 그래서 내 생각은 이 문제를 공정하게 다루려면 진화의 원리를 창조론의 일부로 받아들일 수 있는 이론이 전통 신학 안에 있었는지를 먼저 꼼꼼히 살펴보아야 한다는 것입니다. 만일 그런 이론이 있다면, 그것이 무엇이며 또 어떻게 가능하다고 하는지도 알아봐야겠지요. 자, 그럼 해 볼까요?

진화를 통한 창조의 문제

구약성서 창세기에는 "하나님이 이르시되 빛이 있으라 하시니 빛이 있었고"(창세기 1:3)처럼 마치 성부聖父가 직접 창조에 관여한 듯 묘사되어 있습니다. 그러나 신약성서 요한복음에는 "그[성자]가 태초에 하나님과 함께 계셨고 만물이 그로 말미암아 지은 바 되었으니 지은 것이 하나도 그가 없이는 된 것이 없느니라"(요한복음 1:2-3)라고 성자聖子가 창조를 주도한 것으로 표현되어 있지요. 사실 여기까지가 일반 사람들이 그리고 진화론으로부터 무신론을 끌어내 기독교를 공격하는 과학자들이 알고 있는 내용입니다.

그래서 우리는 여기서 창조의 행위자가 신약·구약 성서에 각각 다르게 나타난다는 점에 우선 이야기의 초점을 맞추려 합니다. 예를 들어 미켈란젤로가 성 시스티나 성당 천장에 그린 〈천지창조〉에서 흰 수염을 휘날리는 노인이 직접 천지를 창조하는 웅대한 장면은 구약성서를 따라 구성되었다고 볼 수 있겠지요. 사실을 알고 보면 미켈란젤로뿐 아니라 마사치오 Masaccio나 휴고 반 데어 구스 Hugo van der Goes 같은 이탈리아 르네상스

휴고 반 데어 구스(Hugo van der Goes), 〈타락〉, 1470년경.

시대 화가들도 마찬가지였습니다.˙ 그들 모두가 창세기의 이야기를 화폭에 옮길 때는 통상적으로 구약성서와 함께 유대교에 내려오는 『탈무드』, 『카발라』, 『학가다』, 『미드라쉬』 등을 참고해서 그렸기 때문입니다.⁵²

그런데 밀턴의 『실낙원』을 보면 사정이 전혀 다릅니다. 그는 창조의 이야기를 다음과 같이 묘사하고 있지요.

> 그대, 나의 말, 내가 낳은 아들이여, 그대에 의하여
> 내 이 일을 수행하노니, 그대는 말로 그걸
> 이룰지어다! 만물을 덮어 가릴 내 영과 힘을
> 그대에게 함께 보내노니, 타고 나아가라.
> 그리하여 혼돈에 일러 정해진 한계 내에서 천지가
> 있게 하라.
> …
> 전능자께서 이렇게 말씀하시니, 그가 말한 것을
> 그의 '말씀', 즉 그의 아들이 실현하도다.⁵³

여기서는 성부의 명을 받아 성자가 천지를 창조하는 것으로 묘사되어 있습니다. 밀턴은 구약성서보다는 신약성서를 더 충실히 반영한 것이지요. 구약성서와 신약성서 사이에서 창조에 대한 견해 차이가 나타나는 건데요, 그것은 창조의 주체에 대한 유대교와 기독교 간의 차이와 같습니다. 그렇다면 기독교 신학은 창조를 어떻게 설명해 왔을까요? 그것이 이제 우리에게는 중요합니다.

• 예를 들어 휴고 반 데어 구스의 〈타락〉을 보면 구약성서에 뱀으로 나와 있는 사탄이 사람의 얼굴을 한 짐승으로 그려져 있는데, 이것은 『탈무드』에 나온 설화를 따른 것이다.

이미 여러 번 언급했듯이, 초기 기독교 신학은 주로 기독교로 개종한 플라톤주의자들에 의해 정립되었습니다. 그런데 이들—예컨대 중기플라톤주의자 알비누스나 신플라톤주의자 플로티노스—의 이론을 다시 한 번 짧게 요약하면 이렇습니다.

기독교에서 말하는 성부聖父에 해당되는 '일자'는 전혀 변화하지 않습니다. 따라서 창조에도 직접 관여하지 않지요. 일자는 오직 자기로부터 유출된 '정신'nous과 '영혼'psyche을 통해서 사물을 생성하고 사물에 작용합니다. 이때 성자聖子에 해당하는 정신은 하나님의 영원한 형상idea을 자신 안에 생성합니다. 이 형상이 자연물의 범형paradeigma이 되기 때문에, 플로티노스는 그것을 '종자적 형상' 또는 '자연의 씨앗'이라고 불렀지요. 그리고 성령聖靈에 해당하는 영혼은 그것들이 현실화되는 '원리'이자 '운동능력'으로 작용하여 모든 물질세계를 순차적으로 창조해 냅니다.*

최초의 조직신학서로 평가받는 오리게네스의 『원리론』*De Principiis*이 그렇듯이, 플라톤주의에 강력한 영향을 받은 초기 기독교 신학에서도 성부는 창조에 직접 개입하지 않지요. 창조를 하는 이는 성자인데, 그는 자신 안에 있는 성부의 영원한 형상들을 '현실화 원리'인 성령을 통해 차례로 구현합니다. 그럼으로써 천사와 정령은 물론이고 무생물로부터 인간에 이르기까지 만물을 창조해 내지요.** 오리게네스가 스승 암모니오스 사카스를 통해 물려받은 세계창조에 대한 이 독특한 사유를 중기플라톤주의

• 이에 대한 더 많은 정보는 2부 "하나님은 존재다"에 있는 '존재는 창조의 틀이다'와 5부 "하나님은 유일자다"에 있는 '오리게네스와 플로티노스'를 참고하라.
•• 기독교 신학에 들어온 이러한 사유를, 17세기 영국 시인 베머턴의 존 노리스는—앞에서 소개한 바 있는—"창조성가"에서 다음과 같이 노래했지요. "전능하신 성부는 미소 지으며/ 자신의 영원한 모습인/ 그 아름다운 조화의 형상들을 보았다.//그는 선하고 아름답다고 보고 갓 태어난 계획을 축복하였다./ 존재의 씨앗들이여, 아름다운 가슴 속에/ 모든 가능한 사물의 형상을 담고 있는 것,/ 일어나서 그대들의 풍요로운 힘을 보이라"(2부 "하나님은 존재다"에 있는 '호메로스의 황금사슬'을 참고하라).

자 알비누스Albinus, 2세기경*는 『교훈집』에서 이렇게 설명합니다.

> 세계는 항상 존재하는 신이 만드는 것이 아니라 세계영혼이 신의 명령을 받고 만드는 것이다. 그리고 신은 이러한 의미에서만 세계를 만든다고 말하게 된다. 즉 그가 세계영혼의 마음을 깨워 자신에게로 향하게 하여…영혼이 그의 생각들[형상들]을 성찰하고 형상들을 받아들이게 되는 것이다.⁵⁴

요컨대 신은 세계를 직접 창조한 것이 아니라 세계영혼(또는 성령)에게 '세계를 현실화하는 질서와 과정'을 부여해 그에 의해 창조가 차례로 일어나게 했다는 말이지요.**

다음으로 우리가 주목하려는 것은 아우구스티누스가 『문자를 반대하는 창조에 관하여』에서 주로 펼친 창조론 해석입니다. 아우구스티누스에 의하면 창조는 태초에 시간과 함께 이루어졌지만, 이때 만물이 모두 '가시적으로 그리고 현실태로' 창조된 것은 아닙니다. 특히 땅에 거주하는 생명체들은 마치 "나무의 씨앗 속에 시간에 따라 점차 나무로 자라날 모든 것이 비가시적으로 함께 존재하는 것처럼"⁵⁵ '감추어진 씨앗'의 형태로 잠재적으로 창조되었습니다. 그는 이것을 '종자적 형상'rationes seminales이라고도 불렀는데, 이 때문에 생명체들은 이후 하나님의 섭리에 따라 정해진 시간에 지금 우리가 알고 있는 형태로 나타나게 되지요.

무슨 소리인지 조금 아리송한가요? 그럼 좀더 자세히 설명해 보겠습니

• 알비누스는 중기플라톤주의자인 가이우스의 제자로, 알키누스(Alcinous)라고도 불린다. 중기플라톤주의자 가운데 대표적 인물은 카에로네아의 플루타르코스지만, 오늘날 전해 오는 중기플라톤주의 저술은 알비누스의 『교훈집』(Didaskalikos)뿐이어서 그가 중요한 위치를 차지한다.
•• 이에 대한 더 많은 정보는 5부 "하나님은 유일자다"에 있는 '오리게네스와 플로티노스'를 참고하라.

다. 아우구스티누스는 예를 들어 인류는 세계가 처음 시작할 때에는 가시적 형태로 존재하지 않았고, "비가시적으로, 잠재적으로, 인과적으로 invisibiliter, potentialiter, causaliter, 곧 장차 인류가 만들어질 방식으로"[56] 창조되었다고 주장했습니다. 이후 "정해진 자신의 시간에"[57] 실제 형태를 부여받았다는 거지요. 당연히 앞서 언급한 플로티노스의 '종자적 형상' 또는 '자연의 씨앗'이라는 개념의 영향을 받은 사유입니다. 하지만 기독교 신학자들은 시편에 나오는 다윗의 노래에서 이 주장의 성서적 근거를 찾기도 합니다.

> 내가 주께 감사하오음은 나를 지으심이 심히 기묘하심이라
> 주께서 하시는 일이 기이함을 내 영혼이 잘 아나이다
> 내가 은밀한 데서 지음을 받고
> 땅의 깊은 곳에서 기이하게 지음을 받은 때에
> 나의 형체가 주의 앞에 숨겨지지 못하였나이다
> 내 형질이 이루어지기 전에 주의 눈이 보셨으며
> 나를 위하여 정한 날이 하루도 되기 전에
> 주의 책에 다 기록되었나이다. (시편 139:14-16)

해석하기 나름이겠지만, 아우구스티누스에 의하면 이같이 "땅의 깊은 곳에서 기이하게 지음을 받은" 종자적 형상을 실제 형태로 현실화하는 것은 하나님이 아니라 '자연법'lex naturalis이지요. 바로 이 주장이 우리의 이야기와 연관해서 중요한데요, 아우구스티누스는 다음과 같이 설명했습니다.

> 자연법은 확립된 자신들의 능력과 성질을 지니고 있으며, 물질적인 현세의 요소들이 얼마나 번성할 것인지를 정해 주며, 무엇이 무엇으로부터 생성될

수 있는지를 정해 준다. 생겨나는 만물이 이런 기원들로부터 존재하는 것처럼, 각자는 자신의 시간에 자신의 종種에 따라 자신의 생성 속으로 들어오고 나가며, 제한을 받아서 사멸해 간다.[58]

이처럼 창조가 하나님이 '직접' 그리고 '일시에' 실행한 사건이 아니라, 하나님이 창조해서 위임한 어떤 원리나 법칙을 통해 점차 이뤄진 것이라는 이론은 중세를 대표하는 신학자 토마스 아퀴나스에 의해 더욱 구체적이고 확고한 이론으로 정립되었습니다.

토마스 아퀴나스는 "모든 운동kinésis은 가능태dynamis를 현실태energeia로 바꾸는 현실화이며 영혼이 생물에 내재하는 이 현실화의 원리를 성취한다"[59]라는 아리스토텔레스의 주장*을 자신의 신학에 끌어들여 창조를 이해했지요. 그 결과 그는 하나님이 세계를 창조할 때, 세계를 숱한 인과관계 속에서 순차적으로 가능태를 현실태로 변화시키는 원리, 곧 아리스토텔레스가 말한 운동(또는 변화)의 네 가지 원인 중 하나인 '능동인'causa agens들과 함께 창조했다고 생각했습니다.**

이후 토마스 아퀴나스는 능동인을 '본래적 원인'causa per se과 '우연적 원인'causa per accidens, 또는 '제1원인'과 '제2원인'으로 나누었습니다. 그리고 하나님은 모든 변화와 운동의 '제1원인'으로서 복잡한 인과관계 속에서 다양한 방법을 통해 창조하는데, 어떤 것은 직접 창조하기도 하고 어떤 것

- 예를 들어 반듯하게 가공된 석재(石材)에 대해, 들판의 돌덩이 하나는 가능태이며 가공된 석재는 현실태이다. 그러나 가공된 석재는 지어질 석탑(石塔)에 대해서는 여전히 가능태다.
- 토마스 아퀴나스가 받아들인 아리스토텔레스의 운동(kinésis)의 네 가지 원인은 1) 운동(변화)을 일으키는 능동인(causa agens), 2) 운동의 목적인 목적인(causa finalis), 3) 현실화의 틀인 형상인(causa formalis), 4) 형상이 실현될 재료인 질료인(causa materialis)이다(참고. 『자연학』, 194b 16-198a 24). 예를 들어, 하나의 석탑은 석탑공(능동인)의 의도(목적인)에 따라 석재(질료인)가 탑 모양(형상인)으로 다듬어짐으로써 만들어진다.

은 자신이 창조한 원리, 곧 제2원인에 위임해서 작용하게 한다고 설명했습니다.[60] 그는 "모든 것이 필연적으로 일어나는 것은 아니다"Quod non omnia sunt ex necessitate라면서 다음과 같이 설명을 이어 갔지요.

> 만일 제1원인causa prima이 필연적이고, 제2원인causa secunda이 우연적이라고 한다면, 이 원인이 우연적이라는 사실은 명백하다. 말하자면 하위의 물체적 사물들에서 생성의 제1원인은 천체의 운동이고 이 운동은 필연적으로 일어날지라도, 저 하위의 생성과 소멸은 우연적이다.[61]

얼핏 난해하게 여겨지는 이 말을 풀어 설명하자면, 만약 하나님이 직접 창조했다면 모든 것이 필연적이겠지만 하나님은 제2원인에 위임해서 창조하기도 했기 때문에 "하나님의 섭리가 효력을 지속시키더라도 많은 것이 우연적이다"Quod diuina prouidentia manente multa sunt contigentia[62]라는 뜻입니다. 이때 토마스 아퀴나스가 말하는 제2원인이 바로 아우구스티누스가 언급한 자연법이지요. 아퀴나스는 『신학대전』에서 자연법을 이렇게 설명했습니다.

> 그러므로 사물에 대한 실제적 주권자인 하나님 안에 존재하는 통치 개념이 자연법lex naturalis이다. 그렇다면 하나님의 정신은 시간 안에서는 생각할 수 없기 때문에 영원의 개념을 지니며, 그의 법칙은 영원법lex divina positiva이라 불려야 한다.[63]

종교개혁자 요한 칼빈도 같은 주장을 펼쳤습니다. 1545년에 발표한 「자유사상가들에 대한 논박」이라는 논문에서 칼빈은 하나님의 섭리를 '일반섭리', '특별섭리', '성령의 내적 작용' 이 세 가지로 분류했지요. 우리가 지금 하는 이야기와 연관된 것은 그중 첫 번째인 '일반섭리'providentia universalis입니다. 왜냐하면 그가 말하는 일반섭리란 우리가 말하는 자연법 칙이니까요. 칼빈은 하나님이 모든 행위의 가장 우선적이고 직접적인 목적을 여전히 남겨둔 채, 자신이 창조할 때 부과한 이 일반섭리에 스스로를 일치시키면서 역사한다고 설명했습니다. 그리고 『기독교 강요』 최종판 1559에는 초판에 없던 다음 구절을 첨가했지요.

> 만물은 하나님께서 부과하신 '영원한 법칙'들에 복종하고 있기라도 하듯이 그 법칙이 요구하는 대로 어떤 은밀한 인도를 받고 있으며, 그것에 의해 하나님께서 일단 명령하신 것이 자발적 성향에 의해 운행되어 나간다는 것은 사실이다.[64]

이처럼 오리게네스, 아우구스티누스, 토마스 아퀴나스, 칼빈 같은 위대한 신학자들은 모두 입을 모아 하나같은 주장을 반복했습니다. 요컨대 창조가 일시적 사건이 아니고, 전체적 혹은 부분적으로는 하나님이 직접 개입하지도 않았으며, '현실화 원리'라고 하든, '자연법'이라고 부르든, '제2원인'이라고 하든, 아니면 '영원한 법칙'이라 부르든, '우연적이고 자발적으로' 운행하는 어떤 원리에 위임해서 순차적으로 일어나게 했다는 것이지요. 그래서 자연은 하나님의 직접적 통치가 아니라, 하나님이 창조할 때 함께 부여한 어떤 통치의 법칙, 곧 오늘날 우리가 자연법칙이라고 부르는 법칙들에 의해 '자발적으로' 운행되어 나간다는 것입니다.

"그래서 도대체 뭐가 어쨌다는 것인가? 왜 이런 장광설을 늘어놓는 것인가?" 당신이 이렇게 물을 수 있습니다만, 내가 말하고자 하는 요점은 이겁니다. 그렇다면 자연선택이라는 다윈의 '진화 원리' 또한, 하나님이 만들어 지속적 창조를 위임한 '현실화 원리' 내지 '자연법' 또는 '영원한 법칙'의 일부로 받아들이지 못할 이유가 없지 않은가! 아닌가요? 당신의 생각은 어떤가요?

물론 그렇다고 해서 고대로부터 내려오는 창조에 대한 신학자들의 사변적 주장이 근대 이후 발달한 자연과학의 결과인 다윈의 진화론과 아무런 충돌 없이 꼭 맞아떨어진다는 건 아닙니다. 오리게네스에서 칼빈에 이르는 신학자들의 관심은 진화론이 아니라 성서 주석이었기 때문이지요. 그래서 가령 토마스 아퀴나스와 다윈이 600년이라는 세월을 건너뛰고 서로 만나 이구동성으로 "만물은 우연에 의해 자발적으로 진화하지요"라고 말한다고 해도, 토마스 아퀴나스는 '피조물에게 자유를 허락한 하나님의 사랑'을 칭송하는 것이고, 다윈은 '환경에 적응해 나가는 진화의 맹목적성'에 대해 설명하는 것입니다. 앞서 보았듯이, 그들은 서로 다른 '언어놀이'를 하고 있다는 말이지요.

게다가 설사 고대나 중세의 기독교 신학자들과 현대 다윈주의자들이 요행히 같은 관념을 갖고 있다고 가정하더라도, 엄청난 시차 때문에 그 표현과 내용에서는 어쨌든 차이가 있게 마련입니다. 예를 들자면 이렇습니다.

아우구스티누스가 말하는 '종자적 형상'은 시간과 함께 전개되는 세계의 진화 과정에서 자발적으로 발전을 이끄는 자연의 원리이지만,[65] 엄밀하게 구분하자면 그것은 우연한 변이에 의해 새로운 종種을 탄생시키는 다윈주의적 진화를 이끄는 것은 아닙니다. 창조 때 이미 결정된 형상들이 종 안에서 차례로 진화하도록 하지요. 즉 씨앗이 나무가 되고, 계란이 닭이 되게 합니다. 그 때문에 학자에 따라서는 아우구스티누스가 주장한 종자적 형상이라는 개념을 오히려 다윈의 진화론에 반대되는 증거로 해석기도 합니다.

그 대표적인 예가 질송의 주장인데,* 물론 이에 대한 반론도 있지요. 가톨릭 신부이자 예수회 회원인 프레더릭 코플스턴$^{Frederick\ C.\ Copleston,\ 1907-1994}$은 총 아홉 권으로 된 자신의 방대한 저술인 『철학사』에서, 아우구스티누스의 관심은 자연과학이 아니라 성서 주석이었기 때문에 "진화론의 반대자 또는 적대자로서 그(아우구스티누스)를 예거하는 것은 사실 어처구니없는 일"[66]이라고 대응했습니다.

이 같은 해석의 문제들 때문에 창조론이 진화론을 수용하려면, 우선 고대로부터 내려오는 신학자들의 이론을—폭넓게 또는 새롭게—재해석해야 하고, 그런 다음에는 남아 있는 한두 가지 문제도 추가로 해결해야 하지요. 그럼에도 이것 한 가지만은 분명합니다. 만일 기독교 어느 종파나 교파가 원하기만 한다면, 기독교 신학은 큰 틀에서 진화론을 받아들일 이론적 바탕을 이미 오래전부터 갖고 있었다는 사실이지요.

실제로 교황 요한 바오로 2세는—마치 1893년에 교황 레오 13세가 「섭리하시는 하느님」$^{Providentissimus\ Deus}$이라는 회칙으로 갈릴레이의 지동설을 수용했듯이—1997년에 진화론을 인정했습니다. 1859년 11월 24일 『종의 기원』이 출간된 이후 약 140년 만의 일입니다. 그러나 지동설이 1543년, 플라우엔부르크 성당의 참사위원이던 니콜라우스 코페르니쿠스$^{Nicolaus\ Copernicus,\ 1473-1543}$가 『천체의 회전에 관하여』에서 주장한 이래 정확히 350년 만에야 교황청으로부터 인정받은 것에 비하면, 그것은 200년 이상 빠

---

* 질송은 『아우구스티누스 사상의 이해』에서 아우구스티누스가 사용한 '종자적 이성'이라는 개념은 창조적 진화와는 무관하다는 것을 분명히 했다. 그는 이 개념이 "변화라기보다는 오히려 불변성의 원리"로, 때가 되면 원숭이가 원숭이가 되게 하고, 사람이 사람이 되게 하는 원리라고 해석했다. 즉 종자적 이성은—토마스 아퀴나스에게 '제2원인'이 질료의 수동적 잠재성으로부터 형상을 이끌어 내는 것과는 달리—단순히 창조의 순간에 이미 결정된 것을 때가 되면 드러내는 일을 할 뿐이라는 것이다[참고. 에티엔 질송, 김태규 역, 『아우구스티누스 사상의 이해』(Introduction a L'Éude de Saint Augustin), 성균관대학교출판부, 2010, pp. 401-403].

른 수용이었지요. 기독교 신학은 우리가 조금 전 살펴본 대로 오리게네스, 아우구스티누스, 토마스 아퀴나스, 칼빈으로 이어져 내려오는 장구한 신학적 전통 덕택에 지동설보다는 진화론을 받아들이기가 더 쉬웠다는 뜻으로 해석할 수 있습니다.

자, 이제 몇 가지 분명해진 사실이 있지요? 그것은 '하나님은 진화라는 메커니즘을 통해 창조한다'고 주장할 수 있는 이론적 근거를 기독교가 이미 오래전부터 확보했다는 것과, 약간의 장애물만 제거하면 창조론이 진화론을 수용할 수 있다는 사실입니다. 그렇다면 이제 우리에게 남은 문제는 그 '약간의 장애물'이 구체적으로 무엇인지 알아보는 것이겠지요?

'천 년이 지나간 어제' 같은 문제

창조론이 진화론을 수용하는 데 걸림돌이 되는 요소들 가운데 가장 '자주 그리고 심각하게' 논란이 되는 것은 다음 두 가지입니다.

하나는 세계 안에 존재하는 모든 생물과 그것들이 지닌 경이로운 복잡성·정밀성은 '태초의 6일'이라는 어떤 특이한 시기에 일회적으로 창조된 것이 아니고, 자연이 오랜 세월 부단히 진화한 결과라는 주장입니다. 다른 하나는 진화가 어떤 외부적 원인이 설계한 특별한 목적에 의해 일어나는 것이 아니라, 자연선택이라는 자체 메커니즘에 의해 '자발적'이고 '맹목적'으로 일어난다는 것이지요. 따라서 진화 메커니즘을 이해한다면 자연은 단지 우연한 돌연변이의 결과일 뿐임을 알게 될 것이며, 하나님의 '목적 있는 설계에 대한 장구한 환상'도 마치 일출 후 사라지는 안개처럼 말끔히 걷히리라는 것이, 도킨스를 비롯한 다윈 추종자들의 주장입니다.

사실 이에 대한 논란은 예나 지금이나 '뜨거운 감자'입니다. 근래에는 특히 기독교의 창조설을 공격하는 데닛이나 도킨스 같은 유명, 무명의 과학자들과 이에 맞선 알리스터 맥그래스나 필립 존스 같은 수많은 기독교 지식인들 사이에서 열띤 논쟁이 계속되고 있지요. 아쉬운 것은 이들의 논쟁이—모두 그렇지는 않다고 해도—대부분 논리적 비약과 인신공격에 가까운 비방을 일삼는다는 점입니다. 그 탓에 관련 저술과 정보가 서점과 인터넷에 오히려 넘쳐 나고 있지요.

그러나 우리는 지금도 여전히 진행 중인 이 소모적 논쟁에는 뛰어들지 않으려고 합니다. 그 대신 기꺼이 좀더 생산적인 길로 들어서려고 하지요. 같은 문제들을 다루더라도 어느 한편에 서서 상대의 주장을 공격하기보다는, 두 주장이 대립하는 문제들을 밝히고 해결 및 극복 방법이 무엇인가를 살펴보겠다는 뜻입니다. 당신 생각은 어떤가요? 괜찮겠지요? 물론 우리는 어쩌면 당신이 만족할 만한 결론에는 도달하지 못할지도 모릅니다. 그럼에도 단언컨대, 앞서 언급한 과학자들과 그리스도인들 사이의 논쟁에 뛰어들기보다는 이렇게 하는 편이 우리에게 훨씬 많은 것을 가져다줄 겁니다.

우선 기독교 신학이, 진화론과 창조론이 충돌하는 첫 번째 문제—곧 만물이 '태초의 6일' 동안 일시적으로 창조된 것이 아니라 장구한 세월 동안 부단히 진화한 결과라는 주장을 받아들이는 문제—를 해결하는 데는 아무런 어려움이 없어 보입니다. 이에 관해서는 앞에서 이미 상당히 자세하게 살펴보았으니까요. 우리는 구약성서에 기록된 태초의 엿새가 오늘날 우리가 말하는 6일이 아니라는 것, 그리고 '시간 안'의 존재인 우리의 관점에서는 장구한 세월이 '시간 밖'의 존재인 하나님의 관점에서는 일시적인 것임을 이미 알았습니다. 그리고 기독교 신학은 그 같은 사실들을 해명할 수 있는 성서적·신학적 이론들을 이미 오래전—늦어도 아우구스티누스 이후—부터 갖추고 있었다는 것도 이미 살펴보았지요.

그뿐 아닙니다. 기독교 신학 안에는 구약시대로부터 현대에 이르기까지 창조가 일회적 사건이 아니라 시간 안에서 계속되는 하나님의 역사로 파악하는 교리와 신학도 이미 확보되어 있습니다. 이를테면 칼빈이 하나님을 창조 이후 가만히 쉬고 계신 분이 아닌, 세상을 자신의 섭리대로 이끌기 위해 "키를 잡은 배의 선장 같은 분"[67]으로 교훈한 것이 그 한 예입니다. 이런 까닭에 적어도 창조의 6일과 진화의 장구함이라는 차이에서 생긴 첫 번째 문제에 관한 한, 기독교는 '하나님은 진화라는 메커니즘을 통해 창조한다'라고 말할 여지를 충분히 확보했다는 말이지요.

물론 창조가 정확히 1만 년 전에 단 6일 동안 이루어졌다고 '문자대로' 주장하는 일부 근본주의자들이 엄연히 존재하고, 교단의 신조나 교리를 마치 계시처럼 생각하는 보수적인 성직자와 신자가 없는 건 아닙니다. 하지만 모든 기독교 신학이 그렇게 편협하고 경직되어 있는 것 또한 아닙니다. 2,000년이나 내려온 기독교 신학은 내용 면에서 다양하고 방대할 뿐 아니라, 유연하기도 하지요. 기독교 사상사를 살펴본 사람이라면 누구나 알고 있듯 신학은 특정 교리를 영구불변하는 진리로 주장하는 체계라기보다는, 그것의 시대적 해석이 적절한지 또는 수용 가능한지를 늘 질문하면서 성서와 전통적 사상들을 통해 부단히 재고해 나가는 하나의 과정 process입니다.

얼핏 낯설게 들릴지도 모르지만, 사실 이러한 신학관은 결코 새로운 것이 아닙니다. 일찍이 유대교가 오랫동안 유지해 왔고 기독교 신학이 물려받은 전통 가운데 하나입니다. 플라톤주의를 수용하여 신약성서의 정경화, 교회제도 확립, 사도신경 확정, 삼위일체론과 그리스도론 확립 등을 이루어 냄으로써 기독교의 기반을 다진 사도교부들, 오리게네스 같은 초기 기독교 신학자들 그리고 아우구스티누스의 신학이 바로 이러한 전통 안에서 형성되었지요. 또한 아리스토텔레스 철학을 받아들여 중세 가톨릭 신학을 집대성한 토마스 아퀴나스의 신학 역시 그렇습니다. 뿐만 아니라 "오직 성서로"sola scriptura를 외치며 성서해석에 특히 엄격했던 종교개혁자 칼빈의 신학도 예외가 아닙니다.

예를 들어 칼빈은 하나님의 계시는 당대의 문화와 형편에 맞는 방식으로 주어지는 것이기 때문에 그 점을 참작하여 성서를 적절하게 해석할 필요가 있다고 강조했지요. 그리고 자신의 생각을 연설가에 비유해서 설명하기도 했습니다. 즉 훌륭한 연설가가 청중을 미리 알고 자신의 연설을 청중의 눈높이에 맞추듯이, 하나님이 계시를 할 때도 계시를 받는 사람들의 이해 수준에 맞추셨다는 것이지요. 하나님이 자신을 팔과 입을 가진 존재물로 묘사한 게 바로 그런 예라는 겁니다.

그래서 칼빈은 성서에 나타난 계시는 하나님이 오래전 사람들의 사고방식에 맞춘 것으로 간주하고 오늘날의 우리는 우리의 문화와 사고방식에 맞게 성서를 새롭게 해석해야 한다고 교훈했습니다. 이러한 칼빈의 가르침은 성서를 문자대로 이해하던 17세기 프로테스탄트 교인들이 가톨릭 교인들보다 먼저 코페르니쿠스의 지동설을 받아들이는 데 큰 영향을 끼쳤습니다.

이런 맥락에서 보면, 20세기의 저명한 역사학자 아널드 토인비Arnold Toynbee, 1889-1975가 전체 기독교 신학의 탐구는 인간의 문명처럼 "어떤 상태가 아니라 운동이며, 항구가 아니라 항해"라고 비유한 것은 매우 적절하다고 할 수 있지요.[68] 기독교 신학은 항상 성서에 근거해야 하지만, 그것은—마치 역사학이 그렇듯이—언제나 과거와 현재 사이의 창조적 상호작용 속에서 재해석·재정립되기 때문입니다. 창조론도 예외가 아닙니다. 다른 교리들과 마찬가지로 창조론도 성서 텍스트와 전통적 신학 그리고 당대 학문과의 창조적 상호작용을 통해 재해석되어야 마땅하지요.

그렇다고 해도 기독교 신학이, 진화론과 창조론이 충돌하는 두 번째 문제를 해결하기는 그리 쉬워 보이지 않습니다. 왜일까요? 창조론은 창조와 그 안에서 일어나는 모든 사건이 하나도 빠짐없이 하나님의 특별한 목적과 섭리에 따라 이뤄진다고 내세우는 반면, 진화론은 자연을 설명하는 데 신과 같은 외부적 존재와 그에게서 주어진 목적 내지 법칙은 가정할 필요가 없다고 주장하기 때문이지요. 그래서 우리는 이제 다음과 같이 자문해 볼 수밖에 없습니다. 창조의 합목적성과 진화의 맹목적성(또는 우연성)을 조화시킬 만한 이론을 기독교는 확보하고 있는가? 있다면 그것이 무엇인가? 바꿔 말하자면, "모든 일을 그의 뜻의 결정대로 일하시는"(에베소서 1:11) 하나님의 필연적 계획 안에서 진화의 우연성을 모순 없이 설명할 수 있는 전통적 신학 이론이 있는가? 만일 있다면 그것이 무엇인가?

요컨대 이제부터 우리는 '눈뜬 하나님'과 '눈먼 시계공' 사이의 화해를 주선하는 문제를 다루려고 합니다. 우선 전통적 기독교 신학 안에 이 문제를 다룰 만한 이론이 있느냐가 관건인데요, 그 대답은 유감스럽게도 "아니다"입니다. 창조의 합목적성과 진화의 맹목적성이라는 대립관계를 '직접적으로' 다룬 전통적 신학이론은 없습니다. 심지어는 우리가 자주 길라잡이로 삼아 온 아우구스티누스마저 이 문제는 전혀 다루지 않았지요. 그도 그럴 것이, 당시에는 진화론이 아직 대두되지 않기 때문입니다.

그렇다고 해서 방법이 전혀 없는 것은 아닙니다. 당신도 이미 어렴풋이 눈치챘을지 모르지만, 앞에서 소개한 오리게네스, 아우구스티누스, 토마스 아퀴나스, 칼빈 같은 신학자들의 이론에서 이 문제를 해결할 실마리를 찾아낼 수 없는 것은 아닙니다. 무슨 소리냐고요? 예를 하나 들자면, 우리는 토마스 아퀴나스의 이론을 근거로 다음과 같이 주장할 수도 있다는 말입니다.

'본래적 원인'causa per se이자 제1원인인 하나님은 '우연적 원인'causa per accidens이자 제2원인인 진화법칙에 자연의 창조와 진행을 맡겼다. 하지만 제2원인 역시 제1원인에 의해 창조되고 조정된다. 요점은, 우연성(맹목적성)은 제2원인의 속성이고 필연성(합목적성)은 제1원인의 속성이다. 그 이유는 하나님은 시간 밖의 존재이고, 자연은 시간 안의 존재이기 때문이다. 이처럼 제2원인과 제1원인은 전혀 다른 차원에서 작용한다. 그러므로 우리는 하나님이 합목적적으로 창조했다는 것을 부정하지 않으면서 자연이 맹목적적으로 진화한다고 말할 수 있다.

그렇지요? 그러나 이러한 주장들이 성립하려면 그에 앞서 해결해야 할 문제가 있습니다. 바로 철학에서 말하는 양립주의compatibilism라는 문제지요. 양립주의란 우리가 지금 다루고 있는 창조의 합목적성과 진화의 맹목적성처럼 서로 모순을 이루는 두 명제를 모두 인정하는 태도를 일컫습니다. 그런데 학자들의 다양한 연구 결과를 보면, 양립주의는 모든 경우에 타당하지는 않고 어떤 특별한 조건 아래서만 용인됩니다. 따라서 이제 우리가 해결해야 할 것은, 우선 이 문제가 과연 양립주의로 해결될 수 있는 것인가, 설사 그렇다 해도 그것을 타당하게 할 조건이 무엇이며, 또 이 문제의 해법이 그 조건을 충족할 것인가를 낱낱이 점검해 보는 것입니다.

쉽거나 간단한 일은 결코 아니지요. 그렇지만 앞에서도 한 번 이야기했듯이, 철학이나 신학에서 얼핏 난해하거나 말이 안 되는 것처럼 들리는 말에는 뜻밖에 흥미롭고 유익한 사실들이 숨어 있는 경우가 많습니다. 그것을 통해 우리는 철학, 신학뿐 아니라 서양문명 자체에 대한 보다 심층적인 이해에 도달할 수 있게 되지요. 더욱 중요한 사실은 보다 세련되고 심층적인 사유방법을 새롭게 익힐 수 있는데, 이번 경우도 마찬가지입니다.

그런데 일단 이렇게 마음을 먹고 나면 지금까지 드리웠던 먹구름 사이로 한 줄기 빛이 비추는 것을 알 수 있습니다. 그게 무엇이냐고요? 아우구스티누스의 『자유의지론』에 등장하는 '에보디우스 딜레마'Evodius dilemma 와 그에 대한 해법이지요. 바로 이 해법이 우리의 문제를 푸는 훌륭한 길라잡이가 될 것입니다. 정말이냐고요? 그럼요! 우선 '에보디우스 딜레마'를 살펴볼까요? 그것이 대체 무엇이며, 아우구스티누스가 그것을 어떻게 풀었는지? 흥미로울 겁니다.

눈먼 시계공과 눈뜬 하나님 문제

대화록 형식의 저술인 『자유의지론』에 보면, 아우구스티누스가 대화 상대자인 친구 에보디우스Evodius로부터 딜레마 형식의 질문을 받는 장면이 나옵니다. 이에 답하기 위해 아우구스티누스는 우선 친구가 던진 질문을 정리해서 다음과 같이 되묻지요.

> 하나님은 당연히 미래사를 아신다. 그런데 우리로서는 필연적으로가 아니라 자유의지로 죄를 범한다. 이 두 사실이 어찌 반대나 모순이 아니라는 말인가? 그대의 말은, 즉 사람이 죄를 범하리라는 것을 하나님이 예지豫智하신다면 사람이 범죄하는 것은 필연적이고, 범죄가 필연이라면 자유의지로 죄를 범하는 것이 아니다. 그러한 추론 속에서 그대는 혹시라도 다음과 같은 논리가 성립될까 두려워하고 있다. 결론적으로 그대는 불경스럽지만 하나님이 미래사를 예견하신다는 사실을 부인해야 하거나, 아니면 사람이 자유의지로 범죄하는 것이 아니라 필연에 의한 것이라고 인정하는 수밖에 없다는 것이다. 그밖에 다른 걱정거리가 있던가?[69]

우리말로는 양도논법兩刀論法이라고 불리는 딜레마Dilemma란 둘 중 어느 하나를 선택하지 않을 수 없는 상황에서, 어느 쪽을 선택하더라도 불리한 결론에 다다르게 함으로써 상대를 곤란에 몰아넣는 문제를 말합니다.* 아우구스티누스에게 던진 에보디우스의 질문은 전형적인 딜레마 형식을 취하고 있습니다. 아우구스티누스로서는 하나님이 미래사를 예견하신다는 사실을 부인할 수도 없고, 사람이 자유의지로 범죄하는 것이 아니라고도 할 수도 없기 때문이지요. 그럼 그는 이 딜레마를 어떻게 해결했을까요?

고대 사람들은 딜레마를 흔히 '두 개의 뿔을 가진 괴물'에 비유했고, 이것을 해결하지 못하면 '딜레마의 뿔에 찔렸다' 또는 '딜레마에 빠졌다'라고 말하곤 했습니다. 그럼, 아우구스티누스는 에보디우스가 제시한 딜레마의 뿔에 찔렸을까요? 아닙니다! 만일 그랬다면 그는 우리가 아는 아우구스티누스가 아니지요. 그는 당대 최고의 수사학자였으니까요.

* 딜레마 가운데 널리 알려진 것이 '프로타고라스의 딜레마'인데, 소개하자면 대강 이렇다. 어느 날 프로타고라스(Protagoras, 기원전 ?485-?410)에게 수사학을 배우려고 에우아톨로스(Euatholos)라는 영특한 젊은이가 찾아왔다. 자신의 수사학에 대한 자부심이 유별났던 프로타고라스는 이 젊은이에게 한 가지 특별한 제안을 했다. 그 젊은이가 프로타고라스에게 공부를 마치고 난 다음, 만일 첫 번째 소송에서 지면 수업료를 받지 않겠다는 매력적인 조건으로 수사학을 가르쳐 주겠다는 것이었다. 에우아톨로스는 물론 기쁜 마음으로 그 제안을 받아들여 공부를 시작했다. 공부가 다 끝나자 프로타고라스는 당연히 에우아톨로스에게 수업료를 요구했다. 그러나 이 영특한 젊은 제자는 수업료를 줄 수 없다고 했다. 그래서 둘 사이에 소송이 시작되었는데, 먼저 제자가 스승에게 이렇게 말했다. "위대한 프로타고라스 선생님! 저는 이 소송에서 지든 이기든 수업료를 지불할 필요가 없습니다. 왜냐하면 제가 이번 소송에서 이기면 판결에 따라 수업료를 지불할 필요가 없기 때문이고, 반대로 제가 지면 선생님과의 약속에 의해서 또한 수업료를 지불할 필요가 없기 때문입니다. 그렇지 않겠습니까? 존경하는 선생님!" 그러자 프로타고라스가 만면에 미소를 지으면서 대답했다. "사랑하는 제자여! 그대는 그 동안 정말로 많은 것을 배웠도다. 그렇지만 그대는 이 소송에서 지든 이기든 수업료를 지불해야만 한다네. 왜냐하면 그대가 만일 이 소송에서 지면 판결에 의해 수업료를 지불해야만 하기 때문이고, 이기면 우리들의 약속에 따라 수업료를 지불해야만 하기 때문이라네. 그렇지 않은가? 영특한 제자여!" 프로타고라스는 역시 스승답게 딜레마를 물리치는 세 가지 방법 가운데 하나인 '반대 딜레마로 되받기'라는 수법을 써서 제자의 딜레마 공격을 물리쳤다.

아우구스티누스는 곧바로 이 딜레마를 깨부수기 시작했습니다. 고대로부터 딜레마를 물리치는 방법에는 크게 세 가지가 있지요. 선언전제를 물리쳐 해결하는 '뿔 사이로 피해 가기', 연언전제를 물리쳐 해결하는 '뿔로 잡기', 그리고 그 딜레마와 정반대 결론을 이끌어 내는 또 다른 딜레마를 만들어 반박해 해결하는 '반대 딜레마로 되받기'가 그것입니다. 아우구스티누스는 이 가운데 이른바 '뿔로 잡기'라는 수법을 사용했습니다. 에보디우스가 던진 딜레마의 전제들 가운데 연언전제가 잘못임을 보여 줌으로써 물리치는 방법이지요. 무슨 소리냐고요? 구체적으로 살펴보지요.

우선 에보디우스가 제시한 딜레마를 다시 한 번 봅시다. 그것은 "사람이 죄를 범하리라는 것을 하나님이 예지豫智하신다"라는 선언전제와 "(그렇다면) 사람이 범죄하는 것은 필연적이고, 범죄가 필연적이라면 자유의지로 죄를 범하는 것이 아니다"라는 연언전제를 근거로 "하나님이 미래사를 예견하신다는 사실을 부인해야 하거나, 아니면 사람이 자유의지로 범죄하는 것이 아니라 필연에 의한 것이라고 인정하는 수밖에 없다"는 결론에 도달하는 구조로 이루어졌습니다. 그렇지요?

이 딜레마를 풀기 위해 아우구스티누스는 우선 "하나님이 예지하시는 모든 일이 인간의 자유의지와는 무관하게 필연적으로 이루어진다고 그대는 생각하고 있다"라는 말로 에보디우스가 제시한 전제들 가운데 연언전제를 자신이 공격할 명제로 골라서 먼저 확인합니다. 그런 다음 그 명제가 잘못임을 증명하는데요, 그 내용은 하나님의 예지豫知가 인간의 자유의지를 '반드시' 배제하지는 않는다는 것입니다. 즉 "우리가 행할 바를 하나님이 예지하시기는 하지만 그것 때문에 우리가 자유의지로 무엇을 원하는 것이 없어지는 것은 아니다"라고 말하지요.[70]

자신의 이 같은 주장을 뒷받침하기 위해 아우구스티누스는 다음과 같은 구체적 예까지 들어가며 설명합니다. 즉 에보디우스가 일 년 후에 행복해질 것을 하나님이 예지하고 있다고 해서, 에보디우스가 행복하기를 원하지 않는 것이 아니라는 거지요. 이 말에는 하나님의 예지와 무관하게 에보디우스 자신은 행복을 원할 것이라는 의미가 들어 있습니다. 이어서 그는 다음과 같이 결론을 내립니다.

> 하나님이 예지로 그대의 장래 행복에 관하여 오늘 확실히 아신다고 해서, 장차 그대가 행복해지기 시작할 때 행복해지려는 의지를 그대에게서 빼앗지는 않는다. 그와 마찬가지로 하나님이 그대의 의지가 장차 범죄를 저지르리라고 예지하신다고 해서 그것 때문에 그 범죄가 자유의지가 아닌 것은 아니다.[71]

아우구스티누스는 이처럼 하나님의 예지와 인간의 자유의지가 상충하지 않고 양립한다는 말로, 사람이 자유의지로 죄를 범하는 것이 아니라는 에보디우스의 연언전제를 논파함으로써 딜레마를 물리칩니다. 그러고는 자신의 주장을 재차 분명하게 밝히는데요, 인간이 자유의지로 어떤 일을 행한다는 말도 옳고, 하나님이 그것을 미리 알고 있다는 말도 옳다는 내용이지요. 아우구스티누스는 그것을 이렇게 표현했습니다. "그런즉 하나님은 모든 미래사를 예지하신다는 사실을 우리가 부정하지 않으면서 우리는 우리가 원하는 바를 원하는 것이다."[72]

철학자들은 아우구스티누스의 바로 이 같은 주장을 양립주의로 규정합니다. 그런데 당신이 보기에는 어떤가요? 수긍이 되나요?

먼저 논리적으로 볼 때, A(하나님의 예지)가 B(인간의 자유의지)를 배제하지 않는다면, A와 B가 양립할 수 있다는 주장은 타당합니다. 그렇지만 그 의미를 따져 보자면 여전히 아리송하지요. 하나님이 어떤 일이 필연적으로 일어날지 미리 알고 있다면, 그 일이 어떻게 인간의 자유의지에 의해 일어났다고 할 수 있을까요? 아우구스티누스의 그럴듯한 설명에도 불구하고, 내가 보기에도 석연치 않은 구석이 있는 게 사실입니다. 사정이 이러하니 이쯤에서 이에 대한 다른 철학자들의 설명을 몇 가지 들어 볼까요? 그중 대표적인 것들만 정리해 보자면 다음과 같습니다.

먼저, 예지foreknowledge는 예정predestination과 다르다는 설명이 있습니다. 무슨 말이냐고요? 철학자들에 의하면 신이 '일어날 어떤 일'(A)을 예정해 놓았을 때는 인간의 자유의지가 들어설 틈이 전혀 없습니다. 왜냐하면 신의 예정이 그 일(A)을 일으키는 원인이 되기 때문이지요. 하지만 신이 어떤 일(A)이 일어날 것임을 예지한다면 그렇다고 해서 인간의 자유의지가 침해받지는 않습니다. 이때 신은 그 일(A)의 원인으로 작용하는 것이 아니라 오히려 그 일(A)이 일어날 것이기 때문에 예지하는 것이거든요.

그럴듯하지요? 그런데 이 멋진 철학적 해설은 신학적으로 문제가 있습니다. 토마스 아퀴나스가 "하나님 안에서는 지성이 가능적이거나 습성적으로가 아니라 현실적으로 존재한다"Quod in Deo non est intellectus in potentia nec in habitu sed in actu[73]라는 말로 제시한 주제와 정면으로 부딪치기 때문이지요. 곧 예정과 예지가 다르다는 철학적 주장은 하나님에게는 지성과 현실이 다르지 않고 따라서 예지가 바로 예정이라는 신학적 명제 앞에서 무력해진다는 말입니다. 사실 알고 보면, 하나님이 '전지전능'하다는 말에도 이런 뜻, 곧 하나님에게 있어서는 지식과 능력이 동일하다는 뜻이 들어 있지요.

이 문제에 대한 두 번째 설명은, 하나님은 무한하므로 우리를 강제하지 않고 자유의지를 허락한다 하더라도 우리가 매 순간 자유의지로 행할 일들의 모든 가능성과 경우의 수를 미리 알아서 준비한다는 것이지요. 이론상으로야 가능한 일이지만 이 설명은 솔직히 무책임합니다. 마치 과학자들이 빅뱅의 초기 조건이 어떻게 오늘날 우리가 살기에 적합하게 최적화되었느냐는 물음에 무수한 다중우주 가운데 하나가 우연히 우리가 살기 좋게 이뤄진 우주일 뿐이라고 대답하는 것과 같지요. 또한 아우구스티누스가 설명한 의도와도 거리가 멉니다.

그래서 철학자들의 양립주의 담론들 가운데 '에보디우스 딜레마'에 대한 아우구스티누스의 해법을 설명하기에 가장 적합한 '프랑크푸르트 스타일'Frankfurt Style을 당신에게 소개하고자 합니다.

윤리학자 해리 프랑크푸르트Harry Frankfurt가 『대안적 가능성들과 도덕적 책임』에서 내세운 이 이론의 핵심은 설령 우리가 다르게 행동할 수 없다는 것이 사실이라 해도, 만일 우리가 그 사실을 모른다면 우리의 행동이 자유롭다는 것은 여전히 의미가 있다는 것입니다. 예컨대 당신이 A(예: 범죄)를 행하도록 강제할 수 있는 비밀장치를 어떤 사람이 갖고 있는데, 당신이 A 외에 다른 행동을 시도하지 않는 한 그가 그 장치를 사용하지 않을 것이라고 가정해 볼까요? 이 경우 만약 당신이 실제로 A를 행했다면 당신에게는 달리 행동할 가능성이 전혀 없었던 것이 사실이지만, 당신이 그것을 전혀 몰랐기 때문에 당신이 자유의지에 의해 자유롭게 선택한 것도 역시 사실이라는 것입니다.

'프랑크푸르트 스타일'은 우리에게, 양립주의가 모든 경우에 성립하지는 않더라도, 어떤 '특별한 조건' 아래에서는 성립할 수 있다는 의미 있는 사실을 가르쳐 주지요. 즉 강제하는 자는 모든 것—경우에 따라서는 강제할 수도 강제하지 않을 수도 있으니 결과적으로는 모든 게 이미 정해져 있다는 것—을 알고 있지만, 강제당하는 자는 그 사실을 전혀 모르고 있다는 '한정된 상황' 아래서는 양립주의가 문제없이 성립할 수 있다는 것입니다.

그런데 하나님과 인간 사이에는 실제로 바로 그런 특별한 조건이 성립한다는 것, 다시 말해 하나님은 미래의 모든 것을 알고 모든 것을 조정할 수 있지만 인간은 그에 대해 전혀 알 수 없다는 것이 기독교 신학의 전제 아니던가요! 그렇지요? 따라서 기독교 신학은 인간의 자유의지와 하나님의 예지 사이에는 아우구스티누스의 양립주의가 아무 어려움 없이 성립한다고 주장할 수 있습니다. 보다 일반적으로 표현하자면 인간의 자유의지와 하나님의 예지(또는 예정)는 같은 범주, 같은 차원의 문제가 아니기 때문에 서로 충돌하거나 모순되지도 않는다는 것이지요. 당신 생각은 어때요? 이제 수긍할 수 있나요? 혹시 아직은 아닌가요? 만약 그렇다면 한번 이렇게 생각해 보면 어떨까요?

시간과 영원의 무한한 질적 차이

다음 이야기들은 오늘날 복잡계complex system*를 연구하는 과학자들이 동물들의 자기조직self-organization 현상을 설명할 때 자주 언급하는 사례들인데, 무척 흥미롭습니다. 한번 들어 보시지요.

수백 마리가 무리 지어 하늘을 나는 뱁새—붉은머리오목눈이paradoxornis webbiana—떼의 움직임은 매우 복잡해 예측하기가 불가능해 보입니다. 그렇지만 근래 과학자들이 밝혀낸 바에 의하면, 무리 안에 있는 각각

---

* 복잡계 연구의 본산지인 미국 산타페 연구소의 브라이언 아서(W. Brian Arthur) 교수에 의하면, "복잡계란 무수한 요소가 상호작용해서 어떤 패턴을 형성하거나, 예상 밖의 성질을 나타내거나, 각 패턴이 각 요소 자체에 되먹임되는 시스템이다.…복잡계는 시간의 흐름에 따라 끊임없이 진화하는 과정에 있는 시스템이다"[W. B. Arthur, "Complexity and Economy", *Science* vol. 284 (No. 5411), pp. 107-109].

의 새 한 마리는 비교적 간단한 몇 가지 비행 규칙을 갖고 있다고 합니다. 주변 새들과 너무 멀리 떨어지면 가까이 다가가고, 너무 붙어 있으면 좀 떨어지면서, 날아가는 방향을 대체로 맞춘다는 세 가지가 그것입니다. 이 세 가지 원칙만으로 거대하고 복잡한 새 떼의 이동이 효율적으로 형성·유지된다는 것이지요. 과학자들이 이 세 가지 규칙을 사용한 시뮬레이션 프로그램을 만들어 보았더니, 뱁새 떼의 복잡한 움직임이 컴퓨터로 완벽하게 재현되어 나타났다고 합니다. 놀랍지요?

이뿐만 아니라 수확개미harvester ants의 집단서식지를 관찰해 보면, 서식지에서 가장 먼 곳에 죽은 개미들의 사체를 모아 둔 공동묘지가 있고, 서식지와 공동묘지에서 동시에 가장 먼 지점에 먹이껍질들을 쌓아 놓은 쓰레기장이 위치해 있다고 합니다. 상당히 위생적인 구조라고 할 수 있지요. 또 아프리카 초원의 버섯흰개미들은 4미터 이상 높이에, 복잡한 내부 구조를 가진 탑 모양 둥지를 만들어 거기서 수백만 마리가 함께 산다고 하지요. 그 안에는 심지어 습도를 조절하는 환기시설이 구비되어 있고, 새끼들을 기르는 육아실과 소화를 돕는 균류(흰개미버섯)를 재배하는 넓은 방들도 따로 있답니다. 생물학자들은 이 개미들이 아무런 마스터플랜 없이 단지 페로몬이라는 화학물질에 기초한 10개 내외의 빈약한 소통 수단만으로 이토록 놀라운 일들을 해낸다는 것을 알아냈습니다. 이처럼 이미 주어진 저차원의 질서에서 이전에는 없던 고차원의 새로운 질서가 어느 순간 제 스스로 만들어지는 것을, 복잡성 과학complexity science에서는 '창발'emergence이라고 부르지요.[74]

그렇다면 한번 따져 볼까요? 무리에 속한 각각의 뱁새들은 앞에서 언급한 세 가지 규칙을 따라 날갯짓하는 자신들의 행위가 '거대한 무리를 지음으로써' 효율적으로 이동하는 창발적 결과를 가져온다는 것을 알고 있었을까요? 또 서식지에서 가장 먼 곳에 공동묘지와 쓰레기장을 만드는

아프리카 버섯흰개미의 집.

수확개미들은 그것이 위생적 구조라는 사실을 알고 있었을까요? 그리고 버섯흰개미들은 자신들의 행위가 4미터 넘는 거대한 탑 모양의 둥지 건설이라는 목적을 위한 노동이라는 걸 알고 있었을까요?•

아니지요! 그들은 단지 자신들의 본능적 욕망이 만든 몇 가지 단순한 규칙을 따라 맹목적으로 움직일 뿐입니다[여기서 당신은 아우구스티누스가 인간의 자유의지를 맹목적적(또는 본능적) 욕망의 산물로 본 것을 떠올릴 필요가 있습니다].•• 그렇지만 사전지식을 갖고 그 모습을 지켜보는 우리―특히 단순

• 창발은 예를 들어 기름과 같은 액체를 끓이면 어느 순간 갑자기 육각형 모형―프랑스 물리학자 앙리 베나르(Henri Bénard)가 발견했다고 해서 '베나르 세포'라고 불리는 구조―이 나타나는 것을 비롯하여, 눈송이가 육각형을 이루는 것, 아메바와 비슷한 점균류가 최단 경로의 미로를 찾는 것, 새 떼, 양 떼, 소 떼 등 동물이 군집 행동을 하는 것 등등 무생물과 생물을 가리지 않고 자연의 자기조직(self-organization) 과정에서 일반적으로 나타나는 현상이다. 오늘날 학자들은 주식변동이나 금융위기 같은 경제 현상이나, 군중심리나 사회구조 같은 사회 현상, 심지어는 종교 현상에서도 창발이 일어나는 것으로 본다.

•• 아우구스티누스는 "우리가 무엇을 '욕망한다'는 사실이 전혀 없다면 모르지만, 우리는 무엇인

한 규칙을 기반으로 시뮬레이션 프로그램을 만든 프로그래머―는 뱁새와 개미들의 본능적·맹목적 행위들이 가져올 떼 이동과 둥지 건축이라는 창발적 결과나 목적을 미리 알 수 있지요.

이 경우 뱁새의 비행이나 개미의 노동이 그 당사자에게는 맹목적적(또는 본능적) 행위일 뿐이지만 관찰자인 우리에게는 떼 이동이나 둥지 건축을 위한 합목적적 행위입니다. 또한 떼 이동이나 둥지 건축이 뱁새나 개미들에게는 단지 맹목적적(또는 본능적) 행위가 낳은 우연적 결과겠지만, 우리에게는 합목적적 행위가 가져온 필연적 결과가 되지 않겠습니까? 이러한 차이가 일어나는 이유는 간단합니다. 우리는 뱁새나 개미와―시간적, 공간적, 그리고 무엇보다 지능적으로―전혀 다른 범주와 차원에서 판단하기 때문입니다.

그럼, 이제 곰곰이 생각해 볼까요? 하나님과 우리의 차이는, 우리와 뱁새나 개미들의 차이와는 비교조차 할 수 없는 '질적 차이'를 갖고 있다는 것이 기독교 교리이지요. 우리가 2부 "하나님은 존재다"에서 이미 보았듯이, 철학자 키르케고르는 이 엄연한 차이에 대해 "하나님과 인간 사이의 절대적 상이성" 또는 "시간과 영원의 무한한 질적 차이"라고 단호히 외쳤습니다. 또한 신학자 칼 바르트는 "하나님은 하늘에 있고 너는 땅 위에 있다"라고 선포했지요. 우리는 키르케고르가 무한한 '양적 차이'라고 하지 않고 '질적 차이'라고 표현한 데 주목해야 합니다. 인간을 극대화한다고 해서 하나님이 되는 게 아니고, 시간의 극대화가 영원이 아니라는 뜻

가를 욕망하는 능력을 갖고 있음을 부정할 길이 없다. 우리가 욕망하면서도 만일 의지 자체가 우리에게 결여되어 있다면 물론 우리는 욕망하지 않는 셈이다. 욕망하면서 욕망하지 않는 일이 일어날 수 없다면, 욕망하는 사람에게는 의지가 엄존한다"(아우구스티누스, 『자유의지론』, 3, 3, 8)라고 인간의 자유의지를 욕망의 산물로 보았다.

입니다. 탁월한 수학자이자 과학자이기도 했던 블레즈 파스칼은 이처럼 도저히 넘어설 수 없는 하나님과 인간의 차이를 무한과 유한에 비유해 다음과 같이 표현했습니다.

누군가가 사물에 대해 더 많은 지식을 가졌다고 해서 그게 무슨 대수겠는가. 그가 그런 지식을 가졌다면 좀더 높은 곳에서 내려다볼 수 있을 것이다. 그러나 무한에서는 여전히 멀지 않은가. 그리고 우리의 수명이 10년 연장된다 해도 영원 안에서는 똑같이 미미한 게 아닌가. 무한(하나님)에서 보면 모든 유한(피조물)은 동등하다.[75]

무엇보다도 아우구스티누스가 주목한 대로—또는 내가 앞에서 화살표 비유로 설명한 것처럼—하나님은 '시공 밖'의 존재이고 인간은 '시공 안'의 존재입니다. 그래서 하나님은 토마스 아퀴나스가 비유했듯이 "마치 높은 망대에 오른 사람이 여행자들의 여정 전체를 처음부터 끝까지 한눈에 직관하는 것처럼"[76] 인식하지요. 한마디로 하나님과 인간의 인식은 판단의 범주와 차원이 전혀 다르다는 것입니다.

자, 바로 이겁니다. 바로 이렇기 때문에 우리가 '프랑크푸르트 스타일'을 받아들이고, 하나님과 인간 사이에 존재하는 무한한 질적 차이를 인정한다면, "그런즉 하나님은 모든 미래사를 예지하신다는 사실을 우리가 부정하지 않으면서 우리는 우리가 원하는 바를 원하는 것이다"라는 아우구스티누스의 양립주의적 교훈을 수긍할 수 있다는 결론에 도달합니다. 어때요? 그런 것 같지 않나요?

그런데 잠깐, 여기서 한 가지 확인하고 갈 사안이 있습니다. 지금 우리의 목적은 지난 수백 년간 수많은 철학자와 신학자가 별다른 진전 없이 반복해 온 자유의지와 결정론에 관한 다양한 과학적·철학적·신학적 논의를 한데 묶어 해결하는 게 아니라는 점이지요.˙ 그것은 만용인 데다, 우리가 나누는 이 이야기에서도 크게 벗어날 것이기 때문입니다. 우리는 단지 이 문제에 관한 기독교의 입장을—'에보디우스 딜레마'에 대한 아우구스티누스의 해법을 통해—이해하려는 것입니다. 그럼으로써 "유신론과 진화론은 양립할 수 있는가?"라는 질문에 대해, "인간은 열렬한 유신론자인 동시에 진화론자가 될 수 있다"라고 답한 다윈의 양립주의를 이해하기 위한 단서를 찾고자 하는 것이지요.

그래서 이제 우리는 인간의 자유의지와 하나님의 예지 사이에서 발생하는 에보디우스 딜레마가 진화의 맹목적성과 창조의 합목적성 사이에서 생기는 딜레마와 똑같은 형식이라는 점에 주목하려 합니다. 인간의 자유의지와 진화의 맹목적성은 둘 다 비결정적이라는 점에서, 하나님의 예지와 창조의 합목적성은 모두 결정적이라는 점에서, 두 문제는 똑같은 형식의 딜레마를 만들지요. 또한 인간과 자연에 그 같은 자유(인간의 자유의지, 자연의 맹목적성)를 허락한 것이 하나님의 사랑에서 기인했다는 점도 똑같습니다. 그러니 그 해법의 형식도 당연히 같아야겠지요?

그래서 우리는 사고실험Thought Experiment˙˙을 하나 해 볼 겁니다. 뭐냐고

˙ 자유의지와 결정론에 관한 논의는 다양하고 복잡한데, 과학자들은 대부분 결정론을 지지하고 철학자, 인문학자, 종교학자 들은 자유의지론을 선호한다. 흥미로운 것은 같은 신경생물학을 근거로 하면서도 양립주의에 대해 상반된 주장을 하는 철학자 두 사람이다. 20세기 심리철학과 언어철학의 대가 존 설(John Searle)은 결정론과 자유의지는 양립 불가능한 것이라고 단언한다[참고. 존 설, 강신욱 역, 『신경생물학과 인간의 자유』(Freedom and Neurobiology), 궁리, 2010]. 이에 반해 인지과학과 과학철학 분야의 거물인 대니얼 데닛은 신경결정론을 인정하면서도 신경시스템의 상위 수준들에서는 특정 행동을 피할 수 있는데(evitability), 그렇기 때문에 인간의 자유의지는 환상이 아니라 실재라고 주장한다[참고. 대니얼 데닛, 이한음 역, 『자유는 진화한다』(Freedom Evolves), 동녘사이언스, 2009].

˙˙ 사고실험은 이론물리학이나 철학같이 주로 이론을 다루는 학문에서 활용되는데, 어떤 것에 대해 더욱 정밀하게 사고하기 위해 마치 과학자들이 실험기구를 가지고 실험하듯이 가상적 상황을 만들어 따져 보는 방법을 말한다.

요? 우리가 당면한 딜레마를 에보디우스가 아우구스티누스에게 다시 던져 보도록 하는 것이지요. 그리고 아우구스티누스의 대답을 들어 보는 겁니다. 꽤나 흥미롭고 유익한 가상실험이 될 겁니다. 자, 시작해 볼까요?

에보디우스가 먼저 심각한 얼굴로 아우구스티누스에게 다가가 자신이 마주한 딜레마를 제시합니다.

"자연의 시작과 종말을 하나님이 합목적적으로 예정하신다면 자연의 모든 진행은 필연적이고 자연의 모든 진행이 필연적이라면 진화가 맹목적으로 일어나는 것이 아니다. 결론적으로 그대는 불경스럽지만 하나님이 자연의 진행을 합목적적으로 예정하신다는 사실을 부인해야 하거나, 아니면 진화가 맹목적이라기보다는 합목적적으로 진행한다는 것을 인정해야 하는 딜레마에 빠진다."

이에 대해 아우구스티누스는 1,600년 전에 그랬듯이 빙그레 웃으며 "자연의 모든 진행이 필연적이라면 진화가 맹목적으로 일어나는 것이 아니다"라는 에보디우스의 연언전제를 부수는 '뿔로 잡기'를 시도할 겁니다. 즉 하나님의 섭리에 의한 합목적적 예정이 자연의 맹목적 진화를 '반드시' 배제하지 않는다는 것이지요. 이어서 그는 이렇게 선언하겠지요. "그런즉 하나님이 모든 미래사를 합목적적으로 예정하신다는 사실을 부정하지 않으면서도 우리는 자연이 맹목적으로 진화한다고 할 수 있다."

어떻습니까? 사고실험을 통해 좀더 명징해지지 않나요? 아우구스티누스의 선언이 어떻게 가능한가 하는 의문은 앞서와 마찬가지로 양립주의에 대한 프랑크푸르트 스타일식의 옹호와 하나님과 인간 사이에 존재하는 무한한 질적 차이를 인정함으로써 해결할 수 있습니다.

물론 당신이 기억력이 좋고 창의적인 사람이라면 나와는 또 다른 해결방법을 머리에 이미 떠올렸을지도 모르지요. 예컨대 당신은 앞에서 소개한 로버트 존 러셀이 「철학적·신학적 시각에서의 양자역학」에서 한 주장을 따라 다음과 같이 주장할 수도 있습니다. "하나님은 세계를 자연법칙이라는 자신의 일반섭리에 맡겨 운용하지만, 필요할 때마다 특정한 유전자적 변이의 기초가 되는 양자역학적 과정 안에 개입, 작용함으로써 자신의 특별섭리를 개진한다. 내 말의 요점은, 우연성(맹목적성)은 일반섭리의 차원에서 나타나는 속성이고 필연성(합목적성)은 특별섭리의 차원에서 표출되는 속성이라는 것이다. 일반섭리와 특별섭리는 전혀 다른 차원에서 작용한다. 따라서 우리는 자연이 맹목적적으로 진화한다는 것을 부정하지 않으면서 하나님이 합목적적으로 창조했다고 말할 수 있다."

하지만 당신이 어떤 해법을 생각했든 공통점이 있을 겁니다. 진화의 맹목적성과 창조의 합목적성은 같은 범주나 같은 차원의 문제가 아니라는 것과, 바로 그 때문에 양립주의에 대한 프랑크푸르트 스타일이 성립된다는 사실이지요. 그래서 우리는 이제 아우구스티누스를 따라 "그런즉 하나님이 모든 미래사를 합목적적으로 예정하신다는 사실을 부정하지 않으면서도 우리는 자연이 맹목적적으로 진화한다고 할 수 있다"라고 주장할 수 있다는 결론에 도달합니다. 한발 더 나아가—사실 이것이 애초 우리 이야기의 목적이었는데요—다윈과 함께 우리는 열렬한 유신론자인 동시에 진화론자가 될 수 있다고 선포할 수 있게 되었지요!

어때요? 이제 수긍이 가지요? 그렇다면, 이제 당신은 밀턴의 『실낙원』에 등장하는 다음 구절을 아마 이전보다 더 깊은 의미로 이해할 수 있을 겁니다.

> 내[하나님]가 제한 받지 않고 스스로 물러나서
> 나의 선을 나타내지 않지만, 이는 하든,
> 안 하든 자유요, 필연과 우연은 내게
> 접근하지 못하니, 내 뜻이 곧 운명이니라.[77]

다윈보다 약 200년 전에 살았던 밀턴은 당연히 생전에 다윈의 진화론을 접하지 못했지요. 그런데도 이 시구들은 진화론에 대한 기독교 신학의 입장을 대변하는 듯 느껴집니다.

왜냐고요? 설령 오늘날 그리스도인들이 '하나님이 섭리에 의해 자연을 합목적적으로 창조했다는 것도 옳고, 자연이 우연성에 의해 맹목적적으로 진화한다는 것도 옳다'고 믿는다 해도, 그것은 결코 하나님의 필연적 섭리와 자연의 우연적 법칙이 대등하다는 의미가 아닙니다. 단지 하나님의 필연성이 자연의 우연성을 창조하고 지배하며 이끌어 간다는 의미일 뿐이지요. 한마디로 '필연과 우연은 하나님에게 접근하지 못하니, 하나님의 뜻이 곧 운명'이라고 그리스도인들은 말하고 있는 겁니다. 물론 여기에는 '바로 그렇기 때문에 설령 인간이 진화에 의해 만들어졌다고 해도 여전히 하나님의 피조물이기 때문에 하나님에 의해 구원받을 수 있다'는 믿음이 함께 들어 있지요!

이렇게 해서, 비로소 우리는 기독교 창조론이 다윈의 진화론을 수용하는 데 걸림돌이 되는 문제—즉 창조론의 테두리 안에서 진화를 무리 없이 설명할 수 있는 전통적 신학체계가 무엇이고, 창조의 여섯 날과 진화의 장구한 세월의 차이를 어떻게 설명할 수 있는지, 하나님의 필연적 계획 안에서 진화의 우연성을 모순 없이 설명할 수 있는 방법은 무엇인가 하는 문제—들을 모두 해결했습니다. 따라서 이제부터는 아무런 부담 없이 앞에서 유보한 문제, 곧 기독교에서 말하는 창조의 목적이 무엇인지를 살펴볼 수 있게 되었습니다. 그렇지요?

창조의 목적은 구원

자, 그럼 전통적인 기독교 신학이 지지하는 창조의 목적은 과연 무엇일까요? 아우구스티누스는 물론이고, 동방정교와 서방 가톨릭이 고대로부터 취하는 일관된 관점은 창조의 목적을 구속사 History of Salvation 와 연관시켜 파악하는 것입니다. 요컨대 인간과 세계를 궁극적으로 신성에 참여시키는 만물의 신성화를 위해 창조가 이뤄졌다는 주장이지요. 여기에는 분명 그리스도의 사역을 부각함으로써 기독교의 창조론을 유대교의 창조 신앙과 구분 지으려는 의도가 들어 있습니다.

기독교 사상사에서 이런 주장을 처음 내놓은 사람은 창조에서 종말에 이르는 인간과 세계의 역사를 '구속사'로 파악한 리옹의 감독 이레나이우스지요. 그는 하나님의 이런 사역을 '총괄적 갱신'recapitulatio이라고 불렀는데요, 그것은 그리스도를 통해 구현되는 '인간 구원'과 '세계구원' 모두를 포함하고 있습니다. 하지만 이레나이우스의 이론을 더욱 밀고 나간 사람이 있었는데, 그가 바로 오리게네스지요. 오리게네스는 먼저 사도 바울의 고린도전서에 나오는 다음 구절을 주목했습니다.

그가 모든 원수를 그 발아래 둘 때까지 반드시 왕 노릇 하시리니 맨 나중에 멸망 받을 원수는 사망이니라. 만물을 그의 발아래 두셨다 하셨으니 만물을 아래에 둔다 말씀하실 때에 만물을 그의 아래 두신 이가 그중에 들지 아니한 것이 분명하도다. 만물을 그에게 복종하게 하실 때에는 아들 자신도 그

때에 만물을 자기에게 복종하게 하신 이에게 복종하게 되리니 이는 하나님이 만유의 주로서 만유 안에 계시려 하심이라. (고린도전서 15:25-28)

이 구절을 근거로 오리게네스는 만물이 알아채지 못할 정도로 느린 과정을 통해 하나하나 치유되고 새롭게 되어 "셀 수도 잴 수도 없는 시대"가 흐른 후에는 최종적으로 죄와 악 그리고 죽음마저 극복하고 '완전하게 되어' 하나님에게 복종할 것이라고 생각했습니다. 그래서 곧바로 다음과 같이 주장했지요.

그래서 하나님은 '만유'일 것이다. 선과 악이라는 구분이 더는 없을 것이며 악이 어디에도 없다는 사실을 보게 될 것이기 때문이다.…개체가 정화되고 깨끗이 된다. 이때 홀로 계시며 한 분이신 선한 하나님이 그 개인에게는 만유가 된다. 또한 소수의 개체나 다수의 개체가 아니라 그분 자신이 '만유 안의 만유'이시다. 죽음과 죽음의 독침과 그 어떤 악도 더는 없을 것이다. 이때 하나님께서 정말로 '만유 안의 만유'이실 것이다.[78]

플라톤주의 경향이 매우 농후한 이 생각을 근거로 오리게네스는 '만유 재창조'apokatastasis라는 개념을 만들었습니다.[79] 그리고 "창조는 구속의 시작"이라고 과감히 선포했지요. "하나님의 '세우심'은 '다시 세우심'을 위한 것"이라는 뜻입니다.[80]

오리게네스는 역사상 가장 뛰어난 신학자 가운데 하나로 꼽힙니다만, 그의 신학 안에 지나치게 짙게 드리운 플라톤주의의 그림자 때문에 교부 반열에는 들지 못했지요. 그러나 창조가 구속의 시작이라는 그의 주장은 대부분의 위대한 신학자들에게 받아들여졌습니다. 예컨대 토마스 아퀴나스는 "만물의 궁극적 목적은 하나님의 선성이다"Quod ultimus finis omnium est divina bonitas라고 선언하고 덧붙여 이렇게 설명했지요. "창조된 모든 것에서 출생과 완전성의 목적은 행위하는 자 또는 출생시키는 자의 형상이며, 그것들은 바로 그 형상의 유사성에 도달하게 된다. 그러나 제1작용자, 즉 하나님의 형상은 그의 선성 이외에 다른 것이 아니다. 그러므로 만물은 하나님의 선성과 닮기 위해서라는 이유로 만들어졌다."[81]

이처럼 불완전한 피조물이 하나님의 완전성에 도달하는 것, 하나님의 선성을 닮는 것, 곧 '구원'이 창조의 목적이라는 생각은 문인들에게도 전해졌지요. 17세기 영국의 시인이자 플라톤주의자인 헨리 모어의 시 "영혼불멸"에서 확인할 수 있습니다.

> 하나님이 행하는 일은 모두 피조물의 구원을 위해서이며
> [하나님은] 스스로의 만족을 위해서는 아무것도
> 우리에게 구하지 않는다.
> 거대한 바다大洋에 대해 물방울 하나가 무엇이란 말인가?[82]

현대 프로테스탄트 신학자들이 취하는 관점도 여기서 크게 벗어나지 않습니다. 예를 들어 칼 바르트도 창조를 하나님과 인간 사이에서 이뤄지는 구원의 역사를 가능하게 하는 시발점으로 보았습니다. 창조가 없었으면 구원 사역도 불필요했다는 게 바르트의 논리이기 때문에, 그에게도 창조는 구원의 시작이요 구원은 창조의 목적이었습니다.[83]

어쩌면 당신은 이들 신학자들이 공연히 성서에 꿰맞춰 창세기로부터 요한계시록에 이르는 한 편의 드라마를 쓰고 있다고 생각할지 모릅니다. 하지만 기독교 신학이 이런 입장을 견지하기까지 그 과정이 그리 순탄치만은 않았습니다. 여기에는 2세기경 초기 기독교의 발전 과정에서 발생한

어떤 특별한 상황에서 비롯된 중요한 신학적 문제가 연관되는데, 파울 틸리히가 그 내막을 밝혔습니다. 무슨 소리냐고요? 찬찬히 설명하자면 이렇습니다.

기독교가 탄생했을 때 초기 교부들이 해결해야 할 가장 큰 문제는 '구약의 하나님'과 '신약의 하나님' 사이에 존재하는 현격한 차이점을 극복하는 것이었습니다. 내용으로 보자면, '창조의 하나님'과 '구속의 하나님', 폭력적이고 배타적인 '이스라엘의 하나님'과 사랑과 은총이 넘치는 '보편적인 하나님' 사이에 놓인, 도저히 건너뛸 수 없는 본질적 간격을 해소시켜야 했습니다. 그런데 그 일은 사실상 불가능한 것처럼 보였기 때문에, 차라리 이 둘을 아예 분리시키자는 발상이 자연스레 흘러나왔습니다.

역사상 이 같은 일을 처음 시도한 사람이 2세기에 가장 위험한 이단자로 기록된 마르키온Marcion입니다. 마르키온의 『반론』에 의하면, 구약의 하나님은 물질적 세상을 창조하고 다스리는 히브리인들의 하나님으로, '피의 제사'를 요구하고 자기 백성을 전쟁터로 내보내 주민을 학살하게 하며, 질투의 하나님으로서 아버지의 잘못을 3, 4대까지 돌리는(출애굽기 20:5) '악惡의 신'입니다. 반면 신약의 하나님은 욕정적이고 전투적인 창조자인 구약의 하나님과는 "전혀 다른 분"이거나 "생소한 하나님"unknown God으로, 구약의 하나님 위에 계시고 사랑과 평화가 무한한 '선善의 신'이지요. 따라서 구약의 하나님과 신약의 하나님은 하나일 수 없고 또 하나여서도 안 된다는 것입니다.

당시 교부들은 사력을 다해 마르키온과 맞서 구약의 하나님과 신약의 하나님, 창조의 하나님과 구속의 하나님이 하나라는 교리를 지켜 냈는데요,* 바로 이 점을 틸리히가 지적한 것입니다. 그는 이렇게 주장했습니다.

• 이에 대해서는 5부 "하나님은 유일자다"를 참고하라.

구속이 창조와 모순된다면 그때 하나님은 자기 자신과 모순된다. 이때 우리는 좋은 하나님과 나쁜 하나님, 구속의 좋은 하나님과 창조의 나쁜 하나님을 갖게 된다. 초기 교회는 창조의 선함을 주장하기 위하여, 곧 실재 전체의 로고스 구조를 주장하기 위해 싸우느라 거의 파멸에 빠졌다.[84*]

이처럼 중요한 신학적 이유에서—다시 말해 우리가 창조의 나쁜 하나님과 구속의 좋은 하나님을 구별해 갖지 않기 위해서, 그리하여 구약과 신약을 분리하지 않기 위해서—창조의 하나님과 구속의 하나님은 하나여야 하고 창조의 목적이 곧 구속이어야 했던 것이지요.

정리할까요? 완전한 하나님에게는 자족이고, 불완전한 우리에게는 은총인 창조의 목적은 오직 인간과 세계의 구원입니다. 인간과 세계가 존재 자체$^{ipsum\ esse}$, 진리 자체$^{ipsa\ veritas}$, 선 자체$^{ipsa\ bonitas}$ 또는 아름다움 자체$^{ipsa\ pulchritudo}$인 하나님처럼 완전하게 되는 것이 창조의 목적이라는 이야기지요. 바로 이것이 『고백록』 전체를 꿰뚫는 주제이며, 우리가 이 장의 서두에서 던진 "왜 아우구스티누스는 엉뚱하게도 『고백록』의 말미에 자서전에는 전혀 어울리지 않는 창조에 관한 신학 이야기를 덧붙였는가?" 하는 질문의 대답이기도 합니다. 불완전한 자기 자신이나 세계가 하나님처럼 완전해지는 것은 모두 하나님의 은총으로만 이루어진다는 것이 아우구스티누스가 진정 하고 싶었던 말이지요. 이 모든 내용을 압축하여 그는 『고백록』의 말미에서 다음과 같이 증언했습니다.

---

* 틸리히는 바르트가 초기에 자연신학(에밀 브루너)과 맞서 싸우며 창조의 하나님을 구속의 하나님으로 대체하려고 한 일에 대해서도 같은 이유로 반대했다. 바르트의 동기는 마르키온과 달랐지만, 바르트의 시도 역시 창조의 하나님과 구속의 하나님을 구분하는 일이었기 때문이다. 이에 대해서는 4부 "하나님은 인격적이다"를 참고하라.

당신께서는 지선하시니, 피조물이 하나도 없다고 해도
당신의 행복에는 아쉬울 것이 없나이다.
당신께서 만물을 지으시고 다듬어 주신 것은
무슨 아쉬움에서가 아니라 넘치는 선하심으로 말미암은 것이니,
당신의 즐거움이 그것들로 인해 채워지기 때문이 아닌 것입니다.
불완전한 피조물들이 완전하신 당신의 마음에 들 리가 없고,
도리어 그것들이 당신에 의해 완전케 되어야만
당신의 마음에 드실 것입니다.[85]

4부

하나님은 인격적이다

"가장 비참한 비극은 하나님의 섭리에 대해 아무것도 모르는 것이요,
가장 큰 축복은 이 하나님의 섭리를 인식하는 것이다."
- 요한 칼빈, 『기독교 강요』

64년 6월 19일 새벽녘 로마의 시르쿠스 막시무스$^{Circus\ Maximus}$ 근처 가게에서 원인 모를 불이 났습니다. 때마침 아프리카에서 불어온 뜨겁고 강한 바람 시로코를 타고 불은 순식간에 에스퀼린^{Esquiline}과 팔라틴^{Palatine} 언덕으로 번졌지요. 언덕에는 황제 일가의 저택들과 명문 귀족들의 집이 밀집해 있었고, 계곡 밑으로는 서민층 주거지가 밀집해 있었습니다. 불은 빈부귀천을 가리지 않고 닥치는 대로 덮쳐 9일 동안이나 제국의 수도를 불태웠지요. 불길이 겨우 잡힌 때는 로마의 14개 주요 구역 가운데 10개가 이미 폐허로 변한 다음이었습니다.

네로$^{Nero,\ 54-68\ 재위}$ 황제는 그때 로마에서 남쪽으로 50킬로미터 떨어진 여름 별장에 머물고 있었지요. 소식을 들은 그는 두 마리의 말이 이끄는 마차를 몰고 서둘러 로마로 돌아왔습니다. 그가 확인한 상황은 참담했지요. 자신의 황궁까지 완전히 불타고 없었습니다. 네로는 곧바로 잿더미로 변한 팔라틴 언덕에 황금집$^{Golden\ House}$이라는 새로운 궁을 짓기로 작정했지요. 또한 황궁 앞 저지대엔 거대한 인공 호수도 만들 계획을 세웠습니다. 곧이어 그 일을 위해 약 500평방킬로미터의 개인 소유지를 수용하겠다고 발표했습니다.

그러자 '이득을 보는 사람이 바로 범인'이라는 흉흉한 소문이 시정에 들끓기 시작했습니다. 황제가 땅을 싼값에 수용하기 위해 고의로 불을 질렀다는 뜻이었지요. 예상치 못한 사태에 위협을 느낀 네로는 소문을 막기 위해 일석이조의 비상한 수단을 강구해 냈습니다. 평소에 골칫거리로 여기고 있었던 그리스도인들을 방화범으로 모는 것이었지요. 당시 어린 소년이었던 로마의 역사가 타키투스$^{Tacitus, \ ?55-117}$는 『연대기』에 이 같은 정황을 다음과 같이 기록했습니다.

소문을 잠재우기 위해 네로 황제는 희생양을 만들어 대규모의 계획적이고도 철저한 처벌을 감행했다. 그 대상은 평소 꺼림칙한 행위로 로마시민들의 증오를 샀던 '그리스도 신봉자'라고 불리는 자들이었다. 이 무리들의 명칭이 유래한 그리스도라는 자는 티베리우스 황제의 신하였던 폰티우스 필라투스$^{Pontius \ Pilatus}$에 의해 처형되었다.…이들의 죽음은 놀림감이 되었다. 네로 황제는 그들에게 들짐승들의 모피를 뒤집어씌우고 개에게 물려 갈기갈기 찢겨 죽게 했다. 어떤 때는 십자가에 매달아 놓고 혹은 불에 타기 쉽게 만들어 놓고 어두워진 후에 등불 대신 불태우기도 했다. 네로는 구경꾼을 위해 자신의 정원을 제공하고 이러한 장면들을 전차경기처럼 보여 주었다. 그는 전차를 모는 전사처럼 차려입고 군중들 사이를 돌아다니거나 전차 위에 서 있었다.[1]

네로는 왜 전투복을 차려입었을까요? 그는 자신이 무엇과 전투를 벌이고 있다고 생각했을까요? 기독교와 싸우고 있다고 생각하지는 않았을 게 분명합니다. 그가 그리스도인들을 가능한 한 잔혹한 방법으로 살해한 것은 단지 로마시민들의 관심을 화재가 아닌 다른 데로 돌리기 위해 벌인 자작극이었기 때문이지요. 그런데 그는 왜 하필 전사처럼 차려입고 전차 위에 서 있었을까요? 자신이 꾸민 연극을 실감 나게 감상하기 위해서였을까요? 모를 일입니다. 그러나 짐작할 수는 있지요. 네로는 모든 향락주의자들이 필히 가질 수밖에 없는 자신의 불안과—결국 패배할 수밖에 없는—힘든 전투를 벌이고 있었던 게 아닐까요?

바로 그 무렵 로마로부터 육로로 2,000킬로미터가량 떨어진 밀레도라는 그리스 항구도시의 한적한 바닷가에서, 믿기 어려울 정도로 야만적인 이 소식을 듣고 눈물로 기도하며 하나님의 뜻을 묻는 한 노인이 있었습니다. 그는 성서에 "팔일 만에 할례를 받고, 이스라엘 족속이요 베냐민의 지파요 히브리인 중의 히브리인이요 율법으로는 바리새인이요"(빌립보서 3:5)라고 스스로를 소개한 사도 바울 Paul, ?4-67이지요.

바울은 본디 예루살렘에 살던 로마시민권자로, 어려서부터 그리스 문화와 유대교 랍비 교육을 받았고 율법 torah에 심취하여 그리스도인들을 박해하던 '사울'Saul이라는 사람이었습니다(갈라디아서 1:13-14). 하지만 서른 살이 되었을 때 다소 Tarsus로 가는 도중 다마스쿠스 부근에서 부활한 예수님을 만났지요. 누가복음의 기자이기도 한 사도 누가 Luke는 사도행전에 그때 일어난 일을 세 번이나 반복해서 썼습니다(사도행전 9:4; 22:7; 26:14). 하늘에서 "사울아, 사울아, 네가 어찌하여 나를 박해하느냐"라는 소리가 들리더니 갑자기 그의 눈이 멀었다가 사흘 후 다시 뜨여 그가 극적으로 회심하고 그리스도인이 되었다는 내용이지요.

그러나 기이하게도 정작 바울은 자신에게 일어난 이 '유명한' 회심 사건에 대해 "내가 그리스도 예수께 잡힌 바 [되었다]"(빌립보서 3:12)라고 단 한 줄만 기록했을 뿐입니다. 왜 그랬을까요? 자신의 과거가 부끄러워 감추고 싶어서였을까요? 어쩌면 그럴지도 모르겠습니다. 어쨌든 바울은 회심 이후 이름을 바꾸고 30여 년간 수많은 위험과 고통을 감내하며, 때로는 옥고를 치르기도 하면서, 도보나 배편으로 세 차례에 걸친 전도 여행을 감행했지요. 가는 곳마다 교회를 세워 교인들을 가르쳤고, 서신을 통해 자신의 의견을 제시하고 질문에 답했으며, 때로는 책망하고 때로는 격려하면서 기독교를 전파했습니다.

바울은 기독교를 "이방인과 임금들과 이스라엘 자손들에게 전하기 위하여" 하나님이 택한 도구였습니다(사도행전 9:15). 그가 눈이 멀었을 때 안수기도로 눈을 뜨게 해 준 아나니아에게 하나님이 그렇게 말했습니다. 사실 처음에 아나니아는 바울이 예전에 그리스도인들을 탄압하는 자였다는 이유로 그를 위해 안수기도 하기를 거부합니다. 그러자 하나님은 아나니아에게 이 말을 덧붙입니다. "그가 내 이름을 위하여 얼마나 고난을 받아야 할 것을 내가 그에게 보이리라"(사도행전 9:16).

그래서였을까요? 바울의 삶은 고난의 연속이었습니다. 3차 전도여행을 마쳤을 때는 예루살렘에서 체포되어 가이사랴에서 2년간 구금되었지요. 그 와중에서도 그는 유대 왕 아그립바에게 전도를 한 후 바다를 통해 로마로 이송되었습니다(사도행전 27:1-44). 그곳에서 다시 2년간 어느 가정집에 구금되었지요. 물론 바울은 그곳에서도 "하나님의 나라를 전파하며 예수 그리스도에 관한 모든 것을 담대하게 거침없이" 가르쳤습니다(사도행전 28:30-31).*

아마도 62년이거나 그 이듬해쯤 바울은 자유의 몸이 되었습니다. 그는 곧바로 스페인 선교에 나섰지만 실패하고 돌아왔습니다.** 그 후 일루리곤을 거쳐 64년에는 에베소에 머물렀지요. 당시 에베소 교회는 바울의 제자이자 동역자인 디모데의 나태로 "말다툼하는 교회"가 되어 심히 앓고 있었습니다(디모데후서 2:14-18). 바울은 힘을 다해 에베소 교회를 도우려 했지만, 교인들의 반발로 분란이 더욱 고조되었지요. 하는 수 없이 바울은

---

* 여기서 사도행전은 끝나고 바울의 이후 생애는 다른 자료들에 의해 구성된다[참고. 브루스(F. F. Bruce)의 『신약성경사』(New Testament History), 1969; 머피-오코너(J. Murphy-O'connor)의 『바울 이야기』(Paul His Story), 2004 등].
** 바울의 스페인 선교는 「클레멘스1서」, 「무라토리 정경」, 외경인 「베드로행전」 등에 기록되었으나 이를 인정하지 않는 학자도 많다. 예컨대 귄터 보른캄(Günter Bornkamm)은 "클레멘스1서」의 보도는 사실 로마서 15:24-25, 28로부터 추리된 것"이라면서 바울의 스페인 선교를 부인했다[귄터 보른캄, 『바울』(Paulus), 1969].

니콜라스 레피시(Nicolas B. Lepicie), 〈바울의 회심〉, 18세기.

그곳에서 80킬로미터 정도 떨어진 항구도시 밀레도로 일단 철수해 있었습니다. 그런 와중에 로마로부터 끔찍한 소식이 날아온 것이지요.

바울은 로마 교회를 살리려면 자신이 그곳으로 가서 복음을 선포함으로써 교인들을 일깨우고 격려해야 한다고 생각했습니다. 성도들이 극심한 공포와 참을 수 없는 고통 속에서 서서히 죽어 가는 것을 봐야 하는 로마 교인들이 무력해질 것이 당연했기 때문이었지요. 하지만 그것은 제 발로 호랑이 굴에 들어가는 일과 같았습니다.

두렵지 않았을까요? 아니면 이미 순교를 각오했을까요? 역시 알 수 없습니다. 하지만 바울은 몇 년 전 자신이 로마 교인들에게 보낸 그 '유명한' 편지 가운데 한 구절만은 분명히 떠올렸을 겁니다. "우리가 알거니와 하나님을 사랑하는 자, 곧 그의 뜻대로 부르심을 입은 자들에게는 모든 것이 합력하여 선을 이루느니라"(로마서 8:28). 짐작컨대, 그는 젊어서 잠시 눈먼 사람이 되었을 때처럼 앞이 깜깜해질 때마다 그때까지 자신을 인도해 온 하나님의 섭리만을 굳게 믿었을 겁니다.

바울은 출발을 서둘렀습니다. 로마의 상황이 더 악화되는 것을 하루라도 빨리 막아야 했기 때문입니다. 그러려면 바닷길이 열려 있을 때 에게해와 지중해를 얼른 건너야 했지요. 겨울이 더 깊어져 항해 철이 지나 버리고 나면, 에그나시아 가도街道를 통해 마케도니아를 지나 밀라노에서 로마까지 이어진 2,000킬로미터나 되는 기나긴 육로를 걸어서 가야 했기 때문입니다. 젊은이가 바삐 걸어도 두 달은 족히 걸리는 거리지요. 그래서 바울은 재빨리 두 개의 바다를 건너 이탈리아에 도착했습니다.

바울이 로마에 도착했을 때는 피바람을 몰고 왔던 폭풍은 일단 지나간 다음이었지요. 네로 황제의 관용 때문은 아니었습니다. 때마침 황제를 암살하려던 음모가 발각되었기 때문이지요. 65년 4월이었습니다. 주동자가이우스 칼푸르니우스 피소Gaius Calfurnius Piso의 이름을 따서 '피소의 음모 사건'이라고 명명된 이 반역은 가담자 가운데 한 사람인 원로원 의원 플라비우스 스카이비누스Flavius Scaevinus의 사소한 불찰로 탄로가 났습니다. 큰 방죽도 개미구멍에 무너지는 법이지요.

결행 전날 스카이비누스는 신임하는 해방노예 밀리쿠스에게 아무도 몰래 단도를 갈도록 했습니다. 밤이 되자 전에 없이 호화로운 연회를 열어 노예들 가운데 충직한 자들을 해방시켜 주었지요. 그러자 연회는 마치 마지막을 준비하는 사람의 만찬 같은 분위기를 풍겼습니다. 묘한 생각이 든 밀리쿠스는 네로의 해방노예인 자기 친구를 찾아가 황제 암살 음모가 계획되고 있음을 알리고, 날이 선 단도를 증거물로 넘겼지요. 반역자 일당은 즉각 체포되었습니다. 그리고 아름답게 흐드러진 로마의 봄꽃들을 다 보지도 못하고 모두들 눈을 감았지요.[2]

'피소의 음모 사건'이 터지자 그리스도인들에 대한 핍박이 일단 수그러들었습니다. 네로와 시민들의 관심이 온통 음모 사건으로 옮겨 갔기 때문이지요. 바로 이때 바울이 로마에 도착했습니다. 겨우 한숨 돌렸으니 당분간은 조용하기를 바라던 로마의 그리스도인들은 바울의 등장이 달갑지 않았지요. 다시 파란이 일어날까 두려웠기 때문입니다. 그러나 바울은 소명대로 그리고 성품대로 아무 두려움 없이 복음을 선포했지요. 그러자 로마의 성도들은 화가 났습니다. 그들이 얼마나 성이 났는지는 바울이 체포되었을 때 그를 위해 기도하고 응원한 사람이 하나도 없었다는 사실이 여실히 증명합니다(디모데후서 4:16).

6장

아테네와 예루살렘이
무슨 관계가 있나

세네카의 '운명'

바로 그때였습니다. 로마 시대 최고 문학가 가운데 한 사람이자 후기 스토아 철학의 대가였던 세네카L. A. Seneca, 기원전 ?4-기원후 65의 교외 별장으로 백부장이 병졸들을 이끌고 밀어닥친 때가! 65년 어느 화창한 봄날이었지요. 백부장이 가져온 황제의 친서에는 피소의 음모에 가담한 세네카는 즉시 스스로 목숨을 끊어야 한다고 적혀 있었습니다. 그가 음모에 직접 가담했는지는 분명치 않습니다. 그러나 그가 적어도—공화정 말기에 일어난 카이사르 암살 사건 때 키케로가 그랬던 것처럼—음모자들의 정신적 횃불이었던 것은 분명하지요.

타키투스의 『연대기』에 의하면, 한때 자신의 제자이던 황제의 명령이 전해졌을 때 세네카는 조금도 동요하지 않고 오히려 태연했다고 합니다. 이미 각오하고 있었겠지요. 자객을 보내 어머니를 살해하고, 간통으로 몰아서 아내를 죽인 황제이니, 반역 혐의를 씌워 스승인들 죽이지 못할 까닭이 없다고 생각했을 겁니다. 타키투스가 적기를, 네로의 어머니 아그리피나Agrippina 황후는 살해당할 때 "배를 찔러라! 네로를 낳은 여기를!"이라고 자객에게 외쳤다지요.[1]

황제의 명령을 받은 세네카는 눈물을 흘리며 슬퍼하는 친구들을 오히려 이렇게 꾸짖었답니다. "그대들의 철학은 다 어디로 갔는가? 눈앞에 닥치는 불행과 맞서겠다던 그 결심은 또 어디로 갔는가? 그토록 오랜 세월 함께 닦아 온 철학과 결심들이 사라졌단 말인가?"[2] 평소 그는 친구들에게 인간의 삶을 연회宴會에 비유해서 가르쳤습니다. 연회에 초대된 사람은 너무 일찍 자리를 떠나 주인을 섭섭하게 해서도 안 되지만, 너무 늦게 떠나 주인에게 폐가 되어서도 안 된다는 것이었지요. 그는 이제 자기가 연회를 떠날 때가 되었다고 생각했던 겁니다.

영국의 시인 월터 새비지 랜더Walter Savage Lander, 1775-1864의 시 가운데 세네카의 죽음을 노래한 작품이 있습니다. "죽음을 앞둔 어느 늙은 철학자의 말"이라는 시지요.

나는 누구와도 싸우지 않았노라,
싸울 만한 가치가 있는 상대가 없었기에.
자연을 사랑했고, 다음으로는 예술을 사랑했다.
나는 삶의 모닥불 앞에서 두 손을 쬐었다.
이제 그 불길이 가라앉으니 나 떠날 준비가 되었노라.

세네카에게 죽음은 로고스logos를 따르는 것이었습니다. 스토아 철학에 의하면 로고스는 우주만물을 창조하고 지배하는 신의 섭리providentia지요. 이 섭리는 세계에는 그것을 창조하고 움직이는 '자연법칙'으로, 인간에게는 마땅히 따라야 할 '도덕법칙'으로 작용합니다. 따라서 모든 인간은 스토아 철학자들이 '자연법'lex naturalis이라고도 불렀던 이 도덕법칙에—마치 자연이 자연법칙에 대해 그러하듯이—순응함으로써만 덕스럽게 될 수 있지요.*

신의 법인 '자연법'이 인간들의 '실정법'보다 우선되는 것은 서구에 내

---

* 초기 스토아 철학자들은 그리스인이었으나 나중에는 마르쿠스 아우렐리우스(Marcus Aurelius) 같은 로마 황제들도 스토아주의자였다. 이처럼 로마인들은 로고스 개념을 정치적 상황에도 이용해서 자연법에 근거한 법률들을 만들어 냈는데, 이렇게 만들어진 로마법은 중세 법률보다 훨씬 뛰어난 것으로 인정된다. 자연법은 금욕적이며 검소한 생활을 주장했기에 초기 기독교 신학자들은 이것을 기독교 윤리의 기초가 될 수 있다고 여겼다(참고. J. Stelzenberger, *Die Beziehungen der früchristlichen Sittenlehre zur Ethik der Stoa*, M. Hueber, Munich, 1933; Marcel Simon, *Die alte Stoa und ihr Naturbegriff*, Aufbau Verlag, Berlin, 1956, pp. 53-73, 85-93).

려오는 오랜 전통입니다. 오늘날 우리가 '자연법 사상'이라고 부르는 이 전통은 "인간의 모든 법은 신의 법에 의해서 명맥을 유지한다"³라는 헤라클레이토스의 말에서 그 기원을 찾을 수 있습니다. 그리고 우리가 2부 "하나님은 존재다"에서 살펴보았듯이, 플라톤이 분여이론을 통해 이 사상의 이론적 기반을 다졌는데,˙ 그의 뛰어난 제자 아리스토텔레스가 그 전통을 이었습니다. 아리스토텔레스는 그의 『수사학』에서 그리스의 비극 작가 소포클레스Sophocles, 기원전 ?496-406의 『안티고네』에 나오는 대사를 인용해서 자연법의 절대성을 주장했습니다.⁴

이 작품을 보면, 비운의 왕 오이디푸스의 딸 안티고네가 오빠 폴뤼네이케스의 장례식을 금한 테베 왕 크레온에게 저항하는 내용이 나옵니다. 안티고네는 자연법이 왕의 명령보다 우월하다는 것을 내세워 왕이 금한 오빠의 장례를 치르지요. 그리고 왕에게 자신의 행위가 정당함을 호소합니다.˙˙ 안티고네의 말은 다음과 같았습니다.

> …글자로 기록된 것은 아니지만, 확고한 하늘의 법(자연법)을
> 사람으로 태어난 몸이 넘을 수 없는 만큼, 왕의 법이라도 이것을 어길 수는
>   없을 거예요.
> 하늘의 법은 어제 오늘 생긴 것이 아니라 항상 살아 있으며,

• 플라톤은 자연법 사상의 근간이 된 분여이론과는 별도로 신의 법(자연법)과 국가법(실정법)이 형제이며 동등하다고 주장하기도 했다(참고. 플라톤, 『크리톤』, 54c). 이 같은 주장은 『법률』 793a-b에도 나오는데, 여기에는 플라톤이 말하는 '철인왕'이 다스리는 이상국가라는 전제가 놓여 있다고 볼 수 있다. 플라톤이 설계한 이상국가에서는 신의 법(자연법)과 국가법(실정법)이 충돌하지 않고 서로를 지탱해 준다.

•• 소포클레스의 『안티고네』는 『오이디푸스왕』의 뒷이야기다. 오이디푸스의 두 아들이 왕위 계승 문제로 다투다가 모두 죽자, 새로운 왕이 된 오이디푸스의 처남 크레온은 두 사람 가운데 하나인 폴뤼네이케스의 장례를 금한다. 그러자 오이디푸스의 맏딸 안티고네가 왕명을 거스르고 오빠를 매장했다가 죽음을 당한다는 내용이다.

아무도 이것이 언제부터 시작되었는지 알지 못하지요.[5]

스토아 철학자들이 말하는 로고스가 바로, "항상 살아 있어서 왕의 법령이라도" 감히 어길 수 없는 하늘의 법, 곧 자연법입니다.

로고스와 자연법이 동일하다는 신념은 스토아 철학자들의 확고한 교조 가운데 하나였습니다. 스토아학파의 창시자 키프로스의 제논 Zenon ho Kupros, 기원전 ?335-?263 자신이 "자연법은 신법이며 올바른 것과 올바르지 못한 것을 규정하는 힘을 갖고 있다"[6]라고 처음부터 못을 박았기 때문입니다.

세네카보다 두 세대 정도 앞서 산 로마의 철학자 키케로는 "모든 사람의 전면적 동의는 자연법으로 인정되어야 한다"[7]라고 말하며 '보편적 법칙'과 자연법을 동등한 것으로 보았지요. 이후 로마의 법학자들도 자연법과 만민법 jus gentium 을 동일시했습니다. 젊었을 때 키케로의 저작 『호르텐시우스』를 통해 스토아 철학의 자연법 사상에 영향을 받은 아우구스티누스도 같은 이유로 자연법을 '영원법' lex divina positiva 이라 부르며 다음과 같이 교훈했지요.

최고의 이성이라고 불리는 저 법률 말이다. 그 법에는 반드시 복종해야 하고, 바로 그 법에 의거하여 악인들이 비참을 당하고 선인들이 복된 삶을 상으로 받게 되며, 마지막으로 우리가 현세적 법률이라고 말한 법률이 올바로 개정된다는 것은 어디까지나 그 법을 기준으로 해서다.[8]

토마스 아퀴나스도 같은 내용을 『신학대전』에 다음과 같이 썼습니다.

그러므로 사물들의 실제적 주권자인 하나님 안에 존재하는 통치 개념이 자연법^(lex naturalis)이다. 그렇다면 하나님의 정신은 시간 안에서는 생각할 수 없기 때문에 영원의 개념을 지니며, 그 법칙은 영원법^(lex divina positiva)이라고 불려야 한다.…현재 인간 이성이 도달한 구체적 결과들은 그것이 이미 진술한 자연법의 조건을 만족시키는 경우에 '인정법'^(lex humana positiva)이라고 불린다.[9]

어디 그뿐인가요. 근대 민주주의의 기반을 닦은 계몽주의자 몽테스키외^(Montesquieu, 1689-1755)도 실명^(失明)을 하면서까지 쓴 『법의 정신』에서 자연법에 대해 이렇게 말하지요. "자연법이란 가장 일반적 의미에서 사물의 본성에서 도출되는 필연적 관계를 말한다. 개개의 이성적 존재는 그들이 만든 실정법을 갖고 있을 테지만, 그들이 만들지 않은 자연법도 갖고 있다.…[따라서] 실정법이 명령하고 금지하는 일 이외에는 공정하다거나 불공정한 것이 하나도 없었다고 말하는 것은 마치 누군가가 원을 그리기 전에는 원의 모든 반지름이 똑같지 않다고 주장하는 것과 같다."[10]

이처럼 서양문명에서 로고스는 신의 섭리로서 '영원법'이자 인간이 따라야 할 모든 실정법과 도덕의 근거인 '자연법'으로 인식되어 왔습니다. 요컨대 서양인들은 자연법은 '정당하기 때문에 법'^(jus quia iustum)이고, 실정법은 '명령되었기 때문에 법'^(jus quia iussum)이라고 인식해 왔지요.

로고스는 또한 인간의 이성^(ratio)이기도 합니다. 인간은 로고스를 자기 정신 안에 지니고 있기 때문에 자연과 사회 안에 있는 로고스, 곧 자연법칙과 도덕법칙을 인식하고 따를 수 있다는 것이 스토아 철학자들의 생각이었지요. "나면서부터 로고스를 나누어 가진 자에게는 올바른 이성도 법칙도 주어져 있다"[11]라는 것이 그들이 입에 달고 살던 구호였습니다.

그렇지만 그 이성에 의해 파악되어 우리에게 주어지는 신의 법칙인 섭리는 인간이 부단히 따라가야 할 복종의 길일 뿐, 인간의 삶에 깔려 있는 희망과 절망 그리고 기쁨과 고통과는 무관한 것이었습니다. 섭리는 순전히 일방적이고 완전히 강제적인 것인데요. 세네카는 『섭리에 대하여』에서 그것이 가진 이 같은 강제성에 대해 다음과 같이 설명했습니다.

> 선한 사람이 할 일이 무엇이겠소? 자신을 운명에 맡기는 것이오. 우리가 우주와 함께 휩쓸려 간다는 것은 그나마 큰 위안이오. 우리더러 그렇게 살라고, 그렇게 죽으라고 명령한 것이 무엇이든 간에 그것은 똑같은 필연성으로 신들도 옭아매고 있소. 신도 인간과 마찬가지로 돌이킬 수 없는 길로 나아가기 때문이오. 만물의 창시자이자, 조종자, 운명의 법을 만들어 정하신 그분도 그것을 따르고 있소. 그분은 단 한 번 명령하고는 늘 복종하지요.[12]

세네카는 이처럼 신마저도 옭아맬 정도로 강압적인 섭리를 따르는 것이 인간에게 결코 쉬운 일이 아니며, 때로는 불행과 고통이 될 수 있다는 것을 잘 알고 있었습니다. 그래서 그는 섭리를 따르는 일이 때때로 "슬프고 무섭고 견디기 힘든 일"이지만 용기를 내서 참고 견뎌야 한다고 가르쳤지요. 그 이유를 그는 다음과 같이 밝혔습니다.

> 운명이 우리를 인도하며 각자의 수명은 태어나는 순간 결정되오. 또 모든 것이 인과관계로 서로 연결되어 있으며, 사물의 영속적 질서가 개체와 전체를 모두 지배한다오. 만사는 우리 생각처럼 우연히 발생하는 것이 아니라 필연적으로 일어나기 때문에 용감하게 참고 견뎌야 하오. 무엇이 그대를 기쁘게 하고 무엇이 그대를 울게 할지가 이미 오래전에 정해졌으며, 개개인의 인생이 서로 아주 달라 보여도 결과는 마찬가지라오. 우리가 받은 것은 무엇이든 사라질 것이며 우리 자신도 사라진다는 것이오. 그런데 왜 우리가 분개하며 무엇 때문에 불평해야 하는 거요?[13]

세네카는 이렇듯 신의 섭리를 필연적인 것, 즉 운명fatum으로 생각했는데요, 이는 스토아 철학의 전통이기도 했습니다. 스토아 철학자들에게 섭리는 사람이 태어나는 순간부터 이미 결정되어 있어서 설령 그것이 가혹하다 해도 분개하거나 불평할 수 있는 것이 아니라 참고 견뎌야 하는 신의 뜻이지요. 독일의 문화철학자 오스발트 슈펭글러Oswald Spengler, 1880-1936가 『서구의 몰락』 마지막 부분에서 인용한, "네가 동의하면 운명은 너를 인도하고 네가 동의하지 않으면 운명은 너를 강제한다"[14]라는 세네카의 말이 그래서 나온 겁니다.

고대철학의 중요한 임무 중 하나는 인간의 삶과 죽음에 도사린 두려움을 제거하는 것이었습니다. 스토아 철학도 마찬가지였는데, 그들의 비법은 섭리를 따르는 것이었지요. 이에 대해 세네카는 시적 운율에 맞춰 다음과 같이 교훈했습니다.

가난을 무시해라.
태어날 때만큼 가난한 사람은 아무도 없다.
고통을 무시해라.
고통은 사라지거나 너희와 함께 끝날 것이다.
죽음을 무시해라.
죽음은 너희의 고통을 끝내 주거나 다른 곳으로 데려갈 것이다.[15]

어때요? 공감이 가나요? 신마저 복종하는 운명에 인간이 따르지 않을 수 없을 바에야 오직 이러한 무시와 체념과 초연만이 유일한 대책일 겁니다. 그래야만 '마음의 평정'apatheia을 얻을 수 있을 테니까요. 하지만 스토아 철학자들이 운명으로 주어진 신의 섭리를 따라야 한다고 주장한 이유는 이게 전부가 아닙니다. 사실 그들은 엉뚱한 속내를 품고 있었습니다.

알고 보면 바로 그것이 스토아 철학의 심장으로 통하는 비밀스러운 문인데, 다음과 같습니다.

스토아 철학자들이 신의 섭리에 복종할 것을 권할 때, 그들은 인간이 이성을 통해 "슬프고 무섭고 견디기 힘든" 운명을 제 스스로 따름으로써 우주의 섭리인 로고스와 합일하는 '존재론적 승화'가 이루어진다고 생각했지요. 그래서 결국에는 신들보다도 더 위대하게 된다고 믿었던 겁니다. 이건 또 무슨 말이냐고요? 설명하자면 이렇습니다.

세네카는 『섭리에 대하여』에서 자신의 본성상 고통을 아예 모르는 신은 고통의 '저쪽'beyond에 있다고 했습니다. 하지만 인간으로서 고통 속에서 태어나 이성과 용기로 고통을 극복한 스토아 철학자들은 고통의 '위쪽'above에 있다고 했지요. 자, 주목하세요! '저쪽'과 '위쪽'이라는 구별에 가치판단이 들어 있습니다. 요컨대 스토아 철학자들은 스스로 고통을 극복했기 때문에 고통을 아예 모르는 신보다 더 우월하다는 뜻이지요. 바로 이런 논리에서 세네카는 참된 스토아 철학자는 '신들 위의 신'God above gods이라고도 주장했습니다.[16]

이 얼마나 담대한 발상인가요! 스토아 철학자들은 이런 사유를 근거로 그들 자신이 신이 되거나 또는 그보다 더 우월한 존재가 될 수 있다고 믿은 겁니다. 지금 우리의 입장에서 보면 참 엉뚱한 생각이지요? 하지만 바로 이것을 이해해야만—예컨대 로마 황제 마르쿠스 아우렐리우스Marcus Aurelius, 161-180 재위와 같은 스토아 철학자들이 보여 준—놀라운 절제와 용기의 원천인 스토아 철학의 심장을 들여다볼 수 있습니다. 세네카가 죽음 앞에서 그렇게 당당할 수 있었던 것도 사실은 바로 이 같은 생각 때문이었지요.

당신도 아마 1773년에 프랑스 화가 자크 루이 다비드Jacques-Louis David가 그린 〈세네카의 죽음〉을 보았을 겁니다. 이 뛰어난 그림에는 세네카가

자크 루이 다비드(Jacques-Louis David), 〈세네카의 죽음〉, 1773.

태연한 모습으로 시종에게 다리 혈관을 자르게 하는 모습과 그것을 보고 경악하는 그의 아내 파우리나의 모습이 잘 묘사되어 있습니다. 타키투스의 기록에 따르면, 세네카는 놀라 쓰러지려는 아내 파우리나를 부드럽게 포옹하면서 남편이 스토아 철학자로서 훌륭한 삶을 살았다는 데서 위안을 삼으라고 당부했다지요. 심지어 파우리나가 함께 죽게 해 달라고 간청하자 그것을 거절하지도 않았다고 합니다. 죽음이 육체라는 감옥에 갇힌 영혼을 해방시켜 신이 되게 해 준다고 믿어 의심치 않았기 때문이지요.

파울 틸리히는 『존재에의 용기』에서 스토아 철학자들이 이러한 사유와 용기를 갖고 있었기 때문에 오직 스토아 철학적 정신만이 구원의 종교인 기독교 정신과 오랫동안 당당하게 대립할 수 있었다고 주장했습니다. 그리고 이렇게 덧붙였지요.

> 로마 제국도 기독교의 적수는 아니었다. 여기서 놀라운 것은 기독교에 중대한 위기를 초래한 것이 네로처럼 제멋대로인 폭군도, 줄리안^{Julian} 같은 광신적 반동주의자도 아닌, 도리어 마르쿠스 아우렐리우스$^{M.\ Aurelius}$ 같은 점잖은 스토아주의자였다는 사실이다.[17]

이 말은 '인간의 이성(또는 도덕)에 의한 인간 구원'이 '하나님의 은총에 의한 인간 구원'을—다시 말해 스토아 철학이 기독교를—적어도 19세기까지 부단히 위협했다는 뜻입니다. 종교적으로나 신학적으로나 매우 심각한 문제인데, 정말일까요? 만약 그것이 정말이라면 기독교는 스토아 철학을 언제, 또 어떻게 극복할 수 있었을까요? 이에 대해서 우리는 4부 말미에서 '키르케고르의 실존의 3단계'에 대해 고찰하며 자세히 살펴볼 것입니다.

세네카는 평소 친구들에게 "죽음이라는, 이른바 영혼이 육신에서 떨어져 나가는 시간 자체가 너무 짧아서 그 과정을 느낄 수 없다"[18]라고 가르쳤습니다. 그러나 그의 죽음은 예상과는 달리 그리 짧은 시간에 와 주지 않았습니다. 처음에 그는 팔 정맥을 끊었습니다. 하지만 나이 탓인지 피가 빨리 흘러나오지 않아서 발목과 무릎의 혈관도 잘랐지요. 그래도 바라던 죽음이 오지 않자 소크라테스가 그랬듯 독약을 마시고 증기탕에 들어가 서서히 죽어 갔다고 합니다. 그의 나이 일흔하나였지요. 하지만 그의 아내 파우리나는 정맥을 자르고 기절한 사이 옆에 있던 병사가 노예를 시켜 그녀의 팔에 붕대를 단단히 감아 주어 남편을 따라가지 못했습니다.[19]

바울의 '예정'

전해 오는 말에 따르면, 바울과 세네카는 아는 사이였고 서로 편지도 주고받았다고 합니다.* 사실일까요? 남아 있는 서신이나 확인된 증거는 없지만, 그런 이야기가 나온 근거는 있습니다. 4세기에 만들어진 『세네카와 바울의 편지』 *Letters of Seneca and Paul*라는 '날조된' 편지 모음집이 그것입니다. 이 편지 모음집은 후에 누군가가 바울과 세네카의 저작에 나오는 어구들을 빌려와 만든 위작임이 밝혀졌습니다. 그럼에도 이 책 안에는 두 사람이 얼마나 같은 생각을 했는지를 확인할 수 있는 부분들이 많이 들어 있습니다.[20]

---

* 이런 이야기는 2세기 말 테르툴리아누스가 처음 내놓았고(*De anima* 20) 5세기에는 히에로니무스가 주장했다(*De vir. ill.* 12).

바울은 실제로 자신의 서신들에 스토아 철학에서 쓰는 용어나 문구를 자주 사용했습니다. 신학자들은 예컨대 로마서 1장 20절에 나타나는 "영원하신"이나 "신성"이라는 단어와 1장 26절의 "순리대로" 또는 1장 28절의 "합당하지"와 같은 용어들은 바울이 스토아 철학으로부터 받아들인 특징적 개념으로 간주합니다.[21] 당시 기독교 공동체에서는 그런 용어를 사용하지 않았기 때문입니다. 또한 "내게 능력 주시는 자 안에서 내가 모든 것을 할 수 있느니라"(빌립보서 4:13)나 "모든 것이 합력하여 선을 이루느니라"(로마서 8:28), 특히 "만물이 주에게서 나오고 주로 말미암고 주에게로 돌아감이라"(로마서 11:36) 같은 구절들 역시 그렇습니다. 이와 유사한 뜻을 가진 문구들이 세네카는 물론이고 제논과 에픽테토스 같은 스토아 철학자들의 저술에 자주 등장하기 때문입니다.[22]

젊은 시절 바울이 스토아 철학을 공부했으리라는 짐작은 전혀 무리가 아닙니다. 바울은 다소에서 태어났지요(사도행전 21:39). 그곳은 지중해에서 멀지 않은 타우루스산맥 기슭에 자리하고 있는데, 로마 지배하에 있던 길리기아Cilicia의 수도였습니다. 높은 고갯길을 지나 소아시아 지방에서 수리아 지방으로 통하는 교역로의 주변이기도 했습니다. 당시에는 무척 번화했던 헬레니즘적 도시이자 무엇보다도 에피쿠로스학파와 스토아학파 같은 그리스 철학이 융성했던 교육도시였지요. 그래서 당시 저명한 지리학자였던 스트라본Strabon, 기원전 64-23은 때때로 이 도시를 '아테네'라고 부르기를 주저하지 않았다고 합니다.[23]

따라서 바울이 그의 소년 시절에―설사 그리스 철학학교의 교육 전통 아래서 교육받지는 않았을지라도―디아스포라Diaspora(팔레스타인 바깥의 다른 지방에 살고 있는 유대인) 회당의 설교와 신학을 통해 그리스 철학을 접했으리라는 데는 의심의 여지가 없습니다. 바울과 거의 동시대에 살면서 구약성서에 그리스 철학(특히 스토아 철학)을 접목한 알렉산드리아의 필론 Philon ho Alexandria, 기원전 25-기원후 50이 증명하듯이, 당시 유대교 회당의 설교와 신학에는 그리스 철학적 개념과 사상—예컨대 이성, 자연, 자유, 양심, 절제, 덕, 의무 등—이 이미 깊숙이 스며들어 있었기 때문입니다.[24]

바울이 예수님이 사용한 언어인 아람어 Aramaic가 아니라 그리스어로 생각하고 기록했다는 사실로도 같은 추측을 할 수 있는데요, 무엇보다 성서 기록들이 좋은 증거가 됩니다. 예컨대 사도행전 17장 18절에 보면 "어떤 에피쿠로스학파와 스토아 철학자"와 논쟁한 기록이 있습니다. 이것은 바울이 두 그리스 철학에 대해 이미 어느 정도, 곧 서로 논쟁을 할 정도로 알고 있었다는 의미입니다. 또한 사도행전 17장 24-28절에서 창조에 대해 언급할 때 바울이 인용한 "너희 시인 중 어떤 사람들의 말과 같이 우리가 그의 소생이라 하니"(사도행전 17:28)라는 말에서 '너희'는 스토아 철학자들을 가리키는 말이라는 것이 학자들의 공통된 생각입니다.[25] 여기까지만 추적해 보아도, 어쨌든 세네카와 바울은 같은 시대에 살았고, 비슷한 나이에, 비슷한 생각을 갖고 있었던 것만은 분명하지요. 그 가운데 우리가 지금부터 주목하려는 것은 하나님의 섭리에 관한 부분입니다.

바울이 쓴 로마서를 볼까요? 9장에는 히브리인들의 조상인 아브라함의 며느리이자 이삭의 아내인 리브가가 낳은 쌍둥이 형제에 대한 이야기가 나옵니다. 여기서 바울은 리브가가 아직 임신 중이어서 "그 자식들이 아직 나지도 아니하고 무슨 선이나 악을 행하지 아니한 때에" 하나님이 리브가에게 "큰 자가 어린 자를 섬기리라 하셨나니 기록된 바 내가 야곱은 사랑하고 에서는 미워하였다"라고 예정했다는 말을 먼저 하지요(로마서 9:10-13). 그리고 그것은 나중에 동생인 야곱이 형인 에서를 제치고 가문의 전통을 잇게 되는 것이 태어나기도 전에 미리 예정되어 있었다는 뜻으로 해석됩니다.

이어서 바울은 우리에게 묻지요. "혹 네가 내게 말하기를, 그러면 하나님이 어찌하여 허물하시느냐 누가 그 뜻을 대적하느냐 하리니, 이 사람아 네가 누구이기에 감히 하나님께 반문하느냐, 지음을 받은 물건이 지은 자에게 어찌 나를 이같이 만들었느냐 말하겠느냐. 토기장이가 진흙 한 덩이로 하나는 귀하게 쓸 그릇을, 하나는 천히 쓸 그릇을 만들 권한이 없느냐"(로마서 9:19-21). 바울은 이처럼 인간의 모든 일은 오직 하나님의 섭리에 의해 태어나기 전부터 예정되어 있으며, 이에 대해 누구도 불평하거나 불만을 가질 수 없다고 가르친 것입니다.

다시 말해 바울에게도 하나님은 "모든 일을 그의 뜻의 결정대로 일하시는 이"(에베소서 1:11)이자 "그 기쁘신 뜻대로"(에베소서 1:5) 우리를 예정하신 분이기 때문에 "하나님의 뜻"(로마서 2:18; 12:2)을 분간하는 것이 가장 중요합니다. 설령 그 결과가 가혹하더라도 말입니다. 한마디로 바울에게 하나님의 예정은 하나님의 자유롭고 기쁜 뜻에 근거한 것이므로 '주권적'이고 '무조건적'이며(로마서 9:16; 에베소서 1:5, 9, 11), '영원불변적'이고(에베소서 1:4; 디모데후서 1:9; 2:19; 로마서 11:29), '불가항력적'입니다(빌립보서 1:6; 2:13).

어때요? 앞에서 본 세네카의 교훈과 흡사하지 않은가요? 그렇습니다. 세네카와 바울의 가르침은 매우 닮았습니다. 둘 사이에 존재하는 이러한 유사성은 스토아 철학의 로고스 이론이 초기 기독교 교의학敎義學과 윤리학에 막대한 영향을 끼쳤다는 사실과도 무관하지 않습니다. 그래서 많은 사람들이 바울을 기독교에 그리스 철학을 끌어들인 원흉이자 시조로 규정하며 비난하기도 했습니다. 예를 들자면 미국의 3대 대통령이자 이신론자인 토머스 제퍼슨Thomas Jefferson, 1743-1826은 친구에게 보낸 편지에서 바울이야말로 "예수의 가르침을 최초로 오염시킨 자"라고 공격했지요. 또 영국의 극작가 버나드 쇼도 "예수의 정신에 바울의 정신적 결점이 덧씌워진 것보다 더 꼴사나운 덧씌우기는 여태껏 저질러진 적이 없다"고 비난했습니다.[26] 이때 이들이 '오염' 내지 '덧씌우기'라고 말한 것이 바로 바울의 가르침 안에 들어 있는 그리스 철학적 요소입니다.

사실상 바울은 살아 있는 역사적 예수님을 만난 적이 없고, 예수님의 가르침을 읽거나 전해 들은 적이 거의 없습니다. 예수님이 살아 있는 동안 바울은 같은 나라(유대) 안에 있었던 적이 전혀 없는 데다, 우리가 아는 4복음서는 바울의 서신들보다 적어도 20년 내지 50년쯤 뒤에 쓰였기 때문입니다.* 또한 바울은 예수님의 제자들과도 종종 의견이 달라 갈등을 겪기도 했으며, 그 때문에 열두 제자의 우두머리인 베드로를 '위선자'라고 비난하고(갈라디아서 2:13-14), 예수님의 친동생인 야고보까지 힐난하기도 했습니다(갈라디아서 2:12). 이런 사실들은 그가 예수님으로부터 그의 제자들로 이어진 '팔레스타인 전승의 영향'을 거의 받지 않았다는 것을 말해 줍니다. 그래서 독일의 저명한 현대신학자 루돌프 불트만[Rudolf Bultmann, 1884-1976]은 "바울에게는 역사적 예수의 가르침은 별다른 역할을 하지 않거나 실질적으로 아무 역할을 하지 않는다"[27]라고 단정 지었습니다.

이처럼 바울이 자기 사상으로 예수님의 복음을 윤색해서 기독교를 일구었다는 게 바울에 대해 부정적 시각을 가진 비평가들의 한결같은 주

---

* 바울의 서신들은 대개 예수님의 사후 20년쯤 쓰여 1세기 중엽에는 벌써 개인들과 교회에 소장되었으며 1세기 말에는 '바울 전집'(Pauline corpus)이 모양을 갖추었다. 그러나 예수님의 말씀에 대한 기록은 예수님의 죽음 직후에는 그리 시급한 문제가 아니었다가 세월이 지나 사도들이 하나둘 세상을 떠남으로 직접적 목격담이 점점 희미해짐에 따라 그 필요성이 대두되었다. 이에 로마 그리스도인들이 베드로의 동역자이자 통역자였던 마가(Mark)에게 부탁하여 예수님 사후 약 40년경인 1세기 후반에 처음으로 마가복음(Gospel according to Mark)이 쓰였고, 얼마 후 바울의 동역자였던 누가가 '2부의 역사서'로 기록한 누가복음(Gospel according to Luke)과 사도행전(Acts of the Apostles)이 쓰였다. 또한 시리아 지방의 그리스도인들이 보전한, 이방인 설교에 중점을 둔 마태복음(Gospel according to Matthew)이 나타났다. 그리고 1세기 말엽에야 "예수께서 사랑하셨던 제자에 의해서 쓰인 것", 곧 우리가 요한복음이라 부르는 기록이 에베소에서 나타났다.

장입니다. 물론 그런 주장들이 나올 수 있는 여지가 없는 것은 아닙니다. 그럼에도 불구하고 우리의 이야기는 바울의 가르침이 그리스 철학의 영향을 받았다고 하더라도, 어디까지나 용어와 수사학적 표현 형식에서 그랬을 뿐이며˙ 내용에서는 구약성서와 예수님이 전한 복음의 핵심에 닿아 있고, 그것이 오늘날 우리가 알고 있는 기독교의 초석이 되었다는 입장을 견지하고자 합니다. 왜냐하면 두말할 것도 없이 기독교는 예수님이 전한 복음에서 시작하여 그것에서 끝나는 종교지만, 예수님의 복음만으로 만들어진 종교는 아니기 때문입니다.

2,000년의 장구한 역사를 지닌 기독교는 4복음서 외에도 구약성서, 바울을 비롯한 사도들의 기록, 그리고 수많은 교부와 신학자들의 연구가 누적되어 형성된 종교지요. 이 과정에서 사도들이 전한 복음과 그에 대한 해석─보통 '사도적 전승'Apostolic Tradition이라고 하지요─이 '규범하는 규범'norma normans이 되어 그 밖의 모든 '규범된 규범'norma normata들을 제한한 것입니다. 2세기부터 4세기까지 진행된 '신약성서의 정경화'가 그 좋은 예지요.

신약성서의 정경화는 당시 기독교 사회를 떠돌던 다양한 문서 가운데 사도적 전승에 합당하면 정경으로 인정하고 그렇지 않으면 제외하는 식으로 이루어졌습니다.˙˙ 그래서 야고보서, 유다서, 베드로후서, 요한1서, 요

• 바울은 고대 수사학의 기교뿐 아니라 그 당시의 전형적이고 대중적인 교수법을 능숙하게 구사했다. 그는 특히 독자나 청중을 대화의 상대로 가담케 하여, 그 가상의 대화 상대에게 질문을 던지고 반증을 이끌어 내서 논박하는 '디아트리베'(Diatribe)를 즐겨 사용했다. 일례를 들면 이렇다. "혹 네가 내게 말하기를, 그러면 하나님이 어찌하여 허물하시느냐 누가 그 뜻을 대적하느냐 하리니, 이 사람아 네가 누구이기에 감히 하나님께 반문하느냐, 지음을 받은 물건이 지은 자에게 어찌 나를 이같이 만들었느냐 말하겠느냐. 토기장이가 진흙 한 덩이로 하나는 귀하게 쓸 그릇을, 하나는 천히 쓸 그릇을 만들 권한이 없느냐"(로마서 9:19-21). 가상의 독자를 상대로 대화 형식으로 서술하는 이 책도 디아트리베라는 고대의 수사법을 사용하고 있는 셈이다.
•• 오늘날 사용하는 신약성서 27권이 정경으로 인정된 것은 알렉산드리아의 아타나시우스와 서

한3서 등은 뒤늦게야 정경에 포함되었고, 「바나바서」, 「목자」, 「디다케」 등은 한때 정경에 포함되었다가 후에 제외되었지요. '정경'canon이라는 개념 자체가 어떤 것은 인정하고 어떤 것은 인정하지 않음으로써 외부 이교도와 내부 이단의 도전에 대처하자는 노력에서 비롯되었기 때문입니다.

내가 말하려는 요점은 이겁니다. 3세기에야 인정된, 몇몇 서신을 제외한 바울의 서신들은 4복음서들과 함께 2세기에 이미 첫 번째로 정경에 포함되었다는 사실입니다. 이것은 바울이 전한 신앙의 열매들이 비록 그리스 철학적 용어와 표현 형식이라는 그릇에 담겼다 해도, 예수님이 전하고자 하는 바로 그 내용과 일치했다는 것을 뜻하지요. 이 같은 사실은 또한 세네카와 바울이 설령 같은 말을 했더라도 그 의미가 똑같지는 않았다는 것을 의미하기도 합니다. 신의 섭리에 대한 가르침 역시 마찬가지입니다. 앞에서 보았듯이, 세네카와 바울의 섭리 사상은 외관상 매우 유사합니다. 하지만 그 내용을 보면 그 둘이 결코 같은 연원을 가진 것도, 같은 의미를 지닌 것도 아닙니다.

우선, 세네카 섭리 사상의 근원은 플라톤 철학입니다. 3부 "하나님은 창조주다"에서 살펴보았듯이, 플라톤은 중기의 대화편 『국가』에서 만물

방의 히에로니무스 그리고 아우구스티누스의 기록에서 찾아볼 수 있으나, 그 기본적 틀은 2세기 전반의 기록들에서 이미 찾아볼 수 있다. 이들은 마르키온의 모범을 따라 '복음서'(the Gospel)와 '사도서'(the Apostel)를 구분했지만, 누가복음과 바울 서신 열 개만을 인정하는 마르키온주의에 맞서기 위해, 누가복음을 제외한 세 복음서와 사도행전을 추가해 '모든 사도들의 행전'(The Acts of all the Apostles)이라 칭했다. 그러나 디모데전·후서, 디도서, 빌레몬서 등 세 개의 목회 서신들은 비교적 나중에야 바울 서신으로 인정되어 정경에 들어갔으며, 3세기에 빌레몬서를 비롯한 히브리서, 베드로후서, 요한1서, 요한3서, 야고보서, 유다서 등과 「바나바서」(the Epistle of Barnabas), 「목자」(Shepherd), 「디다케」(Didache) 등도 알렉산드리아의 오리게네스에 의해 정경에 포함되었다. 그러나 그중 상당수는 후일 정경성을 인정받지 못해 다시 빠졌는데, 4세기 초에는 모든 교회에서 오늘날 우리가 보는 신약성서 중 야고보서, 유다서, 베드로후서, 요한1서, 요한3서 5개를 제외한 모두를 정경으로 받아들였다.

의 궁극적 근거인 '일자'一者를 '이데아 중의 이데아'인 '선의 이데아'로 규정했습니다.[28] 그럼으로써 선한 섭리가 현세와 내세의 모든 과정을 지배한다는 낙관적 신념을 서구사회에 심었지요. 이 때문에 플라톤은 자연신학theologia naturalis의 창시자로 여겨지기도 하는데,[29] 이 사상을 제자 아리스토텔레스가 '부동의 원동자'라는 개념으로 계승해 다시 세네카에게 전해진 겁니다. 따라서 세네카가 말하는 섭리는 앞에서 언급한 대로 마치 자연법칙처럼 우리가 복종할 수밖에 없는 법칙일 뿐, 우리의 희망과 절망 그리고 소원과는 아무런 상관이 없습니다.

이와 달리 바울이 말하는 섭리의 근원은 당연히 구약성서의 계시입니다. 바울은 지상 생애를 살던 예수님을 직접 만나지 못했기 때문에(고린도후서 5:16) "참새 두 마리가 한 앗사리온에 팔리지 않느냐. 그러나 너희 아버지께서 허락하지 아니하시면 그 하나도 땅에 떨어지지 아니하리라"(마태복음 10:29)라는 예수님의 섭리 사상에 대해서는 전혀 몰랐을 수 있습니다. 하지만 그가 개종 이전에는 신실한 바리새인이었기 때문에, 구약성서에 기록된 "내 형질이 이루어지기 전에 주의 눈이 보셨으며, 나를 위하여 정한 날이 하루도 되기 전에 주의 책에 다 기록이 되었나이다"(시편 139:16)라는 시편 기자의 말은 가슴속에 항상 새겼겠지요.

주목할 것은 세네카의 섭리와 바울의 섭리 사이에 존재하는, 도저히 건널 수 없는 간격은 각각의 섭리를 주관하는 신이 인격적이냐 아니냐 하는 차이에서 나온다는 점입니다. 세네카의 신은 비인격적이고 바울의 하나님은 인격적이라는 말이지요. 우리는 뒤에서 세네카의 신과 바울의 하나님을 각각 '아테네의 신'과 '예루살렘의 신'으로 이름 붙여, 그에 대해 자세히 살펴볼 것입니다. 그 과정에서 하나님의 인격성이 과연 무엇을 말하는가에 대해 비로소 올바로 이해하게 될 것입니다. 그런데 사전에 여기서 당신에게 소개하고 싶은 사람이 하나 더 있습니다. 그가 섭리에 관한 또 하나의 위대한 신학자이기 때문인데요, 바로 종교개혁자 칼빈입니다.

칼빈의 '섭리'

요한 칼빈은 바울을 따라 섭리와 은총을 자신의 신학 기반으로 삼았습니다. 그는 개신교 신학의 규범이라 할 수 있는 『기독교 강요』 최종판[1559]에서 섭리를 창조와 특별히 연관해 다음과 같이 썼습니다.

> 창조주 하나님을 단 한 번의 사역으로 모든 창조를 완성한 일시적 신으로 생각하는 것은 부당하고 불충분한 일이다. 그리고 무엇보다도 이 점에서는 우리가 모든 이단, 위선자와 달라야 한다. 우리에 대한 하나님의 힘은 시작 때와 마찬가지로 지금도 우주의 영원한 상태 속에서 온 누리에 영원히 빛나고 있다.…우리가 하나님의 섭리를 논할 때, 이 말이 하나님께서 천국에 안일하게 앉아서 땅위에서 일어나는 일을 방관하신다는 뜻이 아님을 알아야 한다. 오히려 모든 사건에 대처하려고 키를 잡은 배의 선장과 같은 분이다.[30]

우리가 여기서 우선 주목하려는 것은 이 내용이 『기독교 강요』 초판[1536]에는 없었다는 사실입니다. 칼빈이 초판에는 없던 섭리론을 23년 후에 출간한 최종판에 추가한 까닭은 무엇일까요? 신학자들의 공통된 의견은 그사이 칼빈이 루터, 츠빙글리, 부처 같은 다른 종교개혁자들의 영향을 받았으리라는 겁니다. 특히 루터의 「대요리문답」Major Catechism으로부터 직접적 영향을 받았다고 생각하지요. 정황상 근거가 있는 주장입니다. 그렇지만 칼빈의 삶을 곰곰이 살펴보면, 섭리에 대한 그의 관심은 그 같은 외적 영향 때문이라기보다 그가 자신의 삶에서 겪은—결코 순탄하지 않은—숱한 경험을 통해 서서히 자라난 것임을 알 수 있습니다.

칼빈은 1509년 프랑스 파리 인근 노용이라는 마을에서 태어났습니다. 그의 성은 본래 프랑스어로는 코뱅^{Cauvin}인데 우리는 보통 그것을 라틴어화한 이름인 칼빈^{Calvin}으로 부르지요. 아버지 제라르 코뱅$^{Gerard\ Cauvin}$은 노용시의 회계사였는데, 어머니 잔느 르프랑$^{Jeanne\ Le\ France}$은 칼빈이 아주 어렸을 때 세상을 떠났습니다. 청년기에 칼빈은 아버지의 뜻을 따라 처음에는 몽테귀 대학$^{Collége\ de\ Montaigu}$에서 신학을 공부했지요. 그런데 1528년경 갑자기 학교를 옮겨 오를레앙과 부르주에서 법학을 전공하게 됩니다. 그의 지적 형성기에 일어난 매우 의미 있는 이 사건에 대해 칼빈은 그로부터 거의 30년이 지난 1557년에 쓴 『시편 주석』 서문에서 다음과 같이 회상합니다.

> 어릴 적부터 아버지는 내게 신학 공부를 시키려 했으나, 법학을 공부한 사람들이 대부분 부유해진다는 것을 알고 갑자기 마음이 바뀌셨다. 그것이 내가 철학 공부를 그만두고 법학 공부를 하게 된 동기다. 아버지의 뜻에 순종하여, 나 자신도 열심히 법학에 몰두하고자 노력했다. 그러나 하나님께서는 은밀하신 섭리 가운데 결국 나를 다른 길로 돌이키셨다.[31]

신학이든 법학이든 자신의 뜻이 아니라 아버지의 뜻에 따라 공부했다는 말이지요. 그럼에도 이때 공부한 신학과 법학은 각각 그가 훗날 훌륭한 라틴어 사용자가 될 어학적 기량과 논쟁에서 많은 적을 물리칠 만한 수사학적 기반을 닦는 데 큰 도움이 되었습니다. 그뿐 아니라 법철학 공부는 판단력과 인간 본성에 대한 지식을 길러 주었고, 훗날 교회를 조직하고 관할하는 데 필요한 능력도 키워 주었지요. 그 외에도, 이 시절 칼빈은 아우구스티누스 같은 라틴 교부들의 저서를 탐독했고, 라블레Rabelais, 1494-1553와 에라스무스Erasmus, 1466-1536의 저서를 통해 당시 유행하던 인문주의를 접했으며, 마르틴 루터Martin Luther, 1483-1546의 종교개혁에도 상당한 흥미를 가졌습니다.

1531년 봄 아버지가 세상을 뜨자, 칼빈은 후에 프랑스 대학Collége de France으로 명명되는 새로운 대학으로 옮겼지요. 전공도 자신이 좋아하는 고전학으로 바꾸었습니다. 이 대학은 당대의 인문주의자인 에라스무스를 총장으로 데려오려고 시도했을 정도로 자유롭고 진보적이었습니다. 선망하던 대학에서 하고 싶던 학문을 하는 것에 젊은 칼빈이 얼마나 매료되었을지 짐작하기란 어렵지 않습니다. 그런 만큼 괄목할 만한 지적 성과가 당연히 뒤따랐지요.

칼빈은 그곳에서 그리스어와 히브리어를 익히며 고대와 중세의 위대한 고전들을 섭렵했는데, 이 시기가 훗날까지 그에게 강하게 남아 있는 인문주의 성향의 바탕을 만들어 주었습니다. 나중에 칼빈은 16세기의 가장 뛰어난 라틴어 문장가 중 한 사람이 되었으며, 프랑스어 저술에서도 파스칼이나 보쉬에J. B. Bossuet에 견줄 만한 우아한 문체를 보여 준다는 평가를 받았습니다. 회심 이후 그는 평생 동안 "오직 성서로"sola scriptura라는 구호를 따른 엄격한 성서주의자로 살았지만, 동시에 뛰어난 인문주의자이기도 했던 겁니다.

16세기 당시 서구는 그리스·로마 문화의 부흥을 외치는 르네상스와 부패한 가톨릭교회에 저항하는 종교개혁 열기에 휩싸여 있었습니다. 당연히 인문주의자들은 대부분 신플라톤주의나 에피쿠로스주의 같은 고대 그리스 철학에 몰두했지요. 그들은 "거룩한 플라톤"이라는 말을 거리낌 없이 사용했고, 야훼를 그리스 신화에 나오는 제우스의 라틴어명인 '유피테르'Jupiter라고 불렀습니다. 1부 "하나님은 누구인가"에서 살펴보았듯이, 성서 이야기와 그리스 신화를 혼합하는 경향은 단테를 뒤따랐던 15세기 이탈리아 인문주의자들과 예술가들에 의해 크게 유행했는데, 16세기 서구 인문주의자들은 그 '버렸어야 할' 그 유산까지 고스란히 이어받은 것이지요.

그런데 흥미로운 것은 다른 인문주의자들과는 달리 당시 '기독교 인문주의자'들은 너나없이 신플라톤주의가 아니라 '스토아 철학'에 특별한 관심을 가졌다는 사실입니다. 왜냐고요? 그럴 만한 이유가 있었습니다. 신플라톤주의가 고대로부터 1,000년 이상 가톨릭 신학에 막대한 영향을 끼쳤다는 사실 때문이었습니다. 그것이 이미 세속적으로 타락한 가톨릭에 대항해서 종교개혁을 외치던 16세기 기독교 인문주의자들의 마음에 우선 걸렸던 것입니다. 게다가 스토아 철학은 기독교를 포기하지 않고도 받아들일 수 있는 종교적·윤리적 이상을 견지했지요. 물론 상대적이었지만 어쨌든 신플라톤주의에 비해서는 가톨릭과 조금 거리를 두고 있다고 생각했던 겁니다. 이러한 이유로 그들은 "거룩한 플라톤" 대신 "거룩한 세네카"라는 말을 입에 올리며 스토아 철학에 몰두했지요.

특히 가톨릭 사제들과 교황을 풍자한 『우신예찬』*Moriae Encomium*을 쓴 네덜란드 인문주의자 에라스무스와 스위스의 종교개혁자 울리히 츠빙글리 Ulrich Zwingli, 1484-1531는 세네카에게 푹 빠져 있었습니다. 에라스무스는 세네카에 관한 책을 두 권이나 썼고, 츠빙글리는 종교개혁에 뛰어든 후에도 기회가 있을 때마다 이 철학자를 좋아한다는 말을 공공연히 하고 다녔지요. 그래선지 그의 「섭리에 관한 설교」를 살펴보면, 세네카의 『섭리에 대하여』의 기독교판처럼 보일 정도로 내용이 유사합니다.

칼빈 역시 이러한 시대적 분위기에 편승해 1532년 4월 4일 불과 스물셋의 나이로 첫 번째 장편 저술인『세네카의 관용론 해석』을 자기 돈自費으로 출간했습니다. 그는 이 책을 함께 공부한 성 엘로이 수도원장 앙제 Claude de Hangest에게 헌정한 다음, 에라스무스에게도 한 권 보냈지요. 당시 칼빈은 에라스무스를 "학문 세계의 영광이자 기쁨"이라고 높여 불렀습니다.

눈에 띄는 것은 이 책에서 칼빈이 에라스무스가 텍스트를 해석하는 방식을 사용해 원전을 해석했다는 것과, 기욤 부데Guillaume Budé, 1467-1540가 유스티니아누스 법전을 해설하며 사용한 인문주의적 저술 방법을 그대로 사용했다는 사실입니다. 지금까지도 서구 인문학적 글쓰기의 전형으로 내려오는 이 방법은 1) 비교적 긴 문헌학적 설명으로 글을 시작하고, 2) 문법과 논리에 호소하며, 3) 수사학적 표현을 집어넣고, 4) 고대 작가들의 고전적 지식들을 끌어다 활용하는 수법이지요. 칼빈은 그의 첫 번째 저술에서 전형적인 인문주의 글쓰기 방법을 채택한 것입니다.

온갖 정성을 다해 썼지만, 세간의 냉대로 결국 큰 상처가 된 이 작품에서 칼빈은 스토아 철학과 기독교 사상의 유사성을 강조했습니다. 우리의 이야기와 연관해서 중요한 것은 그가 스토아 철학자들과 그리스도인들이 세상과 인간을 지배하는 초자연적 섭리의 존재를 인정한다는 점에서 일치한다고 확신했다는 점이지요.[32] 이는 칼빈이 회심하기 전부터 이미 세네카를 통해 신의 섭리에 관심을 두었으며, 또한 그의 섭리론이 다른 종교개혁자는 물론 세네카로부터도 상당한 영향을 받았음을 알려 줍니다. 과연 그런지, 조금 더 구체적으로 살펴볼까요?

1545년 발표한「자유사상가들에 대한 논박」이라는 논문에서 칼빈은 하나님의 섭리를 세 가지 측면으로 분류했습니다. 첫째는 '일반섭리' providentia universalis인 자연의 질서인데, 하나님은 모든 행위의 가장 우선적·직접적 목적을 남겨 둔 채 자신이 창조할 때 부과한 법칙들에 스스로를 일치시키면서 역사한다는 내용이지요. 우리는 3부 "하나님은 창조주다"에서 바로 이것이 진화론을 창조론 안에 수용할 수 있게 하는 원리임을 확인했습니다. 둘째는 '특별섭리'providentia specialis로, 하나님은 자신의 종을 돕고 악인을 응징하며 신실한 성도의 인내를 시험하거나 벌을 내려 공의의 심판을 실현한다는 것입니다. 그리고 셋째는 '성령의 내적 작용'으로, 하나님은 성령을 통해 그가 선택한 자들을 감화시키고 다스려서 거듭나게 한다는 것이지요.

이 가운데 둘째와 셋째는 스토아 철학과 무관합니다. 거듭 말하지만, 스토아 철학적 섭리는 우리가 마땅히 따라야 할 도덕법칙으로 작용할 뿐, 우리를 돕고 응징하며 인도하고 심판하며 감화시키고 다스려서 구원하는 일은 하지 않기 때문입니다. 그러나 첫째, 곧 하나님은 자신이 부과한 자연법칙들에 스스로를 일치시키면서 역사한다는 칼빈의 일반섭리에 대한 주장은 세네카의 영향이 분명히 느껴질 만큼 스토아 철학적입니다. 세네카가 '운명'fatum이라고도 부른 스토아 철학적 섭리야말로 우주적 보편성을 갖고 있어서, 어떤 것이든 그 직접적 인과관계에서 벗어날 수 없는 질서이기 때문입니다.

인문주의에서 섭리주의로

칼빈은 다른 무엇보다도 자신의 회심을 하나님의 섭리로 받아들였습니다. 1533년에서 1534년 사이, 즉 그의 나이가 스물넷 혹은 스물다섯이었을 때 일어났으리라 추정되는 칼빈의 회심은, 지금 봐도 그리스도인들의 가벼운 관심거리는 될 수 있어도 화젯거리는 못 됩니다. 바울이나 아우구스티누스, 또는 루터의 회심처럼 극적으로 일어나지 않았기 때문이지요. 게다가 그는 이교도나 무신론자였다가 갑자기 그리스도인으로 돌아선 것도 아니었습니다.

칼빈은 어려서부터 가톨릭 신자였고, 소년기에는 여러 신부의 보좌사제였으며, 청년기에는 한때나마 대학에서 가톨릭 신학을 전공했습니다. 결국 여기서 그의 회심이란 가톨릭에서 개신교로 개종한 것을 뜻하는데, 그마저도 오랜 기간 서서히 준비되었고 점진적으로 이뤄졌습니다. 그래서 별다른 주목을 받지 못하는 것인데요, 흥미로운 것은 칼빈이 회심과 연관해서 자신을 다윗과 비교했다는 점입니다. 『시편 주석』의 서문에서 그는 다음과 같이 썼습니다.

> 나의 경우는 다윗의 경우와 비교할 때 의심의 여지가 없이 훨씬 열등하다. 그러므로 내가 다윗과 비교하려는 것은 참으로 불필요한 일이다. 그러나 다윗이 양치기로부터 택함을 받아 최고 권위의 자리까지 올라간 것같이, 나도 원래는 어둡고 미천한 출신이지만 하나님의 택하심을 입어 복음의 전도사와 목회자라는 영광스러운 직분을 통해 가치 있는 사람으로 인정되었다.[33]

아우구스티누스 이후 바울 신학의 위대한 계승자로 불리는 칼빈이, 사도 바울이 아니라 다윗을 자신의 신앙 모델로 삼은 이유는 무엇일까요? 그것은 자신의 회심이 바울처럼 극적으로 일어난 것이 아니라 다윗처럼 점진적으로 일어났음을 표현한 것이라는 게 신학자들의 생각입니다.[34] 그럼으로써 칼빈은 회심이 하나님의 섭리에 따라 여러 모양으로 나타나고, 순간적일 뿐 아니라 점진적일 수도 있으며, 외적 의식을 통해서가 아니라 내적 변화를 통해 일어난다는 것을 자신의 개종을 통해 보여 주려 했다는 것이지요.

아우구스티누스의 『고백록』이 그렇듯이 자기 삶을 회상하는 글에는 언제나 삶을 바라보는 그 사람의 고유한 관점이나 사상이 담겨 있게 마련입니다. 칼빈의 글도 마찬가지지요. 그는 『시편 주석』의 서문에서 자기 삶이 표면적으로는 제 자신이나 아버지의 뜻대로 진행된 것 같지만 실상은 오직 하나님의 섭리에 의해 인도된 것임을 누차 강조했습니다. 그의 말을 또 들어 볼까요?

내가 신학을 공부한 지 채 1년도 되기 전, 나는 아직 초심자에 불과했지만 더 순수한 교리를 찾는 마음을 가진 많은 사람이 내게 배우려 다가오고 있음을 알고 너무 놀랐다. 나는 세련되지 못했고, 수줍어하는 성품 탓에 늘 구석진 곳에 혼자 있는 걸 좋아해 공개적으로 알려진 곳을 벗어나 한적한 장소를 찾아 다녔다. 그러나 그럴 적마다 내가 바라는 목표가 이뤄지기는커녕 내가 감추려던 모든 것이 마치 학교에서처럼 공개적으로 알려지곤 했다. 다시 말해 내가 나의 큰 목적을 아직 알지 못한 채 은거하며 홀로 살려고 하면, 하나님은 여러 가지 전환과 변화를 통해 나를 거기서 벗어나도록 인도하셨다. 그리고 하나님은 나의 타고난 성품에도 불구하고 내가 공공연하게 사람들에게 알려질 때까지 내가 어떤 장소에 은둔하도록 결코 허락하지 않으셨다.[35]

칼빈은 자신이 종교개혁에 뛰어든 것 역시 하나님의 섭리로 받아들였습니다. 1533년 파리 대학 학장으로 선출된 니콜라스 콥Nicolas Cop이 취임 연설에서 가톨릭교회의 쇄신을 역설하자, 교회는 콥을 비롯한 개혁파와 그 동조자들을 체포하기 시작했습니다. 콥의 동조자였던 칼빈도 재빨리 스위스 바젤로 피신해야 했지요. 하지만 칼빈은 그때까지도 종교개혁에 적극 참여하려는 생각은 전혀 없었습니다.

1535년 당시 26세의 나이로 『기독교 강요』 초판의 저술을 마친 칼빈은 파리에 사는 동생 앙투안^Antoine과 누이 마리^Marie와 함께 독일과의 국경 지방인 스트라스부르로 가서 학자로서 조용히 살기를 원했지요. 그런데 프랑스 국왕 프랑수아 1세와 독일의 황제 카를 5세 사이에 재개된 전쟁 때문에 스트라스부르로 곧장 가지 못하고 제네바를 경유하는 우회로를 택하게 됩니다. 그는 "하룻밤 이상은 머무르지 않고 조용히 지나가려던" 그곳에서 당시 종교개혁에 열광해 있던 기욤 파렐^Guillaum Parel을 만나지요. 그리고 그의 남은 인생에 획기적 전환기가 되는 결정을 하게 되는데, 그 결정도 거의 강제적으로 이루어집니다. 칼빈은 그때의 일을 이렇게 회상했지요.

> 제네바시의 혼란은 아직 가라앉지 않았고 시민들은 분열되었는데, 그 가운데는 아주 위험한 무리도 끼어 있었다. 그런데 지금은 비열하게 교황주의자로 전향해 버린 어떤 사람[뒤 틸레]이 나를 발견해 다른 사람들에게 알려 주고 말았다. 이 소식을 듣고 복음을 드러내기 위해 열정을 불태우던 파렐이 즉시, 하던 일을 접어 두고 나를 머물게 하려고 온갖 애를 썼다. 그러나 나는 몇 가지 특별한 연구를 위해 자유를 얻기 원한다는 사실을 그에게 전했다. 그러자 자신의 간청이 내게는 아무 소용이 없음을 깨달은 파렐은, 그가 이렇게 도움을 절실히 필요로 할 때 내가 돕기를 거절한다면 하나님께서 나의 휴양과 평안을 저주하실 것이라는 저주의 말까지 서슴지 않았다. 이 말에 너무나 놀라고 두려움에 사로잡힌 나는 계속하던 여행을 결국 포기하고 말았다.[36]

이어서 칼빈은 하나님이 "수줍음과 소심함을 느끼도록 하는 그 방법을 통해서" 그에게 맡겨진 종교개혁이라는 소명을 내던지지 않도록 결심하게 했다고 썼습니다. 결국 칼빈은 '제네바 교회의 성서봉독자'라는, 성서를 가르치는 일종의 교원 직책을 얻어 개혁자 생애를 시작했지요. 그러나 그는 곧 설교자가 되었는데, 그래도 여전히 기회 있을 때마다 공직에서 물러나 은거하기를 원했습니다. 칼빈은 스스로가 공적 생활에 적합하지 않은 자라고 확신했으며 자신에게 연구생활보다 더 적합한 일은 없다고 생각했기 때문이지요.37 하지만 그의 소망은 매번 다음과 같은 식으로 좌절되었습니다.

> 나는 어떤 공직도 맡지 않고 조용히 살기로 결심했다. 그런데 그리스도의 탁월한 종 마르틴 부처Martin Bucer가 이전에 파렐이 했던 것과 유사한 권고와 단언으로 나를 다른 직책으로 다시 불러냈다. 그가 내 앞에서 요나의 예를 제시했을 때 나는 다시 가르치는 짐을 질 수밖에 없었다.38

자, 지금까지 우리가 살펴본 칼빈의 삶을 보면 뭔가 주목할 만한 점이 있지 않나요? 네, 그렇습니다. 칼빈에게 중요한 일들은 정작 자신의 의지와는 별로 관계없이 일어났다는 것이지요. 객관적으로 보면 그건 칼빈의 소심하고 나약한 성격 때문이라고 할 수 있습니다. 칼빈 자신도 그것을 인정했고요. 그러나 중요한 것은 칼빈 자신이 그 모든 일을 수치스럽거나 불만스럽게 생각하지 않았다는 것입니다. 그는 저항하지 않고 하나님의 섭리로서 받아들이며 그 이유를 다음과 같이 밝혔지요.

> 그것[섭리]은 측량할 수 없는 하나님의 위대함이다. 그는 한번 천지를 창조하셨을 뿐 아니라 모든 것을 그의 뜻대로 지배하신다. 그러므로 하나님을 세계의 창조자로 고백하면서, 하나님은 세계에 대해 관심을 가지시지 않고 하늘에서 한가히 지내신다는 생각을 갖는 사람은 요망스럽게도 하나님에게서 그의 능력을 앗아 가는 사람이다.39

윌리엄 와일먼(William Wileman), 〈추방될 것을 예상하며 고별 설교를 하는 칼빈〉, 1900년경.

칼빈은 자신을 강제하는 하나님의 손을 '요망스럽게도' 뿌리치지 않고 오히려 자신의 모든 것을 하나님의 손에 맡긴 것입니다. 그것이 그를 위대한 종교개혁자로 남게 했습니다.

정리할까요? 우리는 지금까지 세네카와 바울 그리고 칼빈을 통해 도저히 저항할 수 없을 만큼 '강력하게' 인간의 삶에 참여하고, 출생부터 죽음까지 '끊임없이' 인도하는 하나님의 어떤 속성에 대해 이야기했습니다. 또한 하나님의 그 속성이 궁극적으로는 우리를 선으로 이끈다는 것도 살펴보았지요. 그들이 '운명'이라 했든 '예정'이라 했든 아니면 '섭리'라고 했든, 기독교 신학에서는 이러한 하나님의 속성을 하나님의 '세계내재성' 또는 '인격성'이라고 부릅니다.

하나님의 인격성은 종교로서 기독교를 이루는 근간이자 원천입니다. 왜냐하면 기독교 교리에 의하면 우리는 하나님의 인격적 속성을 통해서만 하나님을 실제로 만날 수 있는데—2부 "하나님은 존재다"에서 살펴보았듯이—하나님에 관한 직접적 경험 없이는, 하나님을 철학적으로 사유할 수 있을지는 몰라도 종교적으로 신앙할 수는 없기 때문입니다. 바로 이것이 철학자의 신과 종교인의 신, 또는 아테네의 신과 예루살렘의 하나님이 판이하게 갈라서는 분기점이지요.

그래서 이제 우리는 아테네의 신과 예루살렘의 하나님에 대해 자세히 알아보고자 합니다. 그 둘이 어떻게 다르며, 서로 어떤 관계가 있는지를 살펴보려는 것이지요. 그럼으로써 하나님의 인격성에 대한 올바른 이해를 얻고자 합니다. 아테네의 신에서부터 시작할까요?

아테네의 신

그리스 철학에서도 신(神)이라는 말은 부단히 나오지만 그 개념은 확정적인 것도 아니었고, 그것이 차지하는 위치가 그리 중요하지도 않았습니다. 그리스인들은 철학의 천재들이었지 종교의 천재들은 아니었지요. 따라서 히브리인들이 그들의 하나님을 최고의 존재로 파악하고 그로부터 세계와 인간 삶에 관한 모든 지혜를 계시로 받고 있을 때, 그리스인들은 자신들의 사변적 세계 안에서 신들에게 어떤 위치를 부여할 것인가를 이성으로 사고하고 있었습니다.

예를 들어 플라톤은 『국가』에서[40] 오늘날 우리가 보통 신학(神學)으로 번역하는 '테올로기아'theologia라는 말을 우리가 아는 한 처음으로 사용했고,* 그의 철학 중심이 지극히 높은 수준의 종교성에 이르고 있어 후일 기독교 사상에 커다란 영향을 끼쳤지요.[41] 그럼에도 신에 대한 플라톤의 관념은 일관되지 않았고, 적어도 그의 후기 철학에 이르기까지는 호메로스와 탈레스를 크게 벗어나지도 못했습니다.

플라톤은 자신의 전기 저술과 후기 저술 사이에서 인간과 창조주 사이를 오가며 다양하게 신을 배치했습니다. 즉 신화에서 아직 벗어나지 못한 당시 그리스인들이 대개 그랬듯이 신을 불변·동일·완전한 존재로 서술하기도 하고,[42] 영혼들,[43] 영웅, 철학자,[44] 또는 '지배자'[45]로 파악하기도 했지요. 그러다가 후기 저술인 『티마이오스』에 와서야 비로소 '창조주' Dēmiurgos[46]로 표현했습니다. 이처럼 플라톤에게 신이라는 개념은 매우 다

---

* 플라톤은 'theologia'라는 낱말을 여기서 단 한 번 사용했는데, 후일 아리스토텔레스가 『형이상학』 제6권 1장과 11권 7장에서 신학을 오늘날 우리가 형이상학이라 부르는 제일철학(prote philosophia)의 일부로 언급했다.

양했기에, 그의 세계도 호메로스와 탈레스의 세계만큼이나 신과 신적인 것들로 가득 차 있었습니다. 이 같은 정황을 에티엔 질송은 "모든 사물이 신들로 가득 차 있다는 말은 탈레스 이후에는 플라톤이 유달리 거듭했다"[47]라고 표현했지요.

게다가 『티마이오스』를 제외하면, 플라톤이 배정한 신들의 위치는 그리 높은 것이 아니었습니다. 예컨대 『법률』 7장에서는 "당신은 인류를 너무 저속하게 생각하고 있습니다. 나그네여!"라는 메길루스의 말에 대해 "천만에, 메길루스여! 놀라지 말고 용서해 다오. 나는 그들을 신과 비교하고 있었노라"라고 대답하지요. 신과 인간을 근원에 있어서는 동등하게 본다는 뜻이지요. 그리스인들이 일반적으로 가졌던 이런 성향을 우리는 1부 "하나님은 누구인가"에서 그리스 시인 핀다로스의 축송시 "올림픽 경기 찬가" 가운데 "같은 종족이어서 인간과 신들은 하나라네" 같은 구절을 통해 이미 확인했습니다.

이와 달리 아리스토텔레스는 다분히 신화적 요소를 갖고 있던 그 당시 유무형의 신들을 떠나서 신을 '부동의 원동자'로 규정했습니다. 그가 말하는 '부동의 원동자'는 언제나 있었고 또 언제나 있을, 영원히 세계에 작용하는 '원리'로서, 자기 자신과 세계를 구별할 줄도 모르며 세계 안에 있는 존재물들을 돌보지도 않지요. 아리스토텔레스의 영향을 받은 쾌락주의자 에피쿠로스가 계승하고 설파한 이른바 "걱정 없는 신"이라는 개념이 바로 여기서 나왔습니다.

에피쿠로스는 신이라는 이름으로 이야기되는 모든 악마적 두려움에 떠는 당대 사람들에게, 마치 플라톤이 그랬던 것처럼—하지만 그 자신의 특유의 방법으로—다음과 같은 '위로의 복음'을 전했지요.

만일 신들이 존재한다면 저 무한한 우주 어딘가에서 지복한 생활을 하고 있다. 신들은 인간을 괴롭히지도 않으며, 신들은 인간이 괴로워하는 것을 바라지도 않는다. 그리고 만일 신들이 존재한다면, 우리들 지상의 피조물보다는 행복한 삶을 산다는 점에서 신들인 것이다. 신들은 쾌락 속에서 살며 더할 나위 없는 지복 속에서 쉬고 있고 다른 신이나 인간들 일에는 간섭하지 않는다."[48]

16세기에 프랑수아 1세의 셋째 아들로 태어나 프랑스의 르네상스를 이끈 피에르 드 롱사르의 "영원한 찬가"에는 아리스토텔레스와 에피쿠로스가 설파한 '걱정 없는 신'에 딱 어울리는 다음 구절이 있습니다.

> 신들 가운데 제일의 신이여! 아무 근심도 없이
> 우리들을 괴롭히는 인간적 노력에서 멀리 떨어져
> 혼자 만족하고 혼자 행복해서
> 당신은 모든 것에서 풍요로워서 불사신으로 지배하도다.[49]

이런 이유로 아리스토텔레스 철학에서는 세계를 돌보는 일이 전적으로 인간의 책임으로 주어졌지요.[50] 그래서일까요? 아리스토텔레스는 위대한 스승 플라톤이 한 권도 쓰지 않은 윤리학 책을 세 권이나 썼습니다.* '인간 이성에 의한 인간 구원'의 길을 닦기 시작한 것이지요. 질송은 이 정황을 적절하고도 날카롭게 평가했습니다. "아리스토텔레스와 더불어, 그리스인들은 다툴 여지도 없이 이성적理性的 신학을 획득했던 것이다. 그러나 그들은 그들의 종교를 상실해 버렸다."[51]

---

* 아리스토텔레스의 윤리학 저서로는 『니코마코스 윤리학』, 『에우데모스 윤리학』, 『대윤리학』이 전해 온다.

질송이 말한 '이성적 신학'을 학자들은 보통 자연신론^{naturalism}이라고 합니다. 자연신론에서 신은 기독교의 하나님처럼 창조주이며 세계를 초월하지요. 그러나 그는 하나님과는 달리 자신이 창조한 세계와 인간에 직접적으로 관여하지는 않습니다. 초월성만 갖고 있을 뿐 내재성 내지 인격성은 없다는 뜻이지요. 자연신론에서 세계는 오직 신이 만든 자연법칙과 도덕법칙에 의해 자동으로 운행될 뿐입니다. 그래서 자연신론자들은 자연법칙과 도덕법칙을 매우 중요시합니다. 17-18세기 영미 자연신학자들과 프랑스·독일의 계몽주의자들이 주장한 이신론^{Deism}이 그 대표적 예입니다.

자연신론은 중세 1,000년간 기독교에 억눌려 지하에서 잠잘 수밖에 없었습니다. 그러나 근대가 시작되면서 인간 이성과 함께 화려하게 부활했지요. 현대의 많은 과학자나 과학주의 철학자가 그렇듯이 17세기에는 로크, 볼테르, 뉴턴 같은 당대 최고의 지식인들이 이러한 신관을 지니고 있었습니다. 그래서 흔히 '철학자의 신'이라고도 부르는 이 신에 대해 독일의 철학자 라이프니츠는 다음과 같이 간명하게 설명했지요. "신은 실체들을 창조하고 필요한 법칙을 부여한다. 그리고 그다음에는 그 법칙을 그들 자체에 맡기고 그들 자체에 대한 작용 가운데서 유지되게 하는 일 외에는 아무 일도 하지 않는다."[52]

마치 시계공이 완벽하게 설계해서 만든 시계가 일단 작동하면 그것을 만든 시계공의 개입 없이도 정해진 법칙에 따라 질서정연하게 움직이는 것처럼, 자연신론자들의 세계는 신의 참여 없이도 충분히 조화롭게 작동합니다. 따라서 신의 개입에 의한 기적 같은 것은 불가능할 뿐만 아니라 불필요하기도 하지요. 예컨대 바다를 가른다든지, 해와 달을 멈추게 한다든지, 까마귀가 음식을 나르게 한다든지, 사자의 입을 봉하는 일을 신은 할 필요도 없고 하지도 않습니다. 동정녀가 아이를 낳게 한다든지, 죽은 자를 살린다든지 하는 짓궂은 일들은 더 말할 나위가 없겠지요.

그래서 미국의 3대 대통령이 된 이신론자 토머스 제퍼슨은 복음서에서 기적을 묘사한 구절은 모두 오려 낸 『제퍼슨 성경』을 출간하기도 했습니다. 새롭고 이성적인 이 성경은, "거기에 그들은 예수를 뉘였으며, 무덤의 문에 커다란 돌을 굴려서 입구를 막고 떠났다"라고 끝맺습니다. 예수님의 부활과 그에 의한 구원 기록들을 삭제한 것이지요. 그럼으로써 질송의 표현을 빌리자면, 엄숙한 도덕을 획득하고 거룩한 종교를 상실해 버린 겁니다.

"가지 않은 길"을 써서 미국의 '국민시인'으로 불렸던 로버트 프로스트 Robert Frost, 1874-1963를 아시지요? 그가 쓴 또 다른 시 "아무도 없었다"에는 자연신을 숭배하는 사람들이 마땅히 느꼈으리라고 짐작되는 상실감이 다음과 같이 묘사되어 있습니다.

> 세상의 절망에 대하여
> 나는 신에게 말하려고 했다.
> 그러나 허망하게도
> 나는 신이 없음을 알았다.
>
> 신은 내게 말하려고 했다.
> (아무도 웃지 말지어다)
> 신은 내가 없음을 알았다…
> 적어도 반 이상은 없음을.[53]

세네카가 말하는 섭리도 마찬가지입니다. 기독교의 섭리에 비하면 그것은 내용과 활동에 있어 "적어도 반 이상은" 없습니다!

세네카도 초기에는 헤라클레이토스를 따라 세계내재적인 로고스 이론을 펼친 초기 스토아 학자들처럼 유물론적 범신론pantheism을 계승했습니다. 그러나 후기에는 플라톤과 아리스토텔레스의 영향을 더 강하게 받아 로고스를 초월적 원리로 간주하는 경향*이 짙어졌지요.[54] 그래서 세네카가 말하는 섭리는 모든 자연과 인간에게 '강력하고 끊임없이' 관계하지만, 자연신론적 신처럼 단지 원리와 법칙으로 작용할 뿐 그것들과 직접 관계하지는 않습니다. 게다가 그가 '운명'fatum이라고도 부르는 이 섭리로부터는―앞에서 보았듯이―신마저 자유롭지 못하지요.

그렇습니다. 세네카가 인간은 신의 섭리를 따라야 한다고 주장할 때 거기에는 신의 보살핌을 믿거나 그에게 의지한다는 뜻이 전혀 담겨 있지 않습니다. "적어도 반 이상은" 없는 것이지요. 인간은 오직 자기 정신 안에 들어와 있는 로고스인 이성을 믿고 도덕법칙에 의지해야 하지요. 그에게는 그것이 신에게로 다가가는 유일한 '구원의 길'이기도 합니다. 바로 이 지점에서 스토아학파의 섭리와 기독교의 섭리가―둘 사이에 존재하는 많은 유사성에도 불구하고―여지없이 갈라섭니다.

눈얼음 계곡 건너가기

기독교 교리에서 인간이 자기 이성에 의지해서 하나님에게 다가갈 길은 '원칙적으로' 없습니다. 일찍이 초기 기독교 신학자 테르툴리아누스가 "아

---

* 세네카의 섭리 이론은 초기 스토아학파와는 달리 세계내재성을 갖는 범신론(pantheism)이 아니라 오히려 세계초월성을 갖는 자연신론(naturalism)에 가깝다.

테네와 예루살렘이 무슨 관계가 있는가? 아카데미와 교회 사이에 무슨 일치가 있는가?"⁵⁵라는 칼날 같은 말로 그 길을 단호하게 잘랐기 때문이지요. 그 이후 지금까지 인간의 이성과 하나님의 섭리 사이에는 '원칙적으로' 칼 바르트가 표현한 "눈얼음 계곡", "황폐지대"가 놓여 있습니다.

물론 바르트도 후기에는 생각이 많이 달라졌듯이,˙ 이 같은 표현에는 분명 과장된 면이 있습니다. 우리가 2부 "하나님은 존재다"에서 살펴본 대로, 토마스 아퀴나스 같은 중세 교부들이 '자연의 사다리'라는 아리스토텔레스의 개념을 빌려다가 이 눈얼음 계곡과 황폐지대를 건너 땅에서 하늘에까지 올라가는 튼튼한 '존재의 사다리'를 놓았으니까요. 기억나지요? 그래도 잠시 상기할까요?

플라톤의 분여이론 methexis 이 뜻하는 것처럼, 신은 만물을 창조할 때 완전성의 정도가 높은 것부터 낮은 것까지 계층적으로 자신의 존재를 부여했습니다. 아리스토텔레스는 그것을 '자연의 사다리'라고 이름 붙였는데, 플로티노스가 그 사다리를 형이상학으로 끌어들였지요. 그 결과 존재의 세계에는 신과 유사한 높은 존재들부터 덜 유사한 낮은 존재들까지 계층적으로 구성된 '히에라르키아' hierarchia 라는 피라미드형 사다리가 형성되었습니다. 따라서 인간은 이성을 통해 피조물들에 각인된 이 사다리를 인식함으로써—마치 '야곱의 사다리'를 올라가듯이—존재의 사다리를 올라가 궁극적으로는 신에게 도달할 수 있었지요.

중세신학자들이 "피조물의 사다리를 통한 정신의 하나님을 향한 상

• 칼 바르트는 초기에 '유한은 무한을 파악할 수 없다'(finitum non est capax infiniti)라는 명제에 충실하며 "교의학은 덜 그리스도 중심적이라야 하며, 오히려 신학의 주제[즉 하나님]에 보다 충실해야 한다"라는 입장을 취했다. 그러나 1939년 「나의 마음이 어떻게 변했는가」라는 글에서 바르트는 교회의 가르침은 전적으로 예수 그리스도의 교리에 근거해야 한다는, 이른바 "기독론적 집중"을 선포했다. 이로써 그의 후기 신학에서는 하나님과 인간의 사이를 차단하는 "눈얼음 계곡", "황폐지대" 대신 그 둘 사이의 화해의 상징인 '성육신'과 '십자가'가 강조되었다.

승"De ascensione mentis in Deum per scalas creaturarum*이라는 구호로 요약했고, 밀턴이 『실낙원』에서 예찬한** 이 이론을 가톨릭 신학자들은 '존재 유비'analogia entis***라는 멋진 이름으로 부릅니다. 하나님과 그의 피조물이 분여에 의해 양적으로만 다를 뿐 질적으로는 같다는 전제에서 나온 매우 유서 깊고 흥미로운 생각이지요. 그런데 문제는 존재 유비 교리를 따르면 구원이 그리스도를 통한 하나님의 은총에 '전적으로' 맡겨진 것이 아니라 '적어도 부분적으로는' 인간 이성에 달린 것이 된다는 점입니다.

우리는 그 흔적을 밀턴의 『실낙원』에서도 얼마든지 확인할 수 있습니다. 천사 라파엘이 아담에게, 만물은 하나님이 계층적으로 창조한 질서를 통해 하나님에게로 다가갈 수 있다는 것을 다음과 같이 알려 주지요.

아, 아담, 유일한 전능자로부터
만물이 생성되고, 그것이 선에서 타락하지 않는다면
다시 그에게로 돌아간다. 만물은 이토록
완전하게 창조되었으니, 만물의 원질은 하나지만
갖가지 형태와, 갖가지 등급의 본질이 있고
살아 있는 것에는 각 계층의 생명이 부여되어 있다.
그러나 각기 주어진 활동의 세계에서
그 위치와 뜻하는 것이 하나님에게 가까이 갈수록

---

* 이 문구는 이탈리아의 벨라르미노 추기경이 자신의 논문 제목으로 사용한 것인데, 존재의 계층구조(hierarchia)를 상징하는 말로 유명하다.
** "자연의 사다리를 놓으셨으니 이로써/ [우리는] 창조된 사물들을 관조하면서/ 한 단 한 단씩 하나님에게로 올라갈 수 있겠나이다"(밀턴, 『실낙원』, 5, 508-510).
*** 아우구스티누스는 존재의 계층적 질서를 플라톤의 분여이론에 근거해서만 이해했다. 하지만 토마스 아퀴나스는 '분여'(participatio)뿐 아니라 아리스토텔레스의 '유사'(similitudo) 개념까지 접목, 확장해서 이해했다. 요컨대 분여된 것들은 적든 많든 어쨌든 원형과 유사하다는 것이다. 여기서 그의 '존재 유비'(analogia entis) 이론이 나왔다.

더욱 정화淨化되고, 영화靈化되고, 순화純化되어

마침내는 각 종류마다 그에 알맞은 한계 안에서

육체가 영으로 승화한다.[56]

"하나님에게 가까이 갈수록 더욱 정화淨化되고, 영화靈化되고, 순화純化되어 마침내는 각 종류마다 그에 알맞은 한계 안에서 육체가 영으로 승화한다"라는 말은 분명 신플라톤주의적이거나 자연신론적 발상이지요. 이러한 구원의 메커니즘에서는 그리스도의 구원 사역이 끼어들 틈이 아주 좁아지거나 아예 없어질 수도 있습니다. 중세 이후 가톨릭 신학의 근간이 된 '존재 유비'라는 교리에는 이 같은 자연신학적 위험이 크든 작든 언제나 도사리고 있지요.

이런 점이 중세신학자들 사이에서도 종종 문제가 되었는데, 18세기에는 과학혁명 이후 발달한 당시 자연과학에 힘입은 과학자와 문인 그리고 일반인 사이에서도 '존재의 사다리'에 대한 공격이 일어났습니다. 프랑스의 지성 볼테르, 영국의 석학 존슨 박사, 독일의 동물학자 블루멘바하가 대표적 인물이지요. 볼테르Voltaire, 1694-1778는 1764년 출간된 『철학사전』의 "피조물의 연쇄" 항목에 이렇게 썼습니다.

플라톤을 처음 읽고, 가장 가벼운 원자로부터 〈최고의 존재〉에 이르는 존재의 점진적 이행에 대해 알게 되었을 때 나는 경탄했다. 그러나 이것을 자세히 살펴보았을 때 이 모든 위대한 망상은 새벽닭 울음소리에 모든 유령이 사라지듯 사라져 버렸다. 처음에는 무생물로부터 생물로, 식물로부터 식충류로, 그로부터 다시 동물로, 그로부터 정령으로, 정령으로부터 육체를 갖지 않은 존재로, 눈에 보이지 않게 이행하여 마지막에는 천사에 이르며, 여러 종류의 천사를 거쳐 아름다움과 완성도의 정점인 신에 이르게 됨은 상상하기에는 매우 유쾌한 일이다. 마찬가지로 위계질서는 그 속에 교황과 추기경들, 그 뒤를 대주교들과 주교들이 따르고, 그 뒤에는 사제, 부사제, 조제, 부조제 등이 따르며, 그 뒤로 수도사들이 나타나고 그 행렬은 탁발수도사Capuchins들에서 끝나는 장면을 상상하는 선량한 사람들을 즐겁게 한다.[57]

마찬가지로 그 당시 활동했던 풍자시인 알렉산더 포프의 시에도 다음과 같은 조롱조의 구절이 들어 있습니다.

가라, 플라톤과 함께 최고의 하늘로 솟아올라라.
최고의 선으로, 최고의 완성으로, 최고의 미로,
아니면 그의 추종자들이 밟은 미로를 따라서
감각을 잃는 것을 하나님의 모방imitatio dei이라고 부르라.
동방의 성직자들이 어지럽게 원을 돌며,
태양을 모방하고자 머리를 돌리듯.[58]

하나님을 모방하는 일이나 자연의 사다리를 올라가는 일은 인간의 몫이 아니라는 말입니다. 그런데 20세기 초반 이 문제가 다시 불거져 나왔습니다. 흥미롭게도 이번에는 가톨릭이 아니라 개신교에서 두 저명한 신학자가 이 문제를 두고 맞붙었지요.

아니요! 에밀 브루너에 대한 대답

1934년 스위스 출신 개신교 신학자 에밀 브루너의 『자연과 은총』은 출간되자마자 논쟁거리가 되었습니다. 브루너의 주장은 마치 개혁 신학과 가톨릭 신학을 중재하려는 듯 보였지요. 세계가 하나님에 의해 창조되었다면, 창조주의 영은 피조물의 세계에 각인되어 있기 때문에 창조도 일종의 계시이며, 또한 이 세계는 하나님과 의사소통을 나누는 장소가 된다는 것이 그 내용이었습니다. 이 말을 브루너는 이렇게 선포했지요.

> 하나님은 그가 행하는 곳에서 그가 행하는 것에 자기 본질의 도장을 찍으신다. 따라서 세계의 창조는 동시에 하나님의 계시요, 자기표현이다. 이 문장은 이방적이 아니고 기독교적 근본 문장이다.[59]

물론 이런 생각이 개혁 신학에서도 전혀 생소한 것은 아니었습니다. 칼빈도 자연을 "하나님의 영광을 위한 무대"이자 "하나님을 발견하는 장소"로 이해했고, "가장 아름다운 무대에서 열리는 명백하게 드러난 하나님의 작품에 대해 경건한 기쁨을 가지는 것을 부끄러워하지 맙시다"[60]라고 교훈했지요. 그래서 브루너는 칼빈을 탁월한 자연신학자로 해석했습니다. 그러나 브루너와는 달리 칼빈은 자연에 나타나 있는 하나님의 계시를 구원의 은총과 연결되는 '접촉점'으로 파악하지는 않았습니다.

브루너도 '창조의 계시'Schöpfungsoffenbarung가 구원을 가져올 만큼 충분한 것은 아니라고 주장했습니다. 그럼에도 '자연에 나타나 있는 하나님의 계시'Offenbarung in der Gott에 대한 인간의 이성적 지식이 율법의 근거이며 인간은 자연 안에서 하나님에 대한 인식에 도달할 수 있기 때문에, 그리스도에 의해 나타난 역사적 계시에만 매달려 창조 안에 있는 자연 계시를 피할 필요는 없다고 거듭 강조했지요.[61] 또한 그래야만 구원에서 인간의 책임성을 물을 수 있다며 그 정당성을 피력했습니다. 브루너의 이 주장은 "오직 그리스도 안의 계시"만을 주장하는 칼 바르트를 겨냥한 것이기도 했습니다.

그러자 바르트가 불같이 일어났지요! 그는 곧바로 「아니요! 에밀 브루너에 대한 대답」이라는 글로 맞섰습니다. 바르트는 브루너를 향해, 창조와 자연 속에 일반 계시나 보존 계시는 존재하지 않는다고 잘라 말했습니다. 그러면서 브루너가 가는 자연신학의 길은 "크나큰 유혹이요, 오류의 원천"이라고 되받았지요.[62] 나아가 가톨릭 신학에서 인정하는 '존재 유비'는 하나님의 계시에 도전하는 "적그리스도적 고안물"[63]이라는 악담까지 쏟아부었습니다.

이같이 단호한 바르트의 태도는 당시 독일 고백교회*의 신학적 무기가 되었습니다. 그가 주도해 1934년 5월 29일 프랑크푸르트의 바슬러 호프 Basler Hof 호텔에서 발표한「바르멘 선언」의 첫 조항은 다음과 같습니다.**

예수 그리스도는 성서에서 증명하는 바와 같이 우리가 들어야만 하고 삶과 죽음 속에서도 신뢰하고 복종해야만 하는 하나님의 말씀이다. 우리는 교회가 복음 전파의 근원으로서 하나님의 이 말씀 외에도 다른 사건, 권세, 형상, 진리 들을 하나님의 계시로 인정할 수 있고 인정해야 한다는 거짓 가르침을 배격한다.

- 독일 고백교회는 마르틴 니묄러(Martin Niemöller)가 조직한 '목사비상동맹'과 자유고백 종교회의들 같은 움직임에서 생성되었다. 이 교회는 히틀러가 이끄는 독일제국교회의 신학에 반대하고, 1933년 11월 27일 제국교회 감독으로 선출된 루트비히 뮐러(Ludwig Müller)의 나치 지원을 받는 교회에 반대하기 위하여 조성되었다. 이 교회의 신학적 입장은 1934년 5월 29-30일에 열린 바르멘 회의에서 발표된「바르멘 선언」에 천명되어 있다.
- •• 바르멘 선언은 다음과 같은 서두 밑에 여섯 개 조항의 선언문으로 구성되어 있다. "오늘은 5월 29일입니다. 1934년 오늘 독일 개신교 지도자들은 바르멘(Barmen)에 모여 바르멘 노회를 가졌습니다. 그곳에서 나치즘(National Socialism, Nazism)에 항거하는 개신교 단체를 조직했습니다. 이렇게 하여 독일 고백교회(German Confessing Church)를 발전시키는 데 중요한 모임이 되었습니다. 대표들은 루터파, 개혁파, 연합교회들에서 구성되었습니다. 또 이들은 이곳에서 여섯 개 항목으로 구성된 '바르멘 선언'(Barmen Declaration) 또는 '바르멘 신학적 선언'(Theological Declaration of Barmen)을 채택했습니다. 나치즘의 이상주의와 실행들을 반대하는 기독교 단체였습니다. 신학적 입장은 칼 바르트의 견해를 따랐습니다. 기독교를 나치즘에 부속시키려는 자들의 이단성을 정죄하고 성경적 가르침을 확언하며 확고한 신앙을 천명하는 데 있었습니다. 다음은 그들의 여섯 개 항목의 내용입니다."

우리는 여기서 자연신학과 브루너에 대한 바르트의 입장을 다시 한 번 확인할 수 있는데, 당시 보수적 개신교 성직자들과 신학자들 대부분은 바르트 편에 섰지요. 이로써 적어도 개신교 안에서는 이성을 통해 하나님과 인간 사이에 놓인 눈얼음 계곡을 건너가려는 존재의 사다리가 다시 한 번 '허망하게' 잘려 나갔습니다.

거의 비슷한 시기에 이와 유사한 논쟁이 가톨릭에서도 있었지요. 프랑스 예수회 소속 신학자인 앙리 드 뤼박Henri de Lubac과 교황 피우스 12세1939-1958 재위 사이에서 일어난 논쟁입니다. 드 뤼박은 계시를 통한 하나님 인식과 자연을 통한 하나님 인식을 모두 인정한 제1차 바티칸 공의회의 교설에 반대해, 피조물인 인간 정신은 은총에 의해서만 하나님을 인식할 수 있다고 주장했지요. 이에 대한 당시 교황 피우스 12세의 대응은 매우 냉담했습니다. 그 후 자연을 통한 하나님 인식을 인정하는 전통적 해석이 더욱 강화되었고, 드 뤼박과 그의 동료들*은 대부분 강단을 떠나야 했습니다. 그러나 제2차 바티칸 공의회에서 인류를 위한 하나님의 구원은 오직 예수 그리스도의 계시에만 의거한다는 결정이 내려지면서 가톨릭 신학이 가진 자연신학적 위험이 약화되었지요.

이제 정리할까요? 신교와 구교를 막론하고 기독교 신학은 마르틴 루터가 한마디로 정리해 선언했듯이 "인간은 신앙을 통해 하나님에게 다가간다"fide homo fit Deus[64]는 것을 원칙으로 삼습니다. 그러니까 이성을 통해서가 아니라는 말입니다. 왜냐고요? 일찍이 히포의 감독 아우구스티누스가 선포한 것처럼 "믿지 않는다면 이해할 수도 없다"Nisi credidero, non intelligam[65]

- 제1차 바티칸 공의회의 교설에 반대해 드 뤼박이 프랑스에서 일으킨 '새로운 신학 운동'(Nouvelle theologie)에 참가한 사람들은 요셉 마르셀, 부이야, 쉐뉘, 그리고 스위스 출신 폰 발타자르와 독일 출신 칼 라너 등이다.

는 원칙이 적용되기 때문입니다. 한마디로 요약컨대, 세네카가 로마 광장에서 '인간의 이성과 도덕에 의한 구원의 길'을 가르치고 있을 때, 바울은 아테네 거리에서 '하나님의 섭리와 은총에 의한 구원의 길'을 선포했습니다. 두 사람 사이에 놓인 도저히 건널 수 없는 "눈얼음 계곡"과 "황폐지대"가 바로 여기에 있는 겁니다.

예루살렘의 신

그리스인들이 철저히 철학적인 데 비해 히브리인들은 지극히 종교적이었습니다. 그리스 철학자들이 '자연이란 무엇인가?' 혹은 '세계는 어떤 근원물질arche로 만들어졌는가?' 하는 철학적 물음에 열중할 때, 히브리 선지자들은 '하나님은 누구인가?' 또는 '우리는 누구에 의해 만들어지고 지배되는가?' 하는 종교적 물음에 골몰했습니다. 그리스 철학자들이 이성으로 그 답을 찾았을 때 그들은 신의 침묵을 경험했지만, 히브리인들이 신앙으로 그 답을 찾았을 때 그들은 하나님이 말을 걸어오는 것을 체험했습니다. 그것이 바로 신구약성서에 기록된 계시지요.

구약성서에 의하면, 하나님은 인간을 창조한 후 곧바로 그들과 대화하고 그들의 삶에 부단히 참여하기 시작했습니다. 또한 숱한 기적들을 통해 이스라엘 백성을 이집트에서 해방시켰지요. 뿐만 아니라 예수님을 통해 모든 인간을 죄로부터 구원합니다. 이러한 하나님의 참여와 인도를 근거로 인간도 하나님과 사귀고 하나님의 역사에 참여할 수 있고, 비로소 하나님과 인간 사이에 인격적 관계가 맺어지지요. 시편 기자가 "주여, 내 소리를 들으시며 나의 부르짖는 소리에 귀를 기울이소서"(시편 130:2)라고 기원할 수 있었던 것도 먼저 인간에 대한 하나님의 참여와 인도가 있기에 가능한 것이었습니다. 인간 스스로 하나님에게 나아갈 길을 연 것이 아니라 하나님이 먼저 인간에게 다가와 말을 걸고 우리를 인도했다는 말입니다.[66]

우리가 하나님이라 부르는 야훼는 아리스토텔레스나 18세기 자연신학자들의 신처럼 인간과 세계를 초월하는 3인칭의 신이 아닙니다. 그는 세계를 향해 끊임없이 자신을 드러내고 인간의 삶과 역사에 부단히 참여하여 관계를 맺는 2인칭의 신, 즉 '신적인 너'the divine Thou입니다. 그래서 히브리인들은 하나님과 인간의 관계를 언제나 '나와 그것'I-It이 아니라 '나와 너'I-You라는 인격적 입장에서 파악했지요. 그리고 이러한 전통이 하나님을 '아버지'라고 부른 예수님에 의해 극대화되어 그리스도인들에게 전해졌습니다. 그 결과 자신의 시선을 누구보다도 예수님에게 집중하는 그리스도인들에게는 당연히 하나님의 초월성보다 인격성이 더 부각되었고 하나님과의 사귐이 더 친밀해졌지요. 하나님을 부르는 호칭에서도 이런 점을 확인할 수 있습니다.

히브리인들은 원래 하나님의 이름인 '야훼'를 입에 올리기를 대대로 두려워하고 꺼렸습니다. 특히 바빌론의 유배* 이후의 후기 공동체에서는 대제사장이 대속죄일에 단 한 번 부르는 것 외에는 금지되었지요. 대신 '나의 주님'을 뜻하는 '아도나이'Adonai라는 말로 '야훼'를 대신했습니다. 그것도 성서를 읽을 때만 사용했을 뿐 평소에는 그조차 송구스러워 'Adonai'

---

* 바빌론의 유배는 고대 유대 왕국이 신바빌로니아에 정복되었을 때 많은 주민이 바빌론으로 강제 이주된 사건을 말한다. 기원전 587년 신바빌로니아의 왕 네부카드네자르 2세는 유대 왕국을 정복하고 수천 명의 귀족과 성직자, 중산층 주민들을 바빌론으로 데려갔다. 그 후 유대 사람들은 신바빌로니아를 멸망시킨 페르시아의 왕 키루스 2세(성서에서는 고레스, 기원전 559-529 재위)가 반포한 '민족해방령'으로 가나안에 귀환하게 되는 기원전 538년까지 약 50년간 바빌론에서 민족적 수난을 당했다.

의 어간에 이름을 뜻하는 어미 'shem'을 붙여 '아도셈'Adoshem, 즉 '나의 주님의 이름'이라 불렀습니다.⁶⁷

우리가 사용하는 '여호와'라는 하나님의 이름은 사실 이런 관습과 연관됩니다. 히브리인들이 야훼YHWH라고 부르기를 두려워한 나머지 오랫동안 사용하지 않던 이 단어를, 6세기경부터 맛소라 사본Masoretic text의 학자들이 'YHWH'에 아도셈의 모음인 'e, o, a'를 혼합한 YeHoWaH(예호와흐)로 모습을 바꿔 조심스레 사용했지요. 그런데 1518년 교황 레오 10세의 고해신부이던 페트루스 갈라티누스Petrus Galatinus, 1460-1540가 이 철자의 라틴어식 발음 표기를 'Jehovah'(예호바)로 하자고 제안했습니다. 이 'Jehovah'의 영어식 발음이 '지호버'이고 한글식 발음이 '여호와'인 것이지요.⁶⁸

이렇듯 히브리인들은 한편으로는 하나님을 '나와 너'라는 인격적 입장에서 파악했지만 다른 한편으로는 한없이 두렵고 어려운 상대로 인식했습니다. 이러한 전통은 오늘날까지 이어져, 심지어 영어로 하나님을 표기할 경우에도 'God'이라 하지 않고 철자에서 'o'를 빼서 'Gd'라고만 쓸 정도입니다. 20세기에 활동한 히브리인 랍비이자 철학자인 마르틴 부버는 그의 유명한 『나와 너』에서 하나님을 "〈나〉의 〈나〉보다 더 나에게 가까이 있는" 완전한 자기das ganz Selbe라고 표현하면서도, 동시에 "완전한 타자"das ganz Andere이며 "나타나고 압도하는 두려운 신비"mysterium tremendum라고 고백했는데, 여기에도 이 같은 전통이 강하게 배어 있습니다.⁶⁹

그런데 그리스도인들은 히브리인들과는 애초부터 전혀 달랐습니다. 그리스도인들은 히브리어 '아도나이'에 해당하는 그리스어 '퀴리오스'kyrios를 사용해 하나님을 '주님'이라고도 부르지만, 이에 못지않게 '파테르'pater, 곧 '아버지'라고 불렀지요(마태복음 5:16; 에베소서 3:15; 히브리서 12:9; 야고보서 1:18; 요한복음 17장 등). 물론 구약성서에도 하나님을 '아버지'라고 부른 곳이 있지만(신명기 32:6; 이사야 63:16; 64:8; 예레미야 3:4, 19; 31:9; 말라기 1:6; 2:10 등), 신약시대 그리스도인들이 가진 개념과는 전혀 다른 의미였습니다. 구약시대의 히브리인들은 하나님을 이스라엘 민족을 이끌고 보살피는 '이스라엘의 아버지'로만 파악했습니다. 그러나 그리스도인들은 처음부터 하나님을 각각의 개개인을 이끌고 보살피는 '우리 아버지' 또는 '나의 아버지'로 인식했습니다.

무엇보다도 예수님이 그렇게 가르쳤기 때문입니다. 그는 하나님을 '아바'abba라고 불렀는데, 아람어인 이 말은 '아빠' 또는 '아버지'를 뜻합니다. 당시 사람들이 보통 자신의 친아버지를 부르거나 칭할 때 사용하던 용어지요. 예수님이 이 호칭을 거침없이 하나님에게 사용한 겁니다. 그뿐 아니라 "너희 중에 누가 아들이 떡을 달라 하는데 돌을 주며 생선을 달라 하는데 뱀을 줄 사람이 있겠느냐"(마태복음 7:9-10)에서와 같이 하나님과 우리의 관계를 아버지와 아들의 관계로 비유해서 교훈했지요. 또 주기도문에서도 그렇게 가르쳤습니다. 토마스 아퀴나스는 이에 관해 다음과 같이 주장했습니다.

> 로마서 8장 15절의 말*처럼 우리가 받아들인 영적 입양을 통하여 우리는 "아빠, 아버지"Abba, Pater하고 외친다. 따라서 주님은 우리가 이 같은 소망으로 기도해야 한다는 것을 보여 주기 위하여, '아버지'라고 부르는 것으로 기도를 시작하셨다.[70]

그렇지요! 주기도문은 "하늘에 계신 우리 아버지"(마태복음 5:9)라고 부

---

* "너희는 다시 무서워하는 종의 영을 받지 아니하고 양자의 영을 받았으므로 우리가 아빠 아버지라고 부르짖느니라"(로마서 8:15).

르면서 시작합니다. 다윗이 시편에서 "하늘에 계신 이", "내 의의 하나님이여", "여호와 우리 주여"라고 부른 것과 비교해 보세요. 얼마나 다른가요! 예수님의 이런 가르침과 모범을 통해 하나님의 인격적 속성이 극대화되었고, 하나님과 인간의 인격적 관계 역시 부모와 자식의 관계로 최대한 강화되었습니다. 칼빈의 말대로 하나님은 오직 아들을 통해서만 아버지라 불릴 수 있기 때문이지요.[71] 물론 이를 통해 자식으로서 인간의 의무도 역시 그만큼 강화되었습니다. 토마스 아퀴나스의 말을 들어 보지요.

> 그래서 하나님을 아버지라고 부르는 이는 하나님과 닮지 않게 되는 것을 피하고, 우리를 하나님과 비슷하게 만드는 일에 열중함으로써, 하나님과 닮은 이로 존재하도록 애써야만 한다.…"그러므로 만일 당신이 세상의 일들에 눈길을 향하거나, 인간적 영광이나 고통을 줄 수 있는 세속적 욕망을 찾아다닌다면, 어떻게 타락한 삶을 사는 그대가 파멸될 수 없는 것의 창시자를 아버지라 부르겠습니까?"라는 니사의 그레고리우스의 말처럼 말이다.[72]

이처럼 예수님을 통해 하나님의 인격성이 강화된 것입니다. 그런데 한 가지 흥미로운 것은 예수님 자신이 '우리 아버지'와 '나의 아버지'라는 표현을 모두 사용했고 제자들에게도 그리하라고 가르쳤지만, 고대 기독교 사회에서는 '나의 아버지'라는 표현을 피하고 주로 '우리 아버지'라는 표현을 썼다는 사실입니다. 그것은 기독교 교회가 성립되는 과정에서 '공동체성의 강조'가 무엇보다도 중요시되었기 때문인데, 그리하여 그것이 점차 가톨릭교회의 전통이 되었습니다.

예컨대 4세기의 위대한 교부 암브로시우스는 "어떤 것을 당신의 것이라고 특별히 주장하지 마십시오. 그분은 오직 그리스도에게만 특별하게 아버지이시고, 우리 모두에게는 공통적으로 아버지이십니다. 그분은 그리스도만을 낳으셨고, 우리들은 창조하셨기 때문입니다'"*73라고 교훈했지요. 토마스 아퀴나스도 이를 따라 하나님은 '우리 아버지'라고 불러야지 '나의 아버지'라고 불러서는 안 된다고 강조했습니다.74

물론 그렇다고 해도, 이들이 말하는 '우리 아버지'가 유대교에서 말하는 '이스라엘의 아버지'와 같은 의미는 아니었습니다. 그리고 종교개혁 이후 만인사제주의를 주장한 개신교 교회에서는 설사 관용적으로 '우리 아버지'라는 말을 사용하더라도 대부분 '나의 아버지'라는 의미로 쓰였지요. 머리털까지도 다 세시는 하나님의 인격성이 그만큼 더 강조된 것입니다. 기독교에서는 하나님의 인격성이 그만큼 중요하다는 뜻이지요. 그래서 이제 우리는 하나님의 인격성에 대해 더 자세히 알아보려고 합니다. 즉, 기독교에서 말하는 하나님의 인격성이 정확히 무엇이고 그것이 우리의 삶과 죽음과 구원에 어떻게 관여하는가를 살피는 것이 관건입니다.

• 토마스 아퀴나스의 『신학요강』에는 이 말이 아우구스티누스의 주장이라고 적혀 있다(『신학요강』, 2, 5). 그러나 우리는 이 말을 암브로시우스의 『성사론』에서 찾을 수 있다.

7장

하나님의 인격성이란
무엇인가

내가 정녕 너와 함께하리라

하나님이 인격적 속성을 가졌다는 것은 신구약성서에서 일관되게 나타납니다. 그런데 이 말은 곧잘 오해되곤 합니다. 하나님이 외형적으로 인간과 같은 모습을 하고 있다든지 내면적으로 인간과 같은 감정이나 그것의 완전한 형태를 갖고 있다는 말로 이해되는 경우가 흔하다는 말이지요. 하지만—1부 "하나님은 누구인가"에서 이미 강조했듯이—신인동형설과 신인동감설은 모두 기독교적이지 않습니다. 외형적으로나 내면적으로 인간과 같은 속성을 완전한 형태로 갖고 있는 것은 예컨대 그리스 신화에 나오는 신들처럼 '이상화된 인간'일 뿐, 기독교에서 말하는 하나님은 아닙니다.

아마 당신은 내게 다음과 같이 반문하고 싶을 것입니다. "알겠다! 하지만 그렇다면 왜 구약성서에 등장하는 선지자들은 하나님을 신인동형적 내지 신인동감적으로 표현했나? 선지자라면 하나님의 뜻을 선포하는 게 업인 사람들인데, 그들이 그런 표현을 사용했을 때는 다 그럴 만한 이유가 있지 않겠는가?" 그렇지요? 네, 맞는 말입니다! 그들은 분명 하나님을 신인동형적으로, 그리고 하나님의 행위를 신인동감적으로 표현했지요.

구약의 선지자들은 하나님의 모습을 손, 눈, 귀, 얼굴 같은 인간의 신체부위를 사용해 묘사했습니다(사무엘상 5:11; 시편 8:4; 이사야 52:10; 열왕기하 19:16; 민수기 11:1; 창세기 3:8; 32:31 등). 그뿐인가요? 성서 속의 하나님은 웃고 냄새 맡고 휘파람을 불며(시편 2:4; 37:13; 창세기 8:21; 이사야 7:18 등), 후회도 하고(창세기 6:6f; 출애굽기 32:14; 사무엘상 15:11, 35; 아모스 7:3 등) 탄식도 합니다(예레미야 8:5; 12:7-13; 15:5-9; 18:13-17 등). 기뻐하고 진노하거나 분노하며 증오하고 복수심을 느끼는 것으로도 묘사되지요(신명기 16:22; 30:9; 32:35; 이사야 61:18; 62:5; 출애굽기 22:24; 창세기 6:6; 9:5 등). 심지어 제2이사야*는 하나님이 출산할 때의 여인처럼 비명을 지르며 헐떡인다고도 했고(이사야 42:14),* 호세아**는 좀처럼 갉아먹고 사자처럼 먹이를 갈취한다고도 표현했습니다(호세아 5:12, 14).

그렇지만 그것들은 모두 하나님에 대한 직접적인 묘사가 아니고, 선지자들이 자신들의 '놀랍고도 신비로운 체험'을 이스라엘 백성에게 선포하면서 사용한 비유일 뿐이라고 신학자들은 해석합니다. 예컨대 토마스 아퀴나스는 『신학대전』에서 "성서에서 하나님에게 신체적 부분들을 귀속시키는 것은 그런 유사성에 의해 하나님의 작용을 나타내기 위해서"라고 설명했지요. 그렇게 하는 것이 '살아 있는 하나님', 곧 생성·작용하는 하나님에 대한 이해를 돕고, 나아가 불가시적인 하나님과의 직접적 사귐을 강화하는 데 적합했기 때문이라는 것입니다. 또한 칼빈은 1555년 6월 17일에 행한 신명기 5장 8절 설교에서 다음과 같이 교훈했습니다.

그러므로 이제 우리들이 하나님에 대해서 생각할 때는, 그분에게도 우리가 이리저리 분주히 허둥대는 사람들에게서 찾아보는 것과 같은 인간적

---

* 기원전 562년 느부갓네살이 죽으면서 신바빌로니아 제국이 쇠퇴했다. 그러자 엘람 왕 고레스(키루스 2세, 기원전 559-529 재위)가 일어나 미디안 제국(기원전 550)과 신바빌로니아 제국(기원전 538)을 차례로 꺾고, 페르시아 제국의 우두머리가 되었다. 이 역사적 소용돌이 속에 한 무명의 예언자가 나타나 이 모든 사건들의 의미를 하나님의 구원사로 해석하여 교훈했다. 그는 야훼가 그의 뜻을 실현하라는 소명과 힘을 고레스에게 주어(이사야 41:5-7; 45:1-2) 바빌론에 붙잡혀 있는 이스라엘 백성이 시온으로 돌아가게 할 것이라고 외쳤다. 이 무명의 예언자를 흔히 '제2이사야'라고 부르는데, 우리는 그의 말을 이사야서의 뒷부분(40-46장)에서 읽을 수 있다.

** '하나님이 구원하신다'라는 뜻의 이름을 가진 호세아(Hoshea)는 기원전 8세기경 이스라엘 북왕국의 쇠퇴와 멸망을 예언한 선지자이다. 결혼하여 세 아이를 두었고 농사일에도 능숙했던 그는 신약시대에 주로 나타나는 하나님의 자애, 곧 하나님이 자기의 백성을 사랑한다는 것을 진정으로 이해하고 선포한 최초의 사람이었다. 그에게 있어 하나님은 자기 백성의 배반과 부정까지도 용서할 준비가 되어 있었다. 결혼생활에서 깊은 환멸을 느낀 것으로 보이는 호세아는 간음 또는 매춘을 한 여자나 배다른 아이들까지도 기꺼이 받아 주는 연인처럼 이스라엘의 하나님은 자애롭고 충실하다고 가르쳤다.

성정性情이 있다고 생각해서는 안 된다는 것이 올바른 사고의 자세입니다. 하나님에게는 진노라는 것이 전혀 존재하지 않습니다. 그러나 우리들이 참으로 하나님이 어떠한 분이신지를 이해할 수 없기 때문에, 그분으로서는 스스로를 우리의 무지함에 맞추셔야만 했던 것입니다.[2]

우리의 부족한 이해를 돕기 위해서라는 말이지요. 같은 내용을 독일의 구약성서학자 발터 아이히로트는 이렇게 표현했습니다. "하나님이, 자신이 영적이기도 하다는 사실을, 말하자면 베일에 감춰 둔 채 주로 인격적 존재로 스스로를 드러냈고 사람들이 그렇게 이해하도록 했다는 것은, 하나님 편에서는 지혜로운 절제self-limitation로 볼 수 있을 것이다."[3] 요컨대 성서에 나타난 하나님에 대한 신인동형적 내지 신인동감적 표현들은 모두 우리에게 초자연적인 자신을 보다 친숙하게 계시 또는 선포하려는 하나님의 지혜에서 나왔을 뿐, 하나님이 인간처럼 생기거나 인간처럼 느끼는 것은 아니라는 말입니다. 그렇다면 하나님의 인격성이란 대체 무엇을 말하는 것일까요?

하나님의 속성에 관한 모든 고찰에서 그렇듯이, 하나님의 인격성이 무엇을 의미하는지 알아보는 데도 존재론적 사고가 큰 도움을 줍니다. 이미 여러 번 밝혀 당신도 알고 있겠지만, 하나님은 야훼라는 자신의 이름을 통해 스스로 계시했듯이 존재이기 때문이지요.

존재론적 관점에서 보면, 기독교 신학이 말하는 하나님의 인격성이란 단순히 하나님이 피조물들에게 '참여와 인도'라는 원리로 작용한다는 뜻입니다. 우리가 2부 "하나님은 존재다"에서 살펴본 대로, 하나님이 존재인 한, 하나님은 존재하는 모든 존재물의 존재에 '이미 그리고 언제나' 참여하고 있습니다. 또한 하나님이 생성·작용하는 한, 하나님은 피조물들의 모든 변화를 '이미 그리고 언제나' 이끌고 있지요. 그럼으로써 하나님은 자신이 창조한 피조물들의 존재를 궁극적으로 온전하게 합니다.

이 말을 캔터베리의 대주교 안셀무스는 다음과 같이 표현했습니다. "최고의 본질[하나님]은 어디에나 존재하고 모든 것을 통해 모든 것 안에 존재한다.…그렇기 때문에 바로 그 최고의 본질이 다른 모든 것을 유지하며 초월하고 관통하며 포괄하는 분임이 명백하다."[4] 그리고 토마스 아퀴나스는 "하나님은 모든 것 안에 존재하고 그 섭리는 모든 것에 미친다" Quod Deus est in omnibus et prouidentia eius se extendit ad omnia[5]라고 반복했지요. 이처럼 "모든 것을 통해 모든 것 안에 존재"하면서 "유지하며 초월하고 포괄하며 관통하는" 존재론적 원리를, 구약성서에서 하나님은 "내가 반드시 너와 함께 있으리라"(출애굽기 3:12)라는 약속으로 계시했습니다.˙ '너와 함께 있으리라'가 바로 참여와 인도라는 하나님의 인격성을 나타내는 탁월한 성서적 그리고 존재론적 표현이지요.

바로 이런 이유에서 『히브리적 사유와 그리스적 사유의 비교』의 저자인 토를라이프 보만은 하나님을 "인격-존재"Person-Sein라는 특별한 용어로 표현했습니다.˙˙ 보만의 용어인 '인격-존재'는 이 존재가 생성·작용하는 본성에 의해 모든 인간의 삶과 세계에 참여하고 인도하는 내적 운동과 활동을 끊임없이 한다는 뜻입니다. 따지고 보면, 신구약성서에 나타난 모든 계시는 바로 이 같은 하나님의 참여와 인도에 대한 약속이자 기록이지요. 그렇기 때문에 성서에서는 어떤 사건이나 사물도 우연적인 것이 아

- • '내가 너와 함께 있으리라'라는 하나님의 약속은 족장 시대부터 이미 부단히 나타나고(창세기 26:3, 24-28; 28:15; 31:3; 39:2, 3, 21, 31 등), 다윗에게도 나타난다(사무엘하 7장).
- •• "구약성서가 말하는 완전한 의미에서의 존재는 먼저 '인격-존재'(Person-Sein)다. 그러면 인격이라 함은 무엇을 뜻하는가?…인격 역시 존재, 생성, 작용을 모두 포괄하는 내적 운동과 활동성에 있다"(T. 보만, 허혁 역, 『히브리적 사유와 그리스적 사유의 비교』, 분도출판사, 1975, p. 55).

닌, 개별적으로나 전체적으로나 하나님의 영원한 목적과 계획에 따라 작정된 것임을 나타내는 내용으로 가득합니다(이사야 14:26, 27; 다니엘 4:35; 시편 33:11; 잠언 19:21; 욥기 14:15; 요한복음 21:19; 사도행전 2:23; 4:28; 17:26; 에베소서 1:11; 3:10, 11; 고린도전서 2:7; 요한계시록 5:1 등).

이에 대한 신학적 표현으로는 예컨대 칼빈의 다음과 같은 말을 떠올릴 수 있습니다.

하나님의 심판은 사악한 자를 벌하시며, 신앙인에게 인내를 가지도록 교육하시며, 그들의 육체를 억제하시고, 세상의 죄를 없게 하시며, 많은 사람들을 나태에서 일깨우시며, 불경건한 자의 자만을 꺾으시고, 지혜 있는 자의 간교를 경멸하시며, 악한 책략을 파괴하심으로써 하나님의 힘을 놀랍게 나타내신다. 또한 고난받는 이를 도우시고 무죄한 자를 보호하시며, 모든 것이 없어지는 것처럼 보일 때도 도움을 베푸시는 일을 통해 하나님의 비길 데 없는 자비로움을 나타내신다.[6]

이어서 칼빈은 "삶과 죽음 같은 인간 개인의 경우와 마찬가지로, 국가와 민족의 흥망 그리고 (사람들이) 항상 운명으로 돌리는 모든 일도 하늘의 섭리에 의존하는 것이다"[7]라고 주장했습니다. 요컨대 하나님은 인간의 모든 것을, 나아가 사회, 국가, 민족의 모든 것까지 손수 보살핀다는 말입니다.

그런데 아마 이쯤 해서 당신은 내게 이렇게 묻고 싶을 것입니다. "그런데 그게 사실인가? 정말로 하나님이 우리의 삶과 사회에 그토록 치밀하게 관여한다는 말인가? 그것은 기독교 성직자들이나 신학자들이 지어낸 교설이 아니겠는가? 기도를 예로 들어 보자. 만일 하나님이 존재하고, 그가 인격적이어서 우리의 매사에 참여한다면 최소한 기도는 들어줘야 하지 않겠는가? 그런데 과연 그런가?" 그렇지요. 맞습니다! 당신뿐 아니라 사실은 내게도 이런 불만 섞인 의문이 항상 따라다닙니다. 그러니 이 기회에 한번 그것에 대해 자세히 알아볼까요?

기도로 하나님의 마음을 움직일 수 있나

하나님의 인격성에 대한 인간의 인격적 대응이 곧 기도입니다. 그리스도인들에게 기도란 참여와 인도라는 하나님의 인격성을 경험하고 그에 응하는 가장 보편적이고 적극적인 방법이지요. 다시 말해 하나님과 만나고 하나님의 사역에 동참하는 가장 일반적이고 대표적인 방법입니다. 이런 의미에서 칼빈은 기도를 "하나님과 인간의 대담"으로 규정했습니다.

물론 고대의 자연신론자들이 그랬듯 근대의 이신론자들 가운데도 신에게 기도하는 사람이 있었습니다. 하지만 그들이 자신들의 기도에 어떤 요구를 포함시키는 것은 무의미한 일이었지요. 그들의 신은 "세계에 대한 어떤 관심도 없이 하늘에서 한가히"[8] 지내기 때문입니다. 만일 히브리인들이나 그리스도인들의 하나님도 이렇게 세계초월적 속성만을 지녔다면, 그들도 삶의 희망과 두려움, 기쁨과 고통, 축복과 저주, 승전과 패전에 관한 모든 기원을 '주의 이름으로' 또는 '아버지의 이름으로' 하지 않았을 것이고, 또 할 필요도 없었을 테지요.˙

그럼 여기서 우리의 의구심에 부응하기 위해 이야기의 초점을 간구기

• 야훼는 자신의 이름을 부르면 자신이 임재할 것이라고 선언했고(출애굽기 33:19; 34:5), 자신의 이름을 부를 장소를 가리킴으로써 자신의 예배 장소를 선별했다(출애굽기 20:24).

도$^{petitionary\ prayer}$와 중보기도$^{intercessory\ prayer}$에 맞춰 볼까요? 자신의 소원을 비는 간구기도와 다른 사람을 위해 비는 중보기도는 감사기도나 경배기도와는 성격이 다릅니다. 하나님에게 무언가를 요구하는 기도이기 때문이지요. 그리스도인들은 자신들의 간구 또는 중보의 기도에 당연히 하나님이 응답해 준다고 믿습니다. 그 누구보다 예수님이 그렇게 가르쳤기 때문이지요. "구하라 그리하면 너희에게 주실 것이요 찾으라 그리하면 찾아낼 것이요 문을 두드리라 그리하면 너희에게 열릴 것이니"(마태복음 7:7)나 "너희가 기도할 때 무엇이든지 믿고 구하는 것은 다 받으리라"(마태복음 21:22), 또 "내 이름으로 아버지께 무엇을 구하든지 다 받게 하려 함이라"(요한복음 15:16) 같은 교훈이 특히 그렇지요.

하지만 과연 그런가요? 애달프게도 우리의 경험은 그렇지가 못하지요. 그렇다면 왜 그런 걸까요? 예수님이 우릴 속인 것일까요? 이런 우매한 질문에 대한 기독교적 답은 당신도 이미 알고 있을 겁니다. 하나님은 자신의 섭리에 합당한 기도에만 응답하고 그렇지 않은 기도에는 응답하지 않는다는 것이 기독교에서 제시하는 답이지요. 그래야만 그 어떤 것에도 구속받지 않는 하나님의 절대적 독립성이 보존되기 때문입니다. 만일 그렇지 않다면 인간이 기도를 통해 하나님을 조종할 수 있다는 뜻이 되므로 하나님의 절대성과 독립성이 손상되지요.

바로 여기서 풀기 어려운 문제가 발생합니다. 우선 하나님이 인간을 오직 자신의 섭리에 따라서 '강제적으로' 이끈다면 하나님과 인간의 관계가 어떻게 인격적이라고 할 수 있느냐 하는 것이지요. 또 어차피 자신의 목적에 맞게 강제하려면 무엇 때문에 인간에게 기도를 하라고 했는지도 의문입니다. 이처럼 하나님의 인격성과 섭리는 '기도'와 관련해서 적어도 이 두 가지 문제로 서로 부딪칩니다.

섭리와 기도

먼저, 하나님의 섭리가 하나님의 인격성과 부딪치는 문제를 살펴볼까요? 이 문제를 풀려면 인격적 관계가 어떤 것인지를 먼저 규명해야 하는데, 사실 인격적 관계를 정의하기는 쉽지 않습니다. 얼핏 생각하면 서로의 자유를 존중하고 강제하지 않는 관계를 말하는 것 같지요. 상대의 자유를 무시하고 강제로 억압하면서 인격적으로 대한다고 할 수는 없으니까요. 그렇지 않나요? 하지만 다시 곰곰이 생각해 보면 꼭 그렇지만도 않습니다. 예외가 있다는 말입니다.

예를 들어 시각장애인과 비장애인이 함께 길을 가고 있다고 가정해 봅시다. 이때 앞에서 뭔가 위험이 다가오고 있어서 비장애인이 시각장애인을 강제로 가로막거나 다른 길로 이끌었다면 어떤가요? 두 사람의 관계가 인격적이지 않다고 말할 수 있을까요? 어린아이와 어른의 경우도 마찬가지입니다. 어린아이가 위험에 빠지지 않게 하려고 어른이 큰길로 달려 나가는 아이를 강제로 막아 세울 수 있잖아요. 그렇다고 해서 그 어른의 행동을 비인격적이라고 비난할 수 있을까요?

이런 사례는 강제성과 인격성이 논리적으로 양립 불가능하다는 우리의 막연한 가정을 쉽게 무너뜨립니다. 나아가 선한 목적과 의도에서 나온 강제는 오히려 그 인격성을 강화해 줄 수도 있음을 보여 주지요. 하나님의 섭리와 인격성의 관계가 바로 그렇다는 것이 기독교의 입장입니다. 다시 말해 하나님의 섭리에 의한 강제는 선한 목적과 의도에 따른 것이어서 하나님의 인격성을 더 잘 드러낸다는 뜻이지요.[9]

'섭리'providentia는 '삼위일체'trinitas처럼 성서에는 나오지 않는 말입니다. 하지만 둘 다 기독교 교리들을 떠받치는 튼튼한 기둥이지요. 섭리의 어의는 '미리 보는 것'pro-videre인데, 기독교에서는 이 말을 하나님이 인간과 교회 그리고 세계를 미리 정한 목적에 따라 이끄는 의지로 해석합니다. 이 점에서 하나님이 모든 일의 결과를 미리 정해 놓았다는 '예정'과 하나님이 세상 모든 것을 자신의 의지대로 이끌고 간다는 '섭리'의 구별이 쉽지 않은데요. 사실상 모든 섭리는 예정적이고 모든 예정은 섭리적입니다. 즉 "모든 일을 그의 뜻의 결정대로 일하시는 이의 계획에 따라 우리가 예정을 입어 그 안에서 기업이 되었으니"(에베소서 1:11)에 나타나 있듯이, 하나님은 미리 예정한 섭리를 통해 자신의 창조 세계와 그 안의 모든 피조물을 보존하고 돌보며 구원합니다.

그렇다고 해도, 인간과는 달리 하나님의 눈앞에서는 "만물이 벌거벗은 것같이"(히브리서 4:13) 드러나므로 섭리에 의한 그의 강제적 사역은 결코 맹목적인 것이 아니라, 오히려 "모든 것이 합력하여 선을 이룬다"(로마서 8:28)는 것이지요. 바로 이것이 그리스도인이라면 당연히 섭리를 하나님의 은총으로 받아들일 수밖에 없는 이유입니다(로마서 8:28-30; 야고보서 1:2-4; 베드로전서 1:5-7; 에베소서 1:11-14; 데살로니가전서 5:16-18 등). 「하이델베르크 요리문답」Heidelberg Catechism** 제26문답에는 이에 대해 다음과 같이

• 여기에서 문제될 수 있는 하나님의 예정과 인간의 자유의지가 충돌하는 문제에 대한 설명은 3부 "하나님은 창조주다"에 있는 '눈먼 시계공과 눈뜬 하나님 문제'에서 아우구스티누스가 '에보디우스 딜레마'(Evodius dilemma)를 푸는 부분을 참고하라.

•• 「하이델베르크 요리문답」은 개혁교회의 두 번째 교리규범이다. 이것이 하이델베르크 요리문답이라고 불리는 이유는 선제후 프리드리히 3세(Friedrich III)의 명으로 독일 하이델베르크에서 이 요리문답이 작성되었기 때문이다. 이 경건한 통치자는 칼빈의 종교개혁이 주도권을 얻도록 하기 위하여 하이델베르크 대학의 교수인 자카리아스 우르시누스(Zacharias Ursinus)와 궁정 설교자인 카스파르 올레비아누스(Caspar Olevianus)로 하여금 개신교 신학을 대변할 간단한 요리문답 지침서를 만들도록 지시했다. 이 지침서는 그 후에 왕과 칼빈주의에 정통한 신학자들의 승인을 얻어서 1563년 초에 발간되었다. 주로 주일에 간단히 교리를 가르치는 용도로 사용되었는데, 제3판부터는 모든 질문과 대답을 52가지로 정리하여 1년에 모두 배울 수 있도록 했다.

적혀 있습니다.

그는 그의 아들 그리스도로 인해 나의 하나님이시요 내 아버지시라. 내 몸과 영혼에 필요한 모든 것을 공급하시며, 비록 이 눈물 골짜기에서 악한 일을 당하게 하실지라도 그것이 변해 선이 되게 하실 것을 믿고 의심치 아니하나니, 이는 그가 전능하신 하나님이시므로 능히 하실 수 있으며 또한 신실하신 아버지시므로 기꺼이 하실 것이기 때문이다.

그렇습니다. 그리스도인에게 하나님을 믿는다는 것은 하나님의 인격성을 믿는 것이자 곧 그의 섭리를 믿는다는 뜻입니다. 그리고 그가 전능하고 신실하여, 설사 내가 "이 눈물 골짜기에서 악한 일을 당하게 하실지라도 그것이 변해 선이 되게 하실 것"을 믿고 의심치 않기 때문에 나의 모든 것을 그의 뜻에 맡긴다는 의미지요. 사도 바울이 세 번씩 기도하며 자신에게 박힌 '육체의 가시'를 뽑아 달라고 기도했지만 그 간구가 이뤄지지 않자, "나를 쳐서 너무 자만하지 않게 하심이라"고 간주하면서 순순히 받아들이는 것이 좋은 예입니다(고린도후서 12:7-9).

바울은 하나님의 섭리가 때로는 우리를 기쁘게 하지 않을 수 있음을 알았지요. 하지만 그는 고통의 배후에는 언제나 하나님의 선한 '목적'(로마서 8:28; 9:11)과 '뜻'(로마서 9:19)이 있다는 걸 의심하지 않았습니다. 그 목적과 뜻은 하나의 '신비'(로마서 11:25)로 세상에 감춰져 있는데, 그 신비 속에 '후회하심이 없는 부르심'(로마서 11:29)이 들어 있다는 것입니다. 칼빈도 역시 이렇게 말했습니다.

하나님의 섭리가 옳게 찬양될 때라는 것은 신자들이 최대의 결핍에도 절망하지 않고 오히려 죽음으로부터 소망을 가지고 하나님에게 향할 때다. 왜냐하면 하나님은 자기 백성들이 나중에 배부르게 하기 위해서 일시적으로 굶게 하시며 생명의 빛을 다시 주기 위해서 죽음의 골짜기에 있게 하시기 때문이다.[10]

그러나 누구든 이 같은 하나님의 섭리를 믿기가 쉽지는 않을 것입니다. 그래서 덴마크의 철학자 키르케고르는 『공포와 전율』에서 다음과 같이 쉽고 인상적인 예로 설명해 주었지요.

어린애의 젖을 떼야만 할 때 어머니는 자신의 유방을 검게 물들인다. 어린애에게 젖을 먹여서는 안 될 때 어린애가 유방에다 미련을 갖게 하는 것은 잔인한 짓이다. 유방을 검게 물들여 놓으면 어린애는 그 유방이 달라졌다고 믿는다. 그러나 어머니는 여전히 어머니고 어머니의 눈길은 여전히 인자하고 부드럽다.[11]

참으로 탁월한 비유지요? 우리는 프랜시스 톰슨의 "하늘의 사냥개"에서도 같은 논리를 구사한 시구들을 찾아볼 수 있습니다.

네게서 모든 것을 빼앗은 까닭은
너를 해롭지 않게 하기 위함이니
너는 그것을 내 품에서 다시 찾을 수 있으리라.
일어나 내 손을 잡아라, 그리고 내게로 오라.[12]

물론 섭리의 이 같은 역설적 성격에 대한 믿음이 신약성서에 등장하는 그리스도인들로부터 시작된 것은 아닙니다. 구약성서에 기록된 히브리인들도 마찬가지였지요. 칼빈과 키르케고르는 섭리를 믿고 따르는 표본을 오히려 아브라함의 '이삭 사건'에서 찾았습니다. 하나님에게 아들 이삭을 번제燔祭*로 바치려는 아브라함에게 이삭이 "번제할 어린 양은 어디 있나이까"라고 물었을 때 아브라함이 "내 아들아 번제할 어린 양은 하나님이 자기를 위해 친히 준비하시리라"고 대답했는데(창세기 22:7-8), 이때 아브라함이 추호의 의심조차 없이 믿은 것이 바로 "생명의 빛을 다시 주기 위해서 죽음의 골짜기에 있게" 하시는 하나님의 섭리였던 것입니다.

또 다른 예도 있습니다. 동방에서 제일가는 부자이자 신실하기까지 했던 욥은 모든 재산과 자녀를 하루아침에 잃고도 "주신 이도 여호와시요 거두신 이도 여호와시오니 여호와의 이름이 찬송을 받으실지니이다"(욥기 1:21)라며 자신에게 닥친 끔찍한 재앙과 관계없이 하나님을 신뢰했지요. 하박국 선지자도 마찬가지였습니다. 환난 중에서도 그의 입에서는 변함없이 하나님에 대한 찬양이 흘러나왔어요. "비록 무화과나무가 무성치 못하며 포도나무에 열매가 없으며 감람나무에 소출이 없으며 밭에 식물이 없으며 우리에 양이 없으며 외양간에 소가 없을지라도 나는 여호와로 말미암아 즐거워하며 나의 구원의 하나님을 말미암아 기뻐하리로다"(하박국 3:17-18).

우리로서는 참으로 상상조차 할 수 없는 놀라운 고백입니다. 성서에 등장하는 이 같은 신앙의 영웅들이 아닌 우리로서는 흉내 내기조차 어렵지요. 나는 그런데, 당신은 어떠세요? 아마 대다수의 그리스도인들이 마찬가지 아닐까요? 그리스도인들은 그들 자신이 원해서라기보다는 반항하고 싸우는 가운데 도저히 거역할 수 없는 하나님의 섭리를 자신의 삶

---

* 번제(burnt offering)는 소, 양, 염소, 새와 같은 동물을 불태워 드리는 제사로서 제물의 종류에 따라 바치는 순서와 방법이 조금씩 다르다. 하지만 대개 제물을 죽인 다음 배를 갈라 내장을 꺼내고 각을 떠서 불에 태우는 식으로 진행된다. 번제는 성서에 가장 먼저 소개된 제사의 규정이고(레위기 1-7장), 이스라엘의 희생제사에서 가장 중요한 역할을 했다(민수기 28-29장).

안에서—또한 두려움과 떨림 속에서—부단히 느끼는 것이겠지요. 마치 라이너 마리아 릴케가 "수도사 생활의 서"에서 묘사한 것처럼 말입니다.

> 나는 당신을 사랑합니다, 그대 가장 온화한 법칙이시여.
> 당신의 법칙과 싸우는 가운데 우리는 성숙하였습니다.
> 억누를 수 없는 위대한 향수鄕愁이신 당신이여,
> 우리가 끝내 빠져나올 수 없는 그대 숲이시여,
> 도망가는 감정을 붙잡는
> 그대 어두운 그물이시여.[13]

그러나 하나님의 섭리를 따르려는, 가장 극적이면서도 가장 인간적인 외침을 우리는 예수님에게서 찾을 수 있습니다. 예수님의 마지막 날 밤, 대제사장의 성전 경비대에 잡혀가던 바로 그날 밤, 예수님은 겟세마네 동산에 올라 핏방울 같은 땀을 흘리면서 세 번 기도합니다. 이때 그는 "내 아버지여 만일 할 만하시거든 이 잔을 내게서 지나가게 하옵소서. 그러나 나의 원대로 마시옵고 아버지의 원대로 하옵소서"(마태복음 26:39)라고 부르짖었지요.* 견딜 수 없는 공포와 전율 속에서도 하나님의 섭리를 믿고 따르려는 거룩한 기도입니다. 그러니 우리도 바로 이렇게 기도해야 한다는 것이 기독교의 가르침이지요. 토마스 아퀴나스는 이러한 가르침을 기도란 '자신에게 합당한 것을 청원하는 것'이 아니라 "하나님에게 합당한 것을 청원하는 것"petitio decentium a Deo[14]이라고 표현했습니다.

그래야만 기도는 우리가 하나님을 조종하는 도구가 아니라, 하나님이

• "아빠, 아버지여, 아버지께는 모든 것이 가능하오니 이 잔을 내게서 옮기시옵소서. 그러나 나의 원대로 마시옵고 아버지의 원대로 하옵소서"(마가복음 14:36).

우리를 조종하는 도구가 됩니다. 그래야만 기도가 우리를 자신의 뜻과 의지를 따르려는 자율적 인간이 아니라, 하나님의 뜻과 의지를 따르려는 신율적^{theonomy} 인간이 되게 하는 것이지요. 또한 그래야만 기도는 하나님을 우리처럼 속되게 만드는 계기가 아니고, 우리를 하나님처럼 거룩하게 만드는 계기가 되는 것입니다. 나아가, 그래야만 우리가 파멸에 이르지 않고 구원을 얻게 되지요!

『황무지』의 작가 토머스 엘리엇의 종교시 "네 개의 사중주" 가운데 4부인 "리틀 기딩"에는 바로 이 같은 관점에서 우리에게 기도가 무엇이고 어떤 일을 하는지를 읊은 다음 시구가 있습니다.

> 그대는 지각과 관념을 버려야 한다.
> 그대가 이곳에 온 것은 실증하기 위함도 아니고,
> 리포트를 작성하자는 것도 아니다.
> 그대는 기도하러 온 것이다.
> …
> (모든 것을 바친)
> 하나의 완전히 순백한 상태.
> 모든 것은 잘될 것이다.
> 가지가지 모든 것은 잘될 것이다.
> 화염의 혀들이 한데 겹쳐져서
> 영광의 불 매듭이 되고
> 불과 장미가 하나로 될 때.˙

• 리틀 기딩(Little Gidding)은 지명으로, 1625년 니콜라스 페라(Nicholas Ferrar)가 이곳에 공동생활 단체를 설립해 "기도와 의식훈련 및 사색과 행동"을 실천하는 종교적 이상을 실천하려 했다. 그러나 1647년 크롬웰 군대에 의해 해산되었고 교회는 파괴되었다. 이후 리틀 기딩은 영

시인은 뭐라고 고백하고 있나요? 우리 자신의 모든 것을 바쳐서, 즉 감각적 지각도 이성적 관념도 다 버리고 완전히 순백의 상태에서 기도할 때, 온 영혼을 불살라 기도할 때, 그제야 모든 것이 하나님의 섭리에 의해 잘될 것이라는 말입니다.

강한 섭리, 약한 섭리

당신은 이제 이런 의문을 가질 수 있습니다. 그렇다면 예수님은 왜 "구하라 그리하면 너희에게 주실 것이요 찾으라 그리하면 찾아낼 것이요 문을 두드리라 그리하면 너희에게 열릴 것이니"(마태복음 7:6)라고 말하며 마치 우리가 기도하는 대로 다 이루어질 것처럼 교훈했느냐는 것이지요. 그렇지요. 당연한 물음입니다. 우리가 예수님의 이 같은 가르침을 즉각 떠올려 볼멘소리로 반박하는 데는 이유가 있습니다. 욕망과 절망, 운명과 죽음, 죄책과 정죄 같은 실존적 불안 속에서 하루하루를 갈급하고 곤궁하게 살아가야만 하는 나약한 우리에게, 구하는 대로 이뤄 준다는 예수님의 교훈은 더할 수 없는 위로를 주기 때문이지요.

그럼에도 예수님의 가르침을 이렇게 문자 그대로 받아들이는 것은 큰 오해입니다. 신학자들에 의하면 예수님은 결코 그런 뜻으로 말하지 않았거든요. 설명하자면 이렇습니다.

마태복음 7장 6절의 이 가르침에는 순서로 보나 내용으로 보나 선행되

국인들에게 진정한 신앙과 기도를 상징하는 장소가 되었다.

는 전제가 있습니다. 예수님은 그 전제를 분명히 하기 위해 마태복음 6장 전체를 채울 정도로 장황해 보이는 가르침을 미리 설파했지요. 예수님은 우선 공중의 새가 농사하지 않아도 굶지 않고, 들의 백합화가 길쌈하지 않아도 아름다운 것을 예로 들면서* 우리가 구하기 전에 우리에게 있어야 할 모든 것을 하나님이 이미 알고 있다는 말을 두 번이나 반복했습니다 (마태복음 6:7, 32). 그만큼 중요하다는 뜻이지요. 그리고 바로 이어서 무엇을 먹을까, 마실까, 입을까 염려하지 말고, 먼저 하나님의 나라와 그의 의를 구하라고 가르쳤습니다(마태복음 6:31-33).

여기서 우리는 예수님의 뜻을 잘 헤아려야 합니다. 마태복음 7장 6절의 교훈은 우리가 구하고 찾고 두드리는 대로 이루어지는 그것이 먹고 마시고 입을 것이 아니라, "하나님의 나라와 그의 의"라는 것을 뜻합니다. 당신 생각은 어때요? 그렇지 않겠어요? 만일 수긍하기 어렵다면, 이렇게 한번 생각해 봅시다. 예수님이 조금 전에 같은 자리에서 "염려하여 이르기를, 무엇을 먹을까 무엇을 마실까 무엇을 입을까 하지 말라. 이는 다 이방인들이 구하는 것이라"(마태복음 6:31)라고 해 놓고는, 뒤이어 곧바로 먹고 마시고 입을 것들을 구하고 찾고 두드리면 그대로 이루어진다고 말했을 리가 없지 않겠어요?

예수님은 물론 이 둘을 양자택일의 문제가 아니라 선후의 문제로 교훈했습니다. "그런즉 너희는 먼저 그의 나라와 그의 의를 구하라. 그리하면 이 모든 것을 너희에게 더하시리라"(마태복음 6:33)라는 말이 분명 그런 해석을 가능하게 합니다. 그래서 얼핏 생각하면 하나님의 나라와 그의 구

---

* "공중의 새를 보라. 심지도 않고 거두지도 않고 창고에 모아들이지도 아니하되 너희 하늘 아버지께서 기르시나니 너희는 이것들보다 귀하지 아니하냐.…또 너희가 어찌 의복을 위하여 염려하느냐. 들의 백합화가 어떻게 자라나는가 생각하여 보라. 수고도 아니하고 길쌈도 아니하느니라. 그러나 내가 너희에게 말하노니 솔로몬의 모든 영광으로도 입은 것이 이 꽃 하나만 같지 못하였느니라"(마태복음 6:26, 28-29).

원을 먼저 구하면, 이후에는 물질적 풍요도 우리가 구하고 찾고 두드리는 대로 더해 줄 것이라고 생각되기도 하지요. 아, 물질적 풍요에 대한 우리의 가련한 바람은 이토록 끈질깁니다!

그렇지요, 예수님은 분명 그렇게 교훈했습니다. 하지만 우리는 이 가르침 역시 오해해서는 안 됩니다. 예수님이 여기서 말한 하나님이 더해 줄 "모든 것"이란 '하나님이 보기에' 우리에게 있어야 할 모든 것이지(마태복음 6:7, 32), 우리가 '구하고 찾고 두드리는' 모든 것은 아닙니다. 다시 말해 하나님은 오직 그의 섭리에 따라 우리에게 '궁극적으로 좋은 모든 것'을 더해 준다는 뜻이지요.

왠지 서운한가요? 나도 마찬가지인데요, 그렇다고 해서 하나님이 먹고 마시고 입을 것, 곧 우리가 그토록 원하는 물질적 풍요에 대한 기도는 전혀 안 들어준다는 의미는 아닙니다. 만일 어떤 사람이 구하는 물질적 풍요가 '하나님이 보기에' 그에게 궁극적으로 좋다면, 그래서 그것이 하나님의 섭리 안에 예정되어 있다면, 그에게 물질적 풍요를 "차고 넘치게" 내려 줄 겁니다. 설사 그가 그것들을 구하고 찾고 두드리지 않더라도 말이지요. 하지만 만일 해롭다면, 그래서 하나님의 섭리 안에 있지 않다면, 그가 아무리 구하고 찾고 두드려도 주지 않는다는 뜻입니다.

같은 의미에서 예수님은 곧바로 이어지는 가르침에서도 떡과 돌, 생선과 뱀을 예로 들어* "너희가 악한 자라도 좋은 것으로 자식에게 줄 줄 알거든 하물며 하늘에 계신 너희 아버지께서 구하는 자에게 좋은 것으로 주시지 않겠느냐"(마태복음 7:11)라고 교훈했습니다. 여기서도 주목해야 할 것은 "좋은 것으로 주시지 않겠느냐" 부분이지요. 이때 예수님이 말하는

---

* "너희 중에 누가 아들이 떡을 달라 하는데 돌을 주며 생선을 달라 하는데 뱀을 줄 사람이 있겠느냐"(마태복음 7:9-10).

'좋은 것'도 우리가 생각하는 좋은 것이 아니라 하나님이 생각하는 좋은 것입니다.

이렇게 하나님은 오직 자신의 의지대로 우리를 이끌어 가는데도 우리가 하나님의 섭리를 기꺼이 받아들여야 하는 이유는 간단합니다. 신학자들에 의하면, 하나님은 지식과 선함과 의지에서 무한하지만 인간은 유한하다는 전제 때문이지요. 사도 바울이 "깊도다 하나님의 지혜와 지식의 풍성함이여, 그의 판단은 헤아리지 못할 것이며 그의 길은 찾지 못할 것이로다"(로마서 11:33)라고 영탄한, 하나님의 전지전능함에 대해 토마스 아퀴나스는 다음과 같이 교훈했습니다.

하나님에게는 어떠한 결함도 일어날 수 없다. 히브리서 4장 13절에서 말한 것처럼, "[그]의 눈앞에 만물이 벌거벗은 것같이 드러나" 있기 때문에 무지의 [결함이 없고], 이사야 59장 1절에서 말한 것처럼, "손이 짧아 구원하지 못하심도 아니[기]" 때문에 무능의 [결함도 없으며], 예레미야애가 3장 25절에서 말한 것처럼, "[그를] 구하는 영혼들에게 여호와는 선하시[기]" 때문에 또 좋은 의지의 [결함도 없다]. 따라서 로마서 5장 5절에서 말한 것처럼 어떤 이가 하나님에 대해 신뢰하도록 하는 소망은 소망하는 이를 혼란에 빠뜨리지 않는다.[15]

물론 기독교 신학에는 이 같은 섭리론—이것을 이해하기 쉽게 '강한 섭리론"이라고 부릅시다—에 대한 반론이 오래전부터 꾸준히 있었습니

• 폴 헬름(Paul Helm), 로버트 애덤스(Robert M. Adams) 같은 신학자들은 우리가 이름 붙인 '강한 섭리론' 대신에 하나님이 자신의 섭리에 인간의 선택까지 포함한다는 의미로 "위험과 무관한(risk-free) 섭리론" 또는 "위험 없는(no-risk) 섭리론"이라고 부르며, '약한 섭리론' 대신에 하나님은 인간의 선택에 따라 다른 결과가 나오도록 하기도 한다는 뜻에서 "위험을 무릅쓰는(risky) 섭리론"이라고 부른다[참고. 폴 헬름, 이승구 역, 『하나님의 섭리』(The Providence of

다. 이처럼 강력한 섭리는 하나님이 인간에게 부여한 자유의지와 양립할 수 없기 때문에 자기모순에 도달한다는 주장이지요. 예를 들면 다음과 같습니다.

하나님이 모든 것을 온전히 다 알 수 있는 가능성을 버리고 사람들이 할 미래의 행동을 단지 짐작하기만 할 수 있는 세상을 창조했을 때에야, 지식을 선한 것으로 여기는 가치가 온전히 실현된다. 만일 하나님이 사람을 하나님의 형상으로 만들었다면, 하나님은(설사 하나님이라고 할지라도) 정확히 그리고 무오하게 미리 알 수는 없는 새로운 주도권과 새로운 통찰을 사람들이 가질 수 있도록 창조했어야 한다. 무한히 다양한 생각과 행동의 가능성이, 자신에 의해서든지 그 자녀들에 의해서든지 현실로 실현되도록 하여 미래에 영속적 새로움을 부여하는 그런 새로운 주도권과 통찰을 가질 수 있도록 말이다.[16]

꽤나 어렵게 느껴지는 이야기지요? 그러나 아닙니다. 간단히 설명하자면 이렇지요. 그릇됨이 전혀 없고 전지전능한 하나님이 오직 자신의 섭리로만 인도하고 통치한다면, 인간은 하나님이 자기 형상을 따라 만든 창조물이 아니라는 겁니다. 단지 하나님이 부리는 자동인형에 불과하지 않느냐는 반론이지요. 이런 생각을 가진 학자들은, 하나님의 섭리에 대해 '하나님이 아직 모든 결과를 알지 못한 채 자유로운 피조물들의 반응에 따라 결과가 나오도록 조정해 놓은 것'이라는 이론—우리는 이것을 '약한 섭리론'이라고 부르도록 하지요—을 내세웁니다. 당신은 어느 쪽 주장이 옳은 것 같나요?

God), IVP, 2004, pp. 37-70. 또한 위험 개념(idea of risk)을 신학의 중심 주제로 보는 저술로는 R. Holloway, ed., *The Divine Risk*, London, Longman and Todd, 1990이 있다].

섭리와 자유의지 문제는 멀리는 아우구스티누스와 펠라기우스^{Pelagius,} $^{?354-420}$가 대립할 때 핵심이었고, 가까이는 종교개혁 갈등의 중심에 놓였던 매우 오래되고 중요한 주제지요. 이 문제를 풀려면 양편의 논의를 꼼꼼히 검토하고 그 가운데 어느 것이 성서에 더 합당한지를 면밀히 따져봐야 하므로 여기서 간단히 다룰 수는 없습니다. 우리는 뒤에서 은총을 다루면서 이에 대해 자세히 살펴볼 겁니다. 물론 약한 섭리론이 지닌 장점과 정당성도 포함해서 말이지요. 지금은 단지 전통적으로 중요한 신학자들은 한결같이 '강한 섭리론'을 지지했으며, 강한 섭리론 안에서도 하나님의 섭리가 인간의 자유의지와 모순 없이 양립할 수 있다고 주장했다는 것만을 지적해 두고 가기로 합니다.

우리는 3부 "하나님은 창조주다"에서 '눈먼 시계공과 눈뜬 하나님 문제'를 다룰 때—모든 섭리는 예정적이고 모든 예정은 섭리적이라는 점에서—바로 이 문제에 대한 아우구스티누스의 견해를 이미 알아보았습니다. 잠시 뒤돌아보자면, 아우구스티누스는 하나님의 예지와 인간의 자유의지가 충돌할 수밖에 없다는 에보디우스의 주장에 "우리가 행할 바를 하나님이 예지하시기는 하지만 그것 때문에 우리가 자유의지로 무엇을 원하는 것이 없어지는 것은 아니다"라고 답했지요. 우리는 그의 말이 가진 정당성을 양립주의가 어떤 경우에 타당한지를 밝힘으로써 살펴보았습니다.

정리하자면, 하나님은 우리의 모든 기도에 언제나 귀를 기울이고 항상 우리 삶에 참여합니다. 그러나 궁극적으로 선을 이루는, 하나님의 섭리에 합당한 기도만 들어주고 합당하지 않은 기도는 들어주지 않지요. 때때로 하나님은 인간의 기도 때문에 마음을 바꾸기도 하지만(이사야 38:1-6),˙ 그

• 선지자 이사야가 히스기야왕에게 하나님의 징벌로 왕이 병들어 죽게 되었음을 알렸을 때 히스기야가 얼굴을 벽으로 향하고 통곡하며 기도하니 하나님이 그의 수명을 15년 연장해 주었다.

런 경우마저 모든 것이 하나님의 섭리 안에서만 이뤄진다는 것이 기독교의 가르침입니다. 이에 대해, 아우구스티누스는 "소원하는 것을 얻으려는 기도가 힘을 발휘하는 것도, 기도하는 사람에게 은총을 내리는 것도 하나님이 예지한 대로 된다"[17]라고 교훈했고, 토마스 아퀴나스는 "하나님의 섭리가 모든 것을 다스린다"[18]라고 가르쳤으며, 또한 칼빈은 "모든 사건은 하나님의 감추어진 뜻에 의해 다스림을 받는다"[19]라고 잘라 말했지요.

기도는 왜 하는가

우리는 이제 두 번째 문제 앞에 서 있는데요, 그 요점은 대강 이렇습니다. 하나님이 우리를 어차피 그렇게 섭리대로만 이끌어 갈 것 같으면 기도는 왜 하라고 하느냐는 것이지요. 당신도 알다시피, 예수님도 제자들에게 기도를 가르쳤고, 바울은 심지어 "쉬지 말고 기도하라"(데살로니가전서 5:17)고까지 교훈하지 않았습니까? 왜 그랬을까요? 이에 대한 기독교의 대답을 요약하면, 하나님의 강제적 섭리에도 불구하고 모든 기도는 기도하는 사람에게 한없이 유익하다는 것이지요. 왜냐고요? 기도하는 사람은 기도를 통해 원하던 응답을 받으면 받은 대로, 또 받지 못하면 받지 못한 대로 그 결과를 자신을 향한 하나님의 섭리로 확인할 수 있기 때문입니다.

"그래서 어떻다는 건가? 결과적으로는 달라지는 게 없지 않은가?" 혹시 당신은 이렇게 되묻고 싶을지도 모릅니다. 하지만 전혀 그렇지 않습니다. 기도가 이루어졌든 이뤄지지 않았든 자기에게 일어나는 모든 일을 하나님의 섭리로 확인하는 일은 그리스도인에게 대단히 중요합니다. 단순한 예를 하나 들어 볼까요?

어떤 그리스도인이 하나님에게 사업에 성공하게 해 달라고 기도했다고 합시다. 그런데 그가 정말 사업에 성공했을 경우에 그 사람은 자신이 부자가 된 것이 오직 하나님의 섭리 덕분이라고 생각할 것입니다. 그 성공이 자신의 능력이나 노력의 결과라고, 또는 행운이나 우연이라고는 생각지 않겠지요. 그래서 자만하거나 방심하지 않을 것입니다. 반대로 사업에 실패했을 경우에도 그 사람은 자신의 실패가 자신의 무능이나 태만 때문이 아니고 또 악운의 지배 때문도 아니며 오직 더 좋은 것으로 주시려는 하나님의 섭리 때문이라고 생각하지요. 따라서 자책하거나 절망하지 않을 것입니다. 토마스 아퀴나스도 같은 맥락에서 이렇게 교훈했지요.

하나님으로부터 [무엇을] 획득하기 위한 기도는 기도하는 자 자신 때문에 인간에게 필요하다. 즉 그 자신이 자기의 결함을 고찰하고, 기도함으로써 얻기를 소망하는 것을 경건하게 바라도록 자기 마음을 기울이기 위한 것이다. 이것을 통해 그는 받기에 적합한 자가 된다.[20]

요컨대 하나님의 섭리를 믿는 사람이라면 기도로 하나님의 섭리는 바꿀 수 없지만 자기 자신의 마음은 바꿀 수 있다는 것이지요. 바로 이것이 관건입니다! 그럼으로써 그 사람은 마치 욥이나 하박국, 그리고 바울처럼 "어떠한 형편에든지 나는 자족하기를 배웠노니 나는 비천에 처할 줄도 알고 풍부에 처할 줄도 알아 모든 일 곧 배부름과 배고픔과 풍부와 궁핍에도 처할 줄 아는"(빌립보서 4:11-12) 인간이 되는 것이지요. 이런 의미에서 보면 신실한 그리스도인이 응답받지 못하는 기도란 없는 것입니다. 진실한 기도는 누구에게나 자신을 향한 하나님의 의지를 드러내도록 하며 자족하게 하지요. 이와 연관해 아우구스티누스는 다음과 같이 고백했습니다.

모든 사람은 기도를 통해 자기가 원하는 것을 언제나 듣지는 않사오나, 자신이 원하는 어떤 것에든 주님의 응답을 받사옵니다. 주님으로부터 자신이 원하는 것을 들으려 하지 않고 주님으로부터 들은 것을 원하려는 사람이 주님의 가장 훌륭한 종이옵나이다.[21]

또한 칼빈도 "기도의 옳고 유일한 목표는 하나님의 약속이 우리에게 효력 있게 된다는 한 가지 일에 있다"[22]라고 압축했지요. 자신의 『일지』에서 "나의 저작 활동의 사상 전체는 어떻게 사람이 그리스도인이 되는가 하는 것이다"라는 글을 남긴 덴마크의 철학자 키르케고르가 다음과 같이 주장한 것도 그래서입니다.

즉자적인 사람*은 자신이 기도할 때 중요한 것은, 즉 자기가 전력을 다해야 할 것은, 하나님이 자기의 기도를 듣게 하는 것이라고 생각한다. 그러나 진정 중요한 것은 그 반대다. 기도에서 올바른 관계는 하나님이 기도하는 사람의 말을 들으시는 때가 아니라 기도하는 사람이 하나님이 바라는 것이 무엇인지를 듣는 사람이 될 때까지 계속해서 기도할 때 이뤄진다. 그러므로 즉자적인 사람은 기도할 때 많은 말을 하면서 이것저것 요구하는 반면, 참된 기도를 하는 사람은 하나님의 말씀을 경청할 뿐이다.[23]

"하지만 이것은 자족이 아니라 일종의 체념이 아닌가?" 당신은 이렇게

---

* 즉자적(卽自的, an sich)과 대자적(對自的 für sich)이라는 말은 독일의 철학자 헤겔(Hegel)이 처음 사용한 용어로 의미가 서로 대비된다. 즉자적이라는 것은 '그 자체로 있는' 것, 주관적이고 감각적이고 고립적인 것을 뜻한다. 따라서 즉자적 인간이란 오직 자기 자신에게만 매몰되어 전혀 객관적이지 못한 사람을 가리킨다. 반면에 대자적이란 것은 말 그대로 '무엇에 대해서 거리를 두고' 있는 것을 의미한다. 따라서 대자적 인간은 주관인 자기 자신에게도 거리를 두어, 관찰하고 반성하는 태도를 갖는 사람을 일컫는다.

반박할 수 있습니다. 그렇습니다. 사실상 그건 분명 체념입니다! 그것도 무한한 자기체념이지요. 알고 보면 하나님을 믿고 그의 섭리에 의지한다는 것은 본디 극단적인 자기체념을 전제합니다. 그래서 아우구스티누스는 이렇게 교훈했지요. "자신을 버려라. 내가 말하노니 자기 자신으로부터 스스로를 버려라. 당신이 자신을 막아라. 만약 당신이 자기 자신의 자아를 내세운다면 당신은 파멸하고 말 것이다. 당신 자신으로부터 도망쳐라. 그리고 당신을 창조하신 그분께로 가라."[24]

부단한 자기체념과 자기부정을 통해서만 하나님에게로 나아갈 수 있다는 뜻입니다. 세상 누구든 자기 자신을 믿으면서 동시에 하나님을 믿을 수는 없다는 말이지요. 밀이 부서져 빻아지지 않고서야 어떻게 빵이 되겠습니까? 그리스도인이 된다는 것은 하나님의 절구에 자신을 집어넣어 부서지고 빻아져서―그러나 버려지거나 없어지는 것이 아니고―영원한 생명의 빵으로 다시 태어나는 것이라는 게 기독교의 가르침입니다.

17세기에 활동한 영국의 대표 시인이자 성직자이기도 했던 존 던John Donne, 1572-1631의 "소네트"에는 바로 이런 이유로 자기체념과 자기부정을 오히려 간절히 원하는 시인의 갈구가 다음 시구로 묘사되어 있습니다.

삼위일체 하나님이시여, 내 마음을 깨뜨리소서!
주님이시여, 내 마음을 두드리소서! 들어와 숨 쉬소서!
내 영혼의 빛을 비추소서! 내 마음을 바꿔 주소서!
주님을 향해 날개 치며 상승하도록
나를 거꾸러뜨리소서! 굴복시키소서!
주의 능력의 바람이 내 마음을 부수고 들어와
불고 태워서, 나를 새롭게 하소서![25]

그런데 만일 당신이 꼼꼼하다면, 당신은 여기서 앞에서보다 더 심각한 반박을 제기할 수도 있을 겁니다. 혹시 당신은 지금 이런 의문을 품고 있지 않나요? "바울의 하나님에게 기도해서 얻는 것이 자족과 체념에서 오는 마음의 평안이라면 세네카의 신에게 기도해서 얻는 것과 근본적으로 어떻게 다르단 말인가? 스토아 철학 안에도 바로 이와 똑같은 체념, 곧 '자족에 이르는 체념'이 들어 있지 않던가?" 그렇습니다! 타당한 질문입니다. 우리가 이미 살펴보았듯이, 스토아 철학자들도 체념과 자족을 통해 마음의 평정apatheia을 얻었고 그럼으로써 심지어는 스스로 신이 될 수 있다고도 생각했지요. 그러니 당신은 당연히 그렇게 되물을 수 있습니다.

그런데요, 이에 대한 기독교의 대답은 뜻밖에 매우 간단하지요. 그 둘은 구원이라는 문제에서 분명하게 다르다는 겁니다. 기독교 교리에 따르면 인간은 이성과 도덕을 통해서는 결코 구원에 이르지 못하지요. 구원은 오직 믿음과 하나님의 은총에 의해서만 이루어집니다. 따라서 스토아 철학자들이 이성적 체념을 통해 마음의 평정은 얻을지 몰라도 그리스도인들이 얻는 구원에까지 이르지는 못한다는 것이 기독교의 가르침이자, 당신의 질문에 대한 답입니다. 이런 정황을 틸리히는 다음과 같이 표현했지요.

> 기독교가 아무리 스토아 사상을 많이 받아들였다 하더라도 그것으로 우주적 체념을 감수하는 스토아주의와 우주적 구원을 믿는 기독교의 신앙 사이에 걸친 간격을 없이할 수는 없다.[26]

"정말 그럴까? 혹시 그건 그리스도인들이 내놓은 제 논에 물대기식 주장이 아닐까? 도대체 무슨 근거로 스토아 철학에는 구원이 없다는 주장을 할 수 있을까? 그들도 존재론적 상승, 곧 자신들이 세네카가 말한 '신들 위에 신'이 된다고 믿지 않았던가?" 어쩌면 당신에게는 여전히 이런 의문이 남아 있을 수 있겠지요. 하지만 그에 대한 기독교의 대답을 본격적으로 다루는 일은 일단 뒤로 미룹니다. 왜 인간은 스스로를 구원할 수 없는가, 바꿔 말해 왜 우리는 하나님의 은총 없이는 구원받을 수 없는가 하는 문제는 기독교 교리 가운데 가장 중요한 죄와 구원의 문제와 연관되어 있어, 여기서 잠깐 살펴볼 수 있는 문제가 아니기 때문입니다.

그래도 뭔가 좀 아쉽지요? 사실은 나도 그렇습니다. 그래서 여기서는 당신의 궁금증을 조금이나마 덜어 줄 철학적 사유를 하나 소개하고자 합니다. 덴마크의 철학자 키르케고르가 남긴 이론인데요, 기독교적 답변은 아니지만 스토아 철학의 구원과 기독교의 구원의 근본적 차이를 이해하는 데는 커다란 도움이 됩니다.

키르케고르의 '실존의 3단계'

키르케고르는 인간의 성숙 단계를 심미적 단계, 윤리적 단계, 종교적 단계로 나누어 설명했습니다. 우리는 이것을 보통 '실존의 3단계설'이라고 부릅니다.

첫 번째는 '심미적 단계'입니다. 이 단계에서 인간은 "인생을 즐겨라"를 신조로 삼아 돈 후안이나 네로 황제처럼 원초적·감각적 쾌락과 욕망에

- '실존의 3단계설'은 키르케고르 자신이 명료하게 정리한 이론은 아니다. 그의 학위 논문 『이로니의 개념에 대하여』와 첫 작품인 『이것이냐 저것이냐』, 그리고 『철학적 단편 후서』, 『인생길의 여러 단계』, 『공포와 전율』 등에 서술된 내용을 같은 덴마크 사람인 회프팅(Höffting, 1843-1931)이 연구, 정리해서 『철학자로서 키르케고르』(1892)라는 저술에 소개한 이후 키르케고르의 주요 사상으로 알려졌다.

종속되지요. 사람은 누구나 이 단계에서 생을 시작하기 때문에 자연적 인간은 모두 심미적 단계를 길게든 짧게든 거치기 마련입니다. 심미적 단계의 인간은 "순간에서 순간으로" 또한 "향락에서 향락으로", 그것이 육체적인 것이든 아니면 정신적인 것이든 가리지 않고 행복이라는 관념 아래서 여기저기를 쫓아다니지요.

이러한 삶의 방식을 키르케고르는 '윤작'輪作이라 이름 지었습니다. 마치 농부가 풍성한 수확을 위해 작물의 종류를 번갈아서 경작하듯이, 심미적 단계의 사람들은 권태를 쫓고 쾌락을 얻으려고 대상을 자꾸 바꾼다는 뜻입니다. 삶의 윤작을 하는 사람들은 "시골에 사는 것이 권태로워지면 도시로 이사 가고, 조국에서의 생활에 싫증을 느끼면 외국으로 가고, 유럽이 지겨워지면 미국으로 간다.…질그릇에 식사하는 것에 지치면 은그릇으로 식사하고, 은그릇에 지치면 금그릇으로 바꾸고, 트로이가 불타는 것을 상상해 보기 위해 로마의 반을 불태운다"[27]는 겁니다.

뿐만 아니라 이들은 향락을 위해서라면 자기 자신마저도 부단히 바꿉니다. 이들에게는 가능한 한 경작지를 변경하는 것이 하나의 계책이고, 또한 간단없이 자신을 바꾸는 것이 또 하나의 중요한 계책이지요.[28] 따라서 그들은 지속적인 우정 관계나 사랑 관계도 갖지 못합니다. 이런 사람들의 생활신조는 향락적인 것이면 그것이 어떤 것이든 '이것도 좋고 저것도 좋다'지요.˙ 키르케고르는 이런 삶을 "천장이 과히 높지 않은 지하방에

• 키르케고르의 『이것이냐 저것이냐』에 따르면, 이 단계에도 다섯 가지의 세부 단계가 있는데, 1) 인격이 정신보다 육체적인 것으로 규정되기에 건강이 제일이라는 인생관의 단계, 2) 인격을 부, 명예, 신분 등으로 규정하여 그것들을 인생의 목표로 하는 인생관의 단계, 3) 인격을 재능으로 규정하고 자기실현을 목표로 하는 인생관의 단계, 4) 인격을 욕망 충족으로 규정하고 '네 욕망에 충실하라' 하는 인생관의 단계, 5) 욕망의 지옥에서 절망하는 인격 단계 등이다[쇠얀 키르케고르, 임춘갑 역, 『이것이냐 저것이냐』(*Entweder―Oder*), 2부, 다산글방, 2008, pp. 351이하].

서 고즈넉이 살고 싶어 하는 일종의 비겁이고 인간답지 못한 짓"[29]이라고 규정했습니다.

그런데 인간에게는 감성만이 아니라 영성도, 몸만 아니라 영혼도 있기 때문에 심미적 단계의 사람은 언젠가는 마치 고향을 떠난 사람처럼 말할 수 없는 향수, 우울, 불안에 빠지게 되지요. 키르케고르는 전능한 황제 네로를 "욕망의 지옥을 예감한 사람"으로 보고, "그의 가장 깊은 내면의 본질은 불안과 두려움"[30]이었다면서 다음과 같이 진단했습니다.

> 그래서 그는 쾌락에 매달린다. 온 세계의 지혜가 그를 위하여 새로운 쾌락을 창안해야만 한다. 왜냐하면 그는 쾌락의 순간에만 안정을 찾기 때문이다. 그러나 쾌락의 순간이 지나가 버리면 그는 다시 권태 속에서 허덕인다.…네로는 로마의 반을 불태워 버리지만 그의 고뇌는 여전히 그대로 남는다. 이제 더는 그의 마음을 달래 줄 것이 없다. 물론 한층 더 차원이 높은 쾌락은 가능하다. 그래서 그는 사람들을 불안하게 한다. 그 자신에 대해서 그는 수수께끼 같은 존재다. 그리고 불안이 바로 그의 본질이다.[31]

앞에서 우리가 네로 이야기를 할 때, 그가 그리스도인들을 불태워 죽이면서 왜 전사처럼 차려입고 전차 위에 섰는지를 잠시 생각해 봤지요. 키르케고르의 이 글을 보면, 우리의 짐작이 틀리지 않았던 것 같습니다. 네로는 끝이 보이지 않는 자신의 불안과 힘겹게 싸우고 있었던 것입니다. 네로의 스승이자 신하로서 그를 곁에서 오랫동안 지켜본 세네카도 키르케고르와 마찬가지로 쾌락과 불안이 마치 동전의 양면처럼 붙어 있음을 간파했습니다. 세네카는 네로 같은 향락주의자들은 "살고 싶어 하지도 않으면서 죽을 줄도 모르는 인간"이라고 평했지요. 그래서 이들은 항상 삶에 대한 불안과 절망 그리고 죽음에 대한 공포에 시달린다고도 덧붙였습니다.

이것이냐 저것이냐

키르케고르는 그러나 이처럼 향락만을 추구하는 '심미적 단계'에 머물며 자신에게 주어진 삶을 모조리 소모하는 사람은 극히 드물다고 했습니다. "이런 인생관이 실천되기 위해서는 다양한 외적 조건을 소유하고 있어야" 하기 때문이라는 것이지요.[32] 다시 말해 네로처럼 막대한 부와 막강한 권력을 가진 자만이 가능하다는 뜻입니다. 게다가 "끝이 보이지 않는 불안과 끝까지 싸울 만한 짐승 같은 영혼"도 흔치는 않다고 했습니다. 네로처럼 어머니도, 아내도, 스승도 죽일 수 있는 사람은 드물다는 뜻이지요.

대부분의 사람은 언젠가는, 무절제한 욕망으로 허덕이는 '폐허 속의 삶'에 절망해 뉘우치게 되지요. 그런데 바로 이 '뉘우침'이 '심미적 단계'의 인간을 다음 단계로 상승시켜 '윤리적 단계'에 이르게 합니다. 그럼으로써 그는 비로소 선과 악이라는 윤리적 범주 아래 처하게 되는 것이며, "이것도 좋고 저것도 좋다"가 아니라 "이것이냐 저것이냐"라는 양자택일을 할 수 있는 자유로운 상황에 놓이게 되지요.

한마디로 뉘우침이 인간을 '천장이 과히 높지 않은 지하방'으로부터 해방시켜 윤리라는 햇볕 아래 서게 한다는 말인데요, 키르케고르는 『이것이냐 저것이냐』에서 다음과 같이 주장했습니다.

여기에서 뉘우침은 그 심오한 의미를 드러내게 된다. 왜냐하면 어떤 의미에서는 뉘우침이 나를 고립시키지만, 나의 인생이란 시간 속에서 무와 더불어 시작되는 것이 아니므로, 어떤 면에서는 뉘우침이 나를 전 인류와 결합시키고 있기 때문이다. 만약 내가 과거를 뉘우칠 수 없다고 한다면 자유란 한낱 꿈에 지나지 않는다.[33]

그런데 흥미로운 일이 하나 있습니다. 키르케고르가 사랑하던 레기네와의 약혼을 종교적 이유로 파기하고 절망과 뉘우침 속에서 『이것이냐 저것이냐』를 쓸 즈음, 프랑스 낭만파 시인 알프레드 드 뮈세Alfred de Musset, 1810-1857가 "신을 향한 희망"이라는 장시長詩를 발표했습니다. 그런데 두 사람의 작품에 담긴 사유가 놀랍도록 같습니다. 키르케고르와 뮈세는 서로를 알지 못했고, 한 사람은 산문으로 다른 한 사람은 시로 표현했는데도 말이지요. 어쩌면 두 사람이 같은 처지에 놓여 있었기 때문인지도 모릅니다. 당시 뮈세도 파리 사교계를 들썩이던 당대 최고의 연인 조르주 상드George Sand*와의 연애를 끝내고 회한과 절망 속에서 살고 있었기 때문입니다.

이유야 어쨌든 두 사람은 각각의 작품 속에, 인간이 짐승 같은 욕망덩어리에서 시작하지만 절망과 뉘우침을 통해 결국에는 신에게로 다가가는 과정을 단계적으로 그렸습니다. 그래서 뮈세의 글은 키르케고르의 철학을 시로 옮겨 놓은 것 같고, 키르케고르의 글은 뮈세의 시를 철학으로 해석해 놓은 것 같은 느낌을 줍니다. 정말 그런지 볼까요? 뮈세는 우선 '심미적 단계'에 선 인간의 절망과 희망을 다음과 같이 노래했습니다.

> 또한 현실에서 인간이 그 넓은 욕망 속에 바랄 수 있는
> 모든 것을 소유하는 날에는
> 내게 힘과 건강과 부를 달라, 사랑을
> 이 세상의 유일한 보배인 사랑을 달라!
> 그리스가 숭배한 금발의 아스타르테여,

• 본명이 오로르 뒤팽(Aurore Dupin)인 조르주 상드는 19세기 프랑스의 여류 소설가로, 남장차림을 하고 다녔고, 시인 뮈세뿐 아니라 음악가 쇼팽(F. Chopin)과의 연애사건으로 유명하다. 저서로는 『앵디아나』, 『콩쉬엘로』, 『마의 늪』, 『사랑의 요정』 등이 있다. 근래에 와서 선각적 여성해방운동의 투사로도 재평가된다.

초록빛 그 섬에서 양팔을 벌리며 나오라.

대지의 가슴에서 그 풍요한 비밀의 요소를 포착하여

살아 있는 물질을 내 마음대로 바꾸고

나만을 위해서 비할 바 없는 미녀들을 만들어 낼 수 있을 때

호라티우스와 루크레티우스와 늙은 에피쿠로스가

옆에 앉아 나에게 행복하다고 말해 줄 때

그리고 이들 고대 자연의 위대한 애호가들이

삶의 환락과 신들에 대한 경멸을 나에게 노래해 줄 때

나는 그들 모두에게 말하리라, "비록 무엇이든 할 수 있다 하더라도

나는 이제 괴로워하나니, 때는 늦었고 세계는 늙었다.

거대한 희망이 대지를 통과하기에

나는 하늘로 시선을 치켜들 수밖에 없다!"[34]

힘과 건강과 부와 사랑 등, 욕망 속에 바랄 수 있는 모든 것을 소유하고, 비록 무엇이든 할 수 있다 하더라도 인간은 그것만으로는 필경 절망할 수밖에 없다는 말이지요. 그런데 혹시 당신은 알고 있나요? 절망의 끝자락에서야 새로운 희망이 싹트는 법임을! "그러니 이제 그대여 절망하라"고, 키르케고르는 우리에게 오히려 절망을 권하지요. 그리고 이어서 이렇게 교훈했습니다.

절망하라. 그러면 그대 속에 깃들인 경솔한 마음이 그대로 하여금, 요동치는 정신처럼 그리고 망령처럼, 그대에게는 이미 상실된 세계의 폐허 속에서 헤매는 일이 다시는 없게 할 것이다. 절망하라. 그러면 그대 정신은 결코 더 이상은 우울 속에서 신음하는 일이 없을 것이다. 왜냐하면 세계가, 비록 그대는 그 세계를 이전과는 다른 눈으로 볼 것이지만, 다시금 그대에게는 아

름다워질 것이고, 즐거운 것이 될 것이고, 그리고 그대의 해방된 정신은 자유의 세계로 날개 치며 솟아오를 것이기 때문이다.[35]

키르케고르에 의하면, 심미적으로 사는 사람은 마치 "국토 없는 국왕"처럼 일체를 외부에 의존합니다. '이것도 좋고 저것도 좋다'라는 신조로 사는 그는 모든 것을 가질 수 있는 것 같지만, 사실상 그것은 불가능합니다. 그 사람이 모든 것을 선택할 수 있는 것 같지만 사실상 그것은 선택이 아니지요. 따라서 그에게는 자유가 없습니다. 끝 간 데 없는 병적 불안감만 있을 뿐입니다.[36] 이에 반해 '이것이냐 저것이냐'라는 양자택일을 통해 윤리적으로 사는 사람은 일체를 자신의 선택에 의존하지요. 그는 '국토 있는 국왕'으로서 자기 자신에 대한 주권을 포기하지 않습니다. 그는 매 순간 자신의 과업이 무엇인가를 살피고 지체 없이 행동을 취하지요. 따라서 실수를 하거나 장애물에 부딪혔을 때에도 용기를 잃지 않습니다.[37] 키르케고르는 이 두 종류의 인간에 대해 다음과 같이 설명했지요.

[심미적으로 사는 사람은] 그가 심미적으로 살려고 하면 할수록 그의 생활은 더욱더 많은 것이 필요하게 되고, 그런 것들 중 가장 하찮은 것이라도 채워지지 않을 경우에 그는 죽는다. [이에 반해] 윤리적으로 사는 사람은 항상 타개책을 갖고 있다. 일체가 그에게 반기를 들고, 그를 짓누르는 폭풍우가 어둡게 그를 감싸고 있어서 그의 이웃들마저 그에게서 희망을 볼 수 없을 때라도, 그는 파멸하지 않는다. 그는 자신이 꽉 붙들 수 있는 한 점을 갖고 있다. 그리고 그 점은 그의 '자기'인 것이다.[38]

그런데 여기에서 키르케고르가 말하는 '자기', 곧 윤리적으로 사는 사람이 "꽉 붙들 수 있는 한 점"은 개별적인 '자기'가 아니고 보편적인 '자기'

입니다. 무슨 말이냐고요? 그것은 '윤리적 단계'의 목표가 인간의 삶이 이성에 의해 보편적인 것이 되는 것이라는 뜻이지요. 키르케고르는 이렇게 말합니다. "개인의 삶이 개인의 삶인 동시에 보편적인 것이라는 사실, 비록 직접적으로 그렇다고는 하지 않더라도 가능성이란 점에서 그렇다고 하는 것이 양심의 비밀이고, 개인적인 삶이 공유하고 있는 비밀이다. 인생을 윤리적으로 보는 사람은 보편적인 것을 보고, 윤리적으로 사는 사람은 자신의 생활 속에서 보편적인 것을 표현한다."[39]

이처럼 윤리적인 것은 보편적인 것이며, 보편적인 것은 모든 사람에게 타당한 것이라는 주장을 통해 키르케고르는 우리가 앞서 살펴본 스토아 철학자들과 만납니다. 세네카가 교훈한 것처럼, '윤리적 단계'에 들어선 인간은 보편적인 이성(로고스)의 소리, 즉 윤리적 규범과 의무에 귀를 기울이게 되지요. '이성의 소리'에 따라 사람들은 가정과 사회를 돌보면서 살고, 때로는 그 이성을 지키기 위해 죽음까지 불사하는 ─ 예컨대 소크라테스처럼 ─ 높은 윤리적 삶을 이루기도 합니다.* 어디 그런지 한번 볼까요?

아가멤논, 옙다, 브루투스

키르케고르는 '윤리적 단계'에 도달한 대표적 인물로 세 사람을 듭니다. 에우리피데스^{Euripides}의 『아울리스의 이피게니아』$^{Iphigenia\ in\ Aulis}$에 등장하는 아가멤논^{Agamemnon}과 구약성서 사사기 11장에 나오는 옙다^{Jephtha} —

---

* 소크라테스는 죽음을 피할 것을 종용하는 친구 크리톤에게 "나는 지금도 그렇지만 언제나 충분히 생각한 끝에 최선이라고 여겨지는 로고스 외에는 어떠한 마음속 의견도 따르지 않는다"(『크리톤』)라며 스스로 죽음을 택하는 이성적 영웅의 모습을 보였다. 키르케고르가 『이것이냐 저것이냐』에서 윤리적 단계의 대표적 인물로 소크라테스를 든 것은 아니다. 그러나 그는 『철학적 단편』, 『비학문적 후서』에서 소크라테스를 높이 평가해 '윤리-종교적 영역'인 '종교성 A'의 대표적 인물로 분류한다.

우리말 구약성서에서는 '입다'" — 그리고 로마 최초의 집정관 유니우스 브루투스L. Junius Brutus입니다.⁴⁰ 얼핏 보면, 브루투스를 제외한 나머지 두 사람은 스토아 철학과 무관하지요. 그럼에도 그들은 다분히 스토아주의적입니다. 왜 그런지 이유를 밝히기 전에 우선 이 사람들의 사연을 들어 보지요.

미케네 왕 아가멤논은 트로이를 정복하기 위한 2년에 걸친 준비를 마치고 출발을 기다렸습니다. 그런데 바람이 전혀 불지 않아 원정대를 태운 함선들이 출항할 수 없었지요. 점占을 쳤더니, 예전에 아가멤논이 사냥을 나갔다가 아르테미스 여신에게 봉헌된 수사슴을 죽인 일 때문에 여신이 바람을 묶어 놓았다고 했습니다. 여신의 분노를 푸는 방법은 아가멤논의 딸 이피게니아를 제물로 바치는 것뿐이었지요.

길르앗 사람 입다는 큰 용사였습니다. 암몬 사람들과 싸우러 나갈 때 그는 여호와께 서원했습니다. "주께서 과연 암몬 자손을 내게 넘겨주시면 내가 암몬 자손에게서 평안히 돌아올 때에 누구든지 내 집 문에서 나와서 나를 영접하는 그는 여호와께 돌릴 것이니 내가 그를 번제물로 드리겠나이다"(사사기 11:30-31). 그런데 입다가 전쟁에서 큰 승리를 거두고 돌아왔을 때 그의 집 문 앞에서 소고를 들고 춤추며 반기는 처녀가 있었으니, 바로 입다의 무남독녀였지요.

유니우스 브루투스는 로마의 왕정을 끝내고 공화정을 연 최초의 집정관이었습니다. 당시 '거만한 타퀴니우스' 황제의 아들 섹스투스가 친척의 아내 루크레티아를 범했을 때, 그는 시민들 앞에 당당히 나서서 법의 공

• '입다'가 우리말 구약성서에서는 히브리어 '입타흐'를 따라 '입다'로 표기되었다. 키르케고르는 『공포와 전율』에서 그리스어 '옙타이'를 사용했는데 우리말 번역(임춘갑 역)에는 '옙다'로 표기되었다. 우리는 키르케고르의 『공포와 전율』을 자주 인용할 것이기 때문에 그를 따라 '옙다'로 통일한다.

정함을 내세워 황제와 그의 아들을 비난하는 연설을 했습니다. 그 결과 분노한 시민들은 황제 일가를 로마에서 추방했고 이때부터 로마에 공화정 시대가 열렸지요. 그러나 공화정을 반대하고 왕정복고를 결의한 반역에 그의 두 아들이 가담함으로써 그들 역시 법을 어겼을 때, 브루투스의 손에는 아들들의 사형을 직접 집행해야 하는 칼이 주어졌습니다.˙

키르케고르는 이 세 사람 모두가 결국 자식을 죽게 하지만 거기에는 민족의 운명을 구한다는 보편적 윤리가 들어 있었다며 높이 평가했습니다.

우선 아가멤논에 대해서는, "비록 [그가] 왕자처럼 행동하는 왕이 아니고 '울 수 있는 비천한 자였으면' 하고 원할지라도, 비록 고통이 남몰래 가슴속으로 밀려들어도, 비록 알고 있는 자라고는 국민 중 단 셋밖에 없어도, 머지않아 전 국민이 자신의 고통을 알게 될 것이고, 국민의 안녕을 위해 그녀를, 자신의 딸을, 아름다운 소녀를 희생의 제물로 바치려고 한 그의 모험을 알게 될 것이다"[41]라고 칭송했지요.

엡다에 대해서도, 그가 딸을 하나님에게 번제물로 바쳤을 때 "이스라엘의 전 국민은 그녀와 더불어 그녀의 처녀다운 젊음을 슬퍼할 것이다. 그러나 자유로운 몸으로 태어난 남자라면, 모두가 엡다를 이해할 것이다. 용감한 여자라면 누구나 엡다를 찬양할 것이다. 엡다가 그의 맹세를 지키지 않았더라면, 그가 그 맹세로 인해 승리를 거두었다고 하더라도 무슨 소용이 있을 것인가? 그랬더라면 승리는 다시 이스라엘 민족의 손에

˙ 시오노 나나미는 『로마인 이야기』에 이때의 일을 다음과 같이 묘사했다. "형은 그 자리에서 당장 이루어지게 되었다. 우선 브루투스의 두 아들이 옷을 벗기우고 두 손을 뒤로 결박당했다. 채찍질이 시작되었다. 그 자리에 있던 사람들 가운데 이 잔혹한 광경을 똑바로 바라볼 수 있었던 사람은 아무도 없었다. 오직 브루투스만이 눈길을 돌리지 않았다. 쓰러질 때까지 채찍질 당한 두 젊은이는 한 사람씩 끌려가서 도끼에 목이 잘렸다. 거기까지 입회한 뒤에야 비로소 아버지는 자리를 떴다"(시오노 나나미, 『로마인 이야기』, 1, 김석희 역, 한길사, 2002, pp. 82-83).

봉 부로뉴(Bon Boullogne), 〈옙다의 딸〉, 17세기.

서 빼앗겼을 것이 아닌가?"⁴² 라며 칭송했습니다.

또한 브루투스에 대해서도, "자식이 자기 의무를 잊을 때, 국가가 아버지에게 사형집행의 칼을 위임했을 때, 법이 아버지의 손을 향하여 처단을 요구할 때, 아버지는 영웅적으로 죄인이 자신의 아들임을 잊을 것이다. 대범하게 그는 그의 고통을 감출 것이다. 그러나 국민들은 모두가 다, 그의 자식까지도, 이 아버지를 찬양하지 않을 수 없을 것이다. 그리고 로마법이 해석될 때마다, 브루투스보다 해박하게 해석한 사람은 많지만, 브루투스보다 멋지게 해석한 사람은 없다는 사실을 상기하게 될 것이다"⁴³ 라며 그를 드높였지요.

이렇듯 이 세 사람은 자기 내면에서 울리는 이성의 소리에 귀를 기울여, 세네카가 『섭리에 대하여』에서 언급한 대로 그들에게 다가온 운명이 "슬프고 무섭고 견디기 힘든 일"이었지만 "용기를 갖고 참고 견디었다"는 점에서 분명 스토아주의적입니다.

그런데 바로 여기에 당신과 나의 서글픈 문제가 도사리고 있습니다. 그게 뭐냐고요? 아무나 아가멤논, 욥다, 브루투스 같은 이성적·윤리적 영웅이 될 수는 없다는 것이지요. 이성의 소리란 인간이 매번 자신의 실존적 나약함을 극복해야만 따를 수 있는 엄숙한 윤리적 요구이기 때문입니다. 키르케고르의 말대로 윤리는 "주인공의 허약한 어깨에 거대한 책임을"⁴⁴ 지웁니다. 따라서 이 쇳덩이처럼 무거운 짐을 지지 못하고 쓰러지는 나약한 우리는 '뉘우침'을 거쳐 '죄의식'이라는 더 깊고 새로운 절망에 다시 빠지게 되지요. 더 깊은 절망이라고요? 그렇습니다. 이 절망은 네로 같은 향락주의자들이 견뎌야 하는 절망보다 훨씬 더 크고 깊습니다. 그 이유는 이렇지요.

'윤리적 단계'에서 일어나는 뉘우침은 내면에서 울리는 이성의 소리에 따르지 못한 자신의 나약함에 대한 뉘우침입니다. 그래서 곧바로 '그 탓이 나 자신에게 있다'는 죄의식으로 이어지며, 여기서 오는 절망은 '심미적 단계'에서 겪는 절망보다 더 처절하고 깊을 수밖에 없지요. 종전의 절망은 '외부적인 것, 순간적인 것 또는 쾌락적인 것에 대한 약함에서 오는 절망'이지만, 이제부터의 절망은 '내면적인 것, 영원한 것 또는 이성적인 것에 대한 약함에서 오는 절망'이기 때문입니다.•

그러니 스토아 철학자들이나 아가멤논, 옙다, 브루투스 같은 이성적·윤리적 영웅들은 죄의식에 빠진 우리에게 희망의 빛을 던져 주기보다는 오히려 절망의 그림자를 더 짙게 드리울 뿐이지요. 그들이 우리와는 달리 '인간이 이성과 도덕으로 자신의 나약함을 극복할 수 있다'는 가능성을 너무나 훌륭하게 보여 주기 때문입니다. 일찍이 괴테가 적절히 언급했듯이 빛이 밝은 곳에서는 그림자도 짙게 마련이지요.

앞서 뮈세는 "신을 향한 희망"이라는 시에서 '심미적 단계'의 절망을 노래했지요. 그런데 같은 시에서 뮈세는 '윤리적 단계'에서 느끼는 인간의 더 크고 깊은 절망까지 읊었습니다. 이어서 소개해 볼까요?

> 이것이 인간 학문의 잔해다!
> 인간이 의심하기 시작한 지 5,000년 동안
> 그렇게 많은 피로와 인내 뒤에
> 이것이 우리에게 남아 있는 마지막 말이다!
> 아아! 불쌍한 광인이여, 비참한 두뇌여
> 너희는 그렇게 많은 방법을 사용하여 모든 것을 설명했으나

• 키르케고르에 의하면, 인간은 절망으로 인해 최종적으로는 자기와 신마저 용납하지 못하는 악마적 폐쇄성에 도달한다. 이것을 그는 '죽음에 이르는 병'이라 했다[쇠얀 키르케고르, 김영목 역, 『죽음에 이르는 병』(*Die Krankheit zum Tode*), 학일출판사, 1994, p. 92].

하늘로 가기 위해서는 날개가 필요했다.
너희는 욕망은 있었으나 신앙이 결여되어 있었다.
나는 너희를 불쌍하게 여기나니, 너희 자존심은 상한 혼에서 나왔다.
너희는 마음에 차 있는 고뇌를 느꼈으며
그리고 무한을 보고서 인간을 떨게 하는
그 준엄한 도덕을 알고 있었다.[45]

이 같은 이유에서 키르케고르는 '이성과 도덕에 의한 인간 구원'은 한갓 허상에 불과하다고 말합니다. 바로 이것이 왜 우리가 스토아 철학으로는 구원에 이를 수 없는가에 대한 키르케고르의 철학적 답변이지요.

그렇다면 어떻게 해야 할까요? 이성적·윤리적 영웅이 아닌 우리는 그저 쓰라린 '뉘우침'과 '죄의식'만 가슴에 품고 깊은 절망 속에서 하루하루를 살아가야 할까요? 키르케고르는 그토록 잔인한 철학만을 우리에게 남겼을까요? 그건 아닙니다. 그는 더할 나위 없는 절망의 나락에서 다시 한 번 새로운 희망을 길어 올렸습니다.

키르케고르에 따르면 뉘우침이란 본디 최고의 윤리적 표현이지만, 동시에 최고의 자기부정입니다. 이 최고의 자기부정을 그는 "무한한 자기체념"이라고 불렀지요. 그런데 역설적이게도 이것이 우리와 같은 나약한 인간을 '종교적 단계'로 이끈다는 겁니다. 마치 밤이 깊어야 이윽고 새벽이 오듯이 키르케고르에게 "무한한 체념은 믿음에 앞서 있는 마지막 단계"[46]이지요. 무슨 소리냐고요? 설명하자면 이렇습니다. 인간은 오직 뉘우침과 죄의식이라는 처절한 절망감 속에서만 '무한한 자기체념'을 할 수 있으며, 그제야 비로소 하나님을 발견하고, 그에게 자신의 모든 것을 의지하는 '종교적 단계'로 들어가게 된다는 말입니다.

당신의 생각은 어떤가요? 우리가 스스로 무절제한 욕망을 포기하고 모든 것을 하나님의 손에 맡기는 일이 얼마나 어려운가를 생각해 보면, 그런 것 같지 않나요? 이것이 적어도 키르케고르에게는, 하나님을 믿는다는 말의 '진정한' 의미이자, 그가 "무한한 체념 속에는 고통 속에서의 위로와 평화와 안식이 있다"[47]라고 말한 뜻이기도 한데요, 시인 뮈세도 결국 같은 결론에 도달했지요. 이어지는 그의 시구를 볼까요?

그렇다면 함께 기도하자—너희의 비참하고 유치한 계산
그렇듯 많은 헛된 작업들을 모두 버리도록 하자.
너희의 육체가 티끌로 돌아간 다음,
너희는 너희를 위해 너희 무덤에 무릎을 꿇으리라.
…정녕 기도만이 희망의 외침이다!
우리를 향해 응답하시라고 하나님께 말을 걸어 보라.
하나님은 의롭고 선하시니 너희를 진정 용서하리라.
너희는 모두 괴로움을 당했다, 그 밖의 일들은 잊히고 말리라.[48]

뮈세의 시에서 "비참하고 유치한 계산/ 그렇듯 많은 헛된 작업들을 모두 버리"는 것이 키르케고르가 말하는 '무한한 자기체념'입니다. 키르케고르는 『공포와 전율』에서 이처럼 '무한한 자기체념'을 통해 '종교적 단계'에 섰던—맨 처음이자 가장 위대한—인물로 아브라함을 내세웠습니다. 그리고 그가 아가멤논, 엡다, 브루투스와 어떻게 다른지, 다시 말해 '종교적 단계'의 인간이 '윤리적 단계'의 영웅들과 어떻게 차이가 나는지를 세세히 설명했지요.* 물론 아끼고 사랑하는 자식을 제 손으로 바쳐야 한다

---

* 『철학적 단편 후서』에서는 종교성을 '종교성 A'와 '종교성 B'로 나누고 각각을 대표하는 인물

는 점에서는 두 부류 사이에 별 차이가 없었겠지만, '두렵고 떨리는' 그 일 앞에 선 정신과 영혼은 전혀 달랐습니다. 우리는 이제부터 그 기막히고도 위대한 이야기를 들어 볼 것입니다.

두려움과 떨림

구약성서 창세기 22장을 보면, 하나님은 아브라함이라는 백 살도 넘은 노인에게 아들을 하나 주면서 이 아들을 통해 자손이 밤하늘의 뭇별들처럼 번성할 것이라는 약속을 합니다. 그러나 그 아들이 얼마만큼 자라 소년이 되자 하나님은 아무 해명도 없이 그 아들을 지정된 어떤 장소에서 번제로 바치라고 명하지요. 이 기막힌 사연을 구약성서는 단지 다음과 같이 기록하고 있습니다.

> 그 일 후에 하나님이 아브라함을 시험하시려고 그를 부르시되 아브라함아 하시니 그가 이르되 내가 여기 있나이다. 여호와께서 이르시되 네 아들, 네 사랑하는 독자 이삭을 데리고 모리아 땅으로 가서 내가 네게 일러 준 한 산, 거기서 그를 번제로 드리라. (창세기 22:1-2)

이 말에는 믿음의 대상인 하나님이 그 자신에 대한 믿음을 불신케 하는 명백한 모순矛盾이 들어 있지요. 대를 이을 아들을 죽이고야 어찌 그를 통해 자손이 밤하늘의 뭇별들처럼 번성할 것이라는 하나님의 약속이

로 소크라테스와 예수님을 들어 설명했다.

이뤄질 수 있다는 말인가요! 키르케고르는 이 명백한 역설paradox을 '부조리'不條理라고 불렀습니다.

부조리란 말 그대로 '조리에 맞지 않음' 또는 '이성에 의해 파악되지 않음', '비합리적임'을 의미합니다. 그래서 키르케고르는 물론이고 그 후계자인 카뮈나 사르트르 같은 20세기 실존주의 작가들의 작품에서도 부조리l'absurdite는 '세계와 그 안에서의 삶이 가진 이해할 수 없음'을 뜻합니다. 그런데 바로 이 '이해할 수 없음' 속에 "잠을 이루지 못하게 할 수 있는 불안"[49]이 들어 있습니다. 어떤 이유에서든 — 무엇보다도 하나님이 내보이는 모순성 때문에 — 자신의 삶과 그 안에서 일어나는 크고 작은 일들을 도무지 이해할 수 없는 인간의 내면에는 언제나 불안이 자리하고 있지요. 하나님을 이해할 수 없는 것에서 오는 불안! 이것은 정도의 차이만 있을 뿐 우리 모두의 문제가 아닌가요?

아브라함은 부조리한 하나님을 도저히 이해할 수 없었습니다. 백 살도 넘어 이미 노쇠할 대로 노쇠한 그의 정신에는 오직 불안만이 가득했지요. 그럼에도 그는 아무 반항도 없이, 아무 말도 없이 사랑하는 아들 이삭을 데리고 기구한 여정에 오릅니다. 성서에는 당시 이 노인의 심정에 대해 아무런 언급이 없습니다. 단지 "아브라함이 아침에 일찍이 일어나 나귀에 안장을 지우고 두 종과 그 아들 이삭을 데리고 번제에 쓸 나무를 쪼개어 가지고 떠나 하나님이 자기에게 일러 주신 곳으로 가더니"(창세기 22:3)라고 되어 있지요. 그가 사흘 하고도 반나절을 더 가는 길을 아무 말 없이 그저 묵묵히 걸었다는 말입니다.

그러나 한번 생각해 볼까요? 이 여정은 결코 평범한 '길 떠남'이 아니지요. 노인은 아들을 사랑했습니다. 얼마나 사랑했을까요? 우리야 짐작만 할 따름이지만, 키르케고르는 이렇게 묘사했습니다. "이삭은 그의 생에서 그가 가장 사랑한 자였다. 그 이삭을 그는 넘치는 애정으로 포옹했다. 이 애정은 아버지로서 아들을 사랑해야 하는 의무를 충실히 이행했다고 하는 식의 말로는 도저히 완전히 표현할 수 없을 정도로 깊은 것이었다. 그래서 하나님의 고지告知에도 너의 사랑하는 아들이라고 표현되어 있다."[50]

그런데 노인은 이제 그 아들을 자기 손으로 죽인 다음 불태워 제물로 바쳐야 하는 상황에 놓였지요. 이 점에서 노인의 처지는 아가멤논, 옙다, 브루투스와 다를 것이 전혀 없었습니다. 그러니 발걸음 하나하나를 옮길 때마다 그에게는 만감이 교차했을 겁니다. 짐작하건대 그의 고뇌는 내리쬐는 태양 아래 들끓었을 테고, 그의 절망은 빛나는 별빛 아래 얼어붙었을 테지요. 한편으로는 평생을 의지하고 믿은 하나님을 원망하기도 했겠고, 또 한편으로는 그토록 오래 산 자신의 목숨을 증오도 했겠지요. 그도 사람인데 분명 그랬을 것입니다.

때로는 이렇게 중얼거리기도 했을 겁니다. "나는 알 수 없다. 나는 진정 이해할 수 없다. 이 아들을 통해 자손이 밤하늘의 뭇별들처럼 번성할 것이라고 약속하시지 않았던가? 그런데 그분이 어찌하여 스스로 세운 언약을 깨뜨린다는 말인가? 아니다, 그럴 리가 없다! 어찌 믿음의 대상인 하나님이 스스로 불신을 만든단 말인가? 그 자체가 부조리가 아닌가? 그럴 수는 없다. 아니 절대로 그렇지 않을 것이다. 그렇다면 왜, 어찌하여, 무엇 때문에, 내가 무슨 죄를 지었기에 도대체 나에게 이런 고난을 내리신다는 말인가?"

키르케고르는 『공포와 전율』에서 이 노인의 입에 물려 있던 천 근 쇳덩이 같은 침묵과 머리 위로 쏟아지는 끓는 쇳물 같은 고뇌에 대해—노인을 대신하여—자세히 설명해 놓았습니다. 그러고는 우리에게 당시 아브라함의 입장에 선다면 어떤 심정이었을까 하고 묻지요. 어찌 보면 이 노인의 여정이 세계와 삶의 부조리 때문에 날마다 불안에 떠는 우리 삶과 크게 다르지 않기 때문일 것입니다. 그래서 그는 다음과 같이 당신에게 묻습니다.

현재 나의 이야기를 듣고 있는 당신은 어떤 식으로 대답하겠는가? 가혹한 운명이 저 멀리로부터 다가오는 것을 볼 때, 당신은 산을 향해서는 나를 덮어 다오라고, 언덕을 향해서는 내 위에 떨어져 다오 하고 말하지 않았을까? 아니면 당신이 좀더 힘이 강하다고 한다면, 당신의 발은 비틀거리며 길을 따라 걸어갈 것이 아닌가? 당신의 발은 익숙해진 길을 따라 다시 돌아가길 원하지 않았을까?[51]

그렇지요. 유혹인들 어찌 없었겠습니까? 시간이 흐를수록, 그리하여 지정된 장소에 가까워 갈수록, 노인의 가슴에는 의심하는 마음이 점점 커졌을 것이고 그의 발걸음은 더욱더 느리고 무거워졌을 것입니다. 그리하여 드디어 하나님이 지시한 산이 멀리 지평선 위로 모습을 드러냈을 때, 노인은 더는 단 한 발자국도 걸음을 옮길 힘이 없었을 것이며 천둥같이 울리는 우렁찬 소리에 마음이 뒤흔들렸겠지요.

아직은 되돌아갈 수 있다. 당신이 그런 싸움에서 시험을 받기 위해 부름을 받았다고 생각하는 그 오해를 후회할 시간 여유가 아직은 있다. 당신에게는 용기가 부족하다는 사실을 고백할 시간 여유가 아직은 있다. 하나님께서 당신의 이삭을 취하시고 싶으시면 그분 자신이 취하실 것이라고. 그러한 사람은 버림을 받지 않고, 다른 모든 사람들과 같이 축복을 받을 것이라고, 나는 확실히 믿어 의심치 않는다.[52]

분명 이 같은 달콤한 목소리가 노인의 귓가에서 들렸을 것입니다. 노인은 이삭을 도저히 바칠 수 없었지요. 그렇지만 그는 또 하나님을 도무지 거역할 수도 없었습니다. 그는 아들도 사랑했지만 하나님도 사랑했기 때문입니다. 아들 없이는 살 수 없지만, 하나님 없이도 살 수 없기 때문이지요.

다시 발걸음을 멈춘 노인은 하나님이 지시한 산과 아들을 번갈아 쳐다보며 또 생각했겠지요. "이제 어쩐다? 아비로서 사랑하는 아들을 죽일 수도 없고, 평생 믿고 의지한 하나님에 대한 믿음을 버릴 수도 없다. 그 둘 모두 죽음보다도 어려운 일이다. 어린 아들을 제 손으로 죽이고야 어찌 늙은 목숨을 부지할 것이며 하나님 없이 어찌 인간이 살 수 있을 것인가? 나로서는 상상할 수도 없다. 그렇다! 차라리 내가 죽는 것이 최선이다. 그것만이 이 엄청난 역설적 상황을 극복하는 유일한 길이다. 그렇다! 그분께서는 아들이 아니라 이 늙은이를 원하시는 것이다."

아마도 노인은 이렇게 생각했겠지요. 용맹스런 족장으로서 평생을 전쟁터에서 보낸 그에게는 그럴 용기가 충분히 있었을 것입니다. 하나님 앞에 꿇어 엎드려 어린 아들을 축복해 주시라고 간절히 기도를 드린 다음, 늙고 지친 목숨을 끊는 것이 노인에게는 더 쉬운 일이었겠지요. 키르케고르는 이렇게 썼습니다.

> 아브라함과 같은 사람이 위대하고 영광스러운 일 외에 다른 무엇을 할 수 있겠는가? 그는 모리아산으로 갔을 것이다. 그는 장작을 패서 쌓아 올리고 장작에 불을 지르고 칼을 뽑았을 것이다. 그리고 그는 하나님을 향해 외쳤을 것이다. "이 제물을 멸시하지 마소서. 이것은 제가 가진 것 중에서 최선은 아닙니다. 저도 잘 알고 있습니다. 약속해서 제게 주신 아들에 비하면 이 늙은이는 아무런 쓸모가 없습니다. 그러나 이것은 제가 당신에게 드릴 수 있는 것 중에서 최선입니다. 이삭이 청춘을 즐길 수 있도록, 이 사실을 이삭에게는 말하지 말아 주소서." 이렇게 말하고 그는 칼로 자신의 가슴을

찔렀을 것이다. 이로써 그는 이 세상에서 경탄의 대상이 되었을 것이고 그의 이름은 잊히는 일이 없었을 것이다. 그러나 경탄의 대상이 되는 것과 하나님에 대한 믿음을 잃고 불안에 떠는 자를 구원으로 인도하는 별이 되는 것은 별개의 것이다.[53]

그래서 노인은 그렇게 하지 않았지요. 그는 세상에서 경탄의 대상이 되는 것을 원하지 않고, 오히려 '믿을 수 없는 이'를 믿는 어리석은 자가 되는 길을 택했습니다. 그래서 그는 아가멤논, 옙다, 브루투스와 같은 이성적·윤리적 영웅들이 간 길로 가지 않고, 오히려 하나님을 믿는 보통 사람들이 걸어야 할 새로운 길을 열었지요. 똑같은 절망적 상황에서 아브라함이 선택한 길은 오히려 일체의 이성, 일체의 인간적 타산, 곧 자기 자신을 철저히 부수고 버리고 체념하는 것이었습니다.

그랬습니다! 아브라함이 어린 아들을 나귀에 싣고 그를 바칠 모리아산을 향해 길을 떠났을 때 그는 참으로 자신의 모든 것을 버렸습니다. 그리고 하나님을 굳세게 믿었지요. 하나님은 이삭을 원했지만 원하지 않을 것이라고, 나는 아들을 바치지만 돌려받을 것이라고, 이 부조리한 것을 그는 믿었습니다. 신앙의 힘으로, 오직 신앙의 힘으로 그는 믿었습니다. 그리고 두렵고 떨리는 마음으로 모리아산을 향해 모진 발걸음을 옮겼지요.

산 밑에 도착하자 아브라함은 하인들을 남겨 둔 채, 번제에 쓸 장작을 아들에게 지우고 그의 손을 잡고 산에 오르기 시작했습니다. 그때 뭔가 심상치 않은 분위기에 아비의 눈치만 살피던 아들이 마침내 입을 열어 물었지요. "불과 나무는 있거니와 번제할 어린 양은 어디 있나이까?"(창세기 22:7)

순간, 못이라도 박힌 듯 앞만 응시하며 걷던 아브라함이 서서히 고개를 돌려 어린 아들을 바라보았을 것입니다. 아니지요. 차마 어린 아들의 그 천진하고 맑은 눈동자를 쳐다볼 용기가 없어 저주스러운 고개를 땅으로 떨어뜨렸을 겁니다. 깊게 팬 주름살투성이의 얼굴이 온통 땀으로 번들거렸겠지요. 이윽고 아브라함은 천천히 입을 열어 못으로 녹슨 철판을 긁는 것 같은 쉰 소리로 대답했지요. "내 아들아, 번제할 어린 양은 하나님이 자기를 위하여 친히 준비하시리라!"(창세기 22:8)

어린 아들은 이 말을 이해했을까요? 또 늙은 아비는 자신이 한 말을 이해했을까요? 우리로서는 상상도 하기 힘듭니다. 자신조차 도무지 알지 못하는 말을 마치고 아브라함은 산을 향해 초인적인 발걸음을 다시 내디뎠지요. 그렇게 함으로써 그는 '윤리적 단계'에서 '종교적 단계'로 한 걸음씩, 한 걸음씩 천천히 걸어 들어갔던 겁니다. 이 말을 키르케고르는 다음과 같이 표현했지요. "아브라함은 바로 이와 같은 것의 정점에 서 있다. 그의 시야에서 사라지는 최후의 단계는 무한한 체념이다. 그는 거기서 참으로 한 걸음 더 나아가 신앙에 이르렀다."[54]

키르케고르는 "만약 아브라함이 이것을 하지 않았다면, 그는 아가멤논 같은 사람에 불과했을 것이다"[55]라고도 덧붙였습니다. 그가 보기에 아가멤논과 옙다와 브루투스는 개인의 한계를 초극하는 보편적 윤리는 갖고 있었지만, 인간으로서는 도저히 믿을 수 없는 것을 믿는 초인적 신앙은 없었지요. 그러나 아브라함은 달랐습니다. 키르케고르는 이때 아브라함의 심경을 이렇게 추측했습니다.

만약 하나님께서 이삭을 요구하신다면 그는 언제든지 이삭을 기꺼이 바칠 생각이었지만, 하나님께서는 이삭을 요구하시지 않으시리라는 것을 그는 믿었다. 그는 부조리의 힘으로 믿었다. 왜냐하면 거기에는 인간적 타산이 문제될 여지가 없었고, 그에게 그 요구를 하신 하나님이 다음 순간에 그 요구를 철회하신다면 그것이 바로 부조리이기 때문이다. 그는 산에 올랐다.

렘브란트(Rembrandt), 〈이삭의 희생〉, 1635.

그리고 칼이 번쩍이는 순간까지도 그는 믿었다. 하나님이 이삭을 요구하시지 않을 것이라고.⁵⁶

그러자 아브라함의 믿음대로, 아브라함이 칼을 들어 이삭의 목을 치려 한 바로 그 순간에 하나님은 사자使者를 보내 아들과 아비를 동시에 구원했지요. 아들의 생명을 구했고 아비의 믿음을 구했습니다. 그때 아브라함이 눈을 돌려 보니 한 마리 숫양이 수풀에 뿔이 걸려 있었습니다. 그는 그것을 잡아 번제로 드렸습니다(창세기 22:13).

아브라함이여! 인류의 제2의 아버지여!

자, 이제 생각해 볼까요? 그날 그 산에서 아브라함이 하나님에게 바치려던 것은 무엇인가요? 그것은 아들 이삭이 아니었습니다. 자신의 전부였지요. 아브라함이 가진 모든 것이었습니다. 아닙니다. 그것은 인간이 가질 수 있는 것 전부였습니다. 또 그날 그 산에서 정작 아브라함이 불태워 하나님에게 바친 것은 무엇인가요? 그것은 한 마리 숫양이 아니었습니다. 자신의 모든 불안과 불신이었지요. 아니, 그것은 인간이 가질 수 있는 불안과 불신 전부였습니다. 그러니 그날 그 산에서 아브라함이 구해 낸 것이 무엇인가요? 그것은 백 살이 넘어서 얻은 아들이 아니었습니다. 제 손으로 자식을 죽여야 했던 어떤 미치광이 노인도 아니지요. 그가 구한 것은 삶에 스며드는 부조리 때문에 불안과 공포에 전율하며 하루하루를 살아가야 하는 모든 인간이었습니다.

아브라함은 하나님을 끝까지 믿었습니다. 사랑하는 아들을 자기 손으로 죽여야만 하는 순간까지 믿었고, 자신의 숨이 끊어지는 마지막 순간까지 믿을 작정이었습니다. 그가 하나님을 믿은 것은 그것이 가능해서가 아니었습니다. 그에게는 스스로 아들을 죽여야 한다는 상황의 '터무니없음'을 이해할 능력이 없었고, 그것을 견딜 만한 힘이 전혀 없었지요. 그런데도 그는 믿었습니다. 투명한 모순과 불투명한 불안 속에서도, 몸서리치게 하는 공포와 치아가 맞부딪치는 전율 속에서도, 그는 하나님을 믿었고 추호도 의심하지 않았습니다. 아브라함은 실로 믿을 수 없는 것을 믿었습니다.

그런데 만약 아브라함이 그리하지 않았다면, 그가 마지막 순간에 털끝만큼이라도 하나님을 의심했다면 어찌 되었을까요? 키르케고르는 이렇게 썼습니다.

만약 아브라함이 모리아산 꼭대기에 섰을 때 의심을 하였더라면, 만약 그가 결단을 내리지 못하고 주위를 살펴보았더라면, 만약 그가 칼을 뽑기 전에 뜻하지 않게 어린 양을 발견하였다고 한다면, 만약 하나님께서 이 어린 양을 이삭 대신으로 바칠 것을 그에게 허락하였다면—그래도 그는 집으로 돌아왔을 것이다. 일체가 이전과 다름없었을 것이다. 그는 사라를 가졌을 것이다. 그는 이삭을 보유하였을 것이다. 그렇지만 사태는 완전히 달라졌을 것이다! 왜냐하면 그때 그가 집으로 돌아온 일은 도망逃이고, 그의 탈출은 우연이고, 그의 보상은 수치이고, 그의 장래는 아마도 파멸이었을 것이기 때문이다. 그랬더라면 그의 믿음에 관해서나 하나님의 은총에 관해서도 입증하지 못했을 것이고 단지 모리아산으로 가는 길이 얼마나 무서운 일인가를 증언할 뿐이었을 것이다. 그래도 역시 아브라함은 망각되지 않았을 것이다. 또 모리아산도 잊히지 않았을 것이다. 그러나 그랬더라면 모리아산은 저 노아의 방주가 착륙한 아라랏산처럼 기억되지 않고, 오히려 공포의 땅으

로 불렸을 것이다. 왜냐하면 아브라함이 거기서 의심했기 때문이다.⁵⁷

그러나 아브라함은 그렇게 하지 않았지요. 그는 하나님을 믿었습니다. 끝까지 믿었습니다. 그래서 칼을 뽑기 전에 주위를 둘러보지도 않았고, 제물이 될 어린 아들을 위해서도 자식을 죽인 아비가 될 자신을 위해서도 단 한 방울의 눈물조차 흘리지 않았으며, 단 한 마디 기도도 하지 않았지요. 그는 눈 하나 깜빡하지 않고 칼을 뽑았습니다.

이후부터 우리는 그를 더는 인간이라 할 수 없습니다! 키르케고르는 그를 칭송하여 "아브라함이여! 인류의 제2의 아버지여!"⁵⁸라고 외쳐 불렀습니다. 아브라함은 "믿음의 조상"이 되었고, 그로부터 믿음의 자손 곧 '제2의 인류'가 비로소 생겨난 겁니다. 키르케고르에 의하면, 제2의 인류는 무한히 자기를 체념하는 자기파괴자들이고, 도저히 믿을 수 없는 것을 믿는 어리석은 자들이며, 바랄 수 없는 것을 소망하는 광기 있는 자들이고, 자신을 미워함으로써 결국 자기를 사랑하는 자들이며, 하나님의 섭리를 믿는 현명한 자들이지요. 그리고 바로 이것이 그리스도인인 겁니다! 키르케고르의 찬탄을 직접 들어 볼까요?

> 어떤 자는 자신의 힘 때문에 위대했고 어떤 자는 자신의 지혜 때문에 위대했고 어떤 자는 자신의 소망 때문에 위대했고 어떤 자는 자신의 사랑 때문에 위대했다. 그러나 '아브라함'은 그 누구보다도 위대했다. 무력無力이 본질인 그의 힘 때문에 그는 위대했다. 어리석음이 그 비밀의 본질인 지혜로 말미암아 그는 위대했다. 광기의 모습을 빌린 그의 소망 때문에 그는 위대했다. 자기 자신을 미워한 사랑 때문에 그는 위대했다.⁵⁹

바로 이것이 아브라함의 위대함입니다. 또한 그의 믿음의 자손인 그리스도인의 위대함이지요! 번제를 마치고 아브라함은 그 땅을 기념하여 "여호와 이레"라고 이름 붙였습니다(창세기 22:14). "여호와께서 [모든 것을] 준비하신다"는 뜻이지요. 이때 아브라함은 무슨 생각을 했을까요? 그 "두렵고 떨리는" 일이 끝났을 때 아브라함은 어떤 기도를 올렸을까요? 우리로서는 알 수 없습니다. 성서에도 나오지 않고 키르케고르도 이에 대해서는 쓰지 않았지요. 그래서 당신에게 기도문을 하나 소개하려고 합니다. 내용이 특별해서는 아닙니다. 내용으로 본다면야 이런 기도문은 신·구 기독교 안에 아주 흔하지요. 다만 기도문을 쓴 사람이 지금 우리에게는 특별합니다. 바로 키르케고르거든요.

하늘에 계신 아버지!
무한한 주님의 나라는 위대합니다.
주님은 별의 무게를 견디시고
광활한 공간에 퍼져 있는 세상의 힘을 다스리십니다.
주님을 통해 존재와 생명을 얻는 것들이
바닷가에 모래처럼 많습니다.
그럼에도 주님은 모든 피조물들의 외침을 낱낱이 들으시며
특별하게 지으신 사람들의 외침을 빠짐없이 들으십니다.
…
주님이 기다리신다면,
그것은 우둔한 지체가 아니라 지혜입니다.
주님이 기다리시는 것은 게을러서가 아니고,
우리를 도와주셔야 할 때를 미리 아시기 때문입니다.
주님이 기다리신다면,

그것은 인색함 때문이 아니고
적절한 때에 자녀들에게 주시기 위해
가장 좋은 것을 안전한 곳에 준비해 두시는
하나님 아버지의 경륜이십니다.
주 우리 아버지시여!
그러므로 우리는 고통스런 날에는 주님께 부르짖고,
기쁜 날에는 주님께 감사드립니다.[60]

내 생각에 아브라함이 "여호와 이레"라는 말을 떠올렸을 때 그의 가슴에는 아마 이런 기도가 담겨 있었을 것 같습니다. 키르케고르가 읊은 "적절한 때에 자녀들에게 주시기 위해 가장 좋은 것을 안전한 곳에 준비해 두시는 하나님 아버지의 경륜"이 곧 "여호와 이레"라는 말이 뜻하는 바니까요.

스토아 철학자들처럼 이성적·윤리적 영웅들이 가졌던 것은 '윤리적 우월감'이지 '죄의식에 의한 절망감'이 아니었습니다. 종교적 인간에게는 '윤리적 우월감'이 있을 수 없고, '윤리적 우월감'을 가진 이들에게는 '하나님에 의한 구원'이 없습니다. 이 말을 키르케고르는 "종교적 실존자는 고뇌를 통해 현실성을 갖게 되며, 고뇌가 없어지면 그의 종교적 생활도 함께 끝나는 것이다"[61]라고 했습니다.

키르케고르에게 종교적 인간이 된다는 것은 종교적으로 '사유하는 것'이 아니라 종교적으로 '사는 것'을 뜻합니다. 그래서 그는 "겉치레로 살지 말라!"라고 외쳤지요. 인간이 되려면 인간처럼 살고, 그리스도인이 되려면 그리스도인처럼 살라는 것입니다. 그래서 그는 자신이 그리스도인이라는 이름을 받기에 부적합하다고 생각했지요. 기독교가 자신에게 부적합해서가 아니라 그가 기독교적으로 사는 것이, 다시 말해 아브라함같이 되는 것이 너무도 어렵고 고상한 과업이라서 자신은 결코 그것을 성취하지 못하리라고 생각한 탓입니다.

아브라함에게서 보듯이, 종교적 인간은 결국 '실존의 처절한 절망감' 속에서만 '무한한 자기체념'을 할 수 있으며, '윤리적 영웅'이 아닌 '나약한 죄인'으로서, 이성이 아닌 신앙으로 비로소 하나님을 만날 수 있습니다. 그리고 오직 이 길을 통해서만 '자신도 용납할 수 없는 자신'이 하나님으로부터 용납되는 구원에 이를 수 있지요. 또한 바로 이것! 다시 말해 자신마저도 용납할 수 없는 인간을 하나님이 용납한다는 그것이 기독교에서 말하는 은총恩寵의 본질입니다.

스토아 철학자들이 이성과 도덕을 통해 얻을 수 없었던 것이 바로 이러한 구원 그리고 은총이지요. 그들이 신을 단순히 인간이 따라야 할 '자연법칙' 내지 '도덕법칙'으로 파악했을 때 그들은 칠흑 같은 죄와 절망 속에서 자신들을 구원할 하나님의 숭고한 팔을 스스로 놓아 버린 겁니다. 그런데 이러한 뼈아픈 상실은 단지 스토아 철학자들만의 것은 아니었지요. 그것은 18세기 이신론자들과 19세기 자유주의 신학자들 그리고 오늘날에도 이성과 도덕을 통해 하나님을 찾아가려는 사람들이 언제나 도달하는 '황량한 종착역'입니다.

이로써 "바울의 하나님에게 기도해서 얻는 것이 자족과 체념에서 오는 마음의 평안이라면 세네카의 신에게 기도해서 얻는 것과 근본적으로 어떻게 다른가?"라는 당신의 질문에 대한 키르케고르의 대답이 끝났습니다. 어때요? 그 차이가 이제 드러났나요?

그럼 정리하지요. 기독교에서 말하는 하나님은 인격적입니다. 하나님이 인간과 세계의 시작부터 종말까지 그 모든 것에 부단히 참여하고 부단히 인도한다는 뜻에서 인격적이지요. 그렇지만 하나님은 오직 자신의 섭리대로 인간과 세계를 이끌어 갑니다. 그럼으로써 인간과 세계의 구원이라는 궁극적 선을 이루지요. 여기에는 그 어떤 타협이나 침해도 없습니다. 이것이 하나님이 인격적이라는 말의 기독교적 의미입니다.

따라서 기도로 하나님의 섭리를 깨닫고 자기체념으로 그것을 따르는 사람은 욥이나 하박국이나 바울처럼 "어떠한 형편에서든지" 자족할 수 있는 지혜를 갖게 됩니다. 그뿐 아니라 키르케고르가 역설한 구원, 곧 자신마저 용납할 수 없는 자신을 하나님이 용납하는 구원을 경험하게 되지요. 이러한 체념, 이러한 자족, 이러한 지혜, 이러한 구원을 위해 그리스도인들은 하나님에게 기도하는 겁니다. 아니, 우리의 이야기에 맞춰서 좀 바꿔 말할까요? 이러한 체념, 이러한 자족, 이러한 지혜, 이러한 구원을 자기 백성에게 주는 것이 기독교에서 말하는 하나님의 인격성이지요.

어떻습니까? 혹시 이 정도 대가로는 하나님의 인격성을 믿고 그에게 기도하기에는 부족하다 싶나요? 아직도 오직 내가 욕망하는 것을 하나님이 도와 이루게 하는 것만이 기도의 목적이라고 생각되나요? 아마 그렇지는 않으리라 생각합니다. 그렇다면 하나님의 인격성에 관한 이야기는 이제 여기서 마무리해도 좋을 것 같습니다. 그런데 말입니다, 그럼에도 불구하고 여기에서 짚고 넘어가고 싶은 이야기가 하나 더 있습니다. 뭐냐고요? '욥의 문제'입니다.

욥의 문제

"아니, 새삼스레 욥의 문제라니? 그것은 이미 다 이야기된 문제가 아닌가? 죄 없는 사람의 삶을 송두리째 부수는 고난을 신앙으로 극복한다는 점에서, 그것은 방금 살펴본 아브라함의 이야기와 다를 게 무엇인가?" 혹시 당신은 지금 이렇게 생각할지 모르겠습니다. 그런데 아닙니다! 내 생각에는 욥이 하나님의 인격성과 섭리에 관해 당시에는 물론이고 이후 지금까지 그 누구도 입에 올리지 못한—그러나 진정한 신앙인이라면 그 누구도 피해 갈 수 없는—또 하나의 중요한 문제를 제기했습니다. 아브라함의 문제와는 또 다른 차원의 '공포와 전율'을 일으키는 심각한 문제이기도 하지요. 그것이 뭐냐고요? 죄 없는 사람의 고통으로 드러나는 하나님의 부재不在 문제입니다!

하나님의 부재라니? 하나님이 존재하지 않는다는 말인가? 아니, 이게 무슨 뜬금없는 소리인가? 우리는 2부 "하나님은 존재다"에서 이미 이 문제를 충분히 다루지 않았던가? 그 후 지금까지 하나님은 '존재 자체'ipsum esse로서 모든 존재물들이 그로부터 나와 그 안에서 존재하다가 그에게로 돌아가는 존재의 장field이라는 것을 전제로 이야기를 전개해 오지 않았던가? 바로 그런 의미에서 "만물이 주에게서 나오고 주로 말미암고 주에게로 돌아감이라"(로마서 11:36)라는 사도 바울의 가르침과 "자체 안에 전체를 내포하고 있으며 무한하고 무규정적 실체의 거대한 바다大海"와도 같다고 묘사한 토마스 아퀴나스의 비유도 은혜롭게 되새기지 않았던가? 그런데 이제 와서 갑자기 생뚱맞게 하나님의 부재 문제를 다루겠다니?

그렇지요! 그렇습니다! 하나님이 자기 스스로를 존재ehyeh asher ehyeh, YHWH라고 선포(출애굽기 3:14-15)한 교설 안에서 하나님의 부재를 이야기한다는 것은 그 자체가 부조리이고 어불성설이지요. 하나님의 존재는 우리 이야기의 전제입니다. 그래서 애초 처음에 다루었던 겁니다. 그렇지요? 그런데 말입니다. 그리스도인, 그것도 하나님을 신실하게 믿고자 하는 그리스도인일수록 고난 앞에서 마주하는 가장 근원적이고 궁극적인 의문이 우리가 '욥의 문제'라고 부르고자 하는 문제, 곧 '하나님이 살아계신다면 어떻게 이런 일이 일어날 수 있는가?' 하는 문제입니다.

그 이유는 그리스도인에게 하나님은 "내가 반드시 너와 함께 있으리라"(출애굽기 3:12)라고 약속한 분이고, 그들을 "푸른 풀밭에 누이시며 쉴 만한 물가로 인도하시는"(시편 23:2) 분이며, "악을 행하지 아니하시며", "공의를 굽히지 아니하시"(욥기 34:12)는 분이기 때문이지요. 한마디로 그리스도인에게 하나님은 자기를 믿는 사람들의 삶과 역사에 언제나 참여하여 '젖과 꿀이 흐르는 땅'으로 인도하는 인격적 신이기 때문입니다. 그래서 그리스도인은 죄 없는 사람―그것이 반드시 자기 자신이 아닐지라도―이 당하는 참고 견디기 어려운 고난을 곧바로 하나님의 존재에 대한 의심으로 인식하는 겁니다. 요컨대 '하나님이 살아 계신다면 어떻게 이런 일이 일어날 수 있는가?'라는 말 안에는 '이런 일이 일어나는 것을 보면 인격적인 하나님이 살아 계신다고 믿기 어렵다'라는 강렬한 의심이 깔려 있다는 거지요.

이 점에서 욥은 아브라함과는 경우가 전혀 다릅니다. 아브라함은 이삭 사건 이전에 이미 하나님을 만나, 세 천사로 나타난 그의 형상을 직접 눈으로 보고, 그의 음성을 직접 귀로 듣고, 그와 직접 언약을 맺었습니다(창세기 18:1-15). 때문에 두렵고 떨리는 고난 속에서도 아브라함에게 하나님의 부재는 처음부터 문제가 되지 않았고, 오직 하나님의 부조리만이 문제였던 것이죠. 그런데 욥은 달랐습니다. 그는 우리와 마찬가지로 하나님을 남들이 전하는 말로만 듣고 믿었습니다. 직접 만난 적도, 본 적도, 들은 적도 없었지요.

어떻게 아느냐고요? 욥이 마침내 하나님을 보게 되었을 때 "내가 주께 대하여 귀로 듣기만 하였사오나 이제는 눈으로 주를 뵈옵나이다. 그러므로 내가 스스로 거두어들이고 티끌과 재 가운데에서 회개하나이다"(욥기 42:6)라고 고백한 것이 그 증거입니다. 그 때문에 욥에게는 죄 없는 자기 자신의 고난을 통해 드러난 하나님의 부조리만 문제되는 것이 아니었습

헤르브란트 판 덴 에크호우트(Gerbrand van den Eeckhout), 〈아브라함과 세 천사〉, 1656.

니다. 고난 속에서 울부짖는 자기의 외침과 기도에 대한 하나님의 침묵으로 의심되는 하나님의 존재 여부 자체가 문제시되었던 거지요. 욥의 입장에서는 아브라함의 고난은 차라리 가볍고, 아브라함은 오히려 복 받은 사람입니다.

아브라함의 문제가 "푸른 풀밭에 누이시며 쉴 만한 물가로 인도하시는"(시편 23:2) 하나님의 인격성이 하나님의 부조리로 나타나는 문제라면, 욥의 문제는 "내가 반드시 너와 함께 있으리라"(출애굽기 3:12)라고 약속한 하나님의 인격성이 하나님의 부재로 드러나는 문제라고 할 수 있습니다. 그리고 이 점에서 보면, 욥이 우리이고 우리가 욥입니다. 우리가 삶을 송두리째 흔드는 고난을 당할 때 처하게 되는 상황은 아브라함보다는 욥의 경우에 더 가깝다는 뜻입니다.

고난을 당한 욥은 삽시에 사라져 버린 셀 수 없이 많은 가축과 재산을 다시 돌려주길 바라지 않았습니다. 한순간에 빼앗긴 자녀들을 다시 살려주길 원하지도 않았지요. 잠시도 참기 어려운 고통에 시달리는 자신의 몸을 다시 온전케 해 주길 바라지도 않았습니다. 그는 오직 한 가지만을 원했지요. 하나님이 자기 앞에 나타나 자기 말을 듣고 대답해 주길 바랐습니다. 왜 그랬을까요? 그는 하나님의 부재가 두려웠던 것입니다. 하나님만 살아 계신다면, 이 모든 고난이 악마가 아니라 하나님이 하신 일이 분명하다면 욥은 그것을 받아들일 마음을 갖고 있었습니다. 그래서 그는 하나님을 만나 두 눈으로 보는 견신見神, 오직 그것만을 바라고 요구했지요.

여기에서 소개하고 싶은 시가 하나 있습니다. 노벨문학상을 수상한 독일 작가 헤르만 헤세Hermann Hesse, 1877-1962의 "기도"인데, 내 생각에는 이 기도가 다름 아닌 욥의 기도, 곧 헤어날 수 없는 고난 속에서 우리가 하나님께 드리는 간절한 기도이기 때문입니다.

주여, 나로 하여금 나에게 절망하게 하소서.
그러나 당신에게는 절망하지 말게 하소서.
혼미한 모든 슬픔을 맛보게 하소서.
모든 고뇌의 불꽃을 핥게 하소서.
모든 부끄러움과 욕됨을 맛보게 하시고
내가 나 자신을 가누는 것을 돕지 마옵시며
내가 뻗어 나가는 것을 보살피지 마옵소서.
그러나 나의 모든 자아가 파괴되었을 때는
당신이 그것을 파괴하셨고
당신이 불꽃과 고뇌를 낳으신 사실을
나에게 가르치소서.
왜냐하면 나는 기꺼이 멸망하고
또 기꺼이 죽을 수 있습니다만
오직 당신 품에서만 죽을 수 있기 때문입니다.

그렇습니다! 욥기를 읽어 본 사람이면 누구든 바로 이것이 헤세의 기도이자 욥의 기도이고, 또 우리의 기도임을 알 수 있을 것입니다. 그것이 정녕 하나님의 뜻이라면 "나는 기꺼이 멸망하고 또 기꺼이 죽을 수" 있지만, 그럼에도 하나님을 만나 보고야 그리할 수 있다는 욥과 우리 모두의 가련한 열망, 이제부터는 그 이야기를 하려고 합니다.

8장

하나님의 인격성과
하나님의 부재

악이 없거나, 하나님이 없거나

1755년 11월 1일 아침 9시 40분, 포르투갈의 수도 리스본에 강도 9로 추정되는 지진이 일어났습니다. 당시 기록에 의하면 3분 30초에서 6분가량 지속된 지진으로 도처에서 땅이 갈라지고 불길이 하늘로 치솟아 검고 자욱한 연기가 한낮에도 도시를 어둠으로 덮었습니다. 어떤 사람들은 건물이 없는 탁 트인 곳이 안전할 것이라 판단하고 해변과 부둣가로 몰려갔지만, 40여 분 뒤에는 파고가 15미터에 달하는 해일이 밀려와 리스본뿐 아니라 인근 도시들까지 덮쳤습니다. 다른 사람들은 말을 타고 조금이라도 높은 곳으로 올라가기 위해 사력을 다해 박차를 가했지만, 그 뒤 해일이 두 번 더 왔고 사람과 가축, 가옥과 교회까지 닥치는 대로 휩쓸어 갔지요.

그날은 때마침 모든 가톨릭 성인의 영혼에 제사를 지내는 만성절 Hallowmas이었습니다. 교회마다 하나님을 사랑하고 그의 보호하심을 믿는 사람들로 가득 차 붐비고 있었지요. 때를 기다렸다는 듯이 성소를 습격한 죽음의 사신은 기대보다도 훨씬 더 풍성한 수확을 거둬 갔습니다. 최소 3만 명에서 최대 10만 명가량이 목숨을 잃었고, 도시와 항만의 85퍼센트가 폐허가 되었다고 하지요. 왕이 사는 궁전도 예외가 아니었습니다. 타구스강 바로 옆에 있던 리베이라 궁이 해일에 휘말려 사라졌고, 그 안에 소장되어 있던 수많은 금은보화는 물론이고 장서 7만여 권과 티치아노, 루벤스, 코레지오 같은 거장들의 미술품 수백 점도 모두 소실되었다고 합니다.

성스럽고 평온한 가운데 아름다운 성가가 울려 퍼지던 도시가 삽시에 공포와 고통, 울부짖음과 외마디 소리로 가득 찼지요. 그런데 그 아수라장 속에서도 멀쩡한 지역이 한 군데 있었습니다. 리스본의 홍등가인 알파

작자 미상, 〈리스본 대지진 1755〉.

마^Alfama 였지요. 지진이 하필이면 만성절에 일어났다는 소식을 전해 들은 프랑스 성직자들은 이 재앙이 리스본 주민이 지은 죄 때문에 하나님이 내리신 벌이라고 막말을 해 댔습니다. 그러자 사람들은 "그럼 왜 알파마는 멀쩡한가?"라며 비아냥거렸지요. 그때 프랑스의 계몽사상가 볼테르가 곧바로 불처럼 일어나 "리스본 재앙에 관한 시"^{1756}라는 장편시를 써 발표했습니다.

하나님이 사람들의 행위에 따라 착한 사람을 구원하고 악한 사람을 벌한다고 주장하는 가톨릭 교리와 하나님이 만든 세계는 모든 것이 선하고 조화롭게 예정되어 있다는 독일의 철학자 라이프니츠의 신정론^{theodicy*}을 싸잡아 비난하는 내용입니다. 이 시의 첫 부분을 소개하면 다음과 같습니다.

불운한 사람들! 아, 비통한 대지!
모든 인간성이 두려움 속에 몸을 웅크렸다!
무용한 고통, 끝없는 주제!
"모두가 좋다"라고 외치는 철학자여 오라.
그리고 이 세상의 몰락에 대해 생각해 보라.

---

* 라이프니츠가 만든 용어로 알려진 신정론(theodicy) 또는 변신론은 신을 의미하는 그리스어 '테오스'(theos)와 정의를 뜻하는 '디케'(dike)로 이뤄졌다. 우리에게 고통과 불행과 죽음을 가져오는 악이 존재함에도 불구하고 신은 공정하고 정의롭다는 뜻이다. 신정론은 크게 두 가지 견해로 나뉘는데 1) 피조물이 신의 은총으로 주어진 자유(인간에게 주어진 자유의지와 자연에게 주어진 자연법칙)를 남용한 결과, 곧 죄의 결과로 악이 이 세상에 존재하게 되었다고 본다(오리게네스, 아우구스티누스, 아퀴나스). 2) 이 세상은 모든 가능한 세계들 가운데 최선으로서, 악은 세계 전체의 아름다움과 조화를 돋보이게 하기 위해—다시 말해 마치 그림이나 사진에 그림자가 대상을 또렷이 보이게 하는 것 같은 역할을 하기 위해—요구되는 필연적 요소라고 본다(라이프니츠, 스피노자). 신정론에 대한 본인의 보다 자세한 이야기는 『백만장자의 마지막 질문』(휴머니스트, 2013)에 있는 "Q5: 신은 인간을 사랑했다면, 왜 고통과 불행과 죽음을 주었는가?"를 참고하라.

불행한 사람들의 파멸과 흔적을 보라.
여인들과 아이들이 함께 죽어,
깨진 대리석 아래에 흩어진 팔다리.
땅이 삼켜 버린 십만 명의 시신을 보라!
찢겨 피 흘린 채 여전히 호흡하며 매장된다.
그들은 무너진 지붕 밑에서 구제받지 못하고 죽는다,
삶의 고통에서 오는 공포로부터.

죽어 가는 신음이 들리면, 감히 무슨 대답을 할 것인가?
검은 연기와 재, 이 섬뜩하고 비참한 광경에서
"이것은 영원한 법의 필연적인 결과다.
하나님이 마음대로 선택한 것이다" 할 건가?
이 수많은 희생자를 보면서
"하나님이 복수하셨다. 그들의 죽음은 그들의 범죄 대가다" 할 건가?
하지만 어떤 범죄? 가슴에 피 흘리는 어머니 곁에 누워 있는
이 어린아이의 잘못은 무엇인가?
타락한 리스본이 더 많은 악덕들에 탐닉했던가,
쾌락 속에 사는 런던이나 파리보다?
리스본은 더 이상 없지만 파리는 춤을 춘다.

조용한 관찰자들 — 난폭한 영혼
형제들의 파멸을 찬찬히 지켜만 보는 사람들 —
뇌우의 원인을 평화롭게 탐색하는,
그러나 당신들이 분노를 느낄 때 냉정은 사라질 것이다.
당신들의 인간성이 돌아오면, 당신들도 우리처럼 울 것이다.

지구에 지옥이 열릴 때, 단언컨대, 당신은 알게 될 것이다.
나의 저항은 무죄이고, 나의 외침은 정당화될 것이다.*

앞의 시구에서 '철학자'는 라이프니츠와 그의 추종자를 가리킵니다. 총 180행으로 된 이 시는 라이프니츠의 신정론의 영향을 받은 알렉산더 포프, 크리스티앙 볼프 같은 당시 사람들의 주장, 곧 세계는 신에 의해 조화롭게 예정되었기 때문에 궁극적으로는 '존재하는 것은 모두 옳고'What is, is right, 일어나는 모두가 좋다All is Well는 철학적 낙관주의**에 대한 비판을 주로 담고 있습니다. 앞에서 인용한 부분에서 "당신들의 인간성이 돌아오면, 당신들도 우리처럼 울 것이다./ 지구에 지옥이 열릴 때, 단언컨대, 당신은 알게 될 것이다./ 나의 저항은 무죄이고, 나의 외침은 정당화될 것이다"와 같은 시구들이 그래서 나온 거지요.

볼테르는 계몽주의자이자 이신론자였습니다. 앞에서 살펴보았듯이, 이신론Deism에서 신은 섭리를 통해 세계를 창조하고 이끌어 가지만, 그 섭리는 오직 자연법칙같이 작동합니다. 그 때문에 신이 선한 자를 구원하고 악한 자를 징계하는 것 같은 개입은 불가능하지요. 이 점에서는 볼테

• 볼테르가 리스본 지진이 일어난 다음 달인 1755년 12월에 발표하고 이듬해 출판한 "리스본 재앙에 관한 시"의 원제는 "Poème sur le désastre de Lisbonne ou Examen de cet Axiome: 'Tout est bien'"으로, 우리말로는 "리스본 재앙에 관한 시 또는 공리(公理): '모두가 좋다'에 대한 검토"이다. 이 제목은 볼테르가, 리스본 재앙을—세계에서 일어나는 일들은 신에 의해 예정·조화되어 있기 때문에 궁극적으로는 "모두가 좋다"라고 주장하던—라이프니츠나 볼프의 철학적 낙관론을 뒤엎을 반증으로 제시하고자 했다는 것을 노골적으로 보여 준다.
•• 저명한 철학자 중에서 예정조화설을 제창한 철학자 라이프니츠와 포프, 볼프 같은 그의 추종자들은 우리가 사는 세계가 선하고 아름다우며 상상 가능한 세계들 중에서 최선의 세계라고 철학적 낙관주의를 선언했다. 반면에 볼테르, 쇼펜하우어 같은 사람들은 우리 세계가 지극히 악하고 비극적이라고 철학적 비관주의를 지지했다. 볼테르는 특히 그의 우화소설인 『캉디드, 혹은 낙관주의』에서 라이프니츠의 낙관주의를 대변하는 팽글로스를 주인공 캉디드의 스승으로 등장시켜 라이프니츠를 풍자적으로 그러나 강력하게 비판했다.

르와 라이프니츠가 같은 입장입니다. 두 사람이 서로 다른 점은, 라이프니츠가 신의 섭리에 의해 이끌려 가는 이 세계가 선하고 아름답다고 보는—이 점에서는 기독교의 교리와 맥을 같이합니다—반면에 볼테르는 세계가 지극히 악하고 비극적이라고 본다는 것입니다. 그래서 그를 '철학적 비관론자'라고도 부릅니다.

볼테르는 "모든 것이 합력하여 선을"(로마서 8:28) 이룬다는 가톨릭 성직자이든, 이 세계가 모든 가능한 세계들possible worlds 가운데 최선이라는 철학적 낙관주의자이든, 일어나는 모든 것이 다 좋다고 주장하는 사람들이 무지하고 무책임하다고 보았습니다. 그에게는 삽시에 10만 명이나 되는 죄 없는 사람들을 죽음으로 몰고 간 리스본 재앙이 그 같은 주장들을 반격할 수 있는 더 없이 좋은 증거이자 기회였지요. 그래서 그는 "리스본 재앙에 관한 시"에서 이들 모두를 단번에 싸잡아 거세게 비판했던 것입니다. 이 시에는 다음과 같은 구절도 들어 있습니다.

완전한 존재로부터 악은 태어날 수 없다.
또 하나님만이 주인이기 때문에 다른 것이 없다.
그런데 악은 존재한다. 오, 슬픈 진실!
오, 놀라운 모순의 혼합!

그런데 알고 보면, 이 시구는 고대 그리스 철학자 에피쿠로스가 처음 제시한 이래 지난 2,300년 동안 내려온 유명한 딜레마dilemma의 한 변형이지요. 3부 "하나님은 창조주다"에서 이미 설명했듯이, 딜레마란 둘 중 하나를 선택하지 않을 수 없는 상황에서, 어느 쪽을 선택하더라도 불리한 결론에 다다르게 함으로써 상대를 곤란에 몰아넣는 일종의 역설입니다. 고대 사람들에게 쾌락주의를 가르쳤던 이 철학자가 신의 부재를 증명하기 위해 만들어 낸 이 딜레마를 정리하면 대강 다음과 같습니다.

> 신은 악을 없애려 하지만 그럴 수 없는 것인가? 그렇다면 신은 전능한 것이 아니다.
> 그럴 수 있지만 하지 않고 있는 것인가? 그렇다면 그는 선한 것이 아니다.
> 그는 능력도 있고 악을 없애려고도 하는가? 그렇다면 악이 어떻게 있는가?
> 그는 능력도 없고 없애려 하지도 않는가? 그렇다면 우리는 왜 그를 신이라 부르는가?

그런데 말입니다, 바로 이것이 리스본에서뿐 아니라 아우슈비츠, 굴락, 히로시마, 나가사키에서 죄 없이 죽어 간 사람들이, 아니 지금 이 시간에도 세계 곳곳에서 지진, 홍수, 가뭄, 기근, 유행병과 같은 천재지변과 폭력, 테러, 전쟁 등으로 고통 속에 죽어 가며 "나의 하나님, 나의 하나님, 어찌하여 나를 버리셨나이까"(마태복음 27:46)라고 외치는 모든 사람들이 마주하는 딜레마가 아닐까요? 그리고 바로 이것이 욥이 우리에게 던지는 문제이기도 합니다. 한마디로 세상에 악이 없거나 우리에게 하나님이 없거나, 둘 중 하나여야 한다는 거지요. 그래서 우리는 이제부터 이 문제를 가장 먼저 도발적으로 제기한 욥의 이야기를 직접 들어 보려고 합니다.

욥의 이야기

이 이야기는 널리 알려져 당신도 이미 잘 알고 있겠지만, 정리하는 의미에서 간략하면 이렇지요.

우스^{Uz} 사람 욥은 동방에서 가장 큰 부자인 동시에 세상에서 가장 의로운 사람이었습니다. 성품이 순전하고 정직하여 평생 조금도 부족함이 없이 하나님을 경외했고 악이라고는 찾아볼 수 없는 사람이었지요. 그런데 어느 날 갑자기 아무 영문조차 모른 채 수많은 종과 가축들, 그리고 열 명의 자녀까지 잃는 엄청난 재난을 당하게 됩니다. 물론 그것은 당신도 알다시피 하나님과 사탄이 내기를 한 탓이었지요(욥기 1:1-22).

그럼에도 욥은 하나님에게서 돌아서지 않았습니다. 그러자 사탄이 하나님께 다시 허락을 얻어 두 번째 재앙을 내립니다. 욥은 그의 온몸에 악창이 돋아나, 잿더미 위에 올라앉아 기와 조각으로 고름이 흘러내리는 몸을 계속 긁어야만 겨우 견딜 수 있는 매우 참혹한 상황에 처하지요. 그러자 평소 알고 지내던 사람들이 모두 그를 버리고, 마지막 남은 그의 아내조차 그에게 하나님을 저주하면서 죽어 버리라고 차갑게 내뱉은 다음 그를 떠납니다(욥기 2:1-2:10).

그때 욥의 친구, 엘리바스와 빌닷과 소빌이 찾아와 그의 처량한 신세를 보고, 함께 소리 질러 울며 각자 자기의 겉옷을 찢고 티끌을 날려 자기 머리에 뿌리며 7일 밤낮을 욥과 함께 지냅니다. 욥이 마침내 상심하여 우리가 『오이디푸스왕』과 같은 소포클레스의 비극들에서나 찾아볼 수 있을 만큼 처연한 말로 자신의 출생을 저주하며 "나에게는 평온도 없고 안일도 없고 휴식도 없고 다만 불안만이 있구나"라고 토로하지요(욥기 2:11-3:26).

그러자 때를 기다렸다는 듯 욥의 친구들이 차례로 욥의 불의와 악행을 지적하며 비난하기 시작하고, 이에 반박하는 욥과 길고 치열한 논쟁에 들어갑니다. 욥과 세 친구는 모두 하나님이 '공의의 하나님'인 것을 추호의 의심도 없이 믿는다는 점에서는 차이가 없습니다. 그런데 세 친구는 바로 그 하나님의 공의를 내세워 욥이 받고 있는 벌이 하나님 앞에서 의롭지 못하고 사람들 앞에서 악한 일을 행한 것에 대한 징계임을 주장합

지오반 란게티(Giovanni B. Langetti), 〈아내에게 저주받는 욥〉, 1670.

니다. 그러나 욥은 자신이 받고 있는 고통이 자기의 불의와 악행에 대한 하나님의 징계가 아니라는 것을 꿋꿋하게 내세우지요(욥기 4:1-31:40).

장황하고 아름다운 수사로 치장된 논쟁이 끝을 모르고 계속되자, 갑자기 엘리후라는 젊은이가 나섭니다. 그리고 자신의 의로움과 선함을 한결같이 주장하는 욥과 그에 대해서는 제대로 반박하지도 못하면서도 계속해서 욥을 정죄하려는 세 친구를 모두 꾸짖습니다. 그리고 욥에게 "전능자를 우리가 찾을 수 없나니 그는 권능이 지극히 크사 정의나 무한한 공의를 굽히지 아니하심이라"라는 말로 하나님 앞에서의 교만을 버리고 겸손하기를 권하지요(욥기 32:1-37:24).

바로 그때 마침내 하나님이 욥 앞에 나타납니다. 그리고 욥에게 "무지한 말로 생각을 어둡게 하는 자가 누구냐 너는 대장부처럼 허리를 묶고 내가 네게 묻는 것을 대답할지니라"라고 선포한 다음, 전지전능한 자신의 권능과 티끌같이 무력한 인간의 능력에 대해 가르칩니다(욥기 38:1-41:34). 그제야 욥이 자신의 교만을 인정하고 "내가 주께 대하여 귀로 듣기만 하였사오나 이제는 눈으로 주를 뵈옵나이다. 그러므로 내가 스스로 거두어들이고 티끌과 재 가운데에서 회개하나이다"라고 대답하지요(욥기 42:1-6). 그러자 하나님은 욥의 세 친구를 향해 그들의 말 역시 욥의 말처럼 그릇되다며 속죄의 번제를 드릴 것을 명하고, 욥을 축복해 이전보다 갑절이나 많은 소유를 내려 주지요(욥기 42:7-17).

욥의 이야기는 얼핏 보아도 이처럼 극적 요소와 심오한 종교적·철학적 내용이 담겨 있어, 숱한 성직자와 신학자들 그리고 작가와 예술가들이 이 이야기를 다양하게 해석해 왔습니다. 하지만 우리는 이 이야기를 다른 누구보다 먼저 종교개혁자 칼빈의 눈을 통해 살펴보려고 합니다. 왜냐하면 그가 욥기를 강해하는 설교를 평생 159번이나 한 데다, 그것이 욥기에 대한 개신교적 해석의 한 전범으로 내려오기 때문입니다. 그뿐 아니라 우리는 이 이야기를 해방신학의 시조인 구스타보 구티에레스Gustavo Gutierrez와 이탈리아 출신의 정치철학자 안토니오 네그리Antonio Negri의 안경을 통해서도 들여다보려고 합니다. 왜냐하면 칼빈이 욥의 문제를 '개인적 구원'에 초점을 두고 다루었다면, 구티에레스와 네그리는 '사회적 해방'에 방점을 찍고 해석했기 때문입니다.

물론 이들의 해석을 아주 자세히 다룰 수는 없습니다. 단지 하나님의 인격성으로서의 섭리에 대해 알아보고 있는 우리의 이야기와 연관된 것만을 추려서 간략하게 살펴보려고 하지요. 그것을 바탕으로 욥의 문제, 다시 말해 하나님의 부재로 인식되는 하나님의 부조리 문제에 대해 우리가 어떻게 대응해야 하는지에 관해 함께 이야기하고자 합니다. 먼저 칼빈의 욥기 해석을 잠시 살펴볼까요?

인간의 정의와 하나님의 공의

우리는 보통 칼빈을 위대한 종교개혁자이자 신학자로 알고 있습니다. 그러나 칼빈은 자기 자신을 그리 생각하지 않았습니다. 그는 젊어서 목회자가 되기를 소망했고, 평생 자기를 설교자로 여기고 살았지요. 당연히 다른 무엇보다 설교에 열정을 쏟았습니다. 그리고 개신교 신학의 경전이라 할 수 있는 자신의 역작 『기독교 강요』보다 자신의 설교집이 기독교에 기여하는 바가 더 크다고 믿었습니다. 왜냐하면 『기독교 강요』보다 그의 설교들이 당시 개신교 신자들에게 훨씬 더 많이 읽혔기 때문입니다.

그래서 칼빈은 요한계시록을 제외한˚ 신구약성서 거의 전체를 강해 설교했습니다. 그리고 그 설교는 칼빈이 사용했던 프랑스어로는 물론이고 독일어와 영어로도 번역·출판되어 종교개혁이 일어난 거의 모든 나라에서 널리 읽혔지요. 국적과 언어를 불문하고 목회자가 없는 교회나 공동체에서는 칼빈의 설교를 강단에서 먼저 낭독한 다음 예배를 드렸다고도 합니다. 당시의 열악한 출판 환경을 감안하면 결코 예사로운 일이 아니었지요.˙

칼빈의 설교 가운데 700여 편이 영어로 번역되었는데, '십계명'이 들어 있는 신명기와 욥기에 대한 설교가 그중 가장 인기가 있었다고 합니다. 그의 욥기 설교집은 1574년 첫 출판된 이후 10년 동안 5쇄가 출시되었는데, 역시 당시로는 매우 놀랄 만한 일이었지요. 그것은 칼빈의 신명기 설교집이 3년간 5쇄를 출간한 것에 뒤이은 두 번째 기록이었습니다.[1] 우리의 관심은 당연히 그가 욥기를 어떻게 해석해 설교했기에 그리 널리 읽혔을까 하는 것으로 모아집니다.

칼빈은, 성서에 욥이 '우스' 땅에 살았다고 기록되어 있는데(욥기 1:1), 예레미야 선지자가 그곳을 에돔^{Edom}이라고 지적했다는 것을 근거로(예레미야 25:20; 예레미야애가 4:21), 욥이 에돔 사람이고 에서의 후손일 것이라고 추측했습니다. 그리고 대강 모세와 같은 시대에 살았을 것으로 추정했지요.˙˙ 사실 여부와 관계없이, 여기서 중요한 것은 칼빈이 욥을 역사적 실존 인물로, 그리고 그의 이야기를 설화가 아니라 사실로 인정했다는 점입니

˙ 칼빈은 매우 특이하게도 설교와 강론뿐 아니라 주석에서도 요한계시록을 다루지 않았는데, 이유는 알려지지 않았다.

˙˙ 욥이 언제 살았느냐 하는 데는 이견이 많다. 아브라함이 살았던 기원전 2000년대라고 주장하는 소수의 학자들도 있었으나, 현대구약학자들 사이에서는 모세 이전은 아니었다는 것이 정설이다. 왜냐하면 하나님이 욥에게 나타나는 장면이 "그때에 여호와께서 폭풍우 가운데에서 욥에게 말씀하여 이르시되"(욥기 38:1)라고 되어 있는데, 여호와, 곧 야훼(YHWH)는 모세가 시내산에서 하나님을 만났을 때 처음 성서에 등장하는 하나님의 이름(출애굽기 3:15)이기 때문이다.

다. 그는 "우리가 이 점을 의심하지 말아야 하는 것은, 이 논쟁이 사람이 꾸며 낸 것이라고 생각지 않기 위함"[2]이라고 못 박았습니다.

또한 칼빈은 당시 시대상을 주목해야 한다며, 욥을 "하나님에 대한 참된 예배에서 멀리 떨어져 있었고, 참된 종교를 알지 못했지만, 교황제도 하에서보다 훨씬 더 깨끗"했던 사람 가운데 하나라고 규정했습니다. 욥을 하나님이 자신의 섭리를 이루기 위해 이방인의 밭에 숨겨 놓은 '소중한 씨앗'으로 보았지요. 이 말은 칼빈이 당시 타락하고 부패한 가톨릭에 저항하는 개신교 신자들을 욥과 같이 하나님이 숨겨 놓은 소중한 씨앗에 비유해 설교했다는 것을 알려 줍니다. 실제로 칼빈은 자주 욥을 그리스도인의 모범으로 내세워 설교했습니다.

이와 연관해 매우 흥미로운 것은 칼빈이, 오늘날에도 여전히 '교회 밖에는 구원이 없다'extra ecclesiam nulla salus*는 중세의 구호를 외치며 타 종교인들에게 배타적 태도를 취하는 그리스도인들이 경청해야 할 만한 경고의 교훈을 남겼다는 사실입니다. 그는 욥기 1장 1절 말씀으로 시작하는 첫 번째 설교에서 다음과 같이 교훈했습니다.

> 성령께서 이 책[욥기]을 쓰도록 하신 것은 유대인들로 하여금, 세상의 다른 사람들과 섞여 살며 할례의 표를 받지 않았음에도 불구하고 전적으로 깨

---

* "교회 밖에는 구원이 없다"라는 구호가 가톨릭교회 교리로 처음 선포된 것은 1215년 제4차 라테란 공의회에서였다. 그때는 가톨릭교회가 200년 동안이나 이슬람과 사활을 걸고 살육을 벌이던 십자군 전쟁 시기(11세기 말-13세기 말)였다. 그 때문에 가톨릭교회로서는 설령 "하나님은 모든 사람이 구원을 받으며 진리를 아는 데에 이르기를 원하시느니라"(디모데전서 2:4)와 같은 성서의 가르침에서 벗어나는 한이 있더라도, 교회 안에만 구원이 있다는 배타적 교리를 선포할 수밖에 없었다. 이후 종교개혁 시기 가톨릭에서는 이 말을 '가톨릭교회 밖에는 구원이 없다'라는 의미로 개신교도들을 향해 외쳤는데, 오늘날에는 가톨릭교회가 '제2차 바티칸 공의회'(Concilium Vaticanum II)에서 이 교리를 부정하고 '교회 밖에도 구원이 있다'는 포용주의로 돌아선 반면, 오히려 대부분의 개신교에서 이 교리를 고수하고 있다.

끗한 삶을 살아가며 하나님을 섬기는 백성들이 하나님께 있음을 알게 하려 함입니다. 우리는 그 점을 의심 없이 받아들여야 할 것입니다.³

어때요? 칼빈의 이 말은 '제2차 바티칸 공의회' 이후 가톨릭교회가 견지하고 있는 포용주의를 떠올리게 하지요? 종교적 갈등이 또다시 테러와 전쟁으로까지 이어지는 오늘날, 우리가 특히 귀담아들어야 할 귀한 교훈임이 분명합니다. 그러나 칼빈이 욥기 설교 전체에서 다른 무엇보다도 강조한 원칙 하나가 따로 있습니다. 그는 그것을 첫 번째 설교의 서두에서 다음과 같이 분명히 밝혔습니다.

간단히 말해서 우리가 욥기를 통해 기억해야 하는 바는 이렇습니다. 하나님께서는 당신의 피조물을 당신이 원하는 대로 주관하실 권한이 있으며, 우리가 처음 언뜻 보면 하나님이 냉엄하게 행하시는 것처럼 보일지라도, 불평하지 않도록, 우리의 입을 막아야 한다는 것입니다. 오히려 하나님의 의로우심을 인정하면서, 어째서 우리를 징계하시는지 그 이유를 선언해 주시기를 기대할 뿐입니다.⁴

하나님의 주권적 섭리에 대한 맹목적 순종! 이 말은 이제 당신에게도 낯설거나 거부감을 주지 않을 것입니다. 왜냐하면 우리는 앞에서 이미 뮈세가 "비참하고 유치한 계산/ 그렇듯 많은 헛된 작업들을 모두 버리"는 것이라고 노래하고, 키르케고르가 '무한한 자기체념'이라 부른 이 일이 어떤 결과를 가져오는지에 대해 충분히 살펴보았기 때문입니다. 심지어 우리는 아브라함의 이삭 번제 사건을 통해 그 극단적인 경우도 꼼꼼히 따져 보았습니다.

우리가 앞에서 '강한 섭리론'이라고 이름 붙인 이 같은 주장은 일찍이 사도 바울이 고통의 배후에는 언제나 하나님의 선한 '목적'(로마서 8:28; 9:11)과 '뜻'(로마서 9:19)이 있다고 교훈했고, 칼빈 역시 다른 자리에서 "하나님은 자기 백성들이 나중에 배부르게 하기 위해서 일시적으로 굶게 하시며 생명의 빛을 다시 주기 위해서 죽음의 골짜기에 있게"[5] 하신다고 가르친 바로 그것이지요. 그런데 적어도 칼빈이 보기에는 욥이 바로 이런 섭리에 대한 강한 믿음을 가진 사람이었습니다. 칼빈은 욥의 입장을 다음과 같이 정리했습니다.

욥은, 하나님이 사람에게 고통을 주실 때 언제나 그 사람의 죄의 분량대로 하시는 게 아님을 완전히 확신하였습니다. 그래서 욥은 자기가 하나님의 버림을 받은 사람이 아니라는 증거를 마음속에 갖고 있었습니다.[6]

반면에 "욥을 위로하는 척하면서 욥의 질병보다 욥을 더 괴롭게 했던" 그의 친구들은 그 반대편에 서 있다는 것이 칼빈의 생각입니다. 칼빈은 "욥의 친구들이 늘어놓은 모든 전제들은, 욥이 하나님께 책망받고 있으며, 하나님께서 욥 자신을 향하여 화목한 마음을 가지고 계시다고 믿는 게 큰 실수라고 생각하도록 욥을 설득하는 경향이 깔려"[7] 있다고 보았습니다. 하나님의 공의에 대한 생각이 서로 다르다는 것입니다.

욥기 9장 1-6절 내용을 강해하는 설교에서는 빌닷과 욥의 논증을 비교하면서 욥과 친구들의 입장이 어떻게 다른지를 다시 한 번 분명히 정리했습니다.

그러니 욥과 빌닷의 경우는 다른 두 논리임을 주목합시다. 한 사람[빌닷]은 "하나님은 의롭다. 왜냐하면 하나님께서는 사람이 행하는 대로 심판하시기 때문이다"라고 말합니다. 또 다른 한 사람[욥]은 "하나님은 의롭다. 그러므로 하나님께서 사람들을 어떻게 대하시냐에 대해서는 고사하고라도 우리가 입을 닫고 하나님을 대적하는 불만을 토하지 않아야 한다. 왜냐하면 그래도 아무 소용이 없기 때문이다"라고 말합니다.[8]

칼빈은 우리가 '하나님은 의롭다'고 말할 때 의미하는 하나님의 공의 zedakah가 인간의 행위에 따라 징계하거나 심판하는 것이 아니라, 오직 하나님의 섭리를 따라 이루어지는 것임을 분명히 한 것입니다. 여기서 칼빈이 보는 인간의 정의justice, 正義와 하나님의 공의righteousness, 公義가 어떻게 다른지가 명백히 드러납니다. 한마디로 선한 자가 복 받고 악한 자가 벌 받는 인과응보 retributive justice가 사람의 정의이고, "모든 것이 합력하여 선을"(로마서 8:28) 이루는 섭리 providence가 하나님의 공의입니다!

이런 의미에서 칼빈은 욥기 1장 20-22절을 강해한 설교에서는 "이 세상에서 우리에게 일어나는 어떠한 일도 하나님의 허락 없이는 일어나지 않는다는 것을 인정하고, 하나님께서는 모든 것이 합력하여 우리의 구원을 이루도록 역사하심을 확신할 은혜를 주십사고 기도합시다"[9]라고 교훈하기도 했지요. 바로 이것이 칼빈의 욥기 강해 설교의 시종을 일관하는 원칙입니다. 그가 "사람이 의롭다 하심을 얻는 것은 율법의 행위에 있지 않고 믿음으로 되는 줄 우리가 인정하노라"(로마서 3:28)라고 가르친 사도 바울의 열렬한 계승자이자, 강한 섭리주의자라는 것을 또렷이 보여 주는 대목이기도 하지요.

여기서 다시 흥미로운 것은 칼빈이 욥과 친구들이 서로 대립하고 있는 입장을 빗대어, 당시 믿음보다 행위의 중요성을 내세우며 칼빈이 옹호하는 섭리 교리를 공격했던 가톨릭의 교황주의자*와 인간의 자유의지를 주

• 칼빈은 이신칭의(以信稱義) 교리를 내세우는 자기를 비난하는 당시 가톨릭을 이렇게 비판했

장하는 자유사상가들의 주장을 에둘러 비판했다는 사실입니다. 이 비유적 비판담론에서 칼빈 자신과 개신교 신자들은 죄 없이 고난받는 욥이고, 교황주의자와 자유사상가들은 부당하게 비난하는 욥의 친구들인 거지요. 칼빈은 강해설교 가운데서도 이런 식으로 틈틈이 신자들이 당면한 현실적 문제에 관한 자신의 견해, 곧 당시 개신교인들이 취해야 할 올바른 입장을 밝히곤 했습니다.*

그런데 여기서 우리가 주목해야 할 것이 하나 있습니다. 그것은 칼빈이 욥기 설교의 시종 '하나님 앞에서 침묵'을 강조한다는 사실입니다. 예컨대 "하나님께서 사람들을 어떻게 대하시냐에 대해서는 고사하고라도 우리가 입을 닫고 하나님을 대적하는 불만을 토하지 않아야 한다"가 그것이지요. 하나님과 친구들을 향해 유난히 말이 많았던 욥에게—또한 욥 못지않게 하나님에게 의심, 불평, 불만이 많은 우리에게도—적절한 경고이자 교훈이지만, 그것은 칼빈의 목회신학을 관통하는 핵심이기도 합니다. '하나님 앞에서 침묵'이 그리스도인에게 그만큼 중요하다는 이야기인데, 도대체 왜 그럴까요? 이제 우리는 이에 대해 살펴보려 합니다.

다. "교황주의자들은 우리 주 예수 그리스도 안에 있는 하나님의 순전한 은혜로 말미암아서만 의롭다 하심을 얻는다는 우리의 주장을 확신할 수 없습니다. 어째서 확신할 수 없습니까? '만일 그렇게 된다면 사람들의 구원을 이루는 선한 행실이나 공로는 어떻게 되는 것이냐?'고 묻습니다"(존 칼빈, 서문강 옮김, 『칼빈의 욥기 강해: 욥과 하나님』, 지평서원, 2003, p. 124).

• 칼빈이 설교 전반에서 원칙으로 삼은 것 가운데 하나는 '성서가 성서를 해석하게' 한다는 것이다. 그는 『기독교 강요』를 쓴 위대한 조직신학자임에도 불구하고 자신의 설교에 신학적 또는 교리적 요소를 직접 끌어들이지 않았을 뿐 아니라, 전문용어도 사용하지 않았다. 당대 뛰어난 인문학자이자 문장가였지만, 수사학적 기법을 사용하지도 않았다. 단지 신자들의 이해와 실생활에서의 활용을 위해 일상적 예화와 시대적 상황을 견주어 설교했다. 그러나 근현대 개신교 설교학에서처럼 교리나 시사적 문제에 치중하지 않았다.

침묵 속에서 들리는 음성

욥기는 전부 42장으로 되어 있습니다.˙ 그 가운데 4장부터 31장까지, 정확히 전체 분량의 3분의 2가 하나님이 욥에게 한 일에 대해 욥과 친구들이 벌이는 길고도 치열한 논쟁이지요. 이 논쟁에서 욥은 적극적으로 자기의 의로움과 선함을 내세우며, 자기에게 일어난 일에 대한 부당함을 주장합니다. 이 점에서 욥은 다시 한 번 아브라함과 다르고, 오히려 우리와 꼭 닮았습니다. 나귀에 이삭을 태우고 모리아산으로 향하던 사흘 밤낮 내내 아브라함은 오직 침묵했기 때문입니다.

욥도 처음부터 말이 많지는 않았습니다. 첫 재난을 당한 직후 욥은 "일어나 겉옷을 찢고 머리털을 밀고 땅에 엎드려 예배하며 이르되 내가 모태에서 알몸으로 나왔사온즉 또한 알몸이 그리로 돌아가올지라. 주신 이도 여호와시요, 거두신 이도 여호와시오니 여호와의 이름이 찬송을 받을지니이다"(욥기 1:20-21)라며 하나님의 처사에 그 어떤 불만이나 이의도 제기하지 않았지요. 그런데 온몸에 피고름이 흘러내리는 두 번째 재앙을 당해 아내마저 저주하고 떠나자 이내 달라져 다음과 같이 처절하고 장황하게 자신의 출생을 저주했습니다.

• 신약, 구약을 막론하고 성서는 원래부터 오늘날처럼 찾아보기 쉽게 '장'(章, chapter)과 '절'(節, verse)로 구분되어 있지는 않았다. 유대인들은 회당에서 구약성서를 주기별로 구분해서 낭송하였지만, 장과 절로 구분하지는 않았다. 13세기 초에 훗날 캔터베리 대주교가 된 소르본 대학의 스티븐 랭턴(Stephen Lanton, ?-1228) 교수가 내용에 따라 장 구분을 처음 완성했는데, 1226년에 파리 대학 교수들이 그것을 신구약성서 모두에 적용했다. 절 구분은 훨씬 뒤에 로베르 에티엔(Robert Étienne, 1503-1559)에 의해 이루어졌다. 인쇄업자였던 그는 15세기 도미니쿠스회 수도사들이 만든 절 구분법을 사용하여 성서 전체에 절을 표시했다. 신구약성서 모두에 장과 절이 붙여져 처음 출판된 것은 1555년에 출간된 스테파누스(Stephanus Robertus)의 불가타 성서다. 오늘날의 성서들은 1560년판 제네바 성경의 장절 구분을 적용하고 있다.

내가 난 날이 멸망하였더라면, 사내아이를 배었다 하던 그 밤도 그러하였더라면, 그날이 캄캄하였더라면, 하나님이 위에서 돌아보지 않으셨더라면, 빛도 그날을 비추지 않았더라면, 어둠과 죽음의 그늘이 그날을 자기 것이라 주장하였더라면, 구름이 그 위에 덮였더라면, 흑암이 그날을 덮었더라면,… 이는 내 모태의 문을 닫지 아니하여 내 눈으로 환난을 보게 하였음이로구나. 어찌하여 내가 태에서 죽어 나오지 아니하였던가 어찌하여 내 어머니가 해산할 때에 내가 숨지지 아니하였던가 어찌하여 무릎이 나를 받았던가 어찌하여 내가 젖을 빨았던가 그렇지 아니하였던들 이제는 내가 평안히 누워서 자고 쉬었을 것이니. (욥기 3:3-13)

자신의 출생에 대한 이 같은 저주는 누가 보아도 자기를 창조한 하나님의 처사에 대한 불만을 에둘러 표시한 것이지요. 이어서 욥은 자기의 의로움과 선함에 대해 지칠 줄 모르고 역설하며 하나님과의 대질對質도 요구합니다. 욥이 갑자기 달라진 겁니다.˙ 심지어 공공연하게 하나님을 의심하고 원망하며 다음과 같이 비아냥거리기까지 합니다.

가령 내가 그를 부르므로 그가 내게 대답하셨을지라도 내 음성을 들으셨다고는 내가 믿지 아니하리라. 그가 폭풍으로 나를 치시고 까닭 없이 내 상처를 깊게 하시며 나를 숨 쉬지 못하게 하시며 괴로움을 내게 채우시는구나.…가령 내가 의로울지라도 내 입이 나를 정죄하리니 가령 내가 온전할지라도 나를 정죄하시리라. 나는 온전하다마는 내가 나를 돌아보지 아니하고 생명을 천히 여기는구나. 일이 다 같은 것이라. 그러므로 나는 말하기를

• 욥의 태도 변화를 근거로, 성서학자들은 욥기에서 운문(韻文)으로 쓰인 욥과 친구들의 논쟁 부분(4장부터 31장까지)과 그 전후에 산문(散文)으로 쓰인 부분(1-3장과 32-41장)이 각각 다른 저자에 의해 만들어진 자료라고 보기도 한다.

하나님은 온전한 자나 악한 자나 멸망시키신다 하나니 갑자기 재난이 닥쳐 죽을지라도 무죄한 자의 절망도 그가 비웃으시리라. (욥기 9:16-23)

어때요? 놀랍지요? 물론 성서에 하나님의 처사에 불만을 드러내고 원망하는 구절이 전혀 없는 것은 아닙니다. 예컨대 시편 73편 3-14절*이나 예레미야애가 3장 1-9절**이 그렇습니다. 그리고 사실은 우리 역시 견디고 감당하기 힘든 고난을 당할 때마다 얼마나 자주 하나님께 이런 원망과 비난을 하며 사는가요. 그럼에도 시편 기자와 예레미야 선지자는 물론이거니와 우리 중 그 누구도 욥처럼 담대하게 하나님에게 맞서 대들고 저항한 사람은 없을 것입니다.

욥이 그리 대담할 수 있는 것은 그가 자신의 의로움과 선함을 추호의 의심도 없이 믿었기 때문이지요. 그 믿음을 바탕으로 한 욥의 주장이 시종 견지하는 논리는 이러했습니다. 하나님은 의롭고 선한 자도 징벌하신다. "하나님은 자기 백성들이 나중에 배부르게 하기 위해서 일시적으로 굶게 하시며 생명의 빛을 다시 주기 위해서 죽음의 골짜기에 있게" 한다

---

* "이는 내가 악인의 형통함을 보고 오만한 자를 질투하였음이니라. 그들은 죽을 때에도 고통이 없고 그 힘이 강건하여 사람들이 당하는 고난이 그들에게는 없고 사람들이 당하는 재앙도 그들에게는 없나니, 그러므로 교만이 그들의 목걸이요 강포가 그들의 옷이며 살찜이 그들의 눈에서 솟아나며 그들의 소득은 마음의 소원보다 많으며…말하기를 하나님이 어찌 알랴 지존자에게 지식이 있으랴 하는도다. 볼지어다 이들은 악인들이라도 항상 편안하고 재물은 더욱 불어나는도다. 내가 내 마음을 깨끗하게 하며 내 손을 씻어 무죄하다 한 것이 실로 헛되도다. 나는 종일 재난을 당하며 아침마다 징벌을 받았도다."

** "나를 이끌어 어둠 안에 걸어가게 하시고 빛 안에서 걸어가지 못하게 하셨으며 종일토록 손을 들어 자주자주 나를 치시는도다. 나의 살과 가죽을 쇠하게 하시며 나의 뼈들을 꺾으셨고 고통과 수고를 쌓아 나를 에우셨으며 나를 어둠에 살게 하시기를 죽은 지 오랜 자 같게 하셨도다. 나를 둘러싸서 나가지 못하게 하시고 내 사슬을 무겁게 하셨으며 내가 부르짖어 도움을 청하나 내 기도를 물리치시며 다듬은 돌을 쌓아 내 길들을 막으사 내 길들을 굽게 하셨도다.…활을 당겨 나를 화살의 과녁으로 삼으심이여 화살통의 화살들로 내 허리를 맞추셨도다. 나는 내 모든 백성에게 조롱거리 곧 종일토록 그들의 노랫거리가 되었도다."

는 섭리의 교리를 감안하면, 말인즉 옳지요. 하지만 욥이 뜻하는 것은 그것이 아니었습니다. 그는 단순히 자기의 의로움을 내세우고 하나님의 부당함을 고발하기 위해 그런 주장을 한 것이었지요.

그런데 욥의 친구들도 역시 공연히 그를 헐뜯고 험담하려고 온 무지몽매한 사람들이 아니었습니다. 그들은 성서적 전승에 밝은 당시의 학자들로서, 치밀하고 일관된 논리로 무장한 사람들이었지요. 그들의 논리는 이러했습니다. 하나님은 공의롭기 때문에 무죄한 사람을 징계하지 않는다. 그런데 너는 징계받았다. 따라서 네게는 설령 네가 모른다 해도 죄가 있으니 회개하라. 역시 빈틈없는 논리지요. 뿐만 아니라 그들은 나름의 증거도 갖고 있었습니다. 엘리바스는 다음과 같이 욥을 책망하지요.

> 하나님이 너를 책망하시며 너를 심문하심이 너의 경건함 때문이냐 네 악이 크지 아니하냐 네 죄악이 끝이 없느니라. 까닭 없이 형제를 볼모로 잡으며 헐벗은 자의 의복을 벗기며 목마른 자에게 물을 마시게 하지 아니하며 주린 자에게 음식을 주지 아니하였구나. 권세 있는 자는 토지를 얻고 존귀한 자는 거기에서 사는구나. 너는 과부를 빈손으로 돌려보내며 고아의 팔을 꺾는구나. (욥기 22:4-9)*

물론 욥은 이를 격하게 부정하고 사람들이 그동안 자기를 공경한 까닭을 일일이 나열하며 반박합니다. 쌍방의 주장이 팽팽하게 맞서자 결국 서

---

* 개역개정판 번역인데 다른 번역도 참고할 만하다. "너는 가난한 형제들이 빚진 것을 갚지 않는다고 해서 터무니없는 담보를 요구하고 그들의 옷까지 벗겨 벌거숭이가 되게 하였으며 목마른 자에게 물을 주지 않았고 배고픈 자에게 먹을 것을 주지도 않았다. 그러면서도 너는 권세 있는 자들에게는 네 땅을 주어 그들이 마음대로 거기서 살게 하였다. 너는 과부를 돕지 않고 빈손으로 돌아가게 하였을 뿐만 아니라 불쌍한 고아들을 착취하였다"(욥기 22:6-9, 현대인의성경).

로를 힐난하면서 논쟁은 갈수록 피폐해집니다. 게다가 욥은 시종 공의의 하나님이 모습을 드러내어 시비를 가려 줄 것을 요구하지만 하나님은 여전히 나타나지 않지요. 그런데 이때 엘리후라는 젊은이가 뜬금없이 나타나 다음과 같이 욥을 꾸짖습니다.

> 나는 그대의 말소리를 들었느니라. [그대가] 이르기를 나는 깨끗하여 악인이 아니며 순전하고 불의도 없거늘 참으로 하나님이 나에게서 잘못을 찾으시며 나를 자기의 원수로 여기사 내 발을 차꼬에 채우시고 나의 모든 길을 감시하신다 하였느니라. 내가 그대에게 대답하리라. 이 말에 그대가 의롭지 못하니 하나님은 사람보다 크심이니라. 하나님께서 사람의 말에 대답하지 않으신다 하여 어찌 하나님과 논쟁하겠느냐. (욥기 33:8-13)

역시 정확하고 날카로운 지적입니다. 주목하고자 하는 것은 "이 말에 그대가 의롭지 못하니"라고 짚은 엘리후의 예리함입니다. 그는 욥의 세 친구들처럼 확실한 증거를 댈 수 없는 욥의 선악을 문제 삼지 않고, 욥이 방금 한 말들을 확실한 근거로 하여 욥이 왜 의롭지 못한가를 증명한 거지요. 하나님 앞에서 스스로 의롭다고 주장하며 하나님을 비난하고 원망한 것, 바로 그것이 의롭지 못하다는 겁니다. 이에 욥도 할 말을 잃지요. 이때 엘리후는 "욥이여 내 말을 귀담아 들으라 잠잠하라 내가 말하리라"(욥기 33:31)라며 욥에게 침묵하고 경청할 것을 요구합니다. 그리고 하나님을 대변하는 의견을 쏟아 놓습니다.

칼빈은 욥기 32장 1절에서 37장 24절까지 이어지는 엘리후의 말을 네 번으로 나누어 설교했습니다. 그러면서 그는, 우리가 고난을 당했을 때 왜 입을 막고 침묵해야 하는가, 하나님은 왜 고난에 당면한 우리의 울부짖음에 침묵하는가에 대해 설명합니다. 요점은 하나님의 섭리에는 우리

윌리엄 블레이크, 〈친구들에게 비난받는 욥〉, 1805.

가 모르는 비밀이 있는데 그것이 우리를 궁극적으로 선하게 이끌 것이기에, 고난이 닥쳐와도 침묵하며 인내해야 한다는 것입니다. 요컨대 하나님이 침묵할 때 인간도 침묵해야 한다는 거지요! 그래야만 비로소 침묵 속에서 들리는 하나님의 음성을 들을 수 있고, 그것을 통해 "모든 것이 합력하여 선을 이[룬다]"(로마서 8:28)는 하나님의 섭리의 비밀을 깨닫게 된다는 뜻입니다.

섭리가 함께한다는 점에서 고난은 의미 없는 고통과 다릅니다. 그래서 칼빈은 고난의 유익함에 대해서도 다음과 같이 역설합니다.

> 사람들이 먹을 것이 충분하고 시간을 마음대로 누릴 수 있고 건강과 평화를 구가할 수 있을 때 사람들은 너무 지나치게 그것에 빠져 버립니다. 그들은 너무 즐거운 나머지 하나님의 말씀을 더 이상 들을 수 없습니다. 그러나 고난은 하나님의 진노에 대해 하나님이 보내는 메시지입니다. 우리로 하여금 다시 지각을 갖게 하기 위하여 하나님께 범죄한 것을 깨닫고 느끼게 합니다. 그러니 일반적으로 그 고난을 받는 자들에게 교훈적 유익을 줍니다.[10]

이때 칼빈이 말하는 유익이란 일찍이 사도 바울이 "우리가 잠시 받는 환난의 경한 것이 지극히 크고 영원한 영광의 중한 것을 우리에게 이루게 함이니"(고린도후서 4:17), "생각하건대 현재의 고난은 장차 우리에게 나타날 영광과 비교할 수 없도다"(로마서 8:18)라고 교훈한 바로 그것임에는 의심의 여지가 없습니다. 욥의 경우가 바로 그렇다는 거지요. 이 말을 칼빈은 다음과 같이 요약했습니다.

이 대목의 보편적 주제는 사람들이 하나님을 대적하여 불평할 수는 있지만 결국 혼미에 빠질 거라는 말씀입니다. 어째서 그렇습니까? 비록 하나님께서 오늘날 너무 냉정하게 우리를 다루시는 것 같지만 일의 진상을 충분히 알면 입을 닫고 하나님을 영화롭게 할 수밖에 없을 것입니다.[11]

그렇지요, 참으로 섭리의 신봉자 칼빈다운 설교입니다. 그런데 만일 우리 가운데 누군가가 욥처럼 모든 재산과 가족들을 잃고 건강마저 빼앗겼다면, 아니 더 직설적으로 이야기해서 혹시 당신이 실로 참고 견디기 어려운 시련이나 고난을 당해 본 적이 있다면, 선뜻 이 말에 동의하기가 쉽지 않을 것입니다. 말인즉 백번 옳다고 해도, 고난 가운데 드러나는 하나님의 부조리와 침묵만큼 견디기 힘든 고통이 없기 때문입니다. 그것은 오직 아브라함이나 할 수 있는 일이겠지요. 아마 욥이 칼빈의 설교를 들었다 하더라도 반응은 마찬가지였을 겁니다.

그래서 이제 고난을 참고 인내하며 침묵하는 것이 어떤 의미를 갖고 있는가에 대한 키르케고르의 설명을 덧붙여 이해를 돕고자 합니다. 왜 다시 키르케고르냐고요? 그것은 그가 이 문제에 있어 칼빈과 같은 입장에 서 있는 데다, 우리가 앞에서 아브라함의 문제를 다루면서 이미 그의 용어와 사유에 익숙해져 있기 때문입니다. 우리는 침묵에 대한 키르케고르의 사유를 통해 우리가 고난을 당했을 때 하나님 앞에서 왜 침묵해야만 하는가뿐 아니라, 아브라함과 욥이 서로 어떻게 다른가도 더 깊게 이해하게 될 것입니다. 그럼 잠시 '아브라함의 문제'로 다시 돌아가 볼까요?

윤리적인 것의 목적론적 정지

앞에서 이미 살펴보았듯이, 키르케고르의 『공포와 전율』에 의하면 이삭을 바치러 가는 두렵고 떨리는 길에서도 아브라함은 믿었습니다. 하나님은 이삭을 요구하시지만 결코 요구하시지 않는다는 것을, 자기는 이삭을 바치지만 되돌려받으리라는 것을,* 그 부조리한 것을 그는 믿었습니다. 왜냐하면 "그는 어느 날 저승에서 축복을 받을 것이라고 믿은 것이 아니라, 여기 이 세상에서 행복하게 될 것"[12]을 약속받았기 때문입니다.

그래서 아브라함은 아무 말 없이 사흘 하고 반나절이 걸리는 거리를 가서 거리낌 없이 이삭을 바치려 했고, 그 후 이삭을 돌려받았을 때도 기뻐했을망정 놀라지 않았습니다. 만일 그렇지 않았더라면 하나님을 사랑하는 아브라함은 하나님의 명을 거역할 수야 없었겠지만, 나귀 등에 올라탄 순간 "이제 이삭은 잃었다. 모리아산까지 먼 길을 가느니보다는 내 집에서 이삭을 바쳐도 마찬가지일 것이다. 차라리 그렇게 하자"[13]라며 모든 것을 체념했을 것이고, 이삭을 돌려받았을 때도 기뻐하기보다 오히려 놀랐을 것이라는 것이 키르케고르의 생각입니다.[14]

그래서 아브라함은 아무도 이해할 수 없는 자신의 행동을 하나님에 대한 절대의무로 생각했고, 당사자 이삭은 물론이거니와 아내 사라와 충직한 종 엘리에셀, 그 누구에게도 이야기하지 않았습니다. 그럼으로써 그는 누구에게도 거짓말하지 않았지요. 그는 오직 침묵했습니다. 하지만 그것이 이삭을 바쳐야 한다는 사실을 숨기기 위한 침묵은 결코 아니었습니다. 만일 그랬다면 그는 미치광이이자 반인륜적인 사람이 되었을 것입니다. 아브라함은 결코 그래서 침묵한 것이 아니었지요. 그는 이삭을 바치지만 이삭을 돌려받을 것을 믿었기 때문에, 믿을 수 없는 것을 믿었기 때문에 침묵했지요.

---

* "그는 말한다 – '어떤 일이 있어도 (이삭을 바치는 일은) 일어나지 않을 것이다. 아니 일어난다 해도 주께서는 부조리한 것의 힘을 빌어서 새로운 이삭을 내게 주실 것이다'"(쇠얀 키르케고르, 임춘갑 역, 『공포와 전율』, 다산글방, 2007, p. 105).

믿을 수 있는 것을 믿는 것은 믿음이 아닙니다! 믿을 수 없는 것을 믿는 것이 믿음이지요. 아브라함은 도저히 이해할 수 없고 믿을 수 없는 것을 믿고 침묵했습니다. 사라와 엘리에셀 그리고 이삭은 물론이고, 이 세상 그 누구도 도저히 이해할 수 없는 것, 믿을 수 없는 것에 대해서 그는 침묵했지요. 이 점에서 아브라함은 고난 속에서 울부짖으며 따지고 원망하며 비난하는 욥이나 우리와는 전혀 달랐습니다. 사실은 바로 이것이 우리가 그의 침묵을 주목해야 하는 이유인데, 키르케고르는 이 침묵이 사라와 엘리에셀 그리고 이삭, "이들 세 개의 윤리적 법정을 뛰어넘었다"[15]라고 평가하며, 다음과 같이 썼습니다.

아브라함은 침묵을 지킨다. 그는 말을 할 수 없다. 이 점에 고뇌와 불안이 있다. 즉 내가 말을 함으로 해서 남들에게 나를 이해시킬 수 없을 때는, 비록 내가 자나 깨나 끊임없이 말을 한다 해도, 나는 말을 하고 있는 것이라 할 수 없다. 이것이 아브라함의 경우인 것이다.[16]

그러나 이삭이 "불과 나무는 있거니와 번제할 어린 양이 어디에 있나이까?"(창세기 22:7)라고 물었을 때, 그는 더 이상 침묵할 수 없었지요. 그러나 이 기막힌 순간에조차 아브라함은 거짓말하지 않았습니다. 이때 만일 아브라함이 '나는 모른다'라고 했더라면, 그는 거짓말을 한 셈이 되지요. 그래서 그는 그리하지 않고, "내 아들아, 번제할 어린 양은 하나님이 자기를 위하여 친히 준비하시리라!"(창세기 22:8)라고 자기조차 뜻을 알지 못하는 대답을 했습니다. 그렇지만 이 말에는 그가 무엇을 믿기 때문에 침묵하고 있는지, 아니 무슨 힘으로 침묵할 수 있는지가 잘 나타나 있습니다. 키르케고르는 당시 아브라함의 심정을 다음과 같이 들여다보았습니다.

여기에는 아브라함의 마음에 이중운동Doppelbewegung이 있음을 알 수 있다. 만일 아브라함이 단지 이삭을 단념하였을 뿐이고, 그 이상의 일을 하지 않았다고 한다면, 그는 거짓말을 한 셈이 되었을 것이다. 왜냐하면 그는 하나님께서 이삭을 요구하신다는 것을 알고 있었기 때문이다. 따라서 그는 이 운동(무한한 체념)을 끝내고 나서 모든 순간에 다음 운동, 곧 부조리한 것의 힘을 빌린 믿음의 운동을 하고 있는 것이다. 그런 한에 있어 그는 아무런 거짓말을 하고 있지 않다. 왜냐하면 하나님께서는 전혀 다른 일도 하실 수 있다는 것도 물론 가능하기 때문이다. 따라서 그는 아무 거짓말도 하고 있지 않았다.[17]

그렇습니다. 만일 아브라함이 잠시라도 이삭을 단념하고 모리아산으로 향했다면, 그는 사라와 엘리에셀과 이삭을 속인 '거짓말쟁이'일 뿐 아니라, 피의 제사를 요구하는 잔혹한 신을 섬기는 '우상숭배자'이자, 자신의 아들을 자기 손으로 살해하려는 '미치광이'였을 것입니다. 키르케고르가 지적한 대로, "아브라함이 한 일은, 윤리적으로 표현한다면 그가 이삭을 죽이려 한 것이고, 종교적으로 표현한다면 그는 이삭을 바치려고 한 것"[18]이기 때문이지요. 이 위대한 이야기의 뒷면에는 이처럼 윤리와 신앙이 충돌하는 극심한 대립이 있을 수밖에 없는데, 아브라함은 침묵함으로써 그 모든 '윤리의 법정'을 훌쩍 뛰어넘었습니다.

아브라함은 이 세상의 것, 일체의 인간적 타산, 그리고 자신의 오성마저도 버리는 무한한 자기체념을 한 다음, 힘을 다해, 참으로 있는 힘을 다해 한 걸음 더 나갔지요. 침묵 속에서, 참으로 쇳덩이 같은 침묵 속에서 그는 거짓말쟁이, 우상숭배자, 미치광이가 되지 않고, 하나님을 원망하거나 비난하는 죄인이 되지도 않는 길을 찾았습니다. 믿을 수 없는 것을 믿는 힘, 부조리한 것을 믿는 믿음의 힘으로 버티면서, 아브라함은 잠시도 이삭을 단념하지 않고 추호도 하나님을 거역하지 않았지요. 그는 침묵 속에서 윤리도 버리지 않고 신앙도 지켰습니다. 바로 이것이 칼빈과 키르케고르가 우리에게 침묵을 권하는 이유지요. 키르케고르는 아브라함이 한 이 위대한 일을 마음이 하는 '이중운동'이라고 이름 붙였습니다.

이중운동은 앞에서 소개한 키르케고르의 '실존의 3단계' 가운데 윤리적 단계에서 종교적 단계로 넘어가기 위한 운동입니다. 그중 하나가 '무한한 자기 체념'이고, 다른 하나가 앞에서 살펴본 "부조리한 것의 힘을 빌린 믿음의 운동"이지요. 키르케고르는 이 믿음의 운동을 '윤리적인 것의 목적론적 정지'eine teleologische Suspension des Ethischen라는 용어로 설명했습니다. 그는 우리가 이 두 가지 운동을 함께할 때에만 진정한 종교적 단계에 도달한다고 보았는데, 이에 대해 조금 더 부연하자면 다음과 같습니다.

앞에서 이미 살펴보았듯이, 키르케고르에게 '무한한 자기체념'은 윤리적 단계의 최정점이자, "믿음에 앞서 있는 마지막 단계"지요. "따라서 이 운동을 수행치 못한 자는 모두가 믿음도 갖고 있지"[19] 않습니다. 하지만 체념 자체가 믿음도 아니고, "체념을 하는 데는 믿음이 필요하지도 않다"[20]는 것이 키르케고르의 생각입니다. 체념에는 다만 소크라테스가, 그리고 아가멤논, 옙다, 브루투스가 보여 주었던 높은 윤리의식과 인간적 용기가 필요할 뿐이지요. 그래서 키르케고르는 이런 사람들을 '체념의 기사騎士'라고 불렀습니다.*

---

* 키르케고르에 의하면, 이들은 모두 민족의 운명을 구한다는 지고한 윤리의식과 무한한 자기체념에 의해 사랑하는 딸 또는 아들을 바쳤다. 이렇듯 보편적인 것(윤리적인 것)을 위하여 개별적인 것을 체념하는 사람을 키르케고르는 '무한한 체념의 기사(騎士)'라고 불렀다. 그리고 이들이 가지고 있는 미덕과 용기를 '종교성 A'라고 규정했다. '종교성 A'는 윤리성과 종교성이 연결된 영역을 가리킨다. 키르케고르는 「비학문적 후서」에서 "윤리적 단계와 종교적 단계는 서로 연결되어 있다"면서, '윤리적인 것'을 '윤리적-종교적 영역'(die Ethische-Religiöse Späre)

그런데 아브라함은 여기서 한 걸음 더 나아갔습니다. 그는 무한한 체념을 한 다음, 곧바로 '윤리적인 것의 목적론적 정지'에 들어갔지요. 윤리적인 것은 이성적인 것이고, 이성적인 것은 사고하고 말할 수 있는 것이며 조리에 합당한 것이기에, 하나님의 부조리 앞에선 합당치 않았기 때문입니다. 그래서 그는 윤리적인 모든 사고, 모든 판단, 모든 발언을 정지시켰습니다. 그리고 오직 침묵 속에서 '하나님은 이삭을 요구하지만 요구하지 않는다, 나는 이삭을 바치지만 되돌려받는다'라는 부조리한 것, 참으로 부조리한 것을 믿었습니다. 그럼으로써 아브라함은 '무한한 체념의 기사'일 뿐 아니라 '믿음의 기사騎士'가 되었지요.

윤리는 보편적인 것이고 믿음은 개별적인 것이어서 당연히 개별적인 것이 보편적인 것에, 즉 믿음이 윤리에 종속되어야 한다는 것이 우리의 이성적 판단입니다. 이런 이성적·윤리적 판단에 의해 소크라테스는 자신의 목숨을 내놓았고, 아가멤논, 엡다, 브루투스는 사랑하는 자녀들의 목숨을 바쳤던 거지요. 그러나 개별적인 것이 보편적인 것보다, 다시 말해 믿음이 윤리보다 높이 있다는 것이 '믿음의 역설'paradox of faith이라고 키르케고르는 말합니다.

그리고 이 역설이 성립하기 위해서는, 개별적인 것을 위해 보편적인 것을 버리는 것이 아니라, 그것을 일단 정지시키고—다시 말해 일체의 이성적·윤리적 사고와 판단 그리고 발언을 멈추고—그것을 껴안은 채 그것을 뛰어넘는 윤리적인 것의 목적론적 정지가 필요하다는 것이 키르케고르의 생각입니다. 매우 특별하고 보기에 따라서는 아주 위험한 사유이지요. 그만큼 위대한 사유이기도 합니다.

이라는 표현과 함께 종교적 영역에 포함시켜 다루고 있다[참고. S. Kierkegaard, *Gesammelte Werke* (전집) 16., *Abschliessende Unwissenschaftliche Nachschrift* (종결적인 비학문적 후서), Bd.1, E. Hirsch / H. Gerdes, Eugen Diederichs, p. 290].

내가 보기에는 키르케고르가 말하는 윤리적인 것의 목적론적 정지가 무엇인지를 가장 명시적으로 보여 주는 것이 율법과 복음에 대한 기독교의 입장입니다. 기독교 교리에 따르면, "율법으로는 죄를 깨달음이니라"(로마서 3:20)라는 바울의 가르침이 뜻하듯, 율법은 복음을 준비하기 위한 전 단계일 뿐이지요.* 그것은 마치 키르케고르에 있어 윤리적 단계가 종교적 단계에 이르기 위한 "한갓 통과 영역"[21]인 것과 같습니다.

그러나 율법이 복음에 의해 쓸모없는 것, 그래서 폐기해야 할 것이 되는 것은 아닙니다. 복음은 율법을 끌어안고 한 단계 더 올라갑니다. 이 말을 예수님은 "내가 율법이나 선지자나 폐하러 온 줄로 생각하지 말라. 폐하러 온 것이 아니요, 완전하게 하려 함이라"(마태복음 5:17)라고 가르쳤지요. 그래서 내 귀에는 이 말이 2,000년 전에 예수님이 우리에게 키르케고르가 말하는 '윤리적인 것의 목적론적 정지'를 쉽게 풀어 교훈한 것으로 들립니다.

키르케고르가 말하는 정지^{suspension}는 이처럼 비록 외관상으로는 전前 단계를 폐기하는 것 같지만 내면적으로는 전 단계를 포함하고 한 단계 더 나아가는 운동입니다. 그 때문에 여기에서는 '윤리적인 것'과 '종교적인 것'은 더 이상 "이것이냐 저것이냐"의 문제가 아닙니다. 그것은 마치 받기 위해 먼저 던지는 것이고, 갖기 위해 우선 버리는 것과 같은 '역설적 이중운동'인데, 바로 이것이 아브라함이 한 일이자, 키르케고르가 말하는 '믿음

---

* 율법에 의거한 인간 구원은 철저히 실패로 끝났다. 구약성서에는 사울, 다윗, 아합, 예후, 여로보암의 죄 등 이에 대한 충분한 예를 제시하고 있다. 그래서 인간들은 율법이 주어지기 전보다도 더욱 절망하고 더 많은 죄의식에 빠질 수밖에 없었으며, 구약성서는 이에 대한 수많은 사례로 구성된 거대한 서사시라는 것이 기독교적 입장이다. 그리고 바로 이것이 모든 위대한 도덕주의가 실패할 수밖에 없는 이유이며, '죄를 사하여 주는 자', '하나님에게로 다시 돌아오게 하는 자', 곧 구세주의 '필연적 필요성'이고, 그 필연적 필요성을 준비하기 위해서 율법의 시대가 있었다는 것이 기독교 교설이다. 다시 말해 하나님은 구원에 대한 '인간적 불가능'을 보여 줌으로써 '신적 가능' 곧 '구세주에 의한 구원'의 길을 준비했다는 것이 기독교 교리다.

의 변증법'이고" 알고 보면 '죽어야 비로소 살리라'라는 교훈이 뜻하는 기독교의 본질입니다. 그리고 이 역설적 이중운동, 이 믿음의 변증법, 이 기독교의 본질을 위해 필히 요구되는 전제가 하나님의 부조리 앞에 입을 닫고 침묵하는 것이지요. 하지만 그것은 욥이 결코 하지 못했고, 우리가 여전히 하지 못하는 일이기도 합니다."

키르케고르는 같은 맥락에서 "가장 깊은 의미에서 하나님을 향한 열림의 언어가 침묵이다"라고 했습니다. 그리고 그 이유를 다음과 같이 설명했지요.

침묵은 자아를 버리는 것이며, 자신의 삶과 미래를 잊어버리는 것이다. 침묵은 자신이 누구인지를—그것이 위대하든 하찮든 상관없이—잊어버리는 것이다. 침묵은 자신의 뜻을 잊고, 자신의 모든 고집을 버리는 것이다. 침묵은 자아의 자리에 하나님을 모시는 것이다. 침묵은 자신의 뜻이 있는 자리에 하나님의 뜻을 모시는 것이다. '아버지의 이름'이 거룩히 여김을 받으옵소서! '아버지의 나라'가 임하옵소서! '아버지의 뜻'이 이루어지옵소서! 하

• 키르케고르는 이 말을 "믿음이란 곧 개별자가 개별자로서 보편적인 것보다 높고, 보편적인 것에 거스를 권리가 부여되어 있고, 그 밑에 종속하는 것이 아니라 그 위에 군림한다는 역설(paradox)이다. 그러나 주의해야 할 점은, 개별자가 개별자로서 보편적인 것 밑에 종속되었다가 그 후에 이제는 보편적인 것을 통하여 개별자로서 보편적인 것의 위에 군림하는 개별자가 된다는 역설, 즉 개별자가 개별자로서 절대자에 대하여 절대적인 관계에 선다는 역설이다"라고 했다(쇠얀 키르케고르, 임춘갑 역, 『공포와 전율』, 다산글방, 1981, p. 91).

•• 여기서 키르케고르가 말하는 '종교성 A'와 '종교성 B'의 차이점이 분명히 드러난다. '종교성 A'는 1) 인간은 비록 진리에 대해 무지[소크라테스의 무지(無知), 플라톤의 망각(忘却)]하지만 진리와 함께 있다는 것, 2) 그 때문에 이성적 노력[소크라테스의 산파술(産婆術), 플라톤의 상기(想起)]에 의해 도달할 수 있다는 것, 3) 개별자가 아니라 보편자, 순간이 아니라 영원이 결정적 의미를 갖는다는 것을 전제로 한다. 그러나 '종교성 B'는 1) 인간은 죄에 의해 진리로부터 소외되어 있다는 것, 2) 그 때문에 진리는 인간에게 부조리로서 파악되며 이성적 노력에 의해서는 도달할 수 없다는 것, 3) 개별자와 순간이 결정적 의미를 갖고 있다는 것을 전제로 한다.

고 기도하는 것이다. 기도하는 법을 배우는 것은 하나님 앞에서 침묵하는 법을 배우는 것이다.[22]

이제 문제가 풀렸습니다. 아브라함은 일순간이라도 그리고 추호라도 윤리적인 것을 떠나지 않았지만, 그는 그것에 머물지 않고 침묵 속에서 모든 윤리적인 것의 목적론적 정지를 실행했습니다. 그는 침묵 속에서 자아를 버렸고, 자신의 삶과 미래를 잊어버렸으며, 자신이 누구인지조차 잊어버렸습니다. 그럼으로써 자아의 자리에 하나님을 모시고, 자신의 뜻이 있는 자리에 하나님의 뜻을 모실 수 있었지요. 이것이 하나님 앞에서의 침묵이 우리에게 하는 일입니다.

그러나 누구나 아브라함처럼 위대한 사람일 수는 없습니다. 욥도 마찬가지였지요. 의롭고 선한 사람, 아가멤논, 엡다, 브루투스와 같은 윤리적 영웅으로서 그는 무한한 자기체념을 할 수 있었습니다. 욥이 "내가 모태에서 알몸으로 나왔사온즉 또한 알몸이 그리로 돌아가올지라 주신 이도 여호와시요, 거두신 이도 여호와시오니 여호와의 이름이 찬송을 받으실지니이다"(욥기 1:20-21)라고 외쳤을 때 특히 그랬습니다. 하지만 그는 윤리적인 것의 목적론적 정지는 할 수 없었습니다. 그래서 그는 침묵할 수 없었고 자기의 이성과 윤리를 척도로, 하나님과 친구들에게 자신의 의로움과 선함을 내세우며, 하나님을 원망하고 비난하며 저항했습니다. 그것은 앞에서 언급했듯이 아브라함은 하나님을 직접 만났지만 욥은 그러지 못했다는 차이점에서 기인한 것이기는 하지만, 이 점에서 욥은 분명 아브라함에 미치지 못했습니다.

그런데 말입니다, 욥이 이처럼 윤리적인 것의 목적론적 정지를 하지 않았기 때문에, 그래서 잠시도 침묵하지 않고 하나님과 사람들에게 울부짖고 외치며 저항했기 때문에, 그가 오히려 위대하고 우리의 모범이 된다고 주장하는 학자들이 있습니다. 구스타보 구티에레스를 비롯한 해방신학자들*과 『욥의 노동』을 쓴 정치철학자 안토니오 네그리 같은 좌파 지식인들이 그들이지요. 우리는 이제 욥기에 대한 전통적 해석에 정면으로 대립하는 이 흥미로운 주장들에 ─ 마땅히 그러나 간략하게 ─ 귀를 기울여 보려고 합니다.

침묵할 것인가, 저항할 것인가

해방신학theology of liberation의 기틀을 다진 가톨릭 사제 구스타보 구티에레스**는 "하느님 이야기와 무죄한 이들의 고통"이라는 부제가 붙은 『욥에 관하여』

- 해방신학자로는 우선 스페인의 가혹한 탄압 대상이던 인디오를 옹호한 라스 카사스(Bartolomé de Las Casas, 1474-1566) 신부, 실천적 해방신학의 상징으로 불리는 콜롬비아의 카밀로 토레스(Camilo Torres, 1929-1966) 신부와 같은 선구자를 꼽을 수 있다. 그 외에도, 해방신학 이론을 최초로 체계화한 구스타보 구티에레스 신부, 브라질의 헬더 카마라(Hélder Cámara) 주교와, 역시 브라질 출신의 가톨릭 사제였으나 1992년에 환속한 신학자 레오나르도 보프(Leonardo Boff), 프랑스 철학자 에마뉘엘 레비나스의 제자로 성서 안에 들어 있는 해방 개념을 연구한 멕시코의 신학자 호세 포르피리오 미란다(José Porfirio Miranda), 해방신학의 사목적 차원을 강조한 우루과이의 예수회 수도사 후안 루이스 세군도(Juan Luis Segundo), 민중의 해방을 위해 투쟁하다가 암살당한 엘살바도르의 오스카 로메로(Oscar Romero) 주교, 아르헨티나인의 관점에서 해방신학을 연구한 개신교 신학자 미게스 보니노(J. Míguez Bonino) 등이 대표적이다.
- •• 구스타보 구티에레스는 1928년 페루의 리마에서 태어나 페루와 유럽에서 신학을 공부한 다음, 1959년 사제 서품을 받았다. 이후 리마 가톨릭대학의 교수로 재직하며 스스로 빈민촌에 살면서 가난하고 억압받는 사람들을 위한 신학을 연구하여 이른바 해방신학의 대표적인 개척자가 되었다. 그의 저서로는 『해방신학』, 『해방신학의 영성』, 『생명이신 하느님』 등이 있는데, 구티에레스에 의하면 해방신학은 3단계의 해방을 지향한다. 첫째는 정치적 해방, 둘째는 역사 내에서 인간의 해방, 마지막으로 죄악으로부터의 해방과 하나님과의 합일이다. 교회의 사회참여를 강조한 해방신학은 제2차 바티칸 공의회(1962-1965)와 콜롬비아 메데인에서 열린 제2차 라틴아메리카 주교회의(1968)에서 두각을 드러냈고, 이후 아프리카와 아시아 등 제3세계에 퍼

의 서론에서 "하느님에 관해 이야기하는 방법 또는 방식"으로 "첫 단계가 침묵이요 둘째 단계가 발언"이라고 규정하며 다음과 같이 주장합니다.

> 전도서가 말하고 있듯이 "입을 열 때가 있으면 입을 다물 때가 있다"(전도서 3:7). 침묵, 즉 고요한 때는 일차적 행위요, 이차적 행위는 하느님에 대해 이야기하거나 신학을 논하는 시간을 위한 필수 매개체다.[23]

이어서 구티에레스는 "인간의 고통이 하느님과 관련하여 제기하는 의문들이 사실 해방신학의 출발점이자 유일한 핵심 주제"[24]라고 밝힘으로써, 자신이 말하는 해방신학이 무엇에 대해서 입을 열 것이며, 무엇을 고리로 욥과 연관되는가를 암시하지요.

사실 따져 보면, 욥은 해방신학자나 좌파 지식인들의 관심의 대상일 수 없습니다. 욥은 가난한 노동자, 억압받고 착취당하는 자가 아니고, 어마어마한 부를 지닌 자본가이자 고용주였기 때문입니다. 단지 그가 삽시에 그것들을 잃는 불행을 당했을 뿐이지요. 게다가 비록 일방적 진술이긴 하지만, 그가 오히려 노동자를 착취하고 과부와 고아를 학대했다는 엘리바스의 증언(욥기 22:4-9)도 나옵니다. 그럼에도 불구하고 욥이 가난하고 억압받는 사람들과 맺어질 수 있는 것은 그가 '죄 없이 고통당하는 사람', '자기의 고통과 억울함을 하느님에게 울부짖고 호소하는 사람'이라는 점 때문입니다.

구티에레스는 바로 이 연결고리를 실마리로, 욥과 가난한 노동자, 억압받고 고통당하는 자를 하나로 묶습니다. 그리고 "인간의 고통이 하느님과 관련하여 제기하는 의문들"이 무엇인지에 대해 다음과 같이 구체적으로

저 서구신학의 전통과는 다른 제3세계 신학으로 본격적으로 자리 잡았다. 초교파적 기독교단체인 세계교회협의회(World Council of Churches, WCC)는 방콕대회(1972)와 나이로비대회(1975)에서 해방신학을 'WCC의 신학'으로 채택하기도 했다.

나열하지요.

우리는 가난과 억압으로 특징지어지는 상황 속에서 사랑으로 나타나시는 하나님에 대해 어떻게 이야기할 것인가? 때 이르게 그리고 부당하게 죽어 가는 남녀 인간들에게 생명의 하나님을 어떻게 선포해야 할 것인가? 무죄한 자들의 고통이 우리 면전에서 현재화하고 있는 마당에 하나님이 사랑과 정의를 우리에게 무상으로 선물하고 계시다는 사실을 우리가 어떻게 인정해야 할 것인가? 심지어 사람 취급도 받지 못하는 이들에게 그대들은 하나님의 아들딸이라고 어떤 말로 이야기해야 할 것인가? 바로 이것이 라틴아메리카 및 그와 처지가 동일한 세계 다른 지역에서 형성되어 온 신학으로부터 제기되고 있는 핵심적인 의문들이다.[25]

이어서 구티에레스는 얼마나 많은 라틴아메리카 사람들이, 얼마나 오랫동안, 얼마나 견딜 수 없는 고통을 받아 왔는지를 짧게 소개한 다음, 자기가 던져 놓은 질문들에 답하기 위해 많은 중요한 문헌들을 참조하면서 욥기를 낱낱이 해석합니다. 그리고 다음과 같은 결론에 도달하지요.

이 외침은 결코 막을 수 없다. 불의하게 고통당하는 사람에게는 불평하고 저항할 권리가 있다. 그들의 외침은 그들의 당혹감과 더불어 그들의 믿음을 표현한다. 역사에서 가장 짓밟히는 사람들의 처지를 고려하지 않으면 라틴아메리카 신학은 불가능해진다. 이 말은 신학자들이 어느 시점에서는 "내 하느님, 내 하느님, 어찌하여 나를 버리셨나이까?" 하고 외쳐야 한다는 것을 의미한다.[26]

우리의 이야기와 연관해 특히 눈여겨볼 말이 "불의하게 고통당하는 사람에게는 불평하고 저항할 권리가 있다"라는 부분입니다. 구티에레스가 바로 이 점에서 욥을 높이 평가하기 때문입니다.

> 욥은 강렬하게 항거하고, 가난한 이들과 불의하게 고통당하는 모든 이들에게 투신할 구체적인 방법을 찾고, 하느님과 감연히 맞서고, 인간의 역사를 위한 하느님의 계획의 특성인 무상성을 인식하는 과정에서 우리에게 하나의 길을 제시하고 있다.[27]

여기서 구티에레스가 말하는 '하나의 길'이란 "우리네 영혼이 믿는 바를 우리 혀가 발표하지 않으면 예수의 부르짖음이 들리지 않게 되는 만큼"• 입 다물고 침묵하지 말라는 것입니다. 예수님처럼 "나의 하나님, 나의 하나님, 어찌하여 나를 버리셨나이까"(마태복음 27:46)라고 울부짖고, 욥처럼 "내가 입을 금하지 아니하고 내 영혼의 아픔 때문에 말하며 내 마음의 괴로움 때문에 불평하리이다"(욥기 7:11)라며 저항하라는 거지요. 그래야 비로소 '정치적 해방'도, '역사 내에서 인간의 해방'도, 그리고 마지막으로 '죄악으로부터의 해방과 하느님과의 합일'도 이룰 수 있다는 것이 구티에레스의 주장입니다.

1960-1970년대에 크게 부흥했던 해방신학은 로마 교황청이 1984년과

• 구티에레스는 이 말이 6세기 가톨릭 교황이자 성인인 대(大)그레고리오 1세(Gregorio I, 590-604 재임)의 말로 소개하고, 독일의 현대신학자 몰트만이 『십자가에 달리신 하나님』(*The Crucified God*)에서 주장한 다음과 같은 말도 첨언했다. "그리스도교적이라고 자처하는 신학은 모두 십자가 위에서의 예수의 부르짖음과 연결되어야 한다. 모든 그리스도교 신학은 의식적이든 무의식적이든 기본적으로 '어찌하여 나를 버리셨나이까? 라는 질문에 응답이 되어야 한다.…그리스도교 신학은 자기 시대의 고난에 동참할 때 진실로 현대신학이 되는 것이다"(구스타보 구티에레스, 성찬성 옮김, 『욥에 관하여』, 분도출판사, 1996, p. 240에서 재인용).

1986년, 두 차례에 걸쳐 이 운동이 지닌 폭력성과 해방신학과 마르크스주의 이데올로기 사이의 연관성을 우려하는 경고 문건을 발표함으로써 제동이 걸렸습니다. 그 후 상대적으로 잠잠해졌는데, 21세기 벽두에 이탈리아 출신 정치철학자 안토니오 네그리가 욥기를 해석한 『욥의 노동』2002에서 이 울부짖음과 저항의 문제를 다시 들고 나왔지요. 거기에는 크게 보아 개인적인 것과 사회적인 것, 두 가지 이유가 있습니다.

하나는 네그리가 노동운동 단체인 노동자의 힘Potere Operaio과 노동자의 자율Autonomia Operaia의 창립 멤버이자 자율주의적 마르크스주의의 핵심적 이론가로 활동하며 상당한 기간 수감과 가택연금 생활을 한 개인적 체험과 연결된 것입니다.• 그가 절대적 권력의 폭력과 탄압에 의해 고통을 받은 '죄 없는 사람'이라는 점에서, 그럼에도 불구하고 '새로운 해방의 경로를 모색한다'는 점에서 욥과 자신을 비롯한 동지들이 같은 처지라고 여겼기 때문이지요.•• "우리는 세계를 지배하고 노예화하려는 권력에 대항해 싸우는 욥들이었고 보다 강력하고 잔인한 지배가 세계를 억압하는 그 비참함과 싸우는 욥들"28이었다는 네그리의 고백이 그 사실을 증언합니다.

다른 하나는 1990년대에 일어난 공산주의의 몰락 이후 "20세기 초 레

• 안토니오 네그리는 1933년에 이탈리아 파도바에서 태어났다. 1967년부터 파도바 대학에서 정치학을 가르쳤는데, 노동운동에 적극 참여하였고, 1977년 폭동교사 혐의로 수배되자 알튀세르의 초청으로 파리고등사범학교에서 강의했다. 1979년 4월 7일 기독민주당의 핵심인 알도 모로 총리에 대한 납치 및 살인 사건의 수괴라는 조작된 죄목으로 수감되었지만 1983년 이탈리아 총선에서 급진당 후보로 당선되어 풀려나자 프랑스로 망명하여 파리 8대학에서 정치학을 가르쳤다. 그러나 1997년 자진 귀국하여 약 6년여의 수감과 가택연금을 마친 후 2003년 4월에 자유의 몸이 되었다. 제자인 마이클 하트와 함께 쓴 『제국』(Empire), 『다중』(Multitude), 『공통체』(Commonwealth)가 대표작이다.
•• 『제국』의 공저자이기도 한 네그리가 보기에, 근대에서 탈근대로 넘어오면서, "자본주의 정권이 사회주의 국가들과 여타 경쟁에서 승리하면서 전체주의적으로 되었고 분명히 더 흉포해졌다." 자본은 이제 "노동자들만을 착취하는 것이 아니라 시민들 전체를 착취"하고, 자본주의가 이제 사회 전체와 삶 전체를 포획해 억압한다. 네그리가 보기에 욥은 이러한 폭력과 억압에 저항하여 마침내 해방을 이끌어 내는 투사를 상징하는 인물이다.

닌과 볼셰비키들에 의해 확립된 투사의 모습을 뒤이을 새로운 투사의 모습을 찾으려고 하는"29 좌파 지식인들이 성서에서 그 모델을 찾으려 했기 때문입니다.* 얼핏 엉뚱한 것 같지만, 거기에는 치밀한 계산이 들어 있습니다. 성서는—로마 제국으로부터의 해방이든(유대교), 죄로부터의 해방이든(기독교)—억압되어 고통받는 인간들의 해방을 위한 가장 '오랜 그리고 믿을 만한 텍스트'이기 때문이지요.

우리의 이야기와 연관해 흥미로운 사실은 독일 출신 유대인 철학자 발터 벤야민의 「역사의 개념에 대하여」라는 짤막한 글에 영향을 받은** 야코프 타우베스, 알랭 바디우, 조르조 아감벤, 슬라보예 지젝과 같은 학자들이 사도 바울과 그의 로마서를 주목한 반면, 네그리는 욥에게로 눈길을 돌렸다는 거지요. 네그리는 자신이 욥을 주목한 이유를 다음과 같이 설명했습니다.

욥은 하나님이 만든 세계를 규제하는 척도들에 충실한 자였으며, 노동자들은 자본에 의해 지배되는 모든 척도들의 세계에 충실한 자였다. 그렇지만

---

* 1990년대에 이어진 구소련과 동구 공산주의 국가들의 몰락이 좌파 지식인들에게는 일종의 재앙이었다. 그러자 그것을 극복하려는 알랭 바디우, 조르조 아감벤, 슬라보예 지젝, 안토니오 네그리 같은 좌파 지식인들이 '새로운' 유물론의 정립을 모색하기 시작했다. 이들은 서로 약속이나 한 듯이 신약성서에 수록된 바울의 편지들—특히 로마서—과 발터 벤야민의 「역사의 개념에 대하여」라는 글을 마르크스나 레닌의 텍스트를 대신할 새로운 교본으로 삼았다. 그럼으로써 제국과 율법에 저항해 하나님의 나라와 복음을 선포했던 사도 바울을 자본주의의 폭력과 억압에 저항하는 투사의 전범으로 삼고자 했다.
** 좌파 지식인들이 욥이나 바울과 같은 성서적 인물에서 새로운 투사의 전형을 찾아내려고 한 데는 나름의 이유가 있다. 2,000년이나 갈고 닦아온 기독교 신학에서 새로운 유물론을 구축하기 위한 메커니즘과 동력을 찾을 수 있다는 것이 그들이 낸 아이디어다. 예지에 가득 찬 인물이었던 발터 벤야민이 그 선구자다. 그가 1940년에 발표한 「역사의 개념에 대하여」에서 '체스 두는 터키 인형' 이야기를 비유로 들어, 만일 역사적 유물론(historischer Materialismus)이 오늘날 "왜소하고 흉측해진" 신학을 자기 안에 받아들여 유용하게 사용한다면 "어떤 상대와도 겨뤄 볼 수 있다"는 희망적 예언을 던졌기 때문이다(자세한 내용은 『철학카페에서 작가를 만나다』, 2권 「시간—윤성희 편」을 참고하라).

이제 척도는 폭파되었다. 욥은 척도에 저항했고, 삶의 통약불가능성이라는 고통으로부터 괴로워했다: 그 후 모든 척도들은 사라져 버렸다.…낡은 척도들이 붕괴되는 지점에서 새로운 것들을 창조하는 것은 필연이며, 그때부터 열정만이 그 능력 안에서 척도를 넘어서 즐거움을 갖고 진행할 수 있었다. 오직 이런 시각에서만이 공산주의를 다시 상상하는 것이 가능했다.[30]

그렇습니다. 이것이 네그리가 바울보다 욥을 "새로운 투사"의 상징으로 내세운 이유입니다. 그는 바울을 로마제국의 법과 유대교의 율법을 부정하고 대항하는 단순한 '저항자'로 평가하는 반면,* 욥은 죄 없는 자를 고통으로 몰아가는 척도에 대해 울부짖고 저항함으로써 마침내 그 척도를 부수고 새로운 척도를 만들어낸 '해방자'로 자리매김하고자 한 것입니다.

척도란 일반적으로 가치판단의 기준을 뜻하지만, 네그리가 여기서 말하는 척도는 욥의 세 친구들이 주장하는 논리, 곧 '하나님은 공의롭기 때문에 무죄한 사람을 징계하지 않는다. 그런데 너는 징계받았다. 따라서 네게는 설령 네가 모른다 해도 죄가 있으니 회개하라'는 논리입니다. 우리는 이런 척도에 대한 네그리의 강한 거부감을 어렵지 않게 이해할 수 있습니다. 앞의 말에서 '하나님'을 '법'(당시 실정법)으로만 치환하면, '법은 공의롭기 때문에 무죄한 사람을 징계하지 않는다. 그런데 너는 징계받았다. 때문에 네게는 설령 네가 모른다 해도 죄가 있으니 회개하라'는 것이 되기 때문입니다. 이것은 네그리가 억울하게 수감과 가택연금 생활을 하는 동안 정부와 경찰이 그에게 가한 폭력과 탄압을 정당화하는 논리인 것이지요.

---

* 네그리는 바울을 새로운 투사로 내세운 좌파 지식인들의 사유를 '부정적 사유'라고 이름 붙이고, 다음과 같이 비판했다. "부정적 사유는 통렬할 뿐 패배에 대해 무력한 연민(정당화)이 되었다. 부정적 사유는 덧없는 몰락의 존재론을 대변했다"(안토니오 네그리, 박영기 역, 『욥의 노동』, 논밭출판사, 2011, p. 16).

그래서 네그리는 단순히 의롭지 못한 척도에 저항하는 '부정성'만으로는 부족하다고 생각했습니다. 새로운 세상을 만들기 위해서는, 기존의 척도를 부정하고 저항하는 것에서 한발 더 나아가 새로운 척도를 제시하는 '긍정성'이 필요하다는 생각에서였지요. 이것이 그가 바울이 아니라 욥을 선택한 까닭이자, 다른 좌파 지식인들의 주장을 "부정적 사유", "몰락의 존재론"으로 폄하하는 사상적 이유이기도 합니다. 하지만 거기에는 개인적 이유도 있었습니다.˙ 그것은 네그리가 『욥의 노동』을 쓸 "당시 우리가 여전히 감옥에 있었기 때문에, 그와 같은 인정은 현재로부터 벗어나 미래로 나가려는 하나의 방법이었다"[31]는 것입니다.

그래서 네그리는, 기존의 척도에 거세게 저항할 뿐 아니라 그것을 통해—적어도 그가 생각하기에는—마침내 "세계를 변혁하는 가운데 기쁨을 발견하는" 욥을 내세워 "보다 높은 차원에서 삶을 회복"하고자 했습니다.[32] 이 말을 네그리는 "욥은 반전反轉을 대표한다"라고 했습니다. 욥과 자신을 비롯한 동료들이 처한 상황이 "위기는 사실이지만, 그러나 그 위기가 투쟁과 존재 재구성의 새로운 영역을 구축했다"[33]는 말도 덧붙였지요. 요컨대 욥이 침묵하지 않고 불굴의 용기와 열정으로 자신의 무죄를 주장

˙ 네그리의 이 같은 사유는 신플라톤주의의 영향을 받은 6세기 동방신학의 대표자인 위(僞)-디오니시우스(Pseudo-Dionysius)가 제시한, 하나님을 인식하는 두 가지 길인 '긍정의 길'(positive way)과 '부정의 길'(negative way)에 연관되어 있다. 긍정의 길은 하나님의 속성을 하나씩 밝혀 첨가해 가는 방법이고, 부정의 길은 하나님의 속성에 합당치 않은 것들을 하나씩 밝혀 제거해 가는 방법이다. 서방 가톨릭 신학이 긍정의 길을, 동방정교 신학이 부정의 길을 주축으로 이뤄졌다. 그래서 각각 긍정신학(positive theology), 부정신학(negative theology)이라고도 부른다. 르네상스 시기에는 각각 '첨가의 방식'(via di porre)과 '제거의 방식'(via di levare)으로도 불리었는데, 오늘날 정치철학에서 바디우, 아감벤, 지젝과 같은 좌파 지식인들이 부정의 길을 바디우의 '빼기'(soustraction)라는 용어로 대치해 부르며 지지하고 있다. 그러나 네그리는 그 같은 사유들을 '부정적 사유' 또는 '몰락의 존재론'이라고 비판하며, 바울 대신 욥을 내세워 긍정의 길을 개척하려 애쓰고 있다(이에 대한 보다 자세한 내용은 『철학카페에서 작가를 만나다』, 2권 "시간—김선우편"을 참고하라).

하고 저항함으로써 새로운 척도를 개척할 수 있는 길을 연 투사"라는 것이 네그리의 주장입니다.

그런데 여기서 잠깐! 조금 이상하지 않나요? 욥이 반전을 대표한다니요? 투쟁과 존재 재구성의 새로운 영역을 구축했다니요? 이런 말들이 도대체 어디에서 나왔을까요? 성서에 기록되어 있는 한, 욥이 하나님의 부조리에 끊임없이 그리고 열정적으로 저항한 것은 사실입니다. 그러나 그는 하나님을 만난 다음, 자기의 잘못을 뉘우치고 회개하지 않았나요? "내가 주께 대하여 귀로 듣기만 하였사오나 이제는 눈으로 주를 뵈옵나이다. 그러므로 내가 스스로 거두어들이고 티끌과 재 가운데에서 회개하나이다"(욥기 42:5-6)라고 대답하지 않았나요? 그런데 그것이 어떻게 하나님의 척도에 대한 반전이며, 새로운 척도, 존재 재구성의 새로운 영역을 구축했다고 할 수 있을까요?

그렇습니다. 바로 이것이 우리가 짚고 넘어가야 할 중요한 사안인데, 네그리도 우리와 마찬가지로 욥이 하나님을 만나는 견신見神을 주목합니다. 그러나 그 장면을 보는 눈이 우리와는 전혀 다릅니다. 그도 역시 "이제는 눈으로 주를 뵈옵나이다"라는 말에 초점을 맞춥니다. 하지만 그 말을 듣는 귀가 우리와는 전혀 다르지요. 네그리에게 중요한 것은 욥의 회개가 아니라, 하나님과의 만남見神 자체입니다. '죄 없이 고통받는 사람'을 대표하는 욥이 그칠 줄 모르는 울부짖음과 저항을 통해 마침내 하나님

• 네그리에게 있어 새로운 척도를 제시한 사람은 스피노자이고, 그 새로운 척도에 대한 그의 주장을 담은 것이 마이클 하트와 함께 저술한 『제국』이다. 욥은 그 새로운 척도를 개척할 수 있는 길을 연 사람이고, 『욥의 노동』은 그에 대한 네그리의 주장이 담긴 책이다. 그는 이 말을 "스피노자는 감옥에서 나의 또 다른 독서 대상이었다. 스피노자는 욥이 떠난 자리에서 시작했다: 욥은 하나님을 바라보면서 끝을 맺는데, 스피노자는 하나님을 바라보면서 시작한다"라고 했다(안토니오 네그리, 박영기 역, 『욥의 노동』, 논밭출판사, 2011, p. 17).

을 불러내 만났다는 사실 자체가 중요합니다. 바로 여기서 네그리는 "욥의 고독이 하나님과의 만남에 이르렀듯이, 다중의 패배와 투옥은 새로운 봉기로 결말날 것"³⁴이라는 희망을 보기 때문이지요.

네그리에 의하면, 하나님은 세계를 '창조'하고 인간은 그 세계에서 '노동'을 합니다. 그런데 창조는 세계를 구원하는 메시아를 통해 완성되고, 노동은 해방이라는 세계의 새로운 존재구성을 통해 실현됩니다.³⁵ 이 점에서 하나님과 인간은 동등하며, 인간은 "하나님의 인간적 형식"이지요. 바로 이런 관점에서 네그리는 "이제는 눈으로 주를 뵈옵나이다見神"라는 욥의 말을 우리와는 전혀 달리 해석한 것입니다. "욥은 속죄한 것이 아니라, 그는 자유하며, [새로운 존재를] 구성한다. 해방의 관념은 창조의 관념이다"³⁶라고 말이지요. 이 같은 네그리의 특별한 욥기 해석에 대해 『제국』의 공동 저자이기도 한 마이클 하트Michael Hardt는 『욥의 노동』의 영역본 추천사로 쓴 "척도를 넘어서는 창조"에서 다음과 같이 평가했습니다.

> 많은 이들은 이제 욥이 하나님의 무한한 능력을 이해했고 기꺼이 하나님의 능력 앞에서 자신을 복종하겠다는 의미로 읽는다. 그런데 네그리는 그런 해석과는 반대로, '주님을 뵙습니다見神'를 욥이 지금 어떤 의미에서 하나님의 지위와 동등한 위치에 서 있으며 창조적 능력(신적인 것)과 관련해서 인간의 지위가 전도顚倒됐음을 알리는 신호로 해석한다.³⁷

그렇습니다. 이것이 네그리의 해석입니다. 그러나 그것은 욥기에 대한 새롭고 생소한 해석이지요. 네그리 자신도 그것을 잘 알고 있었기 때문에 기존의 전통적 해석과 자신의 해석을 대변하는 열쇳말keyword들을 다음과 같이 나열해 보여 주었습니다. "한편에서는 하나님과의 만남, 다른 한편에서는 욥의 신성모독: 한편에서는 세계의 창조, 다른 한편에서는 욥의

노동: 한편에서는 가장 숭고한 신학의 성찬 드라마, 다른 한편에서는 인간해방에 관한 유물론적 역사."[38] 바로 이것입니다. 『욥의 노동』에서 네그리가 시도한 해석은 당연히 후자, 곧 '다른 한편에서는'이라는 말 다음에 따라 나오는 것들이지요.

네그리의 새로운 해석이 타당한지 아닌지에 대해서는 다양한 논란이 있지만, 그것은 우리의 관심사가 아닙니다. 때문에 그 시시비비를 차치하고 정리해 보면, 구티에레스와 네그리의 욥기 해석에는 차이점과 공통점이 함께 들어 있습니다. 우리에게는 이것이 중요한데, 차이점은 구티에레스가 욥기를 하나님과의 만남, 세계의 창조, 가장 숭고한 신학의 성찬 드라마로 읽은 반면, 네그리는 욥기를 욥의 신성모독, 욥의 노동, 인간해방에 관한 유물론적 역사로 해석했다는 것이지요. 그럼에도 둘 사이에 뚜렷이 존재하는 공통점은 자기 자신을 포함한 죄 없는 인간 모두의 고통에 대해 침묵하지 말고 울부짖고 외치며 저항해야 한다는 것입니다.

그렇다면 이제 우리 앞에는 두 가지 선택지가 놓여 있습니다. 하나는 죄 없는 자의 고통으로 드러나는 하나님의 부조리 앞에서 아브라함처럼 침묵하고 인내해야 한다는 칼빈과 키르케고르의 권면이고, 다른 하나는 욥처럼 외치며 저항해야 한다는 구티에레스와 네그리의 주장입니다. 누구의 말이 옳을까요? 아니, 우리는 누구의 말을 따라야 할까요?

당신의 생각은 어떠세요? 우선 내 생각부터 말할까요? 나는 이것이 이것이냐 저것이냐의 문제가 아니라고 생각합니다. 이것을 취하되 저것도 버려서는 안 된다고 생각하지요. 침묵하고 인내하면서, 외치며 저항해야 합니다! 칼빈과 키르케고르의 권면도 무겁게 따르면서 구티에레스와 네그리의 주장도 부지런히 좇아야 하지요. 무슨 얼빠진 소리냐고 할지 모르지만, 이제부터는 그 이야기를 하려고 합니다.

나의 하나님, 당신은 어디에 계십니까

이 이야기는 시작하기 전에 약간의 준비운동이 필요합니다. 그래서 묻고 싶은 것이 있는데요, 혹시 생각나세요? 우리가 2부 "하나님은 존재다"에서 이미 다루었던 '이중적 논법'과 3부 "하나님은 창조주다"에서 살펴본 '양립주의' 말입니다. 우리는 이 같은 어법과 사유가 2,000년을 구축해 온 기독교의 교리와 사상이라는 높고 견고한 성문을 여는 열쇠라는 것을 지금까지 이미 수차례 확인했습니다. 그렇지요?

상기하자면, 이중적 논법이란 "하나님은 영원히 안식하면서 부단히 활동하신다"나 "부동motus의 운동actus", "하나uniformis인 모두omniformis"처럼 내용상 서로 모순되는 두 개념을 하나로 묶어 사용하는 어법이지요. 그리고 이 논법은 양립주의compatibilism라는 사유방법과 연관되어 있습니다. 양립주의란 인간의 자유의지가 하나님의 예지와 상충하지 않고 존재할 수 있다는 아우구스티누스의 주장처럼, 서로 모순을 이루는 두 명제를 모두 참true으로 인정하자는 신념이자 주장입니다.

물론 이 같은 역설적 어법이나 역설적 사유가 항상 성립할 수는 없습니다. 그러나 3부 "하나님은 창조주다"에서 살펴본 프랑크푸르트 스타일Frankfurt Style에서 보았듯이, 어떤 '특정한 조건' 아래에서는 이 같은 어법과 사유가 아무 문제없이 성립할 수 있지요, 여기서 중요한 것은 이중적 논법과 양립주의가 우리의 이성이 가진 한계를 훌쩍 뛰어넘어 생각의 지평을 확장하고 내용을 심화하여 우리의 정신을 새로운 사유의 세계로 안내한다는 사실입니다. 이런 현상은 다른 무엇보다 기독교 교리와 그것을 기반으로 한 서양문명에서 자주 찾아볼 수 있습니다. 왜냐하면 이 둘은 헬레니즘과 헤브라이즘, 이성과 계시라는 서로 전혀 다른 두 토양이 만난 땅에서 자라났기 때문입니다. 우리가 2부 "하나님은 존재다"에서 살펴본 '시간화와 탈시간화의 마술'이 그 한 예지요.

기억을 되살리기 위해 잠시 돌아볼까요? 이 놀라운 사유의 마술은 시간이라는 변수를 매개로 일어납니다. 탈시간화란 우리의 사고에서 시간이라는 변수를 제외한다는 것을 뜻하고, 시간화란 시간이라는 변수를 도입한다는 것을 의미하기 위해 만든 용어입니다. 우리는 시간 안에서 살아가기 때문에, '난 어제 아팠지만 지금은 나았어'처럼 잡다한 일상에서 흔히 하는 경험적 사고 empirical thinking 나 지각적 사고 perceptual thinking 는 이미 시간화되어 있지요. 그러나 '삼각형은 세 변을 갖고 있다'나 'A는 ~A가 아니다'와 같이 기하학이나 논리학 같은 학문에서 주로 하는 개념적 사고 conceptual thinking 또는 분석적 사고 analytic thinking 는 탈시간화되어 있습니다.

2부 "하나님은 존재다"에서 우리는―물론 상대적이지만―그리스인들의 사고가 탈시간화되어 있고, 히브리인들은 사유가 시간화되어 있다는 것을 살펴보았습니다. 그리스인들은 개념적으로 사고했고, 히브리인들은 경험적으로 사고했다고도 할 수 있지요. 그리스인들은 영원불변하는 진리를 모색하고 히브리인들은 매 순간 생성하고 작용하는 진리를 추구했다고도 할 수 있습니다. 그리스인들의 빛나는 업적이 탈시간화된 개념들을 사용하는 철학, 기하학, 논리학이고, 히브리인들의 놀라운 업적이 시간화된 우리의 삶과 세계에 대한 경험들이 바탕이 되는 종교인 것은 바로 그래서입니다. 2부 "하나님은 존재다"에서 나는 다음 두 가지 대표적인 예를 소개했습니다.

우선, '존재'를 뜻하는 그리스어 '토 온'to on 은 탈시간화된 사고의 소산이고, 그렇기 때문에 그것은 우리의 정신 안에서 영원·불변하는 진리의 근원이 됩니다. 플라톤의 이데아 idea 가 그 대표적 예지요. 그러나 '존재'를 뜻하는 히브리어 '하야'^{hāyā}는 시간화된 경험의 소산이고, 그렇기 때문에 그것은 그들의 삶 안에서 생성·작용하는 진리의 근원이 된다고 했지요. 그리고 구약성서에서 자신을 '존재'라고 계시한 야훼^{YHWH}를 그 전형적인 예로 소개했습니다. 기억나지요?

마찬가지로 진리를 담아 전달하는 '언어'에 대한 개념도 서로 달랐습니다. 3부 "하나님은 창조주다"에서 살펴보았듯이, '말'을 의미하는 그리스어 '로고스'^{logos}는 탈시간화된, 다시 말해 우리의 정신 안에서 영원불변하는 진리를 표현하는 도구입니다. 기하학과 논리학의 개념과 언어들이 그 대표적인 예지요. 그러나 똑같이 '말'을 뜻하는 히브리어 '다바르'^{dābār}는 시간화된, 다시 말해 우리의 삶과 세계 안에서 생성하고 작용하는 진리를 담은 도구지요. 구약성서의 개념과 언어들이 그 전형적인 예입니다.

여기서 주목하고자 하는 것은, 그리스적 사고는 탈시간화되어 있고 히브리적 사유는 시간화되어 있지만, 기독교적 사고는 그 둘이 융합되어 있다는 사실입니다. 그리고 바로 그 때문에 기독교 교리가 종종 역설적으로 들리기도 하지만, 그것이 우리의 사유를 확장하고 심화하여 새로운 세계로 이끌고 간다는 거지요. 예컨대 기독교에서 '하나님'이라고 부르는 신^{神} 개념 안에는 그리스인의 존재$^{to\ on}$ 개념과 히브리인의 존재^{hāyā} 개념이 융합되어 있습니다. 탈시간화된 개념과 시간화된 개념, 영원불변하다는 개념과 생성·작용한다는 개념이 함께 들어 있다는 뜻이지요. 하나님은 영원히 안식하고, 부단히 활동한다는 말이 그래서 나온 겁니다.

요한복음 1장 1절, "태초에 말씀이 계시니라. 이 말씀이 하나님과 함께 계셨으니 이 말씀은 곧 하나님이시니라"에서 예수님을 가리키는 '말씀'이라는 개념도 마찬가지입니다. 그 안에는 그리스인들의 로고스 개념과 히브리인들의 다바르^{dābār} 개념이 융합되어 있습니다. 탈시간화된 개념과 시간화된 개념, 다시 말해 영원불변하는 진리라는 개념과 생성·작용하는 진리라는 개념이 함께 들어 있지요. 그럼으로써 태초부터 하나님과 함께 하는 '영원불변하는 진리'인 동시에 우리의 삶과 세계에 생성·작용하는 진리―다시 말해 인간과 세계를 창조하고 마지막엔 구원하는 진리―인 예수님의 사역을 탁월하게 표현하는 것입니다.

정리하자면, '시간화와 탈시간화의 마술'의 핵심은 이처럼 시간을 매개로 타당한 명제proposition가 역설paradox이 되기도 하고, 역설이 타당한 명제가 되기도 한다는 것에 있습니다. 이에 대한 인상적인 사례를 우리는 2부 "하나님은 존재다"에서, 탈시간화된 그리스적 사고의 특성을 대변한다고 볼 수 있는 논리학을 통해서 이미 확인했습니다. 다시 말해 아리스토텔레스가 체계화하고 우리가 지금도 사용하고 있는 논리학에는 시간이라는 변수가 제외되어 있다는 것과 그 결과 어떤 역설이 생겨나며, 그것을 어떻게 타당한 명제로 만들 수 있는가를 살펴보았지요.

상기하기 위해 아리스토텔레스가 『궤변 논박』에 실은 다른 예를 하나 더 소개하자면, "앉은 사람이 일어났다. 일어난 사람은 서 있는 사람이다. 그러므로 앉은 사람은 서 있는 사람이다"라는 궤변이 있습니다. 이 논증도 역시 '바바라'Modus Barbara라는 삼단논법 형식을 그대로 따르고 있어 형식적 오류를 전혀 범하지는 않았는데도 결론은 역설입니다. 그런데 여기에도 시간이라는 변수를 도입하여 "조금 전에 앉은 사람이 일어났다. 일어난 사람은 지금 서 있는 사람이다. 그러므로 조금 전에 앉은 사람은

• 2부 "하나님은 존재다"에서는 아리스토텔레스의 『궤변 논박』에 실린 다음과 같은 궤변을 소개했다. "병든 사람이 나았다. 나은 사람은 건강한 사람이다. 그러므로 병든 사람은 건강한 사람이다." 이 논증은 형식적 오류를 전혀 범하지는 않았는데도 결론은 역설이다. 그리스적 사유 형식을 대변하는 논리학에 시간 개념이 빠져 있기 때문이다. 이 역설은 예를 들어 "어제 병든 사람이 오늘 나았다. 나은 사람은 건강한 사람이다. 그러므로 어제 병든 사람은 오늘 건강한 사람이다"라고 시간 개념을 도입하면 사라진다.

지금 서 있는 사람이다"처럼 만들면 즉시 타당한 논증이 됩니다.

요점은 어떤 '특정한 조건' 아래에서는 역설이 타당한 명제가 될 수 있다는 것입니다! 이때 말하는 '특정한 조건'이란 보통 시간적·공간적·질적 또는 범주적으로 서로 다른 차원을 갖는다는 것을 뜻합니다. 이 말은 이중적 논법으로 구성된 표현이나 양립주의적 명제의 특성인 역설들이 적합한 조건 아래에서는 이해 가능하고 진술 가능한 명제가 될 수 있다는 것의 의미합니다. 그렇지요? 이제 마침내 준비가 끝났습니다. 원래 이야기로 다시 돌아갈까요?

침묵하며 외쳐라

우리가 해결하려는 문제는, 죄 없는 자가 받는 고통으로 드러나는 하나님의 부조리에 대해 아브라함처럼 침묵하고 인내해야 하는지, 아니면 욥처럼 외치며 저항해야 하는지 하는 것이었습니다. 그것은 칼빈과 키르케고르의 권면을 따를 것인가, 아니면 구티에레스와 네그리의 주장을 따를 것인가 하는 문제이기도 하지요. 이에 대해 나는 양립주의적 관점에서, '우리는 침묵하고 인내하면서, 외치며 저항해야 한다'고 이중적 논법으로 대답했습니다. 여기서 드는 의문은 이 역설적 어법을 성립하게 하는 특별한 조건이 있느냐, 있다면 그것이 무엇이냐 하는 것인데, 그것은 대상을 구분하는 것입니다. 요컨대 우리는 죄 없는 자가 받는 고통으로 드러나는 하나님의 부조리에 대해, 하나님 앞에서는 침묵하고 인내하면서 사람들 앞에서는 외치며 저항해야 한다는 거지요.

사실은 이 해법을 이야기하려고 우리는 먼 길을 에둘러 돌아온 것입니다! 그리고 이 해법은 하나님은 '하나이며 동시에 셋'이다(삼위일체론), 예수님은 '신이자 동시에 인간'이다(그리스도론) 그리스도인은 '의인이면서 동시에 죄인'simul justus et peccator이다(마르틴 루터), 교회는 '순결한 창녀'casta meretrix다(한스 큉) 같은 표현이 말해 주듯이, 기독교의 중요한 교리와 사상들이 역설적 어법과 사유를 통해 표현되어 온 것과 맥을 같이한다고 볼 수 있습니다. 그러나 정작 중요한 것은 이 해법이 죄罪와 악惡, 칭의稱義와 성화聖化를 구분하는 기독교 교리와도 맞아떨어진다는 사실이지요. 무슨 소리냐고요? 간략하게 설명하자면 다음과 같습니다.

성서와 기독교에서 말하는 죄hamartia*는 우리가 흔히 말하는 범죄犯罪, crime, 곧 폭행, 살인, 거짓말, 도적질, 간음과 같은 '도덕적' 또는 '법률적' 죄와 다릅니다. 이 죄는 하나님에게 짓는다는 뜻에서 '종교적 죄'이자, 존재물이 존재를 떠나 존재를 상실했다는 의미에서 '존재론적 죄'이지요.** 1부 "하나님은 누구인가"에서 이미 설명했듯이, 성서와 기독교에서 말하는 죄는 우리가 '하나님에게서 돌아선 것', '하나님을 떠난 것'이고, 그렇기 때문에 이 죄에서 벗어나는 길은 오직 '하나님에게로 다시 돌아서는 것', '하나님에게로 다시 돌아오는 것'뿐이지요.

우리는 선지자 예레미야의 선포에서 이미 이 죄와 죄-사함의 메커니즘을 찾아볼 수 있습니다. "그들의 등을 내게로 돌리고 그들의 얼굴은 내

• 신구약성서에서 죄를 의미하는 그리스어 '하마르티아'(hamartia)는 본디 '맞지 않다', '(과녁을) 빗맞히다' 등의 뜻을 가졌다. 성서 외의 문헌에서도 비유적으로 '신의 말을 거역하다', '신에게 잘못하다'(예: 호메로스, 『일리아스』, 『오디세이아』) 내지 '원래 목표에서 빗나가다'(예: 아리스토텔레스, 『니코마코스 윤리학』)라는 의미로 사용되었다.

•• 성서와 기독교에서 말하는 죄는 '하나님에게 하는 잘못'이고, 그것은 '단 한 번의 돌아섬'이다. 악은 '인간에게 하는 잘못'이고, 그것은 죄들(sins)이라고 복수로 표현되는 다양한 악행들이다. 전자는 '의(義)'와 죄(罪)의 대립구도'와 연관되어 있고, 후자는 '선(善)과 악(惡)의 대립구도'와 연관되어 있다. 다시 말해 하나님에게 잘못을 했느냐 아니냐에 따라 '죄인'과 '의인'이 판별 나고, 사람들에게 잘못을 했느냐 아니냐에 따라 '악인'과 '선인'이 가려진다. 일찍이 이와 같이 의와 죄, 선과 악이 각각 짝을 지어 대립하는 이중적 대립구도를 관파한 키르케고르는 "죄의 반대는 선행이 아니라 의이고, 의의 반대는 악행이 아니라 죄다"라고 선언했다.

게로 향하지 아니하다가 그들이 환난을 당할 때에는 이르기를 일어나 우리를 구원하소서 하리라"(예레미야 2:27), 이 말은 죄가 하나님에게서 돌아서는 것임을 보여 줍니다. 또 "여호와여, 우리를 주께로 돌이키소서. 그리하시면 우리가 주께로 돌아가겠사오니 우리의 날들을 다시 새롭게 하사 옛적 같게 하옵소서"(예레미야애가 5:21)라는 이 말은 구원이 무엇인지, 바꿔 말해 인간이 어떻게 죄-사함 받을 수 있는지를 역시 잘 보여 주지요.

죄는 이처럼 하나님으로부터 '단 한 번의 돌아섬'이고, 마찬가지로 죄-사함도 하나님에게로의 '단 한 번의 다시 돌아섬'입니다. 파울 틸리히가 "죄는 죄들sins이라고 복수로 말할 수 있는 것이 아니다. 만일 그렇다면 죄의 개념은 단지 도덕주의적인 것이 되고 말 것이다"[39]라는 말로 기독교적 죄의 존재론적 성격, 곧 '일회적인 돌아섬'을 강조한 것이 그래서지요. 창세기의 실낙원 이야기가 상징하듯이, 이 죄는 인간이 능동적으로 짓는 것입니다.

그런데 신학용어로 칭의justification라고 하는 죄-사함은 오직 전지전능하며 "모든 것이 합력하여 선을 이루[게]"(로마서 8:28) 하는 하나님만이 할 수 있는 '주권적 사역'입니다. 그 때문에 이에 관한 한 인간은 '수동적'일 수밖에 없다는 것이 기독교 교리입니다. 이러한 이유에서 우리는 욥의 경우처럼 설령 하나님의 처사가 부조리하다고 생각할 때라도 오직 침묵 속에서 하나님의 구원의 은총을 간구해야 한다는 것이 칼빈과 키르케고르가 취하는 입장입니다.

칼빈이 "하나님의 판단이 우리에게 이상해 보인다 할지라도 가장 선한 원칙에 따라 내려진 일이라고 확신하도록 합시다"[40]나 "하나님께서 말씀을 듣는 귀를 우리에게 주셔서 그 말씀에 우리 자신을 복종시키도록 하신다면, 그 순간 우리는 하나님으로부터 등을 돌리게 만드는 어떤 것도 그대로 용납하지 맙시다"[41]라고 설교한 것이 그래서입니다. 또한 키르케고르가 침묵이 "하나님을 향한 열림의 언어 the language of openness"라는 것을 강조한 자리에서 "참으로 웅변에 대립하는 것으로 침묵보다 더한 것은 아무것도 없습니다. 그는 듣는 사람이 되었습니다. 그는 기도를 말하는 것으로 생각했습니다. 그러나 이제 그는 기도가 단지 침묵하는 것만이 아니라 듣는 것임을 배웠습니다"[42]라고 침묵의 중요성을 강조한 것도 그래서지요. 그러나 악惡에 대해서는 다릅니다.

성서와 기독교에서 말하는 악 kakos 또는 악행 kakia은 우리가 '타인에게 행하는 선하지 못한 행위'들로서, '도덕적' 또는 '법률적' 죄를 가리킵니다. 죄가 하나님에게 하는 잘못인 데 반해, 악은 사람들에게 하는 잘못이라는 뜻입니다. 바울이 로마서 1장 29-30절에서 열거한 불의, 추악, 탐욕, 악의, 시기, 살인, 분쟁, 사기, 악독, 수군수군함, 비방, 하나님을 미워함, 능욕, 교만, 자랑, 악을 도모함, 부모를 거역함, 우매, 배약, 무정함, 무자비함 등이 바로 그 악 또는 악행들의 예지요.

따라서 신학용어로 성화 sanctification, 곧 '악에서 벗어나 거룩하게 됨'도 역시 근본적으로는 그리스도를 통해 이루어지는 하나님의 사역이긴 하지만,• 그것은 반드시 그리스도를 닮으려는 인간의 노력과 선한 반응을 필요로 합니다.•• 그 때문에 성화에 관한 한 인간은 '능동적'이고 '적극적'이

• 칭의가 성화의 전제라는 것이 기독교 교리다. 누구든 하나님에게서 돌아선 '죄인'이 되면 점차 악을 행할 수밖에 없고, 반대로 하나님에게로 향한 '의인'이 되면 점차 선을 행하게 되기 때문이다. 비유로 말하자면, 태양에게서 돌아서서 점차 멀어지면 점점 더 어둠을 볼 수밖에 없고, 태양을 향하고 차츰 가까워지면 점점 더 빛을 보게 되는 것과 같은 원리다. 요컨대 하나님에게서 돌아선 죄가 사람에게 행하는 모든 악의 근원이고, 하나님을 향해 다시 돌아선 의가 사람들에게 행하는 모든 선의 원천이라는 뜻이다.
•• 칼빈이 『기독교 강요』에서 칭의를 "하나님과의 화해"로, 그리고 성화를 "흠 없고 순결한 생활을 신장"하는 것으로 규정했듯이, 칭의는 '죄와 의의 대립구도'에서의 구원이고, 성화는 '선과 악의 대립구도'에서의 구원을 말한다. 이 같은 이중적 대립구도에서 죄와 의는 하나님의 의지에 좌우될 뿐 인간의 자유의지와 무관하고, 단지 선과 악만이 자유의지에 좌우된다. 따라서 칭의

어야 한다는 것이 기독교 교리입니다. 한마디로 성화는 하나님을 바라보고 세상을 향한 탐욕concupiscentia을 버리는 노력을 통해 그리스도를 닮아 감으로써 이루어지지요.

사도 베드로가 "오직 우리 주 곧 구주 예수 그리스도의 은혜와 그를 아는 지식에서 자라 가라"(베드로후서 3:18)라고 교훈한 것이나, 바울이 "하나님을 두려워하는 가운데서 거룩함을 온전히 이루어 육과 영의 온갖 더러운 것에서 자신을 깨끗하게 하자"(고린도후서 7:1), "오직 주 예수 그리스도로 옷 입고 정욕을 위하여 육신의 일을 도모하지 말라"(로마서 13:14)라고 가르치며 성화를 위한 신자들의 노력을 강조한 것이 그래서입니다.

요컨대 성화는 죄-사함과 함께 '동시에' 시작되지만, 죄-사함처럼 '단 한 번'에 완성되는 것은 아닙니다. 칼빈이 설파했듯이 "인간의 모든 영역에서 부패의 잔재가 여전하여, 영혼과 육체의 전쟁이 계속되기" 때문이지요. 이 말은 '만일 전지전능하고 선한 신이 존재한다면 왜 세상에는 악과 고통이 존재하는가'라는 에피쿠로스의 딜레마Epicouros dilemma와 그것의 수많은 변형들에 대한 기독교의 답이 될 수 있습니다. 세상에 존재하는 악과 고통은 하나님의 무능이나 악함이나 부재 때문이 아니고, 우리가 아직 성화되지 않아 삶의 모든 영역에서 여전히 부패해 있고 여전히 영혼과 육체의 전쟁을 하고 있기 때문이라는 뜻입니다.

그리고 이 말은 동시에 세상에 존재하는 악과 고통의 책임이 우리에게 있다는 것을 뜻하기도 합니다. 때문에 하나님의 부조리로 드러나는 죄 없는 사람들의 고통에 관해 우리가 침묵하거나 모르는 척해서는 안 되며, 그 문제를 해결하기 위해 울부짖고 외치고 저항해야 한다는 준엄한 명령

와 성화 사이에 존재하는 긴밀한 상호관계에도 불구하고—딱 잘라 구분하자면—죄인(罪人)이 의인(義人)이 되게 하는 칭의는 하나님의 몫이고, 악인(惡人)이 선인(善人)이 되는 성화는 인간의 몫이다. 은총은 하나님의 것이요, 자유의지는 인간의 것이다.

이기도 하지요! 다시 말해 죄 없는 사람들의 고통으로 나타나는 하나님의 부조리란, 사실인즉 우리가 성화되지 못해서, 그리스도를 닮은 삶을 살지 못해서 드러나는 사회적 현상이라는 겁니다. 따라서 그것은 우리가 "네 이웃을 네 자신같이 사랑하라"(마태복음 22:39; 누가복음 10:27)라는 예수님의 가르침을 따르는 삶, 착한 사마리아인을 닮은 삶(누가복음 10:30-37)을 살 때, 그럼으로써 우리 자신과 사회를 성화시켜 나갈 때, 비로소 사라질 것이라는 뜻이기도 합니다. 이것이 구티에레스와 네그리가 취하는 입장이기도 하지요.

구티에레스가 우리에게 욥처럼 울부짖고, 외치고, 저항해야 '정치적 해방'도, '역사 내에서 인간의 해방'도, 그리고 마지막으로 '죄악으로부터의 해방과 하느님과의 합일'도 이룰 수 있다고 한 것이 그래서입니다. 네그리가 악의 문제를 하나님의 부재 문제가 아니라 우리의 실천의 문제로 파악하는 다음과 같은 말을 한 것도 그래서지요.

> 하느님이 존재한다면 악은 어디에서 왔으며, 악이 존재한다면 하느님은 왜 악을 존재하게 했는가? Si Deus est, unde malum? Si malum est, cur Deus? 그런데 이것은 단순히 이해의 문제가 아니라, 어떻게 해방의 길을 구축할 것인가를 발견하는 문제였다. 이것은 변신론 theodicy 문제가 아니라 실천의 문제였으며, 감옥과 추방이라는 권력의 절대성 내부로부터의 해방의 문제였다.[43]

정리할까요. 그리스도인으로서 우리는 하나님의 부조리로 파악되는 죄 없는 자의 개인적·사회적 고통에 대해 '하나님 앞에서는' 침묵해야 합니다. 아브라함이 실행했고 칼빈과 키르케고르가 설파한 대로, 침묵 속에서 자아를 버리고, 자신의 삶과 미래를 잊어버리며, 자신이 누구인지조자 잊어버려야 하지요. 자아의 자리에 하나님을 모시고, 자신의 뜻이 있는 자리에 하나님의 뜻을 모셔야 합니다. 그럼으로써 우리의 삶에 부단히 참여하여 구원을 이루는 하나님의 섭리를 깨닫고 받아들여야 합니다. 그래야 하나님께서 '의롭다 하시기'[칭의] 때문입니다.

그러나 역시 하나님의 부조리로 파악되는 죄 없는 자의 개인적·사회적 고통에 대해 '사람들 앞에서는' 울부짖고 외치며 저항해야 합니다. 그럼으로써 우리는 우리 자신과 사회를 점진적으로 성화시켜 '정치적 해방', '인간의 해방', 그리고 마지막으로 '죄악으로부터의 해방과 하느님과의 합일'을 이뤄 나가야 합니다. 욥이 감행했고 구티에레스와 네그리가 교훈한 대로, "불의하게 고통당하는 사람에게는 불평하고 저항할 권리가" 있는 데다, "우리네 영혼이 믿는 바를 우리 혀가 발표하지 않으면 예수의 부르짖음이 들리지 않게" 되기 때문입니다. 요컨대 그렇지 않으면 우리 자신과 사회가 성화되지 않기 때문입니다.

하나님의 아킬레스건

혹시 당신은 기억력이 좋은 편인가요? 만일 그렇다면 욥의 문제에 관한 이야기를 마친 지금—다시 말해, 설사 하나님의 처사가 부조리하게 파악되더라도, 또 그 때문에 그의 존재마저 의심될지라도 하나님 앞에서는 오직 침묵해야 하고, 사람들 앞에서는 거세게 외치며 저항해야 한다는 결론에 도달한 지금—문득 떠오르는 의문이 하나 있으리라 생각합니다. "죄 없는 자가 당하는 개인적·사회적 악에 대해서는 그렇다고 하자. 그러나 질병, 홍수, 가뭄, 태풍, 지진, 해일과 같이 자연이 만들어 내는 집단적·자연적 악에 대해서는 뭐라 설명하고 대답할 것인가?" 하는 것이지요.

우리가 이야기를 리스본 대지진으로부터 시작했기 때문에 더욱 그런 의문을 피할 수 없을 텐데요. 그렇습니다, 지금까지 한 우리의 이야기에는 질병, 홍수, 가뭄, 태풍, 지진, 해일과 같은 '자연 악''에 대한 설명과 처방이 빠져 있습니다. 그런데 사실인즉 바로 이것이 예나 지금이나 무신론자들이 죄 없는 사람들의 고통을 빌미삼아 신의 존재를 부인할 때 가장 자주 그리고 맹렬하게 공격하는 '하나님의 아킬레스건'이기도 합니다. 때문에 그냥 건너뛸 수 없지요. 예를 들어 데이비드 밀스David Mills는 『우주에는 신이 없다』에서—마치 볼테르가 "리스본 재앙에 관한 시"에서 그랬듯이—다음과 같이 먼저 자연 악의 존재를 지적합니다.

대자연 속에는 아름다움과 질서가 있습니다. 하지만 (자연은) 동시에 지진, 허리케인, 토네이도, 홍수, 벼락, 화재, 가뭄, 기근, 전염병 등의 자연재해를 일으켜 매년 수백만의 무고한 사람들을 무자비하게 희생시키기도 합니다.[44]

이어서 밀스는 자연이 전능하고 선한 신이 만든 조화롭고 아름다운 피조물이라면 어떻게 그런 일들이 일어날 수 있는가를 물으며, 우주에는 신이 없다고 단언하지요. 이 같은 무신론자들의 공격에 대해 신의 존재를 옹호하는 다양한 주장들을 철학에서 신정론theodicy이라고 부르는데, 철학자들은 그것을 보통 '일원론'과 '이원론'의 두 종류로 구분합니다.

일원론은 우주가 궁극적으로 예정조화harmonie preetabilie 된 통일체라는 전제를 갖고 있습니다. 그렇기 때문에 '악이란 단지 일시적으로 또는 부분적으로 나타나는 것일 뿐이고, 그것도 궁극적 또는 우주적 관점에서

• 철학에서는 악을 보통 '도덕적 악'과 '비도덕적 악'으로 구분하여 이야기한다. 비도덕적 악이란 질병, 지진, 폭풍, 홍수, 해일, 가뭄 등과 같이 인간과는 별개로 자연에 의해 발생하는 악이다. 그래서 보통 '자연 악'이라고도 부른다. 이와 달리 도덕적 악은 탐욕, 잔인함, 불의, 악의, 범죄 등과 같이 인간에 의해 일어나는 악이다. 그래서 '인간 악'이라고도 한다.

보면 악은 아예 존재하지 않거나 결국에는 선으로 나타난다'는 주장입니다. 라이프니츠와 스피노자가 바로 이 같은 입장을 견지한 대표적 철학자들이지요. 우리는 이 장(8장)의 서두에서 라이프니츠와 그의 추종자들이 세계는 신에 의해 예정조화 되었기 때문에―궁극적으로 보면―존재하는 것은 모두 옳고 right, 일어나는 일은 모두가 좋다 well고 주장하는 것을 이미 살펴보았습니다.

스피노자 B. d. Spinoza, 1632-1677의 주장도 크게 다르지 않습니다. 그는 우주를 무한하고 영원한 신적 본성으로부터 논리적 필연성에 의해 이끌려 나온 실체들의 총화로 이해했습니다. 바꿔 말하면, 모든 유한한 개별적 사물과 사건들은 무한한 완전성인 우주의 논리적 필연성에 의해 각기 자신들의 자리를 갖는다는 것이지요. 이 말은 질병, 홍수, 가뭄, 태풍, 지진, 해일과 같이 우리가 존재하지 말았으면 하는 모든 자연 악들은 단지 인간의 유한성이 낳은 자연에 대한 '부적절한 지식'이거나 '환상'幻像의 소산일 뿐이라는 의미입니다.⁴⁵

그렇기 때문에 만일 당신이 스피노자에게 "신이 인간을 사랑한다면, 자연은 왜 인간에게 고통, 불행 그리고 죽음을 주는가?"라고 묻는다면, 그는 그런 생각은 단지 당신의 유한성이 가져온 환상에서 나왔으며, 인간이 겪는 고통과 불행과 죽음은 모두 무한한 완전성인 우주의 논리적 필연성에 의해 각기 자신들의 정당한 자리를 갖고 있다고 대답했을 것입니다. 스피노자가 그의 대표작 『윤리학』에서 "사물들이 신에 의해 최고의 상태로 존재하게 되고, 그들이 필연적으로 가장 완전한 자연으로부터 나온다"⁴⁶고 선언한 것이 그래서입니다. 신의 완전성을 인정하고 자연 악의 존재를 부정한 거지요. 이런 이유에서 일원론은 대부분 유신론자들에게 환영받습니다.

이와 달리 이원론은 자연의 선과 악은 밤과 낮, 더위와 추위처럼 실제로 대립하며 존재한다는 주장입니다. 이원론을 지지하는 대표적인 철학자가 영국의 존 스튜어트 밀이지요. 뛰어난 사회학자이자 논리학자이기도 했던 밀은 자연 악이 실재하며, 그것은 신의 무능 내지 불완전성에서 기인한다고 간주합니다.

밀은 자연에서 발생하는 재난, 재앙, 죽음 그리고 그것에서 오는 고통과 슬픔은 그것을 유발하려는 신의 어떤 의도나 목적에서 나오는 것이 아니라, 자연을 창조하고 유지하기 위해 고안된 시스템이 오작동을 일으켜 나타나는 것으로 판단하지요. 그가 『종교에 관한 3편의 에세이』에서 "신의 제한적 능력은…창조주가 그 목적을 어떻게 이루는지 알지 못했거나 창조주의 기술이 자신의 목적을 더 완벽하게 이룰 만큼 완전하지 못한 데서 비롯되었을 것이다"⁴⁷라고 주장한 것이 그래서입니다.

한마디로, 자연 악의 존재를 인정하고 신의 전능성을 부인한 거지요. 그래서 만일 당신이 밀에게 "신이 인간을 사랑한다면, 자연은 왜 인간에게 고통, 불행 그리고 죽음을 주는가?"라고 묻는다면 밀은 그것은 신의 능력에 한계가 있거나 그가 아예 무능하기 때문이라고 대답할 것입니다. 하지만 그런 신은 적어도 기독교에서 말하는 신이 아니지요. 이런 이유에서 이원론은 대부분 무신론자들에게 지지를 받습니다.

어느 주장이 더 그럴듯하게 들리나요? 각자의 성향에 따라 라이프니츠와 스피노자가 지지하는 일원론과 밀이 견지하는 이원론, 둘 중 어느 하나에 더 마음이 쏠릴 것입니다. 그런데 둘 다 기독교 신학의 전통적 주장에서 벗어납니다. 정통 기독교 신학은 신이 선하고 전능하기 때문에 존재하는 것은 모두 옳고, 일어나는 일은 모두가 좋으며, 모든 악은 부적절한 지식 또는 환상의 소산에 불과하다는 일원론과 악이 실제로 존재하고, 신은 전능하지 않거나 아예 무능하다는 이원론을 모두 부인합니다. 그리고 그 둘 사이로 난 '중간 길'을 찾지요.

그런데 그것이 어떻게 가능할까요? 결코 쉽지 않은 일임이 분명한데, 도전이 있는 곳에는 언제나 응전이 있는 법이라서 예로부터 수많은 신학자들이 신정론을 구축하는 일에 매진해 왔습니다. 그만큼 기독교 신정론은 양적으로 방대하거니와 질적으로도 난해하기 짝이 없지요. 하지만 그 모두를 다루는 것은 우리의 목적이 아닙니다. 우리는 단지 자신의 피조물에 부단히 참여하여 인도하는 인격적 하나님의 섭리와 질병, 홍수, 가뭄, 태풍, 지진, 해일과 같은 자연 악 사이의 갈등문제로 이야기를 한정해서 다루고자 합니다. 그것도 흥미롭고 중요한 몇 가지 이론만을 골라 간단히 살펴보지요.*

'자연 악'에 관한 세 가지 견해

아우구스티누스는 신정론에 있어서도 뚜렷한 발자취를 남겼습니다. 정통 기독교 신학이 견지하거나 영향을 받은 그의 자연 악에 대한 주장을 먼저 살펴볼까요? 3부 4장 '보시기에 좋았더라'에서 이미 설명했듯이, 아우구스티누스는 자연 악을 자연의 타락corruptio의 결과로 간주했습니다. 그는 "하나님께서 지으신 모든 것이 선하[다]"(디모데전서 4:4)는 바울의 가르침을 따라 자연이 선하고 아름답다고 보았지요. 하지만 하나님처럼 '완전하게'가 아니라 '불완전하게' 선하고 아름다우며, 바로 그 때문에 언제나 타락의 가능성을 갖고 있다고 주장했습니다.**

---

* 선하고 전능한 하나님과 세상에 존재하는 악 사이의 갈등문제는 기독교의 가장 중요한 교리인 창조, 죄, 타락, 구원 등의 문제와 면밀하게 연결되어 있다. 따라서 우리는 죄와 구원의 문제를 다룰 때에 이 문제를 다시 세밀히 다루고자 한다.
** 아우구스티누스의 신정론에는 그것을 떠받치는 두 개의 기둥이 있다. 그중 하나는, 악은 실제로 존재하는 어떤 것이 아니며 선의 결핍(privatio boni)으로 나타나는 '현상'(現象)일 뿐이라는 주장이다[참고.『회고록』(Enchiridion), 3. 2;『고백록』, 7. 12]. 그것은 마치 어둠이라는 현상

'왜 그런가?'라는 질문에 대해서는, 자연이 '하나님에 의해서' 창조되었지만 '하나님으로부터'가 아니라 '무로부터' 창조되었기 때문이라고 대답했지요. 요컨대 아우구스티누스는 하나님이 창조했을 당시에는 인간과 자연이 모두 선하고 아름다웠는데, 무로부터 창조되어 타락 가능성을 갖고 있었기 때문에 아담의 범죄 이후 타락하여 악하고 추해졌다고 합니다. 그는 자신의 주장에 관한 성서적 근거를 창세기에서 선악과를 따 먹은 아담에게 하나님이 "땅은 너로 말미암아 저주를 받고 너는 네 평생에 수고하여야 그 소산을 먹으리라. 땅이 네게 가시덤불과 엉겅퀴를 낼 것이라"(창세기 3:17-18)라고 한 말에서 찾았습니다.

아우구스티누스에 의하면, 인간은 "창조계 질서의 정상"을 차지하고 있었는데 죄를 지음으로써 "우주 전체가 약화되고 실추되는" 결과를 빚었습니다.[48] 그리고 여기에서 질병, 홍수, 태풍, 가뭄, 지진, 해일과 같은 자연 악이 발생했습니다. 그 때문에 인간 악과 마찬가지로 자연 악도 그리스도에 의한 구원에 의해서만 제거될 수 있습니다. 얼핏 들으면 고개가 갸웃해질 수 있지만 우리는 이에 대한 성서적 근거 역시 어렵지 않게 찾을 수 있습니다. 왜냐하면 신약성서에는 예수님이 불치병을 치유하고, 소경을 보게 하며, 앉은뱅이를 걷게 하고, 귀머거리를 듣게 하며, 폭풍을 잔잔케 하고, 죽은 자를 살리는 등의 기록들이 실려 있기 때문이지요. 그리고 모든 악이 제거되어 다시 완전해진 세계를 예수님은 "천국" 또는 "하나님의 나

이 빛의 결핍으로 나타나는 것과 같은 논리다. 아우구스티누스는 선의 상실(deprivatio), 선의 타락(corruptio)이라는 용어도 사용했는데, 이 말은 악은 선과 같은 실재는 아니지만, 엄연한 현상이기 때문에 스피노자가 말하는 '환상'도 아니라는 뜻을 갖고 있다. 그리고 다른 하나는, 선의 결핍은 '선 자체'인 하나님에게서 멀어진 죄의 결과로 나타난다는 내용이다. 태양을 등지고 돌아선 자가 어둠을 보는 것과 같은 이치다. 이 말은 악의 원인과 책임이 하나님에게 있는 것이 아니고 인간에게 있다는 것을 의미한다. 요컨대 하나님은 만물의 창시자이지만 악의 창시자는 아니다[참고, 『자유의지에 관하여』(*De lib. arb.*), 1. 2].

라"라고 칭하며 교훈했고, 사도 베드로는 그것을 "새 하늘과 새 땅"이라고 불렀지요.

물론 이에 대한 논란이 없는 것은 아닙니다. 예컨대 질병, 홍수, 태풍, 가뭄, 지진, 해일은 그 자체가 선의 상실이나 타락, 곧 악이 아니라, 사람이나 동물들에게 해를 끼치는 경우에만 악이라고 할 수 있는 것이 아니냐 하는 반론이 있습니다.* 더욱 심각한 것은 아우구스티누스의 주장이 아무리 "땅은 너로 말미암아 저주를 받고"(창세기 3:17)라는 성서의 말씀에 근거한 것이라고 해도, 아담의 죄 때문에 질병, 홍수, 태풍, 가뭄, 지진, 해일 같은 자연 악이 생겼다는 말은—환경오염이 재앙으로 부상하고 있는 오늘날 시사하는 바가 크다고는 할 수 있지만—설득력이 부족하다는 문제도 안고 있습니다.

그래서 우리는 이제 2세기 동방정교 신학의 기초를 닦은 교부 이레나이우스의 신정론을 살펴보려고 합니다. 이 이론은 현대신학의 선구자로 불리는 독일의 프로테스탄트 신학자 프리드리히 슐라이어마허Friedrich E. D. Schleiermacher, 1768-1834가 적극 수용했고, 20세기 이후 영국의 종교철학자 존 힉John Hick, 1922-2012과 미국의 역사신학자 후스토 곤잘레스를 비롯한 다수의 현대 신학자들이 아우구스티누스 신정론의 대안으로 강력히 지지하는 주장이기도 합니다.

초기 기독교의 교부이자 신학자인 이레나이우스는 신의 구원을 역사 안에서 차례로 전개되고 구현되는 구속사History of Salvation 개념을 통해 파

• 힉은 이에 관해 "무인도 섬이나 화성에서 일어난 화산 폭발은 악인가? 혹은 사람의 손이 닿지 않는 정글 속 식물들이 자연 부패하는 것을 악으로 보아야 하는가?…만일 그렇지 않다면 악은 이러한 물질적 해체와는 관계없고, 다만 인간이나 동물계를 침해할 때만을 가리키는 것이 된다"(『신과 인간 그리고 악의 종교철학적 이해』, 열린책들, 2007, pp. 68-69)라고 설명했다.

약했습니다. 앞에서도 이에 대한 언급이 자주 나왔지요. 그는 『사도적 가르침의 논증』에서 — 서방신학 전통과는 달리 — 하나님이 아담과 하와를 완전한 인간$^{homo\ perfectus}$이 아니라 어린아이와 같이 약함과 연약함을 가진 상태로, 그리고 낙원이 아닌 '비낙원적인 환경' 속에 창조했다고 주장했지요.[49] 그렇지만 그것은 모두 하나님의 구속사 안에 예정된 섭리에 의한 것이라고 했습니다. 서방신학에 익숙한 우리에게는 생소한 이야기지요.

이레나이우스에 의하면, 하나님은 인간이 하나님의 선물로써 완전해지는 것이 아니라, 자신의 자유의지에 의해 "도덕법칙에 대한 지식을 습득하고 죽음으로부터 부활을 성취하며 구원을 경험하고 언제나 하나님에게 감사하는 상태로" 살아가 점차 완전해지길 원합니다. 그래서 결국에는 "하나님으로부터 불멸성을 선물로 받고 더욱 하나님을 사랑하게" 되도록 성장시키기 위해 인간을 불완전하게 창조했지요. 자연도 역시 마찬가지로 자신의 법칙에 의해 비낙원적 환경에서 낙원적 환경으로 진화하도록 창조했습니다. 이것이 이레나이우스가 말하는 신적경륜^{oiconomia}, 곧 '인간과 세계의 구원에 관한 신의 의도적이고 조직적인 계획'입니다.[50]

이레나이우스 유형의 신정론이 가진 특징은 인간의 자유의지와 자연법칙의 자발성을 인정한다는 것, 성장과 진화를 위한 인간의 책임을 묻는다는 것, 하나님과 인간의 협력을 강조한다는 것 등입니다. 이 같은 체계에서 악이란 인간과 자연이 미성숙한 결과이자, 성장과 진화를 위한 필요조건일 뿐이지요. 따라서 악은 하나님의 계획을 파괴하는 재앙이 아니라, 오히려 하나님의 성스러운 구속사의 시작인 것입니다. 이레나이우스의 이론을 적극 수용한 동방정교 신학자인 파울 에프도키모프$^{Paul\ Evdokimov}$는 『동방정교』에서 같은 내용을 다음 같이 설명했습니다.

성서적 의미에서 창조는 백배의 수확을 가져오는 그리고 자라기를 멈추지 않는 한 알의 밀알과 같다. 〈내 아버지가 일하시니 나도 일한다.〉 창조는 오메가를 향한 알파이고 오메가는 이미 알파 안에 포함되어 있다.…시간은 창조된 세계의 구조를 구성하는데, 이것은 이 세계가 아직 미완성이고 미발달한 것이어서 그 씨앗의 열매를 얻는 구세주의 날이 올 때까지 인간과 신의 힘이 협력하는 것을 말한다.[51]

이레나이우스의 신정론은 '하나님이 선하다면 어떻게 악이 존재할 수 있는가'라는 에피쿠로스의 물음뿐 아니라, '하나님은 왜 인간이 신으로부터 돌아서는 죄를 짓지 못하게 하지 못했는가'라는 의문마저도 뿌리부터 잘라 아예 나올 수 없게 하는 힘을 갖고 있습니다. 만일 이레나이우스에게 "하나님이 인간을 사랑한다면, 자연은 왜 인간에게 고통과 불행 그리고 죽음을 주는가?"라고 묻는다면, 그는 그것들이 모두 구원을 위한 하나님의 예정된 계획 안에 있다고 대답할 것이기 때문입니다.

물론 이에 대해서도 논란과 반박이 없는 것은 아닙니다. 그 가운데 심각한 것이 예컨대 '하나님의 예정된 선한 목적이 고통, 불행, 죽음과 같은 악한 수단을 정당화할 수 있느냐', '설사 정당화할 수 있다고 해도, 우리가 겪는 고통과 불행 그리고 죽음이 하나님의 예정된 계획 안에 있는지를 어떻게 아느냐' 등이지요. 그래서 관심이 가는 다른 하나의 신정론이 자연 악에 관한 칼 바르트의 주장입니다.

20세기 신정통주의의 문을 연 독일의 개신교 신학자 바르트는 30여 년에 걸쳐 쓴 대작 『교회 교의학』의 곳곳에서 악의 문제를 다양하고 폭넓게 논의했습니다.* 그렇지만 우리는 이 모두를 다룰 수 없거니와 필요

• 『교회 교의학』, III/3권 50절에서 악의 문제를 다루는 곳 외에도, 예컨대 III/1권 41, 42절 '창

하지도 않기 때문에—그의 신정론이 지닌 두드러진 특징 가운데 하나이자 자연 악에 관한 문제와 긴밀히 연관된—'창조의 그늘진 쪽'Schattenseite이라는 개념에 한정해 살펴보고자 합니다.

바르트가 만들어 사용한 용어 '그늘진 쪽'은 한마디로 기독교 신학에서 전통적으로 악惡으로 불리는 것에 해당합니다. 그런데 바르트에 의하면 '그늘진 쪽'은 창조의 밝은 쪽인 선善처럼 실제로 존재합니다. 그것도 하나님이 보시기에 '대단히 선한' 피조 세계 안에 선과 대립·대조하며 존재하지요. 여기서 바르트의 신정론은 악은 선의 결핍일 뿐 실제로 존재하는 것이 아니라는 정통신학과 갈라서는데, 그가 말하는 그늘진 쪽은 존재와 비존재Nichts의 경계에 실제로 존재합니다. 바르트의 말을 빌리자면 그래서 "안전하지만 위험"합니다. 그럼에도 그것은 자연의 본질에 속하고, 또 하나님에게 속하지요. 마치 밤이 낮과 마찬가지로 자연과 하나님에게 속하듯이 말입니다. 바르트는 이에 대해 다음과 같이 약간 모호하지만 매우 아름답게 설명했습니다.

창조에는 〈예〉뿐만 아니라 〈아니요〉도 있다. 높음뿐 아니라 심연도 있다. 명료함뿐 아니라 모호함도 있다. 과정과 연속뿐 아니라 장애와 한계도 있다. 성장뿐 아니라 쇠락도 있다. 풍부함뿐 아니라 빈곤함도 있다. 아름다움뿐 아니라 잿더미도 있다. 시작뿐 아니라 끝도 있다. 가치뿐 아니라 무가치함도 있다. 피조된 존재, 특히 인간존재에는 시간과 날日 그리고 해年 속에 어두움과 밝음, 성공과 좌절, 웃음과 눈물, 젊음과 나이 듦, 얻음과 잃음, 태어남과 곧 또는 나중에 올 죽음이 있다는 것은 사실이다. 개개의 피조

세기 주석', III/1권 43절에서 창조된 세계의 선함을 다루는 곳, IV/1권 59절에서 죄와 타락을 다루는 곳 등이 있다.

물들과 인간들이 서로 대단히 다른 척도로 이것들을 경험하는 것은 사실이다.[52]

요컨대 하나님의 창조에는 밝은 쪽만 아니라 그늘진 쪽, 선만 아니라 악도 있다는 뜻입니다. 그래서 만일 당신이 바르트에게도 "하나님이 인간을 사랑한다면, 자연은 왜 인간에게 고통, 불행 그리고 죽음을 주는가?"라고 묻는다면 그는 하나님의 창조에는 어두움과 밝음, 성공과 좌절, 웃음과 눈물, 젊음과 나이 듦, 얻음과 잃음, 태어남과 곧 또는 나중에 올 죽음이 다 포함되어 있다고 대답할 것입니다.

그런데 어떤가요? 바르트의 말은 사실인즉 멋지게 포장했을 뿐이지 상식적인 수준에서는 무척 평범해서 당연하게 들리지 않나요? 그렇습니다. 그럼에도 불구하고 바르트의 주장은 이레나이우스의 신정론에 대해 제기된 반박 가운데 '이 세상의 고통과 불행 그리고 죽음이 하나님의 예정된 계획 안에 있는지를 어떻게 아느냐'를 잠재울 수 있습니다. 왜냐하면 밤과 낮, 추위와 더위가 모두 자연에 속하고, 그 둘이 함께 곡식과 과일을 성숙시킨다는 데에는 누구도 더 이상 반박할 수 없기 때문이지요.

게다가 그에 대한 성서적 근거도 어렵지 않게 찾을 수 있습니다. 예컨대 "나는 빛도 짓고 어두움도 창조하며 나는 평안도 짓고 환난도 창조하나니 나는 여호와라 이 모든 일을 행하는 자니라 하였노라"(이사야 45:7)나 "여호와의 시킴이 아니고야 재앙이 어찌 성읍에 임하겠느냐"(아모스 3:6)와 같은 구절이 그것이지요. 그뿐 아니라 "하나님은 자기 백성들이 나중에 배부르게 하기 위해서 일시적으로 굶게 하시며 생명의 빛을 다시 주기 위해서 죽음의 골짜기에 있게"[53] 한다는 칼빈의 정통 신학적 주장에서도 크게 벗어나지 않습니다.

바르트가 '그늘진 쪽'이라는 용어를 통해 악의 존재를 인정한다는 점에서, 혹시 당신은 그의 주장이 무신론자들이 지지하는 이원론이 아닌가 하고 생각할 수 있습니다. 얼핏 보기에 그렇지요? 그래서 학자들 사이에는 그에 대한 비판도 있습니다.* 하지만 딱 그렇다고는 할 수 없지요! 바르트가 말하는 '그늘진 쪽'은 창조의 어두운 면이긴 하지만 여전히 창조에 속하고, 하나님에게 속하기 때문입니다. 때문에 그가 '무'Das Nichtige라고 부르는 것과는 사뭇 다릅니다. 바르트에 있어서, 무는 창조와 반대되고, 긍정에 대한 부정입니다. 하나님의 '의'인 창조와 구원의 사역을 담당하는 그리스도와 필사적으로 전쟁을 치르는 것으로써 정통 신학에서 사용하는 '죄'라는 말에 상응한다고 할 수 있습니다.54

내 생각에, 바르트의 신정론이 지닌 중요한 가치는 그가 이처럼 창조의 반대인 '무'와 창조의 '그늘진 쪽'—다시 말해 죄와 악—을 구분하고 그 관계를 밝혔다는 데에 있습니다. 왜냐하면 2,000년 전통의 기독교 신학은 부지불식간에 또는 고의적으로 죄와 악을 분명히 구분하지 않고 그 관계도 역시 명백히 밝히지 않은 채 혼용해 왔기 때문이지요. 그 결과 죄와 악의 구분은 물론이거니와 구원의 제도로서 칭의와 성화의 구분도 역시 불분명해졌습니다. 그래서 우리는 앞에서 죄와 악의 개념이 어떻게 다르며, 그 둘의 관계가 어떤지를 간단하게나마 살펴본 것입니다.

정리할까요? 살펴본 바와 같이 기독교의 신정론은, 어떻게 하면 하나님의 전능성을 훼손하지 않으면서도 우리가 경험하는 자연 악을 하나님

• '그늘진 쪽'과 무(無)를 인정하는 바르트의 입장은 일찍이 라이프니츠가 '신은 악을 원치 않았지만, 선과 악이 지닌 공가능성 때문에 신은 악이 없는 우주를 창조할 수 없었다'고 주장한 것과 유사하다. 왜냐하면 바르트는 '하나님은 '그늘진 쪽'의 창조를 원치 않았다. 그러나 그럴 수가 없었다. 왜냐하면 '신의 의지와는 독립적으로 그늘진 쪽은 밝은 쪽과 대립·대조되기 때문이다'라고 주장했기 때문이다. 라이프니츠와 바르트는 '선의 짝으로서의 악'을 인정함으로써 이원론이 그렇듯이 궁극적으로는 신의 전능성에 제한을 둔다는 비판을 받는다.

의 탓으로 돌리지 않게 하느냐에 초점이 맞춰져 있습니다. 아우구스티누스는 질병, 홍수, 태풍, 가뭄, 지진, 해일과 같은 자연 악을 하나님에게서 돌아선 인간의 죄의 탓으로 돌려 문제를 해결하려고 했습니다. 하지만 그의 주장은 앞에서 이미 언급한 문제들을 안고 있습니다.

이레나이우스는 악을 하나님의 구속사 안에서 성장과 진화를 위한 필요조건으로 봄으로써, 그리고 바르트는 악을 죄와 분리해서 선과 마찬가지로 창조의 한 축으로 인정함으로써 문제 자체를 해소하려고 했지요. 하지만 이런 방법들은—악을 하나님의 선한 목적을 이루기 위해 필수불가결한 어떤 것으로 인정함으로써—크게든 적게든 하나님의 선성과 전능성을 제한하고 훼손한다는 비판을 피할 수 없습니다. 게다가 앞에서 지적한 대로 '하나님의 예정된 선한 목적이 고통, 불행, 죽음과 같은 악한 수단을 정당화할 수 있느냐'하는 문제도 여전히 남아 있지요.

오랫동안 신정론을 탐구해 온 존 힉은 도스토옙스키 F. M. Dostoevskii, 1821-1881 의 『카라마조프가의 형제들』에서 이반이 알료샤에게 하는 다음과 같은 말을 예로 들어 이 문제를 제기합니다.

> 예를 들어 내가 만약 궁극에 가서 인간을 행복하게 하고 또 평화와 안정을 줄 목적으로 인류의 운명의 탑을 쌓아 올린다고 하자. 그런데 이 일을 위해 단지 하나의 보잘것없는 생물, 예컨대 아까 그 조그만 주먹으로 자기 가슴을 두드린 그 가엾은 아이라도 좋아. 반드시 그 애를 괴롭혀야 하고 또 그 애에게 보상받을 길이 없는 눈물을 흘리게 한 다음에야 그 탑을 쌓을 수 있다고 가정한다면 너는 과연 그러한 전제 아래서 그 탑에 건축기사가 되는 것에 동의할 수 있겠니? 자 솔직히 이야기해 봐! 아뇨, 동의하지 않을 겁니다. 알료샤가 나직하게 대답했다.

『카라마조프가의 형제들』의 핵심 주제인 이 문제에 대해,* 힉은 『신과 인간 그리고 악의 종교철학적 이해』에서 "아뇨, 동의하지 않을 겁니다"라는 알료샤의 대답이 대변하는 도스토옙스키와는 반대 입장을 취합니다. 그는 "사악함과 고통뿐 아니라 거룩함과 행복이 있는 모든 인간 경험을 수긍할 만한 것으로 만들 만큼 위대한 미래의 선은 존재하는가?"라는 질문을 던진 다음, "나는 아마도 그런 선은 있을 수 있고 또한 있다고 생각한다"라는 말로 책을 마칩니다.[55] 하지만 이에 대해서는 여전히 많은 논란과 반박이 잦아들지 않습니다.

그래서 우리는 이제부터 다른 길을 모색해 보고자 하는데, 아주 특별한 것이라기보다 3장에서 이미 언급한 '특별섭리'와 '일반섭리'라는 섭리의 이중적 구조를 통한 해결방안입니다. 내 생각에는 이것이 정통 신학에 충실하거니와 지금까지 소개한 세 가지 신정론을 종합 정리해 각각의 장점들을 취하면서도 단점들을 최소화할 수 있는 방법입니다.

하나님의 섭리는 이중적이다

4부 6장에서 섭리에 관해 알아보며 이미 설명했듯이, 하나님의 모든 섭리는 예정적이고 하나님의 모든 예정은 섭리적입니다. 즉 "모든 일을 그의 뜻의 결정대로 일하시는 이의 계획에 따라 우리가 예정을 입어"(에베소서 1:11)라는 바울의 가르침에 나타나 있듯이, 하나님은 오직 예정한 섭리를 통해 우주만물을 창조하고 돌보고 구원합니다. 그럼에도 불구하고 하나님의 눈앞에서는 "만물이 벌거벗은 것같이"(히브리서 4:13) 드러나므로,

---

* 『카라마조프가의 형제들』은 선한 목적이 악한 수단을 정당화했을 때 생기는 이데올로기의 문제를 다룬 선구적 작품이자 빼어난 수작이다. 이 문제에 대한 좀더 심층적인 설명은 『철학카페에서 작가를 만나다』, 1권 '이데올로기 편'을 참고하라.

섭리에 의한 그의 사역은 맹목적인 것이 아니라, "모든 것이 합력하여 선을 이룬다"(로마서 8:28)는 것이 기독교 교리지요.

그렇다면 자연 악의 근원을 밝히려는 우리의 이야기와 연관해 여기에서 묻고 싶은 것은 당연히 '하나님의 섭리가 만물을 창조하고 돌보는 세계에서 어떻게 죄 없는 사람들을 고통과 불행 그리고 죽음으로 몰아넣는 악이 생겨날 수 있느냐' 하는 것입니다. 결론부터 먼저 밝히자면, 그것이 자연 악이든 인간 악이든 간에, 악은 하나님으로부터 '직접' 나오는 것이 아니라는 것입니다. 자연 악은 자연법칙에서, 인간 악은 인간의 자유의지에서 나온다는 것이 기독교 교리입니다.

3부 5장에서 진화론과 창조론의 대립문제를 해결하면서 살펴보았듯이, 기독교 신학에 의하면 하나님의 섭리는 이중적입니다. 토마스 아퀴나스가 각각 '본래적 원인'과 '우연적 원인' 또는 '제1원인'과 '제2원인'이라고 이름 붙였고, 칼빈이 각각 '특별섭리'와 '일반섭리'로 부른 바로 그것이지요. 기억을 되살리는 의미에서 간단히 정리하자면, 특별섭리는 하나님이 피조물들을 직접 개별적으로 돌보는 의지입니다. 그 때문에 예컨대 바다를 가르고, 해를 멈추며, 처녀를 잉태하게 하고, 죽은 자를 다시 살리는 것과 같은 기적이 가능하지요. 그런데 일반섭리는 하나님이 창조할 때 자연과 인간에게 부여한 '우연적이고 자발적인' 법칙에 위임하여 돌보는 의지입니다. 바로 여기에서 악이 발생합니다.

다시 말해 하나님은 자연에게는 '우연적이고 자발적으로' 운행하는 자연법칙을 주었고, 인간에게도 '우연적이고 자발적으로' 결정하여 행동할 수 있는 자유의지를 주었습니다. 바로 여기에서 인간의 모든 고통, 불행, 죽음을 불러오는 자연 악과 인간 악이 나온다는 말입니다. 조금 더 자세히 구분하자면, 질병, 지진, 폭풍, 홍수, 해일, 가뭄 등과 같은 '자연 악'은 자연에게 주어진 '자연법칙'에서, 그리고 탐욕, 잔인함, 불의, 악의, 범죄 등과 같은 인간 악은 인간에게 주어진 '자유의지'에서 나오지요.

이 말은 하나님은 질병, 지진, 폭풍, 홍수, 해일, 가뭄 등과 같은 일체의 '자연 악'에 직접 개입하지 않았으며, 그것들은 오직 자연에 부과된 자연법칙들의 부조화, 곧 아우구스티누스가 말하는 '타락' 때문에 일어난다는 것을 의미합니다. 요컨대 자연 악이든 인간 악이든 상관없이, 모든 악은 하나님과 무관하며 그 원인과 책임은 자연과 인간에게 있다는 거지요. 이것이 섭리의 이중구조를 통해 구축되는 신정론입니다. 내 생각에는 이것이 중세에 유행했던 라틴어 경구 "신이 있다면 악은 어디에서 오는가? 신이 없다면 선은 어디에서 오는가?"Si Deus est, unde malum? Si non est, unde bonum?에 대한 기독교 신학의 대답입니다. 선은 하나님으로부터 오고, 악은 자연과 인간으로부터 온다는 겁니다.

물론 이것이 "하나님이 인간을 사랑한다면, 자연은 왜 인간에게 고통, 불행 그리고 죽음을 주는가?"라는 당신의 질문에 대한 만족스러운 답은 아닐 겁니다. 왜냐하면 당신은 이제 이렇게 묻고 싶을 것이기 때문입니다. "좋다! 악은 하나님이 직접 만든 것이 아니고 '우연적이고 자발적으로' 운행되는 자연법칙과 인간의 자유의지의 소산이라 하자. 그렇다고 해도 하나님은 왜 악이 생겨날 가능성이 있는 자연법칙과 자유의지를 자연과 인간에게 주었는가? 바꿔 말해 하나님은 악의 가능성을 처음부터 아예 배제한 자연법칙과 인간의지를 창조할 수는 없었는가? 아니면 아예 특별섭리로 직접 통치할 수는 없는가?" 아마 이런 것들일 것입니다. 그리고 이런 질문들은 사실상 "신은 재난을 방지할 수 있는데도 방지하려고 하지 않는가, 아니면 방지하고 싶지만 방지할 능력이 없는가?"라 했던 볼테르의 비난과도 같은 맥락에 있습니다. 이제 그에 대한 답변들 가운데 흥미로운 한두 가지를 들어 볼까요?

독일의 가톨릭 신학자이자 제2차 바티칸 공의회1962.10-1965.12의 고문peritus으로 활약했던 칼 라너가 아우구스티누스의 전통을 이어 주장했듯이, 신이 자연과 인간을 자신의 자동기계로 창조하지 않고 우연적이고 자발적으로 운행되는 원리들에 맡겨 미결정적으로 창조한 것은 오직 '사랑' 때문이라는 것이 기독교 교리입니다. 즉, 자연과 인간에게 일정한 자유와 우연성을 허락하는 것이 강제하는 것보다는 하나님의 사랑에 합당하다는 뜻이지요.

그런데 이 답변을 듣고 당신은 더 강하게 항변하고 싶을 것입니다. "뭐라고? 지진, 해일, 홍수, 가뭄, 기근 등 자연 재해로 죽어 가는 사람들이 한 해에 얼마인가? 또 대부분의 사람들은 질병으로 고통받다가 죽어 가지 않는가? 전쟁과 테러 그리고 강간, 폭행, 살인과 같은 인간 악 때문에 죽어 가는 사람들은 또 얼마인가? 그런데도 악의 가능성을 허용하는 것이 하나님의 사랑이라고 할 수 있는가?"라고 말입니다.

그렇습니다. 당신의 말이 옳습니다. 그래서 당신에게 소개하고자 하는 흥미로운 답변이 있습니다. 힉이 그의 『종교철학개론』에서 전개한 '반사실적 가정법'counterfactual subjunctive에 의한 주장이지요. 힉은 지금의 사실적 세계와는 반대로 모든 자연 악과 인간 악의 가능성이 제거된 다음과 같은 낙원을 가정하고 과연 그것이 바람직한지를 생각해 보라고 합니다.

> 우선 이 세상이 아무런 고통과 고난이 없는 낙원이라고 가정하자. 그 결과는 우리가 상상할 수 없을 정도로 엄청난 것이다. 어느 누구도 다른 사람을 해칠 수 없기 때문에 살인자의 칼날은 종잇조각이 될 것이며 살인자의 총알은 가벼운 공기로 변할 것이다. 백만 원을 도난당한 은행의 금고는 기적적으로 다른 백만 원으로 채워질 것이며(가령 인플레가 없다면), 위조, 사기, 모략, 배반도 사회에 아무런 해를 끼치지 않을 것이다. 아무도 사고로 다치

지 않을 것이며 높은 곳에서 떨어진 등산가, 소방수, 어린아이도 고양이같이 땅에 떨어질 것이다. 아무렇게나 운전을 해도 사고를 낼 수 없을 것이며, 일을 하지 않아도 아무런 해를 입을 수 없으므로 일할 필요가 없을 것이다. 진정한 괴로움과 위험이 없기 때문에 다른 사람이 비록 괴롭거나 위험하다고 말해도 아무런 관심을 쏟을 필요가 없을 것이다.[56]

어떤가요? 바람직하게 생각되나요? 힉에 의하면, 자연법칙이라는 일반섭리에 의해서가 아니라 모든 것이 특별섭리에 의해서 좌우되는 이런 세계에서 우리의 삶은 "유쾌하지만 목표 없이 쉽게 흘러가 버릴 수 있는 하나의 꿈처럼" 됩니다. 그뿐 아니라 "우리가 가지고 있는 현재의 윤리개념이 분명히 무의미하게" 되지요. 예를 들어 누군가를 해치는 것이 옳지 못하다는 개념이 없기 때문에, 옳지 못한 행동이란 아예 없을 것이며 당연히 옳은 행동 역시 없습니다. 마찬가지로 어떤 위험이나 어려움이 존재하지 않는 그곳에서는 그것을 이겨 내는 용기와 꿋꿋함도 의미가 없지요. 또 관대함, 친절함, 사랑, 신중함, 비이기적임 등과 같은 윤리 개념들은 생겨나지도 않습니다.

결과적으로 이러한 세계는 인간의 삶을 무의미하고 무가치하게 하며, 그들을 창조하고 사랑하여 선으로 인도하고 구원하려는 하나님의 의도에서 벗어납니다. 그래서 힉은 실제적인 위험, 어려움, 고통, 실패, 슬픔, 불행, 좌절, 죽음의 가능성 등을 가진 세계가 오히려 인간의 삶에 의미와 가치를 부여하며, 하나님이 도덕적·종교적으로 고양된 '인간 만들기'에 오히려 적합하다고 주장했습니다. 그렇습니다! 바로 이것이 하나님이 자연에 자연법칙을, 그리고 인간에게 자유의지를 부여한 이유입니다. 그리고 그 과정에서 나타나는 자연 악이 허용되는 까닭이지요.

물론 힉의 이런 답변 역시 꼬리를 물고 일어나는 당신의 반론과 의문들을 모두 해소시켜 주지는 못할지도 모릅니다. 하지만 우리가 지금까지 추적해 온 답변들이 죄 없는 사람들이 겪는 자연 악에 대해서도 왜 하나님 앞에서는 침묵해야 하며, 사람들 앞에서는 외치며 저항해야 하는지에 대한 설명은 될 수 있다고 생각합니다. 왜냐하면 내용에 있어 조금씩 차이는 있지만 기독교 신학이 내놓은 답변들에는 다음과 같은 몇 가지 공통점이 있기 때문입니다. 우선 질병, 지진, 폭풍, 홍수, 해일, 가뭄 등과 같은 자연 악은 하나님의 탓이 아니라는 것, 온갖 자연 악에도 불구하고 하나님은 궁극적으로 인간과 세계를 구원하신다는 것, 인간 악의 극복에서와 마찬가지로 자연 악의 극복에도 인간의 선한 의지와 성화가 필요하다는 것 등이지요. 그래서 우리는 다시 욥의 이야기로 돌아갑니다.

아브라함, 욥, 그리고 우리

성서에 보면, 욥은 하나님에게 자신의 의로움에 대해 울부짖으며 저항했고, 사람들에게 자신의 선함을 외치며 저항했습니다. 그러나 하나님을 만난見神 다음 곧바로 회개했지요. 그러자 하나님은 욥이 하나님에게 의로움을 내세우며 저항한 것에 대해서는 꾸짖었고, 사람들에게 자신의 선함을 내세워 저항한 것에 대해서는 묵인하거나—욥의 선하지 못함을 주장했던 세 친구들을 징계함으로써—오히려 칭찬했습니다. 이것은 죄 없는 자가 받는 고통으로 드러나는 하나님의 부조리에 대해, 하나님 앞에서는 침묵하고 사람들 앞에서는 외치고 저항해야 한다는 우리의 해법과 일치한다고 해석할 수 있습니다. 우리의 해법이 교리뿐 아니라 성서적으로도 정당하다는 뜻입니다.

그래서 우리는 욥에 관한 이야기를 여기서 끝내도 좋을 듯한데, 그럼에도 한 가지 아직 해결하지 못한 문제가 남아 있습니다. 그게 뭐냐고요?

하나님과의 만남, 곧 견신의 문제입니다. 인간 악에 의해서든, 자연 악에 의해서든, 죄 없는 자의 고통과 불행으로 드러나는 하나님의 부조리를 우리가 하나님의 부재로 파악하기 때문이지요. 다시 말해 우리는―온갖 신정론에도 불구하고―하나님을 직접 만나기 전까지는 악이 없거나 하나님이 없거나, 둘 중 하나라는 생각에서 여전히 벗어나기 어렵다는 거지요. 앞에서 이미 언급한 대로 아브라함에게는 아예 이것이 문제 되지 않았습니다. 그가 이미 하나님을 만났기 때문입니다. 그런데 욥은 그렇지 않았지요. 그래서 모진 고난 속에서 그가 원한 것은 오직 하나, 하나님을 만나는 일이었습니다. 그에게는 하나님의 부조리를 이해하는 일은 오히려 부차적인 것이었지요. 이 점에서 욥과 우리는 다르지 않습니다.

 욥이 알고 싶었던 것은 하나님이 세상 만물을 지으시고 오직 당신의 뜻대로 이끌어 가시며, 의인과 선인에게 복을 주시고 죄인과 악인에게 벌을 내리신다는 사실이 아니었습니다. 또한 자기가 자신도 모르는 사이에 하나님 앞에서 뭔가 죄를 짓거나 사람들 앞에서 뭔가 악한 일을 하지 않았나 하는 것도 아니었지요. 자기에게 예전 같은 부귀영화가 다시 주어질 것인가 하는 것은 더욱 아니었습니다. 그는 다만 알고 싶었지요, 그의 모든 고난이 악마가 아니고 하나님의 뜻이라는 것을. 그는 오직 알고 싶었습니다. 그리고 마침내 하나님을 만나 그것을 확인했지요.

 그런데 말입니다, 바로 이 점에서 욥과 우리가 갈라섭니다. 욥은 결국 하나님을 만났으며 "이제는 눈으로 주를 뵈옵나이다"(욥기 42:6)라고 외치고 회개했다는 바로 그 사실 때문에, 그런데 우리는 그렇지 않다는 사실 때문에 그렇습니다. 따라서 이제 우리의 문제는 견신見神의 문제, 곧 우리가 아직 하나님을 만나지 못했고, 그의 형상을 눈으로 직접 보지도, 그의 음성을 귀로 직접 듣지도 못했다는 문제, 그래서 아브라함은커녕 욥도 되지 못한다는 문제로 귀결됩니다. 또한 그래서 고난에 처할 때마다 '나의 하나님, 당신은 어디에 계십니까?'라고 외치며 그의 존재를 의심하게 된다는 것이지요.

욥기에 대한 숱한 해석과 문제 제기들이 있지만, 내 생각에는 바로 이것이 욥이 우리에게 던진 가장 크고 중요한 문제입니다. 하나님을 만난다는 것은 '우리가 어떤 존재인가', 다시 말해 '구원받을 수 있는 존재인가 아닌가' 하는 존재의 문제이고, 하나님이 존재인 교리에서 존재의 문제보다 우선하는 것이 없기 때문입니다.

앞에서 소개한 헤르만 헤세의 시에서 "그러나 나의 모든 자아가 파괴되었을 때는/ 당신이 그것을 파괴하셨고/ 당신이 불꽃과 고뇌를 낳으신 사실을/ 나에게 가르치소서/ 왜냐하면 나는 기꺼이 멸망하고/ 또 기꺼이 죽을 수 있습니다만/ 오직 당신 품에서만 죽을 수 있기 때문입니다"라고 읊은 것이 그래서지요. 우리가 지금까지 이야기해 온 가치에 관한 문제, 곧 욥이 선한지 악한지, 욥이 왜 다시 축복받았는지, 또 우리가 욥에게서 무엇을 배울 것인지 하는 것들은 사실상 부차적인 것일 뿐입니다.

그런데 이 크고 중요한 문제에 대한 성서적인 그리고 기독교적인 답은—놀랍게도—당신이 이미 갖고 있습니다. 그렇지요? 네, 틀림없이 그렇습니다! 만일 당신이 그리스도인이라면, 당신은 이미 오래전부터 하나님을 만나고, 그의 형상을 보고, 그의 음성을 들어 왔기 때문입니다. 왜냐고요? 예수님이 곧 하나님이라는 것을 성서와 기독교 교리가 증언하기 때문이지요! 성서에는 예수님이 직접 "나와 아버지는 하나이니라"(요한복음 10:30)나 "나를 보는 자는 나를 보내신 이를 보는 것이니라"(요한복음 12:45)와 같이 자신이 하나님인 것을 스스로 밝혔습니다. 그리고 기독교 신학은 처음부터 성부·성자·성령이 하나라는 것을 주장했고, 325년 열린 니케아 공의회 이후 그것을 교리로 정립했지요.

당신은 "그렇게 말하자면, 구약시대의 유대인들도 구약성서를 통해 하

윌리엄 블레이크, 〈회오리 속에서 욥에게 응답하시는 하나님〉, 1825.

나님을 만나 온 것이 아니냐?"라고 반박할 수 있습니다. 그렇지요! 몇 가지만 예를 들어도, 노아, 아브라함, 모세, 욥에게도 하나님이 나타나시고, 어떤 형상으로든 자신의 모습을 보게 하시고, 어떤 소리로든 자신의 음성을 듣게 하셨습니다. 따라서 그들도 성서를 통해 하나님을 만났다고 할 수 있습니다. 하지만 그것은 예수님처럼 하나님이 직접 인간의 몸으로 태어나, 우리와 함께 살고, 먹고, 마시고, 웃고, 울고, 이야기하고, 복음을 전하고, 무엇보다도 우리와 마찬가지로 죽음을 맞은 것은 아니었지요. 둘 사이의 차이는 마치 그림자와 실체, 아니면 사진과 실물의 차이와 같다 해야 할 것입니다. 아닌가요?

물론 어떤 사람이 지난 2,000년 동안 그리스도인들이 믿어 왔고, 1,600년 이상 서양문명이 받아들인 이 주장을 수긍하느냐 아니냐 하는 것은 별개 문제입니다. 그러나 만일 당신이 성서에 기록되어 있고 기독교 신학에서 '성육신' 또는 '삼위일체론'이라고 부르는 교리를 받아들인다면, 섭리로 나타나는 하나님의 인격성에 대한 문제들은 여기서 모두 종결됩니다. 사도 요한이 "하나님이 세상을 이처럼 사랑하사 독생자를 주셨으니 이는 그를 믿는 자마다 멸망하지 않고 영생을 얻게 하려 하심이라"(요한복음 3:16)라고 선포했듯이, 예수님이 하나님의 인격성의 실체이자 정수이기 때문입니다. 그렇다면 이제 우리의 처지는 하나님을 만나 그의 형상을 눈으로 직접 보고 그의 음성을 귀로 직접 들은 아브라함이나 욥의 그것과 다를 바가 전혀 없습니다. 아니, 오히려 그들보다 더 나은 처지에 있는 것이 아닐까요?

예수님은 마지막 날 밤에 제자들의 발을 씻기고 그들의 물음에 답변할 때, 하나님을 보여 달라는 한 제자의 요구에 자기가 바로 하나님임을 다음과 같이 다시 한 번 가르쳤습니다. "빌립아 내가 이렇게 오래 너희와 함께 있으되 네가 나를 알지 못하느냐. 나를 본 자는 아버지를 보았거늘 어찌하여 아버지를 보이라 하느냐. 내가 아버지 안에 거하고 아버지는 내 안에 계신 것을 네가 믿지 아니하느냐"(요한복음 14:9-10). 그리스도인에게는 참으로 감격스럽고 은혜로운 이야기입니다. 하지만 이게 정확히 무슨 뜻일까요? 이 역시 이성으로는 이해하기가 결코 쉽지 않습니다. 우리는 이어지는 5부 "하나님은 유일자다"에서 삼위일체론을 다루면서 바로 이 이야기를 할 것입니다.

5부

하나님은 유일자다

"하나님도 한 분이시니 곧 만유의 아버지시라.
만유 위에 계시고 만유를 통일하시고 만유 가운데 계시도다."
- 바울, 에베소서 4:6

정원의 라일락 꽃나무에서 맑은 향기가 번져 방 안으로 흘러들어 왔습니다. 플로티노스는 명상에서 깨어나지 않았습니다. 벌써 나흘째 물 한 모금 마시지 않고 꼿꼿이 앉아 명상에 들어 있었지요. 몇몇 제자가 스승의 거처를 떠나지 못하고 조심스러운 눈빛으로 그저 지켜보고 있었습니다. 그들은 스승이 또다시 신을 만나고 있다고 생각했지요. 그가 이미 네 번이나 신과 합일한 경험을 다음과 같이 이야기해 준 적이 있기 때문입니다.

내 영혼이 나의 육체로부터 벗어나 나의 다른 많은 것을 뒤로하고, 오로지 순수한 자아만을 찾아 나갈 때 나는 경이롭고 위엄에 찬 아름다움을 발견했나니, 정녕 저 숭고한 영역에 속하는 찰나 최고의 경지에 이르는 삶에 확신을 얻고 마침내 신과 하나 됨에 이르더라.[1]

하지만 플로티노스는 이번에는 신을 만나고 있는 게 아니었습니다. 방금 지나간 한 줄기 바람, 한 줄기 꽃향기 같았던 자신의 과거와 만나고 있었지요. 이제 곧 그것들과 영원히 헤어져야 할 시간이 다가오기 때문이었습니다.

플로티노스는 로마 황제 세베루스Severus가 13년째 다스리던, 204년 혹은 205년에 이집트의 나일강 상류에 있는 아름다운 도시 리코폴리스Lykopolis에서 태어났습니다. 아버지의 손을 잡고 다니던 어린 시절부터 그는 빵보다 지혜를 원했답니다. 그래서 스물여덟 살이 되던 해에 어머니의 손을 놓고 고향을 떠나 수도 알렉산드리아로 갔지요. 거기서 여러 이름난 선학先學들을 찾아가 귀를 기울였습니다. 하지만 오랜 갈증으로 메말라 갈라져 버린 그의 정신을 흠뻑 적셔 줄 단비 같은 지혜로운 말은 어디에서도 듣지 못했지요.

어느 날 플로티노스는 답답한 가슴을 달래려고 강가로 나갔습니다. 부두에는 로마와 안디옥과 아테네 그리고 소아시아의 여러 지방에서 온 상선들이 돛에는 바람을 가득 안고, 갑판에는 소금과 밀과 귀한 유리그릇과 일용품을 잔뜩 싣고 들어왔지요. 배에서 내린 지체 높은 귀족들과 학자들, 그리고 아름다운 여인들은 상인들과 어울려 물건을 흥정하는 데 정신을 팔고 있었습니다. 바로 그곳에서, 그 법석한 북새통 속에서 플로티노스는 드디어 오랫동안 염원하던 스승을 만났지요. 스승은 한때 부두 노동자였습니다. 그래서 암모니오스라는 그의 이름 뒤에 '짐꾼'을 뜻하는 사카스Sakkas라는 별명이 붙었지요.

암모니오스의 가르침을 듣자마자 플로티노스는 "찾고자 하던 그분을 이제야 뵈었다"라고 고백하고 그 밑으로 들어갔습니다. 그해가 232년이었습니다. 신플라톤주의의 창시자라고도 불리는 암모니오스는 플로티노스에게 10년이라는 짧지 않은 세월 동안 오직 구술로 플라톤 철학을 전수해 주었습니다. 그 덕에 플로티노스는 스승과 마찬가지로 평생을 플라톤 철학에 빠져 살았지요. 암모니오스와 제자들은 플라톤을 "신적인 존재"[2]로 여겼고, 짐작컨대 오늘날 우리가 '중기플라톤주의'라고 부르는 사상을 주로 탐구하며 신플라톤주의의 터전을 닦고 있었습니다.

암모니오스는 그리스도인이었습니다. 하지만 플로티노스는 스승의 종교는 따르지 않았지요. 그래도 암모니오스에게는 이미 기독교 신자가 된 제자가 여럿 있었습니다. 그들 가운데 가장 뛰어난 사람이 일찍부터 알렉산드리아의 신앙입문학교에서 제자들을 가르치며 로마, 안디옥, 예루살렘, 아테네에 이르는 기독교 사회에서 이미 명성을 떨치던 오리게네스였습니다. 하지만 오리게네스는 플로티노스가 알렉산드리아에 도착하기 전에 알렉산드리아 감독 데메트리오스의 미움을 사 팔레스타인으로 추방되었지요. 그래서 같은 스승 밑에서 공부하고 훗날 기독교에 막대한 영향을 준 두 뛰어난 제자들은 안타깝게도 서로 만날 기회가 없었습니다.

플로티노스가 서른여덟 살이 되던 242년에 암모니오스가 세상을 떠났습니다. 그는 깊은 슬픔에 빠졌지요. 그런데 때마침 로마 황제 고르디아누스 3세Gordianus III가 페르시아 원정에 나섰습니다. 새로운 지혜에 항상 목말랐던 플로티노스는 슬픔을 털어 버리고 동방의 지혜를 찾아 원정대를 따라나섰지요. 하지만 2년이 채 못 되어 메소포타미아에서 고르디아누스 황제가 살해되었고, 원정대는 해산했습니다. 알렉산드리아로 돌아오기가 난감했던 플로티노스는 다른 사람들을 따라 로마로 갔습니다. 그때 그의 나이가 마흔이었습니다.

이때부터 플로티노스는 제 스스로 사람들에게 철학을 가르치기 시작합니다. 그는 스승 암모니오스가 그랬던 것처럼 제자들에게 플라톤의 철학을 오직 구술로만 가르쳤지요. 후일 아우구스티누스가 "고대의 대가[플라톤]와 너무 가까워서 플라톤이 다시금 살아난 기분을 자아내는 인물"[3]이라고 평가할 만큼 그는 플라톤의 가르침을 고스란히 전하는 데 혼신의 힘을 다했습니다.

그렇지만 플라톤과 플로티노스 사이에는 이미 600년이라는 시간의 장벽이 가로놓여 있었지요. 게다가 따지고 보면 두 사람은 성격도, 원하는 바도 전혀 달랐습니다. 『국가』를 쓰기도 한 플라톤은 천상세계뿐 아니라 지상세계에 대해서도 아주 큰 관심을 보인 반면, 『엔네아데스』가 보여 주듯이 플로티노스의 관심은 온통 천상세계의 영혼과 영원한 시간에 쏠려 있었지요. 그래서 본의는 아니었지만 그는 플라톤의 개념과 사상들을 자기 취향에 맞게 변형해서 가르쳤습니다. 이것이 오늘날 우리가 신플라톤주의라고 부르는 사상의 핵심입니다.

플로티노스는 물질적인 것에 관심이 없었던 만큼 그에게 가르침받는 사람들에게 물질적 부담을 전혀 안겨 주지 않았습니다. 또한 지상의 어떤 것에도 욕망이 없었기에 권력이나 명예를 탐하지도 않았지요. 그야말로 세상 모든 것에 초연한 철학자였지요. 그 덕분에 황제 갈리에누스^{Gallienus}와 황후 살로니나^{Salonina}까지 그를 존경하고 좋아했습니다. 그래서 어느 해 봄날 황제는 그에게 플라톤의 『법률』에 나오는 헌법에 따라 통치되는 플라톤식 이상도시를 남부 이탈리아에 세우자고 제안하기도 했습니다.⁴ 만일 이 일이 성사되면 플로티노스는 그 도시의 이름을 '플라토노폴리스'^{Platonopolis}라고 부르려 했다고 합니다. 그러나 이 모든 일이 간밤의 꿈처럼 지나갔습니다. 슬픔도 환희도 번뇌도 영광도 모두 뜬구름처럼 흘러갔지요.

플로티노스는 시냇가에서 조약돌을 줍는 소년처럼 명상 속에서 흘러간 시간들을 하나씩 마음에 모았습니다. 그는 항상 마음이 '시간의 집'이라고 생각했습니다. 그의 생각에는, 시간이란 아리스토텔레스가 말한 것처럼 태양의 회전 운동이 만들어 내는 것이 아닙니다. 마음이 시간을 만들어 내지요. 마음이 없으면 지속과 운동은 있을지라도 시간은 없습니다. 시간은 마음 안에 있고 마음과 하나지요. 그러므로 항상 흘러가는 것 같지만 전혀 사라지지 않는 것이 시간입니다. 언제나 아직은 오지 않은 것 같지만 이미 와 있는 것이 바로 시간이지요. "죽음도 역시 다르지 않거늘, 그렇다면 무엇 때문에 두려워하며 기쁘게 맞지 못하랴!"

플로티노스가 번쩍 눈을 떴습니다. 그의 두 눈이 횃불을 켠 것처럼 강렬하게 타올랐지요. 닷새 만이었습니다. 제자들의 입에서 일제히 탄성이

터져 나왔지요. 영특한 포르피리오스^{Porphyrios}가 가장 먼저 안도의 한숨을 내쉬며 고개를 숙여 물었습니다.

"스승이시여, 그동안 어디에 계셨나이까? 저희가 심히 염려했습니다."

"무얼 염려했단 말인가. 우리의 영혼이 양생자$^{兩生者, Amphibios}$임을 몰랐는가? 영혼은 이 세상에서 사는 것처럼, 동시에 저세상에서도 산다는 것을 내가 가르치지 않았던가?" 그러니 내 영혼도 당연히 때마다 자리를 바꾸어 가며 이편 또는 저편에서 살아가지 않겠는가."[5]

플로티노스의 목소리는 전율을 느낄 만큼 힘에 넘쳤습니다. 다가오는 스승의 죽음을 예감한 아멜리오스^{Amelios}가 화가인 카르테리오스^{Carterios}를 데리고 와서 조심스레 입을 열었지요.

"위대한 스승이시여, 당신의 초상화를 그리도록 허락하소서. 당신의 영혼이 저세상에서 돌아오지 않을 때가 이르면 우리가 슬플 것입니다."

플로티노스가 온화한 웃음을 지으며 대답했습니다.

"제자여, 신^{神}과 같은 플라톤의 가르침을 벌써 잊었는가? 우리의 육신이 이미 하나의 그림자 같은 모상인데, 그것을 또 모사한 초상에 무슨 진실한 것이 있겠는가?"" 밤새 우리의 영혼을 환대하던 주인집을 비난해서는 안 되지만, 그렇다고 그것을 모사하여 숭배하는 것은 한낱 부질없는 짓이다."

포르피리오스는 옆에 엎드려 스승의 말을 한 마디 한 마디 빼놓지 않고 양피지 두루마리에 받아 적었습니다. 나중에 모두 합하니 '아홉 벌씩 묶어 여섯 권'이었지요. '엔네아데스'^{Enneades}는 "아홉 벌씩 묶은 책"이라는

- 플로티노스에게 영혼은 정신과 감각이라는 "이 두 가지 능력을 동시에 겸비하면서 그 사이에 자리한다"(플로티노스, 『엔네아데스』, 5, 3, 3, 39).
- 플라톤에 의하면 예술가들은 참된 실체로부터 최소한 두 단계 떨어진 허상을 표현한다. 예를 들어 한 화가가 침대를 그렸다고 가정하면, '침대'는 '침대 이데아'의 모사품에 불과하여 침대의 실재성이 부분적으로만 들어 있는데, 이 침대를 다시 모사한 '침대 그림'은 침대 이데아가 더욱 적게 들어 있는 허상에 불과하다는 것이다(참고. 『국가』, 509d-511e).

뜻을 갖고 있습니다. 아멜리오스와 카르테리오스도 스승의 강의에 계속 참석하면서 기억을 통해 몰래 플로티노스의 모습을 화폭에 옮겼습니다. 플로티노스의 저술로 알려진 『엔네아데스』와 그의 전해지지 않는 초상화는 이렇게 만들어졌습니다.

하나님의 유일성唯一性에 대해 살펴보려는 우리의 이번 이야기는 신플라톤주의자 플로티노스의 『엔네아데스』 가운데 '일자'一者, to hen에 관한 교설을 살펴보며 시작하려고 합니다. 왜냐고요? 영어로는 'the One'으로 번역되는 '일자'에 대한 고대철학 이론들이 기독교에서 '하나님은 오직 한 분이시다'라는 말을 할 때 '유일자'가 갖는 의미와 깊게 연관되기 때문입니다.

물론 기독교에서 말하는 하나님의 유일성은 플로티노스가 태어나기 전, 적어도 그보다 1,500년 전에 모세에 의해 이미 선포되었지요. "이스라엘아, 들으라. 우리 하나님 여호와는 오직 유일한 여호와이시니 너는 마음을 다하고 뜻을 다하고 힘을 다하여 네 하나님 여호와를 사랑하라"(신명기 6:4-5)라는 말이 바로 그것입니다. 유대인들은 모세의 이 말을 대표적 셰마keri'at shema로 삼아 지난 수천 년 동안 아침, 저녁으로 하루 두 번씩 낭독해 오고 있지요. 셰마shema는 이방 종교로부터 히브리 신앙의 정체성을 지키는 신앙고백을 말합니다.

예수님도 당연히 이 셰마를 외우며 자랐을 테고, "너희의 아버지는 한 분이시니 곧 하늘에 계신 이시니라"(마태복음 23:9)라고 가르쳤습니다. 사도 바울 역시 다를 수 없지요. 그도 "하나님은 한 분밖에 없는 줄 아노라"(고린도전서 8:4)라고 교훈했습니다.* 그렇지만 왜 그런지, 다시 말해 '하나님은

• 바울이 한때 그리했듯이 경건한 유대인들은 어려서부터 신명기 6:7에 의거해 모세의 셰마를

왜 한 분인가, 아니 왜 한 분이지 않으면 안 되는가'에 대한 설명은 선지자로부터 사도에 이르기까지 그 누구도 하지 않았습니다. 단지 계시로 받아 교훈으로 전했지요. 이에 대한 철학적·신학적 설명이 암모니오스 사카스의 두 위대한 제자들의 작업에 의해 구축되었던 겁니다.

우선 오리게네스가 기독교 최초의 조직신학서라 할 수 있는 『원리론』을 쓰면서 삼위일체 하나님 가운데 성부聖父를 플라톤의 '선 자체'善自體, 곧 만물의 궁극적 근거인 '일자'와 동일시한 것이 결정적 역할을 했습니다.[6] 그러나 이후 그 내용을 풍성하게 채운 것은 플로티노스의 일자 형이상학이었지요. 초기 기독교 신학자들은 대부분 우리가 신플라톤주의라고 부르는 플로티노스의 『엔네아데스』에 기록된 이론을 도구로 사용해서 그들의 교리와 사상을 정립했기 때문입니다. 특히 6세기 초에 '위-디오니시우스' Pseudo-Dionysius라고 불리는 사람이 나와, 플로티노스의 일자 형이상학을 기독교 신학에 깊숙이 침투시켜 동방정교의 근간인 부정신학theologia negativa을 개척했지요.*

따라서 그리스도인이 "하나님은 유일하시다"라고 말할 때, 우리는 그 뜻을 단순히 독선적 종교의 오만한 선포나 배타적 종교관에서 나온 말로

하루에 두 번씩 고백했다. 그 영향을 우리는 바울 서신 가운데 디모데전서에서, 즉 "홀로 하나이신 하나님"(1:17), "하나님은 한 분이시요"(2:5)처럼 이 셰마가 자주 반복된다는 데서 찾을 수 있다.

• 위-디오니시우스는 우리가 하나님을 인식하는 방법을 '긍정의 길'(via positiva)과 '부정의 길'(via negativa) 두 가지로 나누었다. '긍정의 길'이란 하나님의 속성에 부합하는 요소를 하나씩 긍정문 형식으로 밝혀 나가는 방법이다. 예컨대 '하나님은 선하다'라는 말은 우리가 인식할 수 있는 '선'을 근거로 그것의 완전한 형태, 곧 선의 극한(極限)의 형태로서의 선을 가정한 후에 하는 말이다. 이와 달리 '부정의 길'은 하나님의 속성에 부합되지 않는 요소들을 하나하나 밝혀 제거해 감으로써 부정문 형식으로 하나님을 인식하는 방법이다. 예를 들면 '하나님은 악하지 않다', '하나님은 광폭하지 않다'와 같이 하나님에게 합당치 않은 요소를 부정해 나간다. 위-디오니시우스는 이 두 가지 학문의 길을 체계적으로 정리하고 기독교적 언어로 바꾸어 기독교 신학을 '긍정신학'(theologia positiva)과 '부정신학'(theologia negativa)으로 구분했다(참고. 위-디오니시우스, 『하나님 이름에 관하여』, 1, 5).

만 받아들여서는 안 됩니다. 설령 말한 사람조차 그 진정한 뜻을 모른다 하더라도, 기독교에서 말하는 하나님의 유일성에는 플라톤의 '선 자체'나 플로티노스의 '일자'가 가진 심오한 의미가 여전히 담겨 있습니다. 더욱이 그 말에는 기독교 신학자들이 삼위일체론을 통해 부여한 고유의 의미도 함께 들어 있다는 점이 중요합니다. 그러므로 누구든 그 의미를 잘 모르고서 기독교에서 말하는 하나님의 유일성을 언급한다면―오늘날에는 그리스도인들조차 대부분이 그렇듯이―그때마다 자신도 모르게 커다란 오류를 범하게 될 수밖에 없습니다.

그렇다면 플라톤과 플로티노스가 규정한 '일자'란 무엇일까요? 그리고 기독교에서 삼위일체 하나님이 '유일자'라고 말할 때 그것에는 과연 어떤 의미가 담겼을까요? 이것이 우리가 이제부터 함께 나누려는 이야기입니다. 그런데 여기서 당신이 놓치지 말아야 할 중요한 사안이 하나 있습니다. 이 이야기의 배경에 '기독교가 주장하는 하나님의 유일성이 타 종교에 대한 배타성의 근거가 되는가?' 하는 매우 심각한 문제가 함께 들어 있다는 점이지요. 예나 지금이나 기독교가 가진 가장 큰 해악이 유일신 신앙에서 나온 배타성이며, 바로 그 때문에 전 세계에서 참혹한 분쟁과 테러가 그치지 않는다고 믿는 사람들이 많기 때문입니다.

예컨대 리처드 도킨스는 『만들어진 신』에서 아예 종교가 없는 세상을 꿈꾸며 유일신에 대한 믿음이―유대교든 기독교든 이슬람교든―얼마나 폭력적인 결과를 낳았는가를 다음과 같이 선동적으로 고발했습니다.

존 레논John Lennon의 노랫말처럼 "상상해 보라, 종교 없는 세상을." 자살 폭파범도 없고, 9·11도, 런던폭탄테러도, 십자군도, 마녀사냥도, 화약음모사건(1605년 영국 가톨릭교도가 계획한 제임스 1세 암살미수 사건―옮긴이)도, 인도분할도, 이스라엘과 팔레스타인 전쟁도, 세르비아와 크로아티아와 보스니아에서 벌어진 대량학살도, 유대인을 '예수 살인자'라고 박해하는 것도, 북아일랜드 '분쟁'도, 명예살인도, 머리에 기름을 바르고 번들거리는 양복을 빼입은 채 텔레비전에 나와 순진한 사람들의 돈을 우려먹는 복음 전도사("신은 당신이 거덜 날 때까지 기부하기를 원합니다")도 없다고 상상해 보라.[7]

요컨대 만일 기독교가 없다면 세상이 얼마나 평화롭고 인생이 얼마나 행복해지겠느냐는 거지요. 도킨스의 말이 전혀 새로운 것은 아닙니다! 종교로부터 인간을 해방시키려 애썼던 쾌락주의 철학자 에피쿠로스의 열정적 찬미자이자 로마의 철학시인이던 루크레티우스T. Lucretius, 기원전 ?94-?55의 오래된 격언, 즉 "종교는 우리에게 해악을 끼치는데 그것이 너무나 위력적이다"Tantum religio potuit suadere malorum를 다시 반복하고 있을 뿐이지요. 예로부터 이 같은 주장에는 유일신에 대한 믿음이 곧 타 종교에 대한 배타성과 폭력성의 근원이라는 전제가 확고하게 자리 잡고 있습니다.

앞에서 밝혔듯이, 한 세계를 지배하는 신 개념은 그 세계의 사람들이 추구하는 가치들을 고스란히 반영합니다. 신 개념은 언제나 그 시대 그 지역에 사는 사람들이 추구하는 가치들의 외연外延이자, 그 정점頂點이지요. 바꾸어 말해, 그 세계가 숭배하는 신 개념에 속하지 않은 그 세계의 가치가 없고 그것보다 더 높은 가치도 없다는 말입니다. 따라서 만일 기독교를 비롯한 유일신 종교들이 주장하는 신의 유일성이 곧바로 타 종교에 대한 배타성과 폭력성을 의미한다면, 도킨스와 같은 학자들의 주장이 근거 없는 억지가 아님을 인정해야 할 겁니다. 그리고 신의 속성들 가운데 유일성이야말로 지난 2,000년 동안 서양문명을 암울하게 만든 가장 해악적인 요소라고 단정 지어야겠지요.

그런데 과연 그럴까요? 얼핏 보기에는 그런 것도 같은데, 당신 생각은 어떤가요? 다시 말해 유일신에 대한 믿음은 타 종교에 대해 필히 배타적이고 폭력적인 결과를 낳을 수밖에 없을까요? 그래서 지금도 하루가 멀다 않고 신문의 첫째 면이 피와 눈물로 뒤범벅되고, 어쩌면 인류를 파멸로 몰아갈지 모르는 전쟁과 테러가 그치지 않는 것일까요? 아니면 그건 단지 심각한 오해에 불과할까요? 만일 그것이 오해라면 왜 그런 오해가 예나 지금이나 만연할까요? 이 문제는 오늘날 기독교가 분명히 설명해야 하고, 반드시 해결해야 할 시급하고도 중요한 과제지요. 또한 기독교의 신 개념을 통해 서양문명을 이해해 보려는 우리 이야기에서도 당연히 중요할 수밖에 없는 문제입니다.

성질이 무척 급해 보이겠지만 결론부터 말하자면, 유일신 개념이 타 종교에 대한 배타성과 폭력성의 근거라는 것은 터무니없는 오해의 산물입니다. 그 이유가 이제부터 차츰 드러날 텐데요, 이를 위해 우리는 우선 플라톤과 플로티노스가 규정한 일자의 의미와 기독교의 삼위일체론을 차례로 살펴볼 것입니다. 그럼으로써 기독교에서 말하는 하나님의 유일성이 과연 어떤 의미인지, 그것이 타 종교에 대한 배타성과 폭력성의 뿌리인지 아닌지를 자세히 살펴보려고 합니다. 제법 먼 길이 되겠지만, '시급히 또한 반드시' 밝혀야 할 어두운 골목이기도 합니다. 자, 시작할까요?

9장

일자란 무엇인가

플라톤의 일자

우리가 2부 "하나님은 존재다"에서 이미 살펴보았듯이, 파르메니데스의 존재는 불변하는 실체이고 그래서 만물의 근거이자 진리의 근거지요. 뿐만 아니라 모든 존재물을 포괄하는 전체적인 '하나'^{One}이기도 합니다. 한마디로 파르메니데스에게 존재는 '불변성', '진리성', '단일성', '통일성'을 본성으로 하는 '온전한 일자'$^{oulon\ mounogenes}$*입니다.[1]

파르메니데스의 이러한 존재 개념을 플라톤이 대부분 그대로 계승했습니다. 그러나 플라톤의 존재인 '이데아'^{idea}는 파르메니데스의 존재가 가진 '불변성'과 '진리성'은 갖지만 '단일성'과 '통일성'은 갖지 못합니다. 왜일까요?

이데아는 자기 자신을 사물들에게 나눠 줌^{分與}으로써 다수의 사물이 존재하게 하므로 단일할 수 없지요. 예컨대 '아름다움의 이데아'는 세상의 모든 아름다운 사물에게 자신을 나누어 주기 때문에 아름다움은 더 이상 단일하지 않다는 말입니다. "심지어 모든 이데아 중 가장 단순한 것조차 하나가 아닐뿐더러 사실상 무한한 다수성을 포함한다는 점이 나타난다"[2]라는 질송의 말이 그래서 나왔습니다. 그런데 이 말은 동시에 이데아는 만물의 궁극적 근원인 일자가 아니라는 뜻이기도 합니다. 왜냐하면 역시 "하나님은 존재다"에서 이미 살펴보았듯이, 만물의 궁극적 근거는 오직 하나여야 하기 때문이지요. 둘만 되어도 그 둘의 근거가 되는 다른 어떤 것이 최종적인 근거가 된다는 말입니다.

---

* 'oulon mounogenes'를 학자에 따라 '온전한 한 종류', '유일한 한 종류'로 읽기도 한다. 그러나 '온전한 하나'(심플리키오스), '온전한 지체'(플루타르코스)로 읽는 것이 중론이다.

세상 모든 일에는 얻는 것이 있으면 잃는 것도 있는 법입니다! 플라톤의 이데아론(분여이론)은, 파르메니데스의 '존재' 개념으로는 존재물들의 다양성을 설명할 수 없다는 한계를 극복하기 위해 플라톤이 고안해 낸 '천재적 발상'이라 할 수 있습니다. 그런데 이 이론을 따르면 뜻밖에도 이데아는 만물의 근원인 일자가 아니라는 것이 드러나는 겁니다.

플라톤이 이 사실을 자각했을 때 그는 분명 크게 당황했을 것입니다. 묶은 자가 풀어야 한다結者解之고 했던가요! 그래서 플라톤이 스스로 문제 해결에 나섰습니다. 그는 자신의 후기 대화편『파르메니데스』에서 아테네를 방문한 파르메니데스가 바로 이 문제에 대한 비판을 제기하자 궁지에 몰리는 소크라테스를 통해, 자신에게는 분명 가슴 아팠을 이 문제를 정면으로 다루지요.*

역사적으로 보면, 파르메니데스가 예순다섯일 때 당시 마흔 살이었던 제자 제논과 함께 실제로 아테네를 방문한 일이 있었습니다. 그때 소크라테스는 약관의 청년이었지요.[3] 그렇지만 대화편『파르메니데스』에 전개된 놀라운 토론이 실제로 있었다고 믿기는 어렵습니다. 플라톤은 자신의 후기 대화편에서도 여전히 소크라테스를 내세워 이야기했지만, 사실상 중기 이후부터는 자신의 사상을 그의 입을 빌려 전개했을 뿐이니까요. 그는 파르메니데스의 날카로운 질문 때문에 난관에 봉착한 소크라테스를 가상적으로 설정함으로써 자신의 이데아론을 스스로 통렬하게 비판하고

- 『파르메니데스』는 『테아이테토스』와 함께 플라톤의 중기 대화편들(『메논』, 『파이돈』, 『향연』, 『국가』, 『파이드로스』 등)과 후기 대화편들(『소피스테스』, 『티마이오스』, 『필레보스』, 『법률』 등)의 중간에 위치한다. 『파르메니데스』에서는 파르메니데스의 제자 제논이 논문을 발표하고 소크라테스가 이데아론을 설명하자 파르메니데스가 젊은 소크라테스의 이론을 비판한다. 소크라테스는 궁지에 몰린다. 이에 파르메니데스가 예비적 훈련(prin gymnasthenai)이라는 일종의 변증법적 훈련을 하자 제안하고 총 아홉 가지 가설을 제시한다.

진리를 향한 또 한 번의 비상을 시도한 것으로 보입니다.˙

여기서 우리가 『파르메니데스』에 전개된 흥미롭지만 장황한 토론 내용을 모두 살펴보는 수고를 할 필요는 없을 듯합니다. 우리가 알아야 할 것은 그보다 플라톤이 자신의 이데아론에 대한 비판을 통해 도달한 귀결입니다. 그것은 우선 이데아가 모든 존재물의 궁극적 근거인 일자가 아니라는 점이지요. 그래서 플라톤은 각각의 개별적 사물의 근거인 이데아의 세계 외에 그 이데아들의 배후에 존재하는 또 하나의 실체를 부득이 설정해야만 했습니다.

이때 플라톤은 자신이 『국가』에서 이데아를 넘어 그것들의 근거가 되는 궁극적 실체를 선 자체 또는 '선의 이데아'idea tou agathou라고 규정했던 것을 떠올렸습니다.⁴ 그리고 중세에는 주로 '선 자체'ipsa bonitas 또는 최고선summa bonitas으로 통용되던 '선의 이데아'를 일자이자 만물의 궁극적 근원으로 확정했습니다. 이 사실은 그의 탁월한 제자 아리스토텔레스가 확인해 줍니다. 그는 『형이상학』에서, 플라톤 이론에는 현상계와 이데아계만 있는 것이 아니라 현상계와 이데아계 그리고 일자, 이 세 단계가 있다고 밝히면서, 이 가운데 "일자가 선 자체다"⁵라고 명시했습니다.

플라톤의 무모한 곡예

여기서 우리가 주목해야 할 것이 있습니다. 플라톤이 일자를 선의 이

˙ 플라톤의 대화편 『파르메니데스』에 대한 오늘날의 주된 해석은 형이상학이 아니라 논리학이라는 입장[예컨대 라일(Ryle), 버넷(Burnet), 테일러(Taylor), 텐네만(Tenneman), 아펠트(Apelt) 등]이 주를 이룬다. 하지만 고대에는 일자(一者)를 신(神)으로 이해한 플로티노스의 『엔네아데스』의 영향을 받아 『파르메니데스』는 중세에 '부정신학'의 선구를 이루었으며 '신학적 대화편'의 대표로도 인정되었다. 근대에 이르면 라이프니츠가 플라톤의 대화편 가운데 『티마이오스』와 『파르메니데스』를 가장 심원한 자연학을 다룬 저서로 보았다.

데아로 규정한 일은 학적으로 보면—사실상 해서는 안 될—무모한 곡예였다는 것이지요. 이미 살펴보았듯이, 일자란 그 정의상 '그것이 무엇이다'라고 규정하면 더는 일자가 아니기 때문입니다. 다시 말해 만일 누구든 '일자가 선이다'라고 정의하면 일자는 곧바로 '선'(A)과 '선이 아닌 것'(~A)으로 나뉘어 둘 중 하나로 머물기 때문에 더는 만물의 궁극적 근거인 일자가 아니게 되지요.

플라톤은 왜 이런 오류를 범했을까요? 오류라는 사실을 몰라서였을까요? 만일 그랬다면 그는 우리가 아는 플라톤이 아니겠지요. 그럼 고의로 그랬을까요? 네, 그렇습니다. 분명 고의였지요! "아니, 고의였다고? 대체 왜? 그토록 위대한 철학자가 무엇 때문에 그런 실수를 고의로 저지른단 말인가?" 당신은 이런 질문을 던지고 싶을 텐데요, 결론부터 말하자면 플라톤은 그런 위험천만한 학적 곡예를 감행함으로써—훗날 중세 신학자들이 '긍정의 길'via positiva이라고 이름 지은—위대한 학문적 방법의 초석을 마련했습니다. 그게 뭐냐고요?

이제부터 우리는 플라톤이 '어떻게', '왜' 일자와 선의 이데아를 동일한 것으로 만들었는가, 그리고 그것이 어떤 결과를 가져왔는가를 차례로 알아보려고 합니다. 이를 통해 플라톤과 그 이후의 서양문명에 대한 보다 깊은 이해를 얻을 수 있지요. 우선 그가 이 위험천만한 학적 곡예를 '어떻게' 감행했는지 살펴볼까요?

플라톤이 중기 대화편 『국가』에서 확립한 '선의 이데아'는 모든 이데아가 그것으로부터 나오는 '이데아 중 이데아'로 실체 중 실체입니다. 플라톤은 '선의 이데아'를 태양에 비유했기 때문에, 학자들이 '태양의 비유'라고도 부르는 그 내용을 요약하면 이렇습니다.

태양이 가시적可視的 세계의 만물에 생육과 자양을 주듯이, '선의 이데아'는 가지적^{可知的} 세계의 모든 이데아에게 존재와 본질$^{to\ einai\ kai\ ten\ ousian}$을 부여합니다. 또한 만물은 변하지만 태양은 변하지 않듯 이데아들은 인식되지만 선의 이데아는 인식되지 않지요.[6] 따라서 이에 대한 인식은 다른 모든 변화(생성, 소멸)하는 것들에 대한 인식과는 다른, 가장 훌륭한 것에 대한 관조로 바뀌어야 합니다.[7] 선의 이데아의 본성은 사고의 영역을 벗어나며, 언어 형식으로는 "묘사할 수 없는 미"로 권능과 위엄에서 모든 이데아를 능가하지요.[8]

플라톤은 이처럼 '선의 이데아'를 불변성, 불가지성 및 불언명성 그리고 최고의 권능과 위엄을 갖는 가장 완벽한 실재성으로 정의했습니다. 그런데 우리가 알다시피 이런 특성들은 모두─아낙시만드로스의 무한자 ^{apeiron} 개념을 계승한─파르메니데스의 일자가 자신의 고유한 속성으로 갖고 있는 것이지요. 결국 플라톤은 선의 이데아의 속성을 일자의 속성과 동일하게 정의함으로써 선의 이데아를 일자와 동일하게 만든 것입니다.

어떤가요? 얼핏 보기에는 아무 문제가 없는 것 같지요? 하지만 플라톤이 한 이 일에는 일종의 눈속임이 있습니다. 그 안에 논리적 오류가 숨어 있기 때문이지요. 설명하자면 이렇습니다.

"일자는 영원불변성, 불가지성 및 불언명성을 가진 가장 완벽한 실재다. 선 자체도 그렇다. 그러므로 일자는 선 자체다"라는 플라톤의 주장은 "A는 C이다. 그리고 B는 C이다. 그러므로 A는 B이다"라는 형식으로 형식화 할 수 있습니다. 그런데 이것은 논리학에서 말하는 이른바 '형식적 오류'$^{formal\ fallacy}$입니다. "남자는 사람이다. 여자도 사람이다 그러므로 남자는 여자다"라는 주장이 형식적 오류인 것과 마찬가지지요.

만일 플라톤의 주장이 논리적으로 타당하려면 "A는 C이고 C는 A이며, 동시에 B는 C이고 C는 B이다. 그러므로 A는 B이다"라는 형식이 되어야 합니다. 논리학에서는 이런 관계를 동치^{equivalence}라고 하지요. 즉 "일자는 영원불변성, 불가지성 및 불언명성을 가진 가장 완벽한 실재이고, 영원불변성, 불가지성 및 불언명성을 가진 가장 완벽한 실재는 일자이다. 선의 이데아도 그렇다. 그러므로 일자는 선의 이데아다"가 되어야 한다는 말입니다. 이는 마치 "숭례문은 국보 제1호이고 국보 제1호는 숭례문이다. 남대문도 그렇다. 그러므로 숭례문은 남대문이다"가 논리적으로 타당한 것과 같습니다. 그렇지요?

그렇다면 이제 우리가 물어야 할 것은 그 이유입니다. 플라톤은 왜 이렇게 논리적 오류를 무릅쓰면서까지 '무엇이라고 도저히 말할 수 없고 또 말해서도 안 되는' 일자에 선의 이데아 개념을 부여해 '무엇인가를 의미할 수 있고 말할 수도 있는' 것으로 만들었을까요? 플라톤의 작업이 후일 서양문명에 어떤 영향을 남겼는지 살펴보면 그 대답을 얻을 수 있습니다.

그리스어로 저술한 모세

플라톤이 일자를 선의 이데아 또는 선 자체로 규정한 일은 서양문명사에서 하나의 위대한 사건입니다. 우선 '신은 선하다'라는 긍정문이 플라톤에 와서야 이론적이고 공적公的으로 가능해졌고, 그것이 모든 불가항력적인 악한 세력에 대한 불안에 속절없이 노출되어 있던 고대인들의 삶에 더없는 용기와 희망을 주었기 때문이지요. 무슨 말이냐고요?

3부 "하나님은 창조주다"에서도 언급했듯이, 고대 사람들은 신을 선과

• 논증 "A는 C이다. 그리고 B는 C이다. 그러므로 A는 B이다"를 기호화하면 [(A→C) ∧ (B→C)]→(A→B)이다. 그러나 논증 "A는 C이고, C는 A이며, 동시에 B는 C이고 C는 B이다. 그러므로 A는 C이고 C는 A이다"를 기호화하면, [(A↔C) ∧ (B↔C)]→(A↔B)가 된다. 기호논리학에서는 기호 '→'로 표현되는 관계를 함축(implication)이라 하고 '↔'로 표시되는 관계를 동치(equivalence)라 한다.

악, 빛과 어둠, 온기와 냉기, 행운과 불운 같은 이원적 힘의 근거로 인식했습니다. 예컨대 조로아스터교나 마니교의 가르침이 그렇지요. 그들은 신의 선함과 악함 또는 선한 신과 악한 신이 실제로 존재한다고 믿었습니다. 그 때문에 자기에게 다가오는 불운, 재앙, 질병 등을 인간이 도저히 항거할 수 없는 신적인 것으로 생각하고 두려워했지요. 이때 플라톤이 나선 겁니다. 그는 만물의 궁극적 근거인 신이 둘이 아니라 하나이며 그 본질은 선이라고 주장했지요. 그렇게 사람들을 위로한 것입니다.

플라톤 철학이 가진 이러한 구세적救世的 성격은 나중에 "그러나 이 모든 일에서 우리를 사랑하시는 이로 말미암아 우리가 넉넉히 이기느니라"(로마서 8:37)라는, 사도 바울의 '승리 찬가'로 불리는 기독교의 '섭리 사상'과 연결되어 적어도 19세기까지는 서양문명을 이끌었습니다. 플라톤의 철학이 '영원의 철학'philosophia perennis이라고 불리는 까닭이 여기에 있지요.

우리는 서양인들의 의식 안에 여전히 남아 있는 그 영향을 플라톤 이후 2,000년도 더 지나 쓰인 헨리 모어의 "영혼불멸"에서도 확인할 수 있습니다.

> 만일 신이 선이기 때문이 아니라
> 자신이 욕구한다고 해서 모든 것을 단지 마음 내키는 대로 하고
> 그의 행위에 일정한 척도가 없다면
> 무엇을 그가 의도하는가를
> 이해할 도리가 있을까?
> …우리의 가엾은 혼이 이 세상에서 떠나갈 때
> 그 복이나 그 생존에 관해서 누구도 확신할 수 없으리라.
> 만일 우리가 신의 법칙을 이같이 왜곡하고
> 악한 의지가 신을 지배하거나 선은 신의 의지와 무관하다고

경솔하게 주장하는 기묘한 사상에 자유를 부여한다면.⁹

한마디로 신은 악한 게 아니라 선하기 때문에 우리가 세상을 마음 편히 살다가 죽을 수 있다는 뜻이지요. 바로 이것이 플라톤이 서양 사람들에게 준 위대한 종교적 선물입니다.

어디 그뿐인가요? 만물의 궁극적 근거가 선 자체라는 플라톤의 주장은 당시 사람들에게 인간이 선하게 살아야만 하는 도덕적 삶의 근거 및 객관적 타당성으로 이해되었습니다. 즉 만물의 궁극적 근거가 선이라면 인간은 당연히 선하게 살아야 하고, 그러지 않으면 벌을 받는다는 생각이 고대인들에게 비로소 가능해진 것이지요. 플라톤은 바로 이런 의미에서 "선 자체를 보고 그것을 표본paradeigma으로 삼아"¹⁰ 살아야 한다고 교훈했습니다.

케임브리지 대학에서 플라톤학파의 수장이기도 했던 헨리 모어의 시에도 그 영향이 나타나는데요. 앞서 인용한 시 "영혼불멸"을 이어서 살펴볼까요?

> 무한히 넘치는 신의 선성善性은
> 모든 곳에 가득 차 있도다. 신은
> 무한한 우주에 될 수 있는 한 즉시
> 그의 최선의 재주를 부려 피조물들에게
> 선이 받아들여지도록 행하였도다.
> …신이란 이름의 무궁한 선은
> 오직 선을 목적으로 하는 나에게는
> 전적으로 충분한 이유인 것이다.

신의 선성이 도덕적 선의 '충분한 이유'라는 이야기입니다. 이 같은 플라톤 사상을 기반으로 세계와 인간의 삶에 본래적으로 선한 신적 질서가 존재한다는 스토아 철학의 자연법 사상이 만들어졌습니다. 이것이 이후 로마에 들어가 로마법의 기초가 되었고, 초기 그리스도인들에게도 깊이 침투해 기독교 윤리에 커다란 영향을 미쳤지요.

우리가 도달한 결론은 이렇습니다. 플라톤이 논리적 오류를 고의로 범하면서까지 일자와 선 자체를 동일시한 것은 '존재론적 목적'이 아닌, 오직 '도덕론적 목적' 때문이었다는 것이지요. 플라톤은 흔히 오해되는 것과는 달리 초월적인 '천상의 세계'만 동경하던 사람이 결코 아니었습니다. 그는 오히려―그의 철학 체계에서는 한갓 헛된 것인―'지상의 세계'를 진정으로 사랑한 철학자였지요. 그래서 만물의 궁극적 근거인 일자를 선 자체로 정의함으로써 사람들에게 위안과 희망을 주고 선한 삶을 끌어내는 데 전념했던 겁니다. 플라톤 철학의 진짜 목적은 '천상세계로의 초월'이 아니라 '지상세계에서의 승화'였던 것입니다.

플라톤 철학의 이 같은 구세적 성격을 일찍부터 간파한 초기 기독교 사상가들은 이를 적극 받아들였고, 그에 합당한 찬사도 아끼지 않았지요. 예컨대 알렉산드리아의 클레멘스는『학설집』에서 "그리스인들에게 철학을 준 것은 히브리인들에게 율법을 수여한 것과 같은 목적"이라며 "플라톤은 그리스어로 저술한 모세"[11]라고 드높였습니다.『교회사』의 저자이기도 한 가이사랴 감독 에우세비우스 Eusebius of Caesarea, 263-339 도 열다섯 권으로 된『복음의 예비』가운데 세 권(11-13)을 플라톤 사상에 할애하면서 "플라톤과 모세는 일치하니 플라톤을 구원섭리의 예언자 중 하나라고 불러도 좋다"라고 칭송했지요.˙

• 현대신학자 보만은 "플라톤 사상은 그리스적 정신생활의 절정을 뜻하고(A. 니그렌도 이렇게

일자는 초월성의 완성이니, 플라톤이 만일 자신의 '사유의 발길'을 그 일자에서 멈추었다면 그는 플로티노스처럼 하나의 초월론자 내지 신비주의자로 머물렀을 겁니다. 그리고 이후 서양의 사상과 문명도 의심할 여지가 없이 크게 바뀌었겠지요. 그러나 플라톤은 그리하지 않았습니다. 그는 자신의 사유를 '일자'라는 더없이 높고 신비스러운 영역으로 끌어올렸지만, 거기서 그치지 않고 일자를 '선 자체'라고 정의함으로써 곧바로 우리가 사는 현실의 영역으로 발길을 되돌린 것입니다. 이처럼 되돌아선 그의 고귀한 발길에 대해, 20세기의 탁월한 플라톤 해석자인 아서 러브조이는 다음과 같이 높이 평가했습니다.

> 그[플라톤]의 역사적 영향에 관하여 가장 주목할 만한 사실은 그가 유럽의 내세성來世性에 특징적인 형식과 용어와 논법을 제공했다는 것뿐만 아니라, 그 정반대적 경향―즉 각별히 건전한 종류의 현세성現世性―에도 특징적인 형식과 용어와 논법을 제공했다는 것이다. 왜냐하면 그의 철학은 우리가 이른바 내세적 방향으로 정점에 이르자마자 제 스스로 방향을 바꾸었기 때문이다.[12]

바로 이것이 역사상 그 어떤 철학자도 따를 수 없는 플라톤의 위대한 면모입니다. 그는 논리적 오류를 무릅쓰면서까지 일자에 선 자체 개념을 부여해 2,400년간 이어진 서양문명 전반에 "각별히 건전한" 현세적 미덕을 개척하는 형식과 용어와 논법을 제공했던 겁니다. 나아가 플라톤 자

주장한다), 그 성격상 종교적이기 때문에 철두철미하게 종교적인 이스라엘의 사유에 비교될 수 있다.…나는 루트베르크(Rudberg)의 견해와 같이 플라톤 사상과 기독교는 본질상 유사하고 공통된 가치를 지닌다고 생각한다'라고 언급했다(T. 보만, 허혁 역, 『히브리적 사유와 그리스적 사유의 비교』, 분도출판사, 1975, pp. 22-23).

신도 그 미덕을 따라 살고 싶어 했지요. 『파이드로스』 말미에는 다음과 같은 그의 기도가 실려 있습니다.

> 오, 사랑하는 판^{Pan}과 여기에 있는 모든 신들이여!
> 내 마음속을 아름답게 하소서.
> 내가 밖에서 가지고 있는 선善들이
> 나의 본질과 일치하게 해 주옵소서.
> 나에게는 현명한 자가 부자처럼
> 생각되게 해 주옵소서. 그러나 돈은,
> 금욕하는 사람들이 가지고 다니는 정도도,
> 무거운 짐이 되게 하소서.[13]

"플라톤 철학의 최고점은 신학이며"[14] "그 둘은 하나다"[15]라는 평을 들을 만큼 플라톤은 수많은 종교적 교설의 근간이 되는 이론을 설파했습니다.• 그렇지만 결코 종교적 신비주의에는 발을 들여놓지 않았습니다. 그것이 "기하학을 모르는 자, 여기 들어오지 말라!"라고 말하던 플라톤의 철학적 기준이었고, 그를 종교인이 아니라 철학자로 남게 하는 버팀목이었지요. 이에 관해 질송은 "플라톤은 신비주의의 문을 열었다. 그러나 그는 그 안으로 들어가지는 않았다"[16]라고 적절한 비유를 들어 평가했습니다. 그런데 플라톤이 열어 놓은 '신비의 문'으로 성큼 들어선 사람이 바로 플로티노스였습니다.

• 베르너 예거(Werner Jaeger)는 "플라톤 철학의 최고점은 신학이며, 신학은 어떤 의미에서 그의 사유의 근원적 목표이자 중심점이다"라고 평했고, 파울 나트롭(Paul Natrop)은 "종교가 플라톤 철학 전반에 단지 피상적으로 배어 있는 것이 아니라, 그 둘은 하나다"라고 주장했다.

플로티노스의 일자

플라톤이 깊은 종교적 통찰력을 지닌 철학자였다면, 플로티노스는 깊은 철학적 통찰력을 지닌 종교인이었습니다. 신플라톤주의 학파의 가장 위대한 인물인 그는—제자 포르피리오스가 전하는 바에 따르면—문둥병 같은 피부 질환을 앓는 자기 육체를 수치스럽게 여겼고 혼신을 다해 오직 '천상의 것'만을 흠모했지요.

플로티노스는 만물의 궁극적 근거인 아르케arche를 찾을 때에 플라톤이 마지막에 도달한 것인 '일자'—者, to hen에서 출발했습니다. 플라톤은 원칙상 인식할 수도, 언급할 수도 없는 일자를 '선 자체'로 바꾸고 '태양'에 비유함으로써 일자에 관한 많은 소중한 것을 '우회적'으로 말했지요. 그러나 플로티노스는 그러지 않았습니다. 그는 '일자'에 대해 직접적이고 논리적으로 설명하기를 주저하지 않았습니다. 그렇게 해서 '일자 형이상학'이라는 신비로운 길을 닦았습니다.

플로티노스의 일자 형이상학에 대해 우리는 이미 2부 "하나님은 존재다"에서 비교적 자세히 살펴보았지요. 그러니 여기서는 '일자'에 관한 사유만 간략히 정리하기로 합니다.

플로티노스는 먼저 "일자는 어떤 존재하는 사물일 수 없으며 모든 존재자에 우선한다"[17]라며 일자가 '어떤 것 하나', 즉 그 어떤 존재물 가운데 '하나'가 아님을 분명히 했습니다. 일자로부터 다른 모든 것이 유출된다는 의미에서 일자가 '첫째인 자'를 뜻한다고 주장하는 사람도 있습니다. 그렇지만 그것은 일자가 가진 부차적 의미에 불과합니다. 일자의 가장 두드러진 본질은 '첫째'가 아니고, '절대적 초월'입니다. 이 말이 무슨 뜻일까요? 그것은 일자 자신은 그 어떤 구분과 한계를 갖지 않음으로써, 모든 개별적 존재물이 가진 구분과 한계를 넘어선다는 것을 뜻합니다. 그럼으로써 또한 일자는 모든 개별적 존재물을 자기 안에 포용하는 것이지요.

파울 틸리히는 이러한 일자의 절대적 초월성을 "디오니시우스나 신플라톤주의자들이 〈일자〉에 대해 말할 적에 그들은 결코 〈하나〉라는 수를 생각한 것이 아니라, 넘어서 있는 것을 생각하고 있었다"[18]라고 표현했습니다. 요컨대 일자一者의 '일'一은 기수의 일1도 아니고 서수의 일첫째도 아니지요. 오직 유일唯一하다는 의미의 '일'一입니다. 플라톤과 플로티노스 이후 서양문명에서 말하는 일자一者는 세상의 모든 것을 포용하는 포괄자包括者이자 유일자唯一者입니다!

그렇기 때문에 일자의 초월성이 모든 개별적 존재물에 대한 부정이나 절대적 무無를 의미한다고 오해해서는 안 됩니다. 그것은 오히려 모든 존재물을 포괄하는 바탕이자 존재에 대한 긍정이지요. 존재물 입장에서 보는 일자는 초월자이지만, 일자 입장에서 보는 일자는 포괄자입니다. 그래서—또한 그럼으로써—일자는 만물의 궁극적 근거인 거지요. 요컨대 일자는 규정할 수 없는 것이기에 모든 규정할 수 있는 것들의 바닥에 깔리는 심연abyss이 되며, 한정할 수 없는 것이기에 모든 한정할 수 있는 개별적인 것들이 그 안에서 생성되었다가 사라지는 포괄자입니다. 2부 "하나님은 존재다"에서 이미 설명했고 나중에 다시 언급하겠지만, 기독교의 하나님이 갖는 유일성이 바로 이렇습니다.

또한 일자는 이 같은 무규정성과 무제한성 때문에 '이름'조차 없는 무한자입니다. 이를 플로티노스는 "일자는 모든 사고와 존재를 넘어서며, 말로 표현할 수 없고 파악할 수도 없다"[19]라고 표현했습니다. 이처럼 일자는 인식과 언명이 불가능한 전체적 '하나'One입니다. 그래서 일자에는 감각적 범주든 정신적 범주든 그 어떤 범주도 적용될 수 없습니다.[20] 지각할 수도 없고 인식할 수도 없다는 뜻입니다. 이 말은 또 일자가 보고 듣고 만질 수 있는 감각적 세계뿐 아니라, 생각하고 규정하는 정신적 세계에서도 벗어난다는 것을 의미하기도 합니다. 이처럼 일자는 절대적 '초월자'이자 '초존재자'입니다. "일자에는 개념도 없고 지식도 없다. 그래서 신은 정신의 저편에 있다고 말한다"[21]라는 플로티노스의 말이 여기서 나왔습니다.

정리할까요? 일자는 이처럼 존재론적으로든 인식론적으로든 하등의 규정과 제한을 갖지 않음으로써 규정과 제한을 갖는 모든 존재물의 바탕이자 인식과 언명의 근거가 됩니다. 플로티노스는 이 말을 "모든 것이 일자로부터 나오는 이유는 그 안에 그것을 제한하거나 규정하는 것이 전혀 없기 때문이다"[22]라고 교훈했지요. 바로 이 절대적 초월성·포괄성·무규정성·무제한성이 지금부터 하려는 우리 이야기와 연관해서 아주 중요한데요, 왜냐하면 우리는 이제부터 일자는—일자이기 때문에 그리고 일자이기 위해서—그 어떤 차별성이나 배타성을 가질 수 없다는 이야기를 하려고 하기 때문입니다.

단 몇 마디만 바꾸면

우리가 여기서 주목할 것은 일자에 관한 이런 사유가 기독교 사상 안에서 삼위일체 하나님의 제일위인 성부聖父로 발전했다는 사실입니다. 플로티노스가 신적 존재로 구분한 일자·정신·영혼이 각각 기독교의 성부·성자·성령과 맞아떨어졌기 때문이지요. 플로티노스의 『엔네아데스』에는 심지어 오리게네스의 삼위일체론을 곧바로 떠올리게 하는 다음과 같은 말도 들어 있습니다.

그리하여 원의 중심[일자] 자체가 존재하는 한편 원의 반지름[정신]이 원의 중심점에 기초해서 존재하며 나아가 그 반지름에 기초해서 하나의 원을 구

성하는 원의 둘레[영혼]가 존재하듯이 일자·정신·영혼이라는 세 자립체는 하나로 존재한다.[23]

어때요? 우연이라고 하기에는 너무 기막히게 맞아떨어지지요? 그래서 초기 기독교 신학자들이 플로티노스의 신플라톤주의를 아무 거리낌 없이 받아들일 수 있었던 것이지요. 토마스 아퀴나스가 『신학요강』에서 하나님에 대한 자신의 언급을 이야기하면서 "이 모든 것은 철학자들에 의해서 상정되었다"Quod hec omnia a philosophis posita sunt[24]라고 말한 까닭이 여기 있습니다. 여기서 당신은 다음 두 가지 의문을 제기할 수 있습니다. "그렇다면 삼위일체 하나님의 성부聖父는 그리스 철학의 일자一者가 가진 속성들을 가졌는가?" 이에 대한 대답은 당연히 '그렇다'입니다. "그렇다면 삼위일체 하나님의 성부가 가진 속성이 일자의 속성과 똑같은가?" 이에 대한 대답은 분명히 '그렇지 않다'입니다. 왜냐고요? 바로 그 이유를 이제부터 살펴보려 합니다.

초기 기독교 신학자들이 성서와 『엔네아데스』를 함께 펼쳐 놓고 일했다는 사실을 감안해 보면 그들이 하나님의 유일성을 어떻게 이해했는지 짐작하기란 그리 어렵지 않습니다. 이들이 구약성서에서 "이스라엘아 들으라. 우리 하나님 여호와는 오직 유일한 여호와이시니 너는 마음을 다하고 뜻을 다하고 힘을 다하여 네 하나님 여호와를 사랑하라"(신명기 6:4-5)라고 외친 모세의 선포를 읽었을 때나 신약성서에서 "하나님은 한 분밖에 없는 줄 아노라"(고린도전서 8:4)라는 바울의 가르침을 들었을 때, 그들의 머릿속에는 분명 파르메니데스, 플라톤, 플로티노스로 이어지는 존재론 전통에서 나온 일자에 대한 형이상학적 개념들이 줄지어 떠올랐을 겁니다.

그러나 세상에 닳고 큰 배가 어디 있고 티 없는 옥이 또 어디 있겠습니까! 아우구스티누스는 플로티노스의 가르침을 '단 몇 마디만' 바꾸면 기독교 교리나 마찬가지라고 말했지만, 그건 과장이었지요. 비록 플로티노스가 기독교의 삼위일체론과 매우 유사한 사변적 가르침들을 남겼다 해도 그 둘 사이에는 도저히 건널 수 없는 간극이 은폐되어 있었습니다. 그 때문에 오리게네스 같은 초기 기독교 신학자들이 그 둘을 가차 없이 결합해 삼위일체론을 만들었을 때, 그 안에는 돌이키기 어려운 분쟁의 위험이 잠재되어 있었지요.

그 가운데 무엇보다 크게 문제가 된 것을 지적하자면 이렇습니다. 앞서 여러 번 우리가 살펴봤듯이 플로티노스의 일자에서는 정신과 영혼이 순차적으로 유출되었고 이것이 각각으로 분리된 채 하나의 자립체로 존재하기는 해도 어쨌든 일자에 종속됩니다. 그러나 기독교에서는 "태초에 말씀이 계시니라. 이 말씀이 하나님과 함께 계셨으니 이 말씀은 곧 하나님이시니라"(요한복음 1:1)에 나타난 것처럼, 성부·성자·성령은 태초부터 동시에 하나로 존재하며 분리되지도 않고 서로 동등하지요. 알고 보면 바로 이 차이점을 극복하려는 노력이 초기 기독교사에서 가장 큰 논쟁인 '삼위일체 논쟁'의 핵심입니다.

삼위일체 논쟁은 318년 아리우스 논쟁에서 시작되어 381년 콘스탄티노플 공의회에서 마감되었습니다. 63년 동안 계속된 이 논쟁을 통해 기독교 신학은 그리스 철학을 마침내 극복하고 자신의 길을 가는 계기를 마련했고, 이때 그리스 철학에서 말하는 일자가 가진 속성들과는 전혀 다른, 유일자로서 성부의 고유한 특성이 분명하게 드러났습니다. 그리고 바로 여기에 우리가 알아보고자 하는, 하나님의 유일성을 결정짓는 매우 중요한 내용이 들어 있습니다.

자, 그럼 이제 삼위일체론三位一體論에 대해 살펴볼까요? 삼위일체론은

2,000년 가까이 전해 내려오며 기독교적 신 개념의 중추가 된 이론인 만큼 매우 방대하고, 난해하기 그지없지요. 당신이 그렇듯 나도 복잡하고 어려운 건 싫어합니다. 그러니 우리가 지금까지 그랬듯이 앞으로도 우리의 핵심 주제와 연관된 내용만 골라 되도록 쉽고 간략하게 살펴보려 합니다.

삼위일체란 무엇인가

삼위일체^{Trinity}라는 용어는 신구약성서 어디에도 나오지 않습니다. 그런데도 삼위일체 교리의 성서적 기원을 찾느라 예부터 애를 쓴 신학자들은 예컨대 구약성서 창세기의 "하나님이 이르시되 우리의 형상을 따라 우리의 모양대로 우리가 사람을 만들고"(창세기 1:26)라는 구절에 등장하는 '우리'라는 단어를 주목했지요. 유일신인 하나님이 왜 자신을 '우리'라는 복수로 일컬었느냐 하는 것이 관건입니다.

기독교 신학의 태동기라 할 수 있는 2세기에 활동한 변증가 유스티누스의 『유대인 트뤼폰과의 대화』에는 다음과 같은 변증도 들어 있습니다.

> "우리가 사람을 만들자." 나는 모세의 이 말을 다시 인용하려 한다. 이 말로부터 우리는 자명하게 하나님이 어떤 이와 대화를 하고 있다는 것을 알 수 있다. 그 어떤 이는 숫자로 볼 때 분명 하나님으로부터 구별된 이성적 존재다. "여호와 하나님이 이르시되, 보라 이 사람이 선악을 아는 일에 우리 중 하나같이 되었으니." 우리 중 하나 같다는 말은 어떤 이와 연관된 또 다른 이가 있음을 나타내는 것이다. 즉 적어도 두 존재가 있다는 것이다.[25]

유스티누스도 이처럼 하나님의 복수성을 인정했지요. 그러면서도 그들을 분리해 두 하나님 혹은 세 하나님으로 인식하는 것은 적극 부인했습니다. 그는 이어서 다음과 같이 주장했습니다.

이 권능은 아버지로부터 나뉠 수도 없고 그대로 분리될 수도 없는데 마치 지구 위에 있는 태양의 빛이 하늘에 있는 태양으로부터 나뉘지도 분리될 수도 없는 것과 같다. 태양이 질 때 빛은 태양과 함께 진다. 그래서 아버지가 원했을 때 그는 그의 권능을 출생시키며 그가 원했을 때 그는 그 권능을 자신에게로 돌아오게 한다.[26]

당신도 이미 눈치챘겠지만, 유스티누스의 이러한 주장에는 아버지와 아들을 구분하는 동시에 하나로 묶어 유일신론을 훼손하지 않으려는 애달픈 노력이 들어 있습니다. 당신은 여기에서 '애달픈 노력'이라는 말을 귀담아들어야 합니다! 왜냐하면 여기에 초기 그리스도인들은 물론이거니와 당시 신학자들이 당면한 심각한 혼란과 고민이 표현되어 있기 때문이지요. 당시 그들이 처한 혼란스러운 종교적 상황을 설명하자면 다음과 같습니다.

"기독교는 성육신이다"라는 쿠바 태생의 역사신학자 후스토 곤잘레스 Justo L. Gonzalez의 말이 대변하듯이,[27] 기독교는 "하나님이 세상을 이처럼 사랑하사"(요한복음 3:16) 이 세상에 왔다는 선포를 기반으로 시작한 종교지요. 따라서 초기 그리스도인들은 당연히 그들 앞에 나타난 예수님을 구세주로 믿었습니다. 그런데 그들은 구약성서에서 자신을 계시한 히브리인들의 하나님도 계속해서 신앙해야만 했습니다. 그들 대부분이 히브리인이기에 그렇기도 했지만, 더 결정적 이유는 예수님이 구약성서의 하나님을 배척하기는커녕 '아버지'라 부르고 자기 스스로를 '아들'이라고 낮추며 수용했기 때문입니다.

그뿐만이 아니었습니다. 그리스도인들은 오순절에 예수 추종자들에게 강림하고 자신들의 신앙생활을 통해 직접 체험한 성령도 하나님으로 믿어야만 했지요. 역시 예수님이 그렇게 가르쳤으니까요. 예수님은 "보혜사 곧 아버지께서 내 이름으로 보내실 성령 그가 너희에게 모든 것을 가르치고 내가 너희에게 말한 모든 것을 생각나게 하리라"(요한복음 14:26)라고 교훈했고, 또 "너희는 가서 모든 민족을 제자로 삼아 아버지와 아들과 성령의 이름으로 세례를 베풀고"(마태복음 28:19)라고도 가르쳤습니다.

사실상 이런 기록들이 신약성서에 기록된 삼위일체 하나님에 관한 명시적 표현이라 할 수 있는데, 그 결과 초기 그리스도인들은 알게 모르게 하늘에 계신 아버지, 땅 위에 오신 구세주 예수, 보혜사 성령, 이 '세 분 하나님'을 모셔야만 하는 처지에 놓이게 되었지요. 그런데 문제는 구약성서의 하나님이 모세를 통해 "여호와는 오직 유일한 여호와이시니 너는 마음을 다하고 영혼을 다하고 힘을 다하여 네 하나님 여호와를 사랑하라"(신명기 6:4-5)라는 말로 자신이 유일자임을 계시했다는 점이었습니다.

예수님 또한, "나와 아버지는 하나이니라"(요한복음 10:30), "너희가 나를 알았더라면 내 아버지도 알았으리로다. 이제부터는 너희가 그를 알았고 또 보았느니라"(요한복음 14:7)와 같이 자신을 또 하나의 다른 하나님으로 선포하지 않고 구약의 하나님과 동일시했지요(참고. 누가복음 10:22; 요한복음 14:6, 10). 나아가 "내가 아버지께로부터 너희에게 보낼 보혜사, 곧 아버지께로부터 나오시는 진리의 성령이 오실 때에 그가 나를 증언하실 것이요"(요한복음 15:26)처럼 성령 역시 하나님으로부터 나온 것으로 가르쳤습니다.

따라서 당시 그리스도인들이 당면한 문제의 핵심은 아버지와 아들과 성령이 어떻게 셋이 아니고 하나일 수 있느냐였지요. 이것이 초기 기독교 신학자들이 삼위일체론이라는 매우 특이하고도 난해한 교리를 서둘러 만들어야 했던 이유입니다.

하나이면서 셋이고, 셋이면서 하나라고?

초기 기독교 신학자들이 가장 시급하게 해결해야 할 문제는 아버지와 아들이 어떻게 하나일 수 있는가였습니다. 성령의 문제는 순서에서나 중요성에서 그다음이었지요. 그 결과 고대 기독교 사회에서는 삼위일체론 三位一體論이 마치 이위일체론 二位一體論처럼 다뤄졌는데, 그게 큰 문제가 되지 않았던 것은 아버지와 아들의 문제가 해결되면 같은 원리로 성령의 문제도 설명할 수 있으리라는 믿음 때문이었습니다. 그렇다고 해서 일이 더 쉬워진 건 아니었습니다.

그래서 사도 교부들은—자신들의 스승이거나 동역자 사도들이 그랬듯이—삼위일체 또는 이위일체를 이론적으로 설명하기보다는 일방적으로 선포하는 데 주력했습니다. 물론 이때는 '삼위일체'라는 용어 자체가 아직 나오기 전이었으므로 그들은 대개 성자 예수님을 성부와 동일시하는 표현으로 성서에 나타난 삼위일체나 이위일체를 교훈했지요.*

예컨대 2세기 초 안디옥 감독이었던 이그나티우스**는 「에베소로 보내

---

* 삼위일체를 미루어 짐작할 수 있게 표현한 신약성서 구절의 예로는 마태복음 28:19; 사도행전 2:32-33; 고린도전서 6:11, 12; 갈라디아서 3:11-14; 히브리서 10:29; 베드로전서 1:2 등에서, 그리고 이위일체를 미루어 짐작할 수 있게 표현한 예는 고린도후서 4:4; 갈라디아서 1:1; 에베소서 1:20; 디모데전서 1:2; 베드로전서 1:21; 요한복음 1:13; 로마서 8:11 등에서 찾아볼 수 있다.
** 이름이 '불같이 뜨거운 사람'이라는 뜻인 이그나티우스는 이름대로 '불같이 뜨거운' 신앙을 가진 사람이었다. 안디옥 감독으로 일했기 때문에 그곳에서 베드로와 바울을 만났으리라고 예상되는 그는 정죄를 받고 처형당하기 위해 로마로 끌려가는 중에 서머나에서 마그네시아, 트랄라스, 에베소, 로마로 4개의 서신을 써 보냈고, 드로아에서는 서머나 교회와 감독 폴리카르푸스에게, 그리고 빌라델비아 교회로 3개의 서신을 써 보냈다. 서신에는 자신이 하나님의 고난을 닮아 순교할 수 있기를 바란다는 것과 진리를 왜곡시키는 거짓선생들 때문에 교회가 분

는 서신」에서 아래와 같이 예수님을 우리 죄를 치유하는 '의사'Iatros라고 부르며 시작합니다. 그렇지만 나중에는 별다른 설명 없이 '우리 하나님 예수 그리스도'라는 말로 이위일체를 선포하지요.

> 한 분의 의사가 계신데,
> 그분은 육과 영을 다 가지셨으며
> 태어난 자이시며 또한 태어나지 않은 자이시고
> 인간 안에 하나님이 계시며
> 죽음 안에서도 참생명을 가지시고
> 마리아와 하나님으로부터 동시에 나오시고
> 처음에는 고통을 느끼시다가 나중에는
> 고통을 느끼지 않으신
> 우리 하나님 예수 그리스도시다.[28]

전해 오는 설화에 의하면, 이그나티우스는 신약성서에서 예수님이 생전에 품에 안고 "누구든지 내 이름으로 이런 어린아이 하나를 영접하면 곧 나를 영접함이요"(마가복음 9:37)라고 제자들에게 가르쳤던 바로 그 '어린아이'였다고 합니다. 사실 여부를 떠나, 당시 이 사도 교부가 누리던 권위를 짐작하게 하는 흥미로운 이야기지요. 그런데도 그가 "우리 하나님 예수 그리스도시다"라는 말로 예수님과 하나님을 동일하게 규정한 것은 당시 사람들에게조차 — 신앙적으로는 몰라도 — 이성적으로는 결코 이해할

열릴지 몰라 염려하는 내용이 주로 담겼다. 그의 주요 사상으로는 '그리스도론'과 '교회론'을 들 수 있다.
• 이그나티우스가 그리스도를 이아트로스(Iatros), 곧 '의사'라고 부른 것은 그가 '구원'을 '대속'으로 보지 않고 '치유'로 파악하고 있음을 말해 준다.

수도 설명할 수도 받아들일 수도 없는 것이었습니다.

당연히 이 문제를 해결하려는 다양한 이론이 쏟아져 나왔고, 그럴수록 오히려 걷잡을 수 없는 혼란이 야기되었습니다.* 왜냐고요? 만일 누구든 아버지와 아들이 '분리되지 않는 하나'라고 주장하면, 인간이 감히 성부 하나님을 십자가에 못 박았다고 주장하는 것이 됩니다. 하나님은 하나인데 마치 한 배우가 여러 역할을 하듯이 성부·성자·성령이라는 세 가지 역할을 한다는 양상적 군주신론 Modalistic Monarchianism이 바로 그랬지요. 이 이론을 주장한 사벨리우스 Sabellius가 그 때문에 '성부수난론자' Patripassianans로 몰려 정죄되었습니다.

그렇지만 만일 누구든 이와 반대로 아버지와 아들이 '분리되는 둘'이라고 하면, 성자인 예수님이 하나님이라는 것을 부인하는 게 되지요. 예수님은 하나님이 아니고 하나님에게 가장 적합한 인간이 하나님의 아들로 선택되었다는 양자그리스도론 Adoptionism이 그 한 예입니다. 이 같은 입장을 취했던 안디옥 감독 사모사타의 바울 Paul of Samosata은 그 때문에 이단으로 정죄되었습니다. 이래도 저래도 이단으로 몰려 정죄받았던 거지요.

혼란의 본질은 아버지와 아들이 '분리되지 않는 하나'라고 주장해서도 안 되고, '분리되는 둘'이라고 주장해서도 안 된다는 것이었습니다. 그러니 당시 그리스도인들은 아버지와 아들이 하나이면서 둘이고, 둘이면

• 당시의 혼란을 예측할 수 있는 대표적 교설(教說)로는 동적 군주신론(Dynamic Monarchianism)과 양상적 군주신론(Modalistic Monarchianism)이 있다. 동적 군주신론은 테오도투스(Theodotus)가 창시했는데 시간과 상황에 따라 그 기능(dynamis) 면에서 성부·성자·성령이 차례로 나타난다는 설이다. 그러나 이 교설은 후일 안디옥 감독이 된 사모사타의 바울이 널리 주장하면서 성자 예수님에 대해 하나님에게 가장 적합한 인간이 하나님의 아들로 선택되었다는 양자그리스도론(Adoptionism)과 유사한 입장을 취해 이단으로 정죄되었다. 양상적 군주신론은 사벨리우스가 퍼뜨렸다고 해서 '사벨리우스주의'라고도 하는데, 한 분의 하나님이—마치 한 배우가 여러 역할을 하듯이—세 가지 역할을 한다는 이론이다. 그러나 이 교설은 당연히 성부와 성자가 '분리될 수 없는' 하나임을 주장해 사벨리우스는 '성부수난론자'로 불리며 정죄되었다. 테르툴리아누스는 "성부를 십자가에 못 박았다"며 비난했다.

서 하나라는, 말이 안 되는 말을 해야 하는 곤란한 상황에 놓일 수밖에 없었습니다. 게다가—당신도 상상할 수 있듯이—성령마저 감안하면 상황은 엎친 데 겹친 격이었지요. 짐작컨대 아무리 대담한 그리스도인일지라도 이교도 앞에서 자신들의 하나님이 하나이면서 셋이고, 셋이면서 하나라는 배리背理를 '당당하게' 말할 수는 없었을 것입니다.

용어가 사유를 가능하게 한다

내 생각에는 고대 기독교 신학계가 처한 이 당혹스러운 정황은 20세기 초 양자물리학계가 당면했던 난처한 상황과 매우 흡사합니다. 갑자기 무슨 엉뚱한 소리냐고요? 설명하자면 이렇습니다.

1905년 아인슈타인이 '광양자이론'theory of light quanta을 발표하기 전만 해도 빛은 '증명되고 공인된' 파동wave이었습니다. 그런데 아인슈타인이 빛이 고속으로 이동하는 에너지다발, 곧 입자particle라는 것을 실험을 통해 증명하자 물리학계는 큰 충격에 휩싸였습니다. 파동은 입자일 수 없고 입자는 파동일 수 없는데, 어떻게 빛은 파동이면서 입자일 수 있는가 하는 문제 때문이었지요. 당시 다른 물리학자들과 마찬가지로 아인슈타인 자신도 '산란'과 '간섭'이라는 파동 현상과 자신의 광자 개념 사이에서 드러나는 모순, 이른바 '파동-입자 이원성'wave-particle duality 문제를 해결할 수 없었습니다.

혼란과 당혹감 속에서 20년쯤 지난 후 독일의 젊은 양자물리학자 베르너 하이젠베르크가 아리스토텔레스의 『형이상학』에 나오는 '잠세태'潛勢態

• 아리스토텔레스는 어떤 것이 실현된 상태를 현실태(energeia), 잠재된 가능성으로 있는 상태를 잠세태(dynamis)라고 규정하자고 제안하면서 이렇게 설명했다. "이것은…재료에서 모습을 띠고 나온 것이 재료에 대해, 그리고 가공된 것이 가공되지 않은 것에 대해 맺는 관계와 같

라는 용어를 빌려와 이 모순적 현상을 설명할 수 있는 길을 열었지요. 그리스어로 '뒤나미스'dynamis, 라틴어로 '포텐티아'potentia라고 표기되는 잠세태는 '아직 그 본질이 확정되지 않은 가능태'를 말합니다. 하이젠베르크는 빛과 같은 소립자들은 단지 "존재하려는 경향"tendencies to exist 또는 "일어나려는 경향"tendencies to happen으로 규정할 수 있는 가능태일 뿐이어서, 실험자의 관찰에 의해 비로소 입자 또는 파동으로 현실화(확정)된다고 설명했습니다.[29]

하이젠베르크의 이러한 해석은 이후 오스트리아의 물리학자 에르빈 슈뢰딩거Erwin Schrödinger, 1887-1961가 빛을 파동으로 다룬 자신의 '파동역학'과 입자로 다룬 하이젠베르크의 '행렬역학'이 수학적으로 동치이며, 한쪽에서 다른 쪽을 유도해 낼 수 있음을 증명함으로써 인정되었습니다. 구소련의 양자물리학자 조지 가모브의 표현을 따르자면, 그것은 마치 고래나 돌고래가 상어나 청어 따위의 물고기가 아니라 코끼리나 말 같은 포유류라고 단정하는 것처럼 매우 이상하고 놀라운 일이었지만 부인할 수 없는 사실이었지요.

하이젠베르크는 '포텐티아', 곧 잠세태라는 적절한 용어를 개발함으로써 실험과 관찰을 통해서는 드러나지만 우리의 언어와 사고로서는 접근하기 어려운 미시세계의 물리적 현상을 설명할 수 있는 길을 열었던 겁니다. 이를 보통 '코펜하겐 해석'Copenhagen interpretation이라고 하지요. 이 같은 역사적 사실은 학문에서 '전문용어'terminus가 얼마나 중요한가를 증명해주는 좋은 사례입니다. 전문용어는 사유의 기본 단위이기 때문에 용어의 개발이—마치 벽돌이 건물을 짓게 하는 것처럼—우리의 사유를 가능하

다. 이 차이가 나는 두 상태 중 한쪽은 '에네르게이아'(energeia)라 하고 다른 쪽은 '뒤나미스'(dynamis)라고 규정하자"(『형이상학』, 1048b).

게 하는 것이지요!

언제나 수요가 공급을 낳는 법입니다! 고대 신학계에도 때맞춰 하이젠베르크 같은 인물이 등장합니다. 북아프리카에서 태어나 활동한 테르툴리아누스가 바로 그 사람이지요. 테르툴리아누스는 이전까지는 누구도 하지 못한 발상으로, 삼위일체를 설명할 수 있는 전문용어를 개발하여 당시 기독교 신학계가 당면한 이 어려운 문제를 해결할 물꼬를 텄습니다. 그런데 대체 어떻게 해결했을까요?

테르툴리아누스의 용어들

기독교가 시작된 후로 429년 반달족의 용맹한 지도자 가이세릭Gaiseric이 아프리카를 침공하기 전까지 적어도 수 세기 동안은 북아프리카가 서방 기독교 사상의 중심지였습니다.* 물론 그럴 만한 이유가 있었지요.

우선, 기원전 1세기경부터 북아프리카에는 경제적 기적과 함께 커다란 변혁이 일어났습니다. 지중해를 접한 해안 도시들은 무역과 상업으로 돈을 벌었고, 내륙 평야 지대는 성곽을 쌓고 집단으로 곡식을 경작해서 부를 축적했지요. 그러자 북아프리카의 누미디아Numidia 평원에는 교통 요

• 429년 반달족은 북아프리카를 침공했다. 보니파세 장군 휘하의 로마 군대가 그들에 맞서 싸웠지만 괴멸당했고, 살아남은 자들은 간신히 카르타고로 후퇴했다. 하지만 순식간에 반달족에게 포위당하고 말았다. 이때 서방 신학의 태두였던 아우구스티누스가 카르타고 인근 도시인 히포의 감독이었다. 430년 아우구스티누스는 히포가 포위된 지 석 달 만에 76세의 나이로 세상을 떠났다. 이후 반달족은 로마까지 함락시키는데, 이때의 약탈과 파괴가 얼마나 치명적이었는지 반달족이 완전히 사라지고 없는 지금까지도 신성모독이나 문명파괴 행위를 '반달리즘'(vandalism)이라고 부른다.

충지마다 도시가 형성되었고 로마 콜로세움 규모의 원형극장과 음악당, 공중목욕탕 등이 건설되었습니다. 주민들이 학문과 예술을 즐길 여유와 시설이 구비된 것입니다. 당시 팀가드Timgard라고 불리던 이 지역 도시에서 발견된 한 비문에는 "사냥, 목욕, 연극과 웃음: 아, 이것이 나의 삶이로구나!"[30]라는 호사스러운 문구가 새겨 있을 정도였지요.

이 같은 경제적 풍요가 무엇보다도 중요한 기반이 되었지만, 북아프리카 지역이 초기 기독교 사상의 요람이 된 데에는 그밖에 다른 요인들도 작용했습니다. 북아프리카는 북동쪽으로 그리스 문명의 중심지인 에게해가 놓여 있어 해안 도시들을 중심으로 일찍부터 그리스 철학이 전해졌습니다. 또 동쪽으로는 팔레스타인과 인접해 있어 1세기 중반부터는 기독교가 자연스레 흘러들어 왔지요. 그뿐만 아니라 북아프리카는 기원전 146년부터는 줄곧 로마 제국의 지배 아래 있었지만, 정치적 수도인 로마와는 거리를 두고 있어서 독자적 문화를 형성할 수 있었습니다. 바로 이것이 알렉산드리아와 카르타고 같은 북아프리카 도시들이 초기 서방 기독교 사상의 온상이 된 이유이자, "라틴 신학의 아버지"로 불리는 테르툴리아누스나 기독교 신학사상 가장 위대한 인물인 아우구스티누스가 로마인이 아닌 북아프리카인인 까닭입니다.

테르툴리아누스˙는 카르타고에서 태어나 수사학과 법학을 공부했습니

• 초기 기독교의 기본 사상과 용어를 정립한 '라틴 신학'(Latin Theology)을 연 테르툴리아누스는 "아테네와 예루살렘이 무슨 관계가 있는가? 아카데미와 교회 사이에 무슨 일치가 있는가?"(『이단을 논박하는 취득시효』, 7) 또는 "불합리하기 때문에 더욱 확실하다"(『그리스도의 육체에 관해』, 5)라고 주장해서 '반지성주의자'로도 오해받는다. 그러나 이 말의 진의는 '신앙의 비합리성'이 아니라 이성에 대한 '신앙의 우위성'으로 생각해야 한다. 그는 "믿으면 안다"라고도 했다. 테르툴리아누스는 197년부터 220년 사이에 수많은 저서를 남겼는데, 이방인들의 박해에 대한 기독교 정신을 알리는 『변명』, 『이방인들에게』, 『영혼의 증언』, 『순교자들에게』 등이 있고, 이단들에 대한 논박인 『이단을 논박하는 취득시효』, 『프락세아스 논박』, 『마르키온

다. 당시 북아프리카 사람들은—마치 엘리자베스 여왕 시절의 시골 신사들이 그랬던 것처럼—법정 송사를 매우 즐겼다고 합니다. 그 탓에 젊은 청년들은 대부분 변호사가 될 꿈을 갖고 있었습니다. 우리가 주목해야 할 흥미로운 사실은 격렬한 논쟁과 법정 송사를 즐기는 이러한 사회적 분위기가 초기 기독교 신학과 교회의 성장을 도왔다는 것이지요. 안디옥 학파를 중심으로 한 초기 동방 기독교 사상가들이 대부분 회심한 사변적 철학자인 데 반해, 아프리카 학파 사상가들은 대개 법률가나 수사학자인 건 그 때문입니다.

테르툴리아누스가 바로 그 같은 시류의 시발점이었습니다. 격정적이고 거친 기질을 타고난 그는 변호사가 되기 위해 닦은 수사학적 기법 그리고 법학 지식으로 단단히 무장하고 당시 기독교 사회에서 가장 뜨거웠던 삼위일체 논쟁에 과감히 뛰어들었습니다. 그리고 마치 노회한 변호사가 법정에서 그러듯이 논리와 궤변, 격언과 풍자를 적절히 구사하며 대적들을 자기모순에 빠뜨리고 가차 없이 몰아붙여 그들이 지독한 모멸감을 안고 돌아가게 만들었지요.[31]

그런 불꽃 튀는 논쟁의 와중에서 테르툴리아누스는 '위격'persona과 '본질'substantia이라는 법학 전문용어를 끌어들여 '삼위일체'trinitas라는 용어와 이론을 처음으로 만들어 냈습니다. 물론 그것은 대단한 일이었지만, 그로서는 불가피한 일이기도 했습니다. 왜냐하면 그가 대적들 앞에서 자신이 믿는 하나님이 어떻게 하나이면서 셋이고 셋이면서 하나인지를, 어떤 방식으로든 설명하지 않고는 그들에게 오히려 굴욕을 당할 수밖에 없는 처지에 놓였기 때문입니다.

논박』 등이 있으며, 도덕적 삶과 예배의 실천에 대한 내용인 『참회에 관해』, 『인내에 관해』, 『아내에게』, 『일부일처에 관해』, 『금식에 관해』, 『겸손에 관해』, 『정절에 관한 권고』 등이 있다.

삼위일체 교리에 이미 익숙한 오늘날 우리 입장에서 보면 테르툴리아누스가 한 일이 그리 대수로워 보이지 않습니다. 하지만 그건 학문에서 전문용어가 어떤 일을 해낼 수 있는지 제대로 보여 준 획기적 사건이었습니다. 그때부터 "하나님은 세 위격으로 존재하는 하나의 본질"tres personae una substantia이라는 사유와 언급이 기독교 신학 안에서 비로소 가능해졌으니까요. 물론 용어 개발만으로 삼위일체론이 완성되었다는 이야기는 아닙니다. 이 이론은 이후 381년 콘스탄티노플 공의회까지 적어도 150년 동안 폭풍우 같은 혼란에 휩싸여 우여곡절을 겪지요. 그럼에도 테르툴리아누스가 이룩한 공로가 축소되지는 않습니다.

다음은 수도사 파트리키우스Patricius, ?387-?461(성 패트릭)가 만들어 5세기 이후 교회에서 널리 불리던 찬양입니다.

삼위일체의 이름으로
강하신 그분의 이름으로
하나가 셋이요 셋이 하나이신
삼위일체 하나님께 나아갑니다.
모든 자연의 창조가
영원하신 아버지시요, 성령이시며, 말씀이신,
삼위일체 하나님의 것입니다.
그리스도 구원의 주님을 찬양합니다.

당신도 보다시피, 이 찬양에는 "하나가 셋이요 셋이 하나이신"이라는 구절이 '당당하게' 들어 있지요. 바로 이 당당함이 '위격'과 '본질'이라는 용어를 신학에 끌어들여 자신들이 믿는 하나님을 "세 위격으로 존재하는 하나의 본질"이라고 설명할 수 있게 한 테르툴리아누스의 공로라고 할 수 있습니다. '위격'과 '본질'이라는 용어가 '하나이면서 셋이고 셋이면서 하나인 하나님'이라는 말이 더는 배리나 역설이 아니게끔 해 준 것이지요. 그런데 도저히 불가능해 보이는 그 일이 어떻게 가능했을까요? 이제부터는 그 흥미로운 이야기로 들어갑니다.

경륜적 삼위일체

'위격'이란 라틴어로는 '페르소나'persona인데, 당시의 법률적 용어로 '어떤 것이 법률상 밖으로 드러난 지위'를 말합니다. 그러니 당연히 한 사람이 여러 페르소나를 가질 수 있지요. 예컨대 한 남자가 가정에서는 호주이자, 사회에서는 상인이며, 시의회에서는 대의원인 것처럼, '페르소나'는 한 개인이 법률상 지닐 수 있는 복수의 자격이나 지위를 말합니다. 따라서 테르툴리아누스가 삼위일체를 설명하기 위해 사용한 '페르소나'는 바깥으로 나타나는 하나님의 지위, 곧 성부·성자·성령을 의미합니다. 여기서 주의해야 할 것은 페르소나에서 오늘날 우리가 흔히 사용하는 영어 단어 'person'이 나왔지만, 그렇다고 세 위격을 세 개체로 이해해서는 안 된다는 사실입니다. 만일 그렇게 하면 기독교가 '삼신론'tritheism에 빠지기 때문이지요.

'본질'이란 원래 그리스어로 '우시아'ousia*라는 철학용어인데, 일상용어로 풀면 '어떤 것이 그것이게끔 하는 그 어떤 것'을 말합니다. 테르툴리아누스는 그리스어 '우시아'의 라틴어 번역인 '수브스탄티아'substantia를 사용

---

* 그리스어 우시아(ousia)는 일상적 용어로는 어떤 사람에게 '있는 것', 곧 그 사람의 '자산'(資産)을 의미한다. 그래서 '우시아를 가진 자들'(hoi echontes tēn ousian)이란 '자산가들'을 뜻한다. 그러나 플라톤과 아리스토텔레스에 의해 '본질', '존재', '실체' 등의 철학적 의미를 갖게 되었다. 따라서 우시아는 플라톤의 경우에는 이데아(idea), 아리스토텔레스의 경우에는 에이도스(eidos)와 같은 의미를 지닌다.

했는데, 당시 법률용어로 이 말은 한 개인이 갖는 '소유권'을 뜻했지요. 그 사람의 소유권이 그 사람을 법률상으로 그 사람이게끔 한다는 의미였습니다. 그런데 로마 제국에서는 아버지의 권한을 아들들이 공동 소유했지요. 그러므로 테르툴리아누스가 삼위일체를 설명하기 위해 사용한 '수브스탄티아'라는 용어는 성부가 성자, 성령과 함께 공동으로 소유하는 신적 권능을 의미했습니다.32

따라서 테르툴리아누스가 만들어 설명한 삼위일체, 곧 "세 위격으로 존재하는 하나의 본질"tres personae una substantia이라는 말은 하나님이 '바깥으로 나타난 위격으로는 셋(성부·성자·성령)'이지만 '그것을 그것이게 하는 권능(사고·의지·행동)에서는 하나'라는 뜻이지요. 이 말을 테르툴리아누스는 다음과 같이 표현했습니다.

> 우리는 구속경륜oikonomia의 새로운 뜻을 간직하자. 이 신비로운 뜻은 하나의 본질이 성부, 성자, 성령이라는 삼위일체Trinitatis로 나타난다는 것이다. 그러나 이 셋은 지위status가 아니라 정도gradus에서, 본질substantia이 아니라 형식forma에서, 능력potestas이 아니라 외양spesies에서 나뉜 것이다. 그렇지만 그분은 한 분 하나님으로서 아버지와 아들과 성령이라는 이름으로 이러한 정도와 형식과 외양으로 생각될 수 있다. 그렇다 해도 여전히 하나의 본질이며 하나의 조건이며 하나의 능력을 갖는다.33

이로써 '삼위일체'라는 용어가 신학에 도입되었지요. 그뿐 아니라 하나님은 세계를 창조에서 종말까지 오직 자신의 의지와 계획에 따라 역사 안에서 순차적으로 진행한다는, 교부 이레나이우스의 '구속경륜'이라는 개념이 삼위일체론 안에서 새롭게 해석되었는데 내용은 이렇습니다. 본질적으로 하나인 하나님이 세계를 다스리기 위해 자신 안의 세 위격을 단계적으로 전개한다는 것이지요. 그러기 위해 마치 태양에서 빛이 나오듯이 창조의 순간 둘째 위격인 성자가 생겨나고, 이어 셋째 위격인 성령이 발출되었다고 테르툴리아누스는 설명했습니다.34 이 같은 주장을 오늘날 신학자들은 '경륜적 삼위일체론'the economic trinity이라고 부릅니다.

이런 생각을 근거로 테르툴리아누스는 성부에서 성자가 나온 만큼 당연히 "아들이 있지 않았던 때가 있었다"35라고도 주장했습니다. 하지만 이는 세 위격의 개별적 구별을 지나치게 강조한 것이지요.* 그 결과 '그렇다면 성부, 성자, 성령이 어떻게 하나의 통일체로 존재한다고 이해할 수 있을까' 하는 심각한 의문을 남겼습니다. 요컨대 테르툴리아누스는 새로운 전문용어를 도입함으로써 삼위일체 하나님에 대한 사유와 언급을 비로소 가능하게 만들었지만, 내용적으로는 여전히 해결하지 못할 애매모호함과 공허함도 함께 남겼지요.

이러한 취약점들을 보완해서 삼위일체론의 내용을 체계적으로 정리한 사람은 테르툴리아누스와 그리 멀지 않은 시기, 그리 멀지 않은 장소에 살던 오리게네스였습니다. 불타는 신앙심을 간직한 그리스도인이자 탁월한 플라톤주의 철학자이던 그가 오늘날 우리가 알고 있는 삼위일체론의 기반을 닦았지요. 그래서 이제 우리는 오리게네스가 정리한 삼위일체론을 살펴볼 텐데요, 사전에 그의 파란만장한 생애를 잠시 훑어보고자 합니다. 왜냐하면 그의 삶이 흥미롭기도 하지만, 이를 통해 삼위일체론을 구축하려고 애쓰던 당시 신학자들이 처한 시대적·학문적 배경을 들여다볼 수 있기 때문입니다.

---

* 테르툴리아누스는 『프락세아스 논박』 9장에서 "아버지는 전체적으로 본질이나 아들은 한 부분 또는 파생이다", "아버지는 불가시적이지만 아들은 가시적이다"라고 아버지와 아들을 구별했다. 이 때문에 테르툴리아누스의 이 주장은 나중에 이단사상(heterodox)으로 간주되었다.

오른발은 신학에 왼발은 철학에

오리게네스는 참으로 불꽃같은 사람이었고 진실로 격랑의 삶을 살았습니다. 가이사랴의 감독이자 교회사가였던 에우세비우스의 『교회사』에 따르면 그는 알렉산드리아의 한 기독교 가정에서 태어났지요. 신실한 그리스도인이던 아버지 레오니다스^{Leonidas}는 그리스 고전을 가르치는 교사였습니다. 그 덕분에 오리게네스는 어려서부터 기독교와 더불어 그리스 철학을 자연스레 접하면서 자라났지요.[36] 소년이 되자 오리게네스는 당대 최고의 신학자이던 알렉산드리아의 클레멘스가 운영하는 신앙입문학교인 '카테케시스'^{catechesis}에 들어가 공부를 시작했습니다.[37] 그 덕에 그는 평생 동안 오른발은 신학에 왼발은 철학에 담그고 살았습니다.

202년 오리게네스가 열일곱 살이 되었을 때 알렉산드리아에서 기독교도 박해가 시작되어 오리게네스의 아버지 레오니다스가 순교했습니다. 이 무렵 일어났다는, 오리게네스의 신앙과 품성을 잘 알려 주는 일화가 전해옵니다. 오리게네스는 감옥에 있는 아버지에게 편지를 보내 어머니와 자신 그리고 동생들 때문에 순교를 향한 마음이 약해지지 말라고 권고했다는 내용입니다. 또한 자기 자신도 순교하고 싶은 열망에 사로잡혀 스스로 로마 관원을 찾아가려고 했답니다. 하지만 그의 어머니가 옷을 감추고 아들을 말려 뜻을 이루지 못했다고 하지요.[38] 이처럼 오리게네스는 불같은 신앙과 칼 같은 품성으로 일흔 평생을 살았습니다.

로마인들은 한때 자신들이 문명인이라는 자부심을 갖고 있었고 의도적 잔혹 행위나 장기간에 걸친 고문을 금지하는 형법을 보유한 것을 자랑스럽게 여겼습니다. 그렇지만 그리스도인들에게는 전혀 달랐습니다. 로마인들은 그리스도인들을 위해서는 미개한 사회에서나 볼 수 있는 고문에 대한 열정과 타인의 고통에서 환희를 느끼는 야만적 풍습을 위대한 제국으로 서슴없이 끌어들였지요. 어떤 그리스도인들은 뻘겋게 달구어진 쇠사슬에 결박되었고, 더러는 조개껍데기나 쇠갈고리로 온몸이 토막 나 죽었으며, 더러는 서서히 달아오르는 불에 몇 시간씩 몸부림치다 죽었습니다. 혹은 펄펄 끓는 납물을 뒤집어쓴 채, 혹은 피를 흘리는 채 소금과 식초에 절여져 서서히 죽어 갔습니다. 경건한 처녀들은 검투사나 포주에게 넘겨져 능욕을 당한 다음 또 같은 일들을 당했습니다.[39]

전해 오는 기록에 따르면, 놀랍게도 당시의 순교자들 대부분이 '신앙을 포기한다'는 말 한마디만으로도 상상을 초월하는 그 고통을 면할 수 있었는데도—심지어 가냘픈 처녀들조차—끝내 비굴한 태도를 보이지 않았다고 합니다. 부활과 천국에 대한 예수님의 가르침에 추호의 의심도 없었던 거지요. 그뿐 아니라 육체는 영혼의 감옥이므로 육체가 파괴될 때 비로소 영혼이 해방된다는 당시 교부들의 신플라톤주의적 가르침도 굳게 믿었던 것입니다. 그러자 순교에 대한 소망이 소년·소녀들에게도 마치 전염이라도 되듯 확산되었다고 합니다.

우리로서는 상상조차 하기 힘든 일인데, 오리게네스는 바로 이런 순교의 시대를 살았습니다. 하지만 이 같은 시대적 상황을 십분 감안한다 해도, 순교에 대한 오리게네스의 열정은 유별났습니다. 누구든 스스로 순교를 열망할 수는 있을지언정 자식 된 자로서 아비에게 순교를 권면한다는 건 결코 예사로운 일이 아니기 때문입니다. 나중에 오리게네스는 순교자들의 수난이 그리스도의 수난처럼 다른 사람들을 속죄할 능력이 있다고까지 가르쳤지요. 그 근거로 그는 "나는 이제 너희를 위하여 받는 괴로움을 기뻐하고 그리스도의 남은 고난을 그의 몸 된 교회를 위하여 내 육체에 채우노라"(골로새서 1:24)와 같은 바울의 교훈을 내세웠지만, 이는 정통 교리가 지켜야 하는 선을 한참 넘어선 것이었습니다.

강철 같은 사람

오리게네스는 스승 클레멘스가 박해를 피해 알렉산드리아를 떠나자 203년부터 열여덟의 어린 나이로 신앙입문학교에서 성서와 철학을 가르치기 시작했습니다.[40] 가르칠 만한 사람들이 모두 떠나 버려 교사가 없었던 데다, 나중에는 적이 된 알렉산드리아 감독 데메트리오스가 그의 박학다식함과 열정을 인정하고 학교를 맡겼기 때문이지요. 오리게네스는 시시각각 다가오는 위험을 무릅쓰며, 박해를 조금도 두려워하지 않고 찾아오는 사람은 누구든 밤낮으로 가르쳤습니다. 또 한편으로는 자신의 공부 역시 쉬지 않았지요. 그의 나이 스물다섯이 되던 210년경부터 그는 암모니오스 사카스 밑으로 들어가 약 5년 동안 플라톤 철학을 다시 공부했습니다. 훗날 젊은 플로티노스가 이 스승을 찾아오기 거의 20년 전의 일이었습니다.

또한 오리게네스는 평생 금욕적인 생활을 했습니다. "너희는 전대에 금이나 은이나 동을 가지지 말고 여행을 위하여 배낭이나 두 벌 옷이나 신이나 지팡이를 가지지 말라"(마태복음 10:9-10)는 예수님의 가르침을 그대로 따라, 겉옷 한 벌과 신발 한 켤레로 지냈고, 내일 일을 전혀 걱정하지 않았지요. 학생들이 가져오는 선물을 받지 않았고, 꼭 필요한 물건이 아니면 버리는 것을 원칙으로 삼았습니다. 건강을 해칠 정도로 헐벗고 굶주렸으며, 특별한 경우가 아니면 고기를 먹지 않았고, 술은 입에 대지도 않았습니다. 시간이 날 때마다 기도와 학문에 매진했고, 성욕을 잠재우려고 밤에는 맨바닥에서 잤지요. 그래서 그에게는 '강철 같은 사람'이라는 의미의 '아다만티우스'adamantius라는 별명이 붙었고, "그의 교리는 생활이

요 그의 생활이 곧 교리다"라는 말까지 따라다녔습니다.[41]

서른 살 전후에 이미 명성이 나라 밖까지 알려진 오리게네스는 로마, 팔레스타인, 안디옥 등에서 초청에 응해 강연을 했습니다. 230년에는 영지주의 문제로 분열을 겪던 아테네 교회가 이 문제를 해결하기 위해 오리게네스를 초청했습니다. 가는 길에 팔레스타인을 경유했는데, 예루살렘의 감독 알렉산드로스와 가이샤라의 감독 테옥티스투스가 그를 장로로 장립將立하고 강연을 요청해서 들었지요. 그러자 평소 오리게네스의 명성을 시기하던 알렉산드리아 감독 데메트리오스가 이를 빌미로 오리게네스가 아직 알렉산드리아로 돌아오기도 전에 이집트 교회회의를 소집하여 그를 정죄했습니다.

정죄 이유에는 알렉산드리아 교인이 팔레스타인에서 장립을 받은 것이 위법이라는 것과 사탄도 종말에는 구원받을 수 있다는 오리게네스의 주장이 이단이라는 교리상의 문제가 포함되었지요. 그렇지만 그 가운데 우리의 눈길을 끄는 것은, 데메트리오스가 신명기에 나온 "고환이 상한 자나 음경이 잘린 자는 여호와의 총회에 들어오지 못하리라"(신명기 23:1)라는 성서 구절을 근거로 '고자'鼓子는 장로가 될 수 없다고 주장한 내용입니다.

고자라니, 이건 또 무슨 이야기인가요? 오리게네스가 평생 금욕생활을 하며 독신으로 살았다지만, 설마 그가 고자였을까요? 그랬습니다! 그는 고자였습니다. 오리게네스는 젊은 시절 "천국을 위하여 스스로 된 고자도 있도다"(마태복음 19:12)라는 성서의 말씀을 문자 그대로 받아들여 제 스스로 고환을 절단했습니다.[42] 그는 이런 사람이었습니다!

231년 오리게네스는 결국 알렉산드리아에서 추방되어 자신을 환대하는 가이사랴로 갔습니다. 알렉산드리아를 떠나면서도 그는 그리스도인다운 겸손으로 이런 말을 남겼지요. "우리는 그들을 미워하기보다 동정해야 한다. 그들을 저주하기보다 그들을 위해 기도해야 한다. 우리는 미움이나 저주가 아닌 복을 끼치기 위해 지음 받았기 때문이다."[43]

가이사랴에서 그는 감독 테옥티스투스의 후원으로 신앙입문학교와 부속도서관을 세우고, 후진 양성과 학문에 전념하며 상상 불허의 방대한 저술을 남겼습니다.* 엄밀히 말해 오리게네스는 니케아 이전 그리스도인들을 통틀어 가장 박식하고 가장 근면하고 가장 문화 수준이 높은 학자였지요. 그의 지식은 당대의 철학과 신학과 문헌학을 총망라한 것이었습니다. 때로는 플라톤주의적 주장을 너무 강하게 한 탓에 553년 콘스탄티노플 공의회**에서는 이단으로 단죄받기도 했지만, 오리게네스는 아우구스티누스, 루터와 함께 기독교 사상사에 가장 위대한 신학적 업적을 남긴 사람으로 평가받곤 하지요.[44]

250년 오리게네스는 또다시 시작된 로마 제국의 기독교 탄압으로 투옥되었습니다. 당시 칠순이 가까운 나이였지만 모진 고문에도 굴하지 않고 평생 살아온 대로 꿋꿋이 신앙을 지켰지요.[45] 그러나 출옥 후 고문후유증에 시달리다가 254년 두로^{Tyre}에서, 어릴 때부터 그토록 소망하던 나라로 갔습니다. 오리게네스는 평생 열망하던 순교자 반열에는 들지 못했

• 에피파니우스(Epiphanius)에 의하면 오리게네스의 저작이 6,000여 권이라고 한다. 그러나 그 중 800여 권은 제목만 전해 온다. 남은 저술 중 중요한 것은 『헥사플라』(Haxapla), 『스콜리아』(Scolia), 『설교집』(Homilies), 『주석집』(Commentaries) 등인데, 『헥사플라』는 여러 언어로 된 성서 원문을 총망라해서 대조해 놓은 최초의 서적이고, 『스콜리아』는 성서 본문에 대한 해석집이며, 『설교집』은 자신의 교훈 모음집이고, 『주석집』은 성서 주석서로 「마태복음 주석」, 「요한복음 주석」, 「로마서 주석」, 「아가서 주석」 등은 비교적 많은 내용이 보존되어 있다. 그러나 그의 저서들 중 무엇보다 중요한 것은 220년에 쓰인 것으로 보이는 『원리론』(De Principiis)이다.
•• '콘스탄티노플 공의회'는 고대 기독교 교회의 세계 공의회(ecumenical council) 가운데 콘스탄티노플(현, 이스탄불)에서 개최된 제2, 5, 6, 8회의 세계 공의회를 모두 통칭하는 이름이다. 제2회 세계 공의회는 381년 테오도시우스 1세가 소집했고, 제5회 세계 공의회는 553년 동로마 제국의 황제 유스티니아누스가 소집했으며, 제6회 세계 공의회는 680-681년 동로마 제국 황제 콘스탄티누스 4세가 소집했고, 제8회 세계 공의회는 869-870년 바실리우스가 소집했다.

습니다. 그러나 고백자 대열에는 낄 수 있었지요. 그는 두로에 묻혔습니다.

두 천재가 남긴 한 발자국

삼위일체론과 연관해서, 오리게네스의 생애에서 우리가 주목할 것은 그의 신학 스승이 알렉산드리아의 클레멘스였고, 철학 스승이 암모니오스 사카스였다는 점입니다. 이 사실은 당시 신학자들 가운데 그 누구보다도 오리게네스가 그리스 철학으로부터 큰 영향을 받았다는 의미지요. 그것은 그가 태어나 자란 지리적·시대적 환경과도 밀접한 관계가 있었습니다. 기독교 교리를 정립하는 도구로서 그리스 철학을 사용하는 경향은 좁게는 알렉산드리아 학파의 전통이었고, 넓게는 초기 기독교 사상의 기본 틀이었기 때문이지요.

알렉산드로스 대왕이 기원전 332년경에 건설한 도시 알렉산드리아는 2세기 말엽부터는 로마, 안디옥과 함께 로마 제국 내에서 가장 번성한 도시 중 하나였습니다. 지중해의 동쪽 끝으로 나일강과 홍해에 인접한 국제적 교차로였기 때문에 아프리카 대륙과 아시아에서 대상大商들이 모여들었습니다. 특히 기원전 306년 프톨레마이오스 소테르Ptolemaios Soter가 여기에 도서관을 세우고 많은 장서와 훌륭한 학자들을 모아 학문을 권장한 이래, 알렉산드리아는 문화적 측면에서는 오히려 로마와 안디옥을 뛰어넘어 당시 세계 최고 수준을 자랑하던 도시였지요.

자연히 세계 각국에서 여러 종류의 학문과 예술, 종교가 이곳으로 모였고, 이것들이 어우러져 독특한 색깔의 새로운 학문과 종교를 만들어 냈습니다. 바로 여기서 젊고 새로운 피인 기독교가 늙은 거인인 그리스 철학과 만났지요. 신앙의 눈으로 본다면 전적으로 예정된 것이었고 역사적 안목에서 본다면 전적으로 우연이었지만, 이 만남이 '젊고도 활력 있는 거인'을 탄생시켜 서양문명에 기독교 사상이라는 새로운 대지를 개척한 것입니다. 그 일을 주도적으로 실행했던 알렉산드리아 학파의 선두에 알렉산드리아의 클레멘스와 오리게네스가 서 있었지요.

알렉산드리아의 클레멘스는 "계약을 제공하신 바로 그 하나님은 그리스인들에게 철학을 주신 자이며, 이에 따라 전능하신 자가 그리스인들 사이에서도 영광을 받으셨다"[46]라는 말로 그리스 철학의 진리성을 인정했습니다. 오리게네스는 스승의 말을 평생 가슴에 간직했지요. 그래서 클레멘스가 알렉산드리아를 떠났을 때 서슴없이 암모니오스 사카스를 찾아갔던 것입니다.

암모니오스는 탁월한 제자 플로티노스 덕에 신플라톤주의의 창시자로 우리에게 알려졌습니다. 하지만 정작 그가 제자들에게 구술로 강의한 내용은 우리가 '중기플라톤주의'라고 부르는 사상이지요. 오늘날 우리는 2, 3세기에 유행했던 다양한 형태의 플라톤 사상들을 중기플라톤주의, 후기플라톤주의, 신플라톤주의 등으로 구분합니다. 그렇지만 그것은 사실상 시기별 또는 경향별 차이에 근거한 후세대의 구분일 뿐이며, 당사자들은 자신들을 그저 '플라톤주의자'Platonici라고 불렀지요. 플라톤주의에 대한 지금과 같은 구분은 17세기 라이프니츠에 와서야 생겨났습니다.

플라톤주의 사상들의 공통 특징은 플라톤 사상을 바탕으로 하되, 당대 사람들의 종교적 관심과 요구들을 대폭 수용한 탓에 신비주의 경향을 띤다는 것이지요. 고대가 저물어 갈 무렵 그리스 철학은 이미 어떤 의미에서든 종교화되고 있었습니다. 그것은 찬란했던 한 시대가 남긴 쓸쓸한 유물이었지요. 이제 사람들은 '이성의 힘'으로는 새로운 삶의 의미를 만들어 낼 수 없다는 사실을 깨닫기 시작했습니다. 그 결과 철학자들 대부분이 신비주의로 기울어져 기존의 철학과 신비주의를 혼합하여 종교 형태의 사상을 만들었는데, 신피타고라스주의, 중기·후기플라톤주의, 신플라톤주의 등이 대표적 예지요.*

우리의 이야기와 연관하여 여기서 주목하고자 하는 것은 2세기에 활동했던 중기플라톤주의자 알비누스가 그의 『교훈집』에 남긴 신에 대한 교설입니다. 왜냐고요? 그 이유는 이렇습니다.

암모니오스 사카스는 구술로만 강의하고 저술을 남기지 않았기 때문에 오리게네스나 플로티노스가 그로부터 어떤 가르침을 받았는지에 대해서는 알려진 바가 전혀 없습니다. 그런데 암모니오스보다 조금 전 시기에 살았고 그에게 분명 강한 영향을 끼쳤으리라고 짐작되는 알비누스의 교설을 살펴보면, 암모니오스가 제자들에게 무엇을 가르쳤는지 충분히 짐작할 수 있지요. 신에 대한 오리게네스와 플로티노스의 사상에서 나오는 용어와 내용이 알비누스의 교설에도 고스란히 들어 있다는 것이 그러한 추론을 강하게 뒷받침합니다. 정말 그런지 알아볼까요?

오리게네스의 삼위일체론

알비누스는 신을 제일신$^{protos\ Theos}$, 정신^{nous}, 영혼^{psyche}으로 구분했지요. 우선 '일자'라고도 일컫는 제일신은 '부동자'입니다. 하지만—아리스토텔레스의 '부동의 원동자'와 달리—다른 어떤 것의 변화에 영향을 미치는

• '신비주의 종교'(mystery religion) 성격을 띤 철학파들은 제사 의식을 갖는 형태였는데, 주로 고대의 다산의식(多産儀式, fertility rites)에서 기원한 것으로 본다. 이런 제사는 보통 의식적 식사(ceremonial meal)를 포함했고, 이를 통해 신성에 참여하게 된다고 믿었다. 이 밖에도 엑스타시(황홀경)를 체험하는 입문식을 하며, 타인에게는 절대적으로 비밀을 지켰다는 특징이 있다.

'운동자'는 아니지요. 알비누스의 제일신은 자기 자신은 전혀 변화하지 않고, 바로 그렇기 때문에 어떤 것을 직접 생성하거나 그것에 직접 작용하지 않습니다.[47] 제일신은 오직 자기로부터 산출된 '정신'을 통해 사물들을 생성하고 '영혼'을 통해 사물들에 작용하지요.

이 체계에서 플라톤이 언급한 이데아[idea]들은 신의 영원한 관념으로서 모든 사물들이 그것에서 창조되는 틀[範型]이고, 아리스토텔레스의 에이도스[eidos]는 이데아의 복사물로서 사물들에 종속됩니다.[48] 알비누스는 또한 자연과 정신세계에 나타난 미[美]의 여러 등급을 통한 신으로의 상승을 교훈하기도 했습니다.[49] 이는 일찍이 플라톤이 『향연』에서 제안한 것으로—우리가 이미 2부 "하나님은 존재다"에서 살펴봤듯이—중세신학자들이 '존재의 사다리'라는 개념으로 서양문명의 기반을 닦을 때 가졌던 사유지요.

당신도 이미 눈치챘듯이 알비누스의 사상은 플로티노스의 일자 형이상학과 매우 흡사합니다. 또한 이제 살펴볼 오리게네스의 삼위일체론과도 똑같은 틀을 갖고 있지요. 그래서 도달한 결론은 이렇습니다. 암모니오스 사카스의 두 걸출한 제자인 플로티노스와 오리게네스는 알비누스가 설파한 것과 같은 내용의 중기플라톤주의를 같은 스승에게서 약 20년의 시차를 두고 교육받았지요. 두 사람은 각각 스승에게서 배운 것을 바탕으로 각각 자신들의 사유를 전개했습니다. 오리게네스는 그것을 삼위일체론의 구성 틀로 사용했고, 플로티노스는 일자 형이상학을 구축하는 재료로 썼지요. 바로 이것이 신학과 철학에 각각 거대한 발자국을 남긴 두 사람이 서로 전혀 교류가 없었는데도 거의 유사한 내용의 사유를 하게 된 까닭입니다.

동등한가, 종속적인가

『원리론』에서 오리게네스는 고대 기독교 신학이 주장한 삼위일체론에 관한 주요 내용을 중기플라톤주의에 힘입어 깔끔하게 정리했지요. 따라서 내가 여기서 그 내용을 낱낱이 소개하지 않더라도 당신도 이미 짐작할 수 있을 겁니다. 그렇지요? 우리는 앞에서 신에 대한 알비누스의 중기플라톤주의 교설을 알아보았고, 플로티노스의 일자 형이상학도 비교적 소상히 살펴보았으니까요. 그래서 간략히 한마디만 덧붙이려고 합니다.

오리게네스에게 성부^{聖父}는 플라톤의 '선 자체', 알비누스의 '제일신', 플로티노스의 '일자'와 동일하고, 성자^{聖子}인 말씀^{logos}은 플라톤의 '창조주^{dēmiurgos}', 알비누스와 플로티노스의 '정신'^{nous}에 해당하며, 성령은 알비누스와 플로티노스의 '영혼'^{psyche}과 같은 것이지요. 이러한 결합은 초기 기독교 신학자들에게는 감격적 우연이었고, 서양문명에서는 역사적 사건이었습니다. 우리는 이미 이 결합의 흔적을—단테의『신곡』과 밀턴의『실낙원』은 물론이고—고대에서 근대에 이르는 숱한 신학과 문학 작품에서 확인할 수 있었습니다. 오리게네스 이후 서양문명 안에서는 일자·정신·영혼이 성부·성자·성령과 각각 짝을 맞춰 일치를 이루며 자연스럽게 혼용되어 왔던 것입니다.

오리게네스는 신학 스승인 알렉산드리아의 클레멘스를 통해 이미 '삼위일체'라는 테르툴리아누스의 신학적 용어와 교설을 알고 있었습니다.

---

* 오리게네스는 이 밖에도 창조는—하나님의 불변성이 훼손되지 않게—시간 바깥에서 이루어졌고, 선의 자기충족성과 자기초월적 풍요성에 의해 세계가 창조되었으므로 악은 실재가 아닌 선의 결핍이고 하나님은 악을 창조하지 않았다는 교설 등을 플라톤주의 사상에 의해 정리하여, 후일 프로클로스와 같은 기독교 신학자들이 신플라톤주의에 의한 기독교 사상을 정립하는 데 전범을 보였다. 그리고 이것은 아우구스티누스가 그대로 물려받은 유산이기도 하다.

동시에 철학 스승인 암모니오스 사카스를 통해 제일신·정신·영혼이라는 중기플라톤주의의 철학적 용어와 사상도 습득했지요. 따라서 오리게네스가 『원리론』에서 한 일은, 테르툴리아누스 이후 당시 기독교 사회에 널리 퍼져 있었지만 내용은 부실했던 삼위일체론을 중기플라톤주의 사상으로 풍성하게 채우는 한편 체계화한 것이었습니다. 오늘날 우리가 보기에는 얼핏 당연해 보이기도 하고 또 쉬운 일 같기도 하지만 당시 상황을 감안하면 꼭 그렇지만도 않았습니다.

가장 큰 문제가 초기 기독교 사회에서는 일반 신자들은 물론이거니와 신학자들까지도 '성부'를 '삼위일체 하나님의 제일위'로 인식하기보다는 '만유의 창조주인 야훼'로 인식했다는 점이지요.[50] 기독교가 막 생겨났을 때이니만큼 생각해 보면 너무나 당연한 일이었지만, 플라톤주의 사상을 바탕으로 삼위일체론을 구축하려던 신학자들에게는 바로 그것이 무척 넘기 어려운 장벽이었지요. 왜일까요? 내용이 몹시 흥미로운데, 간략히 설명하자면 다음과 같습니다.

존재가 창조주라는 것은 모세만이 아니라 플라톤, 알비누스, 플로티노스에게서도 반복적으로 언급되었습니다. 그러나 플라톤주의 교설에 따르면─중기·후기플라톤주의든 신플라톤주의든 간에─그들이 '정신'^{nous}이라는 이름으로 부르는 존재, 곧 창조주는 '최고의 신'이 아니고 그로부터 나온 제2원리입니다. 그런데 기독교는 처음부터 자신들의 하나님 야훼 YHWH를 '창조주'^{dēmiurgos}일 뿐 아니라 '최고의 신'^{despotes}이라고 주장했습니다. 이것이 초기 그리스도인들과 플라톤주의자들 사이에 놓인, 건널 수 없는 또 하나의 간격이었지요.

그리스도인들로서는 자기 종교 '최고의 신'이 플라톤주의자들에 의해 '제2원리'로 평가 절하되는 것을 상상조차 할 수 없었습니다. 반면 플라톤주의자들에게는 절대적 초월자이자 불변자인 일자가 '직접' 창조라는 변화를 일으킨다는 것이 도저히 용납될 수 없었지요. 그렇게 된다면 이제 그는 더 이상 영원불변한 일자가 아니기 때문입니다. 예컨대 알비누스의 제일신이 어떤 것을 직접 생성하거나 그것에 직접 작용하지 않는 이유가 바로 그 때문입니다. 에티엔 질송은 이런 정황을 다음과 같이 적절하게 표현했습니다.

> 심리적으로 말해서 혹자는 신플라톤주의자로서 철학할 수 있고 그리스도인으로서 신앙할 수 있다. (그러나) 논리적으로 말하면 누구도 동시에 신플라톤주의자이면서 그리스도인으로서 사유할 수 없다.[51]

바로 이것이 오리게네스만이 아닌, 이후 적어도 삼위일체 논쟁이 공식적으로 끝나는 381년 콘스탄티노플 공의회 이전까지 고대 기독교 사상가들이 극복하고자 노력했던 심각한 갈등이었지요. 이 문제를 기독교 용어로 바꾸어 표현하자면 '기독교 교리에서는 아버지와 아들이 구분된다 하더라도 어디까지나 동등해야 하는데, 플라톤주의에서는 아버지에게서 나온 아들은 아버지에 대해 차등적이며 종속될 수밖에 없다는 것'입니다. 이 차이를 극복하는 것이 너무 어려웠기 때문에 삼위일체론은 처음부터 혼란이 가라앉지 않았고 결국 격렬한 논쟁으로 파급되었던 것이지요.

오리게네스는 이 문제에서 두 가지 상반되는 입장을 동시에 취했습니다. 즉 아버지와 아들의 '동등성'同等性을 주장하는 입장과 아버지에 대한 아들의 '종속성'從屬性을 주장하는 입장을 모두 취한 것이지요. 그래서 후일 그의 후계자들도 이 가운데 어떤 입장을 취하느냐에 따라 '오리게네스 우파'와 '오리게네스 좌파'가 되어 서로 대립하게 됩니다. 무슨 이야기인지 간략하게 설명하자면 다음과 같습니다.

오리게네스에 의하면, 하나님은 '존재 그 자체'로서 모든 것의 근원이고 로고스는 하나님의 '내적 언어'inner word로서 모든 존재의 창조 원리입니다. 그러므로 아버지에게 아들이 존재하지 않았던 때가 있었다는 것은 상상조차 할 수 없는 일이며, 로고스는 하나님과 함께 시작도 끝도 없이 영원하지요.[52] 그의 이 교설로 플라톤주의의 유출설과 테르툴리아누스의 주장이 동시에 거부되고[53] 하나님은 영원불변한 세 위격이라는 '내재적 삼위일체론'the immanent trinity이 주장되었습니다. 즉 하나님-로고스 또는 아버지-아들이 한 실체homoousios to patri라는 동등성 등식이 도출되어 이것이 후일 서방 가톨릭교회에 속하는 '오리게네스 우파'의 주장이 되었지요.

그러나 또 한편 오리게네스는 아버지와 아들을 구분해, 아버지만이 그 무엇에도 의존하지 않는 '자존의 신'God by himself이고 아들은 아버지에 의해서만 존재한다는 점을 강조했습니다. 아버지와 아들이 '분리되지 않는 하나'임을 주장하는 양상적 군주신론자들과 싸울 때 특히 그렇게 주장했지요. 아들은 아버지의 형상이자 얼굴이며 본질이지만[54] 아버지 자신은 아니며, 오직 구원 사역을 위해 아버지로부터 나왔다는 테르툴리아누스의 경륜적 삼위일체론the economic trinity이 되살아난 것이지요. 여기서 아버지에 대한 아들의 '종속성 등식'이 성립해 후일 동방정교회에 속하는 '오리게네스 좌파'의 입장으로 자리 잡은 것입니다.

중기 혹은 신플라톤주의적 종속설은 창조주를 제일신과 세계 사이에—기독교적 표현으로는 아들을 아버지와 세계 사이에—있는 '중간자'로 파악함으로써 한때 기독교 교리에서 하나님과 세상과의 '화목제'로서의 그리스도의 역할을 설명하는 데 유용하게 쓰였습니다. 그러나 이 이론은 아들의 신성에 제한을 두는 심각한 위험도 함께 내포하지요.˙

• 그리스도는 단순한 구원자(savior)가 아니라 구속자(Redeemer)다. '구속'이라는 말은 구원의

오리게네스 자신은 아버지와 아들이 어떻게 동일하면서 또 어떻게 종속적인가를 설명하기보다는 두 가지 입장 사이에서 적절한 균형을 유지했습니다. 그는 상황에 따라 알맞은 용어를 사용하면서 "피조물들에게 성부는 존재를, 성자는 합리성을, 성령은 성결함을 부여한다"[55]라는 식으로 삼위일체를 교훈했습니다. 이 말은 후에 동방과 서방을 막론하고 신학자들이 삼위의 역할을 구분하는 기준이 되었습니다. 예컨대 칼빈은 "성부는 일의 시초가 되시고 만물의 기초와 원천이 되시며, 성자는 지혜요 모사요 만물을 질서 있게 배열하시는 분이며, 성령은 그와 같은 모든 행동의 능력과 효력을 관장하시는 분이다"[56]라고 교훈했습니다.•

이처럼 계시와 철학, 기독교와 플라톤주의에 각각 한 발씩 딛고 양쪽을 절충한 것이 오리게네스 신학의 두드러진 장점이었습니다. 하지만 이같은 '양다리 걸치기'는 비범한 오리게네스에게나 가능했던 일이지, 범속한 후계자들에게는 용납될 수 없는 일이었나 봅니다. 오리게네스가 죽고 세월이 흐르면서, 그가 제시한 이론의 탁월한 장점은 오히려 치명적 단점으로 드러나기 시작했습니다. 앞서 언급했듯이, 기독교적인 동시에 플라톤주의적이던 오리게네스의 가르침은, 오늘날 우리가 '오리게네스 우파'와

방법, 즉 '형벌을 대신 짐'이라는 개념을 내포한다. 그래서 그리스도를 하나님과 세계 사이의 '화목제'라고 하는 것이다. 그러나 이 개념이 지나치게 강조되면 하나님의 전능성이 예수님의 신성과 함께 손상된다. 이것이 아리우스파(오리게네스 좌파)에 대한 정죄와 연관되는 '구속'과 '화목제'라는 말에 은폐된 위험이다.

• 칼빈의 삼위일체론은 오리게네스 좌파의 동방신학 교부들(아타나시우스, 나지안주스의 그레고리우스 등)의 영향을 받았다는 토렌스의 주장(T. F. Torrence, *The Doctrine of Trinity in Gregory of Nazianzus and J. Calvin*, Edinburgh: T.&T. Clark, 1996)과, 칼빈이 삼위일체론에 대한 오리게네스 우파(서방신학)와 오리게네스 좌파의 차이를 잘 알고 있었지만 언제나 서방신학 편에 섰다는 오웬의 주장(P. Owen, "Calvin and Catholic Trinitarianism", *Calvin Theological Journal*, Vol. 35, No. 2, Nov. 2000)이 대립하고 있다. 그렇지만 칼빈은 성령이 성부와 성자에서 발출(發出)한다는 서방신학의 '필리오케'(filioque) 개념과 성부·성자·성령이 상호내주(相互內住)와 상호침투(相互浸透)한다는 동방신학의 '페리코레시스'(perichoresis) 개념을 동시에 차용한 것처럼, 서방신학과 동방신학 사이에서 적당한 균형을 유지한 듯 보인다.

'오리게네스 좌파'라고 부르는 그 후계자들에 의해 삼위일체론 논쟁을 불러일으키는 불쏘시개가 되고 맙니다.

삼위일체 논쟁

삼위일체 논쟁의 최초 발단은 318년 서방신학을 대표하는 알렉산드리아의 감독 알렉산드로스와 장로 아리우스 간의 논쟁이었습니다. 교회사가인 존 노먼 데이비슨 켈리 John Norman Davidson Kelly, 1909-1997의 『초대 기독교 신경들』에 의하면, 이후 325년 니케아 공의회로부터 381년 콘스탄티노플 공의회에 이르는 기간은 여러 형태의 삼위일체론이 교회회의를 통해 신조信條 형태로 고정되었던 이른바 '신조들의 시대' Ages of Creeds였지요.[57] 이 시기에 고대 신학의 중요한 신조들이 거의 만들어졌습니다. 당연히 학파 간의 갈등이 본격화되었는데, 교회정치적 관점에서 보면 삼위일체 논쟁은 삼위일체론을 놓고 부딪친, 알렉산드리아 교구를 중심으로 하는 오리게네스 우파와 안디옥 교구를 중심으로 하는 오리게네스 좌파 간의 세력 다툼이었습니다.

화약고에 먼저 불을 던진 것은 안디옥 학파의 거두 루키아누스 Lukianus의 제자이며 오리게네스 좌파의 대표인 아리우스 Arius, 256-336였지요. 그는 만일 아들이 시작이 없다면 아들이 아니기 때문에 아들에게는 시작이 없을 리가 없으며, 따라서 아들은 아버지에 의해 무로부터 창조 또는 조성된 것이라고 추종자들에게 가르쳤습니다.[58] 일자에서 정신 nous이 나왔다는 플라톤주의의 이론을 충실히 따른 셈이지요. 아들은 만물을 만들었지만 그 자신은 아버지에 의해서 만들어졌으므로 피조물이고, 엄격한 의미에서는 신이 아니라고도 주장했습니다.⁵⁹ 한마디로 예수님은 반인반신半人半神의 존재이거나 양자그리스도론자들이 주장하던 존재, 곧 하나님에게 가장 적합한 인간으로서 하나님의 아들로 선택된 존재라고 주장했지요. 바로 이 점이 나중에 그가 사모사타의 바울주의자로 공격받은 이유입니다.

이에 반대하는 알렉산드리아 감독 알렉산드로스Alexandros of Alexandria, 250-326는 '이집트와 리비아 종교회의'를 열고 아리우스와 그의 추종자들을 정죄하고 면직했습니다. 그러나 아리우스는 굴복하지 않고 니코메디아의 감독 에우세비오스Eusebios of Nicomedia, 280-341의 보호 아래 자신을 지지하는 '루키아누스주의자'들에게 편지를 보내 세를 규합하여 맞서기 시작했습니다.

드디어 삼위일체 논쟁이 시작된 것이지요. 이렇게 벌어진 논쟁은 차츰 교회를 분열과 갈등으로 몰고 갔습니다. 논쟁과 분열이 심해지자, 313년에 "밀라노 칙령"을 발표해서 기독교를 승인한 콘스탄티누스Constantinus, 306-337 재위 황제가 개입했습니다. 교회의 분열이 자칫 제국 전체를 분열로 몰아갈지 모른다는 위기의식을 느꼈기 때문이지요. 황제는 325년 5월 25일에 소아시아 북서부의 비티니아Bithynia에 있는 니케아Nicaea에서 기독교 역사상 첫 번째 전체 교회 공의회the first ecumenical council of the church를 소집했습니다.

니케아에 나타난 '하나님의 모퉁잇돌'

5월의 니케아는 화창하고 아름다운 봄을 맞고 있었습니다. 지금은 터키의 가난한 마을 이즈니크Iznik가 자리 잡고 있으며 성 마리아 성당만이 쓸쓸히 남아 옛날의 영광을 무상하게 하지만, 당시 니케아는 황궁 도시

니코메디아에 버금가는 비티니아 제2의 도시였지요. 콘스탄티누스 황제는 1,800여 명이나 되는 제국의 감독들 모두에게 초대장을 보내, 그들의 편의를 위해 탈것을 보낼 것이며 왕복 비용과 니케아 체류비를 모두 국고에서 지원하겠다고 알렸습니다. 또한 감독마다 두 명의 장로와 세 명의 하인을 대동하도록 배려했지요. 그런데도 당시 감독들의 겨우 6분의 1만 니케아로 향했습니다.[60]

왜 그랬을까요? 이유가 있었습니다. 전임 황제 디오클레티아누스 때만 해도 기독교도들을 붙잡아 무쇠와 강철, 불과 칼로 고문한 다음 사자굴에 던졌기 때문이지요. 회의에 참석한 318명의 감독들은 불과 얼마 전까지 그렇게 잔혹하던 제국에서 황제의 초청을 받아 황실 숙소에서 호사스러운 대접까지 받아 가며 회의를 한다는 게 정말이지 꿈만 같았습니다. 가이사랴, 두로, 이집트 등에서 장터에 피워 놓은 불 속에 성경책들이 던져지고, 성직자들이 색출되어 원형극장에서 찢겨 죽는 것을 생생히 지켜보았던 가이사랴의 감독 에우세비우스*는 이 모든 일이 위대하신 하나님의 섭리와 은총이라고 소리 높여 찬양했습니다.

공의회는 황제가 금과 보석으로 치장한 가운을 걸치고 회의장에 위풍당당하게 입장하여 기독교의 화해와 연합을 권고하는 연설을 함으로써 시작했지요. 그 후 성직자들에게 발언권이 넘어가 본회의가 진행되었습니다. 아리우스는 장로일 뿐 감독이 아니었기 때문에 직접 나서서 논쟁을 벌일 수 없었습니다. 그래서 오리게네스 좌파인 루키아누스주의자들은 니코메디아의 감독 에우세비오스를 앞세워 아리우스주의를 거세게 주장

---

* 영어로 유세비우스라 하는 이 인물은 그리스어로 'Eusebios'라고 하고, 라틴어로 'Eusebius'라고 표기하기 때문에 '에우세비우스'라고 표기한 저서가 많다. 여기서는 니코메디아(Nicomedia)의 감독은 그리스어 발음으로 '에우세비오스'로 부르고 그와 구별하여 이 가이사랴(Caesarea)의 감독은 라틴어 발음으로 '에우세비우스'로 표기한다.

했습니다. 이에 맞선 오리게네스 우파들은 알렉산드로스 감독을 중심으로 이번에야말로 아리우스주의를 기필코 정죄하고 말겠다는 각오로 단호히 대항했지요.

알렉산드로스와 그 지지자들이 당시 내세운 주장은 그가 가르쳤다고 전해지는 "동시에 아버지요 동시에 아들이다"[61]라는 말에 잘 나타납니다. 하지만 이에 대한 보다 자세한 내용은 알렉산드로스의 저술이 남아 있지 않아 전혀 알 수 없지요. 그렇지만 우리는 아리우스주의에 대한 위대한 반대자이자, 알렉산드로스를 이어 알렉산드리아의 감독이 된 아타나시우스Athanasius, 295-373*의 저술들을 통해 그것을 짐작할 수 있습니다.

325년 5월, 갓 서른을 넘긴 젊은 아타나시우스는 알렉산드로스 감독과 함께 니케아에서 열린 그 뜨거운 논쟁의 현장에 있었습니다. 아타나시우스는 본디 신학자보다는 목회자가 되고 싶었다고 합니다. 하지만 풍운의 격동기가 그를 "4세기의 교리사 연구는 곧바로 아타나시우스의 생애를 연구하는 것과 동일하다"[62]라는 평가를 받을 만큼 혁혁한 공적을 남긴 위대한 신학자로 만들었습니다. 그는 평생을 한편으로는 이단의 오류들과, 다른 한편으로는 황궁 세력들과 맞서 싸웠기 때문에 "아타나시우스는 세상과 대립했고 세상은 아타나시우스와 대립했다"Athanasius contra mundum, et mundum contra Athanasius라는 말도 전해 옵니다.

• 아타나시우스는 4세기 당시 가장 뛰어난 신학자로서 니케아 신조에 담긴 사상을 대표한다. 그러나 자신은 학문적 업적보다는 실천적 목회자로서의 삶에 더 많은 관심과 소질을 보였다. 따라서 그의 사상은 조직적이고 체계적이라기보다는 아리우스 사상에 반대하는 변증적 성격을 띤다. 아타나시우스 사상의 학문적 체계화는 후일 카파도키아의 세 교부에 의해 이루어졌다. 그의 저서로는 초기 저작이자 그의 사상의 모체인 『이방인에 반대하여』, 『성육신에 관하여』가 있고, 아리우스주의에 반대하는 저술들 『아리우스주의자들에 대한 반론』, 『아리우스주의자들에 반대하는 성육신에 대해』, 『아리우스주의자들에 반대하는 변증』 등과 금육서인 『안토니우스 전기』가 있으며, 그 외에도 많은 편지들이 남아 있다.

제1차 니케아 공의회(325) 이콘.

아타나시우스는 체구가 작았지만 용모가 수려했고 안광이 번쩍여서 대적들마저 그 앞에서 함부로 할 수 없는 위엄을 갖고 있었습니다.[63] 미래를 내다보는 통찰력, 누구에게도 무릎 꿇지 않는 용기, 왕성한 활동력으로 신앙과 교회를 위해 싸워 "위대한 계몽자", "하나님의 모퉁잇돌"이라는 찬사를 받은 이 사람의 주장은 매우 단순하고 명료합니다. 그래서 우리는 그것을 한마디의 삼단논법으로 다음과 같이 요약할 수 있습니다. "아들은 구세주고, 오직 하나님만이 우리를 구원할 수 있다, 그러므로 아들이 곧 하나님이다"가 바로 그것입니다.[64] 요컨대 아들이 하나님이 아니고서야 어떻게 인간과 세계를 구원할 수 있겠느냐는 말입니다.

아타나시우스에 의하면, 구원이 새로운 창조라고 해도 그것은 오직 창조주 한 분만이 할 수 있는 일이고, 또 구원이 영원한 생명을 받는 것—곧 우리가 상실한 불멸성을 회복하는 것—이라고 해도 그것은 오직 불멸자이며 영원자인 하나님 한 분만이 줄 수 있습니다. 그러므로 구세주란 당연히 하나님이어야 한다는 말이지요.[65] 오직 하나님만이 우리를 신성화할 수 있다는 뜻입니다. 한마디로, "하나님은 우리가 신이 되도록 하기 위해 인간이 되었다"는 겁니다.[66] 아타나시우스의 이 같은 주장이 이후 '신의 세속화 kenosis를 통한 인간의 신성화 theosis'라는 동방정교 신학의 중추가 되었습니다.

하나님만이 인간을 구원할 수 있다는 것! 바로 이것이 아타나시우스가 '사벨리우스주의자'(또는 성부수난론자)로 몰리면서까지 아버지와 아들의 동질성을 강조한 이유였고, 바로 이것이 그가 아리우스주의자들을 '사모사타의 바울주의자'(또는 양자그리스도론자)로 몰면서까지 반대했던 까닭이었습니다. 물론 정확히 말하자면, 그는 사벨리우스주의자가 아니었고 아리우스주의자들도 사모사타의 바울주의자가 아니었지요. 아타나시우스는 삼위의 동질성을 강조하면서도—사벨리우스주의자들과는 달리—아버지와 아들과 성령이 이름에 불과하지 않고 실재적이라고 주장했기 때문입니다.[67*] 그는 삼위일체를 다음과 같이 설명했습니다.

> 하나님 안에 마치 사람들처럼 서로 분리된 세 실체가 있는 것처럼 상상해서는 안 된다. 그렇게 하면 이교도들처럼 여러 신을 섬기게 된다. 오히려 마치 샘과 그것에서 흘러나온 시냇물이 비록 두 가지 형태와 이름을 지닐지라도 서로 분리되지 않는 것처럼 생각하는 것이 옳다. [물론] 성부는 성자가 아니시고, 성자는 성부가 아니시다. 성부는 성자의 아버지시고 성자는 성부의 아들이시기 때문이다. [그럼에도] 샘이 시내가 아니고 시내가 샘이 아니지만, 둘은 하나이고 같은 물이 샘에서 시내로 흐르는 것같이 신성도 구분 없이 성부에게서 성자에게로 부어진다.[68]

이 같은 이유로 아타나시우스는 아리우스주의자들의 주장에 대해 불같이 일어나 단호하게 맞섰던 겁니다. 아리우스주의자들의 말대로 아버지와 아들이 유사할 뿐 동등한 자가 아니라면, 따라서 아들은 엄밀한 의미에서 하나님이 아니고 단지 아버지와 세계 사이의 중간자라면, 기독교는 다신교이며 교회는 다른 다신론을 정죄할 이유가 없다는 것이 그의 일관된 생각이었지요. 또한 하나님은 초월적 존재이지만 세계의 창조자로서 지금도 피조물의 세계에 부단히 직접 관계하므로 하나님과 세계 사이의 중간자는 필요 없다고도 여겼습니다.[69] 한마디로, 아버지와 아들은 하나이고, 아들도 하나님이며, 기독교는 유일신교라는 것이 아타나시우스의

---

* 이 편지에는 이런 글도 들어 있다. "교회에서는 '만유 위에 계시고 만유를 통해서 만유 가운데 계[신]'(에베소서 4:6) 한 분 하나님을 설교한다. '만유 위에'라 함은 성부가 시작과 근원이라는 뜻이며, '만유를 통해서'라 함은 '성자를 통해서'라는 뜻이며, '만유 가운데'란 '성령 가운데'라는 말이다. 삼위는 이름뿐이거나 말과 관념에만 그치는 것이 아니라 참으로 실제로 삼위이시다."

변함없는 생각이었습니다.

비록 모음 하나의 차이였지만

한 치도 물러서지 않는 논쟁이 계속되던 니케아 공의회에서 문제 해결의 열쇠가 된 것은 결국 전문용어 terminus였습니다. 시간이 갈수록 감독들은 대부분 예수님의 신성을 거부하는 것 같은 아리우스주의에 거부감을 보였지만, 논쟁은 점점 심해질 뿐 끝날 기미를 보이지 않았지요. 그러자 콘스탄티누스 황제가 자신의 종교 문제 자문관이기도 한 코르도바의 감독 호시우스 Hosius of Cordova의 도움을 받아 아버지와 아들이 동일본질이라는 뜻인 '호모우시오스' homoousios라는 용어를 신조 creed 안에 넣을 것을 제안했습니다.*

알렉산드로스를 비롯한 반反아리우스주의자들은 기꺼이 이 제안을 받아들였지요. 하지만 아리우스주의자들은 강력히 반대하며 이것 대신 아버지와 아들은 본질이 유사하다는 뜻의 '호모이우시오스' homoiousios, 유사본질라는 용어를 내세웠습니다. 그러자 '동일본질'이라는 용어를 신조에 삽입하는 것을 꺼리던 감독들의 상당수가 그래도 그것이 '유사본질'보다는 낫다고 판단했지요.

결국 우여곡절 끝에 아리우스주의가 배격되고 반反아리우스주의가 채택되었습니다. 그렇게 해서 작성된 새로운 신앙고백이 바로 '니케아 신조'

---

* 다른 견해도 있다. '동일본질'(homoousios)이라는 용어는 오히려 아리우스주의자들의 대표인 니코메디아의 에우세비오스가 먼저 만들어 사용한 것으로 이 용어를 가지고 아버지와 아들이 '동일본질'인 것을 부인하자(에우세비우스, 『황제에게 보내는 편지』, 4), 반아리우스파에서 이를 반박하기 위해 이 용어를 그대로 사용했다는 것이다(참고. 조병하, 『교부들의 신학사상』, 그리심, 2005, pp. 158-162).

the Creed of Nicaea*입니다. 내용상으로는 오늘날 그리스도인들이 사용하는 '사도신경'使徒信經과 흡사하지만,** 특이하게도 맨 마지막에 아리우스주의자들을 저주하는 다음과 같은 내용이 붙어 있습니다.

그러나 아들이 계시지 않았던 때가 있었다고 말하는 자들, 탄생 전에는 아들이 계시지 않았다고 말하는 자들, 아들이 무에서 지음을 받았다고 하는 자들, 하나님의 아들은 상이한 본질 또는 본체를 가졌다고 주장하는 자들, 혹은 아들이 피조되었다거나 변화될 수 있고 바뀔 수 있다고 말하는 자들을 보편적이며 사도적인 교회는 저주하노라.[70]

니케아 신조의 핵심은 아들이 '아버지와 동일본질'homoousion tō patri이라는 것, 곧 일자=창조주라는 오리게네스 우파의 동등성 등식이었습니다. 여기서 주목할 것은 아리우스주의자들은 모음 하나만 덧붙인 '호모이우시오스'homoiousios, 유사본질라는 용어가 채택되기를 간절하게 바랐지만, '니케아의 결정'은 '호모우시오스'homoousios, 동일본질라는 용어를 택했다는 점

- '니케아 신조'(the Creed of Nicaea)와 '니케아 신경'(Nicaea Creed)은 구분해야 한다. 니케아 신경은 니케아 신조를 바탕으로 하되, 451년에 칼케돈 종교회의에서 공포되었다.
- ** 사도들은 세례 때에 세례를 받는 자에게서 예수님이 '주님' 또는 '하나님의 아들'이라는 고백을 받아 내고, "주 예수 그리스도의 이름으로" 세례를 주었다. 이것이 기독교 신조(信條) 또는 신경(神經)의 시발이다. 그러나 이는 여호와가 창조주이며 유일신임을 이미 아는 유대인들에게는 충분한 것이었으나, 이교도와 이단에게 기독교가 구체적으로 무엇을 신앙하는지 설명하는 데는 불충분했다. 그래서 사도 교부들은 이것을 좀더 구체화한 신경을 만들었다. 예컨대 2세기 초에 나타난 「디다케」에는 세례자가 "성부·성자·성령을 믿느냐?"라고 물으면, 세례받는 자가 이에 답해 "저는 성부 하나님과 그의 독생자이신 우리 주님 예수 그리스도와 성령을 믿사옵니다"라는 고백을 했다. 그 후 차츰 여기에 몇 가지가 첨부되면서 2세기 말엽에는 초대 사도신경 형태로 보이는 '로마 신경'(Roman Creed, "R")이 완성되었다. 이후 삼위일체 논쟁을 거치면서 그때마다 조금씩 변경된 니케아 신조(325년)와 콘스탄티노플 신조(381년) 등이 나왔다. 오늘날 우리가 보는 '사도신경'에 대한 기록은 4세기에 앙키라의 마르켈루스(Marcellus of Ancyra)와 아퀼레이아의 루피누스(Rufinus of Aquileia)에 의해 만들어진 것인데 "로마신경" 또는 그 이후 신조들과 내용상으로는 큰 차이가 없다.

제1차 니케아 공의회에서 채택된 '니케아 신조' 이콘.

이지요. 철자로는 비록 모음 하나 차이였지만, 의미로는 지대한 차이였기 때문입니다. 종교적 측면에서 보면 예수님의 신성을 명백히 인정하는 것이었고, 사상사 관점에서 보면 기독교 신학이 그리스 철학을 극복한 첫 번째 계기가 되었지요.

공의회가 끝난 후 콘스탄티누스 황제는 아리우스주의자들을 면직시켜 갈리아로 유배했습니다. 그렇지만 공의회에 참석한 감독들 가운데 아들과 아버지가 '동일본질'이라는 데 진심으로 동의한 사람은 극히 소수에 불과했습니다. 게다가 니케아 신조에는 '호모우시오스'(동일본질)라는 용어에 대한 해명이 전혀 없었기 때문에 어떻게 아들이 아버지와 같을 수 있는가 하는 의문은 여전히 남았지요. 예수님 자신도 "아버지가 나보다 크심이니라"(요한복음 14:28)라고 시인했는데, 어떻게 둘이 똑같을 수 있느냐 하는 볼멘소리가 이제는 비단 아리우스주의자들의 입만이 아니라 사방에서 터져 나왔습니다.

이 와중에 콘스탄티누스 황제가 죽었습니다. 당연히 니케아 신조에 반대하는 세력이 동방교회를 중심으로 우후죽순처럼 다시 들고 일어나 이전 못지않은 혼란이 시작되었습니다.* 그런 가운데 니케아의 영웅 아타나시우스조차 두 번이나 면직되어 유배와 망명을 떠나야 했지요. 콘스탄티누스 황제의 뒤를 이은 둘째 아들 콘스탄티우스ᶜᵒⁿˢᵗᵃⁿᵗⁱᵘˢ가 아리우스주의를 신봉했기 때문입니다.

교회사를 보면, 동방교회와 서방교회가 완전히 등을 돌리며 돌이킬 수 없을 정도로 갈라선 것은 1054년이었습니다. 이 말은 325년 니케아 공의

---

* 4세기 중반 니케아의 결정에 반대한 대표적 무리는, 아버지와 아들이 같지 않다는 '상이본질파'(anomoean), 아버지와 아들이 같은 종류라는 '동류본질파'(homoean), 아버지와 아들이 유사하다는 '유사본질파'(homoiousian) 등 적어도 셋이었다.

회부터 787년 제2차 니케아 공의회˙까지, 다시 말해 존 노먼 데이비슨 켈리가 구분한 '신조들의 시대'에는 이른바 '분열되지 않은 교회'the undivided Church가 유지되었다는 것을 뜻합니다. 하지만 신학적으로 보면, 니케아 신조가 확정된 후 이에 반발하는 세력과 교회가 늘면서 동방교회와 서방교회는 이미 각자의 길을 가기 시작했지요.˙˙ 이렇듯 유례없는 혼란 가운데 동방교회에서는 카파도키아의 위대한 세 교부가, 서방교회에서는 기독교 사상사에 가장 큰 족적을 남긴 아우구스티누스가 나왔습니다. 혼탁한 강물이 범람하는 땅에서 달고 탐스러운 열매들이 맺히는 법이지요.

카파도키아의 위대한 세 교부

카파도키아의 위대한 세 교부 Three Great Cappadocians 란 가이사랴 감독 바실리우스 Basilius Magnus, ?330-379, 그의 동생이자 니사의 감독인 그레고리우스, 그리고 이들 형제와 친교를 나눈 콘스탄티노플 대주교 나지안주스의 그레고리우스 Gregorius Nazianzenus, 329-389 를 말합니다. 이 세 사람은 니케아 신앙을 보존하기 위해 긴밀한 관계를 유지했습니다. 그 덕분에 각각의 품성과 처한 환경의 차이에도 불구하고 이들의 삼위일체론은 공통성을 갖고

• '니케아 공의회'는 제1차와 제7차 세계 공의회(ecumenical council)를 통칭하는 이름이다. 제1차 세계 공의회는 325년에 콘스탄티누스 대제가 소집했고, 제7차 세계 공의회는 787년에 콘스탄티누스 6세가 소집했다. 제7차 세계 공의회를 니케아에서 열린 두 번째 세계 공의회라는 의미로 흔히 '제2니케아 공의회'라고 부른다.
•• 니케아 신조(325)와 콘스탄티노플 신조(381)에는 성령이 "아버지로부터 발출하신다"라고만 되어 있는데, 589년 서방교회가 단독으로 연 '톨레도 공의회'에서 성령이 "아들로부터도 나온다"라는 이른바 '필리오케'(filioque) 구절을 삽입한 것이 좋은 예다.

있지요.

이들 가운데 특히 바실리우스는 학문만이 아니라 자선慈善에서도 뛰어나 '대大바실리우스'라고 불릴 만큼 존경을 받았습니다. 고대 교부 가운데 생전에 그 이름에 '위대하다'는 의미의 '마그누스'Magnus가 붙은 사람은 바실리우스뿐입니다.* 자선과 경건으로 성인聖人이 된 성 마크리나St. Macrina the Elder, 270-340가 할머니이고, 성 에멜리아St. Emmelia, ?-375가 어머니인 그는 부유하게 태어났으나 평생 동안 제 스스로 가난하게 살았습니다. 바실리우스는 평생 한 벌의 옷과 빵과 소금만으로 지내면서 가난하고 병든 사람들을 보살폈습니다. 감독으로 봉사하던 가이사랴 외곽에 '바실리아스'Basilias라는 대규모 빈민보호시설을 지었는데, 주로 버림받은 문둥병자들을 위한 곳이었습니다. 여기서 바실리우스는 몸소 그들을 보살피고 대접했으며 그들에게 입 맞추기를 주저하지 않았다고 합니다.[71]

동방교회에서는 매년 1월 1일**을 '성 대바실리우스 축일'로 정하고, 지금도 조과朝課(아침 기도)에 다음과 같이 그를 찬양하지요.

온 세상에 당신의 말씀이 퍼짐으로써
땅 끝까지 전해졌도다.
바른 믿음의 교리를 확립하셨고
인간의 선한 윤리관을 정립하신 거룩한 바실리우스 교부시여,

- 드물게 아타나시우스나 로마의 감독 레오 1세에게도 마그누스(Magnus)를 붙이는 경우가 있지만, 그것은 로마 가톨릭이 자신들의 권위를 높이려고 스스로 붙인 것이기에 가치를 인정받지 못한다.
- ** '성 대바실리우스 축일'은 지역에 따라 1월 1일 또는 2일로 다르게 정해 지킨다. 그리스 정교회 전통에서는 매년 1월 1일, 13세기에서 1969년까지 가톨릭과 성공회에서는 6월 14일, 그 이후부터는 1월 2일, 루터 교회 미주리 주교와 위스콘신 복음주의 루터 교회 총회에서는 1월 10일, 알렉산드리아 콥트 정교회와 에티오피아 정교회의 테와 헤도 교회에서는 1월 15일이나 1월 16일(윤년)에 각각 지킨다.

우리 구원을 위하여 우리 하나님 그리스도께 간구하소서.[72]

여기서 "바른 믿음의 교리를 확립하셨고"라는 구절은 바실리우스가 동방교회에서 처음으로 삼위일체를 '세 실체, 한 본질'treis hypostaseis, mia ousia이라고 확정한 것을 의미합니다. 그리고 "인간의 선한 윤리관을 정립하신 거룩한 바실리우스 교부시여"라는 구절은 그의 도덕적 삶과 성인적인 자선 활동을 찬양한 것이지요. 그는 종교개혁자 마르틴 루터가 그랬듯이 "내가 나의 영을 주의 손에 부탁하나이다. 진리의 하나님 여호와여 나를 속량하셨나이다"(시편 31:5)를 암송한 다음 여든의 나이로 평안히 세상을 떠났습니다.

단테와 루블료프의 고민

당신도 눈치챘겠지만, 기독교 신학에서 삼위일체론만큼 기본적인 교리도, 해석하기 어려운 교리도 없습니다. 버금가는 교리가 있다면 그리스도론뿐이지요. 그런데 알고 보면 그 대부분의 문제는 언제나 비합리적일 수밖에 없는 종교적 사유들을 합리적으로 설명할 수 있는 적당한 용어가 없다는 데 있습니다. 단테는 『신곡』에서 삼위일체 하나님에 대한 언어적 표현이 여전히 얼마나 어려운가를 다음과 같이 표현했지요.

숭고한 빛의 깊고 밝은 실체 속에
세 가지 빛깔을 띤 같은 크기의
세 원이 하나의 차원으로 나타났으니

첫째 원은 둘째 원에 무지개처럼 반사되고,

셋째 원은 다른 두 원에서
똑같이 발산되는 순수한 불길처럼 보였다.

아, 그러나 말이란 얼마나 약하며, 생각에 비해 또 얼마나
모자란 것인가. 내가 본 것에 비하면, 그저
"아무것도 아니다"라고 말해야 하리라.[73]

이 글에서 단테는 성부·성자·성령을 "세 가지 빛깔을 띤 같은 크기의 세 원"이라고 형상화했고 일체를 "하나의 차원으로"라고 묘사했지만, 이러한 말들은—단테 스스로 고백한 것같이—약하고 모자라서 우리가 삼위일체를 이해하는 데 별 도움이 되지 않습니다. 오히려 '세 원'과 같은 표현은 '분명 구분되지만 결코 분리되지는 않는' 삼위가 마치 분리되어 있는 것같이 왜곡해 오해를 불러일으킬 수 있지요.

물론 이 같은 왜곡은 삼위일체를 언어로 묘사하고자 하는 작가들에게는—설령 그가 아무리 천부적 재능을 가졌다 해도—피할 수 없는 고민이어서 비단 단테의 문제만은 아니었습니다. 게다가, 한술 더 떠 삼위를 각각의 개체로 형상화해야 하는 화가들에게는 그 고민이 더욱 깊을 수밖에 없었지요. 성부·성자·성령을 구분해 그리되 그 셋이 하나라는 것을 표현하는 일이 불가능하게 여겨졌기 때문입니다. 이 문제를 고심했던 화가의 대표적 예로 우리는 단테보다 100년쯤 후에 활동했던 러시아의 위대한 성화상icon 화가 안드레이 루블됴프Andrey Rublyov, ?1370-?1430를 들 수 있습니다.

루블됴프가 1425년에 완성한 아름다운 성화상 〈삼위일체〉를 보면, 성부·성자·성령이 날개가 달린 세 존재로 형상화되어 있습니다. 식탁을 가

안드레이 루블료프(Andrey Rublyov), 〈삼위일체〉, 1411년경.

운데 두고 중앙에 갈색 옷의 성자가 앉아 있고 왼쪽에는 붉은색 겉옷을 걸친 성부와 오른쪽에는 녹색 옷을 걸친 성령이 무릎을 마주하고 앉아 있지요. 성자가 식탁 위에 두 손가락을 펼쳐 보이는 것은 성자의 신성과 인성을 나타내며, 성자 쪽을 향해 있는 성부의 손 모양은 성자를 격려하고 축복하는 것을 표현한 것이고, 식탁의 전면 중앙에 난 사각형 통로를 가리키는 성령의 손은 천국으로 가는 좁은 길을 의미한다는 것이 학자들의 해석입니다.

우리의 이야기와 연관해서 주목할 것은 이 성화상에 그려진 삼위가 모두 나이가 몇인지, 또 남성인지 여성인지를 알아볼 수 없는 동일한 젊은이의 얼굴 모습을 하고 있다는 것이지요. 그렇기 때문에 사전 지식 없이 보면 누가 성부고 성자며 성령인지 알아볼 수조차 없습니다. 루블료프의 이러한 표현 방식은 서방 가톨릭교회의 성화뿐 아니라 그리스정교회의 성화상에서도, 성부는 흰머리에 흰 수염을 기른 노인의 모습으로 묘사하고, 성자는 짙은 갈색 머리에 갈색 수염을 기른 장년의 남성이나 경우에 따라서는 어린 소년으로 표현하며, 성령은 보통 비둘기로 나타낸 것과는 전혀 딴판인데요.* 왜 그랬을까요? 왜 러시아가 존경하는 이 천재적 화가는 성부·성자·성령을 전혀 구분할 수 없게 표현했을까요?

이에 대한 대답은 간단합니다. 그것은 루블료프가—성부·성자·성령을 어쩔 수 없이 세 개체로 나누어 형상화할 수밖에 없는 회화적 한계를 극복하고—삼위의 동등성과 통일성을 강조하기 위해 오랜 번민 끝에 취한

---

* 예컨대 19세기 초에 그려진 그리스의 〈삼위일체〉 이콘(icon)을 보면, 오른편에 갈색 머리에 갈색 수염을 기른 장년의 그리스도가 붉은 옷 위에 푸른 가운을 걸치고 구름 위에 앉아 오른손으로는 축복을 내리고 왼손은 지구 위에 얹어 놓고 있다. 지구를 사이에 두고 왼편에는 흰머리와 흰 수염을 한 성부가 하얀 옷에 하얀 가운을 걸치고 역시 구름 위에 앉아 오른손을 지구 위에 놓고 왼손으로는 왕홀(王笏)을 들고 있다. 그 사이에 황금색 별이 떠 있는데 그 별 속의 하얀 비둘기가 바로 성령이다.

조치였지요. 그뿐만 아니라 삼위가 각자 다른 색깔의 옷을 입고 있지만, 셋 모두가 신성을 뜻하는 청색의 옷을 부가적으로 입거나 걸친 것, 왼손에 똑같이 '권위의 지팡이'를 하나씩 쥐고 있는 것 역시 같은 의미입니다.

루블료프의 오랜 고뇌의 소산인 이 같은 표현법이 당시로는 삼위일체를 모티브로 하는 회화의 한계를 극복할 수 있는 천재적 발상으로 평가받았습니다. 그래서 러시아 정교회는 1551년에 열린 스토슬라브 교회회의에서 삼위일체를 그릴 때 이 같은 '루블료프의 유형'을 따르도록 규정했지요. 요컨대 어쩔 수 없이 셋으로 표현하되 반드시 통일성을 강조할 것! 이것이 루블료프 이후 러시아 성화상 화가들이 지켜야 할 준칙이 된 것입니다. 러시아 성화상들이 이 준칙에서 벗어나 새로운 표현을 할 수 있게 된 것은 수백 년이 지난 후에야 비로소 가능했습니다.

문학에서든 미술에서든 결국 문제는 어떻게 하면 성부·성자·성령이 셋이면서 하나이고 하나이면서 셋이라는 것을 표현할 수 있느냐였지요. 니케아 신조 및 '니케아-콘스탄티노플 신경'의 기반이 된 아타나시우스의 삼위일체 신학의 약점도 '삼위'가 가진 다양성과 '일체'가 가진 통일성을 동시에 설명해 줄 확정된 용어가 결여되었다는 것이었습니다.

삼위일체 논쟁 당시 신학자들은 때로는 거의 같은 내용의 신앙을 갖고 있으면서도 단지 용어 때문에 서로 대립했고, 심지어 이단으로 모는 경우가 비일비재했습니다. 그 좋은 예를 니케아 신조에 적힌 '동일본질'이라는 용어의 위대한 수호자이자 투사인 아타나시우스가 놀랍게도 말년에는 '유사본질'을 주장한 앙키라의 바실레우스$^{\text{Basileus of Ancyra}}$를 인정했던 이유에서 찾아볼 수 있습니다. 아타나시우스는 다음과 같이 말했습니다.

니케아에서 정의된 모든 것을 인정하면서도 오직 '동일본질'이라는 용어만 거부하는 자들을 적처럼 대해서는 안 된다. 또한 우리는 그들을 아리우스에 미친 자들이나 교부들과 싸우는 자들을 대하듯 대적하지 말고, 우리와 같은 생각을 갖지만 용어를 두고 논쟁하는 형제들을 대하듯 대화해야 한다. 왜냐하면 아들이 다른 위격이 아니라 아버지의 본질로부터 존재하고, 그분이 피조물이나 지어진 것이 아니라 참된 본성으로부터 나신 자이며, 그분이 말씀과 지혜로 아버지와 영원히 함께 있다고 고백하는 자들은 '동일본질'이라는 용어를 받아들이는 것에서 멀지 않기 때문이다.[74]

이 글은 아타나시우스가 정확한 개념 정의가 안 된 용어에서 오는 심각한 폐단을 잘 알고 있었음을 우리에게 알려 줍니다. 그는 당시 아리우스주의자들이 사용하던 '위격'prosopon*이라는 용어를 사용하지 않았고, '휘포스타시스'hypostasis와 '우시아'ousia를 구분할 줄도 몰랐습니다.[75] 이 때문에 자신이 아리우스주의자들의 주장을 정확히 이해하지 못해 그들에게 지나치게 엄격했음을 나중에야 알아차린 것이지요. 말년에 아타나시우스는 이 같은 혼란을 정리할 전문용어의 필요성을 절실히 인식했지만, 끝내 그 일을 완수하지는 못했습니다. 그리고 그 일은 '카파도키아의 위대한 세 교부'에게로 넘어갔지요.[76]

그렇다고 해서 카파도키아의 세 교부가 삼위일체를 합리적으로 설명할 수 있는 특별한 전문용어나 이론을 새로 개발하는 업적을 남긴 것은 아니었습니다. 그들의 업적을 엄밀하게 평가하자면, 삼위일체를 설명하는 기존 용어들에서 애매함을 제거함으로써 삼위일체 개념을 분명히 했다는 것입니다. 하지만 이 일만으로도 그들 이름에 붙는 '위대한'이라는 수식어

- *'위격'을 뜻하는 테르툴리아누스의 용어 '페르소나'(persona)에 대한 그리스어가 '프로소폰'(prosopon)인데, 당시 이 말에는 '가면'이라는 뜻이 있었기 때문에 사벨리우스주의자나 양상적 군주신론자들의 주장으로 오해될 소지가 있어서 동방교회 신학자들은 사용을 꺼렸다.

는 결코 어색하지 않습니다. 당시 신학계에는 용어와 개념의 혼란에서 오는 폐단이 견딜 수 없을 만큼 심했기 때문입니다.

아우게이아스의 외양간 청소

셰익스피어의 『햄릿』에는 이런 말이 나오지요. "분명한 말을 써야겠어. 어정쩡한 말을 쓰다간 봉변당하겠는걸!"⁷⁷

삼위일체 논쟁 당시 신학자들 대부분이 바로 이 같은 처지에 놓여 있었습니다. 이때 카파도키아의 위대한 세 교부가 나와 그 폐단을 없애기 위해—마치 헤라클레스가 소가 3,000마리나 되는 엘리스 왕 아우게이아스의 난장판 외양간을 청소했듯이—혼란스런 용어들의 정리를 시작했지요. 이 세 사람이 과감하게 나서, 마치 현대철학에서 루트비히 비트겐슈타인이 "철학은 언어가 우리의 지성을 사로잡는 것에 맞서는 투쟁"⁷⁸˙이라고 외치며 수행한 것과 똑같은 일을 고대신학에서 이루어 냈던 것입니다. 그것은 어떤 방식으로 이뤄졌을까요?

기독교가 부지런히 교리를 정립하던 2-3세기에는 에게해를 중심으로 하던 그리스 문명이 이미 석양 속으로 가라앉고, 지중해를 중심으로 한 라틴 문명이 황금기를 맞고 있었습니다. 그렇지만 유구한 학문적 역사를 가진 그리스어는 마치 넘실거리는 황혼의 날빛이 더 아름다운 것처럼 그

• 비트겐슈타인은 언어에 사로잡힌 우리의 정신을 파리통에 빠진 파리에 비유하며 "철학에서 당신의 목적은 무엇인가?—파리에게 파리통에서 빠져나갈 출구를 가르쳐 주는 것"(『철학적 탐구』, 309)이라고도 주장했다.

다양함과 풍성함을 천지에 드리우고 있었습니다. 특히 각 단어가 다양한 의미를 갖는다는 점에서 그랬습니다. 당연한 일이겠지만, 한 단어가 여러 가지 의미를 갖는다는 사실은 풍성한 의미를 창조해야 하는 문학에는 분명 도움이 되지요. 그러나 정확한 개념을 구사해야 하는 학문에서는 자주 방해가 됩니다.

카파도키아의 세 교부가 삼위일체론을 설명할 때 위격을 가리키는 말로 사용한 '휘포스타시스'hypostasis와 본질이라는 의미로 사용한 '우시아'ousia가 그 대표적 예입니다. 이 단어들은 그때까지 적어도 수백 년 동안 여러 철학자와 그 학파들이 전문용어로 사용하면서 제각각 다른 의미를 부여했기 때문입니다. 이제 그 이야기를 가능한 한 줄여 간단히 하고자 하는데요, 이 이야기는 전문가들도 혼란스러워 할 만큼 매우 복잡합니다. 그래서 만일 당신이 골치 아픈 세부 내용을 피하고 싶다면, 우시아와 휘포스타시스에 얽힌 언어적 혼란을 설명하는 이 부분은 건너뛰어도 좋습니다.

하지만 그렇지 않다면, 먼저 우시아ousia를 볼까요? 그리스인들에게 이 용어는 일상적으로 어떤 사람이 '갖고 있는 것', 곧 그 사람의 '자산'資産을 의미했습니다. 그러나 철학용어로서 우시아는 '실제로 있는 것'實體, ontos on을 뜻했지요. 이에 대한 플라톤의 개념이 바로 이데아idea입니다.* 그런데 우리가 2부 "하나님은 존재다"에서 살펴보았듯이, 플라톤에게 이데아는 세상의 모든 존재물이 각각 그것으로 있게 하는 원인이자 모든 존재물을 초월해서 존재하는 영원불변한 실체지요.[79] 다시 말해 플라톤에게는 이데아만 실제로 있는 것이고 모든 존재물은 단지 이데아의 분여물, 곧 모상模寫, eikon일 뿐입니다.** '사과의 이데아'가 실체이고, 현실세계에 존재하는 사과

- • 플라톤은 이데아를 '참으로 있는 실체'(ousia ontos ousia)라고도 불렀다(『파이드로스』, 247c).
- •• 플라톤은 『국가』 제7권 '동굴에 비유'(514a-516c)에서 이데아와 사물 간의 관계를 실체와 그 그림자[模寫]에 비유했다.

는 그 모상일 뿐이라는 말이지요. 플라톤 철학의 이 독특한 사변 탓에 우시아는 플라톤의 관점에서는 '실체'이지만, 우리의 관점에서는 오직 '개념'을 통해 파악되는 존재물의 '본질'일 뿐이지요.

하지만 아리스토텔레스는 우시아가 플라톤의 '이데아'처럼 완전하고 불변하며 단일한 실체로서 개별적 사물을 초월해서 존재한다는 데 반대했습니다.* 아리스토텔레스에게 우시아는 현실세계에 있는 개개의 사물 안에 존재함으로써 그것을 그것이게끔 하는 형상, 곧 에이도스^{eidos}지요.** 따라서 아리스토텔레스가 예를 들어 '인간'을 이야기할 때는 플라톤이 우시아로 여긴 '보편적 인간'을 의미하지 않고, 우리가 '누구'라고 부를 수 있는 개별적인 인간, 곧 '철수'나 '영희'를 가리킬 뿐입니다. 에티엔 질송은 아리스토텔레스의 관점을 다음과 같은 예로 적절하게 표현했습니다.

> 프랑스의 한 의사가 '아픔이라는 것은 없고 오직 아픈 사람들만이 있다'고 말했을 때, 그는 쉽고 간단한 문장으로 아리스토텔레스 존재론 전체를 요약하고 있음을 자각하고 있었던 것은 아니다. 그러나 그는 그렇게 요약한 것이다.[80]

이처럼 아리스토텔레스에게 우시아는 현실적으로 존재하는 '가시적 실체'를 의미하지요. 이런 이유로 그리스어 '우시아'는 본래 '실체'를 의미하지만, 4세기 당시에는 플라톤이 말하는 '가지적 실체'와 아리스토텔레

---

* 참고. 아리스토텔레스, 『형이상학』, 991a 8-14, 991b 1-9. 아리스토텔레스는 플라톤이 단지 하나의 보편개념일 뿐인 '이데아'를 하나의 실체로 인정함으로써 존재론적으로나 인식론적으로나 불가능한 또 하나의 세계를 창조했다고 비판했다.

** 아리스토텔레스의 '에이도스'(eidos)는 1) '보편개념'으로서 우리 영혼에 있고, 2) '형상원인'으로서 개개의 사물 안에 있으며(『형이상학』, 991a 3), 3) 단지 개념적으로만 단일 사물에서 분리될 뿐(같은 책, 1042a 28-31) 존재적으로는 분리될 수 없다(같은 책, 1028a 22-24).

스가 말하는 '가시적 실체', 즉 '본질'과 '실체'라는 의미를 함께 갖고 있었습니다. 그리하여 때로는 플라톤적 의미로, 때로는 아리스토텔레스적 의미로 폭넓게 혼용되고 있었지요.

'휘포스타시스'hypostasis는 어땠을까요? 마찬가지였습니다. 이 용어는 일상적으로는 '겉으로 드러난 배후에 있는 실체'를 나타내는 말이었기 때문에 '계획', '의도', '기본 개념' 등의 의미로 쓰였지요. 그러다가 스토아 철학에 와서 처음으로 철학적 의미를 띠게 되는데요. '우시아에 의해서 존재하게 된 것' 또는 '우시아에 의해서 실체를 얻은 것'이라는 뜻으로 쓰였습니다.

플라톤과 아리스토텔레스 철학의 영향을 함께 받은 스토아 철학자들은, '우시아'는 플라톤의 이데아처럼 개별적 사물을 초월한 '가지적 실체'로, '휘포스타시스'는 아리스토텔레스의 에이도스처럼 우시아가 개별 사물에서 나타나는 '가시적 실체'로 인정했지요. 즉 스토아 철학에서 "휘포스타시스는 현실에서 실현되고 있는 우시아인 것"입니다.[81] 나중에 카파도키아의 위대한 세 교부에 의해 위격을 나타내는 '페르소나'persona의 의미로 사용된 이 용어가 스토아 철학이 강했던 서방교회에서는 오히려 '본질' 또는 '실체'를 뜻하는 '수브스탄티아'substantia로 오해된 건 바로 그 탓입니다.

그런데 신플라톤주의자들은 휘포스타시스를 '일자'로부터 유출되는 '정신'과 '영혼'을 가리키는 데 사용했습니다. 그럼으로써 이 용어에서 '가시적 실체'라는 아리스토텔레스적 의미가 자연스레 제거되고, 플라톤의 이데아처럼 개별적 사물과는 별도로 존재하는 궁극적 존재라는 의미를 갖게 되었지요. 요컨대 휘포스타시스는 우시아에서 유출되었지만 우시아와 마찬가지로 사물의 원인이되 사물을 초월해 존재하는 '가지적 실체', 즉 우리가 일반적으로 말하는 사물들의 궁극적 '본질'을 뜻했습니다. 그래서 오늘날의 학자들은 이를 스토아 철학에서 말하는 '가시적 실체'와 구분하기 위해 흔히 '본체'本體라고 표기하지요.

결국 4세기 당시 그리스어 '휘포스타시스' 역시 '실체'와 '본질'—다시 말해 가시적 실체와 가지적 실체—이라는 의미를 함께 갖고 있었고, 어떤 때는 스토아 철학적 의미로 어떤 때는 신플라톤주의적 의미로 자주 혼용되었습니다.

어떠세요? 이쯤 되면 당신도 매우 혼란스럽지요? 사실은 나도 그렇습니다. 그러니 지금까지 살펴본 내용을 다시 간단히 정리해 볼까요?

4세기 당시 그리스어 우시아는 플라톤적 의미와 아리스토텔레스적 의미, 즉 본질과 실체라는 의미를 함께 갖고 있었습니다. 그런데 휘포스타시스도 신플라톤주의적 의미와 스토아 철학적 의미, 곧 본질과 실체라는 의미로 사용되고 있었지요. 그 결과 당시 철학적 문헌들이나 심지어 니케아 공의회의 결정에서도 '우시아'와 '휘포스타시스'가 종종 같은 의미로 사용되었고, 이 두 단어가 똑같이 라틴어 '수브스탄티아'로 번역되기도 했습니다.˙ 그런가 하면 라틴어 페르소나도 때로는 우시아로 때로는 휘포스타시스로 번역되었지요. 한마디로 아무렇게나 사용되었던 것입니다. 이렇듯 수습할 길 없는 언어적 혼란에 대해서는 당시 서방교회를 대표하는 최고의 신학자 중 하나였던 아우구스티누스도 그의 대작『삼위일체론』에서 다음과 같이 불만을 털어놓았습니다.

• 예컨대 아우구스티누스의『삼위일체론』에 나오는 "그리스 형제들이 세 수브스탄티아를 세 휘포스타시스라고 부른 것같이, 원한다면 세 페르소나를 세 프로소폰(prosopon)이라고 부를 수도 있지만, 그들은 휘포스타시스라는 말을 택했다"(『삼위일체론』, 7, 6, 11)라는 말도 이때의 언어적 혼란을 잘 보여 준다.

내가 본질 곧 에센티아라고 하는 것이 그리스어로는 우시아이며 라틴어로는 수브스탄티아인 것이다. 그들은 휘포스타시스라는 말도 쓰는데, 우시아와 휘포스타시스의 뜻을 나는 알 수 없다. 그리스어로 이 문제를 논하는 사람은 "mia ousia, treis hypostaseis"라고 말하지만, 라틴어로는 "한 에센티아, 세 수브스탄티아"una essentia, tres substantia라고 한다.[82]

이 글에서 보면 아우구스티누스마저 우시아와 휘포스타시스의 개념적 차이를 구분하지 못했고, 휘포스타시스가 수브스탄티아와 같은 의미라고 생각했음을 알 수 있습니다. 비록 그리스어를 몰랐다 하더라도, 그가 당대 최고의 신학자였던 것을 감안하면 놀랄 만한 일이지요. 그러니 하물며 다른 사람들이야 오죽했을까요? 이러한 극심한 언어적 혼란 때문에 당시 동방교회 사람들에게는 테르툴리아누스의 삼위일체 정식formula이 어떤 형태의 그리스어로 표현되더라도 삼신론과 단일신론 사이에서 혼란만 가중시킬 뿐 그 의미는 여전히 애매모호했던 겁니다.

카파도키아의 세 교부가 사용한 "세 휘포스타시스로 존재하는 하나의 우시아"treis hypostaseis, mia ousia라는 표현도 다른 사람들에게 혼란스럽기는 마찬가지였습니다. '세 휘포스타시스'라는 표현이 '세 본질들'을 뜻하는지 아니면 '세 실체들'을 의미하는지가 명확하지 않았고, '하나의 우시아'도 '하나의 본질'인지 '하나의 실체'인지가 분명하지 않았지요. 그 당시 일반인들은 물론이고 성직자와 신학자들도 우시아를 플라톤적 의미로 이해해야 할지 아니면 아리스토텔레스적 의미로 해석해야 할지를 몰랐고, 휘포스타시스를 스토아 철학적으로 이해할지 아니면 신플라톤주의적으로 해석할지를 망설였던 것입니다.

그럼에도 362년에 개최된 알렉산드리아 회의에서조차 이 같은 언어적 혼란 문제를 근본적으로 해결하려 하지 않고, '하나님에게는 한 본체만

있다고 했으나 다른 의미에서는 세 개의 본체도 동시에 주장할 수 있다'
는 식으로 애매모호하게 얼버무리는 수준에서 문제를 마무리했지요. 그
러나 이런 식의 미봉책은 당연히 어떻게 해석하느냐에 따라 얼마든지 삼
신론 또는 단일신론에 빠질 위험을 안고 있었습니다. 당연히 그때 상황은
말 그대로 소가 3,000마리나 되는 엘리스 왕 아우게이아스의 외양간처럼
난장판이었고, 급기야는 그곳을 청소할 헤라클레스가 필요해졌습니다.

고대의 비트겐슈타인들이 한 일

카파도키아의 세 교부가 바로 이러한 언어적 혼란을 정리했습니다. 그
들의 원칙은 삼위일체를 단호하게 플라톤주의적으로 해석하는 것이었습
니다. 우시아는 플라톤적 의미에서 '본질'로, 휘포스타시스는 플로티노스
적 의미에서 '실체', 곧 '본체'로 확정하여, 하나님은 '세 본체로 존재하는
하나의 본질'treis hypostaseis, mia ousia이라고 명백히 선포했지요. 나지안주스의
그레고리우스는 다음과 같이 가르쳤습니다.

> 내가 이제부터 말하는 하나님에 대한 설명을 잘 들으면 당신들은 곧바로
> 하나의 불빛과 세 개의 불빛에 의해서 깨달음을 얻을 것이다. 하나님은 개
> 별성 또는 본체hypostasis로 보면 셋이다. 사람에 따라서는 이렇게 부르기도
> 하고 위격persona이라고 부르기도 하는데 같은 뜻이므로 더는 명칭을 놓고
> 왈가왈부할 필요가 없다. 그러나 본질ousia—즉 신격에서는 하나다. 언어적
> 으로 표현하면, 나뉨이 없이 나뉘기 때문이다. 또한 나뉨 속에서도 연합해
> 있다.[83]

얼핏 보기에 이 선포는 '세 본체'라는 말 때문에—예컨대 독일의 교회사

가 아돌프 하르낙이 그런 것처럼—삼신론^{Tritheism} 경향을 띤 것으로 오해받을 수 있습니다.• 그레고리우스의 말이 빌미를 제공한 것은 사실이지만, 그것은 카파도키아의 세 교부가 말한 '휘포스타시스'를 아리스토텔레스적 '실체'로 해석했을 때 가능한 비판이기 때문에 상당 부분 오해라고 할 수 있습니다. 대바실리우스의 다음과 같은 말이 이 사실을 증명합니다.

> 본질^{ousia}과 본체^{hypostasis}의 관계는 공통된 것$^{to\ koinon}$과 고유한 것$^{to\ idion}$의 관계와 같다. 우리 각자는 본질이라는 공동용어에 의해 존재에 참여하며, 자신의 고유한 특성에 의해 이런저런 자가 된다. 마찬가지로 본질이란 용어가 선, 신성 또는 유사한 속성처럼 공통적이라면, 위격은 아버지 됨, 아들 됨, 또 거룩하게 하는 능력의 고유한 특성 안에서 직관된다.…따라서 우리는 공통적인 것에 고유한 것을 덧붙여야 하며 우리는 다음과 같이 신앙을 고백해야 한다. 신성은 고유한 것이며 아버지 됨은 고유한 것이다. 그러므로 우리는 둘을 결합하여 '나는 성부 하나님을 믿는다'라고 말해야 한다. 아들을 고백할 때도 같은 일을 해야 한다. 우리는 공통적인 것과 고유한 것을 하나로 묶어서 '나는 성자 하나님을 믿는다'고 말해야 옳다. 이와 같이 성령에 대해 말할 때도 호칭에 알맞게 불러 '나는 성령 하나님을 믿는다'라고 말해야 한다. 이렇게 할 때 한 분 신성 안에서 하나 됨이 온전하게 보존되며, 이와 동시에 각자에 대해 인지되는 고유한 것들의 차이를 통해서 위격들의 고유성이 고백된다.[84]

• 하르낙은 카파도키아의 세 교부가—나지안주스의 그레고리우스가 예로 들었듯이—베드로, 야고보, 요한 세 사람이 지닌 각각의 고유한 것 사이에 가정할 수 있는 공통점이 하나님 안에도 있는 듯 주장한 것은 동일본질의 옷을 입고 유사본질을 재도입한 것, 즉 삼신론 경향을 띤 것으로 간주했다. 그레고리우스가 든 예가 오해를 살 여지를 제공한 것은 사실이다. 그러나 카파도키아의 세 교부가 말하는 '휘포스타시스'가 아리스토텔레스적 '실체'가 아니라 신플라톤주의적 '실체', 곧 '본체'라는 점을 감안하면 하르낙의 비판은 지나친 면이 없지 않다.

이처럼 카파도키아의 세 교부는, 그들이 '세 본체로 존재하는 한 본질'이라는 새로운 정식을 구축하는 데서는 오리게네스 좌파와 마찬가지로 분명 신플라톤주의를 따랐습니다. 그러면서도 이 정식을 해석하는 데서는 오리게네스 우파의 주장도 무시하지 않고 '신적 본질의 통일성'을 부단히 강조했지요. 요컨대 그들은 하나의 공통된 신적 본질이 다른 세 가지 고유한 존재양식 속에서 자신을 표현하지만, 삼위는 "나뉨 속에서도 연합해" 있기 때문에 오직 서로의 관계에 의해서만 구별이 가능하다는 것을 분명히 했습니다. 그리고 이것이 '니케아 신조'를 다시 한 번 확인한 콘스탄티노플 공의회 The Council of Constantinople의 결정인 '니케아-콘스탄티노플 신경'Niceno-Constantinopolitan Creed의 핵심이 되었습니다.

이렇게 해서 카파도키아의 세 교부를 통해―적어도 동방교회에서는― 삼위일체의 용어와 개념이 비로소 분명해졌습니다. 나지안주스의 그레고리우스가 쓴 표현을 빌려 말하자면, 삼위일체라는 용어가 더는 사벨리우스주의자들같이 "하나-됨을 혼합으로" 오해하거나, 아리우스주의자들같이 "구분-됨을 분리-됨으로" 잘못 아는 일이 없어진 것이지요.[85]

그럼 서방교회에서는 어떻게 되었을까요? 서방교회에서는 아우구스티누스가 동방교회에서 카파도키아의 세 교부가 한 바로 그 일을 했습니다. 아우구스티누스는 그리스어를 몰랐기 때문에 카파도키아의 세 교부가 삼위일체론에 사용한 용어들과 그 내용은 깊이 이해할 수 없었지요.˙ 하지만 플라톤주의에는 누구보다 정통했기 때문에 "나뉨 속에서도 연합해" 있다는 '하나님의 상호내주'the divine coinherence에 관한 세 교부의 중심 사상

• 아우구스티누스는 "그들은 내가 알지 못하는, 'ousia'와 'hypostasis' 사이의 다른 점을 표현하려고 한다"(『삼위일체론』, 5, 8, 10)라고 썼다.

에 독립적으로 도달할 수 있었습니다. 그리고 그것을 더 명료하고 심오하게 설명하여 이른바 '관계설'이라 불리는 삼위일체론을 만들어 냈습니다.

우리의 이야기와 연관해 중요한 것은 아우구스티누스가 자신의 관계설을 통해 단순히 삼위일체론을 설명하는 데 그치지 않고 그 현세적 의미, 곧 하나님의 삼위일체가 우리에게 어떤 상징과 의미를 갖는지 해석해 냈다는 점입니다. 신학자들은 그것을 '삼위일체 흔적'vestigia Trinitatis이라고 부릅니다. 삼위일체의 흔적이라니, 이건 또 무슨 말일까요? 이제부터 아주 생소하지만 매우 흥미로운 이 이야기 속으로 함께 들어가 볼까요?

아우구스티누스의 삼위일체론

아우구스티누스는 399년부터 419년까지 약 20년에 걸쳐 총 열다섯 권으로 이뤄진 『삼위일체론』을 썼습니다. 예리한 문체와 해박한 철학 지식, 무엇보다도 깊은 신앙심으로 오랜 세월 숙성한 이 열매는 기독교 역사상 가장 뛰어난 교리서 가운데 하나로 평가되지요. 이 책은 "이 주제에 대한 오류보다 더 위험스럽고, 더 많은 연구가 추가로 필요하고, 진리의 발견이 더 유익한 다른 주제는 없다"[86]라고 삼위일체의 난해성과 중요성을 동시에 강조하면서 시작합니다. 그리고 "오, 유일하신 주 하나님, 삼위일체 하나님, 당신의 것인 이 책에서 제가 당신에 대해 한 말을 당신께 속한 자들이 인정하게 하소서. 그러나 만일 그 안에 제 자신의 생각이 들어 있다면, 당신과 당신에게 속한 백성들 모두에게 용서받게 하소서. 아멘"[87]이라는 기도로 끝납니다.

먼저 주목해 보려는 것은, 아우구스티누스가 '세 위격으로 존재하는 하나의 본질'이라는 테르툴리아누스의 정식에서 위격을 나타낸 용어 페르소나persona와 본질을 나타낸 용어 수브스탄티아substantia가 모두 하나님에게는 적합하지 않음을 지적했다는 사실입니다.

아우구스티누스는 우선 '본질'을 뜻하는 말로 쓰인 라틴어 '수브스탄티아'가 일상에서는 보통 '속성'을 나타내는 말이기 때문에, 하나님의 수브스탄티아란 그의 위대함, 전능함, 참됨, 선함, 아름다움과 같은 하나님의 속성을 모두 포함한다고 주장합니다. 그래서 그는 그 단어가 하나님의 핵심적 속성인 본질에 대한 표현으로는 적합하지 않음을 지적하면서, 오직 '존재'라는 하나님의 본질만을 나타내는 표현인 '에센티아'essentia가 더 적합하다고 했지요.[88] 또한 위격을 나타내는 라틴어 '페르소나' 역시 하나님에게는 적합하지 않은데, 이 용어는 일상에서 보통 '단일 개체'를 뜻하기 때문에 성부·성자·성령이 본질에서도 상이한 존재인 것처럼 오해하게끔 한다'고 설명했습니다.[89]

아우구스티누스의 이 같은 지적은 '삼위의 통일성'을 다른 누구보다도 '유난히' 강조하는 그의 입장을 대변합니다. 그는 우선 삼위의 불가분성을 주장하며 "아버지와 아들과 성령이 [본질과 실체에서] 분리될 수 없으며, 분리될 수 없게 행동한다"[90]라고 서슴없이 말했지요. 그리고 자신의 주장을 뒷받침하기 위해 예수님이 요한에게 세례를 받을 때 하늘에서 성령이 비둘기같이 내려오며 "너는 내 사랑하는 아들이라"(마가복음 1:11)라는 소리가 들렸던 사건을 예로 들어 다음의 설명을 덧붙였습니다.

[사람들은] 삼위일체가 어떻게 성부만이 음성을 냈으며, 삼위일체가 어떻게

- 이에 대해서는 테르툴리아누스가 말하는 위격(persona)이라는 말을 아우구스티누스가 잘못 이해했다는 지적도 있다.

성자만이 처녀에게서 그 육신을 창조했을까 하고, 삼위일체가 어떻게 성령만이 나타난 그 비둘기 모양을 만들어 냈을까 하고, 이 일을 이해하려고 애쓴다. 그러나 만일 이 일들에 삼위일체가 함께 행동한 것이 사실이 아니라면, 삼위일체는 불가분적으로 일하시는 것이 아닐 것이며, 성부가 어떤 일을, 성자가 어떤 일을, 성령이 어떤 일을 하시게 될 것이다. 또한 어떤 일을 함께 하시고 어떤 일은 따로 하신다면, 삼위일체는 불가분적으로 일하시는 것이 아니실 것이다.[91]

한마디로, 성부와 성자와 성령이 함께 음성을 냈으며, 함께 처녀에게서 그 육신을 창조했고, 함께 비둘기 모양을 만들어 냈다는 뜻입니다.

어때요? 놀랍지 않나요? 이쯤에선 당신도 이미 느꼈겠지만, 우리는 아우구스티누스가 삼위의 통일성을 '지나치다 싶을 만큼' 강조한다는 걸 알 수 있습니다. 이 때문에 그의 주장에는 마치 사벨리우스주의자들처럼 '단일신론'으로 흐를 수 있는 위험이 내포된 듯도 보입니다. 앞서 언급한 하르낙이 지적한 대로, 만일 카파도키아의 세 교부가 '삼신론'에 빠졌다고 오해될 수 있다면, 오히려 아우구스티누스는 꼭 그만큼 그 반대편에 서 있는 셈이지요. 당신도 점차 알게 되겠지만, 기독교 사상가들은 일반적으로 자신들의 진리를 언제나 좌로도 치우치지 않고 우로도 기울지 않는 '황금의 중간 길'the golden middle way에서 찾곤 했습니다. 이런 관점에서 보자면 아우구스티누스는 적어도 이 점에서만은 조금 우로 기운 셈이지요.

그러다 보니 당연한 논리적 귀결이지만, 아우구스티누스는 '삼위의 동등성' 또한 '유별나게' 강조했습니다. 그리고 자신의 주장을 정당화하기 위해 성서에서 특히 아버지보다 아들이 열등해 보이는 구절을 일일이 찾아서 해명하는 데―『삼위일체론』 초반부의 상당 부분을 할애할 만큼― 많은 힘을 기울였지요. 예컨대 그는 오리게네스 좌파가 종속성을 주장할 때 근거로 삼는 "아버지는 나보다 크심이라"(요한복음 14:28)˚라는 예수님의 말은 그가 인성을 취한 '종의 형체'로서 한 말일 뿐, 성부에 대한 성자의 열등을 나타낸 말이 아니라고 역설했습니다.[92]

아버지와 아들은 종이의 앞면과 뒷면

아우구스티누스에게 삼위는 이처럼 본질과 실체 또는 지위에서는 서로 다르지 않습니다. 그럼 당신은 "삼위가 아예 구분되지 않는다는 말인가? 그게 아니라면 도대체 그들은 어떻게 구분된다는 말인가?" 하는 질문을 던질 수 있지요. 이에 대해 아우구스티누스는 삼위는 오직 '관계에서만' 서로 다를 뿐이기 때문에, 구분되지만 분리되지 않고 나뉘지만 연합해 있다고 대답했습니다. 카파도키아 세 교부의 주장에서도 찾아볼 수 있는 이른바 '관계설'이 삼위일체에 대한 아우구스티누스의 해석입니다! 그는 다음과 같이 설명했습니다.

하나님에 대한 말이 모두가 그의 본질에 대한 것은 아니다. 왜냐하면 어떤 것과의 관계에 대해 말하는 경우가 있기 때문이다. 즉 아들에 대한 아버지의 관계나 아버지에 대한 아들의 관계 같은 것이다.···아버지라고 부르는 것이 아들에 대해서가 아니라 자신에 대해서 말하는 것이고, 아들이라고 부르는 것이 아버지에 대해서가 아니라 자신에 대해서 말하는 것이라면, 본질에 따라 말하는 것이며, 한편은 아버지요 한편은 아들이다. 그러나 참으로 아버지가 있어야 아들이라 부르고, 아들이 있어야 아버지라고 부른다면, 이

• 아우구스티누스는 이어서 "나와 아버지는 하나이니라"(요한복음 10:30)라고 한 예수님의 말이, 예수님이 신성을 취한 '하나님의 형체'로서 한 말이라고 해석하면서 두 구절 사이에는 모순이 없다고 설명했다.

것은 본질에 따라 말하는 것이 아니다[관계에 따라 말하는 것이다]. 왜냐하면 이것들 각각은 자신에 대해 말하는 것이 아니라, 서로서로 상대에 대한 자신에 대해 말하는 것이기 때문이다.[93]

한마디로 "이 둘은 서로 상관관계를 이루면서 하나로 계시기 때문에 따로 떼어서 하나만 생각할 수 없다"[94]는 이야기입니다. 중세에 토마스 아퀴나스가 "하나님 안에는 오직 관계에 따른 구분만 있을 뿐이다"Quod in diuinis non est distinctio nisi secundum relationes[95]라고 선언했을 때, 근대에 칼빈이 "그리스도는 자신에 대해서는 하나님이라고 불리며, 아버지와의 관계에서 생각될 때는 아들이라고 불린다"[96]라고 교훈했을 때, 그들은 모두 아우구스티누스를 따라 말했던 것이지요. 그런데 이 말이 뜻하는 바가 정확히 뭘까요? 뭔가 또 애매모호한 말 같지 않나요? 그래서 나는 다음과 같이 비유를 들어 설명하고자 합니다.

예컨대 당신의 손에 종이 한 장이 쥐어졌다고 생각해 봅시다. 그 종이의 앞면과 뒷면은 '분리할 수 없이' 하나로 붙어 있습니다. 그렇지요? 따라서 어느 면이 먼저 생기고, 어느 면이 나중에 생겼다고 할 수 없습니다. 또한 어느 한 면을 '앞면'이라고 했을 때에야 비로소 다른 한 면이 '뒷면'이 되지요. 이와 마찬가지라는 말입니다. 아버지와 아들은 본질적으로는 '분리할 수 없이' 하나이고 누가 먼저 존재하고 누가 나중에 존재하는 것도 아니며, 다만 관계적으로만 구분된다는 것이지요. 그 둘은 마치 '종이의 앞면과 뒷면'처럼 서로의 관계 속에서만 아버지에 대해 아들로, 아들에 대해 아버지로 구분할 수 있다는 뜻입니다. 바로 이것이 아우구스티누스가 주장한 관계설의 핵심이지요. 어때요? 이제 분명해졌지요?

『고백록』보다 덜 알려져 있고 『신국론』보다 덜 방대하지만 결코 그 둘

보다 덜 위대한 것은 아닌 『삼위일체론』에서 아우구스티누스가 펼친 관계설은 얼핏 평범해 보이지만, 사실은 매우 '놀라운 생각'입니다. 왜냐고요? 이유는 이렇습니다.

삼위일체론과 연관해서 사람들이 예나 지금이나 한결같이 갖고 있는 물음 가운데 하나가 "아들이 아버지에게서 나왔다고 하면서 도대체 어떻게 아들이 있지 않았던 때가 없었다고 주장하는가?" 하는 것이지요. 아마 당신도 이미 그런 생각을 머리에 떠올렸을 것입니다. 우리는 앞에서 심지어 삼위일체라는 용어를 만든 장본인인 테르툴리아누스 역시 성부에게서 성자가 나온 만큼 당연히 "아들이 있지 않았던 때가 있었다"라고 주장한 것도 보았습니다. 그렇지요? 이후에도 그런 사람들이 부단히 나왔습니다.

아우구스티누스가 살았던 4세기 당시에는 동방정교 아리우스파의 에우노미우스Eunomius가 바로 이 물음을 던진 다음, 스스로 다음과 같이 단순 명료하게 답했습니다. "이미 존재하고 있는 존재는 또다시 낳을 필요가 없다. 그러므로 아버지가 아들을 낳았다고 할 바로 그때까지는 아들은 존재하지 않았다는 것이 옳다."[97] 간단하지만 논리적이고 타당한 답변 아닌가요? 그래선지 이에 맞서 대응을 해야 했던 당대 최고의 동방정교 신학자 대大바실리우스마저 그것은 "시간의 제약을 받지 않는 출생"이기 때문에 "말로 표현할 수 없고 머리로 이해할 수 없는 것"이니 "이 출생이 어떻게 일어나는가는 나에게 묻지 말라"라면서 정면 대결을 피할 수밖에 없었습니다.[98]

하지만 내 생각에는 아우구스티누스라면 분명 다르게 대응했을 것입니다. 당신도 짐작하겠지만, 그의 대답은 마땅히 "아버지와 아들은 태초부터 함께 있었으나 우리가 그중 하나를 아버지라고 할 때 다른 하나가 아들이 된다. 따라서 아들이 존재하지 않았을 때가 있었다는 건 옳지 않다"라는 것이었겠지요. 아우구스티누스의 관계설은 이처럼 에우노미우스의 현문현답賢問賢答을 단번에 우문우답愚問愚答으로 바꾸어 놓을 만한 힘을 갖고 있습니다. 그렇지만 삼위일체론과 연관하여 아우구스티누스가 남긴 위대한 업적은 오히려 다른 곳에 있습니다. 우리의 이야기는 이제 그것으로 넘어갑니다.

삼위일체가 진정 의미하는 것

앞서 내가 소개한 '종이의 비유'를 통해 당신도 이젠 아우구스티누스가 주장한 관계설을 충분히 이해했을 겁니다. 그렇다 해도 삼위일체 하나님 자체를 이해하는 데는 여전히 어려움을 느낄 수 있습니다. 어떤가요? 혹시 그런가요? 만일 그렇다면 당신에게 2부 "하나님은 존재다"에서 하나님을 상상하는 방법으로 소개한 '존재의 바다'라는 비유를 다시 떠올려 보기를 권합니다. 내 생각에는 '존재의 바다'라는 비유는—그것을 유물론적인 개념으로 간주하려는 위험성만 제거한다면—우리가 하나님을 표현하기 위해 사용하는 여러 비유 가운데 가장 뛰어나기 때문입니다.

기억을 되살리기 위해 잠시 다시 언급하자면 대강 다음과 같습니다. "어떤 무한한 바다가 있다. 그 바다는 가만있지 않고 끊임없이 역동적으로 출렁이는데, 그것에는 일정한 법칙이 있어서 그 법칙에 의해 무수한 물방울들이 생겼다가 없어진다. 게다가 무작정 출렁이는 것이 아니고 거스를 수 없이 강력하고 일관된 자신의 의지를 이루기 위해 출렁인다. 따라서 그 안의 모든 물방울은 잠시 존재하는 동안에도 그 바다의 뜻과 의지에 의해서만 이끌려 간다. 이 무한하고 역동적인 바다가 바로 하나님이다."

만일 우리가 이 비유를 통해 삼위일체를 이해하려 한다면, 그 내용은 당연히 다음과 같아야 합니다. "모든 존재물이 그 안에서 생성·소멸하는 무한한 바다가 곧 성부[일자]이고, 그 바다에서 무수한 존재물들을 생성·소멸하게 하는 법칙이 곧 성자[정신]이며, 거스를 수 없이 강력하고 일관되게 작용하는 그 바다의 의지가 바로 성령[영혼]이다. 그 셋은 이렇게 구분되고 이렇게 연합되어 있다!"

어때요? 이렇게 생각하고 나면 성부·성자·성령이 "나뉨 속에서도 연합해" 있고, "분리되지 않는 하나이면서 동시에 구분되는 셋"이라는 주장이 보다 자연스레 이해되지 않나요? 적어도 내게는 이렇게 '존재의 바다'라는 비유를 통해 생각하는 것이 삼위일체를 이해하거나 설명하는 데 큰 도움이 됩니다. 그래서 당신도 한번 그리해 보라는 것이지요. 존재론적 사고는 이 책을 이끌어 가는 중요한 길라잡이인데, 그것이 많은 경우 우리를 혼란에서 구해 주기 때문입니다. 그런데 혹시, 아우구스티누스도 이런 방법을 썼을까요?

아닙니다! 아우구스티누스는 나와는 애당초 생각이 달랐습니다. 그는 삼위일체는 그것이 어떤 식으로든 사고되거나 표현되었을 때는―설사 아무리 뛰어난 방식으로 실행되더라도―삼위가 분리되어 나타날 수밖에 없다고 생각했지요. 물론 그는 '존재의 바다'라는 개념을 갖고 있지 않았습니다. 하나님을 바다에 비유한 표현은 동방정교 신학자인 나지안주스의 그레고리우스가 "무한하고 무규정적 실체의 거대한 바다"[99]라고 쓴 글에서 처음 발견되고, 서방교회에는 8세기에서야 다마스쿠스의 요하네스에 의해 알려지기 때문이지요. 어쩌면 그래서일지도 모르지만, 아우구스티누스는 인간으로서는 어떤 수를 써도 삼위일체를 제대로 이해할 수 없고 표현할 수 없다고 단정 지었습니다. 그는 이를 다음과 같이 재치 있게 표현했지요.

> 우리가 성부·성자·성령이라고 말할 때 [아무리 빨리 발성한다고 하더라도] 벌써 시간적 간격이 있어 분명하게 분리되며, 단어가 차지하는 음절만큼 시간적 차이가 있다. 그러나 삼위가 계시는 본질은 셋이며 하나이고, 아버지·아들·성령은 시간적 경과에 얽매이지 않고, 모든 피조물을 넘어 시간과 공간의 어떤 간격도 없이 동일하시며, 진리와 사랑과 영원 그 자체로서 영원부터 영원까지 하나시다. 그러나 내가 하는 말은 아버지·아들·성령으로 나누어 표현할 수밖에 없으며, 한꺼번에 이름을 댈 수도 없고, 글자로 쓴다고 해도 일정한 면적을 각각 차지할 수밖에 없다.[100]

이 글은 시대를 뛰어넘는 신학자로서 아우구스티누스의 재능을 엿볼 수 있게 해 주는 대목입니다. 아우구스티누스는 삼위일체의 신비에 대해 우리가 확실히 밝힐 수 없는 이유를 다름 아닌 인간의 이성과 언어의 한계에서 발견했습니다. 이 때문에 아우구스티누스는—그 자신도 삼위일체를 설명하는 데 사용되는 용어들의 문제점을 간파했는데도 불구하고—카파도키아의 세 교부처럼 용어 정리에 매달리지는 않았습니다. 그는 우리가 육체의 한계와 이에 따른 이성의 한계로부터 완전히 벗어날 때에야 이 진리를 완전하게 알게 될 것이라고 말하며,[101] 그것을 인간의 한계로 조용히 받아들였지요. 그리고 곧바로 이보다 훨씬 '흥미롭고 위대한' 일로 자신의 관심을 돌렸습니다. 그것은 삼위일체가 우리에게 의미하는 것 또는 지시하는 바가 무엇인지를 파악하는 일이었습니다. 이제 곧 알게 되겠지만, 그럼으로써 아우구스티누스는 '지식'을 떠나 '지혜'로 한 걸음씩 걸어 들어갔습니다.

인간 공동체의 원형으로서의 삼위일체

아우구스티누스는 우선 하나님의 삼위일체적 본성이 인간을 비롯한 피조물 세계에 어떻게 나타났는지, 다시 말해 피조물들에게 나타나는 '삼위일체 흔적'vestigia Trinitatis이 무엇인지 파악하는 데 몰두했습니다.• 우리가 경험할 수 있는 피조물의 세계에서는 오로지 유비analogy로 나타난 흔적으로만 하나님의 삼위일체 관계를 확인하거나 우리 삶에 대한 지침을 찾을 수 있다고 믿었기 때문이지요. 이것이 무슨 이야기인지 예를 들어 설명하면 이렇습니다.

아우구스티누스는 『삼위일체론』 8권에서 하나님의 본성인 사랑에 '삼위일체 흔적'이 들어 있다고 했습니다. 모든 사랑에는 사랑하는 자amans, 사랑받는 자quod amatur, 사랑amor의 세 요소가 있고, 그것들이 하나로 연결되어 있다는 것이지요.[102] 마찬가지로 9권에서는 정신mens과 정신에 대한 사랑amor eius, 정신에 대한 지식noititia eius이 삼위일체 흔적임을 밝히고,[103] 10권에서는 기억memoriae과 이해intellegentia와 의지voluntas에서 삼위일체 흔적을 발견해 제시합니다.[104]

아우구스티누스는 이 밖의 다른 유비 목록도 숱하게 제시했는데, 그 가운데는 우리의 이야기와 연관해서 당신에게 소개하고 싶은 중요한 주장이 들어 있습니다. 아우구스티누스가 하나님의 삼위일체적 본성에서 사랑(성령)에 의한 동등한 사귐과 교제로서의 '인간 공동체 원형'을 발견하고 주장했다는 사실이지요. 오늘날 현대신학자들에 의해 '사회적 유비' social analogy라는 이름으로 새롭게 조명되고 있는 이 독특한 사유를 아우

• '삼위일체 흔적'(vestigia Trinitatis)에 관한 예는 『고백록』에서 아우구스티누스가 인간의 영혼을 삼위일체의 형상이라고 말하면서 존재, 인식, 의지의 삼위일체적 구조를 강조하는 데서도 찾아볼 수 있다(참고. 『고백록』, 13, 11, 12).

구스티누스는 『삼위일체론』에서 다음과 같이 표현했습니다.

> 성령은 두 분[성부와 성자] 중 한 분이 아니시다. 두 분은 그[성령]로 말미암아 결합되며; 그[성령]로 말미암아 낳은 이가 난 이를 사랑하고, 난 이가 낳은 이를 사랑하며; 그[성령]로 말미암되 그것은 그에 참여하기 때문이 아니라 그들 자신의 본질로 인함이며; 위로부터 온 은사로 인함이 아니라 그들 자신으로 인하여, '평안의 매는 줄로 성령이 하나 되게 하신 것을'(에베소서 4:3) 힘써 지키신다. 우리는 은총을 받아 하나님과 우리 자신을 향해서 이 일을 본받으라는 계명을 받았다.…그러므로 성령은 무엇이든 간에 성부와 성자와 공통적이시다. 그리고 이러한 사귐communion 자체는 본질공동체적consubstantial이며 영원동등적co-eternal이다. 그리고 이 친교를 우정이라고 부르는 것이 합당하다면 그렇게 불러도 좋다. 그렇지만 사랑이라고 부르는 것이 가장 합당하다. 그리고 이 사랑은 또한 본질적 존재다. 하나님이 본질적 존재시며, 성서 기록과 같이 '하나님은 사랑'이시기 때문이다(요한1서 4:16).[105]

성부·성자·성령의 공동체적이고 동등한 사귐이 곧 하나님의 본질인 사랑이라는 것 그리고 우리가 그러한 사랑을 본받으라는 계명을 받았다는 것이 이 글의 핵심입니다.

기독교 신학에서 아우구스티누스의 삼위일체 흔적을 말할 때 자주 거론되는 것이 있는데요. 아우구스티누스가 인간의 영혼 속의 기억, 이해, 의지의 통합에서 발견된다고 주장한 이른바 '심리적 유비'psychological analogy가 그것입니다. 중세 서방신학자들이 이 이론을 특별히 조명해 체계화했기 때문입니다. 반면 그가 삼위일체로부터 '인간 공동체의 원형'을 이끌어 낸 '사회적 유비'social analogy는 거의 주목받지 못했습니다. 하나님의 삼위일체에서 인간사회의 바람직한 형태를 찾는 이론은 주로 카파도키아의 세 교부를 계승한 동방신학자들이 부각시켰기 때문이지요. 그렇지만 아우구스티누스의 다음 글을 보면 이런 상황이 뭔가 잘못된 것임을 느끼게 됩니다.

> 아버지와 아들이 공유한 그것[성령]을 통해 그분들은 우리가 우리들 서로 간의 친교를 세우고, 그분들과의 친교도 세우기를 원하셨다. 둘을 하나로 만드는 그 선물을 통해 그분들은 우리를 하나 됨으로 이끌기를 원하셨다. 즉 하나님이시며 하나님의 선물이신 성령을 통해, 그분을 통해 우리는 하나님과 화해되며, 그분을 통해 기뻐한다.[106]

아우구스티누스는 성령을 사랑, 선물, 친교로 파악했고, 우리도 성령에 의해 서로 간의 친교는 물론이고 더 나아가 삼위일체의 하나님과도 친교를 이룰 수 있으며, 또 그래야만 한다고 권고했습니다. 이 얼마나 귀하고 보배로운 사유인가요! 우리는 이 같은 사유의 가치를 결코 가볍게 봐서는 안 됩니다. 기독교는 진리가 단지 교훈으로 선포된 종교가 아니고, 성육신과 십자가 사건을 통해 행위로서 실천된 종교이기 때문입니다. 2부 "하나님은 존재다"에서 지적했듯이, 말로 천지를 창조한 하나님도 말만으로는 구원을 이루려 하지 않았습니다.

진리는 말뿐만 아니라 행위를 통해 구현된다는 것, 이것이 바로 기독교의 핵심입니다! 기독교를 통해 서양문명 안에 잠재되어 부단히 내려오는 바로 이 고귀한 사유를 감안할 때, 우리가 삼위일체의 내용을 단순히 사변적으로 파악하는 것보다 훨씬 더 중요한 것은 그것이 우리에게 어떤 실천적 지침이 되느냐 하는 것이지요. 아우구스티누스가 1,600년 전에 바로 이 진리를 선포한 겁니다.

그럼에도 서방신학자들은 아우구스티누스의 '사회적 유비'에 귀를 기울이지 않았고, 세월은 바람처럼 빠르게 흘러갔지요. 1,500년도 더 지난 현대에 와서야 신학자들은 성령(사랑)의 공동체적이고 동등한 사귐과 교제에서 '인간 공동체'의 모델을 찾으려는 노력을 기울이기 시작했습니다. 예컨대 현대신학자 위르겐 몰트만이나 그의 뒤를 좇는 해방신학자 레오나르도 보프Leonardo Boff 같은, 한 무리의 포스트모던 신학자들의 작업이 바로 그것입니다.•

상호내주적·상호침투적 공동체로서의 삼위일체

독일 튀빙겐 대학의 신학 교수였던 몰트만은 하나님의 단일한 통일성을 주장하는 서방신학 전통의 일신론적 삼위일체론monotheistic trinitarianism에 단호히 반대했습니다. 그리고 다원적 삼위의 공동체성을 강조하는 '사회적 삼위일체론'the Doctrine of the Social Trinity을 내세웠지요. 몰트만은 자신의 주장을 동방신학의 '페리코레시스'perichoresis라는 개념에서 가져왔습니다.

페리코레시스란 상호내주相互內住와 상호침투相互浸透라는 다분히 존재론적 의미를 가진 용어입니다.•• 이게 무슨 말인가 하면, '서로가 서로의 안에 침투해 들어가 있다'는 뜻이지요. 그런데 만일 당신이 논리적으로 치밀한 성격을 가진 사람이라면, 여기서 아마 이렇게 묻고 싶을 겁니다.

• 레오나르도 보프는 스페인의 제11차 톨레도 공의회(Council of Toledo, 675)뿐 아니라 피렌체 공의회(the Council of Florence, 1438-1445)에서도 "아버지는 전적으로 아들 안에 계시고, 아들은 전적으로 아버지 안에 계시고, 또 전적으로 성령 안에 계시며, 성령은 전적으로 아버지 안에 계시고, 또 전적으로 아들 안에 계신다"라는 식으로 삼위일체의 페리코레시스에 해당하는 내용이 선언되었다고 주장한다(참고. L. Boff, *Trinity and Society*, Maryknoll; Orbis Book, 1988, p. 135).

•• 그리스어 '페리코레시스'(perichoresis)는 상호내주(circuminsessio)와 상호침투(circumincessio)라는 의미를 동시에 갖는다.

"뭐라고? 그게 어떻게 가능한가? 논리적으로 모순 아닌가? 따져 보자. A가 B 안에 들어 있으면, B는 A를 포괄하고 있는 게 아닌가? A가 B 안으로 침투했으면 B는 A에게 침투된 것이 아닌가? 그렇다면 어떻게 서로가 서로 안에 침투해 들어가 있을 수 있다는 말인가?"

그렇지요? 당신의 말이 옳습니다! 우리는 이렇게 사고할 수밖에 없기 때문에 페리코레시스라는 개념을 이해하기가 무척 난감합니다. 그래서 다들 얼버무리고 대충 넘어가지요. 하지만 알고 보면 이는 아리스토텔레스 이후 수천 년 동안 사용해 온 우리의 논리체계가 가진 취약점 때문에 일어나는 문제들 가운데 하나일 뿐입니다.* 무슨 소리냐고요? 찬찬히 설명할 테지만, 우선 이렇게 한번 따라해 봅시다.

당신의 양손을 각각 엄지와 검지를 맞대 동그라미를 만듭니다. 그렇게 만든 왼손과 오른손의 동그라미를 서로 끼웁니다. 어때요? 당신의 양손이 만든 두 개의 동그라미가, 서로가 서로 안에 침투해 들어간 모양이 되지요? 우리는 이처럼 단순한 작업을 통해서도 서로가 서로 안에 침투해 들어간 형태를 만들 수 있습니다. 그럼으로써 우리의 논리적 사고가 가진 한계—즉 상호주관적 사고를 할 수 없는 한계—를 간단히 확인할 수 있습니다.** 아닌가요? 자주 반복하는 말이지만, 우리가 심오한 진리에 보다 가까이 다가가려면 우리의 사고방식과 영역을 확장할 필요가 있습니다.

물론 그렇다고 해서 성부·성자·성령 삼위가 딱 이런 방식으로 존재한

---

* 아리스토텔레스가 정립한 이래 우리가 현재도 사용하는 논리체계의 한계는 이미 곳곳에서 드러났다. 특히 20세기 초 양자물리학이 발달하면서 아리스토텔레스 논리의 두 기둥인 동일률과 모순율이 무너졌다. 우리는 그것의 또 다른 취약점으로 탈시간화되었다는 점이 있음을 앞에서 확인했다(이에 대해서는 2부 "하나님은 존재다"에서 '시간화와 탈시간화의 마술'을 보라).
** 이 밖에도, 예컨대 '뫼비우스 띠'는 앞면이 뒷면일 수 없고 뒷면이 앞면일 수 없다는 우리의 논리적 사고를 뛰어넘으며, 내부 공간과 외부 공간이 연결된 '클라인 병'(Klein bottle)은 안은 밖일 수 없고 밖은 안일 수 없다는 기존의 논리적 사고에서 벗어난다.

다고 주장하려는 것은 아닙니다. 나는 단지 우리의 논리적 사고가 가진 취약성을 인식하고 새로운 논리체계의 개발을 통해 그것을 극복할 필요성에 대해 설명하고 싶은 겁니다. 몰트만도 상호내주와 상호침투가 논리적으로 어떻게 가능한가에 대해서는 굳이 설명하지 않았지요. 그가 '페리코레시스'라는 용어를 통해 하고자 한 말은—이것이 중요한데—성부·성자·성령이 가진 통일성은 동일한 것이 모여 있는 '단일성'이 아니라, 다양한 것들이 서로가 서로에게 침투해 들어가 있는 '공동체성'이라는 이야기입니다. 이 말을 그는 다음과 같이 표현했습니다.

> 신적 인격들은 서로에 대한 관계성 속에서만 있는 것이 아니라, 다마스쿠스의 요하네스가 진술했듯이 '서로가 서로 안에' 있다. 성자가 성부 안에, 성부가 성자 안에, 성령이 성부와 성자 안에, 그리고 성부와 성자가 성령 안에 존재한다. 서로 안에 있는 인격들의 이러한 친밀한 내주內住와 완전한 침투浸透는 삼위일체적 페리코레시스에 의해 표현될 수 있다.[107]

몰트만은 이 같은 주장의 성서적 근거를 "내가 아버지 안에 거하고 아버지께서 내 안에 계심을 믿으라"(요한복음 14:11)라는 구절에서 찾았습니다. 예수님이 한 이 말은 "나와 아버지는 하나이니라"(요한복음 10:30)라는 그의 다른 말이 연상시키는 단순히 '동일한 하나'Einer를 뜻하는 것이 아니라, 상호내주 가운데 있는 '통일적 하나-됨'Einigkeit, Vereinigung을 가리킨다는 것이지요.[108] 당신의 생각은 어떤가요? 그럴듯하지요?

그렇다면 이제 우리는 도대체 무엇이 성부·성자·성령의 상호내주적·상호침투적 통일성을 형성하게 하느냐를 물어야 하는데, 이에 대해 몰트만은 이렇게 대답했습니다. "그들의 영원한 사랑 덕분에, 신적 위격들은 서로 함께, 서로를 위해 그리고 서로 안에서 참으로 친밀하게 존재함으로써, 그들은 고유하고 비교할 수 없는 완전한 통일성 안에서 자신들을 형성한다."[109] 바로 사랑이 그런 일을 한다는 것이지요.

몰트만에 의하면, 삼위가 "서로 함께, 서로를 위해 그리고 서로 안에서" 완전한 통일성을 이룬다는 의미에서 "하나님은 사랑"(요한1서 4:16)입니다. 그리고 삼위를 하나로 묶는 이 사랑은 단순히 자신과 동일한 것만 받아들이는 '동종사랑'homologous love이 아니고, 그것을 넘어서서 이질적이고 다양한 것까지 받아들이고 포괄하는 '이종사랑'heterologous love이라는 겁니다. 몰트만의 이러한 주장은 기독교에서 말하는 사랑, 곧 아우구스티누스가 말하는 '복음적 사랑'caritas이 플라톤이 규정한 에로스eros가 아니라 아가페agape라는 전통적 주장과도 궤를 같이합니다.*

이후 우리가 사랑을 다룰 때 자세히 살펴보겠지만, 에로스란 대상이 가진 무엇(예컨대 참됨, 선함, 아름다움, 부귀, 권력 등) 때문에 그 대상과 합일하여 '동일한 하나'가 되고자 하는 욕구지요. 따라서 보통 '…때문에 하는 사랑' 또는 '인간적 사랑'이라고 부릅니다. 여기에는 '동일한 하나'가 되기 위한 강제가 크든 적든 들어 있게 마련인데, 몰트만이 말하는 '동종사랑'이 바로 이런 사랑입니다. 하지만 아가페는 서로 이질적임에도 불구하고 '통일적 하나-됨'을 이루려는 욕구입니다. 따라서 흔히 '…에도 불구하고 하는 사랑' 또는 '신적 사랑'이라고 하지요. 여기에는 서로 다른 것이 어울려 통일을 이루는 조화만 있을 뿐 합일을 위한 강제는 그 어떤 것도 없는데요, 몰트만이 말하는 '이종사랑'이 바로 이런 사랑입니다.

물론 이런 생각을 몰트만이 처음 한 것은 아닙니다. 예컨대 프랑스의 실존철학자 가브리엘 마르셀Gabriel Marcel, 1889-1973도 바로 이 같은 의미에

---

* 아가페와 에로스에 관한 상세한 논의는 안더스 니그렌, 고구경 역, 『아가페와 에로스』(*Agape and Eros*), CH북스, 1998 참조.

서 에로스와 아가페의 차이를 다음과 같이 설명하지요.

> 에로스를 낭만적 의미에서 본다면 그것은 타인 속으로 자신을 용해한다든가 더 높은 통일 속으로 타인과 함께 용해되려는 욕망 속에서 성립한다. 이와 달리 아가페는 용해를 넘어서서 [각각의 다양성을 인정하는] 존재들의 세계 속에서만 자리 잡을 수 있다.[110]

요컨대, 아가페는—마치 여러 가지 악기들이 서로 다른 각각의 역할을 오히려 굳게 지킴으로써 다성성polyphony을 가진 하나의 음악을 이루어 내는 교향악symphony처럼—서로 다른 개체들이 모여 서로의 이질성을 인정하고 다양성을 존중함으로써 '하나이면서 여럿이고, 여럿이면서 하나'인 공동체를 마침내 이루어 내는 사랑입니다.

어때요? 아가페, 즉 몰트만이 말하는 삼위일체 하나님의 본질인 '이종사랑'을 교향악에 비유해서 설명하니까 그 본질이 비교적 쉽게 이해되지 않나요? 아마 그럴 겁니다. 그런데 혹시 당신은 알고 있나요? 이게 단순한 우연이 아니라는 것을요. 사실 기독교에서 말하는 사랑과 서양음악 사이에는 예사롭지 않은 구조적 유사성이 존재합니다. 이건 또 무슨 말인지, 설명하자면 이렇습니다.

우리는 앞에서 단테의 시와 루블료프의 〈삼위일체〉 성화상을 예로 들어 '구분되지만 분리되지 않고, 연합되지만 혼합되지 않는' 삼위일체의 본질을 언어나 회화로 형상화하기가 얼마나 어려운지를 잠시 살펴보았습니다. 그런데 놀랍게도 음악에는 그러한 삼위일체의 특성을 어려움 없이 표현할 수 있는 특별한 요소가 존재합니다. 우리가 여기서 말하는 음악은 17세기 말 유럽에서 완성되어 오늘날 서양문명에 널리 퍼져 있는 '조성음악'tonal music인데, 이 음악의 두드러진 특성은 서로 다른 여러 가지 음이 동시에 울려 화성harmony을 이룬다는 겁니다.

예를 들어 내가 피아노로 '도'를 치면 당신은 그 음을 정확히 들을 수 있겠지요. 그런데 내가 '도'와 함께 '미'와 '솔'을 친다고 해도 당신은 그 음들을 혼합해서 예컨대 '파' 정도로 듣는 게 아닙니다. 이 세 음은 이른바 '으뜸화음'을 이룬 채—구분되지만 분리되지 않고, 연합되지만 혼합되지 않는 형태로—당신의 귀에 들어오지요. 이 현상은 우리의 청각이 가진 특성에서 기인합니다. 하얀 종이에 빨강색과 파랑색을 덧칠했을 때 두 색을 혼합해 보라색으로 보게 되는 우리의 시각에서는 도저히 일어날 수 없는 일이지요.

서양 조성음악에서 화성을 이루는 각 음들은 상호배타적으로 분리되지도 않지만, 상호융합적으로 혼합되지도 않습니다. 그래서 화음이 만들어지는 것입니다. 교향악에서 악기들이 각자 자기 소리를 냄으로써 또는 4부 합창에서 각 성부가 각각의 역할을 유지함으로써, 단성음악보다 훨씬 더 풍성하고 아름다운 다성음악을 만들어 낼 수 있습니다. 바로 이런 이유로, 예컨대 헨델의 〈메시아〉 같은 합창곡이 삼위일체의 본질이자 기독교의 핵심인 이종사랑을 표현하는 데 적합하다고 당당하게 이야기할 수 있습니다. 케임브리지에 있는 리들리 홀 신학대학의 제레미 벡비Jeremy Begbie 교수는 이 말을 다음과 같이 표현했습니다.

예수님은 자신과 아버지가 하나이신 것같이 제자들도 하나가 될 것을 위해 기도하셨다(요한복음 17:11). 그들을 하나가 되게 하는 사랑은 아버지와 아들을 하나가 되도록 결합시키는, '서로가 스며드는' 사랑이어야 한다. 지금까지 말했듯이 소리가 결합될 때 하나가 되면서도 각자 특성을 갖는다는 점에 비추어 볼 때, 화음을 이루어 합창을 부르는 것이 기독교 전통에서 두

드러졌다는 사실이 별로 놀랍지 않다.[111]

몰트만은 이러한 이종사랑을 통해서만 하나님의 사랑이 삼위뿐 아니라, 그 피조물에까지 무한히 확대될 수 있다고 주장합니다.[112] 하나님과 피조물은 매우 이질적인 존재이기 때문이지요. 만일 하나님의 사랑이 자기와 같은 존재에게만 향하는 동종사랑이라면 "그들도…우리 안에 있게"(요한복음 17:21)라고 한 예수님의 기도가 아예 불가능하다는 것입니다. "사랑 안에 거하는 자는 하나님 안에 거하고 하나님도 그 안에 거하시느니라"(요한1서 4:16)라는 사도 요한의 말이 바로 그 증거라고도 했습니다. 이렇듯 다분히 존재론적인 사도 요한의 가르침을 몰트만은 다음과 같이 신학적으로 해석했습니다.

> 그들의 흘러넘치는 [이종]사랑 덕분에 성부·성자·성령은 자신을 넘어서서 창조와 화해와 구속 안에서 유한하고 모순된 도덕적 피조물인 타자를 위해 자신을 개방하신다. 그 결과 자신의 영원한 삶 안에서 그들을 위해 자신의 공간을 제한해서 그들이 자신의 기쁨에 참여하도록 하기 위함이다.[113]

몰트만은 이러한 이론적 근거를 내세워, 인간은 신적 페리코레시스, 곧 상호내주·상호침투적 사랑 안에서 드러나는 완전 평등한 사귐과 교제를 실현하도록 부름받았고, 인간 공동체는 '삼위일체의 형상'으로 지음받았다고 선언했습니다. "아버지와 아들이 공유한 그것[성령]을 통해 그분들은 우리가 우리들 서로 간의 친교를 세우고, 그분들과의 친교도 세우기를 원하셨다"라는 아우구스티누스의 말을 연상케 하는 주장이지요.* 몰

---

* 아우구스티누스가 성령을 성부와 성자를 묶는 사랑으로 파악하고, "이러한 사귐 자체는 본질

트만은 같은 내용을 이렇게 말하기도 했습니다.

> 하나님의 세 인격이 상호내주를 통해 하나의 공동 공간을 형성하는 것처럼, 피조물 차원의 공동체 역시 상호 자기발전을 위한 사회적 공간을 형성해야 한다. 피조물들은 나란히 그리고 더불어 실존하지 않으면 안 된다.[114]

요컨대 몰트만은 삼위일체론이 자유와 평등 그리고 사랑을 추구하는 비위계적·비지배적 사회를 위한 모델이 될 수 있다고 생각했고, 그러므로 기독교적 사회윤리는 삼위일체적 사고에 근거해야 한다고 주장했지요.[115]

그런데, 당신은 어떻게 생각하나요? 모두가 "나란히 그리고 더불어" 상호내주적이고 상호침투적으로 실존하는 인간 공동체가 쉬이 상상이 가나요? 그곳에는 당연히 그 어떤 배타적 요소나 위계적 지배 그리고 특권에 의한 종속이 없으며, 오직 사랑에서 나온 평등한 사귐과 자유로운 교제만 존재하지요. 그래서 구성원 모두가 기쁨뿐 아니라 슬픔도, 희망뿐 아니라 절망도, 삶뿐 아니라 죽음도 함께 느끼고 함께 나누겠지요. 하지만 우리가 한 번이라도 이런 공동체를 실제로 봤거나 경험한 적이 있던가요?

그래요, 있기는 있습니다. 우선 가정家庭이 생각나지요. 일찍이 가브리엘 마르셀은 이 세상에서 가장 순수한 의미에서 '우리'le nous라고 부를 수 있는 '공동체'라는 뜻으로 가정을 '공동존재'共同存在, le co-esse라고 부른 적이 있습니다. 그리고 가족은 '시원적 우리'un nous primitif 또는 '원형적 우리' un nous archétype라고 규정했지요.[116] 바로 이런 의미에서 가정은 "나란히 그

공동체적이며 영원동등적이다"라고 규정한 것이나 "우리는 은총을 받아 하나님과 우리 자신을 향해서 이 일을 본받으라는 계명을 받았다"라고 한 교훈에서 몰트만의 주장과 동일한 내용을 찾아볼 수 있다(참고. 『삼위일체론』, 6, 5, 7).

리고 더불어" 실존하는 인간 공동체의 표본입니다.

물론 우리가 실제로 경험하는 현실의 가정에 위계적 지배와 특권적 강압이 전혀 존재하지 않는다고는 할 수 없지요. 그럼에도 서로의 기쁨과 슬픔을 상호침투적으로 공유한다는 점에서 어느 정도는 수긍할 수 있는 주장입니다. 하지만 서글프게도 이것 말고 상호내주적이고 상호침투적인 공동체를 상상하기는 쉽지가 않습니다.

그런데 17세기 영국의 형이상학파 시인이자 성직자이기도 했던 존 던은 "누구를 위하여 종은 울리나"에서 그렇지가 않다고 하네요. 우리는—단지 의식하지 못할 뿐—누구든지 이미 그런 공동체 안에 존재한다고 그는 읊었습니다. 노벨상을 받은 미국 작가 어니스트 헤밍웨이Ernest Hemingway, 1899-1961의 유명한 장편소설 제목이자 20세기 중반 할리우드 스타 게리 쿠퍼와 잉그리드 버그만이 주연한 영화의 제목으로도 널리 알려진 이 시는 상호내주적이고 상호침투적으로 실존하는 인간의 정황을 다음과 같이 묘사하지요.

누구든지 그 자체로 온전한 섬은 아닐지니
모든 인간이란 대륙의 한 조각이며
또한 대양의 한 부분이어라.
만일 흙덩어리가 바닷물에 씻겨 내려가게 된다면
대지는 또 그만큼 작아질 것이고
만일에 모래펄이 그렇게 되더라도 마찬가지며
그대의 친구들이나 그대의 땅이 그렇게 되어도 마찬가지여라.
어느 누구의 죽음일지라도 그 역시 나를 감소시키나니
나는 인류 속에 상호침투된 존재기 때문이어라.
누구를 위하여 종은 울리나

―그를 위하여 조문할 사람들을 보내지 말라.

종은 바로 그대를 위하여 울리기에.[117]

이제 여기서 우리가 한 가지 분명히 해 둘 것이 있습니다. 삼위일체에 관한 아우구스티누스와 몰트만의 해석을 통해 기독교에서 말하는 하나님의 유일성이 그리스 철학에서 말하는 일자의 유일성에서도 한 걸음 더 나아가 새로운 의미를 갖게 된다는 매우 중요한 사실이지요.

앞에서 살펴보았듯이, 기독교에서 말하는 하나님의 유일성은 단일성이 아닙니다. 그것은 "삼위성이 단일성으로, 단일성이 삼위성으로 축소되는 일 없이 결합한"[118] 통일성입니다. 이 통일성 안에는 상호내주적·상호침투적 자유와 평등과 사랑으로 이룩되는 인간 공동체의 원형이 담겼지요. 그것은 성격상 무규정성과 무제한성에서 오는 일자一者의 '획일적' 포괄성과 통일성을 훌쩍 뛰어넘는 것으로, 삼위일체 하나님의 이종사랑에서 나오는 '공동체적' 포괄성과 통일성이지요. 전자가 수동적·소극적 성격을 가졌다면 후자는 능동적·적극적 성격을 지녔습니다.

한마디로, 기독교에서 말하는 유일신은 '동일한 하나'가 아니라 '통일적인 하나'라는 말인데요. 이 같은 내용이 우리가 나누는 이 이야기에서 특별한 의미를 갖는 것은, 우리가 5부 "하나님은 유일자다"의 서두에서 '하나님의 유일성이 곧 배타성을 의미하는가?'라는 질문을 던져 놓았기 때문입니다. 그 질문 이후 지금 우리가 도달한 결론은 무엇인가요? 바로 이것입니다. 기독교에서 말하는 삼위일체 하나님이 갖는 유일성은 포괄성이지 배타성이 아니라는 것, 또한 그것은 통일성이지 단일성이 아니라는 것이지요.

단일성이 배타성의 전제이자 결과이듯, 다양성은 통일성의 전제이자 결과입니다. 따라서 누구든 "하나님은 유일하다"라고 외치려면, 그는 그 말이 '하나님의 이름으로' 타인에 대한 차별과 폭력을 행사하겠다는 망언이 아니라는 것을 먼저 알아야 합니다. 그 말은 오히려 '하나님의 이름으로' 상호내주적이고 상호침투적인 포용과 사랑을 베풀어 "나란히 그리고 더불어" 실존하는 공동체를 만들겠다는 엄중한 선언이라는 것을 가슴에 새겨야만 하지요.

10장

유일신은 배타적인가

'구약의 하나님'이냐, '신약의 하나님'이냐

그렇다면 이제 다시 생각해 볼까요? '오늘날 우리가 알고 있는 기독교의 유별난 배타성은 도대체 어디서 나왔는가? 그것이 우리가 살펴본 것같이 '유일하신 하나님', 곧 하나님이 유일자라는 속성에 근거하고 있지 않다면 그 시원은 도대체 어디인가?' 이에 대한 고전적 대답을 신학자들은 일반적으로 구약성서 신명기에 나오는 다음 구절에서 찾습니다.

> 지극히 높으신 자가 민족들에게 기업을 주실 때에, 인종을 나누실 때에 이스라엘 자손의 수효대로 백성들의 경계를 정하셨도다. 여호와의 분깃은 자기 백성이라. 야곱은 그가 택하신 기업이로다. (신명기 32:8-9)

하나님이 자기 몫으로 이스라엘 자손을 택했다는 이 선포는 기독교 신학이 시작된 초기부터 "이스라엘의 하나님"이라는 특수주의와 "유일하신 하나님"이라는 보편주의 사이에 심각한 신학적 긴장을 가져왔지요. 구약성서에 나타난 '이스라엘의 하나님'은 우리가 지금까지 알아본 포괄적 통일자이자 삼위일체적 사랑의 공동체인 '유일하신 하나님'과는 너무 다르기 때문입니다.

구약성서를 보면 이스라엘의 하나님은 매우 배타적이고 폭력적인 하나님, 즉 '전쟁에 능하신 야훼', '보복과 질투의 하나님 야훼', '이스라엘을 편애하는 야훼'입니다. 신약성서에서 "너희 원수를 사랑하며 너희를 박해하는 자를 위하여 기도하라"고 교훈한 사랑의 하나님과는 도무지 어울리지 않지요. 나도 그렇고, 아마 당신도 충분히 가질 만한 이런 생각을 일찍이 가슴에 품고 거세게 반발한 사람이 있었습니다. 바로 2세기에 살았던 마르키온이지요. 야훼의 배타성과 폭력성을 폭로하며 그것을 비난하던 그의 주장은 당시 사람들에게도 상당한 설득력이 있었습니다. 그래서 초기 기독교 교회가 싸워야 했던 각종 이단 가운데 마르키온처럼 위험한 사람은 없을 정도였지요.

마르키온이 정죄된 이유

마르키온은 2세기 초 폰토스 지역 시노페Sinope에서 감독의 아들로 태어났습니다. 그는 어려서부터 그리스도에 대해서는 열렬한 믿음과 사랑을, 야훼에 대해서는 꼭 그만큼의 불신과 증오를 가졌습니다. 그것이 그를 집에서 쫓겨나게 했고 결국 이단으로 정죄받게 만들었지요. 마르키온은 사변적 신학자가 아니었습니다. 일종의 종교개혁자였지요. 그는 자신이 새로운 계시를 받았다고 하지 않고, 혼탁한 기독교 메시지를 올바르게 해석하는 참된 정경해석자라고 주장했습니다. 그랬기에 대중에게 더 열광적 지지를 받을 수 있었던 것입니다.

마르키온은 144년 로마에서 자기 교단을 세웠는데 그 세력이 실로 막강했습니다. 3세기 이후에야 점차 쇠퇴하다가 로마 제국에서 서서히 자취를 감추었지만, 그 이전까지는 정통 교단과의 대결에서 누가 승리자가 될지 그 결과가 의심스러울 정도였지요. 당연히 마르키온에 대한 당시 교회 지도자들과 신학자들의 미움도 그만큼 컸습니다. 에우세비우스의 『교회사』에는 교부 이레나이우스가 전해 준 다음과 같은 흥미로운 일화가 실려 있습니다.

사도 교부인 서머나의 감독 폴리카르푸스Polycarpus, 70-156가 로마에서 마르키온을 만났을 때의 일입니다. 폴리카르푸스는 사도 요한의 제자였으며 서머나에서 감독으로 일하다가 156년에 순교한 위대한 교부지요. 순교

전에 그는 이후 수천 년을 두고 헤아릴 수 없이 많은 사람이 되뇔 유명한 말도 남겼습니다. "나는 그리스도인이다"Christianus sum가 그것입니다.

마르키온이 이 고결한 감독에게 인정받고 싶어서 물었습니다.

"나를 인정하시지요?"

폴리카르푸스가 대답했지요.

"인정하지요. 사탄의 맏아들이라고."[1]

영광스런 노년의 사도 교부가 입에 담기에는 분명 과한 말이었을 겁니다. 하지만 바로 이 말이, 당시 교회가 마르키온을 얼마나 위험한 존재로 여겼는지에 대한 증거지요.

앞서 3부 "하나님은 창조주다"에서 소개한 것처럼 마르키온은 『반론』이라는 저술을 남겼습니다. 여기서 그는 구약의 하나님과 신약의 하나님을 명백히 구분 지어 대립시켰습니다. 애초 마르키온은 구약의 하나님을 '악의 신'이라 부르고, 신약의 하나님을 '선의 신'이라 불렀습니다. 그러다가 이후 영지주의자 케르도Cerdo의 영향을 받아 각각 '공의의 하나님'과 '사랑의 하나님'으로 약간 순화하여 불렀지만, 여전히 구약의 하나님을 '율법의 신'이라며 거부한 채, 신약의 하나님만을 '복음의 하나님'으로 받아들였지요.

교회사적으로 보자면, 사실 마르키온이 하고자 했던 일은 당시 새로운 종교였던 기독교를 받아들인 거의 모든 교인과 성직자 그리고 신학자들의 공통된 고민거리를 해소하는 것이었습니다. 즉 그들 역시 마르키온처럼 구약과 신약의 불일치점들을 극복하고자 머리를 싸매고 애써야 했기 때문이지요.* 그런데 문제는 마르키온이 잘못된 길을 갔다는 데 있었

---

* 마르키온의 사상은 율법과 복음의 대조, 하나님 은총의 교리, 극단적인 그리스도 중심주의 등

습니다. 그는 영지주의적 이원론을 기독교 신학에 끌어들여 구약과 신약, '악의 신'과 '선의 신'이라는 두 영역으로 철저히 분리함으로써 해결하는 방법을 택했지요. "적게 생각하는 자는 쉽게 말한다"Qui pauca considerat, facile pronunciat라는 중세 격언이 의미하는 것처럼, 그것은 매우 간단하고 효과적인 방법이긴 했지만 옳은 길은 아니었습니다.

우리의 이야기와 연관해서 주목할 것은, 초기 기독교 교리를 세운 교부들*은 마르키온과 똑같은 고민을 안고 있었는데도 그를 이단으로 정죄하고** 구약의 하나님 야훼를 기독교 안에 받아들였다는 사실입니다. 그러므로 우리는 마르키온의 정죄를 계기로 그가 그토록 제거하려 했던 '이스라엘의 하나님'이 가진 배타성과 폭력성이 기독교 안으로 흘러들지 않았는지를 면밀히 주목해 봐야만 합니다. 다시 말해 구약의 폭력적이고 배타적인 신을 기독교로부터 분리해 내려던 마르키온을 정죄했기 때문에, 오늘날 기독교가 배타적 종교로 남게 되지 않았느냐 하는 것을 따져 보아야 한다는 말이지요.

결론부터 말할까요? 기독교가 구약에서 전해 내려오는 유일신 사상을 계승한 건 사실입니다. 하지만 기독교는 구약의 '이스라엘의 하나님' 안에 있는 민족주의적이고 배타적이며 폭력적인 요소는 모두 걷어 냈습니다. 이 점에서 기독교는 유대교와 분연히 구분됩니다. 이 일을 누가 했을

'과격한' 바울주의의 형태를 띠었다. 이것은 기독교를 새로운 도덕적 가르침으로 전환시키던 신율법주의적 경향에 대한 반발이었다고 볼 수 있다. 그러나 그는 바울의 메시지를 지나치게 강조한 나머지, 결국 그 주장이 지닌 긍정적 가치마저 빛이 바래게 하고 말았다. 마르키온에 대한 고전적 연구로는 A. v Harnack, *Marcion; Das Evangelium vom fremden Gott*, Darmstadt, Wissenschaftliche Bookgeselschaft, 1960이 있다.

* 마르키온을 반박한 교부들로는 당시 최고의 신학자들인 테르툴리아누스, 유스티누스, 이레나이우스, 알렉산드리아의 클레멘스 등이 있다.
** 마르키온이 정죄된 결정적 이유는 그가 영지주의자들처럼 예수님이 진정한 사람은 아니라는 '가현설'을 주장했기 때문이다. 그는 그리스도가 실재하는 인간으로 태어난 것이 아니라 티베리우스 15년에 성인의 모습으로 왔다고 주장했다.

까요? 나중에 천천히 긴 세월을 두고 기독교 신학자들이 해낸 일일까요? 아닙니다! 그건 예수님과 사도들이 직접 나서서 기독교의 기틀을 처음 세울 당시에 이미 한 일입니다. 정말 그런지 찬찬히 살펴볼까요?

우선 예수님은 "내가 율법이나 선지자를 폐하러 온 줄로 생각하지 말라. 폐하러 온 것이 아니요 완전하게 하려 함이라. 진실로 너희에게 이르노니 천지가 없어지기 전에는 율법의 일점일획도 결코 없어지지 아니하고 다 이루리라"(마태복음 5:17)라는 가르침으로 자신이 구약의 유일신 전통을 계승하고 있음을 확인했습니다. 사도 바울도 마찬가지지요. 그는 "하나님은 복되시고 유일하신 주권자이시며 만왕의 왕이시며 만주의 주시요"(디모데전서 6:15)나 "주도 한 분이시요 믿음도 하나요 세례도 하나요 하나님도 한 분이시니 곧 만유의 아버지시라"(에베소서 4:5-6)라는 교훈으로 자기가 믿는 하나님이 유일자임을 분명히 했습니다.

그러나 그것이 다가 아니었습니다. 예수님과 사도 바울 모두 '이스라엘의 하나님'이라는 특수주의를 깨뜨리고 '유일하신 하나님'이라는 보편주의를 정립하는 데도 발 벗고 나섰지요. 예수님은 무엇보다 "속으로 아브라함이 우리 조상이라고 생각하지 말라. 내가 너희에게 이르노니 하나님이 능히 이 돌들로도 아브라함의 자손이 되게 하시리라"(마태복음 3:9; 누가복음 3:8)라는 말로 '이스라엘의 하나님'이라는 특수주의를 못 박았습니다. 같은 맥락에서 바울도 "하나님은 다만 유대인의 하나님이시냐? 또한 이방인의 하나님은 아니시냐? 진실로 이방인의 하나님도 되시느니라. 할례자도 믿음으로 말미암아, 또한 무할례자도 믿음으로 말미암아 의롭다 하실 하나님은 한 분이시니라"(로마서 3:29-30)라고 특수주의에 반기를 들었지요.

그뿐 아닙니다. 더 중요한 것은 예수님과 바울의 가르침 안에서는 구약에 등장하는 '이스라엘의 하나님'이 가졌던 배타적·폭력적 요소를 전혀 찾아볼 수 없다는 사실이지요. 그 안에는 오히려 일찍이 마르키온이 감탄한 바 있는, 구약의 하나님과는 전혀 생소한 복음의 하나님, 사랑의 하나님의 무제한적·무제약적 사랑과 은혜가 잘 나타나지요. 당신도 잘 아는 예들을 한번 찾아볼까요? 무엇보다도 산상수훈에서 하나를 골라 볼까 합니다.

또 네 이웃을 사랑하고 네 원수를 미워하라 하였다는 것을 너희가 들었으나 나는 너희에게 이르노니 너희 원수를 사랑하며 너희를 박해하는 자를 위하여 기도하라. 이같이 한즉 하늘에 계신 너희 아버지의 아들이 되리니 이는 하나님이 그 해를 악인과 선인에게 비추시며 비를 의로운 자와 불의한 자에게 내려 주심이라. 너희가 너희를 사랑하는 자를 사랑하면 무슨 상이 있으리요. 세리도 이같이 아니하느냐. 또 너희가 너희 형제에게만 문안하면 남보다 더하는 것이 무엇이냐. 이방인들도 이같이 아니하느냐. 그러므로 하늘에 계신 너희 아버지의 온전하심과 같이 너희도 온전하라.

(마태복음 5:43-48)

자, 찾아볼까요? 이 가르침 안에 과연 무슨 배타성이 있고 무슨 폭력성이 있는지…. 그런 다음, 생각해 봅시다. 신플라톤주의의 막강한 영향력 아래서 기독교 교리를 정립하던 초기 기독교 사상가들이 성서에서 "하늘에 계신 너희 아버지의 온전하심"이라는 예수님의 교훈을 보았을 때 그 '온전하심'에 해당하는 것으로 무엇을 떠올렸을까요? 플라톤의 '선 자체' 또는 플로티노스의 '일자'가 가진 선성과 포괄성 그리고 일치와 조화가 아니었을까요? 또 "하나님은 한 분이시니 곧 만유의 아버지시라. 만유 위에 계시고 만유를 통일하시고 만유 가운데 계시도다"(에베소서 4:6)라는 바울의 말에서도 당연히 '일자'가 가진 존엄성과 통일성을 떠올리지 않았을까요?

정리하겠습니다. 기독교에서 말하는 하나님이 가진 유일성은 결코 배타성이나 폭력성이 아닙니다. 그것은 오히려 포괄성이며, 일치와 조화를 원하는 사랑입니다. 그것이 예수님과 사도들의 가르침이었지요. 그렇다면, 또는 그럼에도 기독교 안에 현저하게 존재해 온 배타성과 폭력성은 도대체 어디서 왔을까요? 간략히 답하자면, 그것은 단지 기나긴 박해를 견디며 교단이 정립되는 과정에서 외부의 이교도, 내부의 이단과 싸우면서 처음 발생하여, 이후 세월이 흐르면서 교세를 구축하고 확장하려는 의도에서 더욱 굳어진 것으로, 기독교에서 한시라도 서둘러 버려야 할 '반反기독교적 유산'입니다.

지워 버리고 싶은 기억이지만, 몇 가지 예를 들어 볼까요? 12, 13세기에는 십자군이 성전聖戰이라는 이름으로 콘스탄티노플과 안디옥 그리고 예루살렘에서 끔찍한 살육과 약탈을 저질렀지요. 16세기에는 유럽의 가톨릭교도가 한 손에는 성서를, 다른 한 손에는 총칼을 들고 중남미 각국에서 숱한 학살을 자행했습니다. 17세기 이후에는 청교도가 북아메리카 대륙에서 정복과 선교를 위해 온갖 만행을 드러냈지요. 그들은 하나같이 하나님의 유일성을 내세우며, 하나님의 이름으로 남자를 학살하고, 여인을 강간하고, 재물을 약탈하고, 거처를 방화한 다음, 제단을 쌓고 예배하며 감격의 눈물을 흘렸습니다. 바로 이런 인면수심人面獸心의 만행들이 기독교에서 말하는 하나님의 유일성에서 나온 배타성과 폭력성으로 비판받는 사례지요.•

하지만 그것은 결코 예수님과 사도들의 가르침을 따른 것이 아니었습니다. 오늘날에도 하나님의 유일성을 왜곡해서 이교도에 대한 배척과 분

• 자세한 내용은 W. B. 바틀릿, 서미석 역, 『십자군전쟁』(*God wills it!*), 한길사, 2007; 조찬선, 『기독교 죄악사』, 상하권, 평단문화사, 2000에서 찾아볼 수 있다.

쟁을 정당화하는 사람들이 그리하듯이, 그때 역시 신앙을 자신들의 세속적 탐욕에 이용하는 불순한 세력(성직자, 정치가, 상인)이 선동해서 반그리스도적이고 반신앙적인 만행을 저지른 것이었습니다. 우리는 여기서 "최선의 것의 부패는 최악이다"corruptio optimi pessima라는 오랜 격언을 떠올릴 수 있습니다. 십자군을 일으키며 "하나님의 뜻이다"Deus Le Volt라는 구호로 민중들을 선동했던 중세 성직자들이 그랬듯이, 하나님을 왜곡하여 빌미로 삼는 일은 예나 지금이나 가장 쉬운 선동 방법이지만 동시에 가장 나쁜 방법이기도 하지요.

물론 이와 같은 나의 변증에 대해 누군가는 날카롭게 반박할 수 있습니다. 예부터 지금까지 이에 대한 반론은 항상 다양했고 논쟁도 치열했지요. 게다가 성서의 일부 구절들도 그러한 반박과 논쟁의 빌미를 제공했습니다. 그 때문에 지금 당신의 머리에는 대강 다음과 같은 의문들이 꼬리를 물고 일어날 수 있습니다.

- 만일 야훼가 유일신이라면 구약성서는 왜 야훼에 대해 다신론적 표현을 사용했는가?
- 유일신이 다른 신들을 질투할 이유가 어디 있는가? 사실 야훼는 이스라엘의 부족신으로서 그 이웃 부족의 신들과 싸우는 부족신이 아니었던가? 그래서 그토록 배타적이고 폭력적이었던 게 아닌가?
- 아니, 다른 사설은 전부 집어치우자! 무엇보다 예수가 직접 "나로 말미암지 않고는 아버지께로 올 자가 없느니라"(요한복음 14:6)라고 배타적으로 가르치지 않았던가?
- 그러니 기독교는 자기들 신의 배타성과 폭력성을 인정하는 게 솔직해지는 길이 아닐까? 이에 대해 더 할 말이 있는가?

그렇지요. 모두 옳은 말입니다. 하지만 이런 반론들에 대한 기독교의 답은 오래전부터 이미 준비되어 있습니다. 차례로 살펴볼까요?

유일신이 왜 질투하나

원시사회에서 흔히 볼 수 있는 유신론의 형태는 그리스 신화가 그렇듯 다신론이 보편적입니다. 반면 매우 특이하게도 구약성서에 나타난 하나님은 단 하나뿐인 데다 지존하여 그 피조물인 인간들에게 절대 복종을 요구하는 유일신이지요. 당신도 알다시피, 기독교가 형성되기 약 1,300년 전에 이미 모세가 "이스라엘아, 들으라. 우리 하나님 여호와는 오직 유일한 여호와이시니, 너는 마음을 다하고 뜻을 다하고 힘을 다하여 네 하나님 여호와를 사랑하라"(신명기 6:4-5)라고 외쳤습니다.

물론 모세의 이 선포가 후일 기독교 사상가들이 생각한 어떤 형이상학적 원리―예컨대 플로티노스의 일자가 가진 유일성―를 설정하고 있지는 않았습니다. 모세는 다만 계시를 통해 하나님의 유일성을 받아들였고, 자기 백성이 무엇을 믿고 무엇을 예배 대상으로 삼아야 할 것인가를 선포했을 뿐이지요. 그럼에도 이는 후일 그리스 철학을 통해 유일신 사상을 기독교 교리로 정립하려 한 기독교 사상가들의 작업에 초석이 되었습니다. 그래서 질송은 모세의 선포에 대해 "본질적으로는 종교적이었으나 중대한 철학적 변혁의 씨를 내포한 것"[2]이라고 적절히 평가했지요.

특이한 것은 모세의 선포에도 불구하고 히브리인들은 그 후에도 오랫동안 자신들의 하나님 야훼를 다신론적으로 파악했다는 점입니다. 심지어는 모세가 직접 선포한 십계명에도 야훼는 다신론적 언어로 표현되어 있어요. 예컨대 '질투하는 하나님'El Qunna (출애굽기 20:5; 신명기 5:9) 같은 묘사가 그렇습니다. 이러한 표현 자체가 이미 다른 신의 존재를 전제로 한 것이니까요. 다른 신이 아예 없다면 질투할 대상도 없을 것이기 때문입니다. 따라서 일반인들은 물론이고 신학자들 사이에도 이에 대한 논란이 많았습니다.

독일 베텔 신학교의 구약학 교수 프랑크 크뤼제만Frank Crüsemann은 『자유의 보존』에서 이렇게 설명합니다. 즉 하나님이 유일자인 교설에서 하나님을 다신론적으로 이야기할 때는 하나님 그 자체에 대한 이야기가 아니라, 단지 '인간에 의해 경험되는 하나님'이라는 하나의 특정 맥락에서 이야기된 것으로 봐야 한다고요.³ 다시 말해 유일신에 대한 다신론적 표현은 하나님이 실제로 여럿이어서가 아니라 고대 히브리인들이 하나님을 여럿으로 이해하고 있었기 때문이라는 말입니다.

크뤼제만은 이런 정황이, 태양계에서는 맨 처음부터 태양을 중심으로 여덟 개의 행성이 돌고 있었는데도 고대인들은 지구를 중심으로 태양과 달이, 그리고 수성, 금성, 화성, 목성, 토성 등 다섯 개의 행성이 돌고 있다고 알았던 것과 마찬가지라고도 설명했습니다. 어때요? 당신 생각에도 그럴듯한가요? 그런데 왜 고대인들은 다신론을 받아들이게 되었을까요? 크뤼제만은 그 이유를 다음과 같이 밝혔습니다.

세속적 현실 속에서 이루어지는 하나님에 대한 인식은 각각 하나의 구체적이고 개별적인 세계, 내적인 경험의 맥락 속에서 얻어진다. 고대인들에게 이것은 무엇보다 우주와의 조우였다. 한 인간 혹은 한 집단이 이러한 하나의 맥락 속에서 초월적 경험을 얻게 될 때, 이러한 개개의 현실 배후에 끝없는 심연과 내세적 은총이 존재한다는 것이 명료해지고, 이러한 종교적 경험이 하나의 신적 형상에 대한 구체적 원인으로 성장했던 것이다. 의도된 것은 경험된 내세였다. 이것에 이름 붙이고 이것을 숭배하기 위하여 이것을 신적인 형상 안에 압축시켰다. 이러한 경험들이 수없이 존재하기 때문에 수없이 많은 형상들 또한 존재했다.⁴

알고 보면 이건 일반적으로 인정되는 다신론의 발생 원인이자 과정이지요. 고대 히브리인들도 이런 이유로 하나님이 유일자라는 모세의 가르침을 귀담아듣지 않는 과정을 거쳤던 것입니다.* 그렇다면 히브리인들은 언제부터 야훼를 유일신으로 인식하고 받아들였을까요?

하나님의 역사

성서역사학자들에 의하면, 모세 이후에도 야훼는 600-700년 동안 줄곧 이스라엘의 부족신으로 그 이웃 팔레스타인 부족신인 다곤이나 모하브족의 체모스 같은 신들과 싸우는 신이었습니다. 기원전 8-6세기에야 아모스, 호세아, 이사야, 예레미야 같은 선지자들이 입을 모아 여호와는 히브리인의 하나님일 뿐 아니라 천지의 창조주이며 모든 역사와 인류를 주관하는 절대적 유일자임을 강력히 주장하기 시작했지요(열왕기상 8:60; 열왕기하 19:15; 예레미야 2:11; 10:7; 16:20; 이사야 40:18-26; 41:29; 43:10; 44:5, 6, 14; 46:9; 아모스 1:3; 2:16; 9:5, 8 등). 예컨대 이사야 선지자는 "이스라엘의 왕

---

* 크뤼제만의 설명은 기독교 신학적이라기보다 인류학적 내지 종교학적 설명이다. 기독교 신학은—고대인뿐 아니라 현대인들까지도, 예컨대 존 힉이 "우리가 여러 가지 신, 즉 금전의 신, 사업의 신, 성공의 신, 권력의 신, 현상 유지의 신 그리고 한 주일에 한 번씩은 유대교나 기독교의 신을 섬기고 있다"고 비판한 것처럼—인간이 다신론적 성향을 가질 수밖에 없는 이유를 하나님에게서 돌아선 죄(罪)에서 찾는다. 하나님으로부터 돌아섰기 때문에 불안과 공포, 그리고 현세욕(concupiscentia)이 생기고, 그 불안과 공포에서 벗어나기 위해 또는 그 현세욕을 충족시키려고 숱한 우상을 하나님으로 섬기게 된다는 것이다. 이에 대해서는 이후 죄와 연관해서 살펴볼 것이다.

인 여호와, 이스라엘의 구원자인 만군의 여호와가 이같이 말하노라. 나는 처음이요 나는 마지막이라. 나 외에 다른 신이 없느니라"(이사야 44:6)라고 선포했습니다.

그런데 모세의 선포를 무시했던 히브리인들이 이번에는 과연 선지자들의 선포를 받아들였을까요? 그랬습니다! 생각해보면 사실 놀라운 일인데, 왜 그랬을까요? 모세보다 이사야가 더 권능이 있고 위대했기 때문이었을까요? 아니지요! 그럼 왜? 이 의문을 풀기 위해서는 인류의 역사에서 '매우 특별했던' 어느 한 시기를 주목해 볼 필요가 있습니다.

대강 기원전 8세기에서 기원전 3세기까지의 약 600년은 인류의 정신사精神史에서 가장 독특한 시기였습니다. 중국에서는 공자, 노자, 장자, 열자를 비롯한 제자백가가 나왔고, 인도에서는 『우파니샤드』가 완성되었고 부처가 생존해 있었으며, 이란에서는 차라투스트라가 등장했지요. 또한 그리스에서는 호메로스, 파르메니데스, 헤라클레이토스, 소크라테스, 플라톤, 아리스토텔레스가 등장했으며, 투키디데스와 아르키메데스도 이 시기에 활동했습니다. 바로 이때 팔레스타인에서는 엘리야와 이사야, 예레미야를 거쳐 제2이사야 같은 선지자들이 나왔던 것입니다.

철학자 칼 야스퍼스Karl Jaspers, 1883-1969는 『역사의 기원과 목표』에서 이 특별한 시기를 '차축시대'die Aschenzeit라고 이름 지었습니다. 인류 정신사에서 거대한 수레바퀴가 움직인 시대라는 뜻입니다. 이때 인류는 사유 속에서 처음으로 무제약성과 초월성을 경험하게 되었고, 개별적 사물들로부터 보편적 개념을 확립하기 시작했습니다.[5] 인류의 정신사 최초로 이성이 모습을 드러냄으로써 철학을 비롯한 각종 보편 학문과 유교, 불교와 같은 보편 종교들이 생겨났지요.

히브리인들도 예외가 아니었습니다. 그들 역시 이 시기에 와서 비로소 하나님을 인류의 보편적 신으로 파악하기 시작했습니다. 그러니 히브리인들이 이 시기에 하나님을 유일자로 파악한 것은 결코 모세보다 이사야가 더 권능이 있고 위대해서가 아니었습니다. 영국의 성서학자 찰스 해럴드 다드Charles Harold Dodd, 1889-1973의 말대로 "정의가 보편적이어야 하듯이 정의로운 신이라는 개념 속에서 일신교가 탄생"⁶한 겁니다. 다시 말해 고대 히브리인들은 야훼를 여러 부족신 중 하나로 파악하고 있었는데, 차축시대에 와서야 그들에게 '보편적 정의'라는 개념이 생기면서 '보편적 신' 개념도 함께 생겨나 야훼를 유일신으로 인식하게 되었다는 것이지요.

그렇다면 하나님에 대한 이해와 표현의 변천은 단지 '인간에 의해 경험된 하나님의 역사'일 뿐입니다. 시간 밖에서 영원불변하게 존재하는 하나님이 역사 안에서 인간 정신과 문화의 진보에 따라 다른 모습으로 이해되고 표현되었다는 뜻이지요. 성서에 계시된 하나님에 대한 이 같은 해석은 매우 많은 것을 말해 주기 때문에 아주 중요합니다.

이 같은 관점에서 본다면, 예컨대 마르키온과 당시 교부들이 고민했던 구약의 하나님과 신약의 하나님의 불일치 문제도 뜻밖에 쉬이 풀립니다. 곧 이스라엘의 역사 흐름에 따라 야훼가 감정이 격한 절대적 폭군에서, 스스로 세운 계약에 충실한 입헌군주를 거쳐, 사랑이 넘치는 민주적 지도자의 모습으로 변모해 갔던 것은 하나님이 그렇게 변해서가 아니라, 히브리인들이 하나님을 그런 식으로 경험했다는 말일 뿐이지요.

라이너 마리아 릴케가 쓴 시 "순례자의 서"에도 신에 대한 이런 관점이 잘 드러나 있습니다. 물론 릴케가 노래한 신이 기독교의 신만을 지칭하는 것은 아니라지만 말입니다.˙

• 릴케는 1899년과 1900년에 루 안드레아스 살로메와 함께 러시아를 두 차례 여행했다. 이때 우주가 곧 신이라는 범신론을 처음 접하고 감명을 받아, 신의 성숙과 생명 성장이라는 사변에 심취했다고 한다.『기도시집』이 바로 이 같은 사상적 배경에서 나왔다는 주장이 있다. 하지만 이 시집은 성서, 신비주의 저작들, 러시아 여행 경험, 덴마크 시인 야콥센과 보들레르의 문학적·문명비판적 경향 등이 어우러져 탄생한 것이다.『기도시집』은 1부 "수도사 생활의

당신을 찾는 이들은 모두 당신을 시험해 봅니다.
그리고 당신을 찾은 이들은
당신을 형상과 모습에다 결박합니다.

하지만 나는 당신을 이해하고 싶습니다.
마치 대지가 당신을 이해하고 있듯이.
내가 성숙함에 따라
당신의 나라도
성숙합니다.

나는 당신의 존재에 대해 증명할 수 있는
허영 따위는 바라지도 않습니다.
나는 알고 있습니다.
시간은
당신과 특별한 관계라는 사실을.

나를 위해 기적을 베풀지 마소서.
세대에서 세대를 거쳐 점점 선명해지는
당신의 법칙을 바르게 따를 수 있도록.[7]

인간이 성숙해 감에 따라 신의 나라도 성숙하고, 그래서 "세대에서 세대를 거쳐 점점 선명해지는" 것이 신의 법칙이라는 것이지요. 우리 이야

서"(1899), 2부 "순례자의 서"(1901), 3부 "가난과 죽음의 서"(1903)로 이루어져 있다. 릴케는 1899년 9월 20일과 10월 14일 사이에, 그리고 1901년 9월 18일부터 9월 25일까지 당시 화가촌으로 유명하던 보르프스베데에 일주일 동안 머물면서 2부 "순례자의 서"를 썼다.

기와 연관해서 해석한다면, 릴케가 말하는 신의 나라와 법칙의 성숙이 역사 안에서 인간에 의해 이해되는 신의 성숙일 뿐입니다.

영국의 종교학자 카렌 암스트롱Karen Armstrong은 『신의 역사』 서문에서 자신의 책이 "시대와 변화를 초월하여 있는, 표현 불가능한 신의 실재 그 자체에 대한 역사가 아니라, 인류가 아브라함 시대에서 현대에 이르기까지 신을 어떻게 인식해 왔는가에 대한 역사"임을 분명히 밝힌 후 다음과 같이 주장했습니다.

신에 대한 인간의 관념은 역사를 갖고 있다. 왜냐하면 다양한 시점에서 그 관념을 사용했던 각 집단에게 조금씩 다른 의미를 갖고 있기 때문이다. 어느 한 시대에 한 집단에 의해 형성된 신 관념은 다른 시대 다른 사람들에게 무의미할 수 있다. '나는 신을 믿습니다'라는 명제는 그 자체로는 아무런 객관적인 의미가 없고, 다른 일반 명제들마냥 오직 특정한 문맥 속에서 특정한 집단에 의해 선포될 때라야만 그 의미를 갖게 된다. 결과적으로 '신'이라는 단어에는 변하지 않는 관념이 내포되어 있다기보다 서로 모순되고 심지어는 상호배타적이기까지 한 의미들이 총체적으로 포함되어 있다고 할 수 있다. 만약 이러한 융통성이 없었더라면 신 관념은 결코 인간의 위대한 개념의 하나로 살아남을 수 없었을 것이다. 신에 대한 어떤 하나의 생각이 의미나 적절성을 상실했을 때 그것은 조용히 폐기처분되고 곧바로 새로운 신학으로 대체되었다.[8]

이처럼 인간 정신과 문화의 진보에 따라 신 관념이 함께 진보하는 과정에서 하나님이 모세에게 '질투하는 하나님'으로 나타났다는 게 기독교의 입장입니다. 그러니까 엄밀하게 말하자면, '다른 신'을 질투하는 것으로 계시된 야훼는 야훼 그 자신이 아니고 단지 당시 히브리인들에게 이해된 야훼이며, 마찬가지로 야훼의 질투 대상 역시 야훼의 입장에서 본 '다른 신'이 아니고 단지 히브리인들에 의해 경험된 '다른 신'일 뿐이라는 이야기지요.

사실 야훼는 '다른 신'을 지칭할 때면 그것을 곧바로 '우상'이라고 불렀습니다. '질투하는 하나님'이라는 말이 나오는 제2계명을 볼까요? "나, 네 하나님 여호와는 질투하는 하나님인즉"(출애굽기 20:5)이라는 말 바로 앞에 "너를 위하여 새긴 우상을 만들지 말고 또 위로 하늘에 있는 것이나 아래로 땅에 있는 것이나 땅 아래 물속에 있는 것의 아무 형상도 만들지 말며 그것들에게 절하지 말며 그것들을 섬기지 말라"(출애굽기 20:4-5)라고 못을 박았습니다. 이처럼 야훼는 자신이 질투하는 대상은 신이 아니라 우상임을 분명히 했습니다.

우상이란 인간이 신이 아닌 어떤 것을 주술적인 목적에서 마치 '신처럼' 맹목적으로 숭배하는 모든 것을 말합니다. 이런 관점에서 볼 때, 이스라엘 주변과 이스라엘 내부에서도 부분적으로 통용되던 다신론적 종교 세계에서 야훼의 질투는 오히려 당연했습니다. 야훼가 자기 백성이 '수없이 많은 형상', 곧 우상들을 신으로 믿어 그 노예가 되는 것을 허용하지 않겠다는 거룩하고 단호한 표현이었으니까요. 당시의 불가피한 정황을 독일의 구약학자 발터 아이히로트는 다음과 같이 설명했습니다.

> 이스라엘 역사 초기에 하나님의 불타는 거룩함과 모든 것을 압도하는 그의 위엄은 유일신론적 신앙의 결여를 보충하였다. 이것만이 아직 설명되지 않은 야훼와 다른 신들의 관계로 인해 이스라엘에서 야훼의 절대적 가치가 위태롭게 되는 것을 막아 줄 수 있는 유일한 방도였다.⁹

따라서 아이히로트에 의하면, 성서에 나타난 야훼의 질투는 자기 백성이 다른 신을 섬기려는 성향이 강하면 강할수록 더욱 강렬하게 나타날 수밖에 없었습니다. 십계명 가운데 제2계명에서 계명을 어긴 자에게는 3, 4대까지 죄를 묻겠다고 한 것이나, 나훔 선지자가 기록한 "여호와는 질투하시며 보복하시는 하나님이시니라"(나훔 1:2)라는 표현들이 그런 예지요. 아이히로트는 계속 부연했습니다. "모세 종교의 전체 성향을 결정짓는 것은 바로 이런 질투하는 하나님이라는 사상 그리고 야훼의 단독 지배에 대한 열렬한 열망, 야훼의 뜻에 대한 전적인 복종이었다."[10]

물론 이렇듯 과격하게 표현되고 실행된 질투는 당연히 야훼 자신을 위한 것이 아니라 오직 그의 백성을 위한 것이라고 보아야 한다는 것이 기독교의 가르침입니다. 누군가가 만일 하나님의 질투가 하나님 자신을 위한 것이라고 생각한다면, 그에게 야훼는—일찍이 마르키온이 주장한 대로—'피의 제사'를 요구하고, 자기 백성을 전쟁터로 내보내 주민을 학살하게 하며, 아버지의 잘못을 3, 4대까지 돌리는 배타적이고 포악한 신으로만 보이겠지요.

우리가 이미 살펴본 것처럼 야훼는 만물의 궁극적 근거이자 초월적 포괄자로서 만물을 창조했고 그 피조물들을 오직 궁극적 선으로 이끌려는 섭리로 존재합니다. 따라서 때로 지나칠 정도로 과격하게 나타나는 그의 질투는 그 누구도 피하거나 대적할 수 없는 압도적이고 막강한 그 섭리의 다른 표현일 뿐이라는 것이 기독교의 교설입니다. 한마디로 야훼의 질투는 자기 백성이 우상을 믿고 따라 "그 잎사귀가 마르는 것"을 막고, 오직 하나님을 믿고 따라 "철을 따라 열매를 맺게" 하려는 하나님의 사랑과 의지에 대한 선지자들의 표현이라고 봐야 한다는 이야기입니다. 이 말을 아이히로트는 다음과 같이 했습니다.

선지자들은 사랑으로 자기 백성에게 간청하며 자기를 거부하는 것에 대하여 무관심하거나 냉정할 수 없는 인격적인 하나님을 묘사하는 데 관심을 쏟았다. 그런 까닭에 선지자들은 하나님의 진노와 질투, 사랑과 슬픔을 자주 그리고 강조해서 말하고 있는 것이다.[11]

정리할까요? 결론은 이렇습니다. 존재이자 창조주인 하나님은 태초부터 영원까지 불변하고 유일하지만, 인간에게 계시되는 하나님은 역사 안에서 진보하는 인간 정신과 문화에 따라 그때마다 다른 모습으로 이해되고 표현된다는 것이지요. 따라서 야훼의 배타성, 폭력성, 질투는 바로 이런 관점에서 이해해야 합니다. 종교개혁자 칼빈도 하나님의 '후회'를 논하는 자리에서 같은 의미로 다음과 같이 말했습니다.

이는 분명히 인간적인 언어로 우리에게 하나님을 묘사해 주는 다른 모든 수사修辭 방식과 같은 의미일 것이다. 우리의 연약함은 그분의 숭고한 상태에 이르지 못하므로 우리에게 주어진 방식대로 그를 묘사한 것은 우리의 능력 수준에 맞추어 우리가 더 잘 이해할 수 있게 하려 하신 것으로 파악해야 한다. 이런 적응 방식은 우리에게, 그분이 계신 그대로가 아니라 우리에게 어떻게 보이는지에 대해 묘사해 주는 것이다.[12]

이런 조건 아래서, 오직 이런 이해 속에서 마르키온의 정죄는 마땅했으며, 우리는 구약의 하나님을 포기하지 않고도 신약의 하나님을 받아들일 수 있다는 것이 기독교의 가르침입니다. 어때요? 수긍이 가나요?

그렇다고 해도—만일 당신의 기억력이 좋다면—해결해야 할 심각한 문제가 하나 더 남아 있지요. 상기해 볼까요? 비록 예수님이 산상수훈에서 "그러므로 하늘에 계신 너희 아버지의 온전하심과 같이 너희도 온전하라"(마태복음 5:48)라는 말로 포괄성을 교훈했지만, 바로 그가 다른 자리에서 "내가 곧 길이요 진리요 생명이니 나로 말미암지 않고는 아버지께로 올 자가 없느니라"(요한복음 14:6)라고 구원을 배타적으로 가르치지 않았는 가 하는 반박이 그것입니다.

우리가 이 문제를 간과하고 넘어갈 수 없는 것은, 사실 상당수의 그리스도인들이 바로 이 말을 내세워 타 종교에 대해 우월성을 주장하기도 하며 배타적으로 행동하기도 하기 때문입니다. 물론 사도 베드로의 "다른 이로써는 구원을 받을 수 없나니 천하 사람 중에 구원을 받을 만한 다른 이름을 우리에게 주신 일이 없음이라"(사도행전 4:12)라는 말을 내세워 타 종교인들에게 배타적인 언행을 하는 사람도 드물지 않습니다. 그런데 과연 그럴까요?

오늘날 신학자들에게 뜨거운 감자로 부상한 종교적 다원주의Religious Pluralism와도 연관되는 이 심각한 문제에 답하기 위해, 이에 대해 2세기에 매우 흥미로운 대답을 내놓은 변증가 하나를 소개할까 합니다. 누구냐고요? 흔히 '순교자 유스틴' 또는 '저스틴'으로 불리는 플라비우스 유스티누스Flavius Justinus, ?100~?165입니다.*

아브라함은 구원받았는가

성스러운 그리심산 밑에 자리한 세겜Shechem은 원래 복된 땅이었습니다. 예루살렘으로부터 북으로 58킬로미터가량 떨어진 그곳은 일찍이 아브라

---

* 라틴어 인명 가운데 어미 '-us'로 끝나는 것은 '-us'를 생략하는 경우가 많다. 그 때문에 유스티누스(Justinus)의 이름에서 '-us'를 생략한 'Justin'을 독일어권에서는 유스틴, 영미권에서는 저스틴 등으로 부른다.

함이 상수리나무 아래에 제단을 쌓았던 장소˚이고(창세기 12:6), 모세의 후계자 여호수아가 가나안을 정복한 다음 이스라엘 모든 지파를 모아 하나님 앞에서 계약을 맺은 거룩한 땅이었지요(여호수아 24:1).

당시 계약은 이랬습니다. 야훼가 큰 이적을 행하여 이 땅에서 아모리 족속을 몰아내고 이스라엘 족속에게 자신들이 건설하지 않은 성읍을 주고 심지 않은 포도원과 감람원을 주었으니, 그들도 여호와를 섬길 것이며 만일 이방의 신을 섬길 때는 멸망을 받을 것이라는 내용이었지요(여호수아 24:20). 그래서였을까요? 사마리아 지방의 중요한 도시인 세겜은 이후 67년에 로마 장군 티투스 플라비우스 베스파시아누스Titus Flavius Vespasianus, 9-79에게 정복되었고 72년부터는 로마 식민지가 되었지요. 그리고 그때부터 지명도 '플라비아 네아폴리스'Flavia Neapolis로 바뀌었습니다. 플라비우스가 건설한 '신도시'라는 뜻이지요.

유스티누스는 이곳에서 태어났습니다.[13] 그는 종종 자신을 사마리아인이라고 불렀지만, 그것은 고향이 사마리아라는 뜻이지 혈통이 그렇다는 의미는 아니었지요. 그의 조상은 제1차 유대전쟁˚˚ 이후 플라비아 네아폴리스에 들어와 정착한 그리스인이었습니다.[14] 유스티누스가 히브리인들의

- 세겜은 팔레스타인의 에발산과 그리심산 사이에 있는 한 성읍이다. 아브라함이 그의 일족을 데리고 하란을 출발한 후 약 480킬로미터 정도를 이주하여 하나님이 약속한 가나안 땅에 처음으로 발을 들여놓은 곳이다. 그곳에는 이미 가나안족이 살고 있어, 아브라함은 성 밖 모레(Moreh)라는 곳에 머무르다가 하나님을 만나고 상수리나무 아래에 제단을 쌓았다. 이것이 그가 하나님에게 올린 첫 번째 예배이다.
- ˚˚ 66년부터 70년까지 유대인과 로마 제국 사이에 벌어진 전쟁이다. 팔레스타인을 지배하던 여러 로마 총독들이 부패하여 나쁜 통치를 하자 로마 점령군에 대한 유대인들의 증오가 커져 싸움이 돌발한 것이 직접적 원인이었다. 유대인들이 로마로부터 독립하려는 운동으로 규정할 수는 없지만, 그들의 사회적·경제적 불만들이 표출된 것임에는 틀림없다. 로마 황제 네로가 팔레스타인의 질서를 회복하도록 지시하자, 사령관 베스파시아누스가 갈릴로에 진군했다. 이에 맞선 갈릴리군은 나중에 역사가가 되어 『유대 전쟁사』를 쓴 플라비우스 요세푸스가 지휘를 맡아 싸웠는데, 전쟁에 패하여 그는 포로가 되었고 주민들은 죽임을 당하거나 노예로 잡혀갔으며, 도시와 방어시설들이 완전히 파괴되었다.

성스러운 땅 세겜에서 그리스인으로 태어났다는 것은 그의 생애에 매우 중요한 상징적 의미를 갖습니다. 왜냐하면 그가 그리스 철학으로 기독교 교리를 세운 초기 기독교 사상가들의 선구였으니까요.

유스티누스는 집안이 부유해서 평생 경제적 걱정 없이 공부할 수 있었습니다. 그는 소년 시절 철학을 공부하러 에베소로 갔고 그곳에서 스토아학파, 소요학파, 피타고라스학파를 섭렵했지요. 그러나 모두 불만족스러워 플라톤학파를 찾아갔다가 매료되어 결국 열렬한 플라톤주의자가 되었습니다.

그러던 어느 날이었습니다. 유스티누스는 홀로 사색하며 바닷가를 거닐다가, 그곳에서 표정이 밝고 무척 기품 있어 보이는 어떤 노인을 만났습니다. 노인은 플라톤 철학을 자랑하는 그에게 히브리 선지자들의 책들을 읽어 보라고 권했습니다. 그 책들은 플라톤의 책들보다 더 오래된 것이고, 사색가가 아닌 증인의 관점에서 진리를 보고 말해 놓은 것인데, 그 진리가 예수님의 생애와 사역으로 성취되었다는 설명도 덧붙였지요. 유스티누스는 이 이름 모를 노인의 권고를 받아들였고, 후일 기독교로 귀의한 플라톤주의자들이 대부분 그랬듯이 심오한 플라톤주의자이자 열정적 그리스도인이 되었습니다.

서른다섯 살이 되었을 때 유스티누스는 유대인 랍비 트뤼폰^{Tryphon}을 만나 이틀에 걸친 대논쟁을 벌였습니다. 트뤼폰은 바르 코크바 항쟁132-135*에서의 패배로 예루살렘에서 추방되어 에베소로 피신해 온 사람인데,

---

* 로마가 팔레스타인 일대를 지배하고 있던 132년에 로마 황제 하드리아누스가 예루살렘의 성전터에 유피테르(Jupiter) 신전을 건축하도록 하고, 할례를 금지하는 명령을 내렸다. 유대인들은 이에 반발해서 폭동을 일으켜 독립을 선포하고 독립을 기념하는 동전까지 만들었다. 희생예배를 드리기 시작하고, 봉기를 일으킨 해를 기원으로 연대를 계산했다. 랍비 아키바는 봉기의 주도자인 바르 코크바(별의 아들)를 메시아로 인정하고, 이를 거부하는 사람들, 특히 유대 그리스도인들을 체포해서 처형했다. 그러나 로마군의 진압으로 135년에 바르 코크바는 체포

『탈무드』에 나오는 타르포^{Tarpho}와 같은 인물이라는 설도 따라다닙니다. 에우세비우스의 『교회사』에는 그가 당시 가장 유명한 유대인이었다고 적혀 있습니다.[15] 후에 유스티누스는 예순쯤 되어 그때의 논쟁을 회상한 기록 『유대인 트뤼폰과의 대화』*라는 책을 남겼지요.

이 책에서 유스티누스는 트뤼폰에게 당시 유대인들이 기독교를 훼손하기 위해 얼마나 교활한 음모를 꾸몄는지 먼저 밝혔습니다. 그런 다음 성서의 계시를 플라톤 철학으로 해석하여 기독교를 변증했지요. 또한 자신이 철학 연구에 얼마나 열정을 갖고 진리 탐구에 매진했는가도 이 책에서 언급했는데, 유스티누스는 철학을 "하나님께서 귀히 여기는 학문"이라고 높이 평가했고, 철학자를 "거룩한 사람"이라고 불렀습니다.

실제로 유스티누스는 당시 철학자들이 하던 대로 어깨에 망토^{pallium}를 걸치고 다녔다고 합니다. 이른 아침에 그가 망토를 걸치고 산책을 나서면 사람들이 "안녕하세요. 철학자님!" 하고 인사를 건넸는데, 유스티누스는 그것을 즐겼다지요. 당시는 아직 기독교 신학이 정립되지 않은 때였고, 기독교 성직자들이 입는 성의^{聖衣}도 따로 없었던 탓이기도 했지만, 사실상 그에게는 플라톤 철학이 곧 신학이었습니다. 150년경 그가 에베소와 로마에 세운 신학교가 '철학자 학교'$^{philosophorum\ schola}$라고 불린 것도 이 사실을 증명합니다.[16]

유스티누스는 스토아 철학의 대가이자 '철인 황제'^{哲人皇帝}로 알려진 마르쿠스 아우렐리우스가 다스리던 로마에서 165년에 순교했습니다. 아우

되어서 처형되었고, 아키바도 처형되었다. 로마는 예루살렘을 함락하고 그 폐허 위에 로마 식민지를 건설했으며, 유대인들의 거주를 금지했다. 이때 유대인들은 모두 예루살렘으로부터 추방되었고, 제2차 세계대전 이후 이스라엘이 재건국되기까지 약 1,800년간 나라 없는 서러움 속에 뿔뿔이 흩어져 각처를 떠돌며 살아야 했다.

• 『유대인 트뤼폰과의 대화』에는 기독교에 입문하기까지 유스티누스가 걸어온 길에 대한 이야기와 구약성서의 정확한 해석을 두고 트뤼폰과 벌였던 대화가 담겼다.

렐리우스 황제는 철학자이기는 했어도 그리스도인은 아니었기 때문이지요. 당시 재판관이던 유니우스 루스티쿠스는 그에게 로마가 섬기는 신들에게 경배하면 석방하겠다며 배교를 권했지요. 하지만 유스티누스는 "우리는 우리 주 예수 그리스도를 위하여 고난을 받음으로써 복 있는 자가 되는 것 외에 더 바라는 게 없습니다"라면서 기꺼이 순교를 택했습니다.[17]

진리를 알면 모두 그리스도인

우리의 이야기와 연관해 주목하려는 것은 유스티누스의 그리스도론입니다. 우선 유스티누스는 스토아 철학자들이나 알렉산드리아 출신 유대인 철학자 필론의 영향을 받아 로고스^{logos}를 우주를 창조하고 이끌어 가는 이성적 원리로 파악했습니다.* 그가 그리스도를 "산출적産出的 로고스"[18]라고 부른 것이 그 증거 가운데 하나입니다. 그러나 유스티누스는 그리스 철학의 로고스이론과 요한복음의 가르침을 결합해 '선재적先在的 그리스도론'이라는 아주 새로운 '기독교적 로고스이론'을 개발했습니다.

요한복음 가운데 "태초에 말씀이 계시니라. 이 말씀이 하나님과 함께 계셨으니 이 말씀이 곧 하나님이라. 그가 태초에 하나님과 함께 계셨고 만물이 그로 말미암아 지은 바 되었으니 지은 것이 하나도 그가 없이는 된 것이 없느니라"(요한복음 1:1-3)라는 말까지는 스토아 철학자들이나 알렉산드리아의 필론도 별 문제 없이 받아들일 수 있는 내용이었지요. 그러나 그다음은 그렇지 않았습니다. "말씀이 육신이 되어 우리 가운데 거하시매 우리가 그의 영광을 보니 아버지의 독생자의 영광이요, 은혜와 진리

---

* 로고스에 대한 그리스 철학적 해석은 4부 "하나님은 인격적이다"에 있는 '세네카의 운명'을 참고하라.

가 충만하더라"(요한복음 1:14)라는 성육신에 대한 말은 스토아 철학자들이나 필론과 같은 유대교도는 상상도 할 수 없는 사유였습니다.

하지만 유스티누스는 바로 이 말을 근거로 로고스가 만물을 창조한 '산출적 그리스도'일 뿐 아니라, 이 세상에 예수님으로 성육신하기 이전에 말씀으로 하나님과 함께 있던 '선재적 그리스도'라고 주장했지요. 그는 '먼저 있음', 곧 선재preexistence라는 개념을, 요한복음 외에도 "그는 보이지 아니하는 하나님의 형상이요 모든 피조물보다 먼저 난 이시니"(골로새서 1:15) 같은 바울의 가르침에서 가져왔습니다." 그래서 유스티누스는 예수 그리스도를 "하나님이 처음 낳은 자" 또는 "하나님의 첫 소생"이라고 불렀는데,[19] 이것은 일찍이 그가 공부한 플라톤학파에서는 일자to hen에서 유출된 정신nous에 해당하는 개념입니다.

그러나 유스티누스는 이 같은 내용을 플라톤학파 철학이 아니라 성서를 근거로 주장했기 때문에, 이 점은 오늘날의 그리스도인들에게도 논란이 될 것이 전혀 없습니다. 그런데 그는 여기서 멈추지 않고 한 걸음 더 나아갔습니다. 유스티누스는 우주의 이성인 "로고스의 씨앗"이 모든 사람에게 나뉘어 있어 인간 이성이 되었다는 스토아 철학의 주장을 자신의 선재적 그리스도론에 그대로 적용했습니다. 즉 "온전한 로고스"인 그리스도가 모든 사람에게 "로고스의 씨앗"을 나누어 주었기 때문에, 누구든 그 씨앗을 잘 기르면 그리스도인이라고 주장했지요.[20] 바로 이 말이 오늘날 보수적 그리스도인들로서는 용납하기 어려운 심각한 문제를 안고 있습니다. 왜냐고요? 우선 그의 말을 직접 들어 볼까요?

- 요한복음에서는 1:1 외에도 1:30; 6:33-62; 8:23, 38 등에 선재적 그리스도에 대한 언급이 나온다.
- 바울은 선재적 그리스도에 대해, 이외에도 로마서 1:4; 빌립보서 2:6이하; 고린도전서 8:6 등에서 언급했다. 그중 한 예로 "또한 한 주 예수 그리스도께서 계시니 만물이 그로 말미암고 우리도 그로 말미암아 있느니라"(고린도전서 8:6)가 있다.

로고스를 따라 살았던 사람들은 비록 그들이 스스로를 무신론자라고 생각하며 살았다고 하더라도 다 그리스도인이다. 마치 그리스인들 가운데 소크라테스와 헤라클레이토스, 그 외에 몇몇 사람이, 그리고 야만인(유대인)들 사이에서는 아브라함, 아나니아, 이사야, 미사엘, 엘리야와 많은 사람이 그러한데, 여기서 그 이름을 일일이 열거하면 너무 지루할 것 같아서 이만 멈춘다.[21]

그렇습니다. 유스티누스가 하고자 하는 말은 바로 이겁니다. 즉 아브라함이나 소크라테스처럼 예수님 이전에 살아서 역사적 그리스도와 그의 복음을 몰랐던 사람이라 하더라도 '선재적 그리스도'인 로고스를 알았다면 그리스도인이라는 것이지요. 실제로 그는 예컨대 소크라테스를 "그리스도 이전의 그리스도인"[22]이라고 불렀습니다. 이 말은 곧 소크라테스처럼 예수님과 기독교라는 종교를 몰랐던 이방인들에게도 구원이 허락된다는 뜻이지요.

어때요? 흥미로운 이야기지요? 하지만 보수적인 기독교 신학자들이나 신자들이 들으면 펄쩍 뛸 말이기도 합니다. 그들에게는 유스티누스의 이런 주장이 요한복음 14장 6절의 가르침, 즉 예수 그리스도를 통하지 않고는 구원받을 수 없다는 말을 정면으로 부인한다고 여겨지기 때문이지요. 하지만 만일 그들이 유스티누스를 그렇게 반박한다면, 짐작컨대 그는 특유의 잔잔한 미소를 띤 채 다음과 같이 점잖게 되물을 겁니다.

"그렇다면 믿음의 아버지 아브라함도 구원받을 수 없지 않겠는가? 하나님이 직접 하늘로 끌어 올리신 엘리야가 구원받지 못했단 말인가?"

아브라함과 엘리야는 예수님을 보지 못했지요. 예수님이 전한 복음도 들어 보지 못했습니다. 그렇다고 해서 그들이 구원받지 못했겠느냐는 말입니다. 당신 생각은 어떤가요? 알고 보면 예수님도 살아생전에 바로 이 문제와 연관해서 곤욕을 치른 적이 있습니다. 요한복음 8장 51-59절에 나오는 이야기인데, 요약해서 살펴보겠습니다.

예수님이 성스러운 예루살렘 성전에서 바리새인들과 논쟁할 때의 일이지요. 예수님이 말했습니다. "진실로 진실로 너희에게 이르노니 사람이 내 말을 지키면 영원히 죽음을 보지 아니하리라."

그러자 이 말을 들은 사람들이 크게 당황했지요. 불경한 말이 귀로 들어왔기 때문입니다. 그래서 화급히 외쳤어요. "지금 네가 귀신 들린 줄을 아노라. 아브라함과 선지자들도 죽었거늘, 네 말은 사람이 네 말을 지키면 영원히 죽음을 맛보지 아니하리라 하니 너는 이미 죽은 우리 조상 아브라함보다 크냐? 또 선지자들도 죽었거늘 너는 너를 누구라 하느냐?"

그러자 예수님은 자기가 바로 그들이 말하는 하나님의 아들임을 밝히고는 그들의 입장에선 더 기가 막힐 말을 늘어놓습니다. "너희 조상 아브라함은 나의 때 볼 것을 즐거워하다가 보고 기뻐하였느니라."

이에 사람들은 경악했지요. "네가 아직 50세도 못 되었는데 아브라함을 보았느냐?"

그러자 예수님이 뜻밖의 대답을 합니다. "진실로 진실로 너희에게 이르노니 아브라함이 나기 전부터 내가 있느니라."

이 말을 들은 사람들은 격분하여 예수님을 돌로 치려고 했지요. 예수님은 재빨리 숨었다가 황급히 성전을 빠져나갔습니다.

자, 그럼 따져 볼까요? 예수님이 "너희 조상 아브라함은 나의 때 볼 것을 즐거워하다가 보고 기뻐하였느니라"(요한복음 8:56)나, 또 "진실로 진실로 너희에게 이르노니 아브라함이 나기 전부터 내가 있느니라"(요한복음 8:58)라고 말했을 때, 그가 말한 "내"가 누구일까요?

바리새인들은 당연히 예수님이 자기 스스로를 말한다고 생각했기 때문에 미친 사람으로 간주하여 "네가 아직 50세도 못 되었는데 아브라함을 보았느냐?"라며 돌로 치려고 했지요. 그런데 예수님이 정말 자기보다 적어도 1,900여 년 전에 태어난 아브라함이 자기를 보았다는 뜻으로 그런 말을 한 걸까요? 당신은 어떻게 생각하나요? 만일 당신이 "그렇다!"라고 대답한다면 당신도 바리새인과 같이 생각한 것이고, 예수님은 정상이 아니지요.

유스티누스라면 "아니다. 결코 그럴 리 없다"라고 대답했을 것입니다. 예수님이 말한 '나', 즉 아브라함이 보고 즐거워한 '나'는 태초 이전부터 하나님의 곁에서 천지를 창조한 '로고스'이자, 예수님으로 성육신한 '로고스'인 '선재적 그리스도'라는 이야기입니다. 예수님 또한 바로 그런 의미로 "진실로 진실로 너희에게 이르노니 아브라함이 나기 전부터 내가 있느니라"라고 대답한 것이지요. 어때요? 그런 것 같지 않나요? 그래야 예수님이 바리새인들이 생각한 것처럼 미친 사람이 아닌 정상인이 되지 않겠어요?

따라서 "나로 말미암지 않고는 아버지께로 올 자가 없느니라"(요한복음 14:6)라는 예수님의 가르침에서 등장하는 '나'는 당연히 '선재적 그리스도'로 이해해야 한다는 것이 바로 유스티누스의 생각이었습니다. 즉 그는 아브라함이나 엘리야, 그리고 소크라테스처럼 설사 '성육신한 로고스'인 예수님과 그의 복음을 모르는 사람일지라도 '선재적 그리스도'인 진리를 알았다면 영생을 얻을 수 있다고 주장한 것이지요.

내 생각에 유스티누스의 주장은 여러 가지 장점을 갖고 있습니다. 우선, 유스티누스 같은 관점에서 보아야만 아브라함을 비롯한 구약시대의 많은 선지자와 신앙의 영웅들이 구원을 받았다고 생각할 수 있지요. 또한 그래야, 원수를 사랑하고 박해하는 자를 위해 기도하며 하나님의 온전하심같이 온전하라고 명령하는 포괄적 사랑을 가르친 마태복음 5장 48절의 교훈과, 예수님 자신을 말미암지 않고는 구원을 받을 수 없다고 한 요한복음 14장 6절의 가르침이 아무런 갈등 없이 자연스레 연결됩니다. 그렇다면 요한복음 14장 6절의 가르침을 근거로 타 종교에 대해 배타적인 태도를 보이는 그리스도인이나 교단은 성서적으로 보아도 큰 잘못을 저지르고 있는 거지요. 아닌가요?

예수님이 부활 전 사흘 동안 한 일

단테는 『신곡』에서 유스티누스가 다룬 바로 이 문제를 매우 흥미로운 방법으로 해결합니다. 한번 확인해 볼까요?

『신곡』 "지옥편"에는 모두 아홉 개의 지옥이 나오지요.• 이 가운데 지금 우리가 주목하려는 곳은 제1옥인 '림보'limbo인데요. 우리말로는 '지옥의 변방'이라는 뜻에서 '변옥'邊獄이라고도 불립니다. 림보는 물론 지옥이니만큼 절망의 장소지만, 다른 지옥들에 비하면 그다지 나쁜 곳은 아닙니다. 그래서 여기에는 영원한 바람을 일으키는 한숨소리만 있을 뿐 통곡소리는 들리지 않습니다.23 이곳에는 세상에서 도덕적으로나 학문적으로 또는 예술적으로 훌륭한 업적을 남겼지만, 살아서 역사적 그리스도인 예수님을 몰랐던 사람들의 영혼이 갇혀 있습니다.

그들이 누구인지 볼까요? 시인으로는 호메로스, 호라티우스, 오비디우스, 루카누스가 있고요. 영웅으로는 헥토르, 아이네이아스, 카이사르, 브루투스 등이 있습니다. 철학자로는 소크라테스, 플라톤, 아리스토텔레스, 데모크리토스, 디오게네스, 탈레스, 오르페우스, 키케로, 세네카, 유클리드, 히포크라테스, 아비켄나, 아베로에스 등이 여기 있지요.

- 지옥문을 지나자마자 도달하는 제1옥에는 훌륭하지만 '그리스도를 몰랐던 자', 제2옥에는 '색욕에 빠진 자', 제3옥에는 '폭식한 자', 제4옥에는 '걸신들린 듯 돈을 모은 자', '무분별하게 낭비한 자', 제5옥에는 '쉽게 격노한 자', 제6옥에는 '이교도들'이 갇혀 있다. 그리고 제7, 제8, 제9옥에는 폭력, 기만, 배신처럼 악의에 찬 죄를 범한 자들이 각각에 해당하는 고통스런 형벌을 받고 있다.

그런데 단테를 안내하던 고대 로마의 시인 베르길리우스의 영혼이 이곳에서 뜻밖의 이야기를 꺼냅니다. 예수님이 탄생하기 19년 전에 죽은 자기도 본래 림보에 떨어졌지만, 그리스도가 내려와서 자기와 다른 사람들을 구원해 주었다는 것입니다. 그런데 그중에는 아브라함도 끼어 있었습니다. 이 이야기를 『신곡』 "지옥편"은 다음과 같이 들려주지요.

내가 여기 온 지 얼마 되지 않아
승리의 면류관을 쓰신 분이
여기에 오시는 것을 보았느니라.

그분은 최초의 아버지 아담의 영혼을 끌어내고
이어 그의 아들 아벨과 노아의 영혼,
율법을 세워 하나님에게 순종한 모세의 영혼,

족장 아브라함과 다윗왕,
야곱과 그 아비 이삭과 아들들,
그리고 야곱에게 충실히 종사한 라헬(야곱의 아내)의 영혼과,

그 밖의 선택된 많은 영혼을 불러내 축복해 주셨지.[24]

고대 교회에 전해 오는 설화에 따르면, 예수님은 십자가에서 죽은 후 부활하기 전까지 사흘 동안 지옥에 내려가 구약성서에 나오는 성인과 의인을 지옥에서 인도해 냈다고 합니다. 분명 유스티누스의 '선재적 그리스도론'의 영향을 받았으리라 생각되는 이 흥미로운 설화를 단테가 자신의 작품에 끌어들인 것이지요. 이런 생각은 단테에게 "나로 말미암지 않고는

귀스타브 도레(Gustave Doré), 단테의 『신곡』, 「지옥편」 중 림보에 갇힌 철학자들을 묘사한 동판화, 19세기.

아버지께로 올 자가 없느니라"라는 예수님의 가르침에도 어긋나지 않고, 지상의 그리스도를 몰랐던 탓에 아브라함이나 모세마저 구원받지 못했을 것이라는 억측에서도 벗어나는 '황금의 중간 길'이었던 겁니다.

　유스티누스는 한편으로는 그리스·로마 신화에 나오는 여러 신은 다 악마에 불과하다면서 누구보다 강력하게 유일신론을 주장하기도 했지요.[25] 그러면서 또 한편으로는 '선재적 그리스도론'을 통해 예수님과 복음을 몰랐던 유대교인들이나 그리스 철학자들에게도 구원이 허락된다는 포용성을 보였습니다. 나는 이것이 유일신의 종교인 기독교가 가진 배타성과 폭력성을 실천적으로 극복한 '고대의 모델'이라고 생각합니다. 오늘날 근본주의나 보수주의를 지지하는 일부 그리스도인이 주목하고 본받아야 할 점이기도 하고요.

　그런데 현대신학에서는 유스티누스의 이런 포용성을 이어받은 신학이 없을까요? 그렇지 않습니다! 사실 가톨릭교회가 취하는 포용주의 Inclusivism가 바로 그 대표적인 예지요. 특히, 20세기에 활동한 걸출한 가톨릭 신학자 칼 라너가 유스티누스의 정신을 그대로 물려받았습니다.

　라너는 "하느님은 모든 사람이 구원을 받으며 진리를 아는 데에 이르기를 원하시느니라"(디모데전서 2:4)라는 가르침에 따라 하나님은 모든 사람이 구원받기를 원한다고 생각했습니다. 그러므로 다른 종교를 가진 사람들이 기독교에서 말하는 하나님이 어떤 존재인지, 그가 어떻게 활동하는지 모른다 하더라도 그들이 기독교에서 말하는 선한 삶의 열매를 맺는 생활을 해 나간다면 하나님이 그들의 삶에 관여하는 것으로 봐야 한다고 주장했지요. 한마디로 "그들의 열매로 그들을 알리라"(마태복음 7:20)라는 것이지요. 라너는 이런 사람들을 "익명의 그리스도인"Anonymous Christian이라고 불렀습니다.

이 같은 주장들을 바탕으로 가톨릭교회는 1965년에 개최된 제2차 바티칸 공의회에서 다음과 같이 선포했습니다.

> 그리스도의 복음과 교회를 알지 못할지라도 성실한 마음으로 하느님을 찾으며, 양심의 명령으로 알려진 하느님의 뜻을 은총의 힘으로 실천하려고 노력하는 사람은 영원한 구원을 얻을 수 있다.[26]

그럼 개신교에서는 어떨까요? 개신교 내에서는 다양한 입장이 공존하고 있습니다. 그중에는 매우 과격하고 강력한 주장도 있지요. 예컨대 파울 틸리히의 주장이 그런데요, 잠시 살펴볼까요?

유신론은 극복되어야 하나

칼 바르트와 함께 현대 개신교 신학의 쌍벽을 이룬 파울 틸리히는 『존재에의 용기』에서, '하나님 이상 가는 하나님'God above God이라는 개념을 내세워 "하나님에 관한 유신론적 관념을 초월"[27]하려는 시도를 감행했습니다. 이 안에, 기독교에서 말하는 하나님의 유일성으로 인한 배타성의 초월을 강력히 주장하는 내용이 들어 있습니다.

틸리히는 우선 세 가지 이유를 들어 우리가 왜 기독교에서 말하는 유신론적 신을 초월해야 하는지를 설명하는데,* 핵심은 다음과 같습니다.

---

* 틸리히는 유신론에 대해, 1) 무신론을 부정하고 하나님이라는 이름으로 고상한 도덕적 이상을 표현하는 이론, 2) 하나님의 인격성을 통한 하나님과 인간과의 만남을 강조하는 이론, 3) 하나님에 대한 교리적·신학적 이론이라고 규정한다. 그리고 이 모든 종류의 유신론에서 초월할 것

틸리히에 의하면, 오늘날 기독교에서 말하는 유신론적 하나님은 "하나의 세계를 소유하고 있는 자아, 너^{thou}와 관계 맺고 있는 나^{ego}, 결과와 분리되어 있는 원인, 특정 공간과 끝없는 시간을 소유하고 있는 자"[28]입니다. 이런 하나님은 다른 존재자들과 나란히 있는 존재자이며, 실재세계 전체의 가장 중요한 부분이지만 여전히 한 부분에 지나지 않습니다. 즉 이런 하나님은 설령 그가 '가장 완전한' 또는 '가장 힘 있는' 존재라는 뜻에서 '가장 높은 자'로 불린다 해도, 실재세계의 일부분에 지나지 않는 하나의 존재자인 것이지요.

게다가 가장 완전한 존재자인 이 하나님은 "실재세계의 주체-객체 구조에 얽매여 있으며, 주체인 우리에게 항상 하나의 객체"에 불과하고, 그와 동시에 "하나의 주체인 그에게 우리 역시 언제나 객체"들이 됩니다."[29] 바로 여기서 틸리히가 말하는 심각한 문제가 발생하지요. 틸리히는 다음과 같이 주장했습니다.

> 그는 전능하고 전지해서 나의 주체성을 빼앗아 버리고 만다. 나는 여기에 반항하고 그를 객체로 만들어 버리려고 한다. 그러나 이 반항은 실패로 돌아가고 절망을 느끼게 된다. [그러고 나면] 하나님은 건드릴 수 없는 폭군, 그 앞에서는 다른 존재자들이 다 부자유하고 주체성도 잃은 존재로 보이게 된다.…이것이 바로 니체가 말하는 하나님, 절대적 지식과 절대적 지배의 단순한 대상이 되는 것을 [우리 중] 아무도 용납할 수 없다는 이유로 죽여야 한다고 한 하나님이다.[30]

을 주장한다. 첫 번째 의미의 유신론은 그것이 하나님에 대한 막연한 긍정을 의미할 뿐 아무런 내용과 타당성이 없다는 점에서, 유대교와 기독교 전통에 담긴 두 번째 의미의 유신론은 일방적이라는 점에서, 세 번째 의미의 유신론은 그릇된 것이기 때문에 초월해야 한다고 주장했다(참고. 파울 틸리히, 현영학 역, 『존재에의 용기』, 전망사, 1986, p. 198).

틸리히는 객체로서의 이 하나님이 "무신론의 가장 깊은 뿌리"이자 신학적 유신론에 대한 반동으로 정당화할 수 있는 무신론의 근거이고, "실존주의적 절망과 널리 퍼져 있는 무의미성에 대한 불안의 가장 깊은 뿌리"라고 지적했지요.[31] 따라서 "유신론적 하나님을 초월해야만 존재에의 용기가 회의와 무의미성에 대한 불안을 포섭할 수 있다"[32]고 주장했습니다.

카잔차키스의 수도사 우화

틸리히의 주장이 과연 정당한가 아닌가에 대해 이야기를 나누기 전에, 당신에게 들려주고 싶은 이야기가 하나 있습니다. 그리스 출신 작가 니코스 카잔차키스의 『성자 프란체스코』에 삽입된 짧은 우화지요. 내 생각에 이 이야기는 하나님을 객체로 인식함으로써 하나님으로부터 역시 객체가 된 인간의 소외와 절망이 무엇인지, 나아가 구원이 무엇인지를 탁월하게 묘사하고 있습니다.

옛날에 평생을 바쳐 완전함에 도달하고자 애를 쓴 수도자가 있었습니다. 그는 자기가 가진 모든 것을 가난한 사람들에게 나누어 주고 사막으로 들어가 밤낮없이 하나님에게 기도했지요. 그러다 마침내 죽음의 날이 다가와 하늘로 올라가 천국의 문을 두드렸습니다. 그때 안에서 "거기 누구시오?"라고 묻는 목소리가 들렸지요. 수도자는 "접니다"라고 대답했습니다. 그러자 목소리가 대답했지요. "여기는 둘이 있을 자리가 없습니다. 돌아가세요!"

수도자는 다시 세상에 돌아와 가난, 단식, 끊임없는 기도, 울음 등 모든 고행을 다시 시작했습니다. 그러다 다시 운명의 시간이 와 하늘로 올라가 천국의 문을 두드렸지요. "거기 누구시오?" 똑같은 목소리가 들려

왔습니다. "접니다." 수도자가 대답했지요. 그러자 목소리가 다시 대답했습니다. "여기는 둘이 있을 자리가 없습니다. 돌아가세요!"

수도자는 다시 세상에 떨어져 전보다 더 치열하게 고행을 시작했습니다. 결국 백 살 노인이 되어 죽은 그는 다시금 천국의 문을 두드렸지요. "거기 누구시오?" 또다시 같은 목소리가 들려왔습니다. 그때 수도자는 황급히 대답했지요. "당신입니다. 주님, 당신이에요!" 그러자 즉시 문이 열려 천국에 들어갔습니다.

어때요? 재미있지요? 이 이야기는 우리에게, 우리가 하나님과 주체-객체의 관계에 있는 한, 소외되고 절망하게 되며 구원받을 수도 없다는 것을 적나라하게 말해 줍니다. 바꿔 말해 우리가 하나님과 하나가 되어야만 구원받을 수 있다는 뜻이지요. 그리고 바로 이것이 우리가 유신론적 하나님을 초월해 '하나님 이상 가는 하나님'에 대한 '절대적 신앙'을 가져야 한다는 틸리히의 주장이 나온 이유지요. 그렇다면 틸리히가 말하는 '하나님 이상 가는 하나님'은 과연 무엇일까요? 또 그에 대한 절대적 신앙이란 어떤 것일까요? 먼저 '하나님 이상 가는 하나님'부터 살펴봅시다.

틸리히가 말하는 '하나님 이상 가는 하나님'은 한마디로 우리가 이미 언급한 '존재 자체'$^{being\text{-}itself}$를 말합니다. 잠시 돌이켜 볼까요? 존재 자체란 도대체 무엇이었던가요? 우리는 2부 "하나님은 존재다"에서 이에 대해 충분히 살펴보았습니다. 팔레스타인에서 히브리인들이 '그는 존재다'라는 뜻으로 '야훼'^{YHWH}라고 불렀든, 아니면 그리스에서 파르메니데스가 '존재'라고 불렀든, 플라톤이 '선 자체'라고 했든, 플로티노스가 '일자'라고 이름 지었든, 중세에 토마스 아퀴나스가 '있는 자'$^{Qui\ est}$라고 했든, 우리가 '하나님'이라고 부르는 존재 자체는 모든 유한한 존재자를 무한히 초월하는 자이자, 그럼으로써 모든 유한한 존재자를 무한히 포괄하는 자이지요. 기억나지요?

바로 이러한 궁극적 초월자, 궁극적 포괄자를 틸리히는 '존재 자체' 또는 '하나님 이상 가는 하나님'이라고 부른 것입니다. 틸리히는 『조직신학』에서 이렇게 주장하지요. "[플라톤에 의해] 존재로서의 존재, 즉 존재 자체의 개념은 모든 것 속에 내재하는 힘, 다시 말하면 비존재에 저항하는 힘을 지시하는 것으로 알려져 있다.…하나님은 모든 것 속에 있으며, 또 모든 것을 초월하는 존재의 힘, 바꿔 말하면 존재의 무한한 힘이라는 것이 가능하다. 하나님론神論에 대한 첫걸음으로서 하나님과 존재의 힘을 굳이 동일시하지 않는 신학은 군주론적 유일신교다."[33]

물론 이 같은 의미에서 틸리히가 말하는 존재 자체는 굳이 세분하자면 파르메니데스의 '존재', 플라톤의 '선 자체', 그리고 무엇보다도 플로티노스의 '일자'에 가깝고, 토마스 아퀴나스가 『신학대전』에서 언급한 '있는 자'Qui est 또는 '존재 자체'ipsum esse와는 조금 거리가 있습니다. 그 이유는 아리스토텔레스의 영향을 받은 토마스 아퀴나스의 존재 자체에는—마치 아리스토텔레스의 에이도스eidos가 그렇듯이—현존과 본질이 같기 때문이지요. 하지만 틸리히의 존재 자체는—틸리히 자신의 표현을 빌리자면 "고전신학이 강조하는 것처럼"[34]—달리 말하면 플라톤의 '선 자체'나 플로티노스의 '일자'가 그런 것처럼, 현존과 본질을 모두 초월합니다. 이런 이유로 틸리히는 하나님의 현존을 부정하는 게 무신론인 것처럼 긍정하는 것도 무신론이라고 주장했지요.[35]

당연한 말입니다. 우리가 앞서 살펴보았듯이, 플로티노스의 교설에 따르면, 일자로서의 하나님은 모든 사고와 모든 존재를 넘어서기 때문에 그에게는 어떤 구별이나 차별도 없습니다. 2부 "하나님은 존재다"에서 알아보았듯이, 주체(인식하는 자)와 객체(인식되는 자)의 분리는 일자에서 나온 정신nous으로부터 시작하지요. 플로티노스는 이 말을 "신은 정신의 저편에 있다"라고 표현했던 겁니다. 그래서 틸리히는 존재 자체, 곧 '하나님 이

상 가는 하나님'은 객체도 아니고 주체도 아니라고 강조했지요.36

이 말은 결국 '하나님 이상 가는 하나님'은 모든 것을 초월함으로써 모든 것을 포괄한다는 뜻입니다. 또한 '하나님 이상 가는 하나님'은 신과 인간의 만남이 있는 곳에서는—비록 감춰졌기는 해도—어디에나 존재하지요.37 그는 "존재하고 있는 것은 무엇이나 다 초월하는 존재의 힘"이지만, 바로 그렇기 때문에 "존재하고 있는 것에는 무엇에나 다 참여하고 있는 존재의 힘"이기도 합니다. 그러므로 틸리히에 의하면, '하나님 이상 가는 하나님'은 "운명과 죽음에 대한 불안을 통해 경험되며, 허무성과 무의미성에 대한 불안 안에 존재하며, 죄책과 정죄에 대한 불안 안에서 작용하는" 비존재의 위협에도 불구하고, 삶의 무의미성과 죄책에 대한 불안을 짊어질 수 있는 용기, 곧 '존재에의 용기'를 우리에게 부여합니다.38

그렇다면 절대적 신앙이란 무엇일까요? 틸리히는 바로 이 같은 절대적 초월자이자 절대적 포괄자인 존재 자체를 믿는 신앙을 '절대적 신앙'이라고 불렀습니다. 그리고 이것을 다른 말로 표현해 "존재 자체being-itself에 사로잡혀 있는 상태"39라고 규정했지요. 그것은 한마디로 주체-객체의 관계가 없는 상태이며, 일체의 구별과 차별이 없는 상태를 말합니다. 즉 "항상 죄인이며 항상 의인"이라는 루터의 역설을 받아들이는 상태이자 "용납될 수 없는 자가 용납되는" 상태지요.40 그래야만—다시 말해 절대적 무구별, 절대적 무차별, 절대적 초월, 절대적 포괄이라는 존재 자체에 대한 믿음을 통해서만—"의롭지 않은 자가 의롭게 된다"는 루터의 공식, "용납하는 누구somebody 혹은 무엇something이라고 하는 용납의 주체가 없는 용납"이 허락되기 때문입니다.41

이어서 틸리히는 "절대적 신앙, 혹은 하나님 이상 가는 하나님에게 사로잡혀 있는 상태는 다른 여러 종류의 마음 상태와 나란히 나타나는 따위의 상태가 아니다.…이것은 언제나 다른 종류의 마음 상태 안에, 그것과 함께, 또 그 아래에 놓여 있는 움직임인 것이다"[42]라면서 또한 다음과 같이 힘주어 말했습니다.

이것은 절망의 용기인 동시에, 모든 용기 안에 있는 용기, 모든 용기를 초월하는 용기인 것이다. 여기에서는 말이나 개념 같은 것으로 안전을 기할 수도 없고, 이름도 없고, 교회도 없고, 종교도 없고, 신학도 없다.[43]

정리할까요? 요컨대 틸리히가 말하는 '하나님 이상 가는 하나님'은 플로티노스의 일자가 그렇듯 절대적 초월자이자 궁극적 포괄자인 겁니다. 이러한 하나님의 유일성에는―그리스적 의미에서든 히브리적 의미에서든, 철학적 의미에서든 종교적 의미에서든, 일자라는 의미에서든 성부라는 의미에서든―포괄성, 종합성, 전체성만 있을 뿐 고유성, 배타성, 폭력성이라고는 전혀 없습니다. 그러니 이런 하나님을 믿는 절대적 신앙에는 당연히 이름도 없고, 교회도 없고, 종교도 없고, 신학도 없을 수밖에요.

그럼, 여기서 잠시 따져 볼까요? 기독교의 '하나님'과 그에 대한 신앙에 관한 틸리히의 이러한 비판과 대안은 과연 정당할까요? 그래서 그리스도인들은 '하나님' 대신 '하나님 이상 가는 하나님'을, 그리고 하나님에 대한 신앙보다는 '하나님 이상 가는 하나님'에 대한 '절대적 신앙'을 진정 필요로 할까요? 당신 생각은 어떠세요? 내 생각에 이 질문에 대한 대답은 마땅히 아래와 같아야 합니다.

만일 그리스도인들이 하나님을 모든 존재물 가운데 '가장 완전한 자' 또는 '가장 힘 있는 자'로 인식하고, 그래서 그의 유일성을 단일성, 고유성, 배타성으로 파악한다면, 그들에게는 '하나님 이상 가는 하나님'과 그에 대한 '절대적 신앙'이 반드시 필요합니다. 왜냐하면 그처럼 배타적이고 이기적인 신앙을 통해서는 자기 자신의 무한한 욕망과 그것에서 나오는 불안과 절망을 초월할 수 없고, 자신의 존재 의미와 가치를 획득할 수 없을 뿐 아니라, 이웃을 사랑하기는커녕 그들과의 마찰과 분쟁을 한시도 피할 수 없을 것이기 때문입니다.

하지만 만일 그리스도인들이 하나님을 삼위일체의 상호내주적 또는 상호침투적 사랑으로 인식하고, 그의 유일성을 삼위일체 하나님의 본질인 본질공동체적·영원동등적 포괄성과 통일성으로 파악하고 있다면, 그래서 그에 대한 신앙이 자유롭고 평등한 사귐과 교제를 추구하는 비위계적·비지배적 '인간 공동체의 원형'으로 나타난다면, 틸리히의 '하나님 이상 가는 하나님'과 그에 대한 '절대적 신앙'은 전혀 필요치 않습니다. 왜냐하면 그들이 이미 '그러한' 하나님을 바로 '그렇게' 신앙하고 있기 때문입니다.

하나님의 유일성이 연대와 협력의 근거

21세기에 들어와 인류는 주기적으로 다가오는 경제 위기, 일상화된 테러와 전쟁, 부단히 공격하는 악성 인플루엔자, 상상을 초월하는 빈부격차의 심화, 통제할 수 없는 기후변화와 대량살상무기의 확산, 언제 터질지 모르는 원전 사고, 예측을 불허하는 생명공학과 인공지능의 발달 등 심각한 문제들에 직면하게 되었습니다. 독일의 사회학자 울리히 벡Ulrich Beck, 1944-2015이 통찰한 이른바 '위험사회'risk society가 도래한 것이지요.

벡은 "근대화 과정에서 발생하는 위험을 지금까지 유효했던 제도적 방안들, 곧 과학기술로 통제하거나 사회제도로 보상하는 방법으로 극복할 수 있다는 믿음이 깨진 사회"를 위험사회라고 규정했습니다. 달리 말해, 그는 근대적 이성이 만들어 낸 위험들을 근대적 이성으로 예측하거나 통제할 수 없는 사회를 위험사회라고 이름 지었던 것입니다.

그런데 지금은 벡이 1986년 출간한 저서에서 책제목이기도 한 '위험사회'라는 개념을 처음 제시했던 때와는 비교할 수 없을 만큼 광범위하고 밀도 있게 세계화가 진행되었습니다. 그만큼 위험도 세계화되었지요. 이제 우리는 예측할 수도 없고 통제할 수도 없는 자연적·사회적·경제적 재난이 삽시간에 전지구적으로 확산되어 국민국가적 차원에서는 극복할 수 없는 이른바 '글로벌 위험사회'global risk society에서 살고 있습니다.

예컨대 2008년 미국의 비우량 담보대출subprime mortgage 사태에서 경험했듯이, 월스트리트에서 발발한 금융 위기가 곧바로 전 세계의 주식을 폭락시키고 실업자들을 거리로 내몹니다. 2009년 신종플루와 2015년 메르스MERS(중동 호흡기 증후군) 사태를 통해 깨달았듯이, 세계 어느 곳에서든 유행성 인플루엔자가 발생하면 그것이 서울까지 확산되는 것은 단지 시간문제지요. 또 2011년 후쿠시마 원전 사고를 통해 알 수 있듯이, 파손된 원전에서 새어 나오는 방사능은 빛도 냄새도 형체도 없이 인접 지방과 해양 그리고 이웃 나라들까지 침범합니다.

그러나 이것은 빙산의 일각일 뿐입니다! 설령 당신이나 내가 아직은 직접 경험하지 못했을지라도, 가정을 무너뜨리고 직장을 없애고 생명마저 위협하는 경제 위기, 자연재해, 환경오염, 전쟁과 테러가 지금도 끊임없이 일어나고 있으며, 우리도 모르는 사이 서서히 또는 갑자기 다가오고 있지요. 폴란드 출신 사회학자 지그문트 바우만Zygmunt Baumann, 1925-2017은 우리가 당면한 이 같은 정황을 "세계화가 낳은 인류의 단일화란 근본적으로 달아날 곳이 아무 데도 없다는 뜻"이라고 요약해 경고했습니다.

그래서 오늘날 우리는 사실상 불안, 공포와 함께 살아가고 있습니다.

갑작스런 경제 위기로 직장이 사라져 버리지 않을까, 주택과 주식 가격의 폭락으로 빈털터리가 되지 않을까, 먹고 마시는 것에 방사능이 묻어 있어 암을 일으키지 않을까, 비행기가 폭발하고 배가 전복되지 않을까, 통제할 수 없는 유행성 인플루엔자가 공격하지 않을까, 원자력발전소가 폭발하지 않을까, 핵무기나 탄저균 같은 생화학 무기에 의한 테러 또는 전쟁이 일어나지는 않을까 하는 공포로부터 달아날 곳이 전혀 없습니다.

바우만이 『유동하는 공포』에서 예리하게 갈파한 대로, 이제 공포는 어두운 거리에도 있고 빛나는 텔레비전 화면 안에도 있으며, 침실에도 있고 부엌에도 있지요. 우리의 집에서도 일터에서도 공포가 기다리고, 그곳을 오가기 위한 지하철과 항공기에도 공포가 도사리고 있습니다. 우리가 만나는 사람들이나 우리가 알지 못하는 사람들에게도, 우리가 소화하는 것들과 우리가 접촉하는 것들에도 공포가 숨어 있지요." 아닌가요?

바우만은 이처럼 낮에도 밤에도, 가정에서도 직장에서도, 땅에서도 하늘에서도, 선진국에서도 후진국에서도 피할 수 없고, 예측할 수 없고, 통제할 수 없는 글로벌 위험으로부터 나오는 공포를 "유동하는 공포"Liquid Fear라고 불렀습니다. 이제 우리는 불안과 공포마저 세계화된 부정적 세계화negative globalization 시대를 살아가고 있는 것이지요.

그런데 이런 글로벌 위험global risk들은 특정 단체나 국가가 홀로 해결할 수 있는 것이 아닙니다. 국제적 대화와 연대 그리고 범세계적 협력이 필수불가결하지요. 당연히 종교의 영향력도 무시할 수 없습니다. 직접적이지 않고 근원적이며, 일시적이지 않고 항구적이라는 의미에서, 어쩌면 종교는 그 어떤 단체나 국가보다 더 많은 영향력을 발휘할 수 있는지도 모릅니다. 이 같은 시대적·사회적 문제가 기독교에도 종교 간의 대화와 연대 그리고 화합을 강력하게 요구하고 있습니다. 가톨릭 신학자 한스 큉Hans Küng은 다음과 같이 주장했습니다.

종교들 사이의 평화 없이 세계 평화란 있을 수 없으며, 종교들 사이의 대화 없이는 종교들 사이의 평화가 있을 수 없으며, 서로에 대한 정확한 지식이 없이는 종교들 사이의 대화가 있을 수 없다.[45]

다시 말해, 서로에 대한 정확한 지식이 종교들 사이의 대화를 이끌고, 종교들 사이의 대화가 종교들 사이의 평화를 낳으며, 종교들 사이의 평화가 세계 평화를 이룬다는 말입니다.

이 같은 성찰은 '신은 언제나 그 시대 그 지역에 사는 사람들이 추구하는 가치들의 외연이며, 동시에 그것들의 정점이다'라는 이 책의 기본 강령these과도 깊숙이 연관된 문제의식입니다. 또한 정치학자 새뮤얼 헌팅턴Samuel P. Huntington, 1927-2008이 『문명의 충돌』에서 "많은 사람이 지적한 대로 세계 주요 종교―서구 크리스트교, 정교, 힌두교, 불교, 이슬람교, 유교, 도교, 유대교―들은 비록 인류를 분열시킨 측면도 있지만 핵심적 가치관을 공유하고 있다"면서 이어 간 다음의 주장과도 맥을 같이하지요.

인간은 어떤 문명에 살고 있건 간에 다른 문명에서 살아가는 사람들과 공유하는 가치관, 제도, 관행을 확대하는 방법을 꾸준히 모색하고 그 방안을 실천에 옮겨야 한다. 그런 노력들이 쌓이게 되면 문명의 충돌 가능성이 줄어드는 것은 물론 단일 **문명**(복수로 존재하는 문명들과의 혼동을 피하기 위하여 굵은 글자로 표현한다)의 실현 가능성도 높아진다. 단일 문명은 수준 높은 윤리, 종교, 학문, 예술, 철학, 기술, 물질생활이 복합적으로 섞인 상태를 의미한다.[46]

헌팅턴의 목표와 큉의 목표가 같을 수야 없겠지요. 하지만 분명한 것은 기독교도 이제 세계 평화와 인류 공존을 위해 다른 문명에서 살아가는 사람들과 공유하는 가치관, 제도, 관행을 확대하는 방법을 꾸준히 모색하고 그 방안을 실천하는 데 발 벗고 나서야 한다는 사실입니다. 바로 이것이 근래에 기독교 내에서 종교적 다원주의에 대한 담론이 뜨거운 이유이기도 합니다. 그런데 종교적 다원주의가 무엇을 의미하는 걸까요?

오늘날 대부분의 신학자들은 오랫동안 종교적 다원주의를 천착해 온 영국의 신학자이자 성직자인 앨런 레이스$^{Alan\ Race}$*의 제안을 따라, 다른 종교와의 관계에 대한 기독교의 다양한 주장들을 크게 세 가지로 분류합니다. 보수주의자 내지 근본주의자들이 지지하는 배타주의^{Exclusivism}, 제2차 바티칸 공의회 이후 가톨릭이 지지하는 포용주의^{Inclusivism}, 포스트모던 신학자들이 주장하는 다원주의^{Pluralism}가 그것이지요. 그 가운데 하나인 종교적 다원주의는 특별한 하나의 사상을 가리키는 말이 아닙니다. 그것은 포스트모더니즘이 그렇듯이 다양한 주장들의 총칭일 뿐이지요. 나는 여기서 그 다양한 담론을 일일이 살펴보고 싶은 생각은 없습니다. 그럼에도 분명히 하고 싶은 것은 있는데요, 대강 다음과 같습니다.

기독교 입장에서 종교적 다원주의는 기독교 신앙을 '가능한 한 덜' 포기하면서 타 종교의 신앙을 '되도록 더' 인정하는 것을 목표로 삼습니다. 자신의 가치관, 제도, 관행을 어느 정도 포기하지 않고는 다른 종교를 믿는 사람들과 평화롭게 공존하는 방안을 모색할 수 없다는 의식에서 나온 궁여지책이지요. 그러다 보니 근래 활발하게 진행되는 다원주의적 연구와 논의 가운데는 하나님의 유일성을 어떻게든 보존하면서 타 종교와의 공존을 모색하는 비교적 온건한 주장들과 그간 기독교 역사 속에서

---

* 앨런 레이스는 1951년에 영국 스톡턴온티스에서 태어난 성공회 성직자로 성 필립 대학원 연구센터 학장을 역임했고 종교에 관한 다수의 국제 저널 편집자로 활동했다. 세계 종교를 배타주의, 포괄주의, 다원주의로 분류한 유형학은 이 부분신학의 연구에서 표준으로 인정받아, 여전히 널리 사용되고 있다. 1983년에 쓴 『그리스도인과 종교 다원주의』(*Christians and Religious Pluralism*)는 현대 기독교신학의 연구에서 고전 가운데 하나로 꼽힌다. 2015년 출간한 『종교 다원주의에 대하여 생각하다』(*Thinking about Religious Pluralism*)도 주목할 만하다.

행해진 숱한 폭력과 만행을 지적하면서 그것의 근원인 하나님의 유일성을 포기해야 한다는 과격한 주장들이 포함되어 있습니다.[47]

그러나 이 같은 주장들은—그것이 온건하든 과격하든—모두 하나님의 유일성에 대한 오해와 무지에서 비롯되었을 뿐입니다. 지금까지 우리가 자세히 알아본 바에 따르면, 기독교가 말하는 하나님의 유일성은 본디 차별적 배타성과 폭력성의 근거가 아니라, 오히려 무차별적 포용성과 다양성의 바탕이니까요. 따라서 단순히 논리적 관점에서만 보더라도 종교적 다원주의에 관한 건전한 연구와 논의는 '하나님의 유일성을 어떻게든 보존하면서'가 아니고, 오히려 어떻게 하면 '하나님의 유일성을 근거로 하여' 다른 종교와의 연대와 협력을 이루어 낼 것인가에 모아져야 합니다.

하나님의 유일성은 기독교가 포기할 수 없고 또 포기해서도 안 되는 하나님의 속성입니다. 따라서 우리는 오히려 그 안에 내재한 무차별적 포용성과 다양성을 바탕으로 인류 모두가 "나란히 그리고 더불어" 상호내주적·상호침투적으로 실존하는 인간 공동체를 이루어 나가는 데 있는 힘을 다해야 하지요. 그렇지만—또한 그렇기 때문에—그 안에 불가분 내재되었다고 그리스도인조차 오해하고 있는 배타성과 폭력성은 마땅히 제거해야 합니다. 그 같은 터무니없는 오해가 지난 2,000년 동안 온갖 분쟁과 폭력의 빌미로 이용되어 왔으며, 오늘날에는 인류 전체를 파멸로 몰아갈 수 있는 전쟁과 테러에 원인을 제공하고 있기 때문이지요.

천지창조에서 최후의 심판으로

이제 이야기를 마무리할 때가 되었습니다. 그에 앞서, 우리가 이야기를 처음 시작했던 시스티나 성당으로 되돌아가 볼까요? 그 장엄하고 아름다운 성당의 천장 위에는 미켈란젤로의 놀라운 인물들이 지금도 여전히 살아 숨 쉬고 있지요. 미켈란젤로는 자신이 전혀 원치 않았던, 그래서 큰 고통이 되기도 했던 4년 1개월 동안의 작업을 끝내면서, 마지막으로 특별한 선지자 두 사람을 궁륭형 천장 하단—그러니까 교황이 앉는 의자의 바로 위—에 그려 넣습니다. 그들이 누구였을까요? 예레미야와 요나입니다. 그런데 왜 하필 그들이었을까요? 우연이었을까요? 아닙니다. 알고 보면 여기에는 미켈란젤로가 보내는 놀라운 메시지가 숨어 있습니다.

예레미야는 기원전 627-587년에 예언자 직분을 수행한 인물입니다. 예레미야 시대에 이스라엘 백성은 우상을 섬기느라 하나님에게서 돌아섰지요. 그래서 하나님은 예레미야에게 그들에게 내릴 가혹한 징벌을 경고했고, 예레미야는 그것을 전하며 당시의 부패한 지도자들과 성직자들을 통렬하게 비판했습니다. 그래도 이스라엘 백성이 회개하지 않자, 기원전 586년 하나님은 마침내 그들에게 벌을 내리지요. 바빌론의 느부갓네살 왕이 예루살렘을 정복하고 이스라엘의 왕 시드기야를 비롯한 많은 관리와 장인들을 바빌론으로 강제 이주시킨 '바빌론의 유배'가 그것입니다(예레미야 39:1-14). 이 유배는 기원전 538년 페르시아의 왕 고레스가 바빌론을 무너뜨려 이스라엘인들이 고향으로 돌아오기까지 근 50년 동안이나 계속되었지요(예레미야 50-51장).

이때 이스라엘 백성들의 입에서 터져 나온 것이 이른바 '애가'哀歌입니다. "슬프다, 이 성이여. 전에는 사람들이 많더니 이제는 어찌 그리 적막하게 앉았는고"로 시작하는 예레미야애가가 그중 하나지요.* 애가의 정서

---

* 구약성서에는 총 다섯 편의 애가가 예레미야애가에 포함되지만, 구약학자들은 대체로 이것이 예레미야의 이름을 빌린 것일 뿐 그의 작품이라고는 보지 않는다.

적 슬픔과 종교적 교훈은 서양 사람들에게 깊은 인상을 남겼습니다. 그래서 하염없이 흘러나오는 탄식을 뜻하는 '예레미아드'jeremiad라는 말도 나온 것입니다. 이후 서구의 많은 시인이 이 같은 슬픈 노래를 따라 지었는데, 예레미야로부터 2,300년도 더 지난 시기에 영국 시인 조지 바이런 경 Sir George G. Byron, 1788-1824은 다음과 같은 애가를 썼습니다.

> 울어라, 바빌론 강가에서 운 이들을 위하여
> 하나님의 성전은 무너지고, 하나님의 나라는 꿈이 되었다.
> 울어라, 부서진 유대의 리라를 위해.
> 애도하라…하나님의 땅에 이방인이 산다.
>
> 어디서 그들은 피 흐르는 발을 씻으랴.
> 또 어디서 시온의 노래를 다시 들으랴.
> 아아, 어느 날 천상의 소리에 가슴 떨린
> 유대 노랫가락이 기쁨을 실어 오랴.
>
> 유랑의 발길과 슬픔의 마음을 지닌 백성.
> 언제나 유랑에서 쉼을 얻으려는가.
> 비둘기에게는 둥지가 있고, 여우에게는 굴이 있고
> 사람에게는 나라가 있으나,
> 그들에겐 무덤뿐이라.[48]

하나님의 뜻을 거역하고 선지자의 경고를 무시한 백성들이 받은 끔찍한 징벌과 애절한 하소연을 영국 낭만주의를 대표하는 시인의 감성으로 묘사한 것이지요.

미켈란젤로의 천장화 〈천지창조〉에는 예레미야가 청동과 황금으로 장식한 교황의 옥좌 바로 위에 해당하는 부분에 앉아 있습니다. 그는 우울한지 아니면 화가 났는지 모를 심각한 표정을 하고 턱을 괸 오른손으로 입을 가린 채 발 아래 놓인 교황의 자리를 내려다보고 있지요. 그의 뒤편에는 다른 인물 그림에서 자주 보이는 천사나 귀여운 푸토가 아닌 한 평범한 남자와 여자가 좌우에 각각 서 있습니다. 남자는 무엇 때문인지 슬픔에 잠겨 고개를 떨어뜨린 채 자기 발밑을 쳐다보고 있고 여자는 어깨에 봇짐을 메고 어딘가로 떠나려는 듯 돌아서 있습니다.

도상학자들과 신학자들은 이 그림이 완전히 부패해서 독선적이고 탐욕적이며 그런 이유로 배타적이고 폭력적이기도 했던 당시의 가톨릭교회와 성직자들에 대한 미켈란젤로의 분노와 경고가 담긴 메시지라고 해석합니다. 왜냐고요?

미켈란젤로는 종교개혁이 한창 불붙던 때에 살았습니다. 개혁의 불길이 거셌던 만큼 바티칸에서 개신교도들에게 쏟아붓는 배척과 탄압의 찬물도 당연히 억셌습니다. 여기에 미켈란젤로는 직접 나서서 대항할 수는 없었지만 환멸을 느꼈고 내심 반항했지요. 그래서 구약성서에 등장하는 예레미야, 즉 다른 누구보다 거친 말투로 당대의 성직자들을 통렬히 꾸짖던 예레미야 선지자를 교황의 옥좌 바로 위에 그렸다는 겁니다. 그는 부패하고 독선적인 가톨릭교회와 성직자들에게는 선지자도 화를 내며 걱정하고 사람들도 슬퍼하며 등을 돌려 떠난다는 엄중한 메시지를 그림 안에 담아 놓았다는 뜻이지요.⁴⁹ 미켈란젤로가 그려 넣은 예레미야 선지자의 모습 자체가 바이런 경의 애가에 못지않은 또 하나의 애가인 셈입니다.

미켈란젤로는 여기서 멈추지 않았습니다. 한발 더 나아갔지요. 그는 자신의 웅대하고 아름다운 천장화에 마지막으로 요나^{Jonah}를 그려 넣었고,

미켈란젤로, 〈천지창조〉 중 '선지자 예레미야', 1508-1512.

그를 통해 우리에게 또 하나의 메시지를 전했습니다.

거룩한 제단 바로 위에 해당하는 부분에 반쯤 드러누워 하늘을 바라보고 있는 요나는 사악한 도시 니느웨(니네베)에 가서 이교도들을 회개시키라는 명령을 받은 선지자였습니다(요나 1:2). 하지만 그는 그 일이 마음에 내키지 않아 달아나다가 거대한 물고기에게 산 채로 먹혀 그 속에서 사흘을 지냅니다. 기도를 통해 마침내 구출된 그는 어쩔 수 없이 니느웨로 가서 설교를 하지요. 그러자 불과 하루 만에 왕으로부터 거지에 이르는 모든 주민이 베옷을 입고 몸에 재를 바르며 회개합니다. 이에 하나님은 니느웨에 내리려 했던 재앙을 거두지요(요나 1:3-3:10).

흥미로운 것은 이때 요나가 기뻐하기는커녕 오히려 하나님에게 화를 냈다는 사실입니다. 왜일까요? 이교도들을 그리 쉽게 용서할 생각이었다면 왜 애써 도망가는 자기를 억지로 붙잡아 물고기 뱃속에서 사흘이나 죽을 고생을 시키면서까지 굳이 그곳에 보냈느냐는 것이었지요. 그러자 하나님은 요나에게 "이 큰 성읍 니느웨에는 좌우를 분변하지 못하는 자가 십이만여 명이요, 가축도 많이 있나니 내가 어찌 아끼지 아니하겠느냐"(요나 4:11)라고 답합니다.

교황 율리우스 2세는 교인들이 성당 문을 들어서면 곧바로 보일 뿐 아니라 성스러운 제단 바로 위에 위치하는 그 부분에 이왕이면 거룩한 그리스도가 그려지기를 바랐다고 합니다. 하지만 미켈란젤로는 교황의 청을 무시하고 그 중요한 부분에 구약성서에서도 다른 선지자들에 비해 상대적으로 미미하게 다뤄진* 요나를 그려 넣었지요. 왜 그랬을까요? 언뜻 납

---

* 구약성서에서, 예컨대 이사야서는 모두 66장이고 예레미야서는 52장이지만, 요나서는 단지 4장에 불과하다.

미켈란젤로, 〈천지창조〉 중 '선지자 요나', 1508-1512.

득이 가질 않지요? 그래서 도상학자들은 여기에도 분명 미켈란젤로가 숨겨 둔 메시지가 있다고 생각하는 건데, 그게 뭘까요? 놀랍게도 그것은 하나님이 다른 종교를 가진 사람도 아낀다는 사실입니다.[50]

그렇다면 미켈란젤로가 4년 넘게 그린 시스티나 성당의 거대한 천장화를 마치면서 마지막으로 남겨 놓은 메시지는 당연히 다음과 같이 정리되어야 할 것입니다. "하나님의 뜻을 거역하는 독선적이고 탐욕적이며 배타적인 성직자와 교인들아! 너희는 예레미야 선지자 시대에 이스라엘 백성들이 그랬듯이 하나님의 가혹한 징벌을 피할 수 없을 것이다. 왜냐하면 요나에게 밝혔듯이 하나님은 다른 종교를 가진 사람들도 마찬가지로 아끼기 때문이다."

적어도 내 생각에는 바로 이것이 미켈란젤로가 남긴 메시지입니다. 그리고 이 같은 해석은 다음과 같은 예수님의 가르침에도 합당합니다. "이는 하나님이 그 해를 악인과 선인에게 비추시며 비를 의로운 자와 불의한 자에게 내려 주심이라. 너희가 너희를 사랑하는 자를 사랑하면 무슨 상이 있으리요. 세리도 이같이 아니하느냐. 또 너희가 너희 형제에게만 문안하면 남보다 더하는 것이 무엇이냐. 이방인들도 이같이 아니하느냐. 그러므로 하늘에 계신 너희 아버지의 온전하심과 같이 너희도 온전하라"(마태복음 5:45-48). 당신의 생각은 어떤가요? 그런 것 같지 않나요?

1517년 마르틴 루터가 처음으로 가톨릭교회에 저항한 이후 한 세대가 채 지나기도 전에 유럽인들 가운데 상당수가 개신교도로 바뀌었습니다. 당연히 가톨릭교회와 바티칸에 대한 저항세력들도 우후죽순으로 생겨났지요. 1530년대에 나폴리에서 후안 드 발데스Juan de Valdes, 1490-1541가 이끌던 비밀결사단체인 '계몽된 사람들'Alumbrados도 그중 하나였습니다. 바티칸에 환멸을 느낀 당시 권력자, 지식인, 예술가들이 이 단체로 모여들었지요. 발데스는 독선적이고 배타적인 바티칸에 저항하며, 자신의 추종자들에게 누구든 자기 수준에서 성서를 읽고 탐구한다면 모두가 영적 깨달음을 얻을 수 있고 모든 영혼이 자기 수준에 따라 하나님의 은총을 받는다고 가르쳤습니다.

미켈란젤로는 이 단체 사람들과 밀접한 교분을 갖고 있었고 그중 한 사람이자 미모와 재능을 겸비했던 여류시인 비토리아 콜론나와 깊게 교제했지요. 발데스가 죽은 후 비토리아는 또 다른 비밀결사조직인 '영적인 사람들'Spirituali을 이끌었는데, 미켈란젤로도 이 단체의 열렬한 구성원이었습니다. 이들의 목표는 바티칸을 개혁하고 궁극적으로는 가톨릭과 개신교를 화합시켜 하나의 교회로 만드는 것이었지요.[51] 하지만 그건 이룰 수 없는 허망한 꿈이었고, 가톨릭교회와 바티칸 성직자들을 향한 미켈란젤로의 환멸과 절망과 분노는 점점 높아만 갔습니다.

그런 와중에 미켈란젤로는 자신이 약 30년 전에 심각한 메시지를 담아 그려 놓았던 요나의 발밑이자 성전의 정면 벽에 또 하나의 위대한 프레스코화를 그렸습니다. 앞서 1부에서 소개했던 〈최후의 심판〉이지요. 이제 이 그림을 자세히 볼까요?

상단 중앙에 심판을 수행하는 예수님이 있습니다. 그의 왼쪽 옆에 성모 마리아가 가슴에 두 손을 다소곳이 모으고 앉아 있지요. 그들의 양옆으로는 성인들 무리가 늘어서 있어요. 한 단 아래 예수님의 발밑에서는 그의 재림심판을 알리는 열한 사람의 천사 무리가 나팔을 불고 있습니다. 그 왼쪽에는 살았을 때 행한 일에 따라 천국으로 인도되는 사람들이 있고, 그 오른쪽에는 지옥으로 끌려가는 사람들의 모습이 다양하게 묘사되어 있지요.

우리가 주목할 것은 그림의 오른쪽 하단에 그려진 지옥 장면입니다. 미켈란젤로는 이 부분을 가톨릭교회에서 가르치는 방식이 아니라 단테의

미켈란젤로, 〈최후의 심판〉 중 '뱃사공 카론', 1534-1541.

『신곡』에 맞춰 묘사했습니다. 우선 슬픈 아케론Acheron강에서 뱃사공 카론Charon*이 저주받은 영혼들을 저승으로 실어 가 노櫓로 후려치며 지옥으로 쫓아내는 모습이 보이네요. 단테의 『신곡』에도 나오는 장면이지요.

> 그때 저편 강둑에서 흰머리 노인(카론)이
> 우리를 향해 배를 저어 오며 외쳤다.
> "사악한 영혼들이여! 화가 있으라!
>
> 하늘을 바라볼 희망일랑 버려라!
> 나는 너희를 저편 강둑, 영원한 어둠 속
> 불과 얼음의 지옥으로 실어 가려 왔노라."
> …
> 악마 카론의 눈은 벌겋게 이글거렸다.
> 손짓으로 그들을 불러 모으면서,
> 늑장을 부리는 자들을 노로 후려쳤다.[52]

그런데 카론의 매를 피해 배에서 도망쳐 내리는 영혼들 앞에 매우 인상적인 인물 하나가 떡 버티고 섰습니다. 사탄들을 거느리고 지옥문 앞에서 저주받은 영혼들을 맞는 그는 그리스 신화에 나오는 미노스Minos왕**이

---

* 그리스 신화에 나오는 인물로 암흑의 신 에레보스와 밤의 여신 닉스 사이에서 태어났으며, 아케론강에서 죽은 자들을 저승으로 실어 나른다.
** 크레타 왕 미노스는 제우스와 에우로페 사이에서 태어나 태양신 헬리오스의 딸 파시파에와 결혼해 크레타를 법으로 다스리며 문명을 이루었다. 그런데 바다의 신 포세이돈에게 제물로 바칠 흰 소를 아내에게 줘 버려서 포세이돈의 분노를 샀다. 분노한 포세이돈은 파시파에가 흰 소를 사랑하도록 만들어 그들 사이에서 몸은 사람이고 머리는 황소인 미노타우로스가 태어나게 했다. 광폭한 미노타우로스가 사람들을 마구 잡아먹자, 미노스는 장인 다이달로스에게 미궁을 짓게 하고는 거기에 미노타우로스를 가두고 전쟁포로들을 먹이로 넣어 주었다.

지요. 그는 황금을 사랑하고 인간을 경멸해서 저주를 받았지만 살아생전에 보여 준 재판관의 소질을 인정받아 서양 고전문학에서 지옥의 심판관으로 자주 등장합니다. 단테는 미노스를 다음과 같이 묘사했습니다.

들어서는 입구에 미노스가 무서운 모습으로 서서
사람들의 죄를 조사하고 판단하여
제 꼬리가 감기는 횟수에 따라 보냈다.

그러니까 죄지은 영혼들이
자기 앞에 와서 지은 죄를 모조리 자백하면
바로 그 죄악의 심판관은

그들에게 적절한 지옥의 자리를 판단하여
내려 보내는 등급을 정해
꼬리로 그만큼 횟수를 감는 것이었다.[53]

미켈란젤로는 노구를 이끌고 7년이나 그린 〈최후의 심판〉을 끝내면서 미노스를—〈천지창조〉의 요나처럼—맨 마지막에 그려 넣었지요. 그런데 지옥의 판관 미노스가 당나귀 귀를 달고 거대한 뱀에 온몸을 휘감긴 채 생식기를 깨물리는 끔찍한 벌을 받는 것으로 묘사된 점이 매우 특이합니다. 당나귀 귀를 가진 미노스라? 뭔가 이상하지요? 그리스 신화에 의하면, 당나귀 귀를 가진 사람은 본디 크레타 왕 미노스가 아니라 프리지아 왕 미다스^{Midas}지요.* 따라서 미켈란젤로의 이 그림은 그리스 신화에도 어

• 미다스(또는 마이다스)는 술의 신 디오니소스의 스승인 살레노스가 길을 잃었을 때 도와준

긋나는 데다, 『신곡』에도 전혀 나오지 않는 묘사입니다. 왜일까요? 미켈란젤로가 이 같은 사실들을 몰라서 그랬을까요? 만일 그랬다면 그는 우리가 아는 르네상스인 미켈란젤로가 아니지요. 그럼, 왜?

힌트는 그림 속 미노스의 얼굴에서 찾을 수 있습니다. 그의 얼굴이 당시 교황 바오로 3세 다음으로 지체가 높던 의전관 비아지오 다 체세나 Biagio da Cesena 추기경의 모습과 똑같았거든요. 체세나는 그 누구보다 독선적이고 탐욕적이며 또한 그만큼 배타적이고 폭력적인 성직자였지요. 그는 성직을 매매해 제 주머니를 채웠고 개신교도를 가혹하게 탄압하는 데 앞장섰습니다. 이뿐 아니라 교황마저 "당신의 그림을 갖기 위해 교황이 되기를 30년이나 기다렸다"고 칭송한 미켈란젤로의 프레스코화들에 대해—그 안에 담긴 그리스적 요소를 낱낱이 지적하며—거룩한 예배당을 "역겹고 이교적인 음란함"으로 가득 채웠다며 힐난한 인물이기도 합니다.

결국 미켈란젤로는 30년 전 〈천지창조〉에서 예레미야와 요나를 통해 전한 메시지를 여기에 다시 한 번 반복한 것이지요. 하지만 이번에는 그때처럼 걱정과 슬픔을 은밀하게 전하는 방식이 아니었습니다. 미노스와 미다스를 결합한 악마의 얼굴에 체세나의 얼굴을 그려 넣음으로써 자신의 분노와 저주를 노골적으로 드러냈지요. 따라서 이 그림에 담긴 미켈란젤로의 메시지를 굳이 해석하자면 마땅히 이래야 합니다. "하나님의 뜻을 거역하는 독선적이고 탐욕적이며 배타적인 성직자들아! 미다스와도 같고 미노스와도 같은 너희는 지옥의 심판자와 같은 신세가 될 것이다!"

공로로 만지는 것마다 황금으로 변하는 능력을 디오니소스에게서 받았다. 그러나 만지는 음식마저 금으로 변해 먹을 수 없게 되자 그는 신에게 다시 간청해 파크톨로스강에서 목욕을 한 후 원래 상태로 돌아간다. 이 일이 있은 후 그 강에서는 사금(砂金)이 나오기 시작했다고 한다. 또 아폴론과 판(pan) 또는 마르시아스가 음악 솜씨를 겨룰 때 심판을 보던 미다스는 아폴론의 패배를 선언했다. 이에 분노한 아폴론이 미다스의 귀를 당나귀 귀로 변하게 했다.

미켈란젤로, 〈최후의 심판〉 중 '미노스와 미다스를 결합한 악마의 얼굴로 묘사된 체세나 추기경', 1534-1541.

기록에 의하면, 이 그림을 본 사람들은 대부분 깔깔대고 웃었지만 체세나 추기경은 교황 앞에 꿇어 엎드려 자기 얼굴을 벽화에서 지워 달라고 울고불고 애원했다고 합니다. 그럼에도 바오로 3세는 "내 아들아, 주님은 나에게 하늘과 땅을 다스릴 열쇠만 주셨다. 지옥에서 나오고 싶다면 미켈란젤로에게 가서 말해라"라며 그의 청을 받아들이지 않았다지요. 체세나는 지금도 여전히 지옥의 뱀에 붙들려 있습니다.

단언컨대, 하나님의 유일성을 왜곡해서 해석하고 그것을 빌미로 이교도들에 대한 배척과 분쟁을 정당화하려는 사람들은—그가 유대교인이든 기독교도든 이슬람교도든—사실상 그들이 믿는 경전을 따르는 자들이 아닙니다. 자신들이 만든 이데올로기의 추종자일 뿐입니다. 그들이 배척과 분쟁을 일으키는 근본 동력이 사실은 정치적·경제적·사회적 조건이나 이기심임에도 불구하고, 그것들은 교묘히 감춘 채 종교적으로 이데올로기화된 이슈들을 내세워 추종자들을 그리고 나중에는 자기 자신마저 기만하는 것이지요.

예컨대 중세 십자군 원정의 동력은 성직자들의 종교적 타락, 황제와 왕들의 정치적 야심, 귀족과 상인들의 경제적 탐욕, 평민들의 개인적 모험심, 상품과 전리품들을 바라는 기대와 같은 저급하고 세속적인 욕망들이었습니다. 그럼에도 불구하고 성지 탈환이라는 종교적 이데올로기로 포장했기 때문에, 이 원정에 참여한 병사들은 자신들을 '순례자들'peregrini 또는 '십자가로 서명한 사람들'crucisignati, signatores이라고 불렸고, 숱한 살인, 강간, 약탈, 방화를 자행하면서도 자신들의 원정이 신성한 과업이라는 것을 추호도 의심하지 않았지요.[54]

어디 그뿐입니까? 16세기에 유럽의 가톨릭교도가 중남미 각국에서 숱한 학살을 자행했을 때나 17세기 이후 청교도가 북아메리카 대륙에서 온갖 만행을 저질렀을 때에도 각각 탐욕스런 정치적·경제적 속셈이 숨어 있기는 마찬가지였지요. 그럼에도 그들은 하나같이 하나님의 유일성을 내세우며, 하나님의 이름으로 남자를 학살하고, 여인을 강간하고, 재물을 약탈하고, 거처를 방화한 다음, 제단을 쌓고 예배하며 감격의 눈물을 흘렸습니다. 이 같은 현상은 종교와 시대를 초월합니다. 1980년 이후 발생한 모든 자살폭탄테러를 면밀히 연구한 시카고 대학의 로버트 페이프[Robert Pape] 교수의 연구결과를 보면, 중동에서 벌어지고 있는 이슬람들의 자살폭탄테러 실상도 이와 조금도 다르지 않습니다.[55]

내 생각이 옳다면, 스스로 만든 악마적 이데올로기에 빠져 이 같은 기만을 일삼는 사람들은 한 번쯤 시스티나 성당에 가 보는 게 좋습니다. 위대하고 장엄한 〈천지창조〉와 〈최후의 심판〉을 바라보며, 미켈란젤로가 그곳에 남긴 메시지들을 곰곰이 생각하며 스스로를 반성해 보아야겠지요. 행여 내가 바티칸의 의전관 체세나는 아닐까, 그래서 혹시라도 최후의 심판 때 그처럼 되지는 않을까 하고 말입니다. 하지만 따지고 보면 어디 그들뿐이겠습니까? 이 같은 자기성찰은 문명의 자기파괴적 잠재력이 상존하는 '위험사회'에서, 피할 수도 없고 통제할 수도 없는 '유동하는 공포'와 함께 살고 있는 우리 모두에게도 반드시 필요한 일이지요. 우리가 이 같은 자기성찰을 얼마나 철저하게 또 얼마나 지속적으로 하느냐에 우리의 미래가 달렸을 겁니다. 아닌가요?

정리해 볼까요? 존재론적으로 보면 존재보다 더 큰 범주는 없습니다. 존재는 모든 것을 포괄하지만 자기 자신은 아무것도 포괄되지 않는다는 뜻이지요. 그러니 하나님이 존재라면 그는 유일합니다. 또 논리적으로 봐도 마찬가지지요. 이미 수차례 밝혔듯 어떤 것이 만물의 '궁극적 포괄자'라면 그것은 '유일자'일 수밖에 없습니다. 만일 그것의 바깥에 다른 어떤 것이 있다면 그는 이미 '궁극적 포괄자'가 아니기 때문이지요. 하나님이 존재인 한 유일자라는 것은 존재론적 결론이자 논리적 귀결입니다.

이런 내용을 선지자 예레미야는 "여호와가 말하노라. 나는 천지에 충만하지 아니하냐"(예레미야 23:24)라고 전했고, 사도 바울은 "하나님도 한 분이시니 곧 만유의 아버지시라. 만유 위에 계시고 만유를 통일하시고 만유 가운데 계시도다"(에베소서 4:6)라고 교훈했지요. 같은 말을 토마스 아퀴나스는 "하나님은 어떤 유에도 속하지 않는다"[56]라고 표현했고, 캔터베리 대주교 안셀무스는 "당신은 시간이나 공간 속에 존재하지 않고, 반대로 모든 것이 당신 속에 존재합니다. 아무것도 당신을 포용할 수 없으며 당신만이 모든 것을 포용합니다"[57]라고 고백했습니다.

게다가 기독교에서 말하는 하나님은 일자성을 가졌을 뿐 아니라, 삼위일체성도 동시에 갖고 있지요. 일자성은 무규정성에서 오는 포괄성과 통일성이지만, 삼위일체성은 사랑에 의한 자유롭고 평등한 사귐과 교제에서 오는 포괄성과 통일성입니다. 따라서 기독교에서 말하는 하나님의 유일성은 아우구스티누스의 말을 빌리면 본질공동체적·영원동등적이고, 몰트만의 표현을 따르자면 상호내주적·상호침투적 사랑이 그 본질이지요. 여기에는 서로의 이질성과 다양성을 그대로 유지하면서도 '통일적인 하나-됨'을 이루는 '이종사랑'heterologous love만이 존재할 뿐 그 어떤 배타성이나 폭력성도 침투할 수 없습니다.

이를 예수님은 "또 네 이웃을 사랑하고 네 원수를 미워하라 하였다는 것을 너희가 들었으나, 나는 너희에게 이르노니 너희 원수를 사랑하며 너희를 박해하는 자를 위하여 기도하라"(마태복음 5:43-44)라는 말씀으로 가르쳤고, 사도 요한은 "하나님이 우리를 사랑하시는 사랑을 우리가 알고 믿었노니 하나님은 사랑이시라. 사랑 안에 거하는 자는 하나님 안에 거하고 하나님도 그 안에 거하시느니라"(요한1서 4:16)라고 교훈했지요. 또한 아우구스티누스는 "아버지와 아들이 공유한 그것[성령]을 통해 우리가 우리들 서로 간의 친교를 세우고, 그분들과의 친교도 세우기를 원하셨다"라고 표현했고, 몰트만은 "피조물들은 나란히 그리고 더불어 실존하지 않으면 안 된다"라고 강조했습니다. 바로 이것이 기독교의 삼위일체 하나님이 가진 포괄성과 통일성으로서의 유일성이지요. 기독교에서 말하는 하나님은 바로 이런 의미에서만, 오직 이런 의미에서만 유일자입니다.

맺음말 | 새로운 출발을 위하여

자, 이제 하나님에 대한 우리의 길고 흥미로웠던 이야기를 마감하려고 합니다. 우리는 지금까지 기독교에서 말하는 존재로서의 하나님, 창조주로서의 하나님, 인격자로서의 하나님, 유일자로서의 하나님을 그와 관련된 문학·역사·철학·과학·예술 등과 연계해서 함께 살펴봤습니다. 이를 통해 하나님에 대해서, 그뿐 아니라 기독교에 의해 형성된 서양문명의 심층에 대한 이해를 높이고자 했지요. 긴 여정이 끝난 지금, 당신은 어떤가요? 이제 기독교에서 말하는 하나님을 어느 정도는 이해할 수 있게 되었나요? 또한 그것이 서양문명 전반에 어떤 영향을 얼마나 깊고 넓게 끼쳤는지도 충분히 짐작할 수 있나요? 나는 당신이 그러기를 바랍니다.

이제 서두에서 던진 파스칼의 경구를 다시 떠올려 볼까요? 이런 내용이었지요. "자신의 비참함을 알지 못하고 하나님을 아는 것은 오만을 낳는다. 하나님을 알지 못하고 자신의 비참함을 아는 것은 절망을 낳는다."[1] 그런데 혹시 이 말이 처음과는 조금 다르게 들리지 않나요? 만약 그렇다면 당신의 가슴에는 오늘날 우리가 당면한 문제들—가치의 몰락, 의미의 상실, 물질주의, 냉소주의, 허무주의, 문명의 충돌 등—에 대한 나름의 해법이 이미 싹튼 것이지요. 그 싹은 세월과 함께 자라나 꽃피우고 열매를 맺어 당신을 복되게 할 것입니다. 나는 당신이 또한 그러길 바랍니다.

근대 이후 서양문명은 애석하게도 하나님과 그의 이름으로 언급되던 '최고의 가치들'이 점차 사라져 가는 역사를 맞고 있습니다. 이제 하나님은 사회제도에서도, 관습에서도, 생활규범에서도, 학문에서도, 또한 문학, 미술·조각·건축·음악·공연 같은 예술로부터도 점차 분리되어 잊혀 가고 있지요. 내 생각에는 이것이 서양문명을 위기로 몰아가는 주된 원인입니다. 어디 서양문명뿐인가요? 그것이 보편화되어 가는 오늘날 '가치의 위기'는 범세계적으로 널리 퍼진 통념이 되었고, 이에 대한 무관심, 방기, 폄하, 비아냥거림은 하나의 지적 유행이 되었습니다. 오늘날 우리가 당면한 문제들도 알고 보면 바로 여기에 깊게 뿌리내리고 있지요.

돌이켜 보면, 근대 이후 서양문명은 하나님 대신 자연과 인간에 눈을 돌려 그것들을 연구하고 표현하는 데 주력했습니다. 특히 19세기 말 독일의 철학자 니체가 선지자적 목소리로 '신의 죽음'Tod Gottes을 선포하면서 이른바 "최고의 가치의 탈가치화"가 공공연하고 철저하게 진행되었지요. 그런데 기대와는 달리, 최고의 가치를 대체하고 마냥 승승장구하리라고 믿었던 세속적 가치(이성, 개인의 행복, 사회진보, 민중해방, 인본주의)들도 얼마 가지 않아 위기를 맞기 시작했습니다. 그럼으로써 신의 죽음이 곧바로 인간의 죽음으로 이어진다는 것, 최고의 가치의 탈가치화는 동시에 세속적 가치들의 탈가치화를 불러온다는 것을 불 보듯 뻔하게 드러내 보였지요. 역설적으로 들리겠지만, 따져 보면 논리적 귀결이고 돌아보면 역사적 사실입니다.

우리가 캔터베리 대주교 안셀무스를 따라 하나님을 '인간이 추구하는 모든 가치들의 정점'이라고 규정한다면, 하나님을 배제한 인간이란 무엇인가요? 한마디로 무가치한 인간이 아니겠습니까? 마찬가지로 안셀무스를 따라 우리가 하나님을 "최고 본질, 최고 생명, 최고 이성, 최고 행복, 최고 정의, 최고 지혜, 최고 진리, 최고 선성, 최고 위대, 최고 미, 최고 불사성, 최고 불변성, 최고 복락, 최고 영원성, 최고 권능, 최고 일자성一者性"이라고 정의한다면, 하나님을 배제한 이성, 사회진보, 민중해방이란 과연 무엇인가요? 무가치한 이성, 무가치한 사회진보, 무가치한 민중해방이 아니겠어요? 이것들은 당연히 우리가 원하는 이성, 진보, 해방이 아니지요. 학문도, 예술도 마찬가지이며, 문명 자체가 매일반입니다. 근대 이후 우리는 중세의 신본주의神本主義 대신에 인본주의人本主義를 내세웠습니다. 따라서 이때 말하는 인본주의는 당연히 '무신론적 인본주의'이지만, 하나님이 모든 인간적 가치들의 정점이라고 한다면, 이 말은 자기모순에 빠집니다. 인간이 추구하는 모든 가치를 배제한 인본주의는 인본주의가 아니기 때문이지요. 논리적 귀결입니다.

역사를 돌아볼까요? 역시 그렇습니다. 수천 년 동안 신이라는 이름으로 등장한 '최고의 가치들에 대한 이야기들'을 퇴치하고 근대 이후 활발히 전개된 '자연과 인간에 대한 이야기들'은 곧바로 스스로를 절대적 가치인 양 정당화했습니다. 장 프랑수아 리오타르식으로 표현하자면, 근대 이후 개발된 각종 자연과학 및 사회과학적 지식들, 예컨대 계몽주의, 과학주의, 사회다윈주의, 자본주의, 헤겔의 변증법, 역사주의, 마르크스주의, 정신분석학과 같은 한갓 '작은 이야기'petit récit들이 진리로 정당화됨으로써 스스로 '큰 이야기'grands récit가 되었지요. 그리고 곧바로 보편성 실현이라는 미명 아래 각기 자신의 한계를 넘어 문화·예술·정치·경제 등 각종 다른 영역에 침범하여 주인으로 행세하며 폭력을 행사했습니다.

바로 이것이 20세기 후반부터 포스트모더니스트들이 신랄하게 고발한 이른바 근대성modernity의 실체인데, 그것이 연출한 가장 비극적 장면을 우리는 샤워실 안에 가스를 주입한 아우슈비츠, 굴뚝으로 독극물을 투입한 구소련의 굴락, 여인들과 노인들 그리고 아이들의 머리 위로 원자폭탄을 투하한 히로시마와 나가사키에서 확인하고 전율했지요. 이후 라캉, 푸코, 데리다 같은 해체주의자들을 시작으로 리오타르, 하버마스, 로티와 같은 포스트모던 철학자들이—마치 프로크루스테스를 퇴치한 테세우스처럼—이 무참한 야수를 해체하려고 실로 영웅적 노력을 기울였지만, 아직은 미완입니다. 게다가 새로운 위험들도 속속 자라고 있지요. 근래에 유전공학, 진화생물학, 나노공학, 인공지능^{AI} 같은 첨단과학기술에 힘입어 부활하고 있는 과학주의^{Scientism*}가 통섭 또는 융합이라는 미명 아래 다시 큰 이야기로 등극하려고 호시탐탐 기회를 노리고 있습니다. 유발 하라리의 『호모 데우스』는 이에 대한 통렬한 경고라고 할 수 있지요. 그뿐 아니라 포스트모더니스트들이 만들어 낸 새로운 작은 이야기들 역시 큰 이야기가 되어 가는 느낌입니다.

  21세기, 포스트모던 시대를 사는 우리는 이제 개인의 심리, 성적 취향, 소수자의 권익, 문화의 다양성, 인식과 가치의 상대성, 일상의 중요성 등에 몰두하고 있지요. 그것이 잘못되었다는 것이 아닙니다. 라캉과 푸코가 충분히 입증했고 리오타르가 적절히 언급한 대로, 우리는 그런 '작은 이야기'들도 부지런히 해야만 합니다. 그래야 '큰 이야기'가 가진 폭력성을 차단할 수 있지요. 문제는 우리가 '큰 이야기'를 더 이상 하지 않는다는 데 있습니다. 신과 영웅 그리고 자기희생과 헌신에 대해서는 전근대적이

• 과학지상주의, 과학만능주의라고도 한다. 인간의 모든 내면적 문제나 사회적 문제를 자연과학과 동일한 방법으로 정밀하게 인식하고 해결할 수 있다고 하는 독단적인 주장 또는 신념이다. 17세기에 과학혁명과 함께 나타나 18세기 계몽주의를 통해 미학적·도덕적·정치적 영향력을 갖기 시작했다. 19세기에는 생시몽, 콩트 그리고 실증주의 후계자들에 의해 이데올로기화되어 종교적 성격까지 띠었다. 2부 2장 '하나님은 실제로 존재하는가에서 소개한 이신교(理神敎)와 인류교(人類敎)가 대표적인 사례다. 또 사회적 부적합자를 제거해야 사회가 발전한다는 주장으로 20세기 초까지 숱한 폐해를 낳은 허버트 스펜서의 사회진화론이 그 대표적 산물이다.

라는 이유에서 이야기하지 않고, 이성과 주체, 그리고 사회적 진보와 혁명에 대해서는 근대적이라 해서 입을 닫고 있지요. 그리고 오직 탈근대적인 이야기들, 즉 세속적인 것, 일상적인 것, 개인적인 것, 상대적인 것에만 관심을 둡니다.

그러다 보니 인간의 삶과 세계의 역사에 의미와 가치를 부여하고, 그것들이 나아갈 방향을 설정해 주며, 우리를 위협하는 다양한 공포들로부터 방어막이 되어 주던 모든 것들이 홀연히 사라져 버렸습니다. 자기희생과 헌신을 이끌어 내서 인간과 세계를 가치 있게 하던 신은 죽어 버렸고, 인류애와 연대를 통해 사회를 진보시킬 이성과 주체도 소멸해 버렸지요. 젖과 꿀이 흐르는 땅을 향해 바다를 갈랐던 모세의 지팡이는 부러졌고, 유토피아를 향해 치켜들었던 레닌의 팔은 잘렸습니다. 작은 이야기들이 큰 이야기들을 차례로 몰아내고 스스로 큰 이야기가 됨으로써, 시대마다 유효했던 공인된 처방들이 망명정부의 지폐처럼 휴지조각이 되어 버린 겁니다.

그런데 우리가 변하는 동안 세계도 변했습니다. 세계는 이제 예측할 수도 없고 통제할 수도 없는 자연적·사회적 재난들이 삽시에 전 지구적으로 확산되는 이른바 '글로벌 위험사회'로 진입했습니다. 우리가 그렇게 만들었지요. 그곳에서 이제 당신과 나는 '스스로 선택하는 자'로서 모든 당혹스러운 일을 해결해야 할 책임을 홀로 떠맡게 되었습니다. 자고로 모든 위험한 선택에는 두 가지가 필요합니다. 하나는 지혜이고 다른 하나는 신념이지요. 전자는 전근대적 개념이고 후자는 근대적 개념이지요. 탈근대적 이야기 안에는 이 두 가지가 모두 없습니다. 그래서 우리는 마치 부모 잃은 아이처럼 혹은 의사 없는 환자처럼 허둥대기 시작했고, 거리에는 공포가 유령처럼 떠돌아다닙니다. 그래요. 바우만이 이름 붙인 유동하는 공포지요.

이제 우리는 어떻게 해야 할까요? 다시 신을 불러와야 할까요? 아니면 다시 이성에 매달려야 할까요? 공인된 처방은 아직 없지만 나름의 약방문은 분분합니다. 바우만도 『모두스 비벤디』에서 대책을 마련했지요. 그는 전근대, 근대, 탈근대라는 역사적 시대를 사는 사람들의 특성을 각각 '사냥터지기', '정원사', '사냥꾼'에 비유해 다음과 같이 설명했습니다.[2]

전근대는 자연이 사냥터이고, 인간이 사냥터지기로 활동한 시기입니다. 사냥터지기의 임무는 '자연적 균형', 즉 신이 지혜로 조화롭게 질서지어 놓은 '존재의 대연쇄'를 보존하는 것이지요. 반면에 근대는 인간이 정원사로 일한 시기입니다. 정원사는 자기가 가꾸는 정원을 설계한 다음, 그에 적합한 식물들은 성장하게 하고, 적합하지 않은 잡초들은 제거하는 일을 하지요. 그의 임무는 유토피아를 실현하는 것입니다. 그런데 그 시대가 끝나고 말았습니다. 지금은 사냥꾼의 시대지요. 사냥꾼은 "오직 한 명의 사냥꾼에 지나지 않는 나, 또는 많은 무리 중 한 무리의 사냥꾼에 지나지 않는 우리"로서 사냥터나 다른 동료야 어찌 되든 사냥감만 많이 잡으면 그만입니다. 그의 임무는 단지 살아남는 것이지요. 그럼으로써 세계는 점점 지옥이 되어 갑니다.

바우만은 세계가 이처럼 지옥이 된 원인이 "정원사가 사냥꾼에게 자리를 내어 주고 있기 때문"이라고 간파하고, 그것을 되돌릴 것을 촉구했습니다. 그가 제시한 약방문이지요. 처방에 의하면, "유토피아 창조자가 될 수 있는 사람은 바로 정원사"입니다. 그 때문에 우리는 다시 정원사로 돌아가야 합니다. 그리고 지옥을 강요하는 "온갖 종류의 압력에 맞서 용감하게 싸워야만" 합니다.

그렇습니다. 그의 말이 일면 옳습니다! 오늘날에도 계몽, 연대, 혁명은 여전히 필요하고 유효하지요. 그럼에도 내 생각은 조금 다릅니다. 근대를 지나면서, 우리는 훌륭한 정원사가 결코 아니며 또 그렇게 될 수도 없다는 사실이 명백하게 드러났기 때문입니다. 적합한 식물들은 성장하게 하고, 그렇지 않은 잡초들은 제거하는 일에 우리는 소스라치게 폭력적이지요. 이를 통제할 '믿을 만한' 처방과 척도 없이 다시 정원사로 돌아갈 수는 없습니다. 또 다른 아우슈비츠, 굴락, 히로시마를 만들 수는 없기 때문이지요.

게다가 우리는 바우만이 간파한 대로 이미 사냥꾼으로 지옥에 떨어졌습니다. 세계화의 깃발과 함께 사냥나팔이 울렸고 사냥개들은 뛰기 시작했지요. 우리가 역사를 통해 배운 불변의 법칙이 있다면, 역사는 되돌릴 수 없다는 것입니다. 저 위대한 르네상스도 헬레니즘 시대로 고스란히 돌아간 것은 아니었습니다. 샤를 페로Charles Perrault가 1687년 프랑스 학술원에서 당당하게 낭송했듯이, 그들은 아름다운 고대를 존경하면서도 무릎은 꿇지 않고 새 길을 갔습니다. 그렇다면 우리의 새 길은 무엇일까요? 도대체 우리에게 그것이 있기나 한 것일까요?

내 생각에 이 문제는 이것이냐 저것이냐 하는 방법으로 해결될 성질의 것이 아닙니다. 이것을 취하되, 저것도 버리지 말아야지요. 요컨대 작은 이야기들도 하되, 큰 이야기도 함께 하자는 말입니다. 그래야만 큰 이야기가 동반하는 폭력성도 차단되고, 작은 이야기가 가진 맹목성도 제거되지요. 18세기에 서로 첨예하게 대립했던 대륙의 합리론과 영국의 경험론을 종합한 칸트의 유명한 경구를 흉내 내어 표현하자면, 작은 이야기 없는 큰 이야기는 공허하며 큰 이야기 없는 작은 이야기는 맹목이기 때문입니다. 그래서 큰 이야기와 작은 이야기들이 서로 보완하면서 견제하게 하자는 거지요. 이미 1,600년 전에 아우구스티누스가 인간의 탐욕을 치료하기 위해 이와 유사한 틀의 처방을 내린 적이 있습니다.

아우구스티누스는 인간의 탐욕, 곧 '자기 사랑'과 '물질 사랑'의 끈질긴 성질을 정확히 파악하고 있었습니다. 그래서 그는 그것들을 모두 죄로 몰아 금하는 기존의 교리와 사뭇 다른 처방을 내렸습니다.³ 그는 우리가 사랑해야 할 것이 모두 네 가지가 있다고 했지요. 첫째는 위에 있는 하나님이고, 둘째는 우리 자신이며, 셋째는 우리 옆에 있는 이웃이고, 넷째는 아래에 있는 물질이라는 것입니다. 아우구스티누스에 의하면, 기독교 교회가 첫째 '하나님 사랑'과 셋째 '이웃 사랑'만을 교훈하는 이유는 우리가 둘째인 '자기 사랑'과 넷째인 '물질 사랑'은 가르치지 않아도 너무나 잘하고 있기 때문이지요. 하지만 그 어느 쪽이든 두 가지 사랑만으로는 부족하다는 것이 아우구스티누스의 생각입니다. 이 네 가지 사랑이 모두 합해져야 비로소 '온전한 사랑'이 된다는 것이지요. 그가 말하는 '온전한 사랑' 안에서는 자기 사랑과 물질 사랑이 하나님 사랑과 이웃 사랑의 공허함을 해소하고, 하나님 사랑과 이웃 사랑이 자기 사랑과 물질 사랑의 맹목성을 바로잡아 줍니다.

　내가 이 책에서 전개한 하나님에 대한 이야기를 통해 도모하고자 하는 것도 바로 이것입니다. 큰 이야기와 작은 이야기들을 함께 함으로써 우리의 이야기를 '온전한 담론'이 되게 하자는 것이지요. 물론 여기에 뒤따르는 문제들이 없기야 하겠습니까. 곧바로 예상되는 난제가 서로 상반·대립하는 큰 이야기와 작은 이야기들을 어떻게 한데 아우를 수 있는가, 충돌하는 가치들을 어떻게 종합할 수 있는가 하는 것이지요. 이 말을 바우만의 표현을 빌려 바꾸어 보면 그것의 난해성이 더욱 적나라하게 드러납니다. 세계화와 함께 시작된 지옥에서 살아남기에도 급급한 우리가 어떻게 사냥도 하면서, 정원도 가꾸고, 사냥터도 지킬 수 있는가 하는 것입니다.

　이에 대한 구체적이고 현실적인 방안을 찾는 일은 이 책이 설정한 영역을 벗어나기 때문에 구원의 문제를 다룰 다음 책으로 미루고자 합니다. 하지만 잠시 돌아볼까요? 우리가 이 책에서 집요하게 천착해 온 기독교의 하나님 개념은 애당초 상반·대립하는 히브리 종교와 그리스 철학이 불가능한 종합을 시도함으로써 이루어졌습니다. 그것은 인류가 이루어 낸 최초이자 최고의 종합이었지요. 헬레니즘과 헤브라이즘을 주축으로 한 서양문명이 이 종합을 통해 비로소 출발을 알렸기 때문입니다.

우리는 당시 학자들이 이뤄 낸 놀라운 지적 노력을 추적하면서 상반·대립하는 것들을 하나로 종합하는 다양한 기법들—탈시간화와 시간화의 논리, 러브조이의 이중적 논법, 쿠사누스의 대립의 일치, 리오타르의 다원적 이성, '페리코레시스'에 대한 몰트만의 해석 등—을 이미 살펴보았습니다. 우리는 이런 사유들을 더욱 적극적으로 고찰하고 발전시킴으로써 어쩌면 우리가 해야 할 새로운 종합을 이룰 길을 찾을 수 있을지도 모릅니다.

만약 길이 없으면 길을 만들어 가야겠지요. 여기서부터 희망입니다. 역사는 불행히도 가치의 파편화를 낳았고 파편화된 가치들은 인간과 세계를 위기로 몰고 있지만, 어둠이 내리면 미네르바의 부엉이가 날아오르지요. 고대가 저물어 갈 즈음 헬레니즘과 헤브라이즘의 종합이 이루어졌고, 중세가 황혼에 물들 때 르네상스가 일어났습니다. 이제 우리도 새 길을 찾아야 할 때입니다. 쉬운 일은 아니겠지만, 아마도 이것이 오늘날 인문학에 주어진 가장 중요한 과제일지도 모릅니다. 만약 성공한다면, 그것은 새로운 종합이 될 것이며 새로운 르네상스가 되겠지요. 다음 책에서—2,000년 전 창조주와 피조물, 하나님과 인간, 천국과 유토피아를 하나로 묶어 구원의 길을 열었던 예수님을 길라잡이 삼아—이 길을 함께 찾아보기로 기약하며, 알렉산더 포프의 "인간론" 가운데 다음 구절을 소개하며 마칩니다.

인간의 지식은 그 입장과 위치에서만 합당하고
그의 시간은 하나의 찰나이며, 그의 공간은 하나의 점.

어떤 차원에서든 온전하게 되기 위해서라면
이른들 늦은들, 이곳인들 저곳인들 어떠리.
오늘 복 받은 자 온전히 복 받고 있느니라,
천 년 전부터 복 받은 자와 다름없이.⁴

참고문헌

1부 하나님은 누구인가

1 요한 요아힘 빙켈만, 민주식 역,『그리스 미술 모방론』(Gedanken über die Nachahmung der griechischen Werke in der Malerei und Bildhauserkunst), 이론과실천, 1995, p. 158.
2 언스트 곰브리치, 최민 역,『서양미술사』(The Story of Art), 열화당, 1998, p. 287.
3 볼프하르트 판넨베르크, 여상훈 역,『신, 인간 그리고 과학』(Gott, der Mensch und die Wissenschaft), 시유시, 2001, p. 35.
4 존 밀턴,『실낙원』, 5, 581-636.
5 같은 책, 5, 566-572.
6 단테,『신곡』, 1, 14, 51-60.
7 같은 책, 1, 14, 63-70.
8 Pindaros, Nemean, 6, 1-4.
9 참고. 요한 요아힘 빙켈만, 앞의 책, pp. 34-42.
10 참고. 같은 책, p. 34.
11 참고. 같은 책, pp. 70-72.
12 참고. 조철수,『유대교와 예수』, 길, 2002, p. 64.
13 참고. 케네스 클라크, 이재호 역,『누드의 미술사』(The Nude: A Study of Ideal Art), 열화당, 1982, p. 310.
14 요한 요아힘 빙켈만, 민주식 역,『그리스 미술 모방론』, 이론과실천, 1995, p. 44.
15 참고. 같은 책, p. 46.
16 같은 책, p. 44
17 참고. 플라톤,『파이돈』, 72e이하, 75e이하;『메논』, 80d.
18 참고. 플라톤,『파이드로스』, 245b-257b.
19 플라톤,『국가』, 518d, 521c.
20 프로페르티우스,『애가』, 3, 12 중 일부.
21 플로티노스,『엔네아데스』, 3, 5, 4.
22 단테,『소네트』, 16 중 일부.
23 미켈란젤로,『소네트』, 52 중 일부.
24 참고. E. Panofski, 이한순 역,『도상해석학 연구』(Studies in Iconology), 시공사, 2002, pp. 323

이하.
25 참고. 요한 요아힘 빙켈만, 민주식 역, 『그리스 미술 모방론』, 이론과실천, 1995, p. 28.
26 아리스토텔레스, 『시학』, 25, 1460b, 35.
27 알렉산드리아의 클레멘스, 『학설집』, 5, 109 (참고. H. Diels, & W. Kranz, *Die Fragmente der Vorsokratiker*, Berlin; Weidmamm, 1st ed., 1903, DK21 B14-23).
28 아리스토텔레스, 『형이상학』, 1072a, 25.
29 단테, 『신곡』, 3, 24, 130-132.
30 에티엔 질송, 김규영 역, 『철학과 신』(*God and Philosophy*), 성바오로서원, 1981, p. 47.
31 토마스 아퀴나스, 『신학대전』, 3. 1.
32 니사의 그레고리우스, 『인간창조론』, 184b.
33 요한 칼빈, 『기독교 강요』, 1, 15, 3.
34 파울 틸리히, 김경수 역, 『조직신학』(*Systematic Theology*), II, 성광문화사, 1992, p. 33.
35 조지 매더슨, "태초에 하나님이 사랑하셨다" 중 일부.
36 프랜시스 톰슨, "하늘의 사냥개" 중 일부.
37 호메로스, 『일리아스』, 1, 43-52.
38 같은 책, 1, 207-214.

2부 하나님은 존재다

1 토마스 아퀴나스, 『신학대전』, 1, 3.
2 같은 책, 1, 13, 11.
3 같은 책, 1, 13, 11.

1장 존재란 무엇인가

1 윌리엄 셰익스피어, 『로미오와 줄리엣』, 2, 2, 38-47.
2 발터 아이히로트, 박문재 역, 『구약성서 신학』(*Theology of the Old Testament*), I, CH북스, 1998, p. 218.
3 앙드레 라콕 & 폴 리쾨르, 김창주 역, 『성서의 새로운 이해』(*Thinking Biblically*), 살림, 2006, p. 399.
4 참고. 발터 아이히로트, 앞의 책, pp. 185-195.
5 아리스토텔레스, 『자연학』, 3, 6, 207a.
6 아우구스티누스, 『설교집』, 117, 3, 5.
7 토마스 아퀴나스, 『신학대전』, 1, 13. 11.
8 참고. 토마스 아퀴나스, 『신학요강』 1, 11; 『신학대전』, 1, 3, 4; 『대이교도대전』, 1, 22.
9 H. Diels, & W. Kranz, *Die Fragmente der Vorsokratiker*, Berlin; Weidmamm, 1st ed. 1903, DK 12 B1.
10 같은 책, DK 12 A15.
11 같은 책, DK 12 B3.

12 같은 책, DK 12 A15.
13 같은 책, DK 12 A15.
14 같은 책, DK 28 B8.
15 에티엔 질송, 정은해 역, 『존재란 무엇인가』(Being and some Philosophers), 서광사, 1992, p. 50.
16 E. Jüngel, Gott als Geheimnis der Welt, 1977, p. 331.
17 괴테, 『파우스트』, 1, 3432-3441.
18 참고. 발터 아이히로트, 박문재 역, 『구약성서 신학』, I, CH북스, 1998, p. 217.
19 참고. 앙드레 라콕·폴 리쾨르, 김창주 역, 『성서의 새로운 이해』, 살림, 2006, pp. 403이하.
20 참고. 발터 아이히로트, 앞의 책, p. 198.
21 H. Gese, "Der Name Gottes im Alten Testament", in Der Name Gottes, Düsserdorf: Partmos, 1975, p. 79.
22 크리스토퍼 스마트, "다윗에게 부치는 노래", 3연.
23 앙드레 라콕·폴 리쾨르, 앞의 책, p. 394.
24 참고. 토마스 아퀴나스, 『신학요강』, 1, 16; 『신학대전』, 1, 3, 1; 『대이교도대전』, 1, 20.
25 K. Barth, Das Wort Gottes als Aufgabe der Theologie: in Anfänge der dialektische Theologie 1, hrsg. von J. Moltmann, München, 1962, p. 25.
26 같은 책, p. 315.
27 파울 틸리히, 김경수 역, 『조직신학』, 1-하, 성광문화사, 1992, pp. 142, 145.
28 Simplikios in Phys., S. 86, 7f., S. 117, 4f (DK 28 B6).
29 참고. 토마스 아퀴나스, 『신학요강』, 1, 4; 『신학대전』, 1, 9, 1; 『대이교도대전』, 1, 13.
30 Simplikios in Phys., S. 145, 1-146, 25, S. 38, 30-39, 9 (DK 28 B8).
31 플루타르코스, 『콜로테스에 대한 반박』, 1114d.
32 참고. 플라톤, 『국가』, 509d-511e.
33 플라톤, 『테아에테투스』, 183e.
34 에티엔 질송, 앞의 책, pp. 37-39.
35 단테, 『신곡』, 3, 7, 124-135.
36 참고. 플라톤, 『파이돈』, 102b, 103b.
37 같은 책, 100c.
38 참고. 플라톤, 『필레보스』, 24aff.; 『향연』, 211a-e; 『파이돈』, 75b, 77a 등.
39 단테, 『신곡』, 3, 13, 67-72.
40 참고. 플라톤, 『국가』, 509d-511e.
41 참고. 플라톤, 『향연』, 211a-e.
42 플라톤, 『국가』, 509d.
43 참고. 아리스토텔레스, 『영혼론』, 414a-415a.
44 아우구스티누스, 『신국론』, 12, 2.
45 토마스 아퀴나스, 『철학대전』, 3, 97.
46 아리스토텔레스, 『영혼론』, 414a-415a 13.
47 존 밀턴, 『실낙원』, 5, 505-510.
48 참고. 플로티노스, 『엔네아데스』, 1, 8, 7.

49 안셀무스,『프로슬로기온』, 24.
50 안셀무스,『모놀로기온』, 16.
51 알렉산더 포프,『인간론』, 4, 49-51.
52 단테,『신곡』, 3, 8, 100-117.
53 라이프니츠,『신정론』, 3, 246.
54 아서 O. 러브조이, 차하순 역,『존재의 대연쇄』(Great Chain of Being, 1936), 탐구당, 1992, p. 279에서 재인용.
55 새뮤얼 리처드슨,『파멜라』, 1 중 일부.
56 플로티노스,『엔네아데스』, 5, 2, 1.
57 같은 책, 5, 2, 1.
58 참고. 에티엔 질송, 앞의 책, p. 57.
59 플로티노스,『엔네아데스』, 5, 9, 3.
60 참고. 에티엔 질송, 앞의 책, p. 56.
61 플로티노스,『엔네아데스』, 5, 2, 1.
62 같은 책, 3, 8, 3.
63 『신곡』, 3, 13, 52-60.
64 라이프니츠,『단자론』, 56.
65 프리드리히 실러, "친구" 중 일부.
66 매슈 아널드,『에트나 산 위의 엠페도클레스』중 일부.
67 존 노리스,『작품집』, p. 69.
68 마크로비우스,『스키피오의 꿈에 관한 주석』, 1, 14.
69 알렉산더 포프,『인간론』, 1, 237-246.
70 참고. 토를라이프 보만, 허혁 역,『히브리적 사유와 그리스적 사유의 비교』(Das hebräische Denken im Vergleich mit dem griechischen), 분도출판사, 1975, pp. 33-45.
71 같은 책, p. 47.
72 K. H. Ratschow, Werden und Wirken, Berlin, 1941, Z.A.W. Beih. 70, p. 81.
73 토를라이프 보만, 앞의 책, p. 59.
74 같은 책, p. 59.
75 참고. 같은 책, pp. 146-216.
76 아리스토텔레스,『오르가논』, 6권,『궤변 논박』, 165b-166a.
77 참고. 아서 O. 러브조이, 앞의 책, p. 70.
78 아우구스티누스,『삼위일체론』, 5, 1, 2.
79 J. W. Goethe, Gesamte Werke von J. W. Goethe, Hamburger Ausgabe, München, 1988, Bd. 1, p. 369.
80 참고. 볼프하르트 판넨베르크, 여상훈 역,『신, 인간 그리고 과학』, 시유시, 2001, p. 220.
81 같은 책, p. 222.
82 참고. 아우구스티누스,『고백록』, 12. 8.
83 안셀무스,『모놀로기온』, 22.
84 같은 책, 23.

85 참고. 같은 책, 14.
86 참고. 같은 책, 23.
87 참고. 같은 책, 24.
88 K. Barth, *Das Wort Gottes als Aufgabe der Theologie*, in *Anfänge der dialektische Theologie*, 1. hrsg. von J. Moltmann, München, 1962, p. 315.
89 안셀무스, 『프로슬로기온』, 1.

2장 하나님은 실제로 존재하는가

1 참고. 토마스 아퀴나스, 『신학대전』, 1, 2, 2.
2 안셀무스, 『프로슬로기온』, 서문.
3 안셀무스, 『모놀로기온』, 6.
4 안셀무스, 『프로슬로기온』, 2.
5 같은 책, 2-3.
6 같은 책, 3.
7 참고. 안셀무스, 「이 반론에 대한 이 책 저자의 답변」, 1-2.
8 데카르트, 『성찰』, 5, 8.
9 참고. 이마누엘 칸트, 『순수이성비판』, A 592이하.
10 참고. 같은 책, B 620.
11 참고. 같은 책, B 621.
12 참고. 같은 책, B 626.
13 참고. 같은 책, B 621이하.
14 같은 책, B 625
15 같은 책, B 627.
16 같은 책, B 630.
17 존 밀턴, 『실낙원』, 5, 504-510.
18 참고. 토마스 아퀴나스, 『신학대전』, 1, 2, 3.
19 이마누엘 칸트, 『순수이성비판』, B 619.
20 같은 책, B 637이하.
21 에드워드 영, 『야상』, 4.
22 빅토르 위고, 『정관시집』, 2, liv. 4.
23 참고. 토마스 아퀴나스, 『신학대전』, 1, 2, 3.
24 W. Faley, *Works*, London, WM. Orr, 1849, p. 25 [참고. 존 힉, 김희수 역, 『종교철학』(*Philosophy of Religion*), 동문선, 2000, pp. 48-50].
25 참고. 데이비드 흄, 이태하 역, 『자연종교에 관한 대화』(*Dialogues Concerning Natural Religion*), 나남, 2008, 5장.
26 참고. 같은 책, 8장.
27 알렉산더 포프, 『인간론』, 1, 123-126.
28 이마누엘 칸트, 『순수이성비판』, B 664.
29 참고. 리처드 도킨스, 이한음 역, 『만들어진 신』(*The God Delusion*), 김영사, 2007, pp. 7-8.

30 리처드 도킨스, 이용철 역, 『눈먼 시계공』(*The Blind Watchmaker*), 사이언스북스, 2004, p. 28.
31 J. H. Newman, *Idea of University*, London, Longmans, Green 1907, p. 454 [알리스터 E. 맥그래스, 김태완 역, 『도킨스의 신』(*Dawkins' God*), SFC, 2007, p. 134에서 재인용].
32 참고. 플라톤, 『파이돈』, 103b.
33 아리스토텔레스, 『형이상학』, 1039b.
34 같은 책, 991a.
35 같은 책, 1017b 25-26; 1042a 28-31.
36 이마누엘 칸트, 『순수이성비판』, B 75.
37 참고. 같은 책, B 294-318.
38 윌 듀랜트, 황문수 역, 『철학이야기』(*The Story of Philosophy*), 문예출판사, 2001, p. 388.
39 이마누엘 칸트, 『순수이성비판』, B 295.
40 같은 책, B 664.
41 파울 틸리히, 송기득 역, 『19-20세기 프로테스탄트 사상사』(*Perspective on 19th and 20th Century Protestant Theology*), 한국신학연구소, 1993, p. 84.
42 이마누엘 칸트, 『순수이성비판』, B 664.
43 참고. 파울 틸리히, 앞의 책, p. 83.
44 안셀무스, 『프로슬로기온』, 14.
45 W. James, *The Varieties of Religion Experience*, New York, The Modern Library, 1902, p. 423.
46 참고. 토머스 홉스, 『리바이어던』, 32.
47 참고. D. Hume, *An Enquiry Concerning Human Understanding*, Indianapolis, Hackett Publishing Co., 1977, p. 80.
48 참고. R. Otto, *The Idea of the Holy*, Oxford University Press, London, 1936, pp. 17-26, 31-33. 『성스러움의 의미』(길희성 역, 분도출판사, 1999).
49 참고. J. A. Weisheipl, O.P., *Friar Thomas d'Aquino: His Life, Thought, and Works*, Garden City, N.Y.: Doubleday, 1974. p. 321.
50 참고. 토머스 쿤, 김명자 역, 『과학 혁명의 구조』(*The Structure of Scientific Revolution*), 까치글방, 2009, pp. 166, 168, 183.
51 같은 책, p. 166.
52 참고. J. Skinner, *Prophecy and Religion*, Cambridge University Press, Cambridge, 1922, p. 261.
53 참고. 게르하르트 킷텔 지음, 제프리 W. 브라밀리 편역, 『신약성서 신학사전』(*Theological Dictionary of the New Testament*), 요단출판사, 1986, p. 525.
54 파스칼, 『팡세』, 728-470(앞의 것은 라퓌마판, 뒤의 것은 브룬슈픽판의 번호임).
55 같은 책, 309-430.

3부 하나님은 창조주다

1 아우구스티누스, 『고백록』, 9, 10.
2 같은 책, 9, 12.

3   A. Souter, *The Earliest Latin Commentaries on Epistles of St. Paul*, 1927, p. 139

3장 창조론이 왜 『고백록』 안에 있나

1   아우구스티누스, 『고백록』, 2, 2.
2   아우구스티누스, 『신앙하는 것의 유용성에 관하여』, 6, 13.
3   아우구스티누스, 『고백록』, 3, 1.
4   참고. 같은 책, 3, 1.
5   참고. 같은 책, 3, 2.
6   같은 책, 3, 4.
7   같은 책, 1. 1.
8   참고. 같은 책, 3, 6.
9   Chavannes-Pelliot, *Journ.* asist. sér, XI, I, 1913, p. 114.
10 참고. 플라톤, 『티마이오스』, 28e-30b.
11 아우구스티누스, 『고백록』, 11. 4.
12 같은 책, 5, 8.
13 참고. 같은 책, 5. 9.
14 참고. 파울 틸리히, 송기득 역, 『폴 틸리히의 그리스도교 사상사』(*Vorlesungen über die geschichte des Christlichen Denkens-Urchristentum bis Nachreformation*), 한국신학연구소, 1993, p. 152.
15 유발 하라리, 김명주 역, 『호모 데우스』, 김영사, 2017, p. 69.
16 같은 책, p. 38.
17 참고. 같은 책, pp. 80-81.
18 참고. 같은 책, pp. 455-457.
19 참고. 같은 책, pp. 503-544.
20 같은 책, p. 534.
21 참고. 같은 책, p. 542.
22 참고. 아우구스티누스, 『고백록』, 5, 13.
23 참고. 같은 책, 5, 14.
24 같은 책, 6. 4.
25 아우구스티누스, 「아카데미주의자들을 반대하여」, 3, 20, 43.
26 참고. 아우구스티누스, 『고백록』, 5, 6.
27 같은 책, 5, 14.
28 참고. 파울 틸리히, 앞의 책, p. 151.
29 아우구스티누스, 『고백록』, 6, 13.
30 같은 책, 6. 15.
31 같은 책, 6, 15.
32 클리포드 다이먼트, 『시집』, "32세의 성 어거스틴".
33 참고. 아우구스티누스, 『고백록』, 8, 6.
34 같은 책, 8, 12.
35 참고. 같은 책, 7, 9.

36 같은 책, 7, 20.
37 참고. 같은 책, 9, 3-4.
38 같은 책, 9. 6.
39 아우구스티누스, 『설교집』, 355, 2.
40 로이 배튼하우스, "성 아우구스티누스의 생애", 로이 배튼하우스 편, 현재규 역, 『아우구스티누스 연구 핸드북』, CH북스, 1997, p. 76.
41 같은 책, p. 16.
42 참고. 아우구스티누스, 『고백록』, 3, 6.
43 참고. 같은 책, 10.
44 이레네우스, 『에베소인들에게 보내는 서신』, 20, 1.
45 파울 틸리히, 송기득 역, 『19-20세기 프로테스탄트 사상사』, 한국신학연구소, 1993, p. 38.
46 아우구스티누스, 『고백록』, 1, 1.
47 단테, 『신곡』, 1, 1, 130-133.
48 밀턴, 『실낙원』, 1, 1, 17-26.
49 참고. 게리 윌스, 안인희 역, 『성 아우구스티누스』(*Saint Augustinus*), 푸른숲, 2005, pp. 9-13.
50 참고. 로이 배튼하우스, "성 아우구스티누스의 생애", 로이 배튼하우스 편, 현재규 역, 『아우구스티누스 연구 핸드북』, CH북스, 1997, p. 32.
51 "하이델베르크 요리문답"(Heidelberg Catechism), 26.
52 참고. 로이 배튼하우스, "성 아우구스티누스의 생애", 로이 배튼하우스 편, 현재규 역, 『아우구스티누스 연구 핸드북』, CH북스, 1997, p. 37.
53 아우구스티누스, 『설교집』, 141, 2.
54 E. Brunner, *Natur und Gnade*, Tübingen, J. C. B. Mohr, 1934, p. 25.
55 참고. 요한 칼빈, 『기독교 강요』, 1, 14, 20.
56 J. W. Goethe, *Gesamte Werke von J. W. Goethe*, Hamburger Ausgabe, München, 1988, Bd. 12, p. 36.

4장 창조는 어떻게 이루어졌나

1 아우구스티누스, 『고백록』, 11, 6.
2 아우구스티누스, 『고백록』, 12, 8.
3 아우구스티누스, 『신국론』 11, 6.
4 참고. 아우구스티누스, 『고백록』, 11, 12.
5 참고. 요한 칼빈, 『기독교 강요』, 1, 14, 1.
6 참고. 아우구스티누스, 『고백록』 11장, 특히 12, 13, 30, 31절.
7 같은 책, 11, 12.
8 참고. 브라이언 그린, 박병철 역, 『우주의 구조』(*The Fabric of the Cosmos*), 승산, 2004. p. 331.
9 참고. 브라이언 그린, 박병철 역, 『엘러건트 유니버스』(*The Elegant Universe*), 승산, 2002, pp. 493-494.
10 참고. 로저 펜로즈, 박승수 역, 『황제의 새 마음』(*The Emperor's New Mind*), 이화여자대학교 출판부, 2005, p. 527.
11 같은 책, p. 530.

12 D. Lackey, *The Big Bang and Cosmological Argument* [존 호트, 구자현 역, 『과학과 종교, 상생의 길을 가다』(*Science & Religion*), 코기토, 2003, pp. 160-161에서 재인용].
13 참고. P. Erbrich, *Makrokosmos—Mikrokosmos*, Stuttgart, 1996. p. 194.
14 참고. 빌 브라이슨, 이덕환 역, 『거의 모든 것의 역사』(*A Short Story of Nearly Everything*), 까치, 2003, p. 25.
15 참고. 미치오 가쿠, 박병철 역, 『평행우주』(*Parallel Worlds*), 김영사, 2009, pp. 178-182.
16 참고. 브라이언 그린, 박병철 역, 『우주의 구조』, 승산, 2004. p. 329.
17 참고. 마틴 리스, 김혜원 역, 『여섯 개의 수』(*Just Six Numbers*), 사이언스북스, 2006, pp. 15-34.
18 같은 책, pp. 165-166.
19 요한 칼빈, 『기독교 강요』, 1, 14, 22.
20 리처드 블랙모어, 『천지창조』, 2권 일부.
21 에드워드 영, 『야상』, "아홉 번째 밤" 중 일부.
22 르네 데카르트, 『철학원리』, 3, 3.
23 M. Rees, *Before the Beginning*, Reeding Mass.: Perseus Books, 1997, p. 3.
24 참고. 앞의 책, p. 28.
25 프리먼 다이슨, 김희봉 역, 『프리먼 다이슨 20세기를 말하다』(*Disturbing the Universe*), 사이언스북스, 2009, p. 348.
26 같은 책, p. 350.
27 아우구스티누스, 『신국론』, 11, 6.
28 로버트 헤릭, "병상에서 신에게" 전문.
29 루트비히 비트겐슈타인, 『철학적 탐구』, 1, 108.
30 루트비히 비트겐슈타인, 『확실성에 대하여』, 65.
31 루트비히 비트겐슈타인, 『철학적 탐구』, 1, 19.
32 같은 책, 1, 373.
33 참고. 루트비히 비트겐슈타인, 『쪽지』, 234-235.
34 참고. S. C. Brown, *Do Religious claims make sense?*, S.C.M., London, 1969, p. 118.
35 참고. 앤서니 티슬턴, 박규태 역, 『두 지평』(*The Two Horizons*), IVP, 2017, 14장 60, 61.
36 테드 피터스, "과학과 신학: 공명을 향하여", 테드 피터스 엮음, 『과학과 종교』, 동연, 2002, p. 41.
37 참고. 루퍼트 리드·웨슬리 샤록, 김해진 역, 『토머스 쿤—과학혁명의 사상가』(*Kuhn: Philosopher of Scientific Revolution*), 사이언스북스, 2005, pp. 209-295.
38 장 프랑수아 리오타르, 이현복 역, 『포스트모던적 조건: 정보 사회에서의 지식의 위상』(*La Condition Postmoderne*), 서광사, 1992, p. 15.
39 존 호트, 김윤성 역, 『다윈 안의 신』(*Deeper than Darwin*), 지식의숲, 2005, p. 200.
40 장 프랑수아 리오타르, 앞의 책, p. 94.
41 루트비히 비트겐슈타인, 『철학적 탐구』, 1, 18.
42 장 프랑수아 리오타르, 앞의 책, p. 14.
43 같은 책, p. 143.
44 같은 책, p. 143.

45 게르하르트 뵈르너, 전대호 역, 『창조자 없는 창조?』(*Schöpfung ohne Schöpfer?*), 해나무, 2010, p. 21.
46 J. F. Lyotard, *Die Vernunftverwirrung, Grabmal des Intellektuellen*, Graz, Wien: Böhlau, 1985, p. 38.
47 J. W. Goethe, *Gesamte Werke von J. W. Goethe*, Hamburger Ausgabe, München, 1988, Bd. 1, p. 357.
48 게르하르트 뵈르너, 앞의 책, p. 246.
49 아우구스티누스, 『고백록』, 11, 13.
50 참고. 토마스 아퀴나스, 『신학요강』, 1, 5; 『신학대전』, 1, 10, 2; 『대이교도대전』, 1, 15.
51 참고. 아우구스티누스, 『고백록』, 11, 13.
52 참고. 게르하르트 뵈르너, 앞의 책, p. 216.
53 칼 바르트, 『교회 교의학』, 3, 2:437.
54 참고. 같은 책, 3, 1:74.
55 같은 책, 2, 1:623.
56 플라톤, 『티마이오스』, 37e-38a.
57 플로티노스, 『엔네아데스』, 3, 7, 3.
58 같은 책, 3, 7, 5.
59 아우구스티누스, 『고백록』, 11, 14.
60 플라톤, 『티마이오스』, 37d.
61 참고. 아리스토텔레스, 『형이상학』, 1071b; 『자연학』, 4, 218a 33-b 1.
62 참고. 아리스토텔레스, 『형이상학』, 1071b; 『자연학』, 4, 219a 1-10, 251b 28.
63 아리스토텔레스, 『자연학』, 4, 11-12.
64 플로티노스, 『엔네아데스』, 3, 7, 8-10.
65 같은 책, 6, 1, 5, 19.
66 같은 책, 3, 7, 8, 22.
67 같은 책, 3, 7, 11. 45.
68 같은 책, 3, 7, 11. 45-55
69 윌리엄 셰익스피어, 『루크리스의 능욕』, 925-926.
70 플로티노스, 『엔네아데스』, 3, 7, 11, 58.
71 같은 책, 3, 7, 12, 20.
72 플라톤, 『티마이오스』, 37d, 37e.
73 플로티노스, 『엔네아데스』, 3, 7, 2.
74 아우구스티누스, 『고백록』, 11, 20.
75 아우구스티누스, 『고백록』, 10, 17.
76 참고. 토마스 아퀴나스, 『신학요강』, 1, 134; 『신학대전』, 1, 57, 3; 『대이교도대전』, 3, 154.
77 토마스 아퀴나스, 『신학요강』, 1, 133.
78 윌리엄 셰익스피어, 『루크리스의 능욕』, 211-217.
79 아우구스티누스, 『고백록』, 6, 16.
80 같은 책, 1, 1.

81 폴 리쾨르, 김한식·이경래 역, 『시간과 이야기』(Temps et Recit), 2, 문학과지성사, 2000, p. 283.
82 아우구스티누스, 『고백록』, 10, 8.
83 조르주 풀레, 조종권 편저, 『마르셀 프루스트의 문학세계』(Etudes sur le temps humain), 청록출판사, 1996, pp. 206-207.
84 같은 책, pp. 308-309.
85 아우구스티누스, De diversis quaestionibus, 83, 58.
86 알랭 바디우, 현성환 옮김, 『사도 바울』, 새물결, 2008, p. 13.
87 발터 벤야민, 최성만 옮김, 『역사의 개념에 대하여』, 도서출판 길, 2009, p. 350.
88 참고. 아우구스티누스, 『고백록』, 12. 8-13.
89 같은 책, 12, 13.
90 아우구스티누스, 『주님의 산상설교』, 1, 5.
91 토마스 아퀴나스, 『신학요강』, 2, 6.
92 셰익스피어, 『존 왕』, 4, 2. 11-12.
93 아우구스티누스, 『고백록』, 12. 3; 아우구스티누스, 『선의 본성을 논함』, 18.
94 아우구스티누스, 『고백록』, 12. 8.
95 참고. 베르너 하이젠베르크, 최종덕 역, 『철학과 물리학의 만남』(Physics and Philosophy), 도서출판 한겨레, 1985, pp. 66-67.
96 볼프하르트 판넨베르크, 여상훈 역, 『신, 인간 그리고 과학』, 시유시, 2001, pp. 220-221.
97 참고. 로버트 존 러셀, "'행위하는 신'은 진정 자연 안에서 활동하는가?", 테드 피터스 엮음, 『과학과 종교』, 동연, 2002, p. 162.
98 참고. 같은 책 p. 165-166.
99 아우구스티누스, 『문자를 반대하는 창조에 관하여』, 9, 17.
100 게르하르트 뵈르너, 앞의 책, p. 249.
101 참고. 아우구스티누스, 『선의 본성을 논함』, 26.
102 참고. 플라톤, 『티마이오스』, 28c, 37c, 41a, 42e.
103 참고. 같은 책, 51a.
104 참고. 같은 책, 37c.
105 참고. 같은 책, 37d, 50c-51b.
106 헤르마스, 『목자』, 1:1.
107 아우구스티누스, 『고백록』, 12. 7.
108 아우구스티누스, 『선의 본성을 논함』, 27.
109 참고. 토마스 아퀴나스, 『신학요강』, 1, 69; 『신학대전』, 1, 44, 2; 『자연학 주해』, 7, 7; 『권능론』, 3, 5.
110 참고. 「마카베오2서」, 7, 28이하.
111 참고. 아우구스티누스, 『고백록』, 13, 28.
112 같은 책, 11, 4.
113 참고. 플라톤, 『국가』, 508c, 509b, 517c.
114 참고. 플로티노스, 『엔네아데스』, 1. 8. 7.
115 단테, 『신곡』, 3, 13, 61-63.
116 참고. 아우구스티누스, 『신국론』, 11, 22.

117 참고. 아우구스티누스, 『마니교도들의 도덕에 관하여』, 18, 65.
118 플라톤, 『티마이오스』, 28e-30b.
119 아우구스티누스, 『신국론』, 11, 21.
120 같은 책, 13, 18.
121 같은 책, 10, 30.
122 마크 에이컨사이드, "상상의 즐거움", BK. 2의 일부.
123 참고. 아우구스티누스, 『자유의지론』, 3, 11, 32.
124 참고. 아우구스티누스, 『신국론』, 14, 13; 12, 1과 8.
125 아우구스티누스, 『고백록』, 12, 7.
126 단테, 『신곡』, 3, 10, 1-9.
127 아우구스티누스, 『신국론』, 11, 7.
128 참고. 아우구스티누스, 『은총과 자유의지에 관하여』, 3, 26.
129 아우구스티누스, 『신국론』, 11, 33.
130 존 밀턴, 『실낙원』, 5, 575-581.
131 참고. 플라톤, 『티마이오스』, 39d.
132 참고. 제랄드 슈뢰더, 이정배 역, 『신의 과학』(*The Science of God*), 범양사, 2000, 제3장 "우주의 나이", 제4장 "창세기의 여섯 날들".
133 존 밀턴, 『실낙원』, 7, 163-177.
134 아우구스티누스, 『요한복음 주석』, 36, 1.
135 참고. 토를라이프 보만, 허혁 역, 『히브리적 사유와 그리스적 사유의 비교』, 분도출판사, 1975, pp. 80-83.
136 참고. 게르하르트 킷텔 지음, 제프리 W. 브라밀리 엮음, 『신약성서 신학사전』, 요단출판사, 1986, p. 431.
137 아우구스티누스, 『고백록』, 10, 1, 1.
138 토를라이프 보만, 앞의 책, p. 82.

5장 창조의 목적은 무엇인가

1 요한 칼빈, 『기독교 강요』, 1, 16, 1.
2 마크 에이컨사이드, "상상의 즐거움", BK. 2의 일부.
3 참고. 파울 틸리히, 김경수 역, 『조직신학』, 1-하, 성광문화사, 1992, p. 174.
4 피에르 롱사르, 카스트너 편, 『시집』, 2, p. 40, "가장 아름다운 것에 대한 찬가".
5 존 노리스, 『작품집』, p. 69.
6 참고. 플라톤, 『국가』, 507b, 508c, 509b.
7 플라톤, 『필레보스』, 60c.
8 아리스토텔레스, 『에우데모스 윤리학』, 7, 1244b-1245b.
9 존 밀턴, 『실낙원』, 8, 415-422; 428-430.
10 플라톤, 『티마이오스』, 29d.
11 참고. 같은 책, 29, 30.
12 플로티노스, 『엔네아데스』, 5, 2, 1.

13 단테, 『신곡』, 3, 7, 64-66.
14 마크 에이컨사이드, "상상의 즐거움", BK. 2의 일부.
15 참고. J. Macquarrie, Thinking about God, London, SCM, 1975, p. 111.
16 단테, 『신곡』, 3, 33, 124-126.
17 J. Calvin, Corpus Reformatorum. Calvini Opera (개혁자 총서 중 칼빈 전집), 31, 194.
18 프리드리히 실러, "친구" 중 일부.
19 라이너 마리아 릴케, 『기도시집』, 1부, "수도사 생활의 서" 중 일부.
20 참고. 파울 틸리히, 앞의 책, p. 194.
21 리처드 도킨스, 이용철 역, 『눈먼 시계공』, 사이언스북스, 2004, p. 28.
22 참고. 프랭클린 보머, 조호연 역, 『유럽 근현대 지성사』(Continuity and Change in Idea 1600-1950), 현대지성사, 1999, pp. 201-364.
23 에드워드 영, 『야상』, "아홉 번째 밤" 중 일부.
24 이래즈머스 다윈, 『자연의 전당』 중 일부.
25 참고. 존 앤거스 캠벨, "찰스 다윈―과학의 수사가", 존 S. 넬슨 외, 박우수·양태종 역, 『인문과학의 수사학』(The Rhetoric of the Human Science), 고려대학교출판부, 2003, p. 103.
26 참고. 같은 책, p. 97.
27 참고. N. Barlow, ed., The Autography of Charles Darwin: 1809-1882, London: Collins, st. James Place, 1958, p. 120.
28 참고. 김덕호, "사회다윈주의", 김영한·임지현 편, 『서양의 지적운동』, 지식산업사, 1997, p. 577.
29 단테, 『신곡』, 3, 8, 112-117.
30 알렉산더 포프, 『비평론』, 68-72.
31 찰스 다윈, 김관선 역, 『인간의 유래』(The Descent of Man, and election in Relation to Sex), 한길사, 2009, p. 215.
32 김덕호, "사회다윈주의", 김영한·임지현 편, 『서양의 지적운동』, 지식산업사, 1997, p. 580에서 재인용.
33 참고. 피터 싱어, 최정규 역, 『다윈의 대답 1: 변하지 않는 인간의 본성은 있는가?』(The Darwinian Left: Politic, Evolution and Cooperation), 이음, 2007.
34 조지 허버트, "인간" 중 일부.
35 알리스터 E. 맥그래스, 김태완 역, 『도킨스의 신』, SFC출판부, 2007, p. 93에서 재인용.
36 윌 듀랜트, 황문수 역, 『철학이야기』, 문예출판사, 2001, p. 434.
37 니체, 『차라투스트라는 이렇게 말했다』, 서문, 3.
38 단테, 『신곡』, 3, 7, 142-148.
39 앨프리드 테니슨, "인 메모리엄", 서곡, 1-6.
40 참고. 자크 바전, 이희재 역, 『새벽에서 황혼까지』(From Down to Decadence), 2권, 민음사, 2006, p. 207.
41 참고. 알리스터 E. 맥그래스, 앞의 책, p. 108.
42 에이드리언 데스먼드·제임스 무어, 김명주 역, 『다윈 평전』(Darwin), 뿌리와이파리, 2009, pp. 1055-1056에서 재인용.

43 참고. 같은 책, p. 1055.
44 참고. 알리스터 E. 맥그래스, 앞의 책, p. 149.
45 참고. 같은 책, p. 151-152; 알리스터 E. 맥그래스, 박규태 역, 『기독교, 그 위험한 사상의 역사』(Christianity's Dangerous Idea), 국제제자훈련원, 2009, pp. 617-618.
46 참고. 김덕호, "사회다윈주의", 김영한·임지현 편, 『서양의 지적운동』, 지식산업사, 1997, pp. 590-591.
47 참고. 리처드 도킨스, 이용철 역, 『눈먼 시계공』, 사이언스북스, 2004, p. 29.
48 S. J. Gould, "Impeaching a Self-Appointed Judge"(review of Philip Johnson's *Darwin on Trial*), *Scientific American* 267 (1992): pp. 120-121.
49 존 호트, 김윤성 역, 『다윈 안의 신』, 지식의숲, 2005, p. 21.
50 참고. 존 호트, 구자현 역, 『과학과 종교, 상생의 길을 가다』, 코기토, 2003, pp. 94-106.
51 참고. 같은 책, pp. 107-109.
52 참고. 로이 돌리너·벤저민 블레흐, 김석희 역, 『시스티나 예배당의 비밀』(Sistine Secrets), 중앙북스, 2008, pp. 100-106.
53 존 밀턴, 『실낙원』, 7, 163-175.
54 알비누스, 『교훈집』, 14.
55 아우구스티누스, 『문자를 반대하는 창조에 관하여』, 5. 23.
56 같은 책, 6, 6.
57 같은 책, 6, 8.
58 같은 책, 9, 17.
59 아리스토텔레스, 『자연학』, 3, 1, 201a.
60 참고. 토마스 아퀴나스, 『철학대전』, 3, 66이하. 이에 대한 더 많은 정보는 에티엔 질송, 정은해 역, 『존재란 무엇인가』, 서광사, 1992나 같은 저자의 *The Christian Philosophy of St. Thomas Aquinas*, University of Notre Dame Press, 1944을 보라.
61 참고. 토마스 아퀴나스, 『신학요강』, 1, 139; 『신학대전』, 1, 22, 4; 『대이교도대전』, 3, 72.
62 토마스 아퀴나스, 『신학요강』, 1, 140.
63 토마스 아퀴나스, 『신학대전』, 1, 91, 1.
64 요한 칼빈, 『기독교 강요』, 1, 16, 2.
65 참고. 요하네스 힐쉬베르거, 강성위 역, 『서양철학사』(Geschichte der Philosophie), 1권, 이문출판사, 2008, p. 461.
66 프레더릭 코플스턴, 박영도 역, 『중세철학사』(A History of Philosophy), II, 서광사, 1988, p. 112.
67 요한 칼빈, 『기독교 강요』, 1, 16, 1-4.
68 참고. 알리스터 E. 맥그래스, 앞의 책, p. 139.
69 아우구스티누스, 『자유의지론』, 3, 3, 6.
70 참고. 같은 책, 3, 3, 6-8.
71 같은 책, 3, 3, 7.
72 같은 책, 3, 3, 8.
73 참고. 토마스 아퀴나스, 『신학요강』, 1, 29; 『신학대전』, 1, 14, 7; 1, 85, 5; 『대이교도대전』, 1, 55.

74 참고. 스티브 존슨, 김한영 역, 『이머전스』(Emergence), 김영사, 2004, pp. 79-87.
75 파스칼, 『팡세』, 390-72.
76 토마스 아퀴나스, 『신학요강』, 1, 133.
77 존 밀턴, 『실낙원』, 7, 170-173.
78 오리게네스, 『제1원리』, 3, 6, 3.
79 A. Adam, Lehrbuch der Dogmengeschichte, Gütersloh, Gütersloher Verlag, 1981, 1, p. 182.
80 오리게네스, 「요한복음 주석」, 1, 16.
81 참고. 토마스 아퀴나스, 『신학요강』, 1, 101; 『신학대전』, 1, 47, 1; 『대이교도대전』, 2, 39-45.
82 헨리 모어, "영혼불멸", 그로스아트 편, 『철학시』, 3, 5.
83 참고. K. Barth, Kricheliche Dogma, 8. Aufl. 1964, III, 1, p. 44.
84 파울 틸리히, 송기득 역, 『19-20세기 프로테스탄트 사상사』, 한국신학연구소, 1993, p. 43.
85 아우구스티누스, 『고백록』, 13, 4.

4부 하나님은 인격적이다

1 타키투스, 『연대기』, 15, 44.
2 참고. 같은 책, 15, 53-59.

6장 아테네와 예루살렘이 무슨 관계가 있나

1 참고. 타키투스, 『연대기』, 14, 8.
2 같은 책, 15, 62.
3 헤라클레이토스, 『단편』, 114.
4 아리스토텔레스, 『수사학』, 1, 15, 1375a.
5 소포클레스, 『안티고네』, 450-453.
6 한스 폰 아르님, 『스토아 철학자의 단편』, 1, 42, 35.
7 키케로, 『투스쿨라나룸에서의 담론』, 1, 30.
8 아우구스티누스, 『자유의지론』, 1, 6, 15.
9 토마스 아퀴나스, 『신학대전』, 1, 91, 2.
10 몽테스키외, 『법의 정신』, 1, 1.
11 한스 폰 아르님, 『스토아 철학자의 단편』, 3, 78, 27.
12 세네카, 『섭리에 대하여』, 5.
13 같은 책, 5.
14 세네카, 『서간』, 107, 11.
15 세네카, 『섭리에 대하여』, 6.
16 같은 책, 6.
17 파울 틸리히, 현영학 역, 『존재에의 용기』(Der Mut zum Sein), 전망사, 1986, p. 17.
18 세네카, 『섭리에 대하여』, 6.
19 참고. 타키투스, 『연대기』, 15, 63-64.

20 참고. 앨버트 A. 벨, 오광만 역, 『신약시대의 사회와 문화』(*Exploring the New Testament World*), 생명의말씀사, 2008, p. 149.
21 참고. 제임스 D. G. 던, 박문재 역, 『바울 신학』(*The Theology of Paul the Apostle*), CH북스, 2003, p. 99.
22 참고. 요하네스 힐쉬베르거, 강성위 역, 『서양철학사』, 1권, 이문출판사, 2008, p. 326.
23 참고. 귄터 보른캄, 허혁 역, 『바울』(*Paulus*), 이화여자대학교출판부, 2006, p. 5.
24 참고. 같은 책, p. 46.
25 참고. 요하네스 힐쉬베르거, 강성위 역, 『서양철학사』, 1권, 이문출판사, 2008, p. 326.
26 참고. 게리 윌스, 김창락 역, 『바울은 그렇게 가르치지 않았다』(*What Paul meant*), 돋을새김, 2007, p. 7.
27 R. Bultmann, *Theology of New Testament*, Scribner, 1955, p. 35, 188 (게리 윌스, 김창락 역, 『바울은 그렇게 가르치지 않았다』, 돋을새김, 2007, p. 12에서 재인용).
28 참고. 플라톤, 『국가』, 508c, 509b, 517c.
29 참고. 요하네스 힐쉬베르거, 강성위 역, 『서양철학사』, 1권, 이문출판사, 2008, p. 191.
30 요한 칼빈, 『기독교 강요』, 1, 16, 1-4.
31 J. Calvin, *Corpus Reformatorum. Calvini Opera*, 31, 32.
32 참고. 같은 책, 5, 18.
33 같은 책, 31, 32.
34 참고. B. Corret, *Calvin: A Biography*, tr., M. W. McDonald, Michigan, 1995, pp. 67-68.
35 J. Calvin, *Corpus Reformatorum. Calvini Opera*, 31, 32.
36 같은 책, 21, 43.
37 참고. 같은 책, 10b 247.
38 같은 책, 31, 26.
39 같은 책, 32, 359(시편 135:6).
40 플라톤, 『국가』, 379a.
41 참고. W. Weischedel, *Der Gott der Philosophen*, Wissenschaftliche Buchgesellschaft, Darmstadt, 1983, p. 49.
42 예컨대 플라톤, 『국가』, 381c.
43 예컨대 플라톤, 『법률』, 899a.
44 예컨대 플라톤, 『국가』, 500c-d; 『7째 편지』 340c.
45 예컨대 플라톤, 『법률』, 905e.
46 예컨대 플라톤, 『소피스트』, 265c-e; 『티마이오스』, 28-69.
47 에티엔 질송, 김규영 역, 『철학과 신』, 성바오로서원, 1981, p. 45.
48 루트비히 마르쿠제, 황문수 역, 『행복론』, 범우사, 1989, p. 79에서 재인용.
49 피에르 드 롱사르, "영원한 찬가" 중 일부.
50 참고. 에티엔 질송, 김규영 역, 『철학과 신』, 성바오로서원, 1981, pp. 47-48.
51 같은 책, p. 49.
52 Leibniz, *Theodicy*, ed. Austin Farrer, London, Routledge, 1952, p. 27.
53 로버트 프로스트, 『프로스트 시집』, "아무도 없었다".

54 참고. 프레데릭 코플스턴, 김보현 역, 『그리스 로마 철학사』(*A History of Philosophy*), 철학과현실사, 1998, p. 578.
55 테르툴리아누스, 『이단을 논박하는 취득시효』, 7, (The Ante-Nicene Fathers, 3:246).
56 존 밀턴, 『실낙원』, 5, 467-477.
57 아서 O. 러브조이, 차하순 역, 『존재의 대연쇄』, 탐구당, 1992, p. 350에서 재인용.
58 알렉산더 포프, 『인간론』, 2, 23-28.
59 E. Brunner, *Natur und Gnade*, Tübingen, J. C. B. Mohr, 1934, p. 25.
60 요한 칼빈, 『기독교 강요』, 1, 14, 20.
61 참고. E. Brunner, *Natur und Gnade*, Tübingen, J. C. B. Mohr, 1934, p. 26.
62 참고. K. Barth, "Nein: Antwort an Emil Brunner"(1934), in *Dialektische Theologie in Scheidung und Bewährung*, Theol. Bücherei 34, pp. 253-254.
63 K. Barth, *Die Kirchliche Dogmatik*(교회 교의학), München, Chr. Kaiser, 1932, 1/1: Vorwort 8.
64 K. Barth, *Die Kirchliche Dogmatik*, München, Chr. Kaiser, 1932, 1/1:252에서 재인용.
65 아우구스티누스, 『요한복음 주석』, 11, 9.
66 참고. J. Calvin, *Corpus Reformatorum. Calvini Opera*, 53, 368.
67 참고. 에리히 프롬, 최혁순 역, 『너희도 신처럼 되리라』(*You shall be as Gods*), 범우사, 1999, p. 40.
68 참고. L. Köhler & W. Baumgartner, *Lexicon in veteris Testamenti libros*, Leiden, 1953, p. 369.
69 마르틴 부버, 표재명 역, 『나와 너』(*Ich und Du*), 문예출판사, 1990, p. 103.
70 토마스 아퀴나스, 『신학요강』, 2, 4.
71 참고. J. Calvin, *Corpus Reformatorum. Calvini Opera*, 37, 402(이사야 63:16); 27, 700.
72 토마스 아퀴나스, 『신학요강』, 2, 4.
73 암브로시우스, 『성사론』, 5, 4.
74 토마스 아퀴나스, 『신학요강』, 2, 5.

7장 하나님의 인격성이란 무엇인가

1 토마스 아퀴나스, 『신학대전』, 3. 1.
2 벤자민 팔리, 박희석 역, 『칼빈의 십계명 설교』(*John Calvin's sermons on the ten commandments*), 성광문화사, 1991, p. 115.
3 참고. 발터 아이히로트, 박문재 역, 『구약성서 신학』, I, CH북스, 1998, p. 224.
4 안셀무스, 『모놀로기온』, 14.
5 참고. 토마스 아퀴나스, 『신학요강』, 1, 130; 『신학대전』, 1, 22, 2; 『대이교도대전』, 3, 1.
6 J. Calvin, *Corpus Reformatorum. Calvini Opera*, 8, 348.
7 같은 책, 8, 349.
8 같은 책, 32, 359(시편 135:6).
9 참고. 폴 헬름, 이승구 역, 『하나님의 섭리』(*The Providence of God*), IVP, 2004, pp. 161-178.
10 J. Calvin, *Corpus Reformatorum. Calvini Opera*, 31, 333(시편 33:18).
11 쇠얀 키르케고르, 임춘갑 역, 『공포와 전율/반복』(*Furcht und Ziterrn/ Wiederholung*), 다산글

방, 2007, p. 23.
12 프랜시스 톰슨, "하늘의 사냥개" 중 일부.
13 라이너 마리아 릴케, 『기도시집』, 1부 "수도사 생활의 서" 중 일부.
14 토마스 아퀴나스, 『신학요강』, 2, 7.
15 같은 책, 2, 4.
16 J. R. Lucas, *The Future*, Oxford, Blackwell, 1989, p. 233.
17 아우구스티누스, 『신국론』, 5, 10.
18 참고. 토마스 아퀴나스, 『신학요강』, 1, 123; 『신학대전』, 1, 22, 2; 『대이교대전』, 3, 1, 64.
19 요한 칼빈, 『기독교 강요』, 1, 16, 2.
20 토마스 아퀴나스, 『신학요강』, 2, 2.
21 아우구스티누스, 『고백록』, 10, 26.
22 J. Calvin, *Corpus Reformatorum. Calvini Opera*, 32, 231.
23 쇠얀 키에르케고르, 페리 D. 르페브르 편, 이창승 역, 『키에르케고르의 기도』, 기독교연합신문사출판국(UCN), 2004, 287에서 재인용.
24 아우구스티누스, 『설교집』, 169, 9; 29, 4.
25 존 던, 『거룩한 소네트』, 14 중 일부.
26 파울 틸리히, 현영학 역, 『존재에의 용기』, 전망사, 1986, p. 17.
27 쇠얀 키르케고르, 임춘갑 역, 『이것이냐 저것이냐』(*Entweder—Oder*), 1부, 다산글방, 2008, pp. 517-518.
28 참고. 같은 책, 1부, 다산글방, 2008, p. 530.
29 같은 책, 2부, 다산글방, 2008, p. 445.
30 같은 책, 2부, 다산글방, 2008, p. 361.
31 같은 책, 2부, 다산글방, 2008, pp. 361-362.
32 참고. 같은 책, 2부, 다산글방, 2008, pp. 357이하.
33 같은 책, 2부, 다산글방, 2008, p. 465.
34 알프레드 드 뮈세, "신을 향한 희망" 중 일부.
35 쇠얀 키르케고르, 임춘갑 역, 『이것이냐 저것이냐』, 2부, 다산글방, 2008, p. 425.
36 참고. 같은 책, 2부, 다산글방, 2008, p. 489.
37 참고. 같은 책, 2부, 다산글방, 2008, p. 490.
38 같은 책, 2부, 다산글방, 2008, pp. 491-492.
39 같은 책, 2부, 다산글방, 2008, pp. 496-497.
40 참고. 쇠얀 키르케고르, 임춘갑 역, 『공포와 전율/반복』, 다산글방, 2007, pp. 105이하.
41 같은 책, p. 106.
42 같은 책, pp. 106-107.
43 같은 책, p. 107.
44 같은 책, p. 158.
45 알프레드 드 뮈세, "신을 향한 희망" 중 일부.
46 쇠얀 키르케고르, 임춘갑 역, 『공포와 전율/반복』, 다산글방, 2007, p. 85.
47 같은 책, p. 84.

48 알프레드 드 뮈세, "신을 향한 희망" 중 일부.
49 쇠얀 키르케고르, 임춘갑 역, 『공포와 전율/반복』, 다산글방, 2007, p. 53.
50 같은 책, p. 39.
51 같은 책, p. 41.
52 같은 책, p. 57.
53 같은 책, p. 40.
54 같은 책, p. 68.
55 같은 책, p. 146.
56 같은 책, p. 65.
57 같은 책, pp. 43-44.
58 같은 책, p. 45.
59 참고. 같은 책, p. 32.
60 S. Kierkegaard, *Papirer*(기도), 7, A. 132, "Thou Hearest our Cry"의 일부.
61 S. Kierkegaard, *Abschlißende unwissenschaftliche Nachschrift zu den Philosophi-schen Brocken II*. (철학적 단편 후서), Junghans, Eugen Diederrichs, 1957-1958, p. 235.

8장 하나님의 인격성과 하나님의 부재

1 참고. 존 칼빈, 서문강 옮김, 『욥과 하나님: 칼빈의 욥기 강해』, 지평서원, 2003, p. 10.
2 같은 책, p. 65.
3 같은 책, pp. 62-63.
4 같은 책, p. 57.
5 J. Calvin, *Corpus Reformatorum. Calvini Opera*, 31, 333(시편 33:18).
6 존 칼빈, 서문강 옮김, 『욥과 하나님: 칼빈의 욥기 강해』, 지평서원, 2003, p. 59.
7 같은 책, p. 59.
8 같은 책, pp. 119-120.
9 같은 책, p. 95.
10 같은 책, p. 470.
11 같은 책, p. 449.
12 쇠얀 키르케고르, 임춘갑 역, 『공포와 전율/반복』, 다산글방, 2007, p. 57.
13 같은 책, p. 58.
14 참고. 같은 책, pp. 58-59.
15 같은 책, p. 190.
16 같은 책, p. 192.
17 같은 책, p. 202.
18 같은 책, p. 46.
19 같은 책, p. 75.
20 같은 책, p. 79.
21 S. Kierkegaard, *Stadien auf des Lebens Weg*(인생길의 여러 단계), trans. E. Hirsch, Eugen Diederichs, 1956, p. 507.

22 쇠얀 키르케고르, 페리 D. 르페브르 편, 이창승 역, 『키에르케고르의 기도』, 기독교연합신문사출판국(UCN), 2004, p. 286.
23 구스따보 구띠에레스, 성찬성 옮김, 『욥에 관하여』, 분도출판사, 1996, p. 15.
24 같은 책, p. 18.
25 같은 책, p. 17.
26 같은 책, p. 240.
27 같은 책, p. 243.
28 안토니오 네그리, 박영기 역, 『욥의 노동』, 논밭출판사, 2011, p. 17.
29 알랭 바디우, 현성환 옮김, 『사도 바울』, 새물결, 2008, p. 13.
30 안토니오 네그리, 박영기 역, 『욥의 노동』, 논밭출판사, 2011, pp. 10-11.
31 같은 책, p. 16.
32 참고. 같은 책, p. 17.
33 같은 책, p. 16.
34 같은 책, 같은 곳.
35 참고. 같은 책, p. 19.
36 같은 책, p. 20.
37 같은 책, p. 238.
38 같은 책, p. 18.
39 폴 틸리히, 송기득 역, 『폴 틸리히의 그리스도교 사상사』, 한국신학 연구소, pp. 173-174.
40 존 칼빈, 서문강 옮김, 『욥과 하나님: 칼빈의 욥기 강해』, 지평서원, 2003, p. 457.
41 같은 책, p. 479.
42 쇠얀 키르케고르, 페리 D. 르페브르 편, 이창승 역, 『키에르케고르의 기도』, 기독교연합신문사출판국(UCN), 2004, p. 114.
43 안토니오 네그리, 박영기 역, 『욥의 노동』, 논밭출판사, 2011, p. 7.
44 데이비드 밀스, 권혁 옮김, 『우주에는 신이 없다』, 돋을새김, 2010, p. 37.
45 참고. 스피노자, 『윤리학』, 4. 64.
46 같은 책, 1, 33.
47 재인용. 존 힉, 김장생 옮김, 『신과 인간 그리고 악의 종교철학적 이해』, 열린책들, 2007, pp. 41-42.
48 참고. 아우구스티누스, 『자유의지론』, 3, 11, 32.
49 참고. 존 힉, 김장생 옮김, 『신과 인간 그리고 악의 종교철학적 이해』, 열린책들, 2007, p. 227.
50 참고. 같은 책, pp. 227-229.
51 재인용. 같은 책, p. 232.
52 재인용. 같은 책, p. 142.
53 J. Calvin, Corpus Reformatorum. Calvini Opera, 31, 333.
54 참고. 존 힉, 김장생 옮김, 『신과 인간 그리고 악의 종교철학적 이해』, 열린책들, 2007, pp. 144-146.
55 참고 같은 책, pp. 393-395.
56 존 힉, 황필호 역편, 『종교철학개론』, 종로서적, 1992, p. 81.

5부 하나님은 유일자다

1. 플로티노스, 『엔네아데스』, 4, 8, 1. 1-5.
2. 같은 책, 3, 5, 1. 6.
3. 아우구스티누스, 『아카데미아 학파 반박』, 3. 18, 41.
4. L. de Crescenzo, *Geschite der griechischen Philosophie*, Zürich, 1990, p. 225.
5. 참고. 플로티노스, 『엔네아데스』, 4, 8, 4. 31-33.
6. 오리게네스, 『원리론』, 1, 7, 38.
7. 리처드 도킨스, 이한음 역, 『만들어진 신』, 김영사, 2007, pp. 7-8.

9장 일자란 무엇인가

1. Simplikios in Phys., S. 145, 1-146, 25, S. 38, 30-39, 9(DK 28 B8, 잠언 8), *Die Vorsokratiker*(1), Reclam, Stuttgart, 1983, p. 319.
2. 에티엔 질송, 정은해 역, 『존재란 무엇인가』, 서광사, 1992, p. 43.
3. 플라톤, 『파르메니데스』, 127a-c. 파르메니데스와 제논이 소크라테스와 만난 것은 『테아테토스』, 183e, 『소피스테스』, 217c에도 언급된다.
4. 참고. 플라톤, 『국가』, 509b, 516c.
5. 참고. 아리스토텔레스, 『형이상학』, 1091b, 14; 988b 11.
6. 참고. 플라톤, 『국가』, 509b.
7. 참고. 같은 책, 518c.
8. 참고. 같은 책, 509b.
9. 헨리 무어, "영혼불멸" 중 일부.
10. 플라톤, 『국가』, 540a.
11. 알렉산드리아의 클레멘스, 『학설집』, 1, 20.
12. 아서 O. 러브조이, 차하순 역, 『존재의 대연쇄』, 탐구당, 1992, p. 64.
13. 플라톤, 『파이드로스』, 64.
14. W. Jaeger, *Die Theologie der frühen griechischen Denker*, Stuttgart, 1953, p. 13.
15. P. Natrop, *Platos Ideenlehre*, Darmstadt, 1961, p. 509.
16. 에티엔 질송, 정은해 역, 『존재란 무엇인가』, 서광사, 1992, p. 47.
17. 플로티노스, 『엔네아데스』, 3, 8, 8.
18. 파울 틸리히, 송기득 역, 『폴 틸리히의 그리스도교 사상사』, 한국신학연구소, 1993, p. 135.
19. 플로티노스, 『엔네아데스』, 5, 4, 1.
20. 참고. 같은 책, 6, 9, 3.
21. 같은 책, 5, 4, 1.
22. 같은 책, 5, 2, 1.
23. 같은 책, 1, 11. 10.
24. 토마스 아퀴나스, 『신학요강』, 1, 36.
25. 유스티누스, 『유대인 트뤼폰과의 대화』, 62.
26. 같은 책, 128.

27 참고. 후스토 L. 곤잘레스, 이형기, 차종순 역,『기독교사상사』(*A History of Christian Thought*), 1권, 한국장로교출판사, 1997, p. 39.
28 이그나티우스,『에베소로 보내는 서신』, 7, 2.
29 참고. 베르너 하이젠베르크, 최종덕 역,『철학과 물리학의 만남』, 도서출판 한겨레, 1985, pp. 66-67.
30 R. Cagnat, *Carthage, Timgad*, Tébessa, 1912, p. 70.
31 참고. 필립 샤프, 이길상 역,『니케아 이전의 기독교-교회사 전집』(*History of Christian Church*), 2권, CH북스, 2004, p. 708.
32 참고. 후스토 L. 곤잘레스, 이형기, 차종순 역,『기독교사상사』, 1권, 한국장로교출판사, 1997, p. 219.
33 테르툴리아누스,『프락세아스 논박』, 2.
34 같은 책, 2.
35 테르툴리아누스,『헤르모네스 논박』, 3.
36 참고. 에우세비우스,『교회사』, 6, 2, 7-8.
37 참고. 같은 책, 6, 2, 8-11.
38 참고. 같은 책, 6, 2, 6.
39 참고. 필립 샤프, 이길상 역,『니케아 이전의 기독교-교회사 전집』, 2권, CH북스, 2004, p. 93.
40 참고. 에우세비우스,『교회사』, 6, 3, 3..
41 참고. 같은 책, 6, 3.
42 참고. 같은 책, 6, 8, 2.
43 필립 샤프, 이길상 역,『니케아 이전의 기독교-교회사 전집』, 2권, CH북스, 2004, p. 681.
44 참고. K. Beyschlag, *Grundriss der Dogmemgeschichte*, Darmstadt; WB, 1987-2000, Bd. I, pp. 219-220.
45 에우세비우스,『교회사』, 6, 39, 5.
46 알렉산드리아의 클레멘스,『학설집』, 6, 5.
47 참고. 알비누스,『교훈집』, 164, 21이하.
48 참고. 같은 책, 163-164.
49 참고. 같은 책, 169, 26이하.
50 참고. J. N. D. 켈리, 박희석 역,『고대 기독교 교리사』(*Early Christian Doctrines*), CH북스, 2004, p. 115.
51 에티엔 질송, 정은해 역,『존재란 무엇인가』, 서광사, 1992, p. 63.
52 참고. 오리게네스,『원리론』, 1, 2, 2.
53 참고. 같은 책, 1, 2, 6.
54 참고. 같은 책, 1, 2, 6; H. Crouzel, *Theologie de l'Image de Dieu chez origene*, Aubier, Peris, 1956, pp. 75-83.
55 오리게네스,『원리론』, 1, 3, 7.
56 요한 칼빈,『기독교강요』, 1, 13, 18.
57 참고. J. N. D. Kelly, *Early Christian Creeds*, 3rd ed. Essex: Longmann, 1972, p. 263-295.
58 R. Seeberg, *Text-Book of History of the Doctrines*, Baker Book Haus, Grand Raphids, 1952, I.,

pp. 202-203.
59 참고. 아타나시우스, 『아리우스주의자들에 대한 반론』, 1, 2, 5.
60 참고. 필립 샤프, 이길상 역, 『니케아 이전의 기독교-교회사 전집』, 2권, CH북스, 2004, pp. 552-553.
61 참고. Arius, "Epstula ad Eusebium Nicomediensem in Opitz", *Athanasius Werke*, 3/1, 1-3(Urkunde 1), 2.
62 J. Quasten, *Patrology*, Utrecht; Spectrum Publischers, 1960, 3:66.
63 참고. 필립 샤프, 이길상 역, 『니케아 시대와 이후의 기독교-교회사 전집』, 3권, CH북스, 2004, pp. 758-761.
64 참고. 아타나시우스, 『성육신에 관하여』, 7.
65 참고. 아타나시우스, 『아리우스주의자들에 대한 반론』, 2, 70.
66 아타나시우스, 『성육신에 관하여』, 54. 3.
67 아타나시우스, 『세라피온에게 보내는 편지』, 1, 28.
68 아타나시우스, 『신앙 해설』, 2.
69 참고. 아타나시우스, 『아리우스주의자들에 대한 반론』, 2, 25.
70 J. N. D. Kelly, *Early Christian Creeds*, Longmans, Green & Co. 1950, p. 216.
71 참고. 필립 샤프, 이길상 역, 『니케아 시대와 이후의 기독교-교회사 전집』, 3권, CH북스, 2004, p. 773.
72 1월 1일 성 대바실리우스(Basilius Magnus) 축일 조과 '아폴리티키온'(찬양송) 중 일부.
73 단테, 『신곡』, 3, 33, 115-123.
74 아타나시우스, 『교회회의에 관한 편지』, 41.
75 참고. K. Beyschlag, *Grundriss der Dogmageschichte*, 1, Darmstadt; WB, 1987-2000, p. 279.
76 참고. 후스토 L. 곤잘레스, 이형기, 차종순 역, 『기독교사상사』, 1권, 한국장로교출판사, 1997, p. 355.
77 윌리엄 셰익스피어, 『햄릿』, 5, 1.
78 루트비히 비트겐슈타인, 『철학적 탐구』, 109.
79 참고. 플라톤, 『파이돈』, 100-104.
80 에티엔 질송, 정은해 역, 『존재란 무엇인가』, 서광사, 1992, p. 84.
81 참고. 게르하르트 킷텔, 제프리 W. 브라밀리 편역, 『신약성서 신학사전』, 요단출판사, 1986, p. 820.
82 아우구스티누스, 『삼위일체론』, 5, 8, 9-10.
83 나지안주스의 그레고리우스, 『변설집』(*Orationes*), 39, 11.
84 바실리우스, 『서한집』(*Epistulae*), 214, 4-236, 6.
85 참고. 나지안주스의 그레고리우스, 『변설집』, 39, 11.
86 아우구스티누스, 『삼위일체론』, 1, 3. 5.
87 같은 책, 15, 28. 51.
88 참고. 같은 책, 7, 5. 10.
89 참고. 같은 책, 7, 6, 11.
90 같은 책, 1, 4, 7.

91 같은 책, 1, 5, 8.
92 참고. 같은 책, 1, 7, 14.
93 같은 책, 5, 5, 6.
94 같은 책, 6, 7, 9.
95 참고. 토마스 아퀴나스, 『신학요강』, 1, 52; 『대이교대전』, 4, 11.
96 요한 칼빈, 『기독교 강요』, 1, 13, 19.
97 참고. 바실리우스, 『에우노미우스에 대한 반론』(Contra Eunomium), 2, 14.
98 같은 책, 2, 24.
99 나지안주스의 그레고리우스, 『변설집』, 38(신의 현현에 관하여).
100 아우구스티누스, 『삼위일체론』, 4, 21, 30.
101 같은 책, 15, 24, 45.
102 참고. 아우구스티누스, 『삼위일체론』, 8, 10.
103 참고. 같은 책, 9, 4-12.
104 참고. 같은 책, 10, 11-12.
105 같은 책, 6, 5, 7.
106 아우구스티누스, 『설교집』, 71, 18.
107 J. Moltmann, *History and the Triune God*, trans. J. Bowden, New York: Crossroad, 1992, p. 85.
108 참고. 같은 책, p. 85, 131.
109 같은 책, p. 86.
110 G. marcel, *Les hommes contre l'humain* (인간적인 것을 거부하는 인간들), La Colombe, Paris, 1951, p. 166.
111 프레이저 왓츠 편, 조용민 역, 『기도와의 8가지 색다른 만남』(*Perspective on Prayer*), 제레미 벡비, "기도와 음악"(Perspective on Prayer and Music), 이레서원, 2004, p. 123.
112 참고. J. Moltmann, *History and the Triune God*, trans. J. Bowden, New York: Cressrord, 1992, pp. 86, 133.
113 J. Moltmann, *Experience in Theology*, trans. M. Kohl. Minneapolis: Fortress Press, 2000, p. 310.
114 J. Moltmann, *The Comming of God*, trans. M. Kohl. Minneapolis: Fortress Press, 1996, p. 301.
115 J. Moltmann, *The Trinity and the Kingdom of God*, trans. M. Kohl. San Francisco: Harper Collins, 1981, pp. 157이하.
116 G. Marcel, *Homo Viator* (여행하는 인간), Aubier, Paris, 1945. p. 100.
117 존 던, 『기도문』, "누구를 위하여 종을 울리나" 중 일부.
118 J. Moltmann, *History and the Triune God*, trans. J. Bowden, New York: Cressrord, 1992, p. 69.

10장 유일신은 배타적인가

1 에우세비우스, 『교회사』, 4, 14.
2 에티엔 질송, 김규영 역, 『철학과 신』, 성바오로서원, 1981, p. 54.
3 참고. 프랑크 크뤼제만, 이지영 역, 『자유의 보존』(*Bewahrung der Freiheit*), 크리스천헤럴드, 1999, pp. 55-56.

4 같은 책, pp. 56-57.
5 참고. 칼 야스퍼스, 백승균 역, 『역사의 기원과 목표』(*Vom Ursprung und Ziel der Geschichte*), 이화여자대학교출판부, 1986, pp. 20-51.
6 C. H. Dodd, *The Authority of the Bible*, Haper & Row, New York, 1929, p. 111.
7 라이너 마리아 릴케, 『기도시집』, 2부 "순례자의 서" 중 일부.
8 카렌 암스트롱, 배국원·유지황 역, 『신의 역사』(*A History of God*), 동연, 1999, p. 22.
9 발터 아이히로트, 박문재 역, 『구약성서 신학』, I, CH북스, 1998, p. 236.
10 같은 책, pp. 221-222.
11 같은 책, p. 229.
12 요한 칼빈, 『기독교 강요』, 1, 17, 13.
13 참고. 김광채, 『교부열전』, 상권, 정은문화사, 2002, p. 166.
14 참고. 같은 책, p. 167.
15 참고. 에우세비우스, 『교회사』, 4, 18.
16 참고. L. W. Barnard, *Justin Martyr*, Cambridge: Cambridge University Press, 1966, p. 13.
17 참고. 김광채, 『교부열전』, 상권, 정은문화사, 2002, p. 175.
18 유스티누스, 『제2변증서』, 8, 13.
19 참고. 같은 책, 21.
20 참고. 같은 책, 10.
21 유스티누스, 『제1변증서』, 46.
22 유스티누스, 『제2변증서』, 10.
23 단테, 『신곡』, 1, 4, 52-61.
24 같은 책, 1, 4, 52-61.
25 참고. L. W. Barnard, *Justin Martyr*, Cambridge: Cambridge University Press, 1966, pp. 15-18.
26 제2차 바티칸 공의회, 『교회에 관한 교의 헌장』, 2, 16.
27 파울 틸리히, 현영학 역, 『존재에의 용기』, 전망사, 1986, p. 196.
28 같은 책, pp. 198-199.
29 참고. 같은 책, p. 199.
30 같은 책, p. 199.
31 참고. 같은 책, p. 199.
32 같은 책, p. 200.
33 파울 틸리히, 김경수 역, 『조직신학』, I-하, 성광문화사, 1992. p. 143.
34 같은 책, p. 143.
35 참고. 같은 책, p. 145.
36 참고. 파울 틸리히, 현영학 역, 『존재에의 용기』, 전망사, 1986, pp. 200-201.
37 참고. 같은 책, p. 201.
38 참고. 같은 책, pp. 192-196.
39 참고. 같은 책, p. 185.
40 참고. 같은 책, pp. 177-178.
41 참고. 같은 책, pp. 199-200.

42 같은 책, p. 203.
43 같은 책, p. 203.
44 참고. 지그문트 바우만, 함규진 역, 『유동하는 공포』(*Liquid Fear*), 산책자, 2009, p. 15.
45 H. Küng, "Christianity and World Religions: Dialog with Islam", in *Toward a Universal Theology of Religion*, ed. L. Swidler, Maryknoll, N.Y.: Orbis, 1987, p. 15.
46 새뮤얼 P. 헌팅턴, 이희재 역, 『문명의 충돌』(*The Clash of Civilizations and the Reclaiming of World Order*), 김영사, 2006, p. 440.
47 참고. A. Race, *Christians and Religious Pluralism*, Maryknoll, Orbis Books, 1982.
48 조지 바이런, 『히브리 노래』, "울어라, 바빌론 강가에서".
49 참고. 로이 돌리너·벤저민 블레흐, 김석희 역, 『시스티나 예배당의 비밀』, 중앙북스, 2008, pp. 285-288.
50 참고. 같은 책, pp. 295-309.
51 참고. 같은 책, pp. 343-347.
52 단테, 『신곡』, 1, 3, 82-87; 109-111.
53 같은 책, 1, 5, 4-12.
54 참고. 필립 샤프, 이길상 역, 『니케아 이전의 기독교-교회사 전집』, 5권, CH북스, 2004, 203-205.
55 참고. 테리 이글턴, 강주헌 역, 『신을 옹호하다』, 모멘토, 2010, p. 146.
56 토마스 아퀴나스, 『신학요강』, 1, 12; 『신학대전』, 1, 3, 5; 참고. 『대이교대전』, 1, 25.
57 참고. 안셀무스, 『프로슬로기온』, 19; 『모놀로기온』, 21-22장.

맺음말

1 파스칼, 『팡세』, 383-527.
2 참고. 지그문트 바우만, 한상석 역, 『모두스 비벤디』(*Liquid Times*), 후마니타스, 2010, pp. 157-161.
3 아우구스티누스, 『기독교 교육론』, 1, 26; 1, 23.
4 알렉산더 포프, 『인간론』, 1, 74-79.

찾아보기

| 인물 |

가모브, 조지 283, 733
가우닐로 173, 175-178, 182, 204
가이세릭 734
갈릴레이, 갈릴레오 253, 467
게제, 하르트무트 95
고레스(키루스) 550, 557, 852
고르디아누스 3세 701
곤잘레스, 후스토 678, 727
곰브리치, 에른스트 26
공자 819
괴델, 쿠르트 292
괴테, 요한 볼프강 폰 24, 89, 153-154, 277, 319, 593
구스, 앨런 288, 305
구스, 휴고 반 데어 457, 459
구티에레스, 구스타보 628, 651-654, 661, 666, 671-672
굴드, 스티븐 제이 454
그레고리우스, 나지안주스의 166, 754, 766, 780-781, 790
그레고리우스, 니사의 54, 553, 766
그레이, 아사 454
그린, 브라이언 287

네그리, 안토니오 268, 334, 363, 369, 628, 651, 655-661, 666, 671-672
네로 497-498, 502-503, 506, 515, 581, 583-584, 592, 827
노리스, 존 139, 413-415, 460
노자 819
뉴먼, 존 헨리 198
뉴턴, 아이작 289, 423, 539
— 역학 310
니체, 프리드리히 389, 421, 444, 840, 870

다니엘레 다 볼테라 41
다드, 찰스 해럴드 820
다비드, 자크 루이 513
다윈, 이래즈머스 425
다윈, 찰스 118, 193, 195-197, 421, 422-432, 435, 437, 439-440, 442-444, 446-455, 465-466, 485, 487-488
다이먼트, 클리포트 256
다이슨, 프리먼 302
단테, 알리기에리 32-34, 43, 46, 52, 75, 108, 112, 127, 136, 139, 237, 272, 361, 387, 393, 416, 418, 433, 434-435, 445, 527, 750, 768-769, 799, 835-836, 859, 861-862
던, 존 579, 803
데닛, 대니얼 188, 457, 469, 485
데리다, J. 245, 872
데메트리오스 701, 743-744
데모크리토스 835
데카르트, 르네 176, 178, 181, 203-204, 267,

299-300
도브잔스키, 테오도시우스 455
도스토옙스키, F. M. 684-685
도킨스, 리처드 188, 196-197, 199, 312, 421,
    435-436, 450, 454, 457, 468-469, 706-707
뒤르, 한스 페터 156-158, 290, 320, 377-378
듀런트, 윌 205
드러먼드, 헨리 439
디랙, 폴 210-211
디오게네스 835
디오니시우스 722
디오클레티아누스 757
디즈레일리, 벤저민 446

라너, 칼 456, 548, 688, 838
라마르크, J. B. 425, 427
라블레, F. 526
라이프니츠, 고트프리트 빌헬름 폰 128-129,
    138, 180, 203, 267, 424, 539, 620, 622,
    674-675, 683, 712, 747
라캉, J. 245, 872
라콕, 앙드레 82, 98
라파엘로 43, 47
람세스 2세 92
랏쵸, 칼 하인츠 144
래키, 더글러스 291
랜더, 월터 새비지 507
랭부르 형제 39
러브조이, 아서 137, 149, 152, 154, 719, 877
러셀, 로버트 존 283, 378-379, 487
레기날드 217-218
레닌, N. 370, 655-656, 873
레오 13세 75, 467
레오나르도 다 빈치 43
레이스, 앨런 850
로베스피에르, M. d. 197, 208
로스켈리누스 202
로크, J. 203, 539
로티, R. 245, 872

롬바르두스, 페트루스 72
롱사르, 피에르 드 413-414, 538
루벤스, 파울 306, 308, 618
루블료프, 안드레이 769, 771-772, 799
루소, 장 자크 129
루스, 마이클 283, 309-310
루카누스, M. 835
루크레티아(루크리스) 589
루크레티우스 586, 707
루키아누스 755
루터, 마르틴 208, 267, 391, 410, 418, 420,
    524, 529, 548, 667, 745, 768, 844, 858
    — 의 종교개혁 526
뤼박, 앙리 드 548
르메트르, 조르주 283
리스, 마틴 295, 298, 300-301, 396
리오타르, 장 프랑수아 245, 313-315, 317,
    871-872, 877
리처드슨, 새뮤얼 130
리카도, 데이비드 436, 441
리쾨르, 폴 348, 364, 367
린네, 칼 폰 427
린데, 안드레이 160, 298, 301
릴케, 라이너 마리아 419, 568, 820-821

마그누스, 알베르투스 72
마니 240-241
마르셀, 가브리엘 798, 802
마르크스, 칼 369, 423, 656
    — 주의 440, 655, 871
마르키온 492-493, 522, 809-811, 813, 820,
    824-825
마사치오 457
마크로비우스, 암브로시우스 140-141, 183, 416
마호메트 423
막시무스, 마그누스 229
매더슨, 조지 60, 65
맥그래스, 알리스터 188, 469
맥스웰, J. C. 289

맬서스, 토머스 430-431, 440
모세 28, 49, 75, 84, 86, 91-92, 95-99, 101, 105, 142, 155, 212, 345, 382, 629, 694, 704, 718, 724, 726, 728, 751, 816, 818-819, 822, 824, 827, 836, 838, 873
모어, 헨리 166, 491, 716-717
몰트만, 위르겐 391, 411, 654, 795, 797-799, 801-802, 804, 867-868, 877
몽테스키외 510
뮈세, 알프레드 드 585, 593, 595, 631
미사엘 832
미켈란젤로, 부오나로티 21-22, 24, 28, 32, 34, 37, 39, 41, 43-44, 46-47, 162, 361, 457, 852, 854, 856, 858-859, 862-863, 865-866
밀, 존 스튜어트 192-193, 195, 675
밀스, 데이비드 673
밀턴, 존 29-31, 120, 122, 139, 183, 272-273, 362, 395-396, 398, 415, 459, 487-488, 543, 750

바르트, 칼 99-100, 123, 162, 209, 323-324, 383, 391, 483, 491, 542, 546-548, 680-684, 839
바실레우스 772
바실리우스 745, 766-768, 781, 788
바오로 3세 863, 865
바우만, 지그문트 847-848, 873-876
바울(사도) 17, 75, 127, 155, 165, 212, 220-221, 223-225, 241, 267, 308-309, 319, 334, 341, 347, 362, 370, 373, 380, 385-386, 388, 399, 403, 410, 489, 499-500, 502-503, 516-524, 529-530, 535, 549, 565, 573, 576-577, 580, 609-611, 632-633, 641, 648, 656-658, 669-670, 676, 685, 704, 716, 724, 729, 742, 811, 812-813, 831, 867
바울, 사모사타의 731
　― 주의자 756, 760
바이런, 조지 853-854
발데스, 후안 드 858-859
발레리우스 265

배튼하우스, 로이 276
버클리, J. 203
베르길리우스 32-34, 236-237, 272, 336, 836
베르나르 드 클레르보 212
베이컨 192, 428
벡, 울리히 846
벡비, 제레미 800
보나벤투라 75, 202
보만, 토를라이프 143-144, 146-148, 408, 559, 718-719
보머, 프랭클린 423
보쉬에, J. B. 526
보프, 레오나르도 651, 795
볼테르 539, 544, 620, 622-623, 673, 687
볼프, 크리스티앙 267, 622
뵈르너, 게르하르트 316, 320-321
부데, 기욤 528
부버, 마르틴 244, 551
부처(싯다르타) 819
부처, 마르틴 524, 533
불트만, 루돌프 520
뷔퐁, C. d. 425
브루너, 에밀 123, 277, 493, 545-548
브루노, 조르다노 298
브루투스, 유니우스 589-590, 592-593, 595, 598, 601-602, 646-647, 650, 835
블랙모어, 리처드 299
블루멘바하, J. F. 544
블룸, 해럴드 80
비아지오 다 체세나 863, 865-866
비트겐슈타인, 루트비히 306, 308-312, 314, 385, 774
　― 의 언어놀이 306, 308-312, 466
빅토리누스, 마리우스 253, 260-261
빙켈만, 요한 요아힘 23-24, 41

사르트르, J. F. 107, 172, 597
사벨리우스 731
　― 주의 731

— 주의자(성부수난론자) 731, 760, 773, 782, 785
살루스티우스 236
상드, 조르주 585
세그레, 에밀리오 210
세네카 405, 506-507, 509, 511-513, 515-519, 522-523, 527-529, 535, 540-541, 549, 580, 583, 588, 592, 609, 835
세르반테스, M. d. 80
세베루스 699
셰익스피어, 윌리엄 80, 330-332, 336, 350, 375, 774
셸링, F. W. v. 424
소크라테스 50, 404, 516, 588, 596, 646-647, 649, 711, 819, 832, 834-835
소포클레스 508, 625
쇼, 조지 버나드 360, 519
슈뢰더, 제랄드 396-397
슈뢰딩거, 에르빈 733
슈트라우스, 다비드 198, 447
슈펭글러, 오스발트 512
슐라이어마허, 프리드리히 678
스마트, 크리스토퍼 96
스몰린, 리 160, 301
스미스, 애덤 436, 440-441
스코터스, 던스 202
스트라본 517
스트롱, 조시아 453
스펜서, 허버트 431-435, 438-440, 450, 452-453, 872
스피노자, B. 161, 203, 267, 318, 406, 620, 659
시드니, 필립 130-131
시터르, 빌럼 드 284-286, 293
식스투스 4세 21
실러, 프리드리히 138, 166, 419
심플리키아누스 250-253, 261
심플리키오스 104, 701
싱어, 피터 440

아가멤논 63-64, 588-590, 592-593, 595, 598, 601, 602, 646-647, 650
아나니아 500, 832
아낙시만드로스 87-88, 103, 714
아낙시메네스 103
아널드, 매슈 138, 448
아담 21, 23-26, 37, 47, 54, 59, 120, 122, 390-391, 397, 415, 543, 677-679, 836
아데오다투스 239, 262, 264
아렌트, 한나 441-442
아르키메데스 819
아리스토텔레스 43, 49-52, 55, 69, 70, 72, 75, 86, 93, 103, 105, 117-118, 122, 125, 149-150, 183, 193, 201-204, 209, 267, 291, 321, 328, 335, 339, 346, 348, 362, 377, 405, 414, 420, 443-444, 463, 471, 508, 523, 536-538, 541-543, 550, 665, 667, 702, 712, 732, 738, 748-749, 776-779, 781, 796, 819, 835, 843
아리우스 755-757, 773
— 논쟁 725
— 주의 757-758, 762, 765
— 주의자 760-763, 765, 773, 782
— 파 250, 754, 788
아멜리오스 703-704
아베로에스(이븐 루시드) 70, 75, 835
아브라함 212, 272, 385, 399, 410, 567, 595-598, 600-614, 629, 631, 635, 642-650, 661, 666, 671, 690-691, 694, 812, 822, 826-827, 832-834, 836-838
아비켄나(이븐 시나) 70, 835
아우게이아스 774, 780
아우구스티누스 70, 76, 86, 94, 117-118, 123, 130-131, 152, 159-160, 176, 199, 201-202, 229-282, 303-305, 310, 318, 322-324, 326-327, 329, 332-333, 336-339, 341-343, 345-348, 352, 355, 357, 362-365, 368-369, 371-380, 382-383, 386, 388-397, 401, 403, 410, 420, 461-462, 464-468, 470-472,

474-480, 482-487, 489, 493, 509, 522, 526,
529-530, 543, 548, 554, 564, 575-577, 579,
620, 662, 676-678, 684, 687-688, 701, 725,
734-735, 745, 750, 766, 778-779, 782-794,
798, 801, 804, 867, 875-876
아우렐리우스, 마르쿠스
    507, 513, 515, 829-830
아이히로트, 발터 82, 558, 823-824
아인슈타인, 알베르트 161, 210-211, 284-285,
    289, 311, 321, 323, 397, 406, 423, 732
아킬레우스 63-64
아타나시우스 166, 521, 754, 758, 760-761,
    765, 767, 772-773
안셀무스 13-15, 94, 124-125, 161-164, 173-178,
    181-183, 185, 201-202, 204, 209-211, 221,
    267, 559, 867, 870-871
안토니우스 257, 259, 264
알렉산드로스, 알렉산드리아의
    755-756, 758, 762
알렉산드로스 대왕 202, 746
알비누스 460-461, 748-752
암모니오스 사카스 43, 460, 700
암브로시우스 249-252, 264, 270, 553
암스트롱, 카렌 822
야고보 165, 309
야곱 82, 272, 518, 808, 836
    — 의 사다리 542
야스퍼스, 칼 107, 172, 819
에딩턴, 아서 210
에라스무스, D. 526-528
에리우게나 202
에보디우스 264
    — 딜레마 474-477, 479, 485-486,
        564, 575
에우리피데스 37, 588
에우세비오스 756-757, 762
에우세비우스(유세비우스) 718, 741, 757, 762,
    809, 829
에이컨사이드, 마크 389, 411

에코, 움베르토 70
에프도키모프, 파울 679
에피쿠로스 191, 354-355, 680, 707
    — 의 가설 191
    — 학파 517
에픽테토스 194, 517
엘리야 819, 832
엘리엇, 조지 447
엘리엇, 토머스 276, 569
엘리후 627, 639
열자 819
영, 에드워드 186, 300, 425
예레미야 59, 220, 629, 637, 667, 818-819,
    852-854, 858, 863, 867
예수(그리스도) 61-62, 75, 165, 194, 225, 244,
    251, 260, 346-347, 355-356, 499-500,
    518-523, 540, 542, 546-550, 552-553,
    562, 568, 570-572, 576, 596, 634, 648,
    651, 654, 664-666, 670-672, 677, 692,
    694, 704, 707, 727-732, 742-743, 754, 756,
    762-765, 784, 786, 797, 800-801, 811-815,
    825, 828, 830-837, 858-859, 867 877
옙다 588-593, 595, 598, 601-602, 646-647,
    650, 689
오디세우스 206
오르페우스 835
오리게네스 94, 142, 199, 253, 382, 391, 460-461,
    465-466, 468, 470, 472, 489-490, 701, 705,
    723, 725, 740-755
    — 우파 752-755, 758, 763, 782
    — 의 삼위일체론 723, 748-755
    — 좌파 752-755, 757, 782, 785
오비디우스 835
오이디푸스 32, 508, 625
오토, 루돌프 216, 218
왓슨, 제임스 423
요나 533, 852, 854-859, 862-863
요셉 91
요하네스, 다마스쿠스의 76, 164, 166, 790, 797

요한(사도)　398-402, 404-408, 801, 809, 867
요한(세례)　399-400, 407
요한 22세　73
요한 바오로 2세　200, 467, 577
욥　18, 567, 610-615, 624-642, 644, 649-661, 666, 668, 671-672, 690-694
울프, 버지니아　268, 333, 363
워즈워스, 윌리엄　431, 447
워필드, 벤저민　452
월리스, 앨프리드 러셀　427, 430-431
월컷, 찰스 D.　455
위고, 빅토르　187
위-디오니시우스　658, 705, 722
윌리엄스, 대니얼　266
윌버포스, 새뮤얼　446, 450
윌스, 게리　273-274
윌슨, 로버트　286-287
윌슨, 에드워드　317, 436
유니우스 루스티쿠스　830
유다(가롯)　447
유세비우스　757
유스티누스　826-838
유스티니아누스　70, 528, 745
유클리드　203, 835
율리우스 2세　21, 856
융엘, 에버하르트　89
이그나티우스　380, 729-730
이레나이우스　270, 382, 391, 489, 678-680, 682, 684, 739, 809, 811
이사야　380, 382, 818-820, 832
　제2 ―　819
이삭　84, 272, 518, 567, 596-597, 599-605, 612, 635, 642-647, 836
　― 번제 사건　567, 597-608, 631, 635, 642-647

장자　819
제논　711
제임스, 윌리엄　212

제퍼슨, 토머스　519, 540
조이스, 제임스　268, 333, 363
존스, 필립　188, 313, 469
질송, 에티엔　53, 89, 97, 106, 134-135, 263, 267, 467, 537-540, 710, 720, 752, 776, 816

체임버스, 로버트　426
츠빙글리, 울리히　410, 524, 527

카르테리오스　703-704
카뮈, A.　597
카잔차키스, 니코스　351-353, 355-357, 359-360, 362, 364, 841
카프탄, 율리우스　208
칸트, 이마누엘　208-209, 267, 448, 875
칼빈, 요한　199, 264, 277, 281, 297, 391, 410, 412, 418, 420, 464-466, 468, 470-472, 524-526, 528-535, 546, 553, 557, 560-561, 564-566, 576, 578, 627-634, 639, 641-642, 646, 661, 666, 668-671, 682, 686, 754, 787, 825
　― 의 욥기 설교　628-634, 639, 641-642
케르도　810
켈리, 존 노먼 데이비슨　755, 766
코페르니쿠스　219, 253, 298, 467, 471
코플스턴, 프레더릭　467
콘스탄티누스 황제　255
콜론나, 비토리아　46, 361, 859
콥, 니콜라스　531
쿠사누스, 니콜라우스　152-154, 298, 877
쿤, 토머스　218-220, 222-223, 260, 310-311
　― 의 패러다임　218-220, 310-311
쿨만, 오스카　333, 363
큉, 한스　667, 848, 849
크로포트킨, 표트르　439-440
크뤼제만, 프랑크　817-818
클레멘스, 로마의　50, 380, 382
클레멘스, 알렉산드리아의　50, 718, 741, 743, 746-747, 750, 811

키르케고르　99, 107, 172, 221, 257, 333, 363, 447, 483, 515, 566, 578, 581-610, 631, 642-649, 661, 666, 667-668, 671
　─ 의 실존의 3단계　515, 581, 646
키케로　191, 239-240, 263, 265, 269, 506, 509, 835

타키투스　498, 506, 515
탈레스　87, 103, 536-537, 835
테니슨, 앨프리드　431, 447
테렌티우스　236
테르툴리아누스　251, 516, 541, 731, 734-740, 750-751, 753, 773, 779, 784, 788, 811
테오도시우스 황제　229, 250
테옥티스투스　744-745
토마스 아퀴나스　199-202, 204, 209, 217-218, 221-222, 236, 267, 270, 274, 277, 340, 362, 374, 383, 391, 410, 420, 463-468, 471-472, 478, 484, 490, 509, 542-543, 552-554, 557, 559, 568, 573, 576-577, 611, 620, 686, 724, 787, 842-843, 867
　─ 의 '다섯 가지 길'　182-188
토인비, 아널드　471
톨런드, 존　215
톰슨, 프랜시스　60, 242, 566
투키디데스　819
투트모세 3세　91
트라이니, 프란체스코　73-74, 76
티베리우스 황제　498, 811
티슬턴, 앤터니　309
틸리히, 파울　56-57, 100-101, 208, 253, 270-271, 411, 420, 492-493, 515, 580, 668, 722, 839-846

파렐, 기욤　532-533
파르메니데스　83, 88, 99, 103, 106-108, 110, 112-113, 131, 145, 150, 339, 423, 710-712, 714, 724, 842
파스칼, 블레즈　223, 225, 484, 526, 869

파트리키우스(성 패트릭)　737
판넨베르크, 볼프하르트　27, 157, 381, 392, 411
페로, 샤를　875
페트루스 갈라티누스　551
페일리, 윌리엄　189-200
　─ 의 (시계 유추) 논증　188-200, 421
페트라르카, 프란체스코　274
펜로즈, 로저　288-289, 372
펜지어스, 아노　286, 287
펠라기우스　575
　─ 주의　266
포르피리오스　132, 260, 703, 721
포프, 알렉산더　126, 141, 183, 191, 389, 434-435, 545, 622, 877
폴리카르푸스　729, 809-810
푸코, M.　245, 872
풀레, 조르주　368
프랑수아 1세　532, 538
프랑크푸르트, 해리　479
　─ 스타일　479, 484, 486, 487, 662
프로스트, 로버트　540
프로클로스　142, 750
프로페르티우스　45
프루스트, 마르셀　268, 333, 363-371, 406
프톨레마이오스　219
프톨레마이오스 소테르　746
플라톤　44-46, 52, 55, 69-70, 75, 84, 88, 93, 104-117, 122, 123, 125, 130-134, 145, 149-150, 152, 183, 201-204, 209, 241, 243, 252-253, 261, 266-267, 272, 280, 324-325, 327-329, 332-333, 338-339, 342, 345-347, 361-362, 376, 381, 383, 386-388, 396, 404-405, 414-416, 420, 508, 522-523, 527, 536-538, 541-545, 649, 663, 700-703, 705-706, 708, 710-722, 724, 738, 743, 747, 749-751, 775-779, 798, 813, 819, 828, 835, 942-843
플로티노스　44-45, 84, 88, 104, 107, 115-117, 120, 122-123, 125, 130-142, 145, 154, 156,

183, 201, 260-261, 272, 318, 324-333,
341-342, 345-347, 349, 362, 387, 403,
416, 444, 460-462, 542, 699-706, 708,
712, 719, 721-725, 743, 747-751, 780, 813,
816, 842-843, 845
플루타르코스 105, 461, 710
피스크, 존 428, 453
피우스 12세 548
피타고라스 36, 103, 253, 311
— 학파 311, 328, 828
피터스, 테드 283, 310, 378
핀다로스 35-36, 64, 537
필론 395, 518, 830-831

하르낙, 아돌프 263, 781, 785
하박국 567, 577, 610
하버마스, J. 872
하와 21, 26, 59, 679
하이네, 하인리히 208
하이데거, M. 99, 106-107, 172
하이젠베르크, 베르너 158, 320-321, 377, 732-734
하트, 마이클 655, 659-660
허버트, 조지 443
허블, 에드윈 284, 287
헉슬리, 토머스 196, 427, 429, 443, 446, 448-451

헌팅턴, 새뮤얼 849
헤겔, G. W. F. 267, 318, 424, 578
— 의 변증법 871
헤라클레스 47, 774, 780
헤라클레이토스 103, 404-405, 423, 508, 541, 819, 832
헤르더, J. F. v. 424
헤르마스 380-382
헤릭, 로버트 304
헤밍웨이, 어니스트 803
헤세, 헤르만 614-615, 692
헥토르 64, 835
헨델, G. F. 800
호라티우스 237, 354, 585, 836
호메로스 50, 52, 62-63, 206, 237, 441, 536-537, 667, 819, 835
— 의 황금사슬 139-140
호시우스 762
호킹, 스티븐 288
호트, 존 283, 310, 312, 455-456
홉스, 토머스 214-215, 436
— 주의 440
화이트헤드, A. N. 266, 318
흄, 데이비드 180, 185, 191, 193, 195, 203-204, 214-215, 433
히포크라테스 835
힉, 존 678, 683-685, 688-689, 818

| 주제 |

가능적 참 192
가상입자 290-291
가시적 세계 106, 114, 116, 713
가시적 자연 41
가지적 세계 106, 114, 116, 714
강한 섭리론 573, 575, 631
걱정 없는 신 537-538
경륜적 삼위일체론 740, 753

경험론 201, 204, 875
— 자 190-191, 203-204
계몽된 사람들 858
계몽주의 129, 871-872
공동존재 802
공약불가능성 310-311
과학주의 196, 198, 539, 871-872
과학혁명 196, 544, 872

관계설 783, 786-789
관념들의 관계에 관한 명제 180
광양자이론 321, 732
구속경륜 270, 391, 739
귀납법 192, 195, 428
근원물질 549
긍정의 길 658, 705, 713
기획투사 172
김나지움 36

누멘 216
누미너제 216
누스(정신) 133
능동인 184, 463
니케아 공의회 692, 755, 756, 758, 762,
　　765-766, 778
니케아 신조 758, 762-763, 765, 772, 782
니케아-콘스탄티노플 신경 772, 782

다곤 818
다바르 403-406, 408, 664
다신론 761, 815-818, 823
다원적 이성 313-315, 877
다원주의 850
다이달로스의 미궁 146, 861
다중우주 160, 298-300, 301, 479
　　— 론 299-302
단종법 437
대립의 일치 152-154, 877
대붕괴 396
데미우르고스(창조주) 52, 381, 383
데무트 53-54
도나투스 분파 문제 266
도덕론적 증명 184
도미니쿠스 수도회 69-70, 72, 202, 267, 635
도플러 효과 285
독일 고백교회 547
동방정교 53-54, 209, 233, 489, 658, 679,
　　705, 753, 759-760, 788, 790

동일률 106, 796
동종사랑 798, 801
뒤나미스 377, 733
디아스포라 517

로고스 103, 403-406, 408, 493, 507, 509-510,
　　513, 519, 541, 588, 664, 753, 830-832, 834
루키아누스주의자 756-757
린네 학회 427
림보 75, 835-836

마니교 240-243, 249, 251-254, 266, 269, 383,
　　386-388, 716
마르크스주의 440, 655, 871
만민법 509
만유재신론 318, 405
만유재창조 391, 490
메타노이아 222-224, 260, 341
명예혁명 433
모순명제 179-181, 207
모순율 106, 796
목적론적 증명 184, 186, 188, 190-192, 200, 297
무규정자 85-87, 101
무신론 17, 101, 144, 196-197, 199-200, 421,
　　428, 448-450, 454-457, 674, 839, 841,
　　843, 871
무의지적 기억 364-368, 370-371
무한소급 51, 182, 186, 192, 292
무한자(아페이론) 87-88, 103, 132, 456, 714, 722
물리신학적 증명 186, 190, 200
물리적 시간 161, 280, 334-337, 341, 343,
　　348-352, 367, 369
물 자체 158, 448
물질세계 118, 135-136, 140-141, 362, 375,
　　384-386, 391, 415, 460

바르 코크바 항쟁 828
바바라 삼단논법 149, 665
바빌론의 유배 550, 557, 852

찾아보기　　913

반입자론　210
발전가설　424-425
배타주의　850
범신론　133, 161, 318, 392, 405-406, 541, 820
베네딕투스 수도회　69-70, 202
변증법　114, 186, 649, 711, 871
보편선　389
복잡계　480
복잡성 과학　456, 481
부동의 원동자　51-52, 292, 523, 537, 748
부동자　748
부정신학　448, 658, 705, 712
부조리　597-598, 601-602, 604, 611-612, 614, 628, 642-643, 645-647, 649, 659, 661, 666, 668, 670-672, 690-691
분석판단　180-181
분여이론　111-114, 339, 508, 542-543, 711
불가지론　196, 448-450, 455
불완전성 정리　292
불일치의 이성　313
불확정성 원리　377
빅뱅　160, 283, 286-289, 291, 295-296, 293, 301, 318, 320-321, 394, 396-397, 479,
　　─ 이론　282-283, 286-287, 295, 310, 421
빈 서판　203

사실의 문제에 관한 명제　180
사실적 진리　180
사회계약설　129-130
사회다원주의　432, 434-438, 440-442, 450-452, 871
사회생물학　317, 436, 438
사회스펜서주의　432
사회적 사다리　127
사회적 유비　792-794
사회진화론　431-433, 439, 453, 872
산업혁명　196, 208
삼신론　738, 779-781, 785
삼위일체　28, 144, 168, 393, 412, 563, 579,

705-706, 723-724, 726, 728-729, 734, 736-737, 739-740, 750-751, 754, 761, 768-769, 772-773, 780, 782-786, 788, 790-791, 793-794, 799-801, 804, 808, 846, 868
　─ 론　54, 154, 168, 381, 470, 666, 694-695, 706, 708, 723, 725, 729, 737, 739-740, 746, 749-751, 754, 766, 768, 775, 783, 795, 802
　─ 논쟁　725, 736, 752, 755-756, 763, 772, 774, 789
　─ 흔적　783, 792-793
상기　44, 268, 333-334, 338, 363-365, 368-369, 371, 649
　─ 의 힘　267-268, 338
상대성 원리　311, 323, 397, 423
상호부조　439-441
생명의 나무　118
생존경쟁　195, 430-432, 435-436, 438, 450
선분의 비유　114, 116, 122, 125
선 자체　88, 124, 241, 388, 414, 493, 677, 705-706, 712, 714-715, 717-719, 721, 750, 813, 842-843
선재적 그리스도　830-832, 834, 836, 838
섭리　239, 300, 378, 411-412, 455, 507, 510-513, 522-523, 528-529, 535, 540-541, 622-623
　하나님의 ─　167, 195, 270-272, 274-275, 368, 378-379, 391, 410-412, 452, 461, 464-465, 470, 472, 486-488, 502, 518-519, 524-525, 528-531, 533, 542, 549, 559-577, 606, 610-612, 628, 630-633, 638-639, 641-642, 672, 676, 679, 685-687, 689, 716, 757, 824
성령　135, 137-140, 142, 155, 158, 168, 380, 393, 400, 460-461, 464, 529, 630, 692, 723, 725, 728-729, 731-732, 737-740, 750, 754, 761, 763, 766, 769, 771-772, 781, 784-785, 790-797, 801, 867
성부　29, 75, 133, 135, 137, 139-140, 142, 155,

166, 168, 374, 393, 457, 459-460, 692, 705, 723-725, 729, 731, 738-740, 750-751, 754, 761, 763, 769, 771-772, 781, 784-786, 788, 790-791, 793, 796-797, 801, 845
성서문자주의 455
성서세계 305, 309
성육신 232, 261, 399, 401, 403, 404, 407, 542, 694, 727, 794, 831
성육신한 로고스 834
성자 30, 133, 135, 137, 139-140, 142, 155, 168, 398-399, 457, 459-460, 692, 723, 725, 729, 731, 738-740, 750, 754, 761, 763, 769, 771-772, 781, 784-786, 788, 790-791, 793, 796-797, 801
성화 667, 669-672, 683, 690
성화상 파괴 운동 163
세계내재성 318-319, 375, 405-406, 535, 541
세계초월성 160, 303, 318-319, 371, 375, 406, 541
셰마 704-705
소립자의 장 88, 156, 158, 290
소명의식 128, 131
소요학파 828
수브스탄티아 738-739, 777-779, 784
스토아주의 507, 515, 580, 589, 592
스토아 철학 43, 159, 194, 404-406, 433, 506-507, 509, 512-513, 515, 517, 519, 527-529, 580-581, 589, 594, 718, 777-779, 829, 831
　— 자 158, 194, 405, 507, 509, 510, 512-513, 515, 517-518, 528, 541, 580, 588, 593, 608-609, 777, 830-831
스토아학파 509, 517, 541, 828
시원적 우리 802
신다원주의 378, 435, 457
신법 509
신본주의 245, 871
신율 270-271, 275, 569
신인동감설 49-50, 64-65, 556, 558
신인동형설 49-50, 556, 558
신적 시간 348-349, 351

신정론 620, 622, 673, 676, 678-685, 687, 691
신조들의 시대 755, 766
신플라톤주의 43-45, 47, 69, 107-108, 113, 122-123, 141, 154, 251-253, 257, 260-261, 263, 269, 324, 332, 387, 403, 526-527, 544, 658, 700, 702, 705, 724, 742, 747-748, 750-751, 753, 778-779, 781-782, 813
　— 자 104, 117, 132, 142, 250, 261, 263, 332, 386, 387, 401, 460, 704, 722, 752, 777
신피타고라스주의 748
실재세계 840
실존주의 173, 597, 841
실증주의 171, 196, 198, 210, 428, 433, 451, 872
실체 51, 55, 76, 93-94, 97, 101, 110, 135, 155-156, 164, 166, 240-241, 539, 611, 674, 694, 703, 710, 712-713, 738, 753, 761, 768, 775-781, 784, 786, 790, 871
심리적 시간 329, 336-337, 341, 348-349, 351-352, 369
심리적 유비 793
심계명 162, 629, 816, 824
십자군 원정 441, 814-815, 865

아가페 798-799
아도나이 550-551
아도셈 551
아르케 103-104, 721
아름다움 자체 110, 124, 493
아리아드네의 실타래 146
아카데미학파 243, 257,
아테나 47, 63-64
아폴론 47, 52, 63, 863
악의 평범성 441-442
앙가주망 172-173
야훼 32, 34, 81, 87, 95-96, 141-142, 144, 149, 151, 154-155, 161, 165, 168, 172, 384, 527, 550-551, 557-558, 561, 629, 664, 751, 808-809, 811, 815-816, 818, 820, 822-

825, 827, 842
약한 섭리론 573-575
양도논법 475
양립주의 450, 473, 477, 479-480, 484-487, 575, 662, 666
양상적 군주신론 731, 753, 773
양생자 703
양자그리스도론 731, 756, 760
양자 비약 290
양자 사건 378-379
양자요동 290-292
언어놀이 306, 308-312, 385, 397, 466
에로스 44-45, 361, 798-799
에세네 공동체 39
에센티아 779, 784
에이도스(형상) 55, 202, 738, 749, 776-777, 843
에흐예 아셰르 에흐예 93-95, 98-99
엘 83
　― 샤다이 83
　― 올람 83
　― 하이 145, 155
엘로아 83
엘로힘 83
엘욘 83
역사주의 871
연역법 428
영원법 433, 464, 509-510
영적인 사람들 46, 859
영지주의 240, 403, 744
　― 적 이원론 811
영혼 26, 32, 44-47, 61, 75, 108, 116-117, 127, 135-138, 140-142, 205, 211, 216, 230, 240-241, 256-257, 272, 274, 318, 329, 331, 348, 351, 355, 357, 359-362, 369, 388-389, 411, 424, 445-446, 460-463, 515, 536, 565, 570, 573, 579, 583-584, 596, 618, 621, 654, 670, 672, 699, 701, 703, 723-725, 728, 742, 748-751, 776-777, 790, 792-793, 835-836, 859, 861-862

예정론 266, 342
예정조화론 424
예증법 193-195
예지 123, 276, 412, 474, 476-478, 480, 484-485, 575-576, 656, 662
예호바 551
예호와흐 551
오리-토끼 그림 219-220
오이코노미아 270
온전한 일자 88, 710
온토스 온 105
용불용설 425, 427
우생학 437-438
우시아(본질) 135, 738, 773
우연적 현존 177-178, 185, 201
우주론적 문자주의 455
우주론적 증명 184, 186, 192
우주배경복사 283, 286-287, 293, 296
우주의 시간 397
원형적 우리 802
위격(페르소나) 736-740, 753, 773, 775, 777, 780-781, 783-784, 797
위험사회 846-847, 866, 873
유동하는 공포 848, 866, 873
유비추론 192-193
유사본질 762-763, 765, 772, 781
유스티니아누스 법전 528
유신론 191, 197, 283, 318-319, 450, 454, 456, 485, 816, 839-842
유일신 706-708, 726-727, 763, 804, 811-812, 815-818, 820, 823, 838
유일신교 707, 761, 843
유일자 57, 66, 88, 704, 706, 722, 725, 728, 808, 812, 817-818, 820, 867, 868
유출 123, 133, 135, 140-141, 387, 392, 416, 460, 721, 725, 753, 777, 831
유피테르 32-34, 527, 828
이데아 44, 52, 55, 88, 93, 105-106, 110-112, 114-117, 131, 134, 136-137, 139, 145, 149,

201, 202, 327-328, 387, 414, 523, 663, 703, 710-715, 738, 749, 775-777
— 론 110-111, 327, 711-712
— 의 미 41, 43-44, 46
— 의 세계 45, 107, 115
이성적 진리 180
이신교 197-198, 872
이신론 197, 214-215, 318, 451, 539
— 자 208, 214-215, 519, 540, 561, 609, 622
이원론 240, 253, 383, 387, 673-675, 683, 811
이위일체론 729-730
이율배반 206-207
이종사랑 798-801, 804, 867
이중운동 645-646, 648-649
이중적 논법 152-154, 180, 662, 666, 877
이집트와 리비아 종교회의 756
이치 논리 105
이타주의 439
인격-존재 559
인류교 197-198, 208, 451, 872
인본주의 245, 247, 300, 455, 870-871
인플레이션 우주론 288
일반상대성 방정식 284-285
일반상대성이론 210
일반섭리 378-379, 464-465, 487, 528-529, 685-686, 689
일신론적 삼위일체론 795
일원론 673-675
일자 88-89, 105, 116-117, 123, 125, 132-137, 140-142, 154, 156, 326, 332-333, 349, 387, 414-416, 460, 523, 704-706, 708, 710-715, 718-719, 721-725, 748, 750-752, 755, 763, 777, 790, 804, 813, 816, 831, 842-843, 845
— 형이상학 132, 705, 721, 749, 750
있는 자 76, 87, 93-95, 842-843

자기동일성 55, 145, 325
자기조직 456, 480, 482
자스트로우 도형 219

자연법 129, 433, 462, 464-465, 508-510
— 사상 130, 239, 507-509, 718
자연선택 195-197, 421, 427, 430-431, 435, 440, 452, 454-455, 465, 468
자연신론 318, 405, 539, 541, 544, 561
자연신학(물리신학) 191, 197-199, 493, 523, 544, 547-548
— 자 189, 208, 214, 434, 539, 546, 550
자연의 사다리 113-114, 117-118, 120, 122, 125, 127, 183, 187, 362, 443-444, 542-543, 545
자유의지 342, 474-480, 482-485, 564, 574-575, 620, 633, 662, 669-670, 679, 686-687, 689
— 론 342, 485
잠세태 321, 377, 732-733
적그리스도 547
적색편이 284-285, 287
적자생존 431-432, 435-436, 438, 450
절충주의 239-240
정신분석학 871
정지우주론 283-284
제1원리 381
제1원인 463-464, 473, 686
제1차 바티칸 공의회 548
제2원리 381, 751
제2원인 463-464, 467, 473, 686
제2의 인류 606
제2차 니케아 공의회 766
제2차 바티칸 공의회 548, 630-631, 651, 688, 839, 850
제우스 32, 47, 52, 527, 861
제일신 748-753
제자백가 819
조로아스터교 240, 388-389, 716
존재 29, 31, 59-60, 85, 87-88, 93-95, 97-108, 110-113, 117-118, 131-132, 134-135, 137, 139, 142-149, 151-155, 172, 260, 277-278, 408, 415-416, 423, 664, 667, 692, 710-712, 738, 792

— 의 계층구조　116-118, 122, 183, 187,
　　　387, 543
　　— 의 대연쇄　118, 124, 129-130, 141,
　　　183, 362, 423, 874
　　— 의 바다　165-168, 789-790
　　— 의 사다리　113, 118, 120, 122, 126,
　　　186-187, 362, 423, 444, 542, 544,
　　　547, 749
　　— 의 시간　348-349, 351
　　— 의 장　155-156, 159-161, 164, 611
존재론　56-57, 59-60, 62, 65, 84-85, 99, 103,
　　105, 131, 145, 165, 167, 192, 201, 240, 327,
　　329, 342, 345, 348, 390, 444, 513, 558-
　　559, 580, 657, 667-668, 718, 722-723, 776,
　　790, 795, 801, 866-867
　　— 적 증명　177-179, 181, 186
존재물　31, 56, 60, 84-85, 89, 93-98, 100,
　　103-105, 112-113, 124, 132, 142, 144,
　　148, 152, 156, 165, 167, 174, 328, 349, 377,
　　416, 471, 537, 611, 667, 710-712, 722-723,
　　775-776, 790
　　— 의 계층구조　117-118
　　— 의 시간　348-349, 351
존재상실　59
존재세계　305
존재 유비　122, 543-544, 547
존재 자체　76, 82, 93, 99, 101, 124, 155, 218,
　　493, 611, 842-844
존재증명(하나님의)　168, 170-225, 297
종교개혁　526-527, 531-532, 554, 564, 575,
　　629-630, 854
종교적 다원주의　826, 850-851
종교적 팽창주의　453
종속설　753
종자적 이성[일반섭리]　379, 467
종자적 형상　135, 460-462, 466
종합판단　180-181
중기플라톤주의　141-142, 700, 747, 749,
　　750-751

　　— 자　460-461, 748
지동설　219, 298, 467-468, 471
지적 설계　188, 313
　　— 론　190, 193, 199, 297, 313
　　— 자　190
진리 자체　124, 493
진화론　193, 195-197, 200, 315, 342, 379,
　　420, 422-433, 436-437, 439-440, 442,
　　444, 446, 448, 450-457, 466-469, 472,
　　485, 488, 529, 686
진화의 사다리　118, 443-444
질료　52, 375-376, 381, 383, 388, 463, 467

차라투스트라　388-389, 819
차축시대　819-820
청색편이　285
체념의 기사　646-647
체모스　818
첼렘　53-54
초인　389, 444
최종 원인　51-52
칭의　667-670, 672, 683

카도쉬　99
카론　861
카오스　298
카이로스　336, 338, 341-343, 345-348,
　　351-352, 357, 360, 363, 367-371
코펜하겐 해석　733
콘스탄티노플 공의회　737, 745, 752, 755, 782
퀴리오스　551
크로노스　336, 341, 345-348, 351-352, 355,
　　357, 360, 363, 367-370

탈시간화
　　148-154, 180, 342, 663-665, 796, 877
태양의 비유　387, 713
테올로기아　536
통섭　317, 872

트리엔트 공의회 41
특별섭리 378, 464, 487, 529, 685-687, 689
특이점 288-289, 293
　― 정리 288

파동-입자 이원성 문제 321, 732
파테르 551
팽창하는 우주 284-286, 342
퍼텐셜 156-161, 167-168, 290, 377-379
페르소나 738, 773, 777-778, 784
페리코레시스 754, 795-797, 801, 877
포용주의 630-631, 838, 850
포텐티아 377, 733
풍선 비유 285-286
프네우마 158-159, 405
프란체스코 수도회 70, 202, 267, 356
프랑스대혁명 126, 128, 208, 432, 440
프로소폰(위격) 773, 778
프리드만식 표준적 팽창 293
플랑크 시기 288, 293, 295
피라미드식 계층구조 116, 123, 125-127, 140, 362, 387
피소의 음모 사건 503, 5006
필연적 참 192
필연적 현존 177-178, 185, 201

하나님 이상 가는 하나님 839, 842-846
하야 94, 143, 154-155, 664
하이 야훼 145
해방신학 628, 651-652, 654-655
　― 자 651-652, 795
허수아비 논증의 오류 199
헤라 64
헤브라이즘 240, 422, 662, 877
헬레니즘 17, 103, 240, 422, 517, 662, 875, 877
현상계 712
현존 95, 107, 143-144, 170, 172-173, 177-179, 181-183, 185-186, 188, 192, 201, 204-205, 207, 209, 211-212, 215, 221-222, 325, 340, 843
형상 없는 땅 159-160, 372, 375-376, 378-379
호메로스의 황금사슬 139-140
호모우시오스(동일본질) 762-763, 765
호모이우시오스(유사본질) 762-763
혼의 전향 44
확률적 참 192
회의주의 243-245, 257, 269
후기플라톤주의 747-748, 751
휘포스타시스 773, 775, 777-781

| 작품 |

70인역(성서) 93-95, 158

"가장 아름다운 것에 대한 찬가" 413
"가지 않은 길" 540
〈갈라테이아의 승리〉 43
『고백록』 159, 232-234, 236, 239-242, 252-253, 255, 260-261, 264, 268-276, 281, 303, 326, 336-337, 348, 372, 375-376, 382, 386, 403, 493, 530, 676, 787, 792

『공포와 전율』 566, 581, 589, 598-599, 642-643, 649
『과학과 종교, 상생의 길을 가다』 310, 312
『과학 혁명의 구조』 220
『교회 교의학』 323, 680
『교회사』 718, 741, 809, 829
『교훈집』 461, 748
『국가』 114, 116, 243, 396, 414, 522, 536, 701, 703, 711-713, 775
『궤변 논박』 149-150, 669

"기도" 614
『기독교 강요』 54, 465, 524, 531, 628, 634, 669

『나와 너』 551
"네 개의 사중주" 569
"누구를 위하여 종은 울리나" 803
『눈먼 시계공』 197, 421

『다윈 안의 신』 310, 312
『다원주의』 454
『다원주의자가 기독교인이 될 수 있는가?』 309
"다윗에게 부치는 노래" 96
『단자론』 138
『대안적 가능성들과 도덕적 책임』 479
「대요리문답」 524
『돈키호테』 80
『동방정교』 679
『되찾은 시간』 365-366
『두 지평』 309
「디다케」 522, 763

『레미제라블』 187
『로미오와 줄리엣』 80
『루크리스의 능욕』 330, 336, 350
"리스본 재앙에 관한 시" 620, 622-623, 673
"리틀 기딩" 569

『만들어진 신』 196, 706
〈메시아〉 800
『명제집』 82
『모놀로기온』 14, 124, 174
『모두스 비벤디』 874
"목마른 구조" 276
『목자』 522
『문명의 충돌』 849
『문자를 반대하는 창조에 관하여』 379, 461
『미드라쉬』 459
"밀라노 칙령" 756

「바나바서」 522
「바르멘 선언」 547
『반론』 492, 810
『법률』 508, 537, 702, 711
『법의 정신』 510
『베를린 잡보』 424
〈벨베데레의 아폴론〉 23-24, 43, 47
"병상에서 신에게" 304
『복음의 예비』 718
"비평론』 434
『빅뱅과 우주론적 논증』 291

사도신경 470, 763
사해사본 39
"32세의 성 어거스틴" 256
〈삼위일체〉 769
『삼위일체론』 152, 263, 778, 782-783, 785, 788, 792-793, 802
"상상의 즐거움" 389, 411
『상호부조 진화론』 439
『서구의 몰락』 512
「섭리에 관한 설교」 527
『섭리에 대하여』 511, 513, 527, 592
〈성모자상〉 47
『성스러운 것』 216
『성운의 세계』 284
『성자 프란체스코』 351-352, 355-356, 359-360, 841
『성찰』 178
『세네카와 바울의 편지』 516
『세네카의 관용론 해석』 528
〈세네카의 죽음〉 513
"소네트" 46, 579
"수도사 생활의 서" 419, 518
『수사학』 193, 508
"순례자의 서" 820-821
『순수이성비판』 178-179, 184, 186, 192, 204, 207-208, 448
『스완네 집 쪽으로』 363

『시간과 이야기』 348, 364, 367
『시편 주석』 525, 530-531
『시학』 49
『신곡』 32, 34, 46, 52, 75, 108, 112, 127, 136-137, 139, 237, 272, 387, 393, 416, 418, 433, 445, 750, 768, 835-836, 861, 863
『신국론』 117, 237, 263, 281, 394, 787
"신을 향한 희망" 585, 593
『신의 과학』 396
『신의 역사』 822
『신정론』 129
『신학대전』 54, 73, 75-76, 170, 182, 184, 189, 217-218, 464, 509, 557, 843
『실낙원』 29, 120, 139, 273, 362, 395, 398, 415, 459, 487, 543, 750

「아니요! 에밀 브루너에 대한 대답」 546-547
〈아담의 창조〉 22-23, 32, 47, 162
『아리스토텔레스의 〈자연학〉 주석』 104
"아무도 없었다" 540
『아울리스의 이피게네이아』 588
『아케이디아』 130
『안티고네』 508
『애가』 45
『야상』 300
『에밀』 129
「에베소로 보내는 서신」 729
『에우데모스 윤리학』 414, 538
"에트나산 위의 엠페도클레스" 138
『엔네아데스』 132-133, 135-136, 260-261, 325, 328, 346, 387, 403, 416, 701, 703-705, 712, 723-724
『엘러건트 유니버스』 287
『여섯 개의 수』 295
「역사의 개념에 대하여」 343, 370, 656
『역사의 기원과 목표』 819
『연대기』 498, 506

"영원과 시간에 관하여" 325
"영원한 찬가" 538
『영혼론』 117
"영혼불멸" 166, 491, 716-717
『예수의 생애』 447
『오디세이아』 62, 206, 667
『오르가논』 69, 149, 209
"올림픽 경기 찬가" 35, 537
『욥에 관하여』 651, 654
『욥의 노동』 651, 655, 657-661
『우리의 조국: 가능한 미래와 현재의 위기』 453
『우신예찬』 527
『우주의 창조』 283
『우파니샤드』 819
『원리론』 460, 705, 745, 750-751
『원초대지』 424
「웨스트민스터 신앙고백」 412, 420
『위험사회』 847
『유대인 트뤼폰과의 대화』 726, 829
『유럽 근현대 지성사』 423
『윤리학』 674
『이것이냐 저것이냐』 581-582, 584, 585, 588
"인간론" 126, 389, 877
『인간본성론』 433
『인간의 등고』 439
『인간의 유래』 439, 442-443, 445-446
『인간적 시간에 대한 연구』 368
『인구론』 430
『일리아스』 62-63, 237, 441, 667
『잃어버린 시간을 찾아서』 363-368, 370

『자서전』 449
『자연과 은총』 545
『자연신학』 189, 193
『자연의 전당』 425
『자연종교에 관한 대화』 191
『자연학』 86, 463
「자유사상가들에 대한 논박」 464, 528
『자유의 보존』 817

찾아보기   921

『자유의지론』 474, 483
『장미의 이름』 70
『재고록』 266
『정관시집』 187
『제퍼슨 성경』 540
『조직신학』 843
『존재란 무엇인가?』 106, 135
『존재에의 용기』 515, 839-840
『존재의 대연쇄』 149, 152
"존재하는 신에 대하여" 178
『종교에 관한 3편의 에세이』 675
『종교철학개론』 688
『종의 기원』 427-431, 435, 439, 442, 467
주기도문 373-374, 552
『주님의 산상설교』 374
"죽음을 앞둔 어느 늙은 철학자의 말" 507
"지옥편』 32, 835-836
「지혜서」 346

『차라투스트라는 이렇게 말했다』 389, 444
"창조성가』 139, 413, 460
『창조의 흔적』 426
『천지창조』 299
〈천지창조〉 21, 37, 39, 457, 854, 862-863, 866
『천체의 회전에 관하여』 467
『철학사』 467
『철학사전』(고클레니우스) 103
『철학사전』(볼테르) 544
『철학이야기』 205
「철학적·신학적 시각에서의 양자역학」 378, 487
『철학적 탐구』 306, 308, 313, 774
〈최후의 심판〉 39, 47, 859, 862, 866
"친구" 138, 166, 419

『카라마조프가의 형제들』 684-685

『카발라』 459
『카시키아쿰 대화록』 263
『콜로테스에 대한 반박』 105

〈타락〉 39
『탈무드』 375, 459, 829
『투스쿨라나룸에서의 담론』 263
『티마이오스』 111, 133, 252, 280, 324, 327, 332, 376, 381, 396, 416, 536-537, 711-712

『파르메니데스』 414, 711-712
『파멜라』 130-131
『파우스트』 89
『파이드로스』 711, 720, 775
『팡세』 223, 225
『편지』 262
『프로슬로기온』 124, 174, 177, 210
『프리먼 다이슨 20세기를 말하다』 302
『필레보스』 414, 711

"하나님을 명상하려는 충동" 163
"하늘의 사냥개" 61, 566
「하이델베르크 요리문답」 564
『학가다』 459
『학설집』 50, 718
『햄릿』 774
『향연』 115, 711, 749
『형이상학』 51, 69, 72, 202, 321, 377, 536, 712, 732-733, 776
『호르텐시우스』 239, 509
『확실성에 대하여』 306
"환상의 여성" 242
『황무지』 276, 569
『회화론』 43
『히브리적 사유와 그리스적 사유의 비교』 143, 146, 408, 559, 719

| 성서 |

창세기 84, 91, 120, 233, 252, 264, 386,
　　　390, 394, 396-397, 399, 457, 459, 491,
　　　668, 677, 726
1장 233, 395, 404
1:1 280, 318, 320
1:1-2 233
1:1-31 386
1:2 158-159, 375
1:3 394, 398, 406-407, 457
1:26 53, 726
2:17 59
3:8 65, 556
3:10 37
3:17 677
3:17-18 390, 677
3:19 98
6:6 65, 556
8:21 556
9:5 65, 556
10:10 280
12:6 827
14:18 83, 90
15:1 144
17:1 83
17:5 81
17:15 82
17:16 82
18-19장 28
18:1-15 612
18:22 28
21:33 83
22장 596
22:1-2 596
22:3 597
22:7 601, 644
22:7-8 567
22:8 601, 644

22:13 604
22:14 607
26:3 559
26:24-28 559
28:12 120
28:12-16 27
28:15 559
31:3 559
32:28 82
32:29 84
32:31 65, 556
37:5-9 27
39:2 559
39:3 559
39:21 559
39:31 559
46:7 91
46:27 91
47:11 91

출애굽기 84, 91
1:7 91
1:13-2:6 92
1:14 91
2:10 92
3:1-10 92
3:2 27, 49
3:6 84
3:8 345
3:12 559, 612, 614
3:13 92
3:14 65, 90, 92, 94
3:14-15 611
3:15 84, 95, 629
20:4-5 823
20:5 492, 817, 823
20:24 561

22:24 65, 556
32:14 65, 556
33:11 28
33:19 561
33:23 28
34:5 561
34:28 404

레위기
1-7장 567

민수기
11:1 65, 556
12:6-8 28
14:8 345
24:4 404
24:16 404
28-29장 567

신명기 629, 744, 808
4:12 27
4:13 404
4:15 27
5:8 557
5:9 817
6:4-5 704, 724, 728, 816
6:7 704
10:17 382
16:22 65, 556
23:1 744
30:9 65, 556
32:35 65, 556
32:6 552
32:8-9 808

여호수아
10:12 345
24:1 827
24:20 827

사사기
11장 588
11:30-31 589

사무엘상
3:1 27
3:7 212
5:11 65, 556
5:9 144
15:11 65, 556
15:35 65, 556
16:7 341

사무엘하
7장 559
23:1 404

열왕기상
3:5 27
8:27 164-165
8:60 818

열왕기하
19:15 818
19:16 65, 556
23:2 404

역대하
4:3 53

느헤미야
9장 410
9:6-7 410

욥기 615, 627-631, 633-636, 651, 653,
      655, 660-661, 692
1:1 629-630
1:1-22 625
1:20-21 633, 635, 650

1:20-22　633
1:21　567
2:1-2:10　625
2:11-3:26　625
3:3-13　636
4-31장　635
4:1-31:40　627
7:11　654
9장　410
9:1-6　632
9:16-23　637
11:9　165
14:13　346
14:15　560
22:2　420
22:4-9　638, 652
22:6-9　638
22:23　420
32:1-37:24　627, 639
33:8-13　639
33:31　639
34:12　612
37:16　341
38:1　629
38:1-41:34　627
40:19　280
42:1-6　627
42:5-6　659
42:6　612, 691
42:7-17　627

시편　212, 372, 462, 549, 553, 637
1:3　57
1:4　57
2:4　556
7:17　83, 90
8:4　65, 556
9:10　212
10:4　144

14:1　144, 175
19:1　418
23:1-4　165
23:2　612, 614
27:7-8　163
27:8　163
31:5　768
33편　410
33:11　560
37:13　556
39:6　53
46:1-3　165
51:13　164
53:1　175
73:3-14　637
90:2　165
90:4　397
104:2-9　165
111:10　280
117:15　404
119:68　420
130:2　549
136편　410
139:1-4　341
139:1-10　168
139:14-16　462
139:16　523
148:5　381

잠언
15:3　341
16:9　250
19:21　560

전도서　652
3:7　652

이사야
6:3　165

7:18　556
14:26　560
14:27　560
26:19　384
38:1-6　575
40장　410
40-46장　557
40:6　99
40:8　99
40:18　53
40:18-26　818
40:26　404
40:28　410
41:5-7　557
41:29　818
42:14　557
43:7　418
43:10　212, 818
44:5　818
44:6　818
44:14　818
44:24　380
45장　410
45:1-2　557
45:7　682
45:15　84, 90
46:9　818
52:10　65, 556
59:1　573
60:21　418
61:18　65, 556
62:5　65, 556
63:16　552
64:8　552

예레미야
2:11　818
2:27　59, 668
3:4　552

3:19　552
3:19-20　59
8:5　65, 556
10:7　818
11:5　345
12:7-13　65, 556
15:5-9　65, 556
16:20　818
18:13-17　65, 556
23:24　867
25:20　629
31:9　552
38:17-18　220
39:1-14　852
50-51장　852

예레미야애가　852
3:1-9　637
3:25　573
4:21　629
5:21　59, 668

에스겔
8:3　27
11:20　144
37:4　404

다니엘
2:3　27
2:16　346
4:25　420
4:35　420, 560
7:9　28
9:20　27
10:10-21　27
12장　384

호세아
5:12　557

5:14　557

아모스
1:3　818
2:16　818
3:6　682
7:3　65, 556
9:5　818
9:8　818

요나
1:2　856
1:3-3:10　856
4:11　856

미가
6:5　212

나훔
1:2　824

하박국
3:17-18　567

스바냐
3:19　346

말라기
1:6　552
2:10　552

마태복음　399, 403, 520
1:1　399
2:7　346
2:16　346
3:9　812
3:16-17　400
5:9　552
5:12　374

5:16　551
5:17　648, 812
5:43-44　867
5:43-48　813
5:45-48　858
5:48　825, 834
6장　571
6:7　571-572
6:26　571
6:28-29　571
6:31　571
6:31-33　571
6:32　571-572
6:33　571
7:6　570-571
7:7　562
7:9-10　552, 572
7:9-11　194
7:11　572
7:20　838
7:21-23　225
8:29　346-347
10:8-10　356
10:9-10　743
10:29　523
11:4　407
19:12　744
20:1　391
21:22　562
22:2　374, 391
22:39　671
23:9　704
25:40　357
26:18　346-347
26:39　244, 568
26:41　256
27:46　624, 654
28:19　728-729

마가복음 399, 403, 520
1:9-11 400
1:11 784
1:15 346-347
2:2 407
4:33 407
9:37 730
13:33 347
14:35 346
14:36 568

누가복음 399, 403, 499, 520, 522
3:8 823
3:21-22 400
5:1 407
10:22 728
10:27 671
10:30-37 671
12:56 347
14:17 346
19:44 346
21:8 347

요한복음 399-401, 403-404, 408, 457,
　　　520, 830-831
1:1 403-405, 664, 725, 831
1:1-3 398, 457, 830
1:2-3 457
1:13 729
1:14 399, 403-404, 407, 831
1:29 400
1:29-33 400
1:30 831
3:16 694, 727
3:21 408
4:24 158-159
4:25 157
5:26 420
6:33-62 831

7:6 346
7:8 346-347
7:30 346
8:20 346
8:23 831
8:38 831
8:51-59 832
8:56 833
8:58 833
10:30 692, 728, 786, 797
11:43 407
12:45 692
13:1 346
14:2 374
14:6 728, 815, 826, 832, 834-835
14:7 728
14:9-10 695
14:10 728
14:11 797
14:26 728
14:28 765, 786
15:5 57
15:16 562
15:26 728
16:25 347
17장 551
17:11 800
17:21 801
20:25 97
21:19 560

사도행전 403, 499-500, 520, 522
1:6 346
1:7 346
1:21 346
2:23 560
2:32-33 729
4:12 826
4:28 560

7:2　420
9:4　223, 499
9:15　500
9:16　500
17:18　518
17:24　420
17:24-28　518
17:25　420
17:26　560
17:28　518
19:23　346
21:39　517
22:7　223, 499
26:14　223, 499
27:1-44　500
28:30-31　500

로마서　220, 334, 370, 518, 656
1:4　831
1:18-20　221
1:19-20　386
1:20　517
1:26　517
1:28　517
1:29-30　669
2:18　519
3:20　648
3:26　347
3:28　308, 633
3:29-30　812
4:17　380-381, 385
5:5　573
8:11　729
8:15　552
8:18　641
8:18-21　386
8:28　167, 502, 517, 564-565, 623, 632-633, 641, 668, 686
8:28-30　564

8:37　716
9장　518
9:10-13　518
9:11　565
9:16　519
9:19　565, 632
9:19-21　519, 521
11:5　347
11:25　565
11:29　519, 565
11:33　573
11:36　155, 418, 420, 517, 611
12:2　519
13:11　347
13:13-14　260
13:14　670
14:14　386
15:24-25　500
15:28　500
16:27　165

고린도전서　373, 489
2:7　560
4:5　346-347
6:11　729
6:12　729
7:17　127
7:29　347
8:4　704, 724
8:6　410, 831
10:26　386
11:7　386
13:1-2　225
13:12　165, 341, 373
15:25-28　490
16:7　346

고린도후서
4:4　729

4:17   641
5:16   523
7:1   670
12:7-9   565

갈라디아서
1:1   729
1:13-14   499
2:12   520
2:13-14   520
3:11-14   729
4:9   212, 341

에베소서
1:4   519
1:5   519
1:9   346-347, 519
1:11   167, 472, 519, 560, 564, 685
1:11-14   564
1:20   729
3:10   560
3:11   560
3:15   551
4:3   793
4:5-6   812
4:6   319, 761, 813, 867

빌립보서
1:6   519
2:6이하   831
2:13   519
3:5   499
3:12   499
4:11-12   577
4:13   517

골로새서
1:15   831
1:15-17   399

1:24   742

데살로니가전서
5:16-18   564
5:17   576

디모데전서   705
1:2   729
1:17   165, 705
2:4   630, 838
2:5   705
4:4   241, 362, 386, 388, 676
6:15   420, 812
6:16   28, 164

디모데후서
1:9   519
2:14-18   500
2:19   519
4:16   503

히브리서   522
4:13   341, 564, 573, 685
10:29   729
12:1   221
12:9   551

야고보서   521-522
1:2-4   564
1:18   551
2:24   309
4:14   165

베드로전서
1:2   729
1:5-7   564
1:21   729
4:17   346

베드로후서 521-522
3:8 322
3:12-13 392
3:18 670

요한1서 521-522
4:12 28
4:16 793, 798, 801, 867

요한3서 521-522

유다서 521-522

요한계시록 491, 628-629
2:21 346
3:10 346
4:8 165
4:11 418, 420
5:1 560
9:15 346
11:18 346
14:7 346

신
인문학으로 읽는 하나님과 서양문명 이야기

초판 발행_ 2018년 3월 28일
초판 7쇄_ 2023년 8월 10일

지은이_ 김용규
펴낸이_ 정모세

펴낸곳_ 한국기독학생회출판부
등록번호_ 제2001-000198호(1978. 6. 1)
주소_ 04031 서울시 마포구 동교로 156-10
대표 전화_ (02)337-2257 팩스_ (02)337-2258
영업 전화_ (02)338-2282 팩스_ 080-915-1515
홈페이지_ http://www.ivp.co.kr 이메일_ ivp@ivp.co.kr
ISBN 978-89-328-1616-6
ISBN 978-89-328-1633-3(세트)

ⓒ 김용규 2018

책값은 뒤표지에 있습니다.
무단 전재와 복제를 금합니다.